中華大藏經編輯局編

中華大藏經

漢文部分

五七

中華書局

圖書在版編目(CIP)數據

中華大藏經:漢文部分.第57册/《中華大藏經》編輯局編.
—北京:中華書局,1993.2(2021.5重印)
ISBN 978-7-101-01085-5

Ⅰ.中… Ⅱ.中… Ⅲ.大藏經 Ⅳ.B941

中國版本圖書館CIP數據核字(2021)第048759號

內封題簽:李一氓
裝幀設計:伍端端

中華大藏經(漢文部分)

第五七册

《中華大藏經》編輯局 編

*

中華書局出版發行

(北京市豐臺區太平橋西里38號 100073)

http://www.zhbc.com.cn

E-mail:zhbc@zhbc.com.cn

北京虎彩文化傳播有限公司印刷

*

787×1092毫米 1/16・66¼印張・2插頁

1993年2月第1版 2021年5月北京第5次印刷

定價:600.00元

ISBN 978-7-101-01085-5

中華大藏經(漢文部分)

第五十七册目録

千字文編次　弁——轉

弁

一一六三　一切經音義十六——二十五卷

翻經沙門玄應撰

一一六四　一切經音義二十五卷

唐大慈恩寺翻經沙門玄應撰

一切經音義卷第十六 小乘律論

翻經沙門玄應撰

弁

善見律　僧祇戒本
鼻柰耶　四分戒本
摩德勒伽　十誦戒本
毗尼母律　薩婆多毗尼
弥沙塞戒本　大愛道比丘尼經
比丘尼羯磨　大比丘三千威儀
四分比丘尼羯磨　優婆塞五戒相
僧祇比丘尼羯磨　優婆塞五戒威儀
十誦比丘尼羯磨　舍利弗問經
沙弥威儀經　戒消災經
沙弥尼離戒　解脱戒本

善見律

第一卷

鹿野在波羅柰國昔日如来與提婆達多俱為鹿王各領五百餘鹿在此林中時王出獵盡欲煞之中有雌鹿懷子垂產菩薩鹿王以身代之王感仁慈盡免其命即以此林用施諸鹿鹿野之号自此興焉

大寺梵言鼻訶羅此云遊謂僧遊履

處也舊来以寺代之寺者司也有法度也釋名云寺嗣也治事者相副續於其内也字從寸出聲出古之字也

衣桁或作笐胡浪反可以架衣也尒雅竿謂之㰦是也㰦音移

坋鄉淨云反阿毗曇藏名也依字廣雅坋分也

鋘鈇胡瓜反此古文竒字鏵下府于反莝刃也亦横斧也鈇擿也

彷徉扶羊反下餘章反廣疋彷徉徙倚也案彷徉俳佪也

一尗又作叔尗二形同失六反廣雅大豆曰尗小豆曰荅

遷提此仙反言可遷徙提挈也或作荃提言以荃草為之也非此方物出崐崘山中律文或作先提

絜褁古文作絜同古纈反絜束也繫也字林一耑也

和上經中或作和闍皆訛也應言郁波弟耶夜此云近誦以弟子年小不離於師常逐常近受經而誦也又云鄔波柁耶此云親教舊謂云知罪知無罪

名為和上也

阿闍梨經中或作阿祇利皆于闐等諸國訛也應言阿遮利夜譯云正行又言阿遮利耶此云軌範舊云於善法中教授令知名阿闍梨也

哂陁或忍反摩哂陁者是阿育王子也

第二卷

布薩此訛略也應云鉢羅帝提舍耶䅣此云我對説謂相向説罪也舊云淨住者義翻也

鷓鴣之夜反下古胡反埤蒼鳥似眼鳥而大字指云鷓鴣鳥其鳴自呼飛但南不北形如雌雉也

企摩去豉反人名也依字企立也從人從止經文從山作企古文𨗀字人在山上皃也

迦鏍勒和反人名也律文作螰悦專反尒雅螰覆蜪虫名也螰非此用

第三卷

唱薩此言訛也正言娑度此譯云善哉

整畟楚力反畟謂正方也

第四卷

棟木力見反棟木子如指白而粘可

一切經音義卷第十六　第四張　尸

以浼衣也
一鈴古合反字林燕雀所化也秦曰
牡蠣
鑱剌仕衫反廣雅鑱謂之鈹謂針剌
也說文鑱鋭也
誌名字詁今作識誌記也
第五卷
紫破今作喋同子累反廣雅紫口也
字書鳥喙也律文作嘴徐耎反嘴
非此義
一㰇虛奇反方言陳楚宋魏之間謂
蠡為㰇郭璞曰㰇蠡瓠勺也今江
東呼勺為㰇律文作桸假借也正
音虛衣反桸木名汁可食桸非此義
歠糜古文吷同昌悅反說文歠飲也歠
欱也欱音呼荅反律文作啜時悅反
啜茹也嘗也啜非今旨
寄客奇驕反廣疋寄寄客也律文作僑
高也僑非此用
緘口古咸反緘閉也字林束篋也廣
疋緘索也取其義矣
懟恨治類反尒雅懟怨也怼也
第六卷

一切經音義卷第十六　第五張　弁　伏

囊襻又作䙓同普諌反今衣䙓襻也
為鋌徒頂反謂銅鐵樸也
翡翠扶畏反且醉反雄赤曰翡雌青
曰翠出鬱林南方異物志云翡大
於鷰小於烏䙓身通黑唯胷前背
上翼後有赤毛翠通身青黄唯六
翮上毛長寸餘其飛即羽鳴翡翡
翠翠因以名焉字指云南方取之
因其生子漸下其巢須可取之皆
取其羽也
第七卷
癡疣魚訖反廣雅疣癡也通俗文小
癡曰疣說文癡不慧也埤蒼癡騃也
生肬又作疣默二形同有流反廣雅
肬腫也說文肬贅也小曰肬大曰
贅贅之芮反
蚺虵而塩反字林大虵也可食大二
圍長二丈餘異物志云蚺虵食灰
吞鹿出鹿与巴虵同
鵄鵂音浮俗多作鶹渠六反通俗文
佳其謂之鵂鵂尒雅佳鳩鵋郭璞
曰即鵂鶹也律文作孚非體也鳩音
夫鵋音方浮反

一切經音義卷第十六　第六張　弁　伏

狗獺他曷他鎋二反說文形如小犬
水居食魚者也律文多作狚獺獺
三形並非也
犊牛疾辛反字略云牛名也
第八卷
從容門木也案從容舉動也今取其義
扊户又作攙同口減反通俗文小户
曰扊字書扊窓也律文作居字与
扅同音餘舟反户鍵也又音簞非
令所用
擺撥又作捭同補買反下補沫反說
文擺兩手擊也廣雅捭開也撥除
也揚也
虫蛀俗音注此應蠹字丁故反謂虫
物損壞衣者如白魚等也律文有
攺作住
户向許亮反三蒼北出户也律文作
扃古熒反關鈕也扃非此用
作繖又作傘同桑爛反謂繖蓋也
蟹眼又作蠏同胡買反說文水虫也
八足二螯旁行也
米黏又作粘同户孫反粘黏也
縷茸而容反說文茸草茸也亦乱白
也今取其義

三股又作骰同公户反說文股髀也
謂脛本曰股今取其義律文作鼔
非體也
八廡力占反廣雅廡棱也方言箭三
廡者謂之羊頭箭也
弓法居雄反世本揮作弓宋忠注云
黄帝臣也山海經少昊生股股始
為弓此言是也說文以近窮遠故
曰弓也律文從木作⿰木弓非體也
門闑又作㮚同魚列反尒雅橛謂之
闑郭璞曰門梱也

第九卷

大瓬又作堽同古郎反方言瓬甖也
注云今江東通言大瓮為瓬
无藍力甘反筐屬也字林大簬也簬
杯籠也纂文云大筐也簬音力各
反方言杯簬也
及藤徒登反廣雅藤藟也今呼草蔓
莚如葛之藟者為藤
甘蔗子姚反出廣州子不堪食生人
間籬援上作藤用薄擣傳臆大驗
椰子聲類作梛同以車反異物志云
椰高十尋葉居其末果名也子及

葉廗遍中國
手搦又作㩶女卓女革二反搦猶捉
也說文搦按也
石榰今作支同之移反尒雅榰柱也
說文柱下也
及鰐五各反廣雅魚名也鰐魚長二
丈餘有四足似鼉齒至利有禽鹿
入水齧齧即斷
魚笱古厚反謂以簿為魚笱也曲竹
捕魚者也
𢍜取九万反通俗文汲取曰𢍜說文
𢍜抒漏也舀也舀音弋少反
鑰匙又作闟同餘酌反下又作提同是
支反

第十卷

麈麖之庚反字林似鹿而大一角也
麖又作麠同居英反尒雅麖大麃
牛尾一角麃即麞也色黑背白麃音
蒲交反麞別名也
直賧又作賥同徒感反通俗文市買
先入曰賧今言賧錢者也
沙糖又作餹同徒郎反煎甘蔗作之也
木槿居隱反尒雅椴木槿櫬木槿似

李花朝生夕殞可食者也

第十一卷

上湍土桓反疾水也說文疾瀨也水
流沙上曰瀨瀨淺水也
五篙古豪反謂刺船竹木也長二丈以
鐵為鏃者也
肪膏府房反說文肪肥也脂也三蒼
有角曰脂無角曰膏
有橐蒲戒反謂鍛家用炊火令熾者也
菰簇古胡反以尖竹頭布地也下楚
角反東京賦云瑇瑁不簇薛綜曰
不又猎取之也廣蒼胡餅家用簇
簇剌猎音又白反矛屬也
湧讃莫半反湧猶不實也不分別善
惡也律文作數敫數無文釆也數
非此用
遭洽又作淦涵二形同胡南反方言
洽沉也字體作湆舩沒也
縋煞又作磓同直爲反謂懸重曰縋
也通俗文懸鎮曰縋是也
拼石古文抨𦓵二形同補耕反謂振
繩墨拼彈者也
壘柵力癸反下又白反軍壁曰壘竪

木曰柵也
時笮側格反笮猶壓也今謂笮出汁
剗草又作鏟同初眼反廣雅剗削也
聲類剗平也
第十二卷
脚夾古洽反夾取也三蒼夾輔也
捻置奴頬反通俗文掐持為捻捻亦
捏也
第十三卷
屋霤又作𤺲同力救反説文屋水流
下也凡水流下皆曰霤律文
作留非體也
孱鄃士簡士延二反比丘名也
儒耎而俱反説文儒柔也術士之稱
也耎弱也
第十四卷
誘訹古文羑誂誘三形同餘手反説
文誘導也引也教也亦相勸也訹
私律反説文訹誘也廣雅訹誘也
律文作嘐非也下作恤非體也
物禆又作埤鞞二形同比移反又音
毘補也助也增益也
殕壞敷九反廣雅殕敗也埤蒼殕腐也

翁親烏功反案鳥頭上毛曰翁翁一
身之最上祖一家之最尊祖為翁
者取其尊上之意也
細縒又作緻同遲致反案緻密也
第十五卷
俸禄扶用反案俸禄也稟米賜錢皆
曰俸也禄福也案古者无有耕稼
民食野鹿在事之人鬬於田獵官
賜以物當其鹿處後人因之謂為食
鹿變鹿為禄者取其神福之義也
溼地烏學反謂沾濡曰溼也溼亦厚也
鼉鱓又作鱔䱇二形同音善訓纂云
蛇魚也
香荸撫俱反梵言憂尸羅此譯言皮
也亦花也
摒擋方政反下多浪反通俗文除物曰
摒擋摒除也
木摶字宜作剸徒端反剸謂剸截也
水觚古胡反論語觚哉馬融曰觚禮
器也一升曰爵二外曰觚是也律
文作觗非也
謇吃居展反下居乞反通俗文言不
通利謂之謇吃律文作蹇𧬈二形

非也
第十六卷
穄米子曳反説文穄似黍而不粘者也
關西謂之糜是也
物撓火高反説文撓擾也謂撓攪也
撩鳥力條反撩擲也説文撩理也
腹羅或作福羅或云富羅正言布羅
此云短靿靴也
傖吴仕衡反晉陽秋曰吴人謂中國
人為傖人俗又揔謂江淮間雜楚
為傖
卷褺徒頬反襞也字林重衣也
瘤病力周反説文瘤腫也聲類瘤瘜
肉也謂腫結不潰散者也
鐵烙力各反謂燒鐵著物也律文作
鉻非也
第十七卷
下矴都定反謂柱下石也經文作磌
近字也
郲蒐所留反外國藥名也
蕤子今作挼同汝誰反藥草也校可
治眼字從生豕聲
除苹皮兵反尒雅苹蓱其大者蘋注

一切經音義卷第十六　第十三張　弁

云水中浮洋

第十八卷

箱篋司羊反下苦協反箱謂盛衣器也

指挃知栗反廣疋挃刺也謂以手指觸也

鼻柰耶律　一名戒因緣經

第一卷

兼該古來反該備也方言該咸也

謏然蘇了反謏亦了也

緘縢古咸反下達曾反說文緘束篋也廣雅緘索也縢繩也亦緘閉也

諄諄古文訰同之純之閏二反說文告曉之孰也案諄諄誠懇皃也詩云誨尒諄諄是也

鈐波胡航渠廉二反

豶者扶云反說文豶豕也豶騬也謂犍豕也豶音似

鷄鶚娥各反雕屬也鷙鳥也如雕而黑文白首赤足喙而帚尒音如晨鵠也

捭桃臂弥反捭子果名也上林苑多烏捭是也

猳玃古遐反下居縛反說文大母猴也似弥猴而大色蒼黑善攫持人

一切經音義卷第十六　第十四張　弁

好頋眄也

第二卷

轝出烏居反蒼頡篇舉也對舉曰轝

如砷於甲反自上加下也

憣倢且獵字獵二反謂口舌往來皃也詩云倢倢憣憣謀欲譖言傳曰倢倢猶緝緝憣憣猶翩翩也

系頭户帝反調達第五比丘名也

第三卷

全頳市赤反方言齊宋之閒謂大曰頳亦曰美也

鑰牡餘酌反下亡後反謂出鑰者也揷關下牡也案鑰為牝牡所以封固閉門令不可開也

虺毒古文虫螝二形同呼鬼反毒虫也韓非子曰虫有虺者一身兩口爭食相齕遂相殺也

第四卷

牝牡脾忍反說文畜母也雌此之反下莫走反說文畜父也雄也飛曰雄雌走曰牝牡此一義也

凡閾古文閾同呼域反尒雅柣謂之閾郭璞曰門限也柣音田結反

一切經音義卷第十六　第十五張　弁

瓦榍蘇飢反尒雅榍謂之梁郭璞云門上橫梁也廣雅榍梠也

四徼古吊反四門巷也即曆中四徼曰是也

篅成市緣反說文判竹圓以盛穀篅篅也芚音徒損反

第五卷

讛語魚世反眠中不覺妄言也列子云眠中䆿讛呻呼䆿音五合反

赦宥書夜反說文赦置也周禮三赦一赦幼弱二赦老耄三赦愚惷下禹救反宥寬也宥亦赦也周禮三宥一宥不識二宥過失三宥遺忘

筑笛知六反筑形如筝刻其頸而握之頸築之故謂之筑字從巩者握持之也巩音拱共手為拱字也

桎梏之日反下古木反在手曰桎在足曰梏蒼頡篇偏著曰桎叅著曰梏

噤切渠飲反閉口為噤謂不開也

赶尾巨言反通俗文舉尾走曰赶律文作揵非體也

肱挾又作厷同古弘反下胡頰反廣雅辟謂之肱尒雅挾藏也說文挾

持也
烹鷹普羮反烹煑也方言烹熟也凡
煑於鑊中曰烹於鼎曰煑
敲節又作毃同口交反說文毃擴檛
也謂下打者也
擲拋又作摘同丈亦反擲投也拉也
下普交反字林拋擊也通俗文抶
縣曰拋拋打亦通語也今有拋車
亦作此音普孝反律文作苞非也
投夾古洽反夾膝也
第六卷
虫蠹丁故反字林木中虫也穿食人
器物者如白魚等並是也
弓犍又作韃靬二形同居言口旦二
反廣雅弓藏也謂弓衣曰韃釋名
韃建也弓矢並建立其中也
塔婆或言偷婆或言藪斗波皆訛也正
言窣覩婆此言廟也
第七卷
痱癗又作痝同蒲罪反下力罪反案
痱癗小腫也
撓擾字林火刀反撓擾也下如紹反廣
疋擾乱也說文擾煩也

激動古歷反流急曰激激發也亦感
激也
如厭於冉反字苑眠内不祥也蒼頡
篇伏合人心曰厭說文厭合也字從
厂猒聲厂音漢
第八卷
亘然古鄧反謂坦然也亘亦遍也竟也
嘬羅楚快反楚言阿婆嘬羅天子食
地肥者也
企望古文跂企二形同墟豉反謂舉踵
曰企也
淰水江南謂水不流為淰音乃點反
關中乃斬反說文淰濁也埤蒼淰
水无波也律文作潜非也
捽滅存没反說文手持頭髮也捽亦
擊地也
第九卷
棓水蒲交反通俗文手把曰棓說文
棓把也
刕掣力計反比丘名刕掣子
魁首苦迴反魁師也亦首也廣雅魁
主也
荼揭尊者荼揭奻渠謁反人名也

蝕螫勅芥反字林皆行毒虫也關西
謂蠍為螫蟄音他達力曷反
第十卷
蚩弄古文蚩同尺之反廣疋蚩輕也謂
相輕而笑也
細襵知獵之涉二反廣雅襵𧝓也㲲也
噏飯又作吸同羲及反廣疋吸飲也
吸猶引也
盡县古尭反說文倒首也賈侍中說
斷首倒懸即县字也謂懸首於木
上竿頭以肆其辜也廣雅县磔也
或作梟二形通用也
𥇦夜梵言𥇦夜泹此言打杙封地也
水竇徒鬪反謂水所行道也說文竇
空也孔穴也
䠙豆補迷反廣雅䠙豆蹈豆也
持戟居逆反廣雅偃戟雄戟也方言
三刃枝南楚宛郢謂之偃戟
攫飯於獲反廣雅攫持也謂以手攫
取也律文作摑非也
噂嘌又作𩨧同補洛反下子立反說文
噍皃也
摩得勒伽律

第一卷
摩得勒伽或言摩侄梨迦或言摩恒
履迦此譯云母以生智故也
為怗亘作擋餘占反言如屋擋遮堂
室也仍未詳
第三卷
子驪三蒼云此占歡字同音呼官反
説文馬名也
毗尼母律
第三卷
鉎鏽才戈才鹿二反下力戈反聲類
小釜也亦上釜也一名鎢錥音烏育
相跋説文作犮同補末反相跋蹴也
蹴践也蹴音力涉反
掊汗蒲交反通俗文毛把曰掊説文掊
把也律文作刨近字也
俟一古文竢䇃卮三形同事几反尒
雅俟待也
謫阿知革反方言謫怒也郭璞曰謂
相責怒也謫譴也譴呵也責也
第四卷
聡喆又作悊悊二形同知列反尒雅
哲智也方言㪽木之閒謂知為哲

哲明了也
傅之方務反桊傅猶附也謂塗附也
漢書皆傅脂粉是也
鐴土補赤反埤蒼鐴大犂耳也
衸之又作褚同知吕反通俗文裝衣
曰衸也
漉著或作渌同力木反水下皃也漉
浚也律文作漉近字也
餮饙思流反下又作餴同府云反字
書蒸米也廣雅饙謂之餐尒雅饙
餾也亦餾也
第五卷
刻鏤肯則反尒雅木謂之刻注云治
璞之名也廣雅刻畫也鏤力鬪反
尒雅金謂之鏤鏤刻也
銅㪷苦廻反説文盛羹斗也律文作
㪷又作鏁皆非也
燭樹時注反樹猶立也或作竪殊庾
反説文竪立也兩通
相敢古膽反三蒼敢必行也不畏為
之也廣雅敢勇也敢犯也亦進也
謂相竟也
賭金古文作賭同几䝚反廣雅賭賭

也賭物為賭
稚弩梵言壹菩此云箭也今作弩古
亙反説文張弓弩也
饋汝古文餽同渠愧反説文饋餉也
進物於尊者亦曰饋饋亦祭名也
第六卷
淋水古文瀶同力針反字林以水淡
也淡灌也
師範又作笵同音犯尒雅範法也常也
搔摸桒勞反説文搔刮也搔抓也下
亡各反方言摸撫也即摸捸也律文
作撈力高反方言鉤取也撈非此義
欱作呼合反説文欱歠也欱合也文
中作哈土合反哈然失所也字書
此与啗字同徒濫反並非此義
攲側又作𢻱崎攲三形同丘知反説
文攲𡹤傾側不安也
第七卷
木梯敷廢反説文削朴也朴札也謂
削木皮也
第八卷
體瘃又作瘃同知録反謂手足中寒
作瘡者也

籬上又作攡扡二形同力支反通俗
文柴垣曰籬釋名云以柴作之踈離
離然也
薩婆多毗尼毗婆沙
第三卷
作發府越反謂撥發也說文射發也
廣雅發舉也律文作撥補沫反撥
除也撥去也撥非此義
飄然敷遥反飛揚皃也飄猶吹也輕
飄也律文作驃方召反馬色也驃
非此用
波濱梵言波衍那此云周圍廊舍院也
以摘都革反蒼頡篇摘取也
第四卷
漸染或作瀸同子廉反廣雅漸漬也
濕也相染汙也後漢書墨子泣乎
白絲如漸染之易性是也律文作
冉毛也冉非今用也
穡積又作蓄同恥六反蒼頡篇穡聚
也積也
甲胄古文軸同除救反字林兜鍪也
律文作鈾非也
大捧又作棓同蒲講反說文捧大杖也

一弗初眼反字苑今之炙肉弗也
駝毛大何反即駝駝也律文從馬作他
非體也
羖羊公戶反亦名羖羊三蒼羖䍽也
揵稚直致反舊經多作揵遲梵言臂
吒揵稚臂吒此云打揵稚所打之木
或檀或桐此無正翻彼無鐘磬故也
今經律多作揵稚誤也
第六卷
羅芀郎北反香采也俗言避石勒諱
改名羅香也律文作勒非體也
胡荾又作荽字苑作䕑同私隹反韻
略云胡荾香菜也博物志云張騫
使西域得胡綏今江南謂胡䕑亦
為葫䕑音胡祈閭里間音火孤反
第七卷
鴶鵴竹刮反尓疋鴶鵴寇雉郭璞曰大如
鴿似雌雉鼠脚無後指岐尾為鳥憨急
群飛出北方沙莫地也憨音呼濫反
俗名寇雀
猖狂齒揚反謂狂騃也莊子云猖狂
妄行是也
第八卷

手旗渠基反熊虎為旗刻手為飾因
以名焉論文作衙牛墟反行皃也
又作衙魚家魚舉二反馮翊縣名
也並非此用
第九卷
蟻封府逢反封謂起土增高也封亦厚
也如封壘
不羿口迹反謂羿瞅也
嚼食自略反廣雅嚼茹也字書咀也
亦即噍嚼也
大愛道比丘尼經上卷
精廬力居反廬舍也精廬說文人近
名非古典即精舍也
倓然徒闞反蒼頡篇倓恬也說文倓
安也廣雅倓靜也今皆作淡闞音
苦濫反
踱跣又作跣同徒各反下四典千典二
反三蒼云以脚踐土也諸書作徒跣
歔欷喜居反下虛既反字林涕泣皃
也蒼頡篇泣餘聲也亦悲也
蒺蔾茨栗反下力尸反布地蔓生者
也尓雅薋蒺蔾是也
溢溢古文泆同弋一反字林溢滿也

一切經音義卷第十六　第二十五張
咍笑呼来反字書蚩笑也楚人謂相
調笑為咍經文作唉於来反磨聲
也唉非此義
撿押居斂反撿括也括猶索縛也下
古狎反介雅押輔也謂押束也
庱𥩟介雅庱幸也郭璞曰庱𥩟僥倖
也又云庱𥩟尚也庱兾也𥩟徼也
蜎飛一全反字林虫皃也或作蠉古
文翾同呼全反飛皃也介雅井中
小赤虫也
蚑行渠支反又音竒謂虫行皃也周
書蚑行喘息是也
圭合古携反漢書多少者不失圭撮
四圭曰撮孟康曰六十四黍為一
圭也
燔燒扶袁反字林燔亦燒也
婬佚又作劮同与一反蒼頡篇佚蕩
也亦樂也
洋銅以良反謂煑之消爛洋洋然也
三蒼洋大水皃也字略作煬釋金也
摸擦亡各反方言摸撫也謂撫循也下
蘇各反埤蒼摸擦捫摋也摋音孫
拉推都礼反大戴礼夏小正云拉猶

一切經音義卷第十六　第二十六張
推也謂相推排而坐
褚衣昌占反介雅衣蔽前謂之褚郭
璞云即今蔽膝也言褚褚然前後
出也
踞牀記恕反字林踞亦蹲也亦跨也律
文作倨倨傲也不遜也倨非此義
巫師武俱反事鬼神曰巫在男曰巫
在女曰覡說文能事無形以舞降
神也
殰殰又作隤同為愍反聲類殰沒也
墜落也
媟瀆相列反下古文遺嬻二形今作
黷同徒穀反方言媟狎也謂相親
狎也嬻慯也傷也謂相輕傷也
犇走古文驞今作奔同補門反疾走也
釋名云奔變也有急變奔赴之也
卷下
脩恂私巡反廣雅恂敬也介雅恂信
也亦戰慄也
用啖又作啗噉二形同達敢達濫二
反廣雅啖食也啖亦𩚵也
妖冶於驕反下以者反周易冶容誨
淫劉瓛曰冶妖冶也經文作蠱虫

一切經音義卷第十六　第二十七張
行毒害也蠱音聲類弋者反
愵能而酌反弱爽弱也經文從心作
愵古文惄惄二形今作愵同奴的
反愵憂也
䲸㞋書無此字宜作鯤胡本反此恐
誤作音字宜作很胡懇反很㞋也
違也說文不聽從也字從彳從㒵聲
滀在釋名作滀諸書作蓄稸二形同
抽六反蓄止也廣雅蓄聚也積也
㼽鞁又作爇同火見反着㼽者也今
取其義應作鞘胡犬反
嫈嫇字林乙莖茫莖反心態也亦細
視也經文作嚶䁅未見所出
歸縢又作剃同他計反說文歸剔也
盡及身毛曰歸文中作梯他弟反
廣雅梯渫也下力酌反廣雅略治
也亦强取也文中作縢
惠傳方務反傳附也謂塗附也漢書傳
脂粉是也
珠璣居衣反說文珠不圓者也字書
一曰小珠也
訕貴所姦反論語悪居下而訕上孔安國
曰訕謗毀也蒼頡篇訕非也

鴿餌令作䬾同除禁反大如雕紫綠
色長頸赤喙食虵者也以羽畫酒
飲之煞人也蒼頡篇餌食也凡所
食物皆曰餌
煩苛賀多反國語苛我邊鄙賈逵曰
苛猶擾也廣雅苛怒也
禁圄魚呂反釋名云圄禦也謂禁禦
之也
剖形普後反剖破也說文剖判分也
廣雅剖析也
大比丘三千威儀經卷上
如掐又作𢭆同口洽反埤蒼掐抓也
謂爪傷也
盪器徒朗反說文盪滌也通俗文澡器
謂之盪滌也
咤嘖都嫁反說文吒噴也叱吒猶呵
叱也下普寸反說文鼓鼻也廣雅
嚔也文中作噌非也
調譺徒弔反廣疋調欺也調責也下魚
戒反廣雅譺亦大調也謂相嘲調也
頷頭牛感反說文低頭也廣雅搖也
謂搖其頭也
僧迦正言僧腳差僧此云掩覆腳差

此云脥名掩脥衣律文作僧迦支
或作祇支或作竭支皆訛也
尼衛此譯云裹衣也
下尻苦勞反尻臀也臀音徒昆反
去鉎所京反埤蒼鉎鏉也謂鐵衣也
鏉音所雷反
分衛此言訛也正言儐荼波多擯荼
此云團波多此云墮言食墮在鉢
中也或言賓荼夜此云團團者食
團謂何乞食也
招提譯云四方也招此云四提此云
方謂四方僧也一云招提者訛也
正言拓鬪提奢此云四方譯人去
鬪去奢拓復誤作招以拓相似遂
有斯誤也
卷下
捼手奴和乃迴二反說文捼摧也一
曰兩手相切也
汗湔子見反通俗文傍沾曰湔山東
名也江南名潰音祖旦反
得攫烏獲反謂手擢取物也
氣泄古文呭同思列反詩云俾民憂
泄箋云泄出也發也廣雅泄漏也

掉捎徒弔反掉搖也捎也下所交反
捎動也
優婆塞五戒相經
衡軛於革反車軛也謂轅端壓牛領
者也
兩舷胡田反船兩緣也埤蒼船舷也
亦名舥音扶嚴反
椽桷馳宣反下古學反椽桷榱橑皆
一物而異名也
及奧於報反奧室也尒雅室西南隅
謂之奧郭璞曰室中隱奧之處也
二叟古文変傻二形今作叟同蘇走
反方言叟父長老也東齊魯衛之
閒凡尊老謂之叟南楚曰父字從
灾從又脈之大候在於寸口老人寸
口脈衰故從又從灾又音手灾者衰
惡也
優婆塞五戒威儀經
摟篡子管反錫杖下頭鐵也字應作
鑽子乱反開中名鑽江南名鐏鐏
音在困反釋名矛下頭曰鐏也
三括古奪反括結束也括猶索縛之也
此字應誤宜作掐以掐反搖動也

舍利弗問經
一切經音義卷第十六　第三十一張　弁徐師
晳令字書今作晳同都木反尒雅晳
正也注云謂御正之也方言晳理
也說文晳察也
飈焰又作颷同比遙反謂暴風也字
從猋從風猋從犬非火也
亟立墟記反尒雅亟數也數音所角反
覢鑠又作睒同式冉反說文暫見也
不定也下舒若反鑠光明也
係縛古文繫繼二形同古帝反說文
係絜束也繫亦連綴也
憔至若葦反憔憔言勖勖也亦憔快
也勖音若沒反
懇惻古文䫘同口很反通俗文至誠曰
懇懇信也亦堅忍也下古文恖同
楚力反廣雅惻非也說文惻痛也
若鏟叉莧反說文一曰平鐵也廣雅
謂之鏟蒼頡篇削平也
圊內七情反廣雅圊圂廁也釋名
言至穢處修治使潔清也
戒消災經
釃酒字書作釃同所宜所解二反說
文下酒也一曰醇也詩云釃酒有

一切經音義卷第十六　第三十二張　介
藇傳曰以筐曰釃
酒烝之承反左傳定王享之肴烝杜預
曰烝升也亦籩簋之實也亦進也
負摙力展反淮南子曰摙載粟米而
至許叔重曰摙擔之也今皆作輦
解脫戒本
抪草普胡反字書抪敷也謂敷舒之
也說文抪布也今皆作鋪鋪陳也
入陛蒲米反說文外高陛也即牀陛
階陛是也戒文從木梐補奚反禁
獄之名非此用也
攲身又作崎同丘知反謂攲傾不正也
蹻脚丘消反說文舉足行高也漢書
蹻足文穎曰蹻猶翹也三蒼解詁
云蹻舉足也史記作翹戒文作䠊
口彫反縣名也䠊非此義
担作乃結反埤蒼担捺搦治也
臘佛謂坐臘臘餅謂今七月十五日
夏罷獻供之餅也
僧祇戒本
刀擬魚理反字書擬向也說文擬度
也比也
不嫽力彫反謂相嫽敎也嫽觸也弄也

一切經音義卷第十六　第三十三張　弁
揞攪古文捁同古巧反字書攪撓也
亦乱也
軟揞又作嗽同所角反通俗文含吸曰
軟戒文作數俗字也
噂㗱補莫子立反說文噂㗱㗱聲也
四分戒本
無崖又作厓同五佳反說文岸高邊
者也書有作涯宜佳反涯涘也无
涯際也
失轄古文舝鎋二形同胡瞎反軸端
鐵也說文轄鍵也
磔手古文厇同知格反廣疋磔張也
磔開也通俗文張申曰磔是也
分牻亡江反考工記公圭用牻注云
牻雜也說文白黑雜毛牛也戒文
作尨犬多毛也詩云無使尨也吠
是也
覆苫舒塩反尒雅白蓋謂之苫李巡
云編菅以覆屋曰苫又音舒焰反
苫亦覆
掉辭徒弔反廣雅掉動搖也
噏飲古文歙噏二形今作吸同許及
反廣雅吸飲也謂氣息入也

犛牛交反說文云西南夷長髦牛
也今隴西出此牛也戒文作猫貓
二形今人家所畜以捕鼠者是也
猫非此義也

十誦戒本

如斤居銀反說文斤斫木也斤钁也戒
本作釿牛引反說文釿劑也劑音子
隨反翦刀也劑非此義

躄行方尺反說文躄不能行也字體
從辟從止也

弥沙塞戒本

企行去彼反說文企舉踵也企亦望
也詩云企予望之是也

比丘尼羯磨

厭禱於葉反伏合人心曰厭下都道反
求福曰禱廣雅禱謝也禱請也

聖詰古到反介雅誥告也誥亦謹也
郭璞曰所以約謹戒衆也

四分比丘尼戒本

門閫又作梱同苦本反禮記外言不入
於閫注云即門限也

衿髁口化反三蒼髁尻骨也字林髀
骨也

僧祇比丘尼戒本

繮勒鄙愧反字書馬縻也所以制牧
車馬也勒馬鑣銜也字從絲連

遞相又作遆同徒礼反小介雅遞迭
交更也介雅遞迭也郭璞曰謂更
易也

羯利數名也正言迦利沙鉢拏案八
十枚貝珠為一鉢拏十六鉢拏為
一迦利沙鉢拏

擾乱如紹反說文擾煩也廣疋擾擾亂也

適他尸亦反介疋適往也適事他人也
方言宋曾謂往為適適亦歸也

佉唱竹交反佉唱羅此譯云小長牀
一云揭譫音猪家反

百衲音輒謂裙衲也又音之涉反通
俗文便縫曰衲也

偏刳口孤反謂空其中也方言刳㓷也
說文刳判也

趬脚丘昭反說文行輕皃也一曰舉
也亦高也戒文作蹺非也

十誦比丘尼戒本

門閑又作臬同魚列反即門限也亦名
閫音苦本反

唶噫於禁反下乙戒反唶唶也噫歎
傷也亦大聲也戒文作嗌於亦反
嗌咽也嗌非字義

沙弥威儀經

泒瀆普賣反說文泒水之邪流別也
廣雅水自汾出者泒也

汙湔子見反山東音也江南曰濽音
子旦反又音子千反手浣也

調譺五戒反通俗文大調曰譺說文
欺調也

潘中蒼頡篇作瀋同敷袁反泔也說
文潘淅米汁也江北名泔江南名潘

坌却府墳反說文坌除掃棄也廣雅
坌除也

澆濽又作濺同子旦反說文濽汙灑
也江南曰濽山東曰湔音子見反

沙弥尼離戒

箄笛古文篴同徒的反說文七孔籥
也巷笛三孔戒文作篇非也

一切經音義卷第十六

甲辰歲高麗國大藏都監奉
勅彫造

一切經音義卷第十七 小乘論 弁

翻經沙門玄應 撰

阿毗曇毗婆沙論
迦旃延阿毗曇論
舍利弗阿毗曇論
俱舍論
出曜論

阿毗曇毗婆沙論

第一卷

阿毗曇或言阿毗達磨或云阿鼻達磨皆梵言轉也此譯云勝法或言無比法以詮慧故也或云向法以因向果或名對法以智對境也

毗婆沙隨相論作毗頗沙此云廣解應言鼻婆沙此譯云種種說或言分分說或言廣說同一義也

優婆提舍此云逐分別所說沙門隨後即釋舊人義譯為論義經也

揵度巨焉反此言訛略也應云娑揵圖揵音居言反此云聚中阿含經云揵度者此云積木義亦一也

評曰皮命反謂量議也字書評訂也

訂音徒頂反說文訂平議也

第三卷

渴伽月藏經作佉伽皆訛也正言朅伽朅音去謁反此譯云犀牛毗沙拏此云角謂犀牛一角一亦獨也喻獨覺也言一一獨居山林也

般吒此訛略也應言般荼迦此云黃門其類有五一般荼迦總名謂具男根而不生子二伊利沙般荼迦伊利沙此云妬謂見他共婬即發情欲不見不發三扇荼般荼迦謂本來男根不滿故不能生子四博叉般荼迦謂半月作男半月作女博叉此云助謂兩半月助成一滿月也五留拏般荼迦謂被刑男根留拏此云割也

第四卷

刀鞘小尒雅作鞘諸書作削同思誚反方言劒削關東謂之削關西謂之鞞音餅說文削刀鞞也江南音嘯關中音笑也

屎尾又作菌古書亦作矢同失旨反說文菌糞也下又作尿同乃弔反

通俗文出脬曰尿字林尾小便也醫方多作矢溺假借也論文作屎香伊反殿屎呻吟也屎非此義

第五卷

頗有普我反諸書語辝也

第七卷

眼瞳徒公反埤蒼目珠也眼中瞳子也

瞿翅羅鳥經中或作拘枳羅鳥或作俱翅羅鳥同一種也此譯云鵶鶵好聲鳥也此鳥形醜聲好從聲為名共命鳥

捕狙又作覰同千絮反三蒼狙伺也通俗文伏伺曰狙是也狙亦覰視也謂相候視也論文作摣此字習誤已久人莫辯正也

柢洹猶是祇陁此言訛也應云移多或言逝多此云戰勝蔢鄉此云林名為勝林移音是奚反

廁溷測吏反謂人雜廁在上非一也下胡困反廣雅圊圂庰廁也廁亦圂也言溷濁也或言清言至穢處宜脩治使潔清也

麤獷且胡反廣雅麤大也又人之營

防亦曰毚麀性食息自相背慮人
獸之害警亦如之故字從三鹿字
意也
隟穀徒果反字林隟小堆也吴人謂
積土為隟今取其義𤨏(車子縛也)坪(土也)
次壓於甲反蒼頡解詁壓鎮也笮也
論文作押音甲尒雅押輔也亦束
也押非此用
趕早穀趍甯也
白墡字體作墠字林音善土名也即
白土也亦名堊案吴普本草云白
堊一名白墠是也
第八卷
睸翳疋眇反目病也下或作瞖同於
計反
若挑他堯反說文挑抉也以手抉挑
出物也
孿併所患反廣雅孿子兩也通俗文連
子曰孿字林雙生也蒼頡篇一生
兩子也併音蒲茗反尒雅並併也
亦俱也言若二身根即二人連併
此不可也
潢水胡光反說文潢久積水池也大

曰潢小曰洿洿濁水也
揩揩古文鞜同徒荅反說文揩揩也
一曰𦎧揩也今之射鞜是也
第九卷
操扙又作𣪠同錯勞反說文操把持
也執捉也論文作搯非也
駁色補角反字林班駁色不純也通
俗文黄白雜謂之駁犖論文從交
作駮獸名踞牙食虎豹者也
詭誑俱毀反謂變詐也三蒼詭譎
譎詐也廣雅詭欺也
第十二卷
糺索居黝反蒼頡解詁云繩三合曰
糺小尒雅云大曰索小曰繩也
愽弈古文簙同補莫反下餘石反方
言愽或謂之綦弈圍綦也方言自
關而東齊魯之閒皆謂圍棊為
弈小尒雅云棊局謂之弈
第十四卷
般闍于瑟或作般遮于瑟皆訛略也
應言般遮跋利利沙又言般遮婆
栗史迦般遮此云五婆栗史迦此
云年謂五年一大會也佛去世一

百年後阿輸迦王設此會也自茲
以後執見不同五師竟分遂成五
部或十八部也
第十五卷
五𥈭古文𡏳同於計反小尒雅幽𥈭
闇昧冥也釋名𥈭翳也使日光不
明淨也
窳墮曳乳反尒雅窳勞也郭璞曰勞
苦者多墮窳也言嬾人不能自起
如瓜瓠在地不能自立故字從瓜
嬾人恒在室中故字從穴
一的古文弔說文作的同都歷反的
明也詩云發彼有的傳曰的射質也
謂的然明見也今射堋中珠了也
第十六卷
麻幹工旦反麻莖也亦枝主名幹廣
雅幹本也三蒼枝幹也字宜作藳
稭二形音皆今呼為麻藳是
第十八卷
彷徉扶羊反下余章反廣雅彷徉徙
倚也亦俳佪也
作屣古文䩕䩬二形同所綺所解二
反說文屣鞮屬也鞮韋屐也鞮音

都奚反
軍持此譯云瓶謂雙口澡灌也西國
尼畜君持僧畜澡灌皆不得手用論
文作揵
第十九卷
樺皮胡霸反木名也皮可以飾弓者也
一畦胡圭反蒼頡篇田五十畝曰畦
畦埒也埒封也道徑也埒音劣
第二十卷
瞪瞢宜作䁂瞢徒登反下亡登反韻
集云失臥極也亦乱悶也論文作
憕懵非也
曲蟺音善古今注云丘蚓也一名蜜
蟺江東名寒蚓善長吟於地中江
東謂為歌女或謂之鳴砌論文作
蟬非躰也
曲僂力矩反通俗文曲脊謂之傴僂
春秋宋鼎銘曰一命而僂再命而
傴三命而俯杜預曰俯恭於傴傴
恭於僂身俞曲恭益加也論文作
軁或作瘻並非也
僂伏又作㒉䞨二形同丁堅反廣雅
傎倒也謂反倒也下古文踣今作

仆同蒲北反說文仆頓也謂前覆
也論文作顛伏非躰也
是筏通俗文作艐韻集作撥同扶月
反謂編竹木浮於河以運物者也
卯幟於君反三蒼印信也撿也字從
爪卩也卩音節下又作⿰忄志同昌志
反通俗文私記為幟舊音皆與知
識同更無別音
第二十一卷
舩簰蒲佳反方言簰謂之筏南土名
簰北人名筏論文作椑非躰也
髖骨又作臗同苦桓苦昆二反說文
髖髀上也埤蒼臗尻也
營壘古文作㷀同役瓊反三蒼營衛
也部也下又作垒同力癸反軍壁
曰壘壘亦重也
洟唾古文𩠐同勑計反三蒼洟鼻液
也周易齎咨涕洟自目曰涕自鼻
曰洟論文從口作咦又作涕並非
軆也
肪䏈府房反肪肥也脂肪也下先安
反通俗文在腰曰肪在胃曰䏈䏈
脂也謂腸䏈脂也論文作膷非也

腦胲古才反足大指也案字義宜作
解音胡賣反謂腦縫解也无上依
經云頂骨无胲是也
悤向又作牕憁窓三形同楚江反正
窓也旁窓曰牖以助明也下許亮
反三蒼向北出牖也向亦窓也論
文作扃古螢反扃鈕也外閉者也
扃非今義
衣䙡孤得反相傳云謂衣襟也未詳
所出
蹻足丘消反蒼頡解詁云舉足行高
也漢書蹻足文頛曰蹻猶翹也
第二十五卷
軶軥又作枙同於革反小尒雅衡枙
也謂轅端壓牛領者也
第二十六卷
以繭古文絸同古典反蠶縈絲者也
蒼頡解詁云繭未繰也字從虫從
糸芇聲芇音眠
日曝蒲穀反曝曬也說文曝晞乾也
字從日從出從廾米字意也
第二十七卷
失歡摩羅或言失收摩羅此云煞子

魚也善見律譯云鰐魚廣州土地
有之鰐音五各反
鱣魚知連反尒雅鱣大魚也似鱏而
短鼻口在頷下江東呼為黄魚長
者二三丈鱏音徐林反鼻長七八
寸重千斤
興渠此是樹汁西國取之以置食中
今有阿魏藥是也
岐路古文䓇跂二形同渠宜反謂枝
別義也尒雅道二達謂之岐謂岐
道直出者釋名物兩為岐此道似
之史記楊朱泣岐路是也
第二十九卷
門閫又作梱同苦本反說文梱門橜
也三蒼門限也
第三十二卷
户樞齒吏反廣雅樞本也尒雅樞謂
之椳郭璞曰謂門扉樞也椳音五
廻反
盈長又作羸同弋成反下除亮反字
林羸有餘也廣雅羸益也長剩也
祝詛說文作詶今作呪同之授反下
古文䛶同側據反釋名祝屬也以

善惡之辞相屬著也詛阻也謂使
人行事阻限於言也
第三十三卷
傎蹶都賢反傎倒也下又作蹶同居
月巨月二反蹶仆也亦頓也前覆也
第三十八卷
鈆性俀川反說文鈆青金也尚書青
州貢鈆是也錫銀鈆之閒也
竹篾莫結反埤蒼桐竹皮也中國謂
竹篾為䉭䉭音弥蜀土亦然
第三十九卷
殰風又作瀆同胡對反說文殰漏也
謂決潰癰瘡也論又作膭肥膭膭
也膭非字體又作䐪浮鬼反三蒼
䐪多滓也膭非此義
麋鹿亡皮反說文鹿屬也以冬至解
角者也
第四十卷
火燧又作隧同辞醉反火母也世本
云造火者燧人也因以為名
墟齶去於反下五各反齒内上下肉也
第四十二卷
蔬食所於反字林蔬菜也尒雅蔬䟽郭

璞曰凡可食之菜通名曰蔬也
因舫甫妄反通俗文連舟曰舫尒雅
舫舟也郭璞曰併兩船也又舫亦
柎也注云水中筏也
佉樓書應言佉路瑟吒謂北方邊處
人書也
第四十三卷
執穳字詁古文錄穳二形今作穳同
千乱反廣雅穳謂之鋋鋋小矛也
鋋音市延反
褰衣又作攐丘焉反禮記暑無褰裳
鄭玄曰褰去也
觀垣宇煩反詩云太師維垣傳曰垣
牆也釋名垣援也人所依阻以為
援衛也
第四十六卷
執盾食尹反盾所以扞身蔽目也以
木自蔽從目象形盾聲論文作闌
楯之楯非體也
俾倪又作睥睨二形同普米反下吾
礼反廣雅俾倪堞女牆也埤蒼城
上小垣也釋名云言於孔中俾倪
非常事也

器仗祛異反下治亮反漢書制器械
之品應劭曰內盛曰器外盛曰械
一曰無盛曰器仗兵器也五刃揔
名兵人所執持曰仗也
第五十四卷
捷樹字詁古文捷今作接同子葉反
相接也言接樹無相也
殉腸上辭俊反
第五十五卷
斑駁又作辩同補顔反蒼頡篇斑文
皃也雜色為斑也駁不純色也
卜筮時世反禮記龜為卜蓍為筮卜
筮者所以決嫌疑定猶豫故疑即
筮之字從竹從巫筮者揲蓍取卦折
竹為爻故字從竹揲音食列余列
二反
迦𢷤延阿毗曇第一卷
跋渠亦言伐伽此譯云部亦品之別
名也
首盧亦名室路迦或言輸盧迦波印
度數經皆以三十二字為一輸盧
迦或名伽陁也
第三卷

貪餮又作飻同他結反說文餮貪也
論文或作饕音他勞反杜預注左
傳云貪財曰饕貪食曰餮
第十七卷
户闔古文鑰同余酌反方言關東謂
之鍵開西謂之闔
鍼筒古文箴針二形今作鍼同支諶
反說文所以用縫衣者也
羠形囚几反聲類云騬羊也徐廣曰
羯羠並犍羊也騬音似陵反
犛牛形亡包反西南夷長尾牛也論
文作猫非體
第二十八卷
无替他計反尒雅替廢也替滅也言
滅絕也
第二十九卷
樂戅都絳呼貢二反字林愚也謂貪
飻无劑畔味著無猒足若於苦中
如駝食蜜也新經論中譯為耽嗜
者是也
第三十卷
不孕古文䏆同餘證反說文裹子也
廣雅孕傳也含實曰孕

禿騵音元三蒼赤馬白腹曰騵
三滿又作㶂藕二形同五口反泉名
也依字芙蓉根也
沃焦烏木反綦郭璞注江賦云大壑
在東海外沃焦海所瀉涼水注處
也今取無窮極義也
舍利弗阿毗曇論第一卷
殉有辞俊反蒼頡篇殉求也亦營也
西軫之忍反淮南子曰激軫之音許
叔重曰軫轉也
閬風力盎反廣雅崑崙虛有三山閬
風板桐縣圃也
愔愔於針反聲類愔和靜皃也三蒼
性和也
第六卷
旋嵐力含反或作岚嵐婆或言鞞藍
婆或作吠藍或言隨藍皆是梵之
楚夏耳此云迅猛風也
認取而震反謂失物而認之者認記
也論文作仞非體也
酥酒力刀反蒼頡篇䣽謂有滓酒也
第七卷
穳矛麁鸞反穳擲也下又作戎鉾二

形同莫侯反論文作竄幷二形非
𨍏也
第十一卷
䡚豆方蚕反
第十三卷
磓脚又作縋同直偽反通俗文懸鎮
曰縋謂懸石磓之也磓下也論文
作鎚假借也
呼呷呼甲反說文呷吸也
浸淫姊鴆反侵也浸淫者轉大言之也
侵淫移徙處曰癬也釋名癬徙也
螟子音冥南多饒此物如蚊而小
攢聚映日羣飛作痕如手也
車轢力各力的二反輾轢也說文車
所踐曰轢也
第十四卷
癬皰又作疵同私淺反字林乾瘍也
案癬有乾濕兩種釋名疵徙也秘
徙漸大也故青齊謂癬為徙也
癠下又作㬠同竹世丁計二反關中
音多滯字林赤利也釋名云下重
而赤白曰癠言厲癠而難差也
蛑蝨補奚反說文蛑齧牛虫也今牛

馬鷄狗皆有蛑也下所乙反齧人
虫也山東及會稽皆音色
第十九卷
緒分辞与反說文緒絲端也謂端緒也
稼穡加暇反下所力反字林種曰稼
収曰穡說文禾之秀實為稼一曰
在野曰稼
第二十一卷
橐師埤蒼作韛又作排同蒲戒反王
弼注書作橐橐橐橐也謂鍛家用
炊火令熾者也
第二十二卷
骨皰又作皰同輔孝反小腫也說文
皰面生氣也今取其義論文作胞
或作疱鮑二形非也
檯舉徒來反通俗文舉振謂之檯
㯞䕸之涉知獵二反㯞猶㯞疊也亦
細㯞也
萑荻胡官反細葦也詩草木疏云葭
菼名亂至秋成則謂之萑夏小正
曰葦未秀則不為萑秀以後為萑
下又作蓫同徒歷反即薕荻也堪
為薄者也薕古銜反葭音加菼他

敢反亂音五患反
俱舍論第一卷
俱舍此譯云藏則庫藏之揔名也而
體是藋蓾借以喻焉
諸冥莫庭莫定二反說文冥幽也幽
闇也冥夜也夜无所見也字從日
從六日數十六日而月始虧冥也
冂聲冂音古螢反
何負胡可曷多二反小尒雅何揭擔
也廣雅何任也今皆作荷
竅穴口弔反竅孔也說文竅空也穴
土室也
鼉鼉徒多反三蒼似蛟而大山海經
江水足鼉郭璞曰似蜥蜴大者長
一丈有鱗彩可以為鼓詩云鼉鼓
逢逢是也字體從黽從單省聲黽
音莫耿反
鉤鵒古侯反下加額反尒雅鵒忌欺
郭璞曰今江東呼鵂鶹為鉤鵒音
格廣雅鵂鶹鵋鵙也亦怪鳥也晝
盲夜視關西呼訓侯山東謂之訓
狐論文作鴝字与鸜同音具揄反
鴝鵒鳥也鴝非此義

第二卷

相攢扶未反南人謂相撲為相攢也

相磕苦盍反說文磕石聲也今江南凡言打物破碎為磕破亦大聲也

隟中古文㲆同去逆反說文隟壁際孔也廣雅隟別也

鼓蘇桒朗反埤蒼鼓𢺵机也字書鼓柎也論文作顙方言顙額也東齊謂之顙顙非此義

執駐古文住尌侸逗四形同雉具徵具二反地獄受罪之名也依字蒼頡篇駐止也說文駐馬立也

眼瞼居儉反字略云謂眼外皮也

愞根奴卧反三蒼愞弱也

三洲之由反尒雅水中可居曰洲孫炎曰水有平地可居者也釋名云洲聚也人及鳥獸所聚息之處也

第四卷

住預古文預忬二形今作豫同余據反蒼頡篇預安也又先辨也逆為之具故曰預周易預怠也韓康伯曰預以舒緩也

頡尾又作胡胋二形同户姑反謂牛

頷垂也詩云狼跋其胡是也論文作壷說文圜器也壷非此用

遞為古文遆同徒礼反尒雅遞迭也郭璞曰遞更易也論文作迭徒結反方言迭代也二形通用宜依字讀

第五卷

稻穰如羊反廣雅稻穰謂之稈又穰亦乱也論文作蘘蘘荷菜名也蘘非今義

第六卷

剡浮以漸反或云閻浮或作譫浮皆訛也正言贍部因樹為名舊譯云織樹域譫音之舍反贍音時焰反

耳璫都堂反釋名云穿耳施珠曰璫本出西戎也

郊外古包反司馬法王國百里為郊五十里為近郊百里為遠郊白虎通曰王及諸侯必有郊者何上則郊接天神下則郊接諸侯諸侯郊接鄰國也

但撥補達反廣雅撥除也棄也

椉策古文冊笧冊三形同楚革反策馬撾也所以捶馬駈馳也

船人述專反世本共鼓貨狄作舟船宋忠曰黄帝臣也方言自關而西謂舟為船釋名船循也謂循水而行也論文作舡呼江反非此義也

蜻蜓廣志作蜻蜓音青庭莛子作蜻蛉蛉音力丁反

纔出在灾反廣雅纔蹔也漢書作纔僅也劣也不久也鄭玄注禮記作裁東觀漢記及諸史賈逵注國語並作財隨作無定體

耄耋古文𦒻耄二形今作秏同莫報反禮記八十曰耋鄭玄曰耄惛忘也耄乱也

仍訛古文礽訒扔三形同如陵反尒雅仍乃也又仍因也郭璞曰謂因緣也

沸撓乃教反廣雅撓乱也說文撓擾也聲類撓攪也

第七卷

俾尸比尒反譯云肉團或云成團依字俾使也

烈灰力折反說文烈火猛也廣雅烈熱也

含以字體作唅胡紺反謂資人含尚也

次飴又作饌飤二形籀文作弇同弋之反說文米蘗煎也釋名云飴小弱於餳形怡怡然也餳音似盈反

要術晉聿反術法也又邑中道曰術術通也无所不通也

波拕太何反依字拕曳也

第八卷

呑故土根他田二反說文呑咽也廣雅呑咽滅也

病愈古文瘉同揄主反方言差間愈也說文瘉病瘳也

挂置古文作卦同古賣反廣雅挂懸也

大渟又作郭同蒲没反上林賦滭渟密汩漢書音義曰水戚繒緟聚之皃也

萎燥又作㛲同於危反聲類萎草木菸也關西言菸山東云蔫江南亦言矮方言也下桒道反燥乾也

不噎於結反說文噎飯窒也窒音知栗反塞也論文多作咽於見於賢二反咽呑也咽喉也咽非字體

畟方楚力反謂正方也

瞞𨹔忘安反依字說文平視也

鐵鉆奇沾反依字說文鐵銸也蒼頡篇鉆持也銸亦鑷字

迴復又作洑同扶福反漢書川塞谿洑蘇林曰洑者伏深也宣帝紀作澓回水也

至杪弥遶反木細枝謂之杪通俗文樹鋒曰杪方言杪小也郭璞曰言杪者稍微小也

第九卷

擐甲胡慣工患二反左傳擐甲執兵杜預曰擐貫也國語服兵擐甲賈逵曰衣甲也

儲蓄直於反說文儲待也儲具也一曰蓄財也下蓄古文稸同耻六反蓄積也聚也

相要於遥反要召也呼也要亦徼也徼求也徼音古堯反

長取除亮反謂盈長也亦餘剩也

奩子今作籨同力占反說文鏡匲也謂方底者也今江南有桒奩是也正作匳

開坼埤蒼作㡿同耻格反說文坼裂也廣雅坼分也

笪都達反說文笪箬也音若箬竹皮名也郭璞注方言云江東謂籧篨直文而麁者為笪斜文為簽音廢一名笲䈰宋魏之間謂蕇麁者為籧篨也說文籧篨麁竹席也或用蘆織也

古貝府蓋反謂五色氎也樹名也以花為氎也

第十卷

猒惡烏路反案惡猶憎也禮記吾惡用吾情論語惡紫奪朱皆是也

為墮徒當反說文隄墮也埤蒼云長沙謂隄為墮是也隄防也防止水者也又障也積土為封限障水也

郭邑古鑊反蒼頡篇郭城郭也公羊傳曰郭者何恢郭也釋名云郭廓也廓落在城外也邑周禮四井為邑鄭玄曰方二里也左傳凡邑有宗廟先君之主曰都無曰邑

第十一卷

生荑弟奚反詩云自牧歸荑傳曰荑茅之始生者也

瘠田古文膌瘠膌三形同才赤反瘠

薄也亦瘦也
嘉苗古文恕同賈遐反嘉善也尒雅
嘉美也
第十二卷
坑穽古文阱汬二形同慈性反說文
穽大陷也廣雅穽坑也三蒼穽謂
穿地為陷所以張禽獸也
揣觸古文敠同初委反謂測度前人
也江南行此音又音都果反揣量
也試也北人行此音案論意宜
作揣初委反揣摸也通俗文捫摸
曰揣是也
庖廚蒲交反庖之言包也裹肉曰苞
說文庖廚也廚庖屋也蒼頡篇主
食者也
水渚之尚反尒雅小洲曰渚李巡曰
四方有水獨高可處故曰渚釋名
云渚者遮也體高能遮水使從旁
迴也
穿窖古孝反說文地藏也
增足子喻反足猶成也相足成也
諂佞丑斂反下奴定反希其意道其
言謂之諂說文巧諂高財曰佞又

偽善曰佞也
俗話籀文作譮古文作𧦅誠二形同
胡快反廣雅話調也謂調戲也聲
類話訛言也
第十三卷
和穆又作睦同亡鹿亡竹二反穆和也
敬也
蔹苦古文蘞今作蘝同理儉理沾二
反說文蔹白蔹也蔓生於野者也
剌鄉力達反依字剌邪也剌乖戾也
字體從朿刀
第十四卷
埃塵烏来反通俗文灰塵曰埃埃亦
塵也
跖下之石反說文跖足下也今亦作
蹠蹢也今謂水不著也
第十六卷
學泅說文汓或從囚作泅音似流反
謂浮水上也江南言拍浮
磔手古文矺同竹格反廣雅磔張也
磔開也通俗文張申曰磔論文作
跊未見所出
尋古文㝷或作㣧同似林反謂人

兩辟為尋淮南云人脩八尺尋自
倍故八尺曰尋也
第十七卷
所鎮知陣反說文鎮壓也亦安也蒼
頡篇鎮按也
串脩古文擐遦二形詁幻文作慣同
古患反尒雅串習也舍人曰串心
之習也串口中也
僻見疋赤反僻邪僻也謂為事邪枉
不中理也
第十八卷
蹎跌徒結反廣雅跌差也字書失跖
也方言跌蹶也郭璞曰偃地也
不躃毗亦反躃亦倒也
第十九卷
決度唐各反度量也揆度優量也
馳動直知反廣雅馳奔也說文大驅
也疾馳曰走
弋輪又作杙同余職反尒雅樴謂之
杙注云杙橜也樴音徒得反開中
言阿樴江南言椓杙也
貢獻古弄反貢薦也廣雅貢上也下
虛建反獻進也古者致物於尊者

之前曰獻
第二十一卷
適心尸亦反廣雅適善也謂善好稱
人心也
豪氂又作毫同胡高反下古文氂𣯛
二形今作耗同力之反漢書律曆
志云不失毫氂孟康注云毫兎毫
也十毫曰氂三蒼氂毛也今皆作
氂理也古字通用也
聚落慈禱反漢書學官聚曰序鄉曰
庠張晏曰邑落名也韋昭注小鄉
曰聚人所聚也廣雅落居也人所
居也漢書無燔聚落是也
出曜論第一卷
羽寶宜作葆又作袍同補道反謂合
聚五色羽名為葆
咂嗽古文𠻨又作唼同子盍反通俗
文入口曰咂下又作欶同山角反
三蒼嗽吮也通俗文合吸曰欶
鵄鵂尺脂反下許牛反尒雅恠鵄舍人
曰一名恠鳥一名鵂鶹南陽名鉤鵅
閃見字書或作睒同式冄反說文閃
窺頭皃也

梟其首古堯反說文倒首也謂斷首
倒懸於竿頭肆其辜也字或作梟
說文不孝鳥也冬至日捕梟磔之
從鳥在木上二形通用
埏埴式延反下時力反字林埏柔也
今言柔埏也亦擊也和也埴土也
粘土曰埴釋名云土黃而細密曰
埴埴膩也如脂之膩也
以杼又作芧同除呂反說文機持緯
者即今筬也
毗婆尸此譯云種種見也
操杖麁勞反說文操把持也操執也
戢在側立反戢斂也聚也說文戢藏
兵器也
第二卷
蠅嚼子膲反說文嚼銜也齧也莊子
蚊蝱嚼膚是也
叩地苦後反叩擊也
睆翳還棧反目內白翳病也論文作
完瞖二形非也
烏鰂於胡反下又作鯽鰂二形同才
勒反埤蒼鰞鰂魚腹中有骨出南
郡背有一骨闊二寸許有䰆甚長

口中有墨瞋則潠人臨海記云以
其懷板含墨故號小史魚也
蟲齲又作𤘘同丘禹反說文齲齒蠹也
靈柩渠救反小尒雅云棺有屍謂之
柩空棺為櫬柩之言究白虎通曰
柩之言久也不久復變也
陶河字宜作掏徒刀反中國言掏河
江南言鵜鶘亦曰黎鶘詩草木疏
云一名掏河是也鵜亦作鶇郭璞
注三蒼音梨又大奚反
白鷺字書作鷺同來故反白鳥也頭
翅背上皆有長翰毛也論文有作
鶻胡骨反
鸛雀又作雚同古乱反水鳥也將陰
雨即鳴也
痱癗又作疿同蒲罪反下力罪反痱
癗小腫也今取其義
自摑宜作攫俱縛反攫裂也搏也
骨幹字體作骭同古岸反廣雅骭
謂之肋謂脅骨也骭體也
誇无苦華反通俗文自矜曰誇謚法
曰華而無實曰誇也
瘡痍古文戧刅二形今作創同楚良

一切經音義卷第十七　第二十一張　弁
反說文創傷也下羊之反通俗文
體創曰瘍頭瘡曰瘍也
闓牡亡後反說文插關下牡也案為
牝牡所以封固關令不可開也論
文作母非體也
姧宄古文宄𡧇二形同居美反廣雅
宄盜也左傳在內曰姧在外曰宄
一云乱在內曰宄國語竊寶為宄
因宄之財為姧也
湔浣子田反下古文澣同胡滿反湔
洒也浣濯也
向法次法或言法次法向謂無為滅
諦為所向有為道諦為能向道諦
次滅故名次法依道諦而行亦言
如說修行
前序五下反廣雅序舍也說文堂下
周屋曰廡幽冀之人謂之序今言
𨽍序是也
傷悅烏嘆反字略云悅歎驚異也
括括又作筈同古活反通俗文箭頭
曰筈釋名云括會也與絃相會也
憑俟皮冰反三蒼憑依也下古文竢
竢𢍰三形同事几反尒雅俟待也

一切經音義卷第十七　第二十二張　弁　義
紖繫又作紲緣二形同直忍反謂牛
鼻繩也廣雅紖索也
纓貫於精反說文冠系曰纓下古桓
反貫穿也論文作嬰瓚二字非也
嵩客奇驕反字林嵩寄也廣雅嵩客
也論文作僑僑高也僑才也僑非
此義
第三卷
燔燒又作𤄽同扶袁反加火曰燔燔
燒也
於罝古文羅䍐二形同子邪反尒雅
兎罟謂之罝郭璞曰罝遮也遮取
兎也
潺潺仕山仕環二反字書潺湲水流皃也
墊重遲立反說文墊藏也獸之淺毛
若熊羆之屬亦皆墊也
第四卷
親款又作款同口緩反廣雅款愛也
蒼頡篇款誠重也說文款意有所
欲也
愚惷丁絳傷恭二反蒼頡解詁云愚
無所知也亦鈍也惷愚也
頓躓都困陟示反頓前覆也躓不利

一切經音義卷第十七　第二十三張　弁　義
也躓身也如字又作葥同蒲對反
人名也
第五卷
㕕兕又作䍐兕二形同徐里反山海
經兕狀如牛蒼黑色尒雅兕似牛
郭璞曰一角青色重千斤說文兕
如野牛青色象形也
跳趠達澆反謂懸擲也下勑挍他弔
二反遠也
詭嬈居毀反不實也亦欺誑也字林
乃了反三蒼嬈弄也謂嬈擾戲弄也
如槩古代反蒼頡篇槩平斗斛木也
江南行此音關中工內反
礌石韻集音力輩反謂以石投物也
今守城者下石擊賊曰礌論文作
雷假借音也
剗治又作鏟同初眼反廣雅剗削也
聲類剗平也
顆頭音米反說文顆傾也蒼頡篇不
正也廣雅顆邪也論文作俾非體也
第七卷
纂行宜作循似均反說文循行也尒
雅循自也自從也案此亦与巡字

略同
不草古文莗譁𦬇三形同古核反草
更也謂改更也說文𢿥去毛曰革言
治去毛變更之也故字從口口為
國邑國三十年而法更别取别異
之意也口音韋
藁古文𥝩同測俱反下古老反小
介雅云稈謂之蒭所以飤獸曰蒭
生曰生蒭謂青藁也說文刈草也
蒼頡篇藁禾稈也論文作蒿非也
第八卷
譏蚩居豖反廣雅譏諫也說文譏誹
也下充之反廣雅蚩輕也蒼頡篇
蚩相輕侮也諫音剌
求賂力故反謂以財物与人曰賂賂
遺也
惎譖側禁反廣雅譖毀也三蒼譖讒
也一云傍入曰譖
泄出思列反泄溢也發也亦泄漏也
爇之籀文爇同七說反三蒼爇灼也
字從曰持𡈼𡈼𢿱也冂為竈口丬
以推柴内火字意也丬音拱
怗然字詁今作惵同他頰反廣雅怗

静也謂安静也怗亦服也
中湩竹用都洞二反通俗文乳汁曰
湩今江南人亦呼乳為湩
敞治又作敎同說文丈諍丈𦬇二反
謂磨敎也
八篅市緣反江南行此音又上仙反
中國行此音說文判竹圓以成穀
也論文作簞音丹笥也一曰小筐
也簞非此用
黔毗巨炎反國名也
企望古文𠈱同祛跂反通俗文舉踵
曰企企亦望也字從止
第九卷
培的蒲来反培垣也擁土隄也此應
作埻的諸尹反通俗大射堋曰埻
埻中曰的
第十卷
駏驉巨虛二音似騾而小牛父馬子也
穄粟子裔反說文穄穈也似黍而不
粘者關西謂之穈穈音亡皮反
豋豆又作𧯡𧿹二形同勒刀反通俗
文野豆謂之豋豆也形如大豆而小
色黄野生引蔓也

如笮側格反案笮猶壓也今笮出汁
也說文笮迫也
摛須勑佳反又勑皆反人名也
第十一卷
右捽存没反說文手持頭髮曰捽捽
亦擊也
擬我魚理反字書擬向也說文擬比
也度也論文作儗非也
六物一僧伽梨二欝多羅僧三安多
會四鉢多羅五尼師檀六針筒
鼾聲下旦反說文卧息聲也字苑呼
干反江南行此音
胆虫字林千余反通俗文肉中虫謂
之胆蠅乳肉中也論文作蛆子余
反蝍蛆也
第十二卷
孜汲子辞反下居及反廣雅孜汲遽
也說文汲汲急行也
耳鍾直偽反方言鍾重也
援盾禹煩反下食尹反援引也攀援
也盾排也
拼直補耕反謂彈繩墨為拼也
第十四卷

頷車又作頋同胡感反頤下也釋名
頷含也口含物之車也或曰輔車
其骨强所以輔持口也或曰牙車
牙所載也或言頰車亦所載頰也
凡繫於車者皆取在下載上物也
俗名顩車音公盍反吳會曰頷頓
頓苦姑反論文或作輙
小凷古文凷今作塊同苦對反尒雅
塊塩也土塊也結土也塩音普逼反
躓礙音致通俗文事不利曰躓限至
曰礙也
第十五卷
左衽而甚反蒼頡解詁云謂裳際所及
交列者也或云衣衿也一名袂音跌
劬抙扶流反十六大國名也
葵藿呼郭反葵葉也隨日者也豆藿
等皆是也
誣笑武于反說文誣加言也亦欺也
以惡取善曰誣也
蹶躓巨月居月二反說文僵卧也廣
疋躓蹪也頓也
第十六卷
迦藍浮王或作迦利王或言歌利王

正言羯利王此云鬬諍王也
杼船時汝除呂二反廣雅杼舀也泄
出也舀音弋紹反𦉪舀也音九万
反說文𦉪杼漏也
第十七卷
掩愽戲也用六箸六棊謂之六愽掩
圍棊也纂文云攛掩跳錢戲也俗
謂之射意一曰射數又愽戲掩取
財物也
炰煮方婦反字書少汁煮曰炰火熟
曰煮
頏魯力古反論語祭也魯孔安國曰
魯鈍也論文作鹵非躰也
第十八卷
黤黮烏感他感反蒼頡篇黤黮深黑
不明也說文青黑也
如圈求晚反蒼頡篇圈檻類也說文
養畜閑也閑闌也
澆濽又作㦕濺二形同子旦反說文
水汙灑也史記以五步之内以頸
血濺大王衣作濺字
第十九卷
梁棧三蒼作𥓋同仕諫反說文棧棚

也通俗文板閣曰棧也
搦箭又作𢶡同女卓女革二反搦捉
也說文搦按也
泓然一宏反都盡也說文泓下深大
也今取其義
謾誕莫諫反下達坦反說文謾欺也
不信也誕大也不實也

一切經音義卷第十七

甲辰歲高麗國大藏都監奉
勅彫造

一切經音義卷第十八　　翻經沙門玄應撰　　弁

成實論
鞞婆沙阿毗曇論
解脫道論
雜阿毗曇心論
立世阿毗曇論
尊婆須蜜所集論
法勝阿毗曇論
四諦論
阿毗曇心論
分別功德論
阿毗曇甘露味論
辟支佛因緣論
三法度論
十八部論
明了論
隨相論

成實論
第一卷
斵斧古文作𣃔同竹角反說文斵斫也斵斤也

鈂扶丈心反外道名也十二年隨佛始根熟者也
第四卷
𦡦搦又作㵒同子礼反廣雅𦡦漉也謂𦡦出其汁也論文作擠子詣反擠排也擠非此義下女革女卓二反搦捉也握也漉音禄
疼痺又作痋脟二形同徒冬反聲類作𤺋說文疼動痛也下方二反蒼頡篇云手足不仁也說文痺濕病也今言冷痺風痺皆是也
帽等借音貌貌悶也謂狀貌若死因以名也
藥石攻病曰藥下古人以石為鍼今人以鐵皆謂療病者也
皷捊柴詔定古文官書枹捊二字同體音扶鳩反皷椎也說文枹擊皷柄也
瓢杓又作瓢同毗遥反三蒼瓢瓠勺也江南曰瓢𢧵蜀人言𢧵蠡𢧵音羲蠡音郎抵反
眼篦補奚反小學章篦刷也今眉篦排頭篦此皆作此

第五卷
相棖又作橖敞敎三形同丈庚反棖觸也亦㯳敞也
第六卷
桎梏之逸反下古禄反在手曰桎在足曰梏謂杻械也
如睫說文作䀹釋名作𪋻同子葉反目旁毛也山東田里間音子及反論文作毛𣭈二形非也
第七卷
𪇆鳥竹刮反尒雅注云今𪇆大如鴿或言如鶉似雌雉鼠脚無後指岐尾為鳥憨急群飛出北方沙漠地也肉美俗名寇雀生蒿萊之間
憨音呼濫反
第九卷
舍廬力居反別舍也亦寄止也黃帝為廬所以避寒暑也春秋去之冬夏居之
入支只移反此外道瓶圖如瓠無足以三枝交之支舉於瓶也諸經中或言執三奇立拒或言三叉立拒皆是也論文作鼓非也

金槍千羊反蒼頡解詁云木兩耑鋭
曰槍說文槍岠也論文作鏘非體也
第十卷
獖豕麄𪊲反獖攋也下又作豨戫二
形同莫侯反說文豕長二丈也
狗齩又作𪘲同五狡反關中音也說
文𪘲齧骨也廣雅𪘲齧也江南曰
齩下狡反
漩澓似緣反說文回淵也下又作復洑
二形同扶福反洑深也亦迴水也
栽枿則才反下古文𣡌枿不三形今
作蘖同五割反介雅枿餘也載也
言木餘載生枿栽也
第十一卷
葷辛許雲反蒼頡篇葷辛菜也凡
物辛臭者皆曰葷也
第十二卷
孤煢古文惸𠊱二形同渠營反無父
曰孤無子曰獨無兄弟曰煢煢單
也煢煢無所依也字從丮從營
省聲丮音雞閏反
暍死又作㵣𤸎二形同於歇反字林
傷熱也謂傷熱煩悶欲死也又紅

紫傷風日失色為暍亦作𣆡
第十五卷
不啻施豉反蒼頡篇不啻多也
一桄古文横𣓨二形今作桄同古黃
反聲類作輄車下横木也今車牀
梯舉下横木皆曰桄是也
第十六卷
貜猴又作蠼同雨煩反似猕猴而大
臂長其色有黑有黃鳴聲甚哀古
今注云猨五百歲化為玃玃壽千
歲玃音居縛反
蟄虫遲立反說文蟄藏也獸之淺毛
熊羆等亦皆蟄也
第十七卷
考撿苦老反考謂箕斂之也問也
土封甫龍反起土為界曰封聚土者也
則晞又作烯同虛衣反字林晞乾也
方言晞也暴也北燕海岱之閒謂
暴為晞
抱卵字體作菢又作勽同蒲冒反通
俗文鷄伏卵北燕謂之菢江東呼
蓝蓝音央富反伏音輔又反
㲉出又作㱿同口角反吳會閒音哭

卵外堅也尚在卵中謂之㲉
鞞婆沙阿毗曇論第一卷
趺苓渠今反人名也
傅采方務反傅謂塗附也傅藥傅粉
皆作此論文作拊麸主反拊拍也
非此用也下且在反采猶采色也
第三卷
摩𩵹又作儵𠈃二形同書育反人名也
鱣魚古文䲍同知連反大黃魚也口
在頷也體無鱗甲肉黃大者長二
三丈江東呼為黃魚是也
如鍼字詁文針箴合作鍼同支淫反
廣疋針刺也說文鍼所以縫衣裳
者也
𩨨伽都奚反謂苦種子也
第四卷
色膜亡各反說文肉閒膜也論文從
草作𦳝非也
騰書徒登反說文騰傳也謂傳遽郵
驛也騰乘也廣雅騰奔也疾也
第五卷
若翳韻集作瞖同一計反說文目病
生翳也三蒼翳目病也論文作𥌇

風而陰曰曀曀非字體也
陰燧古文作鐆䥙二形今作㷂或作
燧同辝醉反陰燧出水陽燧出火
者鐆五石之銅精圓也陰燧以鐵
方也
潭水徒南反亭水也楚人名深為潭
論文作澹徒濫反安也澹非此義
第八卷
識貶居衣反廣雅識刺也說文譏誹
也下古文㝵同碑儉反貶損也減
也亦墜也
第九卷
如弶渠向反韻集云施羂於道曰弶
今田獵家施弶以取鳥獸者其形
似弓也
裡僾於人反苦也
弥僾習也　陁破盡也　陁羅破道也
第十卷
道跡又作蹟迹二形同子亦反足跡
也論文作跡跂二形非也
第十二卷
抆摸無粉反字林抆拭也摸㨶也㨶
音棄各反鈎掭都角反掭擊也敲

掭也敲音苦交反論文作琢非也
樺皮胡霸反可以餙弓者也
第十三卷
千秋鳥
鐵杷又作爬同平加反方言杷謂之
渠挐郭璞曰有齒曰杷無齒曰扒
扒音八今江南有齒者為杷挐字
從木挐音女於反
下晡補胡反淮南子云日行至于悲
谷為晡時謂加申時也
第十四卷
蚇蠖齒亦反下烏郭於獲二反尒雅
蠖尺蠖方言尺蠖又名步屈一名
尋桒蘩文云吴人以步屈名桒闔
音古合反一名蝍蝛蝛音子六反
犎牛同成難字作犎音妃封反漢書
音封此牛形小髆上有犎也
不眴列子作瞬通俗文作眴同尸閏
反說文瞚目開閉數搖也眼虔去
目動曰眴也
鴝鵒又作鸜同具俱反下又作鵒同
以屬反似反舌頭有兩毛角者也
山海經公羊傳並作鸛音權

蜀虫時燭反詩云蜎蜎者蜀傳曰蜀
桒虫也大如指似蠶尒雅蚅一名
烏蠋是也
解脫道論第一卷
叨佷他勞反下胡墾反叨貪也方言
叨殘也埤蒼叨食也說文此俗饕
字也
裝揀阻良側亮二反下師句反今中
國人謂撩理行具為縛揀縛音附
揀音戍說文裝束也裹也
沮屈才呂反蒼頡解詁沮漸也敗壞
也論文作俎側呂反貯醯器也一
曰置肉机也俎非此義
第二卷
麻粰字苑作粄同布滿反餈類也今
米粰豆粰皆作此
第三卷
裄搣胡郎反下胡戒反通俗文拘罪
人曰裄搣亦裄類也
摒譡卑政反下都浪反謂掃除也廣
雅摒除也
噫噫借音於矜反相荅應聲也
第四卷

刪去所姧反三蒼刪除也
衣帊又作袙同匹亞反廣雅帊幞也
通俗文兩複曰帊是也
痕跡篡文作眼同胡根反通俗文瘡
瘢曰痕也
擩窓力丁反說文窓楯閒子也通俗
文䟽門曰擩令窓擩車擩皆是也
髋節又作垸同胡灌反通俗文燒骨
以桼曰垸蒼頡訓詁垸以桼和之
今中國人言垸江南言髓音瑞桼
古漆字
捋狗安皆反人名也依字韻集揩捋
摩也
狡獪古夘反下古文猾狘二形又作
狭同古快反通俗文小兒戲謂之
狡獪今關中言狡刮訛也
第七卷
蝹拘䖵句反　霖婪力金反　哿桑古我反
鉾扡土何反
癘痳張揖雜字作癘字書作㾓同古
和反蒼頡篇㾓秃也韻集曰瘡病
也春發者謂之燕疥秋發者謂之
鷹疥

閟塞鄙冀反詩云我思不閟傳曰閟
閉也亦不從也論文作秘非體
第八卷
忿叱齒逸反方言叱呵怒也陳謂之
呵桊叱猶呵也
濕䳭胡凡反應作䳭胡亰反鮮明也
又物精不雜為䳭
第十卷
夹膝古洽反謂夹在兩邊也近也三
蒼夹輔也說文夹持也夹至也
如荻又作藡同徒歷反即蘼荻也堪
為薄者也蘼音古銜反
雜阿毗曇心論第一卷
牟尼經中或作文尼舊譯言仁應云
茂涅此云仙仙通內外謂久在山林
修心學道者也
申恕亦言申恕波林此譯云實木林
謂貞實也
軟中正體作耎同而兗反梵本言沒
栗度此譯言耎柔蒻也
澀滑又作澁同所立反謂不滑也字
從四止四止即不通字意也論文
作㴇澁二形非躰也

天竺或言身毒或言賢豆皆訛也正
言印度印度名月月有千名斯一
稱也良以彼土聖賢相繼開照群
生照臨如月因以名也一說云賢
豆本名因陁羅婆他那此云主處
謂天帝也當以天帝所護故世人
号之耳
弥離車或作弥戾車皆訛也正言蔑
戾車謂邊夷無所知者也
軍衆居雲反字林軍圍也四千人為
軍二千五百人為師字從勹勹音
補交反包車為軍帀自為師皆字
意也
詰問去質反廣雅詰責也說文詰問也
華鬘又作花同呼瓜反下梵言磨羅
此云鬘音蠻桊西域結鬘師多用
蘇摩那花行列結之以為條貫無
問男女貴賤皆此莊嚴或首或身
以為飾好諸經中天鬘寶鬘花鬘
市結鬘師皆是也論文作鬘非躰也
摶食徒官反通俗文手團曰摶三蒼
摶飯也論文作揣音初委反測度
前人曰揣江南行此音又都果反說

文揣量故揣也闕中行此音並非此義

溉之歌賚反說文溉灌也謂灌注也

如晴又作暒殅二形同自盈反謂不雨也聲類晴雨止也論文作霆非也

户樞齒史反門臼也尒雅樞謂之椳郭璞曰門户扉樞也廣雅樞本也樞撥制動轉之主也椳音五迴反

第二卷

猗息於蟻反說文倚猶依也廣雅倚因也謂因倚而卧也字從人論文作猗一竒反猗美也

躁動又作趮同子到反躁亦動也躁擾也論語言未及之而言謂之躁鄭玄曰謂不安靜也釋名躁燥也言物燥即動而飛揚也

為掉徒吊反字林掉摇也廣雅掉振動也論文作㧑非也

心忌渠記反忌難也亦畏也說文忌憎惡也

為嫉古文𡟎㑵嫉三形同自栗反楚辞故興心而嫉妬王逸曰害賢曰嫉害色曰妬也

懈怠古賣反下徒改反尒雅懈怠也集注云懈者極也怠者嬾也釋名云懈者解也言骨節解緩也

振旦或作震旦或言真丹皆一也舊譯云漢國經中亦作脂鄉今作支鄉此無正翻直神州之揔名也

猶豫弋周反下古文與同弋庶反說文隴西謂犬子為猶猶性多疑在人前故凡不决者皆謂之猶豫又尒雅云猶如麂善登木郭璞曰健上樹也

為糜亡皮反糜爛也散壞也

户向許亮反說文向北出牖也廣雅窓牖向也字從宀從口宀音亡仙反

穬麦瓜猛反說文穬芒粟也今呼大麦為穬麦也

拘屢或作句盧舍或云拘摟賒此云五百弓應言俱嚧舍嚧音犖俱熨謂大牛鳴音聲聞五里八俱嚧舍為一踰繕那即四十里古者聖王一日所行也

中夭於矯反說文夭屈也廣雅夭折也釋名云少壯而死曰夭如取物中折也字從大象形不申也不盡天年謂之夭耳

第三卷

屠羊達胡反說文屠刳也廣雅屠壞也業屠分割牲肉也

司獄廣雅司主也說文臣司事於外也后為司字意也

聽訟他定反周禮以五聲聽獄訟求情一曰形聽二色聽三氣聽四耳聽五日目聽謂察是非也說文訟爭也

齋戒古文作𪗋同古𪗋反易云以此齋戒韓康伯曰洗心曰齋防患曰戒字林齋戒絜也齋亦齊也廣雅戒倫也字從廾持戈以戒不虞也廾又作拜同音拱字意也

如陶又作匋同大勞反三蒼陶作瓦家也舜始為陶世本云夏臣昌吾更增加也史記陶瓦器也案西域地多卑濕不可為窯但累坏器露燒之耳案此陶音為得諸書亦借音遥字體作窯燒瓦竈也通俗文陶竈曰窯是也

婆羅門此言訛略也應云婆羅賀磨
拏此義云承習梵天法者其人種
類自云從梵天口生四姓中勝故
獨取梵名唯五天竺有諸國即無
經中梵志亦此名也正言靜胤言
是梵天之苗胤也

剎利應言剎帝利此譯云土田主也
謂王族貴種是也

鞞舍陛奚反正言吠舍此云坐謂坐
估也案天竺土俗多重寶貨此等
營求積財巨億坐而出納故以名焉

首陁應言戍達羅謂田農育學者也
此等四族國之大姓也

以資姊私反廣雅資用也取也亦成也

欝單曰或言欝怛羅越或作欝多羅
拘樓或云郁多羅鳩留正言欝怛
羅究溜此譯云高上作謂高上於
餘方也亦言勝洲鳩留此云作亦
云姓未詳何義立名

閻浮提或言剡浮洲或言譫浮洲或
云贍部洲閻浮者從樹為名提者
略也應言提鞞波此云洲譫音之
舍反

弗婆提或言弗于建或言弗毗提訶
或云逋利婆鼻提賀逋利婆此云
前鼻提賀此云離體

瞿陁尼或作倶耶尼或云瞿耶尼或
言瞿伽尼皆訛也瞿此云牛陁尼
此云取与以彼多牛用市易如此
間用錢帛等或云有石牛也

蒺棘自資反尒雅蒺一名蒺蔾郭璞
曰布地蔓生細葉子有三角刺人
者也

瘜肉方言作[月息]同思力反說文瘜奇
肉也三蒼惡肉也論文作息非體也

作摸又作摹同莫奴反規摸也摸法
也謂掩取象也

第四卷

言抴側買子尒二反說文抴撮也撮
音居逆反謂撠撮取也通俗文掣
挽曰抴也

乳嬰而注反說文人及鳥生子曰
乳三蒼乳字也字養也嬰音於盈
反三蒼女曰嬰男曰兒釋名云人
始生曰嬰兒匈前曰嬰投之嬰前
而乳養之故謂嬰兒也

有扼又作軛同烏革反所以扼牛領
者也扼亦搤也

泄漏思列反廣雅泄溢也亦發也漏也

興渠此言訛也應言興舊興宜借音
嫣蠼反出闍烏荼婆他那國彼土
人常所食者也此方相傳以為蕓
臺非也嫣音虛延反

蚖蛇古文作螈字林五官反虵醫也
崔豹古今注蠑螈一名虵醫大者
長三尺其色玄紺善魅人一名蠑
漢書云蚖韋昭曰玄黑蜥蜴也經
中黑蚖疑此物也而不言毒害人
未詳其的是諸經亦作虺呼鬼反
毒蟲也一身兩口頭尾相似也

第五卷

飄薄補莫反薄迫也風近迫之曰薄

瘀壞於慮反說文瘀積血也廣雅瘀
病也論文作淤泥滓也

所螫書亦反說文虫行毒也關西行
此音又呼各反山東行此音蛆知
列反東西通語也

防邏力賀反戍屬也謂遊兵以禦寇
者也亦循行非違也

小迸又作跰趍趍三形同補諍反迸散也走也江南言趍趙趲音讚

折摟虫一名尋桒亦言蚇蠖或云桒闔或云步蝁

第六卷

蘇息先胡反聲類更生曰穌穌亦休息也謂更息也

登祚徂故反祚位也國語天地之所祚胄逵曰祚祿也

第七卷

毗陁或言韋陁皆訛也應言鞞陁此云分也亦云知也四名者一名阿由此云命謂醫方諸事二名夜殊謂祭祀也三名娑磨此云等謂國儀卜相音樂戰法諸事四名阿闥婆拏謂呪術也四是梵天所說若是梵種年滿七歲就師學之學成即作國師為人主所欽梵天孫毗耶婆仙人又作八鞞陁

所度唐各反度量也廣雅度揆也亦測也

支提又名脂帝浮圖此云聚相謂累石等高以為相或言方墳或言廟

皆隨義釋也

第八卷

脛骨又作踁同下定反說文脛脚胻也胻音下孟反今江南呼脛為胻山東曰胻敞敞音丈孟反脛胻俱是膝下兩骨之名也釋名脛莖也直而下如物莖也

髖骨又作臗同口桓反埤蒼髖尻也說文髖髀上也論文作寬非體

髁骨力遝反字林八髁也通俗文尻骨謂之八髁論文作膫脂膏也膫非此用

五穀案禮記月令天子春食麥鄭玄曰麦實有孚甲屬木夏食菽菽豆也菽實孚甲堅合屬水季夏食稷稷五穀之長屬土土中央秋食麻實有文理屬金冬食黍黍秀舒散屬火皆順時而食之以安其性也

第九卷

極鄙補美反鄙惡也廣雅鄙耻羞愧也

所稟補錦反說文稟賜也廣雅稟与也

隄塘古文院同都奚反下徒郎反說文隄塘也尒雅隄謂之梁李巡曰

隄防也障也漢書無隄之輿韋昭曰積土為封限也

第十卷

拘隣賢劫經作居倫大哀經作俱輪或作居隣皆梵言訛也此譯云本際第一解法者也經中尊者了本際是也普曜經云俱隣者解本際也阿若者言已知正言解了拘隣亦姓也此乃憍陳如訛也中本起經云初五人者一名拘隣二名頞陛三名拔提四名十力迦葉五名摩男拘利也

洋銅以良反謂煑之消爛洋洋然也三蒼洋大水也尒雅洋溢也溢衆多也取其義也

如拒其呂反此外道瓶圓如瓠無足以三杖交之舉於瓶也諸經中或作三奇立拒或言三叉立拒皆是也

第十一卷

飢饉古文作飥同几治反下奇鎮反尒雅穀不熟為飢蔬不熟為饉蔬菜也李巡注云凡可食之菜皆不熟曰饉又春秋穀梁傳曰二穀不

外曰飢三穀不外曰饉五穀不外
謂之大飢外登也登成也
呵梨勒此云天主持來此果為藥㓛
用至多如此閒人㳄石斛等無所
不入也
有咎又作㤋同渠九反廣疋咎過也
惡也字從人从人各相違即成罪
咎又二人同心其利斷金二人相
違其福成灾字意也古文以為臯
繇字
撰集三蒼作𣚘同助齊反廣雅撰定
撰亦述也
申述示聿反述謂訓其義理也尒雅
述循也循行也
立世阿毗曇論第一卷
毗舍佉或云鼻奢佉此譯云別枝即
是氐宿以生日所值宿為名也案
西國多以此為名
鹿子母梵言蜜利伽羅此云鹿磨多
此云母跋羅娑馱此云堂亦言殿
也舊云磨伽羅母堂者訛略也
嘍吼於牛反下呼狗反皆聲也
剡浮以冉反或云閻浮提或作譫浮

又云贍部皆梵音訛轉也剡浮者
從樹為名提者略也應言提鞞波
此云洲
瘤節力周反通俗文肉肤曰瘤謂肉
起如木節者也
至胛又作甲同古狹反説文肩甲也
甲髆也次下宜作甲
聳身古文竦㩳𢥞三形今作聳同須
奉所項二反廣雅聳上也跳也
尸陁林正言尸多婆那此云寒林其
林幽邃而且寒因以名也在王舍
城側死人多送其中今揔指棄屍
之處名尸陁林者取彼名也
供贍聲類或作饍同時焰反助也字
書贍足也謂周足也
養飤説文囚志反飤糧也廣雅餧飤
也蒼頡訓詁飤飽也謂以食與人曰
飤論文作飴弋之反亦古字假借
通用非躰也
第二卷
溜墮力救反蒼頡解詁云溜謂木垂
下也
路渚之與反尒疋小洲曰渚李巡曰

四方有水獨高可居故曰渚也
犁鏵古文茉鏵二形今作釫古文奇
字作鋘同下瓜反犁刃也説文兩
刃臿也
江浦匹戶反詩云省此淮浦傳曰浦
水涯也
磨礪字詁今作厲同力制反山海經
崦嵫山多砥礪郭璞曰即磨石也
尚書若金用汝作礪孔安國曰砥
細於礪皆可以磨刀刃也砥音脂
坑穽古文阱汬二形同慈性反廣疋
穽坑也説文穽大陷也周禮𤻞人
掌春令為穽鄭玄曰謂穿地為塹
所以禦禽獸或超踰則陷之
敧㡴又作𢻶崎三形同丘知反不
正也説文敧𠤼傾側不安也不能
久立也
蜂蠆丑芥反毒虫也山東呼為蠍陸以
西呼為蠆蠍音五曷力曷反
俾倪又作䡟堄二形三蒼作顆倪二
形同普米五札反廣雅俾倪堞女
牆也埤蒼城上小垣也釋名云俾
倪城上垣也言於其孔中俾倪非

常也亦言陴言裨助城之高也或
云女牆言其卑小比之於城若女子
之於丈夫也或名堞取其重疊也
寶柵又白反說文柵編豎木也通俗
文木垣曰柵
泛漾敷劒反下翼尚反案泛漾摇蕩也
寶函胡緘反謂盛貯經書雜物等曰
函論文作涵胡甘反涵潤澤也涵
非此用
鸊鷉蒲覔反下他奚反方言野鳬小
而好沒水中者南楚之外謂之鸊
鷉其大者謂之鶻蹄其膏可以瑩
刀也
水澌又作瀐同子見反通俗文水傍
沾曰澌江南音子旦反
自縋又作磓同直偽反說文以繩有
所懸鎮也廣雅縋索也鎮笮也
謳歌又作慪同於侯反說文齊歌曰
謳廣雅謳喜也尒雅徒歌謂之謳
柱礎初舉反淮南云山雲蒸柱礎潤許
叔重曰楚人謂柱碣曰礎碣音思
亦反
市廛直連反禮記市廛而不征鄭玄

曰廛市物邸舍也廛居也方言東
齊海岱之間謂居曰廛
笳聲或作葭同古遐反今樂器中有
笳卷笳葉吹之因以名也
椽桷馳宣反下古學反案椽桷欀橑
一物廣異名也桷音角欀音襄橑
音老
池沼之遶反蒼頡解詁云沼池也
第三卷
花荅又作蕍同胡感反謂花之未發
者也
第四卷
提頭賴吒或言提多羅吒或言弟梨
多曷羅煞吒囉此譯云持國者主
領揵撻婆及毗舍闍或云辟奢柘謂
餓鬼中勝者也
迺至奴改反尒雅迺乃也郭璞曰迺
亦乃字也蒼頡篇迺往也遠也
毗留勒叉或名毗離或言毗樓勒迦
或言鼻溜荼迦此譯云增長主領
弓槃荼及閉梨多弓槃荼者或云
鳩槃荼甕形頰似冬瓜閉梨多者
或名辟荔多餓鬼中劣者也

毗留博叉或名毗樓博叉或名鼻溜
波阿叉此譯云雜語或言醜眼主
領龍及富單那富單那者是臭餓
鬼中勝者也
毗沙門或言鞞舍羅婆拏此譯云離
聞亦云普聞或為多聞其王最富
寶物自然主夜叉及羅剎夜叉此
云傷謂能傷害人也羅剎或云囉
叉娑
第五卷
旛幟古文㦤同昌志反通俗文私記
曰幟幟幖也廣雅幟幡也墨子曰
幟長丈五廣半幅
周羅此譯云小也謂小髻也
釜鍑方目甫救二反方言鍑或謂之
鬲說文鍑如釜而口大三蒼鍑小
釜也鬲音歷
巇者又作㡕瓢二形同許宜反方言
蠡或謂之巇今江南呼勺為巇三
蒼䀻勺也廣雅瓢瓢也論文作㩗
非體也
犉牛音泰字略云牛名也
褊急卑沔反說文褊小也尒雅急褊

謂急疾也褊隘也
第七卷
兵廝又作㒋同思移反廣雅廝謂命
使也字書廝役也謂賤役者也漢
書廝與之卒張晏曰廝微也韋昭
曰折薪曰廝炊烹曰養也
第八卷
山磕苦盍反說文石聲也亦大聲也
今江南凡言打物碎為磕破
鐇斧府袁反埤蒼鐇鏟也
如芟所巖反刈草也詩傳曰芟除草也
痛䇺力達反通俗文辛甚曰䇺論文
作刺非體也
烹煞普羹反烹煮也方言烹熟也嵩
岳以南陳潁之間曰烹儀禮凡煮
於鑊中曰烹也
如獮察開反埤蒼犬噬也䫃噬猶齧
也字從犬
四棱力增反說文棱柧也柧音孤通
俗文亦四方為棱八棱為柧
菥蓂苦和反南海志云菥䕺名
陵鯉閭蒸反鯪鯉魚名也有足出南
方陸居也

㺚獺他曷他鎋二反形如小犬水居
食魚者也論文作狚都達反獸名
也狚非此用也
彧蜎又作彙同于貴反有蒐蜎鼠蜎
等也
褫皮勑尒直紙二反廣雅褫奪也說
文奪衣也今謂奪其皮也
竹笪都達反說文笪箬也箬音若竹
皮名也郭璞注方言云江東謂籧
篨直文而麤者為笪斜文者為簽一
名筕篖簽音廢筕胡郎反篖音唐
掐齧口狹反爪傷曰掐韻集作剆口
洽反入也
鐵艚又作槽同在勞反聲類槽飤豕
器也
春暘尸容反下徒朗反世本雍文作
舂杵黃帝臣也廣雅暘舂也韻集
云眪暘米也今中國言眪江南言
暘論文作蕩非躰也眪音伐
略瓬又作㼩同古郎反方言瓬罌也
今江東通言大瓮為瓬
䐉濺又作灒同子旦反三蒼灒汙灑
也江南言灒山東言湔音子見反

煎炒古文鬻𩱴𤎅𤍣四形今作鬻𩰲
𥝴四民月令作炒古文奇字作𤎅
同初狡反方言熬𤎅煎𩱴火乾也
說文熬也
利弗字苑初眼反謂以鐵貫肉炙之
者也籤音旦廣反
鼉鮀大何反下五各反廣雅鱷魚名
也長二丈餘有四足似鼉齒至利
有禽鹿入水齧腰即斷
頭鵶於牙反白頭烏也關中名阿雅
尒雅鸒鶋鵯居郭璞曰雅烏也小
而群飛腹下白者江東呼為鵯烏
鵯音匹
鷹鶚五各反摯猛之鳥也山海經狀
如雕而黑白首赤足喙
匕首補履反劒名也周禮考工記云
匕首劒身長三尺重二斤一兩輕
而便用也其頭似匕因曰匕首史
記荆軻左執匕首是也
木柹麩廢反蒼頡篇柹札也說文削
木朴也江南名柹中國曰札山東
名朴豆札朴音平豆反
鐵杙余職反尒雅樴謂之杙郭璞曰

杙橜也論文作弋非躰也
鴆鴆除禁反山海經女几之山多鴆
郭璞曰大如雕紫緑色頸赤啄食
虵也以羽畫酒卽煞人也
徇令辞俊反徇猶巡也介雅徇遍也
說文徇行示也徇亦㑃也字從行
音恥亦反
鍊鐵又作煉同力見反說文鍊治金
也鐵為黑金也
第九卷
㾢瘻力鬪反說文頸腫病也今腋下
隱處皆有中有蟲也
瘭疾卑遥反癰成也埤蒼瘭疽也說
文瘭疽久癰也
仆地古文踣同蒲北反說文仆頓也
謂前覆也
第十卷
相攢扶味反南人謂相撲為相攢也
吹篪又作鷈笹二形同除離反說文
管有七孔世本蘇辛公作篪
水苔徒来反謂水中魚衣緑色生水
底者也亦可以為紙
湴涅又作㴭同排咸白監二反無舟

渡河也說文涉渡水也玉篇皮氷反
則凹蒼頡篇作窜同烏挾反字苑凹
陷也
尊婆須蜜所集論第一卷
摩渝以朱反人名也依字渝變也
瞠介勅行反蒼頡篇瞠直視也
懿乎於冀反介雅懿美也字從壹恣
省聲論文作懿訛誤久矣
跛橙丈萌反
箭括古活反釋名云箭進也其本曰
足其體曰幹其末曰括括會也與
弦相會也括旁曰叉形似叉也
第二卷
洿沙一胡反大曰潢小曰洿說文洿
濁水不流池也
門梱又作閫同苦本反禮記外言不
入於梱注云梱門限也
孖皰彭孝反說文面生熱氣也今取
其義論文作雹非也
虵虺古文虫蜆二形同呼鬼反毒蟲
也韓非子曰蟲有虺者一身兩口
爭食相齧遂相煞也
檀嚫或言達嚫乂覲反此云財施報

施之法名曰達嚫又案西域記去正
云達攙拏或云馱器尼以用右手
受他所施為其生福故從之立身
第三卷
門閾古文閫同吁域反又音域介雅
柣謂之閾郭璞曰門限也柣音田
結反
礭然又作碻墧二形同口角反周易
夫乾礭然易矣韓康伯曰礭然堅
皃也論文作擢非躰也
曩昔奴朗反介雅曩曩久也猶徃久古
昔也
澡盥公緩反說文澡手也凡洒物皆
曰盥不但手也
怨仇古文逑同渠牛反怨耦曰仇介
雅仇讎匹也
第四卷
戢不阻立反三蒼戢聚也說文戢藏
也戢斂也
緹麗他礼反木名也
第五卷
驃驀脾妙反下去焉反三昧名也
涓涓古玄反字林水小流涓涓然也

所過古文閼同於曷反尒雅遏止也
謂逆相止為過過亦遮也
暐暐宜作煒于匪反說文煒盛明皃
也亦赤也
第六卷
愚贛竹巷反李登聲類韻集音丑巷
反贛亦愚也
頊曽五鮃反下力古反論語叄也曽
孔安國曰曽鈍也論文作鹵非體也
邠垤府貧反下古文垤同直飢反此
言訛也正言賓荼馱冩耶此云團
烏舊譯云給孤獨猶是須達多之
別名也須達多此云善烏
盟擡靡京反禮記諸侯莅牲凡國有
疑會同則常其盟約之大事曰盟
麑鹿又作麛同莫奚反尒雅鹿牝麚
其子麛麚音加
使吮似兖反韻集音弋選反說文吮
嗽也
第七卷
躇步直於反躊躇躑躅也亦猶豫也
躊音直流反躅音馳録反
法勝阿毗曇論第二卷

辮縣三蒼亦編字同蒲典反說文辮
交織也
係在古文繼繫二形同古帝反說文
係結束也亦相係嗣也
第三卷
慣習又作串摜遦三形同古患反尒雅
串亦習也
褱孕三蒼云古文懷孕字下古文䏶
同餘證反說文孕子也廣雅孕傳
也謂孕子也含實曰孕字從子乃聲
第六卷
眼眵充支反說文戠兜眵也今江南
呼眵為眵兜也戠音莫結反論文
作眡非也
四諦論第一卷
泅水古文作汓同似由反說文泅謂
水上浮也今江南謂柏浮為泅
氣瘶蘇豆反說文瘶氣逆也蒼頡篇
齊部謂瘶曰欬欬音苦代反江南
行此音
第二卷
噤塞又作唫同渠錦巨蔭二反說文
噤口閉也

射堋音用字略云射的也亦即射隁
音徒果反
第四卷
調笴工旱反字林笴箭莖也論文幹
竿二形非也
馭車今作御同魚據反駕馭也謂指
麾使馬也凡言馭者所以驅之也
內之於善也
阿毗曇心論第四卷
兜率哆殆我反經中或作兜駃多或
言兜率陁皆訛也正言覩史多此
云知足天又云妙足也
梵富樓初禪第二天也此云梵前益
天在梵前行恒思梵天利益因以
名也舊言梵先行天亦言梵輔天
也先行輔梵王也
分別功德論第一卷
比較古文擢同古學反較量也較明
也擢猶粗略
晧大三蒼古文顥同胡老反晧亦廣
大也光明也
毗齊蒲西扶脂二反下昨迷反說文
毗人齊也論文作肥非也

地肥扶非反刼初時地脂也亦名地
味論文作𦟛非也
紮如於旦反紮察行也亦瞎視也一
日紮尋也
呈佛馳京反呈見也謂示見於佛也
論文作程法之程非躰也或作侱
非也
弓矢又作矢同尸旨反三蒼矢箭也
古者夷牟初作矢
闚闟又作窺同丘規反下弋珠反説
文窺亦視也
第二卷
訾哉又𪗚同紫斯反訾量也説文訾
思也
粺哉字宜作䊋糳二形同子各反説
文糲一斛舂取九斗曰糳三蒼注
云糳精米也今江南謂䊋米為糳
糲音賴論文作粺非躰也
汪水烏黄反通俗文亭水曰汪汪池
也説文汪深廣也
自刎古文𠯑同亡粉反公羊傳云公
遂刎脰而死何休曰刎割也
婆南或言和南皆訛也正言槃淡此

譯云我礼也
繕埴市戰反下市力反繕治也埴黏
土也謂和治土也
匈匈許恭反匈匈沸丙之聲也漢書
匈匈數千人聲是也論文從水作
洶非也
斗藪又作抖擻同蘇走反郭璞注方言
曰斗藪舉也通俗文斗藪謂之㪗
㪗難字音都穀反下蘇穀反論文
作抖捒非躰也
曁今聲類古文泉同其器反左傳猶
懼不曁注云曁至也
第三卷
應敘辞与反説文敘次第也尒雅敘
緒也謂端緒也
酬酢又作醻荅三蒼頡篇作詶同市周反
主荅客曰酬客報主人曰酢
森森所金反説文木長皃也今取其義
快然於亮反蒼頡篇快𢡟也亦快然
心不伏也
滴浣上子田反下胡滿反三蒼滴濯
也浣洗也
啾吟子由反下牛金反蒼頡篇啾衆

聲也説文啾小見聲也吟歎也諷
詠也論文作嗶非也
第四卷
繁衍扶袁反下以善反繁多也衍也
衍水流長也
銓量且泉反漢書應劭曰銓權衡也
量斗斛也韋昭曰銓稱錘也
甘露味阿毗曇論上卷
曾鵬此古歡字音呼官反此應作臈
羅盍反
心寇口候反尚書寇賊姦宄范甯集
解曰謂羣行攻剽者今取其義説
文寇暴也廣雅寇抄也字從宄從
支剽音匹妙反
忮叔支豉紀致二反伎字忮害也
辟支佛因緣論上卷
一襲辞立反史記賜衣一襲音義曰
衣禪複具為一襲禪音丹
不恤又作卹同須律反尒雅恤憂也
亦叔也謂与人財物振恤之也
瀑長蒲報反蒼頡篇水濆起曰瀑也
勃逆古文誖㪍二形同補潰蒲沒二
反廣雅㪍乱也亦逆也悖也

瞤動古文旬同而倫反說文目搖動
也今謂眼瞼掣動為瞤也
親昵又作暱同女栗反尒雅昵近也
郭璞曰謂相近也亦親也私昵也
亟也親昵亦數也亟音袪記反
若訓蒼頡解詁云訓亦酬字訓報也
扣𠚥音叩
下卷
鉤挂古罵反廣雅挂懸也
㝵王莫槃反今高昌人謂閻為㝵說
文闇知聲也
啚之達胡反圖議也亦計也尒雅圖
謀也謂謀謨也廣雅圖度也
危惙知劣反聲類惙短氣皃也惙惙
亦憂也
援助禹眷反謂依據護助之言也䕷
援也取其義矣
財賄古文䀾同呼罪反通俗文財帛
曰賄同禮通貨賄鄭玄曰金玉曰
貨布帛曰賄
微服無非反隱行也尒雅幽匿蔽微
也郭璞曰謂逃竄也
矗直敕六反謂端直也

律車或作䡕車子或作槧唱或作䡕
昌皆梵言訛也正言栗咕婆此云
仙族王種咕音昌葉反也
三法度論下卷
剉持且卧反說文剉折傷也案剉猶
斫也
㖃㘆呼戒反韻集作㖃㖃訶也蒼頡
訓詁作唉恚聲也通俗文作譮大
語也㖃猶㖃咄㘆㖃皆是也
噫氣乙戒反說文噫出息也
十八部論
㕲䑸古我反此山名出律主居處也
䓣山而證而烝二反山名也亦律主
居處也
明了論
竝起又作並同蒲鯁蒲茗二反尒雅
並併也併音蒲茗反
布沙他或作逋沙他此云增長謂半
月又磨增長戒根又磨此云忍謂容
恕我罪舊名懺者訛略也
㰈牆又作䕷杝二形同力支反通俗
文𣗥垣曰㰈釋名云以柴作之跡
䕷䕷然也

隨相論
生櫨側家反楨櫨也似烏勃形大如
梡味澀酢不可多噉論文作查非
體也
漱糗所霤反下丘久反今江南言林
琴柰熟而粉碎謂之糗
三辛字苑作莘同盧葛反通俗文辛
甚曰辛江南言辛中國言辛論文
作剌乖戾也剌非字幹也

一切經音義卷第十八

甲辰歲高麗國大藏都監奉
勑彫造

一切經音義卷第十九 賢聖集傳

翻經沙門玄應撰 弁

佛本行集經
撰集百緣經

佛本行集經

第一卷

迦蘭陁鳥或言柯蘭陁或作迦蘭䭾
迦或云羯蘭鐸迦皆梵音輕重也
此譯云好聲鳥案外國傳云其形
似鵲但此鳥羣集多栖竹林昔有
國王於林睡息虵来欲螫鳥鳴覺
之王荷其恩散食養鳥林主居士
遂從此為名名迦蘭䭾迦舊安外
道後奉如来也

耆𨚗或言𧡝𨚗或作嗜𨚗此譯云勝
言寂勝也

牀鋪普胡反廣雅鋪陳也鋪布也亦
舒也

記別碑列反分別也舊經多言印䭾
經文從草作莂非也

毗盧或云吠嚧遮𨚗或言鞞嚧拓𨚗
此譯云遍照書無嚧字義安一口
為別盧音亘華俱反

首陁娑娑或云秫陁娑娑私陁首陁
此譯云淨婆娑此云宮亦言舍或
言處即五淨居天是也

第二卷

誕育達坦反詩云誕弥厥月傳曰誕
大也箋云大矣后稷云在其母終
人道十月而生也

層閣子恒字恒二反說文重屋也山
海經言雲蓋三層郭璞曰層重也
亦累也

溘然口合反楚辞寧溘死以流亡王
逸曰溘猶奄也廣疋溘依也

必栗慕文云必栗者羌胡樂器名也
經文作篳篥

舐欶古文鍚蝕二形今作括又作舐
同食尒反以舌取食也下又作嗽
同所角反通俗文含吸曰欶三蒼
欶吮也吮音似兖反

第三卷

埏主以旃反八埏之主也漢書音義
曰八埏地之八際也

巷術胥聿反蒼頡篇邑中道曰術道
路也

抴我夷世反又作曳廣雅曳引也說
文曳申也牽也

第五卷

鵁鶄音交精鳥名也一名鵁鶄此鳥
出蔦聯山羣飛如雌鷄似鳧高足
江淮間畜之可以用厭火也

龜鼇吾高反字林海中大龜也力負
蓬瀛臺三山是也

白鷗字書作鷗同来素反白鳥也頭
翅背上皆有長翰毛江東取為睫
離曰白鷺縗音蘇雷反

鸕鷀郎都反下又作鶿同才資反字
林鸕鷀似鷁而黑水鳥也紫頭曲
如鈎食魚此鳥胎生從口内吐出
一産八九中國或謂之水鵶鷀音
五歷反

第六卷

苑囿于救反字林有垣曰苑無垣曰
囿囿亦禁苑也

庶幾尒雅庶幾尚也郭璞曰庶幾僥
倖也庶冀也幾倖也冀倖於善道
也幾亦微也

第七卷

嵬嶵午迴反下徂隗反說文高而不平也嶵山皃也

詆啜時悅反說文啜嘗也尒雅啜茹也郭璞曰啜者拾食也通俗文作嚱今通謂細食物曰啜

阡陌且田反風俗通曰南北曰阡東西為陌廣雅陌道也史記秦孝公壞井田開阡陌也

鑒於字書作鑑同古𣈆反廣雅鑒炤也鑒謂之鏡詩云我心匪鑒傳曰鑒所以察形也

懷孕古文䏢同弋證反三蒼孕懷子也廣雅孕傳也字從子乃聲

嵐毗力含反或言流毗尼或言林微尼正言藍毗尼此云鹽即上古守園婢名也因以名園飯鄃此云林或譯云解脫處亦云滅亦名斷奮音扶晚反也

葦隥都鄧反馬葦上隥也登馬所躡者也經文作鐙古燈字也

鏗鏘又作鎗同苦耕反下又作瑲同且羊反廣雅鏗鏘聲也案禮記子

夏聽其鏗鎗音且羊反字林又衛反埤蒼云鏘金聲也

勁勇居盛反字林勁強也字從力巠聲巠音古定反

色虹胡公反郭璞尒雅音義云虹雙出鮮盛者為雄雄曰虹暗者為雌雌曰蜺蜺或作霓霓音五奚反俗音古巷反青虹也

第八卷

𣋟巽蒲卜反說文暴晞乾也字從曰從出從廾從米字意也廾或作拜同巨凶反共持也

黤黮又作黯同烏感反下他感反謂不明也纂文云黯黮深黑也

迦轄側飢反王名迦轄婆從人辟生如頂生王等

犒拘羅王呼酷枯老二反甘蔗王種也

礓石居良反形如薑也通俗文地多小石謂之礓礫字從石經文從土非也

屩屐居略反史記躡屩擔簦徐廣曰屩草扉也扉音扶謂反扉屨也屩屐也簦音都恒反笠有柄者也

荃提或言遷提謂可遷徙提挈也或作荃提言以荃草為之也非此方物出崑崙中也

第九卷

娉媵說文作僗同餘證食證二反尒雅媵送也謂送女曰媵公羊傳曰媵者何諸侯娶一國則二國往媵之以姪娣從也釋名媵承也謂承事適奉他也

揵陟六度集作犍德正言建他歌此譯云納也犍居言反

不齕千何反說文齒參差也齕亦毀也

不齵五鉤牛俱二反說文齒不正也蒼頡篇齒重生也謂齒不齊平者也

衆毦人志反廣雅氃毦罽也織毛曰罽氃音唐也

躑躅又作蹢同丈亦反下又作躅同丈足反字林駐足不進也廣雅躑躅跢躕也

不覿亭歷反尒雅顯昭覿剣覿見也

黑皯古旱反通俗文面黎黑曰皯也經文從黑作黚非也

弓把百雅反單手為把說文把握也

把持也經作弝近字也
皺𥜥知躡之涉二反謂不申也𥜥裙
𥜥疊皆作此也
理冊古文笧同楚責反冊簡冊也長
者二尺短者半之其次一長一短
手文象之也
兩掔又作捥同烏喚反謂手後節也
第十卷
顱顙又作髗同鹿胡反下蘇朗反說
文頊顱也字書𡿺蓋也廣雅頊顱
謂之顯顙方頟頟也頊音徒各反
潸然所班所板二反字林涕流下皃
也詩云潸焉出涕是也
身祟思醉反說文神禍也謂鬼神作
災禍者也
交瞼居儼反字略云謂眼外皮也
悲惋烏喚反字略云惋歎驚異也
背彼蒲賁反廣雅背北也後也相違
背也謂棄捨相返也經文多從人
作偝
敷愉翼朱反蘩文作𡟻瑜言美色也
方言作怤愉悅也怤愉謂顏色和
悅也怤音芳俱反

不劈普狄反說文劈破也廣雅劈裂
也埤蒼劈剖也又音披厄反江南
二音並行關中但行疋狄反剖音
普後反
呱然古胡反說文小兒啼聲也廣雅
呱呱號也尚書啓呱呱泣是也
氛𩂍敷雲反說文氛祥氣也案祥者
吉凶先見者也
第十一卷
逋流補胡反 婆哂式忍反 波頞都可反
吒字陟家反 哩字伊人反 侘字勑家反 嗏字直家反
拏字女家反
袲字乃可反 麼字莫可反
勦勇說文作𧻓同助交反𧻓健也謂
勁速勦健也中國多言勦勦音姜
推反
剳鉤丁盍反字書剳著也剳鉤剳索
打剳等皆作此經文作𡎺非也
指撝又作麾同許皮反謂手之所指
曰撝也以旌旗指麾因以名也
地穩烏本反謂安穩也
靳固居近反謂吝惜也

騷駥士洽反下魚洽反騷駥謂俳戲人
也經文作陜翕咦音古協反下翕
音許及反非此用也
騗馬疋面反字略云謂躍上馬也
批捥又作抳同蒲結反廣雅抳轉也
左傳抳而煞之杜預曰手抳之也
經文作柲蒲必反柲推也柲非此用
箠撻徵逐反下勑佳反廣雅箠判也
說文箠擣也撻以拳手挃曰撻也
拗脛又作捩同烏夘反拗捩也捩音
力結反
第十二卷
腝柔又作㶧同乃困反字苑腝柔脆
也通俗文㶧垂生也又作嫩近字也
犁搆居責反搆軛也所以扼牛領也
經文作格非體也軛音烏革反
土墢又作坺同扶發反考工記耜廣
五寸二耜為耦一耦之坺廣一尺
深一尺鄭玄曰兩人併發之其隴
中曰甽甽上墢墢之言發也說文
一臿土謂之坺耜音囚以反甽古
泫反
虫豸直尒反尒雅有足謂之虫无足

謂之豸也
火燼似進反說文燒木之餘曰燼小
尒雅燼餘也
死肬籀文作黕同于鴆反通俗文䠶
目曰肬廣雅肬小腫也
啾唧子修反蒼頡篇衆聲也謂小肉
聲也下咨栗反通俗文鼠聲曰唧
唧亦聲也
䕩醬又作䵒同子奚反醬屬也通俗
文淹韮曰䵒凡醯醬所和細切為
䵒全物為葅江南悉為葅中國悉
為䕩
雜飣丁定反江南呼飣食為飣餖經
文作奠徒見反奠置也獻也餖音豆
珍著周禮有八珍珍貴也下古文膳
同私由反方言著熟也郭璞曰著
謂熟食也周禮膳夫掌王之膳著
鄭玄曰著有滋味者也雜味為著也
塵埃烏来反埃亦塵也謂塵飛楊曰
埃也
使覘勑廉反覘謂窺視也覘亦伺也
左傳云使覘之是也
趂而丑刃反謂相趂逐也纂文大開

西以逐物為趂也
儲宮直於反說文儲偫也偫待也蔡
邕勸學云儲副君也
勝㘾徒果反纂文云吴人以積土為
㘾㘾堅也堅才句反
第十三卷
牢靳居近反謂靳肕也肕音而振反
芟彼所巖反詩云載芟傳曰芟除草
也亦斫也經文作釤所鑑反大鎌
也釤非此用
筋陡又作𥲅同居寮反下都口反謂
便捷輕健也
相嘲又作啁同竹交反蒼頡篇啁調
也謂相戲調也
二䵒補單反字林䵒部也亦䵒類也
經文作般假借也
名於弥盈反所以名質也名号也經
文從言作詺近字也字略云相詺
目也
不傳埤蒼作瑋同于鬼反說文傳奇也
第十四卷
謵讋脂葉反說文失氣也讋怖也一
曰言不止也

具簫又作䈰箾二形同除離反說文
管有七孔詩云仲氏吹簫是也
便娟於玄反楚辭便娟之語王逸曰
便娟好貟也
淚弱又作浂同於縛烏桔二反詩云
其葉淚若傳曰淚若猶淚淚然也
云隰桒有淚傳曰淚柔也亦羡也
山麓古文禁同力穀反詩云瞻彼旱
麓傳曰山足也謂林屬於山曰麓
開闔胡臘反說文闔閉也易也闔門
謂之坤是也
禦侮魚吕反詩云百夫之禦傳曰禦
當也字從示
宫闈于歸反尒雅宫中門謂之闈郭
璞曰謂相通小門也即宫中巷門也
椒房案應邵漢官儀云皇后稱椒房
詩云椒聊之實蕃延盈外國風美
其繁興以椒塗室亦取温煗除惡
氣也由若朱泥殿上曰丹墀也
賛助子旦反周禮賛其不足者鄭玄
曰賛佐也亦導也
攪痹古夘反下蒲定反攪謂撓攪也
廣雅痹癎清圂

投穽古文阱汬二形同茨性反說文
穽大陷也廣雅穽坑也
第十五卷
驚悸古文痵同其季反字林心動也
說文氣不定也
稱冤古文冤窓二形今作宛同於原
反冤枉也曲也屈亦不理也
嫡冑丁狄反主嫡也字書嫡正也廣
雅嫡君也公羊傳云立嫡以長者
何謂嫡夫人之子尊無與敵也冑
連續也緒也
杠音江橫木也
墉堞又作牗牖二形同餘鍾反尒雅
牆謂之墉城亦謂之墉詩云以伐
崇墉是也下徒頰反堞女牆也
稍穳所角反下千乱反埤蒼稍長丈
八也廣雅穳謂之鋋鋋小矛也鋋
音市延反
第十六卷
逶迤又作蝺同於危反下又作佗同
達羅反說文逶佗行去也詩云逶
迤佗佗德之美皃也傳曰逶佗者
行可逶曲迹也亦自得之皃也

有娠書隣之刃二反詩云大任有娠
傳曰娠動也娠謂懷胎孕者也廣
雅娠傳也今皆作身兩通也
滂沛普傍反下普賴反三蒼滂沱也
沛水波流也沛亦大也
心忪又作伀同之容反方言征伀惶
遽也江湘之間凡窘卒怖遽皆謂
之征伀
汒怖又作𦬇同莫荒反汒遽也𦬇人
晝夜作無日用月無月用火常思
明故從明或曰𦬇人思天曉故字
從明下又作悑同普故反惶怖也
經文作怕疋白反憺怕也此俗音
普嫁反
瞳晥徒公反埤蒼目珠子也下遐縮
反蒼頡篇目出皃也縮音烏校反
垂頞丁可反廣雅頞醜皃也經文作
侈時紙反尒雅侈恃怙也郭璞曰
江東謂母為侈侈非字義
髂髀古文䠋同蒲米反說文股外曰
髀江南音必尒反經文作䏶非也
鼾睡下旦反說文卧息聲也字苑呼
干反江南行此音也

㓷項丁盍反字書㓷著也經文作搭
非也
齩齒說文作齺同五狡反齺齧也
戛戛古黠反齒聲也
讇語是盬反又音盬世俗間語耳
第十七卷
舟楫通俗文作艥同貲獵反詩云檜
楫松舟傳曰楫所以擢船也周易
黃帝剡木為楫是也檜音栝
大磧且歷反說文水渚有石曰磧廣
雅磧瀨也水淺石見也
第十八卷
覢電又作睒同式冉反說文暫見也
亦不定也經文作閃窺頭也
如丳字苑初眼反今之炙肉丳也經
文作剗削之剗非體也
從削又作鞘私妙反方言劍削關東
曰削關西曰鞞所以貯刀劍之刃
也鞞音補迥反
乃穌先胡反聲類更生曰穌穌亦休
息也謂更息也
凋悴丁堯反說文半傷曰凋凋亦弊
也字從冫音冰

掊地蒲交反通俗文手把曰掊說文
作捊或作抱引取也
擺木又作捭同補買反說文兩手振
擊也
第十九卷
鯀㥶竹劣反字林㥶憂也亦意不定也
躓頓古文䞘躓二形今作疐同陟利
反謂挫辱之也
皇闈古攜反尒雅宮中門謂之闈其
小者謂之閨說文特立之門也
煢獨古文惸傑二形同渠營反尚書
無虐煢獨孔安國曰煢單也謂無
所依也獨無子曰獨也
第二十卷
食蒐弟奚反通俗文草陸生曰蒐詩
云自牧野蒐傳曰蒐茅之始生者也
毛㲣布莽反謂毛布也通俗文邪文
曰㲣字林㲣之方文者也
蟻垤徒結反方言垤封塭之楚鄭以
南蟻土謂之垤
頷踊子移反下又作頠同而甘反江
南行此音又如廣反關中行此音
說文口上之須曰頷下說文頰須毛

也經文作㲧近字也
欲㖃口迹反謂㖃瞰也又口歷反
灑歎又作噴同普孫反說文吹氣也
廣雅歎吐也歎潠也謂含物而歎
散之今亦為噴普遜反說文鼓鼻
也廣雅噴嚏也蒼頡篇噴叱也
享受虛兩反享亦受也享當也說文
享獻也
第二十三卷
憩息說文愒同却厲反尒雅憩息也
舍人曰憩臥之息也
開祏古文旂祏二形今作拆同他各
反廣雅祏大也亦開也經文作柘字
凸擲同之石反柘拾也柘非字義
第二十四卷
傴促於詡反字書促倚也字從人傴
息也
皆杜說文作㪅同徒古反國語杜門
不出賈逵曰杜塞也塞閉也方言
杜翟也趙曰杜郭璞曰今俗通語
也翟如杜杜子翟因以名也
第二十六卷
不蹶巨月居月二反說文蹶僵也廣

雅僵仆也
惟怯丘方反惟恐也下又作狜同祛
脅反怯畏劣也多畏也
忤迕又作牾仵二形同吾故反聲類
迕逆不安也經文作悮非也
謇吃居展反通俗文言不通利謂之
謇吃周易謇難也方言謇吃也楚
語也郭璞曰亦北方通語也
白鷗烏侯反字林水鴞也大如鴒出
沛鴉于驕反
摑裂字宜作擺九縛反說文擺拼也
蒼頡篇擺摶也言歎瞋即擺也
毦羽力丁反謂烏羽也經文作零又
作翎翧二形近字也
毻落他卧反字書落毛也經文作毻
近字兩通
瘦青字苑作瘠同所景反青瘦也病
也釋名云青者瘠也如病者瘠瘦
也經文作省非體也
凹凸烏狹反下徒結反蒼頡篇作容
窊抱璞子云凹陷也凸起也
遍遞補顯反下他奚反慕文云遍遞
薄也不圓也

鯨鯢又作鱷同渠京反許叔重注淮
南子云鯨魚之王異物志云鯨魚
數里或死沙中云得之者皆無目
俗云其目化為明月珠也鯢鯨之
雌者也左傳鯨鯢大魚也說文作
鶂司馬相如作鶂或作鷊埤蒼作
艗字書作鷁同五壓反水鳥也善
高飛也
貘又作貊同莫白反字林似熊黃
黑出蜀一曰白豹
第二十七卷
鵂鶹許牛反下力周反廣雅鵂鶹鳩
鵋也關西呼訓侯山東謂之訓狐
纂文云夜即拾人爪也
鉤鵅古侯反下加額反尒雅鵅鵋舍
人曰謂鵂鶹也南陽名鉤鵅一名
忌欺晝伏夜行鳴為怪也
梟鵶古堯反土梟也下為驕反字林
鶏鵶也形似鳩而青出白於山即
惡聲鳥也楚人謂之服鳥亦鴟類
也山東名鸋鴂俗名巧婦鸋音奴
定反下公穴反字從夬音古邁反
可撑又作敹同宅衡反謂相觸也相

樘柱也
礭然口角反周易夫乾礭然示人易
矣韓康伯曰礭然堅貟也
陵嶒集綾反嶒石之阤隗貟也經文
從山作𡾊近字也阤音五瓌反隗
五罪反
第二十八卷
脊膂今作吕同力舉反膂亦脊也說
文脊骨也太岳為禹吕委如心吕
因封吕侯
胥骼古文骴今作骿同口亞反埤蒼
膂骨也經文從肉作胳非也
尻髖苦勞反下徒昆反髀類髖尻也
㨝挼字詁古文裒挼二形今作阿同
烏可反下古文挼㧊二形今作挪
同乃可反字書裒挼柔弱貟也亦
草木盛也
懣嫪盧報反說文嫪姻也聲類嫪姻
懣惜不能去也廣雅嫪妬也姻音
胡故反
纛纛徒到反詩云左執翿傳曰翿纛
翳也箋云舞者所持所以羽舞者
也方言楚謂翳為翿翿音徒到反

旌旂貲盈反下巨衣反尒雅注毛首
曰旌郭璞曰戴旄於竿頭也周禮
析羽為旌鄭玄曰析羽為五色繫
之旌上尒雅有鈴曰旂郭璞曰懸
鈴於竿頭畫蛟龍於旒上也周禮
蛟龍為旂是也
雰霏敷雲反下或作靅同敷非反雰
霏雨雪貟也
鈇鉞方于方禹二反禮記軍旅鈇鉞
先王所以飾怒也說文鈇莝斫也
鈇亦椹也鉞音于月反大斧也
如霰又作霓同先見反詩云先集維
霰傳曰暴雪也
兕牟音似又徐姊反尒雅兕牛一角
青色重千斤南州異物志以為角
長二尺餘形似馬鞭柄其皮堅可
為鎧甲廣志云角斑似瑇瑁足有
十爪
復挈口結反說文挈懸持也挈猶提
也亦繫也
耳頷丁可反廣雅頷醜貟也經文作
㑳時紙反㑳侍也又作㑳乃可反
器名也

第二十九卷

豬獵又作豵鱲二形同驢涉反說文毛巤也亦長毛也通俗文豬毛曰獵

嚇呼呼駕反詩云反予来嚇箋云距人謂之嚇嚇亦大怒也

自踣今作仆同蒲北反踣前覆也

團欒盧端反猶團圓也圓帀也

哂哂又作吲同尸忍反哂猶笑也

麦稍公玄反說文麦莖也廣雅稍槀也經文作麹非體也

戢翣山甲反羽飾也下垂從羽妾聲世本武王作翣

第三十卷

魚鱓又作鱔組二形同音善訓纂文云蛇魚也

鱒魴才袞反下又作鰟同父方反字林鱒赤目魚也魴赤尾魚也

鯷鱧達奚反下音礼字林鯷鮎也鱧鯶也廣雅鮷鯷鮎也青州名鮎為鯷鯶音胡凡反鮷音徒奚反

蟄眼持立反說文蟄蔵也虫至冬即蟄隱不出也獸之淺毛者亦蟄熊羆等也

第三十一卷

一荻又作邁同徒壓反尒雅蘸郭璞曰即邁也

一杯除呂時汝二反廣雅杼渫也說文杼柂也蒼頡篇杼取也除也

䳍陆蘇勞反梵言鶅鷎鳥名也

胎糕古文餻糕糟饎四形今作糝同桒感反說文以米和羹也一曰粒也

大虬渠留反廣雅有角曰虬龍熊氏瑞應圖云虬龍黒身無鱗甲

第三十二卷

鞅鞹又作鞘同胡犬反謂車靷鞹物皆作此字經文作鞁火見反字𪇆䩩同鞁非此用

第三十三卷

胎腴庚俱反說文腹下肥也腴腹也

第三十四卷

輨釭又作軖同古紅反說文轂口鐵也方言自關之西謂之釭燕齊海岱之間曰鍋鍋音古和反

軸鐗方言作銶同歌廌反說文車軸鐵也廣雅鐗鐴也鐴音他合反

黒纑勒胡反字林布縷也

燒爇今作焫同而悅反通俗文燃火曰焫焫亦燒也

報賽桒𠕋反桒賽謂相酬報也

第三十五卷

柀鉏仕於反謂田器也蒼頡篇鉏兹其也漢書帶經而鉏是也

剉切千卧反說文剉折傷也剉猶斫也切割也扌也扌音又殞反

嗽齗又作欶同所角反通俗文含吸曰欶經文作竦子累反字書或欶字下又作齰同仕白反齗齧也經文作咋咱咋也又咲咋也咱音胡麦反咲烏交反

嘑嗻又作䡰同補各反下子立反說文嘑嗻嗻嗇聲貞也經文作慱下或作唊古侠反忘語也或作唼子盍反唼嗽也二形並非字義

第三十六卷

欶吮似兖反說文吮嗽也韻集吮音弋選反

第三十七卷

哪鞥陟流反一事十名哪鞥婆論文句字論也

面款又作欵同口緩反款至也蒼頡篇款誠重也說文款意有欲也廣雅款愛也

第三十九卷

唱呴又作吽拘二形同呼垢反廣雅呴鳴也國語三軍譁呴賈逵曰呴嘷也下同

慙恧女六反方言悈恧慙也荆揚青徐之閒曰悈梁益秦晉之閒曰慙山之東西自愧曰恧三蒼恧慙也小尒雅云不直失節謂之慙慙愧也小尒雅云心慙曰恧悈音他典反

白疊古文氎同徒頰反毛布也經文作㲲知立反縶絆也縶非字義

第四十卷

得艇徒頂反釋名云二百斛以下曰艇方言南楚江湖小船曰艇郭璞曰即艒也艒音思六反艒音同

𢖘作畢偈反謂𢖘𢖘物也𢖘音徒頰反肜然古文䢼蚺二形同徒宗反說文丹飾也廣雅肜赤也

第四十二卷

寒噤渠飲反楚辞閉而不言王逸曰

閉口為噤噤閉也

唧唧咨栗反通俗文唧唧鼠聲也今取其義經文作唊非也

沿流翼泉反字林從水而下曰沿順流也沿亦緣也

歘然所力反通俗文小怖曰歘埤蒼恐懼也說文悲意也字從嗇從欠經文從心作憣又作嗇並非體也

虵蛻湯外始悅二反說文蟬虵所解皮廣雅蝮蛸蛻也蝮音扶六反蛸餘六反

㳬水古文㴻同桒故反三蒼逆流而上曰㳬㳬向也亦行也

帆者又作颿古文䑺同扶嚴扶泛二反聲類舩上張也釋名舩隨風帳幔曰帆帆也使風疾汎汎然也

潬上徒旱反尒雅潬沙出郭璞曰今江東呼水中沙堆為潬謂水中央地也

第四十三卷

誤人吾故反字林謬誤也經文作忤非也

不狎下甲反字林狎習也近也慯也

經文作匝𠁣匝也匝非此用

久昵又作曙同女栗反尒雅曙親近也又云昵亟也親昵亦數也

射垛徒果反射垜也經文作埵丁果反埵累也埵非字義

苔衣徒來反謂水中魚衣綠色生水底者也亦可以為紙

淫霖力金反尒雅久雨謂之淫淫謂之霖左傳雨自三日以往為霖經文從雨作霪非也

第四十四卷

氣瘷蘇豆反說文瘷欬逆氣也欬音苦代反江南行此音起志反山東行此音

甍瞢徒登丁鄧二反韻集云失卧極也下亡登反經文作燈懵非體也

甋甎力穀反下又作塼同脂緣反通俗文抶長者謂之甋甎江南言甓蒲歷反

第四十五卷

捔譜畢政反廣雅捔除謂掃飾捔除也下都浪反

第四十六卷

牀陛蒲礼反說文外高陛也即階陛
牀陛也經文作梐蒲礼補奚二反
禁獄之名非此用也
蛆螫知列反下火各反字林皆蟲行
毒也通俗文毒傷人曰蛆經文作
蛆非體也
修葺子立且立二反說文葺茨也謂
以草蓋室為葺葺覆也補治也
第四十七卷
村柵初格反說文編竪木者也通俗
文柴垣曰杝木垣曰柵杝音力支反
頡唎胡結反姜又頡唎拔多人名也
煩冤於元反冤煩也屈也字從冖從
兔兔為冖覆不得走善屈折也經
文作惋烏喚反惋歎也惋非字義
第四十八卷
評論皮柄反字書評訂也訂平議也
訂音唐頂反
逵領丘方反周禮逵人掌建法則鄭
玄曰逵正也逵救也
第四十九卷
持擢又作濯同馳挍反方言揖謂之
撓或謂之擢江南擢大於撓而揖

殊小作撓者面向船頭立撥之作
擢者面向船尾坐撥之揖擢也擢
而進之字從手經文作棹當世俗
字耳
舀漏弋紹反舂舀也舀杼也字從臼
從爪字意也舂音九万反
即覷又作狙同千絮反字林窺覷也
廣雅覷視也謂相候視也通俗文
伏覗曰覷是也
蛟龍音交梵言宮毗羅其狀魚身如
蛇尾有珠
漏泄思列反泄溢也發也亦泄漏也
慍恚於問反論語人不知而不慍何
晏曰慍怨也蒼頡篇慍恨也說文
慍怒也
第五十卷
木弶巨向反字書謂施罥於道也
第五十一卷
牝鹿脾忍反說文畜母也雌曰牝也
劓去又作劓同魚器反劓割也謂截
去其鼻也說文劓決鼻也
搶貫且羊反說文搶距也通俗文刺
木傷盜曰搶木搶鐵搶皆作此

讙譁又作諠同虛元反下呼瓜反讙
譁聲也廣雅讙鳴也亦驚聲也
紛葩普華反說文芬芳也葩華也聲
類取其盛皃也
柎壓芳主反柎猶拍也拍弄也尚書
擊石柎石是也
第五十二卷
門閫又作梱同苦本反禮記外言不
入於閫鄭玄曰閫門限也
窒利丁結竹栗二反蘇弗窒利此譯
云善女
觜又作咮同子累反廣雅觜口也
字書鳥喙也
抄撥初挍反抄掠也強取物也下補
沫反撥引也棄也廣雅撥除也
第五十三卷
蒨草又作葥茜二形同千見反一名
茈茢一名茅蒐可以染也人血所生
罩籠竹挍反尒雅籗謂之罩郭璞曰
捕魚籠也
璃把百訝反說文把握也單手為把
刀把弓把皆作此經文作靶說文
轡飾也靶非此用

第五十六卷
牢靭又作肕同而振反字林靭柔也通俗文物柔曰肕
羸瘠古文膌𤸃膌三形同才亦反乇傳瘠即甚矣杜預曰瘠瘦也
第五十七卷
耆郅丁礼反蒼頡篇郅舍也說文屬國之舍也經文作庢音亘平也庢非此義
狡猾古夘反下胡刮反方言凡小兒多詐惑謂之狡猾猾亦乱也
艷艷許力反字林赤皃也通俗文青黑曰艷
銘記莫庭反謂鐫刻金石以記功德也禮記銘者自名也銘銘義稱美不稱惡周禮凡有功者銘書於王之太常鄭玄曰銘之言名也
第五十八卷
嘲謔虗虐反尒雅謔浪笑傲郭璞曰謔相啁謔也詩云無然謔謔傳曰謔謔喜樂也
滑稽古没胡刮二反下古奚反滑稽猶俳諧也滑取滑利之義也以其諧語滑利智計疾出者也
趒梁他子反趒躑也韻集趒越也
園圃補護布五二反詩云無踰我園傳曰有樹也又云折柳樊圃傳曰菜圃也三蒼種樹曰園種菜曰圃
操刀又作㯢同錯勞反說文操把持也
斫癹疋葛反芟癹也芟音所巖反
射埻之尹之閏二反說文射臬也廣雅埻的也即射侯也以熊虎之皮飾其側又方制之以為埻通俗文射堋曰埻埻中木曰的
蒼湛又作萠同莫剛反萠遽也通俗文時務曰湛經文從心作惝非躰也
跋涪婆扶鳩父侯二反此云善女也
第五十九卷
矛矟又作𥎞我二形同莫侯反說文矛長二丈建於兵車也下音彥乱反
縫綻又作袒䘺二形同徒莧反說文補縫也
第六十卷
倉廩且郎反說文穀藏也下又作亩同力甚反周禮廩人掌九穀之數鄭玄曰藏米曰廩儲穀曰倉
囹圄力丁反下魚呂反獄名也周禮三王始有獄周曰囹圄釋名囹領也圄禦也謂領囚徒禁禦之也
由緒辝与反絲端也廣雅緒末也緒餘也謂殘餘也事也業也
撰集百緣經
第一卷
窳情臾乳反嬾惰之謂也尒雅窳勞也郭璞曰勞苦者多情窳也
第四卷
麑麛又作麑同莫奚反尒雅麕牝麜牡麌其子麆麆音加麌音於牛反
第七卷
塔振宅庚反案振猶拄也浮圖樓皆是也說文振持也

一切經音義卷第十九

甲辰歲高麗國大藏都監奉
勑彫造

一切經音義卷第二十 賢聖集傳

翻經沙門玄應撰

陁羅尼雜集經

六度集經

佛本行讃經

付法藏經

佛所行讃

治禪病秘要經

禪秘要經

禪法要經

治禪病秘要法

百喻集

菩薩本緣集

四阿含暮鈔

法句經

舊雜譬喻經

雜譬喻經

孛經鈔

思惟略要經

佛醫經

分別業報略集

龍樹為禪陁迦王說法要偈

弁

無明羅刹經

四十二章經

賓頭盧為優陁延王說法經

阿育王太子法益壞目因緣經

馬鳴菩薩傳

婆藪槃豆傳

陁羅尼雜集經

第一卷

欝烝於物反尒雅欝氣李巡曰欝盛氣也下之媵之外二反說文烝火氣上行也

咻咻虛流許主二反依字與咻痛念之聲也

潢瀁胡廣反楚辭潢瀁而不可帶王逸曰潢瀁猶浩蕩也經文作洸洋古黃反下以良以章二反二形並非今用

呼梨匹尢反依字埤蒼呼吹氣聲也

第二卷

寇賊口候反尚書寇賊姦宄范甯集解曰寇羣行攻剽者也說文寇暴也廣雅寇鈔也剽音芳妙反

相薄補莫反小尒雅薄迫也韋昭注漢書云氣往迫之曰薄經文作廣愽之愽非也

六府跌字反廣雅府聚也白虎通曰人有六府謂大腸小腸旁光胃三焦膽也

三膲子遥反白虎通六府有三膲脣之府也上膲若霧中膲若漏下膲若瀆經文作焦燒餘也焦非字義

一線今作綫又作䌫同私賤反謂縷衣縷也

撈接歷高反方言撈取也郭璞曰謂鉤撈也通俗文沉取曰撈經文作堅牢之牢非體也

摩抄又作攠攞二形同莫何反下蘇何反聲類摩抄猶捫摸也亦抹𢱢也經文作捲鹿何反揩捲也捲非此義抹音莫鉢反𢱢莫曷反

第三卷

鞠育詩云母兮鞠我傳曰鞠養也方言陳楚之間謂養為鞠又作掬同居六反說文掬撮也

青黃感經反東方色也尒雅春為青

陽是也字從丹從生木生丹丹青
之信必然者也經文作綪且見反
綪非今體
瞎者又作瞷同呼鎋反字書一目合也
尪弱今作尢同烏皇反尪弱也通俗
文短小曰尪
勇喆古文嚞字書作喆今作哲同知
列反尒雅哲智也方言齊宋之間
謂知為哲
敦喻都肫反尒雅敦勉也謂勸勉也
敦亦迫也經文作頓非也
金鈹普皮反說文鈹大針也
霍然呼郭反案霍然儵忽急疾之貟
也經文作矐非也
圂賭胡困反廣雅圂圂㢢廁也經文
作溷溷濁也
自刎亡粉反通俗文自刻曰刎刎剄也
姧詭居毀反謂不實也詭惡也詭欺也
第四卷
呢邪女乙反下丁礼反呻他書仁反
目企去豉反　目呿丘庻反
薩呸丁礼反　阿柢畢利反
奢我兒揺乙佳反求勿反

坭囉乃礼反　嘔娑呼浮縷史反
㪷䟤羽厥反
尼呰又作訾同莫柴反
㗌蒞㑮呰烏奚反㗋耶
眴涅呼遍反　靳者居近反
訓狐亦名訓侯經文作薰胡非體也
歐吐今為嘔同於口反歐吐也嘔傴也
騫陁去焉反　把拳渠負反
婆坘丁礼反
噫嚱乙戒反下於越反說文噫飽出
息也嚱氣悟也
唏利呼几反　羅呢桎致脂失反
睒婆式冉反　迦澌相離反
裨希吟　婆緻除致反　坡鄃普多反
伽泜之氏反　拘蓰先尒反
阿呼芳不反經文作哱非也
梨梯他䄵反　吠藍力𨂗反　踶吟
迦裨臂弥反　阿浮經文作浮
晡嘍補胡反勒口反　伊叽　恚驗
菩哳側轄陟轄二反　涘利事几反
㵣淡達濫反　㨿路薑魚反
第五卷
啫也　祢㘨　㑲遮　伲民

絁離書支反　使㑮勑家反
離唉徒敢反　㕛嚧　祉椑臂弥反
伊怯莫傍反　奚蘭魯干反
炮沙蒲交反　車伽
迦嚕　𤨏醯　修喃
衍拕徒我反　哆羅殆我反
究揑猪栗反
多伽留香又作多伽樓譯云木香樹
也一云不沒香
龍腦香西域記羯布羅香樹松身異
葉花果亦別初採既濕尚未有香
木乾之後循理而折其中有香狀
若雲母色如氷雪此謂龍腦香也
補袛卜古反經文作補
樺皮胡覇反木名也可以飾弓者也
産運于郡反通俗文心乱曰抎作抎
經文作運轉之運兩通
舌縮字書作𦁤同所六反國語盈縮
轉化賈逵曰縮退也經文作嘧非也
阿艄蒲故反　蕪呵武于反
勒繕市戰反　嘻梨虚基反
殿斱　郁羅於六反
呿陁羅㞧撅

一切經音義卷第二十　第六張　弁

利渟奴定反　恒鉗奇廣反
食箒市緣反說文判竹圜以成穀也
笔箒也笔徒損反
南序顏假反廣雅序舍也謂廊屋也
說文堂下周屋曰廡釋名云大屋
曰廡幽冀人謂之序經文作雅非
體也
闠闤求晚反說文養畜閑也閑闌也
仕宧胡串反宧亦仕也又曰宧學也
利吒竹嫁反竭厨直俱反休妻力侯反
第六卷
菥麻布迷反草名也呂靜韻集云菥
麻其生似樹者也
抆之古文揢同亡粉反抆拭也
薩哦　建宅　槃宕徒浪反　伊睩
郯地蒲必反　秀咗　婆唅胡闇反
波吽呼旬反
互波丁奚反　咥耽許尸丑一二反
賁渟補門反奴定反
咄吒都骨反經文從口作對非也
儴羅勑良反
狂寱牛世反通俗文夢語謂之寱聲
類不覺妄言也

一切經音義卷第二十　第八張　弁

虔跏直知反　躓吒竹利反下竹嫁反
跓犄利居冝反　蹬祁丁登反
擷利乎結反　但埿乃礼反
希嫠力之反
第七卷
颰夢冝作颼音所留反下莫貢反
　掬畔　銖鍮　瓣浮
題毀　呿咥卷㢋反　斗戳禹厥反
哄娑胡貢反
禾呵力對力隹二反　樊葩仔嗤五奚反
眤鄉古文眤同囊脂大奚二反
椹脾賭林反　阿喋　唏利呼几呼冀二反
剌也力曷反　坻闍丁礼反　頊浮許玉反
溗之蘇銑反通俗文舍水溢曰溗經
文作嗓俗字也
白晥還棧反許慎注淮南子云燭晥
目內白翳病也經文作完非也
痤思在戈反說文痤腫也謂癰痤也
經文作侳非也
痳思力針反聲類小便數也經文作
淋非體也
䈽筒待公反三蒼作筩郭璞曰竹管也
今皆作筒經文從木作桶他孔反

一切經音義卷第二十　第九張　弁　憕

木欓也欓他朗反桶非此用
淋頂力金反說文山水沃也廣雅淋
漬也經文作瀐瀐雨也說文谷名也
摽項又作㨯同力周居茅二反蒼頡
篇摽束也說文摽縛煞之也摽即
纆縛之名也
蠚蜇他達反下勒達反廣雅蠚蜇蝅
蠆蠍也蝅巨支反
齆鼻一弄反埤蒼鼻病也通俗文鼽
鼻曰齆也鼽音求
厭蠱於冉反下字林音固蠱惑疾也
經文作猒頗非體也
扠波初家初嫁二反
餧此於僞反三蒼餧飤也說文作萎
食牛也
第八卷
夷騶側愁反　倪諄魚奚五礼二反
下許朱反
臏頭脾身反經文作蹪誤也
佉駄　阿蜱扶支反　蹋蜱徒臘反
抪之匹沫反謂以物澆抪也經文作
沛非也
讜涅當朗反　伽搵力奚反

阿顱而涉反　鼙羅宜作鼙音悲偹反
齒齲又作𤘘同丘禹反說文齒蠹也
哂翅式忍反　呪呴呼口反
目眩玄縣二音說文眩目无常主也
字林眩亂也蒼頡篇眩目不明也
金錫莫槃反鬼名也癇病挾閒反
韭晃甫違反　痓鬼之喻反
謎揆鬼
寒癖匹壁反聲類癖宿食不消也經
文作僻邪僻也
蠱祥公戶反虫物病害人也下徐揚反
字林祥福也善也經文作䄻非也
第九卷
轢硌力各力的二反蒼頡篇轢輾也
說文車所踐也
頞軝戶支反　呧嗟下刮反勑軲反
否梨咶下刮反
第十卷
垤輯徒結反　咥伭許伊反
哿呵胡可反　郯虵蒲必反
坻祇丁礼反　萸又於六反
啾堤子由丁奚反　腱搴巨言反
恚譚徒南反　味弥氏反又作䅎睞

多律跢直知反經文從智作踟非也
揃之常絹反通俗文畫圓曰規規摸
曰揃經文作專一之專非也
抵利之是反呧利戕喀　婆抳丁礼反
六度集第一卷
瘡瘵勑流反尚書王𡈼曰乃瘵瘵猶
巻也俞也
貧窶瞿矩反无礼也字書窶空也三
蒼无財偹礼曰窶也
鱣魚古文鱣同知連反大黄魚也口
在頷下大者長二三丈也
滯港古項反謂須陁洹也此言入流
今言滯港者取其流水處也
悅憶他活反廣雅悅可也
窠藪聲類作𥨊同口和反字書窠巢
也經文作窠誤也
德韜土勞反韜藏也說文劍衣也
毒鴆除禁反大如雕紫緑色長頸赤
喙食虵其羽以畫酒飲之即死
蕃屏府袁反蒼頡篇蕃蔽也屏牆也
藩籬也周礼九州之外為藩國
灼熱之若反廣雅灼熱也灼灼明也
第二卷

逌邁又作遯同徒頓反廣雅逌避也
逌去也
无恙餘向反尒雅恙憂也郭璞曰今
人謂无恙无憂也
噢咿於六反下於祇反埤蒼內悲也
亦痛念之聲也經文作唷啣二形
非也
㖃言呼戒反韻集云㖃呵也蒼頡訓
詁作欸恚聲也通俗文作謕大語
也猶㖃咄嘆㖃皆是也
斃鬼說文亦弊字同脾世反弊仆也
頓也斷也
聒耳公活反讙聒也蒼頡篇擾亂耳
孔也
鞅掌於兩反詩云王事鞅掌傳曰失
容也箋云鞅荷也謂之捧也負荷
捧持也趍走促處失容儀也
訣辭古穴反通俗文与死者別謂之
訣訣絕也
德徽虛歸反尒雅徽善也尚書昚徽
五典王肅曰徽美也
憧憧昌恭反說文憧憧意不定也廣
雅憧憧往來也字從童經文從心作

憧字𠀤𥥍同說文憧遲也非此義
湩流竹用反通俗文乳汁曰湩今江
南亦呼乳爲湩
老窘渠殞反說文窘迫也亦困也
砰然又作硑同披萌反字書砰大聲也
授啖又作噉同達濫達敢二反廣雅
啖食也說文啖噍也亦啖𠀤也
巉巖仕銜反廣雅巉巖高也亦山間
嶮阻也經文作岑仕金反岑崟
高也
孫勱說文作𩲡同仕交反便捷也廣
雅𩲡摴也聲類𩲡疾也經文作僺
非也
戢葴側立反說文葴兵器也戢斂也
聚也
第三卷
惴惴之睡反尒雅惴惴懼也郭璞曰
謂危懼也
恰恰苦洽反恰恰用心也
行孌補謟反廣雅孌親也謂親幸也
孌愛也謚法曰賊而得愛曰孌釋
名云孌早也賤早妾媚以色事人
得幸者也

隕下于愍反尒雅隕墜也謂墜落敗
壞也
第四卷
俎醢莊吕反字書肉几也下呼改反
尒雅肉謂之醢郭璞曰即肉醬也
饕餮古文叨叨二形同他高反下又
作飻同他結反說文貪也又貪財
曰饕貪食曰餮
孌妾補苐反賤而得愛曰孌經文從
草作孌非也
糅毒古文粈䊆二形同女救反通俗
文肴雜曰糅
熇即許酷反埤蒼熱皃也熇熇亦熾
盛也
仇㦨古文逑同渠牛反下胡闇反尒
雅仇讎匹也怨偶曰仇小尒雅㦨
猜恨也
衆噪先到反說文鳥羣鳴也
森然所金反說文多木長皃也
簰上蒲佳反方言簰謂之筏南方名
簰北人名筏
真諦亘筯反說文傳言也俗語也真
猶真實也言了達真言俗語也經

文從口作啼誤也
懾懾攝類作慴同止葉反廣雅慴懼
也字書失常也
躇步腸於反說文躊躇猶豫也
臂鋃亘作琨又作瓃同孤瑰反
歌懿於冀反尒雅懿美也說文專久
而美也亦大也
嗷嗷又作嗸同五高反說文衆口愁也
磔著古文厇同竹格反廣雅磔張也
漢書景紀中二年改磔曰棄市
指攉苦學反說文攉敲擊也經文作
确非此用也
梓柟音南尒雅柟梅樊光注云荆州
曰梅揚州曰柟益州曰赤楩葉似
豫章无子
第五卷
伀伀又作忪同之容反方言征伀惶
遽也經文作憧非也
邛闍丁礼反蒼頡篇邛舍也說文屬
國舍也
股肱又作㲉同公户反下又作古厷
厷同古弘反說文股髀也脛本曰
股廣雅臂謂之肱

化地蒲北反說文作頖也謂前覆也
喣沫盱矩盱俱二反謂吹嘘之也禮
記喣嫗覆育鄭玄曰以氣曰喣以
體曰嫗
施罛古胡反尒雅魚罟謂之罛郭璞
曰罛大綱也
剉之千卧反剉猶斫也經文從手作
挫辱之挫非也
悄悒於緣反聲類悄憂皃也言腹中
悄邑憤滿也
馬蹟又作跡迹二形同子亦反迹猶
步處也
笮絕今作窄同側格反笮猶壓也今
謂笮出汁是也
第六卷
鐵鍛徒對反說文鍛𥐻也𥐻下銅也
經文作錞市均反于錞樂器也錞
非此用𥐻音府偹反戟柄也
蝘蜓烏典反下徒典反說文守宮在
壁曰蝘蜓在草曰蜥蜴經文作蠻
蜑非體也
訛病又作譌吪二形同五和反訛僞
也謂作偽也

譴祟去戰反廣雅譴責也說文謫問
也蒼頡篇譴呵也祟音私醉反神
禍也
暮習辝立反謂慣習數為也經文作
謵傷協丑協二反說文謵讋也聲
類讋言不止也
以賂力故反遺也謂以物相請謁也
蝛同又作蛾蟦螣三形同徒得反尒
雅食葉曰蟘經文作蛬居援反方
言蟦螬自關而東或謂之蛬屬蛬
非此用
播鞀又作鞉鞀三形同徒刀反鞉
如鼓而小柄其柄搖之者也旁還
自擊山東謂之鞀牢
第七卷
足跖之石反跖足下也今亦作蹠經
文作跞非體也
捻爇奴協反下思協反揑也爇從火
從又爇和也又熟也
剞解口孤反謂空其腹也說文剞判
也方言剞㔫也
建旐治繞反尒雅緇廣充幅長尋曰
旐周禮龜蛇為旐縣鄙建旐鄭玄

曰象其扞難避害也
徼循又作𨙻同古堯古弔二反下又
作巡同似遵反徼遮也循行也漢書
音義曰所謂遊徼循以備盜賊也
木梗加杏反莊子土梗耳司馬彪曰
土梗土人木梗亦木人耳土木相
偶謂以物像人形皆曰偶耳
𩨨德或言揵陟亞言建他歌譯云納也
第八卷
頭𩓾
齔齒初忍反毀齒曰齔說文男八月
生齒八歲而為齔女七月生齒七歲而毀齒
也字從齒七聲
抴鉢普交反抴擲也拼蒼抴擊也
喟然又作嘳同口愧口恠二反說文
大息也歎聲也
蠣虫力制反說文蚌屬也出海中人
食之也
蹠翁之石反蹠補也謂補履老公也
曰喃
恔焉胡代反俗患愁曰恔恔亦苦也
恨也
痟痛烏玄反謂手足痟疼也

佛本行讃經第一卷
孫魔又作䴚𪄠同莫鷄反尒雅䴚其子䴚
法渟狄經反埤蒼水止曰渟字書
水滯也
𡽱磊呰迴反下力罪反說文衆石也蒼
頡篇磊呵也經文作儡𠎝非也
掴吞胡昆反下土痕反又云天掴全
物也吞咽也經文作渾渾濁也水
流聲也渾非字義也
眺日玉弔反尒雅眺視也望也察也
言鼙蒲雞反作鞞樂擊鼙以和之者也
第二卷
湮没於仁反說文湮亦没也尒雅湮
落也
相濽又作濺同子旦反說文汙灑也
勢刻又作㔟同力頁反說文㔟剥也
或作劙力支反方言劙解也分割
也斷也經文作㩿力計反小舩也
㩿非今用
淳調時均反淳善也美也大也經文
作諄之閏之純二反告曉也罪也
諄非字義
山峭古郎反尒雅山脊山峭郭璞曰山

長脊者也
金鞘思誚反謂盛刀劒室也經文作
䈾所捉反此誤也
珠杷補駕反謂刀拂等柄可把持也
經文作靶轡飾也
火煬翼尚反煬炙也方言江東呼火
熾猛為煬說文炙燥也廣雅煬熱也
享食又作亯同虚掌反享獻也祭也
享饗也致貢曰享享歆也歆音許
金反
第三卷
探察勑含反尒雅探取也說文遠取也
驪龍力支反純黑也尸子云玉淵之
中驪龍蟠焉頷下有珠也
吼嚾又作𠹢同荒㦎反聲類嚾呼也
今作嘍
第四卷
桴栰又作艀同扶留反編竹木也大曰
栰小者曰桴
賫顆口火反數也亦單作果
䵒黑力奚反字書䵒黑也經文作㩿
力計反誤也
旬摛而注反或言羅旬𤄃梵言訛也

滑莨必奚反經文作䡚非也
第五卷
中眵昌支反說文眼戴兜眵也戴音
亡結反
醕酒時均反說文不澆酒也
捼手乃和而為二反說文兩手相切也
捼抄也
鎖頭五感反廣雅摇頭也經文作儼
魚儉反敬也儼非此義
堡聚補道反聲類高土也廣雅堡隄也
第六卷
茹食攘舉反廣雅茹食也尒雅啜茹
也郭璞云拾食之也
不訾又作𧫴同子移反訾量也思也
稱意也
戲吮似兖反說文吮嗽也嗽音所角反
付法藏傳第一卷
即晞虚衣反說文曰乾日晞乾也
第四卷
窘急奇殞反說文窘迫也詩傳曰窮
困也
第五卷
窣啅羅勑角反

眼瞼居儼反謂眼外皮也
鎦銖側飢反風俗通曰銖六則錘二
錘則錙二錙則兩也
第六卷
純粹又作睟同私類反說文粹不雜
也精也亦齊同曰粹
羸惙知劣反聲類短氣皃也惙惙亦
憂也
佛所行讚第一卷
眙屬治勝反通俗文直視曰眙經文
作瞪直耕反二形通用勝音以證反
細緆字體作鞔莫槃反鞔覆也經文
作睗傷二形並非也
茗邈徒彫反下徒帝反茗邈遠望懸
絕也
乇從胡古反乇廣大也亦使也養馬也
鎮頭吾感反說文低頭也經文作鴿
非也
脚聯今作連同力然反相聯續也聲
類聯綿不絕也
侹直他頂反侹直說文長皃也侹侹
正直也
車軾書翼反軾高三尺三寸說文軾

車前也儀礼君軾之鄭玄曰古者
亦乘軾謂小俛以礼主人也
形蓺思列反鄙陋也褻黷也
勖勵虛玉反勖謂勉勵也相勸勵也
第二卷
睒睗式冉反下式亦反睒睗暫窺疾
視不定也經文作郝非也
襤褸古文㜮又作襤同力甘反謂衣
敗也凡人衣破醜弊皆謂之襤褸
不躅又作踽同馳錄反漢書音義曰
軌躅迹也三輔謂牛蹄處為躅
絅綶直流反詩云絅繆束薪傳曰絅
繆猶纏綿也
第三卷
樊籠扶袁反棥樊即籠也莊子擇雉
不祈畜於樊中是也樊藩也
轟轟呼萌反說文羣車聲也
呼呷呼甲反說文呷吸子虛賦云呷
吸翠粲音義曰衣起張也經文或
作㛹呷㛹音呼交反
裂眥在計反說文目崖也史記作睚
眦五賣反財賣反瞋目皃也漢書
作厓眥並此義也淮南子云瞋曰

裂眥是也
為軔又作杒同如振反說文礙車也
支輪木也
風霽子詣反說文雨止也南陽人呼
雨止為霽也
第四卷
羽葆或作㼎同補道反謂合聚五色
羽為葆
火鎔揄鍾反說文冶器法也鐵形也
第五卷
冠衮姑本反尒雅衮黻也郭璞曰衮
衣有黻文也玄衣而畫以龍者也
經文作黻非也黻音甫勿反
崦嵫又作崦同猗廉反下子辝反山
海經云鳥鼠同穴山西南三百六
十里有山名崦嵫日所入也楚辝
望崦嵫而勿迫王逸曰山名下有
豪水水中虞淵日所入也
迄于虛气反尒雅迄至也
治禪病秘要經第一卷
樹揩口揩反
綩綣於遠反下祛阮反綩綣猶繾綣
也繾綣謂不相離也

蚰虫又作蝣同餘周反方言蚰蜒或
名入耳也
第二卷
殘膜滻各反說文肉間膜也經文作
瘼誤也
透擲他豆式六二反方言透驚也宋
衛南楚凡相驚曰透廣雅透𧤼也
瘭疽卑遥反廣雅癰成也埤蒼瘭疽
也說文瘭疽久癰也
第三卷
樹荄古来反說文草根也方言東齊
謂薤根為荄
噆食子臘反說文噆銜也埤蒼𪗋脣
也義与唼音同唼血也通俗文作
㖿入口也莊子作噆蚊䖟噆膚是也
泓然一宏反說文下深大也廣雅泓
泓深也
橐囊又作排鞴二形同蒲戒反謂鍛
家用炊火者也
允骨又作頑同下堂反蒼頡篇允咽
也說文人頸也
兜婆或言偷婆或云塔婆正言窣覩
波此言廟也

禪秘要法第二卷
胏腴又作胇同數穢反說文胏火藏
也下庾俱反說文腹下肥也腴腹
也經文作愈臉二形非體也
蛸虫又作蛔同胡魁反蒼頡訓詁云
蛸腹中虫也經文作蚘非也
禪法要解上卷
肪脂府房反下桒安反說文肪肥也
廣雅脂肪也
歧路又作郊𡶒二形同巨宜反謂道
支分也尒雅道二達謂之歧旁郭
璞曰歧道旁出者也
治禪病秘要法
鵶鵂許牛反一名鸺鳥一名鵂鶹南
陽名鉤鵅
譪吉烏盖反梵言譪吉支此云起尸
鬼也
土梟毛詩草木䟽云流離鳥也自關
西謂梟為流離其子適大還食其
母郭璞注尒雅以為土梟經文作
鴞非也
㞙痺畀利反說文足氣不至也經文作
肶字与䏶同音鼻尸反肶非此用

百喻集第四卷
㖤米烏感反字林㖤啗也謂向口㖤
也啗音徒敢反
毹毲蒼頡篇作𣯚同蘇南反毛垂皃
也通俗文毛長曰毲毲也
菩薩本緣集第一卷
薨殯呼弘反廣雅薨亡也尒雅薨死
也諸侯死曰薨
抗禦魚呂反禦當也詩傳曰武臣折
衝曰禦侮也
軌迹古文衟边二形同居美反廣雅軌
跡也說文車轍也國語軌法也
水瀆徒闘反考工記竇崇三尺鄭玄
曰宫中水道也
財賄古文賄同呼罪反通俗文財帛
曰賄
第二卷
扼捥又作搹同於責反說文搹把也
盈手曰扼廣雅扼持也
瞤動而綸反說文目搖也經文作瞤
非體也
螵虫滻比反方言比謂蝙蝠為蟙螵
自關而東名服翼關西名蝙蝠

一切經音義卷第二十　第二十八張　弁　森

第三卷

角張古嶽反違戾不順也經文從目作⿰目角非也

佛欝父勿反字林佛欝心不安也亦意不舒泄不平也

坑窖古効反說文地藏也穿地為窖藏五穀也

四阿含暮抄上卷

婆嚛丈甲反梵言安陁羅婆波此云五條

⿰革桼昧上青墒反葛也

嗏末都　盡也天竺品題皆在後也

波笘赤占都頰二反梵言後波笘息也

下卷

撈煞子曷反周成難字云撈窂撈也

窂音烏狹反

嘬羅楚快反梵言阿婆嘬羅遮此云光音天

揥跋他細反

法句經上卷

挻埴尸延反下時力反案挻柔也和也擊也埴土也

滎水烏熒反小水也亦流也經文作穽非也

一切經音義卷第二十　第二十九張　弁　森

螉螺烏公反方言蜂其小者謂之蠮螉郭璞曰小細腰蜂也下力戈反蝸螺也蠮烏結反

噲闘蒼頡篇此亦快字若壞反廣雅快憭也音了

水湍土桓反說文疾瀨也水流沙上曰瀨瀨淺水也

愚惷丑絳勑容二反說文惷愚也

疢迍雖閩反尒雅迍疾也

逞情丑井反方言自山之東江淮陳楚之閒謂快曰逞說文逞通也

下卷

訥訒奴骨反訥遲鈍也說文訥訒難也訒音而振反

怨殲古文殲同子廉反詩傳曰殲盡也絕也

潺潺仕山反潺湲水流皃也

扈船胡古反扈止也

謾訑麻諫反下或作詑同他和反說文謾欺也訑不信也

非蔟青木反蔟猶聚也周禮蔟氏蔟巢也言梵志非如此也

一切經音義卷第二十　第三十張　弁　滿

門閾古文閾同吁域反尒雅柣謂之閾郭璞曰即門限也柣音田結反

舊雜譬喻經上卷

轗軻宜作埳同口感口佐反埳軻不遇也

一聚古文䢊聦二形今作聚同才句反廣雅聚居也謂人所聚居也經文作聚誤也

跡深尸任反深淺之深經文作淙仕宗反說文淙水聲也廣雅淙漬也淙非經義

棓木又作棒同蒲講反大杖也說文棓棁也徒活反

徇行又作侚同辭俊反徇猶巡也尒雅徇徧也謂周徧也亦宣令也

捷拉正言捷值謂所打木也經文作拉都礼反非也

城隖烏古反字林小城也通俗文營居曰隖字從𠂤

襲持古文𢥁同辭立反襲受也廣雅襲及也亦仍也子孫襲祿是也左傳凡師輕曰襲注曰掩其不備也又夜戰曰襲

下卷

一切經音義卷第五十　第三十一張　治　洪

䣱欶除禁反山海經女几之山多𪄻
𪄻鳴來到反下虛袁反廣雅𪄻𪄻鳴
也說文擾耳也讙譁呼也
悛步胡代反說文悛苦也猒悛也
倒地都老反倒仆也經文作𪉑非也
又作𪄻𪄻筞也
言薩𦁐昌反正言娑度此譯云善哉
經文作嗏非也
啜嘗時悅反說文啜嘗也廣雅啜食
也經文作餟始銳反祭名也餟非
此義
掇置都活反祭名也說文拾取也
諳知其據反謂未知辞也經文作據
非體也
雜辟喻經
饌餟仕眷反下張芮反說文饌具食
也亦陳也飲食也方言餟餽也亦
祭也餽音渠愧反
學經抄
蚑蜂巨儀反聲類云多足虫也關西
謂蚉溲為蚑蛷音求俱反下所誅反
厮米新移反厮下也厮役也謂賤伇
也今取其義

一切經音義卷第五十　第二十張　作　六十

睚
眦五賣反下助賣反廣雅睚裂也
說文以為眦目厓也淮南云瞋目
裂眥即其義也
媟嬻相列徒木反相狎習謂之媟嬻
經文作泄瀆非體也
妖孽字體作𧄋同五竭反說文衣服
歌謠草木之恠謂之妖禽獸虫蝗
之恠謂之𧄋𧄋灾也
魯鈍力古反論語參也魯孔安國
曰魯鈍也謂人昏鈍也
吃呐宜作朒同音刃吃朒猶堅鞕也
謂人无識也
辜較又作榷漢書音義曰辜固也較
專也謂覬固販鬻專略其利也辜
罪也榷謂獨木倚也
譙譊又作妳同上財妙才焦二反蒼頡
篇譙訶也亦嬈也下女交反譙譊
讙呼也蒼頡篇訟聲也
歌謠㫖招反尒雅徒歌為謠說文獨
歌也
思惟略要經
耵聹都冷反下乃冷反埤蒼耵聹耳
垢也

一切經音義卷第五十　第三十六張　弁　杏

懎然呼麦反廣雅歎懎乖刺也猶乖
戾也
佛醫經
猘狗字書作猘狛二形篡文作狾同
昌制居世二反狂犬也
分別業報略集
悛法且泉反悛改也方言自山東而
謂改曰悛廣雅悛更也
犯忤又作迕捂二形同吾故反聲類
迕逆不遇也
蛆蟻子餘反蝍蛆吴公也一名蛆渠
愚戇都絳反說文愚癡也戇愚也
聾聵古文聵顡二形今𩔫又作𦖻同
牛快反生聾曰聵一去聾无識曰聵
宮刑居雄反㴑刑㳄死也男女不以
義交者其刑宮男子割勢婦人幽
閉於宮下胡經反罰罪也易曰刑
法也井為刑法也春秋元命包曰
刑字從刀從井井以飲人人入井
爭水陷於泉以刀守之割其情欲
人畏慎以全命也故字從刀從井
閹身於撿反說文閹豎宮中閹昏閉
門者也謂精氣閉藏也主閉門户

故曰闇也
龍樹為禪陁迦王說法要偈
謳歌又作嘔傴二形同烏侯反說文
齊歌曰謳廣雅謳喜也
飲餌古文佄同胡甘反漢書應劭曰
不醉不醒曰酣又樂酒曰酣
攎掣古文作担同側伽反方言攎取也
督類五指攎捉也
餄蜜又作餜飴二形同翼之反說文米
糵也方言餄謂之餳餳音似盈反
訓馴似均反廣雅馴擾也訓善也亦從
也說文謂養野鳥獸使服謂之馴
瘤瘻力周反說文瘤腫也腫結不潰
散者為瘤聲類瘤瘜肉也
无明羅剎經上卷
喊㖃呼擸反下呼戒反方言减聲也
㖃呵也謂恚聲也又作閡呼嘋反
皺剝且句反埤蒼皮皺散也又樹皮
甲錯𪊩厚亦曰皺䵃皺音思亦反
皰凸輔孝反說文皰面生氣也經文
作疱俗字也下徒結反
哂哂尸忍反哂哂笑也經文從口作
㖃非也

下卷
𣁋破又作𣃔同先奚反埤蒼𣁋聲散也
䶉鼠胡鷄反方言有毒者也或謂之
甘口鼠也
肬贅籀文作䵡今亦作疣同有流反
下之芮反小曰肬大曰贅釋名云
肬丘也出皮上聚高如地之有丘
也贅屬也横生一肉屬著體也
揎調古文作揙同斯緣反謂揎衣出
臂也
四十二章經
輸敬始揄反輸晝貢也說文委輸也廣
雅輸寫也寂也
桼籚又作漆同音七下又作髗同音
瑞江南名髗北人名髖音撥
賨頭盧為優陁延王說法經
蹭伽古文揩同徂陵反依字所䆘揩
謂猪卧處也
賨頭盧為王說法經
滎樂為明反滎猶光華也光寵也經
文作嫈非也
阿育王太子法益壞目因緣經
綏化私隹反尒雅綏安也

梟汝古堯反冬至日捕梟磔之梟頭
在木上也
撓吾乃飽乃挍二反說文撓擾也又
撓亂也
元元言元元者非一民也古者謂民
曰善言善人因善為元故曰黎元也
赦宥赦置也下于救反宥寬也周禮
三宥一宥不識二宥過失三有遺
忘也
蹎蹶又作𩕳趚二形同丁賢反下居
月反蹎蹶猶頓仆也
嫽人力彫反嫽敎也嫽觸也亦嫽弄也
喑啞說文作諳於禁反大聲也下亘
作啞於格反亦大呼也史記喑啞
叱咤千人皆廢是也經文作啞於
苹反啞憂也氣逆也
馬鳴菩薩傳
綰達烏版反淮南云綰抱而鼓許𢎥
重曰綰貫也
婆藪槃豆傳
紱婆字又作紼同甫勿反譯云子依
字紱綬也
紕謬匹𣅀反禮記一物紕謬鄭玄曰

紕猶錯也下靡幼反謬猶錯亂也謬誤也方言謬詐也說文狂者之言也

大藍力甘反筐屬也纂文大筐也

鉢柯蒲義反鉢柯摩羅阿秩多譯云正勤

一切經音義卷第二十

甲辰歲高麗國大藏都監奉

勅雕造

一切經音義卷第二十一 大乘經

翻經沙門玄應撰 轉

大菩薩藏經
大方等十輪經
說無垢稱經
解深密經
分別緣起經
能斷金剛般若經
菩薩戒本
稱讚淨土經
佛地經
勝軍王經
記法住經
六門陁羅尼經
般若心經

大菩薩藏經第一卷

薄伽梵扶𣏐反言以義揔衆德至尚之名也餘則不尒故諸經首皆置此名舊言婆伽婆訛也

室羅伐尸逸反舊經中言舍衛國或作舍婆提城又云憍薩羅皆一也此云聞者城十二遊經云无物不

有國法鏡經言聞物國善見律云多有國言多有聰明智人及諸國珎奇皆歸此國故言多有國其義一也又舍衛者是人名昔有人居住此地往古有王見此地好故乞立為國以此人名号舍衛國又云仙人住處皆古名也在中印度境

天魔莫何反書无此字譯人義作梵言魔羅此翻名障能為修道作障㝵故亦言煞者常行放逸斷慧命故或云惡者多愛欲故

阿素洛舊言阿脩羅亦云阿須倫皆梵言訛轉也此云不飲酒又言障蔽亦云非天至如鬼神雜受福者即度亦通名天言非天者以共三十三天鬪競故別標名耳又㝡勝者名天劣者非天也

藥叉舊言夜叉亦云閱叉皆一也此云能敢謂食敢人也或云傷者謂傷害人也

摩揭陁渠謁反舊云摩伽陁或言摩竭陁又作摩竭提皆由梵音輕重聲之轉也摩伽此云甘露陁此云

處名甘露處國上古諸天共阿脩羅鑽海水出甘露安置此國故以名焉又摩揭陁是人名有人往昔於此修諸功德得生天上遂本為名亦言善勝國又名星處國也

鷲峯梵言姞栗陁羅矩吒山此云鷲峯或言鷲臺言此山既栖鷲鳥又類高臺也舊云耆闍崛山者訛略也姞音渠乙反矩音俱禹反

僧伽胝陟尸反舊言僧伽梨此云合謂割之合成也又云重謂重作也王宮聚落著之伏外道衣也

憺怕徒濫反下普白反說文憺安也憺然安樂也怕靜也謂恬然寂靜也憺怕无為自持也

無撓乃飽反說文撓擾也廣雅撓亂也字從木

安繕視戰反謂青紫色也

帝青是帝釋寶青色也以其㝡勝故稱帝釋青也

天弓亦言帝弓即天虹也音胡公反俗音絳雙出鮮盛者名虹暗昧者名蜺蜺音五奚反

末尼珠摩鉢反舊言摩尼謂珠之揔
名也
高吝摩借音渠憍反舊言瞿曇聲之
轉也此有三義一名日種二名牛
糞種三名埿土種也
狻猊蘇桓反下五奚反介疋狻猊如
䖘猫食虎豹郭璞等注皆云則師
子也出西域穆天子傳云狻猊走
五百里是也梵言僧訶僧借音私
䋲反䖘音仕技反
傭圓敕龍反介疋傭均也謂齊等也
或作牖俗字也敕音勑
絅䩬莫勝反蒼頡篇䩬覆也今亦謂
覆盖物為䩬或作縵漫二形借字耳
斐跖又作蹠同之石反説文跖足下也
瞿拉坡郎吝反下普何反謂兩踝骨也
𨙸庾多翼主反舊言𨙸由他業百俱
胝名阿由多百阿由多名𨙸庾多
此數當千億也
諸蘊於粉反梵言塞建陁此翻名蘊
由積聚義説名為蘊字從草温聲
末摩莫鉢反此云死節言人身中有
此節也謂若打若摶人即死也

瘂瞽公戶反無目謂之瞽釋名云瞽
目眠眠然目平合如皷皮也
焰摩移𧀹反或作琰摩聲之轉也舊
言閻羅或云閻摩羅此云縛或言
雙世謂苦樂並受故云雙也即鬼
官之揔司也又作夜磨盧迦亦作
閻摩羅社閻磨此云雙羅社此云
王兄及妹皆作地獄王兄治男事
妹治女事故曰雙王也
六處奈梵本云阿也怛𨙸此翻名處處
謂處所出生之處也舊翻名入失
之耳梵本鉢羅吠舍此云入
惛耄呼昆反下莫報反説文惛不了
也廣雅惛癡也耄忘亂也
摩納婆亦言摩納縛迦此云儒童舊
言摩𨙸婆或作𨙸羅摩𨙸又作摩
納翻為年少淨行五分律名𨙸羅
摩納譯為人皆一也
異生愚異生也言愚癡闇冥不生無
漏故也舊言小兒別生以癡如小
兒也或作小兒凡夫又作嬰愚凡
夫義皆一也有作毛道凡夫或作
毛頭凡夫者失之久矣

旃荼羅馳家反謂屠煞者種類之揔
名也舊云旃陁羅訛也
被弶渠向反字書云施罥於道曰弶
今畋獵家施弶以取禽獸者其形
似弓也
第二卷
健達縛渠建反此云食香以香自資
故亦言香行或云𩡷香又言香神近
是也或居香山或身有異香言樂
神者義譯也舊言乾闥婆亦作乾
沓和皆國音之不同也
揭路荼渠謁反此云金翅鳥舊言迦
樓羅或作加樓羅訛也
緊捺洛奴葛反歌神也頭作馬頭亦
言是人非人舊云緊𨙸羅或作真
陁羅皆一也
牟呼洛或作莫呼此云大腹行即蟒
神也一云大有行龍舊言摩睺羅
伽又云摩休勒訛也
嗢鉢鳥没反舊言優鉢羅此云黛花也
鉢特徒得反舊言波頭摩又作波頭
暮此云赤蓮花也
拘貿莫候反舊言拘物頭或作拘物

陁此云地喜花
奔荼宅加反舊言芬陁利亦作分陁
利此云白蓮花也
覩史多都古反舊云兜率陁或作兜
駛多此云知足天亦云妙足天也
四洲之由反余足水中可居曰洲言
水中平地可居者也
殑伽沙渠陵反舊云恒河此河從無
熱惱池東面象口而出也
布怛那都達反舊云富單那或作富
多那此義言臭是餓鬼中勝者也
没持伽羅子徒得反此云綠豆子乃
從母為名出家侍佛左邊舊云目
揵連者也
舍利子梵言奢利富多羅或言舍利
弗多羅此梵音轉耳舍利母名眼
之青精名舍利又母眼似鶖鷺眼
因以名焉經中或言秋露子者一
義也
所嬈奴了反嬈惱也說文嬈擾也三
蒼云嬈弄也
蹶失居月居衛二反謂驚駭急疾之
皃也

靜慮舊言定說文靜審也安也息也
慮念也思也
遺乏渠愧反遺之也亦竭也乏少也
三摩地舊言三摩提此云等持
柁那徒我反此云施波羅蜜多此云到
彼岸舊云檀波羅蜜
鄔柁南烏古反下徒我反此云自說
舊言鬱陁那
第三卷
鄔波索迦或言優婆娑迦近是也舊言
優婆塞者訛也此云近善男亦云
近宿男謂近三寶而住宿也或言
清信士善宿男者義譯也
鄔
波斯迦或云優波賜迦此云近善
女言優婆夷者訛也
羯羅頻伽居謁反或作迦陵頻伽此
云好聲鳥也
庭燎徒經反下古文尞同力燒反周
礼供墳燭庭燎鄭玄曰墳大也樹
於門外曰大燭門内曰庭燎天子
百公五十侯伯子三十也
贍部捺陁金奴曷反或作剡浮那他
金舊云閻浮檀金名一也但贍部

樹半臨陸地半臨海中此海水底
有金也而水極深然金色徹出水
上若轉輪王出世諸夜叉等神取
此金將來博易故人間有之若著
闇中闇色則滅也那他此言江亦
云海也
蘇揭多渠謁反舊言修伽陁或作修
伽度亦作修伽多此云善逝即如
来德之一号也有三義一讃歎二
不迴三圓滿也
目脂鄰陁山舊言目真鄰陁或作牟
真鄰陁此云脫
鮮支私延反纂文云白鮮支絹也亦
名素縞
瞻博花舊言旃撥迦或作詹波花亦作
瞻匐又作占婆花皆方夏之差耳
此云金色花大論云黃花樹也樹
形高大花亦甚香其氣逐風弥遠也
蘇末那花摩鉢反舊言蘇磨那花色
黃白亦甚香不作大樹纔高三四
尺四垂似盖也
婆使迦花舊言婆師迦或言婆師波
利花此云夏生護花

颯然蘇合反疾貟也廣雅颯颯風也
風吹木葉落聲也

第四卷

標幟比遥反下古文作𢘪同昌志反
通俗文徽号曰標私記曰幟廣雅標
幟幡也亦頭識也

灰燼似刃反說文謂火之餘木也方
言自關而西秦晉之閒炊薪不盡
曰燼

第五卷

隍池胡光反蒼頡篇隍城下坑也說
文城池有水曰池无水曰隍

第六卷

謇吃古文作護謇二形今作蹇又作
㗻同居展反方言謇亦吃也楚人
語也下古文𠯗同居乞反氣重言
也通俗文言不通利謂之謇吃

詷爽徒貢反纂文云謥詷急也通俗
文言過謂之謥詷謥音麁貢反

塵黷徒屋反蒼頡篇云黷垢也聲類
黷黑也廣雅黷蒙也

魯鈍盧古反論語曰參也魯孔安國曰
魯亦鈍也

黃鸝又作鵹同力斯反言倉庚自關
而西謂之鸝黃或謂之黃鳥或謂
之楚雀廣志作黃離留廣異名也

第七卷

諠譁古文愋讙二形今作諠同虛元
反下音花諠譁聲也謂言語亂聲
譊譊也譊音女交反

諛諂以朱反周書面從曰諛不擇是
非而言謂之諛希其意道其言謂
之諂也

矯飾飢小反矯謂之假詐不實也

矜伐居陵反矜謂自尊大也自賢曰
矜也

圂豬胡困反說文圂廁也蒼頡篇圂
豕所居也

杻仰首時反字林杻梦也

關鍵古文闟揵二形同奇謇反方言
關東謂之鍵關西謂之鑰鑰牡也

眤近又作暱同女栗反尒疋眤親近
也眤亟也親眤者亦數也亟音祛
記反

桎梏之逸反下工篤反在手曰桎在
足曰梏亦即杻械也春秋疏曰桎

梏俱名爲械

刖足古文䠒趴二形同魚厥五刮二
反刖斷足也廣雅刖危也謂斷足
則危也

阿遮利耶此云軌範師舊言阿闍梨
或作阿祇利譯云正行謂於善法
中教授令知也

紆欝伊于反說文紆屈也紆縈也曲
也欝哀思也心不安也

貶退碑儉反詩云我位孔貶傳曰貶
墜也貶損也減也

車路舉魚反釋名云古者車如居言
行所以居人也下又作輅同盧故
反言所以步之於路也

邀請於遥反邀呼召也亦求也

薩伐若而者反此云一切智舊言薩
婆若

飳餬徒奚反下户孤反通俗文酪蘇
謂之飳餬蘇酪精醇者也

皓齒胡老反小尒疋云皓白也

第八卷

鄔波拕耶徒我反舊言和上或言和
闍皆訛也此云親教亦云近誦以

弟子年小不離於師常逐常近受
經而誦也又言知有罪知无罪也
悪癘又作癩同力太反說文癘悪疾也
埏埴式延反下時力反埏柔也和也
擊也埴土也粘土曰埴
敎觸古文敵敎搏三形同宅庚反敎
柱也
駝駝力各反又作槖音託知水泉所
出負千斤者也
呵喝呼過反嗽謂怒之聲也
同剉千卧反說文云剉斫也
墜笮於甲反下側格反笮亦墜也今
謂以槽笮出汁也
寱言牛世反通俗文云夢語謂之寱
聲類云眠內不覺妄言也
愚戇都絳反說文戇亦愚戇也无知
専愚曰戇也
弟九卷
逆旅力舉反左傳保於逆旅杜預曰
逆旅客舍也
中殀又作夭同於矯反說文夭屈也
折也字從大象形不申也不盡天
年謂之夭也

杜多舊言頭陁此云脩治亦云洮汰
又言斗藪一義也
栽櫱古文𣓌㭞不三形今作蘖同五
割反尒疋櫱餘也𢦏也言木餘𢦏
生櫱也今之字作枿
第十卷
山狖餘究反說文禺屬善遊蒼頡篇
云似猫搏鼠出河西似弥猴而大
蒼黑色江東養之捕鼠為物捷健也
蜆虫古文蚬同古堄反礼記蜆蟲未
蟄鄭玄曰蜆明也明蟲者陽而生
陰而蔵者夏小正曰蜆小蟲也蜆
蜆也蜆蜆然小蟲動也
不肖先妙反廣雅肖似類也說文骨
肉相似曰肖今言不肖者謂骨肉
不相似類不似其先也謂儜悪者
也字從少從肉儜女耕反
綺繪又作繢同胡憒反說文有文曰
綺五采曰繪繪畫也憒音會
第十一卷
忿懟除淚反尒疋懟怨也謂忿怨之
怨恶恨也
口噤古文唫同渠飲反閉口不開為噤

矛矟又作舒𢦔二形同莫侯反下山
卓反說文矛長二丈矟長一丈八尺或
作槊俗字也
第十二卷
驍勇古尭反廣雅驍健也勇悍也說
文良馬駿名也
勍敵渠京反左傳勍敵之人杜預曰
勍强也廣雅勍武也
親姻一仁反尒疋壻之父為姻說文
壻家女之所因故曰姻也
郊野音交尒疋邑外謂之郊周礼以
宅田任近郊之地鄭衆曰司馬法
云王國百里為郊二百里為州三
百里為野
憤恚扶忿反憤盛也怒氣充盛也
亦滿也盈也恚於季反
商佉舊言霜佉或云傷佉亦作餉佉
又作儴佉皆梵音輕重聲之訛轉
也此云貝或言珂異名耳
不遑又作惶同胡光反廣雅惶暇也
言無閑暇也
宂槃恭或作恭畔恭又作弓槃恭皆
一也此云甕形頗似冬瓜也

烏曇跋羅花舊言優曇波羅花或作何雲婆羅花此葉似梨果大如拳其味甜无花而結子亦有花而難值故經中以喻希有者也

何羅怙羅胡古反或言曷羅怙羅此云障月舊言羅睺羅亦作羅吼羅或言羅雲皆訛也言羅怙羅阿脩羅以手障月時生因以名也又言覆障六年在胎為胎所覆也又七年在母腹中一由往業二由現在往業者昔曾作國王制斷獨覺不聽入境獨覺在山七日不得乞食因墮地獄餘報猶七年在母腹中又由現在者瞿夷是懷羅怙羅後太子出家六年苦行方得成道於六年中瞿夷憂惱四大羸弱不能得生至太子成道瞿夷歡喜四大有力方乃得生与阿難同時而生故首尾七年也如來還國七日即度出家也

法祠似茲反尒疋祠祭也謂以大法施故曰法祠也

烏瑟膩沙女致反或作嗢瑟尼沙或

作欝瑟尼沙此云髻業无上依經云頂骨涌起自然成髻是也

第十三卷

師傅方務反傅附也附近也審父子君臣之道以示之曰傅傅相也

祈請渠衣反廣雅祈求也尒疋祈告也

館舍古翫反客舍也周礼五十里有館館有委積以待朝聘之客字從食今亦作舘

臧賕又作贓同作郢反下音求業納受財貨曰臧說文賕以財枉法相謝也蒼頡篇載請曰賕

或鐃又作皷同五狡反鐃譊也關中行此音又下狡反江南行此音

或吮食兖似兖二反說文吮嗽也

調謔徒弔反下許虐反謂調弄戲謔也謔亦喜樂也

窣堵波蘇没反舊言藪斗波近是也又作偷婆或作兜婆或言塔婆皆訛也此云廟或言墳皆義譯也

依泊蒲各反泊止也楚辞忽翱翔之焉泊是也今亦謂附舟於岸曰泊也

時縛迦此云能活或言更活舊言時

婆亦作耆婆皆一也

資稸又作蓄同勑六反資財也貨也蓄積也聚也

芳羞古文作膳同私由反雜味為羞方言羞熟也謂熟食也周礼膳夫掌王之膳羞鄭玄曰羞有滋味者也

仇疋古文逑同渠牛反尒疋仇疋也相疋耦也

苦綸力均反鈞繳曰綸綸繩也

亭館徒丁反漢家因秦十里一亭亭留也

繞出在戠反廣雅繞暫也僅也不久也

第十五卷

摩訶諾伽那力謂露身大力神名也

阿末羅磨鉢反舊言菴磨羅果亦作阿摩勒果其葉似小棗花亦白小果如胡桃其味酸而且甜可入藥分經中言如觀掌中者也

三摩呬多虛利反此云等引謂引諸功德也

三摩半鄉欲入定時名三摩鉢底正在定中名三摩半鄉也

第十七卷

不訥古文作呐同奴骨反說文訥難
澀也謂遲鈍曰訥也
挭澀加杏反挭强也字林山揄一名
挭有刺如棘也
闒闠古文作鑰同余酌反說文闒闠
下牡也
第十八卷
補特伽羅徒得反此云數取趣言數
數往來諸趣也
詭詐居毀反謂變詐不實也廣雅詭
欺也
制多舊言脂帝浮圖或云支提皆訛
也此云聚相謂累石高以為相也
皆可供養處也或初生成道說法
處也
饕餮古文叨飻二形同他高反下又
作飻同他結反說文饕貪也貪財
曰饕貪食曰餮
第十九卷
能摞胡串反又音公患反國語服兵
摞甲賈逵曰摞甲衣甲也左傳摞
甲執兵杜預曰摞貫也
瑜伽師地以朱反此云相應謂一切

乘境行果等所有諸法皆名相應
師謂觀行人地即十七地也
諒難令作亮同力尚反尒疋諒信也
第二十卷
羯利沙鉢郁亦作迦利沙鉢拏聲之
轉也鉢拏此云銅錢十六鉢拏為
一迦利沙鉢拏
蚩責昌夷反小尒疋云蚩戲也廣雅
蚩輕侮也字從古之也
足趾音止字林趾足也釋名云足一
進一止因以為名也
馱都徒餓反謂堅實也則如來體骨
舍利之異名耳
大乘十輪經第一卷
佉羅帝耶山或言佉羅提耶山或云
佉羅帝山皆一也此云驟林山
牟尼仙莫侯反舊言文尼又作茂泥
皆訛也
此云寂靜亦翻名仁又言智者此亦
仙義久在山林修心之屬皆名仙
人義通內外不唯外道也
頻跋羅蒲沫反或作頻婆羅佛本行
經云百頻迦羅名頻婆此數當十

垗也
激輪古狄反流急曰激說文水之邪
流急者也
三垗直矯反數名也十億曰垗十垗
曰京黃帝筭有三品或十億百億
千億也
疫癘營壁反下又作病同力制反人
病相注曰疫癘釋名云癘病氣流
行中人如摩癘傷物也疫役也言
有鬼行役役不住也
畢舍遮舊言毗舍闍又作毗舍遮鬼
名也餓鬼中勝者也亦言癲狂鬼
羯吒布怛那舊言竭吒富旦那此云
短臭鬼或言奇臭鬼
豊稔而甚反字林禾熟曰稔稔亦年
也皆取一終之名也
奥闍訶洛鬼烏報反此云吸人精氣
鬼也
剡魔有作琰魔同以冉反舊名閻磨
羅亦作閻羅皆一也此云雙世竊
謂苦樂並受号之為雙也
識蒲初蕃反 羯洛鋪古反 伐折腩列反 啚摩徒戒反
帝昵皆音尼吉反 插婆初洽反 鄔波烏古反 睒摩

戎舟又野鄉奴丁反剌薏郎葛反下而者反萏謎莫計反欣
鵨借音盧疊反弭鵨弥尒反鸞羯烏奚反齵盧臨禹反
瘫鯇都貫反遏梨烏曷反敎衹徒盍反滸盧呼古反
弥李轉舌聲

第二卷

聡詰又作哲悊二形同知列反尒疋哲智也方言齊魯之間謂智為哲哲明了也
乘取今作御同魚㩃反駕馭也謂指麾使馬也九言馭者所以驅之也內之於善也
誣罔武于反說文加言也亦欺也以惡取善曰誣
瘨癇都賢反下核閒反廣雅瘨狂也風病也聲類云癇小兒瘨也
平恕尸預反蒼頡篇恕如也聲類仁心度物曰恕
所薦祖見反尒疋薦進也陳也進上陳列也
生嫡丁歷反主嫡也字書嫡正也公羊傳曰立嫡以長者何謂嫡夫人之子尊无与敵也
珥璫如志反蒼頡篇珠在耳也耳璫

垂珠者也
素訶娑各反舊言娑婆或作娑訶此云堪忍亦言雜會世界也
羯洛迦孫駄舊言拘樓孫此云作用莊嚴也
羯諾迦牟尼舊言拘那含牟尼此云金寂也
彌荔多補篾反舊言辟荔多或作閉黎多皆訛也義是其初餓鬼最劣者也
謫罰都革反字林謫過責也通俗文罰罪曰謫廣雅罰折伏也
猜貳而棄反貳之言二也尒疋貳疑也言有二心皆疑惑也
嚋咨直流反下子辝反嚋語辝發聲也咨嗟嘆之辝也說文咨謀事也
舍羅此云百舌鳥雄鳥也若言舍利雌鳥也
弥饌說文作籑同仕眷反具食也亦飲食也
乳哺蒲故反哺含食也嚼食也
幽縶又作馽同知立反縶絆也拘執也
亘窮古鄧反詩云亘之秬秠注云亘

遍也亦竟也
蘇跋陁羅舊言須跋陁羅此云善賢
蘇剌多盧剖反此云善樂樂音五孝反
溟海亡鼎反海之別流也如渤澥等也北溟有魚是也

第三卷

豔色又作艷同餘贍反方言秦晉之間謂美為豔豔亦光也
鷰麥又作燕同一見反尒疋蘥雀麥郭璞等云即鷰麥也

第四卷

視覘勑廉反覘謂窺視也覘亦伺候也左傳公使覘之是也
號呴又作吽拘吼三形同呼茍反廣雅呴鳴也嘷也
自挑他堯反聲類挑抉也謂以手抉取物也抉音於穴反
揭藍婆去謁反舊經云珂羅此言強
鬇鬡說文作䈥䈅同仕行反下女庚反鬇鬡亂也不茂亦曰鬇鬡
挂其古文作卦同古賣反廣雅挂懸也
兩脛又作踁同賢定反說文脛腳胻

也脂音下孟反江南呼脛爲脂山
東曰䏿㪇音丈孟反
捫足莫昆莫本二反聲類云捫摸也
字林捫撫持也
第五卷
㲅敵口候反尚書㲅賊姦宄范甯集
解曰㲅謂群行攻剽者也說文㲅
暴也廣雅㲅鈔也剽音芳妙反
愚惷丑絳反說文惷愚也蒼頡解詁
云惷愚无所知也亦鈍也
第六卷
嬰纏於盈反嬰猶纏繞也漢書嬰城
固守音義曰以城自繞者也
鎒耨說文又作鎒同乃候反除田器
也釋名鎒以鋤嫭薅禾也嫭音火
高反
第七卷
瘵毒又作㾻同初錦反瘵惡毒害也
呵叱齒逸反方言叱呵怒也陳謂之
呵叱亦呵也
舌矜又作齡同其蔭反牛舌病也或
作瘮非也
毗攝浮舊言毗攝羅亦云隨葉佛此

云種種變現也
懇切古文詛同口很反通俗文至誠
曰懇懇堅忍也
盧至舊言樓至佛此云可愛樂最後
佛也
佛說无垢稱經
第一卷
菴羅衛林舊言菴羅樹園即菴婆羅
女以園施佛仍本爲名也言衛者
此女昔常守衛看護此林也
澍甘之喻上句二反時雨也謂潤生
百穀者也借以喻之
方術胥聿反術法也邑中道曰術術
通也言无所不通也
離呫種昌葉反舊言離車子或作栗
昌亦作離昌又作律車皆訛也此
云仙族王種也
希夷聽之不聞名曰希視之不見名
曰夷言无聲曰希無色曰夷也
持髻舊經言螺髻者梵本無螺譯人
義立耳
隧級辭醉反下音急掘地通路曰隧
隧徑也聲類隧延道也級階次也

案西域井如此方古井也掘地爲
隧施安隥級入中取水也舊經言
丘井者非當梵名故依本譯也
第二卷
八無暇遐嫁反言此八難之時無有
閑暇可修道業也
迦遮末尼舊云迦柘柘音之夜反此
云水精也
竚立又作佇同除呂反介疋佇久也
謂久立也
第三卷
得瘥七泉反瘥除也
病愈古文瘉同臾乳反方言差愈也
說文愈病瘳也
黿鼉魚袁反下徒多反三蒼黿大鼈
也以鼉似蛟而大山海經云江水
足鼉郭璞曰似蜥蜴大者長一丈
有鮮彩可以爲鼓也
第四卷
毗柰耶舊言毗那耶亦云毗尼耶皆
訛略也此云離行行亦道也謂此
行能離惡道也亦翻爲滅分得也
言謂伏化度者義譯也此有三義

一引載義如十利等功德為此法
所引載也二調直義能令身口二
業調伏正直也二上勝地義從戒
上定乃至上四沙門果地也
鰥寡古頑反釋名云无妻曰鰥無子
曰獨言鰥人愁悒不寐目常鰥鰥
然如魚眼不閉故字從魚
茵蓐又作鞇同於人反說文車中重
席也釋名云文鞇車中所坐者也
用虎皮為之有文彩因以下與相
連著也三蒼蓐薦也
傍生梵言吉利藥佳反亦云帝利耶
瞿揄泥伽此云傍行舊翻為畜生
或言禽獸者分得仍未揔該也
驚悖古文誖同其季反字林悖心動
也說文氣不定也
猜疑古文䛩猜二形今作倸同麁来
反猜亦疑也廣雅懼也
第五卷
詢求私遵反詢問也諮覲為詢詢問
親戚之議也
師捲又作拳同渠負反指握為捲辟
喻也言師之匠物不如捲之執握

若而不說也
第六卷
夷塗弋之反說文夷平也亦常也
擔山林梵言揭達羅舊言佉陁羅南
地多饒此木
協同又作勰叶二形同胡頰反尒足
協和也合也亦同也
輕蔑又作懱同莫結反說文懱謂相
輕傷也
解深密經
第一卷
嚞羅綿或作妬羅舊言兜羅綿皆
一也
䬾餬徒奚反下户孤反謂蘇酪之精
醇者也通俗文酪蘇謂之䬾餬是也
第二卷
大青梵言摩訶泥羅亦是天帝所用
莊嚴寶也
末羅羯多莫鉢反亦言摩羅伽多綠
色寶也大論云出金翅鳥口邊能
辟諸毒也
毗濕縛藥此云有種種功能藥也
婆羅痆斯拏黠反舊言波羅柰或作

波羅柰斯又作婆羅捺寫皆一也
第五卷
誕生達坦反詩云誕弥厥月傳曰誕
大也
分別緣起經上卷
僂曲力矩反廣雅僂曲也言脊不申
傴僂也
能斷金剛般若經
揩多林時制反舊言祇陁或云祇洹
皆訛也此云戰勝波斯匿王之子
也當生之日王破賊軍因以名也
對面念念即定也慧也言定慧照境
其猶對面也
抆淚古文播同亡粉反廣雅抆拭也
或作捫莫奔莫本二反聲類云捫
摸也兩通
羯利王居謁反舊言迦利王或作迦
藍浮王皆一也此云鬬諍王
鄔波尼煞曇分烏古反又言優波尼
沙陁分此數之極也
菩薩戒本
屬耳之欲反國語恐國人屬耳目於
我事昭曰屬注也漢書音義曰屬

迨也詩云耳屬於垣是也
劓鼻古文劓同魚器反說文劓決鼻
也割也謂割去其鼻也
刵耳讓記反廣雅刵截耳也
紛聒公活反讙聒也蒼頡篇聒擾亂
耳孔也
管御公緩反闌主曰管駕善曰御
稱讚淨土經
阿泥律陁舊言阿那律或云阿㝹樓
馱此云無滅又云如意往昔曾施
辟支佛一食人天受樂于今不滅
所求如意故以名也
阿濕摩揭婆渠謁反或作阿舍磨揭
婆此云石藏或是車磲
牟娑洛揭婆或言目娑囉伽羅婆此
云馬瑙經論中或云車渠
鶖鷺七由反下盧故反鶖大鳥也其
羽鮮白鷺白鳥即白鷺也
羯羅頻迦舊云迦陵毗伽又作歌羅
頻伽此云好音聲鳥也
加祐古文閜佑二形同胡救反字林
祐者助也
佛地經

眇然弥繞反廣雅眇莫也眇遠也
遠視眇然寂莫不知邊際也
所都都胡反字林有宗廟先君之主
曰都城郭之成曰都又人之所聚
曰都
示教勝軍王經
倡優齒楊反說文倡樂也蒼頡篇倡
俳優樂也諧也戲笑之伎也謂樂
人所為戲笑以自怡悅也
綺帊又作祀同疋亞反廣雅帊幞也
通俗文兩複曰帊也
錦衾祛金反字林衾大被也
駿馬子閏反穆天子傳曰天子駿馬
百疋郭璞曰馬之美稱也說文駿
馬才良者也
瞋目夏田反說文瞋翕也亦疋翕合也
辟手婢佼反謂舒手附身也廣雅辟
除也
曰暴蒲穀反暴曬也說文暴晞乾也
字從曰從出從廾從米字意也廾音
巨恭反
雨漬在賜反通俗文水浸曰漬漬潤
濕也

霜封府龍反封厚也固也亦緘撿之也
筋骨居欣反說文肉之有力者曰筋
字從竹
殉利辞俊反蒼頡篇云殉求也廣雅
殉營也
如来記法住經
拘尸舊經中或作拘夷那竭又作究
施城那者以梵言那伽羅此云城
也譯言上茅城者多有好茅故也
枯槁古文𣏌說文作㮧同苦道反槁
木枯也
阿輸迦此云无憂或言阿育者訛略
也是阿闍世王孫也
訕謗所姧反蒼頡篇云訕誹也廣雅
訕謗毀也
六門陁羅尼經
讖謎初蔭反下莫閉反
跋迭徒結反[illegible]鑠書斫反逵你女履反阿剌落葛反
般若心經
揭帝渠謁反莎呵桑和反
一切經音義卷第二十一
甲辰歲高麗國大藏都監奉
勑彫造

一切經音義卷第二十二　大乘論　轉

翻經沙門玄應撰

瑜伽師地論第一卷　大唐新譯

瑜伽羊朱反此譯云相應謂一切乘境行果等所有諸法皆名相應境謂一切所緣境此境與心相應故名境相應行謂一切行此行與理相應故名行相應果謂三乘聖果此果位中諸功德法更相符順故名果相應

師地師謂三乘行者由聞思等次第習行如是瑜伽隨分滿足展轉調化諸衆生故名瑜伽師謂教人以道者之稱也舊經中言觀行人者是也地謂境界所係所依或所攝義是瑜伽師所行境界故名為地即十七地也

嗢拕烏骨反下徒我反舊言欝陀那訛也此云集捴散或言攝散亦云攝施

摩呬虛利反此云等引謂勝定地離沉掉等平等能引也或引平等謂引

諸功德或平等所引謂定前加行故名能引

俳戲父皆反案俳者樂人所為戲笑以自怡悅者也三蒼俳嘯也嘯吹聲也說文俳戲也字從戈䖒聲䖒音虛猗反

應訞字詁古文䬵同食尒反謂以舌取食也

應吮以兖食兖二反說文吮嗽也吮嗽津液也嗽音所角反

若醒思定思冷二反酒歇也通俗文酔除曰醒是也

儀路所行為路路亦道也威儀所行也謂色依香味為路又威儀依心為路

末摩莫鉢反此云死節身中有此節也謂若打若搏人即死也

補特伽羅案梵本補此云數特伽此云趣羅此名取云數取趣謂數數往來諸趣也舊亦作弗伽羅翻名為人言捨天陰入人陰捨人陰入畜生陰近是也經中或作福伽羅或言富伽羅又作富特伽耶梵音

轉也譯者皆翻為人言六趣通名人也斯謬甚矣人者案梵本云末奴沙舊經名摩㝹沙此云人亦言有意以多思義有智慧故名為人也鬼畜无此何得名人斯皆譯者之失也

捫摸莫奔莫本二反案捫摸謂手執持物也字林捫撫持也

咀沫又作詛同才与反通俗文咀嚼也三蒼咀噍也又含味也

角力古文斛同古學反廣疋角量也角試也說文角平斗斛也皆單作角或作捔者此古文粗字音在古反粗略也捔非此用

黑糯奴藩反埤蒼糯胡羊也通俗文羊卷毛曰糯是也

或晴又作暒殅二形同自盈反聲類云雨止曰晴晴亦星見也

嬉戲又作僖同虛之反說文僖樂也蒼頡篇嬉笑也

麦果書又作顆同口果反或言子或云粒又言皂皆一也皂音逼方俗語耳

宗萘子彤反廣疋宗本也葉世也謂
族類繁盛也詩云本支百世是也
鍵南巨偃反舊云迦訶鄴此云堅厚
至第四七日内團方堅實也
黒黷於減反字林黷深黒也言形色
黷黒也
讌會又作宴燕二形同於薦反讌飲
也樂也小會也
栗稈蒲懈反謂草之似穀者也
蹎僵又作傎趚二形同都田反下居良
反傎倒也僵偃也謂反倒偃卧也
殆盡徒攻反殆近也幾也幾邇近也
幾音渠擬反
殞没于愍反聲類殞没也古今語耳
銳利羊稅反廣疋銳利也説文銳芒
也言利如芒也
一磔古文厇同知格反通俗文張申
曰磔廣疋磔張也開也
枯槁古文槀説文作槀同苦道反槁
木枯也
激注經歷反流急曰激説文水流凝
邪急激也
風飈又作飆同比遥反暴風也回風

從下上者也
衡薄補莫反薄迫也相迫近也
頗胝竹遅反梵言塞頗胝迦此云水
玉或云白珠舊言頗梨是也大論
云此寶出山石窟中過千年氷化
為頗梨珠案西域暑熱无氷極饒
此物非氷所化但石之類耳
吒迦字林丁格反又竹格反山名也
此无會釋所以仍立本名
朅達去謁反此云萘山木此山多饒
此木故以名也
鬘羅萘一奚反樹名也舊經律中作
伊羅萘訛也
重級羇立反級次也謂階之等次曰
級也
遊幸胡耿反幸遇也言人君所至皆
被徳澤故曰幸也
牝象脾盡脾死二反説文牝畜母也
雌也
泒流普懈反分流也説文水之邪流
別也廣疋水自汾出名泒
殑伽其外反譯云天堂来以彼外書
見高處出謂從天来也案佛經而

此河從无熱惱池東面象口出流
入東海舊云恒河亦言恒伽河或
作恒加迦河皆訛也
循其似均反説文循行也尔疋循自
也自猶從也案此亦與巡字同
設拉郎荅反樹名也如皂莢樹類而
角甚長裏中有絮如緜名妬羅緜
堪以為衣者也
秔稻俗作粳同加衡反不粘稻也江
南呼粳為秈音仙方言也
无秔又作麧同痕入聲一音胡結反
堅米也謂米之堅鞕春擣不破者
也今関中謂麦屑堅者為麧頭亦
此也江南呼為麴子音徒草反
顩眄眠見反説文眄邪視也方言自
関而西秦晉之間曰眄
遞相古文逓同徒礼反尔疋遞迭也
郭璞曰謂更易也方言遞代也迭
音徒結反
訶呰古文呰㰦二形同子尔反鄭玄
注礼記云口毀曰呰説文呰訶也
司契胥薆反下口計反廣雅司主也
説文契大約也字從大

婆羅門此言訛略也應云婆羅欲末拏亦言婆羅賀摩拏此義言承習梵天法者其人種類自云從梵天口生四姓中勝故獨取梵名唯五天竺有諸國即无經中梵志亦此名也正言靜胤言是梵天之苗胤

呼剌落葛反亦言阜呼栗多梵音轉也舊名摩睺多

發憤扶忿反憤盛也怒氣充盛也說文憤滿也盈也

破㱿又作㱿同口角反吴會間音哭卵外堅也案凡物皮皆曰㱿

剖胎普厚反剖猶破也蒼頡篇剖分㭊也

豐稔而審反字林稔穀熟也

官僚又作寮同力彫反同官為僚尔疋寮官也

邸肆丁礼反下相利反邸謂市中坐賣舍也肆陳也所以陳貨鬻之物於邸也肆亦列也謂列其貨賄於市也

迫愶虚業反謂以威力相恐懼也亦言愶赫或云恐愶皆一也

近事梵言鄔波索迦此云近事謂親近三寶而奉事也

耄熟古文薹耄二形今作秏同莫報反礼記八十曰耄鄭玄曰耄惛也亦乱也忘也老熟即惛乱多忘也

牧牛莫禄亡福二反三蒼牧養也方言牧飤也

補盧沙舊言富樓沙此云士夫或云丈夫談體也補盧衫所作士補盧崽拏所皆反下女加能作士

捕盧沙邪所為士補盧沙頞都我反所從士補盧煞沙所屬士補盧鐖所戒反所依士此聲明中七轉呼召聲也

驚駭下駭反蒼頡篇駭驚也廣疋駭驚起也

流轉梵言僧娑洛此云流轉謂於六趣循環往来不絕也若言生死者案梵言繕摩此云生来剌諵此云死語之别也故以本名諵音女咸反

雜糅女救反今以異色物相參曰糅糅亦雜也說文糅雜飯也

渾濁胡昆胡衮二反渾乱也亦水流聲也

第三卷

分㭊思歷反㭊分破也字從斤分木為㭊字意也今俗作拆皆從斥

池沼之遶反說文沼小池也

孔隙丘逆反說文隙壁際孔也廣雅隙裂也字從𨸏從白上下小也

有瞚列子作瞬同尸閏反說文瞚目開閉數搖也

八罒蓁文作剛古浪反大鼓也

部曇徒南反小鼓也

窣堵魯迦香蘇骨反下都古反舊經中兜樓婆香是

龍腦香案西域䍩布羅香樹松身異葉花果亦别初採既濕尚未有香木乾之後循理而析其中有香狀若雲母色如氷雪此謂龍腦香也

麝香神夜反又音石形如小麋臍有香也素泣謚迷細反香名也此無正翻故存本耳嗁洟古文鮷同勅計反三蒼洟鼻液也蔬菜所於反凡可食之菜通名曰蔬字林蔬菜也

暴乾蒲穀反小尔疋暴曬乾也字從

曰從出從廾米字意也廾巨恭反
拱手也
休愈許由反下臾乳反廣疋休善慶
也愈瘉益也
盪滌古文潒同徒朗反下徒的反通
俗文滌器謂之盪滌
搦觸又作搦同女革女卓二反搦執
捉也說文搦按也
儒童而朱反儒柔善也童幼少也舊言
摩納或云摩那婆譯云年少或言
年少淨行近是也
第四卷
一皰彭孝反奮皰也說文面生熱氣
曰皰也今取此義
嗷哳詁呼咼反次陟鎋反下竹咸反
地獄苦聲也因聲為名
郝郝凡呼各反寒戰聲也亦因聲為
名
匱乏渠愧反少財曰匱暫无名曰乏
詩云孝子不匱匱竭也人多不解
作匱字
欻然呼勿反蒼頡篇欻猝起也欻忽
也猝音麁骨反

繩拼補莖反謂彈繩墨曰拼江南名
抨音普庚反
若斲都角反鑿也說文斲斫也又補
治曰斲鑿音慙
若剜烏官反謂十削曰剜挑中心也
纔入在灾反廣雅纔暫也三蒼纔微
也劣也僅也
鐵弗初眼反字苑云謂以鐵貫肉炙
之曰弗
椎棒直追反蒼頡篇椎用打物者也
字從木也
或築古文篫同陟六反說文築擣也
廣疋築剌也
兩髆補莫反肩髆也或有作膊普莫
反膊物令薄也膊非今用
皺襵側救反下之涉反又音輒今襵
疊物及裙襵皆作此
鐵鉆奇廉反鉆謂鑷取物也通俗文
鍜具曰鉆鉆持也或作鉗束人頸
鐵也非今所用也
洋銅以凉反謂灸之消爛洋洋然也
三蒼洋洋太水也
熔爆徒郎反下烏迴反通俗文熱灰

謂之熔爆
蠰蛑吒俱吏反此云糞屎虫有紫如
針亦名針口虫穿骨食髓者也
黑黧力奚反通俗文斑黑曰黧字林
黃黑也
摣掣又作担同側加反下充世反釋
名云摣叉也謂五指俱往叉取也
掣制也制頓之使頓己也
呂膂又作呂同力舉反膂亦脊也說
文呂脊骨也太岳為禹臣委如心
呂因封呂侯也
鐵觜今作喙又作觜同子累反廣疋
觜口也字書觜鳥喙也或有作嶲撿
諸書史无如此字唯傳毅七激詩
云嶲墇飲泉作此字音與吮同似
兖反
探啄他含反說文遠取曰探探取也
下丁角反鳥食也啄齧也
卷縮聲類云此亦觜字同奇負反詩
云有卷者阿傳曰卷曲也
殨潰古文殨同胡對反蒼頡篇旁決
也說文潰漏也
煨燼則才反釋名云火所燒餘木曰

災災亦妻也音似刃反
歃屘又作𡱂同乃予反字林屘小便也
淋漏力金反三蒼淋漉水下也淋瀝也
悚慄思勇反下力質反謂悚懼戰慄
也慄亦憂慼也
蘇陁味舊經中作須陁飯此云天甘
露食也
將化又作𤒼同子兩反小尒疋云𤒼
𤒼勸勵也又成也助也
奮戈方問反廣雅奮振也謂揮振也
字從大從隹從田
揮刃許歸反說文揮奮也振訂也廣
疋揮動也
綺鈿徒堅反字略云鈿金花也
車輅本作路同力故反白虎通曰名
車為路者言所以步之於路也或曰
路者正也人君之正車也詩注云
人君之車曰輅是也
輦輿力展反下羊署羊如二反輦人挽
車也今王者所乘也車无輪曰輿
亦捴稱車曰輿
耳璫都堂反釋名云穿耳施珠曰璫
本出西戎

而穫胡郭反草曰刈穀曰穫詩云十
月穫稻是也今皆通語也
宏壯胡萌反尒疋宏壯大也宏亦屋
深響寬容含物也
繪車胡憒反雜色也論語繪事後素
鄭玄曰繪畫也尚書山龍華虫曰
繪孔安國曰繪會也會合五采也
舊經中言種種車園也
鼓譟公户反下先到反鼓動也譟讙
鳴也雷呼曰譟家語云萊人鼓譟
劫定公是也
談謔許瘧反尒疋戲謔也謂相調戲
也謔亦喜樂也
第五卷
不繞乃了反說文嬈擾戲也三蒼嬈
弄也
羇遊居儀反廣疋寄旅羇客也寄
音槁
第七卷
颯然桑合反疾也颯颯風吹木菜落
聲也廣疋颯颯風也
祠祀似滋反下徐理反尒疋祠祭也
天祭也祀地祭也

體胤與振反尒疋胤繼嗣也說文子
孫相承續曰胤
薄蝕補莫反下神軄反漢書日月薄
蝕韋昭曰氣往迫之曰薄虧毀曰
蝕釋名云日月虧曰蝕稍稍侵毀
如虫食草木葉也
餉佉或云霜佉或作儴佉又作勝佉
皆梵音輕重此云貝亦言珂異
名耳
所祈巨衣反字林祈求福也尒疋告
也叫也祈祭者叫呼而告請事也
第八卷
流扼又作軛同於革反扼槅也謂壓
牛領者也
据多居運反此有二義一云蟻子二
云蟻卵既含兩義故宜本名
饕餮他勞反下又作飻同他結反案
左傳縉雲氏有不才子貪於飲食
冒於貨賄叙積不知紀極人民謂之
饕餮杜預曰貪財曰饕貪食曰餮
罰黜又作絀同恥律反小罪曰罰廣
疋黜去也去放也退也
雜猥烏罪反猥惡也字林猥衆也衆

雜乱也
第九卷
慥造在老反廣疋造成也謂恩成此
事者也
酷異古文嚳焅俈三形同口木反說
文酷急也甚也謂暴虐也
罝菟姉邪反菟網曰罝罝遮也遮取
菟也
卜羯娑居謁反又作補羯娑聲之轉
也謂除糞擔死尸等鄙賤種類也
馳騁直知反下丑領反廣疋馳奔也
騁走也
第十卷
黑黶於葉反謂面黑子也說文中黑也
傴曲紆府反通俗文曲脊謂之傴僂
傴亦曲也
喘欶昌耎反氣急也下蘇豆反說文
欶逆氣也
僂前力主反一命而僂再命而傴三
命而府身俞曲也
尪羸烏皇反尪弱也通俗文短小曰
尪尪小也
第十一卷

歡娛字詁古文虞今作娛同疑區反
說文娛樂也書中虞樂皆作虞
猶豫翼周反下以庶反說文隴西謂
犬子為猶猶性多豫在人前故不
決者皆謂之猶豫又尒疋云猶如
麂善登木健上樹也
猜度古文職猜二形今作倸同麁来
反猜疑也下徒各反度測量也
笑睇徒計反礼記不能睇視鄭玄曰
睇傾視也方言陳楚之間謂眄曰
睇纂文云顧視曰睇
啞啞乙白反字林笑聲也易云笑語
啞啞是器仗袪莫反下治亮反漢
書制器械之品應劭曰內盛曰器
外盛曰械一曰無盛曰器仗兵器
也五刃惣名兵人所執持曰仗
憒內公對反下女孝反說文憒乱也
韻集內猥也猥衆也內從市從人
字意也或作鬧俗字也
懇到口佷反通俗文至誠曰懇懇亦
堅忍也到至也至極也苦也
陿小又作狹同胡夾反說文陿隘也
不廣大之名也

第十二卷
尺鷃又作鴳同烏諫反鷃雀也亦名
鶬鷃一名鴽纂文云開內以鷃為
鷃爛堆也案鷃長唯尺即以名焉
一作斥小澤也
蚌蛤蒲講反下古含反出珠白好者
也字林燕雀所化也月望則蚌蛤
實月晦則蚌蛤虛也
浴摶徒官反通俗文手團曰摶言可
團圓也案西域國俗澡浴訖碎
以諸果或藥用蘇為摶捋摩拭身
令其潤滑及去風等故名浴摶
嗢鉢羅烏沒反此云黛花舊言優鉢
羅或作漚鉢羅皆訛也
呵叱齒逸反方言呵怒也陳謙謂之
呵叱亦呵也礼記尊客之前不叱
狗是也
荏苒而甚反下而琰反謂儵忽須臾也
第十三卷
宴坐石經為古文燕一見反說文宴
安也謂安息也
陶練徒刀反言切之多也陶謂作瓦
器也練謂消鎔也

潤洽又作霑同故夾反說文洽霑也
三蒼洽遍徹也
怛纜都達反下力暫反舊言修多羅
或作脩妬路此云綫也
第十五卷
倡女齒揚反倡婬放蕩也說文倡樂也
不憖蘇寸反字林憖愼也謹也恭也
賢掊胡堅反士之美稱也又多才也
賢士堅明故從貝又賢者國之實
用與貝同故從貝字意也下又作
喆同知列反尒疋掊知也方言齊
宋之閒謂知為掊掊謂照了也
目眩古文眴同胡遍胡繘二反字林
眩乱也惑也三蒼視不明也
角犎妃封反又音封今有此牛形小
髆上有犎是也
嘶聲又作𪅍同蘇奚反說文嘶悲聲
也方言嘶噎也聲散也
哮吼古文㗅同呼交呼挍二反說文
虎鳴也一曰師子大怒聲也下古
文呴吽二形今作㖃又作吼同呼
狗反聲類吽嗥也
咆勃蒲交反下蒲沒反說文咆嘷呦

之勃瞋怒也
蹎蹷丁賢反下又作蹶同居月反說
文蹎走頓也廣疋傎倒也蹎蹷猶
頓仆也
椽位蠡星反椽福也桒古者人无耕
稼多食野鹿在朝之人關於田獵
官賜以物當於鹿處後人因之謂
為食鹿變鹿為椽者取其神福之
義也
敦肅古文惇同都䰟反說文惇厚也
肅嚴也謂嚴整之皃也亦敬也
謇吃古文謰謇二形今作蹇同居展
反下居乞反方言謇吃楚語也謇
難也吃重言也
儳速倉陷仕鑒二反非次而言也札
記長者不及无儳言是也儳亦暫
也字從人或有作嚵才冉反小飲
也嚵非此用
竦肩古文竦㩳憽三形今作聳同須
奉所項二反廣疋聳上也
根栽則来反謂草木植曰栽謂木栽
可栽種者也
防郙扶放反此謂女工刺繡裁縫等

葉也
第十六卷
黒說大說謂若佛及弟子所說惡法
名為黒說所說善法名為大說又
四果人及獨覺菩薩等所說名為
黒說若佛所說名為大說
爔之又作熂熂二形同麞詭反齊謂
火為爔方俗異名也
亭邏徒下反下力賀反漢家因秦十
里一亭亭留也邏謂戍屬也遊兵
以禦寇者韻略云邏亦循行非
違也
親昵又作暱同女乙反尒疋昵近也
又亟也親昵者數相近也
第十七卷
詭現居毀反詭詐也不實也廣疋詭
隨惡也亦欺也
怨尤禹留反桒尤亦怨也尤過也
普燭朱欲反蒼頡篇燭照也然火為
照也
諧耦胡皆反下吴口反廣疋諧和也
耦合也
射康苦郎反康謂无疾病也安也樂

也亦靜也
所惠胡桂反周礼施其惠鄭玄曰賙
衣食曰惠孟子曰分人以財謂之
惠說文惠仁也愛也
便臻側陳反尔疋臻至也
第十八卷
擅名市戰反說文擅專也
諾瞿陁舊經中作尼拘陁或言尼俱
盧陁亦作尼俱律又作尼俱類皆
訛也舊譯云无節或言從廣
摩迦亦言摩𠯗迦舊經中作摩樓迦
此亦藤類蔓生纒繞樹至死者也
凶猾又作䝟同許顒反下胡刮反廣
疋凶惡也字書猾狡黠也方言九
小兒多詐或謂之猾
抄虜力古反漢書生得曰虜斬首曰
獲戰而俘獲也虜掠奪取也
窺窬丘規反下又作闚同弋朱反說
文窺小視也
楚撻初吕反一名荊漢書陸賈曰秦
莊王名楚故改為荊遂行於世撻
擊也楚捶人即痛因名楚痛
庸人與恭反謂常愚短者也心不節

慎口无法言惡人為友也
克伏又作剋同口得反字林克能也
尔疋克勝也
第十九卷
制多舊言支提或言支帝皆一也此云
可供養處謂佛初生成道轉法輪及
涅槃處皆應供養恭敬生諸福也
為墉又作牗牖二形同庚鍾反尔疋
牆謂之墉城亦謂之墉也
繩維又作繙同女心反謂牆繩也本
撲上纏也
腥臊又作胜同先丁反下桒刀反腥
臊臭也通俗文魚臭曰腥猳臭曰
臊猳音加
翺翔五高反迴飛也飛而不動曰翔
釋名翺遨也言遨遊也
毆擊於口反說文毆擊也字從殳
淪墜力均反廣疋淪沉没也
左道資可反左下也上在右也不便
也札記執左道以乱衆鄭玄曰左
道若巫蠱及俗禁也
衣僅又作勤同渠鎮反字林僅財能
也僅亦劣也

波羅延謂西域邑落名也阿氏多弥
勒字也或作阿嗜多此云无勝謂
无人能勝也舊言阿逸多訛也
所螫呵各反字林螫虫行毒也廣疋
螫蛆毒痛也
第二十卷
達須謂此等人微識佛法不能堅固
修行也
蔑戾車莫結反下力計反舊言弥戾
車此云樂垢穢人此等全不識佛
法也
頑嚚吴鰥反下魚巾反廣疋頑鈍也
三蒼嚚惡也
阿遮利耶此云軌範師舊經中或言
阿祇利或作阿闍梨義譯云正行
或云於善法中教授令知名阿闍
梨也
談話古文𧮢譮諙三形同胡快反合
會善言也
躁動又作趮同且到反躁謂擾動不
安靜也
溉灌歌賚反說文溉灌也灌注也
第二十一卷

廛宇又作寓二形同于甫反屋宇也
釋名云宇羽也如鳥羽翼自覆蔽
也今謂在家如屋中塵恒被坌汙
不得安靜也
僧伽胝陟尸反此云合或言重謂割
之合成又重作也舊經律中作僧
伽梨或作僧伽致皆訛也
林藪桑苟反平地叢木曰林澤无水
曰藪
嚴酢魚劒反酢之甚者曰嚴
第二十二卷
卉木虛謂反百草之捻名也方言東
越揚州之間名草曰卉
姝妙充朱反說文姝好也色美也方
言趙魏燕代之間謂好為姝
欝烝於物反下之媵之丞二反尒疋
欝蒸氣也說文烝火氣上行也謂
熱氣烝出上升也
飂颺余尚余章二反謂風所飛揚也
芬馥敷雲反下扶福反芬香和調也
馥香氣也
殀逝又作夭同於矯反說文殀屈也
廣疋云夭折也釋名云少壯而死

曰夭如取物中夭折也不盡天年
謂之夭取其義也逝往也
怨讎視由反怨耦曰讎讎對也尒疋
仇讎疋也怨之疋也
黎庶力奚反尒疋黎庶烝多衆也
第二十三卷
呀瘷許牙反下蘇豆反上氣病甚曰
呀字從口也
噦噎又作啘同於越反下一結反通
俗文氣逆曰噦塞喉曰噎
癲癇又作瘨同都賢反下核閑反廣
疋狂也風病也聲類云癇小兒瘨也
陰瘇徒雷反陰腫病也釋名云下重
曰瘇也
俱師又作率同所律反字略云將師
也師行也謂將領行也
攢矛麁鑽反攢擲也下又作鉾二
形同莫侯反說文矛長二丈也
及鎔以終反江南行此音謂鎔鑄銷
洋也
油糖又作餹同徒郎反餳餹也沙糖
也煎甘蔗汁作之餳似盈反
葅鮓側於反下莊疋反酢淹菜為葅

葴魚笋為鮓周礼供五齏七葅鄭
玄曰細切為齏全物若牒為葅中
國比言齏江南悉名葅牒音治輙
反或作苴子餘反誤也
拍鞠普陌反下渠六反三蒼云毛丸
可戲者也
拓石古文㭊柝二形今作拓同他各反
攘臂而羊反攘除也謂除衣袖出臂也
扼捥又作搤同於責反說文搤把持
也史記天下之士莫不扼捥以言
是也
撃劒古歷反謂以長入短劒相撃也
伏弩扶福反隱伏而發也漢書高祖
中匈而言足指是也
控弦苦貢反小尒疋控引挽也說文
突厥名引弓曰控弦
投輪投擲也西國多用此戰輪形如
此間檯櫨繞輪施鐵輻如蒺藜鋒
極銳利以繩纏之用擲戰象或頭
或鼻中即破斷也
第二十四卷
勇悍胡旦反廣疋勇悍果敢也說文
悍勇有力也悍傑也

施慍虛偃反蒼頡篇云布帛張車上
為慍也
房穗又作采同辝醉反房居也言子
居其中也穗說文禾成秀人所收
者曰穗也
第二十五卷
耐推奴代反下直追反三蒼耐忍也
推打也
磣毒又作墋同初錦反又墋惡也通俗
文沙土入食中曰墋
堅頭居鹹反字林勁强也字從力
詰難去一反廣雅詰責問也
蛆螫知列反下舒亦反關西行此音
又呼各反山東行此音蛆東西通
語也說文皆虫行毒廣疋蛆痛也
嚬蹙古文顰同許驕反嚬諠也諠譁
不靜也亦聲也
乜旬古賴反又音葛蒼頡篇乜行請
求也字從人從亡言人亡財物則
求乜字意也
盲瞽公戶反无目謂之瞽釋名云瞽
眠眠然目平合如鼓皮也
砂磧清石反三蒼磧水中沙灘也灘

音他難反說文水渚有石曰磧水
淺石見者也
振恤古文賑振二形同諸胤反小尒
疋振振救也說文振舉也下又作
䘏同私聿反說文恤收也憂也振
恤憂貧也
殺援禹眷反助也謂依攙護助之言也
生色可染生色即金也言生便黃色
不可變改也可染即銀也言色可
染變故云可染也
詩毳充芮反字林細羊毛也狩細毛
亦曰毳也
坰野公營反尒疋邑外謂之郊郊外
謂之牧牧外謂之林皆各七里林
外謂之坰坰无里數設百里之國
邑五者之界也
若擘補革反擘裂也廣疋擘分也
姪佚三蒼亦作逸字同與一反蒼頡篇
佚蕩也樂也
凡百扶嚴反三蒼數之總名也廣疋
凡總皆也
第二十六卷
小札側黠反三蒼柹札也今江南謂

斫削木片為柹關中謂之札或曰
柹札柹音敷廢反
稜層洛登反下徂曾反謂形色憏烈也
憏烈倉歲反下力折反說文憏憂貌
也烈猛盛也
悖惡古文誖慹二形同蒲沒補潰二
反廣疋慹乱也逆也
聰敏眉殞反敏達也廣疋敏捷疾也
聰先知也察也聽必微也
嘲調又作啁同竹包反下徒弔反三
蒼啁調也謂相調戲也
頡隸代多賢結反此言遇時又云室
星則北方宿也祠之得子仍以名
焉坐禪第一者是也舊言梨波多
或云梨婆多皆訛也
憺怕徒濫反下普白反廣疋憺怕寂
寞也亦恬靜也
髖骨又作髋同苦桓苦昆二反埤蒼
髖尻也髀上也
肋骨力得反說文肋脅骨也字從肉
或作勒非體也
頷輪胡感反頷頷車也言骨圓如輪也
齒鬘莫班反言齒形行列狀如花鬘

因以名也

第二十七卷

筋胍居銀居欣二反下士尼反說文

肉之力曰筋或作脉俗字体

鑽燧祖桓反下又作隧同辞醉反火

母也論語鑽燧各異木也世本造

火者燧人因以名也

或榛仕巾反廣疋木藂生曰榛草藂

生曰薄也

或渚之與反尒疋小洲曰渚言四方

有水中央獨高可居者曰渚

畢鉢羅風言風著人身班駁如畢鉢

形者也

毗濕婆風又言毗濕波風此譯云不

巧風也

吠藍婆風舊經中或作毗嵐婆或作

鞞藍亦作隨藍又作旋藍皆梵之

楚夏耳此云迅猛風

聡俊又作儁同子閏反絶異也王逸

注楚辞云千人才為俊一國高為傑

第三十卷

稻稈又作秆同公但反字林禾莖也

蟲胆治中反下千餘反通俗文肉中

蟲謂之胆字從肉

第三十一卷

學㨾翼尚反規摸曰㨾近字也舊皆

作像戒像也今不復行

第三十二卷

灩溢以舟反下與一反桼灩溢謂器

盛物盈滿

諸維翼隹反廣疋維隅也淮南子云

天有四維是也

隊塹胡刀反釋名城下道也隊塹也

都邑之内所塹翔祖駕處也

鄔波尼煞曇分舊經中作優波尼沙

陁分謂數之極也

蒭蒛亡忿反下餘戰反蒭蒛謂連緜

不絶長无極也

窯室餘招反通俗文燒瓦竈曰窯

至向許亮反說文向北出牖也

喉筒徒東反三蒼竹管也今言喉如

筒喻名也

燒爐又作㶳同似進反說文火之餘

木曰爐即火糟也

眇㳽亡紹反下莫朗反眇㳽廣大也

亦深遠也

刖足古文跀趴二形同魚厥五刮二

反刖斷足也

劓鼻古文劓同魚器反字林劓割鼻也

橐袋埤蒼作韛又作排同蒲戒反鍜

家用炊火令熾者也

第三十三卷

垣城于煩反四周牆也釋名云垣援也

人所依阻以為援衛也

迄至虛訖反尒疋至也方俗語耳

諠譟古文作吅又作讙同虛袁反廣

疋諠鳴也㕯聲也下桒到反說文

譟擾耳孔也聲類譟群呼煩擾也

激湍古歷反下土桓反激邪流急也

說文湍疾瀨也淺水流沙上曰湍

貪婪又作啉惏二形同力南反惏亦

貪也楚辞衆皆競進而貪惏王逸

曰愛財曰貪愛食曰惏

第三十四卷

乾曝又作眼同袪及反通俗文欲燥

曰曝曝微乾也

騙騎疋扇反蒼文謂躍上馬也

踡跼渠員反下渠玉反埤蒼踡跼不

伸也

霢霂音脉木尒疋小雨謂之霢霂今流汗似之也

圯圻父美反下耻格反圯毀也圻分裂也

蓊欝烏孔反下於屈反蓊欝盛皃也欝樹木藂生也

巉巖仕咸反廣疋巉巖高也

河瀆徒木反尒疋水注澮曰瀆邑中溝曰瀆

醴水力體反醴甜美也言其水甘如醴酒可以養老可以愈患者也

狥利辭俊反蒼頡篇狥求也亦營也

関鍵又作闥揵二形同竒蹇反鍵牡管鑰牡也方言陳楚曰鍵関中曰鑰

伊師迦山名也言此山高聳喻我慢也

第三十六卷

對殺牛既反說文殺有决也煞敵為果致果為殺

甲冑古文鈾同除救反說文冑兜鍪也

散他迦多衍那迦多姓也衍那子也散他標別其類也舊經論中作訕大迦旃延或作珊陁迦旃延皆訛也

第三十七卷

達羅弭茶呪呪名弭音亡尒反

鸝黃又作鵹同力貲反方言倉庚自関西而謂之鸝黃或謂黃鳥或謂之楚雀異名也

不殫多安反无餘曰殫廣疋殫盡也

而隕于愍反尒疋隕墜落也說文隕從高而下也

第三十八卷

鼶鼠胡雞反說文小鼠也尒疋鼶鼠郭璞曰有螫毒也食人及鳥獸雖至盡而不知亦不痛今謂之甘口鼠

聆音力丁反蒼頡篇聆聽也耳所聽曰聆也

詁訓古文作詁今故同姑護反又音古說文詁訓古言也訓道也釋也

師拳又作捲同渠負反指握為拳辟喻也言師之匠物不如拳之執握悋而不說也

係念古文繼繫二形同古帝反說文係絜束也亦相嗣也

第三十九卷

媒媾莫來反下古豆反媒謀也謀合異姓使相成也白虎通曰媾厚也重婚曰媾

罩羅古文罺䈇二形同竹挍反捕魚籠也

罝羂渠向反字書施罥於道曰羂其形如弓者也或作摜俗字也

饞嗜仕咸反不廉也下又作𦧇饍二形同視利反說文嗜欲意也貪无猒也

乳哺蒲路反哺含食也謂口中嚼食也哺飤也

曉喻又作諭同臾句反三蒼喻譬諫也喻亦曉也論語君子喻於義是也

撓濁乃飽乃挍二反說文撓擾也又曰撓亂也

赧愧女盞反小尒疋面慙曰赧方言自愧而見上謂之赧字從皮赤意也

自揆渠癸反尒疋揆度也謂商度也

樹脩時注反廣疋樹立也凡竪立皆曰樹也

供贍聲類作䞍同時焰反字書贍足也音子喻反供足也亦助也

衒賣古文𧗳同胡麵公縣二反說文行且賣也廣疋衒詃也

蓄積又作稸同耻六反廣疋蓄聚也

一切經音義卷第二十二　第五十七張　韓　上

亦積也
稍𢧢公玄反下以職反說文麦莖也
𢧢穀麦𢧢也
第四十卷
啓道又作启同苦礼反說文启開也
導引也
擕義又作攜同虛皮反舉手曰攜謂
手之指也
荷乗古文抲今作何同胡我反又胡
歌反小尒疋何揭擔也謂擔負也
正延以旃反
止憩又作揭㱦二形同却厲反尒疋
憩息也止之息也
蚩誚充之反三蒼蚩輕侮也小尒疋
蚩戲也下才笑反誚謂嬈弄譏責
也呵也
讌冲說文作盅同除隆反字書冲虛也
巨力其呂反字林巨大也方言齊宋
之閒謂大曰巨說文巨大又作鉅
第四十一卷
遮遏古文䦨同於曷反尒疋遏止也
謂逆相止為遏遏亦遮也
窣堵波蘇没反下都古反此云廟或

一切經音義卷第二十二　第二十八張　韓

云墳義翻也或云大聚或言聚相
謂壘石等高以為相也舊經論中
或作蘇偷婆或作藪斗波或作兜
波或云偷婆亦作塔婆皆訛略也
宰官祖殆反聲類云宰治也謂治邑
吏也廣疋宰制也謂制事者也
誼譁虛元反下呼瓜反三蒼誼言語
訩訩也譁言語澆澆也訩音徒
刀反
紛聒數雲反下公活反紛乱也聒誼
語也蒼頡篇聒擾耳孔也
㦬戾或作龓同祿公反下三蒼作俍
同力計反很戾也謂佷戾對强也
綜集子送反綜習也三蒼綜理經者
也謂撲縷持絲交者也
第四十二卷
同齡又作秢同歷經反字林年齒也
礼記古者謂年為齡人壽之數也
擕從胡閨反廣疋擕提挈也謂提持
也漢書孟康曰擕連也亦牽將行也
擐甲胡慣工患二反左傳擐甲執兵
杜預曰擐貫也國語服兵擐甲貫
逹曰擐衣甲也

一切經音義卷第二十二　第二十九張　韓　若

第四十三卷
泯一弥忍反尒疋泯盡也廣疋泯絕
滅也
傘𥿍又作繖同先岸反謂張帛為行
路以自覆者也下先髁反鑿腹令
空麤足者也
法溟莫經反說文小雨溟溟也莊子
南溟天池也
第四十四卷
璩印巨於反字書玉名也耳璩也印
辟印也
儲器直於反儲貯也偫也謂畜物以
為偫曰儲也
藻飾祖老反水草之有文者畫藻菜
於衣以為服章也
格量加額反蒼頡篇格量度也
不庠齒亦反指庠也漢書音義曰庠
不用也說文庠卻屋也廣疋庠推也
不譴去戰反蒼頡篇譴訶也廣疋譴
怒也說文譴讁問也
第四十五卷
闤闠胡關反下胡對反說文闤闠市
門也

第四十六卷
曩昔奴朗反尒疋曩久也猶往久古
昔也
第四十八卷
牟婆羅或作謨薩羅或作摩娑羅亦
作目娑羅梵言訛轉也此云馬腦
案此寶或色如馬腦因以為名也
廁填古文寘同徒堅反三蒼廁雜也
間雜也廣疋填塞也亦滿也或作
鈿非此用也
侵掠又作剠同力尚反通俗文遮取
謂之抄掠謂强奪取也
第四十九卷
毉泥耶蹲烏奚反下市兖反鹿王名
也舊經中伊泥延又作因尼延亦
作咽尼延皆一也咽音一賢反
勢峯謂陰莖也舊言馬陰藏相是也
羯羅頻迦或作歌羅頻伽或作加羅
毗迦亦作迦陵頻伽皆梵音輕重聲
之訛轉也此云好聲鳥也
烏瑟膩沙又作嗢瑟尼沙或言鬱尼
沙此言髻謂頂骨涌起自然成髻也
髀股又作骰同公戶反說文股髀也

釋名股同也為强固也
臋髆徒昆反臋肉高厚者也廣疋髖
豚也髖音苦昆反
髗臚呂於反臚腹也釋名云腹前曰臚
齬腭丘魚反下又作齶同五各反齶
居也齒所居也腭齒內上下肉垠
咢也垠音語巾反
蠲除古玄反方言南楚疾愈謂之蠲
郭璞曰蠲除也方俗語異耳
肴饌胡刀胡交二反下仕眷反廣疋
肴肉也亦葅也說文饌備具食也
謂飲食也
獷戾古猛反漢書孟康注云獷强也
戾佷也字從犬
婆羅痆斯女黠反或云婆羅捺斯又
作波羅奈同一也舊譯云江遶城
第五十卷
誡勗古薤反下許玉反誡警勑也亦
儆也方言齊魯謂勉為勗勵也
輕縠胡木反似羅而疏似紗而密古
有憿縠霧縠言細如霧也
第五十二卷
焚燎古文炇燌二形同扶雲反下又作

燎同力照反說文焚燒田也字從
火燒林意也燎放火也火田為燎
焰飇俾遙反小火也又作熛說文飛
火也蒼頡逬火曰熛也
第五十三卷
塗冠古翫反謂冠著花為冠也
赫奕餘亦反廣疋赫明也奕盛也謂
光明昱曜也字從大
第五十五卷
愚魯力古反論語參也魯孔安國曰
魯鈍也
第五十六卷
惡叉聚惡叉樹名其子形如無食子
彼國多聚以賣之如此間杏人故
以喻也
安繕那市戰反舊言安禪那此云眼
藥也
耳輪彼國王等或用金銀作此耳輪
形如鉢支著耳穿中用以裝飾故
名耳輪也舊經言耳璩者應是也
魯達羅天此云暴惡自在天之別名也
毗瑟笯天奴故反舊云毗搜紐或言
毗紐皆訛也此當幻惑義是伐藪

天別名也舊言婆數天也
世主天此梵天之異名也
第五十八卷
㬥搦又作㳚同子札反廣疋㬥漉也
謂手搦出汁也
䖈者巨夷反此云㲹虫謂狩畜也家
語云食草者㲹是也
歧路古文嶅䞿二形同渠宜反尒疋
道二達謂之歧釋名物兩為歧此
道似之也
輪圍于非反山名也我㒏高大故以
喻焉
第五十九卷
𤸱禱於冉反下都道反字苑𤸱眠內
不祥也山東音於葉反說文告事
求神曰禱禱請也請於鬼神也
尸半尸此是呪法西國有此謂呪於
死尸令起煞人半尸者呪令起坐
令起尸鬼煞人故半尸
第六十卷
磁石徂茲反埤蒼磁石謂吸鐵也
沙利藥迦謂彼國邑落名也
羯吒斯居謁反謂貪愛之別名也

傷悼徒到反方言秦晉謂傷為悼悼
亦哀也
㔟擬又作㔟同力荅反下居縛反㔟
劃也直破曰㔟爪傷曰攫劃音胡
麦反
妻孥奴胡乃故二反小尒疋云孥子也
閭邑呂居反周礼二十五家為閭閭
里門也說文閭侶也五家相伴侶也
第六十一卷
錫賚星的反賜與也尒疋錫賚賜也
謂上與下之辞也
䜌怏於亮反謂忿怨也亦怏怏然心
不伏也
懊恚於報反懊恚悔恨也
頒賜又作班同補頒反小尒疋頒賦
布也尒疋班遍與也
勞來郎到反下力代反慰勞也廣疋
来懃也勞来不怠也或有作賚賜
與也賚非此義
諮詢秘遵反詢問也左傳訪問於善
為諮諮親為詢諮問道也詢問親
戚之議
罄竭古文𡨴同口定反說文器中空

也尒疋罄盡也
俳優於牛反字林倡優樂也謂調戲
作樂也
愽弈古文簙下餘石反方言愽或謂
之棊自關而東齊魯之間皆謂圍
棊為弈
英傑奇列反千人為傑傑亦特立也
才能也
耽湎古文媅妉二形同都舍反下古
文酾同亡善反說文媅樂也嗜也
湎耽於酒也謂酒樂也
第六十二卷
瑟祉勅里反舊言俱絺羅譯云膝也
言膝骨大也
第六十四卷
麟角理真反仁狩也說文麟麢身牛
尾一角角頭有肉不履生虫不折
生草音中鍾呂行中規矩不入陷
網文章彬彬然也亦靈狩也
第六十七卷
傲誕五誥反下達坦反傲謂不敬也
廣疋傲輕傷也誕大也不實也
絢藻呼麵反字林文成曰絢絢亦文

章之皃也漈水草之有文者也
伐地迦人名也從人名經為此人說也
暴爆蒲卜反来老反釋名爆焦也說
文爆乾也
第六十八卷
若蘭又作躝同力丹反通俗文縱失
曰蘭也
賄貨古文賄同呼罪反財貨也通俗
文財帛曰賄周礼通貨賄鄭玄曰
金玉曰貨布帛賄
肪膏音方脂肪也通俗文在腰曰肪
肪肥也三蒼有角曰肪无角曰膏
第六十九卷
飳餬音提胡酥酪之精醇者曰飳餬
通俗文酪酥謂之飳餬是也
第七十卷
曛暮許軍反捷辞與曛黄而為期王
逸曰曛黄黄昏也暮晚也
銓量又作硂同七泉反廣雅稱謂之
銓銓謂銓量輕重也
第七十一卷
中的知仲反下又作弔說文作的同
都歷反的明也射質也謂的然明

見也令射堋中珠子是也
從容且容反廣疋從容舉動也謂詳
審閑疋之皃也
河濱比人反字林濱水崖也廣疋濱
湄浦岸也
第七十六卷
毀讟徒木反謗讟也廣疋讟痛也謂
怨痛也
珎膳古文膳同私由反貴異名珎雜
味為膳膳謂有滋味名也方言膳
熟食也
第七十九卷
騫脣去焉反廣疋騫舉也
適亦又作攸同以周反小笑也笑離
齒也漢書項岱曰適寬舒顏色之
皃也又作猶然猶笑皃也
迦理沙般拏女家反般拏此云銅錢
十六般拏為一迦利沙般拏
第八十三卷
褻師古文䙝同辞立反左傳九師輕
曰褻掩其不備也
摩納縛迦此云儒童或云年少淨行
書經中言摩納等是也

底沙比丘名也為之說經名底沙經
此亦星名也因星立名西國多此也
第八十四卷
挼援奴和奴迴二反說文援摧也兩
手相切也
破折普彼反慕文云破折也破猶分也
僵仆蒲北芳務二反仰謂之僵伏謂
之仆說文僵卻偃也仆前覆也
皓首胡老反小尒疋皓素白也
黃皺七句反字略云皺皮細起也
徂落又作殂同在胡反尒疋徂落死也
笞罰又作抬同丑之反廣疋搒笞擊
鹵又作滷二形同齒亦私亦二
反下力古反說文潟西方鹹地也
你伽女履反此云流注不斷亦言害
為舍兩義仍立梵名也
遽務又作懅同渠庻反遽急也亦畏
懼也
第八十五卷
鳩集居牛反尒疋鳩聚也謂收聚也
囹圄力丁反下魚呂反獄名也三王
始有獄
幽縶知立反詩傳曰縶絆也謂拘執

也兩足不相過謂之縶
第八十六卷
怒㨕胡紺反廣疋㨕怒恨也字林㨕
不安也
浸淫七林反浸淫者轉大之言也浸
淫移徙處曰廣也
微褊卑緬反說文褊小也尒疋褊急
也陿也
第八十七卷
戇愚丁絳反三蒼愚无所知也亦鈍
也廣疋戇頑嚚也
港然莫書反桒港然冥昧不明也
隃隍胡光反三蒼隍城下坑也說文
城池有水曰隍
宫闕釋名闕在門兩傍中央闕然為
道也
第八十八卷
歔欷欣居反下欣既反蒼頡篇泣餘
聲也亦悲也
拊膺芳舞反下作膺同於凝反拊拍
也廣疋拊擊也膺匈也
冤結古文冤寃二形今作宛同於元
反說文冤屈也廣疋冤枉也思念

煩冤也
阿死羅摩登祇梅茶女名也摩登祇
女之捴名阿死羅女之别名此女
由卑賤故恒以掃市為業用供衣
食也
被笮側格反安笮猶壓也謂以槽笮
出汁也
謇訥古文吶同奴骨反訥遲鈍也說
文難也
第八十九卷
朋儔直流反同門交曰朋儔類也等
也王逸注楚辝云二人為疋四人
為疇疇猶伴侶也
蹬瞢徒登反下莫崩反韻集云失卧
極也
評訹疋尒反下資尒反通俗文難可
謂之評訹
㑭尒知劣反聲類云㑭短氣皃也㑭
㑭亦憂也
第九十卷
覆苫舒塩反茅苫也尒疋白蓋謂之
苫言編菅以覆屋曰苫也
勉勵靡辯反下力制反勉强也謂自

勸强為勉勵也勉力為勵也
第九十一卷
儵歸又作倏倐二形同書育反儵悤
疾之皃也
菅茅古顏反尒疋菅茅屬也
如鴆除禁反郭璞曰大如鵰紫緑色
長頸赤喙食虵也
孑然居列反桒孑猶單已孤獨也說
文孑无右臂曰孑
沿流翼泉反字林從水而下曰沿順
流也沿亦緣也
犬鷄古奚反性多躁列故以喻焉
第九十二卷
漂漾疋遥反下翼尚反桒漂漾搖蕩也
第九十四卷
噬食古文嗜又作哂同子盡反通俗
文入口曰哂又虫食曰噬
不允弋准反允當也允信也尒疋允
誠也
第九十五卷
纖繳之若反謂矰之射者也繳縷也
矰音增弋射矢也
瞖膜又作翳同於計反下音莫韻集

云瞖目障病也
睒弥葉式冉反其葉苦也娑羅葉光
淨也娑羅此云牢實
箭栝古活反釋名箭其末曰栝栝會
也謂與弦相會也
桄梯古文橫䊎二形同古黄反聲類
作輄車下橫木也今車牀梯舉下
橫木皆曰桄也
三槍千羊反說文槍距也三蒼木兩
頭鋭曰槍
第九十七卷
撓攪呼高反下古卯反說文撓攪乱也
穌息先胡反小尒疋更生曰穌穌亦
息也
瘠田古文瘠瘷膌三形同才亦反說
文瘠瘦也亦薄也
言泆餘質反說文水所蕩泆也
第九十八卷
裒讃補高反茉裒猶揚美之也進也
猨猴又作蝯同禹煩反似猕猴而大
臂長其色有黄有黑鳴聲甚哀五
百歲化為玃玃壽千歲玃音居
縛反

掮摩初委反通俗文捫摸曰揣或作
揣借字耳
汎成又作泛同疋劍反廣疋泛普也
浮也泛濫也
乘駕食證反三蒼載曰乘馬曰駕
土丘古文至說文土之高也尒疋非
人所為為丘一曰四方高中央下
亦曰丘
第九十九卷
種蒔時至反栽時也謂更種曰蒔也
波輸鉢多此塗灰外道名也遍身塗
灰髮則有剃不剃衣纔蔽形但非
赤色為異耳事魔醯首羅天
蕑靜古限反尒疋蕑大也亦略也
第一百卷
蕭然桒條反詩傳曰蕭蕭言不諠譁也
變革古文革悖諽三形同古核反革
更也字從三十從口口為國邑國
三十年而法更別取別異之意也
口音韋
一切經音義卷第二十二
甲辰歲高麗國大藏都監奉
勑彫造

一切經音義卷第二十三　轉

翻經沙門玄應撰

顯揚聖教論第一卷

稽首　古文䭫同苦札反說文稽下首也白虎通曰所以稽首何稽至也首頭也言頭至地也周札太祝辯九拜一曰䭫首二曰頓首是也

將紹　古文綤同市遶反尒疋紹繼也謂繼續先宗也謚法曰疏遠繼位曰紹

錯綜　祖送反謂錯要其文綜理其義也廣雅錯廁也言相閒廁也綜揔

也揔括文義也錯亦揔也挍理也說文綜機縷也謂持絲交者屈繩制經令開合也綜紀也紀領絲別也

駛流　山吏反蒼頡篇駛疾也字從史

善軛　又作厄同於革反攝也說文車前也謂轅端壓牛馬領者也攝音革

惻愴　古文恖同楚力反下杒亮反說文惻痛也廣雅惻悲也愴傷也

迦多衍那　姓也因姓為名舊言迦旃延訛也

心詭　居毀反詭謂變詐不實也廣雅詭誑也欺也

忌憚　渠記反下徒旦反忌畏也恐也憚難也驚也

甘執　古藍反廣雅甘樂也嗜欲之意也甘嗜无猒也說文甘美也

勉勵　靡辯反下力制反勸獎也勉強也謂自勸強也勵相勸勵也亦勉力為勵強音巨兩反

悵快　勑亮反下於亮反說文悵望恨也快心不服也

所吞　他痕他賢二反吞謂不嚼也說

文吞咽也廣雅吞滅也
溪沼又作谿同苦奚反下之遶反介
疋水注川曰谿說文沼小池也
巨壑其呂反下呼各反巨大也介疋
流水深則成壑壑亦滿池也
炎燎于廉反下力照反炎亦燒也說
文炎火光上也燎放火也火田為
燎也
蔓莚忘怨餘戰反謂連綿不絶也
灰燼又作㶳同似進反說文火之餘
木曰燼
扣絃苦後反廣雅扣擊也絃謂琴瑟
等也
拊草芳主反拊猶拍也下古拔反草
鼓也
黏勇女廉反蒼頡篇黏合也說文相
著曰黏下瑜種反謂雄武果決也
謚法曰知死不避曰勇懸命為仁
曰勇
靜慮慈井反說文靜審也安也息也
慮念也思也舊言定梵云馱衍那
匱遺渠愧反乏財曰遺礼記即財不
匱鄭玄曰匱乏也詩云孝子不匱

傳曰匱竭也
第二卷
鄔波拕耶烏古反下拕音徒我反此
云親教或言郁波第耶夜亦云近
誦以弟子年小不離於師常逐常
近受經而誦也舊云和上或云和
闍皆于闐等諸國訛也義譯云知
罪知无罪為和上也
阿僧企耶丘豉反此云无央數舊言
阿僧祇訛略也
溫習烏昆反論語溫故而知新何晏
曰溫尋也鄭玄注礼記云後時習
之謂之溫溫煗也取其義矣
第三卷
𡗝根而兗反梵言没栗度此言𡗝物
柔曰𡗝也
阿世耶此云意樂樂音五孝反亦言
種子
預流巽庶反梵言窣路多阿半那此
言預流一切聖道說名為流能相
續流向涅槃故初證聖果創參勝
列故名預流預及也參預也舊言
須䫈多分得也須陁洹者訛也或

云逆流或言入流亦云至流皆一也
一間古閑反梵言翳迦鼻至迦翳迦此
云一鼻至迦此云間間謂辟際孔也
說文間隙也言有一間隙在不得
般涅槃也舊言一種子者梵言鼻
豉迦此言種斯或譯者不善梵言
或筆人不尋本語致茲訛失也
朅伽袪謁反此云犀牛毗沙拏此云
角謂犀牛一角亦獨也喻獨覺
也言一一獨居山林也毗婆沙作
渴伽月藏經作佉伽皆訛也
第六卷
什物時立反什聚也雜也謂資生之
物也今人言家產器物猶云什物
物即器也江南言什物此土名五
行史記舜作什器於壽丘漢書貧
民賜田宅什器並是也
摩怛理迦都達反舊云摩德勒伽亦
言摩夷此云行母亦云本母或云
行境界謂起行所依能生行故也
工業古紅反詩云工祝致吉傳曰善
其事曰工
朱摒波桑經亦言申恕林或作申恕

波林樹名也此譯云實木舊言業
踰多少經是也
所祈巨衣反廣雅祈求也尒疋祈叫
也叫呼請事也
第七卷
樹杪弥遶反通俗文樹鋒曰杪杪謂
微細也
官僚又作寮同力雕反尒疋僚官也
同官曰僚
或翹祇遥反廣雅翹舉也尒疋翹危
也舉足懸危也
蝸虫古華反說文蝸螺也
第八卷
俱胝竹尸反佛本行經作拘致云一
百百千名一拘致數當千万
素怛纜力暫反此譯云綫舊言脩多
羅或云修妬路皆訛也
吠舍扶廢反舊言鞞舍此云坐謂坐
估也案天竺國俗多重寶貨此等
營求積財巨億坐而出内故以名焉
戍陁羅輸句反舊言首陁謂田農窅
學者也此等四族國之大姓也
第九卷

伊師迦山名也言此山高聳我慢如
之故以喻也
第十卷
商賈始羊反下公戶反行賣曰商坐
賣曰賈白虎通曰商之言商商其
遠近通四方之物以聚之也賈固
也固物以待民来求其利也賈亦
通語也
方域為逼反說文域邦也廣雅邦域
國也
詰問丘逸反廣雅詰責也說文詰問也
欝尒於勿反謂樹木生欝欝然氣盛也
颯然桑合反疾皃也謂風吹木葉落
之聲也
唐捐徒郎反下以專反唐徒也徒空
也說文捐棄也
薄蝕補莫反下神轍反小尒疋薄近
也漢書日月薄蝕韋昭曰氣往迫
之曰薄虧毀曰蝕如蟲食草木葉也
畎羅婆果亦云頻螺果或言避羅果
皆訛也果形金色如甘子大西國
祠天多用此木作幢庄嚴供養也
餉佉尸尚反此云貝或言珂舊云儴

佉或云傷佉
第十一卷
尚論市讓反廣雅尚高也說文尚曾
也尚亦上也
倡女齒揚反婸女也說文倡樂也
雨衆于矩反梵言縛利沙亦云䟦利
沙此云雨外道名也鍵拏此云衆
謂雨等師徒之衆故云雨衆也
銓量又作硂同七泉反稱衡也廣雅
稱謂之銓所以稱物知輕重者也
刊定口干反廣雅刊削也亦定也除也
凌侮又作凌同力蒸反三蒼凌侵也
廣雅凌犯也下亡府反廣雅侮輕
也言輕傷也凌從水
遞乎古文遆同徒礼反方言遞代也
謂更代也
目眩侯遍胡蠲二反字林眩乱也三
蒼眩視不明也
纔取在灾反廣雅纔暫也亦劣也不
久也
未愈古文瘉同瑜乳反方言愈差也
說文愈病瘳也
迦末羅病舊云迦摩羅病此黄病或

云惡垢言腹中有惡垢即不可治也
角犎妣封反又音封今有此牛形小
髆上有犎者也
形㜣奴課反三蒼㜣弱也廣雅柔㜣
少㜣也
嘶聲又作㿅同蘇奚反說文㿅悲聲
也方言嘶噎也痛也
哮㘑古文虓同呼交呼挍二反說文
虓鳴也大怒聲也下古文呴㘑二
形今作㺃又作吼同呼茍反㘑
嗥也
咆㘑蒲交反說文咆嗥也廣雅咆鳴也
瞑目又作眠同莫田反說文瞑目翕
也眠寐也卧也
敦肅古文悖同都乇反說文惇厚也
下思六反肅㦡也嚴也謂嚴整之
皃也亦戒也自警戒也
鄙俚補美反下又作野同力子反鄙
陋也說文五鄼為鄙鄙野也蒼頡
篇國之下邑曰野漢書質而不野
如淳曰雖質猶不如閭里之鄙言
也鄼音祖旦反百家也
應獷古猛反獷强也字從犬

過隙丘逆反說文壁際孔也字從白
上下小
謇澀古文作譾謇二形今作蹇同飢
偃反方言謇吃也楚人語也謇難
也下所立反說文澀不滑也字從
兩止四止止則不通字意也
竦肩古文竦㑚二形今作聳同須奉
所項二反廣雅竦上也跳也
酷怒古文嚳焅俈三形今作酷同口木
反說文酷㥨也甚也亦暴虐也
第十二卷
達羅弭弥介反呪名也此無正翻但
在本耳
傳述屠聿反述謂訓其義也亦疋述
借也
没力伽羅子亦言勿伽羅勿伽此云
胡豆即是綠色豆也羅此云取依
此聞語應言取綠豆此是其姓上
古仙人名勿伽羅不食一切物唯
食胡豆故名取胡豆是此仙人種
故以為姓也舊言目揵連訛略也
鄔波第鑠烏古反下尸藥反舊言優
波提舍此云論義也

深邃古文㒞同私醉反說文邃深遠也
第十三卷
精懇古文作詪同口很反通俗文至
誠曰懇懇亦堅忍也
鄔波娑娑亦言優波娑娑此云近住
謂受八戒者近阿羅漢等善人而
住也
杜多亦言擮吼多此云洮汰亦言修
治又云斗藪或言揺捩亦曰棄除
一義耳皆謂去其衣服飲食住處
三種欲貪也舊言頭陁者訛也經
中亦作十二擸行擮音徒斗反汰
音大
第十四卷
毗瑟笯天奴故反亦言毗捜紐天此
當幻惑義此天有大威德乘金翅
鳥行行時有輪以為前導欲破即
破无有能當也
西你迦女履反此云有軍外道名也舊
云先尼訛也
髙荅摩此有三義一云曰種二言牛
糞種三泥土種以瞿名目九義故
也舊言瞿曇因緣具如經說

踐蹋渠負反下渠玉反埤蒼踐蹋不伸也說文作趯謂行趯趗也亦踐亦曲也趗音錄

嬈乱乃了反惱也說文嬈擾戲也三蒼嬈郭璞曰嬈弄也廣雅撩挑撩嬈也

里閈力擬反下胡旦反五鄰為里謂二十五家也里居也方居一里之中也閈門也謂巷門也

乾曝古寒反下又作吸同袪及反通俗文欲燥曰曝

第十七卷

邪佚古文泆同与一反蒼頡篇佚惕也佚樂也惕音蕩

窣羅酒此云米酒米糁耶酒謂根莖花果等雜酒末随酒謂蒲桃酒

第十九卷

代勒迦梨此云闘力

如鶂烏鸊反鶂雀也亦名鶺鴒纂文云關中以鶂為鶂爛堆是也

埸壠治羊反方言埡堙封埸也下力悚反耕壠有界埒者也埡音遲埒音劣

第二十卷

艱難古閑反說文土難治也

剖析普厚反剖猶破也中分為剖下思狄反析分也

波羅闍巳迦此云他勝謂破戒煩惱為他勝於善法也舊云波羅夷義言无餘若犯此戒永棄清衆故曰无餘

對法論第一卷

爰發禹元反爰引也介疋爰曰於于皆語辞也韓詩爰發蹤之皃也

衆綜麁朔反下祖送反謂衆伍其文綜理其義也

有情梵言薩埵薩此云有埵此言情故云有情言衆生者案梵本僕呼膳那此云衆生語名别也故從本譯之

庾令尸預反庾猶臾也臾望得也

辯蘊於粉反梵言塞建陁此翻名蘊由積聚義說名為蘊字林蘊積也廣雅蘊聚也聚音才句反左傳蘊藻杜預曰蘊聚也蓄蔵諸色故言色蘊受想等四義亦如之舊經論中或言五衆又云五聚頗亦近是

仍未揔名舊翻陰者失之久矣

異熟一切不善善有漏法為因能感无記之果因果種別名異任運酬因名熟果異因熟故名異熟又因感果時勢力成熟異於前位名為異熟舊言果報

堅勁居盛反字林勁强也字從力

旃彈那徒旦反或作旃檀那此外國香木也有赤白紫等諸種

薩迦耶見梵言也迦耶此云身薩名不定或言虛偽或說无常或言為有斯由大小諸師見解不一既含多義所以仍置本名

祠祀似兹反下徐里反介疋祠祭天也祀祭地也

欻介吁勿反蒼頡篇欻猝起也欻亦忽也猝音倉没反

憤發扶粉反方言憤盈也謂憤怒氣盈滿也亦情感也

心戾力計反字林戾曲也乖也

心府趺宇反廣雅府聚也白虎通曰人有六府謂大腸小腸膀胱胃三焦膽也

墜若古文吞同力鎮反堅著多惜曰
吝方言荆汝江湘之間凡貪而不
施謂之吝
撟設居夭反撟謂假詐也撟誑也擅
稱上命曰撟非先王之法言曰撟
字從手今皆作矯非體也
恱豫異庶反介足恱豫喜樂也豫亦
安也
聡叡古文睿壡二形同以芮反廣雅
叡智也說文深明也字從目從谷
省從故奴取穿通義谷取響應不
應目取明識意字意也故音殘

第二卷

文身梵言䣃膳那此言顯了但以文
能顯義故以代之舊言味身或云
字身一也䣃音蒲眠反案說文昔
蒼頡造書依類象形故謂之文其
後形聲相益即謂之字字者孳乳
浸多也字生也
異生性梵言婆羅必栗託佗那婆羅
此云愚必栗託此言異佗那此名
生應作愚異生言愚癡闇冥无有
智慧但起我見不生无漏故也亦

言小兒別生以癡如小兒不同聖
生故論中作小兒凡夫是也又名
嬰愚凡夫亦云嬰兒凡夫凡夫者
義譯也廣雅云凡輕也謂輕微之
稱也舊經中或言毛道凡夫或云
毛頭凡夫案梵本毛名縛羅愚名
婆羅當由縛婆聲之相近致斯訛
譯人之失也佗音魚訖反縛音縛
佉反
哀壹鄔等烏可反烏古反此等諸字
要㨾助緣聲方圓滿无別目故摠
謂无義之文也
卵㲉又作㱿同口角反吴會閒音哭
卵外堅皮也尚在卵中謂之㲉
羯羅藍舊言歌羅邏此云和合又云
凝滑言父母不淨和合如蜜和酪
泯然成一於受生七日中凝滑如
酪上凝膏漸結有肥滑也
頞部陁亦言遏部曇或作頞浮陁皆
梵言輕重取此云皰結或言水泡
謂至第二七日於凝酪中生一皰
結猶如瘰粟置厚白飲中也
閉尸亦名卑尸此云肉團至第三七

曰結聚成團若男則上闊下狹若
女則上狹下闊雖成肉團猶烎未
堅也
財貨徂灾反所寶曰財金玉曰貨財
謂資生也亦財穀也
大材在哉反材用也亦質性也凡木
巳斬伐可施工匠者曰材
又荷古文柯同胡歌胡可二反說文
柯揭擔也

第五卷

等胤翼刃反胤繼也子孫相承繼也
摩納婆或云摩那婆此云年少淨行
亦云儒童或言人
贍部洲時焰反從樹為名舊言剡浮
或云閻浮皆一也
阿闍底迦此云无欲謂不樂欲涅槃
亦言一闡底柯此云多貪謂貪樂
生死不求出離故不信樂正法舊
言阿闡提譯云隨意作也
阿顛底迦此云畢竟謂畢竟无有善
心也

第六卷

東毗提訶或云弗婆提或言弗于逮

皆梵音訛轉也此云前在諸方之
前也
西瞿陁尼或云俱耶尼或作瞿伽尼
瞿此云牛陁尼此云取与以彼多
牛用牛市易如此間用錢帛等也
北俱盧洲或云欝單曰或言欝多羅
拘樓此云高上謂高上於餘方也
亦言勝洲
覩史多天亦言兜師多或云兜率陁
皆梵音訛轉也此云妙足天亦云
知足天也
樂變化天五孝反但此天雖有寶女
於變化者心多愛著於男亦尒故
以名焉舊言化樂天音洛失之久矣
蘇迷盧山或言須弥樓此云妙高山
亦云好光山舊言須弥者訛略也
曾級徂登反下居立反說文層重累
也級階次也
輪圍山梵言柘迦羅此云輪山舊云
鐵圍圍即輪義本无鐵名譯人義
立耳
晴明又作暒殅二形同自盈反聲類
雨止也

健達縛渠建反此云嗅香亦云食香
一云樂神經中作香音神是也舊
云乹闥婆訛也
中夭又作殀同於矯反釋名云少壯
而死曰夭廣雅夭折也如取物中
折也不盡天年曰夭意也
鍵南渠偃反亦云伽訶郍此云堅至
第四七日時肉團方堅實也
鉢羅奢佉亦云波羅捨佉此云枝枝
第五七日時止有形相若至第六
七日從五處更生耳鼻手足等故
有重枝名有風生眼耳等孔亦大
生苦也
第七卷
憒丙公内反下女孝反說文憒乱也
韻集丙猥也
三摩呬多虛利反此云等引謂勝定
地離沉掉等平等能引也或引平
等謂引謂諸功德或平等引謂定
前加行故名能引也
恰悅巽而反尒疋恰懌悅樂也
中庸以鍾反廣雅庸和也小尒疋庸
善也謂和善人也

馱索迦徒餓反此譯云奴
鹵土力古反謂确薄之地力天生曰
鹵人生曰鹽
熏坌蒲頓反通俗文悖土曰坌說文
坌塵也
德失多勤反德謂福德之德也失謂
過失之失也義非獲得之得故此
字也
稼穡加暇反下所力反字林種曰稼
収曰穡說文禾之秀實爲稼一云
在野曰稼
磽确口交反下苦角反通俗文堅鞕
之磽确謂瘠薄地也瘠音自亦反
第八卷
勤策男初革反策駈也勤勞也梵言
室羅末拏伊落迦此云勞之小者
也亦言息慈謂息悪行慈義譯也
舊言沙弥者訛略也
鄔波索迦烏古反亦云優婆娑柯受
三歸住五戒者優婆此云受娑柯
此云男一云近事或言近宿謂近
事三寶而止宿也又云善宿亦言
清信皆義譯也舊言優婆塞訛也

鄔波斯迦亦言優婆私呵優婆此云受和呵此云女餘義同前舊言優婆夷訛也

扇掎半擇迦掎音勑佳反舊經論中或作般吒或作般荼迦皆梵音輕重耳此云黄門其類有五一半擇迦捴名也有男根用而不生子二伊利沙半擇迦伊利沙此云妬謂見他行欲即發不見即无亦具男根而不生子三扇掎半擇迦謂本来男根不滿亦不能生子四博叉半擇迦謂半月能男半月不能男也五留拏半擇迦留拏此云割謂被刑者也

罝菟姊邪反菟絅曰罝釋名云罝遮也遮取菟也兎同

毆擊烏厚反說文毆捶擊也字從殳

唱令家鷄讓反謂作音樂戲人也又云尋香人也是等家无產業唯乞自活若見有飲食處即往至彼爲設倡伎求財食也

旃荼羅直加反此云執暴悪人亦言悪煞謂屠煞者種類之捴名也其

人若行則摇鈴自摽或杖破頭之竹若不然王則与罪舊言旃陁羅訛也

䫿耻鄒居謁反此謂黄狗人也

踜蔑力承反下莫結反踜相侵犯也蔑相輕傷也

銛利息廉反廣雅銛䥥利也謂刀鋭曰銛也

末尼泄鉾反言摩尼此云寶珠謂珠之捴名也

茗然徒彫反茗遰遠也遰音徒計反

洲渚脂由反下脂与反尒雅水中可居曰洲小洲曰渚

第十卷

踧踖子六反下子亦反廣雅踧踖畏敬也字林踧踖不進也

第十一卷

諷誦不鳳反諷謂詠讀也誦謂背文也周礼注倍文曰誦以聲節之曰諷倍音佩

綴緝張衛反下七立反綴連也緝續也說文綴合令著也

洛叉亦言洛沙此當十万一百洛沙

爲一俱胝也

薩伐若此云一切智舊言薩婆若訛也

第十二卷

殑伽沙渠興反河名也從无熱惱池東面象口流出入東海也其沙至細与水同流以手掬水沙滿手中急把於沙還隨水出經中多以喻也舊言恒河者訛也

毛麾許皮反舉手曰麾謂手指也

譏弄居衣反廣雅譏刺也說文譏誹也

毀呰子尒反口毀曰呰說文呰呵也

第十三卷

所孕翼證反含實曰孕孕任子也孕娠也娠音身

婆羅痆女黠反國名也舊言波羅柰譯云江遶城言此國滌青黄等色名和合色也烏莫迦花等色名俱生色也烏沙斯星此云太白星取其白色也

第十六卷

英俊猗京反下又作㑺同資閏反准南子云智出万人曰英千人曰俊俊謂絶異於人也

闌鐸迦徒洛反人名也此云樂欲
踝急租到反論語云言未及之而言
謂之躁躁擾不安靜也亦躁動也
闌陁論六論中第五名闌陁論釋作
首盧伽伽法謂佛弟子五通仙人
等說偈名首盧伽也

攝大乘論第一卷　无性菩薩釋

幖幟比遥反下尺志反舊音識与知
識同幖頭上幟也所以相別也通
俗文徽号曰幖私記曰幟徽音吁
歸反謂以絳帛等書著背上曰徽
廣雅幖幟幡也墨子云長丈五廣
半幅曰幟字皆從巾
業具軍八轉聲中業聲第二具聲
第三夫言論之道能有立破義同
軍故故立軍名第二轉聲詮所作
業第三轉聲詮能作具軍詮業具
名業具軍八轉聲者一體二業三
具四爲五從六屬七依八呼此如
聲明具釋七轉常用呼聲用稀也
能詮七泉反謂顯了義說文詮具也
業具說事理曰詮淮南子云詮言
者謂辟類人事相解喻也

天魔梵言魔羅此譯云障能為修道
作障㝵也亦名煞者論中釋斷慧
命故名魔常行放逸而自害身故
名魔魔是位處即第六天主也名曰
波旬此云惡愛即釋迦佛出世魔
王名也諸佛出世魔各不同如迦
葉佛時魔名頭師此云惡瞋等也
能闡昌善反廣雅闡開發也闡明也
覺寤居効反覺亦寤也蒼頡篇覺而
有言曰寤眠後覺寤也
首楞伽摩此云健行定亦言健相舊
云首楞嚴也
曾茶宅加反字緣也能顯所作義有
曾茶處必是所義非一切有𡊮多
置名
經部佛去世後四百年中從說一切
有分出此部唯立一藏言唯有一
經藏也所以作此名者云經是根
本律及阿毗曇還解經義既不出
經外故唯立一經藏也
采畫七在反下胡卦反五色所成曰
采圖其形象曰畫
罣礙字略作罫同胡卦反絅礙也

吠世師扶廢反亦云衛世師或言鞞
世師皆訛也此云勝異過餘論故
名勝能礙餘論令壞故名異其論
以六句義為宗或言六諦
師資師徒也資用也又取也善人不
善人之師不善人善人之資資如
資財也
伽他此方當頌或云攝言諸聖人所
作莫問重頌字之多少四句為頌
者皆名伽也業西國數經之法皆
以三十二字為一伽他或言伽陁
訛也舊云偈者亦伽他之訛也
鄔落迦亦言鄔羅柯亦云泥囉夜舊
言泥梨耶斯梵言梵夏耳此譯有
四義一不可樂二不可救濟三闇
冥四地獄經中言地獄者一義也
所以仍置本名或言非行謂非法
行處
阿笈摩渠業反亦言阿伽摩此云教
法或言傳謂展轉傳來以法相教
授也舊言阿含訛略也
市䕨值連反梵言阿縛遮羅此云市
䕨禮記市䕨不征鄭玄曰䕨謂市

物邪含也今市中行肆是也舊云欲行非也業梵本僧塞迦羅此云
行名不當本故立為壂
有癇核閒反聲類云小兒癲也
第二卷
化地部第三百年中從一切有部出
也梵言磨醯奢娑迦亦名弥喜捨
娑柯此云化地亦云教地或言正
地人名也但此羅漢在俗為王國
師匡化土境故名化地今入佛法
佛法如地又匡化之故以名也舊
名弥沙塞者訛也
樹增時注反廣雅樹殖建立也九置
立皆曰樹樹亦種也
照矚之欲反矚亦明也
貫徹古玩反貫達也徹通也蒼頡篇
貫穿也以繩穿物曰貫
羂索又作罥同古泫反聲類罥係取
也以繩取狩曰罥
未嘗視羊反未嘗未曾也廣雅嘗暫
也試也
率尒踈律反尒定率脩自也謂先以
巳意而言也論語子路率尒而對

何晏曰先三人而對是也
巨勝其呂反巨大也本草云胡麻粒
大黒者為巨勝
衆纈賢結反業纈以絲縛繒染之解
絲成文曰纈今謂西國有淡澀汁
點之成纈如此方蠟點纈也
訖擣緣都杲反此云已竟義如言澡
浴已飯食度山已度河也
和糅古文飼粈二形同女救反廣雅
糅雜也今謂異色物相集曰糅
彎弓烏環反開弓也小尒疋彎控引
挽也
花鬘梵言摩羅此譯云鬘音蠻案西
國結鬘師多用蘇摩那華行列結
之元問男女貴賤皆此莊嚴以為
飾好也
稊稗徒梨反下蒲懈反稊似稗布地
穢草也稗草之似穀者也
末郁摩鉢反此云意也
是渾胡昆胡衮二反渾濁也說文渾
乱也
是鮮私延反廣雅鮮好也善也
第三卷

焚燒扶雲反焚亦燒也字從火燒林
意也
愆犯又作愆僁二形同去連反說文
僁過也亦失也罪也犯侵也
囹圄力丁反下魚呂反獄名也周礼
三王始有獄廣雅云夏曰夏臺殷
曰羑里周曰囹圄皆獄之別名也
釋名云囹領也圄禦也領錄囚徒
禁禦之也羑音酉
穢磧且歷反積石為磧說文水渚有
石曰磧廣雅磧瀨也
第四卷
瞖眩於計反韻集云目障病也下侯
遍反字林眩乱也
憺怕徒監反下普白反廣雅憺怕
寂漠也亦恬靜也言寂寥无人也
身寐亡庇反寐謂眠熟也國語公寢
而不寐是也寢卧也
憹戾禄公禄孔二反謂很戾對強也
湍洄土桓反下音迴激水為湍水轉
為洄激急也說文湍疾瀨也淺水
流沙上也
刀仗治亮反人所執持為仗仗亦弓

稍桁棒之捴名也

倡豔 齒揚反下又作艷同餘贍反倡樂也豔美也美色為豔也

者者 諸野反說文者制事之辭也亦明下句出也緣本釋之故重言者

如如 歷法非一故曰如如下如是如是者指前也

尋伺 胥吏反梵言毗怛迦此云尋毗遮羅此云伺尋謂尋求伺謂伺察或思或慧於境推求麁位名尋即此二種於境審察細位名伺故言尋伺舊名覺觀者案梵本菩提名覺毗鉢舍那名觀譯人不尋本語致斯乖失也

鐇曲 蒲寒反廣雅鐇曲也亦迴也委也

邪子洲 又作揶同以遮反師子國南浮海數千里洲人皁小長餘三尺人身鳥喙唯食椰子既无穀稼所以不識於牛也

迦比羅 此云赤色謂赤色仙人也造僧佉論說二十五諦義者也

騷揭多 渠謁反是脩伽陁弟子名也脩伽陁者即佛十号中善逝是也

擾動 而紹反說文擾煩也廣雅擾乱也

第五卷

尼揵荼書 此集異名書也如一物有多名等

御衆 魚據反駕御也廣雅御使也馹之內善也謂指麾使馬也

不逮 徒戴反尒疋逮及也方俗言耳

劬勞 寠俱反韓詩劬數也詩傳曰劬勞病也數音所角反

阿練若 阿此云无練若有兩義一曰聲謂无人聲及无鼓譟等聲二曰斫謂无斫伐等諠丙雖言去聚落一俱盧舍為阿練若處亦須離斫伐處也譟音桒到反

俱盧舍 謂大牛鳴音也其音聞於五里舊云一俱盧舍此云五百弓也

第六卷

羅怙羅 亦云羅𠰒羅舊言羅睺羅此云障月以羅怙阿脩羅以手障月時生因以為名七年在母胎中一由往業二由現在故也

誅國 丁于反罸罪也廣雅誅煞也說文誅罰也亦責也

郁庾多 翼主反舊言郁由他此數當千億也

蠲除 古玄反方言南楚疾愈謂之蠲蠲亦除也

榛梗 仕巾反下加杏反廣雅木叢生曰榛字林山榆一名梗有刺莢可以為蕪荑者也梗强也

阿揭陁藥 亦言阿竭陁或云阿伽陁梵言訛轉也此云丸藥

怯憚 又作㥘同袪業反怯多畏也下徒旦反憚驚難也

第七卷

潰散 古文殨同胡對反蒼頡篇潰旁決也說文潰漏也

怨讎 視由反三蒼怨偶曰讎讎對也尒疋讎疋也

嗢拕南 烏骨反下徒我反此云攝散亦言攝施又言集捴散舊言欝陁郁訛也

遊玩 五喚反字林玩弄也廣雅玩好也

瞿沙經 瞿沙此云妙音人名也從人名經也

第八卷

聰敏眉殞反聰聽微也先知也敏明
達也𢘆疾也
第九卷
即士釋亦言依士士謂主也立名從
主故言依士如言眼識等也
持業釋業謂用也立名所名別義釋
業於一體上具立二名即明其體
能持二業如言眼即是界等也
屬耳之欲反國語恐國人屬耳目於
我韋昭曰屬注也漢書音義曰屬
近也詩云耳屬于垣是也
保任補道反說文保當也任保也言
可保信也
母邑梵言摩怛理此云母伽羅摩此
云村今以邑代村故云母邑謂母
人之流類故以名焉
郁伽有三義一云龍二云象三云不
来孔雀經名佛為郁伽由佛不更
来生死故也
棓刺拏補厚反下羅割反外道六師
中一人名也舊言富蘭郁迦葉是
第十卷
姓富蘭郁是字即空見外道也

愚戇都絳反三蒼愚無所知也亦鈍也
廣雅戇頑嚚也說文愚癡也戇愚也
頑嚚五鰥反下魚巾反廣雅頑嚚愚
也頑鈍也蒼頡篇嚚惡也左傳心
不則德義之經曰頑口不道忠信
之言曰嚚是也
毗盧宅迦王舊言毗流離王一也
琉璃吠琉璃也亦云毗琉璃又言鞞
頭梨從山為名謂遠山寶遠山即
須弥山也此寶青色一切寶皆不
可壞亦非煙焰所能鎔鑄唯鬼神
有通力者能破之為物或云是金
翅鳥卵㲉此寶鬼神破之以貴与
人也
牟娑洛寶亦名摩娑羅是紺色寶也
遏濕摩揭婆亦名阿輸摩竭婆是赤色
寶也
帝青梵言因陁羅尼羅目多是帝釋
寶亦作青色以其最勝故稱帝釋
青或解言帝釋所居處波利質多
羅樹下地是此寶故名帝釋青目
多此云珠以此寶為珠也
大青梵言摩訶泥羅此云大青亦是

帝釋所用寶也
鵄鵶怛諾迦寶餘第七云盧呬胚柯
目多呬音許伊反不同也
拯拔蒸上聲說文拯上舉也謂救助也
阿僧伽阿此云无僧伽此云著短聲
呼之若長聲呼之即云衆舊云僧
佉訛也
廣百論第一卷
循法似遵反尒足循目也循行也亦
遍也巡歷也
詎有渠據反詎何也未也謂未知辝也
薩埵剌闍苔摩剌音勒達反苔摩此
云闇餘含多義不可的翻舊言憂
喜闇又云染麁黑異名也
躁擎居影反擎戒慎也廣雅擎不安也
駭浪胡駭反三蒼駭驚也廣雅駭起也
奔濤徒刀反蒼頡篇濤大波也
溉麁古責反說文溉灌也
鎔銅以終反江南行此音謂鎔鑄銷
洋也
第二卷
波羅奢樹此云赤花樹樹汁滓極赤
用之為染今紫礦是也

記論外道即毗伽羅論是也
衆嚚都故反字林木中虫也穿食人
器物者也如白魚等
第三卷
時痕胡根反通俗文瘡瘢曰痕痕傷
跡也
主宰祖殆反礼記宰夫為獻主鄭玄
曰宰夫主膳食之官也
多羅果其樹形似椶櫚直而高聳大
者數圍花白而大若捧兩手果熟
即赤狀若石榴生經百年方有花
果舊言貝多訛也
苟避公厚反廣雅苟且也亦誠也
依隄丁奚反又音啼說文隄隮也防
也積土防水曰隄隄土橋也字從𠂤
所蚩昌夷反蒼頡篇蚩輕侮也蚩笑也
眯覆亡礼反草入目曰眯也今言眯
目是也
騰熖徒登反騰謂跳躍而上也騰馳也
第四卷
怛榮迦都達反龍王名也昔有仙人
曾呪此龍令其入火龍王憂怖遂
投帝釋繞座而住仙人知已更以

呪之帝釋與龍一時俱墮帝釋求
哀得免所患龍遂死焉
甘饌仕眷反說文甘美也饌具飲食也
第五卷
編石卑綿反編次石也字林編織也
以繩次物曰編
末達郍果或云摩陁郍又言摩陁羅
此云醉果甚堪服食能令人醉故
以名焉
鵝羅郍西國豆之老別也服食甚不
益人也
第六卷
羇緾居猗反革絡馬頭曰羇羇撿也
持制之也
耽媔都含反下亡善反說文媔樂也
嗜也媔躭於酒也
猲蹶齒楊反下居月反謂變易情性
也猲狂也
胡等又作頡咽二形同戶孤反說文
胡牛頷垂下者也
撓攪呼高反下古卯反說文撓擾也
擾乱也
傎蹶又作蹎同丁賢反下居月反蹎

蹶猶頓仆反倒也
貪齩五狡反中國音也又下狡反江
南音也說文齩齧也
圂猪胡困反廣雅圂圊廁也或作
溷乱也
膏腴公勞反下庾俱反肥壤也膏脂
也腴腹下肥也
第七卷
薩羅羅薩羅此言地羅薩此云味言
此字聲假而非實也
挫汝祖卧反折其鋒曰挫說文挫摧
也亦抑也折也
磁石祖兹反埤蒼磁石也謂召鐵者也
瞽目公戶反三蒼无目謂之瞽釋名
云瞽目者眠眠然目平合如鼓皮也
鵂鶹子許牛反下力周反字書鵂鶹
鉤鵅也廣雅鵂鶹鵋䳢也山東名
訓侯關中名訓狐亦名恠鳥晝伏
夜鳴為恠也梵言優樓歌是造鞞
世師論師說六諦義者也此仙人
晝日恒住山中夜則出山扣人門
乞食若得則食不得則空度由其
夜行故稱鵂鶹又此鳥多住山巖

中𡶶仙人亦尒故以名焉

寔繁時軄反下扶園反說文寔止也亦實也詩云寔命不同傳曰寔是也又云六月繁霜傳曰繁多也礼記孔子辝讓之節繁鄭玄曰繁感也

褭掾奴鳥反下乃可反褭掾柔弱也亦茂盛也

𢫫抃皮變反說文拊手曰抃謂拊樂節也

嬉戲虛之反嬉樂也蒼頡篇嬉戲笑也

彗星囚芮蘇醉二反妖星也言星光似掃彗也

第八卷

滌除徒的反說文滌洒也謂盪洒除去垢穢也

詼通古来反詼俳也方言詼戲也亦啁也

立屎又作泥同奴予反字林屎小便也通俗文出脬為屎醫方多作溺古字假借耳

如矟山卓反埤蒼矟長一丈八尺也

𦍝語牛世反通俗文夢語謂之𦍝聲類不覺妄言也

朧縛郎盍反舊經中作羅婆六十怛刹那為一羅婆

雙泯弥忍反字林泯然盡也廣雅泯絕滅也

汝曹自勞反曹輩也亦群也

糺紛居黝反下孚云反廣雅糺急也說文繩三合曰糺糺絞戾也紛乱也衆也

第九卷

根系奚計反尒疋系繼也說文系繫也世本有帝系篇謂子孫相繼續也

咀嚼才与反下才弱反咀含味也咀噍也嚼齧也

嬰孩於盈反下胡来反釋名云胷前曰嬰投之嬰前以乳養之故曰嬰兒孩小兒笑也

第十卷

服膺扶福反下於兢反尒疋服業事也膺身親也謂親承服事習道藝也又云悅懌服也郭璞曰喜而服從也有作伏兩通

曼辯力句反曼數也辯正也

非考苦老反謂質覈之也考問也挍也

自呈馳京反桀呈猶見示也說文呈平也

措言鹿故反蒼頡篇措置也又安也施也

沃以烏穀反通俗文溉灌曰沃沃亦澆也漬也

殉命辝俊反漢書音瓚曰亡身從物曰殉殉亦盡也

佛地經論第一卷

刧比拏王女家反南憍薩羅國王名也因緣廣如經說

封主府用府逄二反字林封爵諸侯也聲類建國以土地曰封周礼建邦國而制其城諸公之地封畺方五百里諸侯之地方四百里等也起土為界曰封

第三卷

如鉆奇廉反通俗文鍛具曰鉆蒼頡篇鉆持也

補特伽羅此云數取趣謂數數往来諸趣也

第六卷

殉利辝俊反蒼頡篇云殉求也漢書

貪夫殉財應邵曰殉營也
勇悍何旦反說文悍勇也有力也三
蒼悍桀也
如毗濕飯怛羅都達反即蘇達拏本
生因緣也
第七卷
踰繕那市戰反亦言踰闍那此云合
也應也計應合尒許度量同此方
驛也自古聖王一日行也案西國
繕那亦有大小或三十里或四十
里昔來皆取四十里也舊經論中
或云由延又作由旬或言俞旬皆
訛略也
底沙佛舊經中作弗沙佛同一也
蘇達那等亦作蘇陁沙拏此云善与
亦言好施舊云須達拏訛也
掌珎論上卷
樊籠扶袁反案樊即籠也莊子擇雉
不祈畜於樊中是也
安膳那藥舊作安禪那此云眼藥
牧牛莫禄亡福二反三蒼牧養也方
言牧飤也畜養之揔名也
誣罔武于反說文加言曰誣誣亦罔

也妄也欺也以是為非曰罔
餌能如志反蒼頡篇餌食也案凡所
食之物曰餌
下卷
嗢鉢烏没反或言優鉢羅又作漚鉢
羅一也此云黛花
銅鍱部餘涉反上座部也鍱赤銅鍱
書字記文今猶在師子國也
犢子部梵言䟦私弗多羅此云可住
子部舊言犢子者猶不了梵音長
短故也長音呼䟦私則是可住若
短音呼則言犢從上座部中一切
有部出也
王法正理論
錫賚星的反賜与也尒疋錫賚賜也
謂上与下之辝也
懊恚於報反懊恚悔恨也
罄竭古文窒同口定反說文器中空
也尒疋罄盡也
英傑於京反下竒列反淮南子云智
出万人為英千人為傑傑亦特立
也才能也
大乘成業論

食米齊宗舊云食屑此外道修行苦
行合手大指及第二指以物縛之
往至人家舂穀簸米處以彼縛指
拾取米屑聚置掌中隨得少多去
以為食若全粒者即不取之恐多
所取故縛兩指耳亦名鵂鶹行外
道拾米如鵂鶹行也
凸出蒼頡篇作突徒結反字苑凸起
也突突也
𢴤凹烏交反偏下也下蒼頡篇作容
烏㹅反容墊下也字苑凹陷也
紫礦古猛反波羅奢樹汁滓也其色
甚赤用染皮氎等也
拘橼花俱禹反下以專反廣志云似
橘大如飯篋可以浣濯漚葛紵也
今出番禺以南縷切蜜漬為糁糁
音蘇感反
瓠生女良反如瓜瓠中瓤瓣也瓣音
蒲莧反
俱瑟祉羅經勑里反舊言俱絺羅譯
云膝也言膝骨大也此即舍利弗
舅長爪梵志是也
擇軌論居美反軌法也世親菩薩作

釋經軌法也

佛栗氏子此西國地名此人因地為名也

正理門論

懷菀彼土名月為菀故以喻焉月中菀者佛昔作菀王為一仙人投身入火以肉施彼天帝取其骸骨置於月中使得清涼又令地上衆生見而發意故也

躊躇腸留反下腸誅反廣雅躊躇猶豫也亦躑躅也

大乘五蘊論

尤蛆有憂反下知列反尤亦怨也蛆痛也虫行毒也

倨傲居預反下五到反說文倨不遜也傲不恭敬也廣雅倨傲傷慢也

蒙昧字體作矇同莫公反下莫對反易云蒙者懞也謂懞覆不明也廣雅昧者闇也謂暗蔽無知也易云蒙昧幼老謂不我求是也

一切經音義卷第二十三

一切經音義卷第二十三

校勘記

一　底本，金藏廣勝寺本。一〇二頁上至一〇五頁上原版殘，以麗藏本換。

一　九三頁下六行「車前也」，麗作「輣車前也」。

一　九四頁中八行首字「罪」，麗作「有罪」。

一　九四頁下二一行「致吉」，麗作「致告」。

一　九五頁中八行與九行之間，麗有「能祀徐理反尒疋祀祭也亦地祭也」一條。

一　九五頁中一二行第九字「生」，麗作「叢生」。

一　九五頁下末行第一一字「此」，麗作「此云」。

一　九六頁下二一行「髙荅摩」，麗作「高荅摩」。

一　九七頁中六行「義言」，麗作「此言」。

一　九七頁中一一行第一二字「伭」，麗作「位」。

一　九七頁中一九行首字「由」，麗作「有爲之法由」。

一　九八頁上一一行「故攷」，麗作「攷」。

一　九八頁上一二行首字「應」，麗作「窮」。又「意字」，麗作「音」。又第一〇字「故」，麗作「攷」。

一　九八頁中七行末字「訛」，麗作「謬」。

一　九八頁中一〇行「烏古反」，麗作「下烏古反」。

一　九八頁中二〇行第五字「取」，麗作「耳」。

一　九八頁下一行第五字「圍」，麗作「肉圍」。

一　九九頁中一九行第四字「謂」，麗無。

一　九九頁中二二行首字至末行末字「中……也」，麗無。

一　九九頁下二行第一一字「力」，麗作「也」。

一　九九頁下六行「多勤反」，麗作「多勒反」。

一　九九頁下一三行首字「之」，麗作「謂之」。

一　一〇〇頁上二行「和呵」，麗作「私呵」。

一　一〇〇頁上一四行第二字「刑」，麗作「刑」。

一　一〇〇頁上二一行與二二行之間，麗有「中庸以鍾反廣雅庸和也小介疋庸善也謂和善人也」一條。

一　一〇〇頁中一行「或枝」，麗作「或杖」。

一　一〇〇頁中九行第六字「言」，麗作「亦言」。

一　一〇〇頁下九行首字「毛」，麗作「手」。

一　一〇一頁中末行「略作」，麗作「古作」。

一　一〇一頁下三行第四字「礙」，麗作「破」。

一　一〇一頁下一〇行「伽也」，麗作「伽他」。

一　一〇五頁下九行第四、五字「薩羅」，麗作「薩薩羅」。

一　一〇五頁下一九行首字「夜」，麗作「夜行」　又第一〇字「歌」，麗作「歌歌」。

一　一〇六頁上一六行「該盛也」，麗作「該咸也」。

一　一〇六頁下一八行第二字「鈷」，麗作「鈷」　第一二字同

一　一〇七頁上一三行「命句」，麗作「俞句」。

一　一〇七頁下一五行首字「橋」，麗作「楺」　又第九字「濯」，麗作「浸」

一　一〇七頁下一八行「女良反」，麗作「汝良反」

一切經音義卷第二十四　　　　轉

翻經沙門玄應撰　大唐新譯

阿毗達磨俱舍論第一卷
俱舍此翻云藏則倉庫蘥鞘之捴名
也舍含藏義一故以名焉蘥音公
弥反鞘音私妙反刀室也藏有多
名斯一稱也
諸冥丕覓經迷定二反蒼頡篇云諸非
一也聲類云諸詞之捴也小尔疋
云冥闇昧也說文冥幽也亦夜也
字從冂冂音古熒反從日從六日
數十十六日而月始虧冥字意也
淪沒力均反廣雅淪沉也沒溺也又
淪亦深也沒墜也
誡勗居薤反下虛玉反警勑曰誡自
勸曰勗又誡亦告慎也勗謂勉強
音巨兩反勗尚書勗哉夫子皆是也
迦多衍尼子以善反舊云迦旃延子
此從姓為名有言迦多衍那聲之
轉也
鄔拕南烏古反下徒我反此云自說
謂不待請問而自說也舊云優他

那即无問自說經是也
毗婆沙或言鼻婆沙隨相論作毗頗
沙此譯云廣解或言廣說亦云種
種說或言分說同一義也
等謝似夜反廣雅謝往也去也
所吞他痕他賢二反吞謂不嚼也廣
雅吞滅也說文吞咽也
有諍又作爭同側迸側耕二反蒼頡
篇諍訟也亦引也說文諍彼此競
引物也
氣騰徒登反廣雅騰昇上也亦奔馳也
竅隙口吊反下又作隙同丘逆反廣
雅竅孔也隙裂也說文竅空也隙
壁除孔也字從𨸏從白上下小也
阿伽伽此云母阿有二義或云无或
言極猶含兩釋故立本名
第二卷
畢舍遮舊經中名毗舍闍亦言辟舍
柘鬼名也餓鬼中勝者也
室獸摩羅形如象也舊經律中或作
失奴摩羅或作失守摩羅梵音轉
耳譯云煞子魚也善見律云鰐魚
也長二丈餘有四足似鼉齒至利

有禽處入水齧腰即斷廣州土地
有之
蝙蝠方眠反下方目反崔豹古今注
云蝙蝠一名仙鼠一名飛鼠五百
歲色白腦重集物則頭垂故謂倒
挂蝙蝠食之神仙也
鵂鶹許牛反下力周反尒疋鵅忌欺
郭璞曰今江東呼鵂鶹鉤鵅鵅音
格廣雅鵂鶹鵋鵙也鵋音邀講反
亦云怪鳥晝盲夜視鳴為怪也關
西名訓侯山東名訓狐纂文云夜
則拾人爪也
野干梵言悉伽羅形色青黄如狗群
行夜鳴聲如狼也字又作射干柔
子虛賦云騰遠射干司馬彪郭璞
等注並云射干似狐而小能緣木
射音夜廣誌云巢於危巖高木也
禪經云見一野狐又見野干是也
豺狼仕皆反蒼頡訓詁云豺似狗白
色有爪牙迅捷善搏噬尒疋豺狗
足也噬時制反
猫貍又作貓同亡朝亡包二反下力其
反猫捕鼠者也廣雅貍猫也又野

曰貍
鳩摩邏多此云童首謂諸童子中為
上首也
胞胎補茅反說文胞兒生裹也
洟唾古文鮷同他計反三蒼洟鼻液
也周易齊咨涕洟自目曰涕自鼻
曰洟
防援禹眷反謂守護視衛之言也援
亦取也字從手
頗胝迦陟尸反亦言娑破致迦西國
寶名也舊云頗梨者訛略也此云
水玉或言白珠大論云此寶出山
石窟中過千年氷化為頗梨珠此
或有也但西國極饒此物彼乃无
氷以何為化但石之類耳
摣掣又作担同側加反下又作挈同
充世反釋名摣叉也謂五指俱往
叉取也掣制也制頓之使順巳也
掣亦牽也
礠石徂慈反埤蒼礠石也謂吸鐵石也
拊手芳主反拊猶拍也廣疋拊擊也
柔拊亦撫也
相糅古文粈㺯二形同女救反廣疋

糅雜也今以異色物共相参曰糅
謂向許亮反三蒼向北出牖也向亦
窓也
𤓯荽又作葰字苑作䕭同私隹反韻
略云胡荽香菜也慱物志云張騫
使西域得胡䕭是也今江南謂胡
䕭亦為葫䕭音胡祈近後䕭亦為
香荽
樺皮胡霸反木名也皮可以飾弓者也
冠花驍古玩反冠猶著也下梵言摩
羅此譯云驍音莫班反案西國結鬘
師多用蘇摩那花行列結之以為
條貫无問男女貴賤皆此莊嚴或
首或身以為飾好則諸經中有花
驍是天驍寶驍等同其事也字從
髟音所銜反㝸聲㝸音弥然反
鼓鞞蒲朗反埤蒼鼓枧也字書鼓材
也今江南名鼓匡為鞞枧音五𡨦反
揹韜今作揹同徒荅反說文揹揹韋
揹也今之射韜也
捺落迦奴葛反受苦處也或言那落
迦受罪人也此云不可樂亦云非
行謂非法行處也或在山間或大

海邊非止地下言地獄者一義翻也
第三卷
扇搋半擇迦勑佳反舊經論中或言般吒或云般荼迦皆方夏輕重也半擇迦此云黄門捴名也其類有五今此第三扇搋半擇迦者謂本来男根不滿亦不能生子也
眼瞼居儼反字略云謂目外皮也
第四卷
警覺古文儆憼二形同居影反警戒慎也勑解之也亦起也廣疋警警不安也
印可伊振反印信也文記施行所在信明也字從爪卩音節
勇悍揄腫反下胡旦反勇謂雄武果决也謚法曰知死不避曰勇懸命為仁曰勇說文悍勇也三蒼悍傑也謂傑智出千人也
不閑字體作憪同核艱反閑謂習解之稱也慣習工善曰閑
意旨脂以反說文作恉恉意也志也
未嘗視羊反廣疋嘗試也暫也先也未嘗亦未曾也

謟誑丑冉反希其意道其言謂之謟謂傾身以有下也謟亦佞也誑惑也欺也
矯亂居夭反謂假詐誑惑也說文橋擅也擅稱上命曰橋字體從手今皆作矯
烈日離折反廣疋烈盛也說文烈火猛也
舉恃古文恃同時止反恃賴也韓詩無母何恃恃負也
淩蔑力昇反下又作懱同莫結反蒼頡篇淩侵犯也說文懱相輕傷也
傲逸五到反廣疋傲愓也不敬也輕傷於人也逸放縱也
焚燒古文炎燌二形同扶雲反說文焚燒田也字從火燒林意也
唐捐以專反唐徒也徒空也說文捐棄也
第五卷
半搽婆乃可反舊言波郁婆果形如冬瓜其味甚甘
俱盧洲此云上勝亦云勝生舊經中作欝單越或云欝怛羅越亦言欝

多羅拘樓亦直云拘樓皆梵音輕重也
色廛治連反梵言阿練遮羅此云市廛礼記市廛而不征鄭玄曰廛謂市物邸舍也廛居也方言東齊海岱之間謂居曰廛舊云欲行疑誤也案梵名行為僧塞迦羅也
軌範又作笵同音犯軌則也範法也謂可為法則亦教人法則也梵言阿遮利耶舊言阿闍梨訛也
僵仆居良反下古文踣同蒲北反仰謂之僵伏謂之仆言偃卧前覆也
憤恚扶粉反方言憤盈也說文憤滿也謂憤怒氣盈滿也
殞歿又作隕同為愍反聲類云殞沒也亦墜墜落也
達彌羅弥介反此云攝受法嗢怛羅烏沒反此云攝受勝殑者羅渠矜反此云攝受沙皆人名也
白鷺来故反白水鳥也頭翅背上皆有長翰毛江東取為睫攡曰白鷺
纕纕音蘇雷反
嗣前古文孠同辝利反尒疋嗣継也

續也相繼續也
犎胡妃音封下又作頡咽二形同户孤反脊上有肉鞍如駱駝者曰犎令有此牛形小髆上有犎是也說文胡牛頷垂下也釋名胡在咽下垂者也
仍未又作訒㭁二形同而陵反廣疋仍重也亦疋仍因也乃也
中名弥成反名慓識也亦所以召質也自命也左傳名以制義廣疋名成也字從口從夕夕則不相見須口以名之意字也
文字云云慈恣反案說文昔蒼頡造書依類象形故謂之文其後形聲相益即謂之字字生也孳乳浸多也
褒阿烏可反謂无義文字也
嗢遬烏没反字界也此言合集義界謂字母也

第六卷

羯刺藍盧葛反或作羯羅藍或云歌羅邏皆一也此云凝滑亦言和合謂父母不淨如蜜和酪泯然成一於受生初七日中凝謂如酪上凝膏

潤沃古文渎同烏木反沃猶溉灌也澆也漬也
蒳瞿陁舊言尼俱陁樹或作尼俱律或云尼俱類陁亦言尼拘屢陁又云尼拘盧陁皆一也舊譯云无節一云從廣樹也
中夭又作殀同於矯反說文夭屈也廣疋夭折也如物夭折中也從大象形不申也又不盡天年謂之夭字意也
鵶足啞加反言草如鵶足即以為名也
農夫古文農莀二形同奴冬反說文農耕也

第七卷

聳幹古文竦㩳二形同須奉所項二反廣雅聳上也下公旦反幹謂莖本也枝幹也
先坻除矯反賈逵注國語云坻見形也亦機坻也謂事先見者曰坻
占相之塩反方言占視也亦候也九相候謂之占占亦瞻也
咄哉都杌反字林咄相訶也字書咄叱也叱音齒逸反

第八卷

反質之逸反廣疋質問也亦定也
卵㲉又作㱿同口角反吴會間音哭卵外堅也尚在卵中謂之㲉
而欻吁物反蒼頡篇云欻猝起也亦忽也
身繞在突反繞僅也劣也不久也廣疋繞暫也三蒼繞微也
固唯古文作怘同古護反固必也小尒疋固久也固亦鼓也
如札莊黠反令江南謂斫削木片為柹關中謂之札或曰柹札柹音敷廢反
星迸古文跰或作𨅬同班諍反迸謂散走也
嗢柁南烏没反下徒我反嗢此言集柁南此云施謂集以施人也字從木
琰摩以冉反或作閻摩羅或言閻羅亦作閻摩羅社又言夜磨盧迦皆是梵音楚夏聲之訛轉也此譯云縛或言雙世竊謂苦樂並受故以名焉又云閻摩此云雙羅社此言王兄及妹皆作地獄王兄治男事

一切經音義卷第二十四　第十三張　對字号

妹治女事故曰婁王

第九卷

俱胝陟遲反或言俱致此當億謂千
万也或十万或万万為億或千万為億西
國俱胝或千万或十億或百億而
甚不同故存本名耳

訖栗抧居紙反即迦葉波佛父王之
名也

諷頌不鳳反下辞用反諷謂詠讀也
又以聲節之曰諷頌亦讃詠也

熊馬胡宮反說文熊如豕山居冬蟄
其掌似人掌名曰蹯音煩

羆驢彼宜反尒疋羆如熊黃白文郭
璞云似熊而長頭似馬有騺高脚
猛憨多力能拔木関西多猳羆憨
音呼監反猳音加

鸈吒私此爱之别名也

茅廬力居反寄止曰廬别舍也黃帝
為廬所以避寒暑也春秋去之冬
夏居之也

鍵南渠偃反舊云伽訶鄉此云堅厚
至第四七日肉團方堅厚也

閟瑟鄔眞反詩云我思不閟傳曰閟

一切經音義卷第二十四　第十五張　對字号

閇也亦不從也下又作澁同所立
反謂不滑也字四止四止即不通
字意

醫者於其反說文治病工也醫之性
得酒而使藥非酒不致故字從酉
殹病聲也殹於奚反或作毉醫
二形並俗字也

嬰兒於盈反三蒼女曰嬰男曰兒釋名
云人始生曰嬰兒胷前曰嬰投之
嬰前而乳養之故謂嬰兒也

睒末梨式冉反滑草也用之洗手甚
滑澤也

潰爛古文殨同胡對反蒼頡篇潰旁
决也說文潰漏

叵覩普我反三蒼云叵不可也反正
為之反可為叵皆字意也

為述辰聿反孔子曰述循也案述謂
訓其義理也尒疋述循也循行也

涕淚他礼反詩云涕泗滂沱傳曰自
目曰涕目出淚也廣疋涕泣淚也

離繫亦云不繫梵言尼乾亦言泥揵
連其外道拔髮露形無所貯畜以
手乞食隨得即噉者

一切經音義卷第二十四　第十四張　對字号

播輸鉢多補賀反作波輸此是塗灰
外道遍身塗灰髮即有剃不剃衣
纔蔽形但非赤色為異耳奉事魔
醯首羅天者也

般利伐羅夕迦亦言皾利婆羅闍迦
此云普行事鄉羅延天頂留少髮
除盡剃去內衣在體纔蔽形醜其
衣染以赤大之色也

第十卷

龍鎮知陣反又音珎說文鎮壓也亦
安也廣疋鎮重也

部多已生義含多解故仍置本名

飢饉古文作餀又作饑同几治反尒
疋穀不熟為飢蔬不熟為饉案九
草木可食者通名蔬菜

洋銅以章反謂煑之消爛洋洋然也
三蒼洋大水也字略作煬釋令也

瞻部時焰反從樹名也舊經中或言
剡浮或作閻浮皆訛也

燄石于廉反詩名赫赫炎炎傳曰炎
熱也

三灾籀文作災又栽扷二形同則才
反灾傷也案九害傷人者皆曰灾

又夭反時曰夾夾亦病也
沐浴亡卜反說文濯髮曰沐洒身曰浴也
埃塵烏来反蒼頡篇埃謂風揚塵也
性𪏆許驕反𪏆譊也謂讙譁不靜也
第十一卷
蹹繕都市戰反此云合也應也計應合尒許度量同此方驛也自古聖王一日行也案西國繕都亦有大小或三十里或四十里昔来皆取四十里為定舊經論中或作踰闍那或作由延亦作由旬或云俞旬皆訛略也
諾健那此謂露形有大力神名也
如第蒼頡篇作圖同市緣反圓倉也說文判竹圓以成穀者也江南行此音又上仙反中國行此者
摶擊徒桓反摶圓也厚也廣疋摶著也摶之令相著也
蘇迷盧此云妙高山亦言好光山舊言須弥或云須弥樓皆訛也
踰健達羅舊言由乹陁羅山此譯云持雙山言此山峯有二隴道因以名之
伊沙馱羅舊云伊沙陁羅此云自在持亦言持軸言此山多有諸峯形如車軸故以名之
朅地洛迦祛謁反此云擔山言此山寶樹形若擔山木遂以名之
蘇達梨舍那此云善見言此山端嚴𦇒麗見之稱生善則以名焉也
頞濕縛羯拏烏葛反此云馬耳言此山峯形似馬耳因則名之
毗那怛迦都達反此云障礙神有一鬼神人形鳥頭凡見他事皆為障礙此之山峯似彼神頭故以名也
尼民達羅舊言尼民陁羅此云地持山又魚名也言海中有魚名尼民達羅此山峯形似彼魚頭故以名之
吠瑠璃扶廢反舊云鞞稠利夜亦言鞞頭梨也或云毗瑠璃亦作鞞瑠璃皆梵音訛轉也從山為名鞞頭梨也山出此寶謂遠山寶遠山即是蘇迷盧山也此寶青色一切寶皆不可壞亦非煙焰所能鎔鑄唯鬼神有通力者能破之為物或云是金翅鳥卵殼即是此寶鬼神破之以賣與人也
舍擶洲勑佳反
犻拉婆洲俱禹反下盧沓反
羅刹娑或言阿落刹娑是惡鬼之通名也又云羅叉娑此云護者若女則名羅叉私舊云羅刹訛略也
從撗廣疋足容反小尒疋衰從長也韓詩傳曰南北曰從東西曰撗是也
殑伽河其昇反諸經論中或作恒河或作恒伽河亦云恒迦河或作强伽河皆訛也此河從无熱惱池東面金象口而出流入東海舊譯云天堂来以彼外書云本入魔醯首羅天頂從耳中出流在地上以此天化身在雪山頂故作是說見從高處而来故云天堂来也
信度河舊言辛頭河此云驗河從池南面銀牛口中流出還入南海也
徙多河斯介反或言私多或云悉陁亦言私陁皆梵音之差也此云冷河從无熱惱池西南瑠璃馬口而出流入西海即是此國大河之源

其派流之小河也
縛芻河舊言博叉或作薄叉亦云婆
叉河又言嚩叉河皆一也此云青
河從池北面頗梨師子口中流出
煻煨徒郎反下烏迴反通俗文熱灰
謂之煻煨
阿鼻旨諸以反或言阿毗至亦云阿
毗地獄或言阿鼻地獄一義也此
云无間无間有二一身无間二受
苦无間
娘矩吒女良反下俱禹反此云糞屎
虫有觜如針亦名針口虫穿骨食
髓者也
觜利子累反廣疋觜口也方言觜鳥
喙也
咂食古文㗱又作唼同子盍反通俗
文入口曰咂又虫食曰唼
銛利私廉反廣疋銛籤利也謂刀銳
曰銛也
探喙他含反說文手遠取曰探探摸也
鐵仗治亮反執持名仗謂兵器之揔
名也刀矟杵棒等是也
刀槍千羊反蒼頡解詁云木兩頭尖

銳曰槍說文槍岠也
禦捍古文敔同魚舉反小尔疋禦抗
也禦當也尔疋禦禁謂未有而豫
備之也字從示下又作扞同胡旦
反說文捍止也蔽也亦衛也
適彼三蒼古文作這同之赤尸亦二
反適近也始也又法也
尼剌洛割反此云裂言身皰裂也
頞哳吒烏曷反下陟黠反此從聲為
名也
臛臛婆呼各反此皆從受苦之聲為
名也
支派普懈反水分流曰派說文水之
邪流別也廣疋水自汾出名派也
俱盧舍諸經中或作句盧舍或作拘
樓賖亦作拘屢舍皆梵音輕重也
謂大牛鳴音聲聞五里又云五百
弓八俱盧為一踰繕那即四十里
古者聖王一日所行也
稼穡加暇反下所力反字林種曰稼
斂曰穡說文禾之秀實曰稼一曰
在野曰稼
層級字恒反下居及反說文層重屋

也亦累也級謂階次也
封邑甫逢反起土為界封爵也周礼
四井為邑方二里也凡邑有宗廟
先君之主曰都無曰邑
妬羅緜丁故反舊言兜羅緜也
角勝古文斛同古卓反角比量也禮
記習射御角力廣疋角量也角試
也說文角平斗斛也並單作角或
作捔此古文粗字音在古反捔略
芬馥敷雲反下扶福反方言芬和也
謂芬香和調也字林馥香氣也
擁遏烏割反蒼頡篇遏遮也尔疋遏
止也今謂逆相止為遏也
笑覲私妙反字林笑喜也字從竹從
犬聲竹為樂器君子樂然笑又作
咲俗字也
印度於振反下徒故反或言天竺或
云身毒或作賢豆皆訛也正言印
度印度名月月有千名斯一稱也
良以彼土聖賢相繼開悟群生如
月照臨因以名也一說云賢豆本
名因陁羅婆他那此云主處主謂
天帝也當以天帝所護故世久

号之
婆訶麻婆訶此言笼或云篙麻則胡
也笼音徒損反
佉梨此云一斛謂十斗也
洲渚之與反尒疋水中可居曰洲小
洲曰渚洲謂水中有平地可居者
也釋名云洲聚也人及鳥獸所聚
息處也
焚燎古文㸒同力照反燎謂放火也
火田為燎也說文燎燒田也
灰燼又作㶳同似進反說文火之餘
木曰燼小尒疋燼餘也
僧企祛鼓反此言无央數舊言阿僧
祇訛也
嗢蹭烏没反下七鄧反婆唱呼曷反
醯都盧奚反
栝筏乃蕉反
姹達莫古反
邏攙又鑒反
麟角理真反仁獸也尒疋麟麕身牛
尾一角不角者麒角頭有肉
目僚又作寮同力彫反尒疋官寮也
同官為僚也

高莕摩借音渠高反姓也高猶瞿之
轉也此有三義一云日種二云牛
糞種三泥種也舊云瞿曇略也
馞馥於勿反下扶福反尒疋馞氣也
馞然香氣盛出也
猖狂齒楊反謂變易情性也亦狂駭
也莊子猖狂妄行也
銓量又作硂同七泉反廣疋稱謂之
銓言知輕重也漢書應劭曰銓稱
衡也量斗斛也
貪遺渠愧反无財曰貧乏財曰遺遺
亦竭也
輟其丁劣反輟止也尒疋輟已也
訶梨怛雞舊言呵梨勒翻為天主持
來此果堪為藥分功用極多如此
土人參石斛等也
殷淨於斤反詩云殷其盈矣傳曰殷
衆也殷大也
霖淫力金反左傳雨自三日已上為
霖尒疋久雨謂之淫淫謂之霖
瞖目一計反韻集云目障病也說文
作翳目病生翳也
第十三卷

欝金此是樹名出罽賓國其花黃色
取花安置一處待爛壓取汁以物
和之為香花粕猶有香氣亦用為
香也
火熷祖勞反字林熷燒木焦也說文
熷焦也
寐覺亡庇反寐眠熟也國語獻公寢
而不寐是也寐卧也
隄塘古文陡同都奚反下徒郎反說
文隄防也尒疋隄謂之梁李巡曰
隄防也障也漢書無隄之輿韋昭
曰積土為封隄也
心栽子來反栽植也今時名草木植
曰栽
痼疾又作痁同古護反久病也說文
痼病也
第十四卷
正學梵言式叉摩那謂二歲學戒者也
或起求累反今江南謂灰膝立為跽
跽中國人言胡跽音其止反胡音
護跽音文羊反札記授立不跪作
跪借字耳
制多舊言支提或云脂帝浮圖皆訛

也此翻應名可供養覆佛涅槃處
生處說法處悉名制多皆須供養
恭敬也
娶妻七句反取也詩云娶妻如之何
傳曰娶婦也
療病說文作瘵同力照反三蒼療治
病也
窣羅迷麗耶末陁窣音蘇没反窣羅
米酒也迷麗耶謂根莖花菓雜酒
也末陁謂蒲陶酒也
稗子蒲懈反說文禾別也草之似穀
者也
第十五卷
屠羊達胡反說文屠刳也廣疋屠壞
也案屠分割牲肉也
魁膾苦迴反下古外魁師也首也膾
切肉也主煞人者或有作儈音膾
聲類儈今市人也儈非此義
罝弶古文羅𦋺二形同子邪反下渠
亮反尒疋兔罟謂之罝郭璞也罝
遮也遮取兔也韻集云施䍥於道
曰弶今田獵家施弶以取鳥獸者
其形似弓也

典刑伐又作𢿙同丁𨻶反廣疋典主
也下胡經反刑罰罪也易曰刑法
也井為刑法也春秋元命苞曰刑
字從刀從井井以飲人人入井爭水
陷於泉以刀守之割其情欲人有
畏慎以全身命也故字從刀從井
凶勃又作兇同許恭下古文誖悖二
形同蒲没補潰二反凶暴也兇惡
也悖亂也亦逆也
乞句古艾反蒼頡篇乞行請求也字
體從人從亡言人亡財物則行求
句也
毗訶羅亦言鼻訶羅此云遊謂僧遊
履處也此土以寺代之
准陁止尹反此云妙義舊言純陁訛也
難愈古文瘉同臾乳反說文瘉病瘳
也方言差愈也
陶家又作匋同大勞反或借音遥史
記陶瓦器也蒼頡篇陶作瓦家也
舜始為陶于河濱是也案西域地
多卑濕不得穿窯但壘坏器露燒
之耳窯音姚
鹹鹵胡緘力古反說文鹵謂西方鹹
地也确薄之地也天生曰鹵人生
曰鹽鹽在東方鹵在西方釋名云
地不生物曰鹵故字從西省下象
鹽形也
坑穽古文阱𡒄二形同才性反說文
陷也蒼頡篇穽謂掘地為坑張禽
獸者也
第十六卷
揣觸初委反揣摸也通俗文捫摸曰
揣有作揣初委都果二反廣疋揣㨯
也量也兩通
養飤囚恣反廣雅萎飤也蒼頡篇飤
飽也謂以飲食設供於人曰飤故字
從人娄音於偽反或作飼俗字也
祈請渠衣反廣疋祈求也尒疋祈告也
猜阻古文𢡟猜二形今作悿同麁来
反猜疑也廣疋猜懼也
波剌私羅葛反亦言波嘶或云波斯
國名也臨近西海最饒奇寶諸國
商人皆取其貨斯以龍威珠力古
昔推焉
尼延底此言深入義貪之異名也言
窮極无猒故以名之

布灑他所解反此云增長謂半月又
磨增長戒根也又磨此云忍謂容
恕我罪也舊言懺者訛也或言逋
沙他亦云布薩皆訛略也
佞歌奴定反佞諂媚也說文巧媚高
村曰佞又偽善曰佞字從女從仁
論語惡夫佞者此亦從女之義左
傳寗人不佞不能事父兄此則從
之義也
毁呰古文呰𣣋二形同子介反說文
呰呵也礼云呰者莫不知礼之所
生鄭玄曰口毁曰呰
倡伎齒揚反下渠綺反說文倡樂也
三蒼倡俳也伎謂藝能也
祠杞似玆反下徐理反尒疋祠祭也
又人祭曰祠礼祭曰杞
第十七卷
替善他計反尒疋替廢也止也替滅
也謂滅絶也
布刺拏洛割反或作補刺拏此云滿
舊言富蘭那也
儱㡄經中或作籠同㯟公反三蒼作
㑢同力計反很㡄也謂很㡄尉强也

乖穆又作睦同莫篭反睦和也尒疋
睦敬也厚也
磽确苦交反下胡角苦角二反孟子
曰磽确薄埆地也通俗文物堅鞕
謂之磽确地堅鞕則不宜五穀也
果辢字苑作㦽同盧葛反通俗文辛
甚曰辢江南言辢中國言辛
後塡古文寘同徒堅反廣疋塡塞也
第十八卷
後皰又作靤同蒲孝反小腫起也說
文皰面生氣也
温誦烏昆反論語温故而知新何晏
曰温尋也鄭玄注礼記云後時習
之謂之温温煖也取其義矣背文
曰誦
三罰扶發反罪之小者曰罰罰亦折
伏也
大婆羅樹名也是大富貴家義也案
西國大官貴大富兒弟皆呼為婆
羅也
荷負又作抲何二形同胡歌胡可二
反小尒疋何揭擔也何任也
被析思歷反析分也字從斤分木為

析今俗作析皆從片
底沙丁礼反舊言弗沙此云明
赫弈呼隔反下餘石反小尒疋作赫
烨明也廣疋赫奕盛明也字從大
烨音亦
末度迦果謨鉢反舊云摩頭此言美
果也
貨婆果女鴉反形如此大苦楝樹也
楝音力見反
馱都徒餓反謂堅實也此亦如来體
骨舍利之異名耳
第十九卷
藹羅筏拏烏艾反舊名伊羅鉢多羅
亦云咥羅鉢多羅伊羅此云香鉢
多羅此云葉名香葉象
第二十卷
媵媵居疑反下餘證反漢書文章母
薄媵如淳曰媵衆妾之揔名也媵
亦女官也秩比二千石位次婕好
下左傳以媵秦穆媵杜預曰送女
曰媵媵送也寄也公羊傳曰媵者
何諸侯一國則二國媵之以姪娣從
釋名云姪娣曰媵媵承也承事適

他也今三品曰娅五品曰勝是也
經壓周成難字作奅奅㨖也同於甲
反蒼頡篇云壓鎮也笮也㨖音祖
咼反
涌泛今作氾同敷劒反廣疋泛泛浮
皃也亦駃疾也
漂激匹遥反下古狄反浮吹曰漂流
急曰激漂亦摇蕩也
第二十一卷
尤重有周反尤甚也亦多也異也過也
防邏力賀反戍屬也韻略云邏謂循
行非違也遊兵以禦冠者也
鼜鼛徒登反下亡登反韻集云鼜鼛
失卧極也
第二十二卷
一睫說文作睞釋名作䀹同子葉反
目旁毛也山東田里間音子及反
有序古文𢍂同徐與反次也有次序
也白虎通曰序者長幼也
華豆甫畲反人家亦種之堪食用為
澡豆極佳也
深駛所吏反蒼頡篇駛疾也
帳望勑亮反說文帳望恨也

蟲胆千餘反通俗文肉中蟲謂之胆
三蒼蝿乳肉中曰胆也
髖髀又作臗同苦桓苦昆二反埤蒼
髖尻也廣疋臗脒也下古文䯗同
蒲米反說文股外也北人用此音
又方尒反江南行此音或作䏶俗
字也
一磔古文㡠同知格反通俗文張申
曰磔廣疋磔張也開也
吠嵐婆力含反案舊經論中或作毗
藍婆或言旋藍婆又作鞞嵐婆或
作隨藍婆皆梵音之楚夏耳此云
迅猛風也
第二十三卷
循身古文㣔同似遵反尒疋率循自
也郭璞注云為循行也循亦遍也
巡歷也
欽重去金反欽敬也謚法曰威儀俻
卷曰欽
彼閱餘說反簡閱也小尒疋云閱具
也具數於門中曰閱
飲光部梵言迦葉波迦葉此云光波
此云飲今依此間語名飲光飲光

有二義一迦葉波是上古仙人此
仙人身有光明能飲餘光令不復
現此羅漢是彼種故因以名焉云
此人身作金色常有光明以閻浮
檀金為人並此阿羅漢羅漢身光
飲金人光不復現故名飲光也
臺觀徒來反下古玩反尒疋四方而
高曰臺又云觀謂之闕孫炎曰宮
門雙闕也釋名云觀者於上觀望也
第二十四卷
憺怕徒濫反下疋白反說文憺安謂
憺然安樂也憺亦恬靜也怕靜也
無為也子虛賦云怕乎無為憺乎
自持也
憍陳鄃除妥反舊云憍陳如訛也此
云大器是姓阿若是名亦云初智
以其最初悟无而得智本願也
唯目莫歷反目謂紀錄也亦條目也
第二十五卷
揩定口駭反廣疋揩摸品式法也
踓蹶又作蹷同居月巨月二反說文
蹶僵也僵仰卧也
第二十六卷

金礦古文卝同古猛反說文礦銅鐵
璞也
登祚徂故反祚位也國語云天地之
所祚賈逵曰祚禄也
第二十七卷
郁羅延郁羅此翻為人延郁此云生
本謂人生本即是大梵王也外道
謂一切人皆從梵王生故名人生
本也
蟠結蒲寒反礼記而蟠于地鄭玄曰
蟠委也廣雅蟠曲也迴也方言未
昇天龍曰蟠龍是也
健馱梨持呪女也從國為此女聲呼
之也男聲猶健陁羅國也
伊刹尼叉黠反此云占胡觀塞也
曷馱多莫槃反此云我養則頂生王
之名也
第二十八卷
阿笈摩渠葉反此云教法亦言傳謂
展轉傳来相教授也
第二十九卷
怨讎視由反憎恶怨憾曰讎對也尔
疋讎疋也春秋怨偶曰讎是也

青痳於慮反說文痳積血也廣疋痳
病也
由鄙悲美反鄙恶也廣疋鄙耻羞愧也
依怙胡古反尔疋怙恃也韓詩无父
何怙怙賴也
尒焰余贍反此云所知舊作尒炎一也
確陳埤蒼作塙又作碻同苦學反廣
疋云確謂堅鞕牢固也
儒童而俱反說文儒柔也謂柔愞也
童幼也謂幼小也梵言摩納縛迦
頻眦娑羅或言頻婆娑羅亦云蓱沙
王一也此云顏色端正或云色像殊
妙又頻婆是刻木米畫等形像也
婆拕梨徒我反是西方一類小棗名
也是苾芻從此為名也
頻勒具郁普何反此十二月星名也
是人從此為名
伐蹉蝅何反舊言婆蹉則婆羅門姓也
如牝眦忍反說文畜母也雌曰牝詩
云雉鳴求其牝非但畜也
嗢底迦烏没反下借音丁履反人名也
制怛羅都達反人名也此正月星名
西國立名多此也

普莎訶蘇和反普呪聲也莎訶此云
善說也
拘櫞俱禹反下以専反廣志云似橘
而大如飯簇可以浣濯滬葛紵也
今出番禺以南縷切蜜漬為糝食
之甚佳簇音呂番音潘糝音桒
感反
紫礦古猛反謂波羅奢樹汁滓也其
色甚赤用染皮氎其樹至大亦名
甄叔迦一物也花大如升極赤葉至
堅朋商人縫以為袋名也朋音刃
時瓤女良反如瓜瓠中瓤瓣也瓣音
蒲莧反

一切經音義卷第二十四

一切經音義卷第二十四

校勘記

一　底本，金藏廣勝寺本。

一　一一〇頁下四行第五字「分」，麗作「分分」。

一　一一〇頁下一四行第二字「除」，麗作「除」。

一　一一一頁上九行「鵂鶹」，麗作「鵂鶹爲」。

一　一一二頁下一六行第四字「墜」，麗無。

一　一一二頁下二〇行「曰鷺」，麗作「白鷺」。

一　一一三頁上二行「妃音封」，麗作「妃封反又音封」。又第一一字「二」，麗無。

一　一一三頁上九行第一三字「召」，麗作「名」。

一　一一三頁上一二行「意字也」，麗作「字意也」。

一　一一三頁上一六行第二字「阿」，麗作「呵」。

一　一一三頁上末行第八字「謂」，麗作「滑」。

一　一一三頁中八行第一二字「從」，麗作「字從」。

一　一一四頁中六行第三字「又」，麗作「人」。

一　一一四頁中一四行「潰漏」，麗作「潰漏也」。

一　一一四頁下八行第五字「大」，麗作「土」。

一　一一四頁下一三行第二字「鏗」，麗作「鏗」。

一　一一四頁下一七行第一二字「令」，麗作「金」。

一　一一四頁下一八行第六字「從」，麗無。

一　一一五頁中八行第六字「生」，麗無。

一　一一五頁中一二行第五字「傷」，麗作「象」。

一　一一六頁上一七行首字「支」，麗作「文」。

一　一一六頁中七行「又法也」，麗作「又往也」。

一　一一六頁中一四行第九字「汾」，麗作「分」。

一　一一六頁下九行「捕略」，麗作「捕略也」。

一　一一六頁下一〇行「扶福反」，麗作「扶福反」。

一　一一七頁上二行末字「胡」，麗作「胡麻」。

一　一一七頁下八行第六字「系」，麗作「亦」。

一　一一七頁下一九行第一〇字「灰」，麗作「屈」。

一　一一八頁上一六行「古外」，麗作「右外反」。

一　一一八頁上二〇行第一二字「也」，麗作「曰」。

一　一一八頁中七行「許恭」，麗作「許恭反」。

一　一一八頁下六行「陷也」，麗作「大

陷也」。

一一八頁下二一行末字「焉」，麗作「焉耳」。

一一九頁下二行末字「明」，麗作「明也」。

一一九頁下八行第一〇字「大」，麗作「土」。

一一九頁下一七行「文章」，麗作「文帝」。

一二〇頁上一二行第九字「冠」，麗作「冦」。

一二〇頁上一五行「二十二卷」，麗作「三十二卷」。

一二〇頁上一七行第七字「田」，麗作「田睷」。

一二〇頁上末行首字「帳」，麗作「悵」。

一二一頁上一三行第三字「梨」，麗作「梨齊」。又第一〇字「爲」，麗作「爲名」。

一二一頁上一五行「占胡觀塞」，麗作「占相觀察」。

一二一頁上二二行第一一字「饚」，麗作「饚饚」。

一切經音義卷第二十五　小乘　　轉

翻經沙門玄應撰

阿毗達磨順正理論第一卷

嘉瑞　賈遐反下時惴反通雅云嘉善也美也蒼頡篇瑞應也信也言有善美之德即應之以信瑞也

阿氏多　常尒反此云无勝舊言阿耆多或作阿逸多皆訛也是弥勒今生名也

訕謗　所姧反蒼頡篇云訕誹也廣雅訕謗毀也

漏泄　息列反廣雅泄溢也發也亦漏也

指鞻　莫班反即央掘魔羅也央掘此云指魔羅此言鬘或云結斷人指結相著為鬘安頭上故有此名

烏盧頻螺迦葉波　此云木爪林在此下修道因以名焉迦葉波是姓舊言優樓頻螺正法華經云上時迦葉兄弟三人居長者也

唐攪　古夘反唐徒也徒空也字書攪撓也撓音呼刀反撓擾也說文攪乱也

怛䇲迦　都達反下初革反龍名也

扣擊　說文作敂同苦厚反扣亦擊也

愞耎　奴果反下而兖反三蒼愞弱也廣雅耎柔也

稱權　渠員反廣雅稱錘謂之權權重也知輕重也字從手

第二卷

茗然　徒彫反茗遰也遠也遰音徒計反

瞿波洛迦　此云牧牛經也

宰堵波　蘇没反下都古反此云廟或云墳或言聚相謂累石等高以為相也舊言藪斗波或云偷婆又言塔婆皆方夏輕重耳

第六卷

晦冥　呼對反尒疋云霧謂之晦言霧則天地交合冥冥无所覩見也劇霧則晝昏冥也

雺霧　又作氛同敷雲反釋名云氛粉也潤氣著草木因冷則色凝白若粉也尒疋云地氣發天下應曰霧霧陰氣濕也

廓清　口郭反尒疋廓大也

所頒　又作班同補姧反小尒雅云頒

敷布也尒雅班遍賦與也

一切經音義卷第二十五　第三張　輔字号

第七卷

彈庌徒干反下鴉亦反廣疋抨也漢書音義曰庌不用也亦踈遠也庌拍也抨音普庚反

眩曜胡麪反廣雅眩惑乱也曜照明也

頑嚚五鰥反魚巾反廣疋頑鈍也蒼頡篇嚚惡也左傳心不則德義之經為頑口不道忠信之言曰嚚

逞巳丑井反説文逞通也小尒疋逞快也方言自關而東曰逞江淮陳楚之閒曰好也

聡叡以芮反聡聽微也叡智識也又先知曰聡深明曰叡

方維以隹反廣雅維隅也淮南子云天有四維是也

第八卷

躊躇腸留反下腸誅反廣雅躊躇猶豫也躑躅也

異生梵言婆羅必栗託仡那婆羅此云愚必栗託此云異仡那此云生應言愚異生舊云小兒別生亦言嬰愚凡夫又作小兒凡夫皆一義也

第九卷

一切經音義卷第二十五　第四張　輔字号

躁動又作趮同子到反躁擾也不安靜也釋名躁燥也言物燥即動而飛揚也

中庸以鍾反廣疋中平也庸和也小尒疋云庸善也謂平和善人也

第十卷

蚩笑昌夷反小尒疋云蚩戲也蒼頡篇蚩輕侮也笑喜弄也字從古㞢即之字也

褒貶補高反下碑儉反案褒揚美也貶黜退也

謀議莫侯反謀論也議圖也諮事為謀詳論曰議也

敵論徒的反廣疋敵當對也尒疋敵匹也

惶乱胡光反惶謂憂懼在心之皃也廣疋惶惶懼也蒼頡篇惶恐也

寔多是力反尒疋時寔是也説文寔止也

第十一卷

貪軛又作軶同烏革反所軶牛馬領者也軶亦槅也槅音革

謫罰都革反通俗文罰罪曰謫謫責也亦罪過也罰折伏也

一切經音義卷第二十五　第五張　輔字号

瞢憒莫崩反下公内反三蒼瞢不明也憒煩乱也

我須丘頬反史記有須列侯問案有須猶湏臾之閒亦不久也

忌憚渠記反下徒旦反廣疋忌恐畏也憚難也説文忌憎惡也

顧眄孤布反下眠見反説文還視曰顧邪視曰眄也

第十二卷

幖幟俾遥反下昌志反通俗文徽号曰幖私記曰幟字皆從巾或從木作標謂以木為識摽而記之此亦兩通

末奴沙謨鉢反亦言摩㝹沙此云人

魍魎古文蛧蜽二形同亡强力掌反説文蛧蜽山川之精物也通俗文木石恠謂之魍魎也

毗濕縛羯磨天此云種種工業案西國工巧者多祭此天也

加趺古遐反尒疋加重也今取其義謂交足坐也經中或作結交趺坐

是也東言甲趺江南言跰跨跰音
平患反跨口介反有從足作跏文
字所无
鄔陁夷烏古反人名也此云出現義也
第十三卷
嬉戲又作僖同虚之反說文僖樂也
蒼頡篇嬉戲笑也
波曹又作瞽同自勞反史記十餘曹
循之如淳曰曹輩也
眦瑟毅奴故反天名也舊言毗紐天
亦言毗搜紐天訛也
第十四卷
梯隥都鄧反廣雅隥履也依之而上
者也字從自
室路迦舊言輸盧迦或云首盧迦又
言首盧柯案西國數經之法皆以
三十二字為一室路迦又多約九
夫作世間詠者也此則闡陁論中
之一數也
第十六卷
廾陟胚棘反言進達之廾曰陟詩云
陟彼高崗陟登也尔雅陟廾也謂
登廾之也

痱瘤蒲罪反下盧罪反字略云痱瘤
小腫也今取其義
波沓波種徒荅反則婆羅門姓也
第十八卷
池沼之遶反說文沼池也小池也
命命鳥梵言耆婆耆婆鳥也
子息思力反兒子曰息息者氣在人
身中所稟以生也東觀漢記云此
蓋我子息是也今人出錢生子亦
曰息義一也
第十九卷
是疇除留反楚辤誰可與子疋疇王
逸曰二人為疋四人為疇疇類也
亦伴侶也
乳酪又作酥同疋迴反謂未漉酒者
也言乳能成酪酪能成酒也
廣樹猶文作尌同時注反廣雅樹立
也九置立皆曰樹樹亦種殖也
屢辯力句反尚書屢省乃成孔安國
曰屢數也
第二十卷
持羂又作䍛同古犬公縣二反聲類
云䍛以繩係取鳥獸也

挽出古文輓同无遠反說輓引車也
鄙俚字體作郢同力子反說文五鄰
為鄙鄙郢也蒼頡篇國之下邑曰
郢漢書質而不郢如淳曰雖質猶
不如閭里之鄙言也鄙猥陋也廣
雅鄙耆恥也鄭音祖且反百家也
尚年市讓反蒼頡訓詁云尚上猶感
年也
瘞耄字體作瘞同所龜反說文瘞減
也損也札記年五十始瘞瘞懈也
下古文蚕耄二形今秏同莫報反
札記八十日耄耄謂惛忘也闇
乱也
鳩摩羅設摩此云童寂多造詩詠者
扇帙略外道名也造因明名即毗
婆沙中扇提羅外道是也
第二十一卷
無繁扶袁反詩云正月繁霜傳曰繁
多感
水濯徒角反說文濯滌也洒也謂以
水淨物曰濯也
設支舊言舍脂此云能縛謂女人若
可愛能生男子染著通名設支

第二十二卷
萑葦而甚反下而琰反言須臾也
阿奴律陁亦作蘆胄反此云隨順義
人名
匡助丘方反尒疋匡正也助佐也匡
亦復也
世羅烏波烏古反此云小石也
屬斯之欲反屬著也亦連續也適也
第二十三卷
師雨于矩反謂雨安居也言師若千
夏臘也
童豎殊庾反謂寺人未冠者之名也
使通內外之命以其无有礼入出
便疾也
蠨蛸音蕭蕭尒疋蠨蛸一名長蹢
音居蟻反郭璞曰小蜘蛛長脚者
俗呼為喜子詩云蠨蛸在户是也
虹電古文羾同胡公反俗音絳尒疋
音義曰雙出鮮盛者為雄雄曰虹
暗者為雌雌曰蜺蜺音五鷄反說
文螮蝀虹也江東呼為雩釋名虹
攻也純陽攻陰氣也螮音帝蝀音董
縛喝國呼曷反北臨縛河其國中有

如來澡灌可一斗餘衆色炫焆金
石雜名又有佛牙又有佛掃帚迦
奢草作也長二尺餘圍七寸其把
雜寶飾之也
波吒釐力之反亦云波吒梨耶舊云
巴連弗訛也是一花樹名因此花
樹以目城也
第二十四卷
尺蠖烏郭反說文申屈虫也尒疋蠖
尺蠖一名屈宋地曰尋桒吳人名
桒闔闔音古合反即桒虫也
阿泥律陁舊言阿那律或云阿㝹樓
䭾亦言阿泥盧豆皆一也此云无
滅亦云如意昔施辟支一食於八
十劫人天之中往來受樂于今不
滅故云无滅又所求如意亦名如
意即甘露飯王之子佛堂弟也
朋友蒲崩反下于久反說文同門曰
朋同志曰友廣雅友親也愛也
方域為逼反域居也說文域邦也周
礼方域謂建邦國造都鄙制鄉
邑也
酷毒口木反謂暴虐也說文酷急也

甚也白虎通曰酷極也教令窮極也
冀除又作覬同羇致反小尒疋云覬
望也
飄鼓匹遥反下公户反飄吹也鼓動
也案凡動物皆謂之鼓也
第二十五卷
師徒達胡反徒類也莊子云孔丘之
徒司馬彪曰徒弟子也
仁孝而親反愛人以及物曰仁上下
相親曰仁貴賢親親曰仁煞身成
人曰仁尒疋善父母為孝謚法曰
慈愛忘勞曰孝從命不違曰孝
承稟鄙錦反稟受也
第二十六卷
苟欲公厚反廣雅苟且也亦誠也
言詞魚韃反下似資反直言曰言言
已事也荅述為語為人說也礼記
三年之喪言而不語是也言亦云
也發端也說文詞者意內而言外
也亦審言語也
第二十七卷
啚度槧詔定古文書圖啚二形同達
胡反下徒各反廣雅啚度也議也

亦許也度量也
每言莫載反三蒼每非一定之辭也
每亦數也　嗤誚（才笑反誚謂嬈弄譏責也亦訶也）
第二十八卷
紉繩女珎反字林云單繩曰紉紉索也
瀑流蒲報反蒼頡解詁云瀑水濆起也
婆盪波言所立反此云氣謂霧氣等也
爲杖直亮反杖猶據也亦杖託也
第二十九卷
第三十卷
渿汙紆訏烏故二反字書汙塗也字
林汙穢也
咀嚼又作齟同才與反下慈藥反含
味也咀齟也通俗文咀齧曰嚼也
津液子隣反下夷石反三蒼津液汁
也說文液津潤也廣雅滋液也潤
澤也
誠言市盈反廣疋誠實也說文誠信
也敬也
乍可仕嫁反廣雅乍暫也蒼頡篇乍
兩辭也
齊心胙迷反說文𪗋齊人齊也字從
肉（𪗋）音蒲迷反

譏刺居衣反下又作諫同且漬反廣
雅譏刺也說文譏誹也
數瞚又作瞬同尸閏反說文瞚目開
閉數搖也
第三十一卷
叓方楚力反謂正方也
閙鬪脾亦反說文鬪閙也
關閉補結補計二反說文闔門也廣
雅閉塞也守也或作閇俗字也
荼毒達胡反廣疋荼毒痛也亦行惡也
重壘又作垒同力癸反壘亦重也
拼量補莖反謂彈繩墨曰拼江南名
抨音普庚反
蘇息胡反穌活也小尒疋云死而
復生謂之穌穌寤也
租瀨仕加反下力艾反通俗之刈餘
曰租廣疋租䟽也詩云如彼棲租
是也
齩足又作齩同五狡反齩齧也關中
行此音又下狡反江南行此音
齖頸字林丘加反下居井反言以口
齖也大齧也今以手頸項前也
擘胂補麦反下引人反當脊肉曰胂

也擘分裂也
攫腹九縛居碧二反說文攫爪持也
通俗文手把曰攫蒼頡篇攫搏也
獸窮則攫是也
掐心他勞反說文掐搯也搯一活反
中國言掐江南言挑音土彫反
鑱刺仕衫反下七亦反說文鑱鋭也
漉諸或作盝同力木反水下皃也
嗢鉢羅烏沒反此云黛花舊言優鉢
羅或云漚鉢羅訛也
鉢特摩徒得反此云赤蓮花舊言波
頭摩云鉢曇摩皆訛也
淒勁且奚反下居政反詩云淒其以
風傳曰淒寒風也勁切急也
乇聚徒昆反廣雅乇𡨋也𡨋音才句反
殭鞕居良反下五更反字略云死不
朽曰殭物堅曰鞕
緊捺落奴葛反此云是人非人歌神
也頭作馬頭舊言緊那羅或作真
陁羅皆訛也
炬鍼其呂反下聲類今作針同支諶
反東火曰炬縫衣曰針
空歐又作嘔同於口反歐吐也釋名

云歐傴也將有所吐聲曲傴反
毒脨又作痡疥二形同火斷反江南
言脨腫說文肉反出也
鬼胭又作咽同一千反胭喉也北人
名頸為胭也
剫礔音皮下又作沛同子札反廣雅
剫剥也礔㵼也謂搦出汁也
饗受又作享同虛仰反歆享也謂神
食氣也亦猷也歆虛音反
俱臻側巾反尒疋臻至也
歡娛字詁古文虞今作娛同疑區反
說文娛樂也言皆娛樂也
第三十二卷
烏施羅末草名也形如此土細辛其
體極冷
尅勝又作克同口得反字林尅能也
尅亦勝也
林藤徒登反廣雅藤萬也今呼如葛
藟延者為藤
率土所律反尒疋率自也循也
第三十三卷
夷悅余之反說文夷平也亦明也常
也悅樂也

所瀹又作爚鬻汋三形同臾灼反通
俗文以湯煮物曰瀹廣雅瀹湯也
謂湯內出之也江東呼瀹為煠煠
音助甲反
不肖私妙反小尒疋不肖不似也言
骨肉不似其先故曰不肖謂偆悪
之類也字從肉小聲
厭禱於冉反下都導反字苑厭眠內
不祥也伏合人心曰厭說文告事
求請曰禱謂請於鬼神也
製作之世反製裁製也制斷之也說
文作制
菴没羅舊言菴磨羅亦作訶摩勒皆
訛也柰如小棗果如胡桃其味酸
而且甜堪入藥分
主宰祖待反礼記宰夫為獻主謂主
膳食之官也
擅立市戰反廣雅擅專也專巳自為也
專巳之緣反專猶自是也專壹也任也
第三十四卷
屋宇古文寓𢨋文㝢同于甫反說文
宇屋邊檐也釋云宇羽也如鳥羽
翼自覆蔽也於國則四垂為宇

人捦又作鈙㩒二形釋名作鈐同巨
金反捦急持也持匈也
擑撻又作箠同之蘂反下古文㩆同
他達反廣雅擑撻擊也
壃界居良反壃境也亦界也尒疋畺
垂也僵場在外垂也
摸放又作摹同莫胡反小尒疋摸法
也謂規形曰摸亦摿取象也
第三十五卷
評論皮柄反字書評訂也訂平議也
訂音唐頂反
為挫祖卧反說文挫摧也謂折其鋒
也挫折也
匈㩒居吟反說文㩒袵也聲類云交
領者
怳忽虛往反漢書音義曰怳忽眼乱
也似有无也虛妄見也
第三十七卷
耶舍此云譽謂名譽也
蘇陁夷舊言須陁耶此云共起
大生主舊言摩訶波闍𨚗為大愛道
者是也
迮令虛訖反尒疋迮至也

无乏怏法反暫无名乏乏闕少也反
可為叵反正為乏字意也
第三十八卷
婆毗子部婆音蒲賀反此云犢子部
舊名跋私弗多羅上古仙人名跋
私其母是此仙人種故姓跋私有
羅漢是此女人之子從母作名說
切有部中出也
矩摩邏多俱禹反亦作鳩摩此云童
首謂諸童子中為上首也
嗢多羅僧烏没反舊言鬱多羅亦云
郁多羅此云上首衣此謂常著衣
中衣在上也
裔荅弥舊言憍曇弥或作瞿夷訛也
此云女十二遊經云明女
博戲古文簙同補莫反方言博或謂
之棊說文簙局戲也六箸十二棊
古者烏曹作簙簙亦著名也
麴糱魚列反說文牙米也謂漬穀
等生牙者也
醞釀於問反下女亮反說文醞作酒
曰釀酒母也釀投也
第三十九卷

謗讟徒木反左傳民无謗讟杜預曰
讟誹也廣雅讟惡也方言讟痛也
深愆古文作寋遇二形籀文作𠎝今
作愆同去連反說文愆過也失也
第四十卷
山澤直格反水草曰澤釋名云兖州人
謂澤為掌言水亭處如掌中也
第四十一卷
媒嬬孤作反白虎通曰嬬厚也重婚
曰嬬无辜古胡反尔疋辜罪也
扼挻又作搹同於責反說文扼把也
孟手扼廣雅扼持也史記扼挻以
言是
用暢勑亮反廣雅暢達也明也
揮刀許歸反說文揮奮也振訊也
吸水古文噏歙二形同義及反廣雅
吸飲也氣息引入也
第四十二卷
呪詛又作祝說文作詶同之授反詶
詛也下古文𧧒同側據反釋名云
祝屬也以善惡之辞相屬著也詛
阻也謂使人行事阻限於言也
第四十三卷

迦栗沙鉢拏又作迦理沙般拏拏音
女家反鉢拏此云銅錢十六鉢拏
為一迦利沙鉢拏
陋訥古文吶同奴骨反陋醜猥也亦
小也訥遲鈍也說文訥難也
室利毱多此云吉祥護舊言尸利毱
多訛
第四十四卷
梅怛麗藥都達反此云慈即舊云慈
氏者也慈有二因緣一値慈佛發
心二初得慈心三昧因以名焉言
弥勒或云梅任梨並訛也
罕聞呼旱反罕希也尔疋希寘也罕
也字從干從网
第四十五卷
拘枳羅鳥居尔反或作拘耆羅此云
好聲鳥也
第四十六卷
客館又作舘同古玩反客舍也周禮
五十里有館館有委積以待朝聘
之客
鞞地迦城此云鳴或云河主城名也
鄔市迦林此云鑪布𧃤林名也

藍傅迦經　㭊言作動經

第四十八卷

珊若娑病衆干反㭊云癈風病一不發不起者也

寶玩古文貦同五喚反字林玩弄也廣雅玩好也

第五十一卷

愚戇都絳反説文愚癡也戇愚鈍也

於塊古文凷同苦對反凷結土也土塊也

愚蒙又作矇同莫公反蒙謂蒙覆不明也闇昧无知也

第五十二卷

名鑒又作鑑同古鑱反廣雅鑒熠爟也鑒所以察形也

詭設居毀反詐不實也亦相欺也

誇誕苦華反下徒亶反通俗文自矜曰誇謚法曰華而无實曰誇誕謗也欺也不實大也

第五十三卷

懸無又作愒蒼頡篇作憩同袪例反尓疋憩息也

鑽燧又作𨹔同辞酔反火母也論語

鑽燧改火是也世本造火者燧人因以名也

波濤徒勞反三蒼大波為濤也

伺求滑慈先吏二反字林伺候也伺察也

第五十四卷

憮怡虛之反下與之反説文憮怡和悦也方言怡喜也湘潭之閒曰紛憮或云憮怡

詭話籀文作譮古文作𦧅諣二形同胡快聲類云話訛言也廣雅話調也謂調戲也

很戾胡墾反下力計反很違也戾曲也字從艮聲

狻猊先桓反下五奚反即師子也出西域尓疋狻猊如虦猫食虎豹穆天子傳狻猊走五百里是也虦音仕板反

眵㖵充尸反説文𧡫兜眵𧡫音莫結反

齘齒下界反説文齒相切也三蒼鳴齒也

身矬才戈反廣雅矬短也通俗文侏儒曰矬也

謗衒古文眩衒二形同胡麪公縣二反説文行且賣也

殉名辞俊反蒼頡篇殉求也廣疋殉營也

㧞拭武粉反下舒翼反廣雅㧞拭也㧞振也尓疋拭清也言㧞拭所以為清潔也

第五十五卷

侮㵟古文侮同亡府反廣雅侮輕也説文侮傷也謂輕傷也

第五十七卷

俱祉羅勅里反舊言摩訶俱絺羅此云大膝膝骨大故也即舍利子舅長爪梵志也

第五十八卷

屏氣俾領反屏蔽也隱也藏也蔽也

膷尊者虛葉反即付法藏中波奢比丘常坐者也此人曾生膷不著地因以名焉

第五十九卷

覭度又作䫔同九吹反下徒各反覭求也計也覭摸也世本倕作覭矩覭圓也矩方也字從夫從見言丈

夫之見必合規矩
洄澓胡瓌反下扶福反三蒼洄水轉
也澓亦洄水深也
狎恶古文庘同胡甲反狎近也廣雅
狎習也謂近而狎之習而行之也
薄矩羅俱禹反舊言薄俱羅此云善
容持一不煞戒得五不死者也
涎洟諸書作次㵉涏㳂四形同詳延
反字林慕欲口液也亦小兒唾也
班駮又作辬同補蠻反蒼頡篇班文
云也雜色班也
黧黮力奚反下於斬反通俗文斑黑
謂之黧黮
笑睇徒計反纂文顧視曰睇睇亦傾
視也礼記不能睇視是也
憺怕徒濫反下疋白反說文憺安也
怕靜也又亦无為自得也
第六十卷
橐囊埤蒼作韝東觀漢記作排同皮
拜反冶家用吹火令熾者也
剩辯食證反剩猶因也
脛踝古文踁同胡定反字林脚胻也
釋名脛莖也直而長如物莖也

一尋似林反小尒疋云四尺為仞倍
仞曰尋倍尋曰常方言尋長也
稚局衢玉反促也小尒疋局近也尒
疋局分也部分也字從口在尸下
第六十二卷
嗢達洛迦烏邏此云極喜
考量枯老反考謂質覈之也考挍也
第六十七卷
魑魅又作离螭二形同勑知反下又
作魁魁二形同莫冀反說文老物
精也通俗文澤恠謂之魑魁
冲虛說文作盅同除隆反字書冲虛
也中
第六十八卷
自刎古文歾同亡粉反字略云斷首
曰刎割通俗文自刺曰刎也
庸愚史鍾反庸謂常愚常矩者也
第六十九卷
巨富其呂反小尒疋巨大也方言齊
魯之閒謂大為巨
匪宜跌斐反詩云匪来貿絲傳曰匪
非也
傅藥方務反附也謂塗附也方言凡

欲藥傅藥而毒刺是也
萠牙古文𤗻同麦耕反廣雅萠始也
萠亦寅昧良也
第七十卷
眇然亡紹反眇眇遠也亦深大也
稽遲古奚反說文留止曰稽
第七十三卷
朅地羅去謁反舊言佉陁羅木名也
第七十四卷
孳產子思反方言東楚之閒凡人畜
乳而雙產謂之釐孳下所限反生
其種曰產說文產生也
朝貢古弄反貢薦也廣雅貢上也
第七十五卷
貨易莫候反小尒疋云貿交易也三
蒼貿㨴易也
擯黜又作絀同耻律反廣疋黜去也
亦放也退也
驍健古堯反廣雅驍亦健也勇急也
說文良馬駿名也
懷孕古文䑕同移證反含實曰孕三
蒼孕懷子也廣雅孕傳也字從子
從乃

第七十六卷

火蝩之容反今江北通謂螽蝗之類曰蝩亦曰蟴蝩一名螽蟴一名蜙蝑俗名舂黍蜙音思容蝑音思與反

逝多時制反此云戰勝是俱薩羅國波斯匿王之子也太子誕生之日王破賊軍內宮聞奏因以名也舊云祇陁或云移多亦言祇洹皆訛也移音是奚反

第七十八卷

嬈乱三蒼乃了反嬈擾也弄也謂嬈乱戲弄也

第七十九卷

砂磧七亦反水中沙灘也說文水渚有石曰磧灘音他丹反

第八十卷

奢侈昌是反侈亦奢泰也

痆斯女黠反國名也舊言波羅奈國也

僕隸蒲卜反下力計反廣雅僮僕役使也僕附也附從於人也周礼男子入于罪隸鄭衆曰隸奴也賤也役也

求晴又作暒殅二形同自盈反聲類云雨止曰晴晴亦精明也

切經音義卷第二十五

一切經音義卷第二十五

校勘記

一　底本，金藏廣勝寺本。

一　一二五頁上七行「魚巾反」，麗作「下魚巾反」。

一　一二五頁上一八行「腸誅反」，麗作「腸於反」。

一　一二五頁中一一行「補高反」，麗作「補高反」。

一　一二五頁中二二行第一〇字「所」，麗作「所以」。

一　一二六頁上一行第三字「東」，麗作「山東」。又第一二字「跸」，麗作「跘」。

一　一二六頁上三行「所无」，麗作「所無也」。

一　一二六頁中一二行第一一字「子」，麗作「乎」。

一　一二六頁下一行第五字「軳」，麗作「輓」。又「說軳」，麗作「說文輓」。

一　一二六頁下七行「尚上」，麗作「尚上也」。

一　一二六頁下一一行第八字「今」，麗作「今作」。

一　一二六頁下一五行「因明名」，麗作「因明者」。

一　一二七頁上三行「亦作」，麗作「亦作捷」。

一　一二七頁上四行「人名」，麗作「人名也」。

一　一二七頁上一〇行「若千」，麗作「若干」。

一　一二七頁上一二行「寺人」，麗作「侍人」。

一　一二七頁上末行「縛河」，麗作「縛蒭河」。

一　一二七頁中一行第五字「可」，麗

作「可受」。

一 一二七頁中一〇行「一名屈」，麗作「一名步屈」。

一 一二八頁中一六行「通俗之」，麗作「通俗文」。

一 一二八頁中二二行第八字「手」，麗作「手也」。

一 一二八頁下一二行第三字「云」，麗作「或云」。

一 一二八頁下一六行「五更反」，麗作「魚更反」。

一 一二九頁上一行末字「反」，麗作「也」。

一 一二九頁上一八行第九字「萬」，麗作「藟」。

一 一二九頁中一三行「訶摩勒」，麗作「阿摩勒」。

一 一二九頁下一五行末字「者」，麗作「者也」。

一 一三〇頁上八行首字「切」，麗作「一切」。

一 一三〇頁上一七行第一〇字「著」，麗作「著」。一八行第九字同。

一 一三〇頁上一九行末字「穀」，麗作「穀麥」。

一 一三〇頁中一一行第一三字「杷」，麗作「把」。

一 一三〇頁中一二行「盈手扼」，麗作「盈手曰扼」。

一 一三〇頁中二〇行第六字「櫨」，麗作「攎」。

一 一三〇頁中二二行第九字「隈」，麗作「限」。

一 一三〇頁下七行第二字「訛」，麗作「訛也」。

一 一三〇頁下二一行第二字「客」，麗作「客也」。

一 一三一頁上五行第五字「既」，麗作「既」。

一 一三一頁上一九行「不實」，麗作「不實也」。

一 一三一頁中一四行「字從」，麗作「字從彳」。

一 一三一頁下三行末字「珣」，麗作「珣」。

一 一三一頁下一六行末二字「蔽也」，麗無。

一 一三二頁上一一行首字「云」，麗作「章」。又第四字「色」，麗作「色爲」。

一 一三二頁中五行「第六十二卷」後，麗有「可廁測異反廣雅廁間也蒼頡篇廁次也雜也」、「第六十六卷」二條」。

一 一三二頁中六行「迦曷邏」，麗作「迦曷邏摩」。

一 一三二頁中一一行第六字「澤」，麗作「山澤」。又「魑魅」，麗作「魑魅」。

一 一三二頁中一三行末字「中」，麗作「中也」。

一 一三二頁中一六行「刎割」，麗作「刎刎割也」。

一 一三二頁下一一行第一〇字「所」，麗無。

大唐衆經音義序　終南太一山釋氏

自法王命駕遵之者九乘弘傳聲教統之者三藏然則指月之喻無爽於恒規因言之義有契於常則所以實相冥關宗於文字權道綜御崇尚於方言且夫一音各解惟聖之荃蹄隨緣別悟在凡之准的西梵天語邃古莫觸東華人言訟時遷貿至如說文在漢字止九千韻集出唐言增三萬代代繁廣符六文而挺生時時間發奇八體而陳迹求其本模諒在前後覈其離廣誠歸物議夫以佛教東翻六百餘載畢其綱紐三千餘軸隨部出音聞之往說殺鑒群錄未曰大觀然則必也正名孔君之貽語隨俗言晤釋父之流慈非相無以引心非聲無以通解有大慈恩寺玄應法師博聞強記鏡林花之宏標窮討本支通古今之互體故能讎校源流勘閱時代刪雅古之野素削澆薄之浮雜悟通俗而顯教舉集略而騰美眞可謂文字之鴻圖言音之龜鏡者也以貞觀末曆勑召參傳綜經正緯咨爲實錄因譯尋閱捃拾藏經爲之音義註釋訓解援引群籍證據卓明煥然可領結成三袟自前代所出經論諸音依字直反曾無追顧致失教義寔迷匡俗今所作者全異恒倫隨字刪定隨音徵引并顯唐梵方言翻度雅鄭推十代之紕紊定一期之風法文非詞費務在綱正恐好異者輒復略之期則得於要約失於義本教弊關信終掩玄化故重陳奏想無昧焉序之云尒

一切經音義卷第一　大乘經單本

唐大慈恩寺翻經沙門玄應撰

大方廣佛華嚴經
大方等大集經
大集日藏分經
大集月藏分經
大威德陀羅尼經
法炬陀羅尼經

大方廣佛華嚴經第一卷

摩竭提　或云摩竭陀亦言默偈陀又作摩伽陀皆梵音訛轉也正言摩揭陀此譯云善勝國或云無惱害國一說云摩伽星名此言不惡主十二月陀者處也名爲不惡處國本名星勳國也揭音渠謁反

華鬘　梵言俱蘇摩此譯云華摩羅此譯云鬘音蠻案西國結鬘師多用蘇摩那華行列結之以爲條貫無問男女貴賤皆此莊嚴或首或身以爲飾好則諸經中有華鬘市天鬘寶鬘等同其事也字體從髟音所銜反參声亭音珠然反經文作鬘非體也

踰摩　字書作逾同庾俱反字林踰越也寶雅論慶也言摩尼者說也正言末尼謂珠之數名者也新譯音義云末謂末蘇此云第也尼此云雜也言此寶先淨不爲揣穢所染也

罣礙　字體作罫同胡卦反罣礙也下古文㝵同五代反說文礙止也又作閡郭礙以爲古文娑字說文閡外閉也歷文作尋音都勸反案衛宍詔定占文害書尋得二字同體說文尋取也尚書高宗變尋說是也尋非此義也

盧舍那　或云盧柘那亦言盧折羅此譯云照謂遍照也以報佛淨色遍周法界故也又日月燈光遍周一切處亦名盧舍那其義是也

迴復　又作洄澓二形同胡瑰扶福反三蒼洄水轉也澓深也

癡瞀　公户反三蒼經目謂之瞀釋名云瞀目者眼眼然自平今如蔑定也又作瞭同音梵梵言差多羅此譯云土田經中或言國或云土者兩其義也茲作判土者存二音也即剎帝剎名字田主者亦是也案剎書無此字

切剎　即剎字略也刹音初一反浮國名剎者訛也應言剎懸脈剎音力割反此譯云竿人以往代之名爲剎柱以安帥貴義同上田故名剎也以積西國發竿頭婁舍剎啟也

沮壞　才與反三蒼沮漸也敗壞也經文作沮側呂反齟齬也一曰貫剡几也沮非此用

第二卷

安跱　字詁古文峙今作跱同直耳反廣雅跱止也謂亭亭然獨止立也

第三卷

攔揗　又作闌同力寒反下食允反說文攔攔也遁俗文攔揗謂之揗王逸注楚辭云嬚曰檻橫曰楯楯閻子曰標宗櫚嫩毅上臨邊之節也亦所以防人匯壍也今言鈎閣是也

群萌　古文垠同莫耕反萌茅也擴稚繭始也案萌實睹見窮言衆庶無知也濮書垠垠群黎也

弥綸　力旨反周布也易云弥綸天地之道涯云姓廣也綸歷理也

第四卷

第五卷

煥明　字書亦奐字同呼換反煥亦明也謂光明炳煥也

旗旛　渠基反釋名云熊虎爲旗軍將所建也象其猛如熊虎與衆期其下也

諧雅　胡皆反諧和也雅素也亦從容閑雅也

寮觀　力尭反宗也家也文字作寮小空也蒼頡篇作撩手取也或作擦二形非今用也並非

衆祐　于救反衆祐吐也謂衆德相助成也經多言衆祐者福祐也今多言世尊者爲世所尊也此蓋隨義立名耳

仇對　渠牛反偶曰仇匹也三蒼云怨偶曰仇爾雅仇匹也

憤毒　扶粉反說文憤懣也方言憤盈也懣氣盈滿也亦憤懣也懣音亡本反煩也

驚駭　胡楷反蒼頡篇駭驚也廣雅駭起也亦驚也

名遏　遮也詩傳曰遏止也古文閼同安曷反蒼頡篇遏亦絶也

第六卷

翳目　韻集作瞖同於計反目病也說文目病生翳也今並作瞖字文作翳近字也經文有作曀陰而風曰曀非此義

孤煢　古文惸𠑅二形同渠營反無父曰孤無子曰獨無兄弟曰煢煢亦獨也所依也字從孔省聲孔音信營反

毗嵐　力含反或作毗藍或作鞞嵐或云吠藍婆亦言隨藍皆是梵言之訛也楚夏耳此譯云迅猛風也

聾瞶　古文聵顡二形今作瞶又作聵同牛快反國語云聾瞶不可使聽賈逵曰生而聾曰聵經文從目作瞶非經義

嗌諸　時林反謂以肉曰嗌也三蒼云嗌肥也字從口

滌穢　徒的反滌除也亦灑也蒼頡篇洗也說文滌灑也

盥掌　公緩反說文盥澡手也古文作𥂝盤同字從臼水臨皿也春秋傳曰奉匜沃盥是也

第七卷

發趾　又作止同之市反說文趾足也爾雅趾足也釋名云趾止也言所在以止也經文有作阯非體

園圃　補布反說文種菜曰圃三蒼云圃園也詩傳云樹菜曰圃

衰耄　莫報反古文作薹二形今作耄同禮記八十九十曰耄鄭玄曰耄惛忘也說文耄亦老也

甲胄　古文軸同除救反廣雅胄兜鍪也中國行此音江南行莫侯反

第八卷

八梵　五不清六不濁七不澀八不散謂梵音有八種聲也

博綜　子送反綜理也謂機縷持絲交者也三蒼綜理經也

僅半　古文𡬶同渠鎮反說文僅劣也廣雅僅少也

第九卷

錠光　大徑反說文燈有足曰錠無足曰燈梵言提洹竭此云錠光佛也

渾濁　胡本反說文渾濁也渾亦亂也

頻眄　眠見反方言自關而西秦晉之間謂視爲眄說文眄邪視也

第十二卷

惠施　胡桂反說文惠仁也書曰惠迪吉鄭玄曰惠順也

貧窶　其禹反爾雅窶貧也詩云終窶且貧傳曰窶無禮也

第十三卷

福伽羅　經論中或作富伽羅或作富特伽羅舊譯云人應補特伽羅此云數取趣

恃怙　時止反下胡古反爾雅恃怙也詩云無父何怙無母何恃

妖豔　又作𡝤同於驕反三蒼妖豔也說文妖巧也

摩竟　舊云摩訶言正言摩訶此云大也

不徇　辭俊反徇亦營也

第十四卷

六親　凡言六親者父母兄弟妻子也

第十五卷

悔慢　亡諫反廣雅慢易也

遞相　徒禮反謂更遞也

珍饌　又作䉵同士眷反饌具也

老邁　莫芥反說文邁遠行也

沃焦　烏木反江賦云大壑在東海外

第十八卷

相扣　又作叩同口后反

六瘤　力周反三蒼瘤小腫也說文瘤流也

或遺　余季反廣雅遺與也

近字也

冠冕　亡辯反世本云黃帝作冕周礼弁師掌王之五冕鄭註云冕延上覆謂大夫以上冠也

噍牙　才笑反蒼頡篇噍嚼咀也說文噍齧也

第二十卷

七仞　而振反說文仞謂申臂一尋也故論語夫子之牆數仞包曰七尺曰仞今皆作刃非也

第二十一卷

禪頭　是戰反梵言或云禪亙禪究或言禪都此譯云衆生也

第二十六卷

攏檻　力東反下胡黯反三蒼攏所以盛禽獸欄檻廣雅云檻牢也

捫摸　莫奔反下莫本反二反捫亦云摸撫持也詩云莫捫朕舌傳曰捫持也謂執持也

僉皆　且廉反僉咸也小尒雅僉同也方言自關而東五國之郊謂皆為僉

循身　古文作均同似遵反三蒼均遍也率揗也註云又為循行也循亦巡也歷也

第二十七卷

蠱毒　公戶反說文蠱腹中蟲也謂行蟲毒也經文從蟲作蛄音古胡反螻蛄蛄也非此義

云六　文

漑灌　古賚反說文漑灌注也

泥潦　良道反說文雨水也謂雨水為洿潦也

第二十八卷

密迹　梵言殺那此譯云密主密是名也以知佛三密功德故也主者夜叉主也案梵本都𨇾義當以示迹寫神故譯經者義立名耳

耎中　而充反梵言此云渠度此云要物柔曰耎三者耎柔弱也

第二十九卷

胞胎　補交反說文胞兒生裹也余反胎始養也

軻黎　口佐反應云軻黎此譯云軻者空也地者破也名空破山也

由乾　巨焉反大論作犍陀羅者持雙山此云持山也雙持山也

第三十三卷

眩惑　古文𥌆同胡遍反字林眩亂也漢書眩二形同後支國善眩人亦幻

第三十四卷

斷齶　音斷也言齶反　牛斤反說文齒肉也齶又作腭

伊尼延　此云鹿王名也亦云伊尼延或言伊泥延皆訛也正言黳尼延

第三十七卷

𨵟開　赤辟反赤闢也開也說文闢開也亦作闢同辟法也

此也　辟義　井

第四十卷

藉草　夜反所以藉自薦也又作蓆

或級　云立反禮記斬首一級一首也又人首賜爵一級也　釋云加勞賜

第四十三卷

罪疊　徒頰反說文疊罪也亦𤰈也

第四十四卷

澍法　之喻反說文時雨所以澍生萬物也上句二字

拜署　去字時也言識君命也大署位反署所以表位朝建也謂署之表也

第四十五卷

達𩔗　又作𩔗同云財施之法名曰達𩔗引亦名達𩔗施令所施記云受𩔗

第四十八卷

池沼　之繞反說文沼池也言池水也

第五十卷

舩舶　音白埤蒼舶大舩也大者長二十丈載六七百人曰舶

門閫　又作梱同苦本反三蒼門限也

第五十一卷

西阿　於何反韓詩云曲京曰阿謂山曲隈也

周羅　此譯云小寶也吉由羅云

舟楫　又作檝同子葉反

宣敘　古文作𢒂同

第五十三卷

讌集　又作宴醼二形同於見反

第五十四卷

班下　案古書或作頒同

巖崿　又作㠋同牛各反

第五十五卷

囹圄 力丁反下魚呂反獄名也周禮三王始有獄廣雅夏曰夏臺殷曰羑里周曰囹圄皆獄之別名也羑音酉

榜笞 蒲衡反下丑之反字書榜捶也說文笞擊也

流彌尼 亦名嵐毗尼園名也諸經或作藍此云解脫處亦云斷亦云滅正言藍毗尼此云鹽即上云於園中名也因以名園焉那此云沐也婆音扶抗反

瞿夷云大 或言憍曇弥正言喬荅弥此云明女十二遊經云明女弥此 八

第五十六卷

殞滅 為愍反聲類云殞沒也滅盡也消絶也

繒纊 自陵反下今作絖同音曠說文繒帛也纊綿也繫之細者曰纊

淵濘 伏經反濘濘止也埤蒼水止曰淵字書濘水滯也

第五十八卷

亘生 歌鄧反詩云亘之秠摩曰亘徧也經文有作縆音恆縆也又作緪公曾反大索也並非經旨

攫裂 宜作攫九縛居碧二反說文攫爪持也淮南子云獸窮則攫是也

摩伽羅魚 亦云摩竭魚謂魚之王也風土記云此魚海中有鯨魚長數千里穴居海底入則潮上出則潮下出入有時故有上下

無輗 又作軛同於革反亦車輗也壓牛領者也

大方等大集經第一卷

降注 之喻反說文注灌也經文從雨作霔非也

厭人 於冉反鬼名也梵言烏蘇慢此譯言厭字苑云厭眠內不祥也蒼頡篇云伏合人心曰厭字從厂厂音呼旱反厭聲山東音於葉反

第四卷

迦陵頻伽 經中或作歌羅頻伽或云加蘭伽或言羯羅頻迦或言鳩伽皆梵音訛轉也迦陵者好毗伽者聲名好聲鳥也

命命 梵言耆婆耆婆鳥此言命命鳥是也

良祐 力張反良善也亦賢也下古文閻佑二形同于救反周易自天祐之字林祐者助也天之所助也

多伽羅香 此云根香多摩羅跋香此云藿葉香賁紙華紙音直尸反此譯云相應華也云方

第六卷

七卓 知角反卓越也釋名言卓有所卓越也又宜作趠他吊勑教二反趠跳也郭璞曰趠謂懸擲也 九

庭燎 力弔反鄭玄註周禮云樹於門外曰大燭於門內曰庭燎經文作鐐鐐二形又作燎並非也

摩夷 正言摩怛理迦此云本母理為教本故以名焉

第八卷

不肖 先妙反小尔雅云不肖不似也謂不似其先故曰不肖謂僥惡之類也字從肉小聲

煒燁 于匪反下為獵反說文煒盛明皃也方言燁盛也經文作燁非體也

耐磨 奴代反謂堪能在耐也耐能也蒼頡篇耐忍也

穿押 古押反尔雅押輔也謂押東也經文作甲非也

第九卷

援助 于眷反謂依援護助之言也

窯師 餘招反說文燒瓦竈也通俗文陶竈曰窯也

第十一卷

村屯 徒昆反字書屯亦村也廣雅屯聚也音才句反

摩納 或云摩納婆或云摩那婆或云那羅摩那皆是梵音訛轉耳此譯云年少淨行亦云人也

第十二卷

揵椎 直追反經中或作揵遲案梵本臂吒揵稚此云打揵椎此云所打之木或檀或桐此無正翻以彼無鍾磬故也但推椎相應所以為誤已久也

羅笔 或言洛沙此譯云紫色也又勒叉此譯云紫色也應云

憍奢耶 也此譯云蟲衣謂用野蠶絲綿作衣也應云俱舍此云藏謂蠶在繭中此即野蠶也

趍走 又作趨同且踰反釋名疾行曰趨疾趨曰走

圊廁 七情反廣雅圊圂廁也皆廁之別名也

瓌異 又作瓌傀二形同古迴反傀美也廣雅傀偉奇玩也

禦之 古文敔同魚舉反禦當也亦止也爾雅禦禁也謂未有而預防之也

娑咩 弥介反

嘍濘 洛口反下如定反

婆坻 丁礼反他礼反羅鞮羅鞮他礼反

婆䟡 直知反

第十五卷

劫波育 或言劫貝者訛也正言迦波羅高昌名氎可以為布罽賓以南大者成樹以北形小狀如土葵有殼剖以出華如柳絮可紉以為布也紉女鎮反

僂躄 力知反僂曲也下必尺反躄不能行也字從止

跛蹇 又作𤿺同補我反下居免反字林跛蹇行不正也

窊面 一瓜反廣雅窊下也文作洿一胡反洿池也經

櫨欂 來都反下蒲麥反說文欂櫨柱上枅也三蒼柱上方木也山東江南皆曰枅自陝以西曰楷枅音古奚反

怡懌 古文嫛同翼之反下以石反爾雅怡懌樂也註曰怡心之樂也懌意解之樂

棨也經文作津液之液非也

監領　古文䰾同公杉反方言監察也亦覽也經文作鑒非體

輨轄　古緩反下又作舝鎋二形同胡瞎反方言輨軑鍊轄也關之東西曰輨亦曰輨謂軸頭鐵也鎋鍵也經文從竹作管非體也

縶紖　又作絼紖二形同直忍反謂牛鼻繩也廣雅紖索也經文從革作靷餘根反說文靷軸也非此義也

旒幢　字書作旒同呂周反謂旌旗之垂者也天子十二旒諸侯九旒是也

第十六卷

焦悴　子遙反焦燒也下古文瘁同其季反字林心動也說文氣不定也

蚩笑　充之反蒼頡篇蚩輕侮也經文從口作嗤非體

第十七卷

郁鳩　於六反

鳩攡　力知反

蔚者　於貴反

躧婆　力計反

第二十卷

唏隸　呼几反

嘍棃　力口反經文作嘍非也

斫嗽　云六子由反

滕伽　私七反經文作膝非也

提蘘　而羊反

薩陀　徒多反經文作馳非也

茂睼　吐奚反經文作睇非也

遁走　今作遯遂二形同徒頓反遁逃竄雅通避也

第二十一卷

刀戟　居逆反字林有枝兵器也長丈六尺釋名戟格也言有枝格也

碻磕　苦角反孟子曰磽瘠瘠地也今亦取此

确瘠　苦角反磽說文物堅觀謂之碻今取其義

奎星　傾圭反

婁星　力侯反

昴星　亡飽反

觜星　子髓反

第二十二卷

嘻隸　虛基反

究舶　竹旒反

婆紙　昌氏反

陀睼　吐奚反

涅婆　以結反經文作涅乘也

至胗　胡眼反經文作胗非也

仳他　父美反

薜荔　蒲細反下力計反正言閉麗多此譯云祖父思是餓鬼中最多有也或言餓鬼

尼韜　他刀反

奠煎　於大反

陀喃　或作諵喃二形同女減反

眼那　丑上反經文從口作喉非也

兵革　古核反單旅之事曰兵革謂兵器雜有皮革月國語定三革貫達曰甲胄者三也禮記革車兵車也五刃曰兵也

第二十三卷

啅啅　陟角反

兜抗　都侯反下樑牛反

羅綖　尸騷反

鞞呼　匹尤反

噢喃　於六反

伽悢　力尚反

云大

低羅　丁奚反經文作羝非也

挻埴　尸延反下時力反案挻柔也擊也亦和也埴土也

十二

第二十六卷

手探　他含反說文手遠取曰探又音他闇反探試也

伶傳　歷丁反下匹丁反三蒼伶傳孤獨也亦孤獨兒也

第二十八卷

膗囊　囊之反下而羊反

咳呿　於六反下羌慮反經文從豆作咸乘也

膃摩　一兀反

蹶比　巨月反

第二十九卷

迦睇　他第反一音徒計反依字傾視曰睇

霖雨　力金反左傳雨自三日以上為霖爾雅久雨謂之淫淫謂之霖

係心　古文毄繫二形同古詣反係縛也繫束也

大集日藏分經

第一卷

僧伽藍　舊譯云村此應訛也正言僧伽羅摩此云眾園也

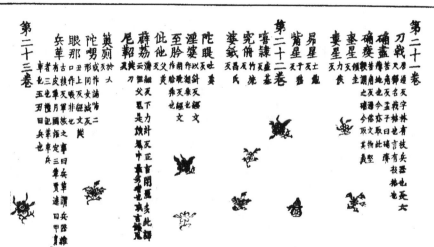

生挑　他堯反聲類挑抉也謂以手抉取物也抉烏決反

俱蘭吒華 或云具蘭茶華也譯云紅色華也

第二卷

逋沙 布吾反又作補婁沙或言富留沙皆訛也正言富盧沙此言士夫或言父夫經中或作甫訛也

仳必 匹視反

羅麼 莫可反

云六

邏謎 莫閉反

儋頷 都感反

十三

馺跋 蘇合反

娑郅 丁結反

唖隷 因賣反

摩爹 徒可反

鉢斯 力可反

羅移 是葉反

三姥 亡古反

咥喊 呼丑一反下呼戒反

惡踏 君鳥反

窣朱 桑沒反

迄嘍 一禹反下勒口反

伊儸 力戢反

系毗 下第反

第三卷

嗆句 烏感反

瞰提 充夾反

頻婆人 案佛本行經云頻婆羅此數當十兆也

第四卷

培韗 蒲口反未二反

阿紖 女紟反又女鎮反

坒經 扶必反下徒結反

姦宄 居美反國語竊寶為宄因宄之財為姦也說文宄盜也左傳在內曰宄在外曰宄又云亂在內曰宄

第五卷

顴頷 又作顴同力侯反埤蒼頰骨也下胡感反方言頷頤也

腥臊 又作胜同先丁反下又作鱢同桑勞反通俗文豕臭曰腥猳臭曰臊猳音加

第六卷

羸瘠 古文膌同才亦反說文膌瘦也瘠亦薄也

蠅蛆 千餘反通俗文肉中蟲曰蛆三蒼蠅乳肉中曰蛆經文從虫作蛆子餘反蝍蛆蜈蚣也又作蛆說文蝍也二形並非經義

得臛 呼各反王逸注楚辭云有菜曰羹無菜曰臛

薗蘿 又作韲同子奚反韲齏也通俗文淹韭曰韲醯醬所和細切曰韲全物為菹今中國皆言韲江南悉言韲

云六

春標 相傳力甚反正言棟答臺中也亦言梁或言極

十五

掌柱 物掌取孟二反今謂邪柱為貞也經文作核非體也

妊娠 書腸反懷胎為娠漢書孟康曰娠音身今多少娠作身內通也詩云大任有娠异也

東暍 又作暍暍二形同於歇反謂傷熱煩悶欲死也

石擽 力的反擽擽也說文作擽相擊也

第七卷

娜那 所簸反龍王名依字擊類刪定也三蒼刪除也

屏中 屏併二形藩定俾井二反圊圂屏廁也說文屏蔽也

乳哺 蒲路反淮南子含哺而與許叔重曰吊鵝食也字林哺咀食也謂口中嚼食

不憚 徒旦反詩云豈敢憚行注云憚難也亦畏也

第八卷

人壓 烏篋反黑子也說文中黑也

翌軫 夷職反下之忍反出方宿名也翌亦作翼也[illegible]地宿也謂此二宿在楚之分

呰吉 蘇計桑餞二反此火天也姓些古利多耶尼

拓地 古文膀袥二形今作拆同他各反

剛毅 魚既反說文毅有決也孔安國注尚書云殺敵為果致果為毅

親昵 又作暱同女栗反尒雅昵親近也又云昵亟也親昵亦數也

炒麨 古文著黑愿銀四形今作飯隺塞四民月令介炒古文奇字作慣同初交反方言熬馬煎熬火乾也

慎憊 備音皮逼反古文憋備二形今作憊同居拜反憊疲慎也廣雅憊不安也

嘲戲 又作啁同竹包反蒼頡篇云啁調也謂相調戲也

第九卷

蜎飛 於全反字林蟲皃也動也或作翾呼全反飛皃也

云六

桁摵 胡郎反下所戒反通俗文云拘罪人曰桁械謂穿木加足曰械大械曰桁

十五

他佟 音是又時移反依字尒雅移佔恃也注云今江南呼母爲社

䯞䯞 苦骨反廣雅䯞勤也埤蒼力作也

喫噉 口逆反謂喫食也

第十卷

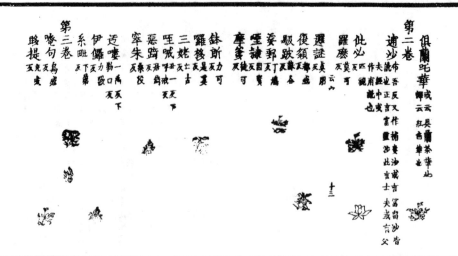

燀身 声類作燀燀二形字詁古文燅燀二形今作燅同詳廉反通俗文以湯去毛曰燅經文作爓宷說文手音皆余贍反又羊占反火爤爓也爓非經音

嗽於　又作欶同山角反欶吮也嗽丈從口作數俗字也吮子究石串二反

刀砧　又作椹碪二形同豬金反鈇砧也

烙口　力各反謂燒炙物著人曰烙經文作爍式酌反消爍也

大集月藏分經

第一卷

囉唠　烏礼反空又作詩依字義囊雅詩響声也

掁觸　說文作揨拄也音紂庚反字統作攖尤庚反掁觸也又蟲敞燕觸系作敞音丈衡反

第二卷

齊鼓　今清樂中有此鼓鼓面安齊故云齊鼓也

鐵鼓　力占反謂以毛為毳華為兩面用拔擊之者也經文作蓋非也

矛穳　又作鉾𥎦二形同莫侯反說文矛長一丈建於兵車下千乱反廣雅穳謂之鋋鋋小矛也今江湘以南溪人工用穳鋋音蟬溪音口奚反經文作纂非射也

胆佞　千餘反謂胆婼也下如定反謂媚也字從女從仁論語惡夫佞者此即從女之義左傳云寡人不佞不能事父兄此即從仁之義

登祚　祖故反祚位也又國語去地之所祚貫達曰祚禪也亦福也祥也

狡猾　古爪反下胡刮反方言凡小兒多許或謂之狡猾猾亦亂也三蒼猾黠惡也

佛仍　又作訒礽二形同而陵反廣雅云仍重也因也乃也

第三卷

塵曀　古文墳同於計反小尒雅云曀陰闇昧實也尒雅陰而風曰曀㾜云云曀亦曖也使日不明禪也

怨讎　視周反三蒼怨耦曰讎讎對也尒雅讎匹也

螽鼠　宜作鼮鼨文作鼢同之弓反今雅鼠說文即豹文鼠也經文作螽尒終蟲名也

訓狐　閑西呼訓侯山東呼謂之訓狐即鵂鶹也一名鵂鶹經文作熏胡非躰也

土梟　古彫反惡鳴鳥也說文不孝鳥也經文作兜梟或作梟梟非也

蔚茂　於謂反蕃頓云草木盛兒也名息塞也言物滋蔚亦茂盛也

期尅　栗基反下口勒反言必當也經文作剋非也

第四卷

蕃息　父袁反蕃謂滋多也息塞滿也今中國謂蕃息為蟾息音芳万反同時一蟾亦作此字說文生子脊均也或作蟾

第五卷

羅媿　普詣反

系扞　胡計反下公旦反

海島　古文隝同都道都皎二反說文海中有山可依止曰島釋名島到也人所奔到也亦言島人物所趣如鳥之下也

迦利　或名歌利王論中或作迦藍浮王正言羯利王此云鬪諍王也

第六卷

佉伽婆沙　又作泥伽昔謬也正言竭伽出譯云犀牛觸音去謂反眦沙拏此云角

線呵　又作綫同息里反天幢女名出依字又作綫檑文作緤謂壯麻有子老也

陂濼　筆皮反下匹莫反大池也山東名濼幽州名淀音殿今亦通名也經文從水作泊借音非躰也

第七卷

純淨　時均反謂事一不雜也方言純好也大也說文作醇說文麤酒也又作淳濃之淳其義一也

尸佗　又侘詫韓二形同勑嫁反乾闥婆名也

黃虵　翼厨翼䕫一反此龍名也

莔瞿　莫光反

僂伽　瞿弘反

黜婆利　九嚴反

梟何　息里反

黠乾　一等反

讁罰　都革反通俗文罪罰曰讁字林讁罪過也責也說文罪之小者曰罰罰亦折失也

第八卷

婆涑　桑筷桑穀二反依字濯生練曰涑去青姉曰浣一云以手曰涑以足曰浣也

雷鼓　力迴反周礼雷鼓鼓神礼鄭玄曰雷鼓八面者也

第九卷

讇韗　是益反下蘿述支國名也

鄯善　時戰反漢書本名樓蘭因傅介子斬某王攘更名鄯善在烏耆國南陽關外也

黝羅　烏要反阿黝羅王名也

第十卷

遮嗟那　勒稽反國名也依字讀集云嗟嗟語不正也

曰虹　胡公反江東音絳尒雅音義云雙出鮮盛者為雄雄曰虹闇者為雌雌曰蜺又作蜺五奚反

圯坼　父美反下恥格反尒雅圯毀也坼毀也尒雅圯覆也廣雅坼分也

大威德陀羅尼經

第一卷

瞸眼　又作䀹同大莢反通俗文一目眨曰謂瞇目視白也眨音莊狹反

睗眼　式亦反說文目疾視也

眇眼 亡紹反說文一目小也釋名目匡陋急曰眇眇小也

矓眼 他莽反字林目無精直視也亦失志皃也

暗眼 一決反說文目深皃也

眹眼 若儆反蒼頡目少精也說文目不相聽也

睒眼 式冉弋冉二反說文暫視也

睉眼 子戈似戈二反字林小目也

睍䁷 下參反下胡本公困二說文睍目出皃也䁷大出目也謂人目大而突出 䁷口

眹眼 徒結反字書目出也經文作眣蠛惟也眣非經義

眅多 匹軒匹諫普板三反說文眼多白也春秋傳曰鄭游眅字子明是也

膫戾 力鳥反下力計反不正也謂相亂膫也經文作膫力膠反脂膫也膫非此義

㒶剌 且遼反方言凡草木刺人關西謂之北燕朝鮮列水之間謂之茦茦音初責反

懸䁷 又作齊同於卤反喉中內也釋名云齊擁也謂氣至擁塞也經文作甕非也

第二卷

羶臭 說文羴或作羶同失然反羊臭也

悖直 蒼頡解詁云古文𢘸同都屯反說文惇厚也方言惇信也謂誠皃亦樸大也 云示

十八

第三卷

洲潬 徒亶反尒雅潬沙出也謂水內沙堆也經文作埏音延埏道也埏非字體

那俙 呼几呼貴二反

婆蕭 方爲文

訢𧿹 虛斤反

第四卷

恐𢢞 呼嫁反詩云反予來𢢞箋曰距人也𢢞亦言恐𢢞威言恐𢢞皆一義也

第五卷

冊地 楚責反

黫茶 一奚反

虱𧌒 所一反下作皆反

多霄 力鼓反星宿名也

第七卷

勃嘍 力口反

龜豆留 渠龜反經文作𪚦非體也

嘔多 烏侯反

阿㒶那 此云山羊正言易刺擊摠言麞鹿等名也

蘇迦吒 莫可反此云鸜鵒

跋茺 拏嫁反

羅斃 蒲計反

利鈇 方于反莝刃也亦云橫斧說文鈇莝斫也謂生刃也公羊傳云不忍加之鈇質是也

嚶嘍 於求反

囉咤 竹嫁反

娑𡄙 以朱反 云六

十五

七澌 羊以反下斯奚反

第八卷

指麾 字詁今作撝同許皮反手指曰麾謂旌旗指麾衆也因以名爲周禮建大麾於田夏后氏所建也

黰羅 於紕一子二反從頞婁羅至黰羅破此數名也亦不定也

第十一卷

狗齩 又作𪘂同五狡反中國音也又下狡反江南音說文齩嚙也經文作𢽾苦交反經𢇍音也敲非此用

毛毨 布莽反謂毛布也字林𣰿之方文者曰毨通俗文織毛曰𣯶那交曰毨經文作毨非也

郍娜 乃可反

岐蹬 音登

姿喃 女咸反

蜱犂 父棃反

慕羅 莫孤反

第十二卷

閹人 於儉反說文閹豎宮中閹昏閉門者也周禮閹十人鄭玄曰閹精氣閉藏者今謂之宮人也主閉門戶故曰閹也

覢電 又作睒同式冉反說文暫見也經文作閃窺頭也

第十三卷

胆户 丘餘反通俗文肉中蟲謂之胆經文作血非也𧖴二形並非也

羅毦 人志反廣雅毦罽也織毛曰罽也罽音唐

第十四卷

婆啉 力南反依字啉聎也熊也

呞食 又作𪗣齝二形同敕之式之二反尒雅牛曰齝謂食已復吐出也

第十五卷

趂逐 丑刃反謂相追趂也關西以逐物爲趂也

謇吃 居展反下作欵居乞反通俗文言不通利謂之謇吃易云謇難也聲類云吃重言也

第十六卷

評論　皮柄反字書評訂也訂平議也訂音唐頂反

鐵紫　今作策又作蔄同子累反廣雅紫口也方言紫喙也經作觜非也觜似頭反

鵂鶹　許牛反鵂鶹也亦名訓侯一名鵂鶹書伏夜鳴者一名怪鳥

從窠　又作薖同苦和反廣雅橧巢也小雅云鳥雉所乳之窠在樹曰巢在　云六　二十　穴曰窠也橧則恒反

第十七卷

爲捍　又作扞同胡旦反說文扞止也亦蔽也衛也經文作翰高飛也長也翰非此用

垂胡　又作頶咽二形同戶孤反說文牛頷垂下也頤名胡在咽下垂者也經文作壽非膍也

第十九卷

斤斲　居勤反說文斤斫也斤钁也下古文斲同竹角反說文斲斫也經文作斷魚斤反齗齶也齗非經義

韛囊　又作鞴作韛橐顛漢記作排王弼注書作囊同皮拜反所以冶家用炊火令熾者也

而蹶　巨月居月二反說文蹶僵也廣雅僵卧也

法炬陀羅尼經

第一卷

甜婆　平甘反

致姊　奴解反

第二卷

笳吹　或作葭同古遐反今樂中有笳卷笳葉吹之因以爲名也

阿蘭拏　女加反或云阿蘭若或言阿練若吉梵言輕重耳此云空寂亦云閑寂閑亦無諍也蘭音力干反經從口作讕非也

善馭　今作御同魚據反駕馭也謂指麾使馬也凡言馭者所馭之也

鑪鍋　字體作鬲又作斷同古和反方言秦地土釜也

翱翔　五高反迴飛也飛而不動曰翔釋名云翱敖也言敖遊也翔徉也言徉佯也

埻的　云六　之允之閔二反通俗文射堋曰埻埻中木曰的說文射臬也射侯也以熊虎之皮鉼其側方制之以爲埻臬音牛列反也　二十

無垜　徒果反射埵也經文作埵丁果反埵累也埵非此義堋音朋

僮隸　力計反周禮男子入于罪隸鄭玄曰隸奴也隸給也役也僕隸也字從米數聲數字從又從崇數音之頰反

第三卷

挾持　胡頰反介譺挾夔也方言挾識也

寥廓　或作廫同力彫反甲蕃寂寞無人也廣雅寥深也經文作遼遠之意非體也

停憩　又作偈著頌作憩同墟例反余爾雅憩息也今人作憩卧之息也

積中　且歷反廣雅積聚日也燃水貝石者也謂文水者有石曰積也

暴曬　蒲卜反下所懈反說文暴晞也乾也字從日從出從非米字意也艸又作拜同巨出反兩手持也

趣足　千㰲反趣猶纔也說文趣疾也經文作趍予史反疾走也

第四卷

羈縶　又作馽同豬立反詩云縶之傳曰縶絆也又拘執也

坑穽　古文阱汬二形同才性反說文大陷也蒼頡篇穽謂掘地爲坑張禽獸者也

呵叱　蚩逞反叱亦訶也方言呵怒也陳謂七呵亦叱出也

第五卷

阿棃耶　此譯云因岩者亦言藍者

艄櫂　又作棹同馳效反釋名在旁撥水曰櫂方言楫或謂之櫂所以櫂船也

帆挽　又作颿颭二形同扶泛扶汎二反三蒼帆日上張布帆也釋名云船隨風張帳日帆謂船頭風吹以進也忆音並蜂反

餱糧　胡鈞反說文餱乾食也詩云乾餱以愆衛曰般食也經文從米作糇非也

爲掍　古本反輥轉也謂整筷上轉緄也

第六卷

蜱羅　尸桁迷反或作閉尸此譯云肉圍也

猖狂　齒羊反謂變易情性也亦狂嶮也莊子猖狂妄行是也

掩襲　古文說褶二形同辭立反左傳凡師輕曰襲掩云掩具不備也又云使戰曰襲

第九卷

舉措　且故反蒼頡篇措置也又安也亦施也

斯聲　又作嘶同先奚反埤蒼聲散也亦悲聲也

第十卷

菅針　賈顏反爾雅茅屬也白華一名野菅也

貪惏　字書或作惏今亦作婪同力南反亦貪也楚辭衆皆競進而貪婪王逸曰愛財曰貪愛食曰惏

桎梏　之逸反下古木反在手曰桎在足曰梏

云六

苛暴　賀多何可二反說文苛尤劇也暴猥擾也剋急也禮記苛政猛於虎是也　卅二

第十四卷

偉壯　埤蒼作㙦同于鬼反說文偉奇也

積稭　千亂反下又作秸同蘭更反說文忱也謂大數也頹他丐反

第十七卷

儕類　士皆反字林儕等也儕猶輩類也左傳吾儕同儕是也經文作齊者非也

鵂鶹 許牛反下力周反字書鵂鶹鴝鵒也廣雅鵂鶹鵂鶹也亦作鳥也關西名訓侯山東名訓狐說文云夜則拾人爪也

甫此 方父反釋名云甫始也

田疇 直流反國語田疇荒蕪賈逵曰一井為疇九夫為一井也左傳取我田疇注云並畔為疇蒼頡篇田種禾稼也疇耕地也

第十八卷

芟刈 所巖反下千吠反卯芟刈草也芟除也刈猶斫也刈魚吠反

第二十卷

黿虬 魚袁反下渠周反黿大龜也廣雅有角曰虬龍熊氏瑞應圖曰虬龍黑身無鱗甲淮南子女媧之時應服駕驂青虬是也驂音蒼南反

蚑蛷 三蒼音低下諸律中皆作蛷謂大身蟲也其類有四種此則第四種最小者也亙扣吞食也

祁寒 渠夷反尚書本祁寒小民亦惟怨咨孔安國曰祁大也冬大寒民猶怨也

多嘔 又作歐同烏口反歐亦吐也釋名云嘔傴也將有所吐脊曲傴也

一切經音義卷第一　云六

二十三末

一切經音義卷第一（別本）

校勘記

一　底本，明永樂南藏本。

一　一三五頁上一一行首字「模」，磧、徑作「摸」。

一　一三五頁上一二行第九字「綱」，徑作「網」。本頁中三行第一二字同。

一　一三五頁中七行首字「唐」，磧作「大唐」。

一　一三五頁中一四行「華嚴」，徑作「華嚴經」。

一　一三五頁中二〇行夾註右第七字「市」，徑作「帶」。

一　一三五頁下二行夾註左「占文」，磧、徑作「古文」。

一　一三五頁下七行夾註左「鼓皮」，徑作「瞽皮」。

一　一三五頁下九行夾註右「刹土」，徑作「刹度」。

一　一三五頁下一一行夾註左「上田」，徑作「土田」。

一　一三五頁下一六行夾註右第三字「古」，徑無。

一　一三五頁下二三行夾註右「周布也」，磧作「周在也」。

一　一三六頁上末行夾註左第四字「几」，磧作「凡」。

一　一三六頁中一行夾註左「杓枘」，磧、徑作「杓柄」。

一　一三六頁下一一行夾註右「應邵白」，徑作「應劭曰」。

一　一三七頁中一二行夾註右第二字「赤」，徑作「亦」。左首字同。

一　一三七頁中一七行夾註右「賜嚼」，徑作「賜爵」。

一　一三七頁下一三行夾註左末字「比」，磧、徑作「此」。

一　一三八頁上二行夾註左「羨里」，磧、徑作「羑里」。

一　一三八頁上一三行夾註左「音桓」，徑作「音袒」。

一　一三八頁下一四行正文「囉緹」及其夾註「他礼反」，徑無。

一一三九頁上末行夾註右第四字「遂」，徑作「遁」。

一一三九頁中五行「奎星」，徑作「奎星」。

一一三九頁中一七行夾註左「或言餓鬼」，徑無。

一一三九頁中二〇行夾註左「女滅反」，徑作「女咸反」。

一一三九頁中二一行「眼那」徑作「眼那」。

一一三九頁中二三行夾註「革車兵車也五刃曰兵也」，徑作「革車也五刃曰兵革」。

一一四〇頁上三行夾註左末字「父」，磧作「大」。

一一四〇頁中五行夾註左「往結反」，磧、徑作「徒結反」。

一一四〇頁中一二行夾註右「占文」，磧、徑作「古文」。

一一四〇頁中一九行夾註右「勑掌」，磧、徑作「勑庚」。又左「庚也」，磧、徑作「掌也」。

一一四〇頁下三行夾註左首字「弔」，徑作「口」。

一一四〇頁下七行夾註右「比方」，磧、徑作「北方」。又左「二宿」，磧作「一宿」。

一一四〇頁下一三行夾註右「熬馬」，磧作「熬聚」。

一一四〇頁下一九行夾註右「移怙」，磧作「侈怙」。又左「爲移」，磧作「爲侈」。

一一四〇頁下二〇行夾註右「勤也」，徑作「助也」。

一一四〇頁下末行夾註左「羊占反」，磧、徑作「羊古反」。

一一四一頁上一一行夾註右「力占反」，徑作「力古反」。又第九字「華」，徑作「革」。

一一四一頁上一二行夾註左「十乱反」，磧、徑作「千乱反」。

一一四一頁中二〇行夾註右「作泊」，磧、徑作「作泊」。

一一四一頁中二二行夾註左「流澆」，磧作「不澆」。

一一四一頁中末行夾註右「又佗」，磧、徑作「又作」。又末字「勑」，徑作「音」。

一一四一頁下一行夾註「一反」，磧、徑作「二反」。又「龍名」，徑作「鼠名」。

一一四二頁上二行夾註右「他莽反」，徑作「他朗反」。

一一四二頁上七行「睍睴」，徑作「睍眼」。又夾註右「下珍反」，徑作「上顯反」。又「公困二」，徑作「公困二切」。

一一四二頁上一二行夾註左第二字「燕」，磧作「蕪」。

一一四二頁上二〇行夾註左第五、八及一一字「珽」，磧作「埏」。又「字體」，徑作「體也」。

一一四二頁中一五行夾註右「方于反」，徑作「方無反」。

一一四二頁下四行夾註左第一三字「鞋」，磧、徑作「鞋」。

一一四三頁上五行夾註左「書伏」，徑作「晝伏」。

一一四三頁上九行夾註右「扞上也」，徑作「扞止也」。

一一四三頁上一四行夾註左首字「斳」，徑作「劃」。

一一四三頁下四行夾註左首字「慾」，磧、徑作「衍」。

一切經音義卷第二

唐大慈恩寺翻經沙門玄應撰

大般涅槃經第一卷

壽命 視柳反案壽亦即命也壽取一期之名命取人之生分但異名耳說文壽久也釋名云生已久遠氣終盡也又音祖濁反上壽也濁音力敖反

阿利羅跋提河 泥洹經作熙連河皆訛也正言阿尸剌拏伐底阿尸剌拏此譯云金伐底此言有名為有金河尸音許娑反剌音力易反

娑羅 泥洹經作堅固林案西域記云此樹在尸對擊河西岸不遠有娑羅林其樹形類槲而皮青白葉甚光潤四樹特高是如來涅槃之所也

等視 時至反古文眎眂二形今作視同時二反廣雅視效也說文視瞻也釋名云視是也言察其是非也

羅睺 胡鉤反正言曷羅怙羅此譯云障月但此人是羅怙阿修羅以手捉月障月生因以為名也

為作 于偽反下子賀反二反為作也又

晨朝 食仁反爾雅晨早也釋名晨伸也言其光景伸見也

頗梨 力私反又作黎同梵言塞頗胝迦此云水玉或云白珠大論云此寶出山石窟中過千年冰化為珠此言非也西國暑熱土無冰仍多饒此寶非冰所化但石之類也

馬瑙 梵言摩娑羅伽隸或言目娑邏伽羅婆此譯云馬瑙案此寶或色如馬腦因以為名但諸字書旁皆從石作碼碯二字謂胡人其刀也

號哭 胡刀反爾雅號呼也說文號呼也亦嗥也經文作唬左傳云唬虎聲也非此義

涕泣 他禮反涕泣淚也經文從口作嚏非也

哽噎 古杏反下於結反說文哽食骨留咽中也噎食不下也

逮得 徒戴反爾雅逮及也說文逮及也亦逮遝也經文作逯非也

漱口 所救反說文漱盪口也經文作嗽欬也非字體也

解未 古買反

紹三 市沼反爾雅紹繼也說文紹緊糾也

充足 子欲反又子住反充足也

其義 如下於蓋反

震動 之刃反公羊傳曰震動地也

戰掉 徒弔反廣雅掉振也又作掉搖也

菩摩 古文旬苑二形同

縉縷 所劣反說文縉帛赤色也

轅楄 之熱反

廁填 初吏反下徒堅反廣雅填塞也滿也

駿疾 子閏反

由旬 或言踰闍那或言瑜繕那此云限量

悵恨 丑亮反

哽食

三

所惡 烏故反說文惡過也

樓櫓 力侯反

寶孔 古文作竅同苦弔反說文竅空也

涕唾 吐臥反

毀呰 古文呰訾二形同子爾反說文呰呵也

悵怏 勅亮反說文悵望也怨也

富饒 古文饒二形同而招反

駟馬 相利反說文駟一乘也四馬為駟

從廣 子容反南北曰從東西曰廣

多羅 七寨八十尺形如棕櫚其葉長廣

食之 東印度界其多膳也

甘膳 上諸延反周禮膳夫掌王之食飲膳羞也

紺瑠 古暗反說文帛深青揚赤色也

倚林 於綺反說文倚依也

一奇 非此義美

賊婆 又作此同

樂香 五孝反

嵬魅 古文魅鬽二形同

焚身 扶云反說文焚燒也

梟鷹 古堯反說文梟不孝鳥也

鷲鸐 梵言

鷃䳄 於蓋反鶡或作鷃同亡南反梵言叔並

婆嗜 殿綦反依字害嗜和樂聲也

蓊鬱 烏孔反下於碣反蒼蔚兄也鬱林木叢生也

作倡 齒亮反說文倡樂也倡儛也謂倡俳戲笑也

白鶴 古文鶴今作隺同何各反古今注云白鶴千歲則變蒼又千歲則變黑所謂玄鶴是也文有作鶴胡哭反廣志云鶴形似鵝色蒼黃

雕文 古文彫琱二形今作彫同都聊反說文彫琢文也三蒼雕飾也字從彡今皆從隹作雕彡音先廉反

欄楯 力千反謂鉤闌也今皆從木作欄下食允反說文欄楯也從曰欄橫曰楯長也

矛矟 古文或鉾二形同莫侯反說文矛長二丈建於兵車也經文有作牟說文牟牛鳴也廣雅牟過也受也非字作矟山卓反埤蒼矟長丈八尺也經文有作矟所交反木名也或作梁呼人也俗字也

金椎 直追反蒼頡篇椎打物也桊說文鐵爲黑金故名金椎也

鉞斧 古文戉同爲發反說文戉大斧也一云鉞鐵也音橫大鈔也

罥索 三蒼古文作䋝同古犬反聲類云罥係取也

怛垤他蹄刀兒反計晰晰防轄反羅蹄計曷勞

魯反叉魯隸摩訶曷勞魯隸阿羅長聲磨羅摩

亥貨反羅莎訶

諛諂 以朱反下又作讇同丑冉反不擇是非而言謂之諛希其意道其言謂之諂周書面從曰諛三蒼佞言曰諂是也經文有作論古文論今作喻同翼樹反喻告也警隸也論非經旨

應時 於證反如譬應聲也亦應也

摩醯 字林呼奚反譯云大自在天也

芬馥 數雲反方言芬和也郭璞曰芬香和調也下扶福反字林馥香氣也

爲向 許亮反說文向北出牖也

玫瑰 字林莫回反下胡魁反石之好美曰玫圓好曰瑰郭璞云玫瑰石珠也

蝮蠍 芳六反三蒼蝮蛇色如綬文文間有鬣貫鼻上有針大者長七八尺有牙最毒史記蝮螫手即斷是也蝎音歇毒蟲尾有刺也

灑地 所買反通俗文以水撲塵曰灑謂以水灑散

第二卷

云七

除去 鑒輿反去稽除去也

沙鹵 力古反謂磧薄之地說文鹵西方鹹地也故字從西省下象鹽形也天生曰鹵人生曰鹽鹽在正東方鹽在正西方也礀字音書角反鹵

四

拯及 又作拼揰二形同蒸上反說文拯上舉也謂救助也

消化 呼莊呼霸二反說文化變也謂變化無常也

先巳 蘇見反寨先猶先也

牧牛 莫祿亡福二反三蒼牧養也方言牧飼也

蠲除 古玄反言南楚疾愈謂之蠲郭璞云蠲除也

所呑 土根他田二反說文呑咽也廣雅呑咽也

觀行 古九古玩二反說文觀諦視也釋名觀望

菆草 古文芻同測俱反小尒雅云稗謂之菆所以飼獸曰菆

家嗣 古文孠同辭利反雅嗣繼也义續也

乞匃 古頼反蒼頡篇乞行請匃也字體從人從亡言人亡財物則行求匃也

蜂螫 舒赤反說文蟲行毒也關西行此音又呼各反山東行此音蛆知列反東西通語也

漂疾 匹妙反又撫招反漂猶急流也

忉利 此應訛也正言多羅夜登陵舍天此譯云三十三天

黿鼉 魚袁反三蒼似鼈而大也字體從黽從元鼉徒多反三蒼似蛟而大山海經云工求尺鼉郭璞曰似蜥蜴大者長一丈有鱗採皮可以爲鼓

囹圄 力丁魚㠯反獄名也素賣雅夏曰臺拘湯是也較曰表里衬㕜文王是也周曰囹圄獄之別名也周禮三王始有獄釋名云囹者領也圄者禦也謂領誠因技禁禦也禮記仲春省囹圄是也

俾倪 三蒼作顆倪又作殺屍二形字林音來普埴反廣雅俾倪堞女墻也埤普云城上小垣也釋名云言於孔中俾倪非常事也亦言陴助城之高也或言女墻言其卑小比於城若女子之於丈夫也或言堞取其重疊之義也

羈鎖 今作羇同居宜反華絡馬頭曰羈糶名羇撿也所以撿持制之也領桑罤貝反從宇從小

醒悟 思挺思定二反字林酲除也

眠眩 說文作瞑同士見亡田二反下俠涓胡編二反廣雅瞑眩亂也亦亂不明也䋐文作恤士善反恤勉也勤也恤非此義耳

巧出 昌遂反案出亦出也毛詩出言有章是也

頑嚚 吳鰥反魚巾反左傳心不則德義之經爲頑口不道忠信之言爲嚚是也

奉祿 防用反奉與也所以奉百官也今皆作俸

師範 所飢反周禮師氏鄉史日教人以莊之稱也謚法曰溫故知新曰師尊嚴崖岸曰師下今作范同音化本稚范法也謂揩式法則也通俗文壞模曰範是也故字從竹氾聲說文古法有竹刑以土曰型以金曰鎔以木曰模以竹曰範四者一物材別也

偶成 字林五口反偶合也尒雅偶過也郭璞偶尒相依也

麥戴 麦戚反麥槺也宲諸者所無趣書有人姓姚名戴書此字也雅

飲餧 鑄鴉反餧說文作荽同忝偶反廣雅餒飢也

除愈 古文瘉同瘉主反方言差愈說文瘉病瘉也

第三卷

責索　阻革反說文責求也經文作債阻解反近字者耳

無所　飾呂反三蒼所處也所謂穢也在也綿文有作蒼索郭璞注尒雅於于皆語之陳絶絆也二形通用

不汚　於故反又音烏字林汚穢也汚塗也

脫故　吐活反脫易也尒雅脫的曰脫之剝其皮曰脫也

屏隈　補定反隈烏恢反說文水曲隩也屏隈謂隱蔽之處也

規欲　又作頻同九犬反規計也規亦求也謂以法也字從夫見言丈夫之見也　規矩者也

教詔　居效反諸曜反三蒼教誨也勑也詔告也廣雅教語也尒雅詔導也郭璞云詔謂教導之也

勸勵　力制反小尒雅云獎勉勵勸也謂相勸勵也

抄掠　古文抄剿二形今作鈔同初教反下掠聲類作剠同力尚反字書抄掠也通俗文遮取謂之抄掠言強奪取物也

斑宣　案古書或作頒同補姦反頒通也

臺曹　徒登丁鄧二反韻集云失卧極也如文作瞪借爲徒登反瞢云登武鄧二反瞢亂悶也謂閻亂

沮壞　才與反三蒼沮漸也敗壞也經作燋才呂反云財醯器也一曰壞也肉机也　云七　六

姐并此義也

第四卷

深邃　古文篠同私醉反說文邃深遠也

乳養　而主而注二反說文人及鳥生子曰乳廣雅乳生也

嬰兒　於盈反三蒼女曰嬰男曰兒釋名云人始生曰嬰兒胷前曰嬰抱之嬰前而乳養之故曰嬰兒

多含　字林從玉作琀諸書從口作唅同胡紺反穀梁傳曰貝玉曰含口實資人含與也今事其豪

天壽　於驕反說文夭屈也廣雅夭殺也夭折也字從大丿形不申也又不盡天年謂之夭取其義也

甘嗜　古藍反廣雅甘樂也嗜亦貪也甘嗜無厭足也

毫氂　字倂作氂力之反說文強曲毛也毫克十毫曰氂也

皮革　古核反去毛曰革謂變更之故爲皮革字也

被服　皮寄反謂被帶也經文有作披匹皮反披散也字林披張矣

伺鼠　相恣先吏二反伺候也察也

星宿　思育反釋名云宿宿也言星各止住其所也

種植　時職反植謂根生之爲植也

蠱道　功戶反蠱類弋者夭蠱蟲物病害人也說文蠱腹中蟲也謂行蟲毒也

摴蒲　勑於他奴二反謂收擲也博物志曰老子作之用卜今人擲之爲戲也

滋蔓　古文孖𡟟二形同子夷反下無顧反左傳無使滋蔓服虔曰無使其惡益延長也經文作漫讀喚反浸漫非義也

淤泥　於據反謂水中泥也字林淤澱滓也

素在　蘇故反方言素本也

歷穭　空外反謂空鹿盧蘊也通俗文米皮曰穭　云七

陶家　又作匋同徒刀反字林大牢反案西七史記陶家尼丘者也三蒼陶瓦器也

林微　作蔭同者借爲又音家舜始爲陶焉

天祠　梵言也因園以名爲陶公春秋傳曰祭天

子璫　都堂反謂以金飾耳珠也

角力　古文斛同古岳反禮記孟冬習射御角力也

第五卷

誠也月令角斗甬說文平斗斛也漢書作角量注周禮云角稱也古音義曰角作

木槍　千羊反說文槍距也三蒼木兩頭銳曰槍經文作鎗楚庚反鎗鐺也非此用也

博弈　古文簙同補各反方言博或謂之棊自關而東齊魯之間皆謂棊爲弈

燈鑪　又作爐同力胡反火所居也謂凡盛火之器曰鑪

卷縮　奇負反聲類亦卷字詩云有卷者阿傳曰卷曲也

傅以　古文附之務反漢書皆凡言傅者傅益也傅著也

煙氣　於賢反說文火氣也是也

清夷　羊脂反字從大從弓

聲聳　文又作斯悲同蘇聲也

蜱麻　字宜作萞同蒲螕反毘二形三蒼萞麻布似其生者也蜱音卑也

日暴　蒲報反說文暴晞也乾也經文作暴從日從出從廾從米亦字意也作拜從

振爆　布孝反三蒼爆起也謂皮散起聲

泛長　又作汎同孚劒反說文浮也

莖幹　工旦反說文本也主也廣雅榦本也

門閫　又作梱同苦本反三蒼門限也

三跳　他吊反

穀積　子賜反

第六卷

侵嬈　乃了反謂嬈擾也郭璞云嬈弄也

妬懋 古文懋同卑滅反方言懋惡也郭璞云急性也

稗子 蒲賣反草之似穀者

巇隟 古文京同丘逆反隟壁也說文壁際孔也廣雅隙裂也字從旨從白上下

小經文作郤地名也聲類 云郤鉤在河内郤非鉀旨

儲君 直於反儲備也蔡邕勸學云儲副君也

篡居 又患反說文云逆而奪取曰篡介難 篡取也奪位曰篡字從算從厶音私 八

云七 戟君之法理無外聲故 技厶也算音蘇卯反

弱冠 古玩反禮云男子二十冠而字成人之道也宋男子年二十加衣服始著

誑篇冠釋名云二十曰弱冠 言餘成人而冠儒尚弱也

躃地 所反反謂 躃倒也

什物 時立反三蒼什十也什聚也雜也亦會數之名也又謂貲生之物也令人

言字產器物錯云什物物聊器也江雨名 什物北土名五行史記彈作什器於書丘

蓑害賁人鶚田宅 什罷並是者也

隄塘 古文陁同都奚反下徒郎反說文隄塘也尒雅隄謂之梁李巡曰隄防也

障也漢書無陁之與 韋邪曰積土為封限也

穿決 周易蓄決不嬴王鴉徐毽等音曾冘 說文胡玦反下流也又音古如反廣 雅穿也謂 穿破也

淋漏 力金反三蒼淋漣水下也

耘除 禹軍反除草也經文作芸字與貢同 草名也似苜蓿月令仲冬芸始生疑是 也芸非 經旨

裁有 在災反栽僮也劣也不火也賣雅繞 謝也三蒼繞濮見也篩玄淫讀記周

讀作栽東觀漢記及諸史賈逵注國 語並作蘇漢書作繞隨作無定禮

術賣 古文眩術二形同胡麵公縣二反說文且行賣也廣雅術諡也

第七卷

婷婁 今作娉同匹勁反問婚也 說文聘訪也尒雅聘問也

釜鍑 方日肯鼓二反方言鍑或謂之鍑郭 璞曰錢釜鍑也說文鍑如釜而大口

三蒼鍑 小釜也

散香 蘇躄反說文散 雜也散鲊香也

憒丙 公劉反說文憒亂也丙妥孝 反丙猥也經文作鬧谷字也

治壓 綦甲反愛推擊樂也 經文多作抑非体也

云七 九

華發 古文擬擬二形同 所鐵所解二反

大致 陟吏反致至也說文送詣 曰致三蒼致到也又與也

常翹 祁遙反廣雅翹舉也 郭璞云翹謂懸毛也

爲屐 巨逆反說文長鳥也長 有章有鳥者奔止木也

療治 力照反止痛曰 療療謂治病也

樂味 閻吴反蒼謂 舊粲喜生

木筩 徒東反三蒼筩竹管也說文筩斷竹也方言箸筩也郭璞曰謂盛匕箸也

經文作筒說文徒燥反謂 鋸底篇也今亦為篇字也

鏤斵 古文蠡同竹角反也 斛也說又云鏃研鏃

霸王 今作霸同補霸反國語晉猶霸賈逵 曰霸猶把也言把持諸侯之維也諸 王事臣遺也故字

步屋 使把單拳筆音四各反 侵月篡文曰吳人以步步名桑闔方富 尺蟆又名步屬是也闢音古合反

第八卷

治目 莫鹿莫六二反說文人眼 也象形目彝也亦見也

造詣 七到反說文造就 也廣雅云造詣也

金鐸 實猕反會中稽鯛為鐸夾其 眼膜也經文多作鋽假借耳

鵝雁 五諫反尒雅舒雁鵝孫炎曰鵝一名 舒雁方言一云江東呼為䳘鵝也䳘音如

仿佛 古文竹防蔣声鯔作髣髴同芳 往敷物反謂相似見不諦也

大舶 音白埤蒼舶大船也大者長二 十丈載六七百人者是也

慄弱 三蒼奴碟反 慄亦弱也

謇言 牛世反逆侮文慶語謂之謇部文服 論世声鵝不貴妄言也經文多作闢

案字典謫同役言也今多以是陸 以占二反此或作辭作借耳

撞觸 音斫變反說文撞柱也何承天集文 云撞顧世又作敵特二形也經文多

作業徒當反三萃業杜乘也願 雅社甘業是也儒莽興黃耳

文字品 宇者文字之撤名梵云羅刹羅譯 言無其流轉成言無盡無盡是字 宇存紙疊可得不喉借此不滅以警常住 凡有四十七字為一切字本其十四字妥 言三十三字如是合之以成諸字即名編 字滿者善義以譬常住半者惡義以譬頻 惱雜因半字為字根本得成滿字乃長正 字凡夫無始皆此無明得成常住乃是真 賣故字之為義可以譬道大涅繫經其義 如此案西或悉疊卒本是娑羅貧審天所 作自古造今更無異書但點書之閻微有 不同耳悉疊此云成就論中悉禮者亦悉 曇也以隨則義轉音名為悉檀娑羅賀 摩天者此云淨天借言梵天說略也

字音十四字 裒烏可反 釐力之反 黳烏奚反 藹 汚 奧烏故反此十四字以為音一一聲中皆兩兩字同長短為異皆前聲短後聲長 阿 壹 伊 塢烏古反 烏 理 菴 惡 此二字是前惡阿兩字之餘音若不餘音則不盡一切字故後取二字以窮文字也 比聲二十五字 迦 呿 伽 咺其柯反 俄魚賀反 舌根聲 凡五字中第四字與第三字同而輕重微異 云七

遮 重 車 闍 膳時柯 十 若耳賀反 舌齒聲 吒 重 咃丹加 茶 咤佇賈 拏 上咢聲 多 他 陀 馱陁柯 那奴賀 舌頭聲

婆 頗 婆 婆去 摩莫个 脣吻聲 虵 重 邏盧桐 羅李新

縛 奢 沙 娑 呵 此八字超聲

金礦 古文卝字書作磺同孤猛反說文礦銅鐵璞也經文卝周禮卝人掌金玉

之地劉昌宗侯猛反又音口猛反注云界之言礦金玉未成器曰非兩義大同初以智體為正也

月蝕　神䤊反周易云月盈則蝕釋名云日月虧曰蝕稍稍侵虧如虫食草木葉也漢書云日月薄蝕韋昭曰氣往迫之曰薄虧毀曰蝕也

彗星　蘇醉反字林囚芮反釋名云彗星光稍稍似彗尒雅彗星欃槍孫炎曰敘星也四曰彗郭璞曰亦謂之孛釋名云言其孛孛然似埽彗也欃音叉銜反槍叉行反

第九卷

廝下　又作嶄同思移反廣雅廝謂命使也字書廝役也謂賤役也漢書廝輿之卒張晏曰廝微也韋昭曰析薪曰廝炊烹曰養

怖遽　渠怸反廣雅遽畏懼也疾急也經文有作懅書史所無唯郭璞注本琳釋言中陵懅也作此字二形通用出

咄善　字林丁兀反說文咄相謂也字書咄叱也

窑緻　又作縫同馳致反緻亦密也

鬱烝　於物反尒雅鬱氣也李巡曰鬱盛氣也烝之勝反說文烝火氣上行也

乳哺　蒲路反哺含食也口中嚼食也而經文作鋪字與哺同博胡反謂申時食

創皰　古文刅刃二形同楚良反說文創傷也經文作瘡近字耳又音楚恨反創始也非今所取皰又作皰同蒲孝反說文皰面生氣也經文作皰猶倸字耳

瘠下　又作𤺊字林同竹世反瘠赤利病也關中多音滯二蕃瘠下病也釋名云下重而赤白曰䐜言膌而難差也經文作𡚱字與坻同知列反虫望也又作哲了智也二形並非經旨

著後　中慮反著之言處廣雅著猶也亦立

第十卷

祠祀　徐理反祭無已也謂年事祭祀家敬無已也尒雅祭祀也合人曰祀地祭也禮記王者為群姓立七祀諸侯五祀大夫三祀士二祀庶人一祀或祀竈鄭玄曰此

非大神所祈大事者小神居民閒曰小遇作讀告者也

輕躁　又作趮同子到反周易震為躁躁躁也躁擾也論語曰言未及而言謂之躁躁玄曰謂不安鄭也

口爽　所兩反爽敗也楚人名羹敗曰爽也

悵快　又作𢙾同丑亮反說文悵望恨舍也於亮反說文快心不服也蒼頡篇快懟也

唐捐　徒郎反以專反棄唐使也徒空也說文捐弃也

怡悅　古文嬰同弋之反尒雅怡樂也方言怡喜也說文怡和也

姝大　充朱反說文姝好也色美也方言趙魏燕代之間謂好爲姝

傀異　又作瓌同古回反傀美也方言傀盛也說文傀偉也偉奇也廣雅傀偉奇也既也

澌灌　手賣反說文澌灌也謂灌注也

診之　說文之忍反診視之也蒼頡篇診候也聲類診驗也三

恕已　尸預反蒼頡篇恕如也聲類以心度物曰恕也

綜習　子宋反三蒼綜理經也謂機縷持絲交者屈繩制經令得開合也

羸瘠　古文膌𤺊三形同才亦反說文膌瘦也

第十一卷

習習　經文從彡作習害經此字近人加之

噦噎　於越反說文噦氣啎也通俗文氣逆曰噦也

痳瀝　力金反聲類痳小便也說文水沃也廣雅小便數也淋瀝也經文作淋非此用也

懟恨　古文懟同直類反說文懟怨也廣雅懟恨也

欠款　又作𣣋同丘庶反通俗文張口運氣謂之欠款也

不御　魚據反御使也侍也進也

蟠龍　蒲寒反廣雅蟠曲也方言未昇天龍謂之蟠龍經文作𧋍古字

通用也

霧翳　亡救反說文霧夜也廣雅霧晦也亦中分也

麒麟　渠之反力真反公羊傳麟有肉角仁獸也說文麒麋身牛尾一角並非經文也

僧坊　甫馬反說文坊別屋也字林坊邑里也

脫能　吐活反謂他外也脫不定之辭可

坐肆　相利反謂陳貨物處也經文作肆非也

氍毹　具俱反下山于反通俗文織毛褥謂之氍毹經文作毼

髮毛　上音他頰反云以毛為飾也

衣　施於志反

羲

妻子　此也茸非此義也經中作妻子字本非也

冊枕　叉麥反說文冊符命也

六博　說文局戲也六箸十二棊也古者烏曹作博

拍毱　渠六反毛丸可蹋戲者也

擲石 案漢書甘延壽投石拔距狄史注云飛石重十二斤爲機發行三百步証壽有力能以手投之也
卜筮 時世反禮記龜爲卜蓍爲筮卜筮者所以決嫌疑定猶豫故疑即筮之字體從竹從巫筮者揲蓍取卦折竹爲文故字從竹也揲食列余列二反
遍耳 經文有作身字恐傳寫誤意也
第十二卷 云七
腦胲 依字說文古才反足大指也恐非本用案字義宜解音戶賣反謂腦解也十三 案纂上依經解三十二相中二知來頂骨無解是也諸經中作頂骨堅實同一黃也或古字耳
腨骨 或作踹同時兗反說文腨腓腸也字從肉耑聲
柱髀 古文䏶同蒲米反比人行此音又脛余反江南行此者鄉名髀半也在下
番也經文作胜胼此並俗字非體也
髖骨 或作髖同口丸反埤蒼髖兒也說文髖髀上也
領骨 胡感反方言領頤也郭璞云領車也南楚之外謂之領秦晉謂之頷領顧今也
忞態 亦通強所古文以語耳輔持字也釋名云輔車也言其相輔持也
視瞚 所子作瞬通俗文作晌同戶閏反說文瞋目開閉數搖也云目動曰晌也
因的 古文的說文作的同都狄反的明也詩云發彼有的傳曰的射質也謂的
眹明見今射堋中珠子是也
箭中 知仲反禮記射中即得爲諸侯不中不得爲諸侯者是
撾打 又作築同竹瓜反撾撻也字體從木過聲
楚撻 楚一名荊也撻古文㧖同達反箠也廣雅云撻擊也
欬逆 枯戟反說文欬逆氣也字林欬㰦也經文多作咳胡來反咳謂嬰兒也女
并今用

艾白 五蓋反尒雅艾冰臺言其色似艾也
赧然 奴板反方言赧愧也小雅云面愧曰赧說文云赧面慙赤也
背僂 力矩反廣雅僂曲也通俗文亦謂之傴僂經文有作瘻音漏也瘻非字義
挑其 他堯反說文挑抉也以手抉挑出物
螺王 古文蠡同力戈反螵蜱蟲經文作蚤力西力底二反借音耳
發撤 除列反撤去也斂除也
數在 古文婁同匹于反數過也小也尒雅頻數發布也
開剖 普厚反剖判也說文剖判破也
髦尾 古文髳同莫高反髦毛中之長毫也
聽徹 古文聽同丑亮反聽從也徹通也
也不目耳明也故音在谷取安反
撓大 許高反說文撓擾也經文作揉非字義也
往討 古文討同恥老反討誅也
第十三卷
耽湎 古文酖同都含反說文樂酒也湎彌兗反
瘜肉 古文說文云寄肉也
虫胆 三字林千余反肉中蟲也
十四
創疱 楚良反又作瘡同
鬱特
第十四卷
燈人 才戈反
生涎 林詰欬口液三巻作小小兒垂也

因燧 正字作鐩同辭醉反火母也
因鑽 子丸反
因桿 案字同胡旦反
道檢 居儼反
顧眄 自見面而西秦晉之間曰眄
舫舫 甫良反
炎旱 于廉反
薄枯 胡古反
第十五卷
懐佉 羌伽反
水滯 此猶滴也
趨走 且揄反
性戾 力計反
敦喩 一敦字
豌豆 又作豌同
其鑛 謂箭足爲鑛
覺寤 覺交反
第十六卷
天竺 或言身毒或言賢豆皆訛也正言印度

馳騁　直知反下丑領反廣雅馳奔也騁亦走也

私吒　古文褒同竹嫁反欬字吒噴也展廣云痛惜曰吒是也

四衢　懼虞反尒雅四達謂之衢郭璞曰交通四出也釋名云齊魯謂四齒把爲擐擐把地即有四繇此道似之因爲名焉

爲臛　呼各反王逸注楚辭云有菜曰羹無菜曰臛也

刵劓　如志反下古文劓同魚器反字林刵斷耳也劓割鼻也尚書曰無或劓刵人是也

蠆喙　今作咮又作觜同子累反廣雅觜口也字書鳥喙也經文作嘴撿諸經史無此字𧍧毅七激云螃墳欲泉作此字音典晩同徐吏反嘴非字義

憲制　欣建反憲法也尒雅憲制法則也廣雅制禁也制亦法也度也字從心從目害省聲也

熊羆　胡弓反說文熊如豕山居冬蟄其掌似人掌名曰蹯羆彼宜反尒雅羆如熊黃白郭璞曰似熊而長頭似馬有髦高脚猛憨多力能拔木關西名猳羆蹯音扶袁反憨呼濫反猳音加

唯仰　語向反韻集云仰恃也謂取資於人曰仰仰亦望也

編椽　甲綿反蒼頡篇編織也聲類以繩次物曰編謂取辮剌編椽而卧也

氍毹　力于反廣雅氍毹罽也粗罽也蟒類毛布也

茹菜　攘奉反廣雅茹食也茹食之也

第十七卷

異省　思井反省察也說文省視

詎有　渠據反又詎猶何也未也謂未知詞也

第十八卷

良祐　古文閘佑二形同下救反祐者助也天之所助也

撓濁　乃飽乃教二反說文撓擾也又曰撓亂也

第十九卷

無辜　古胡反尒雅辜罪也檍義之罪

流㶇　聲類作愢同楚力反廣雅㶇悽之也也說文㶇痛也謂㶇愁心中痛也

胝子　又作痃同竹尸反母名也

髡樹　口昆反廣雅髡截也字體從兀髟左傳使人髡之

深穽　古文阱蔡二形同慈性反廣雅穽坑也說文大陷也三蒼穽謂穿地爲塹以陷禽獸者也

云七

十六

濁漬　在賜反說文漬漚也謂水浸漬物也

怨讎　視周反讎惜惡也讎也尒雅仇讎匹也怨之匹也怨偶曰讎

在弶　渠向反字書施罥於道謂之弶其形似弓經文作撿俗字

而弒　今作弒同尸至反左傳自虐其君曰弒周易臣弒君子弒父非一朝一夕其所由來漸矣釋名云下殺上曰弒弒伺也伺間而使得其便也

婬慝　以針反說文婬私逃也尒雅男女不以禮交曰婬下他勸反禮記世亂即禮慝鄭玄曰慝穢也詩乃云死矢靡慝傳曰慝邪也

邪坻　鄙是坻古文坻同直飢反梵言也正云阿那他擯茶陀阿那他此云無依亦名孤獨擯茶他此云團施言此長者好施貧獨因以名焉本名須達多

判合　古文胖又作胖同普旦反說文胖半體也周禮媒氏掌萬民之判鄭玄云判半也得偶而合曰判喪服云夫判合是也經文有作泮水釋也非此義

鄙悼　補美反鄙恥也陋也悼徒到反悼傷方言秦晉謂傷爲悼悼亦哀也

甲冑　除救反說文冑兜鍪也字從冃由聲

閭閭　上呂莧反閭陽也尒雅閭代也謂閭錯相代閭亂也下古關反閭猶處戶也閭中也

第二十卷

奎星　口携反尒雅降婁奎婁也李巡曰降婁白虎宿也經文有作金星太白星宜從字讀

圊廁　字林七情反廣雅圊圂屏廁也皆廁之別名也釋名云或曰清言至穢之處宜脩治使潔清也或曰圂言溷濁

罪咎　力許反尒雅咎罪也漢書有功無其意曰咎有其功有其意曰罪咎是也

逆津　子隣反論語云子路問津焉鄭玄曰津濟渡之處矣

坐此　慈臥反案坐罪也謂相緣罪也蒼頡篇坐辜也靈讖論曰什伍相連頻感相生若引根本而及華葉傷小指而累四體是也

云七

十七

第二十一卷

識記　楚蔭反說文讖驗也謂占後有効驗也釋名讖纖也其義纖微而有効驗

不登　都恒反登升也周禮以歲時登鄭玄曰登成也漢書云再登曰升

第二十二卷

恃怙　胡古反尒雅怙恃也韓詩云無父何怙怙賴也無母何恃恃負也

覸身　且咨又覸二反覸云至也近也

銓之　鏞頸反通俗文悖土曰銓說文銓衡也

洄澓　三蒼云洄水轉也宣帝紀作㴍洄水也深也

船筏　扶月反桴編竹木也大者曰筏小者曰桴音方于反江南名簰蒲佳反經文從木作栰非體也

第二十三卷

連綴　張衛反綴亦連也說文綴合著

難冀　又作覬同居致反冀望也說文覬幸也

餧飤　經文今作食同罔忞反聲類餅帛也說文餅饉也從人仰食也謂以食供設與人也故字從食從人意也經文作餉俗字

瓨器　下江反說文似甖長頸受十升也

手抱　說文作捋或作抱同步交反桴引取通俗文作栝𢳊交反手把曰栝也

駛河　三蒼古文使字或作駛同山吏反蒼頡篇駛疾也字從史經文從史作駛

古穴反駃騠馬也列女傳曰生七日超其母 妒是也駃非字義音古快反
迦迦羅 胸佉反是烏聲也迦迦此云烏聲
究究羅 居求反此云雞聲也究究此是
咀咀羅 都達反此是雉聲也咀音帝栗反

第二十四卷
怡懌 音以之反尒雅怡懌樂也懌悅也 曰怡心之樂也懌意解之樂也

第二十六卷
庭燎 力照反周禮供墳燭鄭玄曰墳大也樹於門外曰大燭於內曰庭燎
遂塊 古文凷同苦對反結土也
黐膠 勑支反廣雅黐黏也謂黏物者也 鳥書木膠也
温故 烏昆反禮記論語温故而知新何晏注云温尋也謂後時習之謂之温 經文有作慍於問反慍恨也慍非字義

第二十七卷
我適 尸赤反廣雅適悟也 也謂適近也始也
鋒芒 古文鋩同無方反字林禾芒也 也謂其刃纖利如芒也
哮吼 呼家反 古文嗃同呼交反二通俗文虎聲謂之哮 謂之哮唬大怒聲也
毼衣 尺說反三蒼毼毛也 說文毼細毛也 十八

第二十八卷
拒 其呂反此外拒也或作歫 拒猶是也拒亦三蒼
醉煗 又作渜同乃管反 經文作餪非也 尒雅煗溫也
禦表 又作𥛛同 云有字非此義 又引三蒼云表外也

第二十九卷
鑪冶 徐者反說文冶銷也 三蒼冶銷鑄也
綱綖 音其莫反 尒雅綖謂之綖 作綖
傭滿 勑龍反 尒雅傭均也 字也
粗自 在古反 粗略也
賦給 古文賦同方務反 說文賦斂也 所以賦稅也

第三十卷
茍能 公厚反說文茍且也
匿底 恧吏反 尒雅匿隱也
婚姻 古文婚同 今作昏 說文婦家也 姻壻家也
駿馬 子閏反 駿馬之美者也
殯殮 古文殯同必刃反 說文殯死在棺 將遷葬柩
孚乳 通俗文卵化曰孚 音方付反 方言雞伏卵而未孚 於卵也 乳者 伏 也 育也 一

第三十一卷
和液 子石反 養也 字書液津液也
得毒 徒沃反 左傳 楚語 毒害也
遺燼 似正反 說文作𤇾 火餘木也

第三十二卷
賈客 公戶反 買賣曰賈 周禮通物曰商 以求其利 通貨賄者也
刖足 古文跀同 五刮反 謂斷足也
盲瞽 公戶反 目平合如鼓皮也
甘鍋 古禾反 字林云 鍋 土釜也
攪攪 古卯反 說文攪亂也
嘲調 竹包反 謂相調也
普草 古文 草 野也

第三十三卷
如駝 食蜜
羅眊 莫報反 毛也
紝婆 古文
瑕疵 古文疵 音才斯反
礰石
鑵綆 古文作 同 古亂反 綆 汲井索也
蘆菔
星礙
粟床
綫塼

字通用也

剜身　烏官反字林剜削也創音一丸反剜挑也

明穀　字書作穀同口角反吳會間音口木反卵也外堅也案凡物皮皆曰穀是也

娃佚　今作蛈同與一反伏蠢也音鐵蝪佚蝪也音蕩

第三十六卷

巴吒　百麻反案阿含經此長者因圖爲名也經文作把此捺反亦是梵音訛轉

云七

坻彌　三蒼音低下音迷律中極弥皆作遲宇應言帝弥祇羅罰大身魚也其類有四種此第四家小者也法炬經中低遲罝最即第三魚也皆文鰩玉相吞最也

二下

鯖魚　且各反薛物異文志云鑽鰩有類青在鼻蒴狀如斧斤江東手斧斤爲鑽故謂之鑽鯊也此額有二十種各異名如鑽鯌箏崮刹如鑽即名鰩鑽也鑽音府頊反明音靈矩反

懱手　烏吳反謂驚異也未詳何義立名也

刀長　都堯反人姓也可因事立名耳

行般　半皮反此人利根經說勤行自能得滅度成實論中不行滅人是也

第三十七卷

露汚　烏故反露濡也又三蒼云露漬也

魍魎　說文蛧蜽從虫字書從鬼同文[illegible]反力掌反通俗文木石怪謂之魍魎言木石之精也淮南說狀如二歲小兒赤黑色赤目赤爪長耳美鬢也

第三十八卷

熚爆　上于匪下爲鑠反方言熚爆盛皃三蒼云光華也

虎兕　又作犀同徐里反爾雅兕似牛郭璞曰一角青色重千斤

摶食　徒官反說文摶圜也三蒼摶飯也經文作揣丁果初委二反揣量也揣非字義

法厲　古文礪同力制反礪石也砥細於礪皆可以磨刀刃

麁獷　古猛反獷強也說文犬獷不可附也經文作穬穀芒也穬非字體也

蚩笑　充之反蒼頡篇蚩𢾍也笑私妙反字林笑喜也字從竹從犬聲竹爲樂器君子樂然後笑也

鮑須　蒲交反案鮑文字所經宜作袍又作袍

齚齧　古文齰又作咋同士白反通俗文齧咬曰齚

第三十九卷

柅瞿　又作柅同女履反赤瞿婆也謂佘波如來姓氏也

二十一

榛木　仕巾反廣雅云木叢生曰榛草叢生曰薄也

第四十卷

車輿　輿諸反說文車輿也亦[illegible]車曰輿一曰車無輪曰輿也

鉤餌　正字作䬼同如志反服虔云鉤魚曰餌也

欶乳　又作𠻛同所角反三蒼云欶吮也通俗文含吸曰欶經文作欶此俗字也

户鑰　古文𨷲同余酌反方言關東謂之鍵關西謂之鑰經文作籥字林書僮笘也籥文關西以書篇爲書籥非此義笘亦占反

婆嵐　力含反案諸字部無如此字應𣲶詩云嵐山爽折骨作此字也

頼締　徒計反依字說文締結不解也

一切經音義卷第二

云七

一切經音義卷第二（別本）

校勘記

一　底本，明永樂南藏本。

一　一四七頁上六行夾註左「伐底何」，磧、普、徑作「伐底河」。

一　一四七頁上七行夾註右第八字「此」，徑無。

一　一四七頁中五行夾註左第一三字「姚」，磧、普作「挑」。

一　一四七頁中二三行夾註左第三字「恨」，徑作「恨」。

一　一四七頁下六行夾註右「些㰟」，磧作「些欪」；徑作「此㰟」。又「子雅」，徑作「子離」。

一　一四八頁上一二行夾註右「比人」，磧、徑作「北人」。

一　一四八頁上一六行夾註「刀兒反」，磧、普、徑作「丑兒反」。

一　一四八頁上末行夾註右「芬香」，徑作「芳香」。

一　一四八頁中末行夾註右「似簏」，

磧作「似鼈」。
一　一四八頁下一行夾註右「工水」，磧、普、徑作「江水」。又「似蚚」，徑作「似蚚」。
一　一四八頁下五行夾註左「女檽」，磧、徑作「女墻」。
一　一四八頁下二三行夾註右「猗鵗反」，徑作「猗鵗反」。
一　一四九頁上七行夾註右「一由反」，徑作「一回反」。
一　一四九頁中一行夾註左第一一字「謂」，徑作「諸」。
一　一四九頁中三行夾註左「大丿」，普、徑作「夭」。
一　一四九頁中八行夾註左「披散也」，徑作「披戴也」。
一　一四九頁中一五行夾註左「漫販也」，普作「漫敗也」。
一　一四九頁中二二行夾註右第一二字「目」，普、徑作「曰」。又末字「祭」，徑作「終」。
一　一五〇頁上四行夾註右第五字「郄」，磧、普、徑作「郗」。
一　一五〇頁上六行夾註左「盜位」，普作「盜任」。
一　一五〇頁中二行夾註右第一三字「鑊」，磧、普作「鬲」。
一　一五〇頁中一六行夾註右「貫達」，磧、普、徑作「貫逵」。
一　一五〇頁中一七行夾註右首字「使」，磧、普、徑作「侯」。又第二字「把」，徑作「覇」。又左「四各反」，磧作「匹各反」。
一　一五〇頁中一八行夾註左「又名」，徑作「又曰」。
一　一五〇頁下六行夾註左末字「耳」，徑作「也」。
一　一五〇頁下一七行「比聲」，徑作「此聲」。
一　一五一頁上一二行夾註右「丁凡文」，徑作「丁几切」。
一　一五一頁上一七行夾註左第一〇字「庖」，磧作「疱」。
一　一五一頁上一九行夾註右「赤白」，徑作「亦白」。又左「哲了」，徑作「晢了」。
一　一五一頁中一六行夾註右「癀康」，徑作「瘩瘭」。
一　一五一頁中二〇行夾註左末字「也」，徑作「者也」。
一　一五一頁下一九行夾註左第八字「旦」，磧、普、徑作「且」。
一　一五一頁下二〇行夾註右第九字「恭」，徑作「綦」。又左第八字「恭」，徑作「綦」。
一　一五一頁下二三行夾註右第七字「十」，磧作「士」。
一　一五二頁上一一行夾註左「此者」，徑作「此音」。
一　一五二頁上一七行夾註右「戶閏反」，磧、普、徑作「戶閏反」。
一　一五二頁中九行夾註右末字「毛」，磧、徑無。
一　一五二頁中一三行夾註右「恥老反」，徑作「他老反」。
一　一五二頁中末行夾註左第九字

「延」，磧、普、經作「涎」。

一　一五二頁下一八行夾註右第六字「族」，經作「鏃」。左第三字同。

一　一五三頁上六行首字「刖」，經作「刵」。

一　一五三頁上七行首字「蚕」，經作「文」。

一　一五三頁上一二行夾註左「拔水」，經作「拔木」。

一　一五三頁中一六行夾註右「普旦反」，經作「普半反」。

一　一五三頁中二三行「奎星」，經作「奎星」。又夾註右第一三字「白」，磧作「曰」。

一　一五三頁下一八行夾註左「合著」，經作「合也」。

一　一五四頁上一九行「第二十八」，經作「第二十八卷」。

一　一五四頁上二二行夾註左首字「酒」，經作「酵」。

一　一五四頁中五行夾註右「在古反」，經作「在右反」。

一　一五四頁中一七行夾註左第四字「木」，磧、經作「未」。

一　一五四頁下六行夾註右首字「讚」，磧、普、經作「讚」。

一　一五四頁下末行夾註左「此曰」，經作「注曰」。

一　一五五頁上一八行夾註右「二歲」，磧作「三歲」。

一　一五五頁上二一行夾註左末字「斤」，經作「觔」。

一　一五五頁上二二行夾註左「初委」，磧、普、經作「初委」。

一　一五五頁上二三行夾註右「反磨」，經作「切磨」。

一切經音義卷第三

唐大慈恩寺翻經沙門玄應撰 云八

摩訶般若波羅蜜經　光讚般若經

放光般若經　小品般若經

道行般若經　長安品

明度無極經

勝天王般若經　仁王般若經

金剛般若經

摩訶般若波羅蜜經

第一卷

婆伽婆　舊云有大功德至聖之者五言傳梵薄伽此譯云德梵此言成就義眾德成滿名薄伽梵又此一名攝攝眾餘即德不今故諸經首皆置此名

那伽　此譯云龍或云象也言其大力故以喻焉

三昧　莫蓋反或言三摩提或云三摩帝皆訛也正言三摩地此譯云等持等者正也正持心也持謂持諸功德也或云正定謂住緣一境離諸非亂也

希望　說文作睎同虛衣反睎望也海岱之間謂睎廣雅睎視也下無方反說文出亡在外望其還也字從亡望省聲若音無放反說文月滿與日相望也字從月從臣從壬但此二字音體人多不辨故此兩釋

心行　下庚反謂遊履也放光經云處所趣向光讚經云所趣所行大論云問云何悉知衆生心行菩菩薩知衆生心種種依中東心行即維摩經衆善知衆生往來所趣及心並行具義生心

罣礙　一也令有讀爲下孟反謀也云又作罣同胡卦反字書調礙也礙止也限至曰礙也

剎那　盧割反光讚經作羅鄰那偈菩薩此譯云寶樓舊線摩經說言實事故光經作實來案梵本云梵剎但那偈當此云實壹或云實藏皆一義也經文

繻子　布作編祖側反非也條與二音三蒼解詁云此亦與字梵言也經中或作滿濡或作文殊師利或言曼珠尸利譯云妙德或言數首舊維摩經云讀言濡首放光經作衰雅武甘說也正言曼殊案利此云妙吉拌經中有作傳滿案濡此古文皆字疑爲誤也應作濡音而牛

擊念　反但字形相繩人多底耳古文繫蘇二形今依同古帝反鞁文傳鞁東也亦連綱不能也

兩腨　又作䏝同時兗反說文腓腸也腨腸也三蒼腓腸也經文作腨丁管反腨足也非此義

兩髀　古文髀同蒲米反說文髀外也北人行此音又方尒反江南行此音經文從肉作髀俗字也

肉髻　古帝反梵言嗢瑟尼沙此云髻即繫上依經云髻尼沙頂骨涌起自然成髻是也經文從糸作結非也

熙怡　虛之反下與之反說文熙怡和悅方言怡喜也湘潭之間曰紛怡或云熙怡經文有作嬉同虛之反說文云樂也三蒼嬉戲笑也嬉非今用

得愈　古文愈同愉乳反方言差間愈也說文愈病瘳也

恬然　徒兼反方言恬靜也亦安也大論作淡然恬憺反案恬亦安也靜也其謂義同經文作怡與之反說也

不嬈　字苛乃了反三者嬈弄也擾文嬈苛也苛煩也擾也謂煩擾截弄也嬈亦

繽紛　懈也昔音向可反匹仁反下敷云反廣雅繽紛盛皃

向鞞　字書地矣反此譯云不退往十住經云第七住正言究磨經浮多究磨摩者是彼八義以上乃至未要者之摩名也者名音于浮多者舊譯云真言童真地也

撝摩　或云實亦是一義今磨當相言童相也經願俗名以童措、也亡上音薩也或云依王子者別号也

第二卷

數知　山縷反數計也謂其數曰數也尸照反案燒齊燒也自然爲燒以人爲燒

燒時

稍茅　使老反下亡包反綴謂有芒穀也經文有作筆蒸音古案反下諸交反過俗文剃州出竿蒸或作甘拓一物也

憎惡　烏故反禮記吾惡用吾情惡猶憎也謂云惡無禮皆是也

第三卷

摩捫　莫奔莫本二反聲類云捫摸也字林捫捺持也案捫持謂手把執物也故諸經中有作摩捫日月是也

第七卷

蒙昧　字體作矇同莫公反下莫對反易云蒙者矇也謂瞭覆不明廣雅昧者闇也謂闇蔽無知也易云蒙昧劬老謂不哉求是也

第八卷

循身　三蒼古文作徇同似遵反介推循自也郭璞曰又爲循行也亦過也巡濟也

視占　之鹽反方言占視也占亦候也凡相候謂之占亦曉也

鏇師　似綃反說文幾圍爐也周成難字作鏇謂以繩轄軸截本爲器者也經文作旋非體也

胃脬　普交反蒼頡解詁脬盛受者也說文脬旁光也經文作胞補交反胞裹也胞非此用

涕洟　古文鮷同他計反三蒼鼻液也周易齎咨涕洟自目曰涕自鼻曰洟經文從弟作涕也禮反涕液也非今所用

淡飲　徒甘反下於禁反盡句上液也鄉文有作淡也

肪𦛨　府房反下先安反廣雅肪膩脂通俗文在腰曰肪在胃曰腸也

膖脹　普江普絳二反埤蒼膖脹臟也滿也下或作痮同膖痿文

青瘀　於據反說文瘀積血也經文有作淤水中泥也賣瞭宰

豺狼　任皆反尒雅豺狗足也蒼頡篇詁云豺似狗白色爪牙迅快善搏噬也

攫裂　字宜作擭同九縛居碧二反說文擭爪持也擭枛也蒼頡篇擭持也淮南子曰烏窮則搏獸窮則擭是也

肋骨　力得反說文脅骨也字從肉經文從革作勒馬頭絡銜者也

日暴　扶卜反小尒雅暴曬也說文暴晞乾也字從日從出從廾從米字意也非又作拲音巨凶反兩手共持也

第十一卷

如貝　補蓋反說文海介蟲也謂螺貝是也介甲也

邏字　力賀反

哆字　說文豬可反字林丑加丑亞二反

醝字　才何反

呿字　丘遮反

礙易　以豉反易者不難之稱也

第十二卷

冊兜　先安反即天主也此云正喜一云正知足兜率此云妙足

無央　於良反梵言阿僧祇此言無央數央盡也經文作鞅於兩反說文頸靼也鞅非此義靼音之列反

第十三卷

鞞侈　遮羅那衛逸呂是反此譯云明行足

第十四卷

伽憊　又作𤺋備二形同蒲戒反阿闍世王經云此言出闍解

適生　三蒼古文啇遠二形同之尺反廣雅祇適也謂適近也始也

乞匃　古類反蒼頡篇匃乞行請求也通俗文求願曰匃字體從人從亡言人有亡失則行求匃也

蠱道　公戶反[illegible]反說文蠱腹中蟲也謂行蠱毒也

譴責　去戰反蒼頡篇譴呵也廣雅譴怒也經文有作詰責廣雅詰問也

盲瞽　公戶反周禮大師之職瞽矇鄭衆曰無目謂之瞽有目眹而無見謂之矇釋名云瞽目眠眠鼓目平合如鼓皮

第十五卷

毒螫　式亦反字林蟲行毒也關西行此音又音呼各反山東行此音蛆知列反南北通語也

紅縹　匹繞反謂天縹也如帛之青白色也釋名云縹猶漂也漂淺青色也有碧縹有天縹有骨縹各以其色所象言之也

第十九卷

不汙　於故紆至二反字林汙穢也字書汙塗也釋名云汙洿也如洿泥也

衰耄　字體作𤸃同所龜反說文衰減也禮記年五十始衰衰弱也下古文盡衰二形今作耗同莫報反禮記八十曰耄左傳云惛忘也亦亂也

第二十卷

放牧　莫祿云福二反三蒼牧養也方言牧飤也郭璞曰謂牧養牛馬也廣書文[illegible]引牧豕然則牧者畜養之總名非止牛馬也

沮壞　才與反三蒼沮漸也敗也詩云何日斯沮傳曰沮壞也經文作徂側呂反肉凡也亦貯陰器也組非此義

偃蹇　居免紀偃巨偃三反左傳偃蹇驕嚴也廣雅偃蹇夭矯也謂自高大皃也釋名偃偃息而臥不執事也蹇跛蹇也病不能作事今訛似此也矯音几小反經文從人作僑誤也

傲慢　五到反謂不敬也廣雅傲傷也謂輕傷也慢也字從人

滋味　古文孖嗞二形同子夷反滋益也經文從口作嗞說文嗞嗟也

揆則　渠癸反詩云揆之以日傳曰揆度也謂度量執法也

第二十一卷

但三　徒亶反聲類但徒也徒空也

祐助　古文右佑二形于救反周易自天祐之孔子曰祐助也天之所助者也

第二十四卷

有翅　古文翄𦐊二形同施致反說文翅翼也

被服　皮寄反被謂披襟也服謂施用也

第二十五卷

唐受　徒郎反唐徒也徒空也

陵傷　力證反三蒼凌侵凌也字從水下戲作勑今作易同以威反說文傷輕也蒼頡篇傷憂也

虜掠　古文作鹵同力古反下力尚反廣雅也服也戰而俘獲也漢書晉灼曰生得曰虜斬首曰獲掠略取也謂強奪取也俘音芳于反軍所獲也

第二十六卷

勁夫　居盛反說文勁強也字體從力巠聲巠音古形反

恐懅　又作遽同渠據反遽畏懼也遽亦急也

第二十七卷

級其　羇立反禮記級次也左傳加勞賜一級又云斬首二十三級秦爵賞斬首一人賜爵一級因名賊首為級

覺已　居勉反覺寤也謂眠後覺也蒼頡篇覺而有言曰寤經文作寤借二形近字俗作也

恃是　時止反韓詩無母何恃恃負也恃亦賴也

憒內　公對反下女孝反說文憒亂也讀憒內猥也猥衆也字從冂從人經文從門作闠俗字也

第二十九卷

怨讎　視由反讎對也尒雅仇讎匹也春秋傳怨耦曰讎費辭父怨曰讎皆是也

第三十卷

駑駟　細二反說文駟一乘也穆天子傳曰徽匹爲十駟郭璞曰四馬爲駟謂四十匹也

溉灌　歌愛反說文溉灌也謂灌注也

第三十四卷

胞胎　補交反說文兒生裹衣者曰胞也

第三十五卷

匳底　今作斂同力占反說文鏡斂也著頭鏡盛器曰匳謂方底者也

蚊蚋　而銳反說文秦人謂之蚋楚人謂之蚊通俗文蚋化爲蚊小蚊曰蚋蜹音渠究反

紺琉　字林古暗反青赤色也釋名云紺含也謂青而含赤色也經文從丁果反小果謂也今取其義非也

輪埵　從耳果從玉作䂮也埵二形非也

堅著　馳略反字書堅謂堅牢著相附著也

委佗　又作逶迤同於危反下徒何反廣雅逶迤衺行也韓詩委委佗佗美也佗佗德之美兒也詩云委委佗佗下徒何反

不撓　乃飽反說文撓擾也亂也字從手

第三十六卷

豪氂　又作毫同胡高反下力之反漢書古文毫氂失之千里蠡云十毫曰氂二形

今作犛同

塵齏　康注云塵古文由作䳒羊字齏也是十毫也用名曰今作亦古宇來力居反別字以止之皆去字作

賣之齏故也又帝爲賣禮字十云春寄有字之曰

以樂　力各反謂以樂樂人音樂也皆同此也

第三十九卷

從廣　又作縱同子用反詩云縱橫也韓詩云南北曰縱東西曰廣

街巷　古膎反四通道也又作衖胡降反

連緜　古文緜同力然反連緜不絕也

相和　胡臥反周易鳴鶴在陰其子和之是也

適無　都歷反謂相和適也

玫瑰　莫回反石之好者曰玫圓好曰瑰

統綖　以然反

茵褥　又作㲧同於人反

幃帶　有文彤因以下央相連著

惆悵　敕周反

第四十卷

裀天　似兹反

百乘

橋津　古文嶠同渠驕反

金牒

娛樂　

放光般若經

第一卷

有提　

督留

來全

弥窒

羅閱　王舍城

那術　

叵我　

濳然　

沙訶　

習緒　

迦羅越　

甫當　

我曹　

阿須倫　

阿惟三佛 此言訛也正言阿毗三佛陀阿毗此譯云現三佛陀此云等覺名現等覺長安品經言成至佛大品說云一切法一切種間一義養心

六裁 名飲心數因以法裁能長養枝華花藤其義相作才反經中亦名編案編能長

七痛 又作痺同音弋掌反經中名受

倚法 是以倚爲因住能領說文文倚猶依倚也非體於讀反也也訓苦樂故名受犬作猗

薩云若 云八又言薩云若或言薩云然或作薩婆若此譯一切智亦由言句此云婆若一切智

俞旬 又也正作由旬亦言踰闍那此由延皆訛也正言踰繕那此云合也一即爲量言一由旬者古今王日一舍之三踰闍那也皆

珠璣 者居里反說文珠不圜者也三十八里方行之所也

窓向 隨許居者窓聾也亮也廣雅窓窻云向也窓小向也戶也牖傳曰向北出牖也蒼頡云所以助明也謂窗寫正言旁也

第三卷

不慌 鳥晃反字林慌惚夢也云

第四卷

鵝他 居楊反以擇利也阿羯阿伽度阿羅訶三藐三佛陀此譯云如來應供正遍知

怛薩 也阿阿也阿伽陀三藐三佛陀三佛陀經作多一

薜荔 名也亦云此薛荔多此譯云餓鬼也中本三阿僧伽耶此云祖父或云餓鬼也或言閉麗多此多餓鬼者中有毗舍闍此或云孔雀王經云乾闥婆等也作俾多譯也梵言彌綠云正言寒也俾扎男多者此云祖父鬼

邠耨文陀尼子 邠甫貧反又作分辨或作邠耨文陀 亦云富那曼陀弗多羅此譯云滿經云滿慈子明度經云滿願子

◎

僧那僧涅 摩訶僧那僧涅陀云言大誓莊嚴是也故云摩訶衍大僧那者摩訶大乘僧涅陀云言大著鎧甲此云大誓自大莊嚴之云也

●

不扺 側買反曰扺子介二反謂取著也謂擿也通俗文擿取曰扺

第五卷

閱叉 以此人也拙反或云夜叉皆訛也正言藥叉此譯云能噉鬼又云傷者謂能傷害人也

遮迦越羅 羅正言斫迦羅代底此云轉輪王也

遹莫 餘律反下莫各反謂無人欲也言無適莫也

無態 他代反懷也下又言三摩地也

窠窟 又作寞同苦禾反鳥窠也窟謂之巢穴中也說文空也有而窠窟亦三味名也

厭該 苦亥反該咸也三昧名也

種稷 古文稷同子力反

澆灒 上又作澆同古堯反下又作濺同子旦反說文澆漬也灒汙灑也

第六卷

繁者 胥何反

嵯者 五何反

蹉者 胥何反

他者 上何反

壓者 作歇

廣尾 力古反聲類自大也

揵陀羅

諧耦

第七卷

無耦 吾口反耦對也經文作偶非也

第八卷

須炎 或作須夜摩天此云妙善時分

拘翼 此言時分

道檢 經文作正檢

四徼 古吊反四徼是也

過絕 中四徼曰過其事也即

第九卷

提和竭羅 或言提和竭羅此云錠光佛

尼摩羅天 天或亦云化樂天也

波羅尼蜜天 云八或云婆舍跋提天此云他化自在天亦言化樂天經文有作化樂天

阿波會天 二此云光音天即第二禪第三天

首訶既那天 胡反

惟于頗羅天 此云遍淨天是第三禪中第三

項很 此云廣果天即第四禪中第三天也凡夫果中此最殊勝故名廣果天也胡講反講很人強項靜迴因以名也即伽伽學趣問經云強項人無量清淨平等豈經云頌很愚癡是也大品經中作著上慢經文有從元作頑音

拔擢 五解反頌鈍也頂非本字徒卓反答頭篇擢抽拔引也推出也

摩祇 長安品作摩蚑小品經作摩醯皆梵言也明度經作神丹比言也

第十卷

矛箭 古文戟錟鋌三形同莫浮反方言楚謂戟爲矛說文矛長二丈建於兵車

八惟無 或作八惟務即八背捨也

洴沙 蒲經反應說也正言頻婆娑羅王或云頻毗此譯云形牢一云頻毗此云頻色婆羅此云端正或云色像殊妙

隨耶利 或云隨含利或云隨含種或言栗昌或言離唱或作黎昌皆梵言訛轉也正言栗咕婆此云仙施王種咕音昌葉反經論中或作離車或作律車同一也

之兆 除矯反兆循機也事先見也亦形兆也大品經作注沒者

犍沓和 又云犍陀羅或作乾沓婆或云犍達婁或云乾闥婆舊名也今正言犍達縛皆國音之不同也此云龥香亦云樂神一云食香香云香神亦近也經中亦作香音神也

甄陀羅 之人反又作真陀羅或作緊那羅皆訛也正言緊捺洛此譯云是人非人

摩睺勒 又作摩休勒或作摩睺羅伽皆訛也正言牟呼佫迦此譯云大有行業

真越 字或作鹽越此愁卧具

第十二卷

梵迦夷天 此言淨身天也梵淨也即初禪梵天也

第十五卷

梗澀 歌杏反楚辭梗其有理王逸曰梗疏也亦害也病也謂又作瘤同所止反謂不脩也字從ㄅ止四止即不通宇產也

痱瘟 又作瘧同蕭羆反下力罷反痱痛小廳也今取其義

巳署 時去反署位置也謂署置之處敬也國語夫位或之建也署位之表也謂表讀也

第十七卷

牆者 又作牆同才羊反字林牆牲也江南行此音關中多呼作竿

牢敵 盧刀反堅牢也下又作殺亭二形同丈鞭丈埜二反三蒼敵檀也通格文撞出曰打今之以木若鐵撞也孔中物更補之謂之敵經文作棠非體也

莊弄 徂陽反聲類云莊嚴也下古文術同桑亂反余雅笄數也長六寸計數者也字從竹從弄言常弄不誤也

第十八卷

校戲 古卯反方言凡小兒多詐而獪謂之校猾也

第十九卷

和夷羅洹閱叉 即執金剛神也謂手執金剛杵因以爲名焉

第二十一卷

雜糅 古文粗翻二形同女救反說文糅雜飯也今謂異色物相集曰糅也

旃陀羅 或云旃茶羅此云嚴熾謂屠殺者種類之名也一云主殺人獄卒也家西域記云其人若行則搖鈴自摽或姓破頭之竹苦不然王即與其罪也

跛蹇 又作尬同補我反下居免反字林跛蹇行不正也

欲撞 徒紅反廣雅剌也撞猶擊也

第二十二卷

阿惟顏 大品經作一生補處是也十任經云第十阿惟顏菩薩法住是也

盟誓 靡京反禮記諸侯莅牲曰盟周禮司盟掌盟載之法鄭玄曰書其辭於冊上殺牲取血坎之加書於牲上而埋之著其信也大事曰盟小事曰誓

第二十三卷

輕易 字體作傷或作歇今作易同以豉反說文傷亦輕也替歇篇傷慢也經文作易胡頻反說文同力也亦急也易非此義

野馬 猶陽炎也寒莊子所謂塵埃也生物之以息相吹者注云鵬之所鶩而無者乃是遊氣耳大論云氣濁陶極是熱氣謂爲水是也

五兵 周禮司兵掌五兵鄭衆曰五兵者戈殳戟矛酋夷也步卒五兵五則無無夷而有弓矢也

第二十六卷

須延頭佛 或言須扁多佛此云甚淨

洞然 扶貢反說文洞疾流也亦深邃之皃也經文作烔徒東反熱皃也亦旱皃

第二十八卷

勸誅 知律反說文訹誘也廣雅訹讀也讀音先九反經文作恤又作䜴同思律反恤憂也恤非今用

第二十九卷

波崘 又作崘倫此云常啼明度經云普慈皆一義也

俾倪 又作睥睨二形字林普米反下五禮反廣雅俾倪堞女墻也釋名云俾倪城上垣也言於孔中俾倪非常事

波曇 又云波慕或云波頭摩或云鉢曇摩正言鉢特摩此譯云赤蓮花也

分陀利 又作芬此譯云白蓮花也

句文羅 又作拘物陀又作拘牟頭或作拘物頭此譯云拘者地物陀者亦名地花

優鉢劍 指過反又作涵鉢羅此譯云黛花也

鵁鶄 音交精鳥名也一名鵁鶄此鳥出蔓聯山群飛如雌鷄似鳧高足紅維喙

之可以厭火是也

第三十卷

謙恪　古文愙同苦各反字林恪恭也亦敬也謂謙遜敬讓

酷毒　又作嚳焅二形同口斛反說文酷急也甚也亦暴虐也

寶璺　於耕於成二反方言甄甄瓨罌也自關而東趙魏之間或謂之罌罌亦通語也瓿音部甊力口反瓨音斛也　云八

十二

光讚般若經

第一卷

度無極　或言到彼岸皆一義也梵言波羅蜜多是也

不僥　又作徼徼同古堯反讀書晉灼云徼遇也僥亦冀求也

垓劫　古文姟袤二形今作數同古才反數名也風俗通曰十億曰兆十兆曰經十經曰姟姟猶大數也

傅飾　方務反傅猶塗附也傅藥傅粉皆是也

扶蓉　又作芙同附俱反下庾鍾反說文扶渠花未發者為菡萏花巳發開者為扶蓉具貢曰蓮

紛葩　普花反盛美也說文葩華也

飄颻　匹尚餘章二反謂風所飛播也

晃煜　又作熩同由栴反說文晃明也煜曜也曄蓄晃煜光曜爍盛見也

八由行　又作遊行又作道行或作直行或言八直道亦言八聖道或言正道其義一也

漸漸　才冊反漸漸猶稍稍也經文作嶄漬謀也

發機　古文羲或作姝妹二形同無發反足衣也經文從巾作幟音士別反翠被也杷也幟

然藎　秤字蕃才刃反字林草名也本草云藎草可以染黃作金色生蜀中

之誼　字詁古文誼今作義同宜寄反禮記誼者宜也制事宜也誼亦善也理也

第二卷

貧匱　求愧反禮記財不匱鄭玄曰匱亦乏也詩云孝子不匱傳曰匱竭也

嵩高　又作崧同思隆反尒雅山大而高曰嵩今中岳崧高並依此名也

蚑行　渠支反又音奇謂虫行也周書蚑行喘息是也

蛸蜚　一臯反字林虫皃也動也或作蜾古文翾同呼臯反飛皃也下古書飛皆作蜚同甫韋反蜚謂蜚揚也案漢注云王月爵大於鳩五色蜚過鄭二月後蜚邊也陽是是也

慌忽　呼晃反又作怳虛往反謂虛妄見也惟恍惟忽似有無有也漢書音義曰慌忽眼䀮也

兩髕　又作髕同扶忍反說文髕骨也蓄頭蓋髕蓋也

第三卷

四絭　又作因同許眷反放光經作四結猶四縛也謂貪欲嗔恚戒取見取身縛漢書王莽傳云固行其必殃是也

惶慌　胡光反謂虛妄見也慌虛也廣雅惶懼也遽也蓄頓怱惶恐也亦憂悼在心之皃也

第四卷

門閫　又作梱同苦本反禮記外言不入於閫注云門限也說文門橛也　云八

不瞚　列子作瞬通俗文作眴同尸閏反說文目開閉數搖也服虔曰目動曰瞚　十四

惡師　於各反惡過也所為不善也字作惡又從人作偲皆非也

第五卷

桒穢　方秘反方言色怏東集也

茷大　大品經云青想壞想也又作鉄同普迴反蓄頠解詁云膖脹大生

三跋致　又作拔同蒲沫反晉言發趣是也

第七卷

頭顱　又作顱同力胡反顱蓋也經文作臚呂居反腹臚也皮臚也臚非此義也

吒之　竹嫁反經中佚足作吒非

癉之　丁佐反唬之且何反

燕坐　又作宴石經為右文燕同一是反說文宴安也謂安息見也

第十卷

疇匹　除留反楚辭誰可與兮匹儔王逸曰二人為匹四人為疇疇亦類也今識作儔

五句　梵或言般遮句即五神通也案阿闍世王女阿術達經云悉得五句是也文

縛祇　品等經云五神通同一也一種等首真人餘經作家家須陀洹命終也

道行般若經

第一卷

吁與　許于反說文驚語也廣雅吁應譍吁亦疑在之辭也經文有作識與

邪祁　文陀赤悲貪反下巨樂反或言富樓邪亦多尼子是也

邊幅　南福反幅猶邊際也謂際畔也

無底　都禮反猶無邊也無邊猶際限也經文作涯非也

第二卷

因坻　直尸反或言因提黎或言因陀羅正翻名天主以帝代之故經中亦稱天主或釋天帝釋者並位之與名也　云八　十五

波那和提天　新道行經云自在天也亦即梵天也此云眾生王那提亂

伊沙天　天此云天女等也

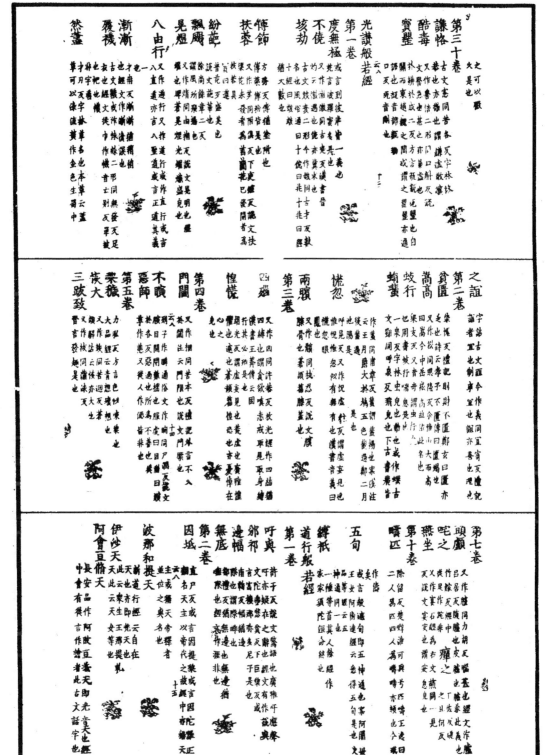

阿會亘脩天　長安品作阿陂亘羞天即光音天也經中會有從言作譮者此古文話字也

俾倪 匹亦反俾邪俾也亦避也經中或作避避去也迴也下鳥毅於迴二反謂陰藏之蛪也經文作傲於當反哭餘聲也俶非此義

梵摩三鉢天 此應天王名也新道行經云梵天王也

薩和薩 此云衆生猶是薩婆薩婆也

般遮旬 般遮此云五猶五神通經中或作五旬存二音也

廅天 烏合反晉言有光光晝天是第二禪中初天也亦名少光天以光少故也虛波那晉言無量光天即第二禪中第二天也以前光明轉勝轉妙故也諸經中有作阿波摩那婆天是也應言阿鉢羅摩那婆利多婆也

須𧄼天 三蒼音帝郭讀古文奇字以爲古文逝字讀書革昭音徒詩反案陸經作須滯天或作須療天亦言善見天定障漸微見極明徹故名善觀擴吳經作須嗟天皆一也應言須達梁會那此音善觀天嘆音丁許反癡音

枝掖 市依字風俗通姓氏亦有此姓經文從無從足作變音讀作武非也以石反相以也掖猶業也此應外語訛耳長實品作技掖般若是也

第三卷

押習 古文𢍜書或作狹同胡甲反尚書子弗狎孔安國曰押近也狎傷也謫輕傷也經文從又作狎非也

第五卷

至奏 子陋反奏進也爲也明度經云三枝致此言發趣也

一劫 梵言劫簸此譯云分別時節經文有作建音子藥反此話音說也

若檣 又作槽同才羊反雖桂也關中曰竿是也

愍念 宇詁古文懸兮作閔同𢇁殞反勝擀也

第六卷

裘服 鞴來反此言訛也猶是被服也音皮寄反戴貴娑裟也經文作隻音汲尾反

詭𠽚 又作恑同居毀反詭文恑變詐也委異恭委也經文從口作危非也下又作𠽚三蒼音乃了反𢧵弄也惱也

勇悍 何旦反蒼頡篇悍桀也說文悍勇也有力也字從心

第七卷

爲舍多羅 大品經作爲父爲母是也菩薩漸道行作

乾陀呵晝 香象菩薩是也

六八

緹慢 他禮反說文謂帛赤黃色也即縓色也尒雅一染謂之縓縓音還緣反

自衒 古文眩衒二形同胡麵反說文行且賣也廣雅衒誡

乾陀越國 應云乾陀婆那此譯云香林明度經云香淨國同一也

十六

第十卷

完健 胡官反說文完全也完猶保守也

儲水 直於反儲貯也說文儲待也特待也儲亦備也謂畜物以爲備曰儲也

曼殊顏華 又云曼殊沙此譯云藍花也

鳩垣 諸經或作鳩洹或作瓨極皆梵言讀也此譯云大身也

至祝 武俱反下之育反謂事鬼神曰至祭主讀詞曰倪說文在男曰至在女曰覡覡音形狄反

返遺 餘季反尒雅貽遺也遺猶贈也廣雅遺與也亦迦也

有桴 案詔定古文官書袍桴二字同體哉鳩反謂菝推也說文桴擊菝柄也

拊撫 方主反下敷禹反案拊猶拍也撫持也安也亦存恤也釋名云撫敷也敷手以拍之也

小品般若經

第三卷

糟粕 糟文作醩同子勞反不醉酒也下普各反淮南子云古人醋粕許叔重曰糟酒滓已漉糟曰粕也醇音子私反

垣林 宇頃反垣四周牆也釋名垣援也人所依阻以爲援衛也

第六卷

監礙 古又作警同公衫反言監察也言也人有三監五礙者也

躓頓 陟利反謂挫辱也廣雅躓踣也足蹶手頓也

相拄 張拄反謂[illegible]皮拄也

六八

第八卷

加尸 又作迦尸此譯云光音有光譯也

瘡瘢 薄寒反蒼頡篇瘢痕也經文作鍱非體也

金鍱 餘攝反薄金也大品經作金牒是也

明度無極經

十七

第一卷

善業 梵言須菩提或云蘇浮帝或言蘇部底此譯云善實或云善業或云善吉皆一義也言空生者晉沙門康法邃譔譬喻經云舍衛國有長者名鳩留產生一子字須菩提有自然福報食器皆空因以名焉所欲即滿後遂出家得阿羅漢道是也

秋露子 梵言舍利弗舊文言舍利子或言奢利富多羅此譯云鴝鵒子從母爲名母眼似鴿鶖或如秋露鳥眼因以名馬舊云身子者謬也身者舍梁與此奢利聲有長婦故有斯謬或言優波提舍者從父名也

不憚 徒旦反通俗文勞驚曰憚經文作憛怛之怛非也

貲貨 子移反蒼頡篇貲賄也廣雅貲也周禮通貨賄鄭玄曰金玉曰貨布帛曰賄亦與資同經云作訾訾量訾非此用

弘裕 古文寬同瑜句反廣雅裕寬覆也說文衣物饒也

昆弟 又作弟同徒爲反尒雅昆後也郭璞曰謂兄後也方俗異言耳

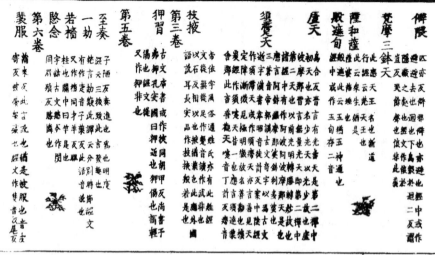

溝港 古項反字略云港水分流也今梵言須陀洹是也此云至流或言入流經

中或作道跡或言分布今云溝港取其義也經文作灌講非也

開士　謂以法開導之士也梵云扶薩又作扶薛或言菩薩是

頻來　言斯陀含也此云一往來字應誤也字宜作頓

緣一覺　緣覺　又云獨覺舊經云古佛又言辟支佛又言辟支迦或云貝支迦昔梵言訛轉也此云獨覺是

應儀道　又言應真或言真人舊云無著果亦云阿羅訶今言阿羅漢皆是一義

滿祝子　脂育脂搜二反即富樓那是也

除饉　渠鎮反舊經中或作除士除女或言熏士熏女今言比丘比丘尼是也分別功德論云世人飢饉於色欲比丘除此愛饉之飢想故名除饉乞案林言比丘此云乞士即與除饉義同又康僧會註法鏡經云凡夫貪染六塵猶餓夫夢飯不知厭足聖人除去貪染除六情飢故号出家者爲除饉也

第二卷

佞嬖　乃定反諂姻也說文口材也亦德之稱也字從女從仁論語怨夫佞者此即從妄之義左傳寔人不佞不能事父見即從仁之義下五竭反說文禽歐虫蝗之性謂之藝釋名蠥蘖也遇之如見執藥也經文作孽子也又作嬖近字也

第三卷

妖夫　古文侯令作妖又作媯同與一反蒼頡篇侯蕩也跌亦淫也

蹴踧　子六反蹴踖敬畏也謂恭數之見也

麁捅　漢書班固敘傳云捅擧職傑孟康狂云捅古粗粗字音才古反韋昭曰粗略義也

第四卷

阿閦　案閦文字所無相承又六反錄經作無怒亦云無動或云無怒覺皆義譯

長安品

第一卷

僥倖　伎　又作儌儌二形同古堯反下音幸俗謂幸爲徼倖非其所當而得之小尔雅非分而得謂之幸貰望得也徼遇也遇幸得也焚籍願僥倖以待特謂規求覬遇也幸記孔子曰小人行險以僥倖是

哀慟　徒貝反論語顏回死子哭之慟馬融曰慟哀過也

香積　梵言乳陀羅耶正言健達此譯云香也

香淨　梵言軋陀越或作犍案阿闍世王女經云軋陀云香潔一云香風國也

炫煌　胡㸌反下又作燈同胡光反光明皃也說文炫耀也廣雅炫明也煌光也

帷幔　爲悲反下莫旦反字林在旁曰帷在上曰幕說文幔幕也

法來　梵云曇無竭或譯云法上也亦云法鏡皆一義譯名也

欣豫　喜斤反尒雅欣喜樂也豫安也經文作忻訛文忻闓也埤蒼忻慾也

鞞壁　他垂反毛席也旋之於壁因以名鞞經文作閣非體

以索　所格反蒼頡解詁云索盡也經有作却訛也

無蚤　音義同早蚤之早也古字通用耳如禮云孔子蚤作是也

三摩越　第四禪定也

恒架　占訶反或作恒伽加提梵音訛轉也

第五卷

懔苦　苦尊反懔厭也厭足也快也

不啻　施豉反蒼頡篇不啻多也

勝天王般若經

第一卷

尼坻　又作泜泜三形同直飢反

貽昔　子五反通俗文覆蓋曰昔奇亦補治也累也苦也

諠撓　乃飽乃顏二反說文撓擾也廣雅撓亂也

三懲　古文塞怨二形經文作警奚作敷同去連反說文警竊也失也

如稍　山卓反埤蒼稍長一丈八尺也廣雅稍亦矛也經文作槊俗字

如種　充容反廣蒼頡種短矛也經文作衝非體也假借耳

憤恚　扶忿反說文憤懣也懣頃也憤鑑氣盈盛也情感也

覆罩　又作罩同陟校反謂箍罩也捕魚籠者曰罩今取其義

憿忽　又作鉄發二形同書亩反楚僭來驗忽王逸曰憿忽急疾皃也

坑埳　又作故同苦感反埤蒼埳亦坑也

數啓　又作启孔尚以爲古文殺同苦禮反說文启關胡細反論語共鄣之而

懷憾　無鍬孔安國曰憾恨

嘶喝　又作瞽同先奚反下又作嗌同乙芥反方言嘶嗌壹也郭璞曰謂咽痛也斃曰嘶秦晉或曰嗌又曰壹也咽荅嘶聲散也說文聲悲聲也廣雅華之嚅也

第二卷

欺侮　古文侮同亡甫反侮猶輕慢也

沾濡　又作霑同致廉反廣雅沾漬也濡濡也

資財　子貢反說文資貨也詩云喪亂蔑資傳曰貲財也經文作貲子斯反說文小罰以財自贖曰貲通俗文平財痡曰貲案貲亦與資義同也

腥臊　又作胜同先丁反下桑刀反腥臊臭也通俗文魚臭曰腥猴臭曰臊

酤酒　公胡反說文買酒也

博奕　經文作沽水名也古文餑局籀莫反方言博或謂之綦下餘石反方言當齊春諸圍基爲奕也

犂軛　又作梔同於革反小尒雅衡軛也謂轅端壓牛領者

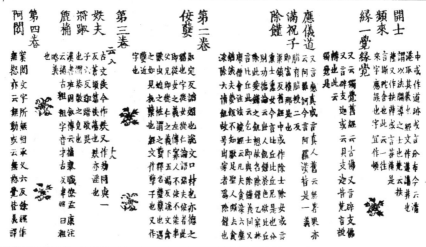

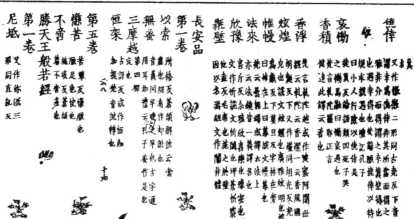

盥洒　公緩反說文盥澡手也凡滌酒物皆曰盥字從臼水在皿上字素也

罕人　呼旱反詩云叔發罕忌傳曰罕希也謂希疏也字從网從干聲

羈勒　居宜反字書馬絡也所以制牧車也字從网從革馬聲勒馬頭鑣銜也

第三卷

凷擲　又作塊同口對反尒雅塊堛也郭璞曰即土塊也堛音普逼反

慄毒　又作懵同食盛反說文懵痛也尒雅慄懼也

縱誕　徒旦反誕謾也亦欺也不實也

不憚　徒旦反憚難也畏也廣雅憚驚也

收穫　胡郭反說文穫刈穀也王逸注楚辭云草曰刈穀曰穫詩云十月穫稻

第四卷

很戾　胡墾反下力計反國語很違也戾曲也字從犭從良

抑挫　祖卧反說文挫摧也亦抑也

惹衣　無方反以草為鑑也尒雅惹也姓薆方云試芋皮可以為索履發也蔥閭方反

食芋　于付反說文大葉實根駭人故謂之芋又故曰芋大者謂之蹲鴟其可食也

炒穀　古文𪎭𩰲二形今作炒崔寔四民月令炒古文作焣同初狡反言熬煎也火乾也

尼連禪河　云尼連禪那或云尼連禪那此譯云不樂著者尼連不樂也

加棃加龍　此又云迦棃迦龍此譯云黑龍也

倒仆　古文踣同蒲北反謂前覆也

第五卷

真胝　又作胝同竹尼反亦作胝天尸名也須彌山上天名也

僕隸　古文僕同蒲木反廣雅僕使也

遝多　又作隸同力計反附也謂附著於人也字從隸從米故從米糯從米也女又反

裛炙　鑄蔭反

須摩那　反云蘇摩那華其色黃白亦甚香也不或作大樹磨高三四尺垂似蓋者也

膽蔔加　或云旃簸迦高大樹其香正言占婆迦其花遠聞風有香氣

門堞　又作堞同徒頰反城上女墻也

猩猩　又作狌同所京反似狗頭知人名如豕人面

尸利沙　不如知小作似黃犬啼如吠去也名此屍利沙是人閒合昏樹也其實有二種名有若為葉樹果則小者名此樹時生是人間尸利沙此云吉祥樹以下東下里家誤名

第七卷

荻林　又作藡同徒歷反荻草也亦有荻竹

阿蘆闍病　謂不可治病也

迦樓那摩訶　此云大迦樓那此云悲大般若云大悲也二云悲爲法體如來

嘢尼　又作咽同於堅反於二見反此譯云鹿王

尼拘尼陀樹　此云尼拘盧陀此譯云無節亦云縱廣樹此云大樹也

摩那陀果　此譯云相果此果愼思婆也

所縈　一通俗文收繞日縈

不愜　苦頰反廣雅愜快也字林愜可之也

經後序

始泊　巨幾反漢書泊至也

實懷　周行傳曰詩云實置也

析請　之衍反傳曰析求也

甫尒　方武反廣雅甫始也余傳曰甫名也

轉駐　又作駐同竹句反尒雅駐和也謂諧和也下又作輵莫和反謂敬和也所以漢書學士

負笈　師古曰負荷也笈謂學士所以書笈

驅傳　如師古曰傳謂使者之乘謂之名也郭璞注云驅遠音而也傳行馬也

錫珪　思歷反下古書錫賜也尒雅錫賜也

分陝　式冉反公羊傳曰自陝以東周公主之自陝以西召公主之

碩難　市亦反小也尒雅碩大也小人說文陝云隘也

知昕　虛殷反詩云傳曰明也尒雅昕也

彭匯　胡罪反尚書東匯澤爲彭蠡孔安國曰匯迴也

萬駰　於巾反二人身名也

猜焉　古文猜同倉來反猜疑也

仁王般若經

上卷

僉然　七廉反小尒雅僉同也尒雅咸皆也方言自關而東五國之郊謂之僉也

窮源　日東作水原之本

鉾盾　食尹反說文盾所以扞身蔽目也

下卷

什物　時立反謂資生之物也什物人言家之產器也謂十物為什

巨海　又云什物亦會數名也其大巨也

尚殰　字書作殰同于殺反摩類殰殁也殰隆

炕陽　口浪反蒼頡篇炕乾極也洪範五行傳有炕陽之應謂大旱也經文作亢胡剛反亢咽也

金剛般若經　什法師譯

舍衛國　十二遊經云無物不有國或言舍婆提城或言捨羅婆悉帝夜城並訛也正言室羅伐國此譯云聞者城法鏡經云聞物國善見律云舍衛者是人名昔有人居住此地往古有王見此地好故乞立爲國以此人名号舍衛國一名多有國諸國珍奇皆歸此國也

祇樹　或言祇陀或云祇洹皆訛也應言逝多此譯云勝氏即憍薩羅國波斯匿王之子也婆那此云林正言飯那以樹代之耳

給孤獨　應言阿那他此云無親舊人義譯爲孤獨賓茶賦寫耶此云團與舊人義譯爲給耩是修達多之別名德達多此云善與故得給孤獨名也舊言阿那邠坻或言阿藍訛略也摶者團也

唯然　弋誰于比二反說文唯諾也謂應之敬辭也禮云唯而起鄭玄注云唯恭於諾也

四維　翼隹反廣雅維隅也淮南云天有四維是也

頗有　借音普我反謂語辭也

筏喻　通俗文作橃韻集作撥同扶月反方言簰謂之筏編竹木浮於河以運物者是也南土名簰北人名筏字從竹經文從木作栰非也簰音蒲佳反

云八

共三

阿蘭那行　或言阿爛拏正言曷剌琉易此云無剌拏此云諍名無諍也亦言閑閑亦無諍也

歌利王　或言迦利王經中作迦藍浮王皆訛也正言羯利王此譯云鬪諍王西域記云在烏仗那國瞢揭釐城東四五里是其處也昔云惡世無道王即波羅柰國王也

金剛般若經　菩提留支譯

脩伽陀　或云脩伽度慈印三昧經譯云善逝此如來衛之一号也

捫淚　莫奔亡本二反聲類捫摸也字林捫持攜也經文有作扷亡捫反字林扷拭也言須菩提恨不早聞故涕淚悲泣今既得解所以捫淚而言

荷擔　說文何古文柯同胡歌反廣雅何揭擔也又音胡可反詩云百祿是何傳曰何任也今皆作擔

摩那婆　或言摩納婆或云那羅摩那或云摩納皆是梵言訛轉也此譯云年少淨行或云人

歌羅分　如析一毛以爲百分一分名歌羅分論以義翻名爲力勝以無漏善法勝於有漏故也

數分　猶是數中轉微細者乃至少許猶不及一也論中義言不相似勝也言有爲有形雖假令少許與無爲無形不相似也

優波尼沙陀分　論中義言因果不相似也以珍寶等但得三界果報無漏善法得佛果也

毛道　此名誤也舊譯云婆羅必利他伽闍那此言小兒別生以癡如小兒不同聖生也論中作小兒凡夫是也正言婆羅必栗託仡那婆羅此云愚必栗託此云異仡那此云生癡言愚異生以愚癡闇冥無有智慧但起我見不生無漏故經言生與不生是也亦名嬰愚凡夫凡夫者義譯也案梵語毛音嚩羅愚名婆羅但毛與愚梵音相濫此譯人之失致有斯譯也法集等經言毛道顚凡夫或言毛頭凡夫者誤也仡音魚乞反

金剛般若經　真諦法師譯

卷四末

支提　或言脂帝浮都此云聚相謂累實及石等高以爲相也

一切經音義卷第三

云八

一切經音義卷第三（別本）

校勘記

一　底本，明永樂南藏本。

一　一五八頁上五行至八行「小品般若經……金剛般若經」，[徑]無。

一　一五八頁上二一行夾註右第一一字「具」，[徑]作「其」。

一　一五八頁中五行夾註「而牛反」，[磧]、[普]、[徑]作「而朱反」。

一　一五八頁中九行夾註左第二字「此」，[普]作「北」。又「紅南」，[磧]、[普]、[南]作「江南」。

一　一五八頁中一六行夾註左「諍也」，[普]作「静也」。

一　一五八頁下一二行夾註左「幼老」，[磧]作「幼者」。

一　一五九頁上二行夾註左首字「云」，[徑]無。

一　一五九頁上三行夾註左「爪時」，[普]作「爪持」。

一　一五九頁上末行夾註左第八字

「蟲」，徑作「蠱」。

一 一五九頁中一五行夾註右第二字「引」，徑作「弘」。

一 一五九頁中一七行夾註右「凡也」，徑作「几也」。

一 一五九頁中二三行夾註右第九字「目」，磧、徑作「日」。

一 一五九頁下末行夾註左「父怨」，磧作「交怨」。

一 一六〇頁上一二行夾註左第七字「埵」，徑作「捶」。

一 一六〇頁上一九行夾註右「菟毫也」，徑作「莵毫也」。

一 一六〇頁上二一行夾註右「客舍乾」，磧、普、徑作「客舍也」。

一 一六〇頁中三行夾註右「占鞋反」，磧、普、徑作「古鞋反」。

一 一六〇頁中七行首字「相」，徑作「陰」。又夾註左「在渚」，磧作「在陰」。

一 一六〇頁中八行夾註右「荀歷反」徑作「都歷反」。

一 一六〇頁中九行夾註左末字「迴」普作「廻」。

一 一六〇頁中一二行夾註右第三字「鞇」，磧作「輷」。

一 一六〇頁中一四行夾註左第一二字「穷」，普作「旁」。

一 一六〇頁下二三行夾註左第八字「何」，徑作「阿」。

一 一六一頁上一五行夾註左首字「院」，普作「惋」。

一 一六一頁中一〇行夾註左「敢鬼」，徑作「噉鬼」。

一 一六一頁中一七行夾註左「告也」，普作「皆也」。

一 一六一頁中二三行夾註「薄何反」，徑作「薄間反」。

一 一六一頁下三行夾註右「持也」，磧、普、徑作「恃也」。

一 一六一頁下九行夾註左「天工」，磧、徑作「天王」。

一 一六二頁上五行夾註右「徙卓反」，徑作「下徙卓反」。

一 一六二頁上六行夾註左「比言」，磧、普、徑作「此言」。

一 一六二頁上八行夾註右第五字「舒」，徑作「舒」。

一 一六二頁中九行夾註左第一一字「棠」，磧作「常」。

一 一六二頁中二〇行夾註右末字「柱」，磧、普、徑作「拄」。

一 一六三頁上四行夾註右第八字「口」，磧作「曰」。又左第九字「虚」，普作「虗」。

一 一六三頁上一五行夾註「具實」，徑作「其實」。

一 一六三頁上一八行夾註左第六字「煋」，徑作「㷀」。

一 一六三頁中七行夾註左「王月」，普、徑作「正月」。

一 一六三頁中一三行「四猺」，普、徑作「四殟」。

一 一六三頁下四行夾註右第七字「右」，普、徑作「古」。

一 一六三頁下八行夾註左末字「火」，

徑作「大」。

一　一六三頁下一〇行夾註左「須陀洹」，徑作「須洹」。

一　一六三頁下一三行夾註左第四字「在」，普、徑作「怪」。

一　一六四頁上一四行夾註右「以石反相以也」，徑作「下以石反相似也」。

一　一六四頁上一七行夾註左首字「又」，徑作「人」。又第三字「狎」，普、徑作「伸」。

一　一六四頁中一四行夾註右「鳩泹」，徑作「鳩洹」。

一　一六四頁中一五行夾註左第五字「怳」，徑作「祝」。

一　一六四頁中一八行夾註右第九字「棦」，徑作「桴」。又末字「哉」，普、徑作「扶」。

一　一六四頁中二〇行夾註左末字「也」，至此，徑卷第三終，卷第四始，且有如下經目：「小品般若經　明度無極經　長安品　勝天王般若經　仁王般若　金剛般若經　菩薩見實三昧經　賢劫經　華手經　大灌頂經」。

一　一六四頁下三行夾註右第二字「又」，徑作「文」。又左第三字「也」，徑作「婦」。

一　一六四頁下二三行夾註左「方谷」，徑作「方俗」。

一　一六五頁上一〇行夾註左「乙案」，徑作「又案」。又末字「林」，普、徑作「梵」。

一　一六五頁上二一行夾註左第二字「桶」，徑作「桶」。又第四字「粗」，普作「文」。

一　一六五頁中七行夾註右「作健」，磧、普作「作揵」。

一　一六五頁中八行夾註右「作熯」，徑作「爌熯」。

一　一六五頁中一八行夾註右「占訝反」，磧、普、徑作「古訝反」。

一　一六五頁中末行夾註右末字「三」，徑作「二」。

一　一六六頁上二行夾註右「馬麽」，徑作「馬縻」。

一　一六六頁上四行夾註左「普堛反」，徑作「必歷反」。

一　一六六頁上五行首字「懆」，徑作「慘」。本行夾註同。

一　一六六頁上一三行夾註左首字「夂」，徑作「人」。

一　一六六頁上一四行夾註右第四字「取」，徑作「𠭥」，一五行夾註右第三字同。又左「古文」，徑作「古曰」。

一　一六六頁上一九行夾註右「蒲此反」，徑作「蒲北反」。

一　一六六頁上二三行夾註左「祭伺」，磧、普、徑作「祭祠」。

一　一六六頁上末行夾註末字「也」，磧、普、徑無。

一　一六六頁下四行夾註右第一一字「馹」，徑作「驛」。左第一二字同。

一　一六七頁上二行夾註左首字「傅」，徑作「傳」。

一　一六七頁上七行夾註右第一〇字「古」，徑作「言」。

一　一六七頁上一九行夾註左第四字「不」，徑作「木」。

一　一六七頁中二行夾註右「條伽度」、普、徑作「脩伽度」。

一　一六七頁中卷末經名，徑無（未換卷）。

一切經音義卷第四

唐大慈恩寺翻經沙門玄應撰　云九

菩薩見實三昧經　賢劫經
華手經　大灌頂經
菩薩瓔珞經　佛名經
月燈三昧經　千住斷結經
觀佛三昧經　五千五百佛名經
大方廣十輪經　大方便報恩經
寶雲經　金光明經
大雲經　密迹金剛力士經
菩薩處胎經　大集賢護菩薩經
大方等陀羅尼經

菩薩見實三昧經第一卷

膺平　又作膺同於凝反蒼頡篇云乳上骨也說文膺胷也漢書韋昭曰胷四面高中央下曰膺

原隰　又作隰同詞立反尒雅下濕曰隰濕墊也隰亦新發畈有徑路者也墊音都念反

寶礦　古文研字書作礦同孤猛反說文礦銅鐵璞也經文從金作鑛非也

旌鼓　子盈反尒雅注旄首曰旌郭璞云載旄於竿頭者旄旌表也謂取其標幟

第二卷

旒蘇　又作旒鎏二形同力周反

門拒　齒楄反尒雅振謂之根郭璞曰門戶郭璞弃拒也廣雅擬本也拒據制也瑾音五迴反

璫渠　都喜反釋名云穿耳施珠曰璫蔡珠曰璫充耳也蔡耳琢也西國王等多明

第三卷

跋埤　金錄作之著耳匡中用以莊飾經中有作璩巨於反王名也真尸反亦言毗摩是阿脩羅名也義譯云縛居在脩羅前鋒爲帝釋所縛因誓胃胝故以名焉

踟躕　馳知反下又作蹰同腸誅反廣雅踟躕猶豫也又亦住足躊躇也

第三卷

曲櫺　力庭反說文櫺楯間子也亦窗櫺子也通俗文眼門曰櫺是也

繮鞚　或作韁同紀良反馬韁也下苦弄反馬勒也

鶻鵠　音會鶻鶻也似鷹而黑色者也鶻音古活反下胡穀反說文黃鵠也彩如鶻色著黃也

緘婆　古田反天石名也依字緘索也東篋也亦閉也

第五卷

麒麟　渠之反下理眞反仁獸也說文麒身牛尾一角頭有肉經文作騏說文馬文如綦曰騏下力珍反尒雅白馬黑脣曰驎二形並非字義齎居貴反

第十一卷

蚓掘　烏極反下渠勿反廣雅掘穿也經文作撈都甘反此應誤也

欠款　又作呿同丘庶反琹耆張口頻伸也

第十二卷

脬膜　疋包反三蒼盛尿處曰脬經文作胞者補交反胞胎也胞非此義

餳哺　云九　似盈反方言凡飴謂之餳說文米糵煎也下蒲故反口中嚼食者也經文從食作餔非體也餔音補胡反字書晡同申時食也

第十四卷

隍城　胡光反說文城池有水曰池無水曰隍蒼頡篇城下坑也

爲隥　當鄧反廣雅隥履也依之而上者也三蒼隥小阪也經文作磴音登

秔米　俗作粳同加衡反聲類云不黏稻也江南呼粳爲秔

賢劫經第一卷

勺撓　是斫反說文勺枓也枓音枓下呼高反聲類云撓攪也經文從木作杓誤文攪壓反此斗柄也又音同勺

光耀　古文曜同餘照反廣雅曜照也明也

不挾　胡頰反挾懷意也尒雅挾藏也經文作協和也協非此義

稸積　字書作蓄同勑六反蓄積也聚也

瘑痏　古還反下胡軌反廣雅痏瘑也痏毆傷青黑腫也

邦伴　石經作羽邦拒三形同補江反

准平　說文作準同之尹反准平也均也度也經文作坒才資反以上增道也坒非此用

擿去　他狄反擿剔也謂擿治之也亦取也

第二卷

三塗　又作途注二形同達胡反害三塗者梵書春秋有三塗危險之處借此爲名爲塗猶道也非謂塗炭之義若依梵本則云阿波那伽低此云惡趣不名惡道道是因義由履而行趣是果名已到之處故不名惡道

躓礙　古文贊蹟二形今作躓同豬吏反通俗文事不利曰躓限至曰礙

居倫　大哀經作拘輪譯云本際第一解法者也昔譯經云俱鄰者解本際也阿若者言已知也正言解了拘鄰亦姓也

第三卷

怯弱　知所反尚書六極曰弱孔安國曰弱尫劣也經文作愵奴的反思也傷也愵非字義

第五卷

鳩那羅　此譯云惡人亦言不好人也

第十三卷

竿蔗　古寒反下諸夜反通俗文荊州出竿蔗則甘蔗是也

錫貢 星的反尒雅錫賜也謂賜與也上與下之辞

好拂 敷勿反拂拭也除塵也治也去也經文作拚佛二形非也

都較 古文搉同古學反較猶粗略也廣雅較明也亦比校也

趣谷 古木餘王二反尒雅水注谿曰谷泉之通川者也經文從山作峪非也

華手經第一卷

和詑 字又作謉同丑嫁反婁和詑者比丘名也

第二卷

抒氣 時汝除呂二反廣雅抒舀也渫出也說文抒挹也挹斟酌也挹音於入反 舀音餘沼反

第八卷

猩猩 所京反字林能言鳥也形如豕頭如黃狗出交阯封溪聲如小兒啼也

第十卷

訐詭 居謁反不實也廣雅詭隨惡也亦欺詐也

蟄民 遲立反大魚名也蟄民伽羅應云低民抵羅譯云吞魚大吞小故

第十一卷

圂豬 又作溷同胡困反圊圂也言溷濁豬惡

栽栓 古文櫱栓木三形今作櫱同五割反尒雅栓餘也截也言木餘截生栓栽也

僶俛 亡忍反僶俛強為之也

第十二卷

斃地 古文斃獘二形今作弊同毗世反說文斃仆也頓也

大灌頂經第一卷

鉀撰 昔撰反山名也

嘻疑 虛基反

喉棱 力曾反

道軻 口佐反

埿鉀 乃禮反

掬林 居六反經文又作鞠諊同

揵陀 記言反

迦備 此應備字

賁跢 補門反

鞞吒羅 上陟留反又作之然反

噴灑 又作歕同普悶反通俗文作溢含水潠曰溢經文從水作瀆音扶云反水名也瀆非此義

郁企 丘豉反經文作倫非也

緊𦂇 於奚反

犀提 此應犀字父支反

波蘧 夂無放

頻哎 咨禁反非正字

云九

劬離 其俱反經文作劬音口此應誤也劬犨也

漱漏 所救反經文從欠作瀨非也

盟誓 音明釋名云盟明也告事於神明也誓制也以拘制之也大事曰盟小事曰誓也三善歃血誓

毒蠆 丑介反或名蠆蝲或名蠍蟽蟲也蟽音他達反蝲音力達反

五官 謂生老病死及現在獄官拘錄亦名五天使者

翩翩 疋䋎反說文疾飛也亦匝旋輕捷之皃也經文作偏非體

第二卷

箕蠡 力底反

臏迦 扶忍反

倪提 五禮反

髑頭 徒穀反

第三卷

坻多 直尸反

苾闍 蒲結扶必二反

戾捺 勑細反

拍長 普格反廣雅拍擊也釋名拍搏也以手搏其上也經文從石作砶非也

沃口 烏穀反通俗文溉灌曰沃沃亦澆也漬也

口噤 又作唫同渠飲反捦唫口噤閉而不言王逸曰閉口為噤也

襌衣 多安反說文衣不重也廣雅襌襦也有衣而無絮也

白袷 古洽反說文衣無絮也廣雅袷重也經文作帢古洽反幘也帢非用此義

又作挾非

第四卷

瘷覯 都奚反

爐䫌 古黃反

唾沆 辭遙反通俗文迮而吐之曰沆經文或從口作𠴕音子旦反

架抄 古暇反經文作架

樓眸 莫侯反經文作眸誤也

云九

譁難 呼故反

諮羅 於五反

較紙 古學反

膃弥 扁俟反

饕飢 文作饕宅反經非

猳玃 字體作豭又作猳同古遐反下居縛反說文大母猴也善顧盼攫持人也尒雅玃父善顧郭璞曰猳玃也似猴而大色蒼黑也

荐臻 又作洊同在見反尒雅荐再也亦數也重也仍也下側陳反尒雅臻至也

第五卷

優𠴲 蘇苔反

掔俱 苦閑反經文有作挐女家反此梵言也

壓笮 於甲反下側格反笮笮壓也今謂笮出汁也說文笮迫也

茇陀 字與茇同渠寄反

蓍叉 居王反

驚悸 古文䛫同其季反字林心動也說文氣不定也經文或作惶

第六卷

振旦 或言真丹並非正音應言支那此云漢國也又亦無正翻但神州之總名也

碑闕 彼為反古制施鹿櫨以下棺今人述君父之功美以書其上建於陌路頭顯處也釋名在門兩旁中間闕然為道也

鄵婁 于鵠反

鞞䩮 蒲迷反

華藜 方介反

恐懾 虛業反方言懾閱懼也謂以威力相恐懼也閱音呼激反經文作懾慴二形非也

第七卷

牛桊　居院反說文謂牛鼻環也字書桊牛拘今江南以北皆呼牛拘以南皆曰桊

柙櫨　字冝作甲盧音烏甲反今人謂黑貂為鴨盧貂是也

渧渧　聲類亦渤字同滿役反廣雅渧盛也

蔚多　於貴反　他襪反　而羊

尉伺　於位反下相吏反粲也廣雅云伺視也

第八卷

檐邊　字書作櫩同以占反謂屋梠也說文檐櫩也櫩音吡

汪池　烏皇反通俗文亭水曰汪池之𤅢濁者也

第九卷

麋麈　莫悲反說文麋鹿屬也冬至解角者也下之庾反山海經云荊山多麈郭璞曰似鹿而大尾可為帚也

梁翟　徒歷反　多楳　莫來反

陀俞　以朱反

愚惷　丑龍反說文惷愚也生而癡騃童昏者也經文或作戇都絳反說文戇愚也

齚揚　又作齰同仕白反齚齰也經文作咋卉白反咋咋聲也咋非此用

第十卷

世享　虛兩反享受也亦當也說文享獻也

云九　大

烔烔　徒東反埤蒼烔烔然熱皃也經文作爞烔非體也

老叜　又作叜傁二形同蘇走反方言叜父長老也東齊魯衛之間凡尊老者謂之叜廣雅叜父也南楚名也字從災從又音手叜者衰惡也言疾之文候在於寸口老人寸口脈衰故從又從災也

諠譁　又作讙同虛元反下呼瓜反諠譁也廣雅諠嘵也三蒼諠言語詾詾往來也譁言語諠讀諡也詾徒刀反

詵林　又作甡𦮕莘三形同使陳反詩云詵詵兮傳曰詵詵衆多也尒雅萍苹

萍薄　蒲丁反萍根浮水上者也其大者蘋也經文作𣲖爲帚也

歡娛　歡區反說文歡樂也經文作顯非也

姻嫌　於人反下古嫌反白虎通曰歸人因夫而成故曰姻姻親也國語今將婚嫌賈逵曰重婚曰嫌嫌厚也

恍悢　烏吳反字略云恍悢驚異也

轗軻　又作埳同口紺口感二反下口佐反楚辭曰然轗軻而留滯王逸云埳軻不遇也

禍祟　思醉反說文神禍也謂鬼神作災禍也

懇惻　古文記同口很反通俗文至誠曰懇懇亦堅忍也下古文則楚力反廣雅惻悲也說文惻痛也

如餉　尸尚反廣雅餉遺也說文餉或作饟饋餉也

結梳　所於反說文梳理髮者也

乞匄　古害反通俗文求願曰匄廣雅匄求也人亡則匄字意也

懊憹　今皆作惱同奴道反懊憹憂痛也

第十二卷

維耶　或言毗耶離或名毗舍離皆訛也正言鞞舍釐夜城在東印度境伽河北也或言中印度境

瞢憒　莫崩反三蒼瞢不明也下公內反憒亂也亦煩也

云十　七

營衛　又作營營營三形同役瓊反蒼頡篇營衛也部也

厭禱　於冄反下都道反伏合人心曰厭求福曰禱禱請也請於鬼神

蜚尸　古書飛多作蜚同府韋反飛謂飛揚也三尸有三尸

邪件　古文譖遲迮三形今作件同吾故反件迸也

蒺藜　疾粟下力尸反井體也寀尒雅蝍蛆郭璞曰似蝗大腹長角能食蛇腦髓也

薆蕢　於老反聲類萎草蔫也文作殀瘁痺也謂不能行

尫羸　今作尪同烏黃反尫弱也也通俗文短小曰尪也

妖蠱　冝列反說文衣服歌謠之怪謂之祆禽獸蟲蝗之怪謂之蠥蠥災也今皆作孽亦古字通用也

菩薩瓔珞經第一卷

恭恪　古文𢜎同口各反恪敬也字林恪恭也

曩昔　奴朗反尒雅曩久也也曩往久古昔也

塵曀　又作壇同於計反詩云終風且曀尒雅陰而風曰曀曀亦翳也言奄翳日光使不明也

第三卷

亘然　歌鄧反亘猶坦鉉也詩云亘之秬秠傳曰亘遍也竟也秬音巨秠音扶鄙反

𦐊毗　或言𦐊鷹或云迦毗或言伽毗此皆梵音訛也此譯云迦毗聲伽羅者好名爲好聲鳥也

第六卷

僥倖　古堯反下胡耿反僥遇也幸冀也愛也俗謂幸爲僥倖謂非其所得而得之也

第七卷

貪餮　又作飻同他結反說文餘亦貪也又云貪財曰饕貪食曰餮也

拘隣　或作居隣或作拘輪皆梵言訛也此云本際則經中尊者了本際尊者智本際皆是也此則憍陳如

邠耨　又作分耨或作邠耨文陀弗應云富羅曼陀弗名羅此譯云滿願飾女或言滿見子也

第九卷

阿惟顏　案菩薩十住經云第十阿惟顏住謂一生補處者也

苾芬　又作飶䭯馝馝四形同蒲結反埤蒼苾大香也詩注云苾苾然芬香也

鏟以　叉莧反說文一曰平鐵也蒼頡篇云削平也
不泄　思列反泄洩也亦發也泄漏也

第十一卷

超卓　丑驕反說文超跳上車也超越也出前也超遠也踰也下陟角反卓高也釋名云超卓也舉也聊有殊卓越也

第十二卷

分衛　此言訛也正言儐荼波多儐荼此云團波多此云墮言食團墮在鉢中也或言賓荼夜此云團團者食團謂乞食

鏗然　又作揩鞕二形同口耕反諸文鞕堅也廣雅鞕鞕然堅也
料量　力條反說文料量也料亦數也字從斗經文作科苦和反非也

佛名經

智矓　一計反
庭燎　力弔反
拘峻　私俊反
刳心　口胡反
齧咳　如菘二枚反丑亥反
詢陀　私旬反
祇多　止夷反
梟荷　息里反
梯羅　他奚反
奚吼　胡雞反

月燈三昧經第一卷

無爽　所兩反尒雅爽差也謂不同也不齊也

第二卷

糅以　古文粈肚二形同女救反通俗文雜飯曰糅謂青雜曰糅也
如牓　補莽反謂標牓其善惡示人也經文作榜木作榜補盲反弓弩輔也榜非此用也

第三卷

剜身　烏桓反埤蒼剜削也謂挑取肉也
鼛鼓　公勞反大鼓也考工記鼛鼓長丈尺有四寸注曰以鼓役事下又作鼖同扶雲反尒雅大鼓謂之鼖郭璞曰長八尺也

雷霆　定亭挺三音尒雅疾雷謂之霆霓郭璞曰雷之急激者也蒼頡篇霆霹也說文雷餘聲所以挺出万物也霆亦電也
金鉦　之盈反說文鉦鐃也似鈴柄中上下通詩云鉦人伐鼓傳曰鉦以靜之鼓以動之
諸鼙　蒲迷反小鼓也周禮鎛師掌鼙鼓縵樂鄭玄曰作縵樂擊鼙以和之也
簫筑　知六反筑形如箏刻其頭而以竹擊之提之以頭筑人故謂之筑

第七卷

儒德　而俱反說文儒柔也術士之稱也
入匣　今作匣同胡甲反說文匣匱也謂盛刀劍者也
棲泊　蒲各反泊止也謂舟止泊也鳥泊止是鳥
激切　公的反說文水疾波也激發也激動也
狡猾　古卯反下胡刮反方言凡小兒多詐謂之狡猾亦言亂也

第八卷

臺榭　辭夜反尒雅闍謂之臺有木謂之榭郭璞云臺上起屋也說文作謝同音武客舍也說文堂下周屋也
廊廡　下序反序五釋名云大屋曰廡幽冀之人謂之房

第九卷

詹波　之鹽反或作占波或作占婆即瞻蔔花也譯云金色花大論云黃花樹也
瘳愈　勑流反說文瘳差也尚書王翌日乃瘳是也
竚立　或作佇同除呂反尒雅佇久立也謂竚立企望也
動瞼　居儼反字略云眼外皮也
臻萃　側詵反下似醉反方言東齊海岱之間謂萃曰集也詩云有鴞萃止傳曰萃集也
媅著　古文妉耽同都含反說文媅樂也嗜也今皆作耽

第十卷

俟用　古文竢𥏼三形今作俟同事几反尒雅俟待也
龍腦　西域記云羯布羅香樹松身異葉花果亦別初採既濕尚未有香木乾之後循理而析其中有香狀若雲母色如冰雪此謂龍腦香也
如礪　力制反山海經云崦嵫之山多砥礪郭璞云磨石也礪石細於砥也

十住斷結經第一卷

纓纏　力竹反字書纓纏不解也
戢在　側立反戢聚也斂也說文戢藏兵器也經文從手作揖非也
滲漏　所禁反滲盡也下漏曰滲漏亦竭也
閹塞　於儉反閹閉也門人也作掩揜撿藏也

第二卷

密欵　又作款同口緩反蒼頡篇款誠也重也說文意有所欲也
揮淚　許歸反說文揮奮也謂奮振去之也

第三卷

棚閣　蒲萌反通俗文連閣曰棚此經義非也作閛普耕反門聲也
嬈固　乃了反三蒼嬈弄也又作嬲同奴了反謂嬈戲也古諸經作嬲字林音作

第四卷

勗勉　虛玉反尒雅勗勉也謂勉勵也方言
道撿　居儼反大品經云撿入法度也

第五卷

駭然　呼戒反說文駭驚也
嬉嬈　許之反下乃鳥反說文嬈苛也

門閫　古文閫同呼壊反尒雅扶謂之閫郭璞曰閫門限也扶音于結反

第六卷

或奤　瘺猛反明也

婆搓　千何反或云婆叉河亦云博叉河大池西面河也馬口而出流入西海也

蹬蹭　徒登丁郎二反蹬集失計極也下七登反經文有作蹬蹬蹭並非體也

第七卷

六涇　於仁反說文涇下沒也尒雅涇落也亦下也

第八卷

斛水　九愚反廣雅斛酌也說文斛挹也挹斛也扜也經文作拘非體也或從酉作酌亦非體也

第九卷

蚑行　渠支巨宜二反謂蟲行貝也周書蚑行喘息是也

哂然　字書作吲或作欨同式忍反論語夫子哂之馬融曰哂笑也礼記笑不至哂鄭玄曰齒本曰吲大笑則齒本見也三蒸哂小笑

愚憊　鄭峰反說文愚癡也額慼也聲類韻集音丑卷反

第十卷

遮迦越羅　此譯云轉輪聖王王言斫迦羅此言輪伐剌底此云轉者轉輪此王順方謫

十一

觀佛三昧海經第二卷　云九

閱頭檀　以拙反此譯云白淨飯王也或言淨飯王也

伉儷　苦浪反又作儷同發詩反伉蘇也雅偶也儷伴也

摵喜　胡蔵反廣雅摵動也說文摵搖也

科斗　苦禾反字書蟇斗水蟲也尒雅發斗蝦蟇子也

蟠龍　薄寒反礼記蟠而蟠于蛇蟠婁也廣雅蟠曲也

踵相　又作蹬同之勇反說文踵迹也亦追也往來之皃也

四摑　古胡反說文摑摑也經文作摑蟊名也摑非字義也

關鍵　又作閫揵二形同奇寒反方言關東謂之鍵關西謂之闢

開閫　胡闞反說文閫閑也易曰閫門謂之捍是也

顒顒　今作茜同魚凶反詩云顒顒昂昂傳曰溫恭克

第二卷

穹脊　去弓反穹謂穹隆也穹亦窮也

偁張　說文作譇同竹流反尒雅偁張誑也亦幻箴歎誰也經文作輈車轅也春

秧挾輸而走輸非宇體也

喉嚨　盧公反嚨亦喉也蒼頡篇喉咽也

肺腴　又作胇同敷燎反說文肺火藏也下庾俱反說文腴腹下肥也經文作俞腧二形非也

肝膈　歌領反膈障也經文綫肉作膈二字通用也

蛸虫　又作蛔同胡周反蛸腹中蟲也經文作蛸蚘二形并也

團欒　盧端反團團圓也帀也

敗績　今作勣同子墼反聲類云勣功也

轟然　勑六反端直也又草木茂盛也

霓寬　於元反寬猜盈也墼四霓經文作俺非體也

髮杪　弥饒反樹鋒曰杪今取其義謂髮鋒頭也

雙眥　在計反說文眥目崖也目際也

第三卷

兩吻　武粉反蒼頡篇云脣兩邊也謂口際邊也

穇米　達鷄反尒雅穇莢也郭璞曰以捭布地生穢草也

龕室　苦敢反方言龕受也廣雅龕盛也

鼷鼠　胡雞反說文小鼠也有毒者也或名甘口鼠也春秋鼷鼠食郊牛角

晃煜　又作晄古文晄同胡廣反下又作精同由掬反說文晃明也煜曜也晃光也煜盛也

竭支　或作僧祇支者皆訛也應言僧迦鵄此譯云覆腋若著瞿像羅則不著僧迦鵄瞿脩羅者此云圓也像其衣形而立名也

第四卷　云九

摧茹　而麻反摧折也茹草也

十二

小蝸　螆知反囊雅蠡角曰蝸有角曰蝸若龍而黃者也

樹楷　音皆楷謂楷捭也字從禾從皆未詳何語

疼痺　又作癩膝二形同徒冬反疼舉疼痛也下倂刹反訛文灖病也痈不能行也

第五卷

捭身　力没反捭謂揩捭也

櫟啄　爭交反通俗文浮取曰攐廣雅攐取也

直劈　普狄反說文劈破也經文作擗脾役反擗非此用

鐵砧　又作攐擻二形同楮金反鐵砧也經文作鏖鈸二形非體也

轢身　力各力的二反蓁頡鍇櫟櫟也說文車有踐者

瘦瘇　宇詁今作趨同之勇反通俗文腫足也曰瘇瘇腫病也經文從足作腫非體也

生藾　聲類作嬶婥二形宇詁古文藻今作藾同詳癩反說文熱湯瀹肉也

鐵鉆　奇沾反蕃頭鑷鉆持謂取物者也文作鉗束人鐵也鉗非今體也

瘭疽　必遇反下千余反廣蒼癰成為瘭疽瘔名也經文作蠑字典蜱同輔之疵

諸抳　遇二反蝽蜘子也蠑非此用字亦作繇渠記反以連繇簪記之

鑱刺　在成反以錐刺物也說文鑱說也

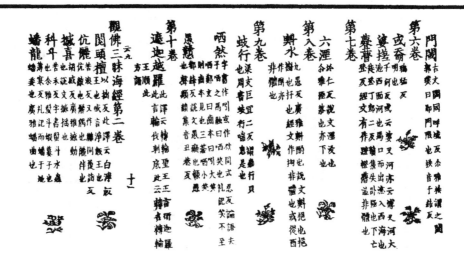

寱語　牛出反夢語謂之寱聲類不覺妄言

磔口 陟格反廣雅磔張也亦開也經文作挓未見所出

第七卷

攘臂 而羊反攘除也謂除衣袂而出臂也袂袪出反

䟫蹬 他盍反下得直反牀名䟫之大林前小蹋上所以登上牀也因以名之

搏噬 補薄反下特制反搏攫也噬齧也嚙也

第八卷

云九

邅疾 又作姤同古候反尒雅遘逢遇也

泯然 弥忍弥賓二反尒雅泯盡也泯民也

棒落 直余勑紲二反捺奪也

五千五百佛名經第三卷

怛娜 乃可反

聃婆 他甘反

魯氈 盧口反

歃漱 所霤反

眠陀 女乙反

唵婦 烏感反

哺羅 補胡反

婆鞮 徒奚反

咦帝

第四卷

呵喊 可戒反

地蜱 音蜱

豕蘭 魯于反

呬迦 烏賢反

跌帝 除栗反

黧闌 一节反

怖霤 力救反

髀路 莫侯反

迦棘 力割反

佶易 奇乙反

歧嶷 付任反

他庇 補寐反

䵳那 知連反

揭薛 上渠謁反下蒲諦反

瑟咤 陟嫁反

熯醯 於大反

洹嚧 力敷反

阿㧖 又作抵同時紙反

頡利 賢結反

第五卷

喑遇 於林反經文誤作瘖

第六卷

抵多 是支反

鉋多 居六反經文作鉋非

大方廣十輪經第一卷

浚流 古文㴜濬二形今作浚同肆閏反浚深也

第三卷

麝香 是亦反又音神夜反尒雅麝麚有香也

田畯 資峻反尒雅田夫也郭璞曰今之嗇夫也

舌舲 又作齡同其音反牛舌病也經文從疒作疹非

大方便報恩經第一卷

暉黵 又作艷同餘贍反方言秦晉之間謂美色為艷

池湖 戶孤反說文大陂也揚州有五湖

栴叔 或言甄叔迦或云緊叔迦樹名也其花赤色此寶似之因以名焉

喑唶 於禁反下子夜反聲類大呼也說文大聲

云九

微服 無非反尒雅幽匿蔽微也注云謂逃竄也

十四

呼喻 古文歙翕二形今作吸同義及反廣雅翕飲也引也

挑目 他堯反聲類云挑抉也謂抉出目也抉音烏穴反

里程 除揣反程稍限也礼云程量也詩云程法也

摵眥 呼妻反摵裂也下靜計反目頭曰眥甫云頭日裂眥是也經文使首作戢古獲反生獲斷耳曰戢戢非此義

儼奴牖那 側飢反

呵嚕

㼏醯 於隣反

擭撲 靜雷反

鯢羅 五奚反

咆地 蒲交反說文咆嗥也亦大怒也

輸頭檀王 正言首圖䭾那王此譯云淨飯或言白飯非也

第二卷

蟠蘭棒輪 蒲寒反棒勃倫反言形狀也

蒨練綮爛 千見反言色彩鮮盛皃也

眼眩 胡涓胡遍二反蒼頡篇云視不明也眩惑也

迫愶 補格反迫急也下虛業反謂以威力相恐懼也

財賄 古文賄同呼罪反財貨也通俗文財帛曰賄周礼通貨賄鄭玄曰金玉曰貨布帛曰賄也

兜鍪 莫侯反廣雅兜鍪謂之冑經文作鉾非字體也

乾曬 所懈所寄二反謂暴乾物也

數波那食 或云怛鉢那譯云麨也蒲闍尼譯云可食佉陀尼食譯云可敢

餐唵 烏感反字林唵唅也謂以掌進食曰唵也

嶔巖 苦銜反又音欽廣雅嶔岑高也山阜勢也

羸惙 知劣反聲類惙短氣皃也惙亦憂也毛詩傳云憂心惙惙

唼食 子盍反字林喋食曰唼唼血也經文作唓非也

茹食 如倨反茹啖也尒雅啜茹也郭璞曰啜拾食之也

擔揭 說文作竭同其謁反負舉也竭擔也

云八

髖腨 蒲忍反說文膝骨也玉篇云膝端也大戴礼曰人生朞而髖下又作臏同 時充反腓腸

十五

炎旱 于廉反炎熱也尒雅炎炎熏也謂旱氣熏灼人也

猥多 烏罪反字林猥衆也廣雅猥頓也

噢噎 於六反下一結反埤蒼噢咿內悲也謂痛悲之聲也噎塞也經文有作𠷎非體

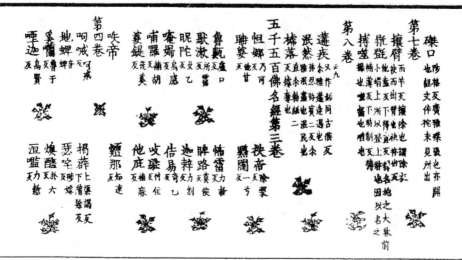

爪攫 居縛反說文攫扟也蒼頡篇攫持也淮南子云獸窮則攫鳥窮則啄是也

瓠音居遂反

單孑　古折反案子猶孤獨也說文孑無右臂曰孑

喊㖃　呼𢯱反下又作諦欬二形同呼戒反方言喊聲也喊呵也謂恚怒聲也經文或作闞音呼檻反二形通用

蹋張　唐盍反謂蹋地張目也經文從口作噝張非也

皦然　古文皦瞭二形今作皎同公鳥反墿䒤皦明也淨也

第三卷

嫡嫡　丁狄反字書嫡正也公羊傳曰立嫡以長者何敵也謂夫人之子尊無與敵也

邪維　或言闍毗或言闍維或言闍鼻多義是焚燒也

蹎蹶　又作顛趣二形同丁賢反下居月反蹎蹶猶頓仆反倒也經文作顛蹶非體也仆音蒲北反

𣯁㲪　字又作番同普安反下筳徒反通俗文氍方大謂𣯁㲪今大方氈是也

慨歎　口代反慨歎大息也說文忼慨壯士不得志於心情憤恚也

悒遲　於急反又字林悒不安也蒼頡篇悒悒不舒之皃也

煩冤　於元反冤亦煩也屈也文作宛惋二形非體也經

汪水　烏黃反通俗文亭水曰汪經文作洸音光非也

摩訶羅　此譯云無知也或言老也

第四卷

瞤動　而純反說文目動也經文作瞤非體也

蕃息　扶袁反蕃滋也滋多也文作繁緐盛也亦多也經

帷帳　千追反字林在旁曰帷謂帳帛障旁也幃闈也

湍浪　土桓反說文疾瀨水也流涉上曰瀨瀨淺水也

矇盲　莫公反有眸子而無見曰矇也目無眸子曰盲

舉帆　又作颿䫻二形同扶巖泛二反隨風張幔曰帆也

振濟　脂刃反小尒雅振救也說文振舉也經文作賑之忍反隱賑富有也

草蔡　音察草𦾔也亦芬也經文作蒸非也菅音千古反枯草也今陝以西言草蔡江南山東言草蘆蘆音山東云七故反也

哮嚇　又作唬同呼交反下呼嫁反虎聲謂之哮嚇

第五卷

白虹充　古文𧈧同胡公反說文螮蝀虹也俗呼美人江東呼爲雩其釋名虹攻也純陽攻陰氣也

劓刵　又作劓同魚器反下讓記反劓割鼻也刵截耳也

刖耳　古文刖趴二形同魚厥五刮二反刖猶割也

探摸　他含反說文遠取也曰探手技爲摸也

禍酷　古文皓譽焅三形同口嬌反說文酷急也亦暴虐也

掊撥　說文抱捋二形同步交反捋取也通俗文作抱手把曰掊

第六卷

牛呞　正言作齝𪘲二形同勑之式之二反謂食已復出嚼也

跳枰　皮兵反埤蒼枰榻也謂獨坐板牀也釋名云枰平也以板作之其體平正也

須陀食　或云修陀此天食也修陀此譯云白也隨相論云須陀此云善陀此言貞實也

第七卷

弶網　巨向反字書謂施罝於道曰弶俗作擋

童齔　初忍反古文音差貴反毀齒曰齔說文男八月生齒八歲而爲之齔女七月生齒七歲而毀齒從齒從乚聲釋名云齔洗也毀洗故齒更生新也

寶雲經第一卷

項囟　古文𦙶膟二形同先進先恣二反說文頭會腦蓋額空

百葉　尸涉反牛膍胵也經文作𦝉治鞢反說文薄切肉也𦝉非此義

第二卷

志遲　丑井反遲極也快也亦疾也說文遲通也

第三卷

鮫魚　今作蛟同音古茅反說文海魚也山海經云漳水多鮫魚郭璞曰鯌屬也皮有珠文而堅尾長三四尺末有毒螫人皮可以飾刀劍也

第六卷

算擇　桑管反謂簡擇也三蒼算選也

云九

欀草　而羊反說文黍治竟者也經文作蘘荷也蘘非此用

十七

金光明經第一卷

蛭虫　之逸反謂入人皮中食血者也

鎔銷　史鍾反說文冶器法也漢書猶金在鎔應劭曰鎔形也

以桴　扶鳩反說文桴擊鼓柄也則鼓椎也

第三卷

樓柅　女履反

訶嵐　洛含反

粖婆　蘇感反

茇頭　蒲結反

姥者　莫補反

遏部　烏割反

駱驖　盧各反

皤罯　蒲何補何二反

餾餾　力救反

波拖　士何反

瞢伽　莫崩反

第四卷

彗星　四芮蘇醉二反釋名云彗星星光稍稍似彗經文從手作𢯱音于桂反廣雅𢯱帚也𢯱并字義

竝現　又作竝並同蒲茗蒲頂二反說文竝併也亦俱也

華龍華　補侍補𡛷二反依字荒也以龍鬚也釋尊言𢿘荒

該那　古來反

末坻　直尸反

薩嚏　乃結反
婆㳽　莫介莫啓二反
孛題　蒲沒反
婆呫　許俠反又作詀同
睇帝　虛去反

第五卷

孤迸　又作跰同補諍反字書迸散走也
薨亡　呼弘反尒雅薨死也諸侯死曰薨薨者頓壞之聲也

第六卷

彷徉　扶方以章反廣雅彷徉徙倚也亦徘徊也
以飤　今作食同囚恣反廣雅飤餧也謂以食供設人曰飤經文作飴古字通用耳
鴿鶵　籀文作鶵說文士虞反鷄子也亦通名鳥子爲鶵也
睫瞤　子葉反下如綸反說文瞤目動也睫目毛也

大雲經第一

揵度　此言訛也正音婆揵圖此云聚也佛去世後別有姓迦栴延婆羅門道人作發智經有八揵度是
拘辨荼　或言鳩槃荼應言弓槃荼甕形頭似冬瓜也
錐鏟　此江南俗字也字體作矟山卓反埤蒼矟長一丈八尺也

第四卷

頭抵　都禮反
嗒兮　宜作哈土合反
蹩蹋　唐盍反說文蹋踐也經文作扱蒲必反方言扱推也南楚名相推傳曰扱廣雅扱擊

密迹金剛力士經第一卷

匿詑　又作訑同湯和大可二反說文兗州謂欺曰詑詑不信也
金痍　夷之反痍傷金也金謂刀斧傷者
藥瘡　翼灼反藥有毒有藥毒者也三蒼病瘉藥也

麤細　且胡反廣雅麤大也人之警防亦曰麤鹿性食息自相背麤人獸之害警亦如之故從三鹿也
鴉音　於牙反白頸鴉也關中名阿雅經文有作鶂倪歷反伯勞也鶪鴂音甲居也
鷃鷄　又作鴳同古環反狀如鷄而大者也
麑鹿　又作麛同莫鷄反麛鹿之子也
崎嶇　立宜反下立愚反廣雅崎嶇傾側也畢蓋不安也經文從足作踦躣非體也
俳說　皮皆反說文俳戲樂人所爲戲笑以自怡悅也
砥掌　說文亦底字之視反砥平也直之也
髦尾　又作髳同莫高反又音蒙說文髦髮中毫者也

第二卷

閒闢　古閑反謂入出也亦投置之皃也
柯㮇　補支反
扼捽　安几反
伊諧　下昔反
貫習　經文作謂非也
月支　薄佉羅國應是也在雪山之西北也或云月氏
立茲　或言龜茲止言屈支也屈音居力反多出龍馬左傳云屈産之乘
于闐　徒見反凶奴謂之于遁諸胡謂之旦俗語言淩那楚言薩旦那此譯云豁地乳國其地忽然隆起其狀如乳神童飲吮因以名焉
諸麼　莫可反麼僧小也俗云細小曰麼也
諸瘻　字林力句反頸腫也謂此國人多有因從名焉

第三卷

車釭　又作釭同古紅反說文車轂頭鐵也方言自關之西曰釭燕齊海岱之間謂之鍋鍋音古和反
稭草　公八反稭稾也經文作藍非也今經中有作䵂字音夷職反穀麥䵂
赭衣　之野反赭赤土也方言南楚東海之間或謂卒爲赭郭璞曰言衣赤也

蘆菔　三蒼音譯音匐來都反下蒲北反經文作蘆扶或作蘆蔔並非體
淳潼　竹用都洞二反乳汁曰潼今江南亦呼乳爲潼也

第四卷

飇聚　俾遥反暴風從上下者也
瘇腫　時勇反通俗文腫足曰瘇瀆脚病也

第五卷

犇馳　古文犇今作奔同補門反奔走也
殀日　於矯反廣雅云殀殰也又殀瘵殰也
大捆　胡本反三蒼全物者也通俗文合心曰捆之也

菩薩處胎經第一卷

翅搜　尸豉反下踈鳩反案婆兜釋翅搜城即中天竺城出譯云婆兜此言住處釋翅搜者能也謂能仁住處城也經中或作釋氏瘦城或作舍夷城或云迦維羅衛或言迦毗羅城皆梵言輕重名釋迦音訛故也
自襞　卑亦反襞疊也廣雅襞屈也疊音牒
覷身　字書或作覰字同且各反又又覷反覷至也近也
唼欶　子盍反下又作欶同所角反通俗文含吸曰嗽也
盍天　諸經作盍天此譯云有光壽天也盍音烏合反
相敎　又作懽敬擾三形同大庚反觸相觸也擾拄也
哊咽　禹六反下於賢反廣雅哊吐也咽也經文作喑音墮誤也
噂嚛　又作𠯗同補各反下子立反說文噂嚛一噂也味口也

第二卷

鼻齴　魚偃反通俗文云煖脣謂之齴音昌若反今同其事也經文作巘音魚産反巘嵃也埆非字義
如篅　市緣反說文判竹圓以盛穀者也蒼頡篇篅圓倉也經文作篿音丹竹器

名也筆非此義也

蛣蟥　古胡反蟥蛣也下胡光反蟥蛣甲蟲也大如虎頭綠色者也蜻滴丁反

第三卷

勸訹　私律反說文訹誘也經文作恤非也

揖讓　於入反平推也亦手小舉之也廣雅揖進也

陶冶　徒高反下弋者反陶謂作瓦器也冶鑪鑄者也陶化也冶消也

二十

僧那　此譯云鎧甲言以披鎧著大鎧也

黿鼉　徒多反三蒼似蛟而大山海經江水足鼉郭璞曰似蜥蜴大者長一丈有鱗彩可以為鼓經文從魚作鼉非也

利觜　古文觜今作嘴同子累反字書觜鳥喙也

攣空　居万反通俗文汲取曰攣說文抒漏也

第四卷

蝨蝗　胡光胡孟二反蝨也謂蝗蟲也小曰蝗大曰蝗云魚子化作也蝗音蝗經文作蟥非蟲也

軫宿　之忍反

亢宿　苦浪反

撩撥　又作撲同力彫反謂相撩撥也撩相投也

扶挃　知栗反廣雅挃刺也以掎扶刺者也

大辟　古文𡰪𡰫二形同婢亦反辟法也除也經文作僻辟之僻非也

芟除　所巖反刈草也詩傳曰芟除草也經文作釤所監反大鎌也釤非此用也

第五卷

槍剌　且羊反說文槍距也通俗文剡木傷盜曰槍木鎗可皆作此經文作鏘玉聲也又作鏘非也

八藏　在浪反一胎化藏二中陰藏三摩訶衍方等藏四戒律藏五十住菩薩藏六雜藏七金剛藏八佛藏梵本名篋以藏替之也

大集賢護菩薩經第一卷

賢護　案梵識經云颰陀羅波梨此譯云賢護亦云賢守隣璽曰賢固道稱守幼士經云颰陀此言仁賢是王舍城在家菩薩也

第二卷

區別　去愚反區域也區以別矣異種區別也

第三卷

鑪橐　又作𩌦排二形同蒲戒反謂鍛家用炊火令熾者也

諮詢　私導反又詢問也左傳訪問於善為諮諮親為詢諮問善道詢問親戚之議

岌多　此居士子名也依字魚及反岌高危也亦盛也

篋笥　枯挾反下胥吏反說文盛衣器曰笥

第四卷

甖水　於耕於成二反方言甈甖罌也

贊助　子旦反贊佐也亦導也

鏗鏘　又作鎗同苦耕反下又作鏘鏘二形同且羊反廣雅鏗鏘鏗鏘亦聲也

大方等陀羅尼經第二卷

動他　古文𨔝同徒董反爾雅搖動作也經文從言作謹非也

叱呵　齒吏反蒼頡篇大呵為叱

發予　翼諸餘貴二反爾雅予我也案此亦與余字同也

第三卷

若僑　渠消反說文僑高也廣雅僑才也字替寄客為僑作僑字廣雅羇旅寄寄也

單縫　扶封反說文以針紩衣也經文從手作縫非也

蝌斗　苦禾反一名活東郭璞曰即蝦蟇子也

眸䀮　許交反下許錫反目盲也

第四卷

鵜鶘　藥師經作蒺藜並非也案余瞿作蛺蝶蝍蛆也能食蛇腦也

耒木　郎對反耕田具曲木也

一切經音義卷第四

二十一末

云九

一切經音義卷第四（別本）

校勘記

一　底本，明永樂南藏本。

一　一七一頁上一行經名、二行撰者、三、四行經目，經無（未換卷）。

一　一七一頁上五行至一二行經目，經置於一七三頁下四行與五行之間。

一　一七一頁上六行「千住」，磧、普作「十住」。

一 一七一頁上一八行夾註右第三字「硏」，磧、普作「研」；徑作「砏」。

一 一七一頁上二一行夾註左末字「也」，徑作「動之主也」。

一 一七一頁中一六行夾註左「琕蒼」，磧、徑作「埤蒼」。

一 一七一頁中一九行夾註右第一〇字「錫」，徑作「鍚」。

一 一七一頁下一五行夾註右第九字「疐」，磧、普作「疐」；徑作「疌」。

一 一七二頁上一一行夾註左第二字「鷄」，磧、普、徑作「雞」。

一 一七二頁中一三行夾註右第九字「爾」，磧、徑作「亦」。

一 一七二頁中末行夾註左第四字「袂」，磧作「快」。

一 一七二頁下三行夾註左「作降誤也」，普作「眸」。

一 一七二頁下四行「櫨隫」，磧、普作「爐熿」。

一 一七二頁下八行「佗飢」及夾註「勑家反經文作咤非」，徑無。

一 一七二頁下一二行夾註左「仭也」，普、徑作「仍也」。

一 一七二頁下一七行夾註「居王反」，磧、普、徑作「居玉反」。

一 一七二頁下二一行夾註右「今人迷」，徑作「令人迷」。

一 一七二頁下末行夾註左「憦愉」，磧、普、徑作「恊愉」。

一 一七三頁上二一行夾註左末字「文」，磧、普、徑作「大」。

一 一七三頁中二一行夾註左「尸有」，磧、普作「尺有」。

一 一七三頁下一行夾註左首字「文」，徑作「經文」。

一 一七三頁下四行夾註左末字「也」，至此，徑卷第四終，卷第五始。

一 一七三頁下一二行夾註左第四字至一三行夾註左末字「也……也」，徑無。

一 一七三頁下一八行夾註左末字「智」，磧作「即」。

一 一七三頁下二〇行夾註左「名羅」，普作「多羅」。

一 一七四頁上七行夾註左「此云隋」，普、徑作「此云墮」。

一 一七四頁上一九行夾註右第四字「肛」，徑作「肚」。

一 一七四頁上末行首字「鼈」，徑作「鱉」，下同。又夾註左「皷各」，磧、普作「鼈」；徑作「鱉」。

一 一七四頁下一一行夾註右第三字「欵」，徑作「款」。

一 一七四頁下一六行夾註右第七字「音」，徑無。

一 一七五頁上一行夾註左「于結反」，普作「千結反」。

一 一七五頁上一五行夾註右第九字「顛」，普作「顚」。

一 一七五頁中三行夾註左末字「闟」，磧、普、徑作「闇」。

一 一七五頁中四行夾註右第七字「閑」，普、徑作「閇」。又左第六字「捭」，磧作「埤」；普、徑作「坤」。

一 一七五頁下一行夾註左「甘曰鼠」，

磧、普、徑作「甘口鼠」。

一一七五頁下二行夾註左第一一字「曜」，磧、普作「曜」；徑作「燿」。

一一七五頁下一三行夾註左第五字「㦞」，磧、普、徑作「樸」。

一一七五頁下一五行夾註左第六字「鈹」，磧、徑作「鈂」。

一一七五頁下二三行夾註左第六字「說」，徑作「銳」。

一一七六頁上四行夾註右「得直反徑作「得能反」。

一一七六頁上一二行夾註「一號反」．徑作「丁反號」。

一一七六頁上一九行「呹帝」下，徑有夾註「余質切」。

一一七六頁中一行夾註右「又作殄」．磧、普作「又作姼」。

一一七六頁中二行「呵嚠」下，徑有夾註「力角切」。

一一七六頁中一一行夾註左第三字「麏」，磧、徑作「麝」。

一一七六頁中一三行夾註右第三字「齡」，徑作「齗」。又左第八字「疹」，徑作「疹」。

一一七六頁下八行夾註左第一三字「王」，徑作「玉」。

一一七六頁下一〇行第二字「鍪」，徑作「鍪」。

一一七六頁下一二行夾註左「可敢」，磧、普、徑作「可嗷」。

一一七七頁上五行夾註左「張非也」，磧、普作「悵非也」。

一一七七頁上八行夾註右「嫡正也」，磧、普、徑作「嫡正也」。

一一七七頁上二一行夾註右「干追反」，磧、普、徑作「于追反」。

一一七七頁上二二行夾註右第七字「賴」，普、徑作「瀨」。

一一七七頁下一〇行夾註右第六字「治」，徑作「治」。

一一七八頁上一二行「第一」，徑作「第一卷」。

一一七八頁上末行首字「濼」，磧、普、徑作「𤻲」。

一一七八頁中一行夾註左「相肯」，磧、普、徑作「相背」。

一一七八頁中九行夾註左第三字「髦」，徑作「髦髮也」。

一一七八頁中一五行夾註右「止言」，徑作「正言」。

一一七八頁中二三行夾註左末字「𢦔」，徑作「𢦏」。

一一七八頁中末行夾註左「或謂」，徑作「或爲」。

一一七八頁下五行夾註左第四字「渭」，磧、普、徑作「謂」。

一一七八頁下一八行夾註「大庚反」，徑作「尺庚反」。又左「拄也」，磧、普、徑作「非也」。

一一七九頁中一六行夾註右第三字「漣」，磧、徑作「連」。

一一七九頁下卷末經名，徑作「一切經音義卷第五」。

一切經音義卷第五

唐大慈恩寺翻經沙門玄應撰　云十

海龍王經　央掘魔羅經
觀察諸法行經　七佛神咒經
菩薩本行經　稱揚諸佛功德經
力莊嚴三昧經　須真天子經
般舟三昧經　等目菩薩所問經
密迹金剛力士經　東方最勝燈王經
成具光明定意經　太子須大拏經
太子慕魄經　須賴經
金色王經　獨證自誓三昧經
摩訶摩耶經　如來方便善巧經
勝鬘經　須摩提經
梵女首意經　明明菩薩經
滅十方冥經　出生菩提心經
普門品經　心明經
不思議光菩薩經　文殊問菩薩署經
德光太子經　施燈功德經
菩薩訶色欲經　人本欲生經
不必定入印經　魔逆經
濟諸方等學經　菩薩行五十緣身經
弥勒所問本願經　堅固女經
廣道俗經　寶網經
百佛名經　觀無量壽經

不空羂索經　觀藥王藥上菩薩經
請觀音經　十一面觀世音經
觀音菩薩授記經　鹿母經
鹿子經　除恐災橫經
溫室洗浴衆僧經　四不可得經
諸德福田經
虛空藏菩薩所問持福經
菩薩投身餓虎起塔緣經
賴吒婆羅詣佛供養經
薩羅國經　天王太子辟羅經
阿弥陀鼓音聲陀羅尼經
入陽神呪經　幻士仁賢經
後出阿彌陀偈

海龍王經第一卷

安明由山　即須弥山也亦言脩迷樓山正言蘇弥盧山譯言好光亦云妙高山也

憺然　徒濫反憺猶安靜也經文作潭深也楚人名深曰潭

悁慼　於緣反聲類云悁憂也說文悁恚也

第二卷

闕庭　云十　眉間也釋名云闕在門兩傍中闕然爲道今眉像之　二

尻也　苦勞反聲類尻髋也髋徒昆反說文

髕也　又作臏同扶忍反膝骨也三蒼膝蓋也

覞睨　又作睥同女霙反介雅睨視近也睨邪也亦數也

嬰然　烏嬰反晏猶安也或文夫精也亦鮮翠之皃也

緊褰　鋪衣反繁多也盛也下古文騫同去制反說文褰衣裾也以云褰爲苗裥

第三卷

取其下垂之義字從衣從冋音俱永反

妖態　古文佚又作劮同與一反蒼頡篇劮蕩也亦樂也下又作儱同他代反意恣也謂度人情皃也

刈穫　胡郭反說文刈禾也王逸注楚辭云草曰刈穀曰穫詩云十月穫稻是也

第四卷

噏氣　古文歙今作吸同希及反廣雅飲也說文內息也引也謂引氣息入也

勸訹　私律反誘訹教導也引也勸也經文作恤憂也收也恤非此用

蹉踖　上千何反下子亦反蹉跎也踖也此錯應作錯七各反踐跌不正也錯謬誤失也

央掘魔羅經第一卷

龜坼　恥格反莊周云宋人有善不龜之藥者註云其藥能令人手不龜文坼裂也

烏伏　又作菢同扶富反謂偃伏其卵伏鷄等亦作此字今江北謂伏卵爲菢江南曰偃央富反

第二卷

虓闞　又作唬同呼交反下呼檻反說文虓怒聲也詩云闞如虓虎是也

雄傑　奇哲反詩云邦之傑兮傳曰傑特立也英傑也才能也智出千人者也

興渠　此云梵說也借音嫣蠟反出烏荼婆他那國彼土人常所食者此方相傳　云十三　以爲芸薹非也

童真　嫣音虛延反是沙弥別名戒又此言學亦云隨順梵云究摩羅浮多究摩羅者是彼土八歲未冠者童子總名浮多此云真亦言實也

酣醉　古文甝同胡甘反漢書應劭曰不醉不醒曰酣一云樂酒曰酣

第三卷

綿纊　古文絖同音曠說文纊絮也小尔雅云纊綿也絮之細者曰纊

津溜 子隣反下力救反津謂液也蓄頓蓄汁也溜謂水垂下也

第四卷

維持 惟圭反維猶聯結也亦繫也亦維持之也

嬉謔 虛基反下虛虐反雅戲樂也謔戲調也

驍捷 古堯反廣雅健也亦勇急也

霎慴 徒頰之涉二反尒雅慴懼也經文作疊非體也

俛仰 無辯反俛低頭也言閑黙不已也

卜筮 時出反問也禮記龜爲卜蓍爲筮決嫌疑定猶豫疑即筮之從竹

杜門 古文𢾺同徒古反國語杜門不出賓達曰塞也塞閉也

瞪矚 直耕反䁫音直視也下之欲反

顛沛 又作蹎二形同都賢反下補昧反謂偃仆也經文從犬作偵非

觀察諸法行經第一卷

撞弩 徒江反廣雅撞刺也說文撞戟擣也

第三卷

不槩 古文杚同公礙公內反杚量也廣雅杚摩也蒼頡篇平斗斛曰槩也

第四卷

鵂鶹 上交下精似鵄而頭短郭璞曰鵂高有毛冠可辟火災也

調戲 徒吊反謂相嘲調也弄也經作恌非

七佛神呪經第一卷

咻咻 許流許主二反依字噢咻痛念之聲也

五渾 胡昆反謂石濁也混亂也亂錯濁也亦流水聲

瀇瀁 胡廣反下養音瀇瀁稍浩藹也經文作洸音光非

歠歠 所力反通俗小怖曰歠歠恐懼也從欠經作齒怖二形非也

目企 丘豉反

制濘 奴定反

伊瞜 莫崩反

目㣝 他細反

但抳 乃禮反

陀咩 弥紙反

癡嗉 渠鑄反

郯𡍢 步必反

俊跧 仕致反

插𡜋 楚洽反

向瞭 充支反

湖利 戶孤反

第二卷 云十

愆咎 古文𡨄𢓭二形籀文僁今作愆同去連反諐文愆過也并失也罪也

撫恤 又作䘏同須律反尒雅云憂也亦收也謂以財與人曰賑恤也

撈摝 郎高反通俗文沉取曰撈經作牢非也

挼摩 奴何反摝挪也挪音鄙

第三卷

鞠育 又作掬同居六反詩云母兮鞠我鞠養也方言陳楚之間謂養爲鞠也

殺歷 力戶反下力的反三蒼云亦籀也

饕亂 吐刀反亦貪也俗作叨也

第四卷

儼然 宜撿反詩云碩大且儼傳曰矜莊皃也尒雅儼敬也說文好皃也

潠之 蘇問反通俗水盆曰潠經作悷非也

白皖 還板反許慎注淮南子曰晥謂目內白睛也經文作浣非也

摎頂 又作摎同居𦍩反蒼頡篇摎束也說文摎縛殺也即經繆縛之名也

蠆蜇 他邁反下勒達反廣雅蠚蜇也蟲蠆螫也經文作刺非也

厭蠱 於冉反下姑戶反春秋傳曰蠱惑疾如蠱也或非鬼非食以毒藥去法云蠱惑疾也

齆鼻 一弄反埤蒼云鼻疾也

㑀痺 俾利反痺屬之疾亦戰門塞也

搭眼 方道

菩薩本行經上卷

單持 正言鞞稚迦謂變口湿縛或云瓶也

煼穀 又作炒㷅三形同初狡反方言㷅火乾也

牂羝 祖郎反羊三歲曰牂牂然盛皃也下丁奚反羝羖羊也經作牴丁礼反

來抴 又作曳同余世反說文抴引也謂牽引也

羯羠 與之反䍩羖騬羊也徐廣曰羯羠並犍羊也

云十

慍心 於問反慍也說文慍怒也蒼頡篇慍恨也

璣鄯尼 上居衣反下市戰反龍子名也

刖其 魚厥五骨二反刖割也經作跀五括反齊也刖也非字義

上旋 似緣反旋轉也經作矩俱遇反方言矩矩也矩非此義

邪旬 或云閻鼻多義是以同一義正言閻鼻多義是燒也

五

中卷

災禍 又作烖灾𤆄三形同則才反說文天火曰災

蜴蜥 上以石反下斯歷反在草曰蜴蜥經文作蝪非也

金拂 芳勿反廣雅拂除也謂除去塵土也拂拭也經作佛或髴非也

下卷

騷動 蘇勞反說文騷擾謂擾動也

方岐 又作𨙸𢻻二形同巨宜反謂道有支分也

晃爚 又作晄古文熿同胡廣反說文晃明也廣雅暉也下又作煜同由灼反說文爚也煇𦾔爚盛皃也

瘢痕 薄蘭反蒼頡篇云瘢痕也胡根反

稱揚諸佛功德經下卷

洞清 古文侗迵二形同徒貢反洞猶通過也亦深邃之皃經作哃非也

力莊嚴三昧經上卷

氛氳　亘作盆蒕扶云反字書𣱼作同於云反盛皃也亦香也

海島　古文隖同都老反水中山曰島島到也人所奔到者矣

須真天子經上卷

鋉遨　蘇木反忙構反

瞀呵

霸陀　徒對反

中卷

勇悍　胡旦反蒼頡篇桀也說文勇亦悍也

弧弓　戶都反說文木弓也周易黃帝作弦木爲弧剡木爲矢是也

建揵　居健反建立也亦樹也

般舟三昧經中卷

輕傷　又作敡今作易同以豉反蒼頡篇惕也平也

鶡鴨　胡割反似雉鬪死不却故武人戴鶡冠以像之也出羅諸山谷以其尾垂頭亦出上黨下古文鴨同烏甲反

謗訕　所姦反又所晏反蒼頡篇訕毀也

蛟龍　音交梵云宮毗羅有鱗曰蛟龍抱朴子曰母龍曰蛟子曰虯其狀魚身如蛇尾皮有珠郭璞註山海經云蛟似蛇而四脚小頭細頸頸有白嬰大者數十圍卵生子如一二斛甕能吞人也

伽玃　古遐反下居縛反說文大母猴也善攫持人好顧盼也　又作貜同

六十

等目菩薩所問經上卷

昺徹　古文昺昺二形今作炳同碧皿反廣雅昺明也徹通也三蒼云昺著明也

陶現　徒高反詩云上帝甚陶陶變也

去藏　才浪反蒼頡篇藏庫藏也如經文作䔨非體也

督住　又作督同都木反尒雅督正也方言督察也理也

儈然　烏外反

轉霍　呼郭反霍靃欻忽急疾也霍然忽然也經文從火作爗胡沃反說文爗灼也爗非此用也

而㯶　此字習譯已久人莫辯其正今詳其義理宜作共相二字

輕佻　𨐮遼反字書佻輕也廣雅佻佚也亦佻偷也苟且也經文從手作挑非體也

下卷

晴陰　又作暒殅二形同自盈反聲類雨止曰晴也

四河　一曰名和二曰名拔叉三曰名蛇朱四曰名恒其和北流拔叉南流其蛇朱東流恒水西流也

熀煌　胡本反下胡光反方言熀煌盛皃也光暉也

青紅　且經反東方色也木生火從生丹丹青之信言必然也經文作菁華之菁非也菁音紫盈反三蒼謂蕪之英曰菁也

密迹金剛力士經

錯𢿌　滄沒反𢿌然猶忽然也亦亂也逆也

訓訢　上呼運反文導也數也誡也下又作欣同虛放反訢樂也

東方最勝燈王如來經

枝羅　巨支上支二反

那哆　徒我反

麼吒　呬呬

慬泥　火刹反莫可反

六十

成具光明定意經

七

菼若　又作沃同於縛反詩傳云沃若猶沃沃然也柔也盛也亦云下霜也

卓犖　力角反奇異也左傳犖有力彊能投蓋千獲門

瞢瞢　莫登反瞢然龐悶也亦羅光也

真諺　宜箭反俗言也了別真言語纖燋難也又經文作喭非也

褰訕　猶高反揃美之也進也訕謗也

剗貪　又作鏟同初簡反廣雅剗削也聲類剗平也

躓礙　音致通俗文事不利曰躓閡至曰礙經文作非

潭然　冥作澹徒濫反憺齒安辭也深水曰潭音徒南反

眉毛　美飢反謚文目上毛也經文作靡墓二形非也

眼瞼　居儼反字略云眼外皮也經文作睫眡二形並非此用

譁訛　𠯑本反資余反通俗文云可講譁訛𢿛文或作呼咄難

𦾔耄　古文𦾔耄二形今作耗同莫報反禮記八十曰耄注云耄惛忘也亦亂也經文作䆳宴二形誤也

棚閣　蒲萠反通俗文連閣曰棚棚亦閣也蒼頡篇棧閣也謂重屋複道者也

妐姑　又作伀同之容反釋名云俗謂舅章名伀言所見敬忌見之伀懼自肅齊也

盥手　公緩反說文澡手也案凡洒滌物皆曰盥不但手也字從臼水皿上意也

太子須大拏經

檀特山　或言單多羅迦山或言檀陀山此譯云陰山

須大拏　女加反或言須達拏或云蘇陀沙拏此譯云善與亦言善施

蒼天　錯郎反尒雅春爲蒼天注云万物生蒼蒼然也

訏然　字書或作咢同五各反驚也

爲幟　古文㡘同尺志反慄也通俗文私記曰幟廣雅幖幡幟也墨子曰以爲長丈五尺廣半幅曰幟也

蹢蹵　一象巫字林蹻皃也動也下古書飛昔作𨂂同前宰反𧾷揚也左傳秋右斐不之笑

嶔崟　去金去吟二反下語銜宜金二反廣雅嶔岑高也亦山皃之勢也

嵯峨　才何反下我多反廣雅嵯峨高也楚辭注云山巍嵯峨日爲嵯峨也

三頷　直追反說文額出也今江南言頷頭眹額乃以傾爲後枕高眹之名也經文作䏰未見所出

昏頞　丁可反廣雅頞醜皃也經文作𡂝充令丑埵二反非今用也

凸髖 徒鉆反抱璞子作凸凸起也蒼頡篇作突不平也經文作眂非體也

下蛘 餘掌反說文搔蛘禮記蛘不敢搔是也字從虫今皆作瘙近字也又作犇音似羊反病名也犇非字義

市井 子郢反周禮九家為井方一里也白虎通曰因井為市故曰市井說文八家一井象構韓音胡安反形象鑿形

太子墓魄經 六十

嬰續 古文戠同婞立反嬰受也宋忠曰廣雅𦢊及也亦合也仍也定也

故質 之逕反太文經受質所纂宋忠曰質閒也廣雅質問也讙也定也

矇瞶 莫公反有睇子而無見曰曉下牛䚌反生𦢊曰曠曠亦無知也趨音苦昏反

空刓 又作園同五極反廣雅刓斷也楚䝂刓方以為圓王逸曰刓剖也

喫呷 於六反下䒢搋反聊蒼內志也又齑念之贊也經文作喟都䞶三形也非䯲也

騁騖 怨含反說文鶩三馬也㗊右而騁乘備非常也曋旁馬曰騁騁音兜 八

頷頭 牛感反說文低頭也廣雅頷搖也謂揺其頭也今江南謂頷納擺頭為頷俗亦謂笑人為頷酤傜音豁戚反

選耎 而兗反案還耎猶須臾也呂氏云少選俗謂之選耎言推託不肯為也經文或作選媆或作濡濡非也

扭俔 又作𡝪同女竹反下如胲反通俗文慙恥謂之扭俔

纔有 在哉反廣雅纔暫也亦僅也不久也

何呰 又作訾同子爾反訾量也思也經文作貲財之貲非也

須賴經

跋跙 才與反掛名也

布施 補故反分布也惠施也經文作搆非也

過謫 知革反郭璞曰謫謂相責怒也謫罰也謫譴也方言謫責也

晝度宮 知曾反晝度樹皆天上名也

娛樂 語俱反下力名反說文娛樂也樂喜也經作樂非也

金色王經

粔籹 上渠煑反下匿呂反蒼頡篇粔籹餅餌也江南呼為膏糫音還字苑粔粷膏糗果也

獨證自誓三昧經

句潭 徒南反或言瞿曇弥梵言輕重也

六十

趣第 丑挾他吊二反此抹賦禔擖間郭璞曰懸擲也說文遞地 九

今贈 在鄧反贈送也盡也說文以玩好之物相送曰贈也

謳合 又作嘔㖡二形同烏侯反尒雅徒歌曰謳廣雅謳喜也

鉢和蘭 亦言鉢和羅梵言訛轉此云自恣食也

摩訶摩耶經

涵潤 胡耽反說文水澤多也詩云譖始旣涵是也

鎩翮 宇林山察反張翼也淮南子云飛鳥鎩翼許叔重曰鎩羽而飛

如來方便善巧呪經

涪多 蒲侯反

唏嘗 呼几呼羃二反

摩鉀 普逑反

風齲 又作𪘏同丘禹反說文齲蠹也釋名齲齒朽也

勝鬘經

尒炎 正字作𤈦以瞻反梵言也此云所知

末利 莫鉢反案西域記此譯云柰因柰而得報者也

阿踰闍 弋朱反此譯云不可戰國

須摩提經

須摩提 應云須摩耶此譯云好意或云好智

濡㮌 字體作㮌而兗反三蒼耎弱也物柔口叏經又作㮌而兗反次玉也突非此義

勗勉 吁欲反下亡辦反勗勉勵也方言齊魯謂勉為勗茲勉猶曰勸強也說文

禪助 勵強也謂力所不反而強行事也又作埤綼二形同勔務比務二反說文裨增也益也亦補也

梵女首意經

入館 古換反說文客舍也周禮五十里有候館案客舍逆接名候館字從食今有從舍作館近字者也

無喆 又作哲悊二形同知列反介雅哲智也方言齊宋之間謂智為哲哲明了也

月明菩薩經

親理 力紀反礼記天理滅矣鄭玄曰理猶性也又云樂者通倫理注云倫類也理分也亦多作里二十五家為里居方一里之中也

滅十方冥經

㸑灼 之若反謂㸑瞿也灼痛也

出生菩提心經

迦蘭陀 或言迦蘭䭾迦或言羯蘭鐸迦鳥名也其形似鵲䳺細婁那此云竹林謂大竹也此鳥多栖此林昔有國王於此睡息蛇來欲螫鳥鳴覺之王荷其恩散食養鳥林主居士從此鳥為名迦蘭䭾迦舊宗外道後奉如來

俱致 或言俱䏶此言千万或言億而甚不同故存本耳

㝹暮 乃侯反下莫胡反 紆伏咳反扗子

系蕿 下計反

普門品經 六十

鞕靰 五孟反字書鞕牢也下相傳胡浪反未詳字語所出 十

滿胖 普包反胖鬐吹氣成也

心明經

山崗 古郎反尒雅山脊曰崗郭璞曰謂山長脊也

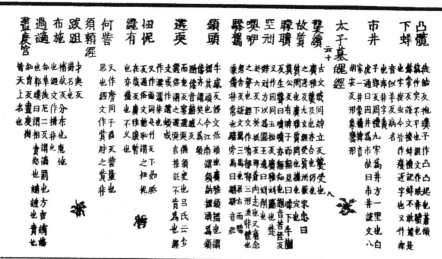

冏灼 俱永反蒼頡篇冏大明也亦章也說文窻牖閞明曰冏

潷飯 碑密反通俗文去汁曰潷江南言逼說耳今言取義同也經文作匕俗語也

不思議光菩薩所說經

鴈鴿 又作鳽同其俱反即鵁鶄是也

文殊師利問菩薩署經

跛諟 彼皮反下匙尒反比丘名也

伲三颰 五礼反下蒲昧反人名也

提胳 公諾反說文腋下也碑蒼下肘後也

分晭 之忍反婆羅門名也

檎梟 自宣反經文作咻梟二形非也

𪇰黮 烏感反下他感反不明也亦深黑也

我賫 又作賫子奚反說文賫持遺也

德光太子經

羯𪇘 或作羯此或作迦毗皆一物也此云好聲鳥也經文從鳥作鵴非也

貧窶 瞿矩反詩云終窶且貧傳曰窶者無禮也字書窶空也

敲數 又作敲同苦交反下苦害苦号二反三蒼敲數相擊也經文作捷數𢿙反

樂古代反世非用

鸕鷀 力胡反下音慈尒雅云鸕鷀郭璞曰即鸕鷀也蒙頭如鉤食魚者也中國或名水鷀此鳥胎生從口中吐出一產八九也

六十

鋃鐺 洛當反下都堂反說文鋃鐺鎖也通俗文鎖頭曰鋃鐺 十一

施燈功德經

羸瘠 古文瘠膌𤸁三形同才亦反瘠瘦也

支提 又名脂帝浮圖此云聚相謂累石等高以爲相或言方墳或云廟皆隨義釋也

菩薩訶色欲經

鈇質 方扶反書中鈇或音斧櫍斧也古者殺人用斧下正體作櫍之逸反說文鈇莝斫也埤蒼櫍椹也公羊傳曰不忍加其鈇櫍何休曰斲腰之罪也罪著撲揕也

俎几 側呂反字書俎肉几也俎亦四脚小𣏾也

人本欲生經

躡撰 字體作𨅬同女輒反說文躡下足所履也下仕眷反撰聚也

不必定入印經

揀揀 又作𢾅或作練同力見反埤蒼練擇也礼記簡揀英雋是也序文作挾胡頰反挾持也挾非此用

寶窴 古文窴同今作塡同徒見徒堅二反廣雅塡塞也滿也

筋多 其俱反依字尒雅筋名芊葵芊音他頂反

拔身 蒲沬反迴也謂拔然迴身也古字通用也

魔逆經

陽燧 古文作鐆燧二形今作燧聲類或作燧同辭醉反取火者也鐆五石之銅精也圓以仰日即得火也

搪揬 徒郎反下徒骨反廣雅觸冐搪衝摚也字書揬揩也

原赦 魚哀反原猶赦免也鄉志也特原不問罪是也又作赦同書庚反說文赦寬免也三蒼赦舍也周禮掌三赦之法一赦幼小二赦老耄三赦惷愚也

濟諸方等學經

彶彶 居及反說文彶彶急行也廣雅彶彶遽也字從行今皆從水作役兒

歔欷 喜居反下虛既反字林涕泣也蒼頡篇泣餘聲也亦悲也

菩薩行五十緣身經

佛塔 他盍反或云塔婆或作偷婆此云方墳亦言廟一義也經文從革作鞜公市反韋也亦防捍也鞜非此義

弥勒菩薩所問本願經

瑛吉祥 於京反依字玉光也此菩薩名也

堅固女經

号滕 翼證反依字滕送也方言滕寄也亦託也

演道俗經

給贍 蓍豔或作贍同時焰反贍助也字書贍足也謂周足也

譖入 側禁反廣雅譖毀也亦讒也一云旁入曰譖

六十

寶網經

鎗鎗 楚行反三蒼金聲也經文作鏘誤也 十二

怵惕 恥律反下又作愁同他狄反說文怵恐也惕驚也尚書怵惕惟厲孔安國曰怵惕懷懼也亦憂懼也

百佛名經

瞿盧 借音學俱反

滕德 翼證反

婆瑳 千我反

觀無量壽經

鶽隼 又作鶽同思尹反詩云鴥彼飛隼箋云鷙急疾之鳥也說文鶽祝鳩也

不空羂索經

逋多 補明反山名也遮多縣山也

薩𪇰 補何蒲何二反

多諦 叔盛反

揭𤺊 昌是反

荼䃘 莫我反

粹多 宜作窣所沒反

梅窒 丁結反

地謕 湯驪反

馺皤 桑合反下蒲我反

阿姞 其乙反

理𪇰 呼奚反詠字黄病也

紫礦 古猛反波羅奢樹汁也其色甚赤用涂皮㲲等是也

𥟂吒 於仁反

頡利 下結反

率恧 女六反又慭故反

詑詑 勅嫁反

𡢃呼 迮尤反

綜縷　祖送反。謂機縷紀領絲者也。綜理也，領理之也。

觀藥王藥上二菩薩經

磔翅　竹格反。經文作宅，非也。

摩瞪　徒萌反。

請觀音經

舌嗛　渠斂反。謂不能言也。

跢姪　都餓反。經文作哆。

瞻婆　之蓝反。

云十

羺茶　補縈反。

擗擘　蒲迷反。

十二

佉玎　竹耕反。

磨靼　之列反。

夜鑠　尸藥反。

俱惃　補迷反。

十一面觀世音經

換衣　胡灌反。說文：換，易也。謂更易也。經文作逭，尒雅：逭，逃也。亦行也。逭非字當也。

菴蘇　徒損反。宜作揾，烏悶反。字林：揾，沒也。菴猶俗語耳。經文亦作塗。

八顆　口火反。顆，數也。亦單作果。經文㮚，於卧反，塵也。一曰幽名㮚，非此義。

觀世音菩薩授設經

觀世音　梵言阿婆盧吉低舍婆羅，此譯云觀世自在。舊譯云觀世音，或言光世音，並訛也。又尋天竺多羅葉本，皆云舍婆羅，則譯為自在；雪山已來經本，皆云娑婆羅，則譯為音。當以舍娑兩聲相近，遂致訛失也。

斒斕　又作辬坋二形，同補閑反。下又作同，盧間、力寒二反。埤蒼：文皃也。通俗文云：文章謂之斒斕。經文作班爛，二形非體，除之也。

鹿母經

弶中　渠向反。字書：施罝於道曰弶。今田獵家施弶以取鳥獸，其形似弓。經文作㯍，俗也。

烹俎　普羹反。亨，煑也，亦熟也。下側呂反。字書：俎，肉几也。

鹿子經

煢悸　古文惸傺二形，同。巨營反。煢，單也。煢然無所依也。下渠季反。謂不定也。亦心動也。

呦呦　又作[illegible]，同。音幽。詩云：呦呦鹿鳴也。傳曰：鹿得草呦呦然而鳴，相呼食也。

除恐災橫經

溝港　胡絳反。謂須陀洹人也。此言入流，或言至流，今言溝港者，取其流水處也。經文作港，古項反。字略云：水分流也。即經中云分布果是其義也。

溫室洗浴衆僧經

溫痹　必二反。風痹病也。濕痹也，謂不能行也。

苾芬　又作馝秘、苾秘二形，同蒲結反。埤蒼：木香也。苾苾然大香也。

梵摩三鉢天　即梵天王也。

爲纓　於京反。瓔珞也。經文作瑛，於盈反，玉光也。瑛非此義。

四不可得經

捻箭　又作敜，同。乃協反。謂以手指捻持也。

諸德福田經

枯槀　古文𣖽，同。苦道反。字林：木枯也。

迄今　呼訖反。尒雅云：迄，至也。

虛空藏菩薩所問持經幾福經

哆攤　力支反。

目跬　丘吱反。

十四

云十

首曬　力計反。

菩薩投身餓虎起塔因緣經

蛆螫　知殊反。下書亦反，又音呼各反。廣雅：蛆，痛也。說文：螫，虫行毒也。

蹠踐　又作跖，同。之石反。說文：足下也。蹋也。踐，履也。蒼頡篇云：蹠，蹋也。

頻毗娑羅詣佛供養經

頻毗　此譯云顏色。娑羅，此云端正。或言萍沙王，或言頻婆娑羅，此云色像殊妙，其義一也。

薩羅國經

嶋夷羅鳥　或言鷄耶羅，此譯云好眼鳥也。

屏營　甲營反。廣雅：屏營，忪懼也。謂惶遽也。

天王太子辟羅經

襁負　居兩反。博物志：以爲繈織縷爲之，廣八寸，長尺二，以負小兒於背上。論語：襁負其子是也。

阿弥陀鼓音聲陀羅尼經

眤閭　女乙反。下力居反。

茂邸　丁禮反。

八陽神呪經

內噲　口壞反。國土名也。依字，噲，咽也。三蒼亦快字也。

幻士仁賢經

颰陀　經中或作䟦、跋、拔三形，同。蒲沫反。此譯云仁賢，或言賢護，謂隣近於聖也。

普徽　虛歸反。尒雅：徽，善也。尚書云：慎徽五典。王肅曰：徽，美也。

瓶甇　又作甇，同。於耕反。說文：長頸瓶也。或謂之儋，儋音丁甘反。

自韙　籀文作愇，同。于匪反。左傳：犯五不韙。注云：韙，是也。

後出阿彌陀偈

翕習　呼及反。翕，合也。亦歙也。說文：翕，起也。

十五末

胳肩　孤諾反。說文：腋下也。埤蒼：肘後曰胳。

号憒　於外反。世尊名号也。依字義，字書：憒，目闇皃也。

一切經音義卷第五

云十

一切經音義卷第五（別本）

校勘記

一　底本，明永樂南藏本。

一　一八二頁上一行經名，徑作「一切經音義卷第六」。

一　一八二頁中八行「緣經」，徑作「因緣經」。

一　一八二頁中二三行夾註左「夫精也」，徑作「天清也」。

一　一八二頁下一七行夾註左「千人」，磧作「于人」；普、徑作「千人」。

一　一八三頁上三行夾註右「逸圭反」，磧作「逸佳反」。

一　一八三頁上一一行夾註左第一一字「俱」，普、徑作「狽」。

一　一八三頁中一二行夾註右「掬我」，徑作「鞠我」。

一　一八三頁中一四行夾註左「俗作功」，磧作「俗作叻」。

一　一八三頁中一六行夾註右「拎莊」，磧、普、徑作「矜莊」。

一　一八三頁中一九行「摎頊」，徑作「摎項」。

一　一八三頁下三行夾註左第四字「牴」，徑作「瓻」。

一　一八三頁下一〇行夾註右「經作」，徑作「經文」。

一　一八四頁上一一行「輕傷」，徑作「輕傷」。

一　一八四頁中一行夾註左第七字「燿」，徑作「爟」。

一　一八四頁中一四行夾註右第四字「文」，徑作「切」。

一　一八四頁中二〇行夾註左第七字「千」，普作「于」。

一　一八四頁中末行「剗貪」，磧、普、徑作「剗貪」。

一　一八四頁下一行夾註左「經文作非」，徑無。

一　一八四頁下三行夾註左第四字「毦」，徑作「毦」。

一　一八四頁下二〇行夾註左「廣邪」，徑作「廣雅」。

一　一八四頁下二一行夾註右「廣雅」，磧、普、徑作「廣雅」。

一　一八五頁上一行夾註右「凸起」，徑作「高起」。

一　一八五頁上六行「基魄經」，徑作「慕魄經」。

一　一八五頁上一三行夾註右第八字「地」，徑無。

一　一八五頁上一七行夾註「如胝」，徑作「奴胝」。

一　一八五頁中一行夾註左「經作樂非也」，徑無。

一　一八五頁中二三行夾註右末字「口」，普、徑作「曰」。

一　一八五頁中末行夾註左第九字「目」，徑作「曰」。

一　一八五頁下八行夾註右第八字「威」，徑作「滅」。

一　一八六頁上一一行夾註左第三字「齎」，徑作「齎」。

一　一八六頁上二二行「支提」，磧、普、徑作「支提」。

一　一八六頁中一行夾註右第二字「莁」，徑作「莁」。

一　一八六頁中八行夾註左「此用」，徑作「此義」。

一　一八六頁中一四行夾註右末字「仰」，徑作「似」。

一　一八六頁中一七行夾註左第三字「劫」，徑作「幼」。

一　一八六頁中一九行夾註左「從行」，普作「從彳」。又末字「伋」，磧、普作「汲」。

一　一八六頁下八行首字「怵」，徑作「怵」。下至九行夾註右第二字同。

一　一八六頁下一四行首字「膺」，徑作「鷹」。又夾註右第一〇字「鴉」，磧、普、徑作「鵶」。

一　一八七頁上一四行「授設經」，徑作「授記經」。

一　一八七頁上二三行夾註右「亨煑也」，磧、普、徑作「烹煑也」。

一　一八七頁中九行夾註左第三、四字「木香」，磧、普作「大香」。又第九、一〇字「大香」，磧作「芬香」；普作「氛香」。

一　一八七頁中一八行夾註「丘吱反」，磧、徑作「丘鼓反」。

一　一八七頁下一六行夾註右「籀文」，磧作「籒文」。又第四字「愇」，徑作「幃」。

一　一八七頁下卷末經名，徑無。

一切經音義卷第六 此号十卷

唐大慈恩寺翻經沙門玄應撰 斈

妙法蓮華經卷第一

耆闍崛山 或言伊沙崛山或言姞栗陀羅鳩胝山皆訛也正言姞栗陀羅矩吒山此譯云鷲臺又云鷲峯言此山既栖鷲鳥又類高臺也舊譯云靈鷲或云靈鷲者一義也又言靈者仙靈也衆聖本無靈義依別記云此鳥斈有靈知人死活人欲死時則群翔彼家待其送林則乘下而食以雖顯知故號靈鷲也姞音渠乙反

無復 上武于反謂非有也或作无說文奇字無也声類云無虛無也從扶拔反說文往來也謂往來拔重也

逮得 徒戴反爾雅云逮及也方言自關之東西謂及曰逮經文多作遝說文力足反行謹遝也亦人雖也遝亦經旨

目犍 上莫鹿反下巨焉反或言目伽略子者訛也則正言沒特伽羅子或云毛勒伽蠡子此乃從母爲名沒特伽此云綠豆蠡此云執取或云挽取本名俱利迦或言拘律多此從父名也書云俱律陀不正也

離婆 上呂知反案文殊問經云此譯言室星則此方宿也羯之得子仍以名盂正言頡餘伐多經中作衆波妻或作槃婆多訛也即首楞嚴經中坐羅第一如膊婆多者是也頻音賢結反

殖衆 上時式反者謂積殖猶也廣雅殖積也立也

颰陀 蒲達反梵言颰陀婆羅經文作婆訛也此譯云賢守或云賢護大論云衆言善守謂時拯於聖弘道能國者也

梵天 梵言梵摩此譯云寂靜或清淨藏日淨潔篤滅宇梵音扶泛反梵梵也取其義矣

樂乾 上五孝反謂令人愛樂也愛樂著本云摩奴是若此云可意或云如意摩

奴是若薩縛羅此云可意音聊正法華云一名柔軟天子二名和音天子是也乾闥婆此譯云無香或云食香亦云香行大海中亦有易扶犍羅也

婆稚 古文稺稚二形今作稚同除致反正言跋稚迦此譯云圖圖即正法華云一名暴勝是也今有譯爲縛者謀也案梵語趺陀名縛

加趺 古遝反爾雅加重也今取其義謂交足坐也除役槐經吠婆涉等云結交趺坐是也經文作伽文宇所無衆俗與江南謂開藤坐爲跸跨山東謂之甲趺跸音平惠反夸音口瓜反

三昧 莫瓬反正言三摩地此云等持持攝功術也或云正究謂住歸一境攝諸邪亂也舊云三摩提者訛也

靡不 亡依反尒雅云靡曰無也

阿鼻 正言阿鼻至譯云阿言無鼻至言間無間有二一身無間二苦無間也

地獄 梵言泥禁耶或言泥羅夜或云那落迦此云不可樂亦云非行謂非法行處此或在山間或大海邊非止地下言地獄者一義翻也

尼吒 古文度同竹嫁反經中或作阿迦尼沙訛或言尼師吒或言二吒皆達也正言阿迦抳瑟攪譯云阿迦言質闊抳瑟撓言究竟謂色究竟天也訛者勒嫁反抳女几反撓勒住反也

修行 下孟反搽之名行即造佛

舍利 正言設利羅譯云身骨舍利有全身者有碎身者典盼經云並在金剛際也

斈二

寶塔 他盍反諸經論中或作藪斗波或作塔婆或云覺婆或言偷婆或言藪鍮婁或言脂帝浮都亦言支提浮圖皆訛略也正言窣堵波此譯云崩或云方墳此義翻也或云大聚或云網謂累石等高以爲相也案塔字書所無唯葛洪字苑云塔佛堂也音他合反

以偈 其逝反梵言也正言伽陀或云首盧迦謂三十二字等也此方當頌或云攝經中作伽陀訛也案偈字林丘塢反睫也韋耶漢書音義其逝反又音

竭毛詩云匪車偈兮音去謁反

柔耎 而兖反廣雅柔耎弱也通俗文韌案曰耎作耎漢書欲不勝任書作軟二形過用經文多作濡案誤文三書音人于反水名也出泳都東入漆又審也或作溲乃本反淡文溲溺也二形非經義也

馬腦 梵言讀薩羅搊婆讀薩羅此譯云持搊婆此言皴或言胎者取其堅實也舊云摩婆羅伽餘或言目薩羅伽羅婆譯云馬腦案此寶或色如馬腦因以爲名但諸字書旁皆安石作碯二字謂石之類也

車乘 齒耶反說文輿輪之總名也夏后氏奚仲所作古音居釋名云古者車如居言行所以居人也今曰車車舍也言行者所奠如舍也乘食證反廣雅乘駕也謂可乘者也周禮四馬爲乘乘戴也

輦輿 力展反說文輓車也在車前人引之也古者卿大夫亦乘輦自漢以來天子乘之輿兔森貞諸一反說文車輿世一曰車無輪曰輿今之輦輿形制劉於古也

駟馬 相二反說文駟一乘也謂四馬爲駟也

斈一

欄楯 力于反謂鈎欄也字體作闌說文門遮也縷文作關香華也楯食允反說文攜關𢾾也王逸注楚辭云楯也樞曰楯橫曰楯也

三

華蓋 胡瓜反古今註曰黃帝與蚩尤戰於涿鹿之野常有五色雲氣金枝玉葉止於帝上有花葩之像故因而作華蓋焉又音呼瓜反案西域罽熱人多持蓋其以花飾之諸經中多言幢幡華蓋是也泳竹角反蘊于彼反也

軒飾 虛言反声類云安車也說文曲轄轄車也錯謂以物莊餝車也轄肯頻反錯從巾針也

破魔 梵言磨羅此云殺者是其位處斷盡命故名爲魔也言魔波句者誅也正言波卑皮此云惡者謂常有惡意惑誠悠悠也或言惡魔波句存二音也

宴默 石經爲古文燕一見反誠文宴安也謂安息兒也

未嘗 視羊反小尒雅云嘗試也謂覺爲之也

捶打 之蘂反下音頂說文以杖擊之也

肴膳 胡交胡刀二反下上扇反國語云飲而無有肴賈逵曰肴蒸也凡非穀而食之曰肴說文膳具食也周礼膳用六牲又云膳夫鄭玄曰膳之言善也今時美物亦曰珍膳廣雅云肴肉也字體皆從肉肴善是声經文有從食作餚饍二字檢無所出傳寫謬誤也

教詔 居効反下諸曜反字林詔告也尒雅詔導也郭璞云謂教導之也釋名曰詔照也人闇不見事理即有所犯以此示之使照然知所由也

塔廟 塔婆或義譯爲廟古文庿白虎通曰廟者皃也先祖尊皃也今取其義也

縱廣 足容反小尒雅來從長也韓詩傳曰南北曰縱東西曰橫是也周礼九州之地廣輪之數鄭玄曰輪縱也廣橫也

露慢 莫半反說文幔幕也在傍曰帷在上曰幕幕覆也露覆露也冡諸經中珠交露幔珠交露車同其事也經文有作縵說文繒帛無文者也縵非正体也

和鳴 胡戈反說文音樂和調也謂音声調和而鳴也詩云和鈴央央是也

說應 於興反字林應當也謂根法相稱曰應也

沙門 舊云桑門或云喪門皆訛略也正言室摩那拏或言舍囉磨拏此言功勞言修道有多勞也又云勤勞言至誠也義亦名息以得法故煩惱息也舊譯云息心或言靜志是也

頗黎 力知反西國寶名也梵言塞頗胝迦譯云水玉或云白珠大論云此寶出山石窟中過千年冰化爲頗黎珠此或有也案西國極饒此物彼乃無冰以何化也此但石之類耳

適從 三蒼古文作適同尸亦反謂近也始也

無礙 古文硋閡五代反說文礙止也廣雅礙閡也經文作閡亦古文閡字也小尒雅閡限也說文午代反外閉也又作得音得說文得取也內書高宗學

导說是也案衛宏詔定古文官書云导得二字同体得非此用

方剎 初鎋反梵言差多羅譯言田田土田也或言國或言土者義言也案剎字書所無剎字略也剎說文楚乙反傷也字体從桑音七

猶豫 弋周反下弋庶反案說文隴西謂犬子爲猶性多豫在人前故凡不決者謂之猶豫也又尒雅云猶如麂善登木郭璞曰健上樹也

此輩 補妹反蒼頡篇輩比廣雅等輩輩亦類字体從非車音補繫反

佳矣 古崖反說文佳善也廣雅佳好也

嫉妬 古文讒嫉愱三形同疾栗反下丹故反楚辭云各興心嫉妬王逸曰害賢曰嫉害色曰妬也

但歎 徒亶反声類云但徒也徒空也

瑕疵 古文痃同才資反過也說文疵病也

矜高 居陵反尚書汝惟弗矜天下莫與爭能孔安國曰自賢曰矜礼記孔子曰不矜而莊鄭玄曰矜謂自尊大也

諂曲 說文諂或作謟同丑冉反說也莊周曰希其意進其言謂之諂也

玫瑰 說文莫回反下胡魁反火齊珠也一曰石之美好曰玫圓好曰瑰郭璞曰玫瑰石珠也張揖曰玫瑰琅玕也出崑崙閒明山也

木蜜 字宜作櫁字林亡一反香木也其樹形似槐而香極大伐之五年始用若取其香皆當預斫之久乃香出

鈆錫 役川反說文青金也尚書青州貢鈆是也錫銀鈆之間

作樂 五角反世本云黃帝使伶倫作樂說之五声八音總名樂也礼記比音而樂之干戚羽毛謂之樂鄭玄曰八音克諧謂之樂

鐃銅 女交反如鈴而大者也廣雅鐲鑾鐃鐸鈴也

歌唄 蒲芥反梵言婆師此音讚歎或言唄匿疑說也婆音蒲賀反案宣驗記云魏陳思王曹植曾登魚山忽聞巖岫有誦經声清婉遒亮遠谷流響遂乃擬其声而製梵唄至今傳之是也唄亦近字耳

犛牛 亡交反說文西南夷長髦牛也今隴西出此牛也經文作貓貓一形今人家所以捕鼠者是也貓非經義也

南無 或作南謨或言那謨皆以歸礼譯之言和南者訛也正言煩淡或言槃淡此云礼也或言歸命譯人義安命字

妙法蓮華經卷第二

不預 古文與同余據反尒雅逮反與也左傳云必與為是之予

每作 莫載反字林莫改反三蒼每非一定辭也案每猶數數也

等咎 渠九反廣雅咎過也字体從人各相違即成過咎也

演暢 勅亮反廣雅暢達明也

倫匹 力均反廣雅同等比輩倫匹也又倫類也匹配

深奧 於報反尒雅云西南隅謂之奧郭璞曰室中隱奧之處也釋名云不見户明所在祕奧也說文奧究也亦藏也

叵思 普我反正為之可為叵皆字意也

聚落 廣雅聚落居也案聚衆也謂人所聚居也漢書無幡聚落是也

衰邁 莫芥反說文邁遠行也廣雅邁歸往也

僮僕 徒東反下古文暱同蒲木反說文男有罪爲奴曰僮廣雅僮僕役使也今皆作僕又僕亦附也謂附著人

梁棟 尒雅杗廇謂之梁郭璞曰屋大梁也又梁亦通語也棟都弄反說文棟屋極也釋名云棟中也居屋之中也杗音亡廇力救反

欻然 呼勿反蒼頡篇欻猝起也欻起也

焚燒 古文燓燌二形同扶焚反燌焚燒也說文焚燒田也字從火燒拚意也

嬉戲 說文作僖虛之反僖樂也嬉笑也字從虛從戈戲音許宜反

切已 廣雅切近也迫又亦割也字從刀七声

衣裓 孤得反謂衣襟

珍玩 古文貦同五嬈反字林翫弄也廣雅玩好也尚書玩人喪德玩物喪志孔安國曰以人爲戲弄則喪其德以物爲戲弄則喪其志經文說習之戲非体

適其 尸亦反三蒼適悅也謂揄適也猶雅曰適善也謂事物着好揶人心之也

勇銳 羊從反廣雅云銳利也又說文云銳也

推排 出唯二回二反蒼頡篇推髀也前也說文推排也排還也鞘音而勇反也

四衢 巨俱反介雅路四達謂之衢郭璞曰交道四出者也釋名道四達曰衢齊魯謂四齒把爲擢擢把地則有四處此道似之因以名焉之也

絖綖 諸經有作蜿蠕二形字林一遠反下三蒼以揥反相承云坐褥也未詳何語立名耳之也

丹枕 案天竺無木枕皆以赤皮疊布爲枕貯以兜羅綿及毛枕而且育丹言其赤色也即諸經中朱色枕者同其事也

姝好 古文妓同充朱反字林姝好皃也方言趙魏燕代之間謂好爲姝詩云静女其姝傳曰姝美色也

不匱 今作積同渠愧反禮記即財不匱鄭玄曰匱乏也詩云孝子不匱傳曰匱竭之

保任 補道反說文保當也任保也言可保信也

頺毀 古文頹墤二形今作隤同徒雷反說文隤墜下也廣雅隤壞也字從禿頁聲

圮坼 字桒天美恥格反圮毀也坼裂也尒雅圮覆也廣雅坼分也

亭一

褫落 直紙勅尒二反廣雅褫脫也說文奪衣也字從衣虒聲經文或作除螇反 六 方言陀壞也說文小阜曰陀陀亦毀也褫音奪虒音斯也

覆苫 字林舒塩反茅苫也尒雅白蓋謂之苫李巡曰白蓋編之以覆屋曰苫之也

椽梠 力語反方言屋梠謂之樀郭璞即屋檐也亦呼爲連縣亦名提說文梠𣚍通語也撿音嘰之也

周障 之尚反說文障隔也通俗文蕃隔曰障也蕃音甫煩反

鵄梟 古文鴟䳢二形今作鵄同充尸反梵言阿鴟耶案尒雅狂茅鴟含人曰狂一名茅鴟喜食鼠大目也郭璞曰鵂鶹也又云怪鵄鳴音以頊反

鵰鷲 稀文作鵰同丁堯反穆天子傳云爰有白梟青鵰執犬羊食豕鹿郭璞曰今之鵰亦能食鹿麋耳鷲音就梵言姞栗陀或言揭剌闍此云鵰鷲案山海經景山多鷲說文鷲鳥黑色多子師曠云南方有鳥名曰羌鷲黃頭赤目五色皆備是也西域多此鳥者黄目赤食死屍也

蚖蛇 案字義古文作螈字林五官反蛇醫也崔豹古今注蠑螈一曰地醫大者長三尺其色玄紺善魅人一名玄螈漢書玄蚖韋昭曰玄黑蚖蜥蜴也經文中言黑蚖疑此物也而不言毒害人未詳的是諸經多作虺呼鬼反

蝮蠍 芳六反案尒雅蝮虺博三寸首大如擘孫炎曰江淮以南虺爲蝮有牙最毒音蓋曰說者云今蝮蛇鼻上有針一名反鼻虺三蒼蝮蛇色如綬文間有鬣大者七八尺也擘音補革反

蜈蚣 音吴公字林蝍蛆也甚能制蛇大者長尺餘赤足者良黃足者不甚用人多灸之令赤非真也蝍音即蛆子餘反

蚰蜒 弋周反以旃反江南大者即蜈蚣也

守宮 此在壁者江南名蝘蜓山東謂之蝀蜓陝西以名爲壁宮在草者曰蜥蜴東方朔言非守宮即蜥蜴是也蝘音烏殄反蜓音殄蜥思亦反也

狖貍 古文蜼字林余繡反江東名也又音余秀反建平名也山海經兩山多蜼 七 亭二 郭璞曰似獼猴而大蒼黑色尾長四尺似獺尾頭有兩岐天雨即倒懸於樹以尾塞鼻江東養之捕鼠爲物捷健尒雅蜼卬鼻而長尾是也

鼷鼠 胡鷄反說文小鼠也尒雅鼷鼠郭璞曰有螫毒也食人及鳥獸雖至盡而不知亦不痛今謂之甘口鼠也

野干 梵言悉伽羅形色青黃如狗群行夜鳴聲如狼案子虛賦云騰遠野干司馬彪郭璞並云射干能緣木射音夜廣志云巢於絕巖高木也郭鉦云見一野狐又見野干是也

咀嚼 字林作咀說文作咀才與反含味也蒼頡篇咀嚼也通俗文咀蘁曰嚼音才爵反字林咀齰也經

齰齧 文作齰齧也齰仕白反相承在計反謂皮齒也經文或作齰付昔反通俗文齧挽曰齰

搏撮 補各反下字林七活反手小取也廣雅搏擊也撮釋名撮卒也謂擊卒取之也

摣掣 又作抯字林側加反釋名云摣叉也謂五指俱往叉取也經文有作齇說文齒不正也齇非此義掣或作摩同充世反字林掣挽也字書掣牽也釋名云掣制也頓之使順已

啀喍 五佳仕佳二反說文作齵謂齵口見齒也埤蒼犬相噬拒也

嗥吠 古文嘷同胡高反說文嗥咆也吠犬鳴

魑魅 說文作离三蒼諸書作螭近作魎罔勅知反下古文魅魅二形今作魍同莫蘋反說文老物精也通俗云山澤怪譎之魑魅正法華作妖魅也

魍魎 古文蝄蜽二形同亡強力掌反說文蝄蜽山川之精物也通俗文木石怪謂之魍魎

孚乳 通俗文卵化曰孚音匹付反字林匹于反廣雅孚生也方言雞伏卵而未孚是也下而注反蒼頡篇乳字也謂養子也

蹲踞 字林記恕反謂垂足實坐備盧坐也舊經言箕坐也義歸

土埵 字林丁果反堅土也

撲令 符剝反通俗文爭斷曰撲

闚看 又作窺同丘規反字林小視也方言凡相窺視南楚謂之窺

爆聲 古文駿騷二形同方孝反普剝反說文爆灼也謂皮散起也

蓬勃 蒲公反蒲没反廣雅勃盛也經文作熢悖非其体也

周章 楚辭云聊翱翔兮周章王逸曰周章周流也謂周流往來

先因 蘇見反家先亦先也

告喻 說文作諭曰揄句反論語君子喻於義孔安國曰諭曉也蒼頡篇諭譬諫也

灾火 籀文作才災同則才反左傳凡人火曰火天火曰災也

蔓延 西京云其形蔓延李洪輕音忘怨反餘戰反廣雅蔓長也延遍也王延亭云軒檻蔓延謂長不絕也

難戲 乃安反充奐反詩云莫我皇戲傳曰戲居礼記云何以奐鄭玄曰奐安也

耽湎 古文嬲婬二形同都含反說文耽樂也耽亦嗜也湎古文酾同亡善反說文沈於酒也

繒纊 在陵反下古文纊同音曠說文繒帛也纊絮也尒雅通五色皆曰繒三蒼雜帛曰繒是也又云纊綿也絮之細者曰纊也

茵褥 上於真反茵褥也釋名曰文茵車中所坐也用虎皮為之有文彩因以下與相達著也下而蜀反草毒文蔫也

阿鞞跋 頻脂反譯言不退轉也此興肇字同諸經有作阿毗跋致或作阿惟越致皆梵音訛轉耳

頑𤺋 說文口沒反三蒼云頭禿無毛也通俗文白禿曰頑廣雅頑𤺋禿也今諸口轉反此非正音但儆借耳

棃黮 率方言面色似涑黎也經文有作黲力考反字林黑黃也邁俗文幽黑曰黮黮說文土感反一音勅感反桑甚之色黑也今用於斬反借音耳音甚

觸嬈 說文乃了反嬈擾戲也三蒼嬈鄭嬈云嬈弄也廣雅嬈誂擿嬈也嬈音遼誂徒了反

惡賤 於略反礼記吾惡用吾情惡猶憎也論語惡紫奪朱詩云惡無礼皆是也

馲駝 又作馲字書作驍又作𩣺字林力吝反山海經音託郭璞云日行三百里負千斤知水泉所出性別水脉以足掊地則水泉出也經文作駱馬色也白馬黑鬣曰駱駱非今此義掊音蒲交反也

蟒身 莫黨反尒雅蟒王蛇郭璞曰蟒之最大者故曰王

驚駭 下五駭反蒼頡篇云無知之出方癡駭也

安食 古文飤又作呬同子書反通俗入口曰呬字林安也也亦痳食曰喫也

痤陋 徂戈反廣雅痤短通俗文侏儒曰痤經文作痒謂痤痤也說文小腫也痤非此義也

背傴 字林一父反通俗文曲脊謂之傴僂春秋宋鼎銘云一命而僂再命而傴三命而俯杜預曰俯恭於傴傴恭於僂僂身逾曲恭益加也經文作傴字林於

依怙 一疾反幽諂也非今所取又作癘未見所出疑傭寫誤也胡古反尒雅怙恃也廣雅賴仰依賴恃也

醫道 又醫同於其反說文治病工也醫之性得酒而使故字從酉殹聲古者巫彭初作醫殹亦病人聲也酒所以治病者藥非酒不散也殹音於奚反又作毉俗用也

瘖瘂 救療 一金反乙下反瘖不能言瘂蒼瘀亦瘠也經文作瘖一禁反字林音喑也又作啞字林一句反樊聲也易云笑啞啞是也二形益聲字瘥喈音于夜反說文療治也或作瘥同力照反蒼療治病也

強識 慶幸 巨良反蒼頡篇強健也胡耿反尒雅云非分而得謂之幸遇出齊黃嗟也當非宜所當而可之字從市徒天也

好樂 呼到反五孝反猶喜樂猶欲也

逃逝 是世反說文逝行也廣雅逝行也亦去也

馳騁 直知反下丑領反廣雅馳奔也騁走也

虎䖘 匹白反廣雅虎䖘也者虎䖘案博物志云䖘名讀書謂寶國化為伏苓伏苓千年化為虎入地千年江豬廣志云虎䖘生地中其上旁不生草木深者八九尺大如斛闕去上皮中底䖘有汁初如桃膠凝堅乃成其方人用少為貴也

商估 字體作賣賠羊反說文行賣也估字書所無唯尒雅郭璞音義釋音注中酉賈作此字下賈客公戶反說文河雅反坐賣也周礼司市掌以商賈鄭玄曰通物曰商坐賣曰賈白虎通曰商之言商也其遠近通四方之物以賈之也賈者固也音固物以待民來求其利也案賈亦通語也左傳荀墨之在楚也自賣人楷中以出史記陽翟賈人往來賤販賣貴買也

坦然 上他誕反又說文曰安也又廣雅云坦平者也

傭賃 臾恭反女鴆反蔡邕勸學注云傭賣力也舉子傭於人者孟氏曰傭役也謂役力受直曰傭說文賃傭也

灑地 所買反通俗文以水撥塵曰灑也

出內 昌遂反案出[illegible]出也詩云出言有章是也

肆力 相利反又廣雅云肆伸也陳也謂伸陳役力之也

豪貴 古文豪同胡刀反說文豪健淮南子曰智出百人謂之豪也

愈急 弋朱反又小尒雅云愈獄咳益也又作愈又尒雅云愈急也

辟地 辟長反躃倒也或作躄四反邪僻字躃非此用之也

醒悟 思挺反字林醒醉除也

憔悴 三蒼作顦顇廣雅憔辛愁悤憂也亦病也

塵坌 蒲頓反通俗文埤士曰坌說文坌塵也

汙穢 字林於故反又音絲基吳污塗也釋名汙濟也知涛汅也

咄男子 丁兀反說文咄相古謂也字書咄叱也

梓之 妻壞反桂異也驚桂也尼奇縷補嘗皆曰字桂左音口五反

自鄙 慨美反又廣雅云著莫鄙恥之也手矣也

於綦 名有反尚書余后孫蔡孔安國曰綦皆出匹辭郡鄙曰鄙名也尼不為名其言晉也

伶俜 丁反定丁反三蒼云伶俜獨聯翻也象令傳亦獅獨兒也經文多作跡

蹋除 蹋字井力生反下除字與逆同 古不正也進儀也二形並井今用也 謂之玄翻叉方言南楚疾象者 古文坐翻郭璞云翻楚之際也 也文岁嶬二形同子余反[illegible]文曾呵 古礼云者莫不知礼之所生身玄

毀呰 日毀也 呰口也

風夜 思六反 余獨

註記 風晨早也 竹句反解之也諭二俗反文廣記雅物註曰識註也今識亦也 字林註之也

眇目 作注也 一目小也 釋名云 日眇目小也 臣了反說文一目小也

草庵 含方言小也 經文作𥨪急曰一目

何負 古文何同作可負 書何可反說文何任也 今皆作荷也

妙法蓮華經卷第三

譏如 市羈反 說文 [illegible]

谿谷 苦奚反 說文谷水注川曰谿 上苦嵇反 爾雅水注川曰谿 谷余[illegible]反 說文泉出通川為谷

卉木 字林許貴反 草之總名也 卉爾雅[illegible]草 卉木[illegible]

小莖 胡耕反 廣雅[illegible] 本也 之[illegible]也

等澍 之樹反 [illegible]上句二本[illegible] 時雨所以澍生万物也

普洽 又作𢝊同胡夾反 爾雅洽合也 士[illegible]作[illegible] [illegible]

不務 亡付反 廣雅務也 於代也 [illegible]

䮁䮙 為[illegible] 古文 [illegible]

幽邃 古文[illegible]同私醉反 說文邃深遠也

百穀 古文[illegible]古木反 說文穀續也 百穀草木之總名也

十一

金剎 下於上立反 似字林初[illegible]反 梵言剎[illegible] 此云[illegible]

涕泣 他禮反 出涕曰泣

憎怕 字書作[illegible] 謂[illegible]作[illegible]

勉出 小雅勉勸也 古文[illegible] 見其[illegible]

群萌 古文萌同莫耕反 萌也 萌芽也

諷誦 以聲節之曰諷 不倍文曰誦

億姟 古文[illegible]二形今作[illegible] 數名也 風俗通曰十万曰億十億曰兆

長表 [illegible]

數知 山矩反 數計也

丘坑 去牛反 四方高中央下曰丘

華草 古文[illegible] 又作[illegible]

瓦礫 力的反 小石也

一渧 [illegible]音丁計反

枯槁 苦[illegible]反 說文槁木枯也

甘蔗 [illegible]

菡萏 [illegible]

營從 古文[illegible] 十億曰兆

城郭 [illegible] 郭也

妙法蓮華經卷第四

溝壑 呼各反 [illegible]

臺觀 徒來反 謂之觀者 古亂反

茲伽 [illegible]

唯然 [illegible]

親友 [illegible]

艱難 [illegible]

貿易 莫候反 [illegible]

蹈七 徒到反 [illegible]

肴饍 又作[illegible]

來室 [illegible]

句逗 [illegible]

乾燥 先老反 [illegible]

墨礙 [illegible]

見寶 [illegible]

林藪 [illegible]

各賫　子奚反說文持遺也案賫下持也字從貝齊聲也

開闢　古文論同余酌反疏文關關下杜也方言關東謂之燒關西謂之關經文翁字林書僮宮也何承乇豪文云關西以書篇為等篇非此義害本占反

無央　於良反梵言可倩祇此言無央數央盡也經文作鞅於兩反諒文瑚鞅也歎非此義鞅

所往　音之列反羽同反廣雅往至也文有作住非之也

妙法蓮華經卷第五

捐捨　以專反說捐棄也又尒雅云廢捨也郭璞云捨置也

委政　國語棄所役非任政賈逵曰政猶踊也左傳為政事膺力杜預曰在君為政在臣為事論語導之以攻孔安國曰政謂法撤也

椎鍾　直追反說文惟擊也字從提直淚反闢東謂之提闢木超文作又作提郁迴反提摘也二形並非宇義摘杓華反

仁柱　而鞮反周礼六德一曰仁鄭玄曰愛人以及物曰仁上下相親語之仁謚法曰貴賢親親曰仁愛身成人曰仁釋名仁者忍也好生惡殺善惡含畧之

開闢　吕善反廣雅云披闢闢也闢明之也借音普我反諾者詺

頗有　辭也本音普多反也

於剎　經有作千剎那須察本無千字傳窣睹也美

芥子　加舊反字菻幸蓁也

宗奉　子彤反宗尊也說文奉承也

誹謗　字林方味反誹諸也諸騷也積事惡也國語左史謗之賈逵曰誹人遺其惡曰誘也

罵詈　力智反蒼頡舊罵詈也

尼乾　或作尼乾陀應言泥徒達伽譯云不擊也

逆路　正言路迦譯云頓曲本尼道睹摩路迦也底也此云左順世外道也

相扠　字體作扠勑佳反以李加人也扠近字也

旃陀羅　此言說也正言旃茶嚴此譯云嚴熾一云主殺人謂屏殺者雅類之趣名也其人若行則搖鈴自標或杖頭之竹若不然上則與罪也

畋獵　白虎通曰為田除害故曰畋獵也古文獸畋作魚同言

漁捕　居反說文漁捕魚也

屠兒　達明反說文屠割也家署分制性肉也

魁膾　苦迴反古外反帥也首也膾切肉未辭所出立經文有作儈聲類儈合市人也恐非此義也

衒賣　胡麵反說文衒行且賣也從

屏處　伴銀反礼記左右屏而待鄭玄曰屏隱也詩云万邦之屏屏隱也屏蔽也今借為藏定反依初反讀亦不乘字義也

入里　周礼五家為隣五隣為里謂二十五家也里居釋名云五聯為里方居一

澡浴　皇中之也祖老反澡文澡洒手也浴洒身

新染　經文有作新淨正染皂云淨字猴厭也

輕蔑　字體作漢同莫餘反茲文輕輕僞也

討伐　古文訓同聊老反漢書音義曰討除也礼說蔑者香討鄭玄曰討誅也氏左憎有難猶曰伐白虎通曰伐者何伐賤也教賤去之經文作罰說文釋

巨身　之小者曰顏廣蓋雅折佚也賢非此義也方言齊衆之其吕反字林巨大也大作鉅也間謂大曰巨義文巨經文作被

被精　皮寄反被謂帶也非此蔽也之被方言被散也被音稱也鳥之

奮迅　方同反舉聞反廣罪字從奮在田上迅聊毛起而身大被奮音雖也

頭陀　此應諫也正言杜條譯云塗洗言大酒也或云頭彈言去其塵襁也書云

憒丙　斗藪一義也公對反女李反說文憒亂頌也論集內閙也優來也字從市疑人聖文有作憒俗字也

妙法蓮華經卷第六

釋氏　經中或作姓瞿曇氏雜氏姓別也姓者所以繫統百世使不別也釋緣而生氏者所以別子孫所出也或因爵故世本云言姓即在上言氏即在下矣

年紀　居里反十二年為紀紀記也

拜跪　字林丘委反跪拜也又音渠委反左傳跪而戴之

擣篩　古文蘿斯二形聲類作篩同所怪所飢二反說文忖那也可以除庭取細也

除愈　古文瘉同庾乳反方言差愈也說文病病瘳也

億載　朔代反案算經皇帝為法數有千等謂億北京垓數稱溝澗王歲及共用也有三謂上中下下數十万曰億中藏百万曰億上數万万曰億

塼壞

嚴飾　匹仁反甲云反廣雅蹟嚴衆也飾飾亂也謂衆多亂下也字林嚴齡兒也

塔寺　梵言呲訶嚴此云謂行處謂僧所遊覆奧也令以寺代之言寺者說文廷也有沫度者嚴雅寺治也釋名云寺嗣也治車者相瞬嚴於其中也字嚴

僧坊　伐寸土撥也甫亡反字林坊別至

多羅樹　形如撥榈極高長八十尺花如黃米子大如樹人多食之

瞻蔔　正言瞻博迦此云黃花樹花小而香西域多有此林也

瘡胗　籀文作疹說文同居忍章忍二反胥瘡也三蒼云胗胗也

悶斜　口蛙反說文口戾也通俗文斜戾曰悶是也字從口門聲門音古瓜反

匾匾　請集方珍反他冥反纂文云匾匾也今俗呼廣謗爲匾匾贏中呼烸匾瘡迷反經文作臉脇近字

曲戾　字林力計反戾曲也字從犬從戶

宏曲 宇林音園富或作宏同一瓜賓雅宏下也

撰集 三蒼云作纂同助贊反又廣雅云撰集定也撰亦述也

妙法蓮華經卷第七

謦欬 口冷反說文謦亦欬也蒼頡篇謦聲也經作謦口定反欬恐也謦非字體欬苦代反說文欬逆氣也亦嗽也經文作或胡來反聲咳非聲義嗽音蘇奏反之也

羈累 之紋反下力偽反託也說文羈遮也廣雅委託累也謂以事相羈累也左傳相疇而動無累後人謂累重

甄迦羅 或云恒迦羅此當千万億百恒迦羅名頻婆羅此當十兆百頻婆羅名阿閦婆或名阿閦婆此當千兆

我適 三蒼古文作喬同尸亦反尒雅適往也正法華云我往昔供養是也

怨敵 徒的反又廣雅去敵對當也尒雅敵疋也怨之匹也

八百萬 正法華云一千八百万億梵本十八俱胝案百毗跋為一俱胝此數當兆數乃更多今經文有作百八万億非也

動搖 說文餘曜反樹動也字從木岳聲岳音余周至

甄叔 譯云赤色寶字林巳仙反案西國有甄叔迦樹其花赤色形大如手此寶色似此花因以名焉

宰官 細哈反聲類宰治也謂治邑吏也廣雅宰制也謂制事也

妙法蓮華經卷第八

杻 勅久反械也

舩舫 甫妄反通俗文連舟曰舫併兩舟也

漂墮 匹消匹妙二反說文漂浮也案漂猶流也正法華經作流墮是

檢繫 居儉反廣雅檢中也檢括也謂束之釋名檢禁也謂禁閉諸物使不得開鑒也字從木之也

唐捐 家唐徒也蒼頡篇云捐棄也

祝詛 說文作訓之授反謝詛也今皆作呪下古文據同側據反釋名云祝屬也以善惡之辭相屬著也詛咀也謂使人行事阻限於言也經文作咀才與反咀爵也非本字體也

掣電 昌制反陰陽激攝也關中名電今吳人名盛曜音息念大念反釋名云擊引也電殊也謂作見即矿滅二

降雹 蒲角反鄭云注禮記云陽為雨陰起豫之凝而為雹也

戒雷 古文作誡同古植反詩云當不日誡誡警勅也言戒備也

慈音 梵言每怛利末那此言慈云慈意經文作音此

吉遮 正者反正言莅謀著此譯云所作也

伺求 廣雅埤蒼頡視同消蒸清吏二反伺猶察也字林伺候也窺雅伺視也

三藏法師玄奘譯

南無曷剌怛那怛那邪夜多埵他

遏尒而制反一末尒二同上末泥三去聲末末泥四同上

賀帝五靳反臚剎稽帝九閃六式反十柒謎莫反七閉閃弭

多鼻扇長重帝九目帝十目呑謎一十三謎

家反八尒阿毗三謎三十三磨細三謎四十素清磨三謎

五十二十剎重曳六十惡剎曳七十惡剎搩十數八戒反扇帝

九十閃謎十二馱剌力反割尼一二十阿路迦婆去聲婆

波羅弗補反紇泥帝一二十鉢剌著也吠剌揲十二

三涅奴反栗地瑟齡竹反皆阿蹄知反篇眠但邏涅

栗地瑟齡四二十阿蹄但邏波利秝尸反章第十二

五猛烏反沒矩九二十鉢六二十沒矩鉢七二十阿剌齡十二

八鉢剌齡九二十輸式反度迦差三初十哩反阿三磨

三謎一三十勃陀毗盧枳帝二三十達磨波利差

低三三十僧伽涅伽去怛尼四三十僧伽涅具殺

尼五三十跋耶重聲跋邪短聲毗輸達尼六三十曼喹

丁結反剻七三十曼多羅剎也低八三十胡魯低十三

九摩訶胡魯多僑辛反殺設輸十四惡剎曳一四十

悉剎伐亭一拏多邪二四十阿跛輸三四十十七呵末若而夜

反那多邪四四十蘇波訶

第二多埵他十伐剛摩訶十伐喇鄔計目計

阿齡去聲阿吒重伐底長涅同上栗齡涅栗吒伐

底同上

第三伊緻女反抳几毗緻抳旨緻抳涅栗緻抳

涅栗著報反邪伐底短聲

第四遏媄除皆反捺媄努捺媄阿捺厨撩聲反清聲

捺遲俱捺遲聲

第五阿揭揮揭揮具剛健馱長剛㖿茶剛摩

陛祇七十重鷄西僧矩鎵常囊㳺勃盧薩抳阿揭

悉底

第六伊底謎伊底謎五涵你謎你謎五涵胡魯醯

去聲薩反齡顏反聲可醯五涵壓油說文於甲反五涵鞞字作帘帘楞也經文作壁壞也鎮也閉戍押檻也論語虎兕出於押押是古文匣字諡文押音甲介雅押出出作押也也字從末又作二形並非經義接音子揚反東也宇從拔手古暗反說文帛青而赤色也

紺青 名苦紺反說文帛深青而揚赤色也釋名云紺含也

珂貝 文作何反說文中潔白如雪者也輒非字口佐反垍音口紺反黃過也

怛㮏他遏彈去聲媄徒經一肯反彈茶重長鉢底丁履反
伐帝二彈茶伐栗帝三彈茶伐栗怛尼彈茶
狗舍㮈四彈茶蘇達唎五蘇䭾長唎六蘇䭾
囉鉢底丁履反七勃陀重鉢設帝八薩嚩䭾剌尼
阿伐栗怛泥去聲九薩縛婆去聲𡋯所反也伐栗怛
泥十蘇阿伐栗怛尼十一十僧伽波唎剌尼
二十僧伽涅怛尼三十薩達摩蘇波唎差初履四十
阿僧祇巨冀反十五僧伽波揭低六十怛唎阿持縛
僧伽咄略上聲鉢羅弗補波反帝七十薩縛僧伽三
末底羯爛清長帝八十薩縛達摩薩蘇鉢理差初履
反帝九十薩縛薩埵胡魯多憍重設略方迦反十奴
揭帝十二僧所縊反訶毗重訖唎雉帝一二十蘇波
訶阿情徒卧反衆經本云怛利此云三阿持縛二二十僧伽衆
咄略同一種經文從有作隋相承於六反檢無
此字疑傳寫誤𢇍戾力鳥反說文𢇍縛也謂相繚繞也
用脨力代反說文曰臚子不正也蒼頡篇內視曰脨也

十八末

一切經音義卷第六

亭一

一切經音義卷第六（別本）

校勘記

一　底本，明永樂南藏本。

一　一九〇頁上一行經名，徑作「一切經音義卷第七」。卷末經名同。

一　一九〇頁上一行夾註「此號十卷」，磧、徑無。

一　一九〇頁上末行夾註左第五字「若」，徑作「人」。

一　一九〇頁中七行夾註左第二字「夸」，徑作「跨」。

一　一九〇頁下一二行夾註右第四字「與」，磧、普、徑作「興」。又「一反」，磧、普作「二反」。

一　一九〇頁下一五行夾註左第六字「闌」，普作「蘭」。

一　一九一頁上末行夾註左第二字「得」，磧、普、徑作「㝵」。本頁中一行夾註左第七字同。

一　一九一頁中二二行夾註左第三字「録」，磧、普、徑作「鉌」。又末字「也」下，徑有「鉌胡戈切」。

一　一九一頁下二行夾註左「一形」，磧、徑作「二形」。

一　一九一頁下六行「妙法蓮花經」，徑無。下同。

一　一九二頁上三行夾註左「翫習」，徑作「玩習」。

一　一九二頁上五行夾註左「鋭也」，徑作「鋭芒也」。

一　一九二頁上六行夾註右「二回」，徑作「土回」。

一　一九二頁上八行夾註左「之也」，徑無。一〇行、二三行同。

一　一九二頁上一三行夾註左第七字「門」，徑作「間」。

一　一九二頁上一五行夾註右「渠槐反」，徑作「渠愧反」。又左「謁之」，徑作「謁也」。

一　一九二頁上一八行夾註右第八字「妃」，磧、普、徑作「妑」。

一　一九二頁上二一行夾註左第一四字「之」，徑無。

一　一九二頁上二二行夾註左「連縣」，徑作「連櫋」。

一　一九二頁上二三行夾註右「通語也」，徑作「通語也櫋音綿」。

一　一九二頁中一行夾註右第九字「鴉」，徑作「鵶」。

一　一九二頁中二行夾註左首字「鴂」，磧、普作「鳩」；徑作「鬼鳥」，第八字同。又「以項反」，磧、普、徑作「毋項反」。

一　一九二頁中七行夾註左第一一字「地」，徑作「蛇」。

一　一九二頁中一六行夾註右末字「踈」，徑作「蝀」。

一　一九二頁中一七行夾註左第七字「蝀」，磧、普、徑作「蝀」。

一　一九二頁下二行夾註左「曰爵」，磧、普、徑作「曰嚼」。

一　一九二頁下八行夾註左「順已」，徑作「順也」。

一　一九二頁下九行夾註左「大相」，磧、徑作「犬相」。

一　一九二頁下二〇行夾註左第三字「几」，徑作「凡」。

一　一九三頁上一行夾註右第五字「曰」，徑作「同」。

一　一九三頁上一一行夾註左第五字「文」，徑作「又」。

一　一九三頁上一二行夾註左「呵呲跋致」，磧、普、徑作「阿呲跋致」。

一　一九三頁中一行夾註左第四字「也」，徑作「兒」。

一　一九三頁中三行夾註左末字「座」，徑作「痤」。

一　一九三頁中一一行夾註右第二字「醬」，徑作「醫」。

一　一九三頁中一三行夾註右「一句反」，徑作「烏格反」。

一　一九三頁中二二行夾註左「江珠」，徑作「紅珠」。

一　一九三頁下一行「商估」，徑作「商估」。

一　一九三頁下三行夾註左第五字「也」下，徑有「言商」二字。

一　一九三頁下一四行夾註右末字「四」，磧、普作「匹」；徑作「匹亦」。

一　一九三頁下二一行夾註左「手矣也」，徑無。

一　一九四頁上九行夾註左「菴藹」，磧、普作「菴藹」。

一　一九四頁上一三行夾註左第九字「物」，磧、普、徑作「通」。

一　一九四頁上二〇行夾註右「亡仆反」，徑作「亡付反」。

一　一九四頁中一七行夾註左「無爲」，徑作「無爲也」。又第一四字「之」，徑無，二一行夾註左第二字、本頁下二一行夾註左第六字、次頁上六行夾註左第六字同。

一　一九四頁下四行夾註左「也」，徑無。

一　一九四頁下一〇行夾註右第一三字「脣」，徑作「脣」。

一　一九五頁上一行夾註右末字「貴」，磧、普、徑作「賨」。又左首字「下」，磧、普、徑作「亦」。

一　一九五頁上八行夾註右第四字「説」，徑作「説文」。

一　一九五頁中三行夾註左首字「扙」，徑作「拄破」。又第八字「上」，磧、普、徑作「王」。

一　一九五頁中五行夾註右第三字「斂」，徑作「歛」。

一　一九五頁中七行夾註左第四字「立」，徑作「也」。

一　一九五頁中九行夾註右末字「從」，磧、普作「從玄」。

一　一九五頁中末行夾註右「洮汱」，徑作「洮汰」。

一　一九五頁下一行夾註「一義也」，徑作「二義也」。

一　一九五頁下五行夾註右第三字「或」，徑無。

一　一九五頁下一二行「垓壤」，磧、普、徑無。

一　一九五頁下一四行夾註左「代之」，徑作「代言」。

一　一九六頁上一行夾註右第五字「雈」，徑作「窪」。

一　一九六頁上六行夾註左「之也」，徑無。末行夾註左同。

一　一九六頁上一一行夾註左第一一字「養」，徑作「義」。

一　一九六頁上一五行夾註左末字「互」，徑作「切」。

一　一九六頁上二一行夾註左首字「從」，徑作「舟」。

一　一九六頁上二三行「檢𡄚」，磧、普、徑作「檢繫」。又夾註右「檢中」，徑作「檢束」。又「束之」，徑作「束之也」。

一　一九六頁中六行夾註左「弥滅」，磧、普作「弥滅也」。

一　一九六頁中一〇行夾註右「正奢反」，磧、普作「止奢反」。

一　一九六頁中一二行「三藏」，徑作「唐三藏」。

一　一九六頁中二三行正文首字「猛」，磧、普作「殟」。

一　一九六頁下一一行夾註「女凡反」，磧、普作「女几反」。

一　一九六頁下二二行夾註左第七字「而」，徑作「爲」。

一　一九六頁下二三行夾註右第四字「嘿」，徑作「螺」。

一切經音義卷第七　青二

唐大慈恩寺翻經沙門　玄應　撰

正法華經　悲華經

大悲分陀利經

大方等大集菩薩念佛三昧經

念佛三昧經　楞伽阿跋多羅寶經

入楞伽經　亭二　大薩遮尼乾子經

菩薩行方便境界神通變化經

大般泥洹經　大哀經

虛空藏經　阿差末經

無盡意經　寶女經

菩薩淨行經　無言童子經

伅真陀羅所問經

持世經　弘道廣顯三昧經

阿耨達龍王經　普超三昧經

阿闍世王經　等集衆德三昧經

集一切福德經　廣博嚴淨不退轉經

佛說阿惟越致遮經

勝思惟梵天所問經

思益梵天所問經

持心梵天所問經

度世經　漸備經

十住經　如來興顯經

羅摩伽經　菩薩本業經

諸菩薩求佛本業經

道神足無極變化經

寶如來三昧經　四童子經

方等般泥洹經　哀泣經

慧上菩薩問大善權經

文殊師利現寶藏經

正法華經第一卷

盧𢅥　徒帝勑細二反或作攎俱盧𢅥人名也此譯云責姓也

焰明　字詁古文爓今作爓三蒼作焰同餘贍反說文火行微爓爓然也經文作𤊲許凡反埋[illegible]𤊲味辛也字林𤊲蘞也蘞非此[illegible]音力剸反也

蒸民　之升反尒雅蒸衆也天生蒸民是也

恢闊　又作𢘫同苦迴反字林恢大也闊遠也

暨今　聲類云古文作臮同其器反字林暨及也亦至也

霍然　呼郭反案霍然儵忽急疾之皃也𩃬文作𤓬非體也

纂脩　子加反或作纘尒雅纘纘也謂纘脩前業也

煜爚　又作熣同餘祝反光明盛皃也經文作昱𥊚非體也

斒斕　又作𩝐𥡦二形同補間反下又作𢧁同力間反通俗文文章謂之斒斕經文作𢧁蘭非體也

溥演　亭二　匹古反此古文普字詩傳曰溥大也亦遍也

較略　古文𢷾同古學反較𢪊略也廣雅較明也

明哲　又作哲同知列反尒雅哲智也宋齊間語也

若繕　市戰反說文繕補也又三蒼云繕治也繕之言善也

謿話　竹交反下又作譜䛁二形同胡快反聲類云訛言也

堊飾　烏各反尒雅墻謂之堊郭璞云白土飾牆之也

鐃鈸　女交反步末反

拼抃　斐主下拼拍也下又作拚同皮變反撰文拍手曰抃

第二卷

怮惕　之若反下他的反怮惕者謂憂懼也亦痛也

未聆　力丁反蒼頡篇聆聽也耳所聽曰聆

軒窻　虛言反楚辭注云軒樓上板障風日之者

鑠如　書斫反閃鑠也言熱霍爍明也

孚出　又作𡎀同芳𢛁反孚疾也廣雅赴行也

悁恨　𢘫問反悁怨也說文恨怨也亦恚也

帑藏　湯朗反同成鄭字音湯說文帑金幣所藏之府也

樓棟　所𪚴反下都弄反尒雅桷謂之棟即棟也棟屋極也山東呼棟爲㮃音於靳反

軒闥　他曷反廣雅闥門也謂樹閤也

虺蛇　古文虫虺二形今作虺同呼鬼反毒蟲也韓非子曰蟲有虺者一身兩口爭食相齕遂相殺也齕音紇齧也

蝮螫　方六反下呼各反蝮有牙最毒鼻上有針是也經文作蝮蟄誤也

萠竄　經文或作幽[illegible]逋字補胡反逋逃也廣雅逋竄也

嗚呼　火胡反字林呼外息也呼召也喚也經文作嘑

啾唧　子由反下資栗反聲類[illegible]衆而聲也經文作嗟乃結反怒也嗟非此義也

圂廁　亭二　胡困反圂廁也亦豕所居也廁圊也雜也　三

窠窟　又作𥧲𥨍二形同苦和反小尒雅云雞所乳謂之窠兎所息謂之窟經文作菊非也

摣掣　又作抯同側加反摣叉也經文作齹千何反齒參差也齹非此用

齮齧　丘奇反漢書韋昭音蟻蒼頡篇云齊人謂齧咋爲齮齮側齧也

羯羠　凶几反徐廣曰羯羠並犍羊也

冢埌　力宕反通俗文丘冢謂之壙埌

鳩洹　諸經或作鳩桓或作仇桓皆梵音訛也此譯云大身鬼

跋扈　蒲末反下胡古反漢書音義曰扈跋扈也謂自縱恣也

鐵喙　又作顪同許穢反通俗文獸口曰喙喙亦通語也

尸骸　乎皆反骨之惣名也經文作屍非也

燔燒　又作𤎅同扶元反毛曰炮加火曰燔燔亦燒也

恇孃　丘方反下而羊反說文恇孃煩擾也謂煩恐惶遽也經文從心作懹人向反懹憚也難也懹非此義也

烏殟　烏沒反說文暴無知也聲類烏殟欲死也

灰燼　又作𤇾同似進反燒木餘曰燼經文作藎草之藎非體也又作藎誤也

炙爒　又作爒同力照反今江北謂炙手足爲炙爒經文作燎非體也

噉食　又作啖啗二形同達敢反取食也經文作𡄫餤二形並非也

奔鶩　七付反鶩疾馳也廣雅鶩奔也

蜈蚣　音吳公字林蝍蛆也甚能制虵經文作蜈非也

蚳蛆　渠支反下知列反說文蚳蠆也蠆蠆也毒蟲也廣雅蛆毒蟲經文作蠌非也蝰音圭

盲瞶　牛快反生聾曰瞶又無識曰瞶經文作膭胡對反肥也膭非今用也

焫炳　又作爇同而悅反蒼頡篇爇燒然也

免濟　又作濟同子第反濟渡也益也

勸勵　古文勸今作勉同亡辯反勸強也謂自勸強也下力制反相勸勵也勉也勉力爲勵

擾馴　如小知照二反安也說文牛柔謹曰擾故字從牛下似均反廣雅馴善也馴從也說文謂養鳥獸使服習謂之馴經文從手作擾下作循非字體也

縶絆　又作馽同知立反下又作緤同息列反縶絆也拘執也縶馬韁也所以縶

誇訕　調嗇性者皆曰訕訕謷也所對反蒼頡篇訕非也謗毀也

蠱狐　聲類弋者反書中多作野狐此古字通用也

黯黮　上烏感下他感反黯黮不明也經文作黕丁感丁甚二反黕濁也黕非今用

痋燥　又作𤸷疼二形同徒冬反聲類作癑說文痋動痛也下蘇倒反燥乾也經文作疾瘞非也

亭二

癧瘰　又作歷同力狄反字林癧疾也

憂瘀　於務反廣雅[illegible]痴疥[illegible]也說文作[illegible]也

喚哳　陟黠反楚辭啁哳鳥鳴也案字義宜作喉烏交反江南以多聲爲喉咋咋音什白反

黧黮　力奚反下勃咸反通俗文深黑謂之黧黮也

好忤　又作迕悟遻三形同吾故反觸忤也聲類迕遻不遇也

第三卷

婧聽　又作䴖婙靜婧四形同自井反謂文定靜聲也

葐蒀　扶文反下於文反葐蒀香氣亦盛皃也經文作葐蘊非也

流宕　達浪反說文宕過也通俗文迴過曰宕最也

𡪞停　奇驕反字林𡪞寄也經文作僑高也才也僑非正體也

致印　於振反印可也說文印持信也蒼頡印驗也

嬉遊　又作僖同虛之反說文嬉樂也戲笑也經文作嬉非也

祚胤　才故反下與振反祚祿位也胤繼嗣也經文作祚非也

飢餧　奴罪反三蒼餧餓也經文作餒未見所出也

訾計　又作𧦝同子移反說文訾量也思也經文作貲貨之貲非字意也

宜用　魚奇反蒼頡篇云用以也經文作肅此非

卬卬　又作昂昂同五剛反卬卬恭敬之皃也

腊𦠆　又作腊同思亦反下除兩反方言關之東西謂腊爲𦠆也

鷄鶩　音木尒雅野曰鳧家曰鶩鶩即鴨也經文作雅非也

出內　奴對反字書內入也經文從人作納非也

煩寃　古文作寃惌二形今作宛同於元反說文寃屈也廣雅寃枉也經文作婉非字體也

嗇口　又作嗇同使力反衆兒也田夫謂之嗇人亦積也

五

亭二

務身　又作務同力咨反三蒼云務劉也經文作瞀身非字體也

林麓　古文禁同力穀反謂林屬於山曰麓詩云瞻彼旱麓傳曰山足也

樛木　居虯反詩云南有樛木注云謂木枝下垂曲者也

楬楬　又作楬同居竭反詩傳云楬楬長也說文禾舉出苗也

豐美　敷隆反周禮注云美餘也亦餘也經文作欺非

㕮咀　方父反又音撫下側呂反謂以物拍碎也

肧胎　普才反說文婦孕一月爲肧一月爲胎胎始也養也

採本　此宰反說文遠取也採擇也

宣叶　又作協同胡牒叶合也同也和也

斐粲　敷尾反詩傳曰斐文章皃也粲明也鮮盛皃也

第四卷

豔眄　又作艷同餘贍反下莫見反艷美色也眄邪視也經文作醢盻二形誤也

奕奕　余石反奕奕光明之皃也又廣雅云奕奕盛也字從大也

嗟嘆　子邪反下勑旦反嘆漢謂大息也經文作㖃非

開闢　又作闢同丁彼反字林闢開也闢也經文作闢誤也

羸憊　又作痞懵二形同蒲戒反通俗文疲極曰憊憊疲劣也

諄諄　之閏之純二反說文告曉之熟也諄諄誠懇之皃也

綺𡤩　但旦反說文白好也聲類贊纘也通俗文服飾鮮盛謂之𡤩𡤩經文作纘

非也

第五卷

解懌 以石反尒雅怡懌樂也字林懌怡也

不嫪 力報反通俗文意若曰嫪就文嫪姻也謂戀不能去之也

椑體 說文作埤或作鞞同避移反埤增也厚也助也

淳化 時均反言專一不雜也王蒼淳澆也經文作事誤也

求眺 他吊反說文眺視也亦望也察也

崖底 丁禮反底猶下也經文作啵音真移反山石也又作砥子結反說文唧罵而高山之節也

洮汏 徒刀反下音汏通俗文淅米謂之洮汏廣雅汏洗也淅音思歷反

第六卷

墟聚 丘魚反墟居出民之所居曰墟下古文聚䏧二形今作聚同才句反廣雅聚居也謂人所聚居之也

第七卷

潨流 在公反詩云鳧鷖在潨傳曰水會處又說文小水入大水也

調馴 似均反善也亦從也經文作裝非也

敬逺 又作樻同奇蠢反毖法華中大愛道是也

音韶 古文磬同視招反樂名也韶之言紹也

隿射 今作弋同餘力反弋繳射也繳也繳音之若反

六

綢繆 直周反下莫尤反詩傳曰綢繆猶纏綿也

調譺 吾戒反通俗文大調曰譺譺欺也

蹉蹭 千何反下子亦反蹭蹭也蹭字應誤宜作錯千各反礙不正也錯誤夫也

勞廢 府吠反變退也罷止也經文作癈非也

窺闚 丘規反下弋珠反說文窺闚小視也

稽顙 古文𩒨同苦禮反下桑朗反稽至也顙頟也謂頟至地也

詢法 又作學同思遵反左傳諮親爲詢詢同謀咸之義也

貪寠 瞿矩反詩傳曰寠者貧禮也字書寠空也

元元 言元元者非一民也古者謂民曰善人因善爲元故曰黎元經文作忨五喚反忨貪也忨非今義

悶愊 普力蒲力二反愊億猶㽂薦也

薨殪 呼弘反廣雅薨亡也諸侯死曰薨下古文作殪同於計反謂一發而死曰殪殪亦死也

第八卷

䬹餬 徒奚反下戶孤反通俗文酥酥謂之䬹餬經文作醐非也

鼻齆 一弄反齆鼻病也經文作塊非也

䝉鴉 資鷳反下於加反鴉鳥也經文從亞作鵶非也

鵁鶄 音交精似鳧而腳高毛冠人家養之以厭火災也

嚾呼 文作喚嚾二形同呼換反喚叫呼也

享餼 虛掌反下虛氣反享獻也儀禮以牲曰餼餼猶禀給也字書餼饋也經文作饗非字體也

第九卷

號咷 徒勞反號咷大泣也經文作哮呼角反嘷非字義也

厭鬼 於冉反蒼頡篇云伏合人心曰厭亦眼內不祥也

雜糅 古文粈肕二形同女救反今以異色物相參曰糅也

七

寶瑛 於京反寶維水精謂之石瑛瑛亦玉光也

饕餮 古文𩟍叨二形同他勞反下又作餮同他結反貪財曰饕貪食曰餮

第十卷

謿讌相承 臭世反此應作譺五戒反大調也

生皰 又作皰同蒲孝反說文皰面生氣也經文作䩉麁二形非也

悲華經第一卷

郅袮 之一反下奴禮反

羅陀 經文能口作他非也

阿俾 補尒反

離纔 武發反

樺陀 於亙反

嗜哆 勒諦反

頻緹 鳥鷑反下他禮反

底拏 都禮反下女加反經文作挐非也

由禘 徒計反

羅齲 丘禹反

多芰 渠義反

阿挮 他弟反

大悲分陀利經第一卷

波叉 此言毗留博叉訛也具言鼻溜波阿叉舊譯云雜語一義也正音醽廢西方天王名也

提掞 徒甘反

螕叉 補奚反

邏吮 市跣反

薩萹 下毗典反一音便

酣伽 下甘反

阿慉 虛六反

第四卷

牧憊 蒲戒反

阿昵 女乙反

多眯 莫禮反

師薜 蒲計反

數咩 所角反下弥尒一

桔略 音結

第五卷

鈂婆 丈心反童子名也依字蒼頡篇云鈂臿屬也

嗒然 土合反精靈失其所也莊子嗒然似喪其偶是也

鬻賣 又作賣儥二形同餘六反周禮儥賣也言物有定價則買者來也

跨馬 苦罵反字林跨騎也亦踞也

大方等大集菩薩念佛三昧經第一卷

楣振 靡飢反下宅庚反介雅楣謂之梁謂門上横梁也振謂之楔注云門兩旁木也
樞闑 齒榆反下胡結反介雅戶樞也說文闑門梱也
魁偉 苦迴反下于鬼反魁大也偉奇也[illegible]勁曰魁丘塊壯大之意也

第二卷
亭傳 徒丁反下陟戀反漢家因秦十里一亭亭留也傳驛也
熸燼 子廉反下似進反熸吳楚之間謂火滅為熸燼火餘也經文作[illegible]

第四卷
無蹇 居展反方言蹇吃也楚語也言不通利謂之蹇吃也

第五卷
𧬊破 又作嘶同先奚反聲嘶𧬊聲散也

第六卷
門闑 又作臬同魚列反又尒雅云㯕謂之闑即門限也
廝役 斯移反廝下之也字書廝役也謂賤役也

第八卷
法鼗 又作鞉鞀二形同徒刀反鞉如鼓而小持其柄搖之也
鏝陁 莫般反池名也依字泥鏝也

第九卷
痎熱 口來反廣雅痎瘧也今人言痎瘧亦非痁音都濫反

第十卷
黏污 又作粘同女廉反黐物相著曰粘也
倉廩 又作亩同力甚反藏穀曰倉藏米曰廩也
印璽 思紫反天子之玉印也璽信也亦神器也

念佛三昧經第一卷
剃荼 盧易反下陟家反[illegible][illegible]弟子名也

曾亂 治又反下員刃反曾從也亂繼也下孫相承繼也慮勁曰曾繼也亂像也字從入入引反之也幺象出繼相重之也

第二卷
氤氲 一壚反下紆文反元氣也謂天地未分之始氣也
渟流 狄經反又埋著云水止曰渟也
泒別 普懈反說文水之衺流別也又廣雅云水自汾出為泒也

第三卷
分衛 此言訛也正言賓荼夜此云食團謂行乞食也
京畿 或作圻同渠衣反周禮云方千里曰國畿畿限也
慴伏 昌殺反尒雅云慴懼也又郭璞曰即恐懾也懾音之涉反

楞伽阿跋多羅寶經第一卷
楞伽 山名也正言駿迦駿音力鄧反阿跋多羅寶此云入謂入此山中而作說此經也
海濱 必人反字林濱水崖也
錯繢 胡對反論語繪事後素也鄭玄曰繪畫也五彩也
瞪矚 直耕反通俗文直視曰瞪

第四卷
譚婆 徒南反今借為徒濫反謂西國食狗肉人也

入楞伽經第三卷
樚櫨 又作轆轤二形同力木力胡二反即今用之汲水者也
因楔 又作揳同先結反江南言櫼子林反揳通俗也

第四卷
打摑 書或作聝同古麥反此亦假借耳

第八卷

韮鬒 又作韰同乎戒反說文菜也葉似韭也
罝罟 古文䍜罝二形同子耶反尒雅兔罟謂之罝注云罝遮取兔也罟音古網也
機發 說文射發也機主發之機也經文作[illegible]具也
屍陀林 正言尸多婆那此名寒林其林幽邃而寒因以名也在王舍城側死人多送其中今總指棄屍之處名屍陀林者取彼名之也

第九卷
藺藹 力盎反下徒盍反埤蒼壽草也經文作藹非體也
珂乳 枯何反埤蒼[illegible]潔白如雪經文作[illegible]軻二形非也

大薩遮尼乾子經第三卷
虽螟 莫瓶反尒雅食苗心曰螟食葉曰蟘言虫喫禾節根之名也蟘音徒得反

第四卷
銛利 息廉反廣雅銛利也刀銛為銛也
纖長 思廉反方言纖小也細謂之纖經文作韱非也
窪曲 烏華反廣雅窪下也說文窪小水也
熠燿 弋入辝入二反下餘灼餘照二反燿鮮明也字林熠光盛也熠燿也

菩薩行方便境界神通變化經中卷
茲基 書中作萋似蔺反此草如細荻北方多種此草

大般泥洹經第一卷
哀慟 徒貢反論語顏回死子哭之慟馬融曰慟哀過之也
澡漱 所霤反說文漱盪口也經文作漱[illegible]也
寮孔 力彫反又蒼頡篇云寮小空也經文作寮遼之遼非體也
毫芒 古文作秅同無方反謂其纖利如禾芒也經文作鋩非也

第二卷
羅寇 口候反尚書寇賊姦宄范寧集解曰寇謂羣行攻剽者也說文寇暴也廣

□送　雅寇鈔也剽音芳妙反宗古反尒雅粗始也詩云仲山自出祖粗者精行犯軷之祭也軷音蒲達反

長詖　古尤反款縱也通俗文云與死者辭曰詖詖亦別也

第三卷

狖鼠　余繡反似狖猴而大蒼黑色能捕鼠爲物捷健

墋濁　初錦反通俗文砂土入食中曰墋

第四卷

瞿師　案中本起經云瞿師羅者此譯云美音

攘臂　而羊反攘除也謂除衣袂出臂也袂音弥世反

宴默　石經爲古文熱同一見反說文宴安也謂安息兒也經文作譆虛基反痛聲也請非此用

第五卷

堅凷　今作塊同苦對反說文堅土也三蒼土塊也

兕來　又作兕兕二形同音似又徐姊反尒雅兕似羊一角青色重千斤

哩者　烏奚反

炮者　白交反

第六卷

猛烈　力折反說文烈火猛也廣雅烈熱也爛也

亭二

莔藥　無往反正言莽草有毒出幽州人以擣和食置水中魚皆死浮出取食之無妨也

十一

大哀經第一卷

開闢　字詁今作闢同于彼反廣雅闢開闢也三蒼闢小開門也

淟池　他典反字林淟垢濁也

第二卷

憺怕　徒濫反下普白反憺怕安也怕靜也經文作憚他紺反憚預愁也又作澹佳南反澹深也二形並非字義也

第四卷

圻際　渠饑反說文地圻咢也經文從水作沂魚衣反

麤濇　且孤反下古文澀今作澁同所及反澀者不滑也

第五卷

晧昊　胡老反廣雅晧晧明也尒雅晧光也下胡老反天氣廣大也

虫蟻　又作螘同魚綺反蟻一名蚍經文作螞非也螞音其蟻反蜉

第六卷

氾流　又作汎泛二形同孚劒反說文氾濫也謂普博也

吹笙　所京反世本隨作笙說文笙象物貫地而生也經文作笙非也

搵取　烏困反說文搵沒也亦入也謂以物入中曰搵也

詹堂　之鹽反此香樹出廣州煎汁作香之淡土人和水浴衣亦堪和香

第七卷

攎其　勑於反攎舒也又廣雅云攎張之也

虛空藏經第四卷

咼面　口蛙反通俗文邪戾曰咼經文從口傍作喎非字體也

櫨欂　力胡反下蒲麥欂各二反櫨文欂櫨柱上枅也廣雅欂謂之枅枅柱上方木也一名楶亦名楶音子結反亦名枅亦名欂黃巽名也枅音皮変反亦擬音疾音鷄

第五卷

輨轄　古緩反下又作牽鎋二形同胡瞎反方言輨亦轄也轄謂軸頭鐵也經文作管非字體也

旒幢　字書作旈同呂周反旌旗之垂車者也經文作縧非也

第八卷

曬婆　力計反

叶婆　胡頰反經文從田作叶誤

多咩　亡卑反經文作唓非也

阿差末經第一卷

浩晧　字林工早反澆也亦水大也下胡老反日出光也

十二

第四卷　亭二

麼麼　莫可反三蒼云麼微也䍒細小也謂纖細虫也經文有作釆采非也

卤堅　擿文作䁱暨同殖瘦反小兒也謂肉悴小人也

侏倀　宜作譸張又作詶譸侜三形同竹尤反譸張誑也謂相欺誑也譯文作侏音朱侏儒也下倀勑良反張在也並非字體

第五卷

坦然　他但反說文坦安也廣雅云坦平也經文作憻非也

眷戀　居院反眷顧視也經文作惓非也

芬葩　普花反說文芬芳也葩華也聲類云取其盛皃也

大猷　餘周反方言東齊謂猷曰道又亦圖也若也順也

第七卷

誘訹　餘首反下私律反誘訹敎也引之相勸也經文作憂恤之恤非此義也

村落　又作落同力各反廣雅落居也人所聚居也

無盡意經第二卷

頩面　普米反說文頩傾頭也經文作俾非體也

第四卷

勸督　又作督同都木反尒雅督正也謂御正之也方言督理也察也

寶女經上卷

餱糧　胡溝反字林餱乾飯也經文從米作糇非體也

下卷

鞠閔　居六反鞠養也愛也告也閔音眉殞反閔傷痛也

侁侁　所臻反說文侁侁往來行皃也亦行聲也

嫺睃　胡間反說文嫺雅也謂奄靜也今並爲閑字

菩薩淨行經上卷

怐愗　私遘反怐愗溫恭皃也廣雅怐愗敬也尒雅怐愗戰慄也

巇嶮　又作𡾊巇二形同許奇反嶮巇顛危也經文作嚱非也

無言童子經上卷

亹亹　亡匪反亹亹猶微微也亦進皃也

下卷

荏若　又作集同而甚反柔木也廣雅荏荏弱也亦溫柔也下字宜作弱

伅真陀羅所問經

伅真　徒損反字又作屯徒門反此譯云神人也王名如意生王也

虞樂　今作娛同語區反娛亦樂廣雅虞安也白虎通曰虞樂言天下之民皆有樂也

無請　且領反廣雅請求問也經文作情非體也

四竇　徒鬪反水道也竇決也空也經文作瀆也

僊僊　聲類俗仙字同私延反詩云屢舞僊僊左傳曰僊僊醉舞皃經文作躚誤也

衣裓　孤得反即衣襟也經文作裓非也

瓠其　此字習誤巳久宜作分布二字謂以黃金分布間錯其間也

自呼　火胡反謂氣息出曰呼經文作受非字體也

般遮旬　或言五旬般遮此云五即五神通也

唵鞞　烏荅反下普迷反

和鞮　鄒奚反

蚑多　巨儀反

波妥　古何反

姐眩　子也反下充支反

印駐　治具徵具二反謂授記也蒼頡篇印信也駐止也說文駐馬立也

持世經第三卷

骨幹　字體作骭同古岸反廣雅骭謂也肋謂脅骨也骭體也亦骸骨也

弘道廣顯三昧經第二卷

蔚有　於謂反文章也廣雅蔚數也紋彩繁數也

景風　居影反八風中南方曰景風風動虫生也

第四卷

力贔　古文奰𡙇二形今作贔同皮冀反說文贔壯大也謂作力怒也詩云不醉而怒曰贔

驫驫　纂文音徒甚反又音風幽反廣雅驫驫走也

阿耨達龍王經

質疑　之逸反廣雅質問也經文從言作讚非也

撓滅　火高反說文撓擾也謂撓擾也經文作蕘非也

邵德　時曜反說文邵高也

日昳　徒結反謂日昃也

黶然　於葉反謂無聲也

晋超三昧經上卷

無圻　魚斤巨幾二反菩薩名也經文從水作沂音魚衣反

歆慕　許今反詩云無然歆羨傳曰歆羨貪羨也國語民歆而得之賈逵曰歆貪也

喟而　又作嘳同口惟口愧二反說文喟大息也嘆聲也

鏗然　又作摼頼二形同口耕反廣雅云頼頼堅正也

大䟦　蒲末反

倏忽　又作儵倏二形同書育反忽疾之皃也

怵惕　物律反下又作悐同他狄反怵惕悚懼也

不歆　許金反字林神食氣也祭祀鬼神也

皆享　虛掌反享受也亦當也

震懾　聲類作懾同止業反廣雅云懾懼之也

泩滅　莫荒反泩泩遠皃也經文有作曠呵晃反

精覈　又作𧟆今作核同胡革反說文考實事也亦審覈之也

三篋　苦協反謂聲聞緣覺菩薩爲三也

未孚　芳于反字林孚信也亦生也

堂堂　漢書項岱曰堂堂高大皃也

無棼　扶雲反龍王名也依字棼屋棟也

下卷

四植　直吏反柱也三蒼云户旁柱曰植植亦縣薄柱也

阿闍世王經上卷

阿兪　翼珠反

鳩嶽　蘇穀反肯比丘名也

唵嗒　烏感反下他荅反

佌低　四硯反三昧名也依字佌別也佌作酘西也

下卷

之垛　徒果反謂土垛也纂文云吳人以積土爲垛也

犇走　古文𩡧今作奔同補門反也釋名奔變也有急變奔趣也

金鈚　又作錍鎞二形同普帝反闕又名也

等集眾德三昧經上卷

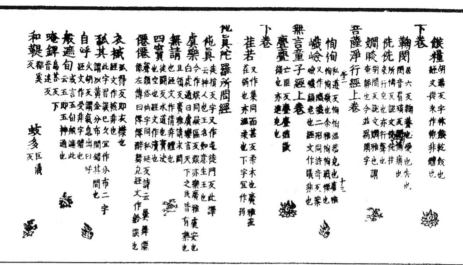

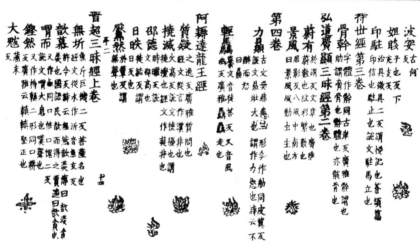

慷慨　正作忼慨二形同苦莽反下苦代反大息也一云壯士不得志也

那羅延 晉言鉤鏁力士也

亳毳 言犛討反大力士言摩羅積

觀銓 又作輇同七全反謂銓量也

車釭 又作釭同古紅反謂車轂口鐵也

殑悖 又作諄同蒲沒反說文悖亂也亦逆也

功績 今作勣同子歷反

及逮 又作遝同徒戴二形同徒二反

典誥 古到反所以告衆也謂告語

勞來 力代反謂勞之賚也

遊迭 又作遞同徒結反

中卷

播殖 又作植同時力反

集一切福德經中卷

薊鬣 他盧反下力涉反

廣博嚴淨不退轉經第二卷

蹎蹶 又作顛同丁賢反下居月反

佛說阿惟越致遮經上卷

龕跣 力公反廣雅龕房室也

中卷

吶其 又作訥同奴骨反

戰項 字體作顫同之見反下又作頃不定

下卷

熐夷 古文熐火乾也

勝思惟梵天所問經第六卷

多軼 徒結反

摩衢 求俱反

摩齘 竹皆反

摽離 勤於反

亜婆 於乍反

婆系 胡計反

濟婆 所觧反

思益梵天所問經第四卷

麁鉢 他計反

縵鉢 他礼反

颰陀 毗沙反

堙婆 於仁反

鵹鳩 徒皓反

提詑 勅家反

持心梵天所問經第一卷

叢叢 謂林木叢叢也

第三卷

桴筏 又作艜同扶流反

第四卷

僕侹 又作艇同胡頂反

末跏 直知反

𡙇鉢 勅諧反

伊挍 許伊反

鉀挍 曹速反

揭提 渠謁反

𩒺傝 女乙反

度世經第三卷

擾攙 子公反

噎𡀿 又作瀐同子公反

第四卷

騤驚 說文驚馬也

鵝鶵 從華作非也

第五卷

剛鞭 古昂反下居近反

第六卷

摹索 謨故反

句誅 力木反

騙象 匹面反

都較 古文角反

鞆絆 又作靽同

漸備經第一卷

僂僂 力俱反

壓宇 古文壓同

眇眇 亡沼反

纂逆 又作纂同

第四卷

惶惶 又作惺同

第五卷

婉孌 力緣反

勤懿　乙利反懿也大也

十住經第一卷

攏檻　力東反下胡黤反廣雅云攏牢也檻圈也國音源達反

如來興顯經第二卷

丘垤　徒結反方言楚郢以南蟻土謂之垤郢以井反

嚶呦　於州反又詩云呦呦鹿鳴是也又經文作宛非也

第三卷

漭沆　莫朗反下胡朗反又通俗文云水廣大謂之漭沆也

賄賂　力故反賂遺也謂以物相請謁也

騫翥　起虔反下之庶反說文騫翥飛舉也

掬出　徒勞反又通俗文云掐出曰掬掐音烏活反

羅摩伽經上卷

波毓　由揃反經文多作育字或言劫貝高昌名氎也

西阿　於何反又寺傳曰曲陵曰阿阿謂山曲隈處

菩薩本業經

不僑　奇驕反經中多作不驕樂天也

見邸　丁禮反說文屬國舍也蒼頡篇云邸舍也亦通語也

諸菩薩求佛本業經

盡儩　又作澌同斯漬反方言儩盡也物空盡也

饋遺　古文餽同渠媿反說文饋餉也遺與也

因坻　直飢反帝釋名也亦言因提黎同一義也梵言輕重耳

道神足無極變化經第四卷

猴獄　仕角反下語角反

寶如來三昧經上卷

銚鑪　以招反宜作焜煌胡本反下胡光反方言焜盛也蒼頡篇煌光也言焜烘焜盛也煌煌光明也經文作銚溫器名也鑪非此義

下卷

枝掖　以石反言相似也經文從玉作玫瘦非也

四童子經上卷

惋嘆　烏喚反字略云惋嘆驚異也

噢咿　於六反下於祇反又埤蒼云噢咿內悲也亦痛念之聲也

垂頞　丁可反又廣雅云頞醜皃也經文足作跛都貫反跛倒也跛非此用蹉

蚍蜉　音毗浮爾雅蚍蜉大者螘螘有赤螘飛螘

方等般泥洹經上卷

拍膹　又作膹同蒲忍反說文云膠骨曰膹三蒼云膝蹙也

面皺　側救反謂不攝皺也經文作縐借字也

量跡　又作蹟迹二形同子亦反足跡也經文作跂非

潺横　仕山仕環二反水流皃也字書潺湲流皃也

輔弼　扶禹反輔助也下又作弻弼弼三形同皮筆反弼正也

下卷

甲禠　宜作廝悉移反字書廝役也謂賤役者也廝微也下也經文作禠音斯禠也禠非此義

嵩獵　思廉反下又作比同爨尸反國名也

阿插　叉甲反佛名也經文臿作插應誤也

鶡鴨　案諸經皆作鶡鳴胡割反下又作鴨同烏甲反鶡似雉而大青色有毛角若鬪死乃止也故武人戴鶡冠以象之也經文作鶡音居謁反羊也此應誤也

哀泣經上卷

器械　胡戒反漢書制器械之品應劭曰內盛曰器外盛曰械一曰有盛曰械無

如踞　虛日踞踞事日也居御反踞蹲也有箕踞也經文作倨非體也

勤仍　六翼反字書仍勤也今昔爲力字

慧上菩薩問大善權經上卷

振于　古文振㞐二形同諸微反步令雅振救也說文振舉也亦愛也

騁及　聲類或作蹭同時焰反蹟助也字書騁足也謂同廷也

遏閡　三蒼古文作閡同替光反說文事已曰閡閣亦止息也發也

雨霽　子詣反通俗文雨止曰霽今南陽人呼雨止爲霽

殫盡　多安反尚書乃殫文挔在云殫盡也

縲紲　力追反下息列反縲繫也紲索也所以拘罪人也

蔭庇　又作蔭同於禁反下必利反蔭草覆也庇自蔽也

摧拉　或作摺同力荅反又廣雅云摺折也說文拉敗也

堦偕　古駭反詩云與子偕老傳曰偕俱也堦偕亦強壯之皃

迄今　虛乞反又尒雅云迄至也

四錠　音定又音鐙聲類云有足曰錠無足曰鐙

下卷

半粒　音立通俗文穀曰粒曰完完音桓經文作廩非也

文殊師利現寶藏經上卷

騏驥　渠其反下又作騏同居致反說文馬有青驥文似綦也驥千里馬也孫陽所相者也赤驥也

曲枝　音移反樹枝拘也經文作被誤也

中卷

蠹虫　丁故反字林木中虫也穿食人器物者也

嬲固　又作嫐諸經作嬈同奴了反嬲擾戲弄也嬲惱也摩登伽經作擾蠱謂厭

蠱也經中有作頤非體也蠱音古字林音故也

一切經音義卷第七　千末　丰二

一切經音義卷第七（別本）

校勘記

一　底本，明永樂南藏本。

一　二〇〇頁上一行經名，徑作「一切經音義卷第八」。卷末經名同。

一　二〇〇頁中一四行夾註右末字「庚」，磧、普、徑作「疾」。

一　二〇〇頁中末行夾註左第八字「之」，徑無。本頁下六行夾註左第七字同。

一　二〇〇頁下二行夾註右「鈇主下」。磧、普、徑作「鈇主反」。又左「拍手」，磧、普作「拊手」。

一　二〇〇頁下一七行「鳴呼」，磧、普作「嗚呼」。

一　二〇〇頁下一八行夾註右第一二字「丙」，徑作「丙」。

一　二〇〇頁下末行夾註右「因几反」，徑作「因几反」。

一　二〇一頁上一二行夾註右「取食」，徑作「㗘食」。

一　二〇一頁上一八行「燒炳」，磧、普、徑作「燒焫」。

一　二〇一頁中三行夾註右「弋者反」，徑作「弋都反」。

一　二〇一頁下一三行夾註左「一月」，磧、徑作「二月」。

一　二〇一頁下二一行夾註右「丁彼反」，磧、普、徑作「于彼反」。

一　二〇二頁上四行夾註右第八字「若」，磧、普、徑作「若」。

一　二〇二頁上一二行夾註右第六字「出」，磧、普、徑作「也」。

一　二〇二頁上一四行夾註左第三字「又」，徑作「也」。

一　二〇二頁中五行夾註右「忼食」，徑作「忼貪」。

一　二〇二頁中一一行夾註左第五字「垙」，徑作「蜕」。

一　二〇二頁中一八行夾註右「唏咷」，磧、徑作「號咷」。

一　二〇二頁下四行夾註左第二字「他」，磧、普作「呥」。

一　二〇二頁下六行夾註「或移反」，磧、普、徑作「式移反」。

一　二〇二頁下一六行夾註左「弥介一」，磧、普作「弥介反」；徑作「弥介切」。

一　二〇二頁下二三行夾註右「芒罵反」，徑作「苦罵反」。

一　二〇三頁上一二行夾註右末字「介」，磧、普、徑作「爾雅」。

一　二〇三頁上二二行夾註左「神𡖖」，磧、普、徑作「神器」，磧作「治久反」。

一　二〇三頁中一行夾註右「治又反」。

一　二〇三頁中二行夾註右末字「幺」。

經作「又」。

一二〇三頁中一九行「楞伽經」，經作「楞嚴伽經」。

一二〇三頁中二一行夾註左「通俗」，經作「通語」。

一二〇三頁下二〇行夾註左第五字「漱」；磧、普作「嗽」；經作「瀨」。

一二〇三頁下二一行夾註右第九字「寮」，磧作「寮」。又左第五字「寮」，磧、普作「遼」；經作「遼」。

一二〇三頁下末行夾註右「姦宄」，經作「姦宄」。

一二〇四頁上一六行夾註「白交」，磧、普作「烏高」。

一二〇四頁上二二行夾註右「于彼」，磧作「干彼」；經作「于夜」。

一二〇四頁中一九行夾註左首字「柝」，磧、經作「栟」。又第九字「枅」，磧、經作「柝」。

一二〇四頁下九行夾註右「豎豎」，經作「豎豎」。又「殖瘦」，經作「殖庚」。

一二〇四頁下二三行夾註左第一〇字「也」，經無。

一二〇五頁上五行夾註左「奄静」，普、經作「淹静」。

一二〇五頁上八行夾註左第九字「議」，普作「蟻」；經作「巇」。

一二〇五頁上二〇行首字「瓠」，普、經作「瓠」。

一二〇五頁上二一行夾註左第四字「受」，普、經作「嗳」。

一二〇五頁中一七行夾註左「日反」，經作「日仄」。

一二〇五頁下五行夾註右第四字「儞」，磧作「懾」。又左第六字「之」，經無，七行夾註左第九字同。

一二〇五頁下一八行夾註右「四視」，磧、普、經作「匹視」。

一二〇六頁上一六行夾註右「他邁」，磧、普作「他達」。

一二〇六頁上二三行第二字「嗩」，磧作「瑣」。又夾註右末字「又」，磧、普、經作「又作」。

一二〇六頁上末行夾註右「干軌」，磧作「于軌」。

一二〇六頁中一四行夾註右第七字「獃」，經作「黏」。

一二〇六頁中一六行夾註右末字「者」，經無。

一二〇六頁下一八行夾註右「又患」，磧、普、經作「叉患」。

一二〇六頁下二三行夾註左「沙皃」，磧、普作「少貌」。

一二〇七頁上一四行夾註右「寺傅」，磧、普、經作「詩傳」。

一二〇七頁中七行夾註左第一〇字「罄」，磧作「聲」。

一二〇七頁中一五行夾註右末字「弦」，經作「弦」。

一二〇七頁下二行夾註右第七字「有」，經作「又」。

一二〇七頁下一三行夾註左「強杜」，磧、普、經作「強壯」。

一切經音義卷第八 大乘重譯 大乘律

唐大慈恩寺翻經沙門玄應撰

維摩詰所說經　維摩詰經
奮迅王菩薩所問經
大莊嚴法門經　順權方便經
樂瓔珞莊嚴方便經
大雲輪請雨經　大雲請雨經
大方等大雲請雨經　申日經
德護長者經　月光童子經
善思童子經　大方等頂王經
法鏡經　郁伽長者所問經
郁伽羅越問菩薩行經
無量清淨平等覺經
阿弥陀經　無量壽經
虛空孕經　虛空藏菩薩
虛空藏菩薩神呪經
弥勒成佛經　弥勒來時經
無量壽佛經　藥師本願經
正恭敬經　離垢施女經
無垢施菩薩分別應辯經
無畏德女經
阿闍世王女阿術達菩薩經
尊勝菩薩陀羅尼經
第一義法勝經　大威燈光仙人問經

龍施菩薩本起經
菩薩睒子經　了本生死經
稻稈經　無所希望經
象腋經　一切法高王經
佛遺日摩尼寶經
胎藏經　無垢賢女經
無量門微密持經
阿難目佉陀羅尼經
無量門破魔陀羅尼經
舍利弗陀羅尼經　一向出生菩薩經
前世三世轉經　太子刷護經
善法方便陀羅尼經
金剛秘密善門陀羅尼經
華積陀羅尼經　解節經
華聚陀羅尼經
放鉢經　拔陂經
孔雀王呪經　兜沙經此譯云行業經
優婆塞戒經　佛藏經
大方廣三戒經　寶梁經
梵網經　菩薩藏經
法律三昧經　菩薩內戒經
淨業障經　文殊淨律經

維摩詰所說經上卷

維摩詰 或言毗摩羅詰亦言鼻磨羅雞利帝此譯云無垢稱稱者名稱也或爲淨名其義一也

毗耶離 或作毗舍離或言維耶離亦云鞞奢隸夜皆梵言訛轉也正言吠舍釐在恒河南中天竺界七百賢聖於中結集處所也

菴羅 或言菴婆羅果名也案此果花多而結子甚少其葉似柳而長一尺餘廣三指許果形似梨而底鈎曲彼國名爲王樹謂在王城種之也細中生熱難知者即此也稱譯云柰應誤也正言菴沒羅此菴沒羅女持園施佛因以名焉昔獼猴爲佛穿池處女見千子騷皆在園測也

爲護 于婢于儒二反尒雅爲作男助也

友而 于久反廣雅友親也說文友同志也禮記僚友稱其悌執友稱其仁鄉黨注云僚友同官也執友同志也

紹隆 市沼反尒雅紹繼紲也注云紹紲道也繼紲世也隆盛也多也

魔怨 梵言魔羅此云殺者是其位欲第大天主也論中釋斷惠命故名爲魔又常行放逸而自害身故名魔言波旬者誑也正言波卑夜是其名也此云惡者常有惡意成就惡法成就惡慧故名波旬經中作魔波旬者有二者也

踰於 又作逾同庾便反踰越也廣雅云踰度也

等觀 古相反說文觀諦視也又音古觀謂觀望也通川舊維摩經作正觀菩薩是也

山相 先羊反彼此二遊曰相舊經不石摩王菩薩諸經中作山相佛菩薩其義一也

長者 案天竺國俗多以商賈爲業遊方履險不憚艱辛彌積年歲必獲珍異上者奉主齡皆入亡好盈一億德行又高便稱長者爲王輔佐彼土數法万万爲一億也

稱無 齒證反名稱也尒推稱好也注云物稱人意美善好也

誓首 古文䭫同苦禮反替頌藉云稽首頓首也周禮大祝辯九拜一曰稽首鄭玄曰稽首至也謂頭至地也首頭也尚書云禹拜稽首是也

不識 居衣反廣雅云識刺也識問也說文云譏非也

仁者　而親反周礼云六德一曰仁鄭玄曰愛人及物曰仁上下相親曰仁釋名仁者忍也好生惡殺善含忍者也

深殖　時力反廣雅云殖積也殖種也

純淑　時均反純謂精一也尒雅純大也方言純好也經文或作淳亦專一也淑時六反淑善也美也

愽弈　古文簙同補各反世本云烏曹作博說文簙局戲也六箸十二棊也方言自關而東齊魯之間皆謂圍棊爲弈也

諧偶　上胡皆反下吳口反尒雅云諧和也偶會合也

酒肆　相利反肆陳也列也謂陳列物也市居曰肆周礼肆長以陳肆辨物鄭玄曰肆市中陳物處也

化政　古文故正二形同之盛反政正也謂以正導之也

不怙　胡古反尒雅怙恃也詩云無父何怙無母何恃

撮摩　字苦括反廣雅撮持也七活反說文三指撮也謂以手撮持之也

宴坐　於見反尒雅宴安也礼家爲宴也亦息也

里巷　胡降反說文里中道也詩云巷無居人鄭玄曰里塗也周礼五家爲鄰五鄰爲里

珊闍　蘇干反

胝子　竹尸反又作脂同丁私反經中所作蹢名也

芸然　莫唐反古文明也廣雅芸芸茫也

谿然　呼活反廣雅谿空也

阿摩勒果　舊云阿摩羅果經中或作菴摩勒果其葉似小棗可入藥分也

勿擾　如紹反廣雅擾亂也說文煩也

從方　自龍反相從也亦作蹤

掃灑　所買反說文灑汛也以水掩塵也

嬈固　乃了反字林嬈擾也三蒼嬈弄也固音又作錮

嚶　經文作此字未詳

俛仰　無辯反說文俛低頭也仰舉也

冥者　莫定反冥幽也冥闇也

維摩經中卷

酬對　古文酧同時周反酬報也

聖旨　字體作恉同諸視反

致問　云致至也三蒼致到也

病愈　古文瘉同以主反愈差也說文瘉病瘳也

包容　補交反廣雅包裹也三蒼包藏也

竈電　古文作鼃同

吸著　古文噏同許及反

蹴蹋　千六反下徒盍反

福祜　古文祜同胡古反祜助也

瞻蔔　花名其樹高大花香氣遠聞也

周窮　古文賙同之由反謂以財物救其急也

訥鈍　又作吶同奴骨反說文訥難也

維摩經下卷

糞壤　如掌反無塊曰壤

之疇　直由反

飢饉　古熟爲饉

憒亂　公對反

邑中　周礼四井爲邑

以祜　胡古反

不肖　先妙反

維摩詰經上卷

慌庅　諸經有作慌同

不訟　似用反

所圖

貳吒

柰氏　新維摩經云其果似桃

仇怨　渠牛反廣雅仇惡也

編髮　三蒼編織也

蚑行　渠支反

悅惚　虛往反

勗勉 吁欲反下又作勵同靡辯反謂自勸勉也方言齊魯謂勉爲勗茲讀不勉強一
適莫 都狄反下讀各莫故二反謂無人無相也安適主適也亦敵也言敵疋也莫猶慕也言慕欲也
罔然 無往反謂不網適也罔罔然無知意也亦悖遽之皃也經文從心作惘近字也
阿夷恬 徒兼反恬言也此譯云新學亦言新發意也
榮冀 爲明反榮猶光華也亦光寵也冀幸也
牛湩 竹用都弄二反通俗文云乳汁曰湩今江南亦呼乳爲湩也
淳淑 殊倫反謂專一不雜也下時六反詩云淑女傳曰淑美也亦善也
妖蠱 於驕反下聲類弋者反周易作冶冶容誨淫劉瓛曰冶妖冶也謂冶態之皃也
露柙 皮甲反廣雅云柙榻也
厚來 又作憑同而膺反恥也聊憑來相問也
巢窟 仕交反謂住止處所也通俗文鳥居曰巢獸穴曰窟也
蹶取 居月反埤蒼以爲蹶起也礼記子夏蹶然而起也謂急疾之皃也
捉搣 蒲畢反方言搣推也南楚凡相推搏曰搣廣雅搣擊也

下卷

眞人 此即阿羅漢也或言阿羅訶經中或言應眞或作應儀亦云無著果皆是一也
溝港 古頭反字略云水分流也謂須陀洹也此言入流或言至流亦言分布果今言溝港者取其義也
沮敗 才與反三蒼沮漸也敗也詩云何日斯沮傳曰沮壞也
奚得 胡嗁反蒼頡篇奚何也
悅懌 餘石反介雅悅懌樂也謂意解之樂也
貧寠 [illegible]反三蒼無財備礼曰寠詩曰終寠且貧傳曰寠者無禮也字書寠空也
芙蓉 又作扶同附俱反說文扶渠花未發爲菡萏已發者爲芙蓉
莖華 爲耕反字林莖也亦小枝也諸經皆作莖華今經文作[illegible]胡粳反

香草也尒雅云林衡茄葵曼加蘖蘇馬食之衡非今用也
埤濕 補支反助也字宜作卑蒼湖豬云卑下也
洿田 一胡反大曰潢小曰洿說文濁水不流池也三蒼云停水曰洿
夜光 干寶搜神記隋侯行見大蛇傷救而治之蛇後銜珠以報徑寸純白而夜光可以燭堂
徒隷 達胡反礼記入曰徒徒隷也下力計反隷猶附著也隷奴也賤也僕隷也
驂駕 七含反說文駕三馬也旁馬曰驂居右爲驂乘者備非常也三蒼馬曰駕
譸張 又作侜譸三形同竹尤反譸張誑也謂相欺惑者也
未孚 又作赴同芳務反礼云無赴往鄭玄注赴疾也廣雅赴行也
棚閣 蒲萌反通俗文連閣曰棚棚亦閣也重屋複道也
荒見 呼黃反荒忽也虛也謂荒忽虛見也亦迷亂也
以仂 里翼反字書仂勤也今皆爲力者也
惶荒 胡光反下光讚經作慌呼晃反冊虛妄見也惶恐懼也慌惚也今經作荒案荒荒忽迷亂也其義是同漢書云忽荒冥漠無形也
非摸 莫奴反亦摹字也模法也謂摸取象也規模也
恒戢 側立反說文戢藏也亦斂也亦聚也

奮迅王菩薩所問經上卷

怖嚇 呼駕反又方求嚇慈云距人謂之嚇方言作恐撊音呼嚇反
聾瘂 於假反瘂亦瘖也經文作病烏牙反病也病非字體

大莊嚴法門經上卷

晡沙 布胡反經中或作逋沙又作補沙亦作富樓沙皆訛也正言富盧沙此云士夫亦言丈夫
剛摡 求月反介雅云槩謂之杙杙嗌[illegible]樴[illegible]徒得反
鵅鴞 又作[illegible]亦雅云鵂鶹[illegible]郭璞[illegible]鳥也胡哭反

喉嗉 又作[illegible]同所[illegible]反埤蒼[illegible]聲類云皆作[illegible]食也[illegible]上林[illegible]云[illegible]皆是也[illegible]書[illegible]亦作欶所[illegible]反謂以口[illegible]吸之也亦歠血也

下卷

胆蟲 字林千餘反通俗文肉中虫謂之胆經文從虫作姐了餘反蝍蛆吳公也又作疽也今或作蟲同除中反介雅有足謂之蟲
不鑒 字書作鑑同古陷反廣雅鑒照也鑑謂之鏡所以察形也

順權方便經上卷

麼虫 莫可反通俗文細小曰麼三蒼云麼微也經文作麽近字也

樂纓絡莊嚴方便經

十佉 去伽反案十佉盧爲一佉利又經文作呿非也

大雲輪請雨經

姞穌 渠乙反
庇利 補寐反
呼惠 芳傳反
碪薜 猪金反下蒲計反
忡忡 勑中反
糅波 女救反

大雲請雨經

篋笥 苦俠反下胥吏反盛衣器也
欹弥 去宜反
黳咥 烏奚反利香
擗 眦亦反
憯淡 他步反
唵婆 烏感反
紗俱 所加反
伽喃 女咸反
抴孺 餘世反而注反
薩黰 之忍反
羅韶 市饒反
刪珠 所姦反
自冗 而勇反
吚利 香伊反
抵抵 丁礼反
苔浮 徒來反
琛琛 恥林反
泥娜 乃可反

大方等大雲請雨經

磤聲 又作殷磤二形同於近反通俗文雷聲曰磤埤蒼磤磤大聲也

滋味　古文孖嗞二形同子夷反滋益滋潤也經文從口作嗞同嗞嗟也又作嗞作如思子思二及說文嗟也又嗞孜方言東楚之間謂之嗞嗟

師鄯　勒鬱反

翳唖　又廿乙

戰濼　其錦反寒戰極也經文作噤非字體也

膞韗　徒感反

羅蒨　蒲閑反

嘻黎　虛碁反經作趙非也文

盧筵　所倚反

八

枳利　居旨反

鞮歌　都奚反

德護長者經上卷　亭三

漏泄　思列反廣雅泄漏也亦發泄也

下卷

門閫　又作梱同苦本反三蒼閫門限也

廡廓　籀文作廡同亡禹反說文堂下周屋也廓亦屋也

紇多　胡沒反神名暍捏知栗反皆神名

脂那　國名也或言震旦或云真丹神州之總名也

月光童子經

己索　所格反蒼頡解詁云索盡也又亦賜也

翳日　於計反廣雅云翳障也方言翳奄也

滔天　土高反尚書浩浩滔天孔安國曰滔漫也言水盛大若漫天也

鷲鳥　脂利反猛鳥也廣雅鷲執也謂能執服衆鳥也鳥之勇鋭者曰鷲鵰之類

悁窟　也經文從亟作窔除立反兎戰薆蔵也鼞非此用也上徒頓反尒雅云店懼也郭律曰即窮偏首也也

遁藏　又於雅述二形同徒頓反度雅大遁避大也亦蜒者也

蝘蜓　亡說見又亦蛛云蠍蠕郭蝶曰小重似綿蝟春兩皆有也

俾倪　戈作鞞兒兩字又作鞞睨二形字秋間普米反下五計反俾倪傾側不正也

砸磯　普我反謂模動不安也經文從足作距蛾或徙也作崕峨並非也

相轂　古文㲉轂樗三形今作樗同丈反謂敎觸也

緹幔　他礼反幔文云帛赤黃也色也赤緩縹色也線音詮也

赤業　今作喚同了累反廣雅也云業口也字書業鳥喙也

霍然　呼郭反霍謂急疾之兒也經文作雅誤也

探道　他含反尒雅云探取也說文遠取曰探也又音他閒反探試也

申日經　申日此云首寂

亭三

無垠　又作垠同五巾反垠咢也說文云地垠岸也

拘耆　或言居枳鳥出也好聲鳥經文作鳶淡ㄙ也

鷗鴨　明葛反經作鳶鳥也雉而大以青色有作角於甲反

洪炎　借音以作正尤鳴同也鴨乃止似

巨然　焰又作焰光色也恒也歌卻反亘亘猶也然者亦過

九

善思童子經上卷

搦拳　又作㩳同女卑女革二反搦捉也說文搦按之也

大方等頂王經

㼝奇　衛物反異也經文從王作瑚琦二形此非也

法鏡經上卷

聞物國　謂舍衛國十二遊經文云無物不有國也

勝氏樹　謂祇陀林或云祇洹華記也正言遮多備薩羅國皮斯匿王之子也

除饉　渠鎮反舊經中或言除士除女亦言熏士熏女今言比丘比丘尼也案梵言比丘此言乞士即與除饉義同阾亦借飢斷貪欲除也以善法熏修呼言熏士熏女也

多惡　於各反過惡也所爲不善也經文從人作德或從草作蕪並非也

除剔　又作剔同他歷反今借音他計反

汲迺　奴改反尒雅迺乃也亦乃也說文迺往也解類迺至也字

樂法　五孝反愛欲曰樂經文云從人作傑此非也

昆弟　又作𡗗同孤魂反說文周人謂兄爲昆尒雅兄昆也

瑳切　麁何反本作瑳論語骨曰切象曰瑳以成器警人學問以成德也

下卷

蟆子　音莫蚊類而小廬山南多饒此物羣飛蔽日蠚人瘡如手許大者

肥腴　庾俱反說文腴腹下肥也腴亦腹也

猳玃　古遐反下居縛反說文大母猴也經文作將枷非體也

朊瞀　猶文作黥今卟作拣同有流㺃反小日悅大曰聱經文作朊膌二之形也非

玷缺　丁簟反玷亦缺也經文作玦音苦穴反玦非此義

墜久　直類反墜墜也作出久非也

庶得　尸預反庶猶冀也冀望得也經文從言作諸之若反非此用

郁伽長者所問經

郁伽　此譯云威德

潮譁　今作嘲同竹包反調也譁宜作話胡快反

牽抴　苦田反說文牽引也下又作㧖同蘇世反抴引也

財賄　古文晦同呼罪反財貨也周礼通貨賄鄭玄曰金玉曰貨布帛曰賄

蹢躅　又作蹢同丈赤反下丈作躅同丈足反字林蹢躅不進也廣雅蹢躅蹢躅也

郁伽羅越問菩薩行經　亭三

強項　胡講反謂很人項強難迴也無量清準上云強項愚人癡人是也大品斜作增上慢人其義一也

十

麈鹿　之乳反似鹿而大尾可以爲拂也山海經云判山多麈是也

無量清淨平等覺經上卷

寶珥　如志反蒼頡篇珠在耳也耳璫垂珠者曰珥

焜煌　胡本反下胡光反方言焜煌盛皃也焜亦明也

征忪 之盈反下之容反方言征忪惶遽也

項很 又作很同胡銀反項很也很人 強項難迴也下文作蒙罷恶癡

青瘦 又作痏同所景反青穫也病也釋名云 青痏也病者痛瘦也程文作背非體也

摩盡 亡皮反案摩 微也亦碎也

癃搜 烏合反菩禮名也依 字病短瘷日瘧也

霤霳 逵項逵丁二反蕃頡霜霹霳也介瘢 疾雷口羣覓注云霤之急激者也

下卷

有鉉 胡犬反鉉 亦繫也

戾亮 力計反

事讀 女交反譊讀讙呼也 說文讀譊恚訟声也

屏營 卑營反謂惶遽也 廣雅屏營征伀也

穡氣 字書作菑同勅六反穡讀嗇也業也經 文從心作憎許六反憎起也憎非此義

各勵 莫芥反埤蒼云勱強也 勉也勸也經文或作勵

尪狂 今作尤同烏皇反尪弱也 通俗文云短小曰尪羸也

盼覕 普幻反下力冊反說文盼目白黑分 也覕內視也經文作眄亡見反邪視 也下作眯力代反矓 子不正也亦非此用

喜較 古胡反下說作擴同音角革固也較專 也事略其秘也言官家大固取酒刹也

喫酒 口波反諸實戰也 經文作字非體也

十三

詹乇 胡古反謂自大也亦 樂擴行也自樂忽也

眹吁 許佚反說文仰目出也聲類 眹瞳大視也謂張目叫呼出

十一

泚頹 莫矇又下胡動反無知也通俗文沼 塗謂之泚頹經文作蒙空非體也

渝洒 子田反下蘇禮反字 林渝流也洒澤也

雍和 又作邕同於禁反又 尔雅邕邕優優和也

蹩蹇 必亦反下居免反蹇 不能行也蹇跛也

阿弥陀經上卷

阿弥陀 此言無量壽

須楓 音風

軷陀 蒲達反

黿斯 胡古反

寶頗 胡滿反

滑跋 居驟反

雄傑 帝哲反詩傳曰傑特立也亦才能 也智出千人ヨ傑傑詡英桒也

飾邪 所飢反

羅倪 五詣反

掌拄 恥孟反今謂 耶拄掤掌也

苕苕 徒彫反苕苕亭兒 也亦遠也苕遰也

下卷

祝祝 之育反覗祝 禱事事也

謥詷 麁痛反下徒痛反通俗文言遽 謂之謥詷募文云謥詷急也

蔡嚛 桑末反

無量壽經上卷

微瀾 洛安反尔雅大波為瀾小波為淪

享兹 虛掌反享當也亦受 也經文作響非體也

煜爚 由物反下弋斫反說文經爚也 爚火光也經文作呈爚非字體

該羅 上古來反識備 也方言該咸也

吞噬 土疵反又音天吞咽也下 時制反噬齧也亦食也

耽酒 又作耽媅湛三形同節含 反說文媅樂也亦嗜也

糾舉 君黝反糾正也糺祭 翼兒也亦繩也舉也

潢漾 胡廣反下以掌反楚辞 瀁獵浩蕩也經文作涎

虛空孕經上卷

空孕 古文娠同翼證反依 字含實曰孕妊子也

礓石 居良反形孕量也通俗文 云地多小石謂之礓礫也

寶線 古文綫同私賤 反謂縷衣綫也

爲繐 又作繐繐二形同思歲反說文蜀 白細布也凡布細而疏者謂之繐

犀牛 先奚反尔雅犀似 豕三角好食棘

城隍 胡光反三蒼云城 下坑無水曰隍也

下卷

背大 又作偝同蒲貝反相違背也謂棄 捨相送也廣雅云背北也後也

虛空藏菩薩經

十三

澄霽 祖計反說文雨 止曰霽霽也

毦帶 如志反通俗文毛 日毦如刀蹈毺也

踣鈐 蒲比反下 其廉反

諾踦 居綺反

甌漏 於厚反

額隸 都我反

十二

虛空藏菩薩神呪經

薩皤 蒲何皤何二 反字皤白也

留牟 力求反又 力被反

弥勒成佛經

泯然 弥忍反字林泯滅盡 也廣雅泯滅也

狼跡山 梵本言屈屈吒播陀山此云鷄 足山又云尊足山今迦葉居中者 在音與 樹東也

鷹鶻 胡骨反亦 鷹鶻也

弥勒來時經

倪鐙 魚禮反中力底反 匹逢反龍名也

氾羅 敷劒反 城名也

無量壽佛經

阿閦鞞 又六反亦云阿閦 婆此譯云不動

藥師本願經

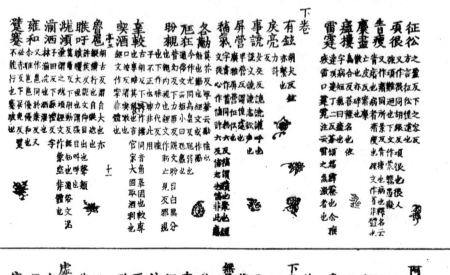

紕繆 疋毗反下亡幼反禮記一物紕繆注 云紕猶錯也繆猶亂也誤也經文從

方懲　糸作懲借字也直陵反詩傳曰懲止也又華也案改華前失曰懲也

正恭敬經

蹀足　徒協反聲類云蹀躡也廣雅云蹀蹋蹈也

跱足　丑負卓丑反跱躇也跱行跱長躍也

離垢施女經

邠𨙸文陀弗　邠音悲巾反此譯云滿嚴飾女子　十三

笳竽　或作薩同古遐反謂卷蘆葉吹之者也因以名焉下禹俱反古史考曰女媧作簧其後作竽三十六管

無垢施菩薩分別應辯經

沸星　或云佛星或作孛星或言弗步星皆訛也正音孛步伏讖經云如來成道出家皆用二月八日鬼宿合時依日藏分經二月九日曙夜分屬九　日故

無長德女經

䔢麻　又作蓮同布迷反三蒼䔢草也其生似䔢也

阿闍世王女阿術達菩薩經

五旬　或言般遮旬般遮此譯云五即五神通也

因提　都犂反薩名也菩

𧒒越　力西反經中或言𧒒越同一義也

千蔗　經文又作竿柘同諸夜反通俗文荊州竿蔗或言甘柘一物也

蠱狐　戶吞反說文狐妖獸鬼所乘有三德其色中和小前大後死必首丘

尊勝菩薩陀羅尼經

泜曇　之氏反

目跂　丘豉

伽浡　數定

阿𣝍　齒盧反

阿噎　都內反

珠喹　乃結反

吁欣　烏礼反

婆𢹂　力斯反

阿蹟　又作叮同他殄反

第一義法勝經

成擔　都濫反言揵亂可擔揭也

富特伽邪　或名富伽羅或言福伽羅皆訛也正言補特伽羅此言數取趣

大威燈光仙人問經

瓶罐　又作灌鑵二形同古亂反

畫町　徒頂反頂町也頰頁町田區也　蒼

龍施菩薩本起經

宇愜　苦頰反依字商雅可也字林愜快也

嚶嚶　烏耕反謂兩鳥鳴也介雅丁丁嚶嚶相切直也

悢悢　力尚反廣雅云悢悲也也謂悢然愁悲也

縷陳　力主反言讚如絲縷多陳也經文作縷非縷也

菩薩睒子經

麋鹿　亡悲反蒼頡篇云以冬至解角者也說文鹿屬也

傍徨　蒲光反下胡光反傍徨徘徊也

磼磼　五合反五園二反埋蒼磼磼高見也磼音才合反經文作磼礧非也

了本生死經

苦蒠　古文蒠同莫本反說文蒠頃也蒼頡篇同徒敢反亦債也

啗啖　又作噉二形同徒敢反徒濫二反

䈄笲　側格反　齋

稻稈經　十三

生穗　又作采同辭醉反說文成秀人所收者也

無所希望經

𠻺如　又作慌呼晃反漢書音義𠻺忽不可測量之意也𡧍𡧍無形也

象腋經

瞢伽　莫崩反經文作瞢非也

𠊱易　疋尺反亦邪也𠊱

胎藏經

毅草　陟劣反廣雅云毅止也亦曲也

蚯蚓　音丘下引蚯蚓也亦名寒蚓音善

無垢賢女經

椑樓　辟弥反經作椑者胎藏名也字誤　十五

無量門微密持經　十三

放泆　餘質反說文水所蕩泆也經文多作逸

饒裕　古文裕同神名也

阿難目佉陀羅尼經

阿㪣　居反

羅椑　賣反

揭𢹂　仕簡反

𤺋弥　都反

嗜䟐　香反

摩仇　渠牛反經文𠊱口作吮非也

一切法高王經

強伽　舊名恒河是也亦名兢伽從阿耨七池東面象口流出入東海其沙細𡿪水同流也

坻弥　都奚反謂大身魚也經文從魚作鯓非也

佛遺日摩尼寶經

傲𦳝　又作慠說文從心作慠同古堯反又作僥希冀也遇也僥幸也

天晴　又作姓二形同非望也又上作晴蒸也

蠹虫　丁故反說文木中蠹也

䛕名　白魚又呼瓜反䛕言語也

䛕譁　以珠反不誤䛕也

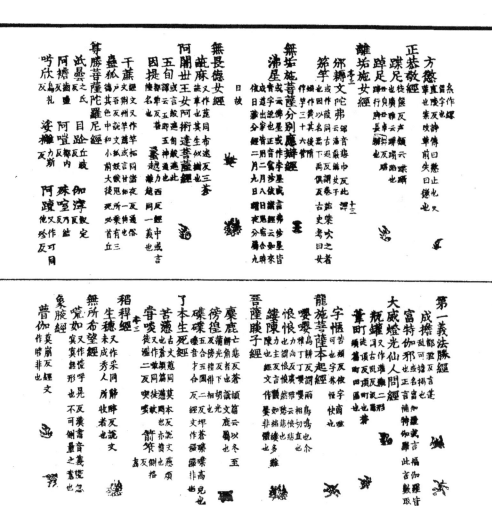

諛訛　蔡文云反䛕讓交反以相訛人以為誘諂

無量門破魔陀羅尼經
齗齗 所宜反
晛闍 女乙反
頻扶 勃乙反
那睒 齒移反
昒舐 鄰斷說經文作㮚非也
舍利弗陀羅尼經
麃 居雄反
陀羿 云坪反
訶字 古我反
一向出生菩薩經
阿檀 又作祖同徒亶反
嘆帝 田魚反
攤子 又白万
前世三轉經
無瘢 薄寒反蒼頡篇云瘢痕也經文作繁非字體也
妊娠 書勝之忍反詩傳曰娠動也謂懷胎孕名也
身餧 數罪反餒餓也又音於偽反
餬口 又作餬同戶姑反言寄食也江淮之間謂寓食為餬介雅云餬饘也洔云
即藥也
太子刷護經
蜾飛 又作翾同呼泉反飛皃也
槖駝 又作駝同他各反音託知水泉所出
善法方便陀羅尼經
薩談 直移反
金剛秘密善門陀羅尼經
波𣲅 直飢反
華積陀羅尼經
侔尼 莫侯反
訶邏 力介反經文作邐非也
悉褫 勅紙反
麥祢 竹加反下奴礼反
摩奚 胡計反
桎致 之逸反
娓訶 於計反
胝底 上充尸反
沙挐 女居反

華聚陀羅尼經
羅和 胡戈反經文作和非也
咥聳 勅一反
唏帝 虛尼反
解節經
傷佉 經中或作懷佉又作傻佉正言勝佉此言出貝
辛辣 力達反通俗文辛甚曰辣經文作剌非體也
十三
十六
放鉢經
惜頭 又作惹同而者反斫二反佛剃名也
拔陂經
拔陂 蒲達反下彼皮反
拘遲 私廉反國名也依字遲進取也
謾淪 麻諫反悲反
迦葉 力主反菩薩名也下力各反皆均也
如狢 又作貈貉二形同郭璞注介雅貍貉貂也
如景 居影反光景也凡陰景者因光而生故即謂為景葛洪作字此加彡作影
常擊 苦閑反介雅擊固也牢因之皃也亦大牢也
不跌 徒結反通俗文云失躡曰跌廣雅跌差也
不宥 于救反宥寬也周禮三宥一宥不識二宥過失三宥遺忘
相蹴 又作蹵同七羊反三蒼云蹴也容止皃也蹴動之
孔雀王呪經
搖土 渠勿反說文搰也廣雅云掘穿也經文作掘誤也
兜沙經 此譯云行業經
儐提拾洹那 儐音賓上方佛剎名也
俱譚滑提 徒南反佛名經文作譚
瘟天 烏合反此言有光音天是第二禪中知天也
須彌 音帝經中或作須贊也音同帝又徒計反

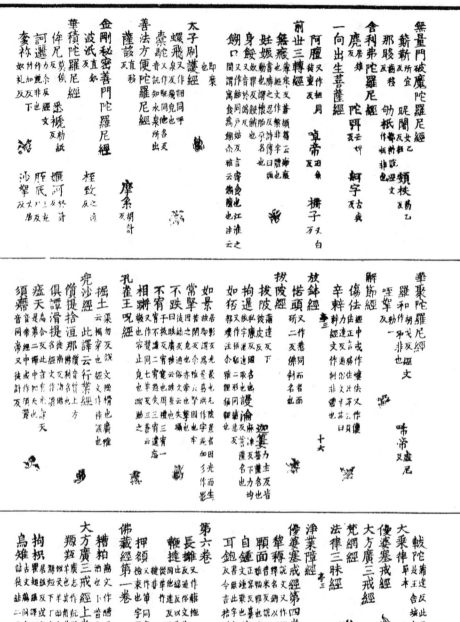

軷陀 蒲達反此云賢或云善是王舍城在家菩薩也
大乘律 單本
優婆塞戒經
佛藏經
大方廣三戒經
寶梁經
梵網經
菩薩藏經
法律三昧經
菩薩內戒經
淨業障經
十三
十七
文殊淨律經
優婆塞戒經第四卷
犂𣀈 說文又作鋤同乃侯反除田器也釋名鉚以鋤耨來也蒼鈅畲火高反
顆面 普米反邪也淮南子云頭頰左右倪不正也
自鍾 正字反文鍾聚也
共賜 又作睨同
耳鉋 書無此字宜作拮抱抨二形同庖交反今言拮刮也手拮江南音平蒲反
第六卷
長攤 又作攤同他丹反俗文以手拖二形同力支
鞭撻 他達反華嚴音義作撻以杖擊也人罪曰撻
抵觸 丁禮反下又作牴觸也
押頷 又作柙同音甲
抵㨶 莫礙反說文總慢也
佛藏經第一卷
檢束 又作撿同居儉反也
糟粕 酒滓也下作䊟同普各反
大方廣三戒經上卷
羱羝 語園反五月小羊也
拘枳 居羽反鳩鴿
烏雉 詁古文雉同

下卷

蝗虫　胡光胡孟二反小曰蝗大曰蝗

漆拌　又作鎜古文作盤籀文作槃同蒲寒反圓器也

鼓橐　又作鞴排二形同蒲戒反謂鍛家用炊火者也

寶梁經上卷

逋生　補胡反宜作穭力舉反謂田中不種自生禾巨

釘鍱　竹耕反說文鍱鏷也䦧也經文作鍱鍱字

下卷

綻壞　又作袒綻二形同徒莧反說文綻補縫也

梵網經下卷

茖葱　古額反尒雅茖山葱注云茖一名山葱并州以比多饒茖葱也經文作革非體也

狖貍　古文貁字林餘繡反江東名也又音餘季反建平名也似獼猴而大黑色江東養之捕鼠爲物健捷

鑱刺　仕衫反謂鍼刺也說文鑱鈹也經文作劖斷也

菩薩藏經

十坩　口甘反坩器也可以盛貯者也

法律三昧經

迂遠　禹俱于禹二反迂避也亦遠也大也

評詺　皮柄反下莫介反通俗文辭可謂之評詺經文作評評也

聚蹙　子六反蹙迫促也廣雅蹙急也經文作蹴非體也

菩薩內戒經　第三　十八末

和闍　或言和尚皆訛也或言郁波弟耶夜亦言鶻波杝耶此譯云近誦亦言親教師也

阿祇利　或言阿闍梨皆訛也正言阿遮利耶或作夜此譯云正行或言軌範師也

著義　又作菅同古顏反說文蕳香草也蕳蘭也

迦庇　必利反翻如來名号功德也

淨業障經

馭法　又作御同魚據反言馭者謂指撝使馬也

殨命　又作潰同胡憒反聲類殨潰也亦壞爛也

鼻䊧　古文紐胭二形同女救反菩薩名也

大乘律　重譯

文殊淨律經

燔燎　又作燔同扶袁反加火曰燔燔亦燒也下力吊反說文放火也又火田爲燎廣雅燎乾也

怯㥘　又作㹤同祛業反多畏劣也下奴課反三蒼㥘弱也

犇走　古文驞今作奔同補門反奔走也

一切經音義卷第八

亭三

一切經音義卷第八（別本）

校勘記

一　底本，明永樂南藏本。

一　二一〇頁上一行經名，徑作「一切經音義卷第九」。卷末經名同。

一　二一〇頁下四行夾註右第一〇字「此」，徑作「此此」。

一　二一〇頁下八行夾註右第六字「反」，徑作「切」。以下字音反切之「反」同。

一　二一〇頁下一六行夾註左第四字「川」，徑作「用」。

一　二一〇頁下一七行夾註左首字「王」，磧作「主」。

一　二一〇頁下二三行夾註右第六字「也」，徑作「地」。

一　二一一頁上三行夾註右第八字「直」，徑作「殖」。

一　二一一頁上六行夾註右第三字「簿」，徑作「簙」。又左「十一」，磧、徑作「十二」。

一　二一一頁中一行夾註左第一二字「騆」，磧、徑作「腡」。

一　二一一頁中二行夾註左第三字「令」，徑作「今」。

一　二一一頁中八行「維摩經」，徑無。本頁下一二行同。

一　二一一頁中一〇行夾註右末字「説」，徑作「説文」。

一　二一一頁中一五行夾註右第四字「蚸」，徑作「蜥」。

一　二一一頁中一七行夾註右第四字「喻」，徑作「翕」。

一　二一一頁下一七行夾註左「女凡反」，徑作「女几切」。

一　二一一頁下末行夾註右第二字「漢」，徑作「漢書」。

一　二一二頁上一七行夾註右「古頭反」，磧作「古項反」；徑作「古項切」。

一　二一二頁上二三行夾註左「菡蔄」，徑作「菡萏」。

一　二一二頁中二行夾註右「補攴反」，磧作「補攴反」；徑作「補攴切」。

一　二一二頁中一三行夾註左「慌忽」，磧作「慌恐」。

一　二一二頁下二行夾註右首字「號」，徑作「兮」。

一　二一三頁上一七行夾註右「上高反」，磧作「土高」；徑作「土高切」。

一　二一三頁上二一行夾註右第四字「逑」，徑作「逯」。

一　二一三頁上末行夾註左第六字「也」，徑作「山」。

一　二一四頁上六行夾註左第三字「口」，徑作「曰」。

一　二一四頁上一二行夾註左末字「意」，徑作「義」。

一　二一四頁上一五行夾註左第二字「親」，徑作「覩」。

一　二一四頁上二〇行夾註右第七字「目」，徑作「日」。

一　二一四頁上二一行夾註左「蒙空」，徑作「蒙冥」。

一　二一四頁中二行夾註「無量壽」，徑作「無量佛」。

一　二一四頁中一五行夾註右「戈斫反」，徑作「戈灼切」。

一　二一四頁中一九行「糾舉」，徑作「糾察」。

一　二一五頁上四行夾註左首字「踔」，磧、徑作「踔」。

一　二一五頁中七行夾註右「商雅」，徑作「廣雅惬」。

一　二一五頁中二二行夾註左「側量」，徑作「測量」。

一　二一五頁下一行「摩仇」及其夾註，徑無。

一　二一五頁下八行夾註左「雨上也」，磧、徑作「雨止也」。

一　二一六頁上二行夾註「女乙反桓」，磧作「女乙反」；徑作「女乙切」。

一　二一六頁上三行夾註右「都計説」，磧作「都計反」；徑作「都計切」。

一　二一六頁上七行「啅帝」及其夾註：「栅子」及其夾註，徑無。

一　二一六頁上一六行夾註左首字

「音」，磧作「又音」。

一　二一六頁上末行「沙挐」及其夾註，經無。

一　二一六頁中一四行夾註左首字「因」，經作「固」。

一　二一六頁中一七行夾註左「動之」，經作「動之也」。

一　二一七頁上九行夾註左第三字「比」，經作「北」。

一　二一七頁上二〇行夾註右末字「夜」，經無。

一切經音義卷第九　辛四

唐大慈恩寺翻經沙門玄應撰

大智度論

第一卷

踰城　庾俱反廣雅踰越踰度也

貿鹿　莫候反三蒼貿換易也謂交易物爲貿也

幻術　侯辦反說文幻相詐惑也案幻謂相欺眩以亂人目也術法也

唐勞　字詁古文鍚暘二形同徒當反案唐猶徒也徒空也尒雅勞勤也舍人曰勞力極也

嬰孩　於盈反嬰猶嬰婗也蒼頡篇女曰嬰男曰兒釋名云胷前曰嬰抱之嬰前以乳養之故曰嬰兒咳古文孩同胡來反說文咳小兒笑也咳雅小也禮記世子生三月父執子之手咳而名之是也論文有從女作姟字姟古才反姟大數也骸非此用

嫛音烏奚反婗五奚反

乳哺　蒲路反哺含食也淮南子云含哺而熙許椒重曰口中嚼食也論文作餔字與哺同補胡反三蒼夕食也謂申時食也餔非此義也

嵐毗　力含反或云流弥尼此譯云解脫處亦名滅亦名斷

嬉戲　又作僖同虛之反說文僖樂也蒼頡篇嬉戲笑也尒雅戲謔也郭璞曰調戲也

服御　扶福反說文服用也尒雅服整也郭璞曰服御令齊整也御古文馭同魚據反廣雅御進也侍也蔡雍獨斷曰凡衣服加於身飲食入於口妃妾接於寢皆曰御御之所親愛則曰幸釋名云御語也尊者將有所欲先語之也亦言其職卑下尊者所勸御如御牛馬然也

唐突　字體作搪揬二形同徒郎徒骨反廣雅觸冒搪衝揬也字書揬措也

蹴蹋　千六反下徒盍反謂以足逆蹋之曰蹴說文蹋踐也廣雅蹋蹙也

適生　說文之赤反廣雅牴適也謂適近也始也

不彰

又作暲同灼羊反廣雅云彰明也著也亦表也

第二卷

不倚　於蟻反廣雅倚因也謂因物而依倚也又渠蟻反謂倚立也

無咎　渠九反詩云或慘慘畏咎注云咎猶罪過也廣雅咎惡也說文咎災也字體從人從各人各相違爲成罪咎又二人同心其利斷金二人相違其禍成災古文以爲皐縣之皐字也

沷曹　又作嘈同自勞反史記十餘曹循之如淳曰曹輩也詩云乃告其曹傳曰曹輩也

師保　古文貫采保三形同補道反禮記出則有保入則有師保安也謂以道安人也保守也說文保養也

詭名　俱毀反謂變詐也若齊都云詭語關訐是也

偶得　吾奇反尒雅云偶過也郭璞曰偶尒相仿也

掣電　尺世反掣電陰陽激曜也釋名云電殄也言乍見則殄滅也十州記云猛獸而目如熾碑之光今吳名電爲礔礰音息念大念反曰輔名覲電

雹雨　蒲角反白虎通曰雹之言合也陰氣專精凝合爲雹鄭玄注禮記云陽爲雨陰起脅之凝而爲霰釋名云雹跑也其所中物皆摧折如人所蹴跑也跑蒲學反也

驟墮　仕救反國語驟投傾危以時賈逵曰驟疾也

號咷　徒勞反案號咷大泣也易云先號咷而後笑是也

剖裂　普厚反按剖判破也中分爲剖也蒼頡篇剖析也

彗星　辭因芮二反妖星也言星光以埽竟也

噢咿　乙六於郝反埤蒼噢咿內悲也謂痛念之聲也論文作嘸郁二形非體

谿谷　苦奚古貉反尒雅水注川曰谿李巡曰水出於山入於川曰谿義文泉之通川者曰谷

犍椎

打木也梵言犍椎此無正翻案舊譯經本多作犍遲此亦梵言訛轉耳

選得　先兖先絹二反字林選簡擇也

四疊　徒頰反蒼頡篇疊重也積也論文又作疉音同疊說文重衣也南有疊江縣二形䶨作

牛齝　又作齝三蒼云作齛詩傳作呞同丑之反齕集音式之反尒雅云牛曰齝郭璞曰食之已後出嚼之也

渾濁　後昆後衮二反渾亂也說文渾溷也亦水流聲也

廓然　口郭反廣雅廓空也方言張小使大謂之廓尒雅廓大也孫炎曰廓張之大也

敲門　又作㪣蒼頡篇作敂同苦交反下擊也說文云橫撾也擊頭也

蜫勒　古魂反譯云叢林也

第三卷

蛇欶　又作敕同山角反通俗文含吸曰欶三蒼云欶吮也釋名云欶促也用力急促也經文作數俗字也

鞞侈　陛奚昌是反秦言明行足字鞞小鼓也侈者也秦也依

伽儺　又作鞞儺二形同満戒反阿闍世王經譯言世間解依字疲劣也通俗文疲極儺是

含喃　正儺作誦同女函反譯云人也依字喃蒼誦語聲也

黑黶　於琰反謂面黑子也說文面中黑子也論文作黯於感於斬二反說文深黑也黯黶也黯非字義

循環　似均反謂旋繞往來也尒雅遹遵率循自也郭璞曰又爲循行也循亦巡也遍也

蕃息　輔袁反尚書庶草蕃廡孔安國曰蕃滋也謂滋多也周禮以蕃鳥獸鄭玄曰蕃息也穧名六息寒也言物滋息塞滿也今中國謂蕃息爲嬔息音芳万反周成難字[illegible]嬔息也同時爲一嬔亦作此字也

刮㕞　又作刷同所劣反說文刷拭也廣雅刷刮也尒雅刷清也郭璞曰帚刷所以清潔也刮古滑反削也亦作捝刮

罄竭　古文空同可定反說文器中空也尒雅罄盡也㻌炎曰罄竭也盡也

第四卷

晡時　補胡反淮南云日行至于悲谷爲晡晡謂加申時也

扣開　枯後反廣雅扣擊也論語以杖扣其脛孔安國曰扣擊也

植樹　又作置同時職反周禮植物宜早鄭玄曰植樹根生之屬也又植樹也方言樹植立也

猶豫　弋又弋周二反案說文隴西謂犬子曰猶猶性多預在人前故凡不決者謂之猶豫也又尒雅猶如麂善登木郭璞曰健上樹也其氏曰上木如鳥

勞擾　如紹反說文擾煩也廣雅擾亂也

第五卷

抒大　除呂時汝二反說文抒挹也挹酌也廣雅抒渫也通俗文汲出謂之抒東

轡勒　碑愢反字書馬轡也所以制牧車馬釋名云轡牒也牽引絲央以制馬字從絲從軎轡勒馬頭繍銜也釋名云勒絡也絡其頭而引之也

純淑　時匀反尚書政事唯純孔安國曰純粹也謂專精純一也尒雅純大也方言純好也淑時六反詩傳曰淑美也善也咸作熟言言爛熟也

股肉　又作股同公所反說文云股脾也

内感　又作感同且的反廣雅感近也詩云感感兄弟傳曰相親也

扳攀　又作攀扦二形同普姦布蔹二反字林扳引也廣雅扳援也釋名云攀翻也連翻上及之言也

五皰　蕭孝反說文皰面生氣也准南云漉責小皰而發瘁疱作麴論文作麴漉二形未見所出

眼睫　又作睫釋名睫秭睫同子葉反說文曰旁毛也史記曰見毫毛而不見睫是也

惟帳　古文速同手追反字林在旁曰帷謂張帛障旁也釋名云帷圍也謂以自障圍也今皆作幃

幄幔　猗角反幄謂大帳也小尒雅云覆帳謂之幄幄謂慕也

趒小　又作趣同他弔反謂趣蹢也韻集云趠趣也亦懸躑也論文作蹝勃洛勃角二反蹤者行蹝蹄也蹄非論吉

賈人　公戶反坐賣也周禮賣賈鄭玄注行曰賣坐曰賈白虎通曰賈之言固也固物待民來以求其利也

第六卷

呵膢　古文膢同力俟反依字三蒼八月祭名也經文有作樓也

溉灌　敬貴反說文溉灌注也

枝羅　之鼓反紙字詩傳云枝害也說文枝恨也

訥口　又作呐同叙骨反論語君子欲訥於言包咸曰訥遲鈍也說文訥難也

怨仇　渠牛反左傳怨偶曰仇尒雅仇讎匹也李巡曰仇怨之匹也

不槩　古文杚同該讎反字林工内反謂平斛者廣雅槩量也平也

第七卷

縹色　匹遶反謂天縹也如帛之青白色也釋名云縹猶漂也漂漂淺青色也有碧縹有文縹有骨縹各以其色所象言之也

陰曀　古文體同於許反詩云終風且曀傳曰陰而風曰曀釋名曀翳也言雲氣晻翳日光使不明也

齗齒　牛斤反蒼頡篇齒根也說文齒肉也

火爒　子勞反說文爒焦也蒼頡篇爒木餘也

手捫　莫凡莫本二反聲類捫摸也字林撫持也案捫謂執持物也

蹈蹐　徒到自赤反廣雅蹈行也字書蹐踐也釋名云蹈道也以足踐之如道也蹐藉也以藉足也論文作蹐藉狼藉也藉非字體

第八卷

伯仲　謂兄弟也尒雅伯長也舍人曰伯位之長也韓詩仲中也言位在中也礼記幼名冠字五十爲伯仲周道釋名云伯把也把持家政也

罽那　居例反秦言宜積經本或作刺鄉力達反今從刺也

第九卷

龍蟠　蒲寒反礼記而蟠于地鄭玄曰蟠委也廣雅蟠曲也

狂猘　古文息猘二形今作猘同五俱而反狂者進取於善道猗者守節無爲也

潘澱　蒼頡篇作蹯同數衣反庄也說文潘浙米汁也湔音蘇歷反江比名甜汪南名潘濺古文蹸同也見反介雅濺謂之垽郭璞曰濺洋餘沚東呼爲垽論文作淀水在新陽又如於禰而戍木曰淀淀非此義淦音魚斷反淀音藏

長踞　古文蹊同奇几其矣二反說文踞長曉也釋名云踞忌也見所敵忌不敢自安也

第十卷

氐宿　丁計都礼二反尒雅天根氐也音義曰天根爲天下万物作根也故曰天根也孫炎曰角亢下繫於氐若木之有根也

奎宿　口携反尒雅降婁奎婁也李巡曰牀婁曰虎宿也

觜宿　子稜反尒雅娵觜之口營室東壁也孫炎曰縣觜之數則口門方營室東壁四星方似口因以爲名也

髑髏　古文顛顱二形同徒木力侯反頭骨也

襤褸　古文鑑又作鑑同力甘反襤褸謂衣敗也凡人衣被醜繫亦謂之襤褸論文作藍染草也藍非今之義也

象廐　古文風飼二形同居宵反說文馬含也釋名云廐鴆聚也牛馬之所聚也周礼馬二百一十四疋爲廐廐有僕夫是之也

逸馬　古文鞅同余質反廣雅逸走去也奔逸也繫逸之也

搥壓　又作磓同丁回反謂投下也廣雅搥擿也壓於甲反自上加下也說文壓壞也論文多作府通俗文物欲壞曰府非此義

考掠　古文頡二形同力尚反謂榜撞治人也

戶排　蒲皆反謂木闟闢戶者也如戶鉤等又諸所闢皆置排記佛於食後視排

揵埏　案行諸比丘秀也直氣都單二及譯香鑽也

䚕䚕　且𩑺反礼記親親以三為五以五為九蒼頡篇親親也近也說文親至也釋名云親襯也言相隱襯也

俊然　徒闞反廣雅俊恬也謂俊然無為也說文俊安也

黕而　令作㬡同都感反蒼頡篇黕垢也說文黕滓也又律文作㬡

以肅　三蒼考曰肅也尚書急也恩也安也誠也孔安國曰肅嚴也肅謂嚴急之肅也

禦寒　古文敔同魚舉反廣雅禦正也詩云百夫之禦傳曰禦當也舍人曰禦禁也周禮書國有禦而作也論文作禦防也雅之禦也周禁

第十一卷

草芥　古文介同加邁反左傳視民如土芥注芥草也

營從　古文覺同役傾反蒼頡篇營衞也亦從也

朝宗　周禮春見曰朝夏見曰宗

麁辯　分補也論文作辯說文辯非此用

第十二卷

贈遺　余季反廣雅云遺與也贈以玩好送人曰贈遺也

悠遠　弋周反國語道路悠遠賈逵曰悠長也又尒雅云悠遐也舍人為行之遠也

疸瘥　目余反說文疸久癃也

勁利　居盛反說文勁強也字體從力巠聲

第十三卷

姞利　渠乙反龍名也佉字南燕姓也

豪爽　所兩反方言爽猛也廣雅爽明也字從大大人必聖明故從大也

繾綣　袪善袪阮反繾綣不離散也

憮然　亡禹反三蒼失意皃也怪愕之辭也論語夫子憮然何晏曰為其不達己意而非之也漢書音義韋昭曰意未言也

鐵鍱　余攝反說文齊謂鑠為鍱鍱音集

僶俛　亡忍反謂自強力為之也

婁波　且計反謂以女妻人曰妻論語以其子妻之是也

毫氂　古文氂𠩺二形今作耗同力之反漢書律曆志云不失毫氂孟康注曰毫兎毫也十毫曰氂三蒼氂毛也論文作氂音義曰祭思神之餘肉曰蘆說文蘆家福也亦古字通用

適無　都曆反謂士適也

善府　夫禹反物藏也說文府文書藏也三蒼府聚也風俗通府聚也公卿牧守文書所聚也

林藪　桑後反澤無水曰藪又亦大澤水希者是也

翕響　呼及反蜀都之響揮霍注云謂奄忽之間也

夷滅　以之反廣雅夷滅也是也周語夷禮少壁井按史記夷三族曰夷毀也

委物　紆諦反謂猜積聚也

輕泆　今作溢同弋一反謂溢是也蕩所失也

豪傑　古文勢同胡高反下奇哲反淮南子云智出百人謂之豪千人謂之傑豪猶俊也大戴禮云豪俊也傑特立也英傑也亦才能也論文作桀非體

於我為禁非此義

串樂　古文摜遦二形又作慣同古患反尒雅串貫也舍人曰串心之習也

第十四卷

募人　謨故武句二反說文廣求也又蒼頡篇云以財求也

控告　枯洞反詩云控于大邦傳曰控引也赴也

賙救　今作周同之由反謂以財物與人曰賙周禮五黨為州使之相賙鄭玄曰賙謂禮物不備相給足也詩云靡人不周

艇舟　徒頂反方言南楚江湖謂小舟為艇釋名云二百斛已上曰艇也

安措　且故反廣雅措置也字林措置也說文措置也禮記君子明於措也論文作厝石名也厝非字體

冒死　莫勒反說文冒突前也國語戎狄冒沒輕儳賈逵曰冒抵也字從冃從見今皆作冒冒貪也

自替　他計反爾雅替廢也替滅也

剛愎　皮逼反左傳愎諫違卜杜預曰愎很也強也不仁也

第十五卷

勉勵　又作勔同靡辯反謂自勸勵也說文勉強也

洋銅　以良反謂洋大水皃也謂洋洋然盛大之皃消爛也尒雅洋溢也洋洋衆多也郭璞曰洋洋三蒼

避隈　於回反謂藏隈也論文作偎非此義偎愛也

幾失　近衣反說文幾微也古文近失也

蜎虫　古玄反文選蜎蜎明也古文蜎同明蜎也禮記蜎生虫也蜎蠉飛而生虫陸而蜚

者也夏小正曰蜫小虫也蜫蜫也蜫蜫然小乖動也

窣窬

欲朱反三著云齊門遺小實也說文門穿穿木戶也東方湖穿竇不籌路旻也又音徒攜反礼記華門圭箭鄭玄曰窬門穿窬也穿墻爲之其形如圭是也論文作喻越也度也喻非字體也

婬佚　不睦

與一反廣雅云佚樂也著頌篇云佚蕩之也又作撐同亡竹莫睦二反尚書九旋鈍睦孔安國曰睦和也又曰我其如睦孔安國曰睦敬也

邪僻

匹尺反詩云民之多僻箋云僻邪也案僻者謂爲事邪枉不中理之也

窑作

余招反說文云燒瓦竈也通俗文云陶竈曰窑也

悅忽

古文覺怳二形同呼晃反悅忽忘也

宗族

子同反所承也字林宗尊也亦主也廣雅宗本也楚辭同姓曰宗族叢禄又族類也周禮四閭爲族鄭玄曰百家也

第十六卷

斐亹

孚尾亡匪反如有也詩云有斐吾子傳曰斐文皃也周易成天下之亹亹劉歆曰亹亹猶微微也

長跪

其詭反聲類跪跽也釋名云跪危也兩膝隱地體危跪也跪音五結反

軟夫

諸書作耎同而兗反漢書云軟弱不勝任作歡

卒無

子律反介雅卒終也舍人曰卒病之終也李巡曰卒事之巳也

恬澹

徒蒹徒濫反方言恬靜也廣雅云澹安也

呿提

又作欸同丘庶反秦言虐空也依字埤蒼張口也

則蹷

或作躝同巨月居月二反說文蹷僵也僵知偃也廣雅蹷敗也論文作蹶古文蹷同居衛居月二反介雅蹶動也案蹶驚駭急疾之意也蹶非出用謂此嘔辛苦得速之皃也又亦敬置也

閬闠　惈敢

古搁反廣雅惈勇也蒼頡篇惈慈也叙敢路惈介雅惈勝也搽炎曰惈決

第十七卷

果之懸勝意也胡今鑑亦反作

秋穫

胡郭反說文穫刈禾也王逸注楚辭云草曰刈穀曰穫也

嬖娟

字林乙莖莖莖反心態也亦細視也論文作娉晴未見所出

黃鬚

如康反鬚頰毛也髯各云在頰耳旁曰鬚鬢口動搖髯髯然也論文有髮字也

吒之

齒逸反蒼頡篇云吒呵也禮記尊客之前不吒狗是也

逡巡

且旬反介雅逡退也郭璞曰逡巡卻退也

熀爚

由擲反弋灼反說文熀光熀也爚火光也廣雅熀爚也埤蒼熀盛皃也論文作昱日明也爍式灼反字與爍同銷爍也並非此義

桎梏

之實公篤反周禮掌囚凡囚中罪桎梏鄭玄曰在手曰桎在足曰梏

迴眄

忙見反說文邪視也方言自關而西秦晉之閒曰眄

填積

古文寘同徒堅反塡滿也廣雅云塡塞也

即厭

於冉反字苑厭內不祥也蒼頡篇伏令人心曰厭山東音於葉反說文脓合也字從反音呼旱反

禫煮

古文備爏二形同扶遍反方言燸火乾也闌西膔糞以鮭署之爐說文以火熟肉曰禧

第十八卷

著圀

胡困反說文國廁也蒼頡篇云豕所居也字從曰囗在其中也字意也論文作圀濁濁也亂也漏非正體也

聱留

古考反字林褚留出鑽止也論文多作鉉胡犬反蠍豁也鉉非此用

懸繩

繩未見所出胡玦反說文下

能決

流也又穿泱也

燒烙

力各反霤燒煮物蒼之也論文作燉式灼反銷也燉非字義也

鶉鷄鳥

莫族反尒雅云舒鳧騖郭璞曰即鴨也李巡曰野曰鳧家曰騖一名舒鳧其氏曰在野翼舒飛遠者爲鳧耳

紫距

今作喙同于界反廣雅觜口也字書鳥喙也或作甫論文作嗤撿諸經史無如此字唯傅毅七激云嗤埴飲象作此字音除更反嗥非字義距古文詎距二形同居呂渠呂二反說文鷄足距之也

蚑蜂

巨儀反通俗文聆求謂之蚑蛛也鵬西野蜚浪爲蚑蟀音求俱所誅反聲類云多足蟲也

鵂鶹　猳玃

許牛反尒雅怪鴟舍人曰一名怪鳥名鵂鶹南陽名鉤鵂字林云鴟鵂也字體作猢或作猢同音加下居縛居翳二又說文大母猴也善顧眄玃持人也尒雅云玃父善顧郭璞曰猳玃也似猕猴而大色蒼黑善玃持人好頰眄也古今注云猨五百歲化爲玃也抱朴子云獼猴八百歲化爲玃玃壽千歲是也

饕餮

古文饕叨二形同他高反餮正字作飻同他結反說文貪也左傳縉雲氏有不才子貪于飲食冒於貨賄斂積不知紀極天下人民謂之饕餮杜預曰貪財曰饕貪食曰飻

眼陷

楚辭陷滯而不濟王逸云陷沒也案陷續墜入也論文作陷此應近字也

盪滌

古文濠同扶朗反下扶歷反盪滌謂罷也尚書九州滌源孔安國曰滌也

鐵弗

字堯劫眼反今之炙肉弗字也字暑云以鐵貫肉衛也論文作鏟今作剪

㼌裂

麴劙之也檢諸字書無如此字案字義宜作擺器碧九轉二反說文爪持也禮記擘重擺搏也

拼度

古文拼拼二形同摘拼反拼謂振繩墨之也

擣截

徒官反通俗文手團曰搏說文搏團也聲類搏投也字林制截之制作剬音其尤反論文作燔捆委鄉果二反壘也度也端非義音之也

大駮 補角反尒雅駮如馬倨牙食虎豹舍人曰駮食力獸也山海經云曲山有獸狀如馬白身黑首一角虎爪音如鼓其名駮食虎豹可以禦兵詩云隰有六駮是也魏黃初三年六駮再見於野

齩齧 又作齩同五效反說文齩齧骨也廣雅云齩齧也

齚掣 又作齚同竹皆反通俗文齧挽曰齚廣雅云齚齧也

轢諸 力合力的二反蒼頡篇云轢輾也說文車所踐也

如笮 側格反案笮纔壓也今謂以槽笮出汁也

蹂場 古文厹同仁求仁柳二反通俗文踐穀曰蹂蒼頡篇云蹂踐也熟蹋也

赭色 之野反三蒼赭赤土也方言南楚東海之間或謂卒為赭郭璞曰言衣赤也

烹肉 普羹反烹煑也方言烹熟也嵩岳以南陳潁之間曰烹儀禮凡煑於鑊中曰烹於鼎曰升也

燂腊 聲類作燂燖二形字詁古文燂爓二形今作燅同詳廉反說文燅熱湯中爚肉也通俗文以湯去毛曰燅論文作爓案說文諸詮之蜀都賦音皆余贍反又羊占反說文爓火爓爓也爓非今義也

磔牛 古文厇同知格反廣雅云磔張也磔開也說文磔辜也尒雅祭風曰磔孫炎曰既祭披磔其牲以風散也論云作標未見所出

猛毅 牛既反尚書尚迪果毅孔安國曰殺敵為果致果為毅說文妄怒也一曰有決之也

十一

鐵杙 余職反尒雅樴謂之杙郭璞曰杙橜也論文有作鐵鐵傳寫誤也[illegible]得反

蹋案 今作逿同徒即反說文搶也蒼頡篇驅駛負也亦失跌也聲類蹋[illegible]也案字宜作搪揬二形也

鋼撅 巨月反說文撅杙也論文作鐝埤蒼磨鐝也通俗文云磨齊曰鐝鐝非今義

發撤 勃列反廣雅撤壞也亦去也儀禮記乃撤豐鄭玄曰撤除也

噗戰 古文噤同渠飲反楚辭噤閉而不言王逸曰閉口不開為禁也

夾渫 字林下甲丈甲反夾渫謂味湅相著也論文作渫非體也

榜笞 薄衡反下又作笞同丑之反字書榜捶也廣雅榜笞擊也

忌憚 渠記反廣雅忌恐畏也說文忌憎惡也憚徒旦反憚難也

俎割 莊呂反方言俎几也字書肉几也

蔚茂 於胃反蒼頡篇草木盛貌也論文或作蔚於屈反說文木叢生曰蔚也

暴露 蒲卜反說文暴晞乾也從日從出從廾米字意也

第十九卷

囂塵 古文嚻同許朝反囂讙也讙讙譁也左傳湫隘囂塵是也

無援 于卷反案援者謂依據援助之言也

懷孕 古文䙳同移證反謂含實曰孕三蒼云懷子也廣雅云孕偶也字從子乃聲論文有作懷妊如葉反妊孕之也

體胤 與振反尒雅胤繼也舍人曰胤繼世也說文胤子孫相承續也謂悉育之稱也

麚麈 古遐反牝鹿也說文以夏至解角也麈冬至解角也麈古文麀同於牛反尒雅牝麀牝符也

有娠 書隣反娠謂懷胎也書中亦作身身二形通用也

軍持 正言捃稚迦此譯云瓶也謂雙口澡罐也論文作鍕鋒字無所出猶俗作也

岐道 古文歧跂二形同渠宜反謂技別義也尒雅道二達謂之岐郭璞曰岐道直出者也釋名云物兩為岐在邊曰旁此道並之也

摶鹿 補各反按搏猶拊也又云夢與楚子搏批頰曰手搏也考工記搏拍也又搏取之也

第二十卷

押則 又作捭同普耕反說文押彈也猶言抨毛抨弓等也

天蠖 烏郭於護二反桑虫也說文屈伸虫也尒雅云蠖尺蠖也郭璞曰蝍蝛也音子力子六反一名步屈也舍人曰宋地曰尋桑也

第二十一卷

衣以 於既反按以衣披之曰衣衣謂衣著也

食以 又作飤同囚志反謂以飯食設供於人曰食良亦飯之也

瞜淚 充尸反說文饟究睒也藏莫結反論文作眈未詳何出

結聹 乃挺反又埤蒼云耵聹耳上垢之也

逾多 弋朱反廣雅云逾益也小尒雅云逾難強益也

蠕動 如兗如允二反說文蠕亦動也淮南蠉虫蠕動是也

嵬起 魚毀反埤蒼云特立也史記嵬然獨立塊然獨坐是也

第二十二卷

骨幹 字體作骭同古旦反骭助也亦體也骸骨也

視占 之瞻反方言占視也古亦候也凡相候謂之占瞻也

第二十二卷

辯訣 古穴反通俗文與死者別謂之訣字略云訣絕之也

祈請 渠衣反廣雅云祈求也尒雅云祈告也叫也郭璞曰祈祭者叫呼而請事也孫炎曰祈為民求福叫告詞之也

捍格 古文敔戩捍仟四形今作扞同胡旦反捍禦也挌古文戩同古額反挌鬭也格拒也說文格擊也

智鑒 字書作鑑同古懺反廣雅鑒炤也鑒鏡也所以察形也

剞劂 口弧反蒼頡篇剞劂也方言剞努也說文剞判也周易剞木為舟案剞努謂空其腠也

灰燼 似進才刃二反說文謂火之餘木也

纖指 古文攕字書作𦅸同思廉反說文云攕好手負也纖細鈍也方言纖小也細也梁益之間凡物小謂之纖也

歛然 所力反埤蒼云恐懼也通俗文小怖曰歛公羊傳云歛然而驚是也論文

閒跱　作𪘲近字耳又作𪘲𨼵也𪘲非此義古文跱同除理反言獨立也廣雅跱止也說文跱躇也謂躇止不前也躇音直如反

便晴　古文姓暒二形同籍盈反漢書天晴而見景星孟康曰晴精明也

第二十五卷

豐渥　烏學反詩云赫如渥赭傳曰渥厚也

亭四

僂步　力主反通俗文云曲脊謂之傴僂又廣雅云僂曲也　十三

第二十六卷

釀酒　女帳反三蒼云米麴所作口醲說文醞作酒曰醲也

洗沙　徒刀反挑洮𢶡清汰也論文作汰　徒蓋反通俗文淅米謂之洮汰

盧館　力居反小尒雅云廬寄也謂寄止也亦別舍也黄帝爲廬以避寒暑春秋去之冬夏居之故云寄止也釋名云寄止曰廬廬慮也取其止息虞慮也　館古玩反家舍也周禮五十里有館館有委積以待朝聘之客字體從食官聲

調投　徒吊反廣雅云調欺也調賣也啁調也

陵偒　力升反廣雅云陵暴也犯也侮也蒼頡篇云陵倰也偒又作敡同以豉反蒼頡篇偒慢也謂平偒也說文偒輕也今亦作易

第二十八卷

翕風　古文歙翕二形今作吸同義及反廣雅吸飲也說文內息也謂氣息入也亦引也

兵伍　兵威也五刃爲兵下吾魯反周禮五人爲伍鄭玄曰伍衆也論文作忤吾故反逆也非字義也

謇吃　古文讀蹇二形今作謇聲類作謰又作𢓊同居展反方言謇吃也楚人語也周易蹇者難也論文作蹇跛蹇也蹇非此義吃古文欯同居乙反氣重言也通俗文言不通利謂之切吃也

第二十九卷

深濬　古文𣸫濬二形今作浚同私閏反濬深之也

堅著　治略反堅牢也相著也

襞韏　卑赤反說文韏衣也廣雅云襞韏也韏音丘阮反

架枰　力料反謂横架也枰皮兵反埤蒼枰擱也謂擱坐板床也釋名云枰平也以版作之其體平正也

第三十卷

大辟　古文擘變二形同脾尺反字林辟法也韓詩或辟四方辟除也字從尸辛尸者制其罪口用法也論文作和僻字非也

祜利　胡古反詩云受天之祜箋云祜福也又尒雅云祜厚也

觚枝　古胡反案觚猶枝本也未詳何語也

雷霆　達頂達丁二反周易鼓之以雷霆劉瓛曰霆雷也震爲雷離爲電尒雅疾雷爲霆霓郭璞曰雷之急激者也蒼頡篇霆霹靂也公羊傳有震擊伯夷之廟是也

第三十一卷

紹胄　治又反字林胄胤也胤嗣也謂繼嗣先世也

第三十二卷

參倍　錯耽反廣雅云參三也方言參分也齊曰參又郭璞曰謂分割也　十四　倍蒲乃

亭四

反廣雅云倍半也謂生兩曰倍也

讖記　楚蔭反三蒼讖秘密書也出河洛說文讖驗也謂占後有効驗也

珠璣　居祈渠氣二反說文珠之不圓者也字林小珠也

錠光　大徑反按聲類無足曰錠有足曰鐙亦言然燈佛是也

第三十三卷

禮貺　呼況反尒雅云貺賜也郭璞曰謂賜與也

萎𤒹　於危聲類云草木疾也廣雅云蔫萎菸也

懾伏　古文懾或作讋懾二形同占涉反字林懾服也禮記而氣不懾鄭玄曰懾恐懼也又曰貧賤而知好禮則志不懾鄭玄曰懾猶怯惑也

硾碟　揁宁硾宜作碫碟二形子容其俱反廣雅碫碟礛石也通俗文細碟謂之碫碟礛諸治玉礛礪治金淮南云待礛諸而成器是也

鹹鹵　胡鹹反說文鹵謂西方鹹地也天生曰鹵人生曰鹽鹽在東方鹵在西方也又釋名云地不生物曰鹵也

𤅊塍　古文䑢𦩞二形今作塍同示陵反說文塍稻田畦也史記云大曰隄小曰塍廣雅云塍隄也蒼頡篇云塍畔也論文作堀非體

垣牆　于煩反垣謂四周牆也釋名云垣援也人所依阻以爲援衞也牆障也所以自障蔽也

第三十五卷

隱須　正字作㥯同於靳反說文有所據也

第三十六卷

錮石　古護反說文錮鑄塞也

拯拔　蒸上聲說文拯謂上舉也救助也出溺也

第三十七卷

痿熱　又作痿同於媯反謂黄病也禮　十五　記哲人其痿鄭玄曰痿病也

亭四

所罥　三蒼古文作羂同古泫反謂取獸羂也論文作衒古縣反行賣也非今所用也

第三十八卷

形兆　除矯反國語注云兆見也形也按兆者猶機也事先見者也

分解　扶問胡賣反分謂分別解謂縫解也挾中也

作模　又作摹同莫奴反模法也模亦規也謂摹取象也

自潰　古文潰同胡對反說文潰漏也蒼頡篇云潰旁決也

第三十九卷

庇其　必利反方言庇寄也通俗文自蔽曰庇尒雅庇庥廕也孫炎曰庇覆之廕也

第四十卷

稻芧　世苞反說文茅菅也

竿蔗　古寒諸夜反甘蔗也通俗文西蔗出蕭蜀荆州出竿蔗是也

福祚　徂故反國語天地之所祚賈逵曰祚祿也又位也報也

擿口　他狄反按擿亦剔也謂挑剔也擿治之也擿除也

第四十一卷

跕中　都箑反言文如跕也

木楔　又作楔同先結反說文楔櫼也子林反今江南言櫼中國言楔楔通語也屆音側洽反

第四十二卷

駑馬　奴胡反廣雅駑駘也謂馬中鈍者也杜注四年乘駑馬是也駘音徒改反

胞胎　補交反說文胞兒生裹也漢書同胞之徒如淳曰同胞親兄弟也

蛇虺　古文虺蜆二形同呼鬼反毒虫也山海經即翼之山多蝮虺郭璞曰色如綬文鼻上有針大者百餘斤一名反鼻也又尒雅云蝮爲又舍人曰江淮以南曰蝮江淮以北曰虺又非子云虺二首韓非子曰虫有蝮者一身兩口爭食相齕遂相殺也又尒雅讚曰蛇之殊形其名爲觸共尾以頭共頭似尾虎豹可蹊此難忌餐

第四十三卷

牝牡　脾盡脾死二反說文畜母也雌也社莫走反說文畜父也雄也詩云駉駉牡馬被詩傳曰飛曰雄雌走曰牝牡至於雉鳥求其牡則飛鳥亦有牝牡不但走者也

第五十三卷

鏇師　辝宇作揎同囚絹反謂以繩轉軸裁木爲器曰鏇糾文作旋非體也

淡飲　徒甘反於禁反謂胷上液也論文亦作痰也

肪冊　先安反廣雅云胷脂肪也通俗文在腰曰肪在胷曰冊也

青瘀　於隸反說文云瘀積血也廣雅云疢病也

鑽燧　又作鑒同焠醉反火母也謂取火者也論語鑽燧改火孔安國曰一年之中鑽燧各異木也世本造火者燧人也因以爲名也

尋繹　夷石反論語繹之爲貴馬融曰尋繹行之爲貴也方言繹理也三蒼繹抽也解也

妖冶　余者反謂鮮明鮮飾之也廣雅自得也

哆宇　借音都餓反依字說文殆可反蛋口也字林丑亞丑加二反

袘字　大何徒可二反依字說文云拕戔也廣雅云拖引也

醝字　才何反依字通俗文白酒曰醝也

濕麼　莫可反泰言水石依字通俗文細小曰麼字書麼小也論云作㳅此猶俗字之也

第五十五卷

診病　字林止忍反診視也聲類云診驗也謂看脉候也

第五十八卷

姣輸　古文嬌同古飽反詩云姣人僚兮按姣猶妖媚不實也謂面從人也

第五十九卷

薜荔　蒲細來計反此譯言餓鬼也依字薜荔香草也其狀如韭生山石上也

箭鏑　[illegible]狄反說文矢鋒也史記鋒鏑或作錕鏤鏑也釋名云鏑敵也可以禦敵也齊謂之鏃言其所中皆族滅也

深峭　今作陗或作峭同且燋反廣雅峭急也通俗文峻阪曰峭山陵險陵亦謂之峭也

第六十卷

慍心　於問反廣雅慍恚也蒼頡篇慍恨也說文慍怒也

第六十二卷

蠱道　工戶反周禮庶氏掌除毒蠱鄭玄曰蠱虫物病害人也蠱在皿中字意也

譴責　去戰反蒼頡篇譴呵也廣雅譴怒也說文譴謫問也文中有作詰責責非也詰責問也

瞢瞢　杜登反郭璞注山海經云瞢盲也周禮鄭玄曰瞢瞢無光也經文有作瞽瞽公戶反鄭玄注周禮云無目謂之瞽也

第六十三卷

給恤　又作卹同思律反振恤也謂以財物與人也尒雅恤憂也孫炎曰恤救之憂也說文恤火也

第六十七卷

眼瞎　正字作瞎同火鎋反字書一目合之也

手麾　今作撝同呼皮反舉手曰麾謂手之指也撝以旌旗指麾來因以名焉

第七十二卷

偃蹇　於攇居免二反廣雅偃蹇夭矯也謂自高大也釋名偃息而卧不執事也蹇跛蹇也病不能作事今誕以止也

傲慢　王到反廣雅傲慢也謂不敬也字書傲倨見傷也謂輕慢傷也字體從人敖

第七十七卷

甫當　聲也弗禹反尒雅甫我也始也當約也

樅則　渠癸反謂揆象之也尒雅樅度也孫炎曰樅商度也則法也

庠序　徐陽反下古文序同徐舉反擧也謂鄉容有法度也周曰庠夏曰序白虎通曰庠之言詳也以詳禮儀之所也序者序長幼也

機會　居衣反說文主發之機也責先見也周易樞機之發榮辱之主莊子鑿木爲機械者必有機心是也會古文佮同胡外反尒雅會對也郭璞曰謂相當對也又會亦聚集也合也

虜掠　力古反下力灼反廣雅取也服也戰而俘獲也掠劫掠財物也謂虜掠奪取財物也

餌食　如志反蒼頡篇云餌食也案凡所食之物皆曰餌也

癮疹　於近之忍反皮上小起瘢殊也今俗亦謂肉斗胝起爲癮疹或言瘰劑說文胗瘢也音丈忍反論文作隱軫非體也

第八十卷

級其　爵立反級次也謂階之等級名曰級師旅斬首一人賜爵一級因名賊首爲級也

是捄　字詁古文𢷎捄二形今作救同居又反救助也

第九十三卷

委佗　於危反下徒何反廣雅委佗窊邪也尒雅委委佗佗美也郭璞曰佳麗美艷之皃也亦平易自得也

撓色　乃飽反廣雅云撓亂也說文撓擾也

第九十五卷

迂迴　禹俱禹二二反迂遠也違也亦廣大也

十大末

石罅　古文㙾罅二形或作𤭛同呼嫁反說文罅裂也坼也謂石璺小開也

第九十七卷

躊躇　又作𨇜䠧二形同腸留腸知二反下或作躇同腸於腸諸二反廣雅躊躇猶豫也躊躇也

相和　胡臥反相應也詩云唱予和汝周易鳴鶴在陰其子和之是也

第九十九卷

有棍　孤本骨門二反謂鋼之轉鐵者也今亦名闇爲棍子字從昆又作提肅結反廣雅撫轉也字從臯音毗也

窳惰　余乳反尒雅窳勞也郭璞曰勞苦者多惰窳也亦窳也言懶之不能自起如瓜瓠在地故字從瓜又懶人恒在室故從穴論文或作嬾字也

潦水　盧道反謂水雨氾滂也

第一百卷

弥窒　古文懫同丁結猪栗二反梵言善知識依字窒塞也一本作弥多羅尼子亦是梵言訛轉耳

一切經音義卷第九

一切經音義卷第九（別本）

校勘記

一　底本，明永樂南藏本。

一　二二〇頁上一行經名，徑作「一切經音義卷第十」。卷末經名同。

一　二二〇頁上五行夾註右第三字「反」，徑作「切」。以下字音反切之「反」同。

一　二二〇頁上一二行夾註右「手之手」，磧作「子之手」。

一　二二〇頁中一一行夾註左第四字「旦」，磧、徑作「且」。

一　二二〇頁下九行夾註左首字「下」，徑作「亦」。

一　二二〇頁下一六行夾註「疲極憊是」，徑作「疲極曰憊是也」。

一　二二一頁上二行夾註左末字「刮」，磧、徑作「刣」。

一　二二一頁上一七行夾註左「言言」，徑作「方言」。

一　二二一頁上二〇行夾註右第四字

「狎」，徑作「狎」。

一　二二一頁下八行夾註左末字「汪」，徑作「江」。

一　二二一頁下二二行夾註左第六字「鳩」，徑作「塢」。

一　二二一頁下末行夾註左第九字「之」，徑無。

一　二二二頁上四行夾註左「諸所」，磧作「諸户」。

一　二二二頁上一三行夾註右「正也」，磧、徑作「止也」。又左「周禁」，徑作「圍禁」。

一　二二二頁上一九行夾註右「鄭玄目」，磧作「鄭玄曰」。又左「猶朝也」，徑作「夏朝也」。

一　二二二頁上二〇行夾註右「甲也」，徑作「早也」。

一　二二二頁中二行夾註右「目余反」，徑作「目余切」。又左第二字「夂」，徑作「亦」。

一　二二二頁中一二行夾註左首字「論」，徑無。又「其子」，徑作「以其子」。

一　二二二頁中二一行夾註右「夷戚也」，磧、徑作「夷滅也」。

一　二二二頁下一行夾註右「豪俊」，磧作「豪帥」。

一　二二二頁下六行夾註左「赴也」，磧、徑作「控赴也」。

一　二二二頁下九行夾註左「二百剆」，徑作「二百斛」。

一　二二二頁下二二行夾註左第八字「之」，磧、徑無。

一　二二三頁上五行夾註左「蕩之」，徑作「蕩佚」。

一　二二三頁上八行夾註左第一二字「之」，徑無。

一　二二三頁中一行夾註左第三字「意」，徑無。

一　二二三頁中五行夾註右「釋各云」，磧作「釋名云」；徑作「釋名曰」。又末字「有」，磧、徑作「有作」。

一　二二三頁中七行夾註右「蒼頡徧」，磧、徑作「蒼頡篇」。

一　二二三頁中八行夾註左第六字「印」，磧、徑作「却」。

一　二二三頁中一四行夾註左首字「令」，徑作「合」。

一　二二三頁中一九行夾註左「曰圂」，磧、徑作「口豕」。

一　二二三頁下一四行夾註右「歛積」，徑作「飻類」。

一　二二三頁下一九行夾註左首字「之」，徑無。末行夾註左第一一字、次頁上一八行夾註左首字、次頁下五行夾註左第六字、一三行夾註左第九字、一五行夾註左第六字同。

一　二二三頁下二二行夾註右「補拼」，磧、徑作「補耕」。

一　二二三頁下末行夾註「論文作揣初委都果二反」，徑無。

一　二二四頁上一二行夾註右第一三字「鬻」，徑作「鬻」。下同。

一　二二四頁上一三行夾註右首字「倫」，徑作「爚」。又左「諸詮之」，

經作「諸詮切」。
一　二二四頁上一六行夾註左第六字「柢」，經作「杙」。
一　二二四頁上二〇行第二字「宷」，經作「突」。
一　二二四頁中一行夾註左第八字「淖」，經作「皁」。
一　二二四頁中五行夾註右「盛皃」，經作「盛菮」。
一　二二四頁中一三行第二字「麈」，經作「麈」。
一　二二四頁中二三行首字「天」，經作「尺」。
一　二二四頁下一一行夾註右第九字「古」，磧、經作「占」。
一　二二四頁下一二行「第二十二卷」，經作「第二十三卷」。
一　二二四頁下一四行夾註左「祈祭者」，經作「祈祭也」。
一　二二五頁上一二行夾註左「覆慮」，經作「覆盧」。
一　二二五頁上二二行夾註右第九字「寋」，經作「謇」。
一　二二五頁上二三行夾註左第一三字「氣」，經作「吃」。
一　二二五頁中八行夾註左「字從尸辛」，經作「字從尸口辛」。
一　二二五頁中一〇行夾註右第九字「祐」，磧、經作「祜」。
一　二二五頁下二行夾註右「占涉反」，經作「古涉切」。
一　二二六頁上二二行夾註左「駒駒」，經作「駉駉」。
一　二二六頁上末行夾註右末字「夫」，經作「走」。
一　二二六頁中一四行夾註左第一四字「之」，經無。本頁下一三行夾註左第六字同。
一　二二六頁中一六行夾註左「看脉候」，經作「看脉疾」。
一　二二六頁下一〇行夾註左末字「之」，經作「也」。
一　二二六頁下二一行夾註右第五字「椎」，磧、經作「准」。
一　二二七頁上七行夾註右第一一字「弥」，經作「跡」。

一切經音義卷第十　亭五

唐大慈恩寺翻經沙門玄應撰

大乘論

般若燈論　大莊嚴經論
攝大乘論　十住毗婆沙論
大乘莊嚴經論　十地經論
亭五
菩薩地持論　菩薩善戒論　一
菩提資糧論　寶性論
佛阿毗曇論　百論
發菩提心論　三具足論
寶髻菩薩論　十二門論
緣生論　唯識論

般若燈論第一卷

如篾　眠結反埤蒼云析竹膚也聲類云篾蔑也今蜀土及關中皆謂竹篾為蔑音弥析音思歷反字從片分木爲析今俗作楷皆非片也

纈目　賢結反謂以絲縛繒染之解絲成文曰纈也

檀札　莊黠反三蒼柿札也今江南謂斫削木片爲柿關中謂之札或曰柿札柿音敷廢反

第二卷

鬵鬵　聲類作甑又作鬵籀文作鬵同子孕反下鬵文作鬵同才心反字林云甑炊器也鬵大釜也一曰鼎大上小下若甑也

第三卷

窯師　以招反說文燒瓦竈也通俗文陶竈曰窯是也

獷逐　千篝七鷲二反獷鋌也獷攩也今江南候人工用獷鋌音嬋候苦奚反

嗢羯　上烏沒反下居謁反

第四卷

紫礦　下古猛反謂婆羅奢樹汁也其色甚赤用染皮氈等是也

銛利　上息廉反廣雅云銛鐵利也謂刀鋭曰銛也

第五卷

後櫳　下力東反說文櫳檻也三蒼云櫳所以盛禽獸欄檻也

犎牛　漢書西域傳有犎牛郭璞曰脊上有肉鬣如橐駝難子作犎音妃封反今有此牛形小髆上有犎是

垂胡　又作頓咽二形同戶孤反說文胡謂牛頷垂下者也論文作壺非體也

第十卷

生莞　下工端反又音桓此草外似葱內似蒲而圓廣雅謂之葱蒲莞以爲席生水中今亦名莞子也

第十一卷

箭笴　下工旱反字林云箭莖也論文作竿非也

瓶堅　又作篳同力鎮力珍二反尒雅瓶堅中郭璞曰瓶竹名其中堅可以爲席

明帆　又作颿颿二形同扶劒扶嚴二反釋名隨風張幔曰帆今或用布若箬若席爲之也

第十二卷　亭五

蟾蠩　上之鹽反下以諸反尒雅蟾蠩郭璞曰似蝦蟇居陸地淮南謂之去父山東謂之去蚥蚥音方可反江南俗呼蟾蠩蠩音食餘反　二

第十三卷

迦逋　下補胡反此言白鵠地也

大莊嚴經論第一卷

懍悷　上力甚反下宜作悷力計反埤蒼懍悷悲吟皃也又懍者顏色悷皃也方

言懷懃也

攘袂　上而羊反攘除也下弥蔽反字苑云袂攘也衣袖也謂揎衣袖出臂露攘袂也

闓裕　下揄句反裕緩也廣雅裕寬也亦優足也

愀然　亦作湫同七小反礼記云孔子愀然作色謂顏色變動之皃也

鴟鵂　尺脂反下許牛反尒雅鵋鶀忌欺郭璞曰今江東呼鵂鶹爲鉤鵅音格怪鳥也晝盲夜視關西名鵂侯山東名訓狐也

黔毗　渠炎反依字黔黑首也

第二卷

儲積　直於反說文云儲偫也偫也待也偫音直里反

棖上　宅庚反案振猶拄也浮鳳振曾作此說文振材也

地跌　徒結反廣雅云跌差也字書跌失蹈也跌蹶也

匍匐　步胡反下蒲北反說文匍匐手行也亦顛蹷盡力也

親昵　又作暱同女一反尒雅昵近也又云昵亟也親昵亦數近也亟音祛記反

倚㑨　於蟻反倚猶依也下烏許反字書㑨倚也今言㑨息㑨卧皆是也

羂弶　三蒼作羂又作罥同古犬反声類罥以繩係取獸也下渠向反韻集云施罥於道曰弶今田獵家施弶以張鳥獸其形似弓者也論文作擬俗字也

自擺　字書作捭同補買反說文云兩手擊也廣雅云擺開也

可祛　丘魚反廣雅云祛除去也　亭五

爆火　方孝反普剝二反声類爆憤起也郭璞注山海經云爆謂皮散起也　三

愧踖　子亦反蹴踖也亦畏敬也謂恭敬之皃也

第三卷

剟掠　上必劣反說文剟刺也廣雅剟刺也蒼頡篇剟削也下声類作剠同力灼反抄掠也

雊呼　故豆反說文雄之鳴雊雊也廣雅雊鳴呼也

招傷　格挟反又作剳口洽反通俗文爪按曰掐韻集作剳入也江南今有剳賣器當作此

惶悸　古文㤝同其季反說文氣不定也字林心動曰悸

窳惰　輸乳反窳惰也尒雅窳勞也郭璞曰勞苦者多窳惰也

上眄　莫見反蒼頡篇旁視也說文眄邪視也

瓌瑋　又作瓌傀二形同古迴反廣雅云瓌瑋奇玩也傀美也盛也

勁勇　居盛反字林云勁強也字從力

皐搘　下初垂反通俗文捫摸曰揣論文作揣初垂都果二反揣量也敁揣也敁音下兼反搘非此用

妖嬳　又作媄同於驕反壯少之良也說文妖巧也下於縛反今江南謂作婁名嬳伊山東名作嬳也

逶迤　又作委蝸二形同於爲反下又作陁同達何反廣雅委佗窊邪也謂行可逶曲也窊於瓜反

妖蠥　魚列反災也說文衣服歌謠草木之怪謂之妖禽獸虫蝗之怪謂之蠥論文作孽庶子也亦古字通用也

熠燿　弋入反下弋灼反字林熠燿盛光照也詩傳曰熠燿鮮明也亦螢火也

喞喞　子栗反通俗文喞喞鼠声也亦闕猥也論文作叱非也

骨陷　廣雅陷坑也陷沒也經文作頌非也

菸瘦　韻集乙餘反今關西言菸山東言蔫蔫音於言反江南亦言萎矮又作萎於爲反菸邑無色也今取其義論文作眛未詳字出

苦酷　古文佶嚳焅三形今作酷同口梏反說文云酷急也苦之甚曰酷亦暴虐也白虎通曰酷者極也教令窮極也

第五卷

鄙褻　古文絬媟暬渫四形同思列反褻鄙陋也褻黷之也

干覍　莫報反覍犯冒抵觸也又說文云覍突前也今皆作冒也

陰晴　又作暒夝二形同自盈反聲類雨止也論文作靈非體也

第六卷

愧鞁　又作鞴韝二形同胡大反釋名鞴懸也懸縛物也

還襲　古文㦻同辞立反襲重也因也受也合也及也

相磋　且何反詩云如切如磋傳曰治象曰磋謂治磋之者也

亭五

確然　字書作碻同口角反周易四天乾確然注云確堅皃

第七卷

瘳降　上勅流反瘳瘥也愈也尚書王翌曰乃瘳是也

譖毀　側禁反譖讒也一云旁曰譖也廣雅云譖毀也

第八卷

顊面　普米反說文顊傾頭也蒼頡篇云顊不正也經文作俾非體也

第十卷

昞著　又作昺炳苪三形同碧皿反又廣雅云昺明也著顯也

聳翮　古文竦㩳慫二形今作聳同先勇反聳謂前上也下胡革反尒雅羽本謂之翮鳥羽根也說文云羽莖也

第十一卷

撜觸　丈庚反說文撜拄也又作振振觸又牚撐觸亦作牚

蛆螫　知列反下式亦反字林蛆螫也說文螫虫行毒也又音呼各反山東行此音也

抗衡　苦浪反說文云抗扞也強也衡平也

羸瘠　古文𤸈瘠膌三形同資亦反說文瘠瘦也亦瘠也

第十二卷

滲沒　所蔭反廣雅云滲盡也說文滲下漉也字從參

蝗虫　胡光胡孟二反皐螽蝗也今人謂蝗子爲螽子小曰蝝大曰蝗也論文作蝩非體也蝩之容反

第十三卷

花茸　而容反說文茸草茸也論文作毦而志反猜上垂毛曰毦

中嚔　又作嚔同丁計反蒼頡篇云嚔噴鼻也詩云願言則嚔箋云汝思我心如是我則嚔今俗文嚔云人道我此亦古之遺語也

庭燎　力燒反周禮供墳燭庭燎又鄭玄曰墳大也樹於門外曰大燭門內曰庭亭五燎天子百公五十侯伯子三十也論文作燎鐐二形下作鐐並非也

香奩　又作斂嬚二形同力占反韻集文奩斂也收斂物也三蒼盛鏡器名也今粉匳蓍匳皆是也

鏇刺　楚衫反下千亦反說文鏇鏇也今江南猶言鏇刺也論文作摐非體

第十四卷

鼻衂　汝六反說文鼻出血也今呼鼻血爲衂鼻也

第十五卷

諠譁　虛元反下呼瓜反三蒼讙言語譁譊也譁言語譊譊也譊音奴刀反

攝大乘論第一卷

通敏　眉殞反通洞也敏達也廣雅通明敏也敏捷疾也

披閱　餘說反閱閱也小尒雅閱具也具數於門中曰閱也

成㲉　又作㲉同口角反吳會閒音哭卵外堅也凡物皮皆曰㲉尚在卵中謂之㲉出㲉巳後名之鷇古寇反尒雅云生哺鷇郭璞曰謂須母飤也

猒惡　於焰反猒足也恔也下於路反廣雅惡憎也懀也懀音一外反恔胡代反

彼勿　無鬱反詩云勿任行枝注云勿無也

屬耳　之欲反國語恐國人屬耳目於我韋昭曰屬注也漢書音義曰屬近也詩云無易由言耳屬于垣是也

第二卷

胝柯 又作疷同竹尸反

沉麝 神夜是亦二反形如小麋麝有香也

彎弓 於關反小介雅云拉彎挽引也

鞞世 陛奚反

第三卷

所詮 且全反通俗文擇言曰詮說文詮具也淮南子云詮言者所以譬類人事與相解喻也

第五卷

弥彰 又作瀰同諸楊反廣雅彰著也明也

乍起 仕嫁反廣雅乍暫也蒼頡篇乍兩辭也

第六卷

預立 古文預忬二形今作豫同余據反先辯也豫備也逆為之具妨曰預也

輕蔑 字體作懱同莫結反又說文云懱輕傷也

第七卷

鍊摩 古文鍊潄涑三形今作練同力見反說文鍊冶金也下古文劘攠二形同莫羅反易云堅柔相摩注云相切摩也亦雅石謂之摩郭璞曰玉石被摩錯人自修飾也論文作磨豈也

藤蘲 達曾反廣雅藤蘲也今呼車蔓延如葛蘲者為藤也

第九卷

室家 書逸反禮記云三十曰壯有室鄭玄曰有室有妻也故妻謂室案室戶內房中也論語由也升堂未入於室是也家居也

後登 鄰恒反登升也進也亦成也

善扼 又作軛同於革反謂褋喘豎牛領者曰軛軛攝也

沮壞 才與反蒼頡篇沮溺賊壞也論文㚖作爼側呂反貯鰥器也又置內扤也爼非此義

諧遂 胡皆反諧和也說文諧合也遂成也成就也亦從也

第十一卷

以楔 又作榍同先結反說文楔櫼也音子林反今江南言櫼楔通語也

拙訥 古文吶同奴骨反訥遲鈍也說文訥難也

扣擊 去後反扣亦擊也廣雅扣持也

第十四卷

蓄聚 又作稸同恥六反蓄積廣雅云蓄聚也

瘵其 側界反介雅云瘵病也三蒼云今江東呼病皆曰瘵東齊曰瘼

第十五卷

所鎮 知陣反說文鎮壓也亦安也

乘除 實升反乘許也亦升也除去也

調鼎 都挺反如湯時伊尹也說文鼎者三足兩耳和五味之寶器也象鼎者形以烹飪飲食也

十住毗婆沙論第一卷

嘔血 又作歐呴二形同於口反歐欲吐也江南或謂歐為嘔嘔音客釋名云嘔傴也辨有所舂曲嘔之也

淋下 力金反說文淋以水沃也郭璞注三蒼淋漉水下也

瘭疽 俾遙反下且餘反廣雅瘭癰戾也說文疽久癰也論文作瘭非體也

釾戟 又作矛子二形同莫侯反下居逆反說文酋矛長二丈也戟有枝兵器也

鐵剗 又作鏟同初限反說文平鐵也廣雅剗削也聲類云剗平也与刃施柄者也

鐵槍 千羊反三蒼木兩頭小而從同說文拾柜也論文作鏉鈴聲也鏉非字體

蒺藜 自栗反下力尸反尒雅賛瘵旁即布地鼍生子有三角者也論文從金作鎩鏃二形非也

鐵臼 渠九反易云黃帝斷木為杵穿地為臼論文作臼非體

狖鼠 餘繡反以獼猴而大蒼黑色江東養之捕鼠為物捷健也

猳玃 又作猳同古迴反下居縛反說文大母猴也善攫持人好顧眄也

蛟虬 音交有鱗曰蛟龍其狀魚身如蜥蟲皮有珠下渠周反廣雅云有角曰虬龍蠡角曰虯龍累身繩鱗甲者也

鵶鳶 音木介雅云野鬼鳶李逆曰野曰象鳩鳶也

慍恨 於問反說文云慍怨也論詩云人不知而不慍又何晏云慍怒也

第二卷

矯異 几小反假播謂之矯矯詐也恭先王之法曰矯今皆作撟

巉巖 仕咸反下又作巗廣雅云巉巖高也

曲隈 烏迴反說文云水曲隈也隈謂隱嶮之夾也

峻峭 又作陗或作峭同且笑反通俗文峻阪曰峭山陵嶮峻亦謂之峭也

第五卷

裨助 或作俾同避移反說文云裨增也厚也補也亦助也

鱣魚 知連反尒雅鱣大魚也口在頷下體無鱗甲大者二三丈江東呼黃魚是也

第六卷

傲誕 五到反下徒亶反嗷慢也謂不敬也輕傷也傲慢也放誕欺也

深榛 仕巾反說文叢木也廣雅云木叢生曰榛是也

如蟄 知立反詩云蟄之雄之儔曰蟄絆也躧拘軌也兩足不相遇謂之蟄也

第十卷

符檄 音扶宇木符信也謂分而合之曰符字從竹樸制以竹長六寸分而相合爲信什耳檄寒不變以布德也尺用銅君臣同心也下賓的及說文二尺書也檄書者所以罪書當衣者也又陳彼之惡說此之德曉慰百姓之其也檄者故也明言此彼令故然而讖之也

田鵶 鳥古反說文小障也亦小妓也

第十四卷

行旅　閭舉反左傳羇旅之臣杜預曰羇寄客也

塡瓃　又作寘同徒堅徒見二反廣雅塡塞也亦滿也論文從王作瑱他見反瑱塞耳

大乘莊嚴經論第二卷

讋怖　章葉反懼也說文失氣也漢書匈奴讋焉是也

須潰　古文殨同胡對反蒼頡篇云潰旁決也說文潰漏也

第六卷

凹凸　蒼頡篇作窊窅同烏交反下徒結反客墊下也窊窅字宜作凹陷也凸起也

第十卷

螽蟴　古文𧒂同止戎反下徒穢反詩云螽斯羽傳曰螽斯蚣蝑也亦即蝩也俗名舂黍今江北通謂螽蝗之類曰蝩亦曰蚣蝑蝑音之閭反

十地論第一卷

芒然　莫唐反芒芒然實昧不明也莊子云芒芒然無所見足也

椑羅　補奚反椑中或作甲羅或作隔羅皆一也

斯字　又作誓同先奚反言梵本錯字如師子形相也埤蒼云嘶聲散也亦聲也

第四卷

厚曀　於計反釋名曀翳也言雲氣翳日使不見物者也

瀑水　蒲樂反蒼頡篇云解詁云水濆起曰瀑也

第五卷

捫模　莫奔莫本二反聲類捫摸也字林捫撫持也案捫持謂手把執物也

第八卷

漑灌　歌賚反說文云漑灌也灌注也

地持論第一卷

耆宿　巨伊反禮記六十曰耆釋名耆指也指事使人不自執役也宿久也

倡伎　齒羊反說文云倡樂也蒼頡篇倡俳也俳戲也俳音排

農商　古文農㝨二形同奴冬反說文云農耕人也

明哲　又作喆悊二形同知列反尒雅哲智也方言齊宋之間謂智爲哲哲明了也

悲惻　聲類作𢝕同楚力反說文惻痛也謂惻然心中痛也

堪耐　奴代反蒼頡篇云耐忍也

林藪　蘇苟反散木曰林澤無水曰藪又大澤水希者也

聽訟　他定反聽謂察是非也訟爭也周禮以五聲聽獄訟求情一辭二色三氣四耳五目也

術藝　食聿反術法也亦道也字林邑中道曰術述術者通也人言述解者無所不通也

第二卷

訕大　所姦反論中亦作刪陀迦旃延也

迦陵　毗伽應云歌羅頻伽亦云迦蘭伽迦陵此云好聲伽是云音聲好音聲鳥也

巨細　其呂反小尒雅巨大也方言齊宋之間謂大謂巨說文巨大巨或金作鉅同

弥陀羅國

拘耆羅　或作拘翅羅梵言轉也譯云好聲鳥此鳥聲好而形醜從聲爲名也

蝯猴　又作猨同禹煩反似獮而大臂長其色有黑有黃鳴聲甚哀五百歲化爲玃玃壽千歲玃音居縛反

第三卷

抃舞　又作拚同皮變反說文云拊手曰抃拊擊拍也

黍稷　古文稷同子力反五穀之長也說文稷粢也尒雅粢稷也注云粢一名稷稷粟也今江東呼粟爲稷也

師捲　又作拳同渠員反指握爲捲譬喻也言師之匠物不如捲之執握吝而不說也論文有作疲倦之倦非也

第四卷

罰黜　又作絀同恥律反廣雅云黜去也亦放也退也

庋給　古文賑庋二形同諸慎反小尒雅云賑救也說文振舉也

第五卷

憍奢耶　亦云俱舍說也此譯云蟲舊譯云虫謂蠶在繭中此耶野蠶也用野蠶綿作衣者憍奢耶衣是也

第七卷

偷婆　經中或作兜婆或云塔婆或言藪斗波皆訛也正言窣堵波此云廟或言方墳義釋也

支提　又云脂帝浮圖此云聚相謂累石等高以爲相也

求求羅香　此譯云安息香也

阿迦花　應云阿羅歌花此云白花

尼乾子　應言泥揵連他此云不繫其行道拔髮露形無所貯畜以手乞食隨得即啖者也

第八卷

圮頓　蒲美反落泊人也尒雅云圮毀覆也頓壞也

官爵　又作雀同子藥反白虎通曰爵者盡也量其盡才也玉等爵命也取其節節足足也

第九卷

讁罰　知革反方言讁怒也郭璞曰謂相責怒也亦呵也讁責也小罪曰罰也

吉胝　竹尸反唄波相傳所及天

率意　所律反尒雅云率循自也鄭玄曰自循從也從自意也

迦私　此譯云光能迦光藥也

第十卷

兩股 又作骰同公戶反說文股髀也脛本曰股也
兩髕 徒昆反声頻髕反也
兩蹲 又作腨同時軟反說文腨腓腸也腓音肥江南言腓腸中國言腨腸或言腳腨
波羅奈 名也從國名斃也塵言波羅奈斯止國
泥犁 或云泥犁耶亦言泥犁迦此云無可樂或云無有卑下也
羅縠 胡木反以羅而疏以紗而密者也有樸榖霧縠言細如霧也

菩薩善戒經第二卷

軍旅 力舉反尒雅旅衆也字林四千人爲軍五百人爲旅也勹車爲軍字意也 勹音補交反

第三卷

童齔 初忍反舊音差肯反毀齒曰齔說文男八月生齒八歲而齔女七月生齒七歲而毀齔字從七也

第九卷

骨齶 又作腭咢二形同五各反齒內上下肉也
兩杈 初牙初家二反兩歧爲杈木理亂曰杈亦作此論文作扠俗作也

菩提資糧論第二卷

亭五

談謔 許虐反尒雅云戲謔也謂相調戲也謔亦喜樂也

十一

寶性論第三卷

欷歔 喜居反下虛既反字林悲泣也蒼頡篇云泣餘聲也亦悲也
影畫 匹妙反縹輕淺彩也

佛阿毗曇上卷

生萼 又作㮨同五各反謂承花者曰萼

毗曇下卷

闇人 於淦反說文閽豎宦中閽昏閉門者也周禮閽十人鄭玄曰閹精氣閉藏者今謂之宮人也主閽門戶故曰閽
捼不 奴回奴和二反說文云捼摧也兩手相切也
紋身 無分反謂繢有文章曰紋又作文古文芻青與赤爲文說文錯畫也
瘠人 於解反廣雅云瘠鏗也
氣嗽 宜作欬瘷欬音苦代反江南行此音又丘吏反山東行此音下蘇豆反說文瘷逆氣也上氣疾也蒼頡篇云齊部謂欬曰欬論文作氣非
枯癇 械間反擊類今謂小兒瘠曰瘤也
血痛 宜作瘦音痛癖瘡也中有虫頸痳急瘦音有或作痛血如水下也
陰頹 徒雷反釋名陰腫曰頹字林作㿗重疾也
瘇血 又作尰上臃反尒雅腫足爲瘇今巴蜀極多此疾手臂有者亦呼爲瘇也
瘤癖 力州反說文云瘤腫也聲類云瘤瘜肉也瘜音息
噦吐 於月反通俗文云氣逆曰噦說文云噦氣誤也
毛冗 如勇反散也宜作氄而容反謂吉貝垂毛者也氄飾也

百論上卷

僧佉 此語訛也應言僧企耶此云數也其論以二十五根爲宗舊云二十五諦也
衛世師 此語訛略也應言鞞崽迦論此又勝其論以六句義爲宗舊云六諦 崽音所皆反

下卷

埏埴 尸延反下時力反埏柔也和也摶也埴土也粘土曰埴

發菩提心論卷上

罝羅 姊耶反兎網曰罝罝遮也鳥網曰羅羅織也
盼覩 普幻反下力再反廣雅盼視也字書美目也目白黑分也說文覩內視也論文作眄邪視也下作睞力代反說文目瞳子不正也今俗云類眼長也類音盧對反睞非今用
加誣 武于反說文加言曰誣誣亦罔也妄也欺也

三具足論

船舶 音白字林大船也今江南汎海船謂之舶崑崙及高麗皆乘之大者受万斛也
邏弋 力賀反弋屬也謂遊兵以徼寇者亦循行非違也
恐嚇 呼嫁反相恐也方言作恐閱閱音呼嚇反亦音恐嚇亦云恐偈皆一義也

十二未

渴音盧劌反

礓石 居良反形如薑也通俗文地多小石謂之礓礫字從石論文從土作壃非體也

寶髻菩薩經論

洲潬 徒亶反尒雅潬沙出郭璞曰今江東呼水內沙堆爲潬洛陽北河中有中潬池是也論文作埏音埏八埏之地也亦埏道也埏非此用也
陂池 筆皮反山東名爲漈漈音四各反亦名咙吭音公朗反

十二門論

蠃髻 又作螺同力戈反下古文一作髻同音計經中或作結髮同一也
機杼 丈與反字林杼機持緯者今俗字杼爲筬筬音成埤蒼筬竹杼也
口爽 所兩反楚人名羹敗曰爽爽敗也尒雅爽差也

緣生論

舌涎 又作唌㳄涎三形同似延反說文㳄云欲口液也

唯識論

筭尸 備許反經中或作閉尸此又云肉圍悠遣不共他
羺羊 數溝反通俗文云羊卷毛者謂之羺𦍿胡羊也𦍿音女佳反
利剌 又作刺同千利反判直傷也字從刀朿聲朿音且賜反

一切經音義卷第十

亭五

一切經音義卷第十（別本）

校勘記

一　底本，明永樂南藏本。

一　二三〇頁上一行經名，徑作「一切經音義卷第十一」。卷末經名同。

一　二三〇頁上一三行「般若燈論」，徑作「般若經論」。

一　二三〇頁上一四行夾註右第三字「反」，徑作「切」，以下字音反切之「反」同。又左首字「蔓」，徑作「[illegible]」，下同。

一　二三〇頁上一五行夾註右「字從片」，徑作「字從斤」。

一　二三〇頁中七行夾註左第二字「甯」，徑作「[illegible]」。

一　二三〇頁中九行夾註右第四字「咽」，徑作「咽」。

一　二三〇頁下五行夾註左「鈎鴿」，徑作「鴝鴿」。

一　二三〇頁下一六行夾註右第九字「冡」，徑作「家」。

一　二三一頁上九行夾註右「下兼反」，徑作「都兼切」。

一　二三一頁中一行夾註右「云北反」，徑作「莫沃切」。

一　二三一頁中一〇行夾註右末字「旁」，磧、徑作「旁入」。

一　二三一頁中二一行夾註右第三字「瘠」，徑作「瘠」。

一　二三一頁下一九行夾註左第一一字「飣」，磧、徑作「飰」。

一　二三二頁上二行夾註左第四字「臍」，徑作「臍」。

一　二三二頁上八行夾註右第三字「膞」，徑作「章」。

一　二三二頁上九行夾註右「住嫁反」，徑作「仕嫁切」。又「廣稚」，磧、徑作「廣雅」。

一　二三二頁上一二行夾註右「字體」，徑作「字林」。

一　二三二頁上一六行夾註左第五字「豈」，徑作「鎧」。

一　二三二頁中一六行夾註右末字「所」，徑作「所吐」。又左第四字「之」，徑無。

一　二三二頁下二行夾註左第二字「每」，徑作「毋」。

一　二三二頁下三行夾註右第一〇字「庶」，徑作「魚」。又第一三字「虷」，徑作「蚱」。

一　二三二頁下一六行夾註「不敬也輕傷也傲慢也放誕欺也」，徑作「敬也不放誕欺也輕傷也」。

一　二三二頁下二〇行夾註右「字木」，徑作「字林」。又左「相合」，磧作「初合」。

一　二三二頁下二一行夾註右第四字「耳」，徑作「取」。

一　二三三頁上三行夾註左「塞耳」，徑作「充耳也」。

一　二三三頁上五行夾註左第七字「焉」，徑作「言」。

一　二三三頁上八行夾註右第七字「同」，徑作「上」。

一　二三三頁中一三行夾註左「比云」，

磧、徑作「此云」。

一　二三三頁下九行夾註右末字「十」，磧、徑作「斗」。

一　二三三頁下一四行夾註右第一〇字「繫」，徑作「擊」。

一　二三四頁上七行夾註左第三字「檬」，徑作「幪」。

一　二三四頁上一六行夾註左第五字「此」，徑作「跂」。

一　二三四頁中一行夾註右第八字「官」，徑作「宮」。

一　二三四頁中三行夾註左「兩年」，徑作「兩手」。

一　二三四頁中四行夾註左第一二字「盡」，徑作「晝」。

一　二三四頁中七行夾註左「齊部」，徑作「齊都」。

一　二三四頁中一三行夾註左「氣誤」，徑作「氣悟」。

一　二三四頁中一七行夾註右末字「又」，磧作「云」。

一　二三四頁中二〇行夾註左第九字「旦」，磧作「日」。

一　二三四頁下一〇行夾註左第七字「單」，徑作「潬」。

一　二三四頁下一六行夾註右第八字「敗」，徑作「毀」。

一　二三四頁下一八行夾註左第六字「欲」，徑作「次」。

一　二三四頁下二一行「羺羊」，徑作「羯羊」。又夾註左第二字「僁」，徑作「䍧」。

一切經音義卷第十一　亭六

唐大慈恩寺翻經沙門　玄應撰

小乘單本

正法念經

增一阿含經

中阿含經

雜阿含經

正法念經

第一卷　亭六

穳矛　字詁古文鏦穳二形今作𥎞同麁乱反穳小矛也矛或作鉾同莫侯反又說文云矛長二丈也經文作穳鏦楑三形又作牟並非體也

頻鳥　又作鵽同鳥諫反頻雀也一名鴦一古鴿鵽鶔文云鵩中以鵽鵽雉是也鴦予古反

第二卷

恐赫　呼嫁反相恐也詩云反予來赫箋云距人謂之赫方言作恐閩實嬰音平嚇反亦作恐赫亦言恐蝎苦一義也喝音盧割反

恐凹　烏邪反抱朴子云凹陷也苔嬰蒼作窅下墊也墊音丁念反

如罩　古文罩䈇二形同陟校反尒雅籗謂之罩郭璞曰捕魚籠也籗者捉也

第三卷

斗擻　又作藪同蘇走反方言斗藪舉也周成難字云斗擻藪業也上音都數反

埵羅　下蔚邵反經文作抖擻二形音同埵篆並非字體也古文垂室二形今作咽同於仁反帝釋象王名埵羅那或名埵那姿那或名伊羅鉢多羅此譯云香業身長九由旬高三由旬其形相稱也咽鳥賢反

第四卷

攫啄　九縛反說文攫扟也蒼頡篇攫搏也淮南子云獸窮則攫鳥窮則啄是也扟音居迹反

水獺　他曷他鎋二反形如小犬居水食魚者也經文作狚都達反獢狚獸也如猥赤首狚非此義獢古局反

激流　公的反謂流急也說文云水礙衺疾急曰激也

第五卷

梯陛　丁鄧反廣雅云陛積也陛仲也謂山路仲登也經文作陸非也

狗齩　又作鹺同五狡反說文云齩齧也經文作齩苦交反齩骨也又作齩呼交反蒢箭也二形並非此義也

善挾　胡頰反尒雅挾藏也方言挾護也

掩面　於嚴烏成反廣雅掩覆也亦藏也經文作竜一庵反𡩋哨也揶鑰掩衿也

排筒　謂掌進食也習挾威反剖呼币反陴薔作鍜東鞴漢記囮水作排王廊注老予云䨘橐橐也作橐同皮拜石所以冶家用炊火令熾者也

第六卷

射埒　徒果反射埒也經文作埵丁果反埵壘也埒非今義埒音開

鑱刺　仕成反說文鑱銳也又音雅鑱謂之鑱音昔皮反賁

第八卷

耎枘　而兗反下乃困反字林作腝柔腸物通俗文作枘稀生也又作䐈之字也經文作濡又作鞕並非體也　亭六

脚瘇　字詁今作瘇同時腫反通俗文腫足曰瘇瘇脚病也經文作瘇非體也

挨繩　力括反謂轄挨也

第九卷

鐵砧　又作鍖鈇二形同豬金反銖砧也經文作鈂丈心反鹵為也鍼非此義

鐵錘　直危反廣雅云鏈謂之摧謂稱鏈也方言鍾重也

鉸刀　古卯反交刃刀也今亦謂之剪刀謂剪馬為鉸刀釋名云鉸刀剛刀皆隨時用作名也

驅蹙　子六反蹙迫也催促也廣雅急也經文作跡蹴鼓迒蹙也蹴踖廿蹵非此義

蜚墮　古書飛多作蜚同府牟反鳥曰飛飛播也案漢注云正月爵大於嬌五色蜚過鄭玄曰二月徒蜚過池傷是也

步歚　趣佳反謂盛箭者也通俗文箭箙曰釋名曰步叉人所帶以箭叉其中也醯音扶福反

第十卷

寂聲　又作諔寂二形同情歷反方言寂安靜也說文寂寞

踢手　古文踢試二形今作括又作舐貝食尒反以舌取食也經文作呱踢一形未見所出

螕等　補兮反通俗文狗蝨曰螕經文作蜱扶卑反號鄉平也蜱非字義

洲潬　徒旱反尒雅潬沙出郭璞曰今江東呼水中沙堆為潬謂水中央地也經文作蜒音非字體也

第十一卷

作蛭　之逸反謂入人皮中食血者也江東名蟣音巨幾反經文作蛭音知栗反紫姑也非此義

曲蟺　音善古今注云蚯蚓也一名蜜蝛令江東名寒蚓善長吟於地中今江東謂為歌女或謂鳴砌經文作蟬非體也　亭六

鐵鉆　奇靡反說文鐵鉆也謂鑷取物也又蒼頡篇云鉆持也鉆音知鑷反又通俗文鋸具曰鉆經文作鉗謂以鐵束人者也鉗非此用　三

第十二卷

吒𪗪　正字作𪗪同竹皆反廣雅𪗪齧也經文作劑在詣反至齒也齊非字義也

第十三卷

鱯魚　獲樺二音尒雅魾大者鱯孫炎曰鱯似鮎而大色白也魾音蒲悲反鮎奴

髮反

戟倒　或作敧敧崎三形同去知反說文敧隔傾側不安也字從危支聲也

抒氣　除呂丈汝二反廣雅抒舀也渫出也說文抒挹也舀莫紹反

攣縮　力泉反尒雅攣病也亦拘攣也經文作臠癵二形並非體也

第十五卷

壓𢫬　烏甲反下子旱反周成難字作窴窴𢫬也經文作押攢二形音甲鑽也非今用也

屏中　蒲定反廣雅云屏廁圊圂也庰齊屏圂也

第十六卷

颸鼓　公戶反鼓動也案凡動物皆謂之鼓經文𢾾風作颸非也

壓笮　今作窄同側格反說文云笮壓也謂笮出汁也

胆虫　且余反通俗文肉中虫謂之胆經文作咀子余反蛆蛆也又作疽痱瘡也二形並非今用

黳黵　烏奚勑感反不明也亦黑也纂文云深黑也

齆鼻　一弄反埤蒼云鼻病也

妖蠥　五竭反說文云衣服歌謠草木之怪謂之祅禽獸虫蝗之怪謂之蠥也經文作孼庶子也又作孽近字也

尪羸　今作尪同烏皇反尪弱也羸累也通俗文短小曰尪尪亦小

鼬等　弋周由救二反字林似鼠赤黃而大者是也

翺翔　五高反飛也飛而不動曰翔釋名云翺遨也言遨遊也翔佯也言彷佯也

第二十一卷

喑噫　於禁乙戒反音喑大呼也亦大聲也說文噫出息也經作噎於結反咽塞也咽非此義也

捦齣　巨今反說文急持衣襟也字從金從手下苦加反今亦言口齣也經文作扠非也

第二十四卷

歔欷　於滑反通俗文大咽曰歔說文咽中氣息不利也經文作惚惚非也

相撲　蒲卜反又字林云手相搏曰撲也撲打也

第二十五卷

鱗鮔　又作䑽踞二形同渠呂居呂二反雞足距也字從角也從魚作鮔非也

第二十六卷

蹍諸　女展反說文云輾轢也又蒼頡篇云輾車行蹍也

蔕茸　字林而容反蜀也或作茸草茸也

第二十八卷

諧耦　胡皆吳口反諧和也偶合也又經文作偕調二形非體也

革屣　所綺反皮履也經文作蹝非也

花勃　蒲沒反又廣雅云勃勃盛也

第三十一卷

雉烏　古文𨿽同直理反經文作鵜余諸旋結二反尒雅鵜鵏鵎也

穅苦　古木反通俗文禾穭謂之苦穛音奴穀反

機發　說文射發也機主發之機也謂制動轉之辭也

溥天　今作普同四古反詩云溥天之下傳曰溥大也亦遍也

第三十二卷

涓流　古玄反又字林云水小流也

鄙褻　古文絬褋褺褻四形今作褻同息列反褻褻也論語紅紫不以為褻服王肅曰謂私居非公會之服也

調話　古文䛡譮諣三形同胡快反合會善言也經文作譁音花諠譁也譁非字義

麚麀　音加說文牝麀也以夏至解角也下又作𥂕同於牛反說文牝麀也

第三十七卷

戄動　胡郭況縛二反蒼頡篇云戄懼也

第三十九卷

閃誑　字書或作𨳡同式冉反說文閃闚頭皃也

邀利　字書作徼同古堯反求也遮也亦要也

揀樹　古文柬同力見反手百而粘可以浣衣者也經文作煉非體也

第四十五卷

常眨　通俗文作眨字苑作䀹同莊狹反目數開閉也經文作睫子葉反目毛也映非字體

第四十六卷

㮕橤　如兗反說文云似𢮦而小也又經文云作儒非體也

秖互　竹尸反廣雅云秖䄽互也

第四十七卷

稠穊　古文𥢊周居冀反說文云稠多也穊亦稠也

蜥蜴　斯歷反下音亦山東名曰蝘蜓陝以西名壁宮在草者曰蜥蜴也又經文云作𧌒非體也蜱音七賜反蝀音覓

第四十八卷

垂挑　借音他吊反又謂天衣迥出也

趫行　丘驕綺驕二反說文善緣木之士也經文行挑勁皃反挑挑也挑吝字義也

不肖　先妙反小尒雅云不肖不似也言不如人也經文作消非也

犍割　又作鍵𠜎二形同紀言反通俗文以刀去陰曰犍也字從牛也

放君　甫往反廣雅云放效也亦依也比也經文作仿非也

第五十六卷

支多　指我反花名也吱多羅花經文從口作吱取其舌轉也

第五十七卷

晏然　烏鴈反說文天清也晏亦鮮畢之見也經文從門作閑非體也

虓呴　又作嗃同呼交反說文虎鳴也一曰師子也字從虎九聲

凸腹　徒結反抱撲子作凸凸起出著嫡豬作笑不平也

呴喊　古文呴呴二形今作呴同呼荀反又聲類云呴嘷也下呼求反韻集作喊戒訶也又拳頓篇訓詁作欸急聲也通俗文作謼大諦也猶言喊咄喊喊皆是也

第五十八卷

水腫　上式許反腫病也經文作疒亦脉二形非體也

舰羅　吳雞反諸經有作宜羅借是梵音訛轉也

艫舟　豎丁反樊艄云乘船船余上征王逸曰船有嵬艫者也字書袷上有壓者口紅也

傴僂　於矩力主反通俗文云曲脊謂之傴僂經文云作迋遼二形音字俱反定避也下力俟反又誑文云遶遶也並非此義

笐箹　胡當反下力折反說文云竹文也言竹有笐文謂之笐箹也

第六十四卷

撐摚　又作結撐二形同古醬反下音高通俗文鷯汲謂之撐摚

亭六

頑痺　今作痺同婢利反說文尺氣不至也經文作痺心二反說文濕病也風痺冷痤

六

第六十五卷

痶瘓　勑典勑管反攣病也未詳音字所出也

瘭病　字林方遙反瘭疽病也經文作螵字與蜱同頻支遙二反埋蛸蟭螵子也螵非字義也

或痳　史理反情懶之謂也今雅痲瞀也郭環曰聲苦者多情慮也字從穴瞀瓜

瘦瘠　古文瘠瘠膌三形同才積反說文膌瘦也亦薄弱也

顧起　直作反說文云出頓也今江南云顧頭肤頻是也經文作髀非也

髁骨　甘蘇反胥骨也髀文云髀髀也字從骨畢聲鄙文作髀古岸反髁髁也又作跨踞也並非此用也

鋋直　古文頓同勑頓反通俗文云平直曰鋋經文作鋋未見所出也

鉀羅　音遠反戒爭名也梵言也

第六十七卷

蛸毋　又作蜩同胡瓌反蕃頓蕭訓詁云蛸腹中由也

吁骨　呼宗反虫者也

頻伽　毗人反經文作噴嚌二形撿無所出也

第六十八卷

塢鳥　古文唯鶖頸或鳴字同胡公反鴻鵠也

凹窊　宜作宗普章反執郵名義所出

甄波　居延反果名也甄波迦果經文有從口作甄非也

中阿含經第一卷

烏喙　許穢反說文云喙口也字從口彖聲彖音他亂反

勇毅　牛既反又尚書云毅敢爲果敢果爲毅毅亦有辣也

堊灑　烏各反蒼頡篇云白土也又余雜云稿朗之堊又郭璞曰癹白土飾搪也又釋名堊亞也坎也先洸之以灰飾之也

七

黏豆　女廉反豆名也

蔗餹　又作糖同徒郎反以甘蔗爲餳餹也今沙餹是也餳音似盈反

第三卷

尾骼　古文骸今作骻同口亞反埤蒼胥骨也經文作骼骿額互骨枯曰骼骼非此義也

第四卷

䕻擲　又作擊同馬紂反正言䕻擲此譯云拁擲也

魁取　苦回反說文云覺斗曰魁經文云從木作魁鬥二形非體也又云

穄米　子臾反蒼頡篇云大黍也又云似黍而不黏關西謂之穈是也

雜穬　古猛反說文云芒穀也經中從麥作𪌉近字耳

箭金　蘭鐵也關西名箭金山名箭或言鏃辦異名也

撿撓　奴教反撿押也撓曲也治箭之鞘也

有卒　祖沒反說文云隸人給事者曰卒古以染衣題識其形也方言南楚東海之間或謂卒爲褚郭璞曰言其衣赤也

剸割　聲類云作剸同之兗反說文云剸斷首也亦截也

第六卷

祭餟　古文綴贅類作醊同豬芮反說文餟酹也音力外反字林以酒沃也祭也方言餟饋也

負捷　力剪反瀣滻予捷截栗米而至許叔重曰捷捲之也今皆作瀨也

第七卷

麁細　又作麤同錯孤反麁大也細小也經文作麼綱誤也

腦根　奴老反方言腦後玉枕也

拳掮　又作卷同渠圓反下又作捩同物佳反猶手控也

齶痛　五各反齗齶也又經文作𦢊腭二形非體也

欬瘶　口代蘇豆反說文云欬逆氣也亦瘶也經文作咳嗽二形並非體也

喝吐　乙芥反說文喝潮也蒼頡篇云吐棗也亦嵩也

喉閉　閉鯖塞也經文作痺俾利反吟痺濕病也實方多作痺猍病也

痔匿　直理反下安方反徙病也謂瀬匿也經文作癰非體也字亦作瘻虫食後病也

店肆　今作坫同丁念反肆陳也言此皆陳物賣買之處也

第八卷

潢池　胡光反潢池也積水曰潢也小曰洿大曰潢

碧玉　廣雅云碧玉青玉也說文云石之美者也今越嶲東山出碧玉也嶲息委反

瑇瑁　今作蝳蝐二形古文作蝳蝐二形同音代妹異物志云如龜生南海中大者如蘧篨背上有鱗精發用煑之其皮則柔隨意所作也

赤石

旋珠　字宜作璿似緣反穆天子傳曰春山之寶有璿珠郭璞曰玉類也

亭十六

帝魔　或作麊同音迷又經中或作低迷或作埿弥皆梵言轉耳

第十一卷

馲馬　莫高反青驪色也頭如鳥此馬寶以毛飾故因以名焉經文從馬作旄非字體也

第十二卷

皦潔　古文皦曒二形今作皎同公鳥反埤蒼皦明也淨也

鋒鍼　又作鑯同且漸反方言趙魏之閒謂函為鍪也

鼠場　始羊反埤蒼云鼠垤也方言坻坻封場也

豌豆　一丸反豆名也經文作豌或作豋莖非體也

䠒豆　布達反賫稗云䠒臣臉豆也經文作埤非體也

篝中　書畢字林云竹器也廣雅云篝簀也

火爇　古文爇同而悅反通俗文云然火曰爇爇亦燒也

第十三卷

擥彼　又作攬擥二形同力敢反廣雅攬取也說文攬持也

榛莽　助巾反說文木叢生曰榛眾草曰莽也

僻處　匹亦反邪僻也亦隱僻也說文僻碎也

猩猩　所京反字林能言鳥也知人名也形如豕頭如蘩難今交阯封溪有之聲如小兒啼字從犬星聲也

捃拾　古文攈同居運反方言捃取也

第十四卷

手攜　毀圭反攜攜抬也書擊石攜石是也尚

熠爚　由掬弋灼反說文爍爍也爚火光也經文作爍非體也

櫨欂　力都反說文枅上櫨曰櫨謂柎端方木也櫨斗釋名櫨言都盧負至也經文從金作鑪非體也筆宜作磺柔朗反說文磉柱下石即斥磺也經文從金作鑠鑛也磺音楚

亭十六

九

第十五卷

都梁　案盛弘荊州記云香蘭也都梁縣名有小山山上悉生蘭香所謂蘭為都梁即以縣為名也

棡輿　古郎反文字集略云相對舉偁曰棡也

罰錢　自連反貫時也唐虞夏殷皆有錢經文作鎸錢務反謂錢咄歲非此用者也

不啻　施豉反蒼頡云不啻多也

第十六卷

蜱肆　借音布迷反此譯云達使也

鑿鏨　仕監反謂有刀斲鏨者也斲音竹角反

剔肉　又作𩮜同他歷反剔䰉也通俗文去骨曰剔謂也

著蘅　下庚反杜蘅香草也謂以草為履言其惡也

兩轂　又作轂同子孔反方言關西謂轂為轂釋名云轂言輻總入轂中

森森　所金反說文云多木長皃也今取其意耳

自誇　古華反通俗文云自矜曰誇謚法曰華言無實曰誇也

第十七卷

鹵簿　字體作樐櫓二形同力古櫓古反樐大楯也蔡邕獨斷曰天子大駕出陳鹵簿是也

擲羂　又作罥同古犬反又聲類云係取之也

第十八卷

械簏　古咸反說文械篋也字書木篋也經文從系作緘非體也下又作簏同力木反竹器也

第二十卷

蘇萿　思邪反方言蘇芥草也郭璞注曰蘇音峰多江東音高字作蒜陳楚間曰蘇音蘇齊之間謂之莽閃之東西謂之蘇萿莽音[illegible]也

輕閬　字宜作團徒丸反字林云團圓也

第二十四卷

如蘊　紆文反謂聚草束之以然火也漢書云束蘊乞火是也經文作薀蘊薀盛皃也非今所用舊音作執今非也

第二十五卷

破隖　一古反字林小城也通俗文云營居曰隖又小障也字從烏

第二十九卷

節纇　力外反通俗文云多節曰纇亦絲節也經文作頪非義

第三十卷

縛繳　之若反繳生絲縷也繳之射者也繒音子登反結繳於矢謂之繒也

牻色　莫江反雜色也說文云白黑雜毛牛曰牻也

亭十六

鵂狐　許牛反鵂鶹也關西呼訓侯今山東謂訓狐也

十

心悸　古文痵同其季反字林云心動也

第三十二卷

斫剉　下且卧反說文云折傷也剉者亦斫也

第三十三卷

麋鹿　上莫悲反說文云麋屬也以冬至時而解角也

酒鑪　力胡反又史記文君當鑪韋昭曰酒肆也以土爲墮邊高似鑪也

認過　如孕反失物而記之也又經中作切八尺曰仞也

第三十五卷

沃瀱　古文茯同烏木反沃錯漑灌也沃亦漬也澆也

剒治　古文創鉻二形同力各反通俗文去飾曰卻經文或作芟所巖反刈草也或作蓫非體也

第三十七卷

衣䌲　又作䌲同思挾反覆屬也說文作燮燮和也燮非字義也

香陰　於禁反方音受胎具三䌲三也香陰見在前經文在陰誤也

第三十九卷

押乳　普耕反江南音也押彈也經文作軿音瓶車名非此用也

地肥　扶非反劫初地脂也經文作膃非體也

第四十二卷

淖蜜　奴孝反通俗文和濡曰淖淖和之也

霏那　孚非反楚言也此謂福德行也

標牓　補朗反謂物標記也字從片經文從木作榜補孟反非此義

說甌　烏侯反三蒼云瓦盂也字林云小盆也

說䃯　勑果反俠長器也蒼頡篇云盛鹽物池淮南子云㼜面於槃即圓於杯卯

十二

亭大䃯是

第四十六卷

從嘷　又作嗥同胡高反說文嘷咆也經文作呧都禮反字與詆同呧呵也呧非字義

誣謗　武于反說文云加言也亦欺也以惡取善曰誣也

及豺　仕皆反尒雅豺狗是也蒼頡訓詁云豺似狗白色有爪牙迅捷善搏噬也

第四十七卷

第五十卷

圖罝　古文𦉼𦊆二形同子耶反尒雅兔罟謂之罝郭璞曰罝遮也遮取兔也

荼帝　徒加反經文或作荼䓘二形並非體也

莜治　或作蓧搽二形籀文作蓧同呼蓧反說文除田草曰莜也

瓬瓬　又作甋同力頰反通俗文瓦破聲曰瓬說文瑣瓦聲瓃瓃也經文作璺璺誤

第五十三卷

八稜　又作棱同力增反說文棱柧也三蒼棱四方也柧音孤經

鐵槍　千羊反蒼頡篇云兩頭鋭也經文作鏘玉聲也鏘非此義

第五十五卷

因鉄　素字義宜作麩于反麥皮也經文作鏉未見所出疑此言麩金遂從金作鐵也

磨鋥　相承宅諍反摩治也字無所出今宜作鼓治也謂摩瑩飾也

火棑　又作㯳同蒲拜反所以治鍛家用炊火者也

留邵　時照反寶名也

第五十七卷

鼾眠　胡旦反說文卧息聲也經文作汗哻奸二形非也又作嚊普利反喘聲也嚊非此義也

棚閣　今作棚同蒲庚反連閣曰棚經文作閛普耕反門聲也閛非此用也

第五十九卷

敲戶　苦交反說文橫撾也亦下擊也經文作摽非字義也

磨輾　女展反輾治也經文作碾音田展反非此用也

第六十卷

𢿙櫝　又作梖同居遣反木名其竹者也

爲紵　直呂反說文繫屬也亦草名也作布細而白者也䔾音苦迥反

箭笴　工旱反字林云箭莖也經文作幹古汗反枝榦也

鷄毼　力經反謂毼羽也經文作鷄鶡力古反下力周反謂黃鳥也又作鸍此並塵誤也

爲齊　徂奚反謂齊整也經文從金作鑇誤

爲鉀　又作鈚鎞二形同普迷反通俗文霍葉曰鈚鈚即大箭也

不愜　苦頰反謂愜可也字林愜快也

亭六

十三

增一阿含經

第一卷

顧眄　莫遍反說文邪視也三蒼旁視曰眄也

揮淚　許歸反揮灑也說文揮奮也謂奮迅振去之也

拘隣　瞰耶婆問經作何若居隣此譯云阿若言已知正言解了拘隣姓也大哀經作拘輪晋言本際第一解法者空普曜經云俱隣者解本際也即經中會者了本際是也此即憍陳如也

第二卷

滄蕩

脬尿　匹包反三蒼云盛尿處曰脬說文旁光也字從肉孚聲經文作胞非體也

胎漢　又作誕𧬈二形同詳延反字林慕欲曰涎三蒼作次次唾也經文作漢非也

第三卷

耐辱　奴代反蒼頡篇耐忍也字本從彡作耏從寸也

識鵬　上又莯反下蒲崩反經文作識誤也

隱瞎　於靳反釋名瞎瞖也言雲氣隱瞖使不見也

玜頒　力許反出丘名也依字蚑蚑甾也蚫音市忍反

第四卷

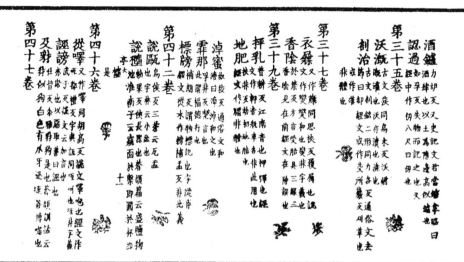

眩惑　古文迿㫡二形同胡遍反廣雅眩惑亂也亦闇不明也

飯食古文餅同扶万反黄帝始炊穀爲飯飯食也

甘饌士眷反具食也亦飲食也

第六卷

屋廬力居反別舍也黄帝爲廬以避寒暑春秋去之冬夏居之者也

猥多烏罪反字林猥衆也廣雅猥頓之也

第八卷 十六

苦蔘說文作蓡同所金反苦章也其類有多種謂丹蔘玄蔘等也 十三

鍮婆又作鍮同他侯反或云斗藪波或云偷婆訛也正言窣覩波窣音蘇没反

蜎飛一全反字林蟲貟也或作蠉古文翾同呼全反此飛貟也

蝡動人尹反字林蟲動也通俗文搖動虫曰蠕是也

第九卷

白疊字體作㲲古文㲲同徒頰反毛布也經文作褺知立反褺辭也褺非經義

兩目力掌反說文兩再也廣雅兩二也經文從草作萵亡安反萵平也萵非此義

燓燒古文燌同扶雲反索黄亦燒也字從火燒林意也

第十二卷

矟刺所角反埤蒼矟長一丈八尺也經文作槊俗字也又作鎙誤也又作鏑江南俗字也

轢其力各力的二反轢轢也說文云車所踐也

脊僂力矩反廣雅云僂曲也經文作膢力侯反祭名也膢非字體

第十四卷

軟愜上而兗反下數胁反軟柔也愜消也

頷頭五感反說文云搖其頭也經文作儼儼敬也儼非此義

第十七卷

拘翅梵鼓反或作俱耆羅鳥梵言訛耳此鳥聲好形醜從聲爲名也經文作流

鷙鳥鷙二形鷙㚔也諸利反猛鳥也謂鷹鸇等類也鷙至也執也謂所至能執服衆鳥也

第十八卷

占蔔或作膽正言瞻博迦大論云秦言黄花樹也其樹高大花氣遠聞經文作匐非也

匳捲又作拳同渠圓反拳捶拳也

般磋古文醝同鹺何反梵言也

第十九卷

毾㲪他盍反通俗文毛席細者曰毾㲪經文作毾非也

勇悍胡旦反蒼頡篇云悍禁也說文云悍勇也有力也

第二十卷

貲輸紫斯反貲財也通俗文云平財賄曰貲也

湊集上倉候反字林云水上人所會也湊亦聚也

第二十二卷

讁罰都革反罪小曰罰罰罪曰讁經文作擿非也

五刻古文副同苦則反刻也削也刻畫也經言刀劍等刻劓之是也經文作刓非也

愁悗烏奐反字略云悗數驚異

蚩笑古文肖同尺詩反廣雅云蚩輕也謂相輕而笑也 十四

十六

盪鉢古文盪又作鐋同徒朗反盪滌酒器也

門閾古文閾同呼域反尒雅云柣謂之閾郭璞曰門限也柣音千結反

第二十三卷

一函胡緘反謂以木器盛物者也經文作臽音陷坑也臽非此義

草薪大可折者曰薪經文作蓑蘇和反草衣也

澹淡徒監反下徒敢反廣雅云澹淡皆安也

溺者字體作溺說文小便也字從水尾經文作溺古字多假借耳

第二十四卷

顫項古文膻文作顫同之繕反下古文頷疣二形今作疣同尤富反通俗文四支寒動謂之顫頊蒼頡篇云頭不正也經文作抌非也

攢箭古文攢同徂丸反蒼頡篇云攢聚也字體從木

草貯張呂反貯積也謂盛貯也經文作褚知略反擊也褚非此義也

所押音甲尒雅云押輔也謂押束押障等皆作押也

第二十五卷

耆艾五蓋反禮記六十曰耆七十曰艾釋名云耆指也艾乂也乂治也指謂指事使人不自執役也

拘僂力句反經中或作拘㨮皆梵言訛耳

捻挃古文敜同乃頰反指持謂手捻也下措栗反廣雅挃刺也

第三十六卷

幢麾今作撝同呼皮反謂旌旗指麾衆因以名爲周禮建大麾於田夏后氏所建也

第二十八卷

金鋌徒頂反鋌銅鐵之璞未成器用者也

眼睫又作映同子葉反目毛也經文有作攣詐二形非躰也

十六

干柘支夜反或作甘蔗或作竿蔗此既西國語隨作無定躰也 十五

替不他計反尒雅云替廢也替滅也言滅絶也

勞乎力高反尒雅云勞勤也謂力極也經文作𠢕勞二形誤之也

第三十一卷

殈暴又作凶同許顒反尒雅云凶咎也說文云凶惣也下蒲報反廣雅云暴猝之也疾也字從曰從廾夲音土高反

捦獲　又作鈙襟二形同渠林反三蒼云捦手捉物也埤蒼云捉挺也今皆作擒也

捽毋　存沒反說文云捽持頭髮也經文或作摔相活反撲也

豁悟　古文奯𧮰二形同呼括反廣雅云豁空也經文從心作㦿未見所出也

第三十二卷

將大　子羊反辟支名也經文云作奬誤也

鱣魚　古文鱣同知連反大黃魚也口在頷下大者長二三丈也

當梟　古堯反說文倒首也謂斷首倒懸於華頭肆其辜也或作梟說文云不孝鳥也冬至日捕梟磔之從梟頭在木上二形通用

夷湍　土端反人名也此譯云來或作崙青端此梵言鞞重耳

揚治　古文敭颺二形同余章反說文云揚飛舉也

第三十三卷

炰節　又作炰同蒲交反小熱氣也經文作疱皰爊三形未見所出

第三十四卷

金扉　音非說文戶扇謂之扉經文作閞誤也

酬荅　古文醻同是由反謂報主人也酬亦荅也

窒家　陟栗反通俗文陶竈曰窒蒼頡訓詁云窯燒瓦竈也

如甜　又作甛同徒兼反說文甜美也廣雅云甘甜也經文作䣶非也

互跂　又作屐同渠逆反屐有木有帛有草非一揆也

第三十五卷

警寤　古文憼儆二形同居影反警戒也戒慎也經文作綮非義也

犕牛　古備反謂搆擇取乳也紲文作牰古犕字誤作也

舊欸　或作欸同口嗳反廣雅云欸愛也蒼頡篇云欸訴恚意也

八窖　古効反通俗文云藏穀麥曰窖也蒼頡篇云窖地藏也

遏絕　古文閼同於曷反尒雅遏止也謂遮相止也遏亦遮也

第三十六卷

自摑　宜作擭胡麥反擭搦也搏也

五捺　乃曷反謂手五指捺也經中作捺下計反埤蒼擷取也捺非此用

較之　古文作捔同古學反廣雅較明也也謂較然易知易見也經中有作較見比挍也

十五

自襞　畢亦反說文韏衣也廣雅襞屈也韏音丘阮反

十六

第三十八卷

戢在　阻立反說文云戢藏也亦聚也斂也

第三十九卷

俟彼　古文竢𥎦三形同事几反尒雅云俟待也

玃猴　亦作貜同煩反似獮猴而大背長其色有黑有黃鴻聲甚宣也經文作抏非也

擗口　補革反廣雅云擗分也亦裂也

恤民　又作卹同須律反尒雅恤憂也亦收也謂以財物與人曰振恤之也經中作䘏未詳所出

第四十六卷

瘡痍　臾脂反通俗文體瘡曰痍頭瘡曰瘍也瘍音陽

氣劣　古文炁𣱛二形同去既反氣息也下古文埒同力拙反劣弱也經文作劣誤也

第四十七卷

誦習　似用反謂積習數為也經文作謵之涉反言不止也謵非字義

抴電　又作曳同余制反抴引也電弥也言暫引即弥滅也

膿血　古文𦢊膿二形今作膿同奴公反潰血也經文作盥非也

醇酒　是均反不澆酒也亦十旬酒也

㕮咀　方父側呂反又蛆拍哱血

來鎮　陟陣反說文鎮壓也經文作塡徒顚反塡滿也

第四十八卷

蜜提　或作鍗音徒計反城名也經文作坒比吐字是錦書作吐黎反泥舜偽正也

梃樹　丑連反樹名也

十六

他支　秦言財㥯經文作䟕史從口取轉吉也

為幟　古文𢡾同尺志反幖也通俗文私記曰幟謂錭盦等五物幖為記也

十七

祇崇　諸時反尒雅云祇敬也崇重也

振給　古文㧓振二形同諸刃反說文振舉也小尒雅云振救也亦振發也經文作賑諸忍反尒雅云賑富也謂隱賑富布也亦兩通也

鰥獨　古頑反釋名云無妻曰鰥無子曰獨言鰥人愁悒不寐目常鰥鰥然如魚眼不閉故字從魚也

酸酷　古文嚳焅悎三形同口木反說文酷急也甚也謂暴虐也

纂修　古文纘同子管反字或作纂尒雅纘繼也纘前修著也

第四十九卷

禱謝　都道反求福而謝禱之也請於鬼神也謝辭也

抱不　又作菢同薄報反方言摝搆之鬧謂伏雞曰菢江東呼嫗嫗文作聒許也

僥倖　又作儌同古堯反下音幸俗謂幸為僥倖言儌其德澤也貨堂得激遇也㛃辭願僥倖以特時謂昔非其所得而得之者曰僥倖也

而烙　音力各反謂燒物著之曰烙也

掬抱　又作匊同居六反說文掬撮也抱持也

第五十一卷

綺語　墟蟻反不正也經文作詩非體也

禳厭　而羊反禳除也知也下於琰反眠厭不悟者也

欶乳　又作敕同山角反通俗文云含吸曰欶經文作嗽俗字也

饋遺　古文作餽同渠愧反說文云饋餉也遺與也

稟食　補綿反說文云稟賜也廣雅云稟物與之也

陽聾　餘章反通俗文作辭盛辭也又漢書作陽謂不真也詐文作佯音似羊反佯弱也佯非此義

蝗虫　胡光胡孟二反毛詩虫螽蟴云阜螽蝗也今謂蝗子為螽子一名螽云是魚子化作張斐解音樟云小曰螽大曰蝗蝩音文凶反又之容反

雜阿含經第二卷

獲泅　正字作汓同似由反說文云浮水上者也

不憚　徒旦反廣雅云驚也詩云我無憚暑箋云憚畏之也亦忌也

第四卷

恐怛　都達反怛懼也廣雅云怛憂也方言怛痛也今或為驚憚宜

若鏵　古文釫鏵二形今作鋘或作鍍同胡瓜反鏵刀也經文作鏵非也

第五卷

啾啾　子由反蒼頡篇云眾聲也說文云小兒聲也

掠話　又作咂古文話同都擋反只廣雅云話欺也亦呵也

拔茇　補達反說文草根也方言茇杜根也東齊曰茇或曰杜也

剽剝　芳杪反廣雅剽剖也蒼頡篇云剽截也說文剽剝也剝謂削皮膚也亦剝落也

第七卷

剬割　又作剸同之兗反說文剬斷也亦截也經文作鉽鍚之鉽非也

尪瘵　又作尪古文從生作尪同烏皇反下側界反短小曰尪尪猶弱也

惛悴　呼昆反下古文稱悴二形今作顇同秦遂反惛亂也亦癲也悴傷也亦憂也病也

蹁躚　古文徧同蒲眠反下蘇眠反廣雅蹁躚盤姍也亦旋行也經文作蹁跣非

贔屓　贔也古文奰憊二形今作勑同皮冀反下今作四同羲冀反西京賦云巨靈贔屓薛綜注云作力怒也說文壯大也詩云不醉而怒也奰從三目從大三百垚大也負說文亦卧息也宇從尸蕕自聾經文作僻獄此非也

第十卷

蔭翳　於禁反下力救反蔭覆也通俗文暮子曰翳是也

發荄　古來反說文云草根也又方言東齊謂根為荄也

火熂　音氣字林云熂燒木焦也經文作[illegible][illegible]他念反

第十九卷

指蹴　子六反說文蹴躡也以足逆蹋之曰蹴經文作蹴非體也

顛沛　又作蹎傎二形同都賢補昧反蹎僵仆也經文作[illegible]非體也

探其　他含反亦撢云探取也郭璞曰手探取也說文云手遠取也

第二十一卷

脯腊　思亦反周禮脯腊鄭玄曰乾肉薄析之曰脯小物全乾曰腊腊猶昔也謂久昔

矛穳　麁亂反排穳也字林小矛也經文作鑹古文鑹字又作爨炊也並非字義

亹亹　亡匪反亹亹猶勉勉也亦進兒也

涕泗　息利反詩云涕泗滂沱傳曰自鼻出曰泗案泗即洟音他計反自目出曰涕涕音他禮反

第二十四卷

迅飛　私閏反爾雅迅疾也經文作変淬字非也

易韻　于閏反言聲音和也韻也今取其義也

第二十五卷

封緘　古咸反字林束篋也廣雅云緘索也亦閉也

排湯　託唐反謂湯突也又音湯浪反出閒也經文作擋都朔反推也擋非此義

第二十六卷

因釭　又作軖同古紅反說文釭轂口鐵也方言燕齊海岱之間名釭為鍋鍋古禾反

迦椑　譬弥反西國樹名也

第三十卷

猘狗　居制反纂文云猘狂犬也

第三十二卷

沃壤　於木反沃美也溉也溉灌曰沃下而養反柔土也

瘠薄　古文膌瘠三形同才亦反說文云膌薄也瘦也

第三十三卷

詵陀　所巾反經中或作訕馱所姦反又作[illegible]桑讀反或作[illegible]字無所出也

第三十六卷

犎牛　周成雜字作犎音妃封反此牛形小領上有犎漢書西域傳[illegible][illegible][illegible]師子犎牛音封

第三十九卷

大帆　又作颿古文颿同扶嚴扶泛二反聲類船上帆也釋名船隨風張幔曰颿颿汎也使風疾汎汎然也

蛆蠅　且余反說文蛆蠅乳肉中也經文作疸蛆二形非體也

第四十三卷

縫紩　馳栗反說文縫衣也廣雅云紩納也亦縫衣也

若昵　今作暱同女栗反爾雅云昵近也亦說也謂私昵相親近也

蒹荻　又作藡同徒歷反蒹荻草也蒹音古阡反

浚輪　古文[illegible]落二形今作浚同私閏反浚深也

毿毿　蒼頡篇作毿同蘇南反毛垂皃也通俗文毛長曰毿毿經文作鬖非體也

四層　徂登反說文重屋也亦重也山海經云壽蓋三層是也

第四十七卷

皸坼　居雲去雲二反通俗文手足坼裂曰皸經文或作龜坼莊子宋人有善爲不龜手之藥者注云其藥能令人手不龜坼也

匕首　補履反劍名也周禮考工記云上首劍身長三尺重二斤一兩輕而便用也其頭似匕因曰匕首史記荆軻右手執匕首攈其劍是也攈音知禁反字從手也

二十末

第四十八卷

凷相　今作塊同苦對反說文墍土也土塊也

蕪狡　吉卯反狡謂蕪僞狡猾也字從犬方言凡小兒多詐而獪或謂之猾猾可亂也經文從女作姣非也獪音古快反

一切經音義卷第十一

寧六

一切經音義卷第十一（別本）

校勘記

一　底本，明永樂南藏本。

一　二三七頁上一行經名，徑作「一切經音義卷第十二」。

一　二三七頁上八行夾註左首字「反」，徑作「切」。以下字音反切之「反」同。

一　二三七頁上一〇行夾註左第一一字「爛」，徑作「濫」。

一　二三七頁上一八行夾註右「斗數」，徑作「斗擻」。

一　二三七頁中五行夾註左第九字「隥」，徑作「橙」。

一　二三七頁中一〇行夾註左「呼市反」，徑作「呼甘切」。

一　二三七頁中一一行夾註右第四字「朝」，徑作「鞴」。

一　二三七頁下九行夾註左「一形」，徑作「二形」。

一　二三八頁中末行「麚塵」，徑作「麚麀」。

一　二三八頁下四行夾註第五字「貼」，徑作「貶」。

一　二三八頁下一八行夾註左第三字「衣」，徑無。

一　二三九頁上二一行夾註左第一三字「蜋」，徑作「螂」。

一　二三九頁上二三行夾註右「臾珇反」，徑作「臾乳切」。

一　二三九頁中四行夾註右「勑頂反」，徑作「徒頂切」。

一　二四〇頁上九行夾註右末字「寶」，徑作「寶也」。又左末字「作」，徑作「作駈」。

一　二四〇頁上一一行夾註右第四字「睩」，徑作「睩」。

一　二四〇頁上二一行夾註右「助巾反」，徑作「側巾反」。

一　二四一頁上五行夾註右第四字「銘」，磧、徑作「鉻」。

一　二四一頁上一三行夾註左首字「溏」，徑作「泥」。

一　二四一頁上一八行夾註左首字「池」，徑作「器」。
一　二四一頁上一九行夾註「檀是」，徑作「檀是也」。
一　二四一頁中三行夾註右末字「荼」，磧、徑作「嗏」。
一　二四一頁中一四行「留卲」及其夾註，徑無。
一　二四一頁中二一行夾註左「田展反」，徑作「丑展切」。
一　二四一頁下一一行夾註右「何若」，磧、徑作「阿若」。
一　二四一頁下二二行「珕𤨏」，徑作「珕須」。
一　二四二頁上五行夾註左第六字「之」，徑無。本頁下二一行夾註左第一〇字、末行夾註右首字同。
一　二四二頁上七行夾註右「苦章」，徑作「苦草」。
一　二四二頁下三行夾註右第四字「文」，徑無。
一　二四二頁下五行夾註左末字「本」、磧、徑作「木」。
一　二四二頁下九行夾註左「措也」，徑作「指也」。
一　二四二頁下一三行「第三十六卷」，徑作「第二十六卷」。
一　二四三頁上一七行夾註右第三字「餙」，徑作「餂」。
一　二四三頁中三行夾註右末字「捺」，徑作「捺」，下同。又左「千計反」，磧作「千討反」。
一　二四三頁中四行夾註右第四字「擢」，徑作「擢」。又左末字「較」，徑作「校」。
一　二四三頁中一三行夾註右「補草反」，磧作「補革反」；徑作「補革切」。
一　二四三頁中二一行夾註右「余出反」，徑作「余世切」。
一　二四四頁上九行夾註左第八字「之」，徑無。
一　二四四頁上一四行夾註左「廣稚」，磧、徑作「廣雅」。
一　二四四頁中四行夾註左第一〇字「此」，徑無。
一　二四四頁下一九行夾註左「縺衣」、徑作「縺衣」。
一　二四四頁下二二行夾註右第三字「潜」，磧、徑作「潜潜」。
一　二四五頁上二行第二字「圻」，徑作「折」。夾註右第一二字同。
一　二四五頁上四行夾註右「上首」。徑作「匕首」，下同。又左第四字「三」，徑無。
一　二四五頁上五行夾註右第五字「上」，徑作「匕」。又末字「右」，磧作「手」。
一　二四五頁上九行夾註左末字「可」、徑作「亦」。
一　二四五頁上一〇行夾註左「古快反」，徑作「古外切」。
一　二四五頁上末行經名，徑無。

一切經音義卷第十二　亭七

唐大慈恩寺翻經沙門　玄應撰

長阿含經　別譯阿含經
賢愚經　起世經
雜寶藏經　普曜經
修行道地經　生經
陰持入經　亭七　中本起經
興起行經　達摩多羅禪經
義足經　毗耶娑問經
那先比丘經

長阿含經第二卷

防禦　魚舉反防備也亦禁扶遮也介雅禦禁也制捍禦之也捍音胡旦反禁禦

乘桴　二字下並從示又作𥴦同扶流反編木者也小付曰桴也泭音芳于反

明喆　古文喆悊二形今作哲同知列反介雅云哲智也亦了也

嘆咤　古文歎勦二形同他旦反歎吟也吒又作嗾同竹嫁反通俗文痛惜曰咤也

塡塞　又寘同奘堅反廣雅云塡塞也亦塡滿也

并𩜾　人名也相承音鉋未詳所出家古文媃餐二形本作鈍鮑鵒滿也此應槩字誤作也鬈音於焰反

第三卷

殨絕　字書作隕同于懸反聲類云殨殁也亦𤻘落也

轟轟　今作輷字書作輷同呼萌反說文轟轟羣車聲

彷徉　旁羊二音廣雅彷徉徙倚也亦徘徊也

聲聒　公活反諠也蒼頡篇云擾耳孔也字林云聒語也

溷渾　胡昆反渾亂也亦水流聲也

恬淡　徒兼徒濫反方音恬靜也廣雅淡安也

第四卷

歔欷　古文𣢛同欣居欣既反蓄頡舊泣餘聲也䜣悲也

終措　且故反措安也亦置也施也

淪膧　力均反淪沒也瞳胃也謂淪沒膧也

虜扈　力古胡古反謂縱横行也亦自縱恣也又勇健之貞也洪曹音義曰扈敢扈也自大也

瑕隙　古文巢同丘逆反璺也亦別也壁際孔曰隙也經文作郄非體也隙字從上下小中從白也

企望　古文𧿒企二形同墟豉反通俗文舉踵曰企也字從人從止

第七卷

隊隊　古文嗾同徒對反言羣隊相隨逐也

簁篡　士支反字林云竹簇也文作𥳁同作鐵籠也經

有泄　思列反發也溢也亦泄漏也

自刎　古文歾同云粉反公羊傳云公遂刎脰而死何休曰刎割也脰音豆頸也

磽确　苦交胡角反通俗文物堅鞕謂之磽确孟子曰磽确瘠薄之地者也

第八卷

穢稻　亭七　於廢反謂不絜清也亦穢惡也經文有從禾或從酉作穢䤋二形此非也

第十一卷

排搑　子諧反椎搑謂之排搑廣雅搑排也經文作濟誤也搑音而勇反

不媟　息列反相狎習謂之媟亦媟嬻也慢也

門閫　又作梱同苦本反禮記外言不入於梱梱門限也

第十二卷

諦婁　經中有作諦婁依字宜綿至緣二反謂相讓也

陛提　蒲米反經中有從比下木作隸誤也

貝幾　匹文有作裊渠寘反

𢪃頭　或作纂同禹傾反依字寘也音于縛反依

批那　扶速蒲鐵二反依字廣雅批擊也

第十三卷

鞘中　小介雅作鞘蒼頡篇云作削同思誚反盛刀者也方言劍室也

瀨悉　力蓋反依字又字林云水流沙上也水淺流曰瀨也

持戟　居逆反戟猶也釋名云戟格也有枝戟也戟文從金作鐵非也

蹶倒　巨月謇月二反說文云蹶僵也廣雅云僵仆也

第十五卷

桎梏　之實反孤祿反周禮云在手曰桎在足曰梏謂杻械也

援助　禹眷反謂依據護助文言也左傳子無大援是也

第十八卷

金桄　又作桄同音光謂車及橫等橫木者也

中級　居及反級次也謂階級而昇一級二級是也

夾道　古洽反在兩邊也亦夾持也三蒼夾輔也

佉訓　古文誇砉二形同是由竹鵜二反依字訓詉也

亭七

汎汎　古文泛同孚劍反廣雅云泛泛浮負也亦汎濫也又作氾非此用

渟水　徒經反埤蒼水止曰渟也

泥淖　奴孝反蒼頡篇云深泥也字林云濡甚曰淖亦溺也濕也

第十九卷

捷砰　古文礎同都迴反投下也下於甲反自上加下也經文作推埋非體也

從咽　又作嚥同於賢反咽喉也經文作燕未見所出也

蓬勃 蒲公步沒反廣雅云勃盛皃也

奔馳 古文賁今作奔同補門反疾走也釋名奔變也有急變奔赴之也

摣掣 又作担同側家反廣雅担取也下又作摩同昌制反掣挽也

拕抴 太何反下又作拽同余世反抴曳牽引也

束瘃 古文蘇同知錄反謂手中寒作瘃

拼之 古文押同補耕反謂彈繩墨爲拼也經中作絣字林無文綺也絣非此用也

哮呼 又作虓同呼交反通俗文虎聲謂之虓嚇音呼嫁反

𨄅身 又作蹀同力爲反字林云蹀多也

蹌踣 七羊反踣今作仆同蒲北反蹌動也仆斃覆也

有篅 視專反字林判竹爲之盛穀者蒼頡篇亦作圌時緣反圌倉也經文作篳音畢器名也箄筩也亦盛食器也

瘂或 於假反埤蒼瘂亦瘖也經文作痾於何反病也痾非此義又作啞音乙白反欸聲也亦非字義

如緪 古恒反通俗文大索曰緪緪亦緪也經文作緪非也緪音胡官反

第二十卷

石隓 徒果反通俗文落土曰隓經文作墮非也

抃舞 又作拚同皮變反說文拊手曰抃也

醯嵬 五回反物利諸天子名也

第二十一卷

涓澮 古玄古會二反涓涓水小流也澮山水土溝廣二尋深二仞也

蛇池 實遮反池名也經中作絁誤也

沇泉 古文作沇同絶緣反水自出爲泉經中作渷或作涤非體也

呼哈 古文欱𪘂二形同呼合反說文飲歠也

第二十二卷

梓柏 又作梓同資里反木名也可爲棺槨也梓亦楸也

異係 古文繫𢇍二形同古藝反係縛也係繫也續也

拊匃 敷主反謂拊拍也尚書擊石拊石是也

別譯阿含經第一卷

駏驉 渠語反下許居反謂似騾而小牛父馬子是也

睎乾 許機反方言睎燥也暴也北燕海岱之間謂暴乾爲睎也

第二卷

郁多 於六反或作鬱多七條衣也

蟒蛇 莫朗反尒雅蟒王蛇經文作蜩蝸之蝍非也

纔令 在災反廣雅云纔暫也亦僅也經文作諸非也

歠食 口臧反謂歠啄而食也經文有作貪或誤作盦皆非也

第三卷

鑿穽 才性反蒼頡篇云埳坑曰穽廣雅穽坑也

梱煑 古文䵣同胡昆反通俗文合心曰梱纂文云未判爲梱經中作渾沌之渾非此義也

總布 音總通俗文云輕絲絹曰總𢶉亦青白色也

牂羖 祖郎反下音古羊三歲曰牂牂牂然盛皃也羖羊羖也

第四卷

渻湑 又作消同思入史反二反字林云沸溢也亦兩辭曰渻湑也

第五卷

荼毒 達胡反廣雅云荼痛也亦行惡也

鼷鼠 胡雞反說文云小鼠也言有毒者也亦言甘口鼠也

第七卷

髺髮 古文髺䯤二形今作括同古活反字林髺絜髮也謂括束髮也或作鬠髮字也

瘳損 勑流反尚書王翌日乃瘳瘳猶差也亦愈也

第九卷

析械 胡郎反通俗文拘罪者足曰析械戒反械亦析頸也經文作桁非也

拘紉 舉愚反埤蒼云桊牛拘也說文云桊牛鼻棬也下文忍反說文云牛系也經文作偕斛非韁也桊音居院反

攖搣 子公反扠頭曰擲下音滅滅除也

滲入 所禁反滲盡也下瀸曰滲滲竭也

第十卷

都澌 又作𧏡同相離反字林水索也亦盡也

杚土 古文杚扢二形今作槩同公礙反杚摩也廣雅杚摩也杚亦平也平斗斛曰杚

第十一卷

毗紐 女九反正言毗瑟紐天經文作佃非也毅音奴故反

一踔 丑皃反謂半步曰踔字體作趠

罥弶 巨向反字書施罟於道也纂文作鉤鍵字

第十五卷

兩須 思于反謂鬚頦也經文作鑷三蒼悉於反鑷鑷也鑷非此義

得咽 古文嚥同一見反說文吞咽也漢書以咽與辭弃咽之是也

第十九卷

麻縕 一問反說文云縕紼亂麻也經文作蘊非字體也爇音而悅反

第二十卷

薹瞢 徒登下鄧反字集云失卧極也下莫登反經文作瞢非體也

布穀 方言布穀自關而東梁楚之間謂之鶵鶵周鶵之間謂之布穀自關而西或謂之布穀郭璞曰今江東呼爲獲穀也鳩者古入反穫居六反

苾馥　蒲結反詩云苾苾芬芬箋云苾芬香也下扶福反馥香也

芟截　所巖反刈草也詩傳曰芟除草

賢愚經第一卷

懇惻　古文謜同口很反通俗文至誠曰懇懇亦堅忍也下古文𢡜同楚力反廣雅惻悲也說文惻痛也

剜灸　烏桓反謂以刀抉肉曰剜灸灼也灼爇也

王甍　呼弘反廣雅甍士也釋名大夫曰卒諸侯曰甍甍亦頓壞聲也白虎通曰崩甍皆周制也

僉然　此廉反尒雅僉咸皆也方言自關而東五國之都謂皆為僉也

悒悒　於急反字林悒不安也蒼頡篇云悒悒不舒之皃也

失跨　苦霸反踞也字林跨踞也經文作蹃直加反行不前也蹃非字義也

口噤　古文埜同渠錦反噤閉也通俗文曰不開口噤是也

諺言　宜箭反說云傳言也謂傳世常言也

昞著　古文為苪二形今作炳同碧皿反廣雅云昞明也

第三卷

俛仰　無辯反俛低頭也方言閒默不已也

澡盥　[illegible]

鬪格　[illegible]

疊張　[illegible]

亘川　[illegible]

肥脆　[illegible]

欽羨　[illegible]

具騰　[illegible]

第四卷

眩瞑　胡遍莫根反國語有眩瞑之疾賈逵曰眩瞑憒冒也

叵我　普我反謂動不安也[illegible]

爲臛　[illegible]

猒悏　[illegible]

激切　[illegible]

如捂　[illegible]

韮衣　[illegible]

搔蛘　[illegible]

第五卷

痼病　[illegible]

倱伅　[illegible]

第七卷

妐言　[illegible]

鎮殺　[illegible]

忠恪　[illegible]

銜穗　[illegible]

橋宕　[illegible]

罔然　[illegible]

囟上　[illegible]

第八卷

圖苗　[illegible]

析體　[illegible]

嬰身　[illegible]

第九卷

卓犖　[illegible]

驟驟　[illegible]

歘然　[illegible]

第十卷

勦了　[illegible]

挫挨　[illegible]

麼小　[illegible]

敘股　[illegible]

纖邁　[illegible]

咆哮　[illegible]

第十一卷

灼惕　[illegible]

第十二卷

孤煢　[illegible]

施罟　[illegible]

黏比　[illegible]

渰水　[illegible]

第十三卷

斒斕 又作𤥈玢二形同補間反下又作斒同力寒盛間二文押著云文貝也文章成謂文編斕經文作斑蘭非字體也

健碑 脾佼反謂便碑捷勇之也

第十四卷

廁圂 胡困反釋名云廁言人雜廁在上也或曰圂言溷濁也或曰圊言至穢處宜

擗譜 當格治濮清也畢政都浪反謂揮除也廣雅云擗除也

彰靚 又作晴婷媒靜四形同自井反謂安定也息也亦無聲曰靚說文彰清飾也彰嚮也

腹瀆 古文䝺同胡對反說文云瀆瀰也亦步洟曰瀆也

趒牆 他弔反跌也韻集云趕越也經文作超非體也

蜂虫 又作蠭同匹凶反說文云螫人者也經文作夆此應誤也

奕奕 余石反奕奕光明之貌也廣雅奕奕盛也字體從大經文從丱作弈博弈字非體也音古患反

第十五卷

種稑 一本作稑

利躓 古文𨇽躓二形今作疐同陟利反通俗文不利曰躓限至曰疐也

第十六卷

財賄 古文賄同呼罪反財貨也賄亦財也通俗文財帛曰賄周禮通貨賄鄭玄曰金玉曰貨布帛曰賄也

蠱道 公戶反蠱類也久謂行虫毒者

賖貫 始遮反下時乙反說文云賖貫貰也貰貸也世廣雅云世賖也

贏長 弋成反字林贏有餘也賈雅贏益也亦緩也今皆作盈

起世經第一卷

陶演 徒刀反詩云憂心且陶尚陶悼也暢遊也

荼迦 徒迦反經文從足作烝非也

壘堞 又作垒同力癸反軍壁曰壘壘亦重也下又作堞同徒頰反字書女牆也

苑囿 古文囿同于救反字林苑有垣也亦禁苑也三蒼養牛馬林木曰苑養禽獸曰囿同囿也

閻浮提 或名剡浮洲或言贍浮洲或云贍部洲閻浮者從樹爲名提者略也應言提鞞波此云洲渚

鬱單越 音之合反埤婁妻言也或言鬱多羅越或言鬱多羅拘樓或言鄲怛羅鳩留正音鬱怛羅究瑠此譯云高上作謂高上於餘方也亦言譫鳩留此云作亦云姓也

弗婆提 或名弗于逮或弗婆毗提訶或云適利婆鼻提寶適利婆此譯云前鼻提寶此云勝身或云弗婆提或云毗提訶者並訛也

瞿陀尼 名俱耶尼或名跋耶尼或名瞿伽尼皆是訛轉也罷此譯云牛陀尼夜此云取與以彼多牛市易如此間用錢帛等或云有石牛也

薔薇 在羊反下無飛反重葉花也

淋甚 古文𣶒同力金反三蒼淋漉水下也

礓石 居良反形如薑也通俗文地多小石謂之礓礫字從石經文從土作畺非也

攀擥 又作𤊲覽二形同力敢反說文擥持也廣雅云擥取也

搦取 又作𢶡同女卓反搦著捉取也說文搦按也

第二卷

馬名婆羅訶 此譯言長毛也

蟹鼇 五高反螯有二螯八足也字從重經文作鼇大鼈也鼇非此義也

蘇偷婆 此譯云大聚書云塔者訛略也

第三卷

森竦 所金反說文多木長皃也下古文同先勇反廣雅竦上也謂高上也

驪黑 又作䍪同於間反字書黑羊也經文從牛作犁非也

覓突 莫勒反說文見突前也猶捏觸直進也字從日從見今昔作冒

嘊喍 五佳反下助佳反犬見齒也喔瞋貌也經文作睚睢五賣助賣反瞋目之

鉞鈇 方于反說文鈇莝斫也鈇亦鑕也亦機斧也

滂流 普傍反三蒼滂沱也水多流皃也

鐵鏊 五諦反可以作餅者也

第四卷

而踣 今作仆同蒲北反踣謂前覆也

不槩 古文杚同古槩反廣雅槩摩也平也謂平斗斛曰槩也

顫動 又作䪷同之善反說文顫顫也著頻霜顫頭不正也

黑黶 於管反謂面黑子也說文中黑也

第七卷

蚳螭 渠幽反下恥知反廣雅有角曰虯龍無角曰螭虯黑身無鱗甲螭若龍而黃者

兩股 又作骰同公戶反說文脛本曰股股髀之也

第八卷

積稭 千歷反廣雅積謂之䅭䅭小矛也下又作稭同稍謂稍又大秋也

瘢痕 薄寒反下胡恩反瘢痕也痕物跡也

第九卷

陂濼 筆皮反下匹博反陂池也山東名爲濼鄒東有鸛鵲濼是也幽州呼爲淀音殿

第十卷

迦算 方亦反此名藿香也藿音呼郭反

雜寶藏經第一卷

確然　口角反周易夫乾確然示人易矣韓康伯曰確堅貌也

黎元　力奚反黎衆也元善也古者謂民曰黎言善人因善爲元故曰黎元言元元者非一民也

瞤動　古文眴同瞤閏反說文云目搖動也

惕惕　勑歷反詩云心焉惕惕傳曰惕惕猶切切也亦疾也懼也

第二卷

而賦　方句反布也量也尒雅賦量也郭璞曰謂布與之也

悼慨　徒到可載反悼傷也哀痛也慨大息也

鑰匙　今作闟同余斷反下方言作提网是支反憫鑰者也經文作籥非體也又作紙擊類字爽鎖同音昌紙反箸也紙非字體又作柢非也

仇迦　渠牛反或作拘迦鯔梵言訛轉耳

鞠躬　居六反論語鞠躬如也孔安國曰斂身也經文作穹窮非體也

第三卷

肥丁　都亭反丁強也釋名云丁壯也言物體皆壯也要時萬物丁成實也經文作肝鄙定反肝鋑也肝非字義叚音豆

單孑　居折反孑孓獨也字林云無右臂曰孑是其義也

讒構　古侯反構合也亂也詩云讒人罔極構我二人是也經文作媾構之構非體也

第四卷

詭誑　居毀反不實也廣雅詭隨惡也亦欺也誑也

騾驢　力戈反似驢而大

畐塞　普逼反方言畐滿也經文作逼誤也

襤褸　古文襤又作繿同力甘反謂衣敗也凡人衣破醜弊皆謂之襤褸經文從草作藍草之藍絲縷之縷非體也

伶俜　力丁匹丁反伶俜亦孤獨無依怙也三蒼聯翔也

銅魁　苦迥反說文云黄斗也經文作鐗鐗二形並非也

第五卷

相諧　胡皆反諧和也謂音聲調和也說文作龤樂和也

金鏊　又作鑫同於浪反尒雅云鑫謂之鉒郭璞曰即金也

蹭蹬　古文贊踴二形今作走同搥厚也左傳西蹟而踐案蹬弱反謂蹭猶頓

倚張　也廣雅蹤踴也陟留反下知良反尒雅云侜張誑也郭璞曰籀或倚張爲幻幻惑亦誑誑人也經文作侲翻反侲狂也侲非此義

匍匐　蒲胡蒲北反字林云匐予行也匍伏也亦盡力也

炎疫　以壁反夜竊也疫役也也言有鬼行炎也

启門　孔尚以爲古文咎字郷荅云作闕同昔禮反說文启開也

第六卷

今享　古文作亯同虛兩反尚書克享天心孔安國曰享當也經文作音響之響非也

儱能　勑朗反謂不定肆也經文作讜當朗反直言也諸非此義

嚶鳴　烏耕反尒雅丁丁嚶嚶相切直也謂兩鳥鳴以喻朋友切磋相正也

嗷嗷　五高反說文嗸嗷衆口愁也

苛剋　賀多反說文尤劇也煩擾也剋急也禮記苛政猛於虎是也

至款　或作歎同口緩反蒼頡篇款誠重也說文意有所欲也又志縱也欲愛也

老瞎　又作𥉮同乎轄反字書一目合也

第七卷

綏化　斯隹反尚書云五百里綏服孔安國曰王者政教也尒雅云綏安也

鍰鍛　一加何加反說文云鍰鍛頸飾也

坐頭　徂果反說文坐止也經文作壘於仁反塞也壘非此義舊烏見反者非也

禱賽　都語反說文告事求福爲禱下蘇代反謂酬報也

哂哂　失忍反論語云夫子哂之冢哂小笑也經文作哂舊鳥鴟呼鴟二反非也

第八卷

諮詢　私遵反問也左傳訪問於善爲諮諮親爲詢諮問善道也詢問親戚之議也

悉腹　又作懾同瘟懒反說文云丘涉反恐息也經文作搞非也

甲胄　古文軸同除憂反癡雅云胄蓋也亦言類蓋也

喊言　呼咸反咸笃忞聲也經文作皆音皆莽字義也

覷其　千絮反字林覷觀也亦覗也廣雅云覗視也相候覗也

眼眠　又作瞑同莫田反說文眠翕也尒雅翕合也

啞師　結反人名也

鄙褻　思列反鄙陋也褻黷也亦私居非公會之服也

狡猾　古飽反胡刮反尚書蠻夷猾夏范甯曰猾亂也字書猾惡黠也方言凡小兒多詐或謂之猾也

巢窠　又作拱惠二形同皆和反膩雅楷業業也揩音則恒反

拓言　鄰禮反拒也謂拓拒推也

藪實　又作數同胡華反說文考實事也亦審數之也

拔上　又作攀同普班反廣雅云扳援也釋名攀翻也連翻上及之言也

晉曜經第一卷

迄今　虛訖反尒雅迄至也

福祚　在故反祚報也亦祿也

四瀆　徒木反尒雅云水注澮曰瀆說文瀆也又邑中曰瀆也

愚戇　都絳反說文愚戇也戇愚也

澁滌 走朗徒的反謂云澁滌洒器物也𥭛文滌洒也

軒窻 許言反軒檻板也亦檻上板也

鐵樹 補沫反國名也依字兩刃有木柄可以刈草也

帑藏 勅朗反周成難字音藹字音者也文帑金帑所藏府者也說

櫳䟽 力公反著頓留云槃䟽也說文旁室曰䟽也䟽亦窻也說

第三卷

髀踵 孝七 蒲米反說文下古文踵今作踵同之勇反說文足跟也廣雅踵迹也 十三

籃筍 胥史反說文盛衣器也亦筥也圓曰篅方曰笥也

椸架 古文𢮛𢮛二形今作椸同余支反禮記男女不同椸架鄭玄曰竿謂之椸又曰椸可架衣也

鷙鴈 音至木顛介鷙雅云鷙鳥也鷙擊也李巡曰鷙鳥家曰鷙鷙耶鴆也 音

芬葩 音芬敷云芬芳也普花反說文葩華也取其盛貌也

咳笑 古文孩同胡來反說文咳小兒笑也禮記子生三月父執子之手咳而名之也是也

第四卷

委𤸁 丁甘反委積也謂委積相𤸁也聚貌也𤸁同如今文鵰鶃似鳥高足群飛也

鵁鶄 音交精二音似鳧高足群飛也

𢿬骨 又作𣫗同五孝反說文𢿬食也作𩟔火屋反又爾雅𩟔辛也齧樂非字義

寮屬 又作僚同力宮反爾雅寮官也郭璞曰同官為寮亦作僚南子

偶偶 云魚群生不偶又作偶見上吻說文偶像也說文口仰其聽也

第五卷

不踕 丁計反著頓瞋踕也說文作𨁃云實土

寶𥻘 依果反說文𥻘作作云作𥻘文云俗作塑也

緹幔 他曰緹禮反說文帛丹黃色也一染謂之緹赤黃也音且綃反緹緹也

第六卷

珠璣 居衣反說文珠之不圓者也小珠也

訛言 古文僞同五禾反說文訛言也詩云民之訛言亦作𧦝訛

蒺藜 自生非也 三角 字從 者雅 作鉞 鏁也

闇闇 古文𨵦同於中反說文闇閉門也和數之貌也經文作咈而非也

嬰娘 字非時不言語而牛居反聲也說文乙音丁反𡠗佳反乙名也 賴也𡠗也非此用也

跳蹀 細跳也蹀足也 蹀跳足也

顆頭 苦果反說文顆頭也

從容 且容反說文從容也

㾊廓 林又作㾊大也說文㾊廓也

拍𦟛 又作𦟛同必召反

虎兕 又作兕同徐𥳑反爾雅兕似牛一角青色重千斤

和埴 時力反說文黏土也

栽蘗 古文櫱同五割反說文伐木餘也

第七卷

汜流 古文汜同孚劍反 孝七

屯蹇 古文也論文作騫 說文跛也

林邠 古文邠同彼巾反

禮覕 許注又作覕同莫結反

修行道地經第一卷

大軟 古文檽同而兗反 廣雅軟弱也

栽栽 子來反說文築牆長版也 謂木植也 可以藏草木植者也

第二卷

鎖柴 經文作𨪐 非體也 說文作鎖 二形

奔走 古文奔同

蟠結 曲寒反

禁齡 說文齡也

萑葦 古文萑同胡官反 十五

第三卷

飛鳥 孝七 未秀則為萑 䕃則為葦 長大為蘆 鳥也

綜解 子送反謂綜機縷也 說文綜機縷也

黿鼉 也

諸藏 才浪反肺肝心脾腎也 五藏也

諳人 古文詮同於含反

蟹蛛 又作蠏同胡買反

嗽喉 文又作嗽同蘇豆反

湩現 竹用反江南人亦呼乳為湩

偏鶔

蒼頭 民黑頭 也青 蒼頭也

㦎兒 於勿反 亦作 也

如麪　㒵迹反言碎末如麪也經文作䴹聲之誤也

拼直　補耕反謂彈繩墨爲拼也經文作絣帛懸文者非此義也

鐵軒　尼心反通俗文䋌車曰軒軒筥也䤋音柔文反並音鐵

燔之　又作燔同扶表反加火曰燔爕赤旋也乾也

鐵弗　字兟初眼反謂以鐵貢內灸之者也鐵音且藤反

第四卷

嘲說　古文謿今作嘲又作謂同陟交反蒼頡篇啁調謂相戲調也

相撐　又作牚樘敞三形同丈庚反謂相觸也亦撐拄也

不訾　又作𧮰同子斯反訾量也說文訾思也經文作貲財之貲非也

相槩　古文杚同古代反廣雅杚摩也槩平也謂平斗斛曰槩也

九部　古文磬同視招反舜樂名也韶紹也言舜能紹繼堯之德也尚書蕭韶九成是也

第五卷

擭草　於號反廣雅擭持也西京賦云擭斬胡薛綜曰謂握取之也㯼音說

秤鎚　直尼反廣雅鎚謂之權即籥鎚也方言鎚重也宋曾曰鎚尺廟又下鎚於反鳩張大也言此人鵄張大如豬也

鵄豬

博掩　褰文云博六博用六箸六棊謂之六博掩㨶擿跳錢戲也俗謂之射數或云射畫也

歷斯　力的反下桑奚反通俗文考曰具謂之攊斷字林榊其捐也

臠臠　力轉反謂切肉大者爲臠臠小者曰𧙕經文作腱腱非也臠音側吏反

步搖　釋名云上有垂珠步則搖也動者經文作琠瑶之璣非也

秸草　古八反又尚書云三百納秸孔安國曰秸稾也服稾役也

餬口　又作結同戶姑反方言云寄食也江淮之間謂寓食爲餬爾雅云餬饘也郭璞曰即糜也饘音之然反

生經第一卷

鐺鏳　力鑛反下都唐反說文鑛鏳鑛也漢書以鑛鏳鏳是也經文作琅當非體也

淑女　精六反詩云窈窕淑女傳曰淑美也善也

震越　梵言也此譯云衣服也

道誼　今作義同宜寄反禮記誼者宜也制事宜也誼善也善義理也

訶譴　廿七　去戰反說文譴問也廣雅譴責也怒也訶謂譴問也說文訶大言而怒也　二六

睢叫　諦育文華反許佳反說文仰目皃也擘類睢矍大現也謂張目叫呼也矔音況縛反

接彼　奴和奴迴二反說文云接擇也又亦兩手相切也

調謙　息咸反廣雅謙調也謂相謂也蒼頡舊謙歎也通俗文大調曰謙是也

誘訹　餘首反謗敎也引也相勸也下私律反說文訹誘也廣雅云訹誘也醛文作恤憂恤非此義讀音私酉反

薨殞　呼弘反廣雅云薨士也薨也謝侯曰薨也薨亦死也口萬反說文酷急也告之甚也暴虎

酷令　也白虎邊日醋者梏也蘗令窮極也

冒怵　又作憫裏世反字林憫冒世荼額舊惱明也余雅扭發也靜𩔟日粗伏偖寓也

倖因　妨敃反尚書曰倖厥實五孔安國曰倖取也

犇急　又作犇䫨二形同補門反犇亦走也

嗚咙　古文鼃同子六子令二反聲類咙亦鳴也

第二卷

諄那　古文諕同之閻反此譯云碑未謂人名也名也執五更反下胡浪反風音字耳

鞭軏　字未詳所出也相傳昆反聲

殟殙　於門於孜二反下莫知也類欲死也說文暴無丁賓

揹偈　所交反

昧癉　反

第三卷

鞬陀　紀言反

鍮鞈　口賚反說文盛甲也下胡旦反周易白馬翰如王肅曰鮮舉其馬翰如也

㩗殄　徒計反

譴呼　古文作叫又作讙同虛袁反廣雅讙𪃋也聲類讙譁也讙聲也囂呼也

翕眼　呼及反翕眨眼也翕合也亦斂也說文翕起也經文從目作聯書無此字此音莊採步

樗樹　廿七　丑於反詩云蔽芾其樗樗口樗碆本大不中繩墨小不中規矩也　十七

蠱狐　洪狐反說文狐妖獸鬼所乘有三德其色中和小前大後死必首丘也

拘翼　梵言憍尸祀是也此本棄作麹俠誤作翼失其翼也

攉悄　古文謫同息與反遏啓文多意謂之忖悄字耕竹悄知也竹音張呂反

麋費　又作商同力甚反網樣麋人掌五敖之徽郎玄曰蠱聿曰麋也

惆泣　眉廩反憂皃登左傳日鋼惆怗如粲夫之靈泰也

第四卷

牢船　示卑反世本共鼓貨狄作舟船黃帝二臣名也方言曰自關而西謂舟爲船經文作船胡江反䑿船也艄音扶江反

姑伀　古明反伸纆夫之毋曰姑姑在則曰君姑沒則曰先姑下之舅反稱名俗謂舅章爲伀

踧踖　手六反下子亦反字林踧踖不進也一曰行平易也廣雅踧踖畏敬也謂蹙徵之皃也

第五卷

髡鉗　口昆反下巨炎反說文鉗䥫也鉗束鐵在頭者也經文作猛弄也

嬲羂　奴皎反顆羂亂也家羂猜料也亦弄也

讒哳　顒鐺中鎗二反咽哳鳥悲也鄉醜咽哳而悲鳩是也

搏蹋　𪎳莫反下又作蹋同徒盡反搏手搏也蹋足蹴也

無條 古文𦀚繫二形同古帝反說文係絜束也亦相係屬也

唉痆 於來反說文譍聲也蒼頡篇唉吟也字書唉譍也下又作痆同於何反吟

音擠禮反

陰持入經上卷

惱懣 古文作𢣁同莫本反字林懣煩也蒼頡篇云懣悶也亦憤也方言眩懣也郭璞曰懣水之悶煩懣謂之讀漫也

下卷

已分 甫墳反分隔也分別也廣雅分與也經文作份彼陳反說文份文質備也字與彬同

得跓 跓住

濭港 古侯反下古項反謂項流也此言入流亦名至流亦名預流言濭港者取其流也

敢法 又作御同魚據反凡言敢者所以驅之也作內之於言也謂指撝使為也

睡瞑 又作眠同亡田反說文瞑翕目也

不跌 徒結反廣雅跌差也說文跌蹶也字書失蹶也音居月反跌蹶石之也

中本起經上卷

拘隣 此譯云阿若一名已知拘隣二名拘隣三名姓也

摩訶提 經文作名五百四十八 名五十力也共摩男也方言字林謂之利力說文懅不作桲

怖悖 古文作𢡚同補對反說文悖亂也桲悖也

孚營 義作孚誉同音扶文作孚營非也 普營營也

俱蹟 古文𧿹二形同作事不利曰蹟 至曰結

通俗文事不利曰躓

下卷

妖冶 余者反周易冶容誨淫劉瓛曰冶飾也言妖冶之見也

狂慭 呼禹反說文慭字書誤也

靈柩 其久反禮記曰在牀曰尸在棺曰柩說文柩棺也

焜煌 胡本反下胡光反焜煌明也

恂恂 私遵反爾雅恂恂懼也

斑駁 又作𢼂同補顔反

興起行經上卷

矛䂎 莫侯反下楚江反經文作鏦

吱越 書無此字口者取其舌也

曰㲉 正作㲉同

一仞 如振反

盟死 音盟

各選 文先選反

達磨多羅禪經上卷

發軔 之忍反注云軔支輪木也

分達 又作達同

瘠馬

將暨

下卷

一匵 徒木反

闇衆

閃爍

介炎

梯㧜

消流 古文㳍同消流也

瀸壞 子廉反

貪寠 其羽反

塵𡋯 武詼反

難沮 才與反

肪䏿

鐵㮇

伏雞 又作𦜆

義足經上卷

跰骨 今作胼同

草蕠

欲諠

過徇

厄至　於革反蒼頡篇云厄困也說文厄隘也凡遇災難遭苦毒曰厄也

鱻明　又作鮮同思淺反廣雅云鱻好也鮮亦善也

不撟　几小反說文撟擅也假詐也亦舉手也尚書撟誣上帝孔安國曰託天以行罪國語其刑矯誣賈逵曰非先王之法曰矯加誅無罪曰誣字從手今皆作矯也

著洿　一孤反字林濁水不流曰洿謂行潦之水也洿池也廣雅洿深也濁也大曰潢小曰洿也

亭七

勞來　說文作勑同力代反尒雅來勞也勞音邇郭璞曰相約勑亦爲勞也役爲舍人曰勞力極也來強事也廣雅勑謹也勤也詩云神所勞矣褻云勞來精佑聊也讓書勞來不急也經文作係非也

名蔵　古文恿蔵二形今作勇同餘隴反勇謂果決也知死不避曰勇之也

恐懾　聲類作儞同之業反廣雅云懾懼也字書云失常也說文心服也

喑唶　於禁反下子夜反喑唶猶嘆聲也經文作咋卉白士白二反咋咋怒聲也亦乍蓋也

欽指　力斂反說文云欽收也尒雅云斂聚也經文作𨧫誤也

蹶地　居月居衛二反說文蹶僵也廣雅蹶作也蹶走也亦行遽之皃也又跳也經文蹙千六反說文蹙蹋

偉風　于鬼反說文偉奇也經文作㥜胡憒反非體也

洞然　古文衕迵二形同徒凍反謂洞徹也經文作烱徒東反烱熱也烱非此義

下卷

不据　據於反廣雅云据斷也說文云口手共有所作曰拮据

鵙摩　公覓反人名也依字鵙伯勞也

俞曰　翼朱反尚書帝曰俞往哉俞然也相然許也

晻忽　古文晻暗二形今作暗同於感反說文晻不明也廣雅云晻暗也晻冥也

迅去　私閏反尒雅云迅疾也

彼遲　私康反遲謂遲緩也

苦槖　古文囷同徒各反蒼頡篇云囊之無底者也說文槖囊也亦衣也脊肉如槖因以名焉

鼓韛　字宜作韛蒲戒反謂韋囊也冶家用吹火令熾者也經文作𩎟未詳字出

蚱蜢　側格反下莫耿反蚱蜢字書云淮南名去父也即蟾蠩也郭璞曰蝦蟇類舂陸蚍也

亭七

蛻虫　蛻會始銳二反說文云蟬蛻所解皮也廣雅云蟬蛻蛻也字書蟬皮也

莫蝶　徒頰反方言云蝶㮰也郭璞曰相黏箸也蝶亦謂也

水盥　公緩反說文云澡手也凡澡洒物皆曰盥不但手者也

不嫫　莫奴反說文云嫫醜者也楚辭嫫母姣而自好也姣音古外反

斷毛　莫高反說文眉髮之屬也經文從馬作𩌦非也

稱寃　古文作寃惌二形今作怨同於元反說文寃屈也廣雅寃枉也寃曲也亦思念煩寃也

毗耶婆問經卷上

訓狐　關西呼爲訓侯山東謂之訓狐即鵂鶹也亦名鉤鵅晝伏夜行鳴爲怪經文作鶘胡此非體也

皯𪏲　古旱反下與羅反通俗文面黎黑曰皯𪏲面黯黑也廣雅𪏲黑也經文作斷𪏲非也

下卷

匈膺　又作膺同於凝反說文云膺匈也謂乳上胷也

萎蕤　於危反下於音反萎蕤也蕤也文萎蕤也蕤蕤也廣雅蕤花也說

耳渠　耳璫之類也經文有作璩玉名也

纖長　思廉反音纖小也細謂之纖經文作攕所咸息廉二反說文好手皃也

弓把　補嫁百雅二反謂弓可把之處也說文把握也持也舉手曰把經文作弝近字耳

那先比丘經卷上

撓撈　呼高反下路高反聲類撓攪也方言撈取也注云謂以鉤撈物取也

和鄲　都蘭反寺名也

淅米　息歷反通俗文汰米曰淅淅汏也廣雅汏洗也經文作鋖錫之錫非字體也

兩埒　之尸反說文射臬也廣雅埒的也射的也射事者也以熊虎之皮飾其側方制之以爲埒經文𦩣又作准同之尸反說文准平也食非字體也

焜煌　胡本反方言焜盛只也說文焜煌也煌煇也蒼頡篇煌光也

吹笳　或作葭同古遐反今樂器中有胡卷笳葉吹之因以爲名也

穫麥　胡郭反說文刈禾也詩云十月穫稻是也經文作獲誤也

欲躃　脾赤反謂躃側也

連擦　呼鎋反廣雅云擦束也埤蒼云擦係也方言擦束也

盛篅　市緣反說文判竹圍以盛穀者也[illegible]篅也

下卷

儲偫　直於反下古文作庤峙畤二形同除理反說文偫待也儲偫具也

博乂　正言鮮蜀河第四河也經文作博乂寋乂皆訛也寋渠蚴反經文從言作謇誤

屈無　衢物反說文無尾屈也淮南屈奇之服許叔重曰屈短也奇長也

評之　皮柄反字書評訂也評平議也訂音唐頂反

刎口　古文刎同亡紛反公羊傳遂刎脰而死何休曰刎割也經文從口作吻非體也

一切經音義卷第十二

亭七

一切經音義卷第十二（別本）

校勘記

一　底本，明永樂南藏本。

一　二四七頁上一行經名，徑作「一切經音義卷第十三」，卷末經名同。

一　二四七頁上一四行夾註左第二字「付」，徑作「泭」。

一　二四七頁上一八行第二字「饜」，徑作「餮」。

一　二四七頁中一一行夾註左「從人」，徑無。

一　二四七頁中一四行夾註右「亡支反」，徑作「莫移切」。

一　二四七頁下一五行夾註右第三字「軑」，徑作「軑」。

一　二四七頁下一八行夾註右第四字「詹」，徑作「𢋈」。

一　二四七頁下二三行夾註左「推坪」，徑作「椎坤」。

一　二四八頁上三行首字「攎」，徑作「攎」。

一　二四八頁中六行夾註右第六字「睎」，徑作「唏」。

一　二四八頁中九行夾註右「王蛇」，徑作「大蛇也」。

一　二四八頁中一一行夾註右「口減反」，徑作「口咸切」。

一　二四八頁下四行夾註左第五字「壞」，徑作「環」。

一　二四八頁下一〇行夾註右第三字「杚」，磧、徑作「扢」。第一四字同。

一　二四八頁下一六行夾註右第一一字「鋗」，徑作「鋗」，下同。又左「比義」，磧、徑作「此義」。

一　二四九頁上二行夾註左「除草」，徑作「除草也」。

一　二四九頁上五行夾註右第二字「捌」，徑作「惻」。

一　二四九頁上二二行夾註右第七字「血」，徑作「奕」。

一　二四九頁中二行夾註左「賈逵」，徑作「賈逵」。

一　二四九頁中三行夾註右末字「足」，徑作「山」。又左第六字「山」，徑作「足」。

一　二四九頁中七行夾註右「蒲交反」，徑作「蒲侯切」。又末字「音」，徑作「音」。

一　二四九頁中一〇行夾註左第一二字「從」，徑作「從疒」。

一　二四九頁下末行夾註右第五字「愠」，徑作「搵」。

一　二五〇頁上四行夾註左第四字「之」，徑無。

一　二五〇頁上一二行夾註左第六字「超」，徑作「趍」。

一　二五〇頁上一三行夾註右「匹凶反」，徑作「敷容切」。

一　二五〇頁中五行夾註右「干救反」，徑作「于救切」。

一　二五〇頁中一八行夾註右第四字「攬」，徑作「欖」。

一　二五〇頁中一九行夾註左第七字「桉」，徑作「按」。

一　二五〇頁下三行夾註右第六字

「見」，經作「覓」。

一二五〇頁下七行夾註左第二字「餅」，經作「哶」。

一二五〇頁下一五行夾註左首字「胵」，經作「脛」。

一二五一頁上一行夾註右第六字「天」，經作「夫」。

一二五一頁中九行夾註「勑反」，經作「勑良切」。

一二五一頁中一四行夾註右「榴文作宮」，經作「籀文作畗」。

一二五一頁中一八行夾註右末字「敖」，經作「嗷」。

一二五一頁下三行夾註右「天子」，經作「夫子」。

一二五一頁下六行夾註左首字「親」，經作「問親」。

一二五一頁下一三行第二字「麇」，經作「麋」。下同。

一二五一頁下一八行夾註左「審⿱覀數之也」，經作「⿱覀數也」。

一二五一頁下末行夾註左第三字「⿱頼心」，經作「⿱頼心」。

一二五二頁上一行夾註右首字「走」，經作「徒」。

一二五二頁中六行夾註左末字「猖」，經作「猖猖」。

一二五二頁中七行夾註右「牛佳牛巾」，磧作「魚巾魚佳」。又左第三字「字」，經無。

一二五二頁中末行夾註右「栽植也」，經作「栽種也」。

一二五二頁下三行夾註右第一二字「黔」，經作「黔」。下同。

一二五三頁上八行夾註右第五字「敞」，經作「敝」。又第九字「文」，經作「丈」。

一二五三頁上一四行夾註右末字「斬」，經作「撕」。

一二五三頁上二〇行夾註右第一一字「歲」，經無。

一二五三頁中二行首字「飲」，經作「飲」。

一二五三頁中六行夾註左第四字「詰」，經作「詰」。

一二五三頁中八行夾註右第一三字「暖」，磧、經作「矆」。

一二五三頁中一四行夾註右末字「虎」，經作「虐」。

一二五三頁中一五行夾註左第一三字「伏」，經作「忕」。

一二五三頁下七行夾註右「傳口」，經作「傳曰」。又左「繩墨」，經作「繩木」。

一二五四頁中一〇行夾註左「力間」，磧作「力間反」；經作「力間切」。

一二五四頁中二三行首字「孱」，經作「孱」。

一二五四頁下二行夾註左「匣也」，經作「篢」。

一二五五頁上八行夾註左第一三字「健」，經作「健」。

一二五五頁上一一行夾註左第一二字「之」，經無。

一二五五頁上一三行夾註右「喑喑」，經作「喈喈」。

一　二五五頁上二一行夾註右第七字「掘」，徑作「据」。

一　二五五頁中一六行夾註左首字「鵃」，徑作「鶻」。

一　二五五頁中二三行夾註左第四字「王」，徑作「玉」。

一　二五五頁下四行夾註右第一一字「撓」，徑作「擾」。

一　二五五頁下六行夾註右「曰沂澌悲也」，磧作「曰沂澌非也」；徑作「曰澌澌洮也」。

一　二五五頁下七行夾註左末字「測」，徑作「側」。

一　二五五頁下一三行夾註右第七字「潔」，徑作「擦」。

一　二五五頁下一六行夾註右「二形」，徑作「三形」。

一　二五五頁下一九行夾註右「淮南」，徑作「淮南子云」。

一切經音義卷第十三

唐大慈恩寺翻經沙門玄應撰

般泥洹經
罪業報應教化地獄經
五百弟子自說本起經
迦旃延說法沒盡偈經
僧護因緣經　過去現在因果經
柰女祇域經　太子本起瑞應經
奠(㝠)奠經　修行本起經
胞胎經　阿蘭若習禪法經
過去佛分衛經　摩登伽經
入師經(一卷)　舍頭諫經
大迦葉本經　𣔻炭經
婦人遇辜經　大般涅槃經
辯意長者子所問經
佛般泥洹經　四自侵經
普法義經　七女經
所欲致患經　梵網六十二見經
遺教經　寂志果經
懈怠耕者經　梵志阿跋經
優填王經　七佛父母姓字經
佛入涅槃金剛力士哀戀經
梵志頞羅延問種尊經
佛滅度後金棺葬送經

阿難問事佛吉凶經
羅雲忍辱經　阿難分別經
四輩經　罪福報應經
見正經　業報差別經
摩訶迦葉度貧女經
五母子經　中心經
阿遬達經　龍王兄弟經
玉耶經　沙曷比丘功德經
盂蘭盆經　樹提伽經
雜藏經　盧至長者經
餓鬼報應經　須摩提長者經
瑠璃王經　燈指因緣經
力士移山經　諫王經
大愛道般泥洹經　五王經
波斯匿王太后崩塵土坌身經
末羅王經　四諦經
佛大僧大經　閻羅王五天使者經
邪祇經　長壽王經
時非時經　阿那律八念經
旃檀樹經　魔嬈亂經
新歲經　賴吒和羅經
貧窮老公經　梵摩喻經
自愛經　鸚鵡經
輪轉五道罪福報應經

雜阿含經　未生怨經
七處三觀經　十八泥犁經
比丘聽施經　泥犁經
馬有八態經

般泥洹經

沃野　於梏反又廣雅云沃漑也灌曰沃溉也亦柔也美也

有慽　胡紺反又廣雅云慽怨恨也又字林慽不安也

禮賂　力故反詩云大賂南金傳曰賂遺也謂以物相請謁也

腆美　古文作賟同他典反方言腆重也東齊之間謂之腆廣雅腆至也美也厚也善也

玄黳　勒盛反玄赤黑色也聲類深黑也說文黍甚之黑色黳黳不明淨也

并𩎟　布誺反人名也書無此字字書讓作也𩎟𩎟字耳

勗勉　許玉反下靡辯反方言齊魯謂勉曰勗勗也勉勉也勸強也小尒雅云勸勉事曰力之也

補繕　是戰反又廣雅云修葺繕治也及說文繕補也

不啻　施豉反更多也又說文翅翄非也又經文作翅之翅非也經時

五百弟子自說本起經

僥值　古堯反又漢書云晉灼音義曰徼遇也謂願求親遇也

鷖婁　伊奚反宜作鷰燕二形同一見反又尒雅云鷖雀婁注云即鷰婁也又經文云作鷖訛也鷖水鳥非此用也

傅飾　方務反傅猶塗之也傅藥傅粉皆是之也

餼饋　古文㮣同虛氣反餼禮稍稟之以其禮又鄭玄曰以牲曰餼餼又犁蓄云饋也字書餼饋也方言餼熱之也

雜糅　古文粗飩二形同女救反說文雜飯也今以異色物相參曰糅糅雜也

俱譚 徒含反或作具譚經中多云瞿曇皆訛梵言輕重也

賣姓 謨擇反梵言瞿俱盧也一本作薄經文作賈誤也

訶醯 鋼於反梵言摩訶醯此譯云大長之也

殷皮 於斤反詩云殷其盈矣傳曰殷眾也殷大也又於艱反赤黑色爲殷此借音耳

敷愉 翼珠反纂文作字愉言美色也方言慈愉悅也

繫擦 呼結反擧巷圖係也通俗文束縛謂之擦

莅吒 古文作隸同音力四力季二反

堊飾 烏各反白土也介雅牆謂之堊郭璞曰以白土飾牆也廣雅堊塗之也

孳譴 字體作趕同芳務反禮記無趕往鄭玄曰趨疾也廣雅趕行也下去戰反譴責也

輕躁 擭角反楚辭高躁之遭王逸曰躁遠也言躁擾也擾也廣也亦盛也

僧護因緣經

偃俛 亡忍反下無辨反謂自強爲之也

煼疼 又作燹炒熬三形同初狡反方言熬火乾也秦晉之間或謂之熬經文作熬非也

奈女祇域經

一栽 子來反謂草木植曰栽此謂木栽可栽種者也

瘤節 力周反說文瘤腫也聲類瘤瘜肉也今取其義之也

其杪 弥繞反禮記木細枝謂之杪通俗文樹鋒曰杪杪亦微小

除拼 卑政反廣雅拼掃除也音拼掃除洽也經文作屏非體也掃音丁淚反

應襲 古文作職同悴立反左傳九德不衍鼓襲禄杜預曰襲受也又合也仍也廣雅襲及也

騗上 匹扇反纂文云謂躍上馬之也

睚眦 吾懈魚計二反廣雅睚裂也下靜計反說文目匡也謂裂眥瞋目之皃也漢書素無睚眦史記睚眦之怨必報是也經文作睨五悌反邪視也睨非此義也

蛇蠆 丑芥反詩云卷髮如蠆箋云蠆虫也或名蠆蠍或名蠍也蠆音他達反蠍音力

雇錢 劄反書昔作顧同公護反案雇猶顧賃若報之也雇也

處處經

虞受 今作麌同牛俱反白虎通曰麌樂也言天下之民皆有樂也廣雅麌安也有之也

熠熛 古文作一同俾堯反說文火飛也呂氏春秋云突泄一熛焚宮燒積者是

胞胎經

胚胎 普才反說文婦孕一月爲胚二月爲胎介雅胎始也方言胎養也

樹茇 古來反又說文云草根也方言東齊謂蘿根爲茇之也

橐囊 又作排鞴二形同蒲戒反又謂鍛家用吹火者也

鞕𩊱 五更反下胡浪反成壞身中風名也

過去佛分衛經

至奏 梵言三拔致此云發趣今言至奏皆一義也奏子豆反詩云以奏膚公傳曰奏爲也廣雅奏進也

戀嫪 力報反說文嫪婟也聲類嫪惜也謂戀不能去也婟音胡故反

八師經

潺湲 士山士攘二反潺湲又字林云流皃也湲音于權反

欲質 之逸反廣雅質問也定也亦正也成也

沃口 烏穀反通俗文澆灌曰沃沃亦澆也

譖入 側禁反廣雅譖毀也讒也一日旁入曰譖

煒燁 于匪反下爲輒反說文煒盛明皃也方言煒盛也郭璞曰煒燁盛皃也經文作煒燁非體

鋌直 他頂反鋌直也又說文云長皃也鋌正直之也

大迦葉本經

開披 正字作破同普彼反纂文云攻折也披猶分也亦披折也經文作擺[illegible]反手擘也擺非此義之也

婦人遇辜經

離桊 居院反又說文云謂牛鼻環也字書桊牛拘也

姑妐 字體松同之容反釋名俗謂男章爲松言是已所敬見之松遽自高者之也

辯意長者子所問經

鼎沸 都挺反左傳曰昔夏之方有德也貢金九牧鑄鼎四方亂離如[illegible]鼎之沸

擗口 補格反廣雅擗分也說文擗擣也擣裂破也謂手擗開也經文作拍非也擣音于披反

恭恪 古文愙同苦各反恪敬也字林恪恭也

飤此 囚恣反說文飤糧也廣雅餧飤也謂以食供設人曰飤經文作飴非體也飴音弋之反或普音耳也

車轢 力各力的二反又蒼頡篇云轢轢也又說文云車所踐也

拜謁 於歇反又介雅云告請請也左傳云不謁杜預曰謁白也

得享 虛掌反又尚書克享天心孔安國曰享當也享亦受也歆也饗也

四自侵經

不肖 先妙反禮記其子不肖鄭玄曰不似也方言不似其先故曰不肖謂停惡之類也字從肉小聲也

怔忪 之盈反古文伀同之容反方言征松惶遽也江湖之閒凡窘卒怖遽等謂之怔松之也

七女經

羅轒　扶分反字林比丘驟䭾又　經文云從賓作轒非也

梓棺　又作杍同即理反古者殺人尚梓字　林林楸也古文云考馬作本棺有棗　氏用毛棺棺　宪也關之也

所欲致患經

財賄　呼猥反尒雅賄財也左傳厚賄之　注云贈送也謂與人財之言也

破隝　島古反字林小城也又通俗　文云營居曰隝字從阜之也

佛鬱　父勿反又字林云　佛鬱心不安之也

戰顫　字體作顫又作懎同之見反下又作疢　同有當反說文顫頭謂掉動不定也

遺教經

嫖慢　相列反方言嫖狎郭璞曰相　親狎也嫖亦慢也嬻也嬻傷也

踔擲　丑罩丑格二反方言踔蹇也又郭璞　曰跛者行跛踔不前也本宜借音他　邪反字體作趠趠擲　之也韻集趠越之也

暫替　古文𧽊不久也下他計反又尒雅文　替𧽊也滅也持也止也又郭璞曰替　亦止　任也

隄隮　古文作隄同都奚徒奚二反隄限也　土為封限也又埤蒼云長沙謂隄　又經文云從土作墺時支　之發二反蹇墉音徒鮎反

懈怠耕者經

選耎　柔選耎猶須史也呂氏云小選　俗謂之選耎言推托不肯為也　大

亭八

優填王經

皮韜　土勞反又左傳云以橐韜嬰又鞬　預曰韜藏也又說文云韜衣也

辟從　脾尺反薜詩式辟四　方辟除也謂從者也

不計　居諦反謂計莽也國語計成而後行　賈逵曰計謀也經文作條非體也

倱伅　又作混沌二形同胡本徒損反謂不　通頓也通俗文大而無形曰倱伅也

遲其　除致反索遲欲其疾也淳其　猶望也經文作幼稚之稚非

鴉毒　除禁反山海經女九之山多鴆郭璞　曰大如鴉紫綠色長頸赤喙食蛇也　以羽畫即　殺人也

什僵　蒲勸反下居良反又說文仆頓　也謂覆也僵僵也謂却偃之也

身冒　亡報反冒蒙也案　蒙猶荷也被之也

佛入涅槃金剛力士哀戀經

蛆螫　子余反字書蛆螫也廣雅蛆痛也下　尸亦反說文虫行毒也又音呼各反

語鉆　奇廉反說文鐵鑷也蒼頡篇鉆持也　謂取物者也說文作鉗非體也鑷音　女輒　反

瞋眩　又作眠同亡田莫見二反下古文作　眴瞑二形同胡蹁胡麵二反方言凡　飲藥而毒瀝東　齊謂之瞑眩

嘶碎　又作㗔撕二形同先奚反　埤蒼聲散也亦悲聲之也

佛滅度後金棺葬送經

藉身　疾夜反紫藉倚薦藉也　周易藉用白茅是之也

斂骨　力冉反說文斂收也亦作斂非體也　聚也廣雅斂取也下又徒郎反說文聚也

甑瓶　子孕反說文甑甗也下又作甋　昔曰甑瓶也瓶謂之甋郭璞曰甑大甑頭也

旌表　子盈反說文旌以注旄首曰旌　章璞曰旌旗也旌表其門閭國語為車旌雅又旌郭

欣懌　以之反尒雅懌樂也字林云懌怡也　之樂也懌意也說文懌解之懌也心

亭八

購鉢　古侯反又廣雅說文云購以財有所求也　扶又反說文云購償之也

燔身　火袁反廣雅燔燒之也　曰燔又廣雅燔乾也

明踰　虞俱反又廣雅云踰度也　越也又說文云踰越也

陵遲　古文作陵同力蒸反　云山以勤本又經作陵遲非　陂陁也平易者也　不陷峻也

羅云忍辱經

七

無慍　於問反論語人不慍何晏曰慍怒也　蒼頡篇慍恨也說文慍怨也書也

狂悖　古文誖㤎二形同補潰蒲沒　二反廣雅悖亂也亦逆也惑也

笮伏　今作笮同側格反案笮猶壓也今　謂笮出汁也經文迮迫之迮非也

四輩經

誘訕　所姦反蒼頡篇訕謗非也論語惡居　下流而訕上孔安國曰訕謗毀也

戲譺　宜戒反廣雅譺調也謂　相嘲調也蒼頡篇譺欺

見正經

相干　古文作奸同古寒反干犯也觸也經　文作扞俗字也一正也到入為干字意

包毓　說文亦作育字同餘祝反說文養子　使從蓄也育亦長也覆育也生也

埏七　舒延反淮南云陶人之刨埏埴生也　重曰揉也埴土也挐也許叔

斵柿　數發反說文削木丼茖也頌挐也亦和也　𦣝柿札也謂削木柿也

蝮蜻　扶福反下六反字林蝮蛇也廣雅云蜻蛉蜻皮也　猶蛙蟝變為蟬也又廣雅云蜻蜓蛉蜻蛻也

臭茹　也說音他外始銳二反謂蛻也　蛻皮也經文作緩育非體也

羸臞　如恕反廣雅臞也茹臭亦今少也　又作服音乃又尒雅反謂少云　又臞瘠力同又說文皺云少肉之也

摩訶迦葉度貧女經

除饉　渠鎮反字林饉蔬不熟爲饉　分別功德論云除饉丘比丘出　丘除饉人飢餓之名也　恕敬當除饉也　除饉女即今比丘尼　飢饉者以色欲比

中心經

米潘　數袁反蒼頡篇潘米汁也說文潘淅米汁也　計也江北名泔江南名潘經文作播非也

脆不　清歲反說文脆少血易斷也廣雅脆弱也　也脆猶脆也文作毳也膬音乃因反

翻飛　今作翩同匹然反說文翩小飛也　飛去周書翻飛蟯動是也

龍王兄弟經

耳際　子例反廣雅際方也際畔介雅際　捷也謂相接續也際畔際也

迺臣 奴亥反尒雅迺乃也郭璞曰迺即乃字也說文迺往也聲類迺至之也

沙曷比丘功德經

陷此 古文錎同陷墜入也亦沒也說文陷高下也一曰墮也

笥中 相吏反說文盛衣器曰笥也禮記簞笥可人者鄭玄曰笥盛食器也圓曰簞方曰笥

闠化 口哀反說文闠闕也廣雅闠化也亦獄也聲類此亦開字

樹提伽經 亭八

不俺 又作倀同於驗反意滿也又文云息曰黲是黑也

黲黲 烏感反又說文黲黲青黑也黲黲不明也黲忽青也

嬰婆 烏我反說文嬰婆作又婆也猶傢婆青而行也

庵屋 於含反釋名云庵奄也稗苫覆蘆也廣雅庵舍也

鴿鵓 古合反鵓六餘反鵓鴿鳥也作鵓又廣雅文作鵓鴿也爾雅云鵓鴿亦云鶏六鵓也

盧至長者經

密弃 姜安反又作通俗文吕二反密藏曰弃盡也又作斷同悉物空盡曰偶又偶方言素也

物偶 又作斷同悉空盡曰偶又偶方言素也

須摩提長者經

相敫 古文作敫同文敫反捋三敫也今作打

鯛 音手禾反鯛力知反古我反鉼莫胡反

燈指因緣經

蕭森 今作槮同所金反說文多木長皃又云槮之也亦作蕭森

子流 又作䟽同又子貴反承續曰流也言大育之也

喟然 又作嘳同口怪反說文喟太息也謂之歎也

盤蝸 古文作蝸同古蛙反說文蝸羸也可以為樂器名也中空安容者

䏻句 字作聲非字義

五王經

恇㜄 丘方反下而羊反說文恇怯也畏懼也謂煩也

口噤 又作𪘲同渠飲反說文口閉也

蓧羽 而不言也說文蓧羽也

喚嚀 於六反下五紺反

閬閬 又作闐同言盛皃也

諫王經

黼黻 弗禹反下甫物反考工記畫繢之事白與黑謂之黼黑與青謂之黻

喁喁 古文顒同牛句反說文衆口上見也謂群生顒仰也

上翳 於計反說文一翳注云目病也

譸張 竹尤反下知良反尚書譸張為幻也

端㕍 古文㕍同猜二形今作猜同倉來反猜疑也

猜疑 又作擬同魚記反

招拾 又作鉊同之遥反

睒陷 又作脥同古治反

親眤 今作暱同女乙反

矛然 古文作鉾同莫侯反

飲酣 古文作甘同胡甘反尚書孔安國曰酣歌漢書酣于室不

佛大僧大經

末羅王經

震悚 又作憟同息勇反字林悚懼也

不滋 子思反說文滋益也

蚨螘 奴直反說文蟲食苗者長作蛒蛾

謚比 神至反謚行之迹也白虎通曰謚之為言列也列其行迹

鷹鸇 之然反

鵷鶵 於袁反下仕于反

齡齒 又作鹷同

邪祇經

儲偫 直於反下除里反

惕惕 他歷反

噫乎 於其反

箕其 居之反

俘取 芳夫反

了了 又作㬁同丁皎反

陜山 胡夾反

浩浩 古文作澔同

侹直 他頂反

檻車 胡黯反

㨹箭 而㨹反

恢弘　又作䫻同苦迴反又字林云恢大之也

瞋咤　況從反通俗文鷲視曰瞋經文臭竽赤又叉說文犬視也

掔我　三蒼云古牽字苦田反引前也廣雅牽挽也連也

時非時經

鈃瓊　案字義宜作于寘二形寘音徒見反國名

稱檀樹經

躊躇　又作知躕同腸留腸知二反下踷於腸誅二反廣雅躊躇猶豫也又亦住足也亦蹡蹋也

路地　丁賀反江南俗音帶謂倒地之也

拍殺　普格反廣雅拍擊也釋名拍搏也以手搏其上也今謂拍其上而死也經文作擽非也

憮然　莫為反怪悖之意也論語夫子憮然何晏曰爲其不違已意而非之也

新歲經

如鶡　何葛反山海經煇諸山多鶡郭璞注曰似雉而大青色有毛角相鬥而死

快樂　苦夬反字林快喜也經文作噲字林噲咽也蒼頡篇此亦快字也

寶窮老公經

有作　古文悟逜迕三形今作作同吾故反迕通

寒素　蘇故反寒薄也凍冷也詩云不素餐毛傳曰素空也謂空虛也亦曰柔也素質也凡物無飾曰素也

自愛經

攘衣　而羊反謂攘除衣袂出臂也孟子曰攘臂而下車是也袂音彌世反

跣襪　桑典反下古文作懱今作袜又作韈韤二形同無發反足衣也經文作懱亡別反帊幞也懱非此義也

揮涕　許歸反又說文云揮奮也謂揮奮振訓也揮灑也又爾雅云揮竭也又注云揮振去水為竭又經文作指麾之麾非體也

輪轉五道罪福報應經

麋麂　莫悲反下又作麈同爵雉反說文麞麋屬也以冬至解角者也麂似麞而大獶毛狗足也獶音乃交反

聸耳　丁藍反說文垂耳也經文作耽丁含反說文耳大也亦耽樂也經文作擔負之儋非體也

白鵠　云項反稈蒼鵠鵠也怪鳥也

鉤鵅　古侯反古頡反爾雅怪鴟伏為畫人曰謂鵅鵅也南陽名鉤鵅晝伏夜行鳥為怪也

姪豫　冀麻反蒼頡篇豫佚也國話豫樂出

猩猩　又作猩同所京反知人名知來人同又似黃狗出交阯聲如小兒啼也

未生怨經

涕泗　息利反詩云涕泗滂沱傳曰自鼻出曰泗也自目曰涕也

瘦眚　所景反釋名眚瘠也如病瘠瘦也鄭玄注周禮云眚者猶人眚瘦也經文作瘠非字體

十八泥犁經

桀逆　奇列反桀謚法曰賊人多累曰桀劉熙曰多以惡道愚賢人也

倅略　倉對反依字倅副也貴糙倅盈也又作倅渻本反

焯熱　之藥反廣雅焯熱也說文焯明也經文作晫都角反晫明也晫非此義

陛牢　方奕反又說文云陛牢也所以拘非者也家語犬子周陛執之又王肅曰陛狴牢也字從非陛省聲又經文云作押非字體也

泥犁經

竹錍　字宜作篦補奚反以竹為篦打搥考也

鞊挕　丁頰反俗語也謂打挕也經文作鞊他頰反箠飾也鞊非此義也

鈇鑕　方于反說文莝斫也公羊傳曰不忍加之鈇質何休曰斬腰之罪也苔頸衞鈇鑕也亦鑕斧也下之日反埤蒼鑕椹也經文作鑕非之也

虫豸　直爾反又爾雅云有足謂之虫無足謂之豸也

罪業報應教化地獄經

莝碓　且臥反詩云莝之秣之傳曰莝鍘也謂斬芻所以養馬者經文作剉說文折傷也

頑痺　今作痹同婢利反說文足氣不至也經文作痺俾利反說文濕病也廢痺不能行之也

𡟯嬛　徒郎反下烏還反通俗文熱厭謂之𡟯嬛嬛亦𡟯也廣雅嬛媼也媼音烏刀反嫗於文反也

射窠　又作薖同口禾反字書窠巢也謂窠窟也取其義者矣

罌升　許朗反罌罃蓋也罌亦諸罃之也

循大　似均反說文循行也爾雅循自也郭璞曰自猶從也案此亦與巡字略同也

鞠頻　渠六反案鞠謂聚斂也字宜作趜通俗文體不申謂之趜

迦旃延說法沒盡偈經

伋伋　居及反說文伋伋急行也廣雅伋伋遽也今皆從水作汲

券別　區万反說文券契也券別之書以刀判其旁故曰契也釋名云大書中破別之也

過去現在因果經　小乘重譯

第一卷

旃兜　諸滯反國名也正言迦毗羅跋兜譯云迦毗羅者蒼色也跋兜者住處也

苗裔　古文作裔同餘制反又說文云裔衣裾也以子孫為苗裔者也取下垂義也裔亦遠也字從衣冏冏音女滑反

自禁　記林反居鴆二反禁禦制

鳳鵩 於鸒反山海經云北海有蛇山山有烏五彩飛至蔽日名曰䳒為貴雅云也鳳鵩

孕婦 古文𦙶同餘證反說文褱子也廣雅孕身也謂任孕子也含實曰孕也字從子從乃聲

怵惕 和律反又尚書云怵惕惟厲孔安國曰怵惕懷懼也亦悚餘之也又說文云怵恐也下又作愁同他伙反惕驚亦也 十二

蒼頭 漢書蒼頭應劭曰秦名民曰黔首黔黑也蒼頭也奴曰蒼頭者非純黑以別於人也

第二卷

旅力 力舉反方言宋魯謂力曰旅旅田力也郭璞曰謂耕墾也詩云旅力方剛是也

昕赫 虛斤反說文昕旦明也日將出也赫盛也

揵陟 巨焉反馬名也應建健歌譯云納也

噴鳴 古文歕同普寸反說文噴鼓鼻也蒼頡篇噴吒也嗔而噴飾而大鳴也

屹然 今作仡同魚乞反說文仡高大也經文作屹未見所出也

第三卷

老姥 又作𡛥同亡古反字書老母也今以女老者為姥也

門閫 又作梱同苦本反字書閫門限也禮記云外言不入於閫是也

曾淵 又作瀾同洛安反又爾雅大波為瀾小波為淪音淪淪漩瀾之波也

太子本起瑞應經上卷

鐵雀 書皆作鑹同光護反謂鐵得者以漢書數招雀之言也與金鐵文類曰請語以金鐵自稚績漢書賣官關內侯頗五百万者與之皆是也

即探 舍反亦作探取也注云謂探取也爾雅探取也亦試也文云探試也孔安國尚書云其有事亦弗也

享之 安國曰享奉上曰享其事也

復饗 虛掌反謂設禮以飲賓也又加豢飯曰饗饗亦以饗饗也又作饗又同也云作饗也

㩳架 謂之㩳又同以衣架也又茶頓篆云

風霽 文作㩳同字書禪也衣架又音亦作霽子諸反支術止云霽也止也

畺場 古文𤰈同居良反界也場下音陽以畺人亦二呼畺毛也雨止也云云畺場之界也

難暨 古文作及叉暨其器反至也足也又與也

踐傷 鳥作且之反說文踐足也人跌亦傷也

入笱 古厚反謂取魚竹器也爾雅笱謂之罶是也

貢識 非作貢同又作贛依字也

喚㖔 易彼苟反五道神名貢色也於六貢反又嗟念之聲也

隱遁 本作遯同徒困反廣雅遁避也遠也說文二形同遯逃也又退還也

和埴 時力反埴黏土也孔安國尚書云埴土赤也

起踔 作丑兒反謂丑角反又作踔二字同也

下卷

裁糵 古文𦵸同五割反今作蘖也說文餘也木生條也又生

喑㗅 又作諳同於今反喑㗅大聲也大叱也

修行本起經下卷

曲蟺 音善即丘引反又作蟮亦蚓也江東呼蟺蚕

熊兕 徐姊反爾雅兕似牛一角青色重千斤

擭持 音寒也又於指反持也亦云擭謂也

砰大 古作磞同普耕反字書砰大聲也

阿蘭若習禪法經上卷

蛾蛭 技古結反詩云蛾蟻也蛭于遇也

僥倖 方非其所得而得之也謂僥倖也

不撓 乃教反廣雅撓亂也說文撓擾也

迦懟 國梵語國知此云智

勗勉 許玉反尚書勗哉孔安國曰勗勉也

下卷

癔疹 於近反下之刃反說文癔疹也

蹎礙 丁年反通俗文作蹎此非也

摩登伽經上卷

姻㜮 於身反嫁娶也

頻蹙 子六反謂迫促也

爆其 古文作爆同

財幣 古文作財同

中卷

絺綌 勑之反下去逆反說文細葛也

鮫魚 古交反山海經云鮫魚皮有珠文可以飾刀劒也

下卷

葺蓋 且立反以草蓋屋為葺說文

彤華 古文作彤同徒冬反赤也

纖總 思廉反說文細也

酒糵 魚列反說文牙米也

蟄蚤　猪立反說文蟄藏也蚤至冬即蟄蟄　下蟲也蟻有淺毛亦蟄熱蟄聲也

迦嘩　陟握反

參鬧　同又作嘗古文精今作鬧之大反諸文摩也

合頭諫經

嗺猶　又作罵二形同呼津反又嘊嘊云　嘊呼也又通俗文呼大淨曰嗺嘊也

龍目　本草云一名益智其大者似檳榔生南海山谷

樓炭經

第一卷

荔枝　力濱反樹大生江旁子皮如鼴下如肪也

槲樕　胡木反下又作捷同思屋反槲捷樸也說文山木也以

蜜餳　似盈反錫徙當二反說文凡飴謂之餳以和　徽曰錫方音凡飴謂之鋪也

諧耦　胡皆反下吳口反耦非體之耦也　業對也經文作偶謂和也合

第二卷

嗷嘵　又作嚻嗸二形同古弔反嗷嘵呼也　下又作囂嘵二形同呼堯反嗷嘵呼也

梟磔　古堯反說文梟不孝鳥也冬至日捕梟磔之　字從鳥頭在木上磔張格反磔謂張也

當盧　字宜作鑪同力胡反言作所鑪之飾也詩注云當盧　全爲之飾當鑪胡反

怖頭　又作帞同莫白反說文帞頭也　帞音方蒔頭西楚之間曰絡頭

第四卷

入拯　古文作拯字非宮拯字從手又古胡反拯也言　書作佰從巾從文作巾巾耳也

諸署　又時去反也位又又廣雅署也　識也治事之處官署署位也曰猶署也

第五卷

趑趄　丘語反字書趑趄也　又替頰者云甘柔

大般涅槃經

嶔崟　綺金反下宜金反說文嶔崟山高峻貌　山峯之勢也又注云山年高險頂也又崟音殘

悲懷　今作懐同於奚反怕愁之數也道

氣噎　古反說文氣悖也於結反噎憂也

調譃　許虐反謔戲相謔也爾雅謔浪笑敖

吞噬　他痕反下時世反說文噬喙也吞咽也

涯岸　者又作崖同五佳反廣雅涯水邊也說文岸水厓也

波湍　士丸反說文湍疾瀨也

瞞羅　莫安反人名也

下卷

梵婆　或言論婆或言勃言婆沙言字　古文作開又作拓同

開拓　字亦作拓也拓同廣雅拓推也

佛般泥洹經

射埻　之允反說文射埻也　中木曰射以的爲埻

隣隙　古文又作廣雅云隣近也

乘桴　又作泭同芳于反廣雅桴也

枝擢　徒角反竹木枝也

竹芳　宇宜從草作芳

有氈　字又作氈同

下卷

普法義經

許誇　之閻反說文誇大言也

冰矜　居陵反

梵網六十二見經

鞬撅　宜作鞬建言反又作撅

落毦　仁志反以毛羽爲飾也

寂志果經

夷喘　者又作喘昌兗反

屏慼　之益反

恂惕　昔若反

虛誕　達旦反誕大也

匠樂　莫良反

鵶鶩　鶩莫卜反

厲渡　力割反以衣涉水爲厲由膝以上爲厲

胞艮　補交反下古恨反

匃匃　許蓋反乞也

梓薪　又作榟同

樟薪　之羊反

柟薪　奴含反

金植　又作檀同直吏反

頓搶　且羊反

嗷嗷　五高反說文衆口愁也

弔唁　又作唁同宜戰反說文弔生曰唁亦弔失國曰唁

饐口 古文作𩟒同於吏反論語食饐而餲孔安國曰饐餲臭味變也餲音烏芥反

羇縶 又作𩣡同猪立反又毛詩縶之又傳曰縶絆也亦拘執也

從削 又作鞘韒二形同私誚反方言劒削關西曰鞞所以藏刀劒之刀者鞞音補迴反

懲改 直陵反又廣雅云懲止也

梵志阿颰經

傍偟 蒲光反下胡光反傍偟俳徊也埤蒼云傍偟彷徉也

圭銖 古攜反下市朱反六十黍為一圭四圭曰撮十二絫而重一分十二分重一銖也

遠伏也

酗醟 又作酗同許具反下為命反以酒為凶謂之酗說文酗醟也通俗文訧酒曰酗酗酒曰醟

孤寠 瞿庾反又尒雅云寠貧也又字書寠空也貧而空無礼之也

櫛梳 又作擳同側瑟反又說文擳梳比之總名也梳理髮也

彎弧 戶孤反說文木弓也周易黃帝氏作弦木為弧剡木為矢以威天下也

㑌惶 又作遑同戶光反廣雅惶遽也謂恐遽也

諱夷 火故反人名也依字又作嘑號譁也

昆弟 又作𡔇同孤魂反說文周人謂兄弟昆尒雅兄昆也

七佛父母姓字經

槃捺 方麻反依字領巾也多難陀梁言反

梵志頞羅延問種尊經

駏驉 張語反下許居反謂以騾而小牛父馬子者也

阿洫 盧過反人名也依字水之通川者也

阿難問事佛吉凶經

蒙籠 莫公反下盧紅反蒙籠謂不明了也經文作朦朧力董反朦朧明也朧非此義也

阿難分別經

訶呰 呼何反下資尒反通俗文毀訾謂之訶訾經文作呰訾也

罪福報應經

麞麈 諸羊反以冬至解角者麋說文鹿屬也下之乳反似鹿而大尾可以為拂也

鵂鶹 許牛反下力周反亦名鵂鶹即鵂鶹也夜見晝伏亦名怪鳥也

業報差別經

螽蝗 古文蠡同止戎反詩云螽斯羽傳曰螽蚣蝑也亦即蝗也音胡光反蚣蝑音先藝反下斯蠅反

勦健 仕交反謂勁速捷健曰勦說文作𢽯倢也

五母子經

忼愾 口葬反下苦代許既二反慷慨大息也亦士不得志也

阿遬達經

阿遬 桑說文籀文作遬古文作警今作速同桑鹿反人名也

玉耶經

弭伏 又作彌同亡尒反詩云不可弭忘箋曰弭止也亦安也

狺狺 又作𤝕同魚巾魚佳二反狺狺犬聲也楚辭猛犬狺狺而迎吠是也

盂蘭盆經

盂蘭盆 此言訛也正言烏藍婆拏此譯倒懸按西國法至於眾僧自恣之日盛設佛具奉施佛僧以救先亡倒懸之苦以彼外書云先亡有罪家復絶嗣無人祭神請救則於鬼處受倒懸之苦佛雖順俗亦說祭義乃教於三寶田中深起功德舊云盂盆是貯食之器此言誤也

乳哺 蒲路反哺含食也淮南子云含哺而熙許叔重曰哺謂口中嚼食也經文作餔字與晡同音補胡反三蒼餔夕食也謂申晡食也餔非此義也

往餉 式尚反又廣雅云餉遺也說文云餉饟也饋餉也

雜藏經

醞酒 於運反醞釀也又蒼頡篇云酒母也廣雅云醞投也

貲輸 子斯反廣雅貲貨也蒼頡篇貲財也說文小罰以財自贖也漢律民不繇貲又以貲為郎皆是也經文從言作訾訾量也訾非此義

餓鬼報應經

喜犍 字書作犍同居言反犍犗也犗騬牛也以刀去勢也犗音哥敗反騬自陵反

錠燭 音定又蒼頡篇鐙有足曰錠無足曰鐙經文作鋌非體

鉢和羅飯 灌臘自誓經云鉢和蘭亦覺言釋重耳此譯云自恣食也

汪洋 烏光反下似羊反楚辭云吐淵兮汪洋王逸曰大水廣無極也說文汪洋深廣也廣雅云汪汪大也

六種親屬 漢書以奉六親應劭曰六親者父母兄弟妻子也蒼頡篇親愛也釋名云親襯也言相隱襯也

瑠璃王經

樓由 力士名也此譯云愛或言欲也

刻足 又作鏟同初產反又廣雅云剗削也又聲類云剗平之也

夷滅 餘之反又左傳云芟夷之杜預曰夷殺也亦毀也又廣雅夷滅也

愶將 虛業反方言愶閱懼也謂以威力相恐懼也閱郭璞音呼隔反廣雅愶怯也公羊傳曰愶于齊劫非曰愶長跆也今皆作脅之也

進邁 莫乖反又說文云邁遠行也又廣雅云邁往之也

饕餮 吐刀反謂貪財曰饕貪食曰餮亦貪也通語也說文俗作叨此

臚脹 力諸反腹前曰臚言所以養心膂也赤廣也下又作脹同知亮反腹滿之也

賵贈 敷鳳反助哀之物也車馬曰賵饋死曰贈白虎通曰賵之言赴也所以相赴佐也下在節反玩好曰贈所以助生送死追思重終也贈送也增也

號咷 徒勞反號咷大泣也易曰同人先號咷而後笑是也

殪入　古文作壹同於計反又尒雅云殪死也又尚書殪戎殷孔安國曰殪殺也亦盡也又漢書云音義云一發而死曰殪

荄枯　古哀反方言東齊謂根曰荄說文草根也

傷斃　古文獘敝二形今作弊同脾世反說文弊介也什騎也亦斷也

驍勇　古堯反又廣雅云驍健也亦勇急也又說文良馬驍名也又經文作歷古交反百勝不平也服非字義宵音烏皂反也

十八

權杠　音江旗之竿也廣雅云天子杠高九仞十二旒至地也經文作依䂿之也

韅靷　又作韅同呼見反左傳晉車七百乘韅靷鞅靽杜預曰在背曰韅在胸曰靷在腹曰鞅在足曰靽下攝之塗反

帶韅　又作黏同火見反著腋者也釋名曰韅言横纏其臆下也蒼頡解詁韅馬腹帶也

射珥　如志反蒼頡篇珠在耳也耳璫垂珠者也楚辭撫長劒兮玉珥王逸曰珥劒鐔也鐔餘諶反犨額云劒口也

毛睫　又作睞同子葉反說文目旁毛也

怖駭　下揩反蒼頡篇駭驚也尒雅駭起也

尅捷　疾葉反毛詩一月三捷傳曰捷勝也亦捷也軍得勝曰捷也

不訾　又作訿同子移反訾量也說文思稱意曰訾訾思也

喟然　又作嘳同口愧口怪二反說文大息也論語顏淵喟然歎曰何晏曰歎聲之也

格上　加額反又蒼頡篇云格攙也攙架之也

力士移山經

勠力　呂掬反國語勠力一心賈逵曰勠力并力也尚書與之勠力孔安國曰勠陳力也

銘譽　莫庭反謂鑄刻金石以記功德者也銘名也言有功者書其功於大常也

暱舉　晉月反謂曝鑠之也尒雅暱勤也郭璞曰暱攜之皃也亦驚駭急疾之皃

在又起也

蔑屑　無結反下先結反又埤蒼云懱拭滅也

饑餒　奴罪反又論語云耕也餒在其中矣鄭玄曰餒亦饑也

霖雨　力金反左傳曰雨自三日已上爲霖又尒雅云久雨謂之淫淫謂之霖也

大愛道般泥洹經

十八

諄那　古文訛同之閏反此譯云許未謂人名也經文作耗誤也

廿

阜恩　扶有反國語所阜則用賈逵曰阜厚阜亦盛也大也蒼頡篇山卑而大也

波斯匿王太后崩塵土坌身經

期頤　以之反禮記百年曰期頤鄭玄曰期猶要也頤養也孝子要盡養之道而已也

四諦經

熱燮　碑院反變化也易也更也白虎通曰災變者何變非常也經文作燮誤也書燮比字也

咽瘤　力周反說文瘤腫也廣雅瘤病也經文從口作留此非也

闍羅王五天使者經

闍羅　或名閻磨羅䗪言夜磨盧迦此譯云雙世也𦅸謂苦樂並受号之爲雙也

刓刻　又作园同五丸反刓削也廣雅刓斷也刓鏤也

裹藴　林雲反謂聚草蕘束之以蕘火者漢書束藴乞火是也蕘音如招反

火燎　又作𤒟同力照反又說文云燎火炙之也

長壽王經

徇園　辭俊反徇猶迴也尒雅循迴也說文徇行示也徇亦循也經文從人作侚侚疾也侚非經旨

阿那律八念經

椷麓　胡椷古咸二反說文椷篋也廣雅云篋謂之椷字書木篋之也

癎瘨　核閒反聲類小兒瘨也下都賢反又廣雅云瘨狂也又顛頰風病也

魔嬈亂經

鴆在　古丰反說文鴆鳥也羣飛尾如雅雞鳴呼食之治風也

賴吒和羅經

鞋羅刪吒國　古文作料鞋二形同佗口反刪烏鞋反

辤訣　古穴反訣別也又通俗文云死別曰訣也

梵摩喻經

如砥　又作底同之視反底平也直也尚書砥砮砮石孔安國曰砥細於礪皆磨石也磬音刀護反

披攊　今作掀同山躋反索森攊好皃也颯攊兵袖皃也攊徒也颯音桑苔反也

病瘳　取留反尚書王翼日乃瘳孔安國曰瘳差也愈之也

鸚鵡經

吟哦　又作訡牛金反下五歌反吟吟諷詠也蒼頡篇吟歎也

門閾　古文作閾同吁域反尒雅柣謂之閾郭璞曰門限也柣音千結反

雜阿含經

聚中　古文𩣩𩣰二形今作聚同才句反又廣雅聚居也謂人所聚居之也

田家　徒堅反尒雅云田土也又說文陳樹稻穀曰田也經文作佃徒見徒年二反說文佃中也又春秋傳曰乘中佃謂一轄車也佃輦此義

十八

具譚　徒南反又經中或作瞿曇正言喬荅摩此因仙人名爲數

卅二

又縢　徒登反謂通微囊也經文作收鄧非也

隙禺

一掣　苦寄反掣猶提也又說文云掣懸持也掣掣之也

憂懣　古文蘪同莫本反說文懣煩也蒼頡篇懣悶也亦憤之也

憂惱　烏道反說文有所恨痛也今汝南人有所恨言大䏧今皆作惱

矢溺　又作屎說文作菌同式旨反糞矢也下正體作㸌尿二形同乃弔反經文

作㶣聲借耳

暑圩　宜作盂同烏俱反盛器之也

兌兒　徒外反兌悅也見也又兌㒸謂情面一頭齋一頭典也

偎偎咋咋　許緣反謂家遺未成也下又作讀同弁白反咋咋然聲之也

七處三觀經

拄亦　陟柱反謂支拄也經文從足作駐俗字

頂顊　乃鯁反蒼頡篇頂顊也廣雅項上也

比丘聽施經

孛呼　方于反孛疾也呼召也今也又音呼儀反發聲也

殟殟　烏沒反又說文云暴無知也又葬類云欲死也

馬有八態譬人經

車軨　又作䡼同力庭反說文車闌轄木也即車軨于著也

摩挱　桑何反聲類摩挱猶捫摸也摩挱又亦抹攃也抹音莫割反攃蘇割反

斎嗌　義又反廣雅云嚌飲也下時制反嗌嚙也食之也

顆頭　普米反說文傾頭也蒼頡篇不正也廣雅頛頭之也

一切經音義卷第十三

亭八

一切經音義卷第十三（別本）

校勘記

一　底本，明永樂南藏本。

一　二五九頁上一行經名，[徑]作「一切經音義卷第十四」。卷末經名同。

一　二五九頁下一一行夾註右「勑感反」，[徑]作「他感切」。

一　二五九頁下一二行夾註左第七字「𩜾」，[徑]作「餐」。

一　二五九頁下一四行夾註右末字「之」，[徑]無。二一行夾註左第七字、次頁上三行夾註左第六字、二三行夾註左第五字、次頁中八行夾註右末字、次頁下二行夾註左第八字、二三行夾註左首字同。

一　二六〇頁上一行夾註左「梵言」，[徑]作「梵語」。

一　二六〇頁中七行夾註左第一二字「虡」，[磧]、[徑]作「虞」。

一　二六〇頁中九行夾註右第四字「一一」，[徑]作「灬」。

一　二六〇頁中一三行夾註左第二字「謂」，[徑]作「作」。

一　二六〇頁中一四行夾註右「五更反」，[徑]作「五剛切」。

一　二六〇頁中二三行夾註左「一曰」，[徑]作「亦云」。

一　二六〇頁下五行夾註左「義之」，[徑]作「之義」。

一　二六〇頁下八行夾註右第三字「松」，[徑]作「公」。

一　二六〇頁下一五行夾註左「昔音耳也」，[徑]作「作飢饌」。

一　二六〇頁下一八行夾註左第三字「也」，[徑]作「者」。

一　二六一頁上六行夾註左第一〇字「之」，[徑]無。七行夾註左第六字、本頁中一一行夾註左第九字、一三行夾註左第八字、本頁下一五行夾註左第一〇字、次頁上二〇行夾註左第七字、二二行夾註左第一二字、次頁中二行夾註左第二字、次頁下一行夾註左第一一

字同。

一　二六一頁上一三行夾註右末字「文」，經作「云」。

一　二六一頁上一六行夾註右第二字「又」，經作「隋」，又左「墆音徒結反」，經作「滯之堤的米切」。

一　二六一頁上二二行夾註右第一三字「後」，經作「從」。

一　二六一頁中二行夾註右第三字「盡」，經作「畫酒」。

一　二六一頁中六行夾註右「子余反」，磧、經作「知列反」。

一　二六一頁下一行夾註右第六字「人」，經作「云」。

一　二六一頁下三行夾註右第三字「窄」，經作「笮」。

一　二六一頁下七行夾註左「一正也到入爲千字意」，經作「从一从入徐曰一者守一也入者干之也」。

一　二六一頁下一〇行「埏七」，磧、經作「埏土」。

一　二六一頁下二一行夾註右第八字「血」，經作「衁」。

一　二六二頁上二三行夾註左首字「唯」，磧、經作「雅」。

一　二六二頁中一行夾註右第四字「佄」，經作「甘佄」。

一　二六二頁中九行夾註右「胡族」，經作「胡族切」。

一　二六二頁中二二行夾註左第二字「咿」，經作「咿」。

一　二六二頁下一行夾註右「丁皎」，經作「丁皎切」。

一　二六二頁下四行夾註左第一〇字「者」，經無。

一　二六二頁下一九行夾註右「除珇反」，經作「除理切」。

一　二六三頁上九行夾註左第五字「之」，經無。次頁上一八行夾註左第九字、次頁下七行夾註左第一三字同。

一　二六三頁上一四行夾註左「而太」，磧作「而大」。

一　二六三頁上一七行夾註左「迕逆」，經作「迕逆也」。

一　二六三頁上二三行夾註右末字「也」，經作「切」。

一　二六三頁中三行夾註右第七字「麔」，經作「麔」。

一　二六三頁中一五行夾註左「字體」，經作「體也」。

一　二六三頁中一六行夾註左首字「桀」，經作「桀」。

一　二六三頁中末行夾註左「韋飾也」，經作「韋飾也」。

一　二六三頁下一〇行夾註左末字「也」，經無。

一　二六三頁下二一行夾註右「蒲滯反」，磧作「蒲帶反」；經作「蒲帶切」。

一　二六三頁下二三行夾註左「冏冏」，經作「冏冏」。

一　二六三頁下末行夾註左「止在」，磧作「止也」。

一　二六四頁上一行夾註左「翁鳥」，磧作「翳鳥」。

一　二六四頁上一七行夾註左末字「是」，徑作「也」。
一　二六四頁上一八行夾註右第六字「下」，徑作「云」。
一　二六四頁中八行夾註左「亦忘」，磧作「不忘」。
一　二六四頁中一七行夾註右「木三」，徑作「不二」。又左第六字「不」，磧作「木」。
一　二六四頁中一八行夾註左第一四字「吒」，徑作「叱」。
一　二六四頁中二一行夾註右「引音」，徑作「音引」。
一　二六四頁下一九行夾註右「珠文」，徑作「朱文」。又左首字「末」，磧、徑作「未」。
一　二六五頁上九行夾註右「徙當」，磧、徑作「徒當」。
一　二六五頁上一〇行夾註左第一一字「之」，徑無。本頁中二三行夾註左第六字、次頁上一二行夾註左第一〇字、次頁下一八行夾註左第九字同。
一　二六五頁下四行夾註右末字「枉」，徑作「梓」。
一　二六五頁下一六行夾註右末字「亡」，徑作「云」。
一　二六五頁下一九行夾註左「訛傳」，磧、徑作「訛轉」。
一　二六五頁下二一行夾註右第一二字「灼」，徑作「㣿」。
一　二六五頁下二三行夾註右「夫虞反」，徑作「去虞切」。
一　二六六頁上三行夾註左第一一字「刀」，徑作「器」。
一　二六六頁上九行夾註左「追役也」，磧作「追假也」；徑無。
一　二六六頁上一三行夾註左第二字「比」，徑作「笓」。
一　二六六頁上一七行夾註左第四字「弟」，徑作「曰」。
一　二六六頁上一九行夾註「方廟反依字領巾也多鞬陀紀言反」，徑作「悲廟切維衛佛父名也須日多鞬陀維衛佛子名也」。
一　二六六頁上二一行夾註右末字「以」，徑作「似」。
一　二六六頁中四行夾註左「而太」，磧、徑作「而大」。
一　二六六頁中二〇行夾註左「祭義」，徑作「祭儀」。
一　二六六頁中二一行夾註右第六字「起」，徑作「處」。
一　二六六頁下一八行夾註右「劉兆」，磧作「劉非」。
一　二六六頁下二二行夾註左第一三字「赴」，徑作「賻」。二三行夾註右第四字同。
一　二六七頁上六行夾註左末字「也」，徑無。
一　二六七頁上八行夾註左第一三字「匈」，徑作「胸」。
一　二六七頁上一二行夾註左第九字「王」，徑作「玉」。
一　二六七頁上一五行夾註右「下楷反」，磧作「胡駭反」；徑作「胡楷

切」。

一　二六七頁上一八行夾註左第一四字「之」，徑無。本頁下一〇行夾註左第九字、一五行夾註左第一二字、次頁上二行夾註左第四字、四行夾註左第一〇字、一五行夾註左第九字同。

一　二六七頁中九行夾註右「斯頭」，磧、徑作「期頭」。

一　二六七頁中一二行夾註右末字「比」，徑作「此」。

一　二六七頁下九行夾註左末字「也」，徑無。

一　二六七頁下二〇行「⿰阝桑⿰阝曷」下，徑有夾註「上息浪切下渠謁切⿰阝桑⿰阝曷闍婆羅門名也」。

一　二六七頁下二三行夾註左「火焰」，磧、徑作「火惱」。

一切經音義卷第十四

唐大慈恩寺翻經沙門玄應撰　亭九

四分律第一卷

律藏　力出反梵言毗尼或言鞞泥迦或言毗那耶或云鼻那夜或云毗奈耶皆由梵音輕重譯之訛轉也此譯云滅行行亦遠也離此行能滅惡遠因以名焉或譯云滅能滅惡也或云化度言梵經化度衆生也或云調伏調伏貪瞋癡也業文殊卑律經云嚎了會欲名爲律是也素亦推律佉也謂佉則也又云律銓也佉律所以銓量輕重也又云律常也言可常行也釋名云律者羅也羅四人心使不得放肆也音尸羅者此云止得謂止羅得善也舊譯云備卑反姓善者皆義釋也羅音力追反繁也

稽首　字益古文蒲首同菩禮反說文下首也首頭也白虎通曰所以稽首何稽至也言頭至地三稽稽首頭首也周禮太祝辨九拜一曰稽首是之也

說戒　古拜反戒亦律之別義也梵言三聲梵此譯云禁戒者亦禁責也責雅戒備也周易以此齋戒韓康伯曰洗心曰齋防慮曰戒字體從廾持戈以戒不虞字意也非又作弃同巨記反

諷誦　福鳳反諷誦詠讀也誦諷背文也又周禮教國子興道諷誦鄭玄曰倍文曰諷以聲節之曰誦

垩礙　正字作罣同胡卦反字音閡礙也說文礙止也

垣牆　于煩反四周牆也又詩云太師維垣又傳曰垣牆也釋名云垣援也人所依阻以爲援衛也牆障也所以自障蔽也

颷火　卑遙反小火也案字體宜作熛說文熛飛火也三蒼熛火也呂氏春秋云突泄一熛焚宮燒積是也

醒者　思挺反字林醉解也

不良　力章反又詩云鶉音無良又傳曰良善也今書不良不善也

除愈　古文瘉同史乳反又說文云病瘳也又方言云差間愈也瘉

身康　口剛反尚書庶事康哉孔安國曰康安也亦謂康樂也

難詰　去質反廣雅詰責也說文詰問也

飢饉　古文飢同几治反說文飢餓也尒雅穀不熟爲飢蔬不熟爲饉李巡曰可食之菜皆不熟爲饉春秋穀梁傳曰二穀不升謂之饑三穀不升謂之饉五穀不升謂之大飢也

梵行　梵言梵摩也云清淨或曰清潔正言寂靜舊梵字莊云梵摩也音扶泛反京親積紀有人姓樊名梵娑其義免

故二　梵本云集靜邪也邪譯言昔第二靜心論云東具又第二是也

髮被　皮寄反被翻被帶也亦衣被也又作文有作披披之披非也

袈裟　舉佉反下所加反韻集音加沙字本從毛作㲚㲜二形葛洪後作字苑始改從衣案外國通稱袈裟此云不正色也謂草木中若皮若葉若花等不成五味堪以爲食者則名迦沙此物緣衣其色國赤缺梵本玉彌之偏亦名迦沙天然此丘多用此色或言爛衣者當是初擇之時見其色爛因以名也又家如幻三昧經云百言鉎垢毓又義云雜魔服或言云請瘦衣壞獼蓮華服或吾閒色衣皆隨義立名耳真締三藏云黧裘此云赤血色衣言外罽嗏有五部不同並皆春色言音羼本羼替但點之異耳

利戟　居逆反字林有枝兵器也釋名戟格也音勞有枝格也周禮戟長丈尺也

伺之　揮蕃作覩字林書椒或作司傳蓋胥吏二反廣雅伺候也索察也狙也狙音千絮反

羯磨　居謁反此譯云作法辦事憂波羅問經作鍋羲此梵言謂之也

和尚　菩薩內戒經作和闍皆于闐國等訛也應言郁波弟耶夜此云近誦以弟子年少不離於師常逐常近受經而誦也又言鄔波陀耶此云親數首釋云知罪知無罪名爲和尚也鄔音於古反陀音徒賀反

阿闍梨　羅中反作阿梨利音言也磨言阿應利衣也云正行又中阿遮利耶此云執麁書云於善法中教授令知名阿闍黎也

君持　經中或作軍遲此云瓶也謂雙口澡灌也律文作驛馳此非也

羅閱　城以拙反羅舊言王閱者言含十二表遊怪此言王舍城是也正言羅閱是料以王代之謂皓料理人民揭契贍此云舍中音羅閱者此誠之也

陶師　又作匋同大勞反陶瓦之名也史記陶瓦器也蒼頡篇陶作瓦家也舜始爲陶于河濱是也出本云要日民吾者史增加也棱西域也之甲燃不搗爲窯但累坏路霹燒之耳謂書亦儲音爲姚字禮作窯音姚通俗文陶畫曰窯苦頭篇窯燒瓦窯也

柴薪　仕佳反又禮記云季冬命四監枝蠡薪柴以供郊廟又鄭玄曰大可析謂之薪小者合束謂之柴以給炊爨也

相率　所律反謂將領行也儀禮協率以敬鄭玄曰率導引之也

瓶沙王　此言訛也正音頻婆娑羅云形牢是摩伽陀國王作

柵攡　又白反統文編竪木也柵又也籬地二形同力支反通俗文柴插曰抽木垣曰冊南土添押竹牧爲之斜臧者第之巴飛抳釋名云以柴作之疎籬離然出律文作抽搞非譫也抽音南搞音矩也

親厚　古文㫗同胡苟反接厚者不薄也禮杷以厚其別鄭憶曰厚重也律文或作友于久反說文友同志也廣雅友變親世禮記僚友攝其悌執反稱其仁鄭玄曰僚友同官也執友同患也瞷作甘樣也

若避　力貧反戊蜀也觀遊兵以禦寇者也鎮財云避顧補符弁遠也律文作偏非鑽也

第二卷

吹毳　充芮反字林細羊毛也詩有毳衣古者天子大夫服之以巡行邦國也

拘遮羅

劫貝　或言劫波育或言劫波婆正言迦波羅此譯云劫花名也可以為布高昌名㲲㲲是衣名罽賓以南大者成樹以北形小狀如土葵有殼剖以出花如柳絮可紉以為布用之為衣也紉音女亦反

差羅波尼　或作叉譯波膩或云識羅半尼此譯云反水也

芻摩　測集反或云蘇摩或言識磨此云麁布云蕊言鑫草衣案外國傳云彼少

鉢眈嵐婆　毳府多用樓毅迦聚及草羊毛野蠶錦等為衣也或作鉢耽婆婆此是國名也從國名衣也嵐力舍反字書無

頭頭衣　此字惟應作轆詩云山寒析青作城也或言頭求最衣亦云耍

杙上　椸桑衣此云細布也余獻弋命雅椸刑之杙郎

衣架　積曰杙際也椸音徒得反加夏反介雅竿謂之篪郭璞曰木名即衣㭬也椸音移律文作㭬音加木名非衣此用也

市肆　相利反古今注云肆陳也店置也肆所以陳貨鬻之物也店所以置貨鬻之物也肆亦列也謂列其貨賄於市也

舫船　甫妄反說文作方訪二形尒雅云舫舟也郭璞曰並兩舡也通俗文連舟曰舫是也律文有作舫字音方

檣船　文作抽木可作車枋非古反船上樓也釋名云檣者露也城上守禦露上

筏船　扶月反通俗文竹木作筏謂之䇶蒲䇶又作䈶同扶月反於河浮以運又

水獺　他達反形如小犬水居食魚者也

失收摩羅　此云殺子魚或作失獸摩羅以守宮舍為名律作室獸摩羅云守宮也有四足似鰐長二丈餘魚齒至利也

鬱周隆伽　禽處入水齧胥即鷸或云殺子魚也

獼猴江　梵言末迦吒此云獼猴還駃此云池在毗舍離菴羅國賀曾獼猴為佛共集穿池今言如者誤人賣立耳此言恒河在作恒江也

咄男　丁兀反字林咄相謂也字書咄出生之也

倚發　也楚反謂擬發也機王蔡之機也繞府射譬也律文作擾撓休反廣雅撓文

聽獸　亭也亦秦也除非此義也歷雅云音義云獸亦獸字二余而羽曰會四足兩毛曰獸

蛇螫　式亦反字林蟲行毒也關西行此音又呼各反山東行此音蛆知列反南北通語也

僧伽藍　此言訛也正言僧伽藍磨此云衆園也

狎習　古文[illegible]二形同胡甲反禮記賢者狎而敬之鄭玄曰狎習也近也謂狎而近之習其所行也律文作狎非體也

祠天　似茲反春祭曰祠

汙身　烏故反

捫摸　莫奔反

捺捭

草䅋　又作納同奴荅反

第三卷

摩醯　呼奚反

唄匿　蒲芥反

創孔　古文創同楚良反

拼地 補耕反今謂彈繩墨為拼仲匠就昌 言繩墨得拼彈是也江南名拼音普 庚云 也

晡時 補胡反淮南子曰日行至于 悲谷也今日加申時是也

唾壺 戶狐反說文圜器也

觸嬈 奴了反三蒼嬈弄也 說文嬈擾戲弄也

第四卷

羝羊 丁奚反三蒼羝特羊也廣雅羝羊也

典領 又作敟尚書典神天 孔安國曰典主之也

欶太 又作嗽同所角反吮也通俗文 含吸曰欶律文作數俗字也

老邁 或作遵同莫芥反廣雅邁歸往也說 文遠行也詩云日月其邁傳曰邁行也

老耄 古文薹耄二形今作耗同莫報反禮 記八十曰耋鄭玄曰耄惛忘也左傳 老稍智耄又及 杜預曰耄亂也

適生 說文之赤反之也 謂始也近之也

迸石 古文跰或作迸同北 孟反迸謂云散走也

自鑊 者尺反又廣雅鑊謚也又說文 鑊衣也謚音所聳音羌阮反

四疊 徒頰反三蒼疊重也又作疊字怀重 衣也二形還音律文作牒簡牒也牒 菲字 義

疼痛 又作痋同徒冬反下里間音騰 文疼疼痛也二形同徒冬反聲類作疼說

第五卷

浣灌 胡管反說文浣濯也 古亂反 蒼頡篇灌之也以 鄭注華嚴經 摘以 ...

摘花 都革反說文摘拓果樹實也律文作擿 他狄反擿投也 非此義也 ...

倡伎 齒揚反倡樂也 蒼頡篇倡俳也 說文倡 禮記也

唱和 曰光唱向胡臥反發歌句也說文一唱而三歎鄭玄 曰唱導也詩云唱

俳說 子和没 是也 皮皆反又說文云俳戲也又莊子獻 笑不及俳俳俳者樂人所為戲笑以 自怡悅也又律文云作非 四憶反唾也非非此義也

聚落 古文聽聽二形同才句反漢書學官 聚曰序鄰曰序張要曰邑落名也章 昭曰小鄉曰聚史記舜所居一年成 聚是也墳雅落居也謂人所聚居也 漢書無嬉聚 滿是之也

趒蹀 他弔直彫二反下遲赤反蹟 集趒越也今言趒蹀是也

第六卷

三衣僧伽棃 此音訛也應云僧伽致或云 僧伽胝譯云合或云重謂割 之合成又重作也此一衣必割截成 餘二衣或割不割若法寄部說諸有 部等衣則不割若重州部大衆部等 則割截之若不割者貞衆帖角及以 餉細 而已

欝多羅僧 或云郁多羅僧伽或云優多羅 僧或作涯多羅僧亦倘梵言訛 輯耳此譯云上著衣也著謂與身相 合言於常所服中最在其上故以名 爾或云覆 左有衣

安多會 或作安多衛或作安多婆娑或作 安陀羅跂陀此譯云中宿衣謂近 身住也或 云囊衣也

更貿 又作貿同莫候反三蒼貿換易也尒 雅云貿貿市買也又郭璞曰交易物 爲貿又詩云 抱布貿絲

中曬 又作霸方言曬暴也乾物也郭璞音 霸智反此土行此音又所曬反江南 行此 音

五穀 案禮記月令天子春食麥鄭玄曰麥 實有孚甲屬木夏食菽菽豆也菽實 字甲堅全屬水季夏食稷稷五穀之 長屬土土中央秋食麻麻實有文理 屬金木食黍黍秀舒散屬火 皆順時而食之以安其性也

敞露 齒掌反蒼頡篇敞高顯也說文平治 高土可遠望之也又作僘文云作蜀音 昌蓋反天門也觀西 風名也閶非此義也

儲積 直於反又說文云儲備也 積也待也儲音直墨反

綫拼 積並反拼彈也又律文云作字 與趙同百並反字拼線文綺也

徒跣 連胡反國語悼公蹺而出車昭曰 徒跣也三蒼作蹺跣又作跣音大各 反以腳錢土也跣跣文于典 反字跣四典反此蹴通用也

爪搯 又作搯同工八 反說文搯刮也

第七卷

嚴駕 古文恪同加嘏反三蒼駕曰駕字林 駕在中曰駕廣雅行也駕乘也

擿解 挑擿他狄反謂擿除也

應帖 書傳帖題帖曰帖方言 律通俗文作牒帖也 此也用牒也

暴繭 蒲穀反說文暴晞乾也繭古 文鏡同公珍反饗紫綠也

以斤 居銀反說文斤所木也國語 鍇鉏爽不揭質違曰斤也 以斤斫也 名金

細剉 且臥反 猶斫也剉非此義也 律文作挫傷非也 剉 也

塗墉 都果反字又作坔 林堅土也 奴羊反

糯羊 又羊反

襯鉢 又觀戩 初鎮反又觀近 中亦也觀

作帽 莫報反頭衣也

作袜 古文韤同 亡發反足衣也或作韈 名袜抹末也在脚同 袜末也三形 也或釋 也

第八卷

分牦　撲江反考工記公圭用牦鄭玄曰牦辮也説文白黑雜毛牛也今多作尨大多毛也詩云無使尨也吠是也

涂擗　方麥反又説文云擗搗也搗裂也又廣雅云拼分也

第九卷

懺悔　此言訛略也書無懺宇正言叉摩此云忍謂容恕我畢也半月又磨増長求根也道沙他此云增長或名鉢畢希提會耶寐此云我對詠謂相向謠罪也舊名有蕞者訛略也譯云淨作者義翻也

五綴　張衛反説文綴合著也䌯連也

闍内　古文闍同許域反丈音域念雅柣謂之闍邦璜日門限也論語不履閾是也扶音千䞨反

戶扇　宇書一扇日户扇扉曰門又在於堂室曰户扂發宅區域曰門律文作開来見所出也

作維　蘇對反方言維車趙鄉閒謂之歷鹿也棐月反廣雅槩扰也扰音以鏃反

第十卷

震烈　龖折反説文烈火猛也廣雅烈盛也

危中　之移反説文圜器也一名觛應劭注曰漢書云危受四升也又律文云作枝條之枝非字義也䑗音徒豈反

葛中　他朗反説文大箭也以木若瓦爲之短闊於捕律文作欓當朗反廣雅欓菓黄也欓

什物　非此用時立反什謂會數之名也亦聚也雜也謂賚生之物也今人言家産器物猶云什物物即器也江南名什物此土名五行史記辨作什器於壽丘漢

打撲　書貲民賜口宅什器是也匹木反過俗文建枤曰樸

第十一卷

養飤　説文田志反飤糧也賓雅餧飤也養頡篇云謂詁飤飽也謂以食與人曰飤音祥偽反又律文云什飼近宇也

摩抆　古文揩同亡粉反又宇林云抆也抆也又律文云或作㧊㧊撲也

賜金　古文跪同九偽反又廣雅云鵙賄也又詠文云鵙貨

毁呰　子介反詵文呰呵也禮呰呰者莫不知禮之所生鄭玄曰毁者曰呰

禿瞎　今作瞎同呼鎋反字書一目合也

皮韋　千非反字林柔皮也

野干　案子虛賦云騰遠射干司馬彪郭樊往虫云射干狖狐而小能緣木射音夜又作野

甘膳　上扇反又説文云具食也又廣雅云膳肉也饌禮膳進也又鄭玄注周禮云膳之言善也今時美物本日珍膳也

俓卧　於傢及欬集曰倚俓也今言俓息却俓並是也

磬欬　空項苦代反通俗文利㗋曰磬欬子磬欬共間是也説文欬逆氣也禮記竅宴㗋咳也律文作磬咳寺苦徑反樂嫼也出本母句作磬以石爲之磬非字義下胡來反字與我同㦖咳也並非字體也

第十二卷

搵地　烏勿反又説文云搵揹也以物娄地也揹音胡没反謂

鑊斷　古文斵同竹角反説文斷斫之也

掐傷　或作劍同掐苦反从傷也音千下之夜反

竿蔗　謂之竿蔗上林賦賨志作竿蕪令蜀人曰諸柘甘拓也賦曰諸柘巴苴集涯甘蔗通語耳

自炒　古文叢煎熟煮四形令作䉈煮寔四民又月令云作炒古文奇字作焚同初敍反又方言云熬熟蕉悉火乾也又説文云熬也

黑縹　匹眇反釋名云淺青色也有天縹骨縹各以其色言之也

毳紵　或作芋同直呂反説文枲屬細者爲絟布細而細曰紵亦草名也絟音七泉反細葛布也蘇音苦向反

何與　余據反會及覽肯與也左傳公必與豫是也本文作豫

覆苦　舒盟反介雅曰蓋謂之苫李巡曰編芽以覆屋曰苦一曾舒饋反苦亦蒦也

饋肉　公鮮反下五孝反説文憤亂也餉饋肉饋也振梁也律文作闠俗字也

百臘　力盍反案風俗通曰夏曰嘉平殷曰清祀周曰大蜡漢曰臘臘獵也獵耳禽獸祭先祖也比歲終祭神之名也經中言臘此者即此義也或曰臘者接出新故交接也諸經律中亦名歲如新歲歷等介稚注云一然名歲又取歲星行一次也夏曰歲尚曰杯尉曰年唐虞曰臘皆據一終爲名今比丘或言臘或云夏或言雨亦介皆巫一終之義案天竺多雨名雨安居從五月十五日至八月十五日也土火羅諸國至十二月安居今言臘者亦

近是也此方言夏安居各號其事制名也嫱音仕嫁反

第十三卷

相遺　余季反又廣雅云遺與也謂以玩好物與人曰贈遺之也

熨治　或作尉同於謂反又説文云從上案下也亦所以熨伸繒之也

田殖　時力反蒼頡篇殖種也廣雅殖積也

撩理　力條反又通俗文云理亂謂之撩理又説文云撩理之也謂撩捋整理也

今多作料量之料字也捋音力活反

第十四卷

斟酌　古文斟同之任反國語王斟酌焉賈注曰斟酌取也酌行也廣雅斟酌益也律文行酌来閑也

踉蹡　古文斜旅二形同音匠狀又破也閑中行此音説文音隱掖厄反江南通行二音也

賈貫 公戶反周禮九賦六曰商賈鄭玄云行曰商處曰賈白虎通曰賈者固也言固物以待民來求其利也今皆作商

貪饕 又作飻同他結反說文食也舊律本多作饕餮按左傳縉雲氏有不才子貪於飲食冒于貨賄斂積不知紀極人民謂之饕餮杜預曰貪財曰饕貪食曰餮饕音他高反餮音遠

晛出 古文晛同下殄反說文不歐而吐也今謂小兒吐乳為晛之也

鉢盂 補沫反鉢多羅又云波多羅此云薄謂治厚物令薄而作此器也鉢亦近字下羽俱反又說文云瓶器也又律文作鉢又古文鉢字音胡瓜反犛鉢也鉢非此用也

孔鏬 古文墟鏬二形同呼亞反說文鏬裂也坼之也

第十五卷

賦與 方句反詩云明命使賦傳曰賦布也尒雅賦量也李巡曰賦通斂與也廣雅平均賦也莊子狙公賦芧謂芧賦與之也律文作傅師傅也塗傅也又作付饗之付並非此義

餅黏 女廉反又說文云黏相著也又三蒼云黏合也

甘饌 說文籑或作饌同仕眷反具食也論語有酒食先生饌馬融曰饌飲食也

脫過 吐活吐外二反廣雅脫可也余也謂不定之辭也

須銚 古文銚同余招反廣雅鋗謂之銚說文溫器也以函生有鍒山東方此音帋九又徒弔反今江南有銅鍱形似鑰而蘇胏上加路龍為襻也鍱十一呼文反萬音鑿者也

第十六卷

毛髭 字林力于反髭蘚也通俗文毛曰髭又所俱反髭髭也髭音墨

辮髮 三蒼亦編字同平典反說文辮交也織也

桵汁 汝誰反尒雅棫白桵又郭璞曰小木叢生有刺實紫赤可食本草作糕今

嬉戲 技枝是也字從生豕聲搣音戲也虛之反說文嬉樂也蒼頡篇嬉戲笑也

澆漬 子旦反說文汗灑也江南言瀎山東言滿音于見反通俗文僭沾曰滿也

若篺 又作簿同父佳反廣雅云篺篺筏也今編竹木以水運為篺秦人名筏江南名簿淋音嶽字

掉臂 徒弔反又廣雅云掉動也又說文云掉搖之也

䬴沸 淮南子潰小皰而發痤疽作皰同彭孝反說文面生熱氣出通俗文體群沸曰潰溫音扶分才史反江南呼沸子山東名瘡沮律文作瘡皰二形未見所出也

掃𢾭 音異姿擲吃唯晉陽秦秋有人姓姚名𢾭作此字諸書所無

彷徉 字林音旁又蒲光余章反廣雅彷徉徒倚也楚辭聊彷徉以逍遙是也業彷徉猶徘徊也

櫨棟 隸都反說文櫨植柱上拼也三蒼柱上方木曰欂一名楮山東江南皆曰欂自陝以西曰楮釋名云櫨在柱端都盧負屋之重也下都弄反說文棟屋極也周易上棟下宇是也今山東呼棟為檼音一斯反釋名云棟中也居屋之中也諺隱也以隱摘也構音蒲多反

第十八卷

不禁 急林居蔭二反集禁猶制也

第十九卷

口噤 古文唫同渠飲反楚辭曰噤而不言王逸曰閉口為禁也

挃者 豬栗反又廣雅云挃刺也謂以指觸人之也

手搏 補各反搏猶拊拍也又廣雅云搏擊也釋名云四拍廣搏以擊之也

罰讁 扶發反說文罪之小者曰罰廣雅罰折伏也字從刀從詈讁說文陟革反罰也字林過責也方言讁罪過也通俗文罰罪者曰讁律文作適非也

褚緼 古文𧜁同竹與反謂以綿著衣也今作褚同

支有 今作褚同音技支褚焉也

貪匱 渠愧反禮記卵財不匱鄭玄曰匱乏也詩云孝子不匱傳曰匱竭也

剗刮 口糸反謂空其中也方言斟擀也說文剗判也發音他曬反

鏢鑽 匹遙反說文云刀削末銅也釋名云矛下頭曰錐音有困反江南本閑中謂之鑽音子亂反律文作鑿鏃非鋭

玦扭 帋九居穴反左傳金玦離杜預曰玦如環而缺不相連也翫炎作鈿女丸反又廣雅云印鈕謂之鼻今俗此

作匕 十二卑以反通俗文匕夾謂之悉說文所以取飯也一名柶音四

衣鍘 音罥攢磺山来詳字出案篇俗文堅硬不清曰礦砺音貸八納八反今山東謂刻青錐紉者鵧礦砺子

蘩鞄 蓋鼎取爲也錯音為叔反绖矮反又小學壽云贊鋼也今看幾拯項皆皆作此

奄地 又作弇揜掩三形同於撿反掩奄藏也之涉反廣雅𦄴縫也埤蒼𦄴衣也今言𦄴疊是也通俗文便縫曰𦄴今詔

細𦄴 攝亦甚作𦄴音

腳腨 䐗𢇲音丘阮反又作䏿同時兖反字林腨腓腸也

第二十卷

脅肋 力得反又說文云脅骨也字從肉律文作勒又說文為頭絡銜者勒非今義也

尻不 苦高反說文尻脽也三蒼尻髖也脽音誰

肶肘 相承區放反横秦附也未詳字出禮記云並坐不横肱是也律文又作髖未見所出也

戾身 字林力計反戾曲也字從犬出戶而身曲戾也

趨行 字體作趨同且俱反說文趨走也論語子見冕衣裳者過之必趨包咸曰趨疾行也禮記帷薄之外不趨敬鄭走曰行而張足曰趨堂上不趨為其迫

也尒雅室下謂之趍釋名疾行曰趍疾趍曰走皆是也

挑取　他堯反撥頭抉音於穴反手抉取物抉也淵以

蘂業　如推反廣雅蘂華也謂華鬚頭點是也

第二十一卷

桿挑　音早似柿南土有青黃兩種桿州謂之烏桿

噏飲　古文歆噏二形今作吸同許及反廣雅歙吸飲也謂氣息入之也

舐飲　入作舐同食尒反謂以舌取食也

木屐　下律文有作跂同渠戟反說文屐屩也釋名屐以帛爲之則展七十里是也二書表衾展曳長摳挹方展見平也孔囊曰穿木展也異莚云介子捶抱原君此似木展也樹燒死音文公伐以制展也稍音居盧反

持鉾　古文或鉾二形今作矛同莫侯反說文酋矛長二丈建於兵車之也由自田反

第二十五卷

若揃　古文劋鐍剪三形同姊踐反又字林去揃搣也亦斷也

挽出　古文軼同無速反說文引車左傳或輓之或推之是也

結縷　上林賦云布結縷攢戾莎介猪停攢目猿孜云三蒼曰結縷今關西麓之俗名句屢草也律文作茹藘按茹茹或文加歌二音尒雅荷芙渠其莖茄此則於義無施蔞字未詳所出一本作示葭音加下力胡反尒雅葭蘆郭璞曰即葦也蘆當誤耳

汪水　烏黃反左傳尸諸周氏之汪杜預曰汪池水也通俗文停水曰汪說文汪深廣也

第二十六卷

祝𧫯　說文作詶之授反詛也古文𧫯今作詛同側據反釋名祝屬也以善惡之辭相誓也詛阻也謂使人行事阻限於言也

泛長　古文氾同敷劒反說文泛浮也廣雅泛普也律文作汎古文風同扶弓反亦浮也

摸法　或作摹同莫奴反又舉頓云摸法之也謂揣取象也

第二十七卷

舂磨　字林作𥕢同亡佉反郭璞注方言云磑即磨也世本輸班作磑北土名也江南呼磨也

紡績　古文勣同子狄反字林績緝也

蚩笑　古文𧊒同尺之反廣雅蚩輕也謂相輕笑也

乳哺　蒲路反哺含食也淮南子云含哺而熙許叔重曰哺口中嚼食也又律文云作餔補胡反又三蒼云夕食也謂中晡食也餔非字義

第二十八卷

厭禱　於冉反字苑云眠內不祥也論衡曰臥厭不悟者也山東音於葉反字從丁音乎早反禱都皓反論語子路請禱包咸曰禱請也請於鬼神也廣雅禱謝也說文告事求福為禱之也

不案　於旦反禮記云案萝桊腊肥豬校亦嘵視也又漢書云寀案捎中替塞如淳日寀察行之也或曰寀寻也蔘音忠也

第二十九卷

衿髁　口化反又三蒼云尻骨又字林髂也髂骨也口亞反今以髀為髁又律文九云作胯口故反股也又作跨字林云跨踞也二形並非此義也

𡰪奧　於四反說文一古反水曲也恭人過拆良杜預曰隈蔽之左傳又作烏鳥葦字林隈義之也是通俗文

作𣛧　古文鑄也本音他作今江南東宮舊事著槃子製如芒槃而甲下安鐵曰文辭𧗿之

第三十一卷

顧眄　忙見反說文邪視也方言自關而西秦晉之間曰眄

四徼　古吊反四門巷也即壓中四徼曰是其事也

角力　古文斠同古卓反又廣雅云角量也又說文云斠平斗斛也

氍毹　又毹氀二形字作氈𣯛同強朱雙又朱反俗文云毛席也釋名作婁波又通俗文云縷毛蓐曰氀細者謂之㲣毾

凸髖　徒結反抱璞手曰凸起者也又作䯼同苦允苦昆二反說文解上也積稚

分馥　云𦢊腎也又埤蒼𦡊臆凡也又律文作腹非也扶福反韓詩曰馥芬芳馥香氣也

書讖　楚蔭反三蒼讖祕寶書也出河洛說文讖驗也謂古今有效驗之也

第三十二卷

冷而　歷經反楚辭下泠然而來風又王逸曰泠泠清涼貌也淮南子云受殺一言精神泠許叔重曰泠然解悟之意也

荷枕　古文抲同胡我反穀梁傳曰何負也說文何儋也今皆作荷也

鼾睡　下旦反說文卧息也字苑作𪖙三形非南行反律文作呼齁相切也出三蒼

齘齒　下介反說文齒相切也律文作齘非也

寱語　音藝說文瞑言也律文作𡂿非也

檢髮　居儼反說文髮也謂甲也括東如之髹也介

訕若　所姦反說文謗也

第三十三卷

漆水　音七謂汙漆水也

漱口　所救反說文漱盪口也

抖擻　當口反下蘇走反方言抖擻舉也字書作斗擻今作料同

怪字同下捸音戒鏄束也又作斛二
裹非字
反勺斛也捸山巵反捸木名也並

茹菜 捸奉如慮二反廣雅云茹食也

挠令 火刀反字林挠擾也漢書留律挠酒是也

串戶 通俗文作串門中串出蒂頷舊作擇音 笮特也王㲋閃中㓥天外戶不擇是也

闗牡 云後特反說文以閉門也 牡所以封閉閉令不可闗也

第三十四卷

輕躁 又作躚同子到反躁動也國語擇名躁擾也躁如也 物猶飛也 疾也

迫難 古文迫作同補格反迫猶迮也云 之訓也迫迮也

遅其 或作遟同除遅反遲待也漢書文遲天明遅之也 迻遅待也遅作迻徐同實夫也

第三十五卷

揵黃 又作揵同渠言反字書揵 制也通俗文以刀去陵曰揵

租賦 古文租同才以反說文賦斂也廣雅 賦量也所以又鄭箋曰賦稅也

所以動也賦量也以方言云之也 所平也稅所以優動之也

瘷瘷 相傳勅顏反三蒼以為也

瘷病 反言呼為溝瘷也 多作疵於瘷反詳云又子

睞眼 力代反又文云說目瞳子不正也又曹頡篇云內視也

瞷眼 古文瞷同胡間反說文戴目病也亦雅眼白曰瞷也 又作瘈同到瞷馬一戴

瘈瘈 呼瘈也文亦同上反虎氾又說瘈雅瘈也

陂陰 徒甘反方多作淡 世方洞涸液飲也

遏切 千結反急也 亦切也迫近也

揵椎 梵言揵椎云打揵椎所 乞牽木或揵桐揵此無正翻打揵椎所 之云木或揵此無正翻 但律經言揵揵槌 作苦雅經多作揵致此非言揵字也

第三十七卷

若腠 又作始同三反又說文云腠理也廣雅云膚腠也 云不作腠者

毾㲪 又三反說文又云毛席也通俗文毛席謂之毾㲪 名云盡此廣雅云蒱所居小毾毾毛有文出上

床上毾㲪為名者因以之故也

形故相渠也邁

第三十八卷

皮革 古文苹同古文皮革變更也古字毛日苹 故口以為革更三十年而道更也

之以從口為世名 取別異音之 也口音章革之字三十更別也

不串 作謊文又作慣同古患反說文習也

十九

第三十九卷

須剗 古文剗同初簡反說文剗削也今方刀施者也

漫跟 莫干反此假借也說文字體作足跟云此古豆之也古文跟作足跟

斑豆 或作㺸同乃有反說文斑駁也

戶樞 長江南迺亦云樞之本謂

皮連 古文樞也是五名

巷觀 合也文字亦作巷

第四十卷

患遠 又作㰥同丁計反㰥又怒也云如詩是云即㰥言今俗又作遠汝云 實憠

賓抵 賓作古抵又作郁云 人心也直如詩云 心飢道抵也

第四十一卷

門閫 又作閫同音入於本反說文閫門限也 記曰外言不入於閫

餓餬 提胡二言音居文字作餬今四下日饟

酸酒 釀作酒醅也 出在釋名云

醢酒 酸酒也齊醅作二 今日食醢酒

甜色 古文甜同

過斥 戈赤反說文過斥也

寺鼈 寺諸風斥亦 十九

著稽 鄭玄注禮記曰稽首者頭至地也 先鬼又寺 其先出之又曰

行勝 詩又胡音之言 名工

肩拘 聊以役 者反

犢牛 今說文 也令

車輿 輿之對車曰 輿曰一車 轝云

落發 射之發也 發謂射之也

中的 射中 的也

射鞚 子射曰 鞚字也

貯器　張呂反說文貯積也所以函貯者也左傳取我衣冠而貯之杜預曰貯蓄也謂蓄藏之也

結蘢　字甘而容反毛頭也律文作蝎字書亦籟字音而用反案蠢飾之也

作幰　虛偃反著領舊云布帛張車上為幰也

第四十二卷

床来　字體作桽忙皮反呂氏春秋曰飯之美者有陽山之穄高誘曰關西謂之床冀州謂之穄文律文云有作林字音迷

堅鞕　今作朋同而振反通俗文乘堅曰朋曾子曰筋朋而骨然是也

若癬　又作癡同先善反又說文云乾瘡也今有乾濕兩種釋名擬徙也愛經稱敺日賓之也故責條人謂癬為徙也

若瘀　張揖雅字作瘡同故和反類集曰瘧病也春發者謂之鶩瘀秋發者謂之瘧瘀

鹵鹽　力古反說文鹵西方鹹地也天生曰鹵人生曰鹽古者宿沙初者鹽也

涎沫　似延反案江賦瀆海飛漾時有本作涎說文作次或作漾淑二形舊欲曰依也賈誼新書垂漾相告束皙餅賦曰行人失嬰於下風郭璞注尒雅云涎沫也並作延

鼠攎　胡蹴反說文攎攎也黨牢也一曰鼯也

蚰蜒　或作蝉嫉二形同由延二音說文亦名入耳北燕曰蛐蜒音女六女飲反

鈹刀　[illegible]皮反說文大鍼也醫家用以破癰也

二十九

胞胎　補茅反說文胞兒生裹也漢書同胞之徒如淳曰同胞親兄弟也

十八

於尒　今作爾同而是反詩云百爾君子云尒淺也盛作体如饞反亦我也

泔汁　音甘說文泔潘也謂淅米汁也潘細浙米汁也江北名潘江南名泔

釁滫　古文為同疾朗徒的反潘俗文湍器謂之釁器之也

得蕁　字書作樽說文酒器也尊以奉上律文作蟳音在困反矛斃下鋼鏄也鑪非此義

第四十三卷

剫皮　音皮又廣雅云剫剫也又力皮反

瘡勺　四錀不猪行也謂後下也

揵疾　眡尼毋經譯言中鐵鉢也或作建鏈亦是梵言輕重耳律文作鍇坐非也

白孔　音陷又說文云小附也又廣雅云白坑也

蔆芰　杜林說菱從麦同渠智反又說文云芰蔆也又韓文作菩非也

麩數　又作歐小學篇作據同力佔反韻集曰數所以敉物世敉文籥鑊籥也會江南亦有粉醫綦醫也

激發　經歷反莊子汙者激司馬彪曰流急口徼楚靜我倩徼而無所通王逮曰激感也

輭治　又作報莊子云車輸不咋地作跡同女展反又說文輾轢也

怨仇　古文逑同巨牛反左傳怨耦曰仇尒雅云仇讎匹也孫炎曰仇相求匹也

微服　字林微隱行也尒雅匿竊微也郭璞曰謂逃竄也字体從彳微妙之微從人

第四十六卷

噫自　乙戒反說文飽出息也禮記不敢噦噫是也

駏驉　巨虛二音似騾而小牛父馬子也

嫌隙　古文𨻶同丘逆反國語上下先隙賈逵曰隙覺也說文隙壁際孔也

寶渚　之與反尒雅小洲曰渚宰逕曰四方有水独高可處故曰堵也

二十九

闍令　勿云反說文知聲亂律文有作曼梵言說也亦高昌謂聞為曼音莫蔓反佉字曼音无顛反訛文曼引也廣雅曼長也非此義也

十九

第四十八卷

祇被　字袪巨兒之袪反法服也或作竭支或作僧迦支或作僧迦鵐梵言訛轉也正言僧腳崎此名覆膊衣也或言瞿修羅此云圖也像其衣形立名也且二衣梵國亦著但作淨耳

蠱道　公戶反聲類弋者反說文蠱腹中蟲也謂行蠱毒也字從蟲在皿者字意也

第四十九卷

令卷　奇負反詩云有卷者阿傳曰卷曲也

詭語　俱毀反謂變詐也三蒼詭誦也廣雅詭欺也

疏向　山於反疏通也說文作嘅嘅蕩曲嘅從足足足也從四象其形也門戶窯關皆所以引通諸物故從足足取通行處也足山輿反足

捉脛　古文脛同下定反字林腳胻也釋名云脛莖也直而長似物莖也

窳墮　余乳反尒雅窳勞也郭璞曰勞苦者多墮窳也承麥云懶人不能自起武鄙在地不能自丘故字從瓜又擲人恒在室中故從冘

警心　古文憼儆二形同居影反謂戒慎也警戒也廣雅警不安也律文作景文也先也明也景非此音

達嚫　又覲反經中或作大嚫梵言訛也案尊婁須蜜論亦作檀嚫此云財施解言報施之法名曰達嚫導引福地元名達嚫復次割意所受成彼施度於今所益義是檀嚫又西域記云達嚫擎者右也或言馱器尼以用右手受人所施為其生福故從之立名也經中言福田者是也華嚴經中功德達親即其義也律云從口作親近字也

媟嬻　古文結媟替渫四形今作褻同我結反謂部媟也說文媟嬻也方言媟狎也郭璞曰相親狎也尚書咸造忽媟孔安國曰媟優也偈也古文遠嬻二形今作嬻同徒木反通俗文相狎習謂之嬻也

茜草　古文蒨茜二形今作蒨同千見反說文云茅蒐也人血所生可以染絳也

不耐　奴代反又[illegible]三蒼云耐忍也杜林改從寸

禁滿　此薀外困尋撿丈字所訛也鍬音古盍反蝶音語耳或䗍蟒无朱釋何出莫朗反

須鑯　七蘇反說文鑯貫也鑯也通俗文記識曰鑽

第五十卷

縫緫 於近反緣衣也又通俗文云合扶曰緫也

作著 古文亭同直瘡反廣雅英謂之楷律文作楷緇二形同知略反又介雅云所謂之楷楷鍥也楷非字義英音古挾反

蝙蝠 方眠方目反方言蝙蝠服翼蠟蠜靈鼠四者一物方瑯名也岱爲古今浮蝙蝠一名仙鼠一名飛鼠五百歲爲白𪆁垂集物則頭垂故謂之倒掛蝙

亭九

二十

蠛蠓 蝙食之神仙蠛音蠛蠓音墨律文作蠛蠓非也力丁反又說丈㡿捎間子

檽子 也今言𥦗檽車檽是也字林渠例反木釘也廣雅捨檄釘也

楬櫫 立南武謂之槕拎音所漢反𢑥文作揭謀文巨列反揭緒杙之也又同礼云揭而書之也

作捲 去權反鄭玄注礼云强水爲之謂之捲又作文作捲非体也

窩客 奇驕文字林窩奇也廣雅窩客也文作僑說文喬高也廣雅僑才也㨨

鵶鳥 非也義竹刮反又尒雅鵶鳩寇雉郭璞曰大如鴿以雄雌風脚岐毛爲鳥熟急墮飛出北方沙潢她內美俗名空歐雉牛高來之問形大如鸛慼音乎濫反

汲水 全又反說文汲引木也廣雅汲取也

欅棹 音結高文道俗文鐵汲謂之欅楃墨子曰剛木爲欅欅是也

闌格 蔂頒反蒼頡篇格挄架也挄音移

攣取 九万反又說文抒漏也舉舀也舀弋少反

第五十一卷

作把 補篤反謂刀把也正音補雅反說文把據也亦把持也單手爲把

刀鞘 小尔推作鞘諸書作削同思詁反言解削也閑東謂之削閑西謂之鞞廣雅拾室鞘鞘也說文削刀鞞也陳思于宝刀賦云豐光溢削是也江南音聽今刀朝室拉謂之削鞞音鞘

鞔著 莫干反又蒼頡篇云鞾履也又周礼云鞔車死革鞔今謂履蓋爲鞔是也又律文云作鞔浸二形蓋假借所字者耳

撚髭 乃殄反又通俗文手捏曰撚方言撚緂也兩指索之也相接續也又聲類云撚緊也又律文作捏結反又字林云捏捺也

令翹 巨遥反廣雅翹舉也

眼瞼 居儼反字略云謂目外皮也

亭九

耳璫 都堂反釋名云穿耳施珠曰璫

綜練 子送反說文機縷也太玄經云乃綜于名宋忠曰所以紀綜之也綜亦習之也

九一

第五十二卷

椎鉆 巨廉反說文鐵銸也通俗文綴具曰鉆律文作鉗以鐵有所束也亦頸鉗也銸音女輒反

橐囊 𡎺蓍作韝又作排同蒲戒反王弼注老子云素橐囊也東觀漢記因水爲排音義曰

鍛器 鍛家鑄也似餚反誤文鍛圖鑪也鑪字作擺謂以擺鑄轉鑪木爲森也

棚閣 蒲萌反三蒼栈閣也通俗文達閣曰棚

挾鉢 胡類反說文挾持也个雅挾鹹也亦攝挾也

相振 誤文作擓桂也音懲紂奧反字振丈麦反振斷文鑄條敵稱𦲷作敞音丈衡反律作裳徒當反亦作三蒼杜纂也索非字義宜作老

作桄 古文樣橫二形同音光誓類作桄車下横木也今車牀及掃梁下横木皆曰桄是也

若韝 祖含反緻也細竹也通俗文綢衣曰鑿

指韝 古文韝同徒荅反說文指指也一曰韋指也今之射韝是也

赭土 之夜反三蒼赭赤土也

白墠 字林音書墠土名也即白土也亦名埊案吴普本草云白埊一名白善是也

橫郭 胡觥反說文闌木也律文作玄切萌反大也呈浮向也宏非止義郭俠架也在郭落之稱也

若撈 借音力導反関中名磨山東名勝編棘秀之以平塀

齝食 人作齕毛詩傳作詞同物之反个雅牛曰鄭犢云食已復出嚼之也韻業音式之反今陝以西皆言詩也

雜糅 古文飾物二形同擎獄反說文翻雜也儀礼以白羽與朱羽糅鄭玄糅雜也

作鈕 出布反說文以金鈕有所蛋胃也

毛毨 字林先貫反毛良也通俗文毛茂謂之㲉案字義宜作毨音所華反毛號也亦綳號也

犎牛 漢書西域傳有犎牛部長曰春上有肉鞍如案駝人啟一封駝駝氏口春上有封也雜字作犎犎牛也肖史封支今有此牛形小觧上有犎是也

第五十三卷

博掩 博博戲也用六箸六棊謂之六博掩圍其也象文云擲掩跳錢戲也略人謂之射總一曰射數或云博戲掩取人財物也

拍石 彈棊也拍音普白反

諛諂 以朱反周書面從曰誅莊子不擇是非而言謂之諛律文作論古文論今作諂同冀斷反告也訾諫也非此

羖羊 公戶反二蒼妄羊羖羶也亦羯也

亭九

牂羝 作柔反字林牝羊也蒼吴羊也

九二

彗星 古文篲彗二形同囚芮反鄴延生史記音遂尔雅彗星爲攙搶釋名云星光稍稍似彗也律文作簡閲之閲非也攙音又銜反饞音叉銜反

月蝕 神蝕反周易云月盈即蝕釋名云曰月虧曰蝕稍稍侵虧如虫食草木葉也

第五十五卷

膢中 相承古侯反脚曲腸也膢字未詳何出此應俗語耳

陂池　筆皮反池也山東名濼音匹各反鄭東有圃鴨濼今關中亦名濼幽州名淀淀音徒見反

第五十六卷

篅上　市緣反說文判竹圜以盛穀也篅也律文作篅音丹甫也一曰筐也論語一簞食是也又作簞音典又介雅云簞笿䈽

剸拱　徒端反通俗文截斷曰剸又律文作揣丁果充充二反揣也度也也

股間　古文骰同公戶反說文股髀也釋名云股者固也為強固也

第五十七卷

企床　古文企同丘豉反釋名云企啓也啓開也言自延竦之時樞攢皆開張也律文從山作岙火延反說文人上山皃也亦古文危字但此二字人多致或所以具釋之也

痂病　所嶽反又謀文云痟瘦瘠

第六十卷

稊稗　又作苐說文作苐同徒奚反介雅注云苐似稗布地生穢草也今云稊子是也稗蒲懈反左傳是用秕稗杜預曰草之似穀者也說文禾別之也

秕䅿　甲以反穀不成者也尚書若粟之有秕是也律文有作粃蒲尸反方言秕不也郭璞曰粊如非也菩古木反通俗文禾穭謂之菩穖穖音數殺之若二反音音莫光反

適扣　祛後反論語以扙叩其脛孔安國曰（先三末）扣擊也律文作叩說文京兆藍田有叩鄉地名也

而嘶　穌奚反通俗文九病而嘶嘶而聲嘶曰嘶方言嘶聲散也律文作犀先歸反說文犀遲也犀非此用璺音問

觝蹟　丁禮反下貞示反廣雅觸也蹟躡也言觸躡人也

顛蹶　又作蹎趚二形同都田反說文蹎蹷也趙走頓也廣雅顛倒也尚書顛覆厥德孔安國曰顛覆言反側也蹶居作蹷同居月居月二反說文蹶僵也廣雅僵仆也蹶亦頓也蹼音補朱反

一切經音義卷第十四

亭九

一切經音義卷第十四（別本）

校勘記

一　底本，明永樂南藏本。

一　二七二頁上一行經名，徑作「一切經音義卷第十五」。卷末經名同。

一　二七二頁上六行夾註左第六字「譯」，徑作「謂」。

一　二七二頁上一四行夾註右第一一字「楚」，徑作「梵」。

一　二七二頁中一九行夾註左第三字「蒡」，徑作「傍」。

一　二七二頁中二二行夾註左第一一字「之」，徑無。次頁下一六行夾註左第一二字、二三行夾註左第一〇字同。

一　二七二頁下一一行夾註右末字「裒」，徑作「袠」。

一　二七二頁下一四行夾註左末字「作」，徑作「也」。

一　二七二頁下一五行夾註右「也籬他」，徑作「作籬杝」。又左第一三

字「桓」，經作「垣」。
一　二七三頁上一一行夾註右第三字「友」，磧作「反」；經作「切」。
一　二七三頁上二三行夾註左第二字「狙」，磧、經作「狚」。
一　二七三頁中三行夾註左第九字「則」，經作「側」。
一　二七三頁中五行夾註左「吐之」，經作「叱之」。
一　二七三頁中一六行夾註右「捫模」，經作「捫摸」。又左同。
一　二七三頁下三行夾註右「此人」，磧、經作「北人」。
一　二七三頁下二一行夾註左「韋召」，經作「韋昭」。
一　二七四頁上三行夾註右末字「干」，經作「于」。
一　二七四頁上一二行夾註右「耄又」，經作「而耄」。
一　二七四頁上二〇行夾註左第四字「之」，經無。二三行夾註左第六字、本頁中六行夾註左第三字、本頁下一行夾註左第六字、次頁下一六行夾註左第一一字同。
一　二七四頁中四行夾註左第一二字「各」，經作「名」。
一　二七四頁中一二行夾註右末字「細」，經作「紐」。
一　二七四頁中一九行夾註左第五字「是」，經作「是也」。
一　二七四頁下六行夾註「于典反」，經作「千典切」。
一　二七四頁下一八行夾註右末字「判」，磧、經作「剉」。
一　二七五頁上二行夾註右首字「大」，經作「犬」。
一　二七五頁上九行夾註右第八字「文」，磧、經作「又」。
一　二七五頁上末行夾註末字「樸」，磧、經作「撲」。
一　二七五頁中五行夾註右「九僞反」，磧作「九髮反」。
一　二七五頁中七行夾註左第五字「含」，經作「合」。
一　二七五頁中一五行夾註右第一二字「寺」，經作「音」。又左第六字「本」，經作「來」。
一　二七五頁下五行夾註左首字「茅」，磧作「菅」。又第一二字「苦」，經作「苫」。
一　二七五頁下七行夾註右「嘉予」，經作「嘉平」。又左末字「耳」，經作「取」。
一　二七五頁下八行夾註右第七字「比」，經作「此」。又左第五字「此」，經作「佛」。
一　二七六頁上一行夾註右「公户反」，磧作「公戸反」。
一　二七六頁上三行夾註右第三字「飲」，經作「飻」。
一　二七六頁上六行夾註左第一一字「之」，經無。一〇行夾註左第八字、中二〇行夾註左第七字、次頁上六行夾註左第一一字同。
一　二七六頁上九行夾註右第二字「鏵」，磧作「鏵」。

一二七六頁上一三行夾註右第一一字「柔」，經作「茅」。
一二七六頁上一八行夾註左第五字「以」，經作「似」。
一二七六頁上一九行夾註左「呼文反」，經作「呼玄切」。
一二七六頁上二〇行夾註左「者也」，經作「鎗楚耕切襻普患切」。
一二七六頁中三行夾註左「傍沽」，磧、經作「傍沾」。
一二七六頁中一九行夾註右末字「噤」，經作「噤閉」。
一二七六頁中二〇行夾註左第四字「捎」，經作「指」。
一二七六頁中二一行夾註右第七字「指」，經作「柏」。
一二七六頁下五行夾註右第九字「禾」，經作「末」。
一二七六頁下一〇行夾註右第五字「山」，經作「也」。
一二七六頁下一三行夾註右第七字「刑」，經作「形」。

一二七六頁下一五行夾註右第三字「甚」，經作「宜」。
一二七七頁上二行夾註右「拂扶」，經作「挑抉」。又左第二字及第五字「扶」，經作「抉」。
一二七七頁上三行夾註右「廣推」，磧、經作「廣雅」。
一二七七頁上七行夾註右首字「入」，經作「又」。
一二七七頁上八行夾註右末字「竹」，經作「作」。
一二七七頁上一〇行「孔叢」，經作「孔叢子」。
一二七七頁上一二行夾註左第一一字「也」，經作「上」。
一二七七頁上一五行夾註右「引車」，經作「引車也」。
一二七七頁上一七行夾註左「荷芸」，磧作「荷芸」；經作「荷芙」。
一二七七頁中三行夾註左第七字「掩」，經作「模」。
一二七七頁中一四行夾註右末字「云」，經無。
一二七七頁中二一行夾註右「烏輦反」，磧作「烏華反」。
一二七七頁中二二行夾註右第六字「牒」，經作「蘗」。
一二七七頁中末行「第三十一卷」，經作「第三十卷」。
一二七七頁下九行夾註左第七字「古」，經作「占」。
一二七七頁下一四行夾註左第八字「吁」，磧作「呼」。
一二七七頁下一六行夾註左至一七行夾註右「于歲反」，經作「于劌切」。
一二七七頁下二二行夾註左第六字「與」，經作「盥」。
一二七七頁下末行夾註右「人言」，磧作「又言」；經作「北人言」。又左第一三字「抖」，經作「料」。
一二七八頁上四行夾註左末字「是」，經作「是也」。
一二七八頁上六行夾註左第一〇字

「可」，徑無。

一　二七八頁上九行夾註左第二字「之」，徑無。一一行夾註左第一一字，本頁中一〇行夾註左第九字、一四行夾註左第五字、次頁上三行夾註左第一二字、二二行夾註左第九字同。

一　二七八頁上一四行夾註右「古文則同」，徑無。

一　二七八頁上一六行夾註左首字「反」，徑作「二反」。

一　二七八頁上一九行夾註右「限也」，磧、徑作「眼也」。

一　二七八頁上二三行夾註右「犍雅」，徑作「犍稚」。

一　二七八頁上末行夾註右第一一字「亦」，徑無。

一　二七八頁中三行夾註左末字「膝」，徑作「膝也」。

一　二七八頁中四行夾註左「木牀」，磧、徑作「大牀」。

一　二七八頁下一〇行夾註右第一〇字「出」，徑作「從出」。一二行夾註左第三字同。

一　二七八頁下一五行夾註左「比物」，磧作「此物」。

一　二七八頁下一七行夾註右第三字「何」，徑作「荷」。又左第一一字「住」，徑作「任」。

一　二七八頁下二〇行夾註右第一〇字「與」，徑作「輿」。

一　二七九頁上三行夾註右「字甘」，磧、徑作「字林」。又第一二字「緝」，徑作「葺」。

一　二七九頁上六行夾註左「開西」，磧、徑作「關西」。

一　二七九頁上一二行夾註左第一一字「者」，徑作「耆」。

一　二七九頁上一五行夾註左末字「延」，徑作「唌」。

一　二七九頁上一七行夾註左「蚰蜫」，磧、徑作「蚎蜫」。

一　二七九頁上二一行夾註左「米汁」，磧作「米泔」。又第八字「名」，徑作「曰」，第一二字同。

一　二七九頁中三行夾註右「因倫不惰行」，徑作「因倫切循行」。

一　二七九頁中七行夾註左末字「會」，徑作「今」。

一　二七九頁中九行夾註右第六字「汙」，徑作「汗」。

一　二七九頁中一三行夾註左「從行」，磧作「從彳」；徑作「從彳從散」。

一　二七九頁中一七行夾註右第三字「𡭴」，徑作「隟」。

一　二七九頁下一行夾註左第一一字「四」，磧、徑作「皿」。

一　二七九頁下七行夾註右第三字「脛」，磧作「踁」。

一　二七九頁下九行夾註右「瓜瓠」，磧、徑作「如瓜瓠」。

一　二七九頁下一〇行夾註左末字「文」，徑作「大」。

一　二七九頁下一一行夾註左第四字「音」，徑作「用也」。

一　二七九頁下一三行夾註右末字

「元」，徑作「亦」。

一　二七九頁下一七行夾註「梵結反」，徑作「先結切」。

一　二七九頁下二一行夾註左第二字「木」，徑作「本」。

一　二七九頁下二二行夾註右「朱詳」，徑作「未詳」。

一　二八〇頁上六行夾註左「倒掛」，磧作「倒持」。

一　二八〇頁上九行夾註左「櫟柃」，徑作「概栓」。

一　二八〇頁上一〇行夾註右末字「之」，徑無。

一　二八〇頁上一二行夾註左第三字「僑」，徑作「喬」。又末字「也」下，徑有「僑」字。

一　二八〇頁上一四行夾註左第三字「以」，磧、徑作「似」。第九字「毛」，徑作「尾」。第一二字「熬」，徑作「慠」。

一　二八〇頁上一五行夾註「内美俗名空厥雉牛高來之間」，磧、徑作「内美俗名突厥雉生蒿萊之間」。

一　二八〇頁上一七行夾註右「道俗文」，磧、徑作「通俗文」。

一　二八〇頁中四行夾註左「結反」，徑作「乃結切」。

一　二八〇頁中六行夾註右末字「云」，徑無。

一　二八〇頁中一七行夾註右「音隱」，徑作「韻集」。

一　二八〇頁下二行夾註右第二字「在」，徑作「亦」。

一　二八一頁上七行夾註右第一〇字「般」，徑作「股」。

一切經音義卷第十五 小乘律

唐大慈恩寺翻經沙門玄應撰

十誦律 五分律 僧祇律

十誦律

第一卷

攫其 九縛反說文攫扟也蒼頡攫搏 出言獸瞋剛擇也扟音居逆反

毳披 毳飾也而容反字林蘢頭也請古貝垂 毛者也律文作顆而用反說文集略也

户非 地黙反通俗文門鍵曰韋著頡篇作 撢撢持也鍵音巨展反古言閑東謂 之鍵閑西 謂之鑰

髁肋 苦瓦反字林髁髀也謂膝骨曲骭音 口亞反下郎得反說文骨骨也字從 肉從力作肋律文從革作勒 說文馬頭絡銜也數非字體

犢車 徒穀反古各羊車釋名云羊祥也 祥善也善飾之車今犢車是也

柁樓 大我反釋名云舩名曰挖挖挖也在 梭見拕兔也拕音他宇從手從木也

蛭蟲 之逸反介雅蛭蟣江東曰蟣音巨機反 謂入人皮中食血者律文作頻非也 又作握同所京反字林能言歐也山 海經曰人面豕身能言語今文阯封

狌狌 溪縣有之扶如貓豚蔡如 小見嗁也鱗音土桓及

二逝 丑白反謂半步曰趣律文作蹕丑白 勒角二反跌踔行不蕭也跌丑甚反

第二卷

作弶 渠向反字書施罥於道也 為弶也律文作撥非也

鼾眼 下旦反說文臥息聲也字苑呼干反 江南行此音律文作呼吁嘷二形非體

第三卷

皰癬 又作㿈同私淺反字林乾瘍也癬有 乾濕瘑纏釋名癬徙也侵淫移徙處 日廣也故青徐 人謂癬為徙也

頭緒 私逕反通俗文生絲 繒曰綃謂頭發也

掉衣 徒弔反廣雅掉振也擿動也律文 作挑敕堯反挑抉也挑非字義

鏊鑊 又作錄同且消反方言趙 魏間謂釜為鏊釜楚洛反

第六卷

一弗 字弗物眼反今 之多肉弗也

斑毦 布莽反謂毛布也字林蜀之 方文者曰氈律文作毲非

第七卷

褊縫 之涉反謂襵疊也廣雅 襵襞也緥縫曰襵也

木牓 褊恭反謂以木貫身立以大標上牓 人善惡以視之也律文作榜補肓反 弓輔也梼 非此義

一杅 治呂反說文機持緯者即今梭也 曾子母投杅下機是也梭蘇和反

麨糒 蒲秘反說文乾飯也一曰熬大豆 與來也律文從麥作麴非體也

殆而 徒改反殆始也近也禮 記殆將病注云殆幾也

第九卷

天竺 今作篤或言身毒或云賢豆皆訛也 正言印度此翻名月月有千名斯其 一繙良以彼土聖賢相繼導 凡化物如月照臨因以名也

窰師 羊招反宇林燒瓦竈也又陶徒刀反 作瓦器者也素西國無窰但於平地 累坏燒 成器也

第十卷

鈔鍬 所鑿反字書鈔大鐵也下千消 反方言趙魏之間謂臿為鍪 說文作鍬同仕交反

勳疾 健也謂勁速勳健也

藊豆 布弥匹綿二反其藜可 治崔亂人家多種之

咽病 又作胭同一千 反謂咽喉病也

第十一卷

孔罅 古文隬埒二形同呼亞 反說文罅裂也坼也

齘齒 下界反說文齒相切也三 蒼鳴齒也律文作玠非也

寱語 魚祭反聲類眠 內不覺妄言也

閑向 許亮反說文向謂北出 牖也廣雅窻牖向也

葦棧 仕諫反說文棧棚也廣雅棧 閣也通俗文板閣曰棧是也

擢子 徒角反俗音貨格反郭璞曰謂 木無枝柯梢擢長而敔者也

第十二卷

合霤 力救反謂屋檐前水下 之處也今合霤為堂也

木簀 阻革反簀棧也謂以 本為棧非竹箄也

鴟肉 竹尸反尒雅注云今鴟大如鷂俊鳶 雄鼠脚無後指岐尾為鳥慈急群飛 出北方沙漠地也肉美俗名突厥雀 生舊萊之閒如鴿大慈音呼濁反

鶉肉 市勻反說文鶉鶉也廣雅雞 鶉也鶉音烏含反雞音佳

第十三卷

胡荽 又作葰荾荽三形同私隹反韻略 云胡荽香菜也律文作綏非體也

歠粥 古文吷同昌悅反說文歠飲也歠 也下古文作鬻同之育反飲音呼合 反又音 呼洽反

匙匕 下甲以 匙方言 鍼昌紙 反非也 反一名柶通俗文匕或謂之 作提同是鍉反柶音四又作

第十四卷

牙旗 渠基反夏后尚牙謂刻為牙飾因以 名為釋名云熊虎為旗軍將所建像 其猛如獸也 衆期其下

日昳 徒結反 日仄也

第十五卷

經恤 文作卹同須律反尒雅恤憂也 亦反也謂與人財物救恤也

水突 他没反謂水湯浓壞物也

箭筈 資賊反矢竹也箭者竹之别形也大身小葉曰竹小身大葉曰箭竹主爲矢因謂矢爲箭下古活反釋名云箭箭其末曰筈筈會也謂與弦會也

若茜 又作昔脩二形同千見反說文茅蒐也人血所生可以染絳字從西聲律文作箋子前反表識書昔嫂非此義

第十六卷

掃篲 又作篲同因籤慧酔二反說文掃竹所以用掃者也

擢臂 徒卓反蒼頡篇擢抽也廣雅擢出亦引也謂抽背沼也

捊水 或作抱同蕭交反說文引取也通俗文作捋手把曰指也字從手

作模 莫奴反說文摸法也此亦摹字規也形也掩取象也字從木

赭土 之夜反三蒼赭赤土也山海經少陽之山多美赭是也

白墠 音善即白土也赤名堊赤名白墠律文作墻非體也

第十七卷

髓餅 思累反釋名云蔴餅漫餅索餅髓餅等各隨形以名之也律文作餚䊆累弋累二反字書餚登也方言飴或謂之餚餚非北義登音一月反豆餘也

酒澱 徒見反介雅澱謂之塗注云澱滓也塗音魚斬反律文作醬非也

陽病 養良反周書云陽詐也通俗文作詳虛醉也漢書作陽不真也經文作伴似羊反伴弱也伴非此義

第十八卷

磨貝 補蓋反西域衣名也

門闑 又作臬同魚列反介雅㮰謂之闑注云門閫也謂門限也

第十九卷

粰䊇 又作𥹷音浮留廣雅粰糍粰䊇也今謂薄粥也

官稟 補錦反說文稟賜也廣雅稟與也

斤頭 居勤反說文斤所木也斤钁也律文作斲魚斤反斲鍔也斲非此用也

羊茸 而容反草茸也今取其象也

鐃鏡 奴交反廣雅和鑾鐃鐸鈴也下鏡未詳或誤應作錞市均反周禮金錞和鼓也

刳中 口孤反方言刳勢也謂空其腹中也

唼唼 祖盍反謂食作聲也

第二十一卷

贅頭 諸芮反通俗文體目曰肬贅釋名云贅屬也橫生一肉屬著體也小曰肬大曰贅

指瘃 又作瘃同竹足反謂手足中寒作瘡瘃也

丸頹 又作㿉同堂雷反陰病也釋名陰腫曰頹氣下頹也又曰疝吉詵也詵引小腹急痛也疝音訕

瞎瞽 正字作睛同火鎋反字書一目合也下公戶反無目謂之瞽瞽鼓也真寘如鼓皮也

樞檻 烏對反他對反謂癈風也律文從疒作瘯癧非也

瘭疽 必遙反下千余反廣雅癰成爲瘭疽瘵名也

第二十三卷

革鞙 又作鞙古文作琄同胡犬反車軛也謂大車縛軛者也廣雅軛謂之鞙鞙音古厄反輢居宜反律文作依非也

第二十六卷

炱煤 徒來反下莫杯反煙塵也通俗文積烟以爲炱煤律文作煤爈炱非體也

言蘖 魚列反說文芽米也謂瀆殺麥等生芽者也

肥丁 都亭反丁強也釋名丁壯也言物體皆壯健也

奉餉 式尚反廣雅餉遺也餉饋也

俟夏 又作竢同事几反介雅俟待也

蝗蟲 胡光胡孟二反螽虫禮記蝗虫爲災是也謂蝗虫者也螽音直容反

閃摩 式染反

蔆芰 又作萎同渠寄反介雅蔆蕨攈注云即水中蔆也律文作芡音渠儉反芡鷄頭也

摒擋 并政反下丁浪反通俗文除物曰摒擋摒除也

伊寗 奴定反若諦也

多他 盡也

蠰舍 而羊反

第二十七卷

鞧由 又作鞧同呂奇反

氀衣 力俱反通俗文毛布曰氀廣雅氀罽也

稾草 公道反說文稾稈也即乾草也

縗衣 倉雷反釋名死三日生者成服曰縗縗摧也言傷摧也縗有錫縗有疑縗有繐縗也繐音歲也

第二十八卷

汗篦 布奚反刮汗篦也律文作椑此借音也

戶排 蒲皆反謂木闔開戶者也如戶鉤等律文作錍非也

捩曬 力結反下所懈反謂暴乾也

第三十三卷

麑魚 音迷謂大身魚山其頸有四種要相吞也經中皆作迷也

第三十四卷

檽子 蠹丁反竅檽子也通俗文疏門曰壖亦云車擩是也

縣癰 響方縣癰謂喉中肉也

大魁 苦迴反說文魁斗也律文作撊鐗二形非也

錕鈍 胡昆反下徒昆反廣雅鍛鈍錕也

第三十六卷

門閫 又作梱同苦本反禮記下入於閫注云閫門限也

弭耳 古文𢏗同弥介反謂耳帖爲弭也

陂澤 筆皮反大池也山東名濼音疋莫反幽州名淀淀音殿下直格反水聚曰澤鄉名云兗州人謂澤爲掌言水亭奏如掌中也渾調也

宰人 祖殆反禮記宰夫爲獻主注云宰夫主膳食之官擊類宰治也律文作宰非也

第三十七卷

振擺 又作捭同補買反說文反手擊爲擺也

步𢿜 楚佳反釋名云步又人所帶以前又其中也今言

擩揃 而注反亦言捻前也今擩莖擩物昔作此擩也

楷刮 蕭交反通俗文手把曰推律文作搯近字耳

耳圈 梁速反謂耳環之類也戒以金玉爲之也

指𤿍 衡勿反說文垂尾也許重曰䥫短尾也青淮南云𤿍音之也今取其義

處拼 補䏊反說文作縛也律文作𢺃也

不勻 七文反說文勻字也

指𣃄 文調勻也今作揩同爲之者射反說文𣃄指也是

水竇 徒𨽻反考工記竇高三尺六水中也說文竇空也謂孔法云宮竇也

第三十八卷

滌食 徒的反通俗文滌洒器曰滌謂之式

牛呞 又作𪗾同丑之反牛食已復出之二也

犛牛 又作𣯍莫交反西南夷長尾牛也

鞘紐 七也反律文作𩋑非體也古文作鞘同胡犬反謂之輎

又作鞘物皆作此廣雅鞘謂之鞘

施桏 又作頭同丁計反𩔰也

辯帶 蒲莧反說文交也俗文曰䌰帶也謂之絛

施幰 虛偃反通俗文車上幰曰張布幰也

𦱌𧤼 他達反下勒達反𦱌𧤼也

㻑豆 一九反廣雅豆也從豆音留也

三碣 渠列反說文特立石也謂三石支釜者也

門楣 美飢反介雅楣謂之梁注云門上橫梁也

施棚 蒲庚反通俗文連閣曰棚棚亦閣也閣謂重屋也

第三十九卷

𢿌支 又作𢿌同巨逆反說文𢿌擊也

木桶 湯動反通俗文受斛曰桶可以盛食等也

憡㥽 昌志反私記爲憡舊音皆與知識同更無別音

作棬 去貟反說文𥯚卷爲之謂也𢂆作棬非之作䏊

獺皮 他達反律文作猵二形同非也

鱣魚 知連反大魚長二三丈在江黃魚也

第四十卷

漚令 於候反說文久漬也律文作𥁕非體也

匈凹 烏狹反蒼頡篇作字凸也

匈凸 徒結反凹凸起也

築時 古文㩇同竹六反說文築擣也

鹵薄 力古反漢舊儀天子大駕出陳鹵簿

噫噎 於禁反乙戒反噫出息也律文作噎非也

𥳑襠 音兩當名一當其一當也

第四十六卷

作紫 一壞反通俗文蘩也

作繒 郭璞曰江東謂之魚繒音介若反

第四十七卷

蛆𧉮 子餘反

土隙 徒果反字林小堆也吳人謂積土爲隙字體從𨸏

香奩 力占反說文鏡奩也方底者也

纔得 在災反廣雅纔僅也

識仲 謂伯仲也

攎拱 來都反說文攎上也

第四十八卷

鐵砧 又作椹同猪金反

祴來 孤得反

惡賤 烏故反

激列 古歷反

第四十九卷

𢗟懗 莫結反

過截 烏葛反

詭語 居毀反

第五十卷

黔蚩 古文鴒同渠占反

第五十二卷

稊米　子齊反說文稊蕛也似黍而不粘者關西謂之蕛蕛音杜皮反

時霽　又作霽同子禮反廣雅霽濟也謂霽出其汁也律文作擠于詣反排也擠霽非字義也

灑散　所解反如水之灑地也經文作攦非也

第五十三卷

亭十

篺筏　又作簰同蒲佳反方言簰謂之筏南方名簰北人名筏

八

第五十四卷

餘餕　古文餕糂糣饎四形今作糝同桑感反說文以米和羹也一曰粒也律文作餕非也

第五十六卷

潢池　胡光反說文又積水大曰潢小曰洿濁水

第五十七卷

牛脖　普包反通俗文厚本曰脬說文脬胱也

樵薪　才焦反說文樵木也亦薪也字從木從焦聲

甂甎　力穀反下又作塼同脂緣反通俗文狹長者謂之甂甎

第五十八卷

汙飾　屋孤反汙塗也飾修治校飾

杖鑽　祖亂反謂杖端頭若骨鐵等也經文作纂組也非此用也

豍豆　布迷反廣雅豍豆豌豆也

刀匣　今作押同胡甲反說文匣匱也今謂盛刀劒者也

須鑰　息于反鑐須也下余酌反說文關下牡也

第六十卷

挽紖　古文絏絼二形同丈忍反說文牛系也

僧祇律

亭十

第一卷

者仇　古文逑同渠牛反怨耦曰仇尒雅仇讎匹也

到矴　都定反謂柱下石也律文作碇非也

挺瑱　古文䪫同他見反周禮弁師掌王瑱王笄注云瑱塞耳者也釋名云瑱鎮也懸當耳旁不欲使人妄聽自鎮重也或名充耳笄音雞

更適　書亦反尒雅適往也謂適事夫家也適歸也

依怙　胡古反尒雅怙恃也韓詩云無父何怙怙賴也無母何恃恃負也

九

策謀　古文𥳑䇲笧三形同初革反策木也下莫侯反謀謨也諮事爲謀謂諮謀事之難務

咎釁　渠九反詩云慘慘畏咎箋云咎猶罪過也尒雅咎病也說文咎災也亦惡也下義鎮反釁瑕隙也亦罪也

黎庶　力奚反尒雅黎庶烝多師旅衆也

即襞　卑役反字林襞衣也謂襞襞衣也䙝音羨沈反

四褻　徒俠反通俗文重衣曰褺也

輕躁　又作趮同子到反躁動也躁擾也謂不安靜也

潛微　無非反尒雅瘞幽匿蔽微也注云謂迷實也又微止出字從彳

籠羈　又作𩋾𩌑二形同居術反說文革絡馬頭曰羈釋名羈檢也所以檢持制之也

禍酷　古文𠳿嚳焅三形同苦篤反酷極也說文嚳急也嚳之甚也謂暴虐

愷悌　苦亥反字林悌順也讓也下大帝大計二反愷悌樂也易也善事兄曰悌也

第三卷

芋根　禹句反說文大葉實根驚人者也故謂之芋蜀多此物可食其大者謂之蹲鴟也

竹笘　又作𥳅同力與紀與二反字林笘精也飯器受五升秦謂笘方言南楚謂之筲趙魏謂之䈰郭璞曰盛飯筥也䉛頻筥筲也亦盛杯器籠曰笘筲音所交反

篙擿　古豪反謂刺船竹也以鐵爲鏃下他狄反擿猶剔撥也

椓杙　都角反下又作弋同餘職反尒雅樴謂之杙注云即橛也樴音之得反

堅勁　居盛反說文勁強也字從巠從力巠胡頂反水實巠也

薄膌　又作瘠同才積反說文膌瘦也亦薄也律文作𤸪非膌也

貣用　他得徒得二反字林貣求也說文貣從人求也

第四卷

倪樓　吾奚五礼二反國名也

磯激　居依反埤蒼水中磧石也廣雅磯磧也下古狄反急流也

皺衲　壯救反下女六反通俗文縮小曰𦁇皺不申曰縮衲律文作𦁇𦁇未見所出也

聸耳　丁藍反說文耳垂也又作耽都含反說文耳大也

咩咩　又作哶同弥尒反說文羋𦍋也

誇誕　又作夸同苦瓜反譣法曰華言無實曰誇誇相誕也謂情慾過制自夸大也

鏇師　四綃反謂以繩規物者也說文圓鑪也

欲抒　亭十　時渚除吕二反說文抒挹也蒼頡篇抒取也出也廣雅抒渫也舀也舀音餘遶反

十一

第五卷

萎黃　於危反詩云無草不死無木不萎箋云草木猶有萎槀也聲類云萎木草菸也律文作痿痿痿謂不能行也

深榛　士巾反蓁說文叢木曰榛廣木叢生曰榛草叢生曰薄是也

輅上　又作路同力故反釋名云路亦車也金玉等路各隨其所飾立名謂之路

若言行於道路也今皆作轆

水瀆 子旦反說文汙灑也江南言瀆山東言滿音子見反

轆轤 又作轤轆二形同力木力胡反 頭蘸三轆轝水具也卯汲水者也苯

第六卷

趦趄 居列居逸二反下居月反蘂 文云趦趄卤堅出沐跳起也

第七卷

扣瓮 說文作敂同苦後反論語以杖扣其脛孔安國曰扣擊也

喃耳 相承音古學反耳邊語也未詳何出

鶬鴰 又作鶬同七唐反尒雅鶬麋鴰郭璞曰即鶬鴰也亦作古活反

警宿 居影反謂警戒也亦起也廣雅警警不安也律文作景非體也

踟蹰 直知反下直誅反蹢躅也亦作蹢躅音馳亦反 足也廣雅猶豫也蹢躅亦馳佳 亙足

睩瞬 力穀反睩視貌也下尸閏反說文目開合數搖也

第九卷

茜色 又作蒨二形同且見反 蘆也律文作䒱蒐之娑非也

手挼 祖公反通俗文 手捘也

㾕㾕 苦者反乳也

菴慢 於含反廣雅菴也 一菴庵音且含反

啾啾 子修反啾嘈聲也 亭十

紃羊 似均反雜綵也

檻匱 胡檻反圈也 檻櫳

燈盛 時征反在器曰盛 盂左傳一盛器也

儻賃 子鴆反日藏下女交

晃煜 又作晄同胡廣反說文晃明也 廣雅晃光也下由鞠反 說文

十一

第十一卷

笮作 側革反 側咠反 出汁也 又作笮

得碑 案梵本云彈多此云齒木

齒木 拭齒云木謂者鉢角此者木長者十二 之揩也 今此多用

第十三卷

掃篲 又作篲同 律文作掃 此譯云作衣

舍勒 言內衣也 時亦反 置也

營署 亦官署也

痡痡 諸書作痡 律文作痡 形非也

第十四卷

中析 又作破同 胡木反 文官也 無悲反 物傷反 文補反 此作沐 裁此

完出 又作全反 胡官反 說文 完全也

生澁 俗文 是澁

撥開 補末反 謂發揚也 撥除也

第十五卷

胂菌 奇殯反 尒雅中馗菌 郭璞曰地蕈也

呵叱 齒逸反 蓋今江東 方言呵叱也 禮記尊客之前不叱狗

捲棨 又作拳同 胡頰反 俗文拳手曰捲 言也

挾先 謂挾懷也

秸泥 古八反 禾稾也 作稭 古木反

第十六卷

米潽 數煩反 字林淅米汁也 江南名潘 中

嘲話 又作啁同竹包反 相戲調也 漢書俱在左右 調而已

食棧 仕板反 說文棧 閣也 謂置食器

洮米 徒刀反 謂洮汰也 通俗文淅米謂 淘汰 說文 音大 淅音思 反歷

扒去 所鎋反 說文從上取也 亭十

石壜 徒南反 通俗文 罌也

若卷 古文捲同 渠員反 謂曲也

竹篙 方言作篙 古牢反 通也 以篙刺船 江南

第十七卷

十二

山坡 又作陂同 普何反 案陂陀 也今 山陂 漢書作坡

鬘䰄 字作髺 漢書作鬘

鎗銚 斧 溫器也 說文

歎𠲗 𡗗 也謂下 鋏又作 軟同

刵劓 魚器反 孔安國 說文 刵 謂 截耳也 割鼻也

麻䊬 所交反 說文 米 苦 物也

痾瘥 蘇 刀 反 廣雅 二 瘥 反 蒼頡篇

奚用 胡雞反 也 篇 奚 何 也

蘆荻 又作 箔 者也 同蘆 未秀者 為蘆 蒹菼 公也

木札　側黠反木皮也律文有作柹數廢反說文削朴也朴札也謂削木柹也二形通用又作櫝非也

撥聚　補達反撥理也亦發撥皃也廣雅撥除也撥亦棄也律文作跋非體也

若秸　公八反尚書三百里納秸服孔安國曰秸稾也服稾役也

若穰　如羊反說文黍㓷也禾穰也㓷音良計反

第十八卷

藍澱　徒見反尒雅澱謂之垽郭璞曰澱滓也江東呼爲垽音魚靳反

倒孑　居列反尒雅蜎蠉郭璞曰井中蛣蟨赤虫也一名孑孒通俗文蜎化爲蚑是也蜎音狂充反蠉香充反蛣音結蟨居月反

汪水　烏黃反通俗文亭水曰汪小尒雅汪池也

拼毳　補耕反下昌芮反拼揮繩墨也毳羊細毛也

拳推　渠負反下苦角反說文推敲擊也字從手

第十九卷

幷擩　而注反謂擩莝擩篇擩物等皆作此字也

磓壓　又作㨖同丁迴反謂投下也廣雅㨖擿也下於甲反自上加下也

罥弶　古犬反下渠向反字書施罝於道曰弶以繩取物曰罥也

佂脚　去誰反謂脚曲也書無此字應俗作耳

聳耳　古文竦㩳慫三形同也音須勇反求言聳聾也郭璞曰言無所聞常聳耳也聳又㖆也謂聾悚也

揜襲　古文戢同辭立反左傳凡師輕曰襲注云揜其不備也

甎坏　又作坯同疋才反字林瓦未燒者曰坏

汪泥　烏黃反通俗亭水曰汪謂池之泥律文作洸古皇反洸涌也洸聲也洸非此義也

第二十卷

榱棟　所追反尒雅桷謂之榱郭璞曰即椽也亦名桷亦名橑音力道反棟都弄反說文屋極也一名極亦名㮴亦名桴櫨音於靳反

櫨欂　力胡反說文柱上柎也下蒲麥蒲各二反廣雅欂謂之枅

枅衡　今作楣同結奚反蒼頡篇柱上方木也一名楷亦名栟亦名枅亦名簽音子結反

田斗　武作斛都口反此宜作斗字

第二十一卷

見齗　魚斤反說文齒肉也蒼頡篇齒根也

疢頭　古文㽷疢頊三形今作疣同有究反說文頊顫也謂顫掉不正也顫又作戰律文作痛非體也

第二十二卷

刳四　口孤反方言刳劈也說文刳判也周書刳木爲舟謂空其腹也

上摡　古載反周禮師女宮而濯摡鄭玄曰摡拭也字從手律文從木作槩平斗斛之槩非此義

羹臛　呼各反楚辭露雞蠵臛王逸注有菜曰羹無菜曰臛也蠵以規反

嗶嘌　又作鯖同脯洛反下于立反說文嘸良也廣蒼嘌嘌聲也

歆歆　於骨反說文咽中氣息不利也律文作欸非也

蟥蛢　胡光反尒雅蛺蟥蛢注云甲虫也大如虒豆綠色江南呼爲黃蛢蛢音扶結反

斗藪　又作擻同藪走反通俗文斗藪謂之鍪鍪律文作抖捒非體也鍪音都穀反豪音速

圂廁　胡困反廣雅圂圂屏廁也下測吏反廁亦圊也釋名云圂者言溷濁也或曰清言至穢之處宜常修治使潔清也廁者人雜廁在上非一也

第二十三卷

磑石　居良反形如疊也通俗文地多小石謂之磊磈字從石從壘

屋檐　又作櫚同餘占反說文檐欂也亦名屋楣亦名連綿尒雅檐謂之樀樀亦楣也樀音叱樀音都壘反

項領　直逞反說文頸出也今用其義律文作腱未見所出

侏儒　之于而于反通俗文侏儒曰矬謂極短人也

第二十四卷

懟恨　古文譵同丈淚反尒雅懟怨也亦忿也

齵齒　五溝反蒼頡篇齒重生說文齒不正也謂高下不齊平也律文作齲丘禹反說文齒蠹也齲非此義蠹音丁故反

第二十七卷

敲戶　又作敲同苦交反謂下打者也說文敲橫擿也

猥多　烏罪反字林猥衆也廣雅猥頓也

捡牽　又作襟同渠林反說文急持衣襟也埤蒼捡捉也

瓷匙　方言從木作提同是支反謂构飯者也律文作鉥昌紙反舐鬻也舐非此義鬻音自林反也

第二十八卷

持鞲　字書作鞲同而用反案䩕鞲也又作鞲而容反字林鞲罽也

牂羊　租郎反字林牡羊也三蒼注云牂吴羊也

不坼　恥格反字林坼裂也亦分也律文作卓非體也

第二十九卷

是挻　式延反謂作泥物也埏擊也挻柔也埴土也

水瀸　又作瀸同子見反通俗文傍沽曰濽山東名也江南言濽音子旦反

第三十卷

紡績　古文作勣同子狄反字林績緝也

藝訓 又作譺同孳尤反比丘名也三蒼譺亦譺字也

第三十一卷

令臉 力占反廣雅臉熱也臉生血也

縠麩 奏蟯反謂穀麥䗶皮也律文作芰草名也

鐐巳 又作鐮同力鳥反字林𤎅灸也律文作燎力聊力弔二反庭燎也燎非此義也

福羅 正言布羅此譯云細靿靴也靿音烏豹反

疚手 又作頊同于救反謂顫疚搖動不安也

第三十二卷

漱甲 所霤反或言蘇甲或言優婆斯皆訛轉也正言鄔波斯此云近善女鄔音一古反

胃歎 又作嘳同口怪口惟二反許文大息也謂歎聲也

第三十四卷

狼跟 又作跋同補蓋反狼跟猶躓跟說文頭步也聲類類跟也

婆㖑 所學反星名也

敕指 又作嗽同所角反通俗文含吸曰嗽敕亦吮也

醯青 莫奚反埤蒼醯醭醬敗壞也醬敗則醭生也醭音普木反

廁篦 補奚反小學篇篦刎也謂刎刎也今胃鑵等皆作此也

甌別 烏侯反甌器也方言盆之小者謂之甌

瓶系 奚許反謂穗系穫系等皆作系律文作穎莫二形非體也穫音恩煩反

青漱 無悲反通俗文物傷濕曰嫩律文作滔桑二形非字體也次六卷生漱同作

蘢蹝 力同反說文蘩旁宣之蹝也蹝瘛也廣雅蘩舍也律文作蘢非體也

第三十五卷

縛卷 斷拼反說文縛縈縋也江溤之間謂縈收繩爲縛赤縋也溤音弥善反

飲烟 呼帀反歙猶歉取也說文歙歐也翳音呂悅反

敳觸 又作𠲎敳擒瞪四形同丈衛以敳亦觸也

當斁 呂儀反通俗文以箸取物曰斁箸音治慮反

謦欬 口項反下苦代反通俗文利喉曰謦說文欬逆氣也字從言炎欠律文從石從口作謦欬二形非體也

連嚏 又作嚏同丁計反蒼頡篇噴鼻也詩云願言即嚏箋云汝思我心如是即嚏也今俗嚏云人道我此云遺語也

矸矽 胡瞎反字指云瓅硝雷大聲也律文作櫓古忽反三蒼狗櫓木名也中作箭笴也櫓非此義礦音莫八反笴音古旱反

第三十六卷

妖豔 於驕反說文妖巧也又妟子杜免敃好也下又作豔同餘贍反方言秦晉之間謂美爲艷光也

姑伀 故胡反白虎通曰姑者故也故老人之稱也說文姑母也下之容反釋名俗謂舅章曰伀言是巳所敬凡之伀遠自肅齊也

第三十八卷

殆壞 徒改反廣雅殆敗也介雅殆危也殆亦幾也近也

拳敲 又作胡同口交反謂下擊也說文撲擿也律文作挨非也

第三十九卷

佚啁羅床 此譯云小長牀啁音竹交反

敲槃 口交反謂相擊打也槃謂鈔盤也

第四十卷

昬瘖 於感反說文瘖瘂也律文作菴卒名也菴非此用

竹篾 云界反字林折竹筤也𥱼亡忍反竹竇也筲類篾箴也今中國蜀土人謂竹篾爲篾也

襏衣 又作拔同補末反通俗文三尺衣謂之襏

跋渠 此言訛也正言伐伽譯云部謂部類也或言群同其義也

五分律

第一卷

厭蠱 於冉反下字林音固說文獻合也蒼頡篇伏合人心曰蠱周禮庶氏掌除毒蠱注云毒蠱虫物病害人者也謂虫行毒也律文作固非也

養飲 今作食同囚恣反說文飤糧也廣雅餧飲也謂以食供設人曰飤字從食從人律文作飼近字也

餞送 才翦反說文送去也謂以飲食送人曰餞字從食律文作踐餞之踐非躰也

僅而 渠鎮反字林僅財能也僅亦劣也

銜淚 下杉反凡在內而未嚥者皆曰銜言銜恨銜淚等皆是也

享福 虛兩反享受也亦當也說文言獻也字從高省篆文作亯又音孚羹也

醊祠 說文作餟同張芮反斷祭也酹力外反字林謂以酒澆地祭也

魔麾 字詁今作嫣同呼皮反楚辭麻手曰麾謂手指之也

歌謡 與招反說文獨歌也介雅徒歌爲謡是也徒空也

和埴 時力反尚書厥土赤埴賁孔安國曰黏土曰埴也

栟梁 今作栟櫚古奚反埤蒼頭篇性上方木也一名椶亦名榭穢構音蒲麥反

户楣 武飢反介雅楣謂之梁郭璞曰門上橫梁也

第二卷

作穽 古文阱穽二形同才性反廣雅穽坑也謂穿地爲陷以張獸也

僶俛 亡忍反下無辯反謂自强爲之也律文作僶非也

險巇 又作嶮同許奇反險巇危也律文作齾五達反鼓声也巇非此義也

宴安 烏見反說文宴安也字從女又作晏安介雅安止也蕣頗藹安靜也說文作按宴也

第三卷

允合　戈隹反周易允升大吉王弼曰允當也允亦信也介雅允誠也

共賭　又作䁦同都杜反通俗文錢戲曰賭也

礧佛　力對反謂以石投佛今言礧石是也

第四卷

驚惋　烏亂反謂惋歎驚異也

愜意　苦頰反愜可也字林愜快也

堙灑　於仁反下所解反字應作惡於故反即莊飾也

粲麗　倉旦反廣雅粲明也粲亦鮮盛皃也律文作璩非躰也下勶計反廣雅麗好也謂華靡也

歠粥　又作啜同昌悅反說文歠欱也歠欱也欱音火洽反

第六卷

輟我　張劣反止也介雅輟巳也論語耰而不輟是也耰音於牛反

誣說　武乎反說文加言也誣欺也妄也誣亦网也

木簀　則革反說文牀棧也介雅簀謂之第音側几反郭璞曰即牀版也

第七卷

蔚然　於謂反廣雅蔚茂也茂盛也

援助　于眷反援謂依援護助之言也

亭十　十八

第八卷

介意　居薤反周易憂悔吝者存乎介韓康伯曰介纖介也劉瓛曰介微也

貪餮　又作飻同他結反說文貪也謂貪食曰餮貪財曰饕也

胆弊　子余反謂胆𧋍也蝿子曰胆

泅戲　又作汙同似由反說文水上浮也今江南呼指浮爲泅也

澆潰　又作湔濺二形同子旦反說文水汙灑也史記以五步之内以頸血濺大王玄作濺也

第九卷

狼萌　又作茫同莫剛反䔩遽也通俗文時務曰茫律文作狙非躰也

鞅掌　於兩反詩云于事鞅掌傳曰失容也箋云鞅荷也謂捧之也負荷捧持以趍走促遽失容儀

作幟　今作幟同尺志反幖也通俗文私記曰幟廣雅幟幡也墨子以爲長丈五廣半幅曰幟也

第十卷

企行　古文企同祛豉反通俗文舉踵曰企企望也字從止

噀水　他币反埤蒼噀歕也律文作喈非躰也

第十四卷

索鐎　今作鐎同子消反韻集云鐎溫器也三足有柄字林云鐎容一斗似銚又音遙一音徒吊反

擲梭　又作𢱢篗二形同先戈反謂織梭有杼者也

或虜　力古反虜獲取也服也戰而得獲也虜掠奪取物也

屋霤　力救反說文屋水流下也屋水下處皆曰霤也

第十五卷

窺窬　丘規弋珠反說文窺小視也

亭十　十九

自貽　以之反介雅貽遺也注云謂相歸遺也

以砥　職夷反山海經崦嵫山多砥礪郭璞曰磨石也崦音於兼反嵫子辞反

跨馬　苦罵反字林跨踞也亦躡也說文跨渡也

憩止　說文作愒同卻厲反介雅憩息也

昔躓　陟利反礩礙也通俗文不利曰躓限至曰礙

第十七卷

自炮　字書作炰同父包反說文毛炙肉也詩云炰之燔之傳曰以毛曰炰是也

吃人　九乞反說文言難也重言也

第十八卷

摜頭　古患反謂貫其頭也

青虹　古文作羽同胡公反說文螮蝀也狀似虫字從虫俗呼爲美人螮音帝蝀音凍

第二十卷

愶諸　字體作協同虛業反謂以威力相恐懼也

雷霆　達項達丁二反介雅疾雷爲霆霓郭璞曰雷之急迅者也今呼爲礔礰也霓音五稽反

畦畔　下圭反說文五十畝爲畦今之稻畦菜畦等也律文有作塍食蒸反稻田畦也

毛毲　布莽反字林罽方文者曰毲謂毛布也律文作毲非體也

拘襵　之涉反或言拘執梵言訛轉耳謂罽之垂毛者也

第二十一卷

鏟髮　又作剗同初簡反廣雅剗削也剗類剗平也

屯門　徒昆反廣雅屯聚也屯亦陳也

等[illegible]　思協反[illegible]謂覆蜀也律文作褻非體也

作㪍　一豹反靴㪍也律文作鞢俗語也書無此字

第二十二卷

鱣脂　知連反介雅鱣大魚也以鱏而短鼻口頷下江東呼爲黃魚亦鯉也[illegible]古二三丈[illegible]長七八十重[illegible]也

用麴　袪六反[illegible]華楚之間謂之麴音由[illegible]楚語轉耳

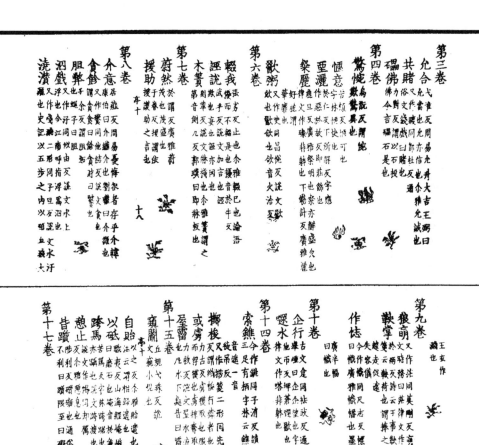

糂米　古文作糂籀文作糝同桑感反說文米和羹也律文作䅟非也

第二十四卷

斧斲 且卧反謂斲斫也說文斫傷也鉏 文作鈇才戈反小釜也又音族

相對 都內反廣雅揩 摩也字從手

第二十五卷

鉀箭 普啼反方言箭廣長 而薄廣者謂之鉀

人選 亭十 力賀反戍蜀也謂遮兵以衆遮者也作 文作攤力歌反健攤也健音之耶反

第二十六卷

泥鏝 又作槾二形同莫槃反尒雅鏝 謂之杇郭璞曰泥鏝也杇音烏

蕒食 扶見反莫序也餘也 廣雅蕒蕤也調也

哧之 待發反廣雅哧嗏也坪荅哧噅 米也通俗文捕細嗏也噅音藹

三捿 三蒼數迴反手接也說文 捿排也一曰兩手相切也

翻翻 又作翻同四元反廣雅翻翻飛 也亦作繙皃也韓文作飜非也

第二十七卷

甊㖗 又作齣齝二形同勑之式之二反尒 雅牛曰呞注云食已復出嚼之也

庖厨 蒲交反庖之言包也厨庖 屋也蒼頡篇主食者也

筴著 古俠反字林公洽反筴亦箸也下夫 庶反飯攲也筴亦取也律文作挾藏之挾非體也

辭水 居万反通俗文汲取 曰辭說文杼漏也

莝草 子卧反謂斬蒭飯馬者也詩云乘 馬在廐莝之秣之傳曰莝蒭也

第二十九卷

作總 渠記反所以繫 緞蓍記之也

蹝脚 他未反字書又 曰蹝躡其義矣

第三十卷

勗勉 許玉反方言齊魯謂勉曰勗茲尚書 勗哉夫子孔安國曰勗勉勵也謂勸

呵呼 四太反梵言 依字吹呼也

一切經音義卷第十五 二十一末

亭十

一切經音義卷第十五（別本）

校勘記

一　底本，明永樂南藏本。

一　二八六頁上一行經名，徑作「一切經音義卷第十六」。

一　二八六頁上一七行夾註左「土恒反」，磧、普作「土桓反」。

一　二八六頁上二一行夾註左「二形」，徑作「三形」。

一　二八六頁中一九行夾註右第七字「犬」，磧、普作「大」。

一　二八六頁中二二行夾註左末字「之」下，徑有「正作藕」三字。

一　二八六頁下一〇行夾註右末字「鴆」，普、徑作「雌」。

一　二八六頁下末行夾註右首字「文」，徑作「又」。又左「反也」，徑作「收也」。

一　二八七頁上三行夾註左首字「箭」，徑作「羽」。

一　二八七頁上七行夾註右第五字

「因」，普作「因」。

一二八七頁上一四行夾註左「鬼累」，經作「思累」。

一二八七頁上一五行夾註左第五字「北」，經作「此」。

一二八七頁上一六行夾註左第一〇字「醫」，經作「醫」。

一二八七頁上一七行夾註左第二字「辭」，普作「辭」。

一二八七頁中一五行夾註左首字「癰」，經作「癰」。

一二八七頁下一行夾註左「蝩虫」，磧、普、經作「蝗虫」。又「蝩音直容反」，磧作「蝩音之容反」；經作「螽之容切」。

一二八七頁下一三行首字「縗」，磧、普、經作「縗」。下同。

一二八七頁下二〇行夾註右第七字「山」，經作「也」。

一二八七頁下二三行夾註右「縣癰」，磧、普作「皆臍」；經作「縣臍」。

一二八八頁上一五行夾註「屈音之服」，經作「屈奇之」。又左第六字「屈」，磧、普、經作「屈」。

一二八八頁中一五行夾註「爛蛆」，磧、普、經作「蠲蛆」。

一二八八頁中二〇行夾註右「烏狹反」，經作「烏交切」。又左第五字「⿱穴執」，磧、普、經作「容」。

一二八八頁中二三行夾註左「出陳」，磧、普作「出陣」。

一二八八頁中末行夾註左第九字「益」，磧、普、經作「嗌」。

一二八八頁下一五行夾註右末字「石」，磧、普、經作「砧」。

一二八九頁上一二行夾註右「積水」，磧作「積水池也」。又左「濁水」，磧作「濁水也」。

一二八九頁上一五行夾註左「後蕉聲」，磧作「從蕉聲也」；經作「從焦聲」。

一二八九頁上一八行「校飾」，磧作「校飾也」。

一二八九頁中三行夾註「王瑱王笄」，磧、普、經作「玉瑱玉笄」。

一二八九頁中一七行夾註左「從往」，普、經作「從彳」。

一二八九頁中二〇行夾註左「忽也」，磧、普作「急也」。又「酷之」，磧、普作「告之」；經作「苦之」。

一二八九頁中二一行夾註右第九字「謙」，經作「善」。

一二八九頁下五行夾註左「之得反」，普作「徒得反」；經作「徒得切」。

一二八九頁下一二行夾註右末字「⿸广欶」，經作「瘷」。又左首字「皺」，磧、普作「匆」；經作「物」。

一二八九頁下一五行夾註左第四字「咩」，經作「羊」。

一二九〇頁上二行夾註右「子旦反」，磧作「子且反」。

一二九〇頁中五行夾註左「十二」，經作「十三」。

一二九〇頁中一〇行「十三卷」，經作「第十三卷」。

一二九〇頁中一一行夾註右第八字

「幃」，徑作「偉」。

一　二九〇頁中一七行夾註左第三字「揷」，磧、普、徑作「捬」。下同。

一　二九〇頁中一九行「腪菌」，徑作「胡菌」。

一　二九〇頁下二行夾註左末字「是」，徑作「是也」。

一　二九〇頁下一八行夾註左第八字「郡」，磧、普作「郶」。

一　二九一頁上一行夾註右第一一字「棣」，徑作「柹」。

一　二九一頁上二二行夾註右第六字「亭」，徑作「停」。

一　二九一頁下七行夾註右「文淚反」，徑作「大淚切」。

一　二九一頁下九行夾註右第五字「𦘕」。徑作「畫」。下同。

一　二九一頁下一四行夾註左第九字「紙」，徑作「帋」。

一　二九一頁下二二行夾註右第三字「濺」，徑作「濺」。

一　二九二頁下一二行夾註左第八字「亭」，徑作「亭」。

一　二九二頁上一三行夾註左首字「擾」，徑作「擾」。下同。

一　二九三頁上一五行夾註左首字「第」，磧、普作「苐」。

一　二九三頁上一八行夾註左「之言」，徑無。

一　二九三頁上末行夾註右「水汙」，徑作「汙水」。

一　二九三頁中五行夾註「促遽失容儀」，徑作「促遽之中失容儀也」。

一　二九三頁下五行夾註右第四字「羽」，徑作「羽」。

一　二九三頁下九行夾註左「急迅」，徑作「急激」。

一　二九三頁下一一行夾註左第九字「膝」，徑作「膝」。

一　二九四頁上二行夾註右「折傷」，磧作「斬傷」。

一　二九四頁上三行「相對」，徑作「相揩」。又夾註右「都內反」，徑作「開諧切」。

一　二九四頁上一八行首字「擧」，徑作「擧」。又夾註左第二字「擧」，徑作「擧」。

一　二九四頁上二二行夾註右末字「及」，磧、普作「反」。

一　二九四頁上末行夾註左末字「勸」，徑作「勸強也」。

一切經音義卷第十六　小乘律論

唐大慈恩寺翻經沙門玄應撰

善見律　鼻奈耶

摩德勒伽　薩婆多毗尼

大愛道比丘尼經

大比丘三千威儀

優婆塞五戒相

優婆塞五戒威儀

舍利弗問經　戒消灾經

解脱戒本　僧祇戒本

四分戒本　十誦戒本

彌沙塞戒本　比丘尼羯磨

四分比丘尼羯磨

僧祇比丘尼羯磨

十誦比丘尼羯磨

沙彌威儀經　沙彌尼離戒

善見律

第一卷

鹿野　大寺　衣裄

在波羅柰國昔日如來與提婆達多俱爲鹿王各領五百餘鹿在此林中時王出獵盡欲殺之中有雌鹿懷子垂產菩薩鹿王以身代之王感仁故盡免其命即以此林用施諸鹿鹿野之号自此興焉梵言鼻訶羅此云遊謂僧遊履處也者來以寺代之寺者司也公舍也有法度也釋名云寺嗣也治事者相嗣續於其内也字從寸㞢聲㞢古之字又作枷胡浪反可以架衣也爾雅竿謂之箷疋也箷音移

第二卷

哂陁　式忍反摩哂陀是阿育王子也者

阿闍梨　經中或作阿祇利皆訛闍學誦圖讀也應言阿遮利夜譯云正行又言闍避剃耶此云默蕤頡云於著法中載樓令知者阿闍業也

槃裹　和上

中韓文或作先機古文作槃同古顯反槃東也槃也字林麻一嵩也經中或作和闍皆訛也應言郁波第耶夜此云近誦以弟子年小不離於師常諺常流受經所攝他又言郎波枕耶此云觀數稽譯云知罪知無罪名爲和上也

坋那　鋘鈇　彷徉　一步　遷提

浮云反阿毗曇叙名也依字有雅妙分也戶花反此古文奇字韓下膚千反堃刃也赤欑斧也鉄欑也扶半反下絲奪反痲鞶衍徉徙倚也㡭仿伴腓衲也又作叙对二形同失六反廣雅大亘曰朩小亘曰巷也此仙反言可歷從提笮也或作埜提畜以堇草爲之也非此方物出噯喻

布薩　鵄鵂　企摩　迦蝶

此訛略也應言鉢灑中捿舍耶森此云我數說誦舊向說罷也善云淨住者義翻也之夜反下古胡反搿毒鳥似眼奄面大字梅云鵂鵂鳥其嶋自呼翔但裔不北蝎如雌蝶一二去跂反大名也伶字企立也跂人企止超文樓山作企古文危字人在山上鳥也體和反人名也衛文作蝶帆事反余雅鳩覆鰞頁名蝶蝴非此用也

第三卷

唱薩　鼛婁

此言訛也正言婁度此譯云警鐵獎力反吳韻正方亞

第四卷

楝木　一蛤　鑱釗　誌名

力見反楝木子如番白而粉可以浣衣也古合反字斲燕會所化也秦曰牡蝕仕判反齊雅鑱謂之鍬讀鉗剃也銚文鑱鉏也字落今作識誌記也

第五卷

綮破　一攕　歠糜　齎客

今作惈同子聚反肴豫實口由字書爲篆也律文作踄徐頁反寧非此蠡蚕奇反方言陳越宋鐵之閒謂臺寫櫛鄰攅曰織畾鉞勺也今江東呼勺爲繖律文作稀盂衣反稀木名汁可食稀非此羨古文夫同昌倪反龍文歠餘也歠飲也欲音叩依反律文作啜特佐反恨擬也甞也奇篩反齎作齎許客也諦文作齋高也酹作此用

緘口　懟恨

古咸反緘閉也字林束篋廣雅緘索也平其義安治類反介惟懟懟也念也

第六卷

囊欅　爲鉼　翡翠

普謗反今衣賁囊也徒頂反謂銅鐵樸也扶畏反下許反雄赤曰翡雌青曰翠出鬱林南方異物志云翡大於鸐小於鳥腰身通黑喙胸前背上翼後有赤毛翠通身青黃惟六翮上毛長寸餘其飛即羽鳴翠翠翡翡因以名爲字指云南方取之國其生子澌下其藥頂可取之皆取其羽也

第七卷

瘊疣　生胅

烏說反廣雅疣瘊也通俗文小瘊曰疣說文瘊不慧也埋蓄瘊駿也又作疣默二瘊同音流反廣雅胅臘鬆文鯸贅也小曰膚大曰贅之肉反

蝻虵 而塩反字林大虵也可食丈二圍長 二文餘異物志云蝻虵食表番鹿出

鵜鶘 塵奧巴 蝴同 音譯体多作鶘梁六反鵝俯文唯其 謂之鵜鶘余雅食莫鵝鵝鄭衮口鄙 鵜鶘也律文作乎非鵝

犳獺 也鵜音夫鵝音不也 他易他鋯二反説文形如小犬水若 食魚也律文衣作但蝻類五形非也

犛牛 疾辛反字啓 云牛名也

第八卷

從容 開也素從容舉 動也今取其義

寀戶 又作擯閫口滅反通俗文小戶曰寀 宇書寀窻也律文作寀字與寠同音

擺撥 餘奔反戶鍵也又 音篤非今所用 又作掰同補買反下補涞反説文擺 兩手擊也廣雅掰開也擯除也物也

虫蛀 此瘞蠹宇丁故反攞虫物揁蠱衣 者如白魚箏也律文有改作住也

戶向 許亮反三蒼比出戶也律文作 稿圭營波閑細也扁辨此用

作繖 又作參同桑燗 反謂纖藍出

蟹眼 又作纖間胡買反説文水 虫也入足二蟹旁行也

米黏 又作粘同戶 孤反粘黏也

縷茸 而容反説文茸草葉也 亦亂兒今取莫義

三股 义作叢同公戶反説文股髀也謂脛 本日股手取其義韓文作鼓非髀也

八廉 力古反廣雅廉稜也方言 箭三廉者謂之羊頭箭

弓泆 若雄文出本揮作弓宋忠注云黄帝 臣也山海經少昊生股股始篤弓此 言是也訪文以近窮遠故曰

門閫 弓律文從木作扚非體也 又作臬尚魚列反余推𨥂 謂之闑郭璞曰門捆也

第九卷

大旋 又作掴同古郎反方言旋髮 注云今江東通言大羌為旋也

蕪藍 力甘反筐屬也字林大箸也筊杯籠 也蒸文云大筐也箸音力答反方言 杤荼

及藤 徒莖反廣雅藤蔬也今呼 草蔓莚如葛之蟲者為藤

甘蔗 子姚反出廣州子不蠅食生人間 鐪揁上作藤用薄搆傳腫大驗也

手揃 又作皺女卓女華二叉 揃循挾也説文揃援也

椰子 攀類作菻同以車反巽物右云 鄒高十尋葉者其末果名也

石措 今作支同之務反余捭 措拄也識文拄下也

及鍔 吾各反廣雅魚名鬼鰐魚長二丈條 有四是似蓋齒至剃有禽瘂入禾齒 膜即 戚

魚笱 古厚反謂以笱為魚 苟也曲竹捕魚者也

攣取 九万反通俗文涙取曰犨証文 攣抒漏也酉也酉者音弋步反

鑰匙 又作閶同錄酌反下 又作提同是支反

第十卷

麈麋 之庾反字林似鹿而大一角也麋又 作麈同居英反介雅麋大糜牛尾一 角蒸即麈也色黑耳糜 音蒲交反麋則名也

直贉 又作駿同徒感反遞俗文市買 先入物曰賤今言驗錢者也

沙糖 又作餹同餳郎反 煎甘蔗作之也

木槿 居隱反余雅椵木槿槻木槿 似李花朝生夕殞可食

第十一卷

上湍 土恒反疾水也説文疾瀨也 水流沙上曰瀨淺水也

五萬 古豪反謂剌船竹扙也 長二丈以繖為鏃也

肪膏 府房反説文肪肥也脂也 蓍有角曰脂無角曰膏也

有㸌 痛戒反謂鑞家用 炊火令熾者也

蒜簇 古胡反下雄角反東京賦云嫪瑁不 簇薛綠日不义猜取之也廣蒼胡錄

漫讃 家用簇簇剌也猶 音义白反矛屬也 莫半反漫猶不實也不分別善恐也 律支作數敷數無文宇也數非此用

遭洽 又作塗涵二形同朝南反方 言洽沈也宇體作匯紹沒也

縋縶 又作種同直偽反謂懸重曰 縫也通俗文懸鎮曰縋是也

拼石 古文𨍏鏩二形同補拼 反謂振繩壘拼彈者也

壘擗 力癸反下又白反軍 壘日壘堅木曰擗也

時笮 側格反竿猶壓也 今謂竿出汁也

剃草 又作鏟同初眼反廣雅 剃制也聲類剗平也

第十二卷

廓夾 古洽反夾取也 三蒼夾輔也

撚置 奴頰反指持 也捻捏也

第十三卷

屋霤 又作霤同力救反説文屋水流下也 凡水流下皆曰霤律文作罶非體也

孱那 士間士延二 反比丘名也

儒耎 而俱反説文儒柔也 術士之稱也耎弱也

第十四卷

誘訹 古文羑誘誶三形同餘手反説文誘 導也引也教也亦相勸也訹私律反 説文訹誘也廣雅訹誘也律 文作哷非也下作恤非體也

第十五卷

物裨 又作埤鞞二形同比移反又 音卑裨補也助也增也益也

殕壞 敷九反廣雅殕敗 也埤蒼殕腐也

翁親 鳥功反案鳥頭上毛曰翁翁一身之 最上祖一家之最尊祖為翁者取其 尊上之 意也

絀縺 又作緻同遲致 反案徽寄也

卍

倖祿　扶用反案倖與也秦来賜錢皆曰倖也祿福也案古者無有耕稼民食野鹿在事之人關於田畯官賜以物當其鹿處後人因之謂爲食祿變鹿作祿者取其神福之義

遅地　鳥學反謂沾濡曰遅也亦厚也

龜鱓　又作鱓鯉二形同音善訓纂云蛇魚也

季華　憔俱反梵言憂尸羅此言茂也亦花也

捬擂　毘政反下多浪反通俗文除物曰捬擂捬除也

木槫　字宜作剸徒端反剸謂剸截也

水瓠　古胡反論語瓠哉馬融曰瓠禮器也一升曰爵二升曰瓠是也律文作瓠非也

蹇吃　居展反下居乞反通俗文言不通利謂之蹇吃律文作蹇謇二形非也

第十六卷

穄米　子曳反說文穄似黍而不粘者也關西謂之穄是也

物撓　火高反說文撓擾也謂撓攪也

撩與　力條反撩撕也說文撩理也

腹羅　或作福羅或云富羅正言布羅此云短靿靴也

傖吳　仕衡反晉春秋曰吳人謂中州人爲傖人俗又總謂江淮閒雜楚爲傖人

卷褺　徒頰反褺也字林重衣也

瘤病　力周反說文瘤腫也聲類瘤瘜肉也謂癧結不潰散者也

鐵烙　力各反謂燒鐵著物也律文作鉻非也

第十七卷

下矴　都定反謂柱下石也經文作碇近字也

那蒐　所留反外國菓名也

綏子　今作接同汝誰反藥草也核可治眼字從生從豕聲

除苹　皮兵反爾雅苹萍其大者蘋注云水中浮萍也

第十八卷

箱篋　司羊反下苦協反箱謂盛衣器也

指挃　知栗反廣雅挃刺也謂以手指觸人也

鼻奈耶律　一名戒因緣經

第一卷

兼該　古來反該備也方言該咸也

謖然　山六反起皃也

緘縢　古咸反下達曾反說文緘束篋也廣雅緘索也縢縄也亦緘閉也

諄諄　古文訰同之純之閏二反說文告曉之熟也案諄諄誠懇皃也詩云誨爾諄諄是也

鈴波　胡耽渠靡二反

獖者　扶云反說文獖豕也獖羠也謂揵豕也羠音以

第二卷

鷄鶚　娥各反鴞屬也摯鳥也如鵰而黑文白首赤足喙面虎爪音如晨鵠也

椑桃　臂彌反椑空果名也上林苑多鳥椑是也

猳玃　古遐反下居縛反說文大母猴也似獼猴而大色蒼黑善攫持人好顧眄

舉出　與居反蒼頡篇舉舉也對舉曰舉也

如押　於甲反目上加下也

幡捷　且獵字獵二反謂口舌往來皃也詩云捷捷幡幡謀欲諧言傳曰捷捷猶緝緝幡幡猶翩翩也

系頭　戶帝反謂達第五比丘名也

第三卷

全碩　市赤反方言齊宋之閒謂大曰碩亦曰美也

鑰牡　餘酌反下亡後反謂出鑰者也亦捶關下牡也案鑰爲牡牡所以封固關閑令不可鬭也

虺毒　古文虫虺二形同呼鬼反毒虫也韓非子曰虫有虺者一身兩口爭食相齕遂相殺也

第四卷

牝牡　脾忍反說文畜母也雌也下莫走反說文畜父也雄也飛曰雄雌走曰牝牡此一義也

尾閾　古文閾同胡域反爾雅柣謂之閾郭璞曰門限也柣音千結反

尾楣　靡飢反爾雅楣謂梁郭璞云門上橫梁也廣雅楣梠也

四徼　古吊反四門巷也印塵中四徼田是也

篅成　市緣反說文判竹圓以盛穀也笣篅也笣音徒損反

第五卷

囈語　魚世反眠中不覺妄言也列子云眠中寱囈呻呼是也寱音五合也

赦宥　書夜反說文赦置也周禮三赦一赦幼弱二赦老耄三赦惷愚下尤救反宥寬也宥亦赦也周禮三宥一宥不識二宥過失三宥遺忘

筑笛　知六反筑形如箏刻其頸而握之以頭築之故謂之筑字從巩巩者握拍之也巩音拱字共手爲拱字意

桎梏　之日反下古木在手曰桎在足曰梏蒼頡篇偏著曰桎叅著曰梏

禁切　渠飲反閉口爲禁謂不開也

赶尾　巨言反通俗文舉尾走曰赶律文作揵非體也

肱挾　又作厷同古弘反下胡頰反廣雅臂謂之肱爾雅挾藏也說文挾持也

烹鬺　普羹反烹煮也方言烹熟也凡煮於鑊中曰烹於鼎曰煮

敲節　又作敲同口交反說文敲橫擿也謂下打者也

擲拋　又作擿同文亦反投擲也抵也下普交反字林拋擊也律文作匏非也

投夾　古洽反夾膝也

第六卷

蟲蠧　丁故反字林木中虫也穿食人器物者如白魚等並是也

弓鞬　又作韉鞬二形同居言口旦二反廣雅弓藏也郎弓衣也釋名鞬建也弓矢並建立其中也

塔婆　或言偷婆或言藪斗波皆訛也正言窣覩波此言廟也

第七卷

痱癗　又作疿同蒲罪反下力罪反案痱癗小腫也　馬一　八

撓擾　字林火刀反撓擾也下如紹反廣雅擾亂也說文擾煩也

激動　古歷反流急曰激激發亦感激也

如厭　於冉反字苑厭由不祥也蒼頡篇伏合人心曰厭說文厭合也字從反厭聲反音漢

第八卷

亘然　古鄧反謂坦然也亘亦遍也竟也

羈羅　楚快反梵言阿婆羈羅天子食地肥者也

企望　古文跂企二形同墟豉反謂舉踵曰企也

淰水　江南謂水不流為淰音乃點反關中奴感反說文淰濁也埤蒼淰水無波也律文作澹非也

捽滅　存沒反說文持頭髮也捽亦擊地也

第九卷

掊水　蒲交反通俗文手把曰掊說文掊把也

劦挈　力計反比丘名劦挈子

魁首　苦迴反魁師也亦首也廣雅魁主也

荼揭　奢者荼揭姤渠謁反人名也

蠆蔥　勑芥反字林皆行毒虫也關西謂蠍為蠆蝲音他達力曷反

第十卷

蚩笑　古文㣋同尺之反廣雅蚩輕也謂相輕而笑也

細褶　知獵之涉二反廣雅褶褻也居也

歙飯　又作吸同義及反廣雅吸飲也吸猶引也

盡県　古堯反說文倒首也賈侍中說斷首倒懸即県字也謂懸首於木上竿頭以肆其辜也廣雅県磔也或作梟二形通用　馬一　九

歷夜　梵言歷夜此言打杙封地也

水竇　徒鬭反謂水所行道也說文竇空也亦孔穴也

蜱豆　補迷反廣雅蜱豆蠶豆也

持戟　居逆反廣雅偃戟雄戟也方言三刃枝南楚宛郢謂之偃戟

擭飯　於擭反廣雅擭持也謂以手擭取也律文作攫非也

嚗㗱　又作膊同補洛反下子立反說文㗱皃也

摩德勒伽律

第一卷

摩德勒伽　或言摩侄黎迦或言摩怛履迦此譯云母以生智故也

為枯　宜作檐餘占反言如屋言遶堂室也

第二卷

子驩　三蒼云此古歡字同音呼官反說文馬名也

毗尼母律

第三卷

銼鑹　才戈才鹿二反下力戈反聲類小釜也亦土釜也亦名鍚鏑音烏育

相跋　說文作犮同補末反相跋躐也躐踐也躐音力涉反

掊汗　蒲交反通俗文手把曰掊說文掊把也律文作刨近字也

俟一　古文竢䇃圯三形同事几反爾雅俟待也

謫呵　知革反言謫怒也郭璞曰謂相責怒也謫譴也譴呵也責也

第四卷

聰喆　又作哲悊二形同知列反爾雅哲智也方言齊宋之間謂知為哲哲明了也

傅之　方務反案傳猶附也謂塗附也漢書皆傳脂粉是也

鐴土　補赤反埤蒼鐴土犁具也

衿之　又作褚同知呂反通俗文裝衣曰衿也

第五卷

漉著　或作淥同力木反水下皃也漉浚也律文作濾近字也

餐饙　思流反下又作饙同府云反字書蒸米也廣雅饙謂饙餾爾雅饙稔也亦餾也

刻鏤　肯則反爾雅木謂之刻注云治璞之名也廣雅刻畫也鏤力鬬反爾雅金謂之鏤鏤刻也

銅魁　苦迴反說文羹斗也律文作櫆又作鍡皆非

燭樹　時注反樹猶立也或作豎殊庾反說文樹立也兩通也

相敢　古覽反三蒼敢必行也不畏為之廣雅敢勇也敢犯也亦進也謂相競也

賭金　古文作覩同丁魯反廣雅賭睹也賭物為賭也

稚彀　梵言壹𦖋此云箭也今作彀古豆反說文張弓弩也

饋汝　古文餽同渠愧反說文饋餉也進物於尊者亦三饋饋亦祭名也

第六卷

淋水　古文瀶同力針反字林以水沃也沃灌也　馬一　十

師範　又作笵同音犯爾雅範法也範常也

搔摸　桑勞反說文搔也搔刮也擾搔也下忙各反方言摸撫也郎摸也揉也律文作撈力高反方言鉤取也撈非此義

歙作　呼合反說文歙歠也歙合也文中作吟土合反吟然失所也字書此與唱字同徒監反並非此義

第七卷

歆側　又作攲崎䵷三形同丘知反說文攲䵷傾側不安也

木柹　敷廢反說文削朴朴札也謂削木皮也

第八卷

體瘃　又作瘃同知錄反謂手足中寒作瘡者也

籬上　又作樆杝二形同力支反通俗云柴垣曰籬釋名云以柴作疏籬籬然也

薩婆多毗尼毗婆沙

第三卷

作發　府越反謂𢡡發也說文射發也廣雅發舉也律文作撥補沫反撥除也撥去也撥非此義

飄然　敷遥反飛揚皃也飄猶吹也輕飄也律文作驃方召反馬色驃非此用也

波演　梵言波衍那此云周匝郭舍院也

第四卷

以摘　都革反蒼頡篇摘取也

漸涂　或作瀸同子廉反廣雅漸漬也濡也相涂汙也後漢書墨子泣乎白絲如漸涂之易汙是也律文作冉毛也冉非今用也

稸積　又作蓄同恥六反又蒼頡篇稸聚也積也

甲冑　古文䩜同除救反字林兜鍪也律文作鈾非也

大棒　又作棓同蒲講反說文棒大杖也

第五卷

一弗　初眼反字宜作弗今之炙肉弗也

駝毛　大何反即駝駝也律文䭾馬作駞非駞也

羖羊　公戶反亦名羯羊三歲羖也

揵稙　直致反舊經多作揵遲梵言揵椎此云打揵稚所打之木或檀或桐

此無正翻以彼無鍾磬故也今經律多作犍稚誤也

第六卷

羅芀　郎北反香菜也俗言避石勒諱改名羅香律文作勒非體也又作葰荽二形同私佳反韻略云荑香菜也博物志云張騫使西域得胡綏今江南謂胡葰亦爲葫䔰音胡祈關里間音火孤反

胡荽

第七卷

鵄鵂　竹飢反爾雅怪鴟鵂冠雉郭璞曰大如鴝似雉鳳腳岐尾爲鳥甚惡群飛出北方沙漠也俗名婁擧崔慈音呼濫反

第八卷

猖狂　齒揚反謂狂騃也莊子猖狂妄行是也

牙旗　渠基反熊虎爲旗刻牙爲飾以象焉論文作旗牛嘘反行皃也又作衛熊家魚舉二反焉瑚縣名也並非此用

第九卷

蟻封　府逢反封謂起土增高也詩亦厚也垤封彌昇

不喫　口歷反喫啖也謂

嚼食　自略反廣雅嚼茹也字林嚼咀也咀才與反亦即嚥嚼也

大愛道比丘尼經

上卷

精廬　力居反廬舍也案精廬說文人近名非古典即精舍是也

惔然　徒甘反蒼頡篇惔恬也說文惔安也廣雅惔靜也今皆作淡

䁖跣

歔欷

荽蕠

漏溢

哈笑　呼來反字書蚩笑也楚人謂相調笑爲咍反文作咦於來及唐聲也唉亦

檢柙　古押反爾雅柙輔也

廡幾

蛸飛

蚑行

圭合

燔燒

婬佚

洋銅

摸摖

抵推

禬衣　昌占反爾雅衣蔽前謂之襜郭璞即今蔽膝也言襜襜然前後出也

路跊

巫師

纞殰

媟瀆

犇走

下卷

脩恂

用啖

妖冶

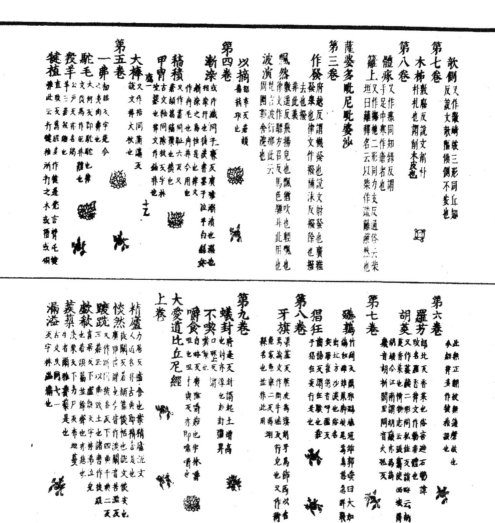

㥬態

鯨戾　書無此字宜作艉胡本反此恐誤作音字宍作很胡墾反很戾也違也論文不聽從也字從彳從艮聲

滀在　釋名作論諸書作蓄藸二形同音抽六反蓄止也廣雅蓄聚也積也

履靴　又作鞾同火見反著椒者也今取其義應作鞙胡犬反

嫈嫇　字林一莖茫莖反心態也亦細視也經文作矆晴未見所出

鬀膝　又作剃同他計反說文鬀剔也盡及身毛曰鬀文中作涕他弟反廣雅涕

麗一　十三　山東比丘戒

淺也下力酌反廣雅略治也亦強取也文中作膝疑誤也

喜傅　方務反傳附也謂塗附也漢書傳脂粉是也

珠璣　居衣反說文珠不圓者也字書一曰小珠也

訕貴　所姦反論語惡居下而訕上孔安國曰訕謗毀也蒼頡篇訕誹也

鴆餌　今作酖同除禁反大如鵰紫綠色長頸赤喙食蛇者以羽畫酒飲之殺人也下如志反蒼頡篇餌食也凡所食物皆曰餌

煩苛　賀多反國語苛我邊鄙賈逵曰苛煩擾也廣雅苛怒也

禁圄　魚呂反釋名云圄禦也謂禁禦之也

剖形　普後反剖破也說文剖判分也廣雅剖析也

大比丘威儀

上卷

卐

如掐　又作劄同口洽反埤蒼掐抓也謂爪傷也

盪器　徒朗反說文盪滌也盪俗文滌器謂之盪滌也

吒噴　都嫁反說文吒噴也叱吒猶呵叱也下普寸反說文鼓鼻也廣雅嚏也文中作噴非也

調譺　徒吊反廣雅調欺也調賣也下魚戒反廣雅譺亦大調也謂相嘲調

顉頭　牛感反說文低頭也廣雅搖也謂搖其頭也

僧伽　正言僧腳差僧此云掩覆腳差此云脕名掩脕衣律文作僧迦支或作抵

尼衛　支武作塌支皆訛此譯云褰衣也

去銋　所京反埤蒼銋鐵也謂鐵衣也鐵音所齧反

下尻　苦勞反尼嚼也嚼徒昆反

分衛　此言訛也正言儐荼波多儐荼此云團波多此云墮言食墮在鉢中也或言賓荼夜此云團團者食團餲行乞食也

招提　譯云四方也招此云四提此云方謂四方僧也一云招提者訛也正言拓闘提奢此云四方譯人去闘去奢拓經誤作招以拓招相似遂有斯誤也

卷下

摟下　奴和乃廻二切說文摟摧也一曰兩手相切也

汗灡　于見反通俗文傍沾曰灡山東名也江南名灒音祖旦反

得擭　烏獲反謂手握取物也

氣泄　古文呭同思列反詩云俾民憂泄箋云泄出也發也廣雅泄漏也

掉捎　徒吊反掉搖也振也下所交反捎動也

優婆塞五戒相經

衡軛　於華反車軛也謂軛端壓牛領者也

兩舷　胡田反埤蒼舷舷也亦名舷音扶嚴反

椽桷　馳宣反下古學反椽桷椽桷皆一物而異名也

麗一　十四

及奥　於報反奥室也爾雅室西南隅謂之奥郭璞曰室中隱奥之處也

二叟　古文叜傁二形今作叟同蘇走反方言叟父長老也東齊魯衛之間凡尊老謂之叟南楚曰父字從宍從又厤之大候在於寸卩老人寸卩厤衰故從又從宍又音手宍者衰惡也

優婆塞五戒威儀經

樓纂　子管反錫杖下頭鐵也字應作鑽子亂反關中名鑽江南名鐏鐏音在悶

反釋名矛下頭鐏也

三括　古奪反括結束也括猶索縛之也

舍利弗問經

督令　字書今作督同都木反爾雅督正也注云謂御正之也方言督理也說文督察也

颷焰　又作飆同比遙反謂暴風也字從猋從風猋從犬非火也

亟立　墟記反爾雅亟數一也數音所角反

覢鑠　又作睒同式冉反說文暫見也不定也下舒若反鑠光明也

係縛　古文繫繼二形同古帝反說文係絜束也繫亦連綴

慷至　古韋反慷慷言物物也亦慷快也物音苦沒反

懇惻　古文誤同口很反通俗文至誠曰懇懇信也亦堅悫也下古文惻同楚力反廣雅惻悲也說文惻痛也

若鏟　又見反說文一曰平鐵也廣雅鐁謂之鏟蒼頡篇削平也

圊內　七情反廣雅圊圂屏廁也釋名言至穢處修治使潔清也

戒消災經

釃酒　字書作麗同所宜所解二反說文下酒也一曰醇也詩云釃酒有藇傳曰以匡曰釃

酒烝　之承反左傳定王享之有烝杜預曰承升也亦盡盡之實也亦進也

麗一　十五　山東比丘

角摙　力展反淮南子摙載粟米而生許督重曰摙擔之也今皆作輦

解脫戒本

抪草　普胡反字書抪數也謂數舒之也說文抪布也今皆作鋪鋪陳也

入陛　蒲禮反說文升高陛也卯林陛階陛是也戒文從木作梐補奚反禁獄之名非此用也

欹身　又作崎同丘知反謂欹傾不正也

蹻脚　丘消反說文舉足行高也漢書蹻字文穎曰蹻猶蹻也三蒼解詁云蹻坐足也史記作屩或文作屩口彫反鬃名也屩非此義

揑作　乃結反埤蒼揑捺搦治也

臘佛　謂坐臘臘餅謂今七月十五日夏罷獻供之餅也

僧祇戒本

刀擬　魚理反字書擬向也說文擬度也比也

不嫽　力彫反謂相嫽戲也嫽嬲也嬈也

指攪　古文搅同古巧反字書攪攪也亦亂也

軟指　又作歃同所角反通俗文含吸曰軟戒文作嗽俗字也

噂喋　補莫子立反說文噂喋喋聲也

四分戒本

無崖　又作厓同五佳反說文岸高邊者也書有作涯宜加反涯涘也無涯際也

失轄　古文舝轄二形同胡瞎反轄端鐵也說文轄鍵也

磔手　古文庀同知格反廣雅磔張也磔開也通俗文張申曰磔

分犍　忙江反弦工記公圭用犍注云犍雜也說文白黑雜毛牛也戒文作尨犬多毛也詩云無使尨也吠是也

覆苫　舒監反爾雅白蓋謂之苫李巡編菅以覆屋曰一苫又音舒焰反苫覆也

掉臂　徒吊反廣雅掉動搖也

歙飯　古文歙欱二形今作吸同許及反廣雅吸飯也謂氣息入也

犛牛　忙交反說文西南夷長髦牛也今犛西出此牛也戒文作猶貓二形今人家所畜以捕鼠者是也猶非此義

十誦戒本

如斤　居銀反說文斤斫木也斤钁也戒本作釿牛引反說文釿剸也剸音子隨反剪刀也剸非字義

壁行　悲尺反說文壁不能行也字體從辟從止

彌沙塞戒本

企行　去豉反說文企舉踵也企望也詩云企予望之是也

比丘尼羯磨

厭禱　於鹽反伏合人心曰厭下都道反禱求福曰禱廣雅禱謝也禱請也

聖誥　古到反爾雅誥告也誥亦謹也郭璞曰所以約謹戒衆也　鳫一　十六

四分比丘尼戒本

門閫　又作梱同苦本反禮記外言不入於閫注云閫門限也

衸髁　口化反埤蒼髁尻骨也字林腰骨也

僧祇比丘尼戒本

黎耶　履私反此譯云出者謂出苦也義譯爲聖者

轡勒　鄙媿反字書馬縻也所以制牧事馬也勒馬鑣銜也字從絲害聲

遞相　又作迭同徒禮反小爾雅遞迭遞更也爾雅遞迭也郭璞曰謂更易也

羯利　數名也正言迦利沙鉢拏案入十枚貝來爲一鉢拏十六鉢拏爲一迦利沙鉢拏

擾亂　如沼反說文擾煩也廣雅擾擾亂也

適他　尸逃反爾雅適往也適事他人也方言宋魯謂往爲適適亦歸也

佉嘱　竹交反佉嘱羅此譯云小長林世語云揭藷音猪家反

百襵　音輒謂褶襵也又音之涉反通俗纖縷曰襵也

偏刳　口孤反謂空其中也方言刳剖也說文刳判也

趬脚　丘招反說文行輕兒也一曰舉也亦高也戒文作蹺非也

十誦比丘尼戒本

門闑　又作臬同魚列反卽門限也亦名閫音苦本反

喑噫　於禁反下乙戒反喑唶也噫歎傷也亦大聲也戒文作嗌於亦反嗌咽也

嗌非此義

沙彌威義經

泒瀆　普賣反說文泒水之邪流別也廣雅水自汾出者泒也

汗湔　于見反山東音也江南曰灒音子旦反又音子千反手浣也

調譺　五戒反通俗文大調曰譺說文欺調也

潘中　蒼頡篇作藩同數袁反泔也說文潘浙米汁也江北名泔江南名潘

坌却　府墳反說文糞除掃棄也廣雅糞除也

濺灒　又作灒同子旦反說文灒汙灑江南曰灒山東曰湔音子見反

沙彌尼離戒

箏笛　古文篴同徒的反說文上孔籥也羌笛三孔戒文作管非也

一切經音義卷第十六　十七未　鳫一

一切經音義卷第十六（別本）校勘記

一　底本，明永樂南藏本。

一　二九七頁上一行經名，徑作「一切經音義卷第十七」。卷末經名同。

一　二九七頁中二行夾註「府千反」，磧、普作「府于反」；徑作「府于切」。

一　二九七頁中四行第二字「尗」，徑作「尗」。

一　二九七頁中一九行夾註左第七字「企」，徑作「㑨」。

一　二九七頁下一〇行夾註右第三字「夬」，磧、徑作「央」；普作「呹」。

一　二九七頁下一四行夾註右「治類反」，徑作「徒類切」。

一　二九七頁下一八行夾註右「阻醉反」，徑作「七醉切」。

一　二九八頁上九行夾註右第三字「樜」，徑作「樜」。又左第九字「店」，磧作「店」；普作「店」。

一　二九八頁上一二行夾註左「住也」，徑作「蛀者」。

一　二九八頁上一三行夾註右第六字「比」，磧、普、徑作「北」。

一　二九八頁上一五行夾註右第三字「蝌」，普作「蝌」。

一　二九八頁中末行夾註左第六字「乂」，徑作「叉」。

一　二九八頁下一行夾註左「乂白反」，徑作「叉白切」。

一　二九八頁下六行夾註右「叉白反」，徑作「叉白切」。

一　二九八頁下一三行夾註左第七字「𤗹」，磧作「𩃬」。

一　二九八頁下一七行夾註右第三字「美」，徑作「㺯」。

一　二九九頁上七行夾註右「早政反」，磧、普、徑作「方政反」。

一　二九九頁上一三行夾註右末字「撓」，徑作「攪」。

一　二九九頁上一七行夾註右第四字「裝」，磧、普、徑作「襞」。

一　二九九頁上二三行「𧿒子」，磧、普作「𧿒子」。

一　二九九頁中一三行夾註左「喙面」，磧作「喙面」；普、徑作「喙而」。

一　二九九頁中一八行夾註右末字「目」，普、徑作「自」。

一　二九九頁中一九行夾註左「徢徢」，徑作「倢倢」。

一　二九九頁下九行夾註左第五字「田」，磧、普、徑作「曰」。

一　二九九頁下一二行夾註左第三、第九字「窨」，磧、普作「窨」。又「五含也」，徑作「五含切」。

一　二九九頁下一五行夾註左末字「拍」，磧、徑作「持」。

一　二九九頁下一七行夾註右「古木」，徑作「古木切」。

一　二九九頁下一九行夾註左「揵非體也」，徑作「起馬走也」。

一　二九九頁下末行夾註左首字「夾」，徑作「交」。

一　三〇〇頁上一〇行夾註右「蒼頡扁」，普、徑作「蒼頡篇」。又左「從

反」，磧、普、徑作「從厂」。

一　三〇〇頁上一一行夾註右末字「反」，普、徑作「厂」。

一　三〇〇頁上末行「虵蠚」，磧、普作「虵蠆」。

一　三〇〇頁中二行夾註右第三字「崩」，磧作「峀」；普作「峀」。

一　三〇〇頁中一〇行夾註左「三刃」，磧作「二刃」。

一　三〇〇頁中一六行夾註左第三字「言」，磧、普、徑作「檐」。

一　三〇〇頁中二一行夾註左「亦名」，磧、徑作「一名」。

一　三〇〇頁中二三行「掊汗」，徑作「掊扞」。

一　三〇〇頁下一四行夾註右「爲之」，徑作「爲之敢」。又左第五字「敢」，徑無。

一　三〇〇頁下一五行夾註右第四字「垝」，磧、普、徑作「䠊」。

一　三〇〇頁下一七行夾註左第六字「三」，普、徑作「曰」。

一　三〇〇頁下二一行夾註右第一〇字「抓」，徑作「抓」。

一　三〇〇頁下二三行「欲作」，徑作「欲作」。

一　三〇一頁上一行夾註右第五字「皷」，磧、普、徑作「皺」。

一　三〇一頁上三行夾註右末字「朴」，普、徑作「朴也」。

一　三〇一頁上一二行夾註左「周圍」，徑作「周圍」。

一　三〇一頁上一三行夾註右「都革反」，徑作「陟革切」。

一　三〇一頁上一五行夾註左第三字「汗」，磧、徑作「汙」。

一　三〇一頁中五行夾註左第七字「問」，徑作「間」。

一　三〇一頁下一行夾註左第九字「及」，徑作「切」。

一　三〇一頁下五行夾註右「又音」，徑無。

一　三〇一頁下一二行夾註右「郭璞」，徑作「郭璞云」。

一　三〇二頁上一行夾註左首字「音」，徑作「鯨」。

一　三〇二頁上四行「履靴」，磧、普、徑作「履鞋」。

一　三〇二頁上五行夾註右第七字「反」，徑作「二切」。

一　三〇二頁上一三行夾註右「貫法」，普作「貫達」。

一　三〇二頁上一八行夾註左第三字「抓」，徑作「抓」。

一　三〇二頁上末行夾註左末字「抵」，磧、普作「祇」。

一　三〇二頁中四行夾註右第四字「尼」，徑作「尻」。

一　三〇二頁中一二行「得擭」，徑作「得獲」。

一　三〇二頁中二一行夾註右「從叉」，普、徑作「從又」。

一　三〇二頁中末行夾註左末字「閑」，磧、普、徑作「困」。

一　三〇二頁下一一行夾註右第三字「託」，普作「䛈」。

一 三〇二頁下一三行夾註左第二字「蕺」，徑作「䉶」。

一 三〇二頁下一六行夾註右第四字「麗」，徑作「𦌾」。

一 三〇二頁下一七行夾註右「以匡」，磧、徑作「以筐」；普作「匡」。

一 三〇二頁下一八行夾註左第二字「承」，徑作「烝」。

一 三〇二頁下一九行夾註左「許督重」，徑作「許叔重」。

一 三〇二頁下二二行夾註左第五字「徙」，磧、普、徑作「從」。

一 三〇三頁上七行夾註右「嫽敲」，磧、普作「嫽敦」。

一 三〇三頁上九行夾註右第三字「欶」，磧、普、徑作「嗽」。

一 三〇三頁上一五行夾註右「攷工記」，磧、普、徑作「考工記」。

一 三〇三頁上一七行夾註右第六字「白」，徑作「曰」。又末字「管」，徑作「菅」。

一 三〇三頁上二〇行夾註右「髦牛」，徑作「毛牛」。

一 三〇三頁中八行夾註右「苫本反」，磧、普作「苦本反」。

一 三〇三頁中九行夾註右「坪蒼」，磧作「三蒼」。

一 三〇三頁中一二行夾註左第一〇字「絲」，徑作「系」。

一 三〇三頁中一三行夾註右第三字「迗」，普、徑作「迊」。

一 三〇三頁下三行夾註左第六字「汾」，徑作「分」。

一 三〇三頁下八行夾註右「灒汗」，磧、普、徑作「灒汗」。

一 三〇三頁下一〇行夾註左第九字「管」，磧、普、徑作「篠」。

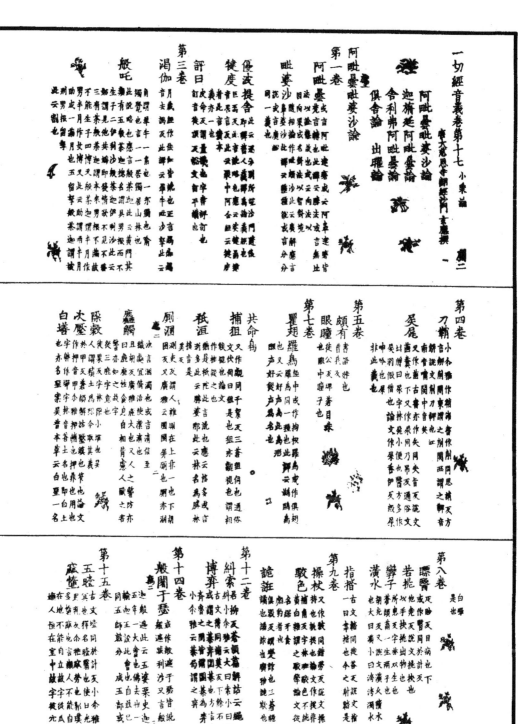

一切經音義卷第十七　小乘論　麗二

大慈恩寺翻經沙門玄應撰　一

阿毗曇毗婆沙論

迦旃延阿毗曇論

舍利弗阿毗曇論

俱舍論　出曜論

阿毗曇毗婆沙論

第一卷

阿毗曇 或言阿毗達磨或云阿鼻達磨皆梵言轉也此譯云勝法或言無比法以詮勝故也或云向法以因向果或名對法以智對境

毗婆沙 隨相論作毗頗沙此云廣解應言鼻婆沙此譯云種種說或言分分說或言廣說同一義也

優波提舍 此云逐分別所說沙門建依即釋舊人義譯爲論義經也

犍度 巨焉反此音訛略也應云婆揵高婆音度言反此云聚中阿含經云揵度者此言犢本義亦一也

評曰 皮命反謂量議也字書評訂也訂音徒頂反論文訂平議也

第三卷

渇伽 月藏經作佉伽皆訛也正言竭伽竭音去謁反此譯云犀牛毗沙挐此云角謂犀牛一角也一亦獨也喻獨覺也言一一居獨居山林也

般吒 此說略也應言般茶迦此云黃門其類有五般茶迦挖名謂具男根而不生子二伊利沙般茶迦伊利沙此云妒謂見他共婬即發情欲不見不發三扇搋般茶迦謂本來男根不滿故不能生子四博叉般茶迦謂半月作男半月作女博叉此云助謂爲半月助成一滿月也五留孳般茶迦謂披刑男根留孳此云割也

第四卷

刀鞘 小尒雅作鞘諸書作削同思誚反方言劒削關東謂之削關西謂之鞞音餅說文削刀鞞也江南音補關中音餅

奚屘 又作菑古書亦作矢同尸旨反說文菑糞也下又作尿同乃吊反通俗文出脬曰尿字林尿小便也醫方多作溺假借也論文作屎香伊反殿屎呻吟也屎非此義也

第五卷

頗有 書語辭也普我反

眼瞳 徒公反埤蒼目珠也眼中瞳子也

第七卷

瞿翅羅鳥 經中或作拘枳羅鳥或作俱翅羅爲同一種也此譯云鵽鳩鳥也又云好聲鳥此鳥形醜聲好從聲爲名也

共命鳥

捕狙 又作覰同千絮反三蒼狙伺也通俗文伏伺曰狙是也狙亦覰視也謂相伺視也論文作桂設之也

祇洹 舊言祇陀此言訛也應云捺多或言逝多此云勝婆鄒此云林名爲勝林捺音奴曷反

廁溷 測吏反謂人雜廁在上非一也下胡困反又廣雅云圂圂弃廁也廁亦溷也言溷濁也或言清信至溷麁宜倩治使潔淸也

麤觸 且胡反廣雅麤大也又人之警防亦曰麤麤性食臭自相背慮人獸之害警亦如之故字從三鹿字意也

際殻 徒果反字林際小堆也吳人謂積土爲際今取其義

次壓 於甲反蒼頡解詁壓鎮也梵他論文作押音甲尒雅押輔也押非此用也

白墡 字體作墡字林音善土名也即白土也亦名堊棠吳普本草云白堊一名白墡是也

第八卷

瞟瞖 疋眇反目病也下或作瞖同於計反

若挑 他堯反說文挑抉也以手抉挑出物也

孿子 所患反字林双生也蒼頡篇一生兩子也

潢水 胡光反又說文潢久積水池也大曰潢小曰洿洿濁水也

第九卷

指揩 古文鞜同徒荅反說文指揩也一曰韋揩也今之射鞜是也

操杖 又作撡同錯勞反說文操把持也執持也論文作摻非也

駁色 補角反字林駮駁色不純也通俗文黃白雜謂之駁犖論文從交作駮駁獸名似馬食虎豹者也

詭誑 俱毀反詭變詐也三蒼詭譎也譎詐也廣雅詭欺也

第十二卷

糾索 居柳反蒼頡篇解詁云繩二合曰糾小尒雅云大曰索小曰繩也

博弈 古文簙同補莫反下餘石反方言博或謂之綦弈圍綦也方言自關而東齊魯之閒皆謂圍綦為弈小尒雅云綦局謂之弈

第十四卷

般闍于瑟 或作般遮于瑟皆訛略也正言般遮跋利沙又言般遮婆栗史迦般遮此云五婆栗史迦此云年謂五年一大會也佛去世一百年後阿輸迦王設此會也自然已後執見不同五師競分成五部或十八部也

第十五卷

五曀 古文壇同於計反小尒雅曀曀暗昧冥也釋名曀翳也使日光不明曰也

㽱躄 卑亦反尒雅癡勞也鄒漢曰勞苦者多惰癡也言癲人不能自起如瓜瓤在地不能自立故字從瓜又瘺人恒在室中躄字被允也

一的　古文旳說文作的同都歷反的明也又詩云發彼有的傳曰的射質也謂射的然明見也今㮣中珠子也

第十六卷

麻幹　工旦反麻莖也亦枝主名幹賁雅幹本也三蒼枝幹也字宜作藁稭二形音皆今呼爲麻蒸是也

第十八卷

彷徉　扶羊蒲光二反下余章反廣雅彷徉徙倚也亦徘徊也

作毿　古文𣯱毿二形同所綺所鬭二反說文毿毿毛長也音都盃反

軍持　此譯云瓶瓶双口澡灌也西國尼高君持僧高澡灌皆不得也論云作捷也

第十九卷

樺皮　胡霸反木名也皮可以飾弓名也

一畦　胡圭反蒼頡篇田五十畝曰畦埒也埒封也道徑也埒音劣之也

第二十卷

瞪瞢　宜作瞪瞢徒登反下忙登反韻集云失卧也亦乱悶也論文作懜懵非也

曲蟺　音善古今注云丘蚓也一名蜜蟺長吟於地中江東謂爲歌女或謂之鳴砌也論文作蟬非蝍也

曲僂　力矩反通俗文曲脊謂之傴僂春秋宋鼎銘曰一命而僂再命而傴三命而俯杜預曰俯恭於傴傴恭於僂身遂曲俯恭益加也論文作軀僂或作瘻並非也

值伏　又作顛蹎二形同丁堅反廣雅傎倒也謂反倒也下古文踣今作仆同蒲北反說文仆頓也謂前覆也論文作伏非體也

是筏　謂桴編竹木作浮於河以運物者也音扶月反

印幟　於刃反下三蒼又作識同昌志反通俗文卩記謂之幟私記更無別音也

第二十一卷

船箄　蒲佳反方言箄謂之筏南土名箄北人名筏論文作簰䉼非體也

髖骨　又作臗同苦桓反埤蒼云臗尻也三蒼髖髀也

營壘　古文𡑇同力癸反三蒼軍壁曰壘亦重也

洟唾　古文𣵀同他計他計二反三蒼洟鼻液也自目曰涕自鼻曰洟也論文作涕非體也

肪𦜩　府房反下先安反通俗文在腰曰肪在胃曰𦜩

腦胲　古文𡿺同奴老反說文腦頭𩕳也下古才反足大指毛也論云依上義宜作解依下義無字云解項音

牕向　又作窗窻二形同楚江反說文在牆曰牖在屋曰窻也下許亮反說文北出牖也亦明也今作㠯三蒼向窗也

衣裓　孤得反相傳衣裓未詳所出謂閒外向也

第二十五卷

蹻足　丘消反蒼頡篇蹻舉足也行高也文解詁云蹻猶翹也

軛𨍏　又作槅同於革反小爾雅衡也謂牛領者也轅端壓牛領

第二十六卷

以藸　古文繫同古典反說文蠶衣也字從虫從系也從𦍑蒂聲頡解詁云藸音眼蒂

第二十七卷

日暴　又作曝同蒲報反說文暴晞也謂從日出從廾從米字意乾也

失獸摩羅　或言失收摩羅此云殺子魚廣州土地有也

鱣魚　之然反音知連反下各然五各反長大口在頷下江東呼為黃魚似鱏而短鼻𩷏音徐林反長二三丈鼻長七八寸重千斤

第二十九卷

興渠　此是西國藥取之汁如臺食中今樹有阿魏是也宜作𥩎

岐路　古文𡸙同巨宜反爾雅二達謂之岐道也岐謂道枝別出義者釋名物兩爲岐岐路此是道也史記楊朱泣岐之也

第三十二卷

門閫　又作梱同苦本反說文門限也三蒼謂門橛也

戶樞　郁俱反爾雅樞謂之椳郭璞曰門戶扉樞也本音烏回反

盈長　又作贏同以成反下除亮反廣雅盈餘也增益也長剩也字林又直良反

祝詛　說文作詶同之授反下側據反釋名祝屬也以善惡之辭相屬著也詛阻也使人行事阻於言也

第三十三卷

傎躓　都賢反又作顛同下竹二反躓頓也亦又作䟡同竹利反前㿀跌也月巨

第三十七卷

鉛錫　役川反說文青金也下先擊反銀鉛之間也

白墖

第三十九卷

竹籅　莫結反竹箆爲箪篾也中國謂竹皮也蜀土亦然

殨風　又作潰同胡對反說文殨瘡也殨爛也論文作殨肥非字也

第四十卷

麞鹿　又作麈同諸羊反說文麇屬也作麞非此義三蒼以秋冬至夏解角者也

火燧　又作隧同辭醉反火者以五母之類也

墟斷　去於反下五各反齒內上下肉也

第四十二卷

蔬食　所於反字林蔬菜也介雅蔬郭璞曰凡可食之菜通名曰蔬也

因舫　甫妄反通俗文連舟曰舫介雅舫舟也郭璞曰併兩船也又紡亦紨也又注云水中茷也

佉樓書　應言佉路悉吒謂比方邊處人書也

第四十三卷

執穳　字詁古文錄穳二形今作攢同千亂反廣雅穳謂之鋋小矛也鋋音市延反

第四十六卷

褰衣　又作攐丘焉反礼記暑毋褰裳鄭玄曰褰去也

觀垣　胡官反詩云太師維垣傳曰垣牆也釋名垣援也人所依阻以爲援衛也

執盾　食尹反盾所以扞身蔽目也以木自蔽從目象形盾声論文作闌楯之楯非體也

俾倪　又作睥睨二形同普米反下吾礼反廣雅俾倪堞女牆也埤蒼城上小垣也釋名云言於孔中俾倪非常事也

器仗　扶冀反下治亮反漢書制器械之品蘇動曰內盛曰器外盛曰械又曰無盛曰器仗兵器也五刃總名兵人所執持曰仗也

第五十四卷

捷樹　字詁古文捷今作捷同子葉反相捷也言捷樹無根也

殉腸　時俊反下直良反腸肚也

第五十五卷

斑駮　又作辬同補顏反蒼頡篇斑文皃也雜色爲斑也駮不純色也

卜筮　時世反礼記龜爲卜蓍爲筮卜筮所以決嫌疑定猶豫故疑即筮之從竹從巫筮揲蓍取卦折竹爲爻故字從竹揲音食列余列二反

迦旃延阿毗曇論

第一卷

跋渠　亦言伐伽此譯云部亦品之別名也

首盧　亦名室路迦或言輸盧迦波印度數經音以三十二字爲一輸盧迦或名伽陀

第三卷

貪餮　又作𩞄同他結反說文餮貪也論文或作饕音他勞反杜預注左傳云貪財曰饕貪食曰餮也

第十七卷

戶闗　古文鑰同余酌反又方言闗東謂之鍵闗西謂之闗

鍼筒　古文箴針二形今作鍼同支林反說文所以用縫衣者也

羠形　困几反声顛云騄羊也餘齊曰鶏鷄丑犢羊也辣音似陵反

犛牛形　忙包反西南夷長尾牛也又論文云作猫非林也

第二十八卷

無替　他計反又介雅云替廢也又替滅也方言滅絕之也

第二十九卷

樂戇　都降呼貢二反字林云愚也謂貪餘無節限昧著無厭足若於苦中如飛蛾食蜜也辯經論辯爲耽嗜者是也

第三十卷

不孕　古文𦙶同餘證反又說文裹子也又廣雅孕娠含實曰孕者也

充騵　音元三蒼亦馬白腹曰騵

三藕　又作蕅藕二形同五口反泉名也依字芙蓉根也

沃焦　烏木反案郭璞注江賦云大壑在東海外沃焦海所溺源水注處也冷取無窮極義也

舍利弗阿毗曇論

第一卷

殉有　詞俊反蒼頡篇殉求也亦營也

西軫　之忍反淮南子曰激輪之音許叔重曰軫轉也

閬風　力宕反廣雅崑崙虛有三山閬風板桐縣圃也

愔愔　於斟反声類愔和愔貞也三蒼性和也

第六卷

旋嵐　力含反或作毗嵐婆或言鞞藍婆或作吠藍亦言隨藍皆是梵之楚夏耳此云迅猛風也

第七卷

認取　而證反謂夫物而認之者認記也論文作仍非體也

醪酒　力刀反蒼頡篇醪謂有滓酒也

穳矛　倉亂反穳稍也下文作矟鉾二形莫侯反論文作穳牟二形非體也

第十一卷

華豆

第十三卷

硾脚　又作縋同直僞反通俗文懸鎮曰縋謂懸石硾之也硾下也論文作錘假借也

呼呷　呼甲反說文呷吸也

浸濫　姊鴆反優也侵濫者轉大之言也侵濫發徙熊曰廣也擇名癬蒼也

蟆子　音莫山南多饒此物如蚊而小攢乘映日齧人作痕如手也

車轢　力各力的二反輾轢也說文車所踐曰轢也

第十四卷

癬皰　又作𤺺同私淺反字林乾瘍也案癬有乾濕兩釋名癬徙也移徙漸大也故青徐謂癬為徙也釋名癬皰也

㿃下　又作滯同竹出丁計久閑中音多滯字林赤利也釋名云下重而赤白曰滯言厉滯而難差也

蟯蚤　糙蚤反說文蟅齧牛虫也今字馬雅狗皆有蟣也下所一反齧又虫也山

東又會鵒人皆音色

第十九卷

緒分 緒與反說文緒絲端也謂端緒也

稼穡 加暇反所力反穡曰穀收曰穡說文禾之秀實為稼一曰在野曰稼

射的 都狄反射埻曰埻埻中朱曰的謂的然明見也埻之尹反

第二十一卷

桑師 桒著作𣛲又作拼同滑戒反王弼注老子作𣛲桒𣛲𣛲也鄭玄家用妙火令熾者也

八

第二十二卷

骨皰 又作皰同蒲老反小腫也說文作皰面生氣也今取其義論文作靤或作瘡皰二形非也

擡擧 徒來反通俗文擧振謂之擡

稱皺 之涉知獵二反攝鑷攝疊也亦細攝也

萑荻 胡官反細葉也詩草木疏云蘆葽名薍至秋成則謂之萑夏小正曰萑葦未秀則不為萑秀已後為蘆下又作司徒歷反卯蘆荻後婁為蓄者也古衡反蒹萑加葭也致反亂音五患反

俱舍論

第一卷 并序者

俱舍 此譯云藏則庫藏之總名也而梵是藂醯借以喻之也

諒無 字詁今作亮同力尚反又尒雅云諒信也知之信也

宏曠 古文宏同胡萌反宏大也廣雅宏曠遠也

逾之 今作踰同臾俱反踰越也度也

碩學 市亦反詩云碩人俁俁傳曰碩大也

紛梗 加杏反謂紛乱梗也梗強也又害也

閼逢 今作過同於達反介雅歲陽也在甲曰閼逢閼止也李巡曰言萬物鋒芒欲出擁遏未通曰閼逢

涒灘 湯昆反他干反介雅歲在申曰涒灘李巡曰言萬物皆脩其精氣故曰涒灘

万灘 物吐秀傾垂之貌也

昬刻 古文昬同居秀反說文昬日冥也

柔兆 介雅歲在丙曰柔兆李巡曰言萬物皆生枝葉故曰柔兆

強圉 巨兩反介雅歲在丁曰強圉言萬物剛盛故曰強圉

鮭南 垂桂布故反

諸冥 胡卦反冥莫定反說文冥幽也冥夜也從日從六一聲日數十十六日而月始虧冥也

九

何負 胡可反可多反下扶久反何任也亦作荷擔也

窾冗 口坑反徒可反說文空寂也又作擴

鼉鼊 徒多反足彩三字体可耶加下反鼉似蜥蜴長一丈水居吐氣成雲詩云鼉鼓逢逢也

鉤鵅 古侯反其人曰鴝鵒也鳥名也江東呼為鴝鵒

第二卷

相撲 扶南人謂相撲為相扠也

相磕 苦盍反說文石相磕也磕石聲也

隙中 古文作隟同丘逆反說文隙壁際孔也

鼓鞞 作桒部迷反方言鞞謂之鞘

執駐 古文住同陟具反說文止也馬立也

㥷根 云數反說文根株也

眼瞼 居儉反謂眼外皮也

三洲 之由反說文水中可居者曰洲

乘也人又為獸之息處也

第四卷

住預 古文豫同余據反預先也

頤尾 文作頤也又作頤詩云頤頷也

遮為 古文遮同徒禮反有作遮也

第五卷

稻穰 如羊反論文作穰也

第六卷

剗浮 以正言撕反說文剗削也

十

耳璫 都郎反古音璫珥也

郊外 古包反郊里國百里為郊

但撥 補達反撥除也

乘策 古文策同楚革反謂馬箠也

船人　迭專反出本共鼓貨狄作舟船宋忠曰黃帝臣也方言自關而西謂舟爲船釋名船循也謂循水而行也論文作舩乎江反非此義也

蜻蜓　廣志作蜻蟆音青庭又莊子云作蜻蛉音力丁反

纔出　在災反廣雅云纔暫也漢書云作纔僮也劣也不乂也鄭玄注禮記作裁東觀漢記及諸史賈逵注國語並作財隨作無定體

衰耄　古文麁耄二形今作耗同莫報反禮記八十曰耄鄭玄曰耄惛忘也耄乱也

仍託　古文扔訒扔三形同如陵反尒雅仍乃也又仍因也郭璞曰謂因緣也

沸撓　乃教反廣雅撓亂也說文撓擾也聲類撓擾也

第七卷

俾尸　比介反譯云肉圖或云成圖依字俾使也

烈灰　力折反說文烈火猛也廣雅烈熱也

舍以　字體作捨朔灿反謂資人含與也

次飴　又作餌飤二形籀文作弇同代之反說文米蘖煎也釋名云飴小弱於餳形怡怡然也餳音似盈反也

要術　食聿反術術法也又邑中道曰術術通也無所不通也

波扡　太何反依字扡曳也

第八卷

吞故　土報使田二反吞咽也廣雅吞咽滅也

病愈　古文癒同愉主反方言差十二間愈也說文瘉病瘳也

挂罝　古文作卦同古賣反廣雅挂懸也

大渟　又作郭同蒲汝反上林賦渟渟窰泪漢書音義曰水變鴂鐺聚之貞也

萎爍　又作穢同於危反孽顆蔞草木葵也關西言萎山東云蕭江南赤言稜方言也下桑道反爍乾也

不噎　於結反說文噎飯窒也窒音都栗反塞也論文多作咽於見於咽二反咽

婁方　吞也咽咹也咽非字膿楚力反謂正方也

鐵鉆　奇炎反依字又鐵也蒼頡篇鉆持也

鵚陀　鐵安反依字說文平視也

迴復　只作洑同扶楣反漢書川塞谿洑蘇林曰洑者伏深也宣音紀作遺運水

至杪　務遶反木細枝謂之杪通俗文樹鋒曰杪方言杪小也郭璞曰言杪者稍微小也

第九卷

擐甲　胡慣工患二反左傳擐甲執兵杜預曰擐貫也國語服兵擐甲賈逵曰衣甲也

儲蓄　直於反說文儲侍也儲也下蓄古文蓄同取六反具也蓄積也聚也一曰書財也

相要　於遶反要召也呼也娶反儌也求也儌書古羌反亦

長取　除兂反謂羸長也長亦餘剩也

奩子　今作斂同力占反說文鏡奩也謂奩者也今江南有奩奩粉奩是也方

開坼　埤蒼作㾏同坼格反說文坼裂也廣雅坼分也

竹笪　都達反說文笪者也音君笞竹皮名也郭璞注方言云江東謂籧條直文而飽者爲笪針文爲蔟音蔟一名符曆宋鋸之聞謂篨蓮者爲蘧蔟也說文蘧篾竹席也或用蘆織也

古貝　存蓋反謂五色鮭也樹名也以花爲鮭也

第十卷

厭惡　烏路反柒惡猶憎也憒記吾惡用吾情論謗惡紫奪朱皆是也謂人心之有二取名好惡好惡二音皆去聲

爲塘　徒當反說文限塘也埤蓄云長沙謂限爲塘是也限防也防止水者也久障也鐵土爲封限障水也

郭邑　古鑊反蒼頡篇郭城郭也公羊傳曰郭者何快郭也釋名云郭廓也鄒落在城外曰邑周禮四井爲邑郭玄曰方二里也左傳凡邑有宗廟先君之

主曰都無曰邑之也

第十一卷

生莢　弟莢反又詩云自牧歸莢又傳曰莢芥之莢生者也

瘠田　古文瘠瘠膌三形同才赤反瘠薄也亦瘦也

嘉苗　古文恕同賈逵反嘉善也尒雅嘉美也

第十二卷

坑穽　古文阱荥二形同慈性反說文穽大陌也廣雅穽坑也三蒼穽謂穿地爲陷所以張禽獸之也

揣觸　古文敪同初委反謂測度前人也江南行此音又音都果反揣量也試也此人行此音案論意字宜作揣初委反播摸也通俗文捫摸曰揩是也

庖廚　蒲交反庖之言包也裹肉曰庖說文庖廚也廚庖屋也蒼頡篇主食者也

水渚　之與反尒雅小洲曰渚李巡曰四方有水獨高可處故曰渚釋名云渚者遮也䬺高能遮水使拙秀廻也

十二

穿窖　古孝反說文地藏也

增足　子諭反猶成也相足成也

諂佞　丑冉反下奴定反希其意道其言謂之諂說文巧諂高材曰佞偽善曰佞也

俗話　籀文作譮古文作𧦝諙二形同胡快反廣雅話調也調盧也聲類話訛言也

第十三卷

和穆　又作睦同忙鹿忙竹二反穆和也敬也

第十四卷

薟苦　古文蘝今作蘞同理撿理冶二反說文薟白薟也蔓生於野者也

刺那　力達反依字剌邪也剌乖疾也字體從束刀

埃塵　烏來反通俗文夾塵曰埃埃亦塵也

跖下　之石反說文跖足下也今亦作蹠蹠也今謂水不著也

第十六卷

學泗 說文汓或從囚作泅音似流反謂浮水上也江南言拍浮爲汓

磔手 古文䂕同竹格反廣雅磔張也磔開也通俗文張申曰磔

一尋 古文㝷同似林反謂舒兩臂曰尋八尺也淮南云人舒兩肘八尺尋自倍故八尺曰尋

第十七卷

所鎮 知陣反說文鎮壓也亦安也蒼頡篇鎮按也

串脩 古文摜遺二形誥幻反今作慣同古患反爾雅串習也誥人曰串心之習也

僻見 匹尺反僻邪也僻謀爲事邪枉不中理也

第十八卷

雖跌 徒結反廣雅跌差也字書失踞也方言跌蹶也郭璞曰僵地也

不蹶 亦作蹶方反蹶倒也

第十九卷

決度 唐各反度量也

馳動 直知反廣雅馳疾也說文大驅也疾驅曰走也

弋輪 又作杙同余職反說文杙橜也爾雅橜謂之杙江東言杙

貢獻 古弄反貢薦也廣雅貢上也下獻上曰貢獻進也古音致物於尊者之前曰獻

第二十一卷

適心 尸亦反廣雅適善也謂人心適也

毫氂 又作豪同胡高反下力之反說文豪下古文氂毛也今皆作毫律文作氂理也十毫曰氂十氂曰毫今作毛字

聚落 慈庾反說文邑落曰聚官名聚居也廣雅聚居也人所居也

出曜論

第一卷

羽寶 宜作葆又作翿同補道反謂合五色羽名爲葆羽也

咿嗽 古文咿同子侯反說文咿下又作嗽同通俗文含吸曰嗽

鵂鶹 一名鴟鵂一名鵂鶹

閃見 書式冉反說文閃窺頭門中也

懸其首 古文縣同胡涓反

挺埴 式延反埴土也

以抒 又作杼同除呂反

毗婆尸 此譯云種種見也

操杖 把持也

戢在 側立反說文戢藏兵也

第二卷

蠅嗜 ...

叩地 ...

睆翳 ...

烏鰂 ...

蟲齧 ...

靈柩 ...

陶河 ...

白鷺 ...

鸛雀 ...

痱瘖 ...

自摑 ...

骨幹 ...

誇無 ...

瘠瘦 ...

關牡 ...

藪究 ...

瀆流 ...

向法 ...

前序 ...

傷惋 ...

聒聒 ...

憑倚 ...

綢繫 ...

纓貫 ...

齎客 音騷反字林齎寄也廣雅齎家也文作𪗋𪗋高也𪗋才也𪗋非此義

第三卷

燔燒 又作𤎅同扶袁反加火曰燔燔亦燒也

於罝 古文䍜𦉼二形同子耶反尒雅兎罟謂之罝郭璞曰罝遮也遮取兎也

潺潺 仕山仕山二反字書潺湲水流皃也

蟄蟲 遅立反說文蟄藏也獸之蟄毛若熊羆之屬亦皆蟄也

第四卷

親欵 又作欵同口緩反廣雅欵愛也蒼頡篇欵誠重也說文欵意有所欲也

愚惷 丁絳傷容二反蒼頡解詁云愚無所知也亦鈍也惷愚也惷也

頓躓 都困反頓前覆也躓不利也躓礙也

如孛 蒲對反人名也

第五卷

虎兕 又作𤜜兕二形同徐里反山海經兕狀如牛蒼黑色尒雅兕似牛郭璞曰一角青色重千斤說文兕如野牛青色象形也

跳趠 逹彫反謂懸擲也下勑校他吊二反遠也

詭嬈 居毀反不實也亦撥誑也字林乃了反三蒼嬈弄也謂嬈擾戲弄也

如槩 古代反蒼頡篇槩平斗斛江南行此音關中工內反

礧石 的集音力對反謂以石投物也久守鐵者下石擊賊曰礧論文作雷攱借音起

剗治 又作鏟同初限反廣雅云剗削也又聲類云剗平也

顒頭 普米反說文顒傾頭也蒼頡篇不正也廣雅顒邪也論文作俾非體也

第七卷

纂行 宜作循以均反說文循行也尒雅云循自也自從也案此亦與巡字略同

不革 古文𧦝鞸諽三形同古核反革更也謂改更也說文獸去毛曰革言治去毛變更之也故從三十從口口為國世國三十年而法更刑取刑異之畫

芻藁 也口葦也古文芻同測俱反下古老反小尒雅云稈謂之芻所以飼餧曰芻生曰生藎謂青藁也說文刈草也蒼頡篇藁禾稈也論文作蒿弃也

第八卷

譏蚩 居衣反廣雅譏諫也說文譏誹也下充之反廣雅蚩輕也蒼頡篇蚩相輕侮也諫音輕

為一

求賂 力故反謂以財物與人曰賂遺也

怨譖 側禁反廣雅譖毀也三蒼譖讒也一云傍入曰譖

泄出 思列反泄溢也發也亦泄漏也

爨之 籒文𤓣同七亂反三蒼爨炊也字從臼持甑甑甗也冂為竈口廾以推林內火字意也廾音拱

怗然 字詁今作諜同他頰反廣雅怗靜也謂安靜也怗亦服也

十六

牛湩 竹用都洞二反通俗文乳汁曰湩今江南人亦呼乳為湩

敞治 又作斅同丈諍丈庚二反謂磨敎也

只篅 市緣反江南行此音又上仙反中國行此音又說文判竹圜以盛穀者也又論文作箄音丹勤也一曰小筐也箄非此用

黔毗 巨炎反國名也

企望 古文𠆸同去豉反通俗文舉踵曰企企望也字從止也

第九卷

培的 蒲來反培埴也凡物有高下有絕加躡板曰培

第十卷

駏驉 巨虛二音似騾而小牛父馬子也

穄粟 子例反說文穄𪎊也似黍而不粘者關西謂之𪎊音忙皮反

螢豆 又作𩏂𥾛二形同勞刀反通俗文野豆謂之螢豆也形如大豆而小色黃

野生引夷者也

如笮 側柞反家笮猶壓也今笮出汁也說文笮迫也

梳須 勃佳反又勑皆反人名也

第十一卷

右捽 存没反又說文云手持頭髮曰捽亦擊之也

擬我 魚理反字書擬向也又擬文擬比也度也又論文作擬弃

麻二

六物 一僧伽梨二鬱多羅僧三安陀會四鉢多羅五尼師壇六鉢盦

鼾聲 下旦反又說文卧息聲也字苑呼干反江南行此音

胆虫 字林千余反通俗文肉中虫謂之胆蠅乳肉中也論文作蛆子余反蝍蛆也

十七

第十二卷

孜汲 子辭反下居及反孜急也廣雅汲逮也說文汲汲急行也

耳鐺 直傷反方言鐺重也

第十四卷

援盾 禹元反下食尹反援引也攀援也盾排也

拼直 補耕又彈彌繩墨為拼出

頷車 又作顄同胡感反頤下也釋名頷含也口含物之車也或曰輔車其骨强所以輔持口也或曰牙車牙所載也或言頰車亦所載頰也凡繫於車言皆取在下載上物也俗名頷車音公盍反吴會曰頰頰苦姑反論文作𩕄近作也

第十五卷

小凷 古文凷今作塊同苦對反尒雅塊堛也土塊也𨒥土也堛音普逼反

躓礙 音致通俗文事不利曰躓限至曰礙

左衽 而甚反蒼頡解詁云謂裳際所及交𧛧音也或云衣襟也

十八

㓹桴 扶流反大國名也

葵藿 乎郭反葵葉也讀日 者也豆藿傾背是

誣笑 武于反說文誣加言也亦 欺也以惡取善曰誣也

蹶蹪 巨月居月二反說文蹶僵也 僵仆也廣雅蹪躓也頓也

第十六卷

迦藍 淨王或作迦利王或言歌利王 正言羯利王此云鬬淨王也

抒船 時汝除呂二反廣雅抒舀也 舀音弋紹反舉舀也音九万反抒出也說文

舉抒 漏也

第十七卷

博揜 博戲也用大書大棊謂之六博揜圍 棊也棊文云攤揜乘戲戲也俗謂之 射意一曰射數又 博戲揜取財物也

焦黃 方爵反字書少汁 黃曰焦火熟曰黃

頑魯 力古反論語參也魯孔安國 曰魯鈍也論文作鹵非體也

第十八卷

黷黵 烏感使感反蒼頡篇黲黷 深黑不明也說文青黑也

如圈 求晚反蒼頡篇圈檻類也 說文養畜閑也閑闌也

澆濆 又作䟘灒二形同子旦反說文水汙 灑也史記以五步之內以頸血濺大 王衣作 濺字

十八末

第十九卷

梁棧 三蒼作棧同仕諫反說文棧 棚也通俗文板閣曰棧也

擲箭 又作擿同女革女卓二 反擲挃也說文擲投也

泓然 一宏反都盡也說文泓 下深大也今取其義

謾誕 莫諫反下達坦反說文謾欺 也不信也誕大也不實也

一切經音義卷第十七

膺二

一切經音義卷第十七（別本）

校勘記

一　底本，明永樂南藏本。

一　三〇七頁上一行經名，徑作「一切經音義卷第十八」。卷末經名同。

一　三〇七頁上一九行夾註左「獨居」，徑無。

一　三〇七頁中二三行夾註左「非也用也」，徑作「非此用也」。

一　三〇七頁下七行夾註左第一〇字「是」，徑無。

一　三〇七頁下一四行夾註右「二合」，徑作「三合」。

一　三〇七頁下一八行夾註右第九字「毗」，徑作「略」。

一　三〇七頁下二〇行夾註左第六字「成」，徑作「遂成」。

一　三〇八頁上一一行夾註左「名也」，徑作「者也」。

一　三〇八頁上一二行夾註左「之也」，徑無。

一　三〇八頁上一五行夾註右「二名」，普、徑作「一名」。

一　三〇八頁上一九行「值伏」，徑作「傎伏」。

一　三〇八頁中一行夾註左第一一字「之」，徑無。

一　三〇八頁中三行夾註左第二字「又」，徑作「下又」。

一　三〇八頁下九行夾註左首字「櫨」，徑作「樝」。

一　三〇八頁下一八行夾註左第一三字「非」，徑作「也」。

一　三〇九頁上一七行夾註左首字「又」，徑作「切」。

一　三〇九頁中一三行「二十九卷」，普、徑作「第二十九卷」。

一　三〇九頁中二〇行夾註左「冷取」，磧、普、徑作「今取」。

一　三〇九頁下二行夾註左「縣圃」，徑作「縣囿」。

一　三〇九頁下七行夾註右「夫物」，磧、普、徑作「失物」。

一三〇九頁下八行夾註左首字「膠」，經作「醪」。

一三〇九頁下一六行夾註右「侵也」，經無。

一三〇九頁下二〇行夾註右第三字「癡」，經作「癡」，下同。又左第四字「雨」，經作「雨種」。又「漸火」，磧、普、經作「漸大」。

一三〇九頁下二二行夾註左「面赤白」，磧、普、經作「而赤白」。

一三〇九頁下末行夾註左第一一字「又」，磧、普、經作「人」。

一三一〇頁上一行夾註左首字「人」，經無。

一三一〇頁上五行夾註右第一〇字「未」，磧、普、經作「木」。

一三一〇頁上一〇行夾註右「捕老反」，經作「蒲孝切」。

一三一〇頁上一五行夾註左「司徒歷反」，經作「適同徙歷切」。

一三一〇頁上一六行夾註右「古銜反」，經作「蒹古銜切」。

一三一〇頁上二一行夾註右第三字「峪」，磧、普、經作「欲」。

一三一〇頁中一行夾註左「李殂」，經作「李巡」。

一三一〇頁中二行夾註左「閼逢」，經作「門」。

一三一〇頁中五行夾註右第三字「晷」，經作「厬」。

一三一〇頁中一〇行夾註左「似是」磧、普作「但是」。

一三一〇頁中一三行夾註右第七字「下」，普、經作「小」。又第一〇字「可」，經作「何」。

一三一〇頁中一八行夾註右第三字「由」，經作「曰」。又左首字「忘」，經作「忌」。

一三一〇頁中末行夾註右第三字「巢」，經作「巢」。

一三一〇頁下四行夾註左第四字「之」，經無。

一三一〇頁下一九行夾註右「之合反」，經作「之合切」。

一三一一頁上二行夾註左「論文作航乎江反非此義也」，經無。

一三一一頁上五行夾註右「賈達」，經作「賈逵」。

一三一一頁上一四行夾註左末字「也」，經無。

一三一一頁上一八行夾註右第三字「使」，經作「他」。

一三一一頁上二一行夾註右末字「泪」，普、經作「汩」。

一三一一頁中二〇行夾註有「二取」普、經作「去取」。

一三一一頁下一行夾註左第三字「之」，經作「是」。

一三一一頁下四行夾註右第五字「膌」，經作「臢」。

一三一一頁下八行夾註左「之也」，經無。次頁中五行夾註左、次頁下六行夾註左同。

一三一一頁下一〇行夾註右「此人」經作「北人」。

一三一一頁下一五行夾註左「高林」。

普、徑作「高材」。

一三一二頁中九行夾註左首字「從」，徑作「字從」。

一三一二頁中一〇行首字「挻」，徑作「埏」。又夾註左第二字「挻」，徑作「埏」。

一三一二頁中一五行夾註右末字「聚」字，徑作「聚也」。

一三一二頁中二一行夾註左「褱板」，徑作「懷板」。

一三一二頁下三行夾註左第五字「人」，徑作「又」。

一三一二頁下一六行夾註左第七字「擢」，徑作「濯」。

一三一二頁下一八行夾註左「亦言」，徑作「或言」。

一三一二頁下一九行夾註左首字「[疒+無]」，徑作「廡」。

一三一三頁上一行夾註左首字「文」，徑作「論文」。

一三一三頁上一〇行夾註右末字「也」下，徑有「下陟利切」四字。

一三一三頁上一三行夾註右「衆咒」，徑作「罵冢」。

一三一三頁中一行夾註右末字「口」，徑作「口音」。

一三一三頁中一二行夾註右「字詁」，徑作「字詁」。

一三一三頁中一四行夾註右第三字「敦」，徑作「[亨+攵]」。

一三一三頁中一八行夾註左首字「歱」，徑作「踵」。

一三一三頁中二〇行夾註右「蒲米反」，徑作「蒲釆切」。

一三一三頁下六行夾註左末字「非」，徑作「非也」。

一三一三頁下九行「胆虫」，徑作「蛆蟲」。

一三一四頁上一六行夾註右「三形」，磧、普作「二形」。

一切經音義卷第十八　鴈三

唐大慈恩寺翻經沙門玄應撰

成實論　　鞞婆沙阿毗曇論
解脫道論　　雜阿毗曇心論
立世阿毗曇論　　尊婆須蜜所集論
法勝阿毗曇論　　四諦論
阿毗曇心論　　分別功德論
阿毗曇甘露味論
辟支佛因緣論　　三法度論
十八部論　　明了論
隨相論

成實論

第一卷

斷斧　古文作斵同竹角反說文斵斫也

鈂扶　丈心反外道名也十二年隨佛始根熟者也

第四卷

擠搦　又作泲同子禮反廣雅泲漉也謂漉出其汁也論文作擠子詣反擠排也擠非此義下女革女卓二反搦捉也搱也灌音壁也

疼痺　又作痓胗二形同徒冬反聲類亦作𤸷又說文疼動痛也下畢二反蒼頡篇云手足不仁也說文痺濕病也今言冷痺風痺皆是也

帽箒　借音猥發問也謂駃獠若砭因以名也

藥石　攻病曰藥古人以石爲鍼今人以鐵皆謂砭病者也

鼓桴　㾭詁定古文官書枹桴二字同體音扶鳩反鼓槌也說文枹擊鼓柄也

瓢杓　又作甗同毗遙反三蒼瓢瓠勺也江南曰瓢櫕蜀人言鐵蠡下又作勺同

眼𥇒　是若反可以斟食者也𢷾音疊叠音郎低反𥲤囊反小學章蓬刷也今眉蓬擗頭蓬皆作此

第五卷

相振　又作摚敞鼓三形同丈庚反振觸也亦摚敞也

第六卷

桎梏　之逸反下古沃反在手曰桎在足曰梏謂杻械也

如睫　說文作睞釋名作䀹同子葉反目旁毛也山東田里間音子及反論文作𣯛睞二形非也

第七卷

鵽鳥　竹刮反尒雅注云今鵽大如鴿亦言如鵪似雌雉鼠腳無後指岐尾爲鳥憨急群飛出北方沙漠地也肉美俗名突厥雀生蒿萊之間憨音呼濫反

第九卷

舍廬　力居反別舍也亦寄上也黃帝爲廬所以避寒暑也春秋去之冬夏居之

入支　只移反此外道梵圓如瓠無足以三杖交之支舉於瓶也諸經中或言執三奇立拒或言三叉立拒皆是也論文作鼓非也

金搶　千羊反蒼頡解詁云木兩頭鋭曰搶又說文搶距也又論文作鏘非體也

第十卷

穳矛　麄鑽反穳擲也下又作鉾或二三形同莫侯反說文矛長二丈也

狗齩　又作齩同五狡關中音也說文齩齧骨也廣雅齩齧也江南曰齩下扠反

漩澓　似緣反說文洄洄也下又作復坱二形同扶福反城者伏深也亦迴水也

栽栓　則才反下古文𧄍栓木三形今作蘖同五割反爾雅栓餘也𢦏也言木餘載生栓栽也

第十一卷

葷辛　許雲反蒼頡篇葷辛菜也凡物辛臭者皆曰葷也

第十二卷

孤煢　古文惸𠍾二形同渠營反無父曰孤無子曰獨無兄弟曰煢煢單也煢煢無所依也從𪏭從孔省聲也孔音驗闇反

暍死　又作𥇒暍二形同於歇反字林傷熱也謂傷熱煩悶欲死也又紅紫傷風熱日失色爲暍

第十五卷

不啻　施豉反蒼頡篇不啻多也

一桄　古文横𢶏二形今作桄同古黃反聲類作輄車下横木也今車牀梯㯃下横木皆曰桄是也

第十六卷

猨猴　又作蝯同禹煩反似獼猴而大臂長其色有黑有黃鳴聲甚哀古今注云猨五百歲化爲玃玃壽千歲玃音居縛反

第十七卷

蟄虫　遲立反說文蟄藏也歇之淺毛若熊羆等亦皆蟄也

考檢　苦老反考謂質覈之也問也

土封　甫龍反起土爲界曰封聚土者也

第十八卷

則晞　又作烯同虛衣反字林晞乾也方言晞燥也暴也北燕海岱之間謂暴爲晞

用剗　又作鏟同初眼反說文平鐵也通俗文攺板曰剗才刃柄者也

抱卵　字苑作菢又作𠣿同蒲冒反俗文鷄伏卵北燕謂之菢江東呼蓲音央富反伏音韝又反

鷇出　又作𪇰同口角反吳會間音哭卵外堅也尚在卵中謂之鷇

鞞婆沙阿毗曇論

第一卷

跋苓 蒱今反人名也

傅柔 方務反傅謂塗附也傅敷傅著音作此論文作拊麩主反拊拍也非此用也下且本反柔猶弱色

第三卷

摩儵 又作倏儵二形同書育反人名也

鱣魚 古文鱣同知連反大魚也口在頷也鱣無鱗甲肉黃大者長二三丈江東呼為黃魚是也

如鍼 字詁又針箴二形今作鍼同支林反廣雅鍼刺也說文鍼所以縫衣者也

鞮伽 都奚反謂苦鞮子也

第四卷

色膜 亡各反說文肉間膜也論文從草作膜非也

騰書 徒登反說文騰傳也謂傳遽郵驛騰乘也廣雅騰奔也疾也

第五卷

若瞟 普幺反一曰病也又埤蒼云明察也

若瞖 韻集作瞖同一計反說文目病生瞖也三蒼瞖目病也論文作瞖風而瘖曰瞳瞼非字體也

陰燧 古文作鑒燧二形今作燧或作燧同辭醉反陰燧出水陽燧出火者鑒五石之斛積圓也陰燧以鐵方也

潭水 徒南反潭水也楚人名深為潭論文作澹徒濫反安也澹非此義

第七卷

譏貶 居衣反廣雅譏刺也說文譏誹也下古文貶同碑儉反貶損也減也亦墜也

第九卷

如弶 渠向反韻集云施罥於道曰弶今收獵家施弶以取鳥獸者其形似弓也

極佞 於人反苦也

弥佞 冒也

陀破 盡也

第十卷

道跡 又作蹟迹二形同子亦反足跡也論文作跡破二形非也

陀羅破 道也

第十二卷

按摸 鋡鈐反又字林拔拔也摸捺也捺音柔各反捫鳥反拊也殷捋也蘇音昔交反論文作捋五曰採

鉤掾

樺皮 胡霸反可以飾弓者也

第十三卷

千秋鳥

鐵杷 又作鈀同平加反方言杷謂之渠挐郭璞曰有齒曰杷無齒曰朳朳音八今江南謂有齒者為杷挐字從木挐音女於反

下晡 補胡反淮南子云日行至悲谷為晡時謂加申時也

第十四卷

蚑蠖 蠚亦反下烏郭於縛二反尒雅蠖蠖尺蠖方言尺蠖又名步屈一名蠖蠖蟇文云吳人以步屈名桑闐音寺桑古合反一名蝍蛆音子六反周成雜字作犛音妃封反漢書音封此牛形小犢上有犎也列子作瞬通俗文作眴同尸閏反

犎牛

不眴 文目開閉數搖也眼慶云目鴟日

鵂鶹 又作鴟同具俱反下以鸛反似反古頭有而毛角者山海經公羊傳並作

蝎虫 鶻音 權 時蝎反詩云蛸蛸者 蝎傳曰蝎桑虫也

解脫道論

第一卷

叨悢 他勞反下胡懇反叨貪也方言叨殘也埤蒼叨食也說文此俗饕字也悢良俱亮二反下師句反今中國人

裝抹 謂撩理行具為抹縛音附抹音戊謎

沮屈 文裝東也褰也才與反蒼頡解詁沮漸也一敗壞也論文作俎側吕反財器也一曰置肉机也沮非此義

第二卷

麻籸 字苑作粄同布滿反蠶類也今米籸豆籸音作此也

第三卷

桁械 三 胡郎反下胡戒反通俗文拘罪人曰桁械亦桁類也 五

捭擂 里攻反下都濕反謂楊塗也廣雅捭除也

噫噫 借音於矜反相荅腐穿

第四卷

剗去 所簡反三蒼剗除也

衣帊 又作杷同匹亞反廣雅帊幞也通俗文兩複曰帊是也

第六卷

痕跡 [illegible]文作眼同胡根反通俗文瘡瘢曰痕也

檽窻 力丁反說文窻楯閒子也通是係以漆國文睦門曰欞今窻欞車櫺皆中又作窖同胡灌反通俗文燒賈曰垸頓訓詁垸以黍和之今人言江南言垸鹽

髋節

捭狗 字皆反人名也依揩擇孝也

麋生 宇體作燄恬悲反通俗文物古溫曰燄論文作櫜非體也又古卯反下古文痞戲二形又之閼中言通俗小兒戲謂之剄說也校救作救㝵今同

狡獪

第七卷

蝘枸 羌句反古我反

哿栗

霖婆 力金反土何反

鉢掩

瘑疥　強揮雜字作瘑字書作瘑同古和反蒼頡篇云瘑秃也韻集曰瘑病也秦發者謂之燕疵秋發者謂之騷疵

閟塞　御寞反詩云我思不閟傳曰閟閉也亦不通也經文作秘非體

第八卷

忿叱　齒逸反方言叱呵怒也陳謂之呵案叱猶呵也

濕鮭　胡无反此恋作難胡寡反鄙明也又物精不辨孤難

第十卷

夾膝　古洽反謂夾在兩邊也近也三蒼夾輔也說文夾持也夾至也

如荻　又作蕩同徒歷反即蘗荻也堪爲箔者也蘗音古狄反

雜阿毗曇心論

第一卷

牟尼　經中或作文尼舊譯言仁應云茂泥此云仙仙通內外謂久在山林修心學道者也

申恕　亦言申恕波林此譯云實木林闍貞實也

軟中　正體作耎同而兗反梵本言沒栗度此譯云耎柔弱也

澀滑　又作澀同所立反謂不滑也字從四止四止即不通字意也論文作忽壶二形非體也

天竺　或言身毒或言賢豆皆訛也正言印度印度名月月有千名斯一稱也良以彼土聖賢相繼隔導群生衆臨如月因以名也一讖云賢立本名因陀羅婆他那此云立蠻謂天帝也當以天帝所蠻故世父号之耳

弥離車　或作弥夷車皆訛正言蘊夷車也

軍衆　舉雲反字林軍圍也四千人爲軍二千五百人爲師字從勹勹音補交反包車爲軍币吕爲師皆字意也

詰問　去吉反廣雅詰責也說文詰問也

華鬘　又作花同呼瓜反下梵言摩羅此云鬘音鬘案西域結鬘師多用蘇摩那花行列結之以爲條貫無問男女貴賤皆此莊嚴或首或身以爲飾好諸經中天鬘寶鬘花鬘市鬘師皆是也論文作扇非體也

揣食　徒官反通俗文手團曰搏三蒼搏飯也論文作揣音初委反測度前人曰揣江南行此音又都果反說文揣量也故揣也團中行此音並非此義

溉之　古費反說文溉灌也謂灌注也

如睛　又作腥姓二形同自盈反謂不雨也暫顯晴雨止也論文作雷非也

戶樞　昌朱反尒雅樞謂之椳郭璞曰門户扉樞也廣雅樞本也樞機制動轉之主也椳音五迴反

第二卷

倚息　於蟻反說文倚猶依也廣雅倚因也謂因倚而卧也字從人論文作猗一奇反猗美也

躁動　又作趮同子到反躁亦動也躁擾也論語言未及之而言謂之躁鄭玄曰謂不安靜也釋名躁燥也言物燥即動而飛揚也

爲掉　徒吊反字林掉搖也廣雅掉振動也論文作拔非也

心忌　渠記反忌難也亦畏也說文忌憎惡也

爲嫉　古文嫉候慊三形同自栗反楚辭故興心而嫉妬王逸曰害賢曰嫉害色曰妬

懈怠　古賣反下徒改反尒雅懈怠也集注云懈者極也怠者嬾也釋名云懈者解也言骨節解緩也

振旦　或作震旦或言眞丹皆一也舊譯云漢國經中亦作脂那今作支那此無正翻直神州之總名也

猶豫　弋周反下古文典同弋庶反說文隴西謂犬子爲猶猶性多豫在人前故凡不決者皆謂之猶豫又尒雅云猶如麂善登木郭璞曰健上樹也

爲糜　忙皮反糜爛也散鞚也

戶向　許亮反說文向北出牖也廣神靈牖向也字體從宀從口宀音武仙反

穬麥　古猛反說文穬芒粟也今呼大麥爲穬麥也

拘屢　或作句盧今或去枸樓舍此云五百弓亦言俱盧舍盧音舉俱反謂大牛鳴音聲聞五里八俱盧舍爲一論播那即四十里古者聖王一日所行也

中夭　於擾反說文夭屈也廣雅夭折也釋名云少壯而死曰夭如取物中夭折也字從大象形不申也不盡天年謂之夭取其義

第三卷

屠羊　達胡反說文屠剝也廣雅屠裂也案屠分剝牲肉也

司獵　良涉反取獸曰獵

聽訟　他定反周礼以五聲聽訟求情一曰辭聽二曰色聽三氣聽四耳聽五日聽謂聽察是非說文訟諍也

齋戒　古文作誠同古藍反易云以此齋戒韓康伯曰洗心曰齋防患曰戒字林齋戒潔也齋亦齊也廣雅戒備也字從廾持戈以戒不虞也廾又拜同音扶字意也

如陶　又作匋同大勞反三蒼陶作瓦家也舜始爲陶世本云夏臣昆吾更增加也史記陶瓦器也案西域地多甲溫不可爲寫但累坏器畫燒之耳案此陶音爲謹諸書亦借音瑤字體作寫燒丸寫也通俗文陶寫曰寫是也

婆羅門　此言訛略也應云婆羅賀磨寶此奏云承習梵天法者其人種類自云從梵天口生四姓中勝故獨取梵名唯五天竺有諸國即無經中梵志亦此名也正言靜靴言是梵天之苗裔也

刹利　梵言刹帝利此譯云上田主也謂王族貴種是也

鞞舍　陛奚反正言吠舍此云坐估案天竺士俗多重寶貨此等營求積財巨億塞而細故以名焉

首陀　應云戍達羅謂田農也此等四族國之大姓也

以資 姊私反廣雅資用也取也

鬱單曰 或言鬱恒羅越或作鬱多羅拘樓或云鬱多羅鳩留正言鬱恒羅究留此譯云高上作謂高上於餘方也亦言勝洲鳩留此云作亦云姓未詳何義立名

閻浮提 或言剡浮洲或言譫浮洲或云瞻部洲閻浮提者從樹爲名提者洲也應言提鞞波此云洲譫音之合反

弗婆提 或名弗于逮或言弗毗入提訶或云逋利婆鼻提賀逋利婆此云前鼻提賀此云身體也

瞿陀尼 或作俱耶尼或云瞿耶尼或言瞿伽尼皆訛也瞿此云牛陀尼此云取與以彼多牛用牛市易如此國用錢帛等或云有石牛也

茨棘 自資反尒雅茨一名蒺梨郭璞曰布地蔓生細葉子有三角刺者也

瘜肉 方言作鬼同思力反說文瘜寄肉也三蒼惡肉也論文作息非體也

作模 又作摹同莫奴反規模也模法也謂擬取象也

第四卷

言批 倒買子尒二反訛文批識也機音君逆反謂檝攝取也通俗文學挽曰挑也

乳嬰兒 而庄反說文人及鳥生子曰乳三蒼乳字也字養也嬰音於盈反三蒼女曰嬰男曰兒釋名云人始生曰嬰兒胸前曰嬰抱之嬰前乳養之故謂嬰兒也

有枙 又作軛同烏華反所以枙牛領者也枙亦攜也

泄漏 思刹反廣雅泄溢也亦發也漏也

興渠 此言訛也應言興舊典宜借音嬈嬈反出闍烏荼婆他那國彼土人常所食者也此方阻傳以爲芸臺非也媽音盧延反又云此樹汁似桃膠西國作食皆著之今時阿魏藥是也

蚖蛇 古文作螈字林五官反蚖醫也崔豹古今注蠑螈一名蚖醫大者長三尺其色玄紺善駐人一名玄螈漢書云蚖韋昭曰玄黑蛟嘶蝎也經中黑蚖虺此物也而不言毒害人未詳的是諸經亦作虺呼鬼反毒蠱也一身兩口頭尾細似

第五卷

飄薄 補莫反薄迫也風近迫之曰薄也

瘀壞 於慮反說文瘀積血也青瘀也廣雅瘀病也論文作淤泥滓也

所螫 書赤反說文虫行毒也閱西行此音又呼各反山東行此音蛆知列反東西通語也

防邏 力賀反戍邏也謂遊兵以禦寇者也亦循行非違也

小迸 大作跡同補評反迸散也江南言難難難音讃

折樓蠹 一名尋桑亦名蜈蟆或云桑國或云步爲

第六卷

蘇息 先胡反聲類更生曰蘇蘇亦休息也

登祚 祖故反祚位也又國語曰天地之所祚賈逵曰祚祿也報也

第七卷

毗陀 或言韋陀皆訛也應言鞞陀此云分也亦云知也四名者一名阿由此云命謂醫方諸事二名夜殊謂祭祀也三名婆磨此云等謂國儀十相音樂戲法諸事四名阿闥婆摩謂呪術也此四是梵天所說若是梵種年满七歲就師學之學成即作國師爲人王所敬梵天孫毗耶婆仙人又作八鞞陀

所度 唐各反度量也廣雅度揆也亦測也

支提 又名脂帝浮圖此云聚相謂纍石等高以爲相或言方墳或言廟皆隨義釋也

第八卷

脛骨 又作踁同下定反說文脛脚腨也腨音下孟反今江南呼脛爲腨山東曰腨腨腨音支孟反脛腨俱是膝下兩骨之名也釋名脛莖也直而正如物莖也

髖骨 又作髖同口恒反埤蒼髖尻也又髖解上也論文作寬非髖也

髆骨 力蹇反字林八髆也通俗文尻骨謂之入髆論文作膊脯脊也際非此用也

五穀 案禮記月令天子春食麥鄭玄曰麥實有乎甲蜀木夏食菽菽豆也菽實乎甲堅令蜀水季夏食稷稷五穀之長蜀土土中央秋食麻麻實有文理蜀金冬食黍黍秀命獸鷄火皆順時而食之以安其性

第九卷

極鄙 補美反鄙惡也廣雅鄙耻考傀也

所稟 補錦反說文稟賜也廣雅稟與也

隄塘 古文陡同都奚反下徒郎反說文隄塘也又尒雅云隄謂之梁李巡曰隄防也障也漢書云無隄之輿又韋昭曰積土爲封限也

第十卷

拘隣 賢劫經作居倫大哀經作俱輪或作耆隣皆梵言訛也此譯云本際第一解法者也經中曾者了本際是此普耀經云俱隣者解本際也阿若者言已知正言解了拘隣亦姓也此則嚌陳如訛也中本起經云初五人者一名拘隣二名頞陛三名拔提四名十力迦葉五名摩男拘利也

洋銅 以良反謂贅之消爛洋洋然也三蒼洋大水也尒雅洋溢也洋溢衆多也取其義也

如拒 其吕反此外道瓶圍如瓠無足以三杖交之束於觀也諸經中或作三奇立拒或言三叉立拒皆是也

第十一卷

飢饉 古文作飢同几治反尒雅穀不熟爲飢蔬不熟爲饉蔬菜也李巡注云凡可食之菜皆不熟曰饉穀梁傳已二穀不升曰飢三穀不升曰殑五穀不升謂之大飢升登也登成也

阿梨勒 此云天主持來此果爲藥功用至多如此聞人參石解等無所不入也

立世阿毗曇論

有咎 又作君同渠九反廣雅咎過也惡也字從人各人各相違即成罪咎又二人同心其利斷金二人相違其稠

撰集 成安字意也古文以爲皐隸字三蒼作纂同暷餧反廣雅撰定撰亦述也

申述 示聿反謂訓其義理也又廣雅云述也余雅述循也循行也

第一卷

毗舍佉 或云鼻奢佉此譯云別枝即是五宿以生日所值宿爲名也案西國多以此爲名也

鹿子母 梵言蜜利伽羅此云鹿磨多此云母毗羅婆毗此云堂亦言殿也舊云磨伽羅母堂者謬略也

嚘吼 於牛反下呼鉤反皆聲

剡浮 以冉反或云閻浮提或作譫浮又云瞻部皆梵言訛轉也剡浮者從樹爲名提者略也應言提鞞波此云洲也

瘤節 力周反通俗文肉凸曰瘤謂肉起如木節者也

至胛 又作甲同古挾反說文肩甲也甲轉也夾下宜作甲

聳身 古文頰變懲三形今作聳同須拳所項二反廣雅聳上也跳也

尸陀林 正言尸多婆那此云寒林其林幽遠而且寒因以名也在王舍城側死人多送其中今捨捐棄屍之處名尸陀林者取彼名

供贍 聲類或作贍同時焰反助也字書贍足也謂周足也

養飤 說文囚志反飤糧也廣雅餧飤也頌篇云訓詁飤飽也謂以食與人曰餋飤論文作飾弋之反亦古文假借通用非體也

菱角 力徵反尒雅菱蔆麼注云即水中菱也

第二卷

瀏墮 力救反蒼頡解詁云瀏謂水垂下也

路渚 之真反尒雅小洲曰渚李巡曰四方有水獨高可居故曰渚也

犂鏵 古文華鏵二形今作新古文音字作鉲同下瓜反輋刃也說文兩刃㐫也

江浦 普戶反又詩云率彼淮浦傳曰浦水涯也

磨礪 字詁今作礪同力制反山海經峰峨山多砥礪郭璞即磨石也尚書若金用汝作礪孔安國曰砥細於礪皆可以磨刀刃也

坑穽 古文阱汬二形同慈性反廣雅穽坑也說文穽大陷也周禮雍氏掌溝瀆澮池之禁凡害於國稼者春令爲穽鄭玄曰謂穿地爲塹所以禦禽獸或超踰則陷之也

敧仄 又作𢻨歃崎三形同去知反下正也說文敧喢傾側不安也不能久立也

蜂蠆 丑芥反毒虫也山東呼爲蠍陜以西呼爲蠆螫音土蜀力舊反

俾倪 又作埤堄二形三蒼作顗倪二形同普米五禮反廣雅俾倪堞女牆也埤睨城上小垣也釋名云俾倪城上小垣也言於其孔中俾倪非常也亦言陴言陴助城之高也或云女牆言其卑小比之於城若女子之於丈夫也或名堞取其重疊也

實柵 又白反說文柵編豎木也通俗文木垣曰柵也

泛漾 敷劍反下餘尚反衆泛漾搖蕩也

寶函 胡緘反謂盛財經書籍物等也

鵂鶹 蒲見反下他眞反方言野鬼小而好汲水者甫變之外謂之鵂鶹其大者謂之鵂鶹其青可以塗刀也

水澌 又作賣同子見反又通俗文水傍沽曰澌江南音于旦反

自縊 又作硾同直偶反說文以繩有所懸縊也廣雅縊索也縊苻也

謳歌 又作嘔同於侯反說文齊歌曰謳廣雅謳喜也尒雅徒歌謂之謳也

柱礎 初舉反淮南云山雲柱礎潤許叔重曰楚人謂柱碣曰礎碣音思亦反

市壥 值連反禮記市壥而不征鄭玄曰壥市物邸舍也壥居也方言東齊海岱之閭謂居曰壥也

笳聲 或作葭同古遐反今笳蕃中有絲卷蘆葉丈之因以名也

椽桷 馳宜反下古學反象擺楯椽篆一物異名也櫞音衰掾音老

池沼 之遠反蒼頡解詁云沼池也

第三卷

花莟 又作菡同胡感反謂花之未發者也

第四卷

提頭賴吒 或言提多羅吒或言梟黎多曷羅殺吒羅此譯云持國者主領揵達婆及毗舍闍或云胄香柘謂餓鬼中勝者也

迺至 奴改反尒雅迺乃也郭璞曰迺古乃字也蒼頡篇迺往也遠也

毗留勒叉 或名毗流勒或言毗樓勒迦或言鼻溜茶迦此譯云增長主領鳩槃茶及薜荔多鳩槃茶者或云鳩槃茶甕形陰似冬瓜薜荔多者或名薜荔多餓鬼中劣者也

毗留博叉 或名毗樓博叉或名鼻溜波阿叉此譯云雜語或言醜眼主領龍及富單那富單那者是臭餓鬼中勝者也

毗沙門 或言鞞舍羅婆拏此譯云多聞亦云普聞或爲多聞其王最富寶物自然主夜叉及羅刹夜叉此云傷謂能傷害人羅刹或云羅叉婆此云護士若女則名羅叉斯

第五卷

播幟 古文𢧵同尺志反通俗文私記曰幟幟幖也廣雅幟幡也墨子曰幟長丈五廣半幅

第六卷

周羅 此譯云小也謂小髻也

釜鍑 方目甫救二反方言鍑或謂之鬲說文鍑如釜而口大三蒼鍑小釜也鬲

㰅者 音𠪚又作𢇍歔二形同許宜反方言㰅或謂之𢇍今江南呼勺爲㰅三蒼㰅勺也

犢牛 文作犢非體也音桼字略云牛名也

褊吝 單緬反說文褊小也亦雅急褊也謂急疾也褊陋也

第七卷

兵廝 卷三 又作㒋同思移反廣雅十三廝謂命使也字書廝役也謂廝役者也㒋書廝與之卒張晏曰析薪曰廝炊烹曰養也韋昭曰

第八卷

山磕 苦盍反說文石聲也亦大聲也江南凡言打物碎爲磕破也

鐇斧 府袁反鐇鐇著所

如葽 傳曰葽反蔞列葦草也蒔

痛辡 力逮反又通俗文辛甚曰辡論文作剌非體也

烹殺 普庚反方言烹熟也嵩岳以南陳穎之間曰烹言凡於鑊中曰烹

如彈 蔡閑反謂之犬吠也案嗌噎也字從犬

四楞 力俗文木四方爲楞梭音孤

荊藤 苦和反南海云荊名也藤志

鮫鯉 四足出南方蓋居也有閩蔡反鮫鯉也名

或獺 他曷反說文作獺如小犬水居食魚者也論文作獺二形同非此用

或蜎 又作鋗同于緣反蜎蟲也

𧈻皮 說文作𧈻同卑二反謂擧其皮也

竹篔 也郭璞注方言篔簹竹名若直皮文名西域音爲篔簹胡郎反者爲一名

搯醬 口洽反說文搯爪刺也搯郎音作搯

鐵鐥 又作鏃鐥二形同在家反又作𦐆時戰反也飾下謂春秋傳鍾鎛之鐥今作鐥云作

吞喝 乃結反說文吞咽也今中國音時喝江南言吞喝之謂也又江南東言大反江南言吞喝咽也

酪㭒 又作杬同古論文今江南作㭒也

腦潵 古文作𢈰今作腦汙作漱亦同滅也言也

煎炒 古文𤆎作𤉷同初狡反

利弗 又方言熬熟也又說文熬乾煎也

羅鰐 亨魚名也長大有四五丈如鹿有下長齒利至

頸䳺 於斯反爪郭白鶂白頭鳥也白鶂水鳥也

鶚鵰 五各反如鵰而黑白之鳥也

七首 補養反其身長三尺因名七首

木柹 樊江南名柹中國曰朴

鐵杙 余織反杙也

鴆殺 直禁反蟲名也

狗令 又作徇同狗亦見也

鍊鐵 說文鍊冶金也

第九卷

或瘻 力豆反說文頸腫病也

第十卷

風㿉 說文㿉不能行也

㾖疾 古文作㾖同

仆地 云仆頓也

相攢 扶味反南人謂相攢之也

吹𤍠 又作㷭同二形

水苔 徒來反水中衣也

泚泥 說文作泚同

則凹 狹字也

尊婆須蜜所集論

第一卷

摩渝 以朱反人名也

瞠尒 勅行反直視貌

懿乎 於冀反

跋𨁝 丈反

捺婁 他計反

第二卷

箭簪 形似簪也

洿沙 一胡反說文洿大水不流曰洿

門梱 又作閫同苦本反

牙皰 彭孝反

虵虺 古文虫同許鬼反

攉親　鬰蓮相殺也或言達嚫又嚫反此云財施翻施之法名曰達嚫又索西域記云正云盡嚫拏或云馱器尼以用右手受他所施為其生福故也

第二卷

門閾　古文閾同許域反又音域尒雅柣謂之閾郭璞曰門限也柣音千結反

確然　又作碻磽二形同口角反周易夫乾確然易矣韓康伯曰確然堅貞也論

第四卷

曩昔　文作攮非體如朗反尒雅曩久也猶往久古昔也

澡盥　公玩反說文澡手也凡洗物皆曰盥不但手也

怨仇　古文逑同渠牛反爾讎曰仇余雅仇讎匹也

戢不　阻立反三蒼戢聚也說文戢藏也戢斂也

第五卷

緹𪌿　他禮反木名

驃驁　匹妙反下去焉反三睞名也

消消　古玄反字林水小流涓涓然也

所遏　古文闕同於曷反尒雅遏止也謂逆相止為遏遏亦遮也

暐曄　宜作燵于驪反戲亥云燵盛明良也亦赤也

第六卷

愚戇　竹巷反李登聲類讀集音丑巷反戇亦愚也

頑魯　五鰥反下力古反論語參也魯孔安國曰魯鈍也論文作鹵非體也

邲坻　補貧反下古文坻同直飢反此言訛也正言賓恭馭寫耶止云圜與舊譯云於孤獨獨是須達多之別名也須達多此云善與也

盟誓　麈京反禮記諸侯盐牲凡國有會同則常其盟的之大事曰盟歃

麑麛　又作麛同莫奚反尒雅鹿殺麛其子麛麛音加

使吮　𣀚兗反緰繳音弋選反說文吮嗽也

第七卷

踏步　直於反躊蹰躕躅也亦躊躇躅音直錄反躅音躅錄反

法勝阿毗曇論

第二卷

麁三

辮髮　三蒼亦作緶字同蒲典反說文辮交織之也

係在　古文繫繫二形同古帝反說文係結束也亦相係制也

第三卷

慣習　又作串摜遦三形同古患反尒雅串亦習也舍人曰串心之習也

褱孕　三蒼云古文褱孕字下古文𦂳同餘懷反又說文云褱子也又褱𧜵云孕懷也謂孕子也食賣曰孕字從子乃聲也

第六卷

眼眦　走支反說文目厓也今江南呼瞳為眵兜也戕音真論反論文作眦非也

四諦論

第一卷

泅水　古文作汓同似由反說文泅謂水上浮也今江南謂拍浮為泅也

氣㰦　蘇且反說文㰦逆氣也蒼頡篇春訴噴㰦曰欬欸音苦代反江南行此音

第二卷

起志反山東行此音

禁塞　又作埜闕瀑鑄巨蔭二反說文寮口閉也

射堋　音堋亦助綳隙也隙音徒暴反

第四卷

調笥　土弔反事箱簀簀簏也論文從笋二形非也

阿毗曇心論

馭車　今作御同魚據反駕馭也謂指麾使馬也凡言馭者所以馭之也內之於善

第四卷

兜率哆　殆我反經中或作兜駛負或言兜率陀皆訛也正言覩史多此云知足天亦云妙足也

梵宮樓　初禪第二天也此云覺前益天在梵前行懂思梵天利益因以名也

麁三

舊言梵先行天亦言梵輔天也先行梵輔王也

分別功德論

第一卷

比較　古文挍同古教反較量也較明也攉擕擈略也

皓大　三蒼古文顥同胡老反又說文云皓亦顥大也光明也

齜齧　𤨏西拔臨二形下非述反又說文齜人齧也論文作徐肥非也

嚄齕　上苦朗反下苦愛反

地肥　扶非反劫初噬洩臆亦名蛙味也論文作曬春也

案如　梵旦反案案有也亦𫝀穫也一曰案參也

呈佛　馳京反呈見也翠示見於佛出論丈作程嗾之程弗籠也支作佯弗也

弓矢　又作笶同尸貨反又三蒼云矢箭也古者夷牟初作矢也

闡闍　又作𨷲同丘綱反下弋珠反又駿文云窺者赤黻也

第二卷

訾哉　又訿同資斯反訾量也又說文訾思也

糳哉　罝作咏鑿二形同子各反說文謂一糳春東九斗曰鑿三蒼注云鑿糲米也今江南糲晞米為鑿音類論文作粺非體也

汪水　烏黃反又通俗文亭水曰汪謂之池也又說文汪深廣也

自剄　古文剄同古鼎反公羊傳云公遊剄而死何休曰剄剄也歷貴且也剄

婆南　或言和南皆訛也正音槃談此譯云我禮也

繕埴　市戰反下市力反繕治也埴黏土也又謂和治土也

訇訇　許恭反訇訇沸涌之聲也漢書訇訇數千人聲是也論文從水作洶非也

斗藪　又作抖擻同蘇走反郭璞注方言曰斗擻舉之也又通俗文斗藪謂之藪擻難字音都穀反下古祿反論文作斛撩

不華　古文𩏂𩍥二形同古核反華更也謂獸皮治去毛變更之也字從三十從口口為國邑國三十年而法更別取別異之意也口音韋也

暨今　聲類古文臮同其器反左傳循謂不暨涯云暨至也

第三卷

應叙　辭與反辭文叙次第也尒雅叙緒也謂端緒也

酬酢　又作醻荅頤篇作酬同市周反主荅客曰醻客荅主人曰酢也

森森　所金反說文木長貌也今取其義也

快熱　於亮反蒼頡篇快懟亦快快然心不伏也

湔浣　子田反下胡滿反三蒼湔濯也浣洗也

啾吟　子由反下牛金反蒼頡篇啾衆聲也說文啾小兒聲也吟歎也猶詠也嗚文作零非也

第四卷

繁衍　扶袁反下以善反繁多也盛也衍水流長也

銓量　且泉反漢書應劭曰銓權衡也量斗斛也韋昭曰銓稱錘也

十八

甘露味阿毗曇論

上卷

魯臑　此古歡字音呼官反此應作臛羅盖反

心寇　口雁反尚書寇賊姦宄𡨴寇集解曰謂擘攻劉者今取其義說文寇暴也廣雅寇抄也字從完從攴劉音匹劉反

忮伎　支豉壽寄二反依字忮害也

辟支佛因緣論

上卷

一襲　辭立反史記賜衣一襲音義曰衣單複具為一襲

不恤　又作卹同須律反尒雅恤憂也亦收也謂與人時物拯恤之也

瀑長　蒲報反又蒼頡篇云水瀆起曰瀑也

教逆　古文誖愬二形同補瀆沒一反廣雅愬亂也亦逆也瞀也

瞤動　古文嘔同而倫反說文目動也又作矚同謂眼瞼掣動也

親眤　曰相近也亦親也尒雅眤近也郭璞曰眤親也

犛牛　音眠記反亦丞也西南夷長尾

若訓　云包反說文作術非也亦蒼頡篇解字訓詁訓也

扣㧞　口音

下卷

鉤挂　古文罣同胡卦反廣雅挂懸也

曼王　莫槃反曼今謂之也

圖之　達胡反謂圖謀也說文圖計也亦謀也

危㑁　知劣反㑁短也亦憂也

十九

援助　禹春反謂依據取其義助之

財賄　古文通貨賄同呼罪反通俗文財帛曰財布帛曰賄

微服　無非反又隱也尒雅曰微幽金王也

矗直　端直也

律車　或作𨍭同貴言訛也車子或作栗呫𦝠此云仙王種呫音昌葉反

三法度論

下卷

㓻持　且卧反說文㓻斫也持

喊喚　呼𢽾反說文作喊喚也又作詞𦾔

噫氣　乙戒反說文飽出息也

十八部論

底舸　古我反山名也

犿山　山名也

明了論

竝起　又作並同蒲頂反

布沙他　或作褒沙陀此云增長

隨相論

𣟴牆　音名

埏埴　尸延反下時力反埏揉也和也埴土也

生㯕　側加反

漱糗　鮆奏反下丘九反

三䡖　又作辛

二十未

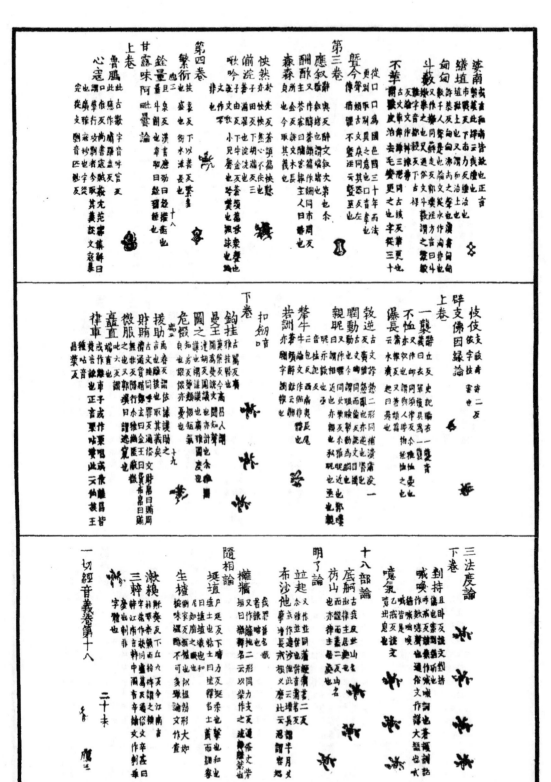

一切經音義卷第十八

一切經音義卷第十八（別本）

校勘記

一 底本，明永樂南藏本。

一 三一七頁上一行經名，經作「一切經音義卷第十九」。卷末經名同。

一 三一七頁中一三行夾註右第九字「上」，經作「止」。

一 三一七頁中二〇行夾註右「五狘」，經作「五狘切」。

一 三一七頁下五行夾註右首字「日」，經作「口」。

一 三一七頁下一三行夾註右第六字「螯」，磧、普作「螯」；經無。又「獸之」，經作「獸之螯」。

一 三一八頁上二三行夾註右第八字「骨」，普、經作「骨」。

一 三一八頁中一八行夾註右第一三字「反」，經作「百」。

一 三一八頁下八行夾註左第六字「搩」，磧、普、經作「搩」。

一 三一八頁下一七行夾註左首字「昔」，經作「音」。

一 三一八頁下二〇行夾註右「古夘反」，經作「古卯切」。

一 三一九頁中四行夾註右「三蒼」，經無。

一 三一九頁中六行夾註右「歌賚反」，經作「欲賚切」。

一 三一九頁下一六行夾註左第七字「坏」，磧作「坏」；經作「坯」。

一 三一九頁下一七行夾註右第四字「徨」，磧、普、經作「得」。

一 三一九頁下一八行夾註左首字「美」，磧、普、經作「義」。

一 三一九頁下二二行夾註左「士俗」，普、經作「土俗」。

一 三二〇頁上七行夾註右「或名」，經作「或云」。

一 三二〇頁中一七行夾註左「十相」，普、經作「卜相」。

一 三二〇頁中一九行夾註右「人王」，磧、普、經作「人主」。

一 三二〇頁下二一行夾註右「几治反」，經作「居宜切」。

一 三二一頁上一一行夾註左末字「聲」，經作「聲也」。

一 三二一頁上一四行夾註左首字「瘤」，經作「瘤」。

一 三二一頁中二行夾註右第三字「華」，磧、普、經作「菜」。

一 三二一頁中一〇行夾註左第六字「螯」，經作「蠍」。

一 三二一頁中一一行夾註左末字至一二行夾註右首字「垾倪」，磧、普、經作「埤蒼」。

一 三二一頁中末行夾註左「鵄舍」，磧、普、經作「邸舍」。

一 三二一頁下一一行夾註右「或名」，經作「或言」。

一 三二一頁下一四行夾註左第一一字「主」，磧作「王」。

一 三二一頁下二三行夾註右末字「也」，經無。

一 三二二頁上五行「福吝」及其夾註，經無。

一　三二二頁上一八行夾註左「薩居」，磧、普、徑作「陸居」。

一　三二二頁中一行夾註左第四字「釬」，磧、普作「釙」。

一　三二二頁中六行夾註右第四字「蒕」，徑作「薫」。

一　三二二頁中一九行夾註左首字「項」，磧、普、徑作「頸」。

一　三二二頁下八行夾註左末字「紙」，徑作「紙也」。

一　三二二頁下一〇行夾註「烏狄」，徑作「烏交切」。

一　三二二頁下一五行夾註左第一〇字「人」，普、徑作「乂」。

一　三二三頁上三行夾註右「或云」，徑作「或曰」。

一　三二三頁上四行「第二卷」，磧、普、徑作「第三卷」。

一　三二三頁上七行夾註左「非體」，徑作「非體也」。

一　三二三頁上二〇行「愚戇」，磧、普、徑作「愚戇」。

一　三二三頁中一一行夾註右第六字「裛」，磧、普、徑作「懐」。

一　三二三頁下四行夾註右「兜駃多」，徑作「兜駛多」。

一　三二三頁下一六行夾註右「論文」，徑作「說文」。

一　三二三頁下二〇行夾註左「說文」，徑作「說文云」。

一　三二三頁下二二行夾註右末字「糓」，磧、普、徑作「糓糲」。

一　三二四頁上五行夾註「都穀反下古祿反論文作抖捒非」，徑作「穀丁木切穀桑谷切論文作抖捒非也」。

一　三二四頁上六行夾註左「字從三十」，徑無。

一　三二四頁上七行夾註右首字至左末字「從……也」，徑作「廣韻改也熟曰韋生曰革」。

一　三二四頁上一〇行夾註右「辭文」，普作「說文」。

一　三二四頁中七行夾註「一反」，徑作「二切」。

一　三二四頁中二〇行夾註左「金王」，普、徑作「金玉」。

一　三二四頁中二二行「矗直」及其夾註，徑無。

一　三二四頁下一七行夾註右第五字「膱」，徑作「膩」。又右末字至左首字「和尼」，磧、普作「粘昵」；徑作「粘泥」。

一　三二四頁下一八行夾註右第四字「槙」，徑作「椬」。

一　三二四頁下二一行夾註「非字體也」，徑作「非此用也」。

一切經音義卷第十九　賢聖集傳　鴻四

唐大慈恩寺翻經沙門玄應撰

佛本行集經

撰集百緣經

佛本行集經

第一卷

迦蘭陁鳥　或言柯蘭陁，或作迦蘭馱迦，或云羯蘭鐸迦，皆梵音輕重也。此譯云好聲鳥也。案外國傳云：其形似鵲，但出鳥羣集，多栖竹林。昔有國王於林睡息，虵來欲螫，鳥鳴覺之，王脩其恩，飯食養鳥，林主居士逐從此為名，名迦蘭馱迦也。舊娑外道，後奉如來。

耆那　或言覆那，或作耆那，此譯云勝，言最勝也。

林鋪　普胡反。廣雅：鋪，陳也。鋪，布也，亦舒也。禮記鋪几筵是也。

記別　碑列反。分別也。經文從草作，別非也。舊經多言印垂一。

毗盧遮那　或言吠嚧遮那，或言鞞嚧社那，此譯云遍照。舊無盧字義安一。口為別瞽音宜牽俱反。

首陀娑婆　或云秝陀娑婆羅陀。首陀，此譯云淨；婆娑，此云宮，亦言舍，永言婁，即五淨居天是也。

第二卷

誕育　達但反。詩云：誕彌厥月。傳曰：誕，大也。箋云：大矣后稷之在其母，終人道十月而生也。

疊閣　子恒字恒三反。誅文：重屋也。山海經言雲蓋三疊。郭曰：疊，重也，亦累也。

溘然　口合反。楚辭：寧溘死以流亡。王逸曰：溘猶奄也。廣雅：溘，依也。

必栗　篳文云必栗者卷胡樂。觱名也。經文作篳篥也。

舐欶　古文䑛舓二形，今作𦧇，又作舐，同。食尒反。以舌取食也。下又作嗽，同。所角反。通俗文：含吹曰欶。三蒼：欶，吮也。吹首似兗反。

第三卷

埏主　以旃反。入埏之主也。漢書音義曰：入埏，地之八際也。

巷術　食聿反。蒼頡篇：邑中道曰術。術，道路也。

拙我　曳世反。又作拽。廣雅：拽，引也。說文：曳，申也，牽也。

第五卷

鵁鶄　音交精。鳥名也。一名鵁鶄，此鳥出焉，瞵山畢飛，如𧊈鵝，似鳧，高足，江淮間畜之，可以用厭火也。

黿鼇　吾高反。字林：海中大鼇也。力負蓋蠢壺三山是也。

白鷺　字書作鷺，同。來故反。白鳥也。頭翅背上皆有長翰毛，江東取為睫攡，曰白鷺縗，音蘇雷反。

鸕鷀　卬鄰反。下又作鶿，同。才資反。字林：鸕鷀，似鶂而黑，水鳥也。鶂音五歷反。葉頭曲如鉤，食魚。此鳥胎生，從口內吐出，一雛八九。中國或謂之水鴉也。

第六卷

苑囿　于救反。字林：有垣曰苑，無垣曰囿。囿亦禁苑也。

庶幾　尒雅：庶幾，尚也。庶，又幸也。郭璞曰：庶幾，僥倖也。庶，冀也。幾，倖也。冀倖於善道也。幾亦微也。

第七卷

嵬巖　牛迴反。下但隈反。說文：高而不平也。巖，山皃也。

舐啜　初悅反。說文：啜，嘗也。尒雅：啜，茹也。郭璞曰：啜者，拾食。通俗文作歠，今通謂細食物曰啜也。

阡陌　且田反。風俗通曰：南北曰阡，東西為陌。廣雅：陌，道也。史記：秦孝公壞井田，開阡陌也。

鑒於　字書作鑑，同。古鑒反。廣雅：鑒，照也。鑒謂之鏡。詩云：我心匪鑒。傳曰：鑒所以察形。

懷孕　古文䍾、𦙃同。證反。三蒼：孕，懷子。廣雅：孕，傳也。字從子，乃聲也。

嵐毗　力含反。或言藍毗尼，或言林微尼，正言藍毗尼，此云藍，即上古守園婢名也。園以名園。飯那此云林，或譯云鬱鉢奐，亦云滅，亦名賢。毳音扶轄反。

臺蹬　又作蹬，同。都鄧反。鬲軼上蹬也。登馬所蹬者也。經作鐙，古鐙字。

鏗鏘　又作鐙，同。苦耕反。下又作瑲，同。且羊反。廣雅：鏘鏘，聲也。案禮記：子夏聽其鏗鏘，音且羊反。字林文衡反。埤蒼云：鏗，金聲也。

勁勇　居盛反。字林：勁，彊也。字從巠聲。巠音古定反也。

色虹　胡公反。郭璞尒雅音義云：虹雙出，鮮盛者為雄，雄曰虹；暗者為雌，雌曰蜺。蜺或作霓，霓音五奚反也。

第八卷

雖暴　蒲報反。說文：暴，晞乾也。字從日從出，從廾從米，字意也。廾或作𢪞，同。巨凶反。共持也。

黤黮　又作黯，同。烏感反。下也感反。謂不明也。纂文云：黤黮，深黑也。

迦輸　側飢反。王名。迦輸婆從人臂生，如頂生王等也。

熇拘羅王　呼酷、枯老二反。甘蔗王種也。

礓石　居良反。形如薑也。通俗文：地多小石謂之礓礫。字從石。經文從土，非也。

屩屐　居略反。史記：躡蹻擔簦。徐廣曰：蹻，草屩也。屝音扶謂反。屝，屨也。麤屐也。鞋音鄰恒反。笠有䐿者也。

第九卷

荃提　或言遷提，謂可遷徙提挈也。或作荃提，言以荃草為之也。非此方物，出提婆中。

婢媵　說文作媵，同。餘證、食證二反。尒雅：媵，送也。謂送女曰媵。公羊傳曰：媵者何？諸侯娶一國，則二國往媵之，以姪娣從也。釋名：媵，承也。謂承事適奉他也。

揵陟　六度集作揵陟，正言建他歌。此譯云納也。揵居言反。

不齰　于何反。說文：齒參差也。齰亦齧也。

不齵 牛鉤牛俱二反說文齵不正也蒼頡篇齒重生也謂齒不齊平者也

衆毦 人志反廣雅毦毦罽也毳毛曰罽毦音唐也

蹢躅 又作蹢同丈亦反下又作躅同丈足反字林駐足不進也廣雅蹢躅跢跦也

不覿 亭歷反尒雅覿𧡰覿見也

黑皯 古旱反通俗文面黧黑白皯也經文從黑作䵟非也

弓把 百發反韋手爲把說文把握也把持也經作弝近字也

皺䋌 知𦅆之涉二反謂不申也䋌摺䋌疊皆作此也

理冊 古文𥫔同楚責反冊簡冊也長者二尺短者半之其次一長一短手文象之也

兩腕 又作捥同烏喚反謂手後節也

第十卷

顱顙 又作䪿同鹿胡反下蘇朗反說文頓顱也字書顱蓋也廣雅頓顱謂之顙頟方言頟名也頓音徒色反顙頟徒木卯侯二反

潸然 所班所板二反字林潸淚下貌也詩云潸焉出涕是也

身祟 思醉反說文神禍也謂鬼神作災禍者

交瞼 居儼反字略云謂眼外皮也

悲惋 烏喚反字略云惋歎驚異也

背彼 蒲昧反廣雅背北也後也相違背也謂棄捨相返也經文從人作偝非也

敷愉 翼朱反纂文作孚愉言黃色也方言作怤愉悅也怤愉謂顏色和悅也𢿌 音芳俱反

不劈 普狄反說文劈破也廣雅劈裂也埤蒼劈剖也剖音普後反

呱然 古胡反說文小兒啼聲也廣雅呱呱號也尚書啓呱呱泣是

氛翳 敷雲反說文氛祥氣也察祥者吉凶先見者也

第十一卷

逋流 補胡反

婆哂 式忍反

波頗 部可反

吒字 陟家反

嗏字 直家反

柰字 乃可反

哩字 力人反

侘字 勑家反

拏字 女家反

摩字 莫可反

勦勇 說文作𠢕同助交反捷健也謂勁速勦健也中國多言勦𠢕音姿權反

剔鉤 丁奚反字書剔著也剔鉤剔索打剔等皆作此經文作搭非也

磨四

指撝 又作麾同許皮反謂手之所指曰撝也以旌旗指麾因以名也

地穩 烏本反謂安穩也

靳固 居近反靳吝惜也

騷騃 土治反負洛反騷騃謂傑癡人也經之作嘆嗤嘆音古嗤反下嗤音許乃反非用也

騗馬 匹面反字略云謂躍上馬也

批搣 又作㧗同蒲結反廣雅摫轉也左傳捏而㧰之杜預曰手相之也經文作擘撠麥反此𢰅也撠并此勝也

篡攜 像逕五下擕住反廣雅禁刺也文𥳑𥳑也以手卑手𢫬曰禁也

拗脛 又作𢫬同烏卯反拗撓也𢫬音力結反

第十二卷

腝葉 又作抐同乃困反字苑腝柔脆也通俗文抐冊生也又作嫩近字也

犂槅 居責反槅軛也所以扼牛領也經文作格非體也軛音烏革反

土墢 又作墢同扶發反考工記耜廣五寸二耜爲耦一耦之發廣尺深尺鄭玄曰兩人所發之其中曰畎上墢發之言發也說文一臿土謂之墢坺耙音因以反畎音古泫反

蟲豸 直介反尒雅有足謂之蟲無足謂之豸也

火燼 似進反說文𤎯木之曰燼小尒雅𤎯餘也餘

死肬 籀文作𧕻同于鳩反通俗文𦙶曰肬廣雅肬小腫也謂小肉聲也下

啾唧 子由反下子栗反通俗文鼠聲曰啾唧亦聲也

虀醬 又作韲同子兮反醬屬也通俗文淹韭曰虀凡醬所和細切爲盤全物爲菹江南悉爲菹中國爲虀

雜飣 丁定反江南言飣食爲飣飽

珍著 周禮膳夫掌王之膳羞鄭玄注𦵔古文著謂熟食由反方言著熟也珍貴也𤪌下也

磨四 五

塵埃 烏來反埃塵也亦塵埃也

使覘 勑廉反謂窺視也

趂而 丑刃反廣雅趂逐也

儲官 直於反說文儲偫也

勝㮇 土徒也爲果𣾰反學文云埤蒼云地人以積也

第十三卷

牢靳 居近反謂所斳也經文作斳

芟彼 所巖反字略云芟除草也亦作釤非此用

筋陛 又作㿸同傳彼反下大也

相嘲 又口作𠹗同蒲交反謂相調也

二黏 又作粘同女廉反廣雅黏黐也

名於 弥盈反所以召實也名號也經文從言作諮近字也略云相諮目也

不偉 于鬼反說文作偉奇也

第十四卷

膽聾 脂葉反說文失氣也又作聾同一言不止也

具㲝 又作𢷬同七形反說文㲝離也

便娟 王逸曰便娟好貌也於玄反楚辭云便娟之容也

沃弱 又作渼同於鵠烏格二反詩云其葉沃若傳曰沃若猶沃沃然也云隰桑有沃傳曰也柔也亦美

山麓 古文禁同力穀反詩云瞻彼旱麓傳曰山足也謂林屬於山曰麓也

閈閭 胡旰反說文閭閑也易曰閭門謂之坤是也

禦備 魚呂反詩云百夫之禦傳曰禦當也字從示

宮闈 干歸反尒雅宮中門謂之闈郭璞曰謂相通小門也即宮中巷門也

椒房 案應劭漢宮儀云皇后稱椒房詩云椒聊之實蕃延盈升國風美其蕃興以椒塗室亦取溫暖除惡氣也由若字泥殿上曰丹墀也

贊助 子旦反周禮贊其不足者鄭玄曰贊佐也亦導也

攪屏 古卯反下蒲定反攪謂撓攪也廣雅屏廁清圊

投穽 古文阱汬二形同才性反說文穽大陷也廣雅穽坑也

第十五卷

驚悸 古文痵同其季反字林心動也說文氣不定也

稱寃 古文寃惌二形今作怨同於原反寃枉也曲也屈也亦不理也

嫡胄 丁狄反主嫡也字書嫡正也廣雅嫡君也公羊傳云立嫡以長者何謂嫡夫人之子尊無與敵也胄連續也緒也

墉堞 又作牗墉一形同餘鍾反余雅牆謂之墉城亦謂之墉詩云以伐崇墉是也下徒頰反堞女牆也

矟穳 所角反下千亂反埤蒼矟長丈八也廣雅穳謂之鋋鋋小矛也鋋音市延反

第十六卷

逶迤 又作蟡同於危反下又作佗同達羅反說文逶佗行去也詩云逶逶佗佗德之美皃也傳曰逶佗者行可逶曲迹也亦自得之皃

有娠 書疇之刃二反詩云大妊有娠傳曰娠動也娠謂懷胎孕者也廣雅娠傳也今皆作身兩通之也

滂沛 普傍反下普賴反三蒼滂沱也沛水波流也沛亦大也

心忪 又作忪同之容反方言怔忪恇遽也江湘之間凡蒼卒怖遽皆謂之怔忪

怔悑 又作恾同莫荒反芒遽也癡人壹走作無日用月無月用火當思明故彼明或曰蕍人恩天曉故字稀明下又作悑同普故反惶怖也經文作怕匹白反憺怕也此啓音普嫁反

瞳睆 徒公反埤蒼目珠子也下遐鎋反蒼頡篇目出皃也睆音烏板反

垂頷 丁可反廣雅頷醜皃也經文作㛂時紙反尒雅㛂悻怗也郭璞曰江東謂毋爲㛂㛂非字義也

髂髀 古文𩩲同蕭米反說文股外曰髂江南音必尒反經文作髀非也

鼾睡 下旦反說文卧息聲也字苑呼干反江南行此音也

剔頂 丁盍反字書剔書也犎文作塔非也

𪘏齒 說文作𪘏同五按反𪘏齧也

戞戞 古黠反𪘏聲也

讇語 是鹽反

第十七卷

舟楫 通俗文作檝同貲獵反詩云檜楫松舟傳曰楫所以擢船也周易黃帝刳木爲楫是也檜音括

第十八卷

大磧 且歷反說文水渚有石曰磧廣雅瀨也水淺石見也

覢電 又作睒同式冉反說文暫見也亦不定也經文作閃窺頭之

如弗 字此初眼反今之灸肉弗也經文作剗削之剗非體也

從削 又作鞘私妙反方言劍削閞東曰削閞西曰鞞所以貯刀劍之刃也鞞音補迷反

乃蘇 先胡反聲類更生曰蘇亦休息也謂更息也

凋悴 丁聊反說文半傷曰凋凋亦弊也字從冫音冰

掊地 蒲交反通俗文手把曰掊說文作捊或作抱引取也

第十九卷

擺木 又作捭同補買反說文兩手擊也

綿𢡗 竹劣反字林𢡗憂也亦意不定也

蹪頓 古文𧼯蹪二形今作躓同竹利反謂挫辱之也

皇閨 古攜反尒雅宮中門謂之闈其小者謂之閨說文特立之門也

煢獨 古文惸𠈃二形同渠營反尚書無虐煢獨孔安國曰煢單也謂無所依也獨無子曰獨也

第二十卷

食蕘 而遙反通俗文草陸生曰蕘詩云自牧野蕘傳曰蕘草之新生者也

毛毦 布莽反謂毛布也通俗文雅文曰毦字林罽之方文者也

蟻垤 徒結反方言垤封塲也楚鄭以南蟻土謂之垤垤亦中齊也

頿鬚 子斯反下又作額同而甘反江南行此音如廉反關中行此音說文口上之鬚曰頿下說文頿鬚毛也經文作鬚近字也

欲喫 口擊反謂喫噉也

灑歕 又作噴同普孫反說文吹氣也廣雅歕吐也歕濼也謂含物而歕散之令亦爲噴普遜反說文歕鼻也廣雅噴噓也蒼頡篇噴吒

享受 虛兩反享亦受也享當也說文享獻也

第二十三卷

憩息 說文作愒同却厲反尒雅憩息也舍人曰憩卧之息也

開拓 古文斥拓二形今作拆同他各反廣雅拓大也亦開也經文作拓字與摭同之石反拓拾也拓非字義也

第二十四卷

偃侹 於許反字書偃倚也字從人偃息也

皆杜 說文敫同徒古反國語杜門不出賈逵曰杜塞也塞閉也方言杜杜翌也趙曰杜郭璞曰今俗通語也魏如朴杜子靈田以名也

第二十六卷

不蹶 巨月居月二反說文蹶僵也廣雅僵仆也

恇怯 丘方反恇恐也不又作狂同袪脅反怯畏劣也多畏也

性迕 應四 又作啎仵二形同吾故反聲類迕逆不遻也經文作悞非也

謇吃 居展反通俗文言不通利謂之謇吃周易謇難也方言謇吃也楚語也郭璞曰壯方

白鷗 通語也烏侯反字林水鴞也大如鴿出海鷂于鷹反

攌裂 字宜作攫力鷒反訴文攫抑也蒼頡篇攫搏也言歎瞋即攫也

毦羽 力丁反謂鳥羽也經文作零又作鋤鶵二形近字也

毻落 他臥反字書落毛也經文作齕近字兩通

瘦瘄 字苑作瘄同所景反瘄瘦也病也釋名云瘄瘄也如病者瘄瘦也經文作省非髗也

凹凸 烏交反下徒結反蒼頡篇作窊突拖璞子云凹陋也凸起也

匾匱 補顯反下他奚反篆文云匾匱薄也不圓也

鯨鷁 又作鰽同渠京反許叔重注淮南子云鯨魚之王也異物志云鯨魚數里或死涉中云得之者皆無目俗云其目化爲明月珠也鯢鯨之雌者也左傳鯨鯢大魚也說文作鵃司馬相如作鶁或作鷁堺蕃作艋字書作鷁同五歷反水鳥也也善高飛也

禽貘 又作貊同盲白反字林似熊黃黑出蜀一曰白豹也

第二十七卷

鵂鶹 許牛反下力周反廣雅鵂鶹鳩鵂也閑西呼訓侯山東謂之訓狐纂文云夜即拾人爪也

鉤鵅 古侯反下加客反尒雅怪鴟舍人曰謂鵂鶹也南陽名鉤鵅一名忌欺豊伏夜行鳴爲怖也

梟鴞 古堯反土梟也下爲驕反字林鵩鴟也形似鶵而青白出於山即恐禁鳥也楚人謂服鳥亦鳩類也山東名鵩鵂鳩名巧婦鵂音數定反下穴穴反

可撻 又作蔑同宅撻反謂相撻也相撻撻也

確然 口角反周易天乾確然示人易矣韓康伯曰確然堅貌也

崚嶒 應四 集錢反嶒石之阢隗皃也經文從少作崚近字也阢音五環反隗五罪反

第二十八卷

脊膂 今作呂同力舉反脊亦脊也說文脊背也太岳爲禹臣委如心呂因封呂侯也

髊骼 古文骴今作胴同口亞反埋著脊肯也經文從肉作膀非也

尻臀 苦勞反下徒昆反反聲類臀尻也

挦搓 字詁古文壞搓二形今作阿同烏可反下文攃移二形今作鄉同乃可反

戀嫪 字書宴孃柔奐良也亦草木盛也盧報反說文嫪翻也聲類嫪婣繼惜不能去止襄雅嫪鄉也翻音胡故反

麾纛 徒到反詩云左執纛傳曰纛霸也纛云舞者所持所以麾舞者也巧言楚謂醫爲翻翻音徒到反

旌旄 貲盈反下巨亥反尒雅注毛首曰旌郭璞曰戴旌於竿頭也閉札折羽爲旌鄭玄曰折羽爲五色繫之旌上尒雅有鈴曰旂郭璞曰懸鈴於竿頭畫蛟龍於旐上也周礼蛟龍爲旂是也

雰霏 數雯反下或作乘閘𩃬非反雰霏兩雪甚兒也

鈇鉞 方于方禹二反礼証單莰鈇鉞先王所以飾考也說文鈇蓥研也鈇亦樵也鉞音于月反大斧也

如霰 又作霓同先見反詩云先集椎霰霹曰暴雪也

兕犀 音似又徐嫞反尒雅兒牛一角青色重千片南州異物志以爲牛角長二尺

復挐 餘形以馬鞭柄其皮堅可爲鎧甲廣志云角𤦲似瑇瑁足有十爪也口結反說文挐懸持也挐猶提也亦繫也

耳頪 丁可反廣雅頻覘良也經文作枝時紙反技持也又作䢃乃可反䢃名也

第二十九卷

豬獵 又作鬣鬛二形同䰕涉反說文毛鬣也亦長毛也通俗文猪毛曰獵

嚇呼 呼嚇反詩云反予來嚇箋云距人謂之嚇嚇亦大怒也

自踣 今作仆同蒲北反踣前覆也

團欒 徒端反猶團圞也圓币也

哂哂 又作吗同尸忍反哂㗂笑也

麥稍 公文反說文麥堥也稍稾也經文作𪌇非儲也

戟翣 山甲反羽鋪也下垂羽妾聲丗本武王作

第三十卷

魚鱓 又作鱔䱇二形音普訓纂文云蛇魚也

鱒魴 才麥反下又作鰟同父方反字林鱒赤目魚也魴赤尾魚也

鯷鱧 達鯨反下音礼字林鱖魾也鱧鱺音也廣雅鰶鯷鮎也青州名鮎爲鰻鱺

蟄眠 胡弄反鰶音徒奚反持立反說文蟄藏也蟲至冬即蟄眠不出也歐之淺毛者亦蟄熊羆等

第三十一卷

一荻 應四 又作蕭同徒歷反尒雅蕭郭璞曰即蕭也

一扦 除呂時坎二反廣雅扦搽也說文扦挹也著頡篇扦取也除也

滕陀 蘇勞反梵言𪇆鶨鳥名

脂糕 古文餘糕饎糕四形今作糝同桑蘇反說文以米和羹也一曰粒也

大蚪 秦留反廣雅有角曰蚪蘸集氏瑞應圖云蚪蘇黑身無鱗甲也

第三十二卷

鞅韅　又作韅同胡犬反謂車韅韅物皆作此字經文作鞙犬見反字與韅同韅非此用

第三十三卷

脂腴　庾俱反說文腹下肥也腴腹也

第三十四卷

輞釭　又作䡈同古紅反說文轂口鐵也方言自關而西謂之釭燕齊海岱之間曰鍋鍋音古和反

軸鐗　方言作鐗同歌厲反說文車鐵廣雅鐗錔也錔音他合反

黑縷　勒胡反字林布縷也

燒爇　今作焫同而悅反通俗文然火曰焫焫亦燒也

報賽　桑再反賽賽謂相酬報也

第三十五卷

杴鉏　仕於反謂田器也蒼頡篇鉏兹其也漢書帶經而鉏是也

剉切　千卧反說文剉折傷也剉猶斫也切割也刌也刌音寸損反

嗽齰　又作敕同所角反通俗文含吸曰歎經文作嗽子累反字書或作字下又作錯同仕白反齰齰也經文作咋呀咋也又咋咋也百音胡麥反

嘷嗏　又作齰同補各反下子立反說文哼嗪嗪嚌眷皃也經文作博下或作唊古唊反妄語也或作婁子盍反婁嗤也二形非字義士

第三十六卷

嗽吮　似兖反說文吮嗽也謙集吮音戈甕反

第三十七卷

咈𡁠　陟流反一事十名物輈婁論文向字論也

面皺　又作皺同口反歡也至也蒼頡篇皺皺蹴重也說文皺意有歡也廣雅皺變之也

第三十九卷

嗃呴　又作吽拘二形同呼垢反廣雅呴鳴也國語三軍譁呴賈逵曰呴呼也下同

憨恧　女六反方言慚愧秦晉之閒曰慙荊揚青徐之閒曰恧山之東云小余云

白髭　古文䯀同徒鏧反說文毛布知字立類也經文作鏧鏧非字義也

第四十卷

得艇　徒頂反江南名大船曰艇小者曰艇釋名云二百斛以下曰艇也

䄏作　言音思同謂之

形䀹　古文䀹同徒木反二形說文䀹鞶也廣雅䀹弃也

第四十二卷

寒噤　渠飲反口閉為噤禁閉也說文口閉不言也

啣啣　咨栗反通俗文鼠聲曰啣

沿流　今通作沿同悅專反順流而下也

歡然　心非也說文作意

蚑蛸　古文蛜同於悉反說文桑蠸也亦作蛜蚗

泝水　之白反水文曰泝泝流也

帆音　又作颿同扶嚴反說文帆馬疾步也謂使風疾也

僤上　徒旱反字書作僤為疾也

第四十三卷

誤人　吾故反經文作字林非謂也

不狎　下甲反經文作匣字林匣亦也近也此用也

第四十四卷

久昵　又作暱同女栗反爾雅暱近也

射埒　徒丁反說文埒埒也水中也

苔衣　徒來反水衣也謂之魚衣

蛙霖　力金反作蛙衣雨三日已往為霖

第四十五卷

氣瘷　蘇豆反說文瘷逆氣也

蠶鬐　下登反丁登反經文作騰

醜駮　長力反者謂之

第四十六卷

挀擿　卑支反挀除也廣雅挀除也下擿

第四十七卷

狀陞　蒲禮反說文升高也

蛆蠹　知也非字經文作蠹

修葺　以子立反通俗文覆蓋曰葺

村柵　柴格反說文編竪木也

第四十八卷

頡唎　胡結反經文作頡

煩寃　於元反說文屈也

評論　皮柄反字書評訂也

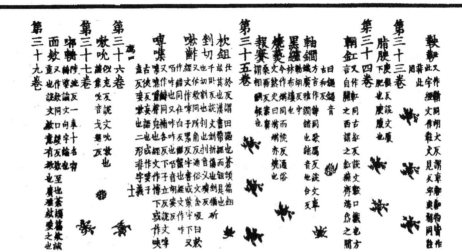

匡領　丘方反字書匡正也

第四十九卷

持棹 又作櫂同馳校反方言楫謂之橈或謂之櫂江南櫂大於橈而楫殊小作櫂者面向船頭立撥之作櫂者面向船尾坐撥之柝櫂筩也櫂面進之字從手經又作棹當世俗字

舀漏 弋紹反說舀也舀杼也字從臼從爪字意也舉音九万反

即覰 鴈四 又作伹同千絮反字林窺覰也廣雅覰覗也謂相候覗也通俗文伏覗曰覰是

蛟龍 音交梵言宮毗羅其狀魚身如蛇尾有珠也 十三

滽泄 思列反泄溢也發也亦泄漏也

慍恚 於問反論語而不慍何晏曰慍怒也蒼頡篇慍恨也說文恚怒也

第五十卷

木𣕲 巨向反字書𣕲施宜於道也

第五十一卷

牝鹿 脾忍反說文畜母也雌曰牝也

劓去 又作劓同魚器反劓割也謂劓去其鼻也說文劓決鼻也

搶貫 且羊反說文搶距也通俗文劊木傷盜曰搶木搶鎗搶皆作此

讙譁 又作諠同虛元反下呼瓜反讙譁聲也廣雅讙鳴也亦讙聲也

紛葩 普華反說文芬芳也葩華也聲類平其盛皃也

拊塵 芳主反拊揗拍也拍弄也尚書擊石拊石是也

第五十二卷

門閫 又作梱同苦本反禮記外言不入於閫鄭玄曰閫門限也

窒利 丁結竹栗二反蘇弗窒利此譯云善女也

觜爪 今作嘴同子累反廣雅觜口也字書鳥喙也

抄撥 初挍反抄掠也強取物也下撥沫久撥引也棄也廣雅撥除也

第五十三卷

蒨草 又作蒨茜二形同千見反一名茈蒐一名茅蒐可以染也人血所生

罩籠 竹校反尒雅籗謂之罩郭璞曰捕魚籠也

擣把 百雅反說文把握也單手爲把刀弓把皆作此經文作靶說文轡飾靶非此用也

第五十六卷

牢靭 又作肕同而振反字林肕柔也通俗文物柔曰肕

第五十七卷

羸瘠 古文膌𤸃瘠三形同才亦反左傳瘠即甚矣杜預曰瘠瘦也

香邸 丁禮反蒼頡篇邸舍也說文屬國之舍也經文作底音旨平也底非此義

狡猾 古卯反下胡刮反方言凡小兒多詐或謂之狡猾猾亦亂也

赫赩 許力反字林赤皃也通俗文青黑曰赩

銘記 莫庭反謂鐫刻金石以記功德也禮記銘者自名也銘銘義稱美不稱惡周禮凡有功者銘書於王之太常鄭玄曰銘之言名也

第五十八卷

嘲謔 虛虐反尒雅謔浪笑敖郭璞曰謔相嘲戲也詩云無然謔謔傳曰謔謔喜樂也

滑稽 胡沒胡刮二反下古奚反滑稽猶俳諧也滑取滑利之義也以其諧語滑利智計疾出者也

趒渠 鴈四 他吊反趒踰也韻集趒越出也

園圃 補護布五二反詩云無踰我園傳曰有樹也又云折柳樊圃傳曰菜圃也三蒼種樹曰圃穜菜曰圃也 十四

操刀 又作撡同緒勞反說文操把持也

斫芟 匹葛反步娑也芟音所巖反

射埻 之尹之閏二反說文射埻也廣雅埻的也即射堠也以熊虎之皮飾其側又云制之以爲埻通俗文射臬曰埻埻中木曰的也

蒼[illegible] 又作[illegible]同莫鳳反蒙遽也通俗文時務曰[illegible]經文從心作懵非體也

跂涪婆 扶鳩父侯二反此云善女也

第五十九卷

矛穳 又作鉾𢦏二形同莫侯反說文矛長二丈建於兵車也下音鹿亂反

縫綻 又作袒綻二形同徒莧反說文補縫也

第六十卷

倉廩 且郎反說文穀藏也下又作亩同力甚反周禮廩人掌九穀之數鄭玄曰藏米曰廩穀曰倉也

囹圄 力丁反云魚呂反獄名也周禮三王始有獄周曰囹圄釋名囹領也圄禦也謂領録囚徒禁禦之也

由緒 辭與反絲端也廣雅緒末也緒餘也謂殘餘也事也業也

撰集百緣經

第一卷

窳惰 臾乳反嬾惰之謂也尒雅窳勞也郭璞曰勞苦者多惰窳也

第四卷

鹿麛 又作麑同莫奚反尒雅鹿牡麚牝麀其子麛麚音加麀音於牛反 十五末

第七卷

搭帳 宅庚反案棖楯柱也浮圖棖皆是也說文棖杖也宜正作棖

一切經音義卷第十九

鴈四

一切經音義卷第十九（別本）

校勘記

一　底本，明永樂南藏本。

一　三二七頁上一行經名，徑作「一切經音義卷第二」。卷末經名同。

一　三二七頁上一九行夾註左末字「十」，磧、普、徑作「十」。

一　三二七頁上二一行夾註右「三反」，普、徑作「二反」。

一　三二七頁中二〇行夾註左「捨食」，徑作「捨食」。

一　三二七頁中二三行夾註末字「也」，徑作「是也」。

一　三二七頁下六行夾註右第二字「鎗」，徑作「鏘」。

一　三二七頁下一三行夾註右「也感反」，徑作「佗感切」。

一　三二七頁下末行夾註右「于何反」，徑作「楚宜切」。

一　三二八頁上一二行夾註「徒色反」，普作「徒各反」，徑作「徒各切」。

一　三二八頁上一八行夾註左末字「敷」，磧、普、徑作「怤」。

一　三二八頁上二一行夾註左末字「是」，徑作「是也」。

一　三二八頁上末行「婆哂」，徑作「婆哂」。

一　三二八頁中五行夾註左「姜權反」，徑作「美權切」。

一　三二八頁中一〇行夾註右「土洽反」，徑作「士洽切」。又「騷䮖謂俳戲人也」，徑無。又左首字「之」，徑作「文」。又末字「乃」，徑作「及」。

一　三二八頁中一七行「十二卷」，徑作「第十二卷」。

一　三二八頁中一八行夾註右「乃困反」，磧作「及因反」。

一　三二八頁中二〇行夾註右第七字「友」，磧、普作「反」；徑作「切」。又「者工記」，普、徑作「考工記」。

一　三二八頁中二一行夾註左「一鍤土」，徑作「一埵土」。

一　三二八頁下一六行夾註右第三字「筋」，徑作「觔」。

一　三二九頁上一七行夾註右「一形」，磧、普、徑作「二形」。

一　三二九頁上一九行夾註左第一一字「綖」，徑作「鋋」。

一　三二九頁上二二行夾註左末字「貞」，徑作「貌也」。

一　三二九頁中一一行夾註左第五字「塔」，徑作「搭」。

一　三二九頁中一五行夾註右第五字「樴」，徑作「膱」。

一　三二九頁中一九行夾註左末字「之」，徑作「之也」。

一　三二九頁中二〇行夾註右「初眼反」，徑作「初限切」。

一　三二九頁下三行夾註右第三字「得」，磧、徑作「捭」。

一　三二九頁下五行夾註右第四字「蹪」，磧、普、徑作「蹟」。又末字「[illegible]」，徑作「疌」。

一　三二九頁下七行夾註右第四字「傑」，徑作「僟」。

一 三二九頁下一四行夾註右第八字「顛」，徑作「頿」。

一 三二九頁下一七行夾註左末字「吒」，徑作「吒也」。

一 三二九頁下一八行夾註左第六字「亨」，磧、普、徑作「享」。

一 三二九頁下二一行夾註右第四字「祏」，徑作「柘」。

一 三三〇頁上五行夾註右第七字「不」，普、徑作「下」。

一 三三〇頁上九行夾註右第七字「縛」，磧、普、徑作「鵄」。

一 三三〇頁上一二行夾註左第五字「近」，徑無。

一 三三〇頁上末行夾註右「即拾」，徑作「即食」。

一 三三〇頁中七行「崚嶒」，徑作「陵嶒」。又夾註右第一〇字「也」，徑作「陵」。又末字「少」，徑作「山」。

一 三三〇頁中一二行夾註右第五字「喪」，磧、普作「䘮」。

一 三三〇頁中一五行夾註左「魔舞」，磧、普作「羽舞」。

一 三三〇頁中一七行夾註左第一二字「折」，徑作「析」。

一 三三〇頁中二〇行夾註右第八字「周」，徑作「同」。又左第四字「窪」，徑作「霏」。

一 三三〇頁中二一行夾註左第八字「鈇」，徑作「鈇」。

一 三三〇頁中二二行夾註「干月反」，普、徑作「于月反」。

一 三三〇頁中末行夾註左「二尺」，徑作「三尺」。

一 三三〇頁下一行夾註右第三字「以」，徑作「似」。

一 三三〇頁下一〇行夾註右「介雅」，普作「廣雅」。

一 三三〇頁下一一行夾註左首字「羽」，普、徑作「從羽」。又末字「作」，普、徑作「作翣」。

一 三三〇頁下一三行夾註右第四字「鉏」，徑作「鉏」。又左第五字「蚳」，普、徑作「蛇」。

一 三三〇頁下二〇行夾註右「時坎」，普、徑作「時次」。

一 三三一頁上六行夾註左「海岱」，徑作「海岱」。

一 三三一頁上二〇行夾註「戈選反」，徑作「弋選反」。

一 三三一頁中九行夾註左末字「也」，徑無。

一 三三一頁中一四行夾註右末字「而」，徑作「而行」。又左第五字「也」。徑作「水」。

一 三三一頁中一八行夾註左「之水」，磧、普、徑作「而上」。又第六字「回」，徑作「洄」。

一 三三一頁中二三行夾註左第五字「忤」，磧作「怍」。

一 三三一頁下四行夾註左「左轉」，徑作「左傳」。

一 三三一頁下七行夾註右第六字「癩」，徑作「瘢」。

一 三三一頁下一三行夾註右「牀陛」，普作「牀陛」。

一　三三一頁下一五行夾註左第一二字「晢」，徑作「蜇」。

一　三三一頁下一九行夾註右「妄又」，徑作「經文」。

一　三三一頁下二〇行夾註左第八字「折」，徑作「折」。

一　三三一頁下末行夾註右「周祀」，普、徑作「周礼」。又左首字「財」，普作「則」。又第九字「救」，徑作「救」。

一　三三二頁上三行夾註左第六字「相」，磧、普作「揖」；徑作「楫」。又第一一字「面」，徑作「而」。

一　三三二頁上四行夾註右第二字「手」，徑作「木」。又第三字至左末字「經又作棹當世俗字」，徑無。

一　三三二頁上五行夾註左首字「曰」，磧、徑作「白」。

一　三三二頁上六行夾註右第三字「徂」，徑作「狙」。又「廣稚」，普作「廣雅」。

一　三三二頁上一四行夾註左「說又」，磧、普作「說文」。

一　三三二頁中八行「五十七卷」，徑作「第五十七卷」。

一　三三二頁中一三行夾註左第六字「詺」，徑作「銘」。

一　三三二頁下五行夾註右「祖綻」，徑作「袒綻」。又末字至左第二字「徙莧反」，磧、普作「徒莧反」；徑作「徒莧切」。

一　三三二頁下九行夾註右第四字「云」，磧、徑作「下」。

一　三三二頁下一四行夾註左第八字「多」，徑作「也」。

一切經音義卷第二十 賢聖集傳 應五

唐大慈恩寺翻經沙門玄應撰

陀羅尼雜集經

第一卷

鬱烝 於物反尒雅鬱氣李巡曰鬱盛氣也下之勝反說文烝火氣上行也南山雲烝柱昳潤謂熱氣烝上昇也經文作蒸之升反尒雅蒸衆也美也蒸非此義腰音以證反㯰音楚杜下石反

咻咻 虛流許主二反依字㖃咻痛念之聲也

潢瀁 胡廣反楚辭潢瀁而不可帶王逸曰潢瀁猶浩蕩也經文作沆洋古黃反下似良以章二反二形並非字今用

呼[illegible] 房尤反依字蒼哹吹氣声也

第二卷

寇賊 口候反尚書曰寇賊姦宄范甯集解曰羣行攻剽曰寇者也又說文云寇暴也又廣雅云寇鈔也剽音匹妙反

相薄 補莫反小尒曰薄迫也韋昭注漢書云氣往迫之曰薄經文作傅傳之傅非也

六府 扶宇反廣雅府聚也白虎通曰人有六府謂大腸小腸旁光胃三膲也

三膲 子遥反白虎通六府有三膲胃之上府也賢主寫三膲亦以凑液吐故也膲若霧中膲若满下膲若瀆經文作膲燒餘也膲非字體也

第三卷 應五

一線 今作綫同私賤反謂縫衣縷之也

撈摝 鹿高反方言撈取也郭璞曰謂鉤撈也通俗文沉取曰撈經文作堅牢之牢非體也

摩抄 又作攡同莫何反下麼何反声類摩抄猶捫摸也亦抹撒也經文作搓疣何反搓搓也搓非字義抹音莫鉢反撒蘇曷反

鞠育 詩云母兮鞠我傳曰鞠養也方言陳楚之間謂養爲鞠又作掬同居六反說文掬撮也

青黃 倉經反東方色也尒雅春爲青陽是也字從丹從生木生丹丹青之信必然者也經文作精且

瞎者 見反精非今體也又作瞎同呼鎋反字書一目合也

尫弱 今作尢同烏皇反尫弱也俗文短小曰尫尫亦小弱也

勇喆 古文嚞字書作喆今作哲同知列反尒雅哲智也尚書知人則哲方言齊宋之間謂智爲哲也

敦喻 都昆反又尒雅敦勉也謂勸勉也敦亦迫也說文又經文作頓此非也

金鈒 普交反說文鈒大針也

霍然 呼郭反案霍然儵忽急疾之皃也霍數爲霍經文從目作矐非也

圂腯 胡困反又廣雅云圂圂屏廁也又經文作溷溷溷也

自刎 亡粉反通俗文自刻曰刎公羊傳盜刎脰而死何休曰刎割也脰音豆頸也

姧詭 居毀反謂不實也詭惡也詭欺也

第四卷

眤邸 女乙反下丁礼反呻他書仁反目企去跂反目咕立遮反

薩呧 丁礼反阿桃甲利反皆悅

哯掘 乙佳反求勿反

坭羅 乃礼反

捊浮 縯浚反

尼呭 又作槃反育阿

份呭 尊奚反

眴湼 烏謳反

訓狐 呼反亦名訓侯字書作鵂鶹鳥也經文作薫胡非體也

歐吐 今作嘔同於口反歐吐也嘔區也

蹇陀 去謳反

婁坻 丁礼反

噫嚱 乙戚反下於戲反說文噫飽者出息也嚱氣悟也礼記不敢噦噫也

唏利 呼几反

桎致 脂失反

富婆 上音富

跰跳 万反豉

嫈莅 上音楚

嚌邪

斳者 居近反

把拳 渠負反

羅呢 數低反

毉婆 式番反

迦斯 相辭反
婆緻 除致反
伽泜 之氏反
阿呼 芳不反又經文云嗙非出
梨梯 他隸反
啑吟 天亐反又石支反
阿浮 經文作浮
伊吼 扶跌反
菩嘶 側轄陵犢二反
癡淡 蓮蘆反

第五卷

啱也 子好反
祢喇 下職例反又昌制反
昵民 上女乙反親近也
使侘 勅家反
收嚧 下魯吾反轉舌呼
伊忙 莫傍反
炮沙 蒲交反
迦嚕 下力矩反
修哆
哆羅 殆我反
多伽 留香又作多伽捧譯云木香樹也一云不沒香婆利迦香
龍腦香 西域記羯布羅香樹松身異葉花果亦別初采既濕尚未有香木乾之後修理而析其中有香狀若雲母色如冰雪此謂龍腦香

稗希吟
玻那 普多反
豿搓 先含反
跋嚂 力蹔反
迦捭 臂弥反
晡嘍 補胡反勒口反
恐驗
涘利 事几反
据路 臺無反
傍遮 上音男也
紕離 書支反
離啖 徒敢反
社捭 臂弥反
奚囒 費千反
嗹伽 上音居
檉醯 上音煙又因也
衍挖 徒我反
究桎 猪栗反

撇祇 上音崩下旨夷反
樺皮 胡霸反木名也可以飾弓者也
產運 于郡反又通俗又經文作運轉
舌縮 字書縮同所六賈逵曰縮退也
阿耨 蕭故反
勤繕 市戰反
殿斫臺 下都豆反
呿陀 羅尼撕
恒鉗 奇廉反
食箒 市錚反說文判竹圓以盛穀也笓箒也笓徒損反
南序 頽假反廣雅序舍也謂廊屋也說文堂下周屋曰癱釋名云大學曰癱雞蕽人謂之序經文依雅非躲

蕪呵 文心乱曰忙作忙之運兩通之也反圖語盈縮轉化經文作喧非也試千反
嘻梨 盧基反
郁羅 於四反大
利濘 奴定反

欄圈 求晩反說文養害開也開欄也
仕官 胡串反左傳乃云官亦仕也又
利咤 作攤反
休婁 力佚反

第六卷

蘸麻 布迷反草名也呂靜韻集云蘸麻其生似樹者也
扠之 古文攢同士粉反扠拭也
蹇咤
伊瞜 下莫崩反盲也
秀咗 苟
波吽 呼苟反
呸耽 許尸丑一二反

蝸厨 官卿之嫡注日官亦學也直俱反

薩戕 音伐
般宕 徒浪反
邲抴 蒲必反
婆唅 胡闇反
玄波 丁奚反
貞濘 補門反奴定反

伽末
儀羅 軌良反
枉籬 牛出反通俗文婁語謂之簓又声類不覺妄言也
虔跕 直知反
鞝利 居宜反
擷利 平結反
希鑪 鷹五力之反

第七卷

麗蔓 宜作麗音所宜反下莫貢反
撫畔
嘶浮 上郎活反
呿哇 羌遮反
哄婆 胡貢反
嘍蔙 上音樊
眂那 占文瞭同翼指大奚二反
阿嚵
刺也 力曷反
項浮 許玉反

濮之 蘇鐵反三蒼撰實也通俗史金水盪曰濮經文作躁俗字也
白睆 還餞反許慎注淮南子云燭也腠目內曰瞖病也經文作完非也
痤鬼 在戈反說文瘞腫也謂瘀瘞也經文作僅非也
痳鬼 力翁久說文小佩病也声稻卜數也經文作冰瘸之淋弃箝也
篳筩 背公反三蒼簡郭璞曰竹簪也簫斷竹也今皆作筒經文從本說龜孔反木爛也爐他朗反謂受作文滌者可以盛食桶非此用也桶

咄咤 都骨反經文從口作咄非此
躓咤 作利反下作嫁反
蹬祁 丁鄧反
但坭 乃札反五

蛛蜘 上音珠又音朱
題蝬 辛井反又陟利反
跢跋 禹歌反

釆可 力蝨方佳二反
伤哇 五妄反
椹脾 腨替反
唏利 鴨二几反呼
蚳闍 丁孔反

淋瀆　力金反說文以水沃也廣雅淋漬也經文作淋力金反廣雅淋淋雨也說文谷名

摎項　又作摎同力周居茅二反蒼頡篇摎束也說文摎縛殺之也摎助罅縛之名也

蘿蠻　徂建反下勑達反廣雅蠻蠻也蜘蛛巨支反

齆鼻　一弄反埤蒼鼻病也通俗文鼽鼻曰齆也鼽音求也

厭蠱　於冉反下字林音固春秋傳云疾如蠱或非鬼非食故以喪志杜預曰

扠波　或作扠之也又經文作扠額非躰也初家反初佳反嫌二反

餧此　於偽反三蒼餧飢也說文作萎食牛也廣雅萎餧也

第八卷

夷䮅　御秋反

膑頭　脾身反經作蹎誤也

俔譯　魚奚反下五礼反許朱反二

佉駄　丘下反氣俱反

阿蜱　蒲支反

踊蜱　徒獵反

抪之　匹沫反謂以物拋也經文作潑非也

譫泥　當胡反

伽蠡　力奚反

阿顒　而涉反

鸞羅　悲眉反作鸞反

齒齵　又作齲同丘禹反說文齒蠹也

咒呴　呼口反

哂翅　式忍反

目眩　玄縣反二音蒼頡篇眩亂也眩目無常主也字從目

金鏤　莫棄反

蜚虵　甫鬼反上父

𢶤摸　蒲鬼反

痤鬼　才戈反

塞瘆　四聲反不清也經文作

蠱癖　公戶反說文腹中蟲也

第九卷

轢碎　力各力的二反蒼頡篇轢輾也亂文車所踐也

頞𪖙　巳要反

呧嗟　上音帝下音遮

否梨　府北反

第十卷

垤蜎　徒結反

埊低　丁禮反

苛呵　胡阿反

抵衹　丁礼反

啾堤　子由反

迦螂　

悉譚　徒南反

舆叉　於六反

咩咊　弥氏反又作咩多下反音

律踤　直勿反經文作踤非也

犍擎　巨京反

梢之　常絹反通俗文書圓曰規非也

抵利　之是反

哦喏　下居音

第六度集一卷

衆祐　于救反世尊號也言有衆德自祐也梵言薄伽梵

瘡瘆　初流反尚書

貧窶　

鱣魚　古文

瀟巷　

頻來　

俛憶　

算藪　

巉巖　仕銜反廣雅巉巖高也亦山閒崎險阻也說文作嶃同仕交反金峯高也亦作嶮廣雅峭險也

孫勤

戢藏　莊立反聲類作戢同仕交反說文戢藏也謂聚斂之也

第三卷

惴惴　之睡反郭璞又尒雅云惴惴懼也說文惴憂懼也

恰恰　苦洽反恰用心也

行燮　補五高反廣雅燮和也燮謂燮理也

隮下　子兮反𨸏人攀也得早說文隮登也

第四卷

俎醢　莊呂反字書肉几也下呼改反肉醬也

饕餮　古文叨同他高反下他結反貪財曰饕貪食曰餮亦作

饔蔞　食曰反饔第也蔞亦作蔞

糅毒　草非反古文作粈同女救反

熇即　許鬲反通俗文熇熱也

仇𢙬　古文作惄同奴的反

衆噪　先到反說文群鳥鳴也

簾上　蒲方反

眞諺　宜箭反說文諺傳言也

𪇆鷩　作偏

蹲步

第五卷

歌歔　於僞反又作噓同

嗽嗽　蘇豆反

𣘻著

指擢

梓柟

第五卷

松松

郵閣

股肱　古文作厷同古胡反

嘷沫

施宬

刭之

仆地　蒲北反

悁悒　於緣反

馬蹟　子亦反

笮絶　側格反

第六卷

鐵鏉　文作鐵同千結反

蝘蜓　烏典反下徒典反

訛病

謹禁

慕習

第七卷

以賂　力故反

戣同

播𣪠

足跖　之石反

瘀瘃

刳解

建桃

徼循　古堯反

第八卷

木楔　先結反

犍德

阿謂

頭䫌　下音莫

齔齒　初忍反

拋鉢　普交反

喟然　丘愧反

蠕虫

日暐

瀇瀁 胡廣反楚辭瀇瀁而不可帶土邊曰瀁餘兩反浩蕩也經文作洋似庭以章二反洋兼字躰也

鶲翁 之石反鶲鶲也謂鶲後老公也

恔焉 胡代通俗恚愁曰恔恔亦苦也恨也

瘖痛 烏玄反謂手足痛疼也張揖雜字云痛瘮疼是也

佛本行讚經

第一卷

孤麑 又作麛同莫鷄反尒雅鹿其子麛

法渟 狄經反廣雅渟止也埤蒼云水止曰渟又字書水灉也蒼

魁磊 苦迴反下力罪反說文衆石也頤鵠磊砢也經文作從儸非也

棡呑 胡昆反下土廣反又云天相令物也呑咽也經文作潬潬濁也水流声也

眺 渾非字義他弔望也雅眺視也反作索也

言聲 蒲鵠又作殺樂聾聲以和之者

第二卷

湮沒 於仁反說文湮亦沒也尒雅湮落也

相瀆 又作縣同子旦反說文汗灑也江南音瀆山東音前子見反 十二

剺刻 壐 又作剺同力資反說文剺剝也或作融反又方言剺解也分割也斷也又經文作擺力許反小郗也擺非令用也

淳調 時均反淳善也美也大也經文作諱閏之鈍二反告曉也罪也濤弄字義丬

山崗 古郎反尒雅山脊崗郭璞曰山長脊者也

金鞘 小尒雅作鞘諸書作削同思請反謂盛刀劍室也經文作稍所捉反此誤也

珠把 補舊反謂刀撝等鞘可把持也經文作靶鞞餘也

火煬 翼尚反煬炙也方言江東呼火熾盛爲煬說文炙燥也赤熾煬熱也

亨食 又作亯同虛兩反享獻也祭也享饗也致貢曰享享獻也歆音許金反

第三卷

勦疾 說文作剿同仕交反廣雅勦健也聲類勦疾也捷也

雜糅 古文鈕粈二形同女救反又說文糅雜飯也糅亦雜

揉察 勅舍反尒雅揉取也又說又速取也又方言速也

曨龍 力支反絕累也尸子云王淵之中驪龍蟠焉頷下有珠也

吼嚧 又作嚧同著叠反聲類云嚧呼也今作嚧也

第四卷

桴材 又作桴同扶留反論語乘桴浮于海馬融曰編竹木也大曰筏小者曰桴

寶顆 口火反數也亦單作果

黧黑 力奚反字書黧黑也經文作黎力底力諸二反誤也

旬儒 而注反或言羸旬儒覺言儒也

滑餮 必奚反小字從刺插頭篦眉篦昔作比也經文作篳非也

第五卷

中眵 昌支反說文矇兜眵也叢音士結反

醇酒 時均反說文不澆酒也

捼手 乃和而禾二反說手相切也捼挱也

顉頭 五感反廣雅搖頭也經文作儼魚險反嗷也儼非此義也

堡聚 補道反聲類高土也廣雅堡隄也

第六卷

茹食 攘舉反廣雅茹食也尒雅嘌茹也郭璞云拾食之也

不訾 又作𧥺同子移反訾量也思也稱意也

戲吮 似兗反說文吮嗽也嗽音所角反

付法藏傳

第一卷

即睎 虛衣反說文曰乾曰睎睎乾之也

第四卷

窘急 奇隕反說文窘迫也詩云又窘陰雨傳曰窘困也

第五卷

摩嘷 應二 勑角反

錙銖 則飢反風俗通曰銖六則錘錘也二錘則錙錙鐵也二錘則兩也

眼瞼 居儼反謂眼外皮也 十三

蟬蛻 湯會他叶二反說文上時延反下詩芮反蟬蛻所解皮也

第六卷

純粹 又作睟同私類反說文粹不雜也亦細也易云純粹精也亦齊同曰粹

羸㦄 知劣反聲類短氣皃也惙惙亦憂也

佛所行讚

第一卷

眙矚 治矚反通俗文直視曰眙經文作瞪直耕反二形通用瞪音以勝反

細縷 字體作縷莫綮反縷縷也經文作縷優二形並非也

迢遞 徒彫反下徒帝反左思吳都賦云迢遞劉逵曰迢遞遠望懸絕也

扈從 胡古反扈廣大也又尒雅云亦使也養馬也又方言廣也

顉頭 吾感反廣雅搖頭也說文低頭也經文作頷非也

脚聯 今作連同力然反相聯續也聲類聯不絕也說文聯即連也連及也

侹直 他頂反侹直說文長皃也侹侹正直也

車軾 書翼反軾高三尺二十說文軾車前也儀禮君軾之鄭玄曰古者亦乘軾謂小俛以礼主人也

形褻 思列反鄙陋也褻瀆也私非公會之服亦曰褻也

勗勵　虛玉反勗謂勉勵也方言齊魯謂勉爲勗茲勵相勸勵

第二卷

睒睗　式冉反下式亦反睒睗暫視疾視不定也經文作賜非也

襤褸　古文襤又作𧜟同力甘反謂衣敗也凡人衣破醜弊皆謂之襤褸也

不躅　又作𨇽同馳錄反漢書音義曰躅迹也三輔謂牛蹄蹢爲蹢躅也

綢繆　直流反詩云綢繆束薪傳曰綢繆猶纏綿也廣雅綢韜也纏也韜音土勞反　十三

第三卷　應五

樊籠　扶袁反案樊即籠也莊子澤雉不蘄畜於樊中是也樊藩也

轟轟　呼萌反說文轟車聲也

呼呷　呼甲反說文呷吸子虛賦云翕呷萃蔡音義曰衣起張也漢文或作唬呷　唬音呼交反

裂眥　在計反說文目匡也史記作睚眦五賣仕賣反嘖目皃也漢書作匡眥也

渫毒　此義也淮南子云噴目反皆是也蘇罔反通俗文水㴩曰渫蒼頡篇渫音徒反

爲翱　又作翱同五高反說文翱翔也非此義

風霄　子遙反爾雅雨霓爲霄雪注云雨止也

第四卷

羽蓧　或作條同補道反謂羽蓧合聚也五

火鎔　揄余鍾反說文鎔冶器法也漢書也

第五卷

冠褏　鈷本反廣雅䙬也玄表也以郭璞曰䙬者經文作䙬非也又音似

崦嵫　山名淹茲兩音山海經云鳥鼠同穴山西南三百六十里有崦嵫之山下有虞淵日所入也楚辭望崦嵫而勿迫王逸曰崦嵫山名日所入

治禪病秘要經

迄千　虛乞反尒雅迄至也

第一卷

樹揩　口皆反說文摩拭也

繾綣　於遠反下去阮反說文繾綣猶纏綿也繾綣謂不相離之也

蚰蜒　又作𧊤同余周反方言云蚰蜒或名入耳

第二卷

殘膜　莫各反說文肉間膜也經文作瘼誤也

透擲　他豆反方言透驚也宋衛南楚凡相驚曰透廣雅透驚也

瘭疽　甲遙反下七余反說文瘭疽久癰也

第三卷

樹菱　古來反說文草根也言藿菱也方言東齊謂根爲菱

噆食　子臘反說文噆銜也莊子蚊虻噆膚是也又作唼同音子合反通俗文入口曰唼作唼也

泓然　一宏反說文下深也一曰泓水也又作翃同

橐囊　大各反說文橐囊也又作䨲同補莫反下奴郎反蒼頡篇有底曰囊無底曰橐也

亢骨　又作吭同胡郎反苦浪反咽也說文亢人頸也

兜婁　正言兜樓婆或云兜率婁皆訛也　十四

禪秘要法　應五

第二卷

肺腴　又作胇同又說文肺金藏也下以朱反說文腹下肥也腴腹也

蛕虫　又作蛔同胡恢反說文腹中長虫也

禪法要解

上卷

肪䐈　府房反下桑安反說文肪肥也廣蒼脂肪也

岐路　又作歧𧿒二形同巨宜反尒雅二達謂之岐旁郭璞曰道岐分出者也

治禪病秘要法

鵂鶹　許牛反尒雅怪鴟舍人曰一名鵂鶹一名怪鳥陽名鉤鵅字林鵂鶹也

譌吉　烏戈反說文譌言也毛詩云民之譌言也

土梟　古堯反說文梟不孝鳥也漢書注流離鳥子大還食母也爾雅鶹鷅其子為梟

瘖瘂　於金反下烏雅反說文瘖不能言也經文作啞非此用

百喻集第四卷

嚼米　才略反說文嚼噍也字林咀嚼也

毦𣰽　而志反下所綺反通俗文毛飾曰毦𣰽也

菩薩本緣集

第一卷

虋莖　呼弘反廣雅莖死也尒雅虋赤苗也

抗𣓨　苦浪反下力計反廣雅抗舉也

軌地　居美反說文軌車轍也廣雅軌法也

水瀆　徒木反說文瀆溝也　十五

財賄　呼罪反周禮通財曰賄鄭玄曰金玉曰貨布帛曰賄

第二卷

抚䑋　又作撫同孚甫反廣雅撫持也說文撫安也

瞤動　而倫反說文目動也經文作瞤非體也

螺蠱 圭比反方言北謂蝸蝸為蝸螺自闕而東名蠡蠹鬪蝸名蝸蝸也

第三卷

角張 古嶽反遣戾不順也又經文反目作睹佛心不

佛鬱 父勿反字作佛鬱不平也亦鬱不心平也安

坑窖 古坊反又鬱文地鬱也又云字地為室鬱玉殺者也

四阿含暮抄

上卷

婆嚏 丈甲反梵言安陀羅婆波此云玉鑿

驃騋 驫也邪畫也天竺品

嗏 鬚皆在後也二反梵未占都頗二反

波笘 音後彼笘息也

下卷

法句經

上卷

拔殺 子曷反周鐵字云擇宿拔也宿曹鳥繖反

嘆羅 楚使也梵音阿婆羅迷反此云光音天

揣跋 他伽反

綖埴 尸綖反下時力反家鑯家也和出實也埴土也黏土埴埴也

操杖 七勞反說文操把持也水也亦流

縈水 鳥發反小畀非也也經文作言蜂其小者

蜎螺 璞公反方言蛘也下力戈反之蝸螺也郭

嗿闘 曹音鳥結反

捨鑑 者頭嬈此亦快字苦壞反廣雅快遝懷鋻也遝音丑井反懷音了也又作鋻同古儀反廣雅鑑始也鑑謂之鏡所以察形者也

水湍 土端反疾水也說文疾瀨也流沙土曰瀨淺水也

愚惷 丑江反說文愚也惷猶愚也二

災迅 詳雅迅疾也

遑情 楚之闕謂使曰遲文遲也丑井反方言自山之東江淮陳

下卷

訥訒 奴骨反論語君子欲訥於言訒音而振反訥遲鈍也說文訥言難也

惡㦸 烏古反古文我人我同子殘水盡也詩云

屛搆 又仕山反雅云滂滂流水方言也

庵舩 胡古反者下止曰左同止也

譏詶 寮譏古不信也作諸或刺也

非蔟 音木不反蔟也非亦如此

門闕 古文同門也又曰闕謂之閈

舊雜譬喻經

上卷

一臧軻 古文口王二人之所作

跡深 尸居作經文作求詳宗

掊不 又作蒱同口浮也亦作䏲

徇行 又作侚同辭俊反徇疾也

揵拉 正言鳥文古文揵擊也說文古鳥也

城隝 古文胡鳥同字作

襲持 古也亦作襲

下卷

字經抄

蚑蜂 巨宜反經文作蚑

廝米 息移反下音米

睚眦 五懈反下助賣反

嫉妬 嫉妬也

妖孽 字書作妖同於喬反

魯鈍 力古反

吃吶 居乞反下奴骨反

辜較 古胡反下古學反

譏謗 又作譏同居希反

雜譬喻經

鴟鷚 除大山海經

譟譁 先到反聲

摩抄 名何反說文

核步 胡代反

倒地 又作

音薩 云發反

翼嘗 五

掇置 其云反

詎知 又其

譬喻 經

餑餇 音集

讙呼也廣雅譊鳴也逕文善呼也蒼頡訟血也

鸕鷀　郎都反下才資反說文水鳥也蒼頡鸕鷀似鶂而黑此鶂音五歷反

歌謠　與招反尒雅徒歌謂謠說文獨歌也

思惟略要經

眵淚　充支反說文蔑兜眵也蔑音莫結反

耵聹　都聆反下乃聆反埤蒼耵聹耳垢也

憒然　古對反廣雅憒亂乖剌也猶乖戾也

佛醫經

不訾　又作呰同子斯反訾量也思也說文思稱意也

猘狗　字書作狾猘二形今文作制同昌制居世二反狂犬之也

分別業報略集

悛法　且泉反悛改也方言自山而東謂改曰悛廣雅悛更也

犯忤　又作迕啎二形同吾故反非體迕逆不遇也經文作忤之也

蛆蠋　子餘反蝍蛆吳公也一名蛆渠

愚戇　都絳反說文愚戇也戇愚也

聾聵　古文聵顓二形今作顡又作聵同牛快反生聾曰聵一云聾無聞曰聵

宮刑　居雄反宮刑次死也男女不以義交者其刑宮男子割勢婦人幽閉於宮下胡經反罰辜也易曰刑法也井為刑法也春秋元命包曰刑字從刀從井井以飲人人入井爭水陷於泉以刀守之割其情欲人畏慎以全命也故字從刀從井也

五

十八

閹身　於撿反說文閹豎宮中閹昏閉門者也謂精氣閉藏也主閉門戶故曰閹也

龍樹為禪陀迦王說法要偈

謳歌　又作嘔𡁲二形同烏侯反說文齊歌曰謳廣雅謳喜也

飲酣　古文㽏同胡甘反漢書應劭曰不醒不醉曰酣又樂酒曰酣也

摣掣　古文摣同側加反方言摣取也擘類五指摣按也

飴蜜　又作饙飵二形同貫之反說文米糵也方言飴謂之餳餳音似盈反

訓馴　似均反廣雅馴擾也馴善也亦從也說文謂養野鳥獸使服謂之馴

瘡瘻　力固反說文瘡膿也脹𤺌不瀆散者為瘡癆類瘡瘫肉也

無明羅剎經上卷

死斃　脾毋反說文亦斃字斃介也算仆頓也斷也止也

喊㖃　呼㦒反下呼戒反方言喊擊也戕可也謂恚聲也又作闢呼䵣反

皴剝　且旬反埤蒼皮皴散也又燉皮甲鑡鹿厚亦曰皺皺皺音土約反

皰乜　皮孝反說文皰面生氣也文作靤俗字也下俟結反

哂哂　尸忍反哂哂笑也又經文從口作𠺕此非也

下卷

嘶破　又作㾘同先奚反又埤蒼云嘶聲散也

鼷鼠　胡雞反說文小鼠也言有毒者也或謂之甘口鼠也

肬贅　籀文作鼢今亦作疣同有流反下之芮反又廣雅云肬小臆之也又就文云肬贅之也釋名云丘也出皮上聚高如地之有丘也贅屬也橫生一肉屬著體也又小曰肬大曰贅

道調　古文作椿同斯睪反調擅支出贅也

鷹五

森然　所金反說文多木長皃也

四十二章經

輸敬　始榆反輸盡也說文委輸也廣雅輸寫也聚也

桼籦　又作漆同音七下又作𥫍同音端江南名籦此人名籦書挨衢常責反

賓頭盧為優陀延王說法經

蹭伽　古文橧同徂陵反依字所寢橧謂猪卧處也

賓頭盧為王說法經

榮樂　為明反榮猶光華也𤇾也經文作榮非也

阿育太子法益壞目因緣經

綏化　私隹反尒雅綏安也尚書五百里綏服孔安國曰王者政教也

梟洴　古堯反說文不孝鳥也冬至日捕梟磔之梟頭在木上也

撓吾　乃絞乃教二反橈文撓擾也又撓亂之也

元元　言元元者弁一長也古者稱民曰善言善人圖春為元故曰象元也

赦宥　赦豐也下千骹反宥寬也同礼三宥一宥不纖二宥遺失三宥遺篇

蹎蹶　又作饡趙二形同丁賢反下居月反噴暖嫩頓仆也

嫽人　力鄙反嫽敎也嬚鬫也亦嫽弄之也

喑呃　說文作鱐於篠反大声也下置作堊於格反亦大呼也史記嗜噎呃呃于人皆療是也經文作呃於華反呃憂也呃噫也氣逆也

馬鳴菩薩傳

綰達　烏版反淮南云綰抱而啟許叔重曰綰貫也

提婆菩薩傳

聲聒　古活反蒼頡篇擾耳孔也廣雅云聒驚也讙也

婆藪槃豆傳

紱婆　字又作紼同甫勿反譯云子依字紱綬也

撰銘　助𨟍反撰猶述也廣雅撰之也下莫下反銘之言名也書其功於太常也亦銘刻金石以紀功德也

紕謬　匹吡反又礼記云一物紕謬人鄭玄曰紕猶錯也下靡幼反謬猶錯亂也謬謬也又方吾繆許也又說文紕者之吉也

大藍　力甘反懼籃也字林大篆也篆龍也集文大后也篆青反吾反杯

𢽳柯　鑑𧸖反𢽳柯摩鑑阿𢽳多譯云正勤

一切經音義卷第二十

鴈五

一切經音義卷第二十（別本）

校勘記

一　底本，明永樂南藏本。

一　三三六頁上一行經名，徑作「一切經音義卷第二十一」。卷末經名同。

一　三三六頁中九行夾註左「三焦」，徑作「一焦」。

一　三三六頁中一六行夾註左首字「林」，普作「林」；徑作「抹」。

一　三三六頁中末行夾註右「烏皇反」，磧、普、徑作「烏皇反」。

一　三三六頁下一一行夾註左「奢哦」，普作「奢吠」。

一　三三七頁上五行「跋嚂」，徑作「跋嚂」。

一　三三七頁中五行「蕪呵」下夾註「武于反」，徑作「武夫切」。

一　三三七頁中八行「呿陀」及其夾註與「利濘」及其夾註，徑無。

一　三三七頁下一一行「題暾」下夾註右「辛井反」，徑作「亭穽切」。

一　三三七頁下一六行「阿㘓」下，徑有夾註「羅胲切」。

一　三三七頁下二三行首字「箪」，徑作「筆」。又夾註左「從本」，磧、普、徑作「從木」。

一　三三八頁上三行第二字「項」，普、徑作「項」。

一　三三八頁上九行夾註右第七字「飢」，普作「飰」。

一　三三八頁上一二行夾註「經也作蹟誤」，徑作「經文作蹟誤也」。

一　三三八頁上一六行夾註左「悲備反」，磧、普作「音悲備反」。

一　三三八頁上二〇行夾註右第五字「名」，徑無。

一　三三八頁中三行上夾註「巨支反」，徑作「臣支切」。又下夾註「上音啼下音達」，磧、普作「下刮反勑轄反」；徑作「上音啼下勑轄切」。

一　三三八頁中一一行夾註「㻋多」，磧作「㻋咪多」；普作「㻋踈多」，徑作「㻋踈𧗿」。

一三三八頁中二二行「溝巷」，經作「溝港」，下同。又夾註右「胡絳反」，經作「古養切」。

一三三八頁中二三行「侻憶」下夾註左「悅可也」，經作「侻可也」。

一三三八頁下一行夾註右末字「藏」，普作「藏也」。

一三三八頁下二行夾註右「大如雕」，經作「大如鵬」。又左「畫酒」，普、經作「晝酒」。

一三三八頁下六行夾註右「徒慎反」，經作「徒頓切」。

一三三八頁下八行夾註右「餘向反」，經作「餘向切」。

一三三八頁下末行夾註右第三字「敢」，磧、普、經作「噉」。

一三三九頁上一行夾註右第七字「嚴」，磧、經作「巖」。

一三三九頁上一二行夾註右第三字「飢」，經作「飣」。

一三三九頁上二三行夾註右第四字「㒿」，經作「懾」。

一三三九頁中九行夾註右末字「厶」，經作「玄」。

一三三九頁中一一行夾註右「肝矩肝俱」，經作「吁矩吁俱」。

一三三九頁中一九行夾註左「非比用」，磧、普、經作「非此用」。

一三三九頁中末行夾註左「不止」，經作「不止也」。

一三三九頁下八行首字「捻」，經作「捻」。

一三三九頁下一〇行夾註左第六字「縣」，經作「派」。

一三三九頁下一六行夾註右「或言」，經作「或云」。

一三三九頁下一九行夾註「音莫死也」，經作「音莫死切」。

一三三九頁下二〇行夾註右「初怨反」，經作「初覲切」。

一三四〇頁上二行夾註右第一二字「土」，經作「王」。又左第二字「養」，經作「瀁」。

一三四〇頁上五行夾註右「胡代」，經作「胡代切」。

一三四〇頁上一〇行夾註右「正也」，普、經作「止也」。

一三四〇頁上一一行夾註左「儓儡」，磧作「豈儡」，經作「儓磊」。

一三四〇頁上一二行夾註右「土痕反」，普作「土痕反」。

一三四〇頁上一四行夾註右「他弔反」，普作「丑弔反」。

一三四〇頁上一八行夾註右第三字「賤」，經作「濺」。又左第八字「前」，經作「湔」。

一三四〇頁上二一行夾註「諄閏之純二反」，經作「諄之純切」。

一三四〇頁上二三行夾註左第一二字「此」，經無。

一三四〇頁中二行首字「享」，經作「享」。又夾註右第三字「亩」，經作「畗」。

一三四〇頁中四行夾註左「捷也」，經作「又捷也」。

一三四〇頁中五行夾註左末字「雜」，

徑作「雜也」。

一 三四〇頁中六行夾註左首字「又」，徑作「文」。

一 三四〇頁中一〇行夾註右第一三字「子」，普作「于」。

一 三四〇頁下八行夾註右「則飢反」，徑作「側飢切」。

一 三四〇頁下一五行夾註左首字「瞪」，徑作「瞪」。

一 三四一頁上九行夾註右「呼萌反」，徑作「呼葫切」。

一 三四一頁上一二行夾註左「厓背」，普作「厓背」。

一 三四一頁上二三行夾註右第三字「唵」，磧作「蝕」。

一 三四一頁中八行夾註右「茫各反」，徑作「茫落反」。

一 三四一頁中一〇行夾註右第六字「雍」，磧作「癰」。

一 三四一頁中一七行夾註左第八字「龍」，磧、普、徑作「嚨」。

一 三四一頁中二二行夾註左第四字「作」，普、徑作「体」。

一 三四一頁下一七行夾註右「子曰」，普作「予曰」。

一 三四一頁下二三行夾註右第三字「攝」，徑作「搗」。

一 三四二頁中二行「愚惷」，磧作「愚惷」。又夾註右「丑絳敕容二反」，徑作「涉絳刺容二切」。

一 三四二頁中一〇行夾註右第七字「講」，徑作「講」。

一 三四二頁中一二行夾註左「千結反」，徑作「斗結切」。

一 三四二頁下二行夾註左第九字「顯」，徑作「顯」。

一 三四二頁下七行夾註右「時悅反」，徑作「昌悅切」。又左第一二字「欲」，徑作「欲」。

一 三四二頁下一五行夾註左首字「溲」，徑作「螋」。又「求俱反下所誅反」，徑作「巨由切螋所鳩切」。

一 三四二頁下一七行夾註左第四字「眶」，普、徑作「眶」。又末字「義」，徑作「義也」。

一 三四二頁下二〇行夾註右「虀虀」，磧、普作「虀薴」。

一 三四三頁上七行首字及夾註右末字「懂」，磧、普、徑作「懂」。

一 三四三頁上一〇行夾註左第一〇字「之」，徑無。

一 三四三頁上一三行夾註左第一〇字「之」，徑作「非」。

一 三四三頁上一六行夾註右第一二字「䂓」，磧作「䂓」。

一 三四三頁上二一行夾註右末字「也」，徑無。

一 三四三頁中一行夾註右第三字「相」，磧、普作「祚」。

一 三四三頁中九行夾註左第六字「皴」，徑作「皴」。又「土約反」，普作「七約反」；徑作「七約切」。

一 三四三頁中二二行夾註左「此人」，磧、普、徑作「北人」。

一 三四三頁下四行夾註右「私隹反」，徑作「私隹切」。

一三四三頁下一一行夾註左「吒吒」，磧、普、徑作「叱吒」。

一三四三頁下一六行夾註左第八字「護」，普、徑作「護」。

一三四三頁下一九行夾註「莫下反」，徑作「莫丁切」。

一三四三頁下二一行夾註右第一二字「人」，磧、徑作「又」。

一三四三頁下二二行夾註左第四字「托」，徑作「狂」。

一三四三頁下二三行夾註左首字「籠」，徑作「籠」。又「大匡」，磧、普、徑作「大筐」。又「反⿸厂各反」，普作「反各反」，徑作「反各切」。

一切經音義卷第二十一 大乘經 鷹六

唐大慈恩寺翻經沙門玄應撰

大菩薩藏經 大方等十輪經

說無垢稱經 解深密經

分別緣起經 能斷金剛般若經

菩薩戒本 稱讚淨土佛攝受經

佛地經 勝軍王經

記法住經 六門陀羅尼經

般若波羅蜜多心經

大菩薩藏經第一卷

薄伽梵 扶縛反義摠衆德至尚之名也餘則不介故諸經首皆置此名舊言婆伽婆訛也

室羅伐 尸逸反舊經中言舍衛國或作舍婆提城又言憍薩羅皆一也此云聞者城十二遊經云僧物不有國法舊經言聞物國善見律云多有國言多有聰明智慧人及諸國珍奇皆歸此國故云多有其義一也又舍衛者是人名昔有人居住此此往古有王見此此好故乞立為國以此人名号舍衛國又云仙人往處皆古名也在中印度境

天魔 莫何反書無此字譯人義作梵言魔羅此翻名障能為皆道作障礙故亦言殺者事行放逸斷慧命故或云惡者多愛欲故也

阿素洛 舊云阿修羅又云阿須倫皆梵言訛轉也此云不酒又言陣藏亦云非天至如鬼神雜受福者印度亦通名天非天者以共三十三天闘競故別標名又最勝者名天劣者非天

藥叉 舊名夜叉又云閱叉一也此云能噉謂食衆人也或云傷者謂傷害人也

摩揭陀 渠謁反舊云摩伽陀或言摩竭陀又作摩竭提皆梵言轉耳摩伽此云露陀此云處名甘露處國上古諸天共阿脩羅鑽海水甘露安置此國故以名焉又摩竭陀是人名住昔有人於此作功德得生天上遂本為名亦言善勝國又名星處國也

鷲峯 梵言姞栗陀羅矩吒山此云鷲峯或鷲臺言此山頂栖鷲鳥又類高臺也舊云耆闍崛山者訛略也姞音渠乙反崛音俱勿反

僧伽胝 陟尸反舊言僧伽梨此云合謂割之合成也又云重謂重作也王宮聚落著之伏外道衣

憺怕 徒濫反下普白反憺安也憺然安樂也怕靜也謂恬然寂靜也憺怕無為自恬也

無撓 乃飽反擾也亂也字從手廣雅撓

安繕 覩戰反謂青紫色也

帝青 是帝釋寶青色也以其最勝故稱帝釋青也

天弓 亦言帝弓即天虹虹音胡公反俗云鮮出鮮盛者名虹暗昧名蜺蜺音五奚反

末尼珠 摩鉢反舊言摩尼謂珠之揔名也

喬荅摩 借音渠憍反舊言瞿曇訛之轉也此有三義一名日種二名牛糞種三名泥犁種也

狻猊 蘇桓反下五奚反爾雅狻猊如虦猫食虎豹郭璞等注皆云即師子也穆天子傳云狻猊走五百里是也梵言僧訶僧借音私蠅反鐵仕飯反

儱圇 勒龍反爾雅儒均也謂香等也又作蠕俗字

網鞔 莫縈反蒼頡篇覆也今亦謂覆蓋物為鞔或作縵漫二形借字也

雙跖 又作蹠同之石反說文跖足下也

瞿拉坡 郎荅反下普何反謂兩踝骨也

那庾多 以主反舊言那由他十百俱胝名阿由多百阿由多名那庾多此數當千億也

諸蘊 於粉反梵言塞建陀此翻名蘊猶積聚義也說名為薀字從草薀聲

末摩 此云死節言人身中有此節也謂若打若搏人即死也

癡瞽 公戶反無目謂之瞽目瞽瞽然目平合如鼓皮也

餤摩 以膽反或作琰摩雙之縛也舊云閻羅又云閻摩羅此云縛或言雙世謂苦樂並受故云雙也即鬼官摠司也又作夜磨盧迦亦作閻摩羅社閻摩此云雙羅社此云王兄及妹皆作也王凡治男事妹理女事故曰雙王也

六處 梵本云阿也但那此云處謂出生處所舊名入失之耳梵云鉢緋咲含此云入

惛耄 呼昆反下莫報反說文惛不了也廣雅惛癡也耄忘亂也

摩納婆 又言摩納縛迦此云儒童舊言摩那婆或作那羅摩那又作摩納翻為年少淨行五分律名那羅摩納譯為人皆一也

異生 愚異生也言愚癡闇冥不生無漏故也舊言小兒別生以癡如小兒也成作小兒凡夫又作嬰愚凡夫義皆一也有作毛道凡夫或作毛頭凡夫者失之久矣

蒱荼羅 馳家反謂屠殺者種類之總名也舊云旃陀羅訛也

被弶 渠向反字書云施罥於道曰弶今取獵家施弶以取禽獸者共形似弓也

第二卷

健達縛 渠建反此云食香以香自資故亦言香行或云嗅香又言香神近是也居香山或身有異香言樂神者義譯也舊云乾闥婆亦作乾沓和皆國音之不同也

揭路荼 渠竭反此云金翅鳥舊言迦樓羅或作伽樓羅訛也

緊捺洛 奴葛反歌神也頭作馬頭亦言是人非人舊云緊那羅或作真陀羅皆一也

牟呼洛 或作莫呼此云大腹行即蟒神也一云大有行龍舊言摩睺羅伽又云摩休勒訛也

嗢鉢　烏沒反舊言優鉢羅此云黛花也

鉢特　徒得反舊言波頭摩又作波頭暮此云赤蓮花也

卍

拘貿　莫候反舊言拘物頭或作拘物陀此云地喜花也

奔荼　宅加反舊言芬利亦作分陀利此云白蓮花也

覩史多　都古反舊云兜率陀或作兜駛多此云知足天亦云妙足天也

四洲　之由反介雅水中可居曰洲言水中平地可居者也

殑伽沙　渠陵反舊云恒河此河從無熱惱池東面象口而出也

布怛那　都達反舊云富單那或作富多那此義言臭是餓鬼中勝者也

没特伽羅子　徒得反此云綠豆子乃從母爲名出家侍佛左邊舊云目犍連者也

舍利子　梵言奢利富多羅或言舍利弗多羅此梵音轉耳舍利母名眼之青精名舍利又母眼似鶖鴒眼因以名爲經中或言鶖鷺子者一義也

所嬈　奴了反嬈惱也說文嬈擾也三蒼嬈弄也

蹶失　居月反居衛二反謂驚駭急疾之貌也

靜慮　舊言定說文靜審也安也息也慮思也

匱乏　渠媿反匱乏也亦竭也乏少也

三摩地　舊言三摩提也此云等持也

柁那　徒我反此云施波羅蜜多此云到彼岸舊云檀波羅蜜也

鄔柁南　烏掀反下徒我反此云自說舊言鬱陀那

三卷

鄔波索迦　或言優波娑迦近侍也言優婆塞者訛也此云近善男亦云近宿男謂近三寶而在宿也或言清信士善宿男者義譯也

鄔波斯迦　或言優波賜迦此云近善女言優婆夷者訛也

羯羅頻伽　居謁反或作迦陵頻伽此云好聲鳥也

庭燎　徒經反下古文燎同力照反周禮供墳燭庭燎鄭玄曰墳大也樹於門外日大燭門內日庭燎天子百公五十侯伯子三十也

瞻部捺陀金　奴葛反或作剡浮那他金舊云閻浮檀金名一也但囉部樹半臨陸地半臨海中此海水底有金也面水極深然金色微出水上若轉輪王出世諸夜又等神取此金將來博易故人閣有之若著閣中閣色則滅也那他此言江亦云海也

蘇揭多　渠謁反舊言修伽陀或作修伽度亦作修伽多此云善逝即如來德之一號也有三義一護數二不迴三圓滿也

目脂隣陀山　舊言月與隣陀或作牟真鄰陀此云嚴也

鮮支　私延反纂文云白鮮支絹也亦名縞也

瞻博花　舊言蕭擻迦或作詹波花亦作瞻匐又作占婆花皆方夏之差耳皃云金色花大論云黃花樹也樹形高大花亦甚香其氣逐風彌遠也

蘇末那花　摩鉢反舊言蘇摩那花色黃白亦甚香不作大樹饒高三四尺四垂似蓋

婆使迦花　舊言婆師迦或云婆師波利花此云夏生護花也

颯然　蘇合反疾貌也廣雅颯颯風也風吹木葉落聲也

第四卷

幖幟　比遙反下古文作徳同昌志反通俗幑號曰幖私記曰幟廣雅幟旛也亦頭識也

灰燼　似刃反說文謂火之餘木也方言自關而西秦晉之間炊薪不盡曰燼也

第五卷

隍池　胡光反蒼頡篇隍城下坑也說文城池有水曰池無水曰隍也

第六卷

謇吃　居展反下居乞反通俗文言不通利謂之謇吃古文作卷謇二形非是也又作切同居展反方言謇亦吃也楚人語也下古文欯同居乞反謂重言也

詷疾　徒貢反纂文云詷謂急也通俗文言過謂之說詷誋音巃貢反也

塵黷　徒墨反蒼頡篇云黷垢也聲類黷黑也廣雅黷蒙也

魯鈍　盧古反論語參也魯孔安國曰魯亦鈍也

黃鸝　又作鸝同力斯反方言倉庚自關而西謂之鸝黃或謂之黃鳥或謂之楚雀廣志作黃鸝留黃異名也

第七卷

諠譁　古文擐藹二形今作諠同虛元反下音花諠譁聲也謂言語亂聲譊譊也譊音女交反

詇諂　以朱反周書面從曰詇不擇是非而言謂之詇希其意道其言謂之諂也

矯飾　飢小反矯謂假詐不實也

矜伐　居陵反矜謂自尊大也自賢曰矜也

圂豬　胡困反說文圂廁也蒼頡篇圂豕所居也

祇仰　旨時反字林祇敬也

關鍵　古文闢鍵二形同奇蹇反方言關東謂之鍵關西謂之鑰鍵牡也

親昵　又作暱同女乙反尒雅昵親近也昵至也親昵者[illegible]數也[illegible]音[illegible]記反

桎梏　之逸反下公毒反在手曰桎在足曰梏亦即杻械也春秋疏曰桎梏俱名爲械

刖足　古文跀[illegible]二形同魚厥五刮二反刖斷足也廣雅刖危也謂斷足則危也

阿遮利耶　此云軌師書吉阿闍梨或作阿柢利[illegible]云正行謂於耆法中教授令知也

紆鬱　伊于反說文紆屈也紆縈也曲也鬱哀思也心不安也

貶退　碑儉反詩云我位孔貶箋曰貶墜也[illegible]損也減也

車路　[illegible][illegible]反[illegible][illegible]云古者車[illegible]居言行所以居人也下又作輅同盧故反言所以步之於路也

邀請　於遙反邀呼召也亦求也

薩伐若 而者反此云一切智舊言薩婆若

䬪餬 徒奚反下戶孤反通俗文酪酥謂之䬪餬酥酪精醇者也

皓齒 胡老反小介雅云皓白也

第八卷

鄔波杝耶 徒我反舊言和尚或言和闍皆訛也此云親教亦云近誦以弟子年小不離於師常遠常近受經而誦也又言知有罪知無罪也

惡癘 又作癩同力太反說文癘惡疾也

埏埴 式延反下時力反埏柔也和也擊也埴土也黏土曰埴

毃觸 古文㱿敲捧三形同宅庚反敲挂

馲駝 力各反又作橐音託知水泉所出負千斤者也

呵嗷 乎邊反嗷謂怒聲也

同剉 千卧反說文云剉斫也

壓笮 於甲反下側格反笮亦壓也今謂以槽笮出汁出

寱言 魚世反通俗文云夢語謂之寱聲類云眠內不覺妄言也

愚憃 都降反說文憃亦愚鈍也無知專愚曰憃也

第九卷

逆旅 力擧反左傳保於逆旅杜預曰逆旅客舍也

中夭 又作殀同於矯反說文屈也折也字從大象形不申也不盡天年謂之夭也

鳥大

杜多 舊言頭陀此云斗藪亦洽一義云浣沐又亦言斗藪是一義也

六

栽櫱 古文𣡌櫱木三形今作櫱同五割反尒雅櫱餘也再也言木餘再生櫱也

第十卷

山狖 餘究反說文禺屬善旋蒼頡篇云似猫據鼠出河西似獼猴而大蒼黑色江東養之捕鼠爲物捷健也

蜫虫 古文蚰同古魂反禮記蜫蟲未蟄鄭玄曰蜫明蟲者陽而生陰而藏者夏

小正曰蝦小蟲也蝸蠅也蝿蝿蠓尒蟲動也

不肖 先妙反廣雅肖似類也說文骨肉相似似曰肖今言不肖者謂骨肉不相似類不似其先也謂倖孫者也字從肉倖女耕反

綺繪 又作繢同胡憒反疏文有文曰綺五彩曰繪繪畫也

第十一卷

忿懟 直類反尒雅懟怨也謂忿懟之怨怨恨也

口噤 古文唫同渠飲反閉口不開爲噤也

矛矟 又作鉾𢦯二形同莫侯反下山卓反說文矛長二丈矟丈八尺或作槊𥟖字也

第十二卷

驍勇 古堯反廣雅驍健也勇急也說文良馬驍名也壯

勍敵 渠京反左傳勍敵之人也預曰勍強也廣雅勍武也

親姻 一仁反介雅壻之父曰姻爲也文賀家女之因故曰婣也

郊野 音交尒雅邑外謂之郊同馬法云王國佳近郊之地邑外爲郊曰司周禮以宅田百里爲郊二百里爲州三百里爲野

憤恚 扶忿反蒼頡篇憤滿也亦盈也下於避反說文恚恨也舊言皆佉或言芜霜或作佉竭此云具傳

商佉 霜詞反又作㗃音同耳言商佉蠡或言商佉亦季充轉作反盛也

不遑 胡光反又作偟同胡光反爾雅遑暇也廣雅遑急也

鳥大

窣堵波 蘇骨反一或作蘇覩波此云廟或云浮圖佛塔也舊言塔婆又作塔七

鳥曇跋羅花 梵言烏曇跋羅此云祥瑞靈異故其花希有如優曇花時一現也

何羅怙羅 言怙羅者月名也以羅睺羅佛子名羅怙羅因月蝕時生故言阿羅怙羅手障月故言羅睺羅中年一在胎由佛所由現在又七住在者皆曾

第十三卷

法祠 作國王不飢渴受苦以似山七日王不得食七在出家大鼓法反祠也謂似法祠也

鳥瑟膩沙 項骨涌起自然成髻是也或作鬱瑟尼沙又作溫瑟尼沙上依經云

師傅 方務反以傳示附之曰傅也近也審也父子君臣之道也渠衣反廣雅祈求也

祈請 渠衣反廣雅祈求也

館舍 古亂反說文客舍也周禮五十里有館館有積以待朝聘之客也字從食今亦作舘

臧賕 又作贓同子郎反下音求說文賕枉法相謝也受財以求也

或䶢 此又作劓同五介反齒相切也

或吮 徂兗反說文吮嗽也

調譺 徒吊反下牛吏反說文譺欺調也

窣堵波 此云廟或云浮圖亦云方墳舊言塔婆或斗藪婆皆訛也又作塔

依泊 蒲各反泊止也謂舟附岸曰泊

時縛迦 此云命能活也舊言者婆亦言時婆皆訛也

資稸 又作畜同勅六反稸積也

芳著 古文作蒼謂馥香也

仇疋　古文逑同渠牛反爾雅仇疋也相疋謂也

苦綸　力出反約繇日綸綸師也

亭館　徒令反獎家因本十里一亭亭留也

纔出　在哉反廣雅纔暫也僅也不及也

第十五卷

摩訶諾伽那力　謂羅身大力神名也

爲大

阿末羅　摩鉢反舊言菴磨羅果亦作阿摩勒果其葉似小棗花亦白小果如胡桃其味酸而且甜可入藥分經中言如觀掌中著也

三摩呬多　虛利反此云等引謂引諸功德也

三摩半那　欲入定時名三摩鉢底正在定中名三摩半那也

第十七卷

不訥　古文作吶同奴骨反說文訥難言也謂遲鈍曰訥也

第十八卷

梗澀　加杏反梗強也字林山榆一名梗有刺如棘也

闠闠　古文作繪同余踊反說文闠闠下仕也

補特伽羅　徒得反此云數取趣言數數往來諸趣也

詭詐　居毀反謂變詐不實也廣雅詭欺也

制多　舊言脂帝浮圖或云支提皆訛也此云聚相謂累石高以爲相也皆可供養處也或初生成道說法處也

饕餮　古文叨飽二形同他高反下又作餮同他結反說文饕貪也貪財曰饕貪食曰餮

第十九卷

能擐　胡串反又音公患反國語服兵擐甲賈逵曰擐甲衣甲也左傳擐甲執兵杜預曰擐貫也

瑜伽　以朱反此云相應謂一切乘境行果等所有諸法皆名相應師

師地　謂觀行人也即十七地出

諒難　今作亮同力尚反尒雅諒信也

第二十卷

羯利沙鉢那　亦作迦利沙鉢拏聲之轉也鉢拏此云銅錢十六鉢拏爲一迦利沙鉢拏

爲大

蚩青　昌夷反小尒雅云蚩蟲也雅蚩輕侮也字從山蚩也　九

足趾　音止字林趾足也釋名云足一止進一止因以爲名也

馱都　徒銖反謂堅實也則如來體骨舍利之異名耳

大乘十輪經第一

佉羅帝耶山　或云佉羅提耶山或云佉羅帝山皆一也此云驢林山

牟尼仙　莫侯反舊言文尼又作茂泥皆訛也此云寂默亦翻名仁又言智者此亦仙義又在山林修心之處昔名仙人義通內外不惟身道

頻跋羅　蒲沫反或作頻婆羅佛本行經云百恆迦羅名頻婆羅此數名十先也

激輪　古狄反流急曰激說文邪流急者也

三兆　直矯反數名也十億曰兆十兆曰京黃帝筭有三品或十億百億千億也

疫癘　營壁反下又作痢同力制反人病相注曰疫癘釋名云癘病氣流行中人如磨稱傷物也疫役也言有鬼行役役不住也

畢舍遮　舊言毗舍闍又作噉含遮鬼名也餓鬼中靡者也亦言癩狂鬼也

羯吒布怛那　舊言竭吒富旦那此云極臭鬼或言奇臭鬼也

豐稔　而甚反字林禾熟曰稔稔亦秊也皆取一結之名也

奧闍訶洛鬼　鳥報反此云吸人精氣鬼也

剡魔　有作琰魔同以冉反舊名閻磨羅亦依閻羅皆一也此云雙世竊謂苦樂並受号之爲雙

識蒲　初蓤反

羯降　轄舌聲

菴摩　施感反

插婆　初洽反

睒摩　式冉反

刺惹　勒葛反下而者反

吠䅥　借音盧優反

伐折　脂列反

帝昵　借音尼吉反

鄔波　烏古反

野娜　奴可反

菂謎　莫計反

弭䅥　亦尒反

黳羯　烏奚反

癉綻　都賀反

敧秖　徒孟反

弥李　轄舌聲

齲盧　隈禹反

遏梨　烏曷反

滸盧　呼古反

第二卷

聰喆　又作哲嚞二形同知列反尒雅哲智也方言齊宋之間謂知爲哲哲明了也

乘馭　今作御同魚據反駕馭也謂指麾使馬也凡言馭者所以驅之也內之於善也

誣罔　武于反說文加言也亓欺也以惡取善曰誣

瘨癇　都賢反下技間反廣雅瘨狂也風病也聲類云癇小兒瘨也

平恕　尸預反蒼頡篇恕如也聲類仁心度物曰恕

所薦　祖見反尒雅薦進也陳也進上陳列也

爲六

生嫡　丁歷反主嫡也字書嫡正也公羊傳曰嫡以長者何謂嫡夫人之子尊無與敵　十

珥璫　如志反蒼頡篇珥在耳也耳璫垂珠者也

索訶　桑各反舊言娑婆或作娑訶此云堪忍亦言雜會世界也

羯洛迦孫馱　舊言拘樓孫此云作用莊嚴也

羯諾迦牟尼　舊言拘那含牟尼此云金寂也

羂茘多　補義反舊言辟茘多或作閉黎多皆訛也義是其初餓鬼最劣者也

謫罰　都革反字林謫過責也通俗文罰罪曰謫廣雅罰折伏也

猜貳 而志反貳之言二也介雅貳疑也言有二心皆疑也猜妻來反疑也
疇咨 直流反下子辭反說文疇誰也咨嗟歎之辭也說文咨謀事也
會饡 此云百舌鳥雄鳥也若言會剌饡鳥也
珍饌 說文作籑同仕眷反具食也亦飲食也
乳哺 蒲故反哺含食也哺食也
幽縶 又作馽同知立五縶絆也拘執也

第三卷

亘窮 古鄧反詩云亘之秬秠注云亘遍也亦竟也
蘇跋陀羅 舊言須跋陀羅此云善賢亦剩多盧劉反此云善樂樂音五教反也
濱海 亡緶反海之別濱也如渤澥等也北濱有魚是也
豔色 又作豔同餘贍反方言秦晉之間謂美為豔豔亦光也
鵝鶩 又作[illegible]同一是反余[illegible]鶩雀[illegible]郭璞[illegible]云即[illegible]鶩也

第四卷

覘覘 勑廉反覘謂窺視也覘亦伺也候也左傳公使覘之是也
號呴 又作吽吼三形同呼苟反廣雅呴鳴也嘷也
目挑 他堯反聲類挑抉也謂以手抉取物也抉音於九反
趨藍婆 去謁反舊經云阿羅此云強也
拏挐 說文作挐挐同仕行反下女東反髮亂也不茂亦曰拏

鴉六 十一

挂其 古文作卦同古賣反廣雅挂懸也
兩脛 又作踁同賢定反說文脛胻也音下孟反江南呼脛為胻山東曰胻 敲敲音丈孟反
摑足 莫昆莫本二反聲類云摑撲也字林摑撫持也

第五卷

寇敵 口候反尚書寇賊姦宄[illegible]曰寇謂群行攻剽者也說文寇暴也

愚惷 雅証抄也剩音芳妙反也丑降反說文惷愚也蒼頡解諸云惷愚無所知也亦鈍也

第六卷

嬰纏 於盈反說文嬰繞也漢書嬰城圍守音義曰以城自繞者也
營耨 說文又作鎒同乃候反除田器也名鎒似鋤耨禾也鑮音久高反

第七卷

磣毒 又作慘同初錦反磣惡毒害也
呵叱 齒逸反方言叱呵怒也陳謂之呵叱亦呵也
舌舓 又作舓同其蔭反牛舌病也或作㾏非也
毗攝 浮 舊言毗攝羅亦云隨葉浮佛此云種種變現也
懇切 古文詎同口很反通俗文至誠口懇懇堅忍也
盧至 舊言樓至佛此云可愛樂最後佛也

說無垢稱經第一卷

菴羅衛 舊云菴羅樹園即菴羅婆安以園梵佛仍本爲名也言菴者此女昔常守衛秀護此園林
澍甘 之節上句一反時雨也謂潤生百穀者也借以喻之也
方術 胥聿反法也又邑中道曰術術通也
離咕種 昌緣依書書韓韓斗又作栗昌隸作緣昌又作御車皆訛也此云仙族王種也
希夷 聽之不聞曰希視之不見曰夷言無聲曰希無色曰夷也
持髻 舊經云螺髻者梵本無譯人義立耳
隧級 辭醉反下音急掘地通路曰隧隧徑也聲類延道也級階次也寀西域如此方古井擲地為隧施安陛級入中取水也舊言丘井者非當楚名故佉元本譯也

第二卷

八無暇 遐嫁反言八難之時無有閑暇可會道業也
迦遮末尼 舊言迦柘拓之柘反此云水精
竚立 又佇同除吕反又也謂久立也

第三卷

得瘥 七懈反除也
瘉六
病愈 古文瘉同臾乳反方言差愈也說文愈病瘳也
黿鼉 魚袁反下徒多反三蒼黿大鼈也鼉似蜥而大山海經云江水足鼉郭璞曰[illegible]蛤暢大者長一丈有鱗彩可以為鼓也

十二

第四卷

毗柰耶 舊言毗那耶亦云毗尼皆訛略也此云離行行亦道也謂此行能離惡道也亦翻為滅分得也言調伏化度者義調也此有三義一引裁義如十利等功德為此法所引載也二調直義能令身口二業調伏正直也三上勝地義從戒上定乃至上四沙門果地也
鰥寡 古頂反稱名云無妻曰鰥無子曰獨言鰥人愁悒不寐目常鰥鰥然如魚眼不閉故字從魚
茵蓐 又作鞇同於人反說文車中重席也釋名云文鞇車中坐者也用虎皮爲之有文彩因以下與相連著也三蒼蓐薦也
傍生 梵言吉利藥住尼亦云帝利耶瞿捨泥伽此云傍行舊翻為畜生或言禽獸者分得仍未摠該也
驚悸 古文尊同其季反字林悸心動也說文氣不定也
猜疑 古文喊猜二形今作猜同麤來反猜亦疑也廣雅猜懼也

第五卷

詢求 私遵反詢問也諮觀為詢均同經咸之議也

師捲 又作拳同渠員反指握爲拳譬喻也言師之匠物不如捲之執握吝而不訛也

第六卷

夷塗 弋之反說文夷平也亦常也

擔山林 梵言揭地羅舊言佉陀羅南地多饒此木也

協同 又作旪叶二形同胡頰反爾雅協和也合也亦同也

輕蔑 又作懱同莫結反說文懱謂相輕傷也

應大

十三

解深密經第一卷

蠹羅綿 或作都羅上都路反舊言兜羅綿皆一也

餧餬 徒奚反下戶孤反謂酥酪之精醇者也通俗文酪酥謂之餧餬是也

第二卷

大青 梵言摩訶泥羅亦是天帝所用莊嚴寶也

末羅羯多 莫鉢反亦言摩羅伽多綠色寶也大論云出金翅鳥口邊能辟諸毒也

毗濕縛藥 此云有種種功能藥也

婆羅痆斯 拏黠反舊言波羅奈或作波羅奈斯又作婆羅捺寫皆一也

第五卷

誕生 達坦反詩云誕弥厥月傳曰誕大也

分別緣起經上卷

能斷金剛般若經

傴曲 力矩反廣雅云傴曲也言脊不伸傴僂也

誓多林 時制反舊言祇陀或云祇洹皆訛也此云戰勝波斯匿王之子也當生之日王破敵軍因以名也

對面念 念即定也慧也定慧黙境其緒對面也

抆淚 古文㨉同亡粉反廣雅抆拭也作捫莫奔莫本二反聲類云捫摸也兩通

羯利王 居謁反舊言迦利王或作迦藍浮王皆一也此云鬬諍王

鄔波尼殺曇分 烏古反又言優波尼沙陀反此數之極也

菩薩戒本

矚耳 之欲反國語怨國人屬耳目於我韋昭曰屬注也漢書音義曰屬近也詩云耳屬于垣是也

劓鼻 古文劓同魚器反說文劓決鼻也劓也謂割去其鼻也

聑耳 讓記反廣雅聑截耳也

紛聒 古活反讙聒也蒼頡篇聒擾鬧耳孔也

管御 公緩反關主曰管駕善曰御

稱讚淨土經

阿泥律陀 舊言阿那律或云阿㝹樓馱此云無滅又云如意往昔曾施辟支佛一食人天受樂于今不滅所求如意故以名也

阿濕摩揭婆 渠謁反或作阿舍磨揭婆此云石藏或是虎魄

牟娑洛揭婆 或言目婆羅伽羅婆此云碼碯經論中或云車渠也

鷲鷺 七由反下盧故反鷲大鳥也其羽鮮白鷺白鳥也即白鷺也

羯羅頻迦 舊云迦陵頻伽又作歌羅頻伽此云好音聲鳥也

加祜 古文閻佔二形同胡故反字林祜者助也

佛地經

應六

眇然 弥繞反廣雅眇實也眇遠也遠視然寂寞不知邊際也

十四

所都 都當胡反字林有宗廟先君之主曰都城郭之城曰都又人之所聚曰都

示教勝軍王經

倡優 齒揚反說文倡樂也蒼頡篇倡俳也優樂也諧也藝笑之伎也謂樂人所爲戲笑自怡悅也

綺帊 又作帊同疋亞反廣雅帊幞通俗文兩複帊也

錦衾 祛金反字林衾大被也

駿馬 子閏反穆天子傳曰天子之駿走百野駿曰馬之美稱也說文駿馬才良者也

瞑目 莫靈反說文瞑翕也爾雅翕合也

捭手 卑買反謂擘手附身也廣雅捭除也

日暴 蒲穀反暴曬也說文暴晞乾也字從日從出從廾米字意也廾音巨恭反

兩漬 在賜反通俗文水浸曰漬漬潤漚也

霜封 府龍反封厚也固也亦緘撿之也

筋骨 居欣反說文肉之有力者曰筋字從竹

徇利 辭俊反蒼頡篇云徇求也廣雅徇營也

如來記法住經

拘尸 舊經中或作拘夷那竭又作究施城那者以梵言那伽羅此云城也譯言上茅城者多有好茅故也

枯槁 古文槁稾文作槀同苦道反槁木枯也

阿輸迦 此云無憂或言阿育者訛略也是阿闍世王孫也

訕謗 所姦反蒼頡篇云訕誹也廣雅訕謗毀也

六門陀羅尼經

讖謎 初蔭反下莫閉反

跋迭 徒結反

十五

隸鑠 書研反

達㑂 女結反

阿剌 盧葛反

般若多心經

揭帝 渠謁反

莎呵 蘇和反

一切經音義卷第二十一　　陽六

一切經音義卷第二十一（别本）

校勘記

一　底本，明永樂南藏本。

一　三四八頁上一行經名，徑作「一切經音義卷第二十二」。卷末經名同。

一　三四八頁中六行夾註左「王名」，普、徑作「王宮」。

一　三四八頁中八行夾註左「自荷」，普作「自持」。

一　三四八頁中一五行夾註「泥犁種」，磧、普作「泥種」；徑作「泥土種」。

一　三四八頁中一六行夾註左第一〇字「則」，徑作「即」。

一　三四八頁中二二行夾註右「翼王反」，普作「翼主反」；徑作「翼主切」。

一　三四八頁中末行夾註左「說名」，徑作「說文」。

一　三四八頁下六行夾註左「鉢維吠舍」，磧、普、徑作「鉢羅吠舍」。

一　三四八頁下一八行夾註左「舊云」，磧作「舊言」。

一　三四九頁上九行夾註右末字「名」，磧作「也」。

一　三四九頁上一一行夾註右第五字「又」，徑作「又名」。又左第五字「或」，徑無。

一　三四九頁上一九行「三卷」，磧、普、徑作「第三卷」。

一　三四九頁上末行夾註右第七字「橑」，普作「[礻尞]」。

一　三四九頁中三行夾註左第三字「面」，磧、普作「而」。

一　三四九頁中末行夾註左第八字「攲」，磧、徑作「欹」。

一　三四九頁下一行夾註右第八字「謂」，普作「詷」；徑無。

一　三四九頁下一四行夾註右「閫揵」，普作「閫犍」；徑作「閒鍵」。

一　三四九頁下一五行夾註右第三字「瞖」，徑作「瞖」。

一　三四九頁下二一行夾註左「貶捐也」，普作「貶損也」。

一　三五〇頁上六行夾註右第九字「逐」，徑作「遠」。

一　三五〇頁上九行夾註左末字「拄」，徑作「拄也」，

一　三五〇頁上一三行夾註右「側格反」，徑作「側駕切」。

一　三五〇頁中一一行夾註「杜頨」，徑作「杜預」。

一　三五〇頁中一二行夾註右「姻爲」，普、徑作「爲姻」。

一　三五〇頁下一行夾註左第八字「同」，經作「因」。

一　三五〇頁下一一行夾註左第五字「吉」，經作「告」。

一　三五〇頁下一四行夾註右首字「頭」，磧、普、經作「頡」。又左末字「脉」，經作「賕」。

一　三五〇頁下二〇行夾註左「附身」，磧、普、經作「附舟」。

一　三五〇頁下二三行夾註左首字「著」，磧、普、經作「羞」。

一　三五一頁上三行夾註右「因奉」，普、經作「因秦」。

一　三五一頁上一六行夾註右「此云」，經作「舊云」。

一　三五一頁上二三行夾註右「懷甲」，磧、普、經作「擐甲」。

一　三五一頁中二行夾註右末字「地」，經作「也」。

一　三五一頁下一行夾註「轉舌聲」，經作「轉舌切」。

一　三五二頁上六行夾註右「知立五」，普作「知立反」；經作「知立切」。

一　三五二頁上八行夾註右「蘇剌多」，經作「亦云蘇剌多剌」。

一　三五二頁上一二行夾註右「一見及」，磧、普作「一見反」；經作「一見切」。

一　三五二頁上一六行首字「目」，普、經作「自」。

一　三五二頁中二行夾註右「尹降反」，普作「丑降反」；經作「陟降切」。

一　三五二頁中五行夾註左首字「名」，經作「釋名」。

一　三五二頁中八行夾註左「陣謂之呵叱亦呵也」，經無。

一　三五二頁中一一行夾註左「至誠口懇懇」，經作「至誠也懇切」。

一　三五二頁中一六行「澍甘」，經作「甘澍」。又夾註右「一反」，普作「二反」；經作「二切」。

一　三五二頁下二二行夾註右第三字「職」，普、經作「職」。

一　三五三頁上六行夾註右「莫結也」，經作「莫結切」。

一　三五三頁上末行夾註左「二分」，經作「二切」。

一　三五三頁中二行夾註左「沙陀反」，經作「沙陀分」。

一　三五三頁中八行夾註右「么活反」，磧、普作「公活反」。

一　三五三頁中一七行夾註右第三字「閤」，經作「閤」。

一　三五三頁中二二行夾註右「能也」，磧、普作「俳也」。

一　三五三頁下五行夾註右第一二字「包」，經作「也」。

一切經音義卷第二十二 大乘論 應十

唐大慈恩寺翻經沙門玄應撰

瑜伽師地論 大唐新譯

第一卷

瑜伽 羊朱反此譯云相應一切乘境行果等所有諸法皆名相應境謂一切所緣境此境與心相應故名相應行謂一切行此行與理相應故名相應果謂三乘聖果此果位中諸功德法更相符順故名果相應

師地 師謂三乘行者由聞思等次第習行如是瑜伽隨分滿足展轉調化諸衆生故名瑜伽師師謂教人以道者之稱也舊經中言觀行人者也地謂所界所依所行或所攝義是瑜伽師所行境果故名為地即十七地也

嗢柁 烏骨反下徒我反舊言鬱陀那訛也此云集總散或言攝散亦云攝施也

摩呬 虛利反此云等引謂勝定地離沉掉等平等能引也或引平等謂引諸功德或平等所引謂定前加行故名能引也

俳戲 蒲皆反謂俳者樂人所為戲笑以自怡悅者也三蒼俳伎謔也謔次賓也說文俳戲字從戈虛聲虛音虛猜反

應舐 字詁古文純同食余反謂以舌取食也

應吮 徂充食充二反說文吮歡津液也嗽音所吮嗽也

若醒 思定思冷二反酉歡角反通俗文酥除曰醒是也也

儀路 所行為路路亦道也成儀所行也謂色依香味為路又成儀依心為路也

末摩 莫鉢反此云死節身中有此節也謂若打若觸人即死也

補特伽羅 業梵本補此云數特伽此云取趣此云趣云數取趣謂數數往來諸趣也舊亦作弗伽羅翻名為入言捨天陰入人陰捨入陰入舊生陰近是也經中或作猛伽羅或言富伽羅又作富特伽那梵音博也譯者皆翻為人言六趣通名人也斯謂其矣人昔衆梵本云末奴沙舊經名摩義沙此云人亦言有意以多思義有會慧彼名為人也思言無此何得名人斯皆譯者之失也

捫摸 莫奔莫本二反案捫摸謂手執持物也字林捫撫持也

蛆沫 又作血同才與反通俗文咀隋也三蒼咀咀也又含味也

角力 古文劇同古學反廣雅角量也角誡也訟文角平十創也皆畢作角或作鵠者說古文粗字書俗古及粗嗅也情并此用據

偱其 恒如河皆說也說文偱行也亦雅偱自也似均反也家此亦與標字同也

設拄 自循從樹名也如色綦樹類而角鄉甚反中有家如絲名如羅絲遭甚長褒以為衣

秔稻 者也條作稉同加衡反不粘稻也江南呼粳為秈音仙方言稻也

無秐 又作黎同衰入穀一音胡結反堅來也謂來之堅穀秦擣不破者也今關中謂褒肯堅者為莚頭亦此也江南呼為聽子音徒華反

顧眄 眠見反說文眄邪視也方言自關而西秦晉之閒曰眄也

遞相 古文遞同徒禮反爾雅遞迭也郭璞曰謂更易也方言遞代也迭音徒結反者也

訶呰 古文呰啟二形同子余反鄰玄注禮記云口豎曰呰說文呰詞

司契 胥瞽反下口計反廣雅司主也說文契大約也字從大

婆羅門 此言訛略也應云婆羅賀摩拏亦言婆羅賀摩拏此義言承習梵天法者其人種類自云從梵天口生雖經中唐故獨取梵名唯五天竺有著國即梵梵中梵志亦此名也正言韓亂言是梵天之苗訛

呼剌 悉葛反亦言牟呼要多梵音轉也普名摩戰多也

發憤 扶忿反憤盛也怒氣充盛也說文憤滿出盛也

破殼 又作殼同口角反吳會間音哭卵外堅也案凡物皮皆曰殼也

剖胎 普厚反剖擊破也蒼頡篇字分緋也

豐稔 而審反稔熟也

官僚 又作寮同力彫反同官為僚余融僚官也

邸肆 丁禮反下相利反即謂市中坐盡曾也聯曝也所以睞貨賣之物決邸其貨亦列市也

追愶 虛業反謂以威力相恐也亦言情赭或云恐情皆一也

近事 梵言鄔波索迦此云近事謂親近三寶而奉事也

耄熟 古文耄耄二形今作耗同莫報反禮記八十曰耄鄭玄曰耄惛也亦龍懵忘也耄熟即也亂多忘也

牧牛 臭揉云牯二反三蒼牧養也方言牧飲之也

補盧沙 舊言富像沙此云士夫或云丈夫談體也

補盧彩 所作士

黑糯 奴溝反埤蒼糯胡羊也通俗文羊羔毛曰糯是也

或晴 文作醒晴二形同日嫁反擊韻云兩止曰晴晴亦星見也

嬉戲 又作倚同虛之反嫁文憶樂也著頗舊嬉戲笑者也

麥果 書又作題同口果反或言子或云雜又言也皆一也皂音通方俗語耳

宗葉 子形反廣雅宗本也葉也諸族獅繁盛也詩云本枝言葉是也

鍵南 巨體反舊云伽訶那此云堅厚至第四七日肉團方堅實也

黑黯 於咸反字林黯深黑也言形色黯黑也

讖會 又作宴紫二形艮於龍反滿飲也樂也小會也

粟稗 鏽鏽反謂草之飲數者也

瞋儡 又作慎總二形反鎮倒也僵僵同稀曰反下居良

殆盡 徒咳反稀近也也謂殺偶僵仆也通述也發音渠歿也殞

殞沒 于慈反晉類殞糗反也羧也古今語耳

銛利　一擘　枯槁　激注　風飇　衝薄

羊銛反廣雅銛利也銛文銛芒也言利鋒也也古文𢪆同知格反通俗文擘申曰擘擘擘張也開也古文槁說文作槀同苦道反反槁木枯也經歷反流急曰激灌文水流礙衺疾波也又作飆同比遙反暴風也回風從下上者也補莫反薄迫也相迫迫也

頗胝

竹遲反梵言塞頗胝迦此云水玉或云白珠舊言頗黎是也大論云此寶出山石窟中過千年冰化為頗黎珠案西域暑熱無冰多饒此物非冰所化但石之類耳

矺迦　揭達　翳羅葉

字林丁各反又竹格反山名也此無翻釋所以仍立本名也去謁反此云檐木山此山多饒此木故以名也一奚反樹名也舊經律中作伊羅葉訛也

重級　遊幸　牝象　派流　殑伽

飢立反又次也謂階之等次曰級也胡耿反幸遇也言人君所至皆被德澤故曰幸也脾盡脾死二反說文此畜母也雌也普懈反分流也說文水之邪流別也廣雅水自汾出名派也其外反譯云天堂來以彼外書見高處也謂從天來也案佛經而此河從無熱惱池東面象口出流入東海舊云恒河亦言恒伽河或作

補盧崽拏　補盧沙耶　補盧沙頞　補盧殺沙　補盧鑠　驚駭

所皆反下女加反能作士所為士都我反所從士所屬士所戒反所依士聲明中七轉呼召聲也下駭反蒼頡篇駭驚也廣雅駭驚起也

流轉　雜糅　渾濁

梵言僧娑洛此云流轉謂於六趣循環往來不絕也若生死者案梵言闍摩此云生末剌諵此云死語之別也故以本名譯音女或反也女救反今以異色物相參曰糅雜亦雜也說文糅雜飯也胡昆胡袞二反渾亂也亦水流聲也

第三卷

分析

思歷反析分破也字從斤分木為析字意也今俗作拆皆從片

池沼　孔隙　有瞚　八罔　都曇　窣堵魯迦香

之遶反說文沼小也丘逆反說文隙壁際孔也廣雅隙裂也字從𨸏從白上下小也列子作瞬同尸閏反誤文瞚目開闔數搖也纂文作剛同古浪反大鼓也徒南反小鼓也蘇骨反都古反舊經中兜樓婆香是

龍腦香　麝香　素泣謎　唾洟　蔬菜

案西域羯布羅香樹松身異葉花果亦別初採既濕尚未有香木乾之後循理而析其中有香狀若雲母色如冰雪此謂龍腦香也神夜反又音石形如小麋臍有香也迷細反香名也此無正翻故存本耳古文隸同勑計反三蒼洟鼻液也所於反凡可食之菜通名曰蔬字林蔬菜也

暴乾　休愈　盪滌　搦觸　儒童

蒲穀反小尒雅暴乾也字從日從出從廾米字意也廾巨恭反拱手也許由反下史乳反廣雅善瘉也愈瘉益也古文盪同徒朗反下徒的反通俗文濯器謂之盪滌也又作搦同女革女卓二反搦執捉也說文搦按也而朱反儒柔善也童幼少也舊言摩納或云摩耶婆譯云年少或言年少淨行近是也

第四卷

瘡皰　嗽哳詀　郝郝凡　匱乏　欻然

彭孝反瘡皰也說文面生熱氣曰皰今取此義也呼馬反火陟鎋反下竹咸反地獄苦聲也因聲為名也呼各反寒戰聲也亦因聲為名也渠愧反少財曰匱暫無名乏詩云孝子不匱匱竭也人多不解此匱字呼勿反蒼頡篇欻猝起也欻忽也猝音麁骨反

緪拼　若斲　若剜　纔入　鐵丳　椎棒

補莖反謂彈緪墨曰拼江南名抨音普庚反五都角反鑿也說文斲斫也又補治曰斲鑿音慈也烏官反謂斗削曰剜挑中心也在災反廣雅纔暫也三蒼頡篇纔纖也劣也僅也研眼反字苑云謂以鐵貫肉炙之曰丳也直追反蒼頡篇椎用打物者也字從木也

或築　兩髆　襵褶　鐵鉆　洋銅

古文篫同陟六反說文築擣也廣雅築刺也補莫反肩髆也或有作膊普莫反膊物令薄也膊非今用側毅反下之涉反又音輕今襵疊物反褶襵昔作此也奇廉反鉆謂鑷取物也通俗文鉗具曰鉆鉆持也或作鉗束人頸鐵也非今所用也以涼反謂炙之消爛洋洋然也三蒼洋洋大水也

煻煨　孃矩吒　黑黧　摣掣　脊膂

徒郎反下烏迴反通俗文熱灰謂之煻煨也俱庚反此云蠰奚虫有觜如針亦名針口虫穿骨食髓者也力奚反通俗文班異曰黧字林黃黑也又作摣同側加反下充世反釋名云摣叉也謂五指俱往叉取也掣制也制頓之使順已也又作呂同力舉反膂亦膂也說文脊骨也太岳為禹臣要如心呂國

鐵橐
探啄
卷縮
皰潰
烖炭
飲尿
淋漏
悚慄
蘇陀味
奬化
奮戈
揮刃
綺鈿
車輅
輦輿
耳璫
而獲
宏壯
繪車

討忍
侯也
今作喙又作觜同乎累反廣雅橐
口也字書業鳥家也或有作嘴撥
諾書央無如此字唯術穀七數詩云
嬰切餅泉作此字音與吮同似兖反
他含夕說文遠取曰探探取
也丁丁角反鳥食也啄齧也
鬻類云此亦鷟字同奇負反
詩云有卷者阿傳曰卷曲也
古文蹟同胡對反蒼頡
篇勞決也說文潰漏也
則才反釋名云火所燒餘木曰
烖炭亦燼也燼音似刃反也
又作尿同乃吊反
字林尿小便也
力金反三蒼淋漉
水下也淋瀝也
思勇反下力質反謂悚
懼戰慄也慄亦憂慼也
舊經中作須陀飯
此天甘露食也
又作𢽿同子兩反小尒雅云
奬率勸勵也又成也助也
方問反廣雅奮振也謂揮
奞也字從大從隹從田
許歸反說文揮奮也
揮訊也廣雅揮動也
徒堅反字略
云鈿金花也
本作略同力故反白虎通曰名車
為略者言所以步之於路也或曰
路者王也人君之正車也
詩云人君之車曰轄是
力展反下羊署羊如二反輦人挽
車也今王者所乘也車無輪曰轝
磧七
亦總稱車
曰輿也
都堂反釋名云穿耳
施珠曰璫本出西戎
胡郭反草曰刈穀曰獲詩云
十月獲稻是也今昔通語也
朝蒲反尒雅安壯大也宏
齊屋深響寬容合物也
胡慣反辨色也論語繪事後素繡
玄曰繪盡也尚書山龍華虫曰繪
孔安國曰繪會也會合五彩
也舊經中言種種車國也

鼓譟
談謔
第五卷
不嬈
羇遊
第七卷
颯然
祠祀
體胤
薄蝕
餉佉
所祈
第八卷
流拖
梠多
饕餮
罰黜
雜猥
第九卷
恩造
酷暴

公戶反下先到反鼓動也說諠嚻
也雷呼曰譟家語云萊人鼓譟劫
定公
是
許虐反尒雅戲謔也謂
相調戲也謔亦喜樂也
乃了反說文嬈擾
戲也三蒼嬈弄也
居猗反廣雅寄旅
羇客也審音羇也
桑合反疾也颯颯風吹木
葉落聲也廣雅颯颯風也
似滋反下徐理反尒雅祠
祭也天祭也祀地祭也
與振反尒雅胤繼嗣也詵
文子孫相承續曰胤也
補莫反下神職反漢書日月薄蝕
韋昭曰氣往迫之曰薄虧毀曰蝕
釋名云日月虧曰蝕稍
侵毀如蟲食草木葉也
或云霸佉或作襄佉又作勝佉皆
梵音輕此云貝亦言珂異名耳
巨衣反字林祈求福也尒雅祈告
也叫也祈祭者叫呼而告請事也
又作扡同於卑反扡
羈又謂懸牛領者也
居運反此有二義一云蟻子二
云儀卯飲合兩義故置本名
他勞反下又作餮同他結反案左
傳縉雲氏有不才子貪於飲食冒
磧七
於貨賄斂積不知紀極人民謂之饕
餮杜預曰貪財曰饕貪食曰餮者也
又作絀同勑律反小罪曰黜
廣雅黜去也亦放也退也
烏罪反綴罪也字林
猥衆也衆穢亂也
在老反廣雅造戚也
謂恩戚此事者也
古文嚳焅皓三形同口木反
說文酷急也甚也謂暴虐

罝兎
卜羯娑
馳騁
第十卷
黑黶
傴曲
喘欶
僂前
尫羸
第十一卷
歡娛
猶豫
猜度
笑睇
啞啞
器仗
憒內
懇到
陿小
第十二卷

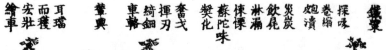

子邪反兎網曰罝
罝遮也遮取兎也
居謁反又作補羯娑聲之轉也
謂除糞穢死屍等部戲藝熟也
直知反下丑領反廣
雅馳奔也騁走也
於琰反謂面黑子
也說文中黑也
紆府反通俗文曲脊謂
之傴僂傴亦曲者也
昌兗反氣急也下蘇
豆反說文欶逆氣也
力主反一命而僂再命
而傴三命而俯身愈曲也
鳥皇反尫弱也通俗
文短小曰尫尫小也
字詁古文虞今作娛同疑區反
說文娛樂也書中虞樂皆作虞
餘周反下以庶反說文隴西謂犬
子為猶猶性多預在人前故不決
者皆謂之猶豫又尒雅云
猶如麂善登木健士樹也
古文𤞞猜二形今作猜同倉來
反猜疑也下徒各反度測量也
徒計反禮記不能睇視鄭玄曰睇
傾視也方言陳楚之間謂眄日睇
襄又云顒
視曰帶
乙白反字林笑聲也
易云笑言啞啞是也
去冀反下治亮反漢書制器械之
品應劭曰內盛曰器外盛曰械一
曰熙盛曰器仗兵器也五
刃總名兵人所執持曰仗
公對反下女孝反說文憒亂也韻
集內猥也衆也內從市從人字素
巾或作
闇字也
口很反通俗文至誠曰懇懇亦
堅忍也到至也至極也苦也
又作狹同胡夾反說文
陿隘也不廣大之名也

尺鷃　又作鴳同烏諫反鷃雀也亦名鴳鷃一名鴈纂文云關內以鷃爲鴳鷃雉也案鷃長唯尺即以名焉一作斥小澤也

蚌蛤　蒲講反下古合反出珠白好者也字林燕雀所化也月望則蚌蛤實月虛則蚌蛤虛也

浴搏　徒官反通俗文手團曰搏言可團圖也案西域國俗法浴浴初說碎以諸果或藥用酥爲搏搏摩拭身令其潤滑及去風等故名浴搏

嗢鉢羅　烏沒反此云黛花舊言優鉢羅或作漚鉢羅皆訛也

呵叱　昌進反方言呵怒也陳謂之呵叱亦呵也禮記尊客之前不叱狗是也

荏苒　而甚反下而琰反謂權息須臾也

第十三卷

宴坐　石經爲古文燕一見反說文宴安也謂安息也

陶練　徒刀反言功之多也陶謂作瓦器練謂消鍊也

潤洽　又作霑同胡夾反說文洽霑也三蒼合遍漸也

怛纜　都達反下力暫反舊言修多羅或作修妬路此云綫也

第十五卷

倡女　齒揚反倡婬放蕩也說文倡樂也

不遜　蘇寸反字林遜順也謙也恭也

賢哲　胡堅反上之美稱也又多才也賢臤堅明故從貝又賢者國之寶用貝同故從貝字意也下又作喆同知列反尒雅哲知也方言齊宋之間謂知爲哲哲謂照了也

目眩　古文眴同胡遍胡瞷二反字林眩亂也惑也三蒼視不明也

角犎　音封今有此牛形小犎上有鞘是也

嘶聲　又作警同蘇奚反說文嘶悲聲也方言嘶噎也聲散也

哮吼　古文號同呼交呼被二反說文虎鳴也一曰師子大怒聲也下古文

咆勃　呴吽二形今作拘又作同呼拘反響頓呼皐也蒲交反下蒲沒反說文咆嗥呴也勃嗔怒也

顛蹶　丁賢反下又作蹷同居月反說文蹎走頓也廣雅蹎倒也蹎蹶猶頓仆也

祿位　盧屋反祿福也案古者人無耕祭多食野塵在朝之人關於田獵官賜以物當於鹿處後人因之謂爲食鹿變塵爲祿者取其神福之義

敦畜　古文惇同都魂反說文惇厚也畜藏也謂嚴整之皃也亦敬也

謇吃　古文諓謇一形今作謇同居展反下居乞反方言謇吃楚語也謇難也吃重言者也

儳逮　鋤銜仕鑒二反非次而言也禮記長者不及毋儳言是也儳亦暫也字狀人或有作儳才冊反小飲也儳非此用也

竦肩　古文蛛懷儀三形今作聳同須奉所項二反廣雅聳上也

根栽　則來反謂草木植曰栽謂木拄可栽種者也

防那　扶故反此謂女工刺繡栽等業也

第十六卷

黑說大說　謂若佛及弟子所說惡法名爲黑說所說善法名爲大說又四果人及獨覺菩薩等說名爲累說若佛孫說名爲大說也

爍之　又作爍爍二形同魔謔反齊謂火爲爍方俗異名

亭邏　徒丁反下力賀反漢家因秦十里一亭亭留也邏謂戍蜀也遊兵以禦寇者顛略云譯亦猶行非違也

親昵　又作暱同女乙反尒雅昵近也又至也親昵者數相近也

第十七卷

詭現　居毀反詭辭也不實也廣雅詭廣惡也亦欺也

怨尤　禹留反案尤亦怨也尤過也

普燭　朱欲反蒼頡篇燭照也然火爲照也

諧耦　胡皆反下吳口反廣雅諧和也耦合也

身康　苦郎反康謂無疾病也安也樂也亦嫌也

所惠　胡桂反周禮施其惠食曰惠孟子曰分人以財謂之惠說文惠仁也愛也

便臻　側陳反尒雅臻至也

第十八卷

擅名　市戰反說文擅專也

諾瞿陀　舊經中作尼拘陀或言尼俱盧陀亦作尼俱律又作尼俱類皆訛也

摩迦　舊譯云無節譯言縱廣也亦言摩嘗迦舊經中作摩樓迦此亦藤類蔓生纏繞樹至死者也

凶猾　又作兇同許容反下胡刮反廣雅凶惡也字書猾惡黠也方言凡小兒多詐或謂之猾也

抄虜　力古反漢書生得曰虜斬首曰獲戰而俘獲也虜掠奪取也

窺窬　丘規反下又作闚同弋朱反說文窺小視也

楚撻　初呂反一名荊漢書陸賈曰秦燕王名故改爲荊遂行於世捷孽也楚楚人即痛因名楚痛也

庸人　臾恭反謂常愚短者也心不節儀口無法言惡人爲友也

克伏　又作剋同口得反字林克健也尒雅勝也

第十九卷

制多　舊言支提或言支帝皆一也義云可供養處謂佛初生成道轉法輪及涅槃處皆應供養恭敬生諸福也

爲墉　又作墉牆二形同庚鍾反尒雅墉謂之牆城亦謂之墉也

緪維　又作緪同女心反謂緪緪也本緪上縷者也

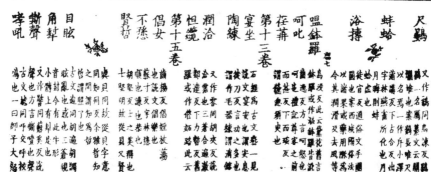

腥臊　又作胜同先丁反下桑刀反腥臊臭也通俗文魚臭曰腥犬臭曰臊

翱翔 毆擊 左道 衣僅 波羅延 所蟄

䚡音 加也

五高反迴飛也飛而不動曰翔釋名翱遨也言遨遊也

於口反說文毆也 淪墜 力均反廣雅淪沒也 擊也字捉殳也

資可反左下也上在右也不便曰左 禮記執左道以亂衆鼻女曰左道也

若巫蠱 及俗禁

又作𢽾同渠鎮反字 僮財余也僮劣也

謂西域邑落名也阿氏多昧勤字也或作阿耆多此云無勝謂無人能勝也舊言阿逸多也

阿各反字林蟄虫行毒也廣雅蟄蛆螫痛也

第二十卷

達須 蔑戾車

謂此等人微識佛法不能堅固信行也

莫結反下力計反舊言彌戾車云樂垢穢人此等全不識佛法也

頑囂 阿遮利耶

五鰥反下魚巾反廣雅頑鈍也三蒼囂惡也

此云軌範師舊經中或言阿祇利或作阿闍梨義譯云正行或云於善法中教授令知名阿闍梨也

談話 躁動 溉灌

古文譮諣二形同胡快反合會善言也

又作趮同子到反謂擾動不安靜也

歌賚反說文溉灌也灌注也

第二十一卷

壓宇 僧伽胝 林藪

又作寓二形同于甫反屋宇也釋名云宇羽也如鳥羽翼自覆蔽也舍謂在家如屋中恒被全汙不得安靜也

竹尸反此云合或言重謂割之舍成又重作也舊經律曰作僧伽梨皆詘也

桑苟反平地叢木曰林澤無水曰藪也

十一

醯酢 第二十二卷 卉木 姝妙 鬱烝

息劍反酢之甚者曰醯也

虛謂反百草之總名也方言東越揚州之間名草曰卉也

充朱反說文好也美色也言趙魏燕代之間謂好爲姝也

於物反氣也烝之承反上升也

飈颶 芬馥 殀逝 怨讎 黎庶

余尚余卑二反謂風所飛揚也

敷蜜反下扶福反香氣也芬馥香也

又作夭同於矯反少壯而死曰夭如取物中折也不盡天年謂之夭

視由反讎怨也逝往也

力奚反廣雅黎衆也庶衆也

第二十三卷

呼嗽 嚱噎 癲癇 陰𨔌 俱鈽 穳矛 及鍩 油糖 葅鮓

許牙反下蘇豆反上氣也

又作欬同於越反下噎曰噎塞喉間也

通俗文氣逆曰嚱一結反

又作巔同都賢反下胡間反小兒病也

名徒雷反陰病也

又作師同巨重反

許律反

以形同莫反江南行此音

又作鎩鍛二形同所戒反

音以作同南反

又作䊗同徒郎反

曰細切爲鮓江南悉名爲葅

皆作直子反

或作鮓反誤也

拍毬 拓石 攘臂 扼腕 擎劍 伏弩

普陌反下渠大反三蒼云毛丸可戲者也

古文𢶆拓二形今作摭同之石反

而羊反攘除也謂衣袖出臂也

又作搹同於責反說文把也持也史記天下之士莫不扼腕以言是也

占墜反以少勞也

扶福反隱伏而發也高祖中匍而言足指是也

控弦 投輪

苦貢反小雅控引也說文引弓曰控

投擲也西國多用此戰輪形如

十二

第二十四卷

勇悍 施𢤱 秀穗

胡旦反廣雅悍勇也說文悍勇也有力也

虛據反蒼頡篇云帛張車上爲幰也

又作苹同辭醉反言子君所收者也禾成秀人所收者

第二十五卷

耐推 磣毒 堅勁

奴代反下直追反三蒼耐忍也

又作𢘎同初錦反又音磣通俗文沙土入食中曰磣

居盛反字林勁強也字從力也

詰難 姐蠚 篤學 乞匃

去一反廣雅詰責也問也

知列反下呼各反山東行此音姐東西通語也

古文不同許驕反

古文頇同

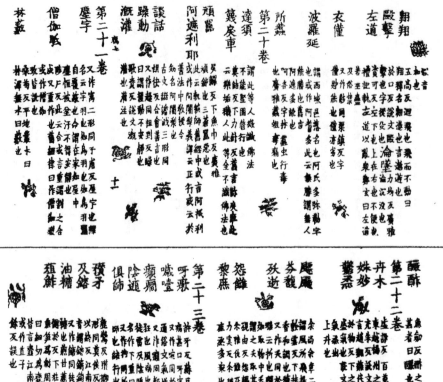

乞求也古字從人又音蓋

盲瞽　公戶反無目謂之瞽釋名云瞽眠眠然目平合如鼓皮也

砂磧　清石反三蒼水中沙雜也灘音他灘反說文水渚有石曰磧水淺石見者也

張怚　古文𢷤說文二形同諸𢺳反下又作怚同小尒雅抯取也收也

救援　兩憂反援助也

生色可染　磧七　生色即金也言生色可染者謂金色不可變故也染色可變也云可染也

持蚤　字林亦蝨字也說文齧人跳蟲也

坰野　公營反爾雅邑外謂之郊郊外謂之牧牧外謂之野野外謂之林林外謂之坰說文邑外曰野百里之外也

若䔿　諸華反䔿分也

婬佚　三蒼亦逸字同與一反佚樂也廣雅佚蕩也

凡百

第二十六卷

小札　側點反三蒼木札也今江南謂斫削木片為札

孩𠿓　孔揩反下借䁝反說文孩笑也

㦖烈　會感反下力折反說文㦖憂也猛也廣雅烈熱也

悖惡　古文誖同蒲沒反說文悖亂也

㥸斂　二形同為悖

勦𢵧　又作𢱧同子小反說文勦勞也

顋棘伐多　三蒼此言相之言輕也言佛子善來多方便皆言得此梵語也

第二十七卷

儒怕　使吾反下普白反廣雅怕靜也

髖骨　又作髋同苦桓反埤蒼髖臀也

肋骨　力得反說文脅骨也

頷輪　胡感反頷頤也

齒鬘　莫班反鬘花鬘因以為名也

筋脈　居銀反下莫厄反說文筋肉之力也

鑽鐩　相桓反鐩或作燧同辭醉反火母也

或摽　以招反

或渚　諸與反

畢鉢羅風　言風名也

毗濕婆風　又言毗濕波此云不巧風

吱藍婆風

第三十卷

聰俊　又作儁同子閏反

稻稈　又作秆同公但反

蟲疽　治中反下千餘反

第三十一卷

學摸　莫胡反規模曰模

第三十二卷

盡盜　以㝵反

諸維

腂壍　胡刀反釋名城下道也

鄔波尼殺曇分　無販反此譯云分也

蔓莚　以然反

窐室　於圭反說文窐甑也

至向　許亮反向出也

喉筒　徒東反

燒爐　又作鑪同

刖足　五刮反

眇㵎　亡沼反

劓鼻　魚器反

燙發　牛列反

第三十三卷

垣城　宇煩反

迄至　虛訖反

誼譟　古文謹同

激湍　古狄反

貪婪　力南反

第三十四卷

乾燥　又作𤋷同

礒騎　匹亦反

蹉蹋

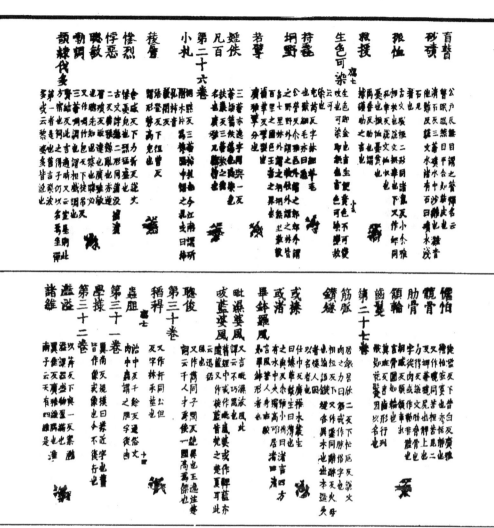

霡霂　音脈木

圮坼 部美反下恥格反圮毀也坼分裂也

蓊欝 烏孔反下於屈反蓊盛皃也欝樹木叢生也

巉巖 仕咸反廣雅巉巖高也

河瀆 徒木反尒雅水注澮曰瀆邑中溝曰瀆也

醴水 力禮反醴甜美也言其水甘如醴酒可以養老可以愈患者也

殉利 辭俊反蒼頡篇殉求也亦營也

關鍵 又作闢鍵二形同奇蹇反鍵牡管籥牡也方言陳楚曰鍵關中曰籥也

伊師迦 山名也言此山高聳喻我慢也

第三十六卷

剛毅 牛旣反說文毅果決也殺敵為果致果為毅也

甲冑 古文䩜同除救反說文冑兜鍪也

散他迦多衍那 迦多姓也衍那子也毀沱擾別其類也舊經論作訛大迦旃延或作那陀迦旃延皆訛

第三十七卷

達羅弭荼呪 呪名也弭音亡尒反

鸝黃 又作鵹同力貫反方言倉庚自關而西謂之鸝黃或謂黃鳥或謂之楚雀異名

不殫 多安反無餘曰殫廣雅殫盡也

而隕 于愍反尒雅隕墜落也說文隕從高而下也

第三十八卷

鼷鼠 胡雞反說文小鼠也尒雅鼷鼠郭璞曰有螫毒食人及鳥獸雖至盡而不知亦不痛今謂之甘口鼠

聆音 力丁反蒼頡聆聽也耳可聽曰聆也

詁訓 古文作詁今作故同姑護反又音古說文詁訓古言也訓導釋也

師拳 又作捲同渠員反謂握為拳譬喻也言師之匠悋不知拳之秘握若而不說也

係念 古文繼繫二形同古帝反說文係絜束也亦相關也

第三十九卷

媒媾 謀杯反下古豆反媒謀也謀合異類使相成也白虎通曰媾厚也重婚曰媾也

罩羅 古文䈇罩二形同竹挍反捕魚籠也

罝罤 業向反字書捕罥於道曰蹄形如弓者也或作罤俗字也

饞嗜 仕咸反不廉也下又作䭫嗜二形同視利反說文嗜欲憙也貪無厭者也

乳哺 蒲路反哺含食也謂口中嚼食也哺飤也

曉喻 又作諭同夫句反三蒼譬諫也喻亦曉也論語君子喻於義是者也

撓濁 乃飽乃挾二反說文撓擾也又曰撓亂也

赧愧 女盞反尒雅面慚曰赧方言自愧而赤謂之赧字從皮赤聲也

自揆 渠癸反尒雅揆度也謂商度也

樹修 時注反廣雅樹立也凡置立皆曰樹也

供贍 聲類作贍同時豔反字書贍足音子衛反供足也亦助也

衒賣 古文衒同胡麵公縣二反說文行且賣也廣雅衒眩也

蓄積 又作稸同丑六反廣雅蓄聚也亦積也

第四十卷

稍爇 公玄反下以㰻反說文褻埶也褻燒褻爇也

啓導 又作启同苦禮反說文启開也導引也

撝義 又作麾同靡為反以手曰麾謂手之指也

荷乘 古文柯今作何同胡我反又胡歌反小尒雅何揭擔也謂擔負也

正延 以旃反

止憩 又作愒揭二形同却厲反尒雅憩息也止之息也

嗤請 充之反三蒼嗤輕侮也小尒雅蚩戲也下才笑請謂嬈弄譏責也呵也

謙沖 說文作盅同除隆反字書沖虛也

巨力 其呂反字林大也方言齊宋之間謂大曰巨說文巨大作鉅也

第四十一卷

遮遏 古文閼同於曷反尒雅遏止也謂逆相止為遏遏亦遮也

窣堵波 蘇沒反下都古反此云廟或云墳義翻也或云大聚或言聚相謂累石等高以為相也舊經論中或作蘇偷婆或作藪斗波或作兜婆或云偷婆亦作塔婆皆訛略也

宰官 祖改反釋名云宰治也謂治邑吏也廣雅宰割也謂制事者也

諠譁 虛元反下呼瓜反三蒼諠言語詾詾也譁言語譊譊也詾音徒刀反

紛聒 敷雲反下公活反紛亂也聒讙譊也蒼頡篇聒擾耳孔也

儱戾 或作犢同力公反下三蒼作俠同力計反很戾也謂很剛強也

綜集 子送反綜習也三蒼綜理經者也謂機縷持絲交者也

第四十二卷

同齡 又作齡同力丁反字林年齒也禮記古者謂年為齡人壽之數也

攜從 胡圭反廣雅攜提挈也謂提持也漢書孟康曰攜連也亦牽將行也

擐甲 胡慣工患二反左傳擐甲執兵杜預曰擐貫也國語服兵擐甲賈逵曰擐衣甲也

第四十三卷

泯一 彌忍反尒雅泯盡廣雅泯絕滅也

傘屧 又作繖同先岸反謂張帛為蓋行路以自覆者也下先牒反屧腹令空藉足者也

法溟 莫經反說文小雨溟溟也莊子南溟天池也

第四十四卷

璩印　巨於反。字書：王名也。耳璩也。印，脊印也。

儲器　直於反。儲，貯也，備也。謂畜物以爲備曰儲者也。

藻飾　祖老反。水草之有文者。畫藻葉於衣以爲服章也。

格量　加額反。蒼頡篇：格，量度也。

不斥　齒亦反。指斥也。漢書音義曰：斥，不用也。說文：斥，卻屋也。廣雅：斥，推也。

不譴　去戰反。蒼頡篇：譴，訶也。廣雅：譴，怒也。說文：譴，謫問也。

第四十五卷

闤闠　胡關反，下胡對反。說文：闤闠，市門也。

第四十六卷

曩昔　奴朗反。尒雅：曩，久也。猶往久古昔也。

第四十八卷

牟娑羅　或作謨薩羅，或作摩娑羅，亦作目婆羅，梵言訛轉也。此云馬腦。案此寶或色如馬腦，因此以爲名也。

廁塡　古文寘同，徒堅反。三蒼：廁，雜也，間雜也。廣雅：塡，塞也，亦滿也。或作鈿，非此用者也。

侵掠　又作剠，同，力尚反。通俗文：遮取謂之抄掠。謂強奪取也。

第四十九卷　處七

堅泥耶蹲　烏奚反，下市兗反。鹿王名也。十八 舊經中伊泥延，又作因尼延，亦作堅尼延，皆一也。堅音一賢反。

勢峯　謂陰莖也。舊言馬陰藏相是也。

羯羅頻迦　或作歌羅頻伽，或作加羅嘰迦，亦作迦陵頻伽，皆梵音輕重聲之訛轉也。此云好聲鳥也。

烏瑟膩沙　又作嗢瑟尼沙，或言鬱尼沙，此云髻，謂頂骨涌起自然成髻也。

膝股　又作骹，同，公戶反。說文：股，髀也。釋名：股，固也，爲強固也。

兩臋　徒昆反。臋，肉高厚者。廣雅：髖，臋也。髖音苦昆反。

髖臚　呂於反。臚，腹也。釋名云：腹前曰臚也。

齗腭　立魚反。下又作齶，同，五各反。齶居也，齒所居也。腭，齒內上下內堀咢也。堀音語巾反也。

蠲除　古玄反。方言：南楚疾愈謂之蠲。郭璞曰：蠲，除也。方俗語異耳。

肴饌　胡刀、胡交二反，下仕眷反。廣雅：肴，肉也，亦葅也。說文：饌，備具食也。謂飲食也。

獷戾　古猛反。漢書孟康注云：獷，強也。戾，很也。字從大也。

婆羅痆斯　女黠反。或云婆羅㮈斯，又作波羅柰，同一也。舊譯云江遶城也。

第五十卷

誡勗　古薤反，下許玉反。誡，警勅也，亦備也。方言：齊魯謂勉爲勗，勵也。

輕縠　胡木反。似羅而疏，似紗而密。古有縠霧縠，言細如霧也。

第五十二卷

焚燎　古文炃燌二形，同，扶雲反。下又作燎，同，力照反。說文：焚，燒田也。字從火燒林意也。燎，放火也。火田爲燎也。

焰飈　俾遥反。小火也。又作熛。說文：飛火也。三蒼：迸火曰熛也。

第五十三卷　處七

塗冠　古翫反。謂冠著花爲冠也。十九

赫奕　餘石廣雅：奕，明也。奕，盛也。謂光明燿顯也。字從大也。

第五十五卷

愚魯　力古反。論語：參也魯。孔安國曰：魯，鈍也。

第五十六卷

惡叉聚　惡叉樹名，其子形如無食子，彼國多聚以賣之，如此間杏人，故喻也。

安繕那　市戰反。舊言安禪那，此云眼藥也。

耳輪　彼國王等或用金鐵作此耳輪形，如鉢支著耳匿中，用以裝飾，故名耳輪也。舊經言耳渠者，應是也。

瞖達羅天　此云暴惡自在天之別名也。

毗瑟笯天　奴故反。舊云毗搜紐，或言毗紐，皆訛也。此當幻藏裝是伐藪天別名也。舊言婆藪天也。

世主天　此梵天之異名也。

第五十八卷

擳搦　又作沛，同，子櫛反。廣雅：擳，泲也。謂手搦出汁也。

浪耆　巨夷反。此云蘘虫，謂獸畜也。家語云：食草者愚，是也。

岐路　古文[illegible][illegible]二形，同，渠宜反。尒雅：道二達謂之岐。釋名：物兩爲岐，此道似之也。

輪圍　于非反。山名也。我慢高大，故以踰焉。

第五十九卷

厭禱　於冉反，下都道反。字苑：厭，眠內不祥也。山東音於葉反。說文：告事求神曰禱。禱，請也。請於鬼神也。

尸半尸　此是呪法，西國有此，謂呪於死尸令起殺人。半尸者，呪令起坐，令起尸鬼殺人，故半尸。

第六十卷

磩石　徂敢反。埤蒼：磩石，謂叚鐵者也。

婆梨藥迦　謂彼國邑落名。

羯吒斯　居謁反。謂貪癸之別名也。

傷悼　徒到反。方秦晉謂傷爲悼，悼亦哀也。

勞攫　又作勞，同，力咨反，下居縛反。勞，劃也。直破曰勞，爪傷曰攫。劃音胡麥反。

妻拏 怒胡乃故二反小尒雅云拏子也
閭邑 呂居反周禮二十五家為閭閭里門也說文閭侶也五家相伴侶也

第六十一卷

錫賚 星的反賜賚也尒雅錫賚賜也賜上賚下賜也
鬱怏 於亮反怏恚悲也亦怏怏然心不伏也
懊恚 於報反懊恚悔恨也
頒賜 又作班同補顏反小尒雅頒或布也尒雅班遍與也
勞來 即到反下力代反勞勞又賚雅來勤也勞來不急也或有作賚勞與賚非此義
諮詢 私遵反諏問也左傳訪問於善為諮諮諏為詢諮問善道也詢詢謀或之機也
罄竭 古文室同口定反說文罄中空也尒雅罄盡也
俳優 於牛反字林倡優樂也謂戲作樂也
博奕 古文簿下餘石反方言博或謂之棊自關而東齊魯之閒皆謂圍棊為奕也
英傑 奇列反千人為傑傑亦特立也才能也
耽湎 古文媅妉二形同都含反古文酖同七善反說文媅樂也嗜也酒耽於酒謂酒樂也

第六十二卷

瑟祉 所里反舊言俱餘羅譯云膝也言膝骨大也

第六十四卷

麟角 理眞反仁獸也說文麟麕身牛尾一角角頭有肉不履生虫不折生草音中鍾呂行中規矩不入陷阱文章彬彬然亦靈獸也

第六十七卷

傲誕 五誥反下蓮坦反傲謂不敬也廣雅傲慢是也誕大也不實也
絢藻 呼姤反字林文成曰約絢亦文章之皃也藻水草之有文者也
伐地迦 人者也拔人言經為此人說也
暴燥 蒲卜反下桑老反釋名爆焦也說文燥乾也

第六十八卷

若蘭 又作闌何力丹反通俗文遺失曰闌也
賄貨 古文賄同呼罪反賄貨也通俗文財帛曰賄周禮通貨賄鄭玄曰金玉曰貨者帛曰賄也
肪膏 音方脈肪也通俗文在腰曰肪肪肥也三蒼有角曰脂無角曰膏

第六十九卷

䬪餬 音提胡[illegible]之精[illegible]者曰䬪餬通俗文[illegible]謂之䬪餬是也

第七十卷

曛暮 許軍反楚辭與曛黃而為期王逸曰曛黃黃昏也暮晚也
銓量 又作栓同七泉反廣雅稱謂之銓銓謂銓量輕重也

第七十一卷

中的 陟仲反又作旳說文作的同都歷反的明也射質也謂的然明見也今射[illegible]中[illegible]子是
從容 且容反廣雅從容舉動也謂詳審閑雅之皃也
河濱 必人反字林濱水崖也廣雅濱涯渚崖也

第七十六卷

毀讟 徒木反說讟也廣雅讟痛也讟怨痛也
珍羞 古文脩同私由反貴異名珍羞味為膳羞謂有滋味名也方言羞熟食也

第七十九卷

騫脣 去乾反廣雅騫舉也

逌尒 又作攸同以周反小笑也笑離齒也漢書音義曰逌寬舒顏色之皃也又作爾然猶笑皃也
迦理沙般挐 女家反般挐此云銅鐵十六[illegible][illegible]為一迦利沙般挐者也

第八十三卷

襲師 古文戢同辭立反左傳凡師輕曰襲掩其不備也
摩納縛迦 此云儒童或云年少淨行舊經中言摩納等是也
底沙 比丘名也為之說經名底沙經此亦星名因星立名西國多此也

第八十四卷

揉捼 奴和奴迴二反說文挼摧也兩手相切也
破析 普彼反說文云破析也破猶分也
僵仆 蒲北芳務二反偃謂之僵伏謂之仆說文僵卻偃也仆前覆也
皓首 胡老反小尒雅皓素白也
黃皺 七旬反字略云皺皮細起也
徂落 又作殂同在胡反尒雅徂落死也
訾罰 又作[illegible]同[illegible]之反廣雅榜笞擊也
舃鹵 又作潟瀉二形同昔亦私亦二反下力古反說文[illegible][illegible]西方鹹地也
伱伽 女履反也云漆坐不消亦言害為含兩義仍立貴名也
遽務 又作懅同渠庶反遽急也亦畏懼也

第八十五卷

鳩集 居牛反尒雅鳩聚也謂收聚也
囹圄 力丁反下魚呂反獄名也三王始有獄
幽縶 知立反詩傳曰縶絆也謂絆執也兩足不相過謂之縶

第八十六卷

愁慽 胡紺反廣雅慽愁恨也字林慽不安也

浸淫　七林反。浸淫者，轉大之言也。浸淫猶漸漬，日廣也。

微褊　卑緬反。說文：褊，小也。尒雅：褊，急也，陿也。

第八十七卷

愚戇　陟絳反。三蒼：愚無所知也。亦鈍也。廣雅：戇，頑，愚也。

茫然　莫唐反。案茫然，實晦不明也。

宮闕　釋名：闕在門兩傍，中央闕然為道也。

第八十八卷

踰隍　胡光反。三蒼：隍，城下坑也。說文：城池有水曰隍也。

歔欷　欣居反，下欣既反。蒼頡篇：泣餘聲也，亦悲也。

拊膺　芳無反，下又作膺同，於疑反。拊，拍也。廣雅：拊，擊也。膺，胸也。

寃結　古文寃惌二形，今作惌同，於元反。說文：寃，屈也。廣雅：寃，打也。思念煩寃也。

阿死羅摩登祇施茶　女名也。摩登祇，女之也。名阿死羅，女之別名。此女由卑賤，故恆以擣市為業，用供女食也。

被筴　側格反。案：筴猶壓也，謂以槽筴出汁也。

譽訥　古文吶同，奴骨反。訥，遲鈍也。說文：訥，難也。

第八十九卷

朋儔　直流反。同門交曰朋，儔，類也，等也。王逸注楚辭云：二人為疋，四人為儔。儔儔猶伴侶也。

鴻七

瞪瞢　徒登反，下莫崩反。韻集云：失卧極也。

諿誂　匹尒反，下音尒反。通俗文：難可謂之諿誂也。

惙尒　知劣反。聲類云：惙，短氣皃也。惙惙亦憂也。

廿二

第九十卷

覆苫　舒鹽反。茅苫也。尒雅：白蓋謂之苫。言編菅以覆屋曰苫也。

勉勵　靡辯反，下力制反。勉，強也，謂白。勸強為勉勵也，勉力為勵也。

第九十一卷

儵歸　又作倐儵二形，同。書育反。儵忽，急疾皃也。

營茅　古顏反。尒雅：營，茅屬也。

如鴆　除禁反。郭璞曰：大如鵰，紫綠色，長頸赤喙，食蛇也。

孑然　居列反。案孑猶單巳孤獨也。說文：孑，無右臂曰孑也。

沿流　翼泉反。字林：從水而下曰沿，順流也。沿亦緣也。

第九十二卷

火鷄　古奚反。性多鬪列，故以鬪焉也。

漂㵝　匹遥反，下翼尚反。案漂㵝，搖蕩也。

第九十四卷

嘍食　古文𠻜又作咂，同。子盍反。通俗文：入口曰咂，虫食曰嘍也。

不允　弋准反。允，當也。允，信也。尒雅：允，誠也。

第九十五卷

繳繳　之若反。謂矰之射者也。繳，繳也。矰音增，弋射矢也。

瞖膜　又作瞖同，於計反。下音莫。韻集云：瞖，目障病也。

睒弥葉　式冉反。其葉甚光淨也。婆羅葉，婆羅此云木實也。

箭筈　古活反。釋名：箭，其末曰筈。筈，會也，謂與絃相會也。

桄梯　古文櫎橫二形，同。古黃反。聲類作桄。下，橫木也。今亦牀梯攀下橫木皆桄也。

三槍　千羊反。說文：槍，距也。三蒼：木兩頭銳曰槍。

撓攪　呼高反，下古卯反。說文：攪，亂也。

第九十七卷

蘇息　先胡反。小尒雅：更生曰蘇。蘇亦息也。

瘠田　古文蹟瘠膌三形，同。才亦反。說文：瘠，瘦也，亦薄也。

言泆　餘質反。說文：水所蕩泆也。

第九十八卷

褒讃　補高反。案褒猶褒美之也，進也。

獶猴　又作獿同，禹煩反。似弥猴而大，臂長，其色有黃有黑，鳴聲甚哀。五百歲化為玃，玃壽千歲。玃，晉居縛反。

揣摩　初委反。通俗文：捫摸曰揣。揣或作揣，借字耳也。

氾成　又作泛同，四劒反。廣雅：泛，普也，浮也。泛，濫也。

廿四末

乘駕　食證反。三蒼：載日乘馬曰駕也。

土丘　古文垩。說文：土之高也。尒雅：非人所為為丘。一曰：四方高，中央下者曰丘。

第九十九卷

種蒔　時至反。栽蒔也。謂更種曰蒔也。

波輸鉢多　此塗灰外道名也。遍身塗灰，變明有剃不剃，衣纏藏形，但非赤色為異。尒事摩醯首羅天之也。

簡靜　古限反。尒雅：簡，大也。亦略之也。

第一百卷

蕭然　桑條反。詩傳曰：蕭蕭，言不諠譁之也。

變革　古文䩯革三形，同。古核反。革，更也。字從三十從口，口為國色，國三十年而法更別取別異之意也。口音韋也。

一切經音義卷第二十二

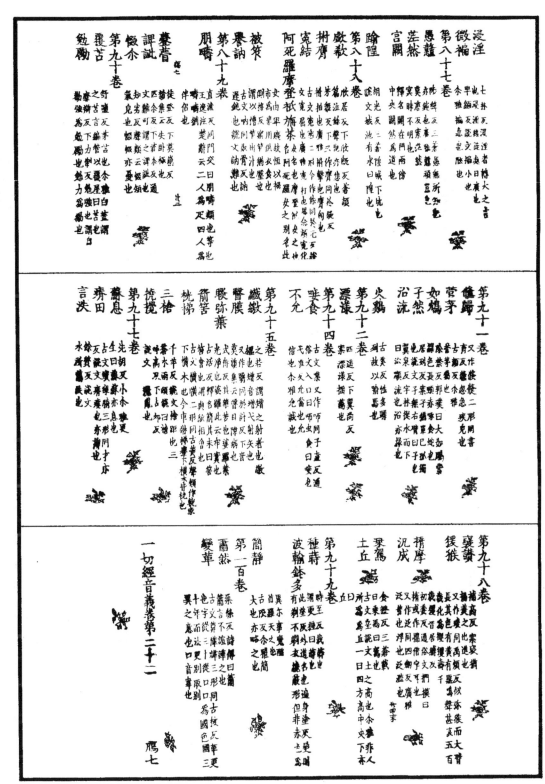

鴻七

一切經音義卷第二十二(別本)

校勘記

一 底本，明永樂南藏本。

一 三五六頁上一行經名，徑作「一切經音義卷第二十三」。卷末經名同。

一 三五六頁上一四行夾註右第八字「以」，磧、普、徑作「人」。又左第一字「次」，磧、普、徑作「吹」。

一 三五六頁上二〇行夾註左第七字「博」，徑作「搏」。

一 三五六頁中五行夾註右第三字「蔛」，磧作「斛」；普、徑作「斛」。又左第六字「十」，普、徑作「斗」。

一 三五六頁中七行夾註右首字至本頁下一二行夾註左末字「恒……士」與本頁下一三行首字至次頁上一八行夾註左末字「黑……作」前後兩段文字，磧、普、徑互置。

一 三五六頁下二行夾註左末字「熟」，徑作「熟也」。

一 三五六頁下三行夾註右第四字「曰」，磧、普、徑作「同」。

一 三五六頁下一四行夾註右首字「文」，磧、普、徑作「又」。又「目盈反」，徑作「自盈切」。

一 三五七頁上三行夾註左第四字「反」，徑作「又」。

一 三五七頁上四行夾註左「凝邪」，徑作「嶷邪」。

一 三五七頁上一六行夾註左第七字「汾」，徑作「分」。

一 三五七頁上一七行夾註左第三字「也」，徑作「出」。

一 三五七頁上一八行夾註右第六字「也」，徑作「池」。

一 三五七頁中七行夾註右「之逸反」，徑作「子遙切」。又左「小也」，徑作「小池」。

一 三五七頁中一三行夾註右「樹松」，徑作「松樹」。

一 三五七頁中一七行夾註右「勑計反」，徑作「他計切」。

一 三五七頁中二二行夾註左第八字「桉」，徑作「按」。

一 三五七頁下七行夾註右第五字「禪」，磧、普、徑作「彈」。

一 三五七頁下九行夾註右第五字「斗」，徑作「刻」。

一 三五七頁下一二行夾註右第七字「椎」，徑作「云」。

一 三五七頁下一五行夾註右第一〇字「輕」，磧、普、徑作「輒」。又左第四字「反」，徑作「及」。

一 三五七頁下一九行夾註「通俗反」，徑作「通俗文」。

一 三五七頁下二一行夾註右「班異」，徑作「斑異」。

一 三五七頁下末行夾註右「春也」，磧、普作「脊也」。

一 三五八頁中一三行夾註右「褱怯」，徑作「懷怯」。

一 三五八頁中一八行夾註右「他結反」，磧、普作「也結反」。

一 三五八頁下一三行夾註左第八字「土」，普、徑作「上」。

一三五八頁下一五行夾註左「傾視」，經作「顧視」。
一三五八頁下一六行夾註右「纂又」，普、經作「纂文」。
一三五九頁上二行夾註右「爛堆」，經作「濫堆」。
一三五九頁上五行夾註左首字「圓」，磧作「圜」。
一三五九頁上一三行夾註左第六字「合」，經作「洽」。
一三五九頁中一行夾註左第八字「皐」，經作「嘷」。
一三五九頁中三行夾註右末字「瞋」，磧、普作「蹎」。
一三五九頁中七行夾註右「一形」，磧、普、經作「二形」。
一三五九頁下一行夾註「廣雅」，經作「爾雅」。
一三五九頁下末行夾註左第一〇字「假」，經作「猳」。次頁上一行夾註右首字同。
一三六〇頁上五行夾註左首字「及」，磧作「反」。
一三六〇頁上六行夾註右末字「字」，經作「字林」。
一三六〇頁上二一行夾註右第五字「命」，普作「令」。
一三六〇頁中九行夾註左「云折也」，磧作「夭折也」。
一三六〇頁中一四行夾註左「病甚口呀」，經作「逆喘病也」。
一三六〇頁中一八行夾註右第三字「銜」，經作「衛」。又左首字「師」，普作「師」；經作「帥」，下同。
一三六〇頁中二一行夾註左末字「也」，經作「切」。
一三六〇頁中二二行夾註左第九字「鼃」，經作「鼇」，下同。
一三六〇頁下六行夾註左第四字「匈」，經作「匃」。
一三六〇頁下一二行第二字「憶」，經作「幰」。
一三六〇頁下一三行夾註右第三字「卒」，磧、普作「采」。
一三六〇頁下一七行夾註右第九字「瑹」，經作「墋」。
一三六一頁上一行夾註左「眠眠然目平合」，經作「眼眠然口平合」。
一三六一頁上六行夾註左首字「據」，經作「依據」。
一三六一頁上一八行夾註右「洛登反」，經作「洛澄切」。
一三六一頁上二〇行夾註左末字「逆」，經作「逆也」。
一三六一頁上二一行夾註「敏也」，經作「敏捷疾也」。又「聽必」，經作「聽必微」。
一三六一頁上二三行夾註右「適時」，普作「遇時」。
一三六一頁中二行夾註右第八字「毘」，經作「昆」。
一三六一頁中一一行夾註左「居渚」，磧、普、經作「居者」。
一三六一頁中二一行第二字「揉」，經作「楺」。
一三六一頁下八行夾註右第四字

「⿰𧾷氏」，經作「⿰𧾷几」。
一　三六一頁下一〇行夾註左第五字「畢」，經作「鼻」。
一　三六一頁下一七行夾註左末字「也」，經作「者也」。
一　三六二頁上二行夾註左第五字「不」，普、經作「木」。
一　三六二頁中八行夾註左首字「形」，經作「其形」。
一　三六二頁中一一行夾註右「央句反」，普作「臾句反」；經作「臾句切」。又左「是者也」，磧、普作「是也」；經作「者是也」。
一　三六二頁下二行夾註左「才笑」，經作「才笑切」。
一　三六二頁下三行夾註右第四字「蛊」，經作「盅」。又第六字「除」，經作「徐」。
一　三六二頁下七行夾註左第一〇字「聖」，磧、普、經作「聚」。
一　三六二頁下一〇行夾註左第六字「剬」，經作「制」。
一　三六二頁下一六行夾註右首字「反」，普作「又」。
一　三六二頁下一七行夾註右「胡閨反」，經作「胡閏切」。
一　三六二頁下一八行夾註右「胡慢反」，經作「擐胡慢」。
一　三六三頁中五行夾註左末字「也」，經無。
一　三六三頁中九行夾註左「從大」，磧、經作「從犬」；普作「從人」。
一　三六三頁中二〇行夾註右「餘石」，經作「餘石切」。
一　三六四頁中一行夾註左第五字「是」，普、經作「易」。
一　三六四頁中六行夾註右第四字「何」，普、經作「同」。
一　三六四頁中一九行夾註右「北人反」，普作「比人反」。又右末字「崖」，經作「涯」，左第七字同。
一　三六四頁中二二行夾註右第三字「⿰月羞」，普、經作「⿰月羞」。又左首字「饈」，磧作「羞」。
一　三六四頁下三行夾註右「奴家反」，磧、普作「女家反」，經作「女家切」。
一　三六四頁下九行夾註右末字「捿」，經作「揉捿」。
一　三六五頁上一〇行夾註右「於疑反」，磧、普作「於凝反」；經作「於凝切」。
一　三六五頁上一一行夾註左第八字「打」，經作「枉」。又末字「化」，普、經作「也」。
一　三六五頁上一二行夾註右末字「也」，磧、普、經作「總」。
一　三六五頁上二〇行夾註「通文」，磧、普、經作「通俗文」。
一　三六五頁上二三行夾註右「茅苫也」，經作「苦茅也」。又左第五字「管」，經作「菅」。
一　三六五頁中七行夾註左第五字「焉」，經作「馬」。
一　三六五頁中二〇行夾註右「占卯反」，磧、普作「古卯反」，經作「古卯切」。又左「攪亂也」，磧、普、經

作「撓攪亂也」。

一　三六五頁下六行夾註右「四劍反」，磧、普、徑作「匹劍反」。

一　三六五頁下一三行夾註左「之也」，磧、普無；徑作「也」。

一　三六五頁下一七行夾註右第三字「算」，徑作「弃」。又左第一一字「色」，徑作「邑」。

一　三六五頁下卷末經名下，磧有小字「大唐新譯」。

一切經音義卷第二十三　麗八

唐大慈恩寺翻經沙門玄應撰

顯揚聖教論　對法論

攝大乘論　廣百論

佛地經論　掌珍論

王法正理論　大乘成業論

正理門論　麗八　大乘五蘊論　乙

顯揚聖教論第一卷

稽首　古文䭫首苦礼反說文䭫下首也白虎通曰所以䭫首何䭫至也首頭也言頭著地也周礼太祝辨九拜一曰䭫首二曰頓首是

繼紹　古文𢇍同市遠反尒雅紹繼也謂繼續先宗也謚法曰踐述繼位曰紹

錯綜　狙送反謂錯要其文綜理其義也廣雅錯廁也言相間廁也綜摠也摠綜文義也組亦校也按理也說文綜機縷也謂持絲交者硏綴制經令開合也綠紕也理也紀領綠別也

駛流　山吏反蒼頡篇駛疾也字從史

善軛　又作軶同於革反攝也說文軛車軥也謂轅端壓牛馬領者也攝音華

惻愴　古文𢡟同楚力反下初悲反說文惻痛也廣雅惻悲也愴傷也

迦多　衍那姓也因姓爲名舊名迦旃延訛也

心詭　居毀反詭譎變詐不實也廣雅詭誺也慄也

忌憚　渠記反下徒旦反忌長也恐也憚難出驚也

甘執　占舊反廣雅甘樂也嗜欲之意也甘嗜無猒也說文甘美也

勉勵　靡靳反下力制反勸獎也勉強謂自勸勉也勵相勸勵也亦勉力爲勵強音巨而反

悵怏　丑亮反下於亮反說文悵望佷也怏心不服也

所吞　他痕他賢二反吞謂不嚼也說文吞咽也廣雅吞滅也

溪沼　又作谿同苦奚反下之遶反尒雅水注川曰谿說文沼小池也

巨壑　其呂反下呼各反巨大也尒雅溝水深則成壑壑亦溝也

炎燎　于廉反下力照反炎亦燒也說文炎火光上也燎放火也火田爲燎者也

蔓莚　亡怨餘戰二反謂連縣不絕也矣

灰燼　又作㶳同似進反說文火之餘木曰燼

扣絃　苦後反廣雅扣擊也絃謂琴瑟等也

拊革　芳主反拊猶拍也下古核反革鼓也

黏勇　女廉反蒼頡篇黏合也說文相著曰黏下瑜種反謂雄武果決也謚法曰知死不避曰勇懸命爲仁曰勇

靜慮　疾井反說文靜審也安也息也寂念也思也舊言定梵云䭾衍那

漏匱　渠愧反乏財曰匱礼記即財不匱鄭玄曰匱乏也詩云孝子不匱傳曰匱竭也

第二卷

鄔波杔耶　烏古反下杔音徒我反此云親敎或言郁波第耶夜亦云近誦以弟子年小不離於師常近受經而誦也舊云和上或云和闍皆于闐等諸國訛也義譯云知罪知無罪爲和上也

阿僧企耶　丘豉反此云無央數舊言阿僧祇訛略也

縕習　烏昆反論語溫故而知新何晏曰溫尋也鄭玄注礼記云後時習之謂之溫溫煖也取其義矣　麗八

第三卷

𤺺根　而兖反梵言茇栗度此音耎物柔曰耎也

阿世耶　此云意樂樂音五囊孝反亦言種下

預流　余庶反梵言窣路多阿半那此言預流一切聖道說名流能相續流向涅槃故初證聖果創參勝列故名預流預交也參預也舊言須𣪊多分得也

須陀洹者訛也或云逆流或言入流亦云至流皆一也

一間　古閑反梵言翳迦鼻至迦翳迦此云一鼻至也此云間間謂壁際孔隙也文閒隙也言有一間隙有不得餘涅槃也舊言一種子者梵言鼻鼓迦此言種斯惑譯者不善梵音或筆人不悉本語致茲訛失也

朅伽　桂謁反此云犀牛毗沙挐此云角䴥犀牛一角一亦獨也喻獨覺也言一一獨居山林也毗婆沙作渴伽月播經作佉伽皆訛也

第六卷

什物　時立反什聚也雜也謂資生之物也今人言家產器物猶云什物物即器也江南言什物北土名五行史記舜作什器於壽丘漢書資民賜田宅什器並是也

摩怛理迦　都達反舊云摩德勒伽亦言摩夷此云行母亦云本母或云行境界謂起行所能生行故也

工業　古紅反詩云工祝致告傳曰善其事曰工也

外攝　沙藥經亦言申恕持或作申恕涉林名也此譯云實木舊言藥篇多少異

所祈　巨衣反廣雅祈求也尒雅祈叫也叫呼請事也矣

第七卷

樹杪　弥遶反通俗文樹鋒曰杪杪謂微細也

官僚　又作寮同力彫反尒雅僚官也同官曰僚也

或翻　麗八　祇遥反廣雅翻擧也尒雅翻危也擧足懸危也

蝸虫　古華反說文蝸螺也

第八卷

俱胝　竹尸反佛本行經作拘致云一百百千名一拘致數當千万

素怛纜　力暫反此譯云綫書言修多羅或云修妬路皆訛也

吠舍　扶廢反舊言鞞舍此云坐謂宅舍也案天竺國俗多重寶貨此等嘗求舍

財巨僮坐而出 內故以名焉

第九卷

戍陀羅 嘼句反舊言首陀謂田農官事者也此等四族國之大姓也

伊師迦 山名也言此山高聳貌傴如之故以喻之也

第十卷

商賈 始羊反下公戶反行賣曰商坐賣曰賈白虎通曰賈之言商商其遠近通四方之物以聚之也賈固也固物以待民求其利也賈亦通語也

方域 爲逼反說文域邦也廣雅邦域國也

詰問 丘逸反廣雅詰責也說文詰問也

藝介 横勿反謂樹木叢生藝藝然氣盛也

颰然 桑合反喪見也謂風吹木葉落之声也

唐捐 徒郎反下以專反唐徒也徒空也說文捐棄也

薄蝕 補莫反下神軄反小尒雅薄近也漢書日月薄蝕韋昭曰氣往迫之曰薄虧毀曰蝕如蟲食草木葉也

毗羅婆果 亦云頻螺果或言避邏果皆訛也果形金色如甘子大西國有王多用此木作幢莊嚴供養也

第十一卷

餉佉 尸尚反此云目或言舊云儴佉或云傷佉訶

尚論 市讓反廣雅尚高也說文尚曾也尚亦上也

倡女 齒揚反婬女也說文倡樂也

雨衆 于矩反梵言鞞利沙亦云婆利沙此云雨外道名也犍挐此云衆謂雨等師徒之衆故云雨衆者也

銓量 又作硂同七泉反稱衡也廣雅稱謂之銓所以稱物知輕重者也

刊定 口干反廣雅刊削也亦定也除也

淩侮 又作夌同力蒸反三蒼淩侵也廣雅夌犯也下士府反廣雅侮輕也言輕傷也夌縱水也

遞互 古文遰同徒礼反方言遞代也互更代也

目眩 侯遍反胡眴二反字林眩乱也三蒼眛視不明也

纔取 在災反廣雅纔暫也亦劣也不久也

未愈 古文瘉同痛乳反方言愈差也說文愈病療也

廣八

迦末羅病 舊云迦摩羅病此云黃病或云惡垢言腹中有惡垢即不可治者也

角犎 妃封反又音封今有此牛形小羅上有犎者也

形㥥 叔課反三蒼煐嘶廣雅承更劣嗄也

嘶聲 又作譽同蘇哭反說文譽悲聲也方言譬嗜也翩也

哮吽 古文檻同呼交呼校二反說文虎爲也大鶏声下文响吽二形今作狗又作螟同呼荀反吽嗥出

咆吽 蒲交反說文咆嗥也廣雅咆鳴也

瞑目 又作眠同莫田反說文瞑目翕也眠寐也眡也

敦肅 古文惇同都屯反說文惇厚也下思六反肅敬也嚴也謂整皃也亦誠也自警誠也

鄙俚 補美反下又作鄙同力子反鄙陋也說文五酇爲鄙俚者蒼頡篇國之下邑曰俚漢書質而不俚如淳曰雜質猶不如閭野之鄙古三鄭音祖且反百家也

麁獷 古猛反獷強也字從犬

過隙 丘逆反說文隙壁際孔也字從白上下小

謇躍 古文謰謇二形今作謇同居展反方言謇吃也楚人語謇難也下所立反說文躍不滑也字從四止四止則不通宇𠚍也

蝀育 古文蝀𩞾二形今作蝑同須卒所項二反廣雅蝀上也跳也

第十二卷

酷怨 古文嚳焅佶三形今作酷同口木反說文酷急也甚也亦暴虐者也

達羅弭 弥亦反呪名也此縣下翻但存本耳

傳述 食聿反述謂撰其義也尒雅述循也

殁力伽羅子 亦言勿伽羅勿伽此云胡豆即是綠色豆也羅此云取依此閒語應言取綠豆此是其姓上古仙人名勿伽羅不食一切物唯食胡豆故名取胡豆是此仙人種故以爲姓也舊言目捷連訛略也

鄔波第鑠 烏古反下尸藥反舊言優波提舍此云論義也

深邃 古文䆳同私醉反說文深遠也矣

第十三卷

精懇 古文作懇同口很反通俗文至誠曰懇亦堅忍也

鄔波婆娑 亦言優波婆娑此云近住謂受八戒者近阿羅漢等善人而住者也

杜多 亦言藪吼多此云洗浣亦言藪斗又云斗藪或言藪振亦曰書麐一義耳皆訛去其衣服飲食住處三種欲會也舊言頭陀者謹也經中亦作十二擻行藪音徒斗反詠音大

第十四卷

毗瑟蒭天 數故反亦言毗瘦紐天此當幼藏義此天有大威德乘金翅鳥行行時有輪以爲器學發破即破無有能當也

西你迦 女養反此云有軍外道名也舊云先尼訛也

憍答摩 此有三義一云日種二言牛糞種三曇土種以瞿曇名目九義故也舊具瞿曇因錄貪如經說

蹉踊 梁文反下梁玉反埋蒼蹉踊下伸也說音作遵謂行趙趙也案蹉亦由也

嬈亂 乃了反惱也說文嬈擾戲弄三蒼嬈郭璞曰弄也廣雅嬈擾戲嬈也

里閈 力擬反下胡旦反五鄙爲里謂二十五家里也方居一里之中也閈門也謂普門也

乾曝 古寒反下又作暴同蒲木反通俗文發爆日曬

第十七卷

邪佚 古文泆同與一反蓄頡篇佚陽也佚樂也陽音蕩也

窣羅酒 此云米酒

米𥻳邪酒 謂根莖花果等雜釀酒

末陀酒 謂蒲桃酒

第十九卷

伐勒迦梨 此云闍力

如鶡 烏曷反鶡雀也亦名鶡鴠鶡鳥似雉鬭死乃止也云鶡鳥鳴求旦也中國以爲冠武士也

塲壠 仲良反下力踵反方言塚秦晉之間謂之墳或謂之埌或謂之壠音力勇反埒音劣有界埒者也

第二十卷

艱難 古閑反說文土難治也

剖析 普厚反剖判也下思狄反破也析分也中分也

波羅闍巳迦 此云勝處謂勝於煩惱若法求勝爾故此勝處名也梁言清淨

對法論第一卷

委蛇 此四字入 王元反韻集引詩委委佗佗美也佗徒何反下以之反委蛇自得之貌也 大口於于

条綜 蒼哀反下子宋反

有情 梵言薩埵此云有情言有情識故也又云眾生言從眾緣生故名眾生也

庶令 尸預反望得也庶幾也

𦵏蘊 於粉反梵言塞建陀此云蘊積聚義故名爲蘊字林蘊積也蘊亦藏也

第二卷

心戾 力計反曲也乖戾也

心府 古文府字林力大反曲也小府也

悕脊 言字林...

憍設 ...

恍豫 ...

聰叡 此字入

文身 梵言...

異熟 梵言毗播迦此云異熟...

堅勁 ...

𧇩彈那 ...

薩迦耶見 ...

祠祀 ...

欻尒 ...

憤發 ...

異生性 梵言婆羅必栗託仡那此云愚異生...

裒壹 ...

卵㲉 ...

羯邏藍 ...

頞部陀 ...

閉尸 ...

肝貨 ...

大村 ...

又荷 ...

第五卷

等覺 ...

摩納婆 ...

贍部洲 ...

阿闍底迦 ...

阿顛底迦 此云畢竟闕畢竟無有涅槃心也

第六卷

東毗提訶 或云弗婆提或言弗于逮皆梵音訛轉也此云前在諸方之前也

西瞿陀尼 或云俱耶尼或作瞿伽尼此云牛貨以彼多牛用牛市易此間用錢帛等也

北俱盧洲 或云鬱單越或言鬱多羅拘樓此云高上勝高上於餘方也

言潤也

覩史多天 亦言兜率陀或云兜術皆訛音轉也此云妙足天亦云知足天也

樂變化天 五孝反但此天有寶女化者心多變著於男亦令彼故以變化名爲善化之音也

蘇迷盧山 或言須彌樓此云妙高山亦云須彌山皆訛略也

層級 徂登反下居立反說文層重累也級次也

輪圍山 又作圍同梵言斫迦羅此云輪圍亦云鐵圍山名也

睛明 又作精同子盈反

健達縛 又作乾闥婆梵音訛也此云尋香亦云食香

中夭 又作殀同於矯反說文夭屈也不盡天年謂之夭

鍵南 巨偃反此云堅肉亦云厚肉

鉢羅奢佉 此云枝節胎中第五七日生四枝之相也

第七卷

憒內 公內反下乃內反說文憒亂也

三摩呬多 此云等引謂定能引平等

恰悅 胡夾反下以雪反

中庸 以恭反庸和也

耽索迦 此譯云

鹵土 力古反

熏坌 蒲頓反

德失 說文失過也

稼穡 加訝反下所力反

磽确 口交反下胡角反

第八卷

勤策男 初革反舊譯言沙彌此云息慈

鄔波索迦 此云近事男

鄔波斯迦 此云近事女

扇搋半擇迦 此云黃門其類有五

罝兔 子邪反

歐擊 烏口反下古歷反

唱令家

栴荼羅 或云旃陀羅此云嚴熾謂屠殺者種類之名也

羯恥那 此云賢者

第十卷

淩蔑 力承反下莫結反

銛利 息廉反

末尼 此云寶珠

昔然

洲渚 之由反下之與反爾雅水中可居曰洲小洲曰渚

第十一卷

跛踖 子亦反

諷誦 風貢反

綴緝 張衛反下七入反

洛叉 此云億

薩伐若 此言一切智

第十二卷

殑伽沙 渠凝反舊言恒河沙

手麞 居衣反

譏弄 居衣反廣雅譏誹也

毀呰 子亦反口毀曰呰說文呰呵也

第十三卷

孕 翼證反含實曰孕孕身孕紫 子也孕傳也傳音身也

婆羅痆 江淺黰歹言此名舊言波羅奈譯云 合色斯也 烏沙斯星此云烏莫太白等色青黃等赤色也 烏莫此花等名舊言波羅奈

第十六卷

英俊 衛京反下又作儁同資閏反 說文智出万人曰英千人曰俊俊謂南子 云智出萬人曰英千人曰俊

闍鐸迦 人名也 異於徒洛反此云欲人 人異於徒也

躁急 之到反 祖到反 躁擾不安靜也 亦躁動也 言不安静也

闍陀論 伽名首盧迦六論中第五名闍陀論謂佛弟子等作偈說也 此云躁擾不安 亦名闡陀論仙人釋作也

攝大乘論第一卷

標幟 比遙反下尺志反 標頭上標記也 所以相別音識 舊音與知識同 號曰標幟 說文幟私記也 締帛等著旗上所以別也 廣雅幟幟也謂以徽識也 墨子云書長著皆從巾 字文五上識曰幟 廣雅標幟也

業具軍 言八轉聲 立軍等八轉聲中第二具聲第三 言論之道 能有聲立第二名所作業 業同軍第三 故轉第八轉 能轉立作義業具軍 故轉聲 具二轉聲 業詮作業具軍 名作義業 業具第三

應 八

轉聲 者依一業七聲 八囀七依曰業明具 曰為五從六 所謂呼聲 屬七依一 具三如是等 十二

能詮 具七說泉事理詮 謂顯了義 說文詮具也 字云詮言者謂 用呼聲也 相類 是事理 曰詮 鄭玄注義南子云詮言具者謂

天魔 梵言魔羅此譯云障 能為修道作障礙也 亦名殺者 論中釋斷慧命 故名障 為是位處常行 故名天魔 是欲界第六天主 名波旬 此魔名自害身

能闡 昌善反 此云出世佛出世魔 云惡愛即 釋迦不同 亦出世魔王名 佛將魔也 諸魔名 頭師 也云 廣雅闡明也 亦開也

覺寤 吾故反 言寤寤也 覺寤 開發也

首楞伽摩 首楞伽 此云健相 亦云健行 首楞伽舊云首楞嚴 相一切顯所作也 亦竟健有多義 名

嘗茶 宅加反 以字是所作名 曾荼

經部 佛去世後四百年中從說一切有分出此部 唯立一經藏 不立律及論藏 以經為量 作此部名 解經義者 言經立名 故云一切外本經

彩畫 七成反 字略作彩 又作𦊠同 下胡卦反 在國下 其形象曰五色 畫也

𡍲礙 卦扶反 畫也

吠世師 此云勝異 謂勝論 舊云衛世師 或言鞞世師 皆訛也

師資 以能破六句義論 今稱善人 人之所師 取善人為人資 故云 善人不善人之師 不善人善人之資

伽他 此方當頌 西國之數 字為頌 一字 皆名伽他 言經之四言句等 為頌 以三十二字為一偈

那落迦 亦云泥犁 或言泥黎 此云苦具 舊言地獄也

應 八

一闡提 本名一闡底迦 此云不可樂 闡提 此言信不具 舊言一闡提者 中可樂 無善根者 一救濟三 所以實四

阿笈摩 舊言阿含 謂傳來法 此云教 阿伽摩此翻教 法相云 教授也 或言阿含 輕者

二塵 梵言阿縛 此云遍 訛略也 言舊值 言阿縛 市中 二行謂 記令者遍行 令多名不當本也 是此物 合彼 此云非云 不行 名相

第二卷

有稱 故立為 云核也間 小兒反 聲類也

化地部 此言第三百年中從一切有部出 梵言 此云 言化地 亦名正地 亦名教地 此部師本國王 王言化 故佛法中 地上 名教 以名地 入佛法 故名化 地 入佛法 也

應 八

樹增 時注反 凡置皆曰樹 廣雅 樹植也 立 樹亦種也 建立也

照矚 之欲反 明也 亦照也 十二

貫徹 古玩反 貫穿也 下以通也 篇作貫同 物曰貫也 串 宀眷之貫 又直列反 穿也

羂索 又作罥同 古犬反 以繩取物曰羂

未嘗 未也 字 又作嘗 古文嘗試也 未曾也

率介 所律反 廣雅 率自也 字書 率 語也 介 謂先 介 率 自也

巨勝 先三人 而對是也 其呂反 巨大也 本草云 胡麻一名 胡麻 一名巨勝

衆纈 賢結反 文曰纈 謂撮以絲 縛繒染 之解 如此 結其實 今西國 有 結之 繒 染汁之 解 點 之絲 成

詑埵 此云薩埵 訛也

和𢷾 古文緣 字 橾 云 言如 俗作 此 鬆

孿弓 烏環反 小雅 孿弓 開弓也

華鬘 梵言摩羅 此譯云鬘 音蠻 案 西國結鬘師 多用蘇摩那花 行列結之 以為首飾 無問男女 貴賤皆此莊嚴 或首或身 以為飾好也

稊稗 徒奚反 下蒲賣反 地草也 稊似稗 布地 稗草之似穀也

末那 云意也 此

是滓 胡昆反 胡𥠖 訛也 說文 渾濁也 二反

鮮　私延反廣雅鮮好也善也

第三卷

焚燒　扶云反焚亦燒也字從火燒林意也

憁犯　又作炍僭二形同去建反說文僭過也亦失也罪也犯侵也

囹圄　力丁反下众吕反獄名也周禮三王始有獄廣雅云夏曰夏臺殷曰羑里周曰囹圄皆獄之別名也釋名云囹領也圄禦也領録囚徒禁禦之也羑

應八

穢磧　音西也且歷反積石爲磧說文水渚有石曰磧廣雅磧瀨也

十三

第四卷

瞖眩　於計反韻集云目障病也下侯遍反字林眩亂也

憺怕　各徒濫反下普白反廣雅憺怕安足實也亦恬靜也言寂寞無人也

身寐　明庇反寐謂眠熟也国語公寢而不寤是也寢卧也

憔戾　擬公椁孔二反謂很戾剛強也

湍洄　土桓反下音迴潡水爲湍水轉爲洄潡急也說文湍疾瀨也瀨水流沙上也

刀仗　治亮反人所執持爲仗仗亦弓矟杵棒之總名也

倡豔　齒揚反下又作豔同餘贍反倡樂也豔美也美色爲豔也

者者　諸野反說文者制事之辭也亦明下句出也牒本釋之故重言者也

如如　歷法非一故曰如如下如是如是者指前也

尋伺　胥吏反梵言毗怛迦此云尋毗遮羅此云伺尋謂尋求伺謂伺察或思或慧於境推求麁位名尋即此二種於境審察細位名伺故言尋伺舊名覺觀者來梵本善提各竟毗鉢舍那名觀譯人不尋本語致斯乖失也

蟠曲　蒲寒反廣雅蟠曲也亦洄也委也

鄯子　又作㳣同以逝反師子国南浮海洲鄭尸里洲人卑小長餘三尺人身鳥喙唯食椰子跣無穀稼所以不識於牛也

第五卷

迦比羅　此云赤色謂赤色仙人也造僧佉論說二十五諦義者

騷揭多　渠謁反是僧伽陀弟子名也修伽陀若即佛十号中善逝是也

擾動　而紹反說文擾煩也廣雅擾亂也

尼揵茶書　此集異名書也如一物有多名等

御衆　魚據反駕御也廣雅御使也驅之內善也謂指麾使馬

不逮　徒戴反尒雅逮及也方俗言耳

劬勞　寠俱反韓詩劬數也詩傳曰劬勞病也數音所角反

阿練若　阿此云無練若有兩義一目聲謂無人聲及無鼓譯等聲二目所謂無所伐等諠未雜言去聚落一俱盧舍爲阿練若處亦須鄰研伐處也譯

俱盧舍　音桑到反謂大牛鳴音也其音聞於五里舊云一俱盧舍此云五百弓也

第六卷

羅怙羅　亦云羅吼羅舊言羅睺羅此云障月以羅怙羅羅羅手障月時生因以爲名七年在母胎中一由往業二由現在故也

誅國　追子反罰罪也廣雅誅殺也說文誅討也亦責也

那庾多　翼主反舊言那由他此數當千億也

蠲除　古玄反方言南楚疾愈謂之蠲蠲亦除也

應八

榛梗　仕巾反下加杏反廣雅木叢生曰榛字林山榆一名梗有刺策可以爲華美者也梗強也

十四

阿揭陀藥　亦言阿竭陀或云阿伽陀梵言訛轉也是丸藥也

怯憚　又作祛同祛業反怯多畏也下徒旦反憚驚難也

第七卷

潰散　古文殨同胡對反蒼頡篇潰旁決也說文潰漏也

怨讎　視由反三蒼怨偶曰讎讎對也尒雅讎匹也

嗢柁南　烏骨反下徒我反此云陀散亦言攝柁又言集總散舊言鬱陀那訛也

遊玩　五喚反字林玩弄也廣雅玩好也

瞿沙經　瞿沙此云妙音人名也從人名經也

第八卷

聰敏　眉殞反聰聽察也先知也敏明達捷疾也

第九卷

即士釋　亦言依士士謂主也立名從主故言依士如言眼識等也

持業釋　業謂用也立名所名別義攝業於一體上具立二名即明其體能持一業如言眼即是界等也

屬耳　之欲反国語愁国人屬耳日於垣牆昭曰屬注也濮書音義曰屬近也詩云耳屬于垣是也

保任　補道反說文保當也任保也言可保信也

母邑　梵言摩怛理此云母伽羅摩此云村今以邑代村故云母邑謂母人之濟類故以爲

那伽　名三義一云龍二象三云不來孔雀稱有佛爲那伽由佛不更來生死故也

棓剌拏　名補厚反下罽割反外道六師中人名也舊言富蘭那迦葉迦葉是姓富蘭那是字耶空見外道也

應八

第十卷

愚戇　陟絳反三蒼戇無所知也亦鈍也嚚雜戇頑嚚也說文愚癡也戇愚若也

頑嚚　五鰥反下魚巾反廣雅頑嚚愚也鈍也蒼頡篇嚚惡也左傳心不則德義之經曰頑口不道忠信之言曰嚚是也

毗盧宅迦王　舊言毗流離王一也

瑠璃　吠瑠璃也亦云毗瑠璃又言鞞頭黎從山爲名謂遠山宝遠山即須弥山

十五

也此宝青色一切寶皆不可壞亦雜燋焰所能鑠鎔唯鬼神有通力者能破之爲物或云是金翅鳥卵殼此寶是鬼神之以責與人也

牟娑洛寶 是赤細名色宝輪也亦名門宝色

過濕摩揭娑 摩竭

帝青 梵言因陁羅尼羅目多是帝釋宝亦作青色以其最勝故稱帝釋青或言帝釋所居處波利質多羅樹下是其宝故名帝釋青目多此云珠以

大青 此宝爲珠也 梵言摩訶尼羅此云大青亦是帝釋所用宝也

鷄羅怛諾迦寶餘 上音許伊反七云盧叩眡詞目多不同也

拯拔 蒸上声說文拯上举也謂救助也

阿僧伽 長声呼之即云僧伽此云衆舊云僧佉訛也阿此云無僧伽此云著短声呼之苦

廣百論第一卷

循法 似遵反尒雅循自也自 循行也亦遵也巡歷也

詎有 渠據反亦詎何也 也謂未知詎何也未

薩埵刺闍答摩 刺音勒達反答摩此云闇 餘含多義不可的翻舊言 憂喜闇又云淨 麁黑異名也

躁警 居影反警戒愼也 廣雅警不安也

駭浪 胡族反三蒼駭警也 廣雅駭起也

奔濤 徒刀反蒼頡篇濤大波也

漑灌 古賚反說文漑灌也

鎔銅 以鍾反江南行此音謂鎔鑄銷洋也

第二卷

波羅奢樹 此云赤花樹樹汁滓極赤 用之爲染今紫礦是也

記論外道 即毗伽羅論是也

衆蠢 都故反字林木虫心穿食 人器物者也如白魚等

第三卷

時痕 胡根反通俗文瘡 瘢曰痕傷跡也

主宰 祖殆反宰禮記宰夫爲獸主 去曰宰夫主膳食之官也

多羅果 其樹形似椶櫚直而高聳大若數圍花白而大若捧兩手果熟即赤 狀若石榴生經百年方有花果舊言貝多訛也

廣八

苟避 公厚反廣雅苟且也亦誠也

依隄 丁奚反又音帝說文隄塘也防也 積土防水曰隄隄土橋也字從阜

所蚩 昌之反蒼頡篇蚩 輕侮也蚩笑也

眯覆 米禮反草入目中也 今言眯目是曰眯

騰焰 徒登反謂跳躍也 而上也騰騁也

十六

第四卷

怛策迦 都達反龍王名也昔有仙人曾呪 比龍令其入火龍王憂怖遂投帝 釋帝釋與龍一座而坐仙人知已更以呪帝釋倶墮帝釋求哀得免所患 龍遂死焉

甘饌 仕眷反說文甘美 也饌具飲食也

第五卷

編石 卑綿反編女石也字林編 織也以繩次物曰編也

未達那果 或云摩陁那又言摩陀羅此云 醉果甚堪服食能令人醉故以 名焉也

羯羅那 西國豆之差別也 服食甚不益人也

第六卷

羈縶 居猗反華絡馬頭曰羈 縶檢也檢持制之也

耽湎 都含反下彌善反說文湛 樂也嗜也湎耽於酒也

狷蹶 古縣反下居月反謂 急易情性也蹶狂也

胡笯 又作胡咽二形同戶孤反 說文胡牛領垂下者也

撓攪 呼高反下古卯反說 文撓擾也攪亂也

傎蹶 又作顛蹎同丁賢反下居月 反蹎蹶謂傾仆倒也

貪齩 五狡反中國音也又下狡反 江南音也說文齩齧也

圂豬 胡困反廣雅圊圂廁 也或作溷亂也

十五

膏腴 公勞反下庾倶反肥腴 也膏腴也腴腸下肥也

第七卷

薩羅羅薩薩羅 此言地羅薩此云味含 此字声假而非實也

挫没 祖臥反折其鋒曰挫說 文挫摧也亦抑也折也

磓石 徂雷反擲著磓石 也謂投磓者也

瞽目 公戶反三蒼無目謂之瞽釋名云 瞽目者眠眠然目平合如鼓皮也

鶬鶹子 許牛反下力周反字書鵂鶹鳥也山東名鵂鶹 也廣雅鵂鶹鴟鵂也亦名訓侯夜行名鳥伏 關中名訓狐亦名怪鳥是晝伏夜行也 爲怪也此仙人造晝日爲師法 師仙說六義言者也此仙人食若得 山中義出乞食人故稱 不得乞食夜行亦 此鳥多則夜由其人乞食以又 故鶬鶹得名焉

寔繁 時實反下扶園反說文寔止也亦實 也詩云寔命不同傳曰寔是也又云 六月繁霜傳曰繁多也禮記孔 子辭讓之節繁鄭玄曰繁盛也

𧞣揉 如鳥反下乃可反 猱柔弱也亦茂盛也

喜抃 皮變反說文拊手也 曰抃謂搏樂節也

嬉戲 虛之反嬉樂也 蒼頡篇嬉戲也

彗星 囚芮蘇醉二反妖星 也言星光似掃帚也

第八卷

滌除　徒的反說文滌洒也謂灑洒除去垢穢也

該通　古來反該備也方言該咸也亦苞也

立尿　又作溺同奴吊反字林尿小便也通俗文出脬為尿醫方多作溺古字假借也

如矟　山卓反埤蒼矟長一丈八尺也

寱語　牛世反通俗文夢語謂之寱聲類不覺妄言也

臘縛　郎盍反舊經中作羅婆六十怛刹那為一羅婆也

雙泯　弥忍反字林泯然盡也廣雅泯絕滅也

汝曹　自勞反曹輩也亦群也

糾紛　居黝反下孚云反廣雅糾急也說文繩三合曰糾糾絞夾也紛亂也

第九卷

根系　奚計反介雅系繼也出本有帝系篇謂子孫相繼續也

咀嚼　才與反下才爵反咀含味也咀嚼也嚼齧也

嬰孩　於盈反下胡來反釋名云智前曰嬰抱之嬰前以乳養之故曰嬰兒孩小兒咲也

第十卷

服膺　扶福反下於兢反介雅服業事也書身親也謂親承服事習道藝也人云悅釋服也鄭玄曰喜而服從也有作伏兩通

屢辯　力句反屢數也辯正也

非考　苦老反謂質數之也考問也校也

自呈　馳京反案呈猶見示也說文呈平也

措言　且故反蒼頡篇措置也又安也施也

沃以　烏穀反通俗文灌灌曰沃沃亦澆也濆也

殉命　辭俊反漢書臣瓚曰身從物曰殉殉亦營也

佛地經論第一卷

劫比拏王　女家反南憍薩羅國主名也因緣廣如經說也

封王　府用府逢二反字林封爵諸侯也聲類建國以土地曰封周禮建邦國而制其城諸公之地封壃方五百里諸侯之地方四百里等也起土爲界曰封

第三卷

如鉆　奇廉反通俗文鍛具曰鉆蒼頡篇鉆持也

第六卷

補特伽羅　此云數取趣謂數數往來諸趣也

殉利　辭俊反蒼頡篇云殉求也漢書貪夫殉財應劭曰殉營也

勇悍　何旦反說文悍勇也有力也三蒼悍桀也

如毗濕飯怛羅　都達反即蘇達拏本生因緣也

第七卷

踰繕那　市戰反亦言踰闍那此云合也也計應合尒計度量同此方驛也自古聖王一日行也軍西國繕那有大小或三十里或四十里昔來皆取四十里也舊經論中或云由延又作由旬或言俞旬皆訛略也

底沙佛　舊經中作弗沙佛同一也

蘇達那等　亦作蘇陁沙拏此云善與亦言好施舊云須達拏訛也

掌珍論上卷

樊籠　扶袁反案樊即籠也莊子澤雉不祈畜於樊中是也

安膳那藥　舊作安禪那此云眼藥

牧牛　莫祿亡福二反三蒼牧養也方言牧飼也畜養之總名也

誣罔　武手反說文加言曰誣誣亦罔也妄也欺也以是為非曰罔

餌能　如志反蒼頡篇餌食也案凡所食之物曰餌

下卷

嗢鉢　烏沒反或言優鉢羅又作漚鉢羅一也此言黛花也

銅鍱部　餘涉反上座部也謂赤銅鍱書字記文今諸在師子國也

犢子部　梵言跋私弗多羅此云可住子部舊言犢子者攝不了梵音長紐故也長言呼跋私則是可住若短音呼則言犢從上座部中一切有部出也

王法正理論

錫賚　星的反賜與也尒雅錫賚賜也謂上與下之辭也

懊恚　於報反懊悔恨也

罄竭　古文窒同口定反說文器中空也尒雅罄盡也

英傑　於京反下奇列反淮南子云智出万人為英千人為傑傑亦特立也才能也

大乘成業論

食米齋宗　舊云食胥此外道修行苦行合手大指及第二指以物縛之往至人家舂穀穀來處以彼縛指拾取米胃棄置掌中隨得少多去以為食若全粒者即不取之恐多所取故縛兩指耳亦名鵂鶹行外道掐來如鵂鶹行也

凸出　蒼頡篇作突徒結反字苑凸起也實突也

坳凹　烏交反偏下也下蒼頡篇作窨烏狹反窖墊下也字苑凹陷也

紫礦　古猛反波羅奢樹汁痒也其色甚赤用染皮氍等出

拘櫞花　俱禹反下以專反實古云似鷄大如飯籮可以澆灌漉舊紵也含膏番禺以南纏切蜜礦為膠膠音蘇感反

瓤生　女良反如瓜瓠中瓤瓣也瓣音滿莧反

俱瑟祉羅　經勅里反舊言俱締羅譯云膝也言膝骨大也此即舍利弗舅長爪梵志是也

釋軌論　居美反軌法也世親菩薩作釋經軌法也

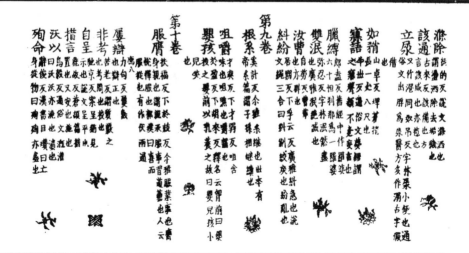

佛栗氏子　此西國地名此人因地為名也

正理門論

懷兔　彼土名月為兔故以喻焉月中兔者佛昔作兔王為一仙人投身入火以肉施彼天帝取其體骨置於月中使得清涼又令地上衆生見而發意故也

躊躇　腸留反下腸誅反廣雅躊躇猶豫也亦蹢躅也

大乘五蘊論

尤蛆　有憂反下知列反尤亦怨也蛆痛也虫行毒也

倨傲　居御反下五到反說文倨不遜也傲不恭敬也廣雅傲傷倨慢也

蒙昧　字體作矇同莫公反下莫對反易云蒙者懞也謂懞懂不明也廣雅昧者闇也謂闇蔽無知也易云蒙昧幼老謂不我求

一切經音義卷第二十三　二末　鶴八

一切經音義卷第二十三（別本）

校勘記

一　底本，明永樂南藏本。

一　三七〇頁上一行經名，徑作「一切經音義卷第二十四」。卷末經名同。

一　三七〇頁上一〇行夾註左末字「是」，徑作「是也」。

一　三七〇頁上一一行夾註左第七字「日」，徑無。又末字「紹」，徑作「紹也」。

一　三七〇頁中三行夾註左末字「池」，徑作「池也」。

一　三七〇頁中五行夾註左第二字「縣」，徑作「緜」。

一　三七〇頁中一八行「緼習」，徑作「温習」。

一　三七〇頁下三行夾註右第一〇字「有」，徑作「在」。又左「阜跂迦」，磧、徑作「阜鼓迦」。

一　三七〇頁下九行夾註右「夾記」，徑作「史記」。

一　三七〇頁下二三行夾註右第七字「箋」，磧、普、徑作「綫」。

一　三七一頁上二行夾註右「官學」，徑作「宦學」。

一　三七一頁上四行夾註左首字「優」，普作「慢」。

一　三七一頁上七行夾註左第四字「求」，磧、普作「來」。又第一一字「語」，磧作「説」。

一　三七一頁上一七行夾註右第六字「目」，徑作「貝」。

一　三七一頁中四行夾註右「侯遍反」，徑作「眩侯遍」。

一　三七一頁中八行夾註右「又音封」，徑作「乃牛也」。

一　三七一頁中一一行夾註右第三字「𡰪」，徑作「尯」。

一　三七一頁中一五行夾註左第一三字「誠」，徑作「諴」。次行夾註左首字同。

一　三七一頁下三行夾註左「下翻」，徑作「正翻」。

一　三七一頁下一五行夾註左「音大」，磧、徑作「音太」。

一　三七一頁下二一行夾註右第二字「信」，徑作「言」。

一　三七一頁下二二行夾註左第八字「趍」，徑作「趨」。

一　三七二頁上一一行夾註右「纂反」，磧、普、徑作「纂文」。又左第八字「爛」，徑作「濫」。

一　三七二頁上一二行夾註右「仲良

反」，磧、普、經作「始羊反」。
一　三七二頁中一五行夾註左「謂之」，經作「之謂」。
一　三七二頁中二〇行夾註左第五字「意」，經作「音」。
一　三七二頁下九行夾註右第三字「殻」，經作「殼」。
一　三七三頁上一〇行夾註右「寶女」，磧、普、經作「實女」。
一　三七三頁上一四行第三字「山」，經無。
一　三七三頁上一九行夾註右「夭年」，普、經作「天年」。
一　三七三頁上二二行夾註左第一一字「大」，經作「云」。
一　三七三頁中一行夾註右「云字引」，磧、普、經作「此云等引」。又左「引也」，磧、普、經作「能引也」。
一　三七三頁中一六行夾註左「優娑塞」，經作「優婆塞」。
一　三七三頁中一七行夾註左末二字至次行夾註右首字「優娑夷」，經作「優婆夷」。
一　三七三頁中二二行夾註左第七字「食」，磧、普、經作「博」。
一　三七三頁下二行夾註右「尺亮反」，磧、普、經作「鴟讓反」。
一　三七三頁下七行夾註左第七字「昜」，磧、普作「傷」。
一　三七三頁下二一行夾註右「掬水」，經作「掬之」。
一　三七四頁上三行首字「孕」，磧、經作「所孕」。
一　三七四頁上七行夾註右「下文」，經作「下又」。
一　三七四頁上九行夾註右「徒洛反」，經作「徒各切」。
一　三七四頁上一一行夾註右末字「首」，磧、普、經作「首盧」。
一　三七四頁上一九行夾註右第一〇字「曰」，普、經作「四」。又左第八字「吉」，普、經作「聲」。
一　三七四頁上二〇行夾註左「用稀也」，經作「明」。
一　三七四頁中八行夾註右「以作此名」，經作「以此作名」。
一　三七四頁中二〇行夾註左「非佉」，普、經作「非法」。
一　三七四頁中二三行夾註左「廊舍」，經作「邸舍」。
一　三七四頁下四行夾註左「娑阿」，磧、普、經作「娑柯」。
一　三七五頁上一一行夾註左「寂寥」，經作「寂寞」。
一　三七五頁上一二行夾註右「明庇反」，磧作「土庇反」；普作「士庇反」；經作「亡庇切」。
一　三七五頁中六行夾註左末字「馬」，磧、普、經作「馬也」。
一　三七五頁中九行夾註右第一一字「目」，經作「曰」。左第一一字同。
一　三七五頁中一九行夾註右「仕巾反」，經作「側巾切」。又左第一〇字「英」，經作「英」。
一　三七五頁下一〇行夾註右「一業」，磧、普作「二業」。

一　三七五頁下一一行「於垣墻昭曰」，磧作「於垣墻昭曰」，普作「於昭曰」；徑作「於我韋昭曰」。

一　三七五頁下一七行夾註左「人名也」，徑作「一人名也」。

一　三七五頁下二〇行夾註右「涉絳反」，磧作「都絳反」；徑作「都絳切」。

一　三七五頁下二三行夾註右第二字「吉」，磧、徑作「言」。

一　三七六頁上四行夾註左末字「寶」徑作「寶也」。

一　三七六頁上一八行夾註右「胡族反」，磧、普作「胡駭反」；徑作「胡駭切」。

一　三七六頁中一行夾註右第八字「心」，普、徑作「也」。

一　三七六頁中六行夾註左「說也」，徑作「訛也」。

一　三七六頁中八行夾註右第六字「帝」，磧、普作「啼」；徑作「蹄」。

一　三七六頁中一〇行夾註右「米禮反」，磧、普作「亡禮反」；徑作「亡禮切」。

一　三七六頁中一三行夾註左「比龍」，磧、普、徑作「此龍」。

一　三七六頁中一九行首字「未」，磧、徑作「末」。

一　三七六頁中末行夾註右「米善反」，磧、普作「亡善反」；徑作「亡善切」，又末字「堪」，徑作「耽」。

一　三七六頁下四行夾註左第七字「傎」，徑作「俱」。

一　三七六頁下六行夾註右末字「阱」徑作「屏」。

一　三七六頁下一三行夾註右「鉤」，徑作「鴝」。

一　三七六頁下一四行夾註右末字「鳥」，磧、普、徑作「鳴」。

一　三七六頁下二一行夾註左第四字「搠」，徑作「拊」。

一　三七六頁下二二行夾註左末字「戲」，磧作「戲笑」。

一　三七六頁下二三行夾註右首字「因」，徑作「四」。

一　三七七頁上一〇行夾註右第二字「黝」，徑作「黝」。

一　三七七頁上一五行夾註「笑也」，徑作「笑聲也」。

一　三七七頁上一七行夾註左「人云」，徑作「又云」。

一　三七七頁中二行夾註右末字「主」，普作「王」。

一　三七七頁中二一行夾註右「亡福二」，徑無。

一　三七七頁下四行夾註右第三字「言」，普、徑作「音」。

一　三七七頁下末行夾註左末字「也」，徑作「者也」。

一　三七八頁上九行夾註左末字「求」，磧、普、徑作「求是也」。

一切經音義卷第二十四 小乘 麗九

唐大慈恩寺翻經沙門玄應撰

阿毗達磨俱舍論 大唐新譯

第一卷

俱舍 此翻云藏則倉庫藕鞘之攝名也舍藏義一切以名爲鷸音公跡反鞘音亦鈔反刀室也鐵有多名斯一稱也

諸冥 莫經迷定二反著頭云諸非一也聲類云諸詞之揔也小尒雅云冥闇昧也說文冥幽也亦夜也字從冖音古螢反從日從六日數十十六日而月始虧冥字意也

論沒 力均反廣雅論沉也沒溺也又論探也沒盡也

誡勗 旨養反下虛玉反營勃曰誡自勗曰勗又誡奔告讀也勗謂勉強也

迦多衍尼子 以善反舊云迦旃延子此從姓爲名有言迦多衍那聲之轉也

鄔柁南 烏古反下徒我反此云自說謂不待請問而自說也書云優陀那即無問自說經是也

毗婆沙 或言鞞婆沙譯云廣解或言廣說亦作毗頗沙此云種種說

等謝 或言分分也同一義似夜反廣雅謝往也去也

所吞 他賢反廣雅吞咽也說文吞咽也

有諍 又作爭同側迸反廣雅諍訟也說文諍引也謂彼此相引物也

氣騰 徒登反亦登也上升也說文騰傳也亦奔也

竅隙 口吊反下丘逆反說文竅空也隙壁際孔也

阿伽 云伽此云空無礙或言無障礙義本名也

第二卷

畢舍遮 舊經中名毗舍闍亦言辟舍柘鬼名也餓鬼中勝者也

室獸摩羅 譯云殺子魚或作也舊經律中或作失收摩羅或作失守摩羅梵音轉耳善見律云鰐魚長以齒至利有禽

蝙蝠 補堅反下方目反蝙蝠集名仙鼠也又名飛鼠五百歲則色白

鵂鶹 許牛反下力周反爾雅鵂鶹鳩忌音欺郭璞云今江東呼鵂鶹爲鴝鵒

野干 山海經云有獸名射干如狗其形似狐黃色能緣木而射干也

豺狼 仕皆反下力當反爾雅豺狗足狼牡獾牝狼

猫狸 又作貓同亡朝亡包二反下力其反廣雅貓狸也

鳩摩 音鳩摩廣雅鳩摩狸也

胞胎 補交反下他來反說文胞兒生裏也胎婦孕三月也

洟唾 古文鼻同他計反三蒼鼻液也

防援 言爲援也字從手

頗胝 迦又言頗胝迦此云水玉或云白珠大論云此寶出山石窟中過千年冰化爲頗胝迦

擄掣 又作據同居御反下昌制反擄掣也

礠石 疾資反謂石能吸鐵者也

第三卷

扇摭 半擇迦 此云黃門其類有五也

捺落迦 奴葛反此云不可樂亦云苦處或言那落迦或云泥犁皆一義也

指鞜 今作揩同他合反

鼓鞞 古文鼛同

冠花 古亂反下呼瓜反

樺皮 胡化反木名皮可以爲燭

香荾 私隹反

謂向 許亮反

相糅 女救反

拊手 芳主反

第四卷

眼瞼 居儼反謂目外皮也

警覺 居影反

印可 伊刃反

勇悍 胡旦反

不閑 字體作嫺同胡鍛反閑習也 閑之又也嫺習工華曰閑也

意旨 意以又說文作恉 恉意也志也

未嘗 視羊反廣雅嘗試也 也先也未嘗未曾也

諂誑 丑冉反希其意道其言謂之諂 自以有下也詔亦佞也 居況反謂欺誑也 佞也言諂謂佞

撟亂 居夭反謂撟詠字 撻上命曰撟 說文撟擅也 今文作矯

烈日 鄣折反廣雅烈盛也 說文烈火猛也

舉恃 古文怙同時止反恃賴也 韓詩無母何恃恃負也

凌蔑 力昇反下又作懱同輕易反蔑 凌倰抳也說文懱相輕偽也

傲逸 五到反廣雅傲慢也不敬 也輕偽於人也逸放縱也

焚燒 古文𤊧燌二形同扶雲反說文云 焚燒田也字從火燒林意也

唐捐 以專反唐徒也徒 空也說文捐棄也

第五卷

半樓婆 乃可反舊言波那娑果 如冬瓜其味甚甘也

俱盧 洲此云上勝亦云勝生舊言鬱中作 單越或言鬱怛羅越亦言鬱多羅

市廛 音抽連反梵言阿縛遮邏此云市廛 記市廛而不征鄭玄曰廛謂市物邸舍 也居也 人所居也 方言東齊海岱之間謂居曰廛 僧伽藍名衆園行欲婕誤也

軌範 又作范同音犯軌則也範法也謂可 爲法則亦教人法則也梵言阿遮利耶 舊言阿闍梨訛也

僵仆 居良反下古文踣同蒲北反仆頓 之僵伏謂之仆言僵仆前覆也

憤恚 扶粉反說文憤懣也 又作恚同於避反 懟也恚怒也

殞殁 云敏反又作殞同 殞墜也殁沒也

達弭羅 亦云此云達弭 彌?音受法

蟲眉? 𣐼恒羅 烏沒反此云受恒沙 此云𣐼?受 摩勝魔?者 囉名也 蝨?長 音有上人名白

白鷺 白水鳥也 舊此云白鷺 曰長喙 鳥上?名 音?

嗣前 古文孠同辭利反 說文嗣續也 爾雅嗣繼也

犎胡 今?封?反 犎牛也 犎形小 有肉上 有二形同 胡下垂也

仍未 又作仍同如陵反 爾雅仍因也 仍重也 乃乃 反

中名 從口從夕 以夕者 冥不自見 廣雅名 成也

文字 頡之像形 謂之文 形聲相益 謂之字 說文字乳也 字者孳乳浸多也 其後形聲相益 即謂之字

囊阿 鳥可反 此言無? 文也 義也

第六卷

嗢逝 烏沒反 佉合? 世界 謂? 也

羯刺藍 古言 舊曰 歌羅 或言羯羅藍 此云凝滑 言如酪上凝膏也

潤沃 古文生同七淨 烏木反 說文灌溉也 謂液漬也

諾瞿陀 舊言尼拘律 亦云尼拘陀 或云尼拘屢陀 譯云縱廣樹 亦言無節樹

中夭 又作殀同於矯反 不盡天年謂之夭 說文夭屈也 從大象形 廣雅夭折也

鵝足 足即以爲名 言草如鵝足也

農夫 古文𨇏同 奴冬反 說文農耕也 二形同

第七卷

贊幹 古文𥠕 上公旦反 下公旦反 同 須 所 稟 二反 廣雅 本也 枝 幹也

先兆 除矯反 謂事先見者曰兆 亦形兆也

占相 之豔反 方言占視也 占候也

咄哉 丁兀反 字林咄叱也 呵也

第八卷

反質 之逸反 廣雅質定也 亦 也

卵𣪊 又作 卵 同 口角反 吳會間 音 夭 卵外 物 尚 在 卵中 謂之 殼

而欬 苦代反 說文欬 欬 逆氣也 亦 謂 不 欠

身繳 古文作 繳 同 之 若 反 繳 繞 也

固唯 古文 作 唯 同 以 小 反

如札 側 八 反 中 謂 之 札 今 江 南 謂 斫 削 木 片 爲 柹 音 敷 廢 反 柹 同

星迸 古文 作 迸 同 北 孟 反 謂 散 走 也

嗢柁南 烏沒反 下徒我反 此言集施 從 木 亦 作 是 言 等 嗢 此 言 集 施

瑳摩 此言是 羅 磨 或 謂 言 譯 云 或 言

第九卷

俱胝 丁 尼 反 此 當 千 萬 或 言 俱 致 或 十 萬 或 億 或 百 萬 名 千 俱 胝 也

訖栗 居 乞 反 佛 說 經 名 也 又 作 訖 同

諷頌 方 鳳 反 諷 誦 也 說 文 諷 誦 也 謂 讀 頌 也

熊羆 胡 弓 反 熊 似 豕 山 居 冬 蟄 下 彼 宜 反 羆 如 熊 黃 白 色 亦 似 熊 而 長 頭 高 腳 猛 憨 多 力

驢馬 熊 羆 能 拔 木 者 呼 之 爲 熊 羆

羯吒私 此愛之別名也

茅廬 力居反寄止曰廬就舍也黃帝爲廬所以避寒暑也春秋去之冬夏居之

鍵南 渠偃反舊云伽訶那此云堅厚至第四七日肉團方堅厚也

閟澀 鄙冀反詩云我思不閟傳曰閟閉也亦不從也下又作濇同所立反謂不滑也字從四止四止即不通字意也

醫者 於其反說文治病工也醫之性得酒而使藥非酒不散故字從酉殹聲也

嬰兒 於盈反或作鷖醫二形並俗字也三蒼女曰嬰男曰兒釋名云人始生曰嬰兒胷前曰嬰抱之嬰前而乳養之故謂嬰兒也

睒末梨 式染反滑草也用之洗手甚滑澤也

潰爛 古文殨同胡對反蒼頡篇潰旁決也說文潰漏也

叵觀 普我反三蒼云叵不可也正爲乏反可爲叵皆字意也

爲述 食律反孔子曰述循也案述謂調其義理也尒雅述循也循行也

涕淚 他禮反詩云涕泗滂沱傳曰自目曰涕目出曰淚也廣雅涕泣也

離繫 亦云不繫梵言尼乾亦言泥揵陀其外道拔髮露形無所畜以手乞食隨得即噉食也

播輸鉢多 補質反亦作波輸此是塗灰外道遍身塗灰色爲異耳有剃髮者本縷蔽形但非赤色摩醯首羅天者也

般利伐羅勺迦 經文作 亦言數利婆羅闍迦此云普行事那羅延天 唯餘盡剃去內衣在體緣蔽形醜其衣滌以赤土之色也

第十卷

龍鎮 知陣反又音珍說文鎮壓也亦安也廣雅鎮重也

部多 已生義含多解故仍置本名

飢饉 古文作飢又作饑同几治反尒雅穀不熟爲饑蔬不熟爲饉案凡草菜可

食者通名蔬菜也

洋銅 以章反謂煑之消爍洋洋鎔金也蒼頡篇洋大水也字略作烊或作鑄也

贍部 時焰反樹名也舊經中或言剡浮或作閻浮皆訛也

炎石 于廉反詩云赫赫炎炎傳云炎炎熱也

三災 籀文作災又作烖栽二形同則才反災傷也案凡害傷人者皆曰災又天反時曰災災亦病也

沐浴 莫卜反說文濯髮曰沐洗身曰浴

埃塵 烏來反蒼頡篇埃謂風揚塵也

性嚚 語巾反嚚謂讙譁不靜也

第十一卷

踰繕那 市戰反此云合也應也計應合計度量同此方驛也自古聖王一日行也案西國俗亦有三十里或四十里昔來皆取四十里爲定舊經論中或作踰闍那或作由延亦作由旬或云俞旬皆訛略也

諾健那 謂露身大力神名也

如篅 蒼頡篇作圌同市緣反圓倉也說文判竹圜以盛穀者也江南行此音又

搏擊 上補各反中國行此音徒丸反搏圜也厚也廣雅搏著也搏之令相著也

蘇迷盧 此云妙高山亦言好光山舊言須彌或云須彌樓皆訛也

踰健達羅 經文作 舊言由乾陀羅山此云持雙山言此山峯有二隴道因以名之

伊沙馱羅 舊言伊沙陀羅此云自在持亦言持軸言此山多有諸峯形如車軸故以名也

羯地洛迦 去謁反此云擔木山言此山寶樹形若擔木以名之

蘇達梨舍那 此云善見言此山端嚴見者稱善故以名焉

頞濕縛羯拏 烏葛反此云馬耳言此山峯形如馬耳因以名之

毗那怛迦 都達反此云有障礙神有一鬼神人形象頭凡見他事皆爲障礙此山峯似之故以名也

尼民達羅 舊言尼民陀羅此云地持山又海中有魚名尼民達羅此山峯似魚頭故以名之

吠瑠璃 扶發反舊言毗瑠璃或言鞞頭梨此云遠山寶謂遠山即須彌山也此寶出彼山故以名也

洲渚 之由反下之與反尒雅水中可居者曰洲小洲曰渚

舍擿洲 或作遮洲亦云蔗洲

矩拉婆洲 俱禹反下力合反又作矩拉婆

羅剎娑 或云羅剎私訛略也此云護者若女則名羅剎斯

縱廣 足容反小尒雅縱長也韓詩曰南北曰縱東西曰廣是也

殑伽河 巨凌反舊言恒伽河或作恒河皆訛也此云天堂來以從高處來故也出無熱惱池東面象口中流出入東海

信度河 舊言辛頭河亦作私陀河皆訛也此云驗河從無熱惱池南面牛口中流出入西南海

徙多河 斯紙反舊言私陀河或作斯陀河皆訛也此云冷河從無熱惱池北面師子口中流出入東北海

縛芻河 舊言博叉河或作婆叉河皆訛也此云青河從無熱惱池西面馬口中流出入西北海

熾熛 昌志反下必遙反說文火飛也熛迸火也熛謂火之熛起也

河鼻吉　諸以反或言阿毗至亦云阿毗地　織或云阿鼻地獄一義也此云無　間綵間有二一身　無間二受昔無間

娘矩　吒女良反下俱為反此云糞發蟲有字　子如舒亦名舒口虫穿骨食鋸者也

業利　也累反廣雅業口　古方言業鳥累也子

呫食　文文嗤又作嚶司食壺反通俗　私入口曰嚶又蟲利曰嚶也

銛利　靡反廣雅鍇鐵　也謂刀鍛曰銛也

應九

採啄　他含反說文手　遠取曰採模也

鐵伏　洽亮反執持名伏謂兵器　憩名也刀稍杵捧等皆是

刀槍　千羊反著頭解詁云木兩　頭尖錄曰槍說文槍距也

禦捍　古文歆同魚舉反小今雅　當也介雅衛禁謂未有而　字從示下又作扞同胡日　說文捍止也藏也亦衛也

適被　三蒼古文作這同之赤尸　二反適近也勉也又往也亦

尼刺　洛割反此云裂　言身炮裂也

頞哳吒　烏名各之反也　此呼苦懈別諸

臛臛婆　聲反聲水廣中拘

支派　普流反下為此分雅或慢　水作舍五那

俱盧舍　牛盧為為一音跡繩那耶四十里古者垔王俱大驗

粽穡　加行一曰所　說文稼也禾之下所力反字林曰種曰稼在野曰牧曰穡

層級　才登反亦下起疊下又秀所　重疊也曰

封邑　肩邑為方二里也凡邑有宗廟先君之井　量邊也上起疊也為級　為界封爵也周禮四　主曰都邑也

姤羅綿　無丁故反　帶音　綿也

角勝　古文斛同古卓反角量也　射樂角斛廣雅比角也

芬馥　甲斗力也古作角量也　芬香和香芬馥

擁遏　烏額雪靈下烏芬香林　劍止也遏

笑視　私竹字也　妙爲悅

印度　於壽反成作賢天九　身度云印度以

應九

婆訶　麻則云此諦言

佉梨　十斗也　諦

洲渚　之爽反洲渚也　水中可居者曰洲

焚燎　古文作熛　力照反

灰燼　又作燼同

僧企　扶言反

嗢蹭　烏沒反

婆喝　呼葛反

醯都　虛奚反

姪達　莫古反

麟角　理真反

目僚　力彫反

喬荅摩　三云此有二義

粘㹅　乃兼反

邏攜　又作攜

第十三卷

鬱金　此是一樹名出罽賓國其花黃色取花

火熂　香安置一處

寐覺　古文寐

隄塘　古塘也

應九

心栽　子來反栽植也今

瘡疱　又作疱

第十四卷

正學　胡覺反

或𧻏　丈牛反

鬱馥　於勿反下扶福反介雅

倡狂　又作猖同

銓量　且全反

貧匱　渠愧反

輟其　丁劣反

訶梨怛雞　此云天主持來此

般淨　力勞反

霡遙

瞖目　一計反

制多 舊言支提或云脂帝浮圖皆訛也此翻應名可供養處佛生處說法處恭名例多甘須供養恭敬也

婁妻 七句反取也詩云要妻如之何傳曰要取婦也

療病 說文作療同力照反二形療治病也

窣羅迷麗耶末陀 蘇沒反窣羅米酒也迷麗耶謂根莖花葉雜酒也末陀謂蒲萄酒也

第十五卷

稗子 蒲懈反說文曰禾別也草之似穀者也

屠羊 達胡反說文屠判也廣雅屠壞也家屠分割牲肉也

魁膾 苦廻反下古外反魁師也首也膾切肉也主殺人者也或有作儈音膾聲類儈合市人儈非此義

罝弶 古文絕疊二形同子邪反下渠亮反尒雅兕罟謂之罝郭璞曰罝遮取兔也韻集云施罥於道曰弶今畋獵家施弶以取鳥獸者其形似弓也

典刑 伐又作㓨同丁繭反廣雅典主也下胡經反刑罰罪也易曰刑法也爲刑法也春秋元命苞曰刑字從刀從井井以飲人人入井爭水陷於泉以刀守之割其情欲人畏慎以全身命也故字從刀從井

凶敎 又作兇同許恭反下古文誖悖二形同蒲没反逆也亂也亦暴也兇悖也

乞匃 九艾反蒼頡篇乞行請求也字體從亡從人言人亡財物則行求匃也

毗訶羅 亦言卑訶羅此云遊行處謂僧遊履處也此土以寺代之

准陀 止尹反此云妙義舊言純陀訛也

難愈 古文瘉同臾乳反說文瘉病瘳也方言差愈也

陶家 又作匋同大勞反或借音遙史記陶瓦器也蒼頡篇陶作瓦家也舜始爲陶于河濱是也窯西域地多卑溼不得穿窰但疊坏器露燒之耳窑音辭

鹹鹵 胡緘力古反說文鹵謂西方鹹地也鹵鹹薄之地也天生曰鹵人生曰鹽生物在東方鹵在西方釋名云地不生物也古文曰鹵故字從西省下象鹽形也

坑穽 著頻阱葉二形同才性反說文大陷也謂穿地爲坑張倉繫者也

捔觸 初委反捕擯也通俗文捫損曰捎有四恣委都泉二反廣雅擒試也量也

養飤 謂以反廣雅飤食也舊樓籍飲飽作餧音飲食設供於人曰飤故字從人作飼於餇反或俗字也

猜阻 古文猜猜二形今作倸同虘來反猜疑也廣雅猜懼也

波刺私 醫臨反亦言波斯西海以焉最饒威國其貨實諸人名

屆近 皆珠取力其古言推入深昔貨近反

底 此言窮極無饑貪財故以長名調請或之異名

布灑他 長所解求根反此云增也言說長磨我容秘又忍半月書也譯舊言布薩昔訛也或曙涉也連罪

第十七卷

倰歌 奴定反倰者傷也從女從巧言巧語妁人所嫉曰倰字從女仁聲說文高辭也不悉也鄭玄注禮記告能事此則曰二者兒從女字也告數事則曰告從之傳從義人語曰女不同此知子則之亦仁所說之牛文鄭告也玄阿

毀呰 古文訾呰二形同子爾反古文口告也曰日告呰毀也

倡伎 又揚三天反下渠綺反下伎藝也蕃似也倡作樂也爾雅伎曰祭也

祠祀 下倡蓊祠似也祭祀曰祠祀謂能祀祭也

替善 他計反替滅也爾雅替滅也謂廢也又作替同

布刺 經中或作梵言或云跋鞞羅蘭那刺謂滅絕也此也

攣戾 力全反經中作攣同呂員反謂公強作和很反也三剛

乖穆 古懷反莫六反乖背也穆和也

磽确 苦交反下苦角反謂地堅瘠也通俗文物堅不謂之曰磽确

第十八卷

果幹 確不宜五穀也字苑作堅硬則古文實甚曰幹江南言辛中國言辛

後填 古文同徒堅反廣雅塡塞也

後鮑 又作骲同蒲巧反說文鮑鯗魚也

温誦 烏昆反論語温故而知新鄭玄注禮記云温習也謂之之温

第十九卷

三罰 扶發反蒼頡篇罰罪也說文罰罪之小者也

大婆羅 古音羅官名

荷負 胡可反何也二形同任也

被析 皮寄反下思歷反說文析破木也

底沙 丁禮反此云明星也

赩奕 呼格反廣雅赩赤也下餘石反赩奕赤色也

末度迦果 此言美果也

毗都 如旋反

犢羅 力艾反

藹羅筏拏 烏艾反舊譯云伊羅鉢多此云香象名也

第二十卷

姬滕 居疑反下徒登反漢書姬妾也

經壓 周成難字作窄窄撈也同於甲反頓墻云壓鎮也笮也撈音祖曷反
涌泛 今作氾同敷劒反廣雅泛泛浮負也亦缺疾也
漂激 匹遥反下古狄反沙吹曰漂流急曰激漂亦搦揚也

第二十一卷

尤重 有周反尤甚也亦多也異也過也
防邏 卷九 力賀反弋羈也韻略云邏謂循行非違也遊兵以禦寇者也 十三
藤瞢 徒登反下古登反瞢集云藤蔂失卧極也

第二十二卷

一睫 說文作䀹釋名作睫同子葉反目旁毛也山東田里間音子及反
有序 古文序同徐舉反次也有次序也白虎通曰序者序長幼也
華豆 甫蜜反人家亦種之堪食用爲淶豆篇佳也
深駛 所吏反蒼頡篇駛疾也
悵望 勑亮反說文悵望恨也
蟲胆 千餘反通俗文肉中蟲謂之胆三蒼蝎乳肉中曰胆也
髖髀 作髖同苦脛苦毘二反脾蒼釐屬迺廣雅髖摩也下古文押同蕭米反鞮文股外也比人用此音又方余反江南行此音試作雁俗字也
一磔 古文𢹿同知格反通俗文張申曰磔廣雅磔張也開也
吠嵐婆 力含反案舊經論中或作毗藍婆或言旋藍婆又作鞞嵐婆或作鞞
藍婆皆梵之變也耳此云迅猛風也

二十三卷

循身 古文彴同似遵反尒雅率循自也郭璞注曰又爲循行也循亦遍也巡歷也
欽重 去金反欽敬也謐法曰威儀備悉曰欽
披閱 餘說反備閱也小尒雅云具也具數於門中曰閱也閱
飲光部 梵言迦葉波此云光波此云飲今依比閒語名飲光有二義一云迦葉
波是上古仙人此人身有光明能飲諸光令不復現此羅漢是彼種故因以名焉二此阿羅漢身作金色常有光明以閻浮檀金爲人並此羅漢身光飲金人光不復現故名飲光
臺觀 徒來反下古玩反尒雅四方而高曰臺又云觀謂之闕孫炎曰門闕觀也釋名云觀者於上觀望也

第二十四卷

憯怕 徒澹反下匹白反說文憺安也謂憺然安樂也憺亦恬靜也怕靜也無爲也子虛賦云怕兮無爲憯兮自持也
憍陳那 陳吞反舊云憍陳如訛也此云火器是姓阿若是名亦云訒智以最切悟無生而得智由本願也
唯目 莫鹿反目謂妃錄也尒脩目也

第二十五卷

措定 口故反廣雅措擭品式法也
喬底迦雞 驟又作瞞同居月巨月二反說文㬥㵎也仰鮮也

第二十六卷

金礦 古文磺同古猛反說文礦銅鐵璞也
登祚 祖故反祚位也國語云天地之所祚賈逵曰祚祿也

第二十七卷

那羅延 卷九 那羅此翻爲人延那此云生本謂人生本即是梵王也外道謂一切人皆從梵王生故名人生本也 十四
蟠結 蒲寒反禮記而蟠于地鄭玄曰蟠委也廣雅蟠曲也迴也方言未昇天龍曰蟠龍是也
健馱梨 持呪女名也從國爲名此女聲孚之男聲猶健馱羅國也
伊刹尼 又縣反此云占相觀察
曼馱多 莫槃反此云我養則頂生王之名也

第二十八卷

阿笈摩 渠業反此云教法亦言傳謂展轉傳來相教授也

第二十九卷

怨讎 視由反憎惡怨嫌曰讎讎對也合雅讎匹也春秋左傳曰讎是也
青瘀 於慮反說文瘀積血也廣雅瘀病也
由鄙 悲美反鄙惡也廣雅鄙恥著恥也
依怙 胡古反尒雅怙恃也轉詩無父何怙怙賴也
介焰 余瞻反此云所知舊作介炎一也
礭陳 埤蒼作確同苦學反廣雅云礭謂堅鞕牢固也
儒童 而俱反說文濡柔也謂柔懊也童幼也謂幼少也梵言摩納縛迦
頻毗娑羅 或言頻婆娑羅亦云洴沙王一也此云顏色端正或云色像殊妙又頻婆是也刹木彩畫等形像也
婆枇梨 徒我反是西方一頻小奢名也是茲錫披此爲名也
頗勒具那 普何反此十二月星名也是人從此爲名
伐蹉 扶何反僧言婆嗟則娑羅門姓也
如牝 毗忍反說文畜母也詩曰雉鳴求其牝非但言奢
嗢底迦 九 烏沒反下借音丁履反人名也
制怛羅 都達反人名也此正月星名西國立名參此也 十五
普莎訶 蘇和反普呪譽也莎訶此云善說也
拘擽 俱禹反下以尊反廣志云似今而大如飯叕可以浣灌漫葛舒也
紫礦 偶以南鏤切壽漬爲豫食之今佳接音呂番音濕樣音棄蟲甚古猛反梵波羅皆汁也其色也用染皮譬也其樹至大亦名爇赵赤一物也花大如升捏赤藥至堅勒迦商人縫拟爲袈者也勒音刃

時𩙿女良反，如風勢中靡也。辯音蒲莧反。𩙿而羊反

一切經音義卷第二十四　　鷹九

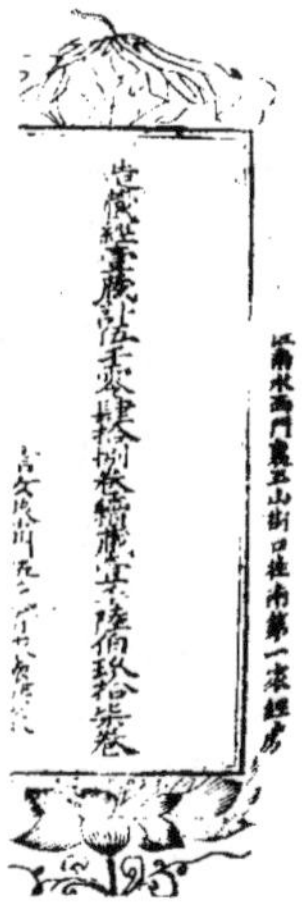

一切經音義卷第二十四(別本)

校勘記

一　底本，明永樂南藏本。

一　三八一頁上一行經名，徑作「一切經音義卷第二十五」。卷末經名同。

一　三八一頁上三行「大唐」，徑作「唐」。

一　三八一頁上八行夾註「古縈反」，徑作「占縈切」。

一　三八一頁上一九行夾註右「側逝」，磧、普作「側迸」；徑作「側併」。

一　三八一頁中一二行夾註右「訓話」，徑作「訓詁」。

一　三八一頁中一九行夾註左「水王」，普作「水玉」。

一　三八一頁中二二行夾註左第一一字「住」，磧、普作「往」。

一　三八一頁下四行夾註右「私佳反」，磧作「私住反」。

一　三八一頁下九行夾註左「所銜反」，徑作「甫遙切」。

一　三八一頁下一一行夾註右「鼓杌也」，磧作「鼓材也」。又左第八字「鼜」，徑作「𪔐」。

一　三八一頁下二一行夾註右「一形」，普、徑作「二形」。

一　三八二頁上八行夾註右「韓結反」，徑作「莫結切」。

一　三八二頁中二行夾註右第一〇字「皆」，磧、普、徑作「背」。

一　三八二頁中二三行夾註右第三字「𧛧」，徑作「𧞤」。

一　三八二頁下一行夾註左「公旦反」，徑作「古旦切」。

一　三八二頁下四行夾註左第四字「吐」，徑作「叱」。

一　三八二頁下九行夾註右「不乆」，徑作「不乆也」。

一　三八二頁下一二行夾註右第六字「赿」，磧、普、徑作「𧺆」。

一　三八二頁下一三行夾註左「比云」，磧、普、徑作「此云」。

一　三八二頁下二一行夾註右「方鳳反」，磧、普作「不鳳反」；徑作「否

鳳切」。

一　三八二頁下二二行夾註右第六字「能」，磧、普、徑作「熊」。

一　三八二頁下二三行夾註右末字「以」，磧、普作「似」。

一　三八二頁下末行夾註左第二字「者」，徑作「音」。

一　三八三頁上七行夾註左第二字「醫」，磧作「醫」；普作「醫」。

一　三八三頁中四行夾註左末字「也」，徑作「者也」。

一　三八三頁中一二行夾註右「大水」，普作「大小」。

一　三八三頁中一三行夾註左第一〇字「誰」，磧、普、徑作「訛」。

一　三八三頁中一五行夾註左第五字「成」，徑作「盛」。

一　三八三頁中一六行夾註右第三字「辰」，磧、普作「反」；徑作「切」。

一　三八三頁中一八行夾註右「好光山」，徑作「妙光山」。

一　三八三頁中二〇行夾註左「持轄」，普、徑作「持軸」。

一　三八三頁下二行夾註右第二字「比」，磧、普、徑作「北」。

一　三八三頁下一三行夾註左第三字「此」，磧、徑作「北」。

一　三八三頁下二三行夾註左「比海」，磧、普作「北海」。

一　三八四頁上五行夾註右第七字「司」，徑作「同」。

一　三八四頁上八行夾註左「摠名」，普、徑作「之總名」。又「皆是」，普、徑作「皆是也」。

一　三八四頁上一〇行夾註右第三字「欵」，磧、普、徑作「款」。

一　三八四頁上一六行夾註左第八字「汾」，徑作「分」。

一　三八四頁上二二行夾註右第五字「上」，磧、普作「土」。

一　三八四頁中二行夾註左首字「比」，徑作「此」。

一　三八四頁中末行夾註右「涅土種」，徑作「埿土種」。

一　三八四頁下七行夾註右「天主」，徑作「天王」。

一　三八四頁下一六行夾註右第三字「而」，磧、普作「反」；徑作「切」。又左第三字「反」，磧、徑作「而」。

一　三八四頁下二三行夾註左「其上反」，磧作「其止反」；徑作「其止切」。

一　三八五頁上一二行夾註左末字「菟」，徑作「兎」。

一　三八五頁中一行「胡緘」，徑作夾註「胡絨切下」。

一　三八五頁中一五行夾註右末字「阿」，徑作「呵」。

一　三八五頁中末行夾註右「胡角反苦角反」，徑作「胡角苦角二切」。又左第三字「塉」，徑作「瘠」。

一　三八六頁上一行夾註左「頡篇」，磧、普、徑作「蒼頡篇」。又「祖曷反」，徑作「祖葛切」。

一　三八六頁上二行夾註左第五字「也」，徑無。

一　三八六頁上一一行夾註左第四字「澡」，徑作「藻」。

一　三八六頁上一六行夾註右「比人」，普作「北人」。

一　三八六頁中一一行夾註左第三字「尒」，磧、普、徑作「亦」。

一　三八六頁下一〇行夾註右第四字「槁」，磧、普、徑作「塙」。

一　三八六頁下一二行夾註右第一一字「三」，普、徑作「王」。

一　三八六頁下一三行夾註右「也刻」，磧、普無。又左第三字「晝」，普作「畫」。

一　三八六頁下二一行「拘掾」，徑作「拘椽」。

一　三八六頁下末行夾註右末字「勒」，普作「靭」；徑作「靭」。

一　三八七頁上一行夾註右「瓤瓣」，徑作「瓤瓣者」。

一切經音義卷第二十五 小乘 鴈十

唐大慈恩寺翻經沙門玄應撰

阿毗達磨順正理論

第一卷

嘉瑞 賈遐反下時端反尒雅云嘉善也美也蒼頡篇瑞應也信也言有善美之德即應之以信瑞也

鴈十 阿氏多 當介反此云無勝舊言阿嗜多或作阿逸多皆訛也是彌勒今生名也 乙

訕謗 所姧反蒼頡篇云訕誹也廣雅訕謗毀也

漏洩 息列反廣雅洩溢也發也亦漏也

指鬘 莫班反即央掘魔羅也央掘此云指魔羅此言鬘或云結斯人指結相著爲鬘安頭上故有此名

烏盧頻螺迦葉波 此云木瓜林在此林下修道因以名爲迦葉波是姓舊言優樓頻螺正法華經云上時迦葉兄弟三人居長者也

唐攬 古知反唐徒也徒空也字書擾撓也撓音呼刀反撓擾也說文撓亂也

怛策迦 都逆反下初革反龍名也扣擊或作敂同苦厚反扣亦擊也

愞耎 奴果反而兗反三蒼愞弱也廣雅耎柔也

稱權 尺證反廣雅稱銓謂之權推重也知輕重也字從手

第二卷

苕然 徒彫反苕遰也遠也也遰音徒計反

瞿波洛迦 此云牧牛經也

窣堵波 蘇没反下都古反此云廟或云贊或言聚相謂累石等高以爲相也舊言藪斗波或云偷婆又言塔婆皆方夏輕重耳

第六卷

晦冥 呼對反尒雅云霧謂之晦言霧則天地交合冥冥無所覩見也劉熙釋名晝昏冥也

雺霧 又作瞀同數霎反釋名云氣昏也濁氣者草木因冷則色蘇白若粉也尒雅云地氣發天不應曰霧霧陰氣溫也

廓清 口郭反尒雅廓大也

所頒 又作班同補姦反小雅云頒數布也尒雅班遍賦布也

第七卷

彈斥 徒千反下昌亦反廣雅彈抨也漢書音義曰斥不用也亦疏遠也斥指出抨音普庚反

胘矐 胡娙反廣雅眩或乱也照明也

頑嚚 五鰥反下魚巾反廣雅頑鈍也蒼頡篇嚚惡也左傳心不則德義之經爲頑口不道忠信之言曰嚚

逞已 丑井反說文逞通也小尒雅逞快也方言自關而東曰逞江淮陳楚之間曰好也

聰叡 以芮反聰听叡也叡智叡也又先知曰聰深明曰叡

方維 以佳反廣雅維隅也淮南子云天有四維是也

第八卷

躊躇 腸留反下腸誅反廣雅躊躇猶豫也亦躊躇也

異生 梵言婆羅必栗託佗那婆羅此云愚必栗託此云異佗那此云生應言愚異生舊云小兒別生亦言嬰愚凡夫又小兒凡夫昔一義也

第九卷

鴈十 躁動 又作𧼩同 子到反躁擾也不安燥也釋名躁燥也言物燥即動而飛揚也 二

中庸 以鍾反廣雅中平也庸和也小尒雅云庸善謂平和善人也

第十卷

蚩笑 昌夷反小尒雅云蚩戲也蒼頡篇蚩輕侮也笑喜弄也字從古坐即之字也

褒貶 補高反下碑儉反案褒揚美也貶損退也

謀議 莫侯反謀論也議圖也諮事爲謀詳論曰議也

敵論 徒的反廣雅敵當也對也亦讎敵匹也

惶亂 胡光反惶謂憂惶在心之兒也廣雅惶惶懼也蒼頡篇惶恐也

寔多 是力反尒雅時寔是也說文寔止也

第十一卷

貪軛 又作扼同 烏革反所以扼牛馬領者也輒亦搤也搤音華

讁罰 都革反通俗文罰罪曰讁讁責也亦罪過也罰折伏也

瞢憒 莫崩反下公內反三蒼瞢不明也憒煩亂也

俄頃 丘穎反史記有頃刻俠間案有頃穎頃吏之間也亦不久也

忌憚 渠記反下徒旦反廣雅忌恐畏也憚擬難也說文忌憎惡也

顧眄 孤布反下眠見反說文還視曰顧邪視曰眄也

第十二卷

標幟 俾遙反下昌志反通俗文微號曰標私記曰幟字皆從巾或從木作標幡以木爲標而記之此亦兩通

末奴沙 談鉢反亦言摩沙此云人

魍魎 古文蛧蜽蜩蝲二形同亡強力掌反說文諸之山川之精物也通俗文木石怪魍也魍

鴈十 濕縛羯磨天 此云種種工業案西國二巧者多三禁此天也

加趺 古遐反尒雅加重也今取其義謂交足坐也經中或作結交趺坐是也山東言甲趺江南言跡跨跸音平綦反跨口爪反有從足作跏文字所無也

鄔陀夷 烏古反人名也此云出現我也

第十三卷

嬉戲 又作僖同虛之反說文僖樂也蒼頡篇嬉戲笑也

洟曹 又作曺同自勞反史記十餘曹作之如淳曰曹輩也

毗瑟篏 奴故反天名也舊言毗紐天亦言毗搜紐天訛也

第十四卷

梯隥 都鄧反廣雅隥履也依之而上者也字從自

室路迦 舊言輸盧迦或云首盧迦又言首盧柯案西國數經之法皆以三十二字爲一室路迦又多釣凡夫作曲間誅者也此則闡陀論中之一數也

第十六卷

昇陟 陟棘反言進達之昇曰陟詩云陟彼高崗陟登也介雅陟昇也謂登昇之也

痱癗 蒲罪反下盧罪反字略云痱癗小腫也今取其義

波沓波種 徒荅反則婆羅門姓也

第十八卷

池沼 之繞反說文沼也小池也

命命鳥 梵言耆婆耆婆鳥也

子息 思力反兒子曰息息者氣在人身中所稟以生也東觀漢記云此蓋我子息是也今人出嘉生子亦曰息義一也

第十九卷

是嚋 除留反楚辭誰可與子匹嚋王逸曰二人爲匹四人爲嚋嚋類也亦作伴侶也

乳酪 又作鄌同四廻反謂未醲酒者也言乳能成酪酥能成酒也

廣樹籀文 作尌同時注反廣雅樹立也凡置立皆曰樹樹亦種植也

屢辯 力句反尚書屢省乃成孔安國曰屢數也

第二十卷

持羂 又作罥同古犬公縣二反聲類云罥以繩係取鳥獸也

挽出 古文輓同無遠反說文輓引車也

鄙俚字 體作鄙同力子反說文五鄼爲鄙鄙野也蒼頡篇國之下邑曰鄙漢書贊而不鄙如淳曰雖貧猶不如閑里之鄙音也鄙很陋也廣雅鄙很也

鄒音祖上反百家也

尚年 市讓反蒼頡訓詁云尚上也猶盛年也

衰耄 字體作𧘝同所龜反說文衰減也損也禮記年五十始衰衰弱也下古文耋耄二形今作耄同莫報反禮記八十曰耄謂昏忘也闇亂也

鳩摩羅設摩 此云童壽多造詩詠者屬快略外道名也造因明者耶姬毗婆沙中宥提羅外道也

第二十一卷　鷹十

無繁 扶袁反詩云正月繁霜傳曰繁多也盛也

水濯 徒角反說文濯澣也西也謂以水淨物曰濯也

設支舊言舍脂 此云能縛謂女人若可愛能生男子染著過名設支

第二十二卷

荏苒 而甚反下而琰反言須臾也

阿奴律陀 亦作律盧骨反此云無順義人名也

匡助 丘方反爾雅匡正也助佐也亦發也

世羅鄔波 烏古反此云小石也

屬斯 之欲反屬著也亦連續也逮也

第二十三卷

師兩 力掌反謂兩安居也言師者于夏臘也

童豎 殊庾反謂寺人未冠者之名也使通內外之令以其無有擅入出便疾也

蠨蛸 音肅蕭亦作蠨蛸一名長踦踦音居蛸反郭璞曰小蠨蛛長腳者俗呼爲

虹蜺 蕃子詩云論蝃在户是也古文虹同胡公反俗音絳爾雅音義曰雙出鮮盛者爲雄雄曰虹晴者爲雌雌曰蜺蜺音五雞反說文螮蝀虹也江東呼爲雩釋名虹攻也純陽攻陰氣也螮音帝蝀音董

縛喝國 呼曷反此譯縛芻河其國中有如來澡罐可一斗餘衆色炫燿金石難名又有佛牙又有佛掃帚迦奢草作也長二尺餘圍七寸其把雜寶飾之也

波吒釐 力之反亦云波吒梨耶舊言巴連弗邑也是一華樹名因此華樹以目城也

第二十四卷

尺蠖　鷹十 烏郭反說文申屈虫也爾雅蠖尺蠖一名步屈宋魏曰尋桑吳人名桑闔　五 闔音古合反即桑虫也

阿泥律陀 舊言阿那律或云阿㝹樓馱亦言阿泥盧豆皆一也此云無滅亦云如意昔施辟支一食於八十劫人天之中往來受樂于今不拔故云無滅又所求皆得亦名如意即甘露飯王之子佛堂弟也

朋友 蒲崩反下于久反謂同門曰朋同志曰友廣雅友親也愛也

方域 爲逼反域居也說文域邦周禮方域謂建邦國造都鄙制鄉邑

酷毒 口木反謂暴虐也說文酷急也甚也白虎通曰酷極也教令窮極也

糞除 又作觀同糞要反小爾雅云觀望也

飄鼓 四遙反下公戶反飄吹也鼓動也案凡動物皆謂之鼓也

第二十五卷

師徒 達胡反類也莊子云孔丘之徒司馬彪曰徒弟子也

仁孝 而親反愛人以及物曰仁上下相親曰仁貴賢親親曰仁殺身成人曰仁爾雅善父母爲孝謚法曰慈愛忘勞曰孝從命不違曰孝

承稟 鄙錦反稟受也

第二十六卷

苟欲 公厚反廣雅苟且也亦誠也

言詞 魚蹇反下似茲反直言曰言言己事也荅述爲詞焉入說也禮記三年之喪言而不詞是也言亦云也發端也說文詞者意內而言外也亦審言語也

第二十七卷

畐度　案詔定古文宀書圖畐二形同逵胡反下徒各反廣雅畐度也讀也計也度量也

每言　母罪反三蒼每非一也定之辭也每亦數也

蚩誚　才笑反廣雅嬈弄讓責也亦訶也

第二十八卷

紉繩　女珍反字林云單繩曰紉索也

瀑流　蒲報反蒼頡解詁云瀑水濆起也

安𨁝波言　所立反此云氣謂霧氣等也

第二十九卷

爲扙　直亮反扙猶據也亦扙託也

第三十卷

染汙　紆故二反字書汙塗也字林汙穢也

咀嚼　又作䶥同才與反下慈藥反食味也咀䶥也通俗文咀曰嚼也

津液　于隣反下夷石反三蒼津液汁也說文津潤也廣雅液液也洮澤也

誠言　市盈反廣雅誠實也說文誠信也敬也

乍可　仕嫁反廣雅乍暫也蒼頡篇乍兩辭也

齋心　昨迷反說文齋戒也字從肉此音齋人反

讖刺　居衣反下又作譏同且漬反廣雅讖刺也說文讖誹也

數瞚　又作瞬同尸閏反說文瞚目開閉數搖也

第三十一卷

畟方　楚力反謂正方也

闢闢　脾亦反說文闢開也

闢閉　補結補計二反說文闔門也廣雅閉塞也字也或作閇俗字也

荼毒　達胡反廣雅荼毒痛也亦行惡也

重壘　又作垒同力癸反壘亦重也

拼量　補耕反謂彈繩黑曰拼江南名拼音普庚反

尋穌　思胡反穌活也小尒雅云死而更生謂之穌穌寤也

担瀨　仕加反下力艾反通俗之湍條曰担廣雅担距也詩云如彼援担是也

䟬足　又作𧿟同五佞反䟬也關中行此音又下袂反江南行此音

齗頸　字林丘加反下居井反言以口齗也大齧也今以手也頭項前也

擘胛　補麥反下知人反當弄肉曰胛也擘分裂也

攫腠　九縛居碧二反說文攫扟持也通俗文手把曰攫蒼頡篇攫搏也獸窮則攫是也

掐心　他勞反說文掐掐也掐一活反中國言掐江南言挑挑音土彫反

鑱刺　仕衫反下七賜反說文鑱鑱也

滬諸　或作溫同力木反水下負也

嗢鉢羅　烏沒反此云黛華舊言優鉢羅或云漚鉢羅訛也

鉢特摩　徒得反或云鉢頭摩此云赤蓮華舊言波頭摩訛也

淒勁　且奚反下居政反詩云淒其以風傳曰淒寒風也勁切急也

乇聚　徒昆反廣雅乇聚也下才句反

彊鞕　居良反下五更反字林鞕堅也强物堅曰鞕

緊捺落　奴葛反此云是人非人歌神也頭有角舊云緊那羅或作真陀羅皆訛也

炬鋮　其呂反束火曰炬下聲類今作鍼同支

空歐　又作嘔同於口反說文歐吐也

毒脪　又作痛同許靳反說文脪腫也脪亦創肉反出也

鬼胭　又作咽同一千反說文胭喉也此人名一頭千觸

剝𩣺　音皮剝下又作𩣺同子禮反廣雅剝剝也𩣺𩣺也謂拂出升也

饗受　又作享同虛仰反歆事也謂神食氣也亦歆也歆虛音反

俱臻　側巾反尒雅臻至也

歡娛　字詁古文虞今作娛同娛反說文娛樂也言皆有樂也

第三十二卷

烏施羅　末草名也形如此土細辛其葉極冷

剋勝　又作克同口得反字林剋能也剋亦勝也

林藤　徒登反廣雅藤葛也呼如葛蔓延者爲藤

率土　所律反尒雅率自也循也

第三十三卷

夷悅　余之反說文夷平也明也常也悅樂也

所淪　又作爚𤅡汋三形同史均反通俗文以湯煑物曰淪廣雅淪淪也謂湯內出之也江東呼淪爲煠煠音助甲反

不肖　私妙反小尒雅不肖不似也言骨肉不似其先故曰不肖謂傳惡之類也字從肉小聲

厭禱　於冉反下都導反字苑厭眠內不祥也伏合人心曰厭說文告事求福曰禱禱謂請於鬼神也

制作　之世反製或作製也制斷之也說文作制

菴沒羅　舊言菴摩羅亦作阿摩勒皆訛也訛如小棗果如胡桃其味酸而且甜藥分增入

主宰　租待反禮記宰夫爲獻主謂主膳食之官也

擅立　示戰反廣雅擅專也專己自爲也

專己　之緣反專猶自是也專壹也任也

第三十四卷

屋宇　古文寓籀文寓同于甫反說文壁宇邊檐也釋名云宇羽也如鳥羽翼自覆蔽也於圍則四陲為字

人捡　又作鈙捦二形鉗名作鈴同巨金反捡急持也持衣也

捶撻　又作箠同之蘂反下古文韃同他達反廣雅撻擊也

壃界　居良反壃境也亦界也尒雅壃陲也壃埸在外陲也

摸放　又作摹同莫胡反小尒雅摸法也謂摸形曰摸亦摸采像也

第三十五卷

評論　皮柄反字書評訂也訂平議也訂音唐頂反

為挫　祖卧反說文挫摧也又挫摧也謂折其鋒也挫折也

句襟　居吟反說文襟袵也聲類云交領者也

悁怨　虛桂反蒼頡音義曰恚恨恚也似有嫌也虛妄見也

第三十七卷

耶舍　此云譽稱名譽也

蘇陀夷　舊言須陀耶此云善與起

大生主　舊言摩訶波闍波提為大愛道者是也

迄今　虛訖反尒雅迄至也

無乏　扶法反暫無名乏闕少也可為匠反正為乏之字象也反

第三十八卷

婆雌子部婆　音犢貴反云犢子部舊名跋私弗多羅上古仙人名跋私其母是此仙人種故姓婆私有羅灌是此女人之子從母作名說一切有部中出也

矩摩邏多　俱禹反亦作嬌摩此云童首謂童子中為一首也

嗢多羅僧　烏沒反舊云鬱多羅亦云鬱多羅此云上著衣此謂常著衣中最在上也

喬荅弥　舊言憍曇弥或作瞿夷訛也此云女十二遊經云明女

博戲　古文簙同補莫反方言博或謂之棊說文博局戲也六箸十二棊古者烏曹作博簙亦著名也

麴糵　魚列反說文牙米也謂漬穀麥等生芽者也

醞釀　於問反下女亮反說文醞作酒曰醞釀母也醞投也

第三十九卷

謗讟　徒木反左傳民無謗讟杜預曰讟誹也廣雅讟惡也方言讟痛也今作

深愆　古文作𢞋𠎝二形籀文作𠎝今作愆同去連反說文愆過也失也

第四十卷

山澤　直格反水聚曰澤釋名云兖州人謂澤為掌言水渟處如掌中也

第四十一卷

媒媾　古候反白虎通曰媾厚也重婚曰媾

無辜　古胡反尒雅辜罪也

扼腕　又作搹同於責反說文扼把也盈手曰扼廣雅扼持也史記扼腕以言盡

用暢　勑亮反廣雅暢達也明也

揮刀　許歸反說文揮奮也揮訊也

吸水　古文翕歙二形同羲及反廣雅吸飲也氣息引入也

第四十二卷

呪詛　又作祝說文作詶同之授反謂詛也下古文樝同側據反釋名云呪屬也以善惡之辭相屬著也詛阻也謂使人行事阻限於言也

第四十三卷

迦栗沙鉢拏　又作迦理沙般拏拏音女家刹反鉢拏此云銅錢十六鉢拏為一沙鉢拏也

陋訥　古文呐同奴骨反陋訥鄙也亦卜也訥遲鈍也說文訥難也

室利毱多　此云吉祥護舊言尸利毱多訛也

第四十四卷

梅怛麗藥　都達反此云慈即舊云慈氏者也慈有二因緣一值慈佛發心二初得慈心三昧因以名焉言弥勒或云梅任黎並訛也

第四十五卷

罕聞　呼旱反罕希也尒雅希寡尟罕字從干從罔

拘枳羅鳥　居尒反或作枸者羅此云好声鳥也

第四十六卷

客館　又作舘同古玩反客舍也周禮五十里館館有委積以待朝聘之客

那地迦城　此云鶬或云河主城名也

鄰市迦林　此云鹿布袋林名也

藍博迦經　此言勤經作也

第四十八卷

珊若婆病　桑干反此云癈風病發不起者也

寶玩　古文貦同五喚反字林玩弄也廣雅玩好也

第五十一卷

愚戇　都絳反說文戇愚也戇愚鈍也

於塊　古文凷同苦對反凷結土也土塊也

愚蒙　又作矇同莫公反蒙謂蒙覆不明也

第五十二卷

名鑒　又作鑑同古懺反廣雅鑒炤燿也鑒所以察形

詭設　居毀反詐不實也亦相欺也

誇誕　苦華反下徒亶反通俗文自矜曰誇誇法曰華而無實曰誇誕謾也欺也不實大也

第五十三卷

揔無 又作偒蒼頡篇作態同祛例反介雅怤息也

鑚燧 又作鐆同辭醉反火母也論語鑚燧改火是也世本造火者燧人因以名也

波濤 徒勞反三蒼大波爲濤也

伺求 胥恣先吏二反字林伺候也伺察也

第五十四卷

熙怡 虛之反下與之反說文熙怡和悅也方言怡喜也湘潭之間曰紛熙或云熙怡也

耽話 籀文作譮古文作䛡二形同胡快聲類云話言也廣雅話調也謂調戲也

很戾 胡墾反下力計反很違也戾曲也字從彳艮声

猨猊 先桓反下五奚反即師子也出西域介雅猨猊如虦猫食虎豹穆天子傳狻猊走五百里是也虦音仕板反

眵垢 充尸反說文蔑兜眵蔑音莫結反

齘齒 下界反說文齒相切也三蒼鳴齒也

身矬 才戈反廣雅矬短也通俗文侏儒曰矬也

誇衒 古文眩衒二形同胡麵公縣二反說文衒行且賣也

徇名 辭俊反蒼頡篇徇求也廣雅徇營也

應十

技拭 武粉反下舒翼反廣雅技拭也振也介雅拭清也言技拭所以爲清潔也 十一

第五十五卷

侮蔑 古文侮同亡甫反廣雅侮輕也說文侮傷也謂輕傷

第五十七卷

俱祉羅 丑里反舊言摩訶俱絺羅此云大膝摩骨大故也即舍利子舅長爪梵志也

第五十八卷

屛氣 俾頂反屛蔽也隱也藏也藏也

脇尊者 虛業反即付法藏中波奢比丘常坐者也此人曾生脇不著也因以名焉

第五十九卷

規度 又作槼同九吹反下徒各反規求也計也規模也世本倕作規摹圓也規方也字從夫從見言丈夫之見必合規矩

洄澓 胡瓌反下扶福三蒼洄水轉也澓亦洄水深也

押惡 古文庘同胡甲反押近也廣雅押習也謂近而押之習而行之記

薄拒羅 俱禹反蕃言薄俱羅此云善容持一不殺戒得五不死者也

涎涕 諸書作次涎涏腹四形同祥延反字林慕欲口液也亦小兒唾也

斑駮 又作辨同補褻反蒼頡篇斑文公也辨色爲斑也

黧黯 力奚反下於斬反通俗文斑黑謂之黧黯

笑睇 徒計反說文顧視曰睇睇亦傾視也禮記不能睇視是也

憺怕 徒濫反下匹白反說文憺安也也怕靜也又亦無爲自得也

第六十卷

橐囊 埤蒼作韛橐囊漢記作排同皮拜反今冶家用吹火令熾者也

剩辯 食證反剩猶因也

胻蹀 古文䯒同胡定反字林胻脛也釋名脛莖也直而長如物莖也

一尋 似林反小介雅云四尺爲仞倍仞曰尋倍尋曰常方言尋常也

唯局 渠玉反促也小介雅局近也介雅局分也部分也字從口在尺

第六十二卷

可厠 測吏反廣雅廁閒也蒼頡篇廁次也雜也

第六十六卷

嗢達洛迦曷邏摩 此云極喜

考量 苦老反考謂覆覈之也考校也

第六十七卷

魑魅 又作螭魑离䰩四形同勑知反下又作魅鬽二形同莫冀反說文老物精也通俗文山澤怪謂之魑魅

沖虛 說文作盅同除隆反字書沖虛也中也

第六十八卷

應十

自刎 古文刎同亡粉反字略云斷首曰刎剄也通俗文自剄曰刎也 十二

庸愚 臾鍾反庸謂常愚痴者也

第六十九卷

巨富 其呂反小介雅巨大也方言齊魯之間謂大爲巨

匪宜 府斐反詩云匪來貿絲傳曰匪非也

傳藥 方務反附也謂塗附也方言凡飯藥傳藥而毒剌是也

萌芽 古文甿同麥耕反廣雅萌始也萌亦冥昧兒也

第七十卷

眇然 亡紹反眇眇遠也亦深大也

稽遲 古奚反說文留止曰稽

第七十三卷

朅地羅 去謁反舊言佉陀羅木名也

第七十四卷

孳產 子思反方言東楚之間凡人畜乳而雙産謂之釐孳下所限反生其種曰產說文產生也

朝貢 古弄反貢薦也廣雅貢上也

第七十五卷

貿易 莫候反小介雅云貿交易也三蒼貿換易也

檳黷　又作黷同黷徒木反廣雅黷垢也亦媟也退也

驍健　古堯反廣雅驍亦健也驍勇也說文良馬驍名也

懷孕　古文䑛同以證反含實曰孕三蒼孕懷子也廣雅孕𨈇也字從子乃聲

第七十六卷

火螘　之豪反今江北通謂蚤蝨之類曰螘齊日蟻螘一名蚤蟲一名蚍蜉俗名春秦音思卒反

逝多　時制反此云戰勝是憍薩羅國匿王之子也大子誕生之日王戰勝內官聞奏因以名也舊云祇陀或云祇多亦言祇洹皆訛也

第七十九卷

砂磧　七亦反水中沙灘也說文水渚有石曰磧灘音他丹反

第八十卷

奢侈　昌長反侈亦奢泰也

十三末

疪斯　女黠反國名也舊言波斯國也

僕縶　蒲卜反下力計反廣雅僕使也僕附也僕於人也周禮男子入于罪隸隸附也隸役也

求晴　又作暒姓三形同自盈反聲類云雨止曰晴晴亦精明也

一切經音義卷第二十五

一切經音義卷第二十五（別本）

校勘記

一　底本，明永樂南藏本。

一　三九〇頁上一行經名，[徑]作「一切經音義卷第二十六」。

一　三九〇頁上一五行夾註左首字「說」，[徑]作「說文」。

一　三九〇頁上一七行夾註左「從手」，[徑]作「從木」。

一　三九〇頁上一九行夾註右第四字「茖」，[徑]作「道」。

一　三九〇頁中一行夾註右第一一字「氣」，[徑]作「氛」。

一　三九〇頁中八行夾註右末字「泫」，[磧]、[普]、[徑]作「眩」。

一　三九〇頁中一九行「又作遻同」，[徑]作夾註。

一　三九〇頁下六行「又作扼同」，[徑]作夾註。

一　三九〇頁下一三行夾註右「微號」，[徑]作「徽號」。

一　三九〇頁下一八行首字「濕」，[徑]作「毗濕」。又夾註左「二巧」，[徑]作「工巧」。

一　三九〇頁下二一行夾註左第五字「我」，[磧]、[普]、[徑]作「義」。

一　三九一頁上五行夾註左「詠者」，[徑]作「歌咏者」。

一　三九一頁上一八行「籀文」，[徑]作夾註。

一　三九一頁中五行夾註左「因明」，[徑]作「因明論」。又末字「毗」，[徑]無。

一　三九一頁中九行夾註右「從角反」，[磧]、[普]作「徒角反」；[徑]作「徒角切」。

一　三九一頁中一〇行「舊言舍脂」，[徑]作夾註。

一　三九一頁下八行夾註右「或云」，[徑]作「亦云」。

一　三九一頁下一一行夾註右第八字「說」，[徑]作「說文」。

一　三九二頁上四行夾註左第三字「亂」，[徑]作「辭」。

一　三九二頁上八行夾註右「解詰」，

徑作「解詁」。
一 三九二頁上九行「安盌波」，普作「婆盌波」。
一 三九二頁上一四行夾註右「食味」，普、徑作「含味」。
一 三九二頁上一五行夾註右「于降反」，磧、普作「子降反」，徑作「子降切」。
一 三九二頁上一九行夾註右「且漬反」，磧作「旦漬反」。
一 三九二頁上二〇行夾註右首字「反」，磧、普、徑作「又」。
一 三九二頁上末行夾註左第五、六字「字也」，徑無。
一 三九二頁中三行夾註右第七字「黑」，徑作「墨」。
一 三九二頁中五行夾註右「通俗之刈餘」，徑作「通俗文刈餘」。
一 三九二頁中六行夾註右「五狡」，徑作「五狡切」。
一 三九二頁中九行夾註右第一〇字「爪」，普、徑作「爪」。

一 三九二頁中一二行夾註右「位衫反」，普作「仕衫反」；徑作「仕衫切」。
一 三九二頁中一七行夾註右末字「竪」，磧、普、徑作「豎」，下同。又左末字「也」，徑無。
一 三九二頁中一八行夾註左首字「殭」，磧作「不朽曰殭」；徑作「死不朽曰殭」。
一 三九二頁中二一行夾註左第九字「者」，徑無。
一 三九二頁下一行夾註右第六字「涑」，普、徑作「沸」。又「子禮反」，磧作「千禮反」。
一 三九二頁下八行夾註左首字「呼」，磧、徑作「今呼」。又第五字「莚」，磧、普作「莚」。
一 三九二頁下二三行夾註左第二字「事」，徑作「專」。
一 三九三頁上一行夾註右第三字「寓」，徑作「寓」。
一 三九三頁上一七行夾註左「反正爲乏字意也」，徑無。

一 三九三頁上一九行第五字「婆」，徑作夾註。
一 三九三頁上二二行夾註左「一首」，徑作「上首」。
一 三九四頁上九行夾註右「胡快」，徑作「胡快切」。
一 三九四頁上一七行夾註右第四字「衒」，磧、普、徑作「衍」。
一 三九四頁上二一行首字「侮」，徑作「侮」。又夾註左第五字「惕」，磧、普、徑作「傷」。
一 三九四頁上二三行夾註右「隻里反」，磧作「勅里反」；徑作「勅里切」。
一 三九四頁中七行夾註右「胡壞反下扶福」，徑作「胡恢切下扶福切」。
一 三九四頁中九行「薄矩羅」，徑作「薄規羅」。
一 三九四頁中一〇行夾註右第四字「次」，磧、普作「次」。
一 三九四頁中一一行夾註左第三字

「公」，徑作「分」。
一三九四頁中一七行夾註「剩猶因
也」，徑作「剩餘長也」。
一三九四頁中一八行夾註右第三字
「脛」，磧、普作「踁」。
一三九四頁中一九行夾註左「常也」，
磧、普作「長也」。
一三九四頁中二〇行夾註右第四字
「從」，普、徑作「促」。又左末字
「尺」，磧、普、徑作「尺下」。
一三九四頁下四行夾註右「通衍文」，
徑作「通俗文」。
一三九四頁下八行夾註左「痴者」，
磧、普作「短者」；徑作「無知」。
一三九四頁下一二行「傅藥」，徑作
「傅藥」。
一三九五頁上六行夾註右「蜙音思
容」，徑作「蚣音思容切」。
一三九五頁上一四行夾註左末字
「非」，普、徑作「罪」。
一三九五頁上一六行「求晴」，普、徑
作「求晴」。又夾註右「三形」，磧、
普、徑作「二形」。
一三九五頁上卷末經名，徑無。

新收一切藏經音義序　處士顧齊之　田
慧琳法師俗姓裴氏疎勒國人也夙
蘊儒術弱冠歸於釋氏師不空三藏
至於經論尤精字學建中末乃著經

音義一百卷約六十萬言始於大般若
經終於小乘記傳國初有沙門玄應及
太原郭處士並著音釋例多漏略有
西明寺玄暢上人克紹前烈晦明不倦
志奪秋霜之淨心涵止水之鑒乃尋其

遺逸蘊而藏諸梵之以栴檀飾之以
綺繡光前絕後駭目驚心福祉生焉弘
利博矣齊之不敏欲窺藏經乃詢於
暢公蒙示音義齊之以為文字之有
音義猶迷方而得路慧燈而破闇潛
難伏矣默而識之於是審其聲而辯

其音有喉腭齗齒脣吻等有宮商角
徵羽等音曉之以重輕別之以清濁而
四聲遞發五音迭用其間雙聲疊韻
循環反覆互為首尾參差勿失而義
理昭然得其音則義通義通則理圓理
圓則文無滯文無滯則千經萬論如指

諸掌而已矣朝凡暮聖豈假終日所
以不離文字而得解脫無師之智肇自
心源拆疑滯之胷襟燭昏蒙於倏忽眞
詮俗諦於此區分梵凡語唐言自茲明
白又音雖南北義無差別秦人去聲似

上吳人上聲似去其間失於輕重傷
於重濁平分魚魯之謬多傳豕亥之
誤至如四十二字母及十二字音從毗
盧遮那佛心生則鳥跡蟲文之所不
逮然源流有異音義無殊披沙揀金

從理詮性性得而言可遣言可遣而文
字亦忘同歸眞如則筌蹄弃矣上座
明秀寺主契元都維那玄測皆精慈眞
乘護持聖典文華璀璨經論弘贍或
道情深遠獨得玄珠或律行淸高
孤標戒月上以愜聖賢之意下以旌

勤懇之心因命匪才敬而爲序 時開成五年九月十日

一切經音義序

試太常寺奉禮郎景審述

昔者素王設教著十翼而通陰陽
玄帝談經演二篇而明道德豈若能
仁出代獨步迦維會三乘於鷲峯

轉四輪於鹿苑繇是有半備之字敷賁散之花因緇客而西至驅白馬以東邁是知不無不有掩蔽邪徒即色即空甄明正道於是慧雲蓄潤垂靉靆而蔭羣珉法雨含滋散空濛而霑衆草斯

之功利不可勝言大矣哉覺皇之為教也若乃書之貝葉編諸海藏結集由飲光之心文義宣慶喜之口流傳此土七百餘年至於文字或難偏傍有誤書籍之所不載聲韻之所未聞或俗體無憑或梵言存本不有音義誠難究諸欲使坐得明師立聞精誼就學無勞於負笈請益詎假於摳衣所以一十二音宣于涅槃奧典四十二字載乎花嚴真經十二音是翻梵字之聲勢也舊云十四音誤也又有三十四字名為字母每字以十二音翻之遂成四百八字共相乘轉成一十

八章名曰悉談如新涅槃經音義中廣明矣故曰無離文字解脫也曁國朝初有沙門玄應孤摽生知獨運先覺明唐梵異語識古今奇字撰一切經音義一部凡二十五卷可以貽諸後進光彼先賢作彼岸之津梁涉法門之鍵鑰次有沙門慧苑撰

新譯花嚴音義二卷並編於開元釋教録然以後譯經論及先所未音者至於披讀講解文謬詛乖得失疑滯寡聞孤陋莫有徵通多見強識罕能盡究然而自傲之輩恥下問

而不求匪好之流忝深知而不荅則聖言有阻能無悲焉有大興善寺慧琳法師者姓裴氏疎勒國人也則大廣智不空三藏之弟子矣內精密教入於摠持之門外究墨流研

乎文字之粹印度聲明之妙支那音韻之精既甄受於先師亦泉瀉於後學輯譯迴綴衆於上首師撥其闕遺歎其病惑覽茲羣經纂彼詁訓然則古来音反多以傍紐而為雙聲始自服虔元無定旨吳音與秦

音莫辯清韻與濁韻難明至如武與綿為雙聲企以智為疊韻若斯之類蓋所不取近有元庭堅韻英及張戩考聲切韻今之所音取則於此大略以七家字書釋詛（七書謂玉篇說文字林字統古今正字文字典說開元文字音義）七書不該百氏咸討

又訓解之末兼辯六書庶因此而識彼聞一以知十師二十餘載傍求典籍備討經論孜孜不倦修緝為務以建中末年捌製至元和二祀方就凡一百軸具釋衆經始於大般若終於

護命法總一千三百部五千七百餘卷舊兩家音義合而次之標名為異兩家謂玄應慧苑等浩然如海吞衆流以成深眩兮若鏡照羣物以無勸元和十二年二月三十日絶筆於西明寺焉審以

頗好文字擇善從之許為不請之師自媿未成之器因啓其卷乃告厥功謬以微才叙之云尒

一切經音義卷第一

翻經沙門慧琳　撰

音三藏聖教序并大般若經五十一卷

大唐三藏聖教序

太宗文皇帝製　慧琳音

二儀　儀魚羈反易上繫曰易有太極是生兩儀顧野王云二儀謂天地也法象也毛詩傳云儀正也說文度也從人義聲也說文又解義字從羊從我我字從手從戈下從禾者非也羈音居宜反

覆載　上敷務反見韻英秦音也諸字書音為敷救反吳楚之音也賈逵注國語云覆蓋也蔭也說文從襾復聲也襾音呼賈反從冂冂音莫見反上下覆

之會意字也下載愛反孔安國注尚書云載成也礼記曰天無私覆地無私載說文載乘也從車𢦏音哉從戈才聲也經作𢦏隸書略也木古文才字非木

潛寒暑

上漸閻反廣雅潛沒也藏也尒雅沉也深也說文涉水也從水朁聲朁音憯七敢反有從二天或從二夫皆誤略也下旱安反蒼頡篇云寒冷也說文凍也從宀從人從茻下從仌宀音綿茻音莽仌音氷古莽字上下二草也

窺天

大規反考聲窺覷也韻詮云竊見也

說文小視也從穴規聲也或作闚覰音青預反

鑑地

賈陷反廣雅鑑照也明也玉篇鏡也說文大盆也取明水鑒諸月也從金監聲也或作鑒

可徵

陟陵反鄭玄注周礼云徵召也明也聲類責也求也杜預注左傳云驗也說文象也案事有象可驗日徵從壬從微省聲也壬音體郢反

控寂

上苦貢反考聲控持也說文引也告也從手空聲下情亦反俗字也說文作宗正體字也

毫氂

上胡高反下力馳反

案九章筭經云凡度之法初起於忽十忽為絲十絲為毫十毫為氂說文毫氂二字並從毛毫從豪省氂從犛省皆形聲字也今作豪犛非本字假借用也

凝玄

魚兢反孔安國注尚書云凝成也鄭注礼云堅也廣雅止也韻英不動也說文作冰水堅結也從冫疑聲也冫音氷

蠢蠢

春尹反毛詩傳曰蠢蠢虫動也郭璞注尒雅云動搖皃也從䖵春聲也或作惷或作蠢作惷皆古字䖵音昆

庸鄙

上勇從反考聲庸愚也鄭衆注大戴礼孔子曰所謂庸人者口不道善言又不能選賢人善

士而託其身以為已直從物而流不知所歸若此者可謂庸人也楚辭亦云斯賤之人也說文從庚用聲也下悲美反考聲鄙賤人也惡鄙野不慧之稱名鄙夫說文五鄼為鄙從邑啚聲啚音鄙鄼音子短反百戶也凡五百家為鄙也

東域

為逼反考聲域國也劉熙注孟子云居處也說文邦也從土或聲也

拯含

拯音無疊韻取蒸字上聲杜預注左傳拯助也韻詮救也方言抍出溺也古今正字拯抍也從手丞聲也抍音升也

紛糾

上拂文反廣雅紛紛亂也楚辭咸也說文從糸分聲下經酉反杜注左

傳紀舉也說文從糸斗聲隸上音綠
書者作斗音糾糸音皃也**泓時**孔注尚
書云順流而下日泓杜注左傳泓綠
也說文云綠水而下也從水形聲也**隆替**
六冲反郭注尒雅云中央高起也說文豊大
也從阜形聲也天計反俗字也尒雅相待也
賈注國語云豊也說文作普㚘也並兩立**玄**
一偏下日替會意字今作替俗字也
奘藏浪反亦通上聲方言奘大也壯也考
聲多力也健也疾也說文從大壯聲也

一切經音義卷第一　第十三張　田

詎能渠穊反韻英云疑詞也莊子詎
能者不定之詞也轉注字也**迥**
出瑩頞反上聲字古文作同象國邑從口
說文邑外謂之郊郊外謂之野野外謂之
林林外謂之冂冂音癸營反象
遠界也從辵今俗從向者非也**隻千古**
征亦反說文一枚也桂苑珠叢單也群書字
要隻字從隹隹鳥也從又又手也手持
一鳥為隻集象形字也**栖慮**先奚反俗字也
經文或從又誤也正作棲尒雅棲

息也從木妻聲下呂御反考聲**慨深**康愛
疑而息之也說文從息虍聲音呼反顧
野王云抗慨不得志也憤壯慨歎太息**訛**
也或作[火既]說文深字從水從罙省也
謬上五戈反鄭箋毛詩云訛偽也下眉栽
反韻英云謬誤也韻詮詐妄也說文從
言翏聲**條析**上亭姚反廣雅條教也毛詩
音六幼反　科也說文小枝也從木攸聲也
下星亦反廣雅析分也說文破木**翹心**祇姚反廣雅
也從木從片或作析所古字也翹舉也杜注
左傳翹翹遠皃也**遠邁**埋拜反廣雅云邁遠行
說文從羽堯聲也也從萬從辵辵音丑略反**撥**

一切經音義卷第一　第十四張　曰

煙霞上補末反廣雅撥除也鄭注礼云拂也
說文治也從手發聲次宴賢反說文火
氣也從火垔聲或作烟考聲云元氣也垔音
因下夏加反韻英云日氣也王逸注楚詞云
日始欲出赤黃氣也考聲云天際赤
雲也古今正字從雨叚聲也或作赮**躡霜**
女輒反方言躡登也廣雅履也說上
文蹈也從足聶聲也聶音同上**前蹤**俗
前字也說文先也正體從止從舟作歬說文
不行而進謂之前止在舟上也蔡邕加刂刂
水也廣二尋深二仞日刂刂音古外反俗從
刀者非也下足庸反淮南子日行則有蹤尒

雅迹也說文車迹也從足從聲也

詢求 筍遵反左傳諮親為詢韻詮云詢事也尒雅信也古今正字從言從旬聲也

飡風 倉單反俗字也說文呑也湌也正體從𣦵從食作餐𣦵音殘

鹿苑 上勒木反下惌遠反西域記云婆羅痆斯國之苑名也亦名鹿野苑亦名施鹿林舊譯云彼羅柰國即如来初轉法輪處也

鷲峯 上音就西國山此山高峻鷲鳥所居或名靈鷲山或云鷲嶺皆一山而異名也如来於此山中得轉法輪甚多聖跡在中天界

探賾 上他含反變體俗字也古文從𡨦作㨒𡨦音徒感反孔注尚書云探取又說文遠取也從手采聲下柴革反韻詮云幽深也桂苑珠叢玄微也古今正字從𦣝𦣝音夷責字正從朿朿音次作

馳驟 上直離反俗字也本作駞形聲字它音夷考聲云馳走也廣雅奔也說文大驅也從馬也它聲下愁瘦反賈注國語云驟疾也廣雅亦奔也說文馬疾步也從馬聚聲也

三篋 謙頰反礼記云篋感物之械也篋者感經書衣物器也古今正字云篋笥也從竹匧聲也說文匧字從方夾聲也

波濤 唐勞反許叔重注淮南子云潮水涌起還者為濤蒼頡篇云大波也古今正字從水從壽省聲

爰自 逮攉反考聲爰于也尒雅曰也毛詩傳為也于也說文引也從爰于聲也爰音披表反

東

隉 述危反韻詮云隉危也廣雅邊也弘福寺碑文中作缶略也從阜缶聲也

缺

而 犬悅反蒼頡篇虧也說文器破也從缶從夬或從缶作缺亦同

同臻 側巾反古文作𦤎字書臻到也去聲聚也說文云從至秦聲也

業墜 上嚴劫反尒雅業事也國語叙也大也說文從業從巾今隸書從木變體也業音鋤學反下除類反尒雅墜落也廣雅失也說文作隊從高墜也從阜㒸聲也或從石作䃍

桂

生 圭慧反山海經云招搖山多桂郭璞曰桂葉似枇杷長尺餘味辛花白本草云桂有菌桂牡桂二種並出交廣州及桂林山說文云江南香木也百藥之長從木圭聲也菌音郡牡音毋也

泫其 玄羂反韻詮云草露水光也考聲困泫水皃也說文

㳬也從水玄聲又音玄也㘣音淵也今從三十作卉訛也屮音丑列反

卉木 諱貴反說文草之惣名也從屮從草

珪璋 上桂畦反說文瑞玉也上圓下方公侯伯所執從重土字統土殺礼封諸侯有三等公侯伯皆有重土故執珪子男無重土故無珪珪古字也下止陽反說文云半圭為璋從玉章聲也畦音慧圭反

翰墨 寒岸反尚書大傳云翰者鳥獸長毫毛也取以為筆故謂能書為筆翰說文天雞羽也從羽倝聲倝音千岸反下毋北反考聲墨黑也說文書墨也從土黑聲也

摽凡礫 上必選反考聲云摽舉人說文擊也從手票聲或作毃也下力的反考聲礫大砾也說文從石也從樂省聲也

謬承 時仍反說文受也從手承聲也

褒讚 上補毛反顧野王曰褒猶揚美之也說文衣博裾也從衣𠈃聲𠈃音保下臧散反釋名云稱人之美曰讚古今正字云讚頌所以解釋物理也從言贊聲

循躬 上隨勻反尒雅循自也考聲述也順也說文循行也從彳盾聲也經作循誤也下姜隆反說文躳身也正從吕作躳從身弓聲也

高宗皇帝在春宮述三藏記 即大帝也

崇闡 上林隆反鄭箋毛詩云崇序也賈注國語云敬也鄭注礼記云尊也說文高也從山宗聲也或作崈下昌演反韓康伯注繫辭云闡明也廣雅闡也聲類大開也說文從門單聲也

軌躅 上居洧反賈逵注國語軌法也廣雅跡也說文車轍也從車從九省聲也九音鬼下重綠反漢書音義云躅跡也說文蹢躅也從足蜀聲也或作躅略也

綜括 宗宋反桂苑珠叢云機上織具也綜理絲縷使不相亂者名綜說文機縷也從糸宗聲下官活反韓康伯注易云括結也韓詩束也考聲撿也說文絜也從手舌聲也

宏遠 獲萌反尒雅宏大也鄭注礼記宏也說文屋深響也從宀厷聲宀音綿厷音國弘反

祕扃 悲媚反鄭箋毛詩云祕神也廣雅勞也韻英密也說文從示必聲也示音祇下癸營反顧野王云戶扃上鐵鈎也所用於外以關閉

門戶也說文外閉之闑也從戶同聲經從向作扃誤也

遂古　蓏類反鄭箋詩曰遂久也國語信也從也廣雅往也說文亡也會意也從辵㒸聲也㒸音同

排空　敗埋反顏野王云排拓也廣雅推也說文擠也從手非聲也

黔黎　捈廉反鄭注礼云黔首万民也史記云始皇二十六年更名万民為黔首也說文從黑今聲下礼提反孔注尚書云黎衆也

斂袵　上廉撿反尒雅斂聚也孝聲錄也說文收也從文僉聲也下壬枕反說文衿也從衣壬聲

昆蟲　上古魂反假借字也正體作蚰聲類作蜫鄭注礼記云昆明也明虫者陽而生陰而藏者也夏小正昆衆也小虫也說文惣名也從二虫下逐融反尒雅云有足曰虫無足曰豸說文從三虫俗作虫豸音持里反

阿耨達　奴棣反正梵音云阿那婆達多唐云無熱惱池此池在五印度北大雪山北香山南二山中間有此龍池護案起世因本經及立世阿毗曇論皆云大雪

山北有此大池縱廣五十踰繕那計面方一千五百里於池四面出四大河皆共旋繞池一匝流入四海東面出者名私多河古譯名斯陁河南面者名兢伽河古名恒河西面出者名信度河古名辛頭河北面出者名縛芻河古名博叉河此國黃河即東面私多河之末也此方言無熱惱者龍王福德之稱也一切諸龍皆受熱砂等苦此池龍王獨無此苦故以為名也

神甸　亭見反鄭玄注周礼云甸猶田也天子服治之田也孔注尚書云規方千里之內謂之甸服王城四面各五百里也今謂之畿甸即是也畿音祈

耆闍崛山　上音祇下達律反正梵音云紇哩(二合)馱囉(二合)屈吒唐云鷲峯山即前文已說也

嵩崋　上相融反下獲罵反即此方嵩高大華二山也崋字正體從山從𠌶假借用也

懇誠　康佷反廣雅懇信也誠也集訓美也從心狠聲也貇音上同

齠齔　上亭遥反俗字也正體從髟作髫埤蒼髫也考聲云小兒剃髮留兩邊胎髮曰髫從髟召聲下初覲反說文毀齒也男八月齒生八歲而齔女七月齒生七歲而齔從齒匕聲經從乙訛也髦音毛髟音必姚反剃音

天計反迦維梵語古譯訛略也正梵音劫毗羅筏窣覩城佛下生之處也

攴植時力反杜注左傳植長也蒼頡篇息也考聲立也從木直聲也

足岳匕將裕反俗字也正從口從止作足杜注左傳云足成也韻英增益亦假借字也下五角反廣雅嶽确也白虎通云确同功德也或作嶽經作岳古字也确音苦角反

大般若波羅蜜多經卷第一 法師玄奘奉詔譯

初分縁起品之一

釋經題本梵語

般音鉢本梵音云鉢囉二合囉取羅字上聲兼轉舌即是也其二合者兩字各取半音合為一聲古云般者訛略也

若而者反正梵音枳孃二合枳音難以反孃取上聲二字合為一聲古云若者略也

波正梵音應云播波箇反引聲

羅正梵音應云羅准上取囉上聲轉舌呼之

蜜多正云弭多弭音迷以反

具足應言摩賀引鉢囉二合枳孃二合播引囉轉舌弭多梵云摩賀唐言大鉢囉二合枳孃二合唐言慧亦云智慧或云正了知義淨作此解播引囉弭多唐言彼岸到今廻文云到彼岸如上所說雖是本正梵語略音已行難為改正般若波羅蜜多之文傳於世愚智共聞今之所論為造經音解其文字及釋梵語不可不具說也但欲廣其學

者知見耳實非改易經文已下諸經中有正梵語及論文字是非皆同此例取捨今古任隨本志

薄伽梵五印度梵語也大智度云如來尊號有無量名略而言之有其六種薄伽梵是惣稱也義日衆德之美尊敬之極也古譯為世尊世出世間咸尊重故佛地論頌日

自在熾盛與端嚴　名稱吉祥及尊貴

如是六種義差別　應知惣號薄伽梵

此為文含多義譯經者故存梵言後有梵語及阸羅尼句准此應知

重擔　上柱勇反上聲字下躭濫反廣雅擔負也以木荷物也說文檐也從手詹聲經有從木作檐誤也

等為　說文等字從竹從寺下榮偽反為字上從爪經作為訛略也

摧滅　上藏雷反顧野王云摧折也芊聲剉也說文擠也擠音精礼反從手崔聲也下弥鋭反王逸注楚辞云滅消也玉篇役也說文盡也從水威聲也威字從戌從火

熙怡　上虛飢反字統云熙和也芊聲笑也從灬熙聲也配音同上灬音必遙反下以之反芊聲怡喜悅也說文和也從心台聲台本古文以字也

嚬嘁　上毗寅反下酒育反文字集略云嚬者嘁眉也顧野王曰嚬嘁者憂愁思慮不樂之皃也芊聲云嘁咨悁悒也說文涉水則顰嘁古文作顰亦作顰今從省略下嘁字或作慼亦同古文作臧經文作慼非本字

罡　訓為窘也迫也罪也急也非經義也

礙　上華寡反下我蓋反說文碙礙也從同從圭省聲礙止也從石疑聲也

捨軶　於革反俗字也正作軛從車從戶從乙鄭衆注考工記云轅端壓牛領木軶也

㞗師壇　梵語略也正梵音具足應云額此鄉襄唐譯為敷具今之坐具也顁音寧頂反

兩趺　甫無反俗用字也正作跗鄭注儀礼云足上也經文有作趺未詳也

兩跟　所恩反字統云足後日跟說文足踵也從足從根省聲也踵音腫也

四踝　華瓦反蒼頡篇云在足側高處也聲類云足外附骨也內外為四踝說文足踝從足從稞省聲稞音同上

兩脛　形定反玉篇脛足腓腸前大骨也說文足胻也胻音幸

兩腨　遄耎也文字集略云腨腓之腹也說文足腓腸也或作蹲踹膞四形並同今從肉遄音船從肉從巠省聲也腓音肥

兩膝　胥逸反玉篇膝脛上頭也說文脛頭骨節也正體從卩作厀卩音節桼音七經從肉作膝時用

兩髀　蒲米反考聲髀股也說文正從骨作髀髀股外也卑聲字也或作⿰足卑古字也今經從月作脞非也本無此字

腰脅　香業反或作脇亦同

說文肚兩傍也從肉劦音叶從三力經從三刀作脅非也

臍中 情奚反字書云當腹之中日臍說文膍臍也從肉齊聲也或下從肉亦同膍音毗

胷臆 上香邕反說文匈膺也案膺即應也或作匈亦通下應力反說文臆亦胷骨也從肉從億省聲也經從月誤也

兩腋 盈益反又支亦反並通埤蒼云在肘後也古今正字亦胳也從肉從夜省聲胳音各

兩髆 傍莫反字林云髆胛也說文肩胛也從骨從博省聲經多從月作膊非也音普博反郭璞云披割牛羊五藏謂之膊非經義胛音甲尃從甫從寸

兩肘 張柳反說文臂節也從肉從寸或作杻𦙶皆古字也

兩臂 卑寐反說文手上也即掌後肘前謂之臂從肉辟聲也

兩腕 烏灌反或作捥皆俗用字也鄭玄注儀礼云掌後節也揚雄日腕握也案寸口前掌後日腕

項胭 上巩講反說文云前日頸後日項下宴堅反聲類胭

喉也蒼頡篇胭也古今正字從肉因聲𦙶胭即頸之異名也或作脛臙皆古字也經從口作咽非也頸音經郢反咽音宴巩音項江反

頤頷 上以伊反下含感反方言頤頷互名也文字集略云頰也說文輔車骨也從頁頁頭也𦣞含皆聲也經從𦣞非也𦣞音夷頦音孩也

頰頟 上兼葉反廣雅頰輔也玉篇云日下耳前日頰或從肉作脥亦通下牙格反方言頟顙也說文從頁從格省聲也經從客作額俗字也

毫相 上胡高反集訓云長銳秀毛下息亮反如來眉間長毛也觀佛三昧經云其毛白色在佛眉間引而申之長一丈三尺五寸縱之即右旋卷成螺文三十二大相之中最上相也

俱胝 音知天竺國數法名也案花嚴經阿僧祇品云十万為一洛叉此國以數一億一百洛叉為一俱胝俱胝三等數法之中此即中數之名也

那庾多 庾音羊主反亦數法名也古云那由他花嚴經云俱胝為阿庾多又數中即是上等大數名也皆翻至本方變其名

殑伽 西國河名也上其凝反下語佉反為訛梵音作此糊綺古名恒河即前說四大河之一南面河也

餝𦀇 上歎紀反范子計然云綺出齊郡樂用二色彩絲織成文花次於錦厚於繒說文云有文繒也從糸奇聲也下商織反集訓云服著華麗也考聲云裝也脩理清絜也說文刷也從巾飾聲也

絢滑 上思計反孔注尚書細小也說文微也從糸囟聲也系音覓囟音信下患八反廣雅滑孅也玉篇不滀也滀猶澀也說文利也從水骨聲也孅音美古美字也滀音色

輕耎 乳兗反考聲云耎弱也韻英云柔也說文從而從大又古作甏說文柔韋也從北從古宪或作甄㬩經文作軟非也並無此字也

極爆 下包皃反廣雅爆熱也考聲云燒柴火烈作聲也韻英火炸曰爆說文灼也從火暴聲也炸音摘嫁反灼音責藥反

盲者 陌彭反說文云目無眸子曰盲從目亡聲經作盲或作盲皆俗字也

聾者 禄東反左傳云耳不聽五音之和謂之聾杜預曰聾暗也說文聾也

瘂者 鴉賈反考聲云不能言也案瘂人

雖有聲而無詞說文闕古今正字瘂瘖也從疒亞聲經從口作啞非也音厄笑聲也非經義鴉音烏加反疒音女厄反

醒悟 上星淨反又音星賈遠曰醉除解爲醒形聲字

疲頓 上音皮玉篇疲倦也釋名勞也轉注字下敦遁反考聲困極也說文下首也從頁屯聲也

樂靜 上五教反下音靖玉篇云靜思也息也安也謚法曰遠離囂妄曰靜轉注字也

捨諠 呼袁反聲類諠譁也鄭玄注礼記囂也或從藿作讙形聲字也藿音灌有從口作喧俗用非正

欻介 暉律反蒼頡篇欻猝起也猝音村訥反猝猝曰欻忽也說文云有所吹起也從欠炎聲

撓亂 上挐絞反廣雅亂也說文擾也從手堯聲也

暎蔽 上英敬反考聲暉也韻英云傍照也從日英聲經從央作映非也音烏朗反不明也非經義也下畀計反廣雅云隱也掩也史記障也說文小草皃從草敝聲

蘇迷盧山 梵語寶山名或云須弥山或云弥樓山皆是梵音聲轉不正也正梵音云蘇迷盧盧字轉舌唐妙高山俱舍論云四寶所成東面白銀北面黃金西面頗梨南面青琉璃大論云四寶所成

日妙出過衆山日高或名妙光山以四色寶光明各異照世故名妙光也

伎樂 其綺反下五角反說文云五聲八音摠名也象鼓鞞之形木其虡也鍾磬之跗日虡從虍從異虡音集語反

寶鐸 上寶字說文珍也從宀珤貝珤音同上下唐洛反鄭玄注周礼云鐸大鈴也

南贍部洲 時染反去聲梵語山大地之惣名也古譯或名譫浮或名琰浮或名閻浮提皆梵語訛轉也正梵音云潛謨立世阿毗曇論云有贍部樹生此洲北邊泥民陁羅河南岸正當洲之中心北臨水上於樹下水底南岸下有贍部黃金古名閻浮檀金樹因金而得名洲因樹而立號故名贍部音如譫音之葉反潛音蟠覽反覽字耶上聲呼之

東勝身洲 古云弗于逮或云弗婆提或云毗提呵皆梵語輕重不同也正梵音云補囉嚩尾祢賀義譯為身勝毗曇云以彼洲人身形殊勝體無諸疾量長八肘故以為名也

西牛貨洲 古云瞿伽尼或云俱耶尼或云瞿陁尼皆梵音楚夏不同也正梵云過嚩捉尼義翻為牛貨毗曇論說以彼多牛用牛貨易故以為名瞿音具愚反嚩音無可反捉音尼整反

北俱盧洲 古名欝單越或名欝怛囉或云欝多羅拘摟或名郁多羅鳩留皆梵語輕重不同也正梵音云嗢怛羅矩嚕此譯為高勝阿毗曇論云地方高大定壽千歲無諸苦常受樂勝餘洲故名高勝嗢音烏骨反嚕音魯字轉舌

紹尊 時遶反尒雅紹繼也釋名遶也謚法日遶繼先位日紹從糸召聲也糸音覓

千莖 幸庚反考聲莖本也草本日莖從草巠聲

聽往 體盈反考聲云以耳審聲也許也信也說文聆也從悳從耳王聲也聆音靈悳音德王音體郢反

發引 上蕃八反說文䠶發也從弓從殳犮箭發聲也蕃音發班反䠶音鉢蕨反殳音殊犮音普末反下引音寅印反從弓從丨或從人作弘說文開弓也

第二卷

第三卷

髈脹　上普邦反下張亮反埤蒼云腹滿也並從肉或作胮瘬皆古字也

膿爛　上奴紅反古今正字云癰疽潰血也說文膿血也從肉農聲下蘭祖反方言火熟也說文從火闌聲也

青瘀　上戚盈反俗字也說文正體從生從丹作青經文作青隸書略也下於據反廣雅瘀病也說文積血也從疒於聲也疒音女厄反據音居御反經作淤非也水中淤泥非經用也

啄噉　上音卓廣雅豕齧也說文鳥食也從口豕聲也豕音寵綠反經文從彖作喙非也喙音吁穢反下唐遮反廣雅噉食也說文作啗或作啖並通經文作淡非也淡無味也非經義也

離散　桒贊反廣雅散壞也說文分散也從肉㪔聲也㪔音同上或從佳作㪔經從廾從月從殳作散非也

骸骨　遐皆反玉篇云身體諸骨揔名為骸說文從骨亥聲也

猒食　上伊焰反考聲猒飽也倦也說文從肉從日古甘字也正從犬犬甘肉也或作猒亦同也

奢摩他　楚語此譯為止心寂靜也

毗鉢舍那　亦梵語也此譯為觀觀法智也

捷速　䟟葉反杜注左傳云捷疾也韻英健也速也說文從手疌聲或作寁疌並通也

懈癈　皆隘反賈注國語云懈倦也廣雅嬾也說文怠也音作嫁者非也

牀榻　上狀莊反愽雅云人之棲息自安之具也說文從木爿聲也爿音牆經文作床非也下貪荅反桂苑珠叢云長牀也釋名云牀陛而長曰榻廣雅榻枰也說文從木𦐇聲也𦐇音同上枰音平也

池沼　孔注尚書云停水曰沚下之繞反杜注左傳沼亦沚也並形聲字

陂湖　上音悲下音胡說文大陂曰湖

析一毛　星亦反廣雅析分也說文破木也從木從片或從斤作析

穅⿰禾會　上口郎反郭璞云米皮也說文穀皮也從禾康聲糠字從米從康經文下從水作康非也下枯外反蒼頡篇云⿰禾會亦穅也字統云粗穅也說文從禾會聲粗音麁

羂取　史兖反考聲云以繩捕禽獸也從冈絹聲或作羂罥並同

擾惱　上而沼反孔注尚書云擾亂也說文煩也從手夒聲

嫯音奴高反集訓云心內煩結也懊惱也說
文云有所恨痛也從心𡿺聲也𡿺音同上從
囟囟音信巛象
髮經從山非也

第四卷

兇黨 上勗恭反尒雅兇咎也韻詮云麁入也說文惡也恐也從古人在凶
下會意字也今經從九誤也下當朗反正作
欓或從人作儻孔注尚書云相助匿非為黨

說文朋群也
從手黨聲

魁膾 上苦瓌反孔注尚書云魁帥也廣雅主也鄭玄
注礼記云首也史記壯大也從斗從鬼下瓌
外反廣雅膾割也案魁膾者屠煞兇惡之帥
也從肉會聲也

惌敵 上於袁反孔注尚書云惌仇也考聲憎也顧野王曰恨望
也蒼頡篇恨咎也說文恚也從心宛聲或作
冤下亭歷反杜注左傳云敵猶對也說文仇
也從文商聲
也啇音滴也

伺求 上司恣反鄭注周礼云伺察也顧野王云

候也字書覰青預反蒼頡篇作伺廣雅作覗
三入相候也說文從二犬從𦣝作獄訓亦同

旃荼羅 梵語也上之然反次宅加反正梵音云奴雅反經文作荼音
不切也古云旃陁羅者訛略也西域記云屠膾
主煞守獄之人也彼國常法制勒此類行則
鬬於路左執持破竹或復搖鈴打擊為聲摽
顯自身恐悞觸突淨行之人若不如此國有
嚴刑王則治罰也

竹葦 說文竹字象形下為鬼反說文
人章淨擮有異
大葭也從草韋聲
案即葦之大者也

鄔波尼殺曇分 梵語

筭法數之極也古人譯為因果不相似力勝
也大論釋為微細分析至極之言也如析一
毛以為百分又析彼一分為百千万分又於
所析微細分中如前析之乃至鄰虛至不可
析處名鄔波
尼煞曇分

頗能 叵可反或作叵考聲云不可也文字集略
云頗猶可也
皆語辭也

螢火 穴營反或作蠑月令云腐草化為螢

熾盛 上昌志反毛詩傳曰熾亦盛也說文從火戠省聲也下成正反考聲云強也隆
也說文云從
血成聲也

第五卷　第六卷　第七卷

已上三卷並無訓釋

第八卷

音冥 下莫瓶反考聲暗也夜也說文幽也從日日數十六每月十六日月始虧漸幽暗也從冖亦聲也冖音覓經中從宀從具作冥非也

踰繕那 上羊朱反繕音善古云由旬或云由延或云踰闍那皆梵語訛略也正云踰繕那上古聖王軍行一日程也前後翻譯諸經論中爭說不同文句繁多略而不述今且案西域記云踰繕那者自古聖王軍行程也舊傳一踰繕那四十里印度國俗乃三十里聖教所載唯十六里如上經論所說差別不同考其異端各有所據或取聖王或取凡時或取古尺取捨雖懷異見終是王軍一日行程適中取實今依西域記三十里為定玄奘法師親考遠近撰

此行記奉對太宗皇帝所問其言真實故以為憑餘皆不取

薩迦耶見 迦音薑佉反梵語也此譯為身見外道不正見也

掉舉 上亭吊反賈注國語云掉搖也韻英動也廣雅振也說文從手從卓省聲也下居圓反字書云舉令高也說文對舉也從手與聲

來嬈 奴鳥反說文戲弄也形聲字經作嬲俗字也

揔攝 祖董反考聲都也攝也玉篇將領也皆也說文作總聚束也從糸悤聲也經從手作揔俗字也下苦葉反考聲兼統也說文引持也從手聶聲聶失葉反

第九卷

山崖 雅皆反韻英云高崖也集訓云山際邊處也說文高邊也從屵從圭省聲屵音五割反也

陵虛 力矜反正體從力作勎玉篇云勎侵侮也說文作夌夌越也經文從阜作陵也借用非本字也

如燎 遼鳥遼銚二反考聲云輕燒也字書庭燎日燎說文火炬也從火尞聲也尞音遼

抆摩 武粉反廣雅抆拭也說文從手文聲也

舋心 欣覲反考聲云舋罪也杜注左傳云瑕隙也

也賈注國語云動也説文從酉從 **劇苦** 奇逆反方言云病少愈而必加劇也顧野王云劇甚也謂更甚於前也古今正字從刀豦聲也經中作劇俗字訛也分從罒省經文作疊俗字謬也

不齅 許救反韻英云以鼻取氣也説文從鼻臭聲也

唯然 惟癸反古人云唯今云諾一義也鄭玄云應辝也唯恭於諾也

第十卷

大飲光 即大迦葉波之美稱也大毗婆沙論云上古有仙人身有光明能攝諸光皆令不現故號飲光摩訶迦葉波是此仙種也身黄金色世人之號曰大飲光

蠃貝 盧和反尒雅云蜬蠃蝸牛類也經文作螺俗字也下貝字説文象形字也

珊瑚 上桑安反下戶姑反漢書云罽賓國出珊瑚寶其色紅赤而瑩徹生於大海或出名山似樹有枝而無其葉大者可高尺餘

聽許 體盈反已釋了

第十一卷

頭頸 經井反已見前釋不重訓

幻事 還慣反顧野王曰幻謂相欺眩以亂人目也説文相詐惑也從幺於篠反從予字也

夢境 蒙洞反蒼頡篇夢想也説文寐覺也正作㝱今從省下居影反俗字也考聲界也從土竟聲也

尋香城 古譯名乾闥婆城唐梵雖殊其實一也瑜伽論云音樂在地屬東方持國天王常與上界諸天奏樂以業感力故但諸天思憶樂時此尋香神即感還閣彼天香氣尋香赴彼奏諸音樂或名食香神索此天所住城郭或居須弥層級或在七金山上或居空界或處人間其城郭多於平澤海濱或於空曠砂漠絶人境處化現似城遠望分明近觀即滅如彼浮雲陽氣之類

經從第十二卷已下盡第三十五卷

計二十四卷不要音訓文易

第三十六卷

四繫　下音計四繫者惑有無明見是為四也

奮迅　上分問反廣雅奮振也郎玄注礼記動也說文翬也郭璞云翬翬然飛皃也從大隹從田字書云大鳥在田欲飛日奮經文從日非也下荀俊反廣雅奮迅振羽也介雅迅疾也說文從辵卂聲翬音暉奞音雖辵音丑略反卂音信

欠㰦　音去挂苑珠藂云引氣而張口日欠㰦釋文張口氣悟也象氣從人上出之形從欠去聲也悟音悟經文從口作呿瞎聲也非此義也

等涌　上等字說文從竹從寺經從草俗字也下容腫反顧野王云水泉衝上涌騰也說文滕也從水甬聲或作湧

第三十七卷

纏擾　上徹連反考聲纏束也桂苑珠叢纏縛之也說文約也從糸廛聲也廛音同上經作纏略也下而沼反前第三卷已具釋

第三十八卷

諂誑　上丑琰反何休注公羊傳云諂佞也說文從言臽聲也臽音陷經從臽非也臽音羊小反下鬼况反賈注國語云誑惑也杜注左傳欺也說文從言狂聲也或作㤮

第三十九　第四十卷無可音訓者

第四十一卷

健行　渠彥反考聲云健勇也集訓云勁健也說文伉也從人建聲也勁音逕倢音潛業反伉音口浪反

不眴　玄絹反王篇目動也王逸注楚辭云眴視皃也說文從目旬聲也旬字從目經文從旬及音舜者非也旬音縣

瑕隙　上胡加反鄭注礼云玉之病也廣雅裂也玉篇纖也說文從玉從叚者聲也下鄉逆反說文壁際孔也從阜從白上下從小經從巢作隟非也

諠諍　上香袁反前第一卷已訓下責更反廣雅諍諫也蒼頡篇訟也說文止也從言爭聲也

飄散　上匹遥反

毛詩傳公飄猶吹也說文回風也從風票聲也栗音同上下京贊反前第三卷已具訓釋記

翳闇 伊計反韻英云翳蔽也廣雅障也說文從羽殹聲殹音同上也

炬熾 渠呂反桂苑珠叢云東竹爇火照明下昌至反說文火盛也並從火皆形聲字也

不憙 希記反纂韻云憙好也說文憙悅也形聲字也

巢穴 林叉反毛詩惟鵲有巢鄭玄箋云鵲之作巢冬至架至春乃成說文云鳥在木上象形字經從果非也下玄史反說文土室也從宀音綿八聲也

幖幟 上必遥反桂苑珠叢云幟旗之類也說文幖即幟也從巾票聲票者音匹遥反經文從木從扌者非此用也下齒志反廣雅幟幡也說文從巾戠省聲也

數取趣 霜捉反左傳云數數不疎也

第四十二卷

無字可音者

第四十三卷

咄男 都骨反說文云咄相唱也男字說文從甲從力

毀呰 上暉鬼反介雅毀壞也廣雅虧也說文缺也古者掘地為臼毀粟為米殳擣土曰也從土從毇省聲也下茲此反韻英罵詈也說文作呰從口此聲也或作訿亦同

軌範 上俱偉反賈注國語云軌法也說文車轍也從車從宄省聲也下扶黯反介雅範法也常也玉篇云鑄金器之摸樣也說文從車從笵省聲也宄音鬼

第四十四第四十五

上兩卷無可音訓者

第四十六卷

離離間語 上離字音利下離字音梨間音去聲

膀脹 上普江反下張亮反前卷音義已具釋

青瘀 於據反經作淤非也

啄噉 上音卓下談濫反

骸骨 戶皆反

矯害 上居夭反考聲云矯妄也鄭注周礼詐也說文從手作撟下孩蓋反說文傷也從宀音綿從口手聲

也半音介

嫉慳　上音疾王逸注楚辭曰害賢曰嫉下坑閑反韻英慳悋也集訓云慳者謂悋也字典六貪也從心堅聲也

第四十七卷

擐鎧　上音患桂苑珠蘩云以身貫穿衣甲曰擐今相傳音慣下開蓋反說文鎧甲也文字集略云以金革蔽身曰鎧今通俗以上聲音之爲苦改反即甲冑也

壙野　苦晃反孔注尚書壙空也考聲云壙埌原野遠良也廣雅曰大也說文塹穴也從土廣聲也經從日作曠非也埌音浪塹音妾焰反下以者反尒雅云邑外爲郊郊外爲牧牧外爲野古文作埜牧音木

自恃　時止反考聲恃依也說文恃賴也從心寺聲

憍擧　居妖反蒼頡篇憍逸也廣雅自高也顧野王云自矜伐縱恣媟傲也說文從心喬聲也

自殖　時力反纂韻云殖種也方言立也說文從歺作擡今隸書略去歺或從木作檯

橋舩　求驕反蒼頡篇云橋木梁也說文從木喬聲也經文作橋俗字也

洲渚　上之由反下之與反尒雅云凡水中可居曰洲小洲曰渚廣雅洲居也渚止也或從阜作陼亦同

有減　耕斬反韓詩減少也說文損也從水咸聲

劑限　情細反考聲云分段也韻詮云分劑也韻英亦作齊經文作齊古文作亝皆一也或音情奚反

第四十八卷

所悋　隣鎮反廣雅悋鄙也韻英惜也考聲貪也正作恡

充溢　昌隆反說文充滿也從人從育省下寅一反尒雅盈也賈注國語餘也說文器滿也從水益聲也

拯濟　拯字取蒸字上聲前第一卷已具釋下賫計反孔注尚書云濟渡也杜注左傳云益也方言恒憂也賈注國語云成也說文從水齊聲也

第四十九卷

所遮　者虵反賈注國語遮候也說文過也從辵從庶省聲也

揭

路荼 梵語虜質不妙也正梵音云蘖嚕拏古云迦婁羅即金翅鳥也或名妙翅鳥㝹起世因本經云金翅鳥與龍各具四生所謂卵胎濕化然卵生者力小只食卵生龍化生者威力軍大能食四生欲食龍之時以兩翅扇海水開銜得諸龍吞在嗉中龍尚未死亦名此鳥為大㝹鳥也飛至居吒奢摩梨樹上然後吐出冢而食之被啄之時出大怖畏之聲極受苦楚此鳥亦名龍惌其背兩翼悉皆金色故以為名

緊捺洛 梵語亦樂天名也正梵音云緊娜囉歌神也其音清美人身馬首女則姝麗天女相比善能歌舞多與乹闥婆天以為妻室

莫呼洛伽 梵語不妙正梵音云摩護囉誐人形虵首亦名大蟒神也

奉覲 逢捧反廣雅奉獻也考聲尊也杜注左傳云養也說文承也從手從拱上從丰亦聲也下勤靳反鄭注周礼云覲見也毛詩見也說文從見堇聲也捧音豊拱反丰音豊靳音斤近反

稟正 彼品反孔

注尚書云以穀賜人也說文從禾亩聲也亩力飲反

鞭撻 上必綿反顧野王日用草以村罪人謂之鞭字書云檛馬杖也說文從草便聲也下他過反考聲撻亦鞭也形聲字

驅逼 上羌于反蒼頡篇隨後日驅說文馬駈也從馬區聲也下悲力反尒雅逼迫也杜注左傳云迫近也說文從辵畐聲也畐音丕逼反

焦惱 上即姚反說文火所燒也經作燋非本字也下奴老反前第三卷已具釋

吠瑠璃 上扶廢反亦力嬀反下音賓梵語寶名也或云吠瑠璃或但云瑠璃皆訛略聲轉也須弥山南面是此寶也其寶青色瑩徹有光凡物近之皆同一色帝釋髻珠云是此寶天生神物非是人間鍊石造作焰火所成瑠璃也

華鬘 上音花字無花音正應下慢班反假借字也本音彌然反今不取案花鬘者西國人嚴身之具也梵語云麼羅麼音莫可反此譯為花鬘五天俗法取草木時花暈繕成彩以線貫穿結為花鬘不問貴賤並以嚴身首以為飾好号日麼羅說文從髟鬘聲也髟音必姚反鬘音綿

翳藥 上於基反說文治病工也從酉殹聲音伊奚反經文作醫俗用亦通

璧玉 甲亦反尒雅云內倍

好謂之璧郭璞云肉邊也好也倍大也案璧形圓有孔有穀璧蒲璧之别說文瑞玉也從玉辟聲也

俱胝 音知梵語數法名也以此國人間小數挍之數當一京若以曆筭中數挍之數當一千万也

那庚多 亦西方梵語數法名也依俱舍十十變名以此人間小數挍之數當一瀌若以曆筭中數万万變名那庚多當此國之千億

杖堛 長兩反下甶潰反古文作甶蒹形也說文土堛也堛音普刀反從土從

甶省聲也

衢道 具于反尒雅一達謂之道路四達謂之衢郭璞日交道四出也說文從行瞿聲也

暴惡 上蒲冒反廣雅暴猝也考聲猛也韻英侵也說文從日從出從拱從夲從暴省聲也夲音滔下烏各反說文不善也過也從亞從心正也經從西作悪俗字誤也

第五十卷

無縛無解 房博反考聲繫也說文束也從糸從博省聲也下皆買反鄭注礼記云解釋也說文判也從刀牛角也今俗用音為賈者非也

第五十一卷

無可訓

一切經音義卷第一

一切經音義（一百卷）

校勘記

一　底本，麗藏本。此經又稱大唐衆經音義、慧琳音義，僅高麗藏收録，故無校。

一切經音義卷第二

翻經沙門慧琳撰

音大般若經從五十二盡三百一卷

大般若波羅蜜多經第五十二卷

能辦 蒲慢反韻英辦具也說文
從力辡是也辡音皮免反 統攝 上通
棟反考聲云統領也下商葉反苞咸注論語
云攝兼也鄭注礼記云代也說文持也從手
聶聲也聶音 縱任 上將用反下壬鴆
尼輙反也 反從壬從亻也 蠲
除 史緣反郭璞注方言 虧損 驅為反
云蠲除也從益從蜀 說文氣
損也從亏虗聲也 無邊辯 皮免反廣雅
或作虧虗音呼 辯慧也字書捷
也說文治也 清泠 歷丁反說文並
從言辡聲也 從水形聲字也 遺燼
夕胤反杜注左傳云火之餘木也說
文燭餘也從火聿聲也聿音同上

第五十三卷

般僧伽胝 下音知梵語大衣名也或云
僧伽梨是佛所披袈裟也下
從九條上至二十五條中間數有等皆日大
衣披服之時可宣揚法教具足福田之相三
衣之中冣上等也 嘗食 上音常說文云試味
為上等也 日嘗從甘尚聲也 歠

飲 上剟拙反說文歠飲也從歓省叕聲也
經文作䬵或作啜皆俗字下邑錦反說文
從酉作歓酉者古文酒字也從酉 飲
也今省去酉作飲古文從水作余 寤寢
上音悟蒼頡篇云寤覺而有言曰寤覺音教
說文從㝱省吾聲也下侵審反廣雅寢幽也
說文寢卧也篆文從帚從又今順
俗從省略從宀侵聲也㝱音夢也 巧屠 唐胡
反考聲云殘煞也說文
刳也從尸者省聲也 剖為 上普口反蒼
說文剖判也從刀音 頡篇剖析也
聲也音音土口反 纏裹 上直連反下古
火反玉篇裹苞

也說文褭亦經也髮毛上方韈反顧野王
上下從衣果聲云首上毛也說
文從髟犮聲也髟音爪齒上側狡反說文
必姚反犮音蒲末反手足甲也象形
下昌止反說文口齗骨也筋脉上謹欣反
象口齒形止聲也齗音銀周礼醫師
以辛養筋說文云肉之力也從肉從竹竹者物
之多筋也從力力象筋也經中從草作䈥誤
也下盲伯反俗字也周礼以醎養脉說文云
血理之分行於體中謂之脈從血從𠂢作衇

或作䯝並骨髓綏紫反字統云骨中脂
正體字也也說文從骨從隨省聲
上骨心肝白虎通云心者礼也南方火之
從肉精也象火色赤銳而有辦如未
敷蓮花形王叔和脉經云心與小腸大腸合
爲府其藏神其候口故心有病則失音不能
言說文土象形字也下古安反白虎通云肝
者仁也東方木之精也仁者好生象木形而
有葉色青王叔和云肝與膽合爲府其神魂
其候目故肝實熱則目赤暗說文從肉干聲

銳音聿惠反辨肺腎上芳廢反白虎通
音白慢反云肺者義也西方
金之精也象金色白王叔和脉經云肺與膀
胱合爲府其神魄其候鼻故肺有病則鼻不
聞香臭說文從肉市聲也市音肥味反下自
忍反白虎通云腎者智也北方水之精也
色黑陰其形偶脉經云腎與三焦合爲府其
神志其耳故腎虛則耳聾說文從肉臤聲臤
音啓絃反偶脾膽上婢弥反白虎通云脾
音五苟反者信也中央土之精也
象土色黃脉經云脾與胃合爲府其神意其
候舌故脾有熱則舌病脣不能收說文從肉

卑聲也下荅敢反白虎通云膽者肝之府也
主仁是以仁者有勇王叔和脉經云膽之病
則精神不守說文從肉脬胃上普包芳聲
詹聲也詹音止簷反云盛小便器
尿脬也王氏脉經云脬囊受九升三合脬轉
即小便不通說文膀胱水器也從肉孚省聲
也經文作胞非也下韋畏反白虎通云胃者
穀之委也韻英腸胃也說文穀府也從肉象
形字屎尿上音始字指云糞屎也經從
之也米俗字也說文從尾矢聲也
下泥吊反考聲云腹中水也說文從尾從
水經從尸訛略也並形聲字涕

唾 上拂礼反考聲云泣也目出淚涕也詩傳亦云自目而出涕下土課反説文口液也從口從㴾省聲或作涶

涎淚 上似仙反説文口液也下律墜反廣雅涕淚也説文淚涕也從水戾聲戾音歷弟反

垢汗 上古后反下寒旦反

痰膿 上耿甘反考聲云胷鬲中水病經作淡非也下奴公反膿血也

肪[月*冊] 上音方下桑安反韻英云凝脂也通俗文云在腰曰肪在胃曰[月*冊]並形聲字也

腦膜 上乃倒反説文作𡿺頭中髓從肉𡿺聲有作腦或作䐉或作腦並非也𡿺音與上同下音莫字統云在皮內肉外曰膜説文云肉間胲膜也胲音古哀反也

眵聹 上侈支反韻英云目汁凝也經文作䏧非也撿諸字書並無此䏧字説文云目傷眥從目從侈省聲眥音疵賜反下寧挺反上聲文字集略云耵聹耳中垢也古今正字云從耳寧聲

臭物 昌呪反考聲云敗惡氣也説文云禽走而知其跡者犬也自者古鼻也從自從犬或從歹作殠經文從死作臰非也並無此字

寶玩 五灌反孔注尚書云玩戲弄物也説文從王從貦省聲也

躭著 上答南反韻英云躭好也考聲翫也從身從躭省聲也耽音同上也

憺怕 上談濫反下普百反淮南子云憺憺也怕靜也經文從水作淡泊並非也訓義別古今正字云憺怕二字並從心形聲字也

皮穿 昌緣反考聲云穿穴也説文通也從牙在穴中也

鵰鷲 上丁遼反穆天子傳曰春山爰有白鳥青鵰執犬羊食豕鹿郭璞曰今之鵰亦能食鹿也説文云鵰鷻也從鳥周聲也下音就山海經云景山多鷲鳥字書從鳥就聲也鷻音徒宮反也

烏鵲 上隝姑反説文云孝鳥也下七雀知太歲所在也博物志曰鵲巢開門常背太歲此非才智任運自然説文二象形字也

鵄梟 上齒之反籀文鴟字也説文或從隹作鵻鴟鵻也亦鳶鳥也礼記曰前有塵埃則載鳶鳴則風起也説文從屰作鳶開元音義從千作鳶並音緣下晈姚反鄭箋毛詩云惡鳴鳥也説文梟不孝鳥也從鳥頭在木上象形俗名土梟鳥也

虎豹 上呼古反尒雅虦白虎

黑虎方言陳宋之間謂之李父江南謂李耳說文云虎者山獸之君也足似人是故下從人象形亦形聲字甝音含虪音叔虍音呼下包教反說文云貌似虎圜文花黑而小於虎從豸從包省聲也豸音雉也 **狐狼** 上何姑反說文云妖獸也鬼所乘而有三德其色中和小前大後死必首丘從犬從孤省聲也孤字從瓜下朗當反說文云獸名似大銳頭白頰高前廣復從犬良聲之者也 **或啄** 音卓說文鳥食也從口豕聲也

一切經音義卷第二　第七張　田　畱

豕音丑錄反豕字即豕字中加一畫之也 **或攫** 歸籰反又音歸碧反亦通淮南子日鳥窮則搏獸窮則攫蒼頡篇攫搏也說文扟也從手矍聲經文作鼳音同字書並無此字未詳所出也矍音王钁反搏音愽扟音所巾反矍音凶籰反也 **摣掣** 上但加反廣雅云摣取也釋名云摣叉也五指俱往叉取也或作叡說文亦作担從手虘聲虘音昨何反下昌制反韻英云掣曳也釋名云掣制也制頓之使令順已也從手制聲

也 **潰爛** 回外反蒼頡篇潰旁決也韻英散也說文漏也從水貴聲也 **蟲胆** 逐融反介雅有足日蟲無足日豸經文作虫訛略也下七余反說文云蠅乳肉中蟲也從肉從且省聲也經中作蛆俗字也 **腐肉** 扶甫反廣雅腐臭也韻英朽也敗也說文腐爛也從肉府聲也 **骨瑣** 蘇果反廣雅云瑣連也字書連環也案言骨瑣者菩薩身骨也佛本行集經云凡夫骨節纏得相柱一夫之力也菩薩節皆相鉤連如馬銜連瑣相似遂成就膚大那羅延力說文云瑣字從玉貞聲也

一切經音義卷第二　第八張　田　畱

貞音同上從小從貝經從巢非也 **皓白** 毫告反韻英云皓素也介雅白也說文皓字從白從浩省聲也經從日俗字也 **珂貝** 可何反礦石類也次於玉也埤蒼云珂馬腦也或云絜白如雪所以用纓馬膺也貝者螺貝也一名貝齒珠也今取白色為飾 **零落** 歷丁反下郎各反本從草經文從雨點下作落非之也 **腨骨** 時耎反或作蹲前第一卷已釋訖 **厀骨** 肯逸反經文作膝俗字正體從卩卩音節也 **髀骨** 毗米反經作陛俗字非也 **髖骨**

苦官反埤蒼髖尻也說文云髖髀上也從骨寬聲也

脊骨 精亦反孝聲云脊理也集訓脊膂也字書云背骨也說文作𦟝象形字也

脇骨 香業反或作脅從三力從肉俗從三刀非之也

髆骨 音博

頷骨 胡感頤也也

頰骨 兼業反

骸骨 遐皆反

霜封 風貢反韻英閉也固執也凍也

鴿色 甘臘反骨青碧色也

碎末 上音蘇對反孝聲散也廣雅壞也韻英細破也字書作碎說文䊳也從石從淬省䊳音眉淬音崔對反

策勵 力制反韻英云勸勉也古今正字從力厲聲之也

唯伺 司字反候也

次音梵文 此經有三十二梵字有與梵音輕重訛舛不同者蓋為此國文字難為敵對自通達梵漢兩國文字兼善聲韻音方能審之耳今以雙聲疊韻反之即與梵音乖失不為切音也讀者悉之也

哀 阿可反

洛

一切經音義卷第二　第九張　田

此咯與梵音不相當應書羅字上聲兼轉舌即是也

跛 波可反正是也

者 天竺國梵言中邊有異中天音左輕妙為正北天音者嘗質不正今取中天應書左字音則可反也

娜 此字梵音有鼻聲應書曩字取上聲兼鼻音即是巳上五字正是五踣文殊五字真言也

砢 勒可反

柁 此字與梵音踈應書娜字那可反

婆 此字亦不切當應書麽字音莫可反

荼 此字亦乖失應書絮字音拏雅反絮則為正也

撟穢 此二字非是梵字上居炙反鄭注周礼云撟詐也說

一切經音義卷第二　第十張　田

文妄也經文從矢作矯俗字也

沙 取上聲即是也

縛 無可反或有加口作嚩為正也

頞 多可反

也字 此也字正與梵字相當也

瑟

吒 二合下吒以上聲呼兩字合為下聲名二合

迦 居佉反

娑 桑可反

磨 莫可反兼有鼻音

伽 強何反取此音之去聲也

他 他可反

闍 是遮反亦是北天邊方音音若取中天梵音可者為慈砢反正也砢音勒可反

澀嚩 上尸入反下無可反二字合為一聲

達 此字與梵

音乖合用獻字音唐賀反**捨**與梵音正相當**佉**取上聲呼即是**羼**桀蘭反字是二合亦可書乞產二合也**薩頞**二合下音多可反二字合為一聲**若**而者反梵字是二合亦可書枳孃二合孃取上聲**辣他**上郎葛反二合梵音有轉舌亦可書囉他二合者之也**呵**呼阿反准數覆梵本並無此呵字**薄**傍莫反甚乖梵字乃是婆字去聲婆賀反或書咨字亦通用也

綽昌約反甚乖梵音正與瑳字相當錯可反即是瑳字上聲是之也**颯磨**上蘇合反下磨字取上聲兼有鼻音梵音亦是二合也**嗑嚩**上音合下無可反二合**蹉**倉可反取上聲梵字本是二合亦可書頗可多娑二合之也**鍵**渠產反或書健字亦得**搋**傳寫錯謬不成字梵音正當佗字上聲坼賈反佗音勅伽反坼音勅革反**拏**儜牙反不切應取上聲或書拏字兼鼻音是奴雅反**頗**

曾我反正相當**塞迦**下迦音薑佉反佉取上聲用**逆婆**婆取上聲二合或書野婆字也**酌**之藥反與梵音極乖其正梵音室者二合字也**吒**摘加反今取上聲亦可書紾字音摘賈反為正**擇**音宅此字亦與梵音乖應書搽字取上聲宅賈反為正巳下非梵字也**所詮**取全反考聲云敘也明也杜注左傳云次也字書平也證也說文衡也從言全聲也**修治**下音里孔注尚書云治理也尒雅云治政也說文從水台聲也又音持亦通**意樂**五教反**猒**

足伊閻反**厭倦**伊燗反**阿練若**梵語也亦云阿蘭若此譯為寂靜處也**杜多**梵語也古日頭陁十二種苦行具如本經所說也**顧戀**力卷反公悟反

第五十四卷

慢傲五告反杜注左傳云傲不敬也廣雅蕩也說文倨傲也從人敖聲倨音據敖音五高反也**厭慽**青亦反何休注公羊云痛也鄭注論語云憂懼也說文憂

也從心戚聲戚音同上從戊尗聲戊音于月反尗音灲

藥叉 梵語地居天叛鬼神也部屬北方毗沙門天王護衆生界善神或散諸山居止

健達縛 梵語天名此譯為尋香前卷音義已具釋正梵音云巘達嚩嚩音無可反巘音魚蹇反之也

阿素洛 此云非天古譯云不飲酒神也常與三十三天力爭勝負為藺別故故云非天有大神通幻力能現大身自在無礙也

辯說 上皮免反

廣雅辯慧也說文從言也

辦 白慢反鄭注礼云辦具也說文判也從力辡聲也辡音同上

忘𦄵 上同方反下保冒反說文𦄵字從𠬝𠬝字從尸從又𠬝音伏尸音節

不酬 時周反俗字也介雅酬報也說文作醻從酉壽聲

譏嫌 上居依反廣雅譏諫也考聲云譴也刺也說文誹也從言幾聲也下形兼反考聲云心惡也說文疑也不平於心也從女兼聲也譴音企見反

常預 羊據反埤蒼云預安也樂也

第五十五　第五十六 已上兩卷無字可音

第五十七卷

斷巳 上音段下音以

紫縹 玆此反說文帛青赤色也從糸此聲也下縹眇反說文云帛青白色也從糸票聲也糸音覔票音必遥反

經從第五十八卷巳下盡第七十四卷

計一十七卷經文易不要音訓

第七十五卷

問詰 企逸反鄭注礼記云問罪也廣雅責也說文問也從言吉省聲也

他惡 烏各反孔注尚書云惡醜陋也說文惡過也從心從亞經文從西作惡者誤亞音烏嫁反也

叏擇 上癸悅反考聲立叏斷也說文水行流也從水叏聲下持格反說文簡選也從手

第七十六卷

極踴　渠億反鄭注礼記云極盡也窮也毛詩傳至也巳也郭注尒雅遠也廣雅高也説文從水亟聲經從手非也亟音矜力反下容腫反杜注左傳踴跳躍也何休注公羊上也説文作踊字書作𧼣從足勇聲也　極擊　經歷反桂菀珠叢云擊打也考聲攻也説文攴也從手毄聲毄音同也上攴又作文音普卜反　極

爆　苞皃反尒雅暴落也説文灼也從火暴聲也暴字從日從出從拱從夲夲音滔

第七十七卷

曦赫　喜猗反韻詮云赫曦日光也字書光明盛也説文氣也從日兮義聲也經從火非也或作睎亦通也　蔽諸　上卑袂反廣雅蔽隱也杜注左傳蔽障也説文從草敝聲敝音毗袂反　憍尸迦　上薑姣反下薑佉反梵語即天主帝釋之別号也　限隔　耕額反廣雅限界也説文障也從阜鬲聲　如癰　擁因反説文作癰腫也從疒雝聲女厄反也　如瘡　楚在反俗字也玉篇從戈從倉作戧説文作創亦作刄或作㓝古文作刅韻詮云疽疥日創韻英創痍也説文傷也從也從刀倉聲之也　逼切　彼棘反韻英逼迫也説文近也從辵畐聲或作偪辵音丑略反畐音披億反下切從七　衰朽　率追反考聲衰弱也羸也韻英耗也微也説文草雨衣也象形字下休九反孔注尚書云朽腐也爛也古今正字從木丂聲丂音考之也　有横　獲孟反考聲云不順理也字書云非理而来日横説文從木黄聲　有疫　營壁反説文云民皆疾也從疒從役省聲　有癘　列帶力大二反鄭注周礼云疫氣不和之疾也説文云惡省聲也從癘省聲也

第七十八卷

滋潤　上子思反孔注尚書云滋長也蒼頡篇云液也説文益也從水兹聲

也下如順反廣雅潤逕也玉篇飾也說文水曰潤下從水閏聲也 充溢 餘一反尒雅溢盈也 安撫 孚武反鄭注周礼撫亦安也杜注左傳云存恤也說文案也從手無聲也

第七十九卷

第八十卷 無可音訓

第八十一卷

竊作 七結反考聲云私取也說文云盜自中出也從穴從二十從米禼聲也今順俗從省去二十二十音疾禼音薛也 解耶 上諧介反下以遮反 苾芻 上毗逸反下測虞反梵語草名也僧肇法師義苾芻有四勝德一名淨乞食二名破煩惱三名能持戒四名能怖魔梵文巧妙一言具含四義故存梵言也 苾芻尼 義說同上出家女之惣名三例聲明此即女聲也 鄔波索迦 上烏古反下董依反梵語也唐云近事男能發菩提心受持在家五戒等親近承事大比丘僧因以為名 鄔波斯迦 發菩提心女弟子也義解周前三類聲中前曰男聲此即女聲 響聲 虛兩反考聲云響者崖谷應聲也或從音從口從向作響響並同也 易解 上以智反下諧介反音下非也 測度 上楚力反周礼土圭測影以求地中鄭玄曰揆度也下唐路反

第八十二卷

唯極 翼誰反賈注國語云唯獨也顧野王曰唯由也語辞也 植衆 承職反方言植立也孔注尚書云置也說文戶植也從木直聲也

第八十三卷 無可音訓

第八十四卷

水陸 流竹反韓詩云高平無水謂之陸尒雅說文亦云高平地也從阜坴聲 坴音同上也

從第八十五卷盡第九十八卷

計一十四卷 文易無字可音訓者

第九十九卷

仙輩 博妹反玉篇輩也部也太玄經輩類也說文軍發車百乘為一輩正從非從車俗從比作輩

汝曺 漢書云亦輩也

虛空 許居反說文從

虍從丘或作虗丠古文丘字也虍音呼經作虗不成字也

掩迡 於撿反鄭箋毛詩掩覆也字書閇也方言藏也說文作揜挂匏珠叢斂也從手奄聲也

第一百卷

僚佐 力彫反尒雅僚官也孔注尚書同官曰僚左氏傳僚玉篇云第九品人也韻英云僚友也助也說文從人尞聲也或從山作寮

蘆葦 上魯都反下葦尒雅葭蘆也郭景純曰蘆即葦之瘦惡者顧野王曰葦大葭也蘆之類也說文從草從皿盧聲也韋亦聲也盧音魯都反從虍從甶甶音苦外反

空隟 鄉逆反廣雅隟裂也賈注國語云釁也說文壁際小孔也從阜從白上下從小經從巢作隟非也

第一百一卷

唯然 惟癸反周礼云唯者應辭也蒼頡篇云唯恭於諾案唯即今之諾也

讎隟 受流反聲類云讎仇也杜注左傳云對也集訓云怨之匹偶也說文

從言讎聲也讎音上同

殄滅 上亭典反孔注尚書殄絕也尒雅盡也說文從歺㐱聲也經文從尒誤也滅字前卷已釋歺音殘㐱音之忍反也

懈怠 上音戒下音代

擾亂 上如紹反說文從手從憂聲也憂音奴高反經從憂非也下亂段反尒雅亂治也考聲煩也錯也說文從乙𤔔聲也𤔔音上同從爪幺冋又李斯從寸作𤔔字林從攴作敵俗作乱古文作䜌幺音幽冋音癸營反也

詰責 上企吉反下爭革反說文責求也問罪也從貝從朿省聲經文作責變體俗字也

違

拒𠯗 上音卑字本單作卑說文云相背也從
𠯗口聲也石經加走作違𠯗音喘口音
舉足音丑略反 螫蠚 上舒亦反又呵各反
拒字從手也 並通說文蠚行毒
也從虫赦聲也故 對治 上都內反廣雅對
音𨀚夜反之也 當也向也說文漢文帝
以言多非誠信故去言去口從士作對經從至
非也帶齊林學反下直吏反又直梨反並通

第一百二卷

便慧 上毗綿反鄭注論語辯也聲類習
也說文安也人有不便更之從人
更經作便俗字也下熒桂反韻英云慧悟也
方言云明也考聲察也國語智也從心彗聲
也彗音隨 喪命 桑葬反鄭注礼記喪失
鋭反也 也說文亾也從哭亾聲
也俗作 蠱道 姑五反韻英云蠱毒媚惑
空非也 人也韻詮云蠱蠱物病害
人亦蠱毒也字書云蠱神也說文云腹中蟲
也從蟲從皿或作蛄或有音野道者方言不

同耳蟲音逐㪥反臺音
都固反皿音明彔反 鬼魅 上歸葦反說文
云人所歸也人
死為鬼從田從人從厶厶姦也春秋傳曰人
鬼有所歸乃不為厲和之至也古文作䰟鬼
音弗象鬼頭也厶音私下眉秘反山海經云
魅之為物人身黑首從目孝聲云魅鬼神怪
也說文云老物精也從鬼未聲也 厭禱 上
或作鬼朱聲類作魅皆古字也 伊
琰反楚辞王逸注云厭也賈注國語合也說
文厭笮也從厂猒聲也正作禶今從省下刀
老反苞咸注論語云禱請也廣雅謝也請福
於鬼神曰禱說文告事求福曰禱從示壽聲

笮音責厂
音罕也

第一百三卷

制多 古譯或云制底或云支提皆梵語
聲轉耳其實一也此譯為廟即寺
宇伽藍塔 窣堵波 上蘇骨反下都古
廟等是也 反亦梵語塔也古
云蘇偷婆古譯不正也即碎身 寶函 遐
舍利塼塔也古譯或曰浮圖也 緘
反俗字相傳誤用函谷秦時關名說文正從
木作械械篋也廣雅云篋謂之械韻詮云咸

經書器物也經以寶為匣臧佛舍利

臧貯 上音成下知呂反說文貯積也從貝宁[illegible]聲也

設利羅 梵語也古譯訛略或云舍利即是如來碎身靈骨也

第一百四卷 無可音者

第一百五卷

兇悖 上勗恭反尒雅兇咎也字統恐也說文惡也從人在凶下會意亦是

形聲字下蒲没反鄭注礼記悖逆也說文亂也或作誖從心孛聲也

殀殁 上妖篇反考聲火死曰殀杜注左傳云短折曰殀古今正字從歺夭聲下模骨反孔注尚書云没死也鄭注礼云殁終也毛詩傳盡也說文從歺殳聲殳音同士見

譴罰 上企見反廣雅云譴責也蒼頡篇呵也桂苑珠叢怒也說文譴問也從言遣聲也下煩韈反考聲云加罪於人曰罰說文小罪也從刀從詈詈字上從网石經從寸經或作罸通用也

聽聞 體徑反下文同

補羯娑 梵語此云治罰種即邊鄙惡業不信因果之人或云樂作惡也

屠膾 上音徒考聲云殘殺也說文云屠割也分割牲肉曰屠從都省聲也下古外廣雅膾割也說文細切肉也從肉會聲或作鱠用同割音枯

魰獵 上音魚聲類云捕魚也正作魰從攴魚聲經文從水作漁水名也在漁陽非魰獵字也下廉葉反考聲犬逐獸也尒雅獵虐也取也今通謂畋狩為獵說文從犬巤聲也巤音同上也

戍達羅 梵語也古云首

陁羅或云首陁即是農夫耕墾之儔也

摩揭陁 梵語中天竺國名也或云摩竭提皆聲轉也此國中有金剛座菩提樹今猶見在也

從第一百六卷已下至一百二十六卷計二十一卷文易無可音訓者

第一百二十七卷

芬馥 芳文反方言云芬和也考聲云香氣分布也說文從屮作芬石經從

草下瀉頀反韓詩云馥亦芬也香氣也屮音恥列反也

擾拭 上桑老反廣雅擾除也或從土作掃下傷力反郭璞注介雅云清潔也說文從手式聲也或從巾作栻訓用同也

幰蓋 軒僵反古今正字云車幰所以禦熱也張幔網於車上為幰或作忓蒼頡篇作軒從巾憲聲下哥艾反俗字也廣雅蓋覆也說文苫也從草從盇盇音合蓋字從草從大從皿作蓋今經文從羊從皿作蓋俗字之也

篾戾

一切經音義卷第二　第二十五張　田

車 上泯彌反次黎結反下齒耶反梵語訛也正梵音畢栗蹉此譯為下賤種樂垢穢業不知礼義淫祀鬼神互相殘害也彌音邊蔑反蹉音倉何反也

第一百二十八卷

踰於 庾朱反廣雅踰度也說文越也從足俞聲俞字從亼從舟從巜巜水也俞音同亼音精入反巜音古外反下於字說文作㫃從古文烏字省

虵蠍 上社遮反經文作虵俗字也說文從虫從它它音何從它古者穴居野處相問曰無它下香謁反集訓云螫人蟲也說文作蠆象形毒蟲也蝎書作蠍從虫歇聲今經文作蝎音乃是蝤蠐非蠍也蠆音丑介反蝤音酋蠐音齊也

身嬰 益盈反考聲嬰縈也韻詮遶也說文從女賏聲賏從二貝經從二目從安非也縈音知立反賏音同上也

癩疾 來大反俗字也廣雅癩傷也蒼頡篇癘也病也說文正作癘惡病也從疒厲省聲也說文賴字從負賴聲嬾来大反賴音勒割反疒音女厄反也

腫皰 上之勇反說文

一切經音義卷第二　第二十六張　田

腫癰也從肉下疱皃反說文面生熱瘡也說文從皮作皰亦作皺並同俗從面作靤

眩瞖 上玄絹反賈注國語眩惑也蒼頡篇云視之不明說文云目無常主也從目玄聲下於計反郭璞云瞖奄覆也考聲云目中瞖也說文從目殹聲也殹音一奚反

枯涸 上康胡反考聲云木乾死也或從歹作殆古字也下何各反賈注國語云涸竭也廣雅盡也說文渇也從水固聲也

箱篋 上想羊反字林箱竹器也考聲篋械也說文笥也從竹篋聲也或從木作㮉頰音兼葉反

第一百二十九卷

枝條 上紙移反下定彫反並從木

莖稈 上幸耕反說文云枝主也從草巠聲也下哥嬾反集訓云禾槀也廣雅稭黍莖謂之稈說文禾莖也從禾旱聲也或作秆經文作幹榦皆非本字

從第一百三十卷已下至第一百六十七卷

計三十八卷經文重疊無可音訓者

第一百六十八卷

假藉 情夜反易曰藉用白茅無咎說文祭藉薦也從草聲稓音情亦反

勸勵 上虛願反廣雅勸助也考聲教也弉也說文勉也從力雚聲也雚音歡下力滯反桂菀珠叢云勵勉杜注左傳云相勸也從力厲聲也

顛倒 上下堅反孔注尚書云顛覆言反倒也廣雅顛倒也馬融注論語僵仆也說文從足作蹎又從走作趚或作傎並通經文通作顛俗用非本字也下當老反考聲倒仆也

宿殖 上相育反考聲云宿夊也說文止也從宀音綿佰聲佰音同下時力反孔注尚書殖生也杜注左傳云長也蒼頡篇息也或作植從木也

恐懾 上曲拱反介雅恐懼也說文從心巩聲也古文作忎巩音拱從工從丮從乙乙音隱經文因草書漸變為恐訛也下之業反介雅懼也字書怕也說文從心聶也經文作慴非本字聶音女攝反

戒蘊 皆隘反鄭注儀礼云戒驚也考聲備也字書謹慎也說文從拜持戈戒不虞也下威殞反方言蘊積也馬注論語包藏也說文從草縕聲也

第一百七十第一百七十一 上二卷無可音訓者

第一百七十二卷

齊何 上寂細反字書限也考聲分叚也假借用也

不懱 眠結反說

文輕傷也從心蔑聲經中單作蔑誤也非本字蔑音同上傷音易

經從第一百七十三已下至第一百八十卷計八卷並無可音訓者

第一百八十一卷

不減　緘斬反考聲云損之令小曰減說文減損也從水咸聲也從冫

作減非也冫音氷也

胞胎　上補交反古文作包象形字也為是胎衣蔡邕石經加肉作胞說文云兒生衣也孔注尚書云裹也莊子云胞者腹肉衣也俗音普包反非也下他來反廣雅婦人孕二月為胎說文云婦孕二月也蒼頡篇云女人懷妊未生曰胎從肉合聲也裹音果

匱正法　上狂位反匱匣也從匚貴聲或作櫃經云遺法匱者慳法法入身心祕之不說慳惜聖教不肯流傳藏而祕之猶如匱匣名為匱法佛說此人其罪甚重寧遣無間不作匱法

稍微　上霜教反韻詮云漸漸也以也廣雅云稍稍小也侵削令小也說文云出物其漸也從禾肖聲也下尾非反左氏傳微無也字書微細也說文云隱行也從彳敚聲也彳音丑尺反敚音同上經從山從歹作微俗字訛也

險惡　上香撿反杜預注左傳險亦惡也賈注國語危也說文云險阻難也從阜僉聲也下烏各反說文不善也從亞從西非也

三災　宰來反說文云天火曰災古文作巛亦作秋古字也三災有二種大小各別皆在減劫小三災者飢饉疫病刀兵大三災者火風水災並在劫末亦名劫災

循環　隨倫反三蒼云循遍也介雅從也善也說文行也從彳盾聲也盾音順下音還鄭注周礼云環旋也何注公羊云繞也說文從玉睘聲也

虛羸　力追反說文瘦也弱也從羊羸聲也羸音同上也

猥雜　上烏每反廣雅猥也考聲云不正而濫曰猥字書云猥職也蒼頡篇云猥雜也說文衆大吠也從犬畏聲也下才合反字書雜和也考聲叅也說文五采相合也從衣集聲也案雜字正體從衣從集隷書取便移木於衣

下作雜又因草書𨗍文為
立遂相傳作雜失之遠矣癰疽上億恭反疽子日癳疽疥癬司
馬彪注云浮熱為㾼不通為癰說文腫也從
疒雍也或作癕下七余反說文云久癰為疽
從疒且聲且音子余反且說文匕音
從月二從一經從且訛略之也疥癬介孝
聲疥瘡或作蚧說文疥風狂上音封楊承
瘙也廣雅瘙瘡也　慶字統序云
蟲因風生故風字有虫說文風動蟲生故蟲
八日而化從虫凡聲也下衢王反顧野王曰

一切經音義卷第二　第三十一張　田

狂者愚騃驚悖也孔注論語云狂妄䚷觸人
也失本心也說文作㹊㹊狾也狾狂犬也從
犬㞷聲也騃音崖解反悖音蔡季癲癎上丁
反㹊㞷並音逵王反狾音制也
堅反廣雅癲狂也聲類大風疾說文又作瘨
下限蕑反聲類小兒病也說文云癎風病也
從疒閒聲也癃殘上力中反許对重注
蕑音閒也　淮南子云癃薾也蒼
頡篇云固疾也說文病風背僂力矩反
結也從隆省下蔵安反也　孝聲云

傴僂俯身也廣雅曲脊也說文尪矬陋
也從縷省聲也尪音紆王反也
上坐和反廣雅矬短也下盧豆反王逸注楚
辭云陋小也介雅邵也考聲云陋醜惡也說
文陋也從阜㔷聲攣躄上力傳反考聲
也㔷音同上也　云手足屈弱病
也下并亦反顧野王曰足枯不能行也或作
癖說文攣從手壁從止並形聲字或從足之
也枯顇上苦吾反下情遂反字書頑
云枯顇瘦惡皃或作悴
嚚上五關反賈雅云頑鈍也說文摑頭也
從頁元聲也下語斤反左氏傳曰心不

一切經音義卷第二　第三十二張　田

則德義之經曰頑口不道忠信之言曰嚚蒼
頡篇云嚚惡也說文從㗊臣聲也㗊音胡本反
㗊音𡏼誹謗上非味反下補浪反大戴
玄反也　礼云立誹謗之木設諫諍
之鼓應邵注漢書云橋梁邉板所以書政治
之愆失也杜注左傳云謗詛也以言呪詛人也
說文二字互相訓謗自陷咸監反王逸
毀也言皆形聲字也　注楚辭云陷
没也說文墮也從𠂤臽聲也臽陷坑阱也從
人在臼中經從爪非也𠂤音臽臼音舊象形字
也沈溺上𨓜林反顧野王曰沈没也說
文從水冘聲也冘音淫下𨓜歷

反礼記孔子曰君子溺于口小人溺于水說文云没水中正從人作休今通作溺本弱說文水名也書曰道弱水西流至合黎

蝸蠃 上寡華反郭璞注尒雅云蝸牛也說文云蠃也桂苑珠叢云水生殼蟲也下魯和反尒雅附蠃螔蝓此類非一蠃即蝸牛之大者出海中說文從虫蠃聲經作螺俗字非正也

爛糞 分問反說文糞除也從𠦒從廾廾音拱𠦒音般箕屬也象形似米而非米者糞也手推𠦒除棄之會意字

也或作坌皆正也經文從黑或從異並俗字非正也推音他雷反也

形貌 茅豹反古字也說文作皃象人面或從頁作䫉從豹省也

攢習 古患反說文或從辵作遦並云習也尒雅亦同從手貫聲或作串古字也經文從心作慣非也並無此字也

從第二百八十二卷已下至第二百九十卷計一百九卷文字並易

無可音訓者

第二百九十一卷

甘𤃬 之夜反字書蔗藷也

㔹勞 具愚反詩傳云㔹勞病也鄭注礼記㔹亦勞也

從第二百九十二已下至第二百九十九並無可音訓者

八卷

第三百卷

䟣壙 上時葉反韓詩䟣䟣也漢書歷也說文去徒行䟣水從步從沝會意字今省為䟣也下苦謗反毛詩傳曰壙空也廣雅大也考聲壙埌原野遠皃也或作曠亦作懭亦通

放牧 莫卜反顧野王云牧者畜養之惣名也說文養牛馬人也從牛攴聲也

懷孕 上胡乖反孔注論語懷安也說文念思也從心褱聲也或從女作孃下異證反

鄭注礼記云妊子也廣雅懐傷也
説文裹子也從子聲也古文作臃

第三百一卷　無可音訓

一切經音義卷第二

一切經音義卷第二　第三十五張　日

一切經音義卷第三　田

翻經沙門慧琳撰

音大般若經從三百二卷盡三百四十九卷

大般若波羅蜜多經第三百二卷

嬈惱　上泥鳥反說文嬈苛也一曰擾弄也從女堯聲也下奴老反前第二卷中已釋訖

能阻　莊所反尒雅阻難也左傳疑也說文險也從阜且聲也且音子余也

第三百三卷

欠呿　音去埤蒼云欠呿張口也案欠呿張口引氣也或作呿

攀枝　普班反說文引也從手樊聲也樊音煩下止移反集訓枝條也從木說文云手持半竹曰支古文作㕚

揆摸　葵癸反毛詩傳曰揆度也桂苑云商量測度於事曰揆說文從手癸聲也下莫胡反字林摸法也說文規也從手莫聲也

黠慧　上閑戛反方言云慧黠也說文堅黑也從黑吉聲也下携桂反郭璞注方言云慧者意精明也賈注國語云明察也說文儇也從心彗聲也儇音血緣反儇亦慧也彗音隨惠反

迦遮末尼　上薑伽反次者虵反末音莫鉢反梵語珠寶名也玉石也環瑤琨玉之類也

報惌　上保冒反鄭注礼云報荅也廣雅復也顧野王云酬也說文當罪人也從㚔從𠬝𠬝服罪人也下苑袁反考聲云惌憎也嫌也仇也說文屈草自覆也從宀𡖅聲也宀音綿𠬝音服

杜多　上音度梵語也古譯云頭陁或云斗藪少欲知足行十二種行一常乞食二次第乞三一坐食四節食五中後不飲漿六住阿蘭若七常坐不卧八隨得敷具九空地坐十樹下坐十一唯畜三衣十二著糞掃衣

第三百四卷

惛沈　上呼昆反孔注尚書惛亂也廣雅癡也說文從民避廟諱改民為氏

或從心惛下眠字准此

睡眠 上垂偽反集訓云坐寐也字書云睡熟也說文從目垂聲也下莫邊反王逸注楚辭云眠臥也說文作瞑音眠也從目冥聲也古今正字作眠目冥也從目民聲也

稽畱 上經霓反考聲云稽滯也說文畱止也從旨秋聲秋音雞古文作乩或作卟下力求反訓與前同考聲久也說文田也從田丣聲今經文變體作留或作畱又作畱展轉訛也丣音酉亦音柳

謝法 上夕夜反考聲云拜恩也說文辭也從言射聲也下法字正體從廌作灋今隸書省去廌作法廌音宅賣反古之神獸也亦名解廌觸不直者而去之平如水故從水從廌從去今相承從省作法廣雅法令也介雅常也說文刑也顧野王云法猶楷式也軌也

旡累 上旡字古文奇字中無字也說文云盡无也下力偽反左傳云無累後人韻詮云罪相及也字書云家累也連及也古文作毄丝象形也

繫縛 上音計集訓云連綴也繼也玉篇拘束也說文從系毄聲也下房博反集訓云縛繫說文束也從系從博省聲也

艱辛 草閑反介雅艱難也說文土難治也從堇艮聲也堇音謹字從乢今俗用從莫訛也辛字上從二作辛

無暇 遐訝反賈注國語暇安也說文從日段聲也

加祜 胡古反鄭箋詩云祜福也尒雅福之原也說文從示古聲也經或作祐音右說文助也於義亦通易上繫孔子曰天之所助者順也人所助者信也說文從示右聲也示音祇也

蚊蝱 上勿分反經中作蟁俗用非也說文作蟁齧人飛蟲子也下莫耕反聲類云蚊蚋之屬似蠅而大說文云山澤草花中化生也亦生麋身中形大者曰蝱形小者而斑文曰蜡蠟音楚也

無陿 胡甲反說文陿隘也從阜匧聲也經文從犬作狹非也匧音謙葉反

經從三百五卷盡三百一十卷 並無可音訓者

第三百一十一卷

聦叡 上音怱韓詩聦明也毛詩傳聞也說文察也從耳怱聲也下音銳博

雅智也尚書聖也集訓通於微也說文深明也從㪅從目谷省也㪅音殘

眾喻 上終中反說文眾多也從㐺眾立也從目眾意也㐺音吟下臾注反俗字也正從言作論鄭注周礼云告曉也蒼頡篇譬諭也說文從言俞聲

不怯 欠劫反顧野王云畏火也說文從犬作㹤犬多畏會意字也

不憚 唐爛反鄭箋詩云憚難也畏也集訓云𢘆也驚也

懈倦 上音戒下說文忌疾也從心單聲也

狂院反或作惓廣雅惓

猶豫 上翼州反下餘據反㥶也韻英疲也或作勸考聲云猶豫不定之辭集訓云心疑惑也礼記曰卜筮所以決嫌疑定猶豫也方言曰隴西謂犬曰猶故猶字從犬酋聲賈注國語云豫獸名也形如象說文從象予聲也

堵羅縣 上音覩下弥然反梵語細綿絮也沙門道宣注四分戒經云草木花絮也蒲臺花柳花白楊白疊花等絮是也取細耎義

飄颺 上匹遙反毛詩日畢風也下揚亮反說文風所飛揚也平聲

第三百一十二卷

泛大海 芳梵反說文泛浮也從水乏聲也乏助反正字也下詞改反顧野王曰文水也爰万川之泄老子曰江海所以能為百谷王者以其善下之故也說文從水每聲也

浮囊 上音符又音持尤反孔注尚書云泛流曰浮賈注國語輕也說文泛也從水孚聲下諾唐反集訓云有底曰囊無底曰橐橐音託今經浮囊者氣囊也欲渡大海憑此氣囊輕浮之力也

板片 上班簡反集訓云以鋸析木為板說文從片作板判木也經從木俗字亦通下篇遍反蒼頡篇云片判木也說文半木字也

死屍 音尸集訓云人死曰屍礼記云死者在牀曰屍在棺曰柩柩音舊從匚從久也

壙野 廓廣反前已釋

貲糧 說文貲貨也從貝此聲下力姜反或作粮集訓云儲食也說文穀也從米量聲也六度万行名曰貲粮

遭苦 祖勞反說文遇也

坏瓶 上普盃反說文云瓦

未燒曰坏從土不聲也下㵒冥反集訓云汲水瓮䍃之器也考聲云似罌而口小曰㽘罌音烏拼反

堪瓮 上康甘反孔注尚書云堪能也瓮音成也考聲固也說文瓮從皿從成聲也

裝治 上音莊考聲飾也下音持字書云治理也

推著 上他雷反說文云推排也排音敗埋反下張略反正從草從者或從人作偖或從手作播今經兩點下作著因草書謬也

喪失 桑葬反考聲云喪失也說文亾也從哭哭音苦穀反亾聲也經中作喪或作𠷔皆訛謬也下失字說文失縱也從手從乙隸書作失訛也

方牽 公堅反廣雅牽連也挽也說文引前也從冂象牛之縻也從牛玄聲也冂音癸營反俗從手從去作𢪏非也古文從手作掔

穿穴 上昌專反韻英穴也說文通也從身在穴中下玄決反鄭箋毛詩云鑿地曰穴說文土室也從宀八聲

老耄 上勒惱反尒雅老壽也考聲云久也舊也曲礼云七

十日耄說文耄老也從毛從人從匕匕音比言人鬚髮化白日老下毛暴反礼云八十九十日耄鄭玄云惛忘也說文作薹年九十也從老從蒿省聲也

俱盧舍 梵語也大婆沙論云一俱盧舍即大牛鳴吼聲所極處之外堪置阿蘭若名為宷靜處也

第三百一十三卷

無可音訓

第三百一十四卷

觳肑 上苦角反集訓云鳥卵空皮也說文作㲉青聲也青音口江反下洛營反說文云凡物無乳者卵生也古文作卝或作𣉛象形字也

瞖目 於計反韻略云目障也從目殹聲也殹音於計反經作瞖非也目字說文云人眼也象形從二重童子也

將帥 上旌㨾反字書云軍主也說文率也從寸從醬省聲也下率類反考聲云統領也集訓云軍將也或作衛或音率亦通也

第三百一十五卷

無可音訓

第三百一十六卷

淳熟 上時倫反俗字也正從䵷作淳廣雅淳漬也孝聲渹也說文從水作淳垂也盉音倏下常陸反孝聲熟成也方言熟爛也說文食飪也從丮䵷聲也飪音而枕反丮音戟䵷音時倫反今通作孰或下從灬作熟皆隸書從省變體也並通灬音標

第三百一十七卷 無可音訓

第三百一十八卷

多揭羅 梵語香名也揭音𧽸梵音訛也正云多蘖羅即零陵香也

多摩羅 亦梵語香名也唐云藿香古云根香誤也

嗢鉢羅花 上溫骨反唐云青蓮花其花青色葉細陿長香氣遠聞人間難有唯無熱惱大龍池中有或名優鉢羅帑傳皆一也

鉢特摩花 古云鉢頭摩或云鉢弩摩正梵音云鉢納摩此人間紅蓮花之上者或云赤黃色花

拘某陁花 古云拘勿頭正梵音拘手那此即赤蓮花深朱色人間亦無唯彼池有甚香亦大也

奔荼利迦花 古云芬陁利正梵音云本荼里迦花唐云白蓮花其花如雪如銀光奪人目甚香亦大多出彼池人間無有荼音奴雅反

比度 卑弭反集訓云比頻也鄭注周礼比猶挍也下唐洛反賈注國語云度揆也假借字也

第三百一十九卷 第三百二十卷 第三百二十一卷 上三卷並無音訓

第三百二十二卷

東踊 容腫反見前五十二卷已釋

栴檀香 梵語白檀香名也上之然反下唐蘭反此香出南海有赤白二種赤者為上此下經文有香花名前帙已具釋

第三百二十三卷

有翅　施至反說文鳥翼也從羽支聲也或作翄同也　偏黨　上音篇下當朗反何晏云黨族類也孔安國云相助匿非曰黨六韜云交謂之朋朋謂之黨周礼云五百家也　姊妹　上咨此反下每背反白虎通云姊者恣也妹者末也義取先後尊卑次也韓詩云女兄曰姊女弟曰妹說文從女市聲也市音兹死反妹

字從末也　執範　俱輦反凡黯反見前四十三卷已釋　邪行　上夕嗟反下音牽大論云違背正教信諂偽言五熱炙身持鷄狗戒無益勤苦名為邪行又非其四對婬牽他人妻自妻非時及以非道皆曰邪行也　離間　上力知反下草限反

第三百二十四卷　無可音訓

第三百二十五卷

扇搋半擇迦　搋音勅加反經作搋不成字迦音薑佉反梵語也唐曰黃門其類有五如毗奈耶大律中廣說今記略頌曰天犍妒變半是也　瘖瘂　上飲今反說文不能言也瘖猶無聲也下烏賈反前第一卷已釋並從疒女厄反從口作啞非也　孿躄癲癇短陋　猶豫　前一百八十卷已釋

第三百二十六卷

臭穢　上昌呪反說文云禽走臭而知其跡者犬也從犬從自自古鼻字也象形今之俗從死作臭非也下威衛反玉篇不靖絜也韻英穢惡也或從食作饖飲臭也說文從禾歲聲也　垢膩　上古口反顏野王云不靖絜也說文濁也下尼雉反說文膩肥也古今正字從肉貳聲也　蟣蝨　上機擬反韻英云蝨卵也音魯管反象形字也下所乙反說文蝨字從卂從䖵俗作虱非卂音信䖵音昆　磨瑩　縈迥反韻英云摩拭也字書細磨曰瑩或作鎣　不侚　旬俊反集訓云以身從物

日佝孝聲歸也尚書求也漢書從也說文疾也從人句聲也或作㣈徇也

交徹 經列反毛詩傳徹通也鄭注論語通也杜注左傳途也說文從彳攴育聲也俗從去非也彳丑尺反攴普卜反

辛酸 上信津反孝聲辛辢味也說文從二從䇂䇂罪羊承吏象人服下筭官反說文酸酢也從酉夋聲夋音逡也或作酸痛也

折伏 上章熱反孔注尚書云折斷也謂斷獄也廣雅折曲也古今正字從手斤聲也

下馬福反孝聲云屈伏也從也說文云伏伺也犬伺人便卽伏故從人從犬會意字也

引奪 以忍反杜注左傳導也賈注國語伸也說文開弓也古文從人作引或從手作拕會意字也下徒活反孝聲奪失也字書手持一鳥失之曰奪從大隹又石經從寸作奪古文作敚挩經從六作奪非也

第三百二十七卷

唐受 從郎反顧野王云唐從庚字書云虛也說文從庚從口下酬帚方言受感也容也說文相付也從𠬪從舟省文字釋要云上下相付冂者所受之物也或云從巾首𠬪音披表反

劇苦 上渠逆反下枯古反前第九卷中已具釋

撟詐 嬌夭反顧野王曰假稱謂之撟字書妄也說文從手喬聲也經文從矢作矯俗用非正體也

蹔捨 慙濫反俗字也正體從日作暫廣雅猝也韻英云火選間也說文不久也從斬聲也

技藝 渠綺反說文巧也從手經從人誤也下霓

計反周禮六藝禮樂書數射馭顧野王曰藝猶材也杜預云藝法制也字書云藝能也從云埶聲也說文蓺音同上

邪命 上夕嗟反借用字說文正體作衺從衣牙聲也書曰去衺勿疑顧野王衺猶女惡也經云邪命者事非正道諂求名利作四口業以求自活謂仰觀星象耕田種植四方使命咒伏鬼神是四口業名爲邪命也

第三百二十八卷

無可音訓

第三百二十九卷

躭慾　荅甘反前第五十三卷已具釋

期契　上音其字書云有程限也賈注國語云會也説文亦同也從月其聲也

繫念　俱詣反前三百四卷已具釋也

第三百三十卷

推徵　上音吹下陟陵反杜注左傳云徵驗也説文云凡士行於徵而聞於朝廷即徵故從壬從微省聲也壬音體郢反

焦炷　朱俞反古作灪或作注諸字書並無此炷字譯經者改水從火作炷形聲字也

酸荅　下當納反韻英荅對至説文從草合聲古文從日從合作𣅀今不行因草書變上草作荅落莫薄若等皆是也

敝壞　上毗袂反杜注左傳云敝困也劣也蒼頡篇極也字書敗也説文作㡀敗衣也從巾象敝破衣也下懷膭反考聲云崩摧也説文敗也從土裹聲或作𡓜古字

也膭音吾惟反

顦顇　上情遥反下墻遂反韻英云顦悴瘦惡皃或從心作憔悴

乏尠　上凡法反説文左傳曰反正為乏下息淺反或作尟集訓云寡也説文從是作尟少聲也或作鮮同也

麁獷　上倉蘇反鄭注礼記云麁踈也廣雅惡也説文從三鹿下虢猛反集訓云如犬獷惡不可近也故從犬正經作礦石璞非也

鄙𨛵　上悲美反已見前序釋下音里蒼頡篇云國之下邑也説文南陽亭名也從邑里聲也經作俚説文聊也郛璞注方言云苟且也非此用也

塊等　枯外反土塊或作由

懈怠　上音戒懈惓也下音待怠墮也

嬾墮　上勤俻反考聲不勤也説文懈怠也從女賴聲也賴字從負剌聲也經從心作懶雖訛亦通下徒卧反廣雅墮嬾也説文不敬也從心隋聲古作憜，

垍阜　上都廻反考聲云土之高皃土聚也集訓云丘阜高也説文作𠂤小阜也説文隗京也從阜隹省聲也或從土作堆亦同經文作塠俗字也隗音五猥反下阜音負尔雅云高平日陸大陸日阜廣雅大陵也説文亦云大陸也山無石也象形作𠂤釋名土高厚也

溝坑

上古侯反周札云通水曰溝桂苑珠叢云邑中之瀆通水也說文水瀆廣深各四尺從水溝聲也冓音古侯反下苦耕反介雅坑墟也郭璞注云壍池丘墟也蒼頡篇壍也陷也說文闕訓古今正字從土亢聲也亢音罡

株杌 上知揄反考聲云殺樹之餘也說文木根也從木朱聲也下五骨反韻英云樹無枝曰杌字書株也或作兀也

荊棘 上景迎反廣雅楚荊也有壯荊蔓荊之異也赤莖大實者壯荊也及有山荊廣州

記曰梅納縣出金荊說文云楚木也從草刑聲也下兢力反方言云江淮之間凡草木有刺傷人者皆謂之棘說文酸棗也而叢生有刺木也從二朿相並經從二來非也

平坦 他但反廣雅坦平也王弼注周易云坦無險隘也說文云從土旦聲也

戀著 力眷反考聲思也史記念也說文闕古今正字係也從心䜌聲也䜌音力縁反經從女作孌亦通

剎帝利 上剎字相傳音為察韻中元無此

刹乃是聲訛書誤也古人翻經用刹剎音初撥反以音梵音後譯經者將剎為察以剎察相近遂乃變體書之致有斯誤也此句梵文無敵對語義翻云歷代王種也其中有福德智慧過於眾人者即共立為王因以為氏也

婆羅門 梵語即梵天名也唐云淨行或云梵行此類人自云我本始祖從梵天口生便取梵名為姓世世相傳學四圍陁經論皆博識多才明閑眾論多為王者師傳高道不仕或求仙養壽時有證得五通神仙者也

吠舍 古云毗舍訛也皆巨富多財通於高貴或賓旅

博貨殖歷異邦畜積資財家藏珎寶或稱長者或封邑號者也

戍達羅 古曰首陁略不正也此姓之徒務於田業耕墾播植賦稅王臣多為民庶並是農夫寡於學識四姓之中此居下等也

第三百三十一卷

卵生 上鑾管反說文凡物無乳而生者卵生也象形古文作𠨰小篆作卵隸書作卯

不顧 音固鄭箋詩云顧視也廣雅向也字書念也說文還視也

從頁雇聲也頁
音頡雇音固也
變易 兵許反賈注國語云更也乖識論云
時換形寘日變說文同國語從攴𢿱聲也下
音亦孔注尚書云改易也賈注國語云變易
也異也說文蜥易也在室日守宮在澤日蜥
易象形字也一云日月為易守凡有九畫會
意字
短促 上都管反下取欲反廣雅促迮也鄭注周礼速也說文迫
也
也
痰病 上唐男反集訓云胷鬲中木病也經文作淡非也此乃去聲無

味也書人
之誤者也
殑伽 梵語也上凝等反下魚佉反西國河神名也涅
槃經云恒河
女神是也
偏覆 上音篇下芳務反蓋也
一雙
從二隹從又
經從反非也
植衆 承職反韻英云植種也方言立也樹也說
文戶植也從木
直聲或作櫂也
紅碧 胡公反說文帛赤白色也下兵戟反
說文云石之美者從王從
石白聲也廣雅青白色也

第三百三十二卷

㧞術 純律反韓詩術法也鄭注礼云藝也說文云術道也從行朮聲朮音
馳律
反
險難 香撿反說文阻難也從阜僉聲也經從山嶮非者也
潛伏 潛字已見序中釋下輔腹反賈注國語伏隱也廣雅藏也說文伺也犬伺人則故
從人從犬
會意字
驚惶 景英反尒雅驚懼也廣雅𢘄也說文馬駭也從
馬敬聲也下音黃集訓悚
也說文恐也從心皇聲者也
寃家 菀袁反考聲憎也懶也字書仇
讎也說文從宀怨聲也
或作寃經文作怨非也
堅翅 施至反考聲鳥翼也亦作翨獸
翱翔 上傲高反下象羊反鄭箋詩云翱猶逍遙也韓詩云
遊也尒雅鳥高飛也說文迴飛也並形聲字也
拘礙 上音俱韻英云執持也考聲局也說文止也從手句聲也
射術 上時夜反說文云弓遠從身從矢小篆從寸作射說文云寸法度也丁亦手者
也
箭筈 煎線反俗字也正體作𦦗從竹從止從舟㓨邑加刂音古
外反刂水也可以行舟後因行草變止止變
舟為月變刂為刀漸訛謬也考聲云筈者本

竹名也案此竹葉似葦蘂生高五六尺莖細勁而且實可以為矢笴笴千旦反因名矢為箭故說文云箭矢也從竹前聲也下康括反考聲箭口也案箭筈者受弦之口也經文從木作栝亦通說文從竹從栝省聲也栝音同糠括也勁音逕

仰躾 食亦反字書云發矢前躾矢俗作矢

希有 虛依反尒雅云希罕也楊子法言摩也經文往往作希古希字也

四倒 音到韻詮云顛倒也四倒者涅槃經

云無常計常無樂計樂無我計我無淨計淨名為四倒者也

狂賊 劬王反玉篇云狂愚也考聲云猖狂不循理也說文作狌或從心作㤮㹞也從犬㞷聲也下藏則反韓詩戕義曰賊說文敗也從戈從刀從貝今俗從戎誤也非正者也

一巷 行降反毛詩云里間道也史記云永巷者邑中及宮內小道說文從二邑從共作𨞚籀書從省

餘殃 於薑反鄭玄注禮記殃禍也廣雅各也說文凶也從歺央聲歺音殘

魅著 眉秘反考聲云神鬼為怪也說文老物精也或作鬽聲類作魅古文作袜下持略反從草從者

度量 唐路反下略薑反考聲云量亦度也稱量也古今正字從心作㥁從日從童作量經作量俗字也桂苑云分多少度長短日量也

誑惑 上俱況反見前三十九卷釋

毀呰 上暉兒反下茲此反見前四十二卷具釋

輕懱 眠鱉反已見前一百七十二中具釋

遲鈍 長𡱈反毛詩傳云遲緩也長遠也考聲云久也息也說文徐徐也從辵犀聲也辵

音丑略反犀音西從尾從牛經文從尸從羊俗字也籀文從辛作遲或從遟古字也下豚頓反蒼頡篇鈍頑也韻英云兵刃不利也說文從金屯聲也屯音徒論反也

廉儉 上力兼反廣雅廉清也考聲不貪也集訓云廉隅也隅為方角也從广兼聲下渠儉反顧野王曰儉約也廣雅少也從人僉聲也

𠢐懱 上力矜反經作陵非本字前第九已釋下眠鱉反經作蔑誤略也從心正也

或憍 薑夭反前二十六卷已說及此卷初又說經從矢非本字也一

師範 上史緇反孔注尚書云立

師以教之也鄭注周礼云教人以道者之稱也謚法曰尊嚴能憚曰師温故知新曰師考聲師法也以法訓人也說文從𠂤從帀四帀為衆師之意也下凡黥反前第四十三中已具說

第三百三十三卷

傲慢　上吾告反孔注尚書慢也廣雅蕩也說文倨也從敖聲也敖字說文從出從放今俗從土作敖訛也下麻辦反廣雅慢緩也聲類慢倨也說文惰也從心曼聲也曼字從又俗從万訛也辦音白慢反曼音万

諠雜　兄袁反才合反見前釋

憒丙　上公外反集訓云心煩亂也說文亦亂也從心從潰省聲也下鐃効反集訓云多人擾擾也韻英云擾雜也說文從帀從人會意字也或作閙俗字也經文作丙課也丕成字鐃音拏交反也

誹謗　上非味反下膀浪反已見前一百八十一中具說

羅刹娑　梵語惡思神也上邏字轉舌呼引聲亥刹音察

下蘇何反此類諸鬼多居海島或住砂磧皆有俱生通力飛行人間能變美妙容儀惑誑人詐相親輔方便誑誘而噉食之見孔雀王經佛本行集經等具說

第三百三十四卷　無可音訓者

第三百三十五卷

無慾　伊閻反說文犬甘肉心無足也從甘從肉犬心或作厭猒皆誤從心者正

欻尒　熏律反集訓云忽然也薛琮云欻忽也說文有所吹起也從欠炎聲或從風從忽作颮

慨歎　苦愛反或作嘅歎息也楝雅慨也

惜哉　音昔賈注國語云惜痛也廣雅云愛也下子来反考聲云語之助聲

第三百三十六卷　無可音訓

第三百三十七卷

能紹　上乃登反鄭注周礼云多才藝也廣雅任也礼記善也說文獸也熊屬也足似鹿從二匕堅中故稱賢能而強壯故稱能傑從肉㠯聲也今隷書作能訛言

目古文以字也下韶遠反說文繼也或作繫巳見前第一卷中具釋也

拔有 白八反玉篇引而出之也廣雅出也考聲抽也說文擢也從手犮聲也犮音盤末反

脇痛 虛業反或作脅從三力巳見前第一釋

竊 千結反具釋

戰慄 之善反下隣一反集訓云戰慄危懼也郭璞云憂慼也說文從戈單聲也或從心作慽古文作并慄亦從心栗聲也

中毒 上張仲反韻英云中當也

假借字也下同篤反說文害人草往往而生從屮毒也毒音哀玫反屮音丑列反也

恃巳 時止反考聲恃依也韻英倚也說文賴也從心從恃省聲也下巳音幾上不令

擾亂 如紹反說文煩也從手夒聲也夒音奴高反經文從憂非也下亂段反說文從乙𤔔聲

慙媿 藏含反下居位反並形聲字或從心作愧

如僕 蒲沃反左氏傳僕臣僕毛詩傳曰僕附也札記仕於公曰臣於家曰僕集訓云掌輿馬之官名賤役之官也說文云給事之者從人業聲業音卜也

捶打 上隹蘂反說文云以杖擊也從手垂聲也或從竹作箠箠棰也或從木作捶棰棰也下德梗反廣雅打擊也埤蒼棓也古今正字從手丁聲也江外音丁挺反說文關也

履踐 上力几反考聲云履屬也鄭注礼云路也說文足所依也從尸從彳從舟從夂舟象履形彳音丑尺反夂音雖經文從復誤也下錢演反孔注論語云踐循也毛詩傳云行皃也礼記踐其位行其礼也說文履也從足從戔亦聲也或作衘伐並同戔音察限也

如癡 恥知反蒼頡篇癡騃也字書頑也說文不慧也從疒疑聲也疒音女厄也

如瘂 鴉賈反經從口作啞非也

如聾 禄東反說文耳不通也從耳龍也經作聾非也

如盲 百彭反巳上三字前第一卷中具釋

斷截 上團卵反孔注書云斷絕也說文斷亦截也從斤從㡭㡭古絕字也今經文迴作斷取便穩也或作斷𢇍古字也有作斷俗字也下戚節反鄭箋詩云齊也㓦也說文手相訓也從土作截俗字也

交涉 時葉反晉灼曰涉入也漢書涉賤也說文從二水作𡕒古字隸書今省

去一水作泼

第三百三十八卷　第三百三十九卷

第三百四十卷　巳上三卷並無可音訓

第三百四十一卷

蔑隸車　上眠鼈反次音麗或云蔑戾車梵語也皆訛略不正云畢罘二合蹉此斷為下賤種類邊鄙不識禮義人也

旃荼羅　上之然反前第四巳具釋

補羯娑　梵語也與上二種類同

孿躄　上力緣反下甲亦反前一百八十一卷具釋也

背僂　力禹反俯身也

癲癇　上丁堅反下閑字上二句前一百八十一卷中巳具釋

躭樂　荅南反尒雅取樂過度韽共好也說文從水經從身亦通或作媅亦作妉下音

[illegible]也

瓦礫　零[illegible]石也亦小石也

殞殁　上于敏反下門骨反孝聲殞殁皆死也礼記終也毛詩盡也古文作歾又作從回象形古今正字殞殁並從歹及員皆聲也

欲扣　苦厚反孔子日以扙扣其脛也孔注云扣擊也廣雅云擧也說文作敂擊也亦作扣

法蠃　魯和反說文蝸牛類而形大案蠃者樂器也吹作美聲以和衆樂故引為喻經作螺俗字者也

析為　星亦反廣雅析分也說文破木也從木從斤或從片作[illegible]經文從手非也音章列反非此義下為字從爪正也音韋危反王肅注論語為作也

霑彼　輒廉反韓詩霑濡也孝聲小溼也說文從雨沾聲也文字集略作沾略也

滴數　丁歷反孝聲云水落也說文云水灓注也從水啻省聲也啻字從帝從口經文略去口作渧俗字也啻音翅下霜句反

魅著　眉秘反山海經云老物之精也說文作鬽從鬼鬼生毛故從彡象毛下池略反從草從者經作著非也

不齅　休右反說文云以鼻就臭曰齅從鼻臭聲也

第三百四十二卷

愛憎　則登反韓詩云憎猶惡也說文亦云惡也從心從八從小從日者也

機關　上記冝反集訓云凡物有關制動者皆曰機說文云主發謂之機從木幾聲也下古頑反大戴礼云君子情亦而暢於遠察一而關乎多說文云以木撗持門戶曰關從門䜌聲也䜌音同上經作開非也開音弁非經義也

第三百四十三卷

第三百四十四卷

第三百四十五卷　已上三卷無可音訓

第三百四十六卷

阻壞　上莊所反下懷怪反前第三百二已具釋阻字三百三十已釋壞字也

依怙　胡古反前第一百七十二已釋

投趣　上徒侯反

左傳擲也鄭也王注楚辭云合也掩也說文作𣪍古投字也過擊也從手從殳

洲渚　上音州下諸與反前第四十七已具釋也

闇冥　上音暗前一日六已釋下米瓶反眛也前第八卷已具釋

首瞽　上首字前第一卷已解下音古釋名瞽者眼也眠眠然二目平合如鼓皮因象為名說文目但有眹從目從鼓會意字也

誹謗　上非味反下補浪反已見前第一百八十一中具說

囑累　上之欲反韻詮云囑付也對也杜注左傳云託也楚辭云續也王篇相寄託也

委也說文連也從尾蜀聲也尾音尾下力僞反王注楚辭云重也左傳相時而動無累後人劉兆注公羊云累次積也廣雅委託累也說文累增也拔土為牆曰累古文作垒厽皆象形字也或從三田作畾或作累纍

紅縹　漂小反已見前五十六中已釋

第三百四十七卷

食頃　傾潁反考聲少選也食須可一食間也說文從匕頃音營頃反

須臾　上相逾反下榆朱反西國時分名也古譯訛略也正梵音曰謨護栗

多助俱舍中須臾也論云臘縛者此翻為刻二刻為一須臾三十須臾為一晝夜常分為六十刻冬夏二至極長短之時互侵八刻即三十八刻二十二刻也亦如此國曆經晝夜百刻互侵即六十四十之例也若以子丑等十二時約之每辰五刻二辰十刻共五須臾者也

俄尒 五哥反俄尒者少選倏忽之類促於須臾也

瞚息 式閏反韻英云動目也經作瞬通用開闔目數搖也從目寅聲瞬目者一瞚目也息一息氣也言極迅促也呂氏春秋曰万世猶如一瞬目者也

讚勵 藏岸反韻英云稱揚也亦言解也郭璞曰讚頌所以解釋物理也釋名云稱人之美曰讚下力制反已見前第七十卷中具釋

重擔 就濫反廣雅擔負也考聲云以木荷物曰擔說文擔舉也從手詹聲也從木者非也詹音占

逮得 上徒奈反尒雅逮及也方言云自關東西謂及為逮經作逯非也音祿走也非此義

或擲 呈戟反韻英弃也說文投也從手鄭聲也古文作擿

一切經音義卷第三　第三十一張　田

第三百四十八卷

無可音訓

第三百四十九卷

慳悋 上口閑反廣雅愛財也下隣信反廣雅悋鄙也字書貪惜也韻英云慳悋固惜也或作䝹遴古文作[illegible]吝判音慳瞎反也

顧惜 上音固鄭云迴首曰顧說文還視也從頁雇聲也雇音同上經作顧俗字也下星亦反廣雅惜愛也楚辭貪也考聲悋也從心昔聲也古作㫺也

須乘 上相瑜反須俗字也正體作須須待也說文同字書從立須聲也經從水俗用非本字也下承證反考聲云駟馬車也亦車之通名也說文覆也古作椉從入桀聲也

競來 擎敬反韻英云諍彊也考聲競逐還也或作誩宊作或作䛎古字經作競俗字也

危脆 下詮歲反廣雅脆𦞦也玉篇愞也說文肉耎易斷也從肉從絕省聲也或作膬從危作脆非也

憐愍 上蓮年反尒雅愛也考聲哀也經作怜俗字也下旻殞反何休注

一切經音義卷第三　第三十二張　田

公羊傳云慼傷也謚法曰使人悲傷曰慼說文從心戚音同上[illegible]貝盧和反已見前第一百八十一卷具釋

一切經音義卷第三

一切經音義卷第三　第二十三張　田

一切經音義卷第四

翻經沙門慧琳撰

音大般若經從三百五十盡四百一十卷

大般若波羅蜜多經第三百五十卷

聚沫　上情諭反考聲攢集也韻英會也說文集會也從乑取聲乑音吟也下摩鉢反玉篇云水上浮沫也莊子云水上浮沸水也從水末聲者也

浮泡　上輔無反廣雅浮漂也鄭注禮記在上曰浮賈注國語浮輕也說文氾也從水孚聲也吴音蒲謀反今不取下普包反考聲云水上浮漚也說文從水包聲者也

芭蕉　上補加反下子姚反字指云蕉生交趾葉如席煑可紡績為布汁可以漚麻也葉廣二三尺長七八尺說文云焦菜也並從草巴朩皆聲失正尌字今俗用相傳作蕉本非字也

第一張　田

迅速　笋俊反介雅迅疾也說文從辵卂聲卂音信下素祿反介雅遬疾也考聲云徵召也說文云從辵束聲辵音丑略反

牆壁　上淨陽反或作廧顏野王曰牆垣也字書云築土曰牆編竹木塗塗之曰壁說文從嗇爿聲也嗇音色爿音匠羊反經從土作墻非也下卑覓反杜注左傳云壁壘也字書云外露曰牆室內曰壁亦牆也說文作廦從广辟聲也广音儼

如燎　遼銚遼鳥二反並通周礼曰墳燭庭燎鄭衆曰以麻為燭也鄭玄云墳猶大也樹大燭於門外曰大燭門內曰庭燎皆所照衆為明也集訓云燔柴祭天也說文云放火也從火尞聲也尞字從火從昚昚音慎古慎字

一切經音義卷第四　第二張　田

銷雪　上音消王注楚辭銷滅也玉篇散也說文鑠金也從金肖聲也或作焇也同用

捫摩　上音門聲類捫摸也集訓云以手撫摩也說文撫持也手門聲也

隱蔽　上於謹反廣雅隱翳也考聲蔵也深遠也論語匿也謚法曰懷情不盡曰隱說文蔽也從阜㥯聲經從悉作隱訛謬也下卑袂反顏野王云蔽暗不明也杜

注左傳障也廣雅隱也考聲云蔽也
說文從草㪍聲也㪍音毗袂反
厭惡 上伊焰反下烏固反
欣樂 上香般反下五教反
諷頌 上風
夢反下徐用反周礼教國子興道諷頌鄭玄
云背文曰諷以聲節之曰頌或作誦聲類云
誦者歌詠德之詩讃美
其形容也說文作訟也
狀貌 上狀字從犬爿聲䫂
英云狀形皃也說文從犬爿聲下茅豹反尚書
五事一日皃孔注容儀也廣雅見也說文從

皃象人面下從人象形字也籀文從豸作貌
古字也或作頟從頁從豹省貓音苗豸音雉
也
能刺 上奴登反廣雅能任也博雅堪
任其事也說文能熊屬也足似
鹿故從二匕從肉吕聲也吕古以字也今隸
書因草省為〻不但訛略非也經作能草書
謬亦非也下青亦反說文直傷從刀
東聲經從夾作刾俗字訛也熊音雄

大般若波羅蜜多經第三百五十二卷

侵淩 上七林反劉兆注公羊傳云侵害
也說文云漸進也從人手持帚章
柳反若掃之進隷書省為侵略也下力兢反
蒼頡篇侵侮也廣雅犯也暴也說文作夌夌
也
沮壞 上慈與反毛詩傳云沮猶壞也
廣雅壞也說文從水且聲也且
音子余反下懷恠反前三
百三十卷已釋壞字也
鎧甲 上開蓋反說
文甲也
前經第四十七
中已具釋也
醎味 上陷巖反時用俗
字也廣雅北方水
味也介雅醎苦也說文正
體從鹵作鹹形聲字也
將寶 精揉反
考聲云

將帥也文字集略云軍主也說文率也從寸
從醬省聲也帥音衰類反經言將寶轉輪聖
王主兵
神將也
皆鈍 上皆字下從白下鈍音徒
混反蒼頡篇鈍頑也說文
從金屯聲也
屯音度論反
心髓 雖觜反說文云骨中
脂也從骨髓隨省聲
也
杖塊 上長兩反說文手持木也從木
大聲大字從十從又下康外反
前經文第三十九中已釋
古文作凷從土象形字

從第三百五十二卷已下至三百五

十五卷並無字可音訓第三百五
十六卷
菴没羅果半娜娑果並梵語西國果名也此國並無其半娜娑果形如冬瓜其味甚美或名婆那娑
種植承力反纂韻云植多也考聲長也積也說文植種也從木直聲或從歹作殖也
溉灌上居氣反韻英溉也考聲漬也說文灌也從水旣聲下官換反廣雅灌漬也注也韻英沃也說文從水雚聲雚音與上同

不藉情夜反韻英云以草覆地也假借字也
牙莖上雅家反下幸耕反說文云草本日莖從草巠聲也
善射時夜反周礼六藝三日五射說文從矢作䠶釋云弓弩發於身而中於遠日射李斯小篆從寸作射寸法度也寸亦手也
窓敵上苑來反前經第三百三卷中已釋窓字下亭歷反文字典說敵仇也左傳對也穀梁傳云倍則止敵則戰少則守從攴商聲商音丁歷反也
經從第三百五十七卷已下盡三百六十二計六卷並無可音訓
第三百六十三卷
茂盛上莫候反吳楚之音也韻英音為謨布反草木茂盛也尒雅豐也毛詩傳美也韻詮云滋茂也說文從草戊聲也下常正反廣雅盛多也考聲隆也強也說文從皿成聲也

無暇上音無出古文奇字古無字也下遐駕反賈注國語云暇安也說文閑也從日從叚省聲
第三百六十四卷并三百六十五卷
已上二卷文易無可音訓
第三百六十六卷

枉生　臧往反方言云齊魯之間謂光景爲枉矢說文從木王聲古文從文作㞷

忻求　近殷反孝聲忻也說文云善者忻人之善正體作欣或作訢並通也

嘲誚　上絲交反猕音諭狡反尒雅嘲謔也調也或從言作謿說文從周作周音竹包反下樵曜反蒼頡篇誚訶也考聲戲笑也韻英責也說文嬈也或作譙並形聲字也譙音香約反

無怯　欠業反蒼頡篇云怯畏劣也集訓云懼也韻詮弱也說文從犬作㹤以犬多畏故從犬去聲也形聲字也

三摩呬多　呬音馨以反梵語也此翻為止言心止息也或名定有多名等持等引之類此即一也

飻餮　上湯高反杜注左傳云貪財日饕或作叨俗字也下天結反說文云貪食日餮博雅作飻上二字並下形上聲字

諠雜　上凡圍反前經第一卷已具釋下才合反

紛擾　前經第一百八十一卷已具釋上拂文反前經第一序中釋紛字下

而沼反前經第三卷中釋擾字也

不憚　彈旦反鄭箋毛詩云憚難也韓詩畏也集訓辞也蒼頡篇驚也說文疾也從心單聲也

據傲　上居御反毛詩傳日據依也孝聲擬也拄注左傳安也說文扶持也從手豦聲也或作倨豦音渠下吾告反孔注尚書云傲慢也廣雅蕩也說文倨也從心敖聲或從人作傲字說文從出從放今經文從土作墽訛略也

於譏　上於字說文從方於音偃經從手非也下居依反廣雅譏諫也說文誹也從言幾聲也

經第三百六十七卷　第三百六十八

此二卷無字可音

第三百六十九卷

谷響　香兩反孝聲云響者聲之應也孔注尚書云若響之應聲也說文從音鄉聲也或作嚮或從言作響經從向作嚮非

經第三百七十卷已下盡三百七十五

已上計六卷並無音訓

第三百七十六卷

車乘　上昌遮反車字說文衆形作車横書車字即是古文車字也下食證反孔注尚書云乘勝也毛詩傳曰乘升也鄭衆注周礼云四匹為乘說文乘覆也從入桀桀音竭桀黠也軍法曰乘也隸書作乘變體字也　髓𡿺　上綏藂反說文云骨中脂也從骨從隨省聲也下能老反文字集略云頭中實也此字訛謬甚多或從三止或從月或從口或從忽或從山皆非也說文正體從匕從囟囟音信囟頭也從巛巛象髮匕者相匕著也𡿺聲也𡿺音能老反本古字也

經從三百七十七已下盡三百八十計四卷並無難字不音訓

第三百八十一卷

匳底　力鹽反蒼頡篇器物名也說文鏡匳也桼畫者即香奩碁奩等是也似合底平而上有稜角經從大從品奩不成字經言奩底者取底平為喻也奩字從匚從僉僉亦聲也匚音方　所蹈　徒到反劉兆注穀梁傳蹈履也廣雅蹈行也說文蹈踐也從足舀聲舀音羊小反也　坦然　他嬾反蒼頡篇云坦著也廣雅坦平也說文安也從土旦聲旦字從日下一也　輞轂　芒昉反考聲云車輮也輮音渠鄭注礼記云車輮圍長二丈七尺所謂今時輞也其徑九尺皆是古制也今之車輞周圍一丈八尺徑六尺即車脚也下公屋反說文輻之所湊也老子曰三十輻共一轂從車從𣪊省聲也　覩羅緜　梵語也西國細綿也古譯云兜羅綿前經第三百一十卷已具釋訖　鞔網　上莫盤反鄭注周礼云革路鞔也廣雅鞔補也下武昉反此言如來十指之間猶如羅網也易曰庖羲氏結繩為網說文作罔古字也亦單作冈象形字也　綺畫　上欺紀反范子計然云綺出齊郡今出吳越下華罵反尒雅畫形象也郭璞曰圖畫者所以

作形象也字書本無此字假借畫字用也**纖長**相鹽反廣雅纖微也方言小也說文細也從糸韱聲又說韱字下從非韱聲也韱音授閻反二人從从音從戈經從土從非作韱不成字也下大良反鄭箋詩云長遠也廣雅常也說文久也從兀兀高遠意也從匕音化久則化變也上從兀匕聲也倒書字亾也篆書古體作𨱗今隸書作長上俗云字也兀化在下皆變體不可辯也**堅泥耶仙鹿王腨**上伊奚反梵語也此鹿王其身毛種種異色光潤鮮明腨膝傭纖端正故引為喻也腨音遄耎反也

傭圓癡龍反考聲上下均也大也韻英傭直也經文有從肉作⿰月庸俗字也說文均直也從人庸聲也

紺青上甘暗反下戚盈反說文云帛深青而揚赤色或作絟縩音與上同此皆馬鄭所用古字也下背字說文從生從丹今隸書訛略也

潤滑上如順反尚書水日潤下潤下作鹹鹹音咸廣雅溼也下還刮反說文

滑利也考聲乘利也刮音關滑反並從水形聲字也

晃燿上黃廣反廣雅暉也考聲云日光也亦作晄說文明也從日光聲下姚照反廣雅燿照也韻英日光明也或作曜亦通說文從火作燿有從光作耀俗字非正也

髆腋上音博下音亦此二字並前經第一卷已具釋也

諾瞿陁那各反梵語樹名也或云尼俱陁此樹端正傭直圓滿可愛此國無有云柳者非

頷臆上何感反下於力反並前經第一卷已釋訖

逾珂雪上庾俱反韻詮云逾越也或作踰也下可何反韻詮云白玉珮也色如白雪

鋒利芳空反考聲云刀末也或作鏠說文兵刃端也從金夆省聲也

擁曲邕拱反鄭注儀礼云擁抱也考聲持也護也字書遮也說文從手雍聲正體本作⿱雝手古字也

婉約上宛遠反杜注左傳云婉約言華麗也韻詮婉媚也說文婉順也從女宛聲並形聲字

頻伽音梵語也西方鳥名也具足應云迦陵頻伽此鳥在卵鷇之中能作美聲令人樂聞

眼睛積盈反假借字也本無此字案睛者珠子也篆

韻云眼黑精也古人呼為眸子俗謂之目瞳子亦曰目瞳人也論文謂之眼根四大所造淨色為體 **烏瑟膩沙** 梵語也如來頂相之髻也觀佛三昧海經云如來頂上肉髻團圓當中俑起高顯端嚴猶如天蓋又一譯云無見頂相各有深義也 **陿長** 咸甲反前經第三百四卷中已釋從犬非也 **筋脉** 上居銀反從竹從肉從力下麻佰反從血從𠂢或從肉經文從月從永作脉俗字也前經

第五十三卷中已具釋二字 **惇肅** 上都昆反賈注國語云惇撲也大也方言信也尒雅說文皆厚也從心𦎫聲也𦎫音純𦎫字說文從亯高音亨下從羊今經文從攵作敦猶迫也非經義從心作惇正也下嵩育反孔注尚書云肅敬也嚴也尒雅肅肅恭也謚法曰強德尅義曰肅執心决斷曰肅說文持事謹敬也從聿聿音聶從𣶒𣶒音淵聿在淵上戰戰兢兢肅然懼而嚴敬也會意字也從文第四百七十卷中亦同此釋也 **怯**

弱 上欺業反韻英云怯懼也老聲㥘弱也顧野王云畏劣也說文從犬作㹤多畏也以犬多怖故從犬去聲也或從心作怯並通下穰灼反孔注尚書云尫劣也老聲無力也說文弱橈也上象橈曲弱即橈也夫物弱則并力故從二弓及彡彡象毛氂細弱也 **稠密** 長流反蒼頡篇云稠衆也廣雅概也說文多也從禾周聲下眠筆反 **離翳** 上音利下尹計反韻英翳蔽也廣雅障也說文華蓋也 **不** **窊** 烏瓜反韻詮云下窪地也或從洼作窪說文從穴瓜聲象形字也 **不**

垤 田涅反韻詮云高起也說文象形字也或作垤蟻封土也 **疥癬** 上皆監反周礼夏時有養疥之疾也集訓云瘙風也文字集略從虫作蚧說文搔也從疒介聲下先薊反集訓云徙也侵㵳移徙也說文乾瘍也從疒鮮聲搔音掃刀反濫音擭介反也 **黶點** 上伊琰反考聲云黑子也說文肉中黑也從黑厭聲也下丁琰反考聲云減也王注楚辭云玷也說文小黑也從黑占聲也 **疣贅** 上有憂反蒼頡篇云疣贅病也或從肉作肬古作疣下隹芮反㷂雅贅亦疣也字書云風結病也說

從款緻而此利反孝聲云繒帛密緻也
從具也集訓云縫納衣也廣雅補扶
也至也從輪埵下當果反通俗
糸致聲也文作垛亦通也額廣
雅格反從客作額俗字也方言額顙也釋名
云幽州人謂額為鄂今江外吴音呼額為許
並邊方說也說文褫落上地里反孝聲
從頁從格省聲也云褫亦落也從
音土将反說文褫奪衣輕叫反鄭
也經文作埒不成字也諸竅注周礼云

陽竅七陰竅二鄭注云礼記竅孔也
說文空也從穴從敫省聲也敫音叫猒
足伊閻反說文犬甘肉無猒足故從甘從肉從
犬經中多從日月作猒或從厂音罕作
猒皆逶迤上畏韋反下以伊反蕭該漢
非也書音義云水曲流皃也古今
正字云逶迤邪行也二
並從辵委也皆聲也

第三百八十二卷

第三百八十三卷

已上兩卷不音訓

第三百八十四卷

析除星亦反韻英云析分也說文破木
也或從斤作析石經從斤作析形
聲逼迫上兵棘反尒雅逼亦迫也杜注
字左傳逼近也下捕格反蒼頡篇
迫亦近也廣任持入針反鄭注礼記任
雅逼也急也也任音入甚反也用
也者聲云任堪也廣雅任
使也說文保也從人王聲

第三百八十五卷無字可音訓

第三百八十六卷

俳優上敗埋反說文戲笑也從人從排
省聲也下憂鳩反蒼頡篇云俳優
樂人也顏野王曰樂人所為戲笑以自悅也
說文俳戲也優倡也並從人形聲字經文從
手或從彳作
徘優並非

第三百八十七卷已下終三百九十一卷

凡五卷並無難字可音訓

第三百九十二卷

吠瑠璃 上音琉下音離梵青色寶名也前音義第二經卷第三十九中巳具釋

頗胝迦 梵語寶名也正梵音云颯破置迦古譯云是水精此說非也雖類水精乃有紫白紅碧四色差別瑩淨通明寶中最上紅碧最珎紫白其次如好光明砂淨無瑕點云是千年氷化作者謬說也

蠃貝 盧和反尒雅云海介蟲也郭璞云蝸牛類也大而白經文作螺俗字也前經第一百八十一卷中巳具釋也

醫藥 上於飢反說文治病工也從酉殹聲於計反經文或從巫作毉俗字前音義第二中巳具釋

互起 胡固反字書云手也說文從竹作笠可以收繩者也隸書省去竹作互經文作互俗字誤也與乎字相衆非也

匱乏 逵位反字書匱竭也乏也說文匱字從匚貴聲也匚音方也

憤恚 上紛吻反考聲憤盈也心氣發也鄭玄云怒氣充實也蒼頡篇云憒懣也說文恨也形聲字也懣音没本反

尋伺 上祥淫反考聲云尋度也逐也說文作尋尋繹也理也從口從工口工亂也上從又下從寸今隸書省去彡彡音衫作尋會意字也

攀緣 普班反古今正字云攀引也古文從反拱字為古文從肘作𠬘也𠬘從手攀聲也

柔耎 上而周反說文木曲直曰柔從木矛聲下而兖反說文耎弱也從大而聲也經作軟非也

第三百九十三卷無可訓釋

第三百九十四卷

達絮 奴雅反梵語也下賤之類鄙惡人與下文篾戾車等同類也

篾戾車 上音眠鼈反古譯或云蜜列車皆訛也正梵音云畢栗呤蹉此云垢濁種也樂作惡業下賤種類邊鄙不信正法垢穢人也

無翅 詩異反鳥之兩羽曰

趧或有作眡䟺皆古字也

第三百九十五卷　第三百九十六卷
第三百九十七卷已上三卷無可音訓

第三百九十八卷

常唬　弟侄反考聲集訓並云尖無常節日唬說文唬號也從口虎聲虒音同上說文虒字從虎厂聲厂音曳經從帝作啼悲也　欻然　暉律反集訓云欻忽也說文云吹起也會意字也　疲倦　上音皮賈注國語疲勞也廣雅疲亦倦也極也下逵願反廣雅倦極也孔注尚書倦懈玉篇倦止也或從心也作倦或從力作券也　讚勵　上藏旦反方言讚美也郭璞日項美其德也釋名云讚所以解釋物理也下力滯反桂苑珠藂云勱免也左傳勱也蓋形聲字　植衆　承力反孔注尚書云植生也杜注左傳植長也或從歹作殖也　搥胷　墜追反俗字也正作椎從木下勗恭反字書搥胷者心懷悲悵自毀其身也　黠慧　上開戛反方言自關而東趙魏之間謂慧為黠下音惠賈逵察也郭璞意精也前經音義第三卷第三百三卷已釋　垣牆　上遠元反毛詩傳曰垣亦牆也下匠羊反聲類云牆亦垣也尚書曰無敢逾垣牆是也說文垣牆敝也從嗇爿聲也嗇字從來從㐭經中或

作墻廧牆並俗字也　欄楯　上勒單反下垂閏反說文欄也檻也王逸注楚辤云縱曰欄橫曰楯楯間子謂之櫺子也　寳塹　七艷反說文塹坑也從土斬聲也考聲長坑也韻英小坑也玉篇云城地為衛或作衛　街巷　上音皆孝聲都邑之中大道也下學降反毛詩傳里間道也韻英小街也或作衖皆古字也今省為巷也　币廛　長連反鄭衆注周礼云廛居也鄭注礼記廛市邸舍也王篇云城市內斂半空地謂之廛經作㕓俗字略　亘以　可鐙反韻英亘通也考聲遠過

也毛詩傳云遍也方言竟也或作亜古字

寶舫 福望反尒雅舫舟也郭璞云併兩舟日舫也

却敵 提的反考聲云敵對也案敵亦怨也讎也却敵者城上伏兵禦寇之所者也

雉堞 上池履反字書云雉陳也公羊傳日五板為堵五堵為雉百雉為城何休日二万尺也考聲城長三丈高一丈日雉礼記天子城千雉蓋受百雉之城千也公侯城百雉伯城七十雉子男五十雉但諸侯之城皆歛其南面者以授過也但居而居不固守也下徒頰反杜注左傳云堞者城也上安墻也說文女垣也從土從𤇾省聲

鎣以 縈併反縈音恚并反韻詮云磨珠玉也鎣鏡使明也韻英鎣猶磨

綴以 追衛反賈逵注國語云綴連也王逸注楚辭云綴也說文綴合著

寶鐸 徒各反鄭注周礼云鐸太鈴也孔注論語云木鐸金鈴木舌以宣文教也經言寶鐸者宣揚法音前經第一卷

已釋也

冷煗 上魯挭反廣蒼冷寒也字書小寒也說文從冫音氷今聲也下奴管反韋書字要云煗溫也從火耎聲也有作暖㬉皆俗用字

泛漾 上芳梵反字書泛浮也經作汎俗字汎普也非經義下陽亮反或作瀁皆義別正體合作颺棄汎漾者浮遊自在之義漾者水波也義雖似同乖經本意宜改作颺也

嗢鉢羅花鉢特摩花拘某陁花奔荼利花 已上四色蓮花前三百一十八卷中已具訓釋

鮮郁 上相延反廣雅鮮好也聲類新也案鮮鮮明也下於六反案鮮郁者妙花鮮明香氣郁過之盛也論語云郁郁乎文哉

周寀 音還穀采傳云寀內諸侯劉兆日寀圻也桂菀珠叢云圻者天子千里封域也

縱廣 足容反字書云竪為縱橫為廣又云南北為縱東西為橫是也

俱盧舍 義譯云大牛鳴乳聲所極處也依俱舍論指肘弓量計一俱盧舍筭有二里此據平地間也若高迫處亦可五里之內皆得聞之

暎蔽 上於敬反考聲云暉也隱也韻英傍

照也或作暎古字亦通下卑袄反韻英掩也
考聲蔽瘴也前經第一卷兩字俱釋也
孔雀 即藥反春秋元命包日火離為孔
雀又云罽賓國多孔雀不必定合
正以音影相接或聞
雷聲便感有孕胎也 鸚鵡 上烏耕反下音武或作鵡
二體同山海經云黃山有鳥青羽赤喙人舌
能作人語名曰鸚䳇曲礼曰鸚鵡能言不離
飛鳥 鳧鷖 上輔于反介雅舒鳧鶩鶩音
是也 木郭璞注云鴨也考聲野鴨
之小者也字書從鳥從几几音殊几者鳥之
短羽飛几几然也上形下聲字也下隱兮反
考聲云鷖鳳類也青黑色水鳥也毛詩云鳧
鷖鳳類也在經傳曰鷖是鳧屬也說文同從鳥
殹聲也下形 鴻鴈 上胡公反韻英水鳥
上聲字也 也并聲鳥代也郭璞
云鴻鳥知運代也或作堆鳿皆古字也下顏諫
反或作鴈同毛詩傳云大日鴻小日鴈案鴻鴈
者隨陽鳥也礼記月令云季秋之月鴻鴈来
賓是鴈每至秋初引子南遊將避霜雪春初逐

北以避炎暑說文鴈鵝屬也亦名䳫加方言
自關而東謂鴈為䳫南楚之外謂之倉䳫今
江東人呼鴈為䳫鵝或作歌古字也 黃鸝
或作鴐子虛賦日白鵠連鴐鵞鵝是也
七餘反或作雎同一名鵙鳩毛詩云關關鵙鳩是
也一名王鵙介雅云鵙鳩王鵙也關東呼為鵰好在洲
渚上 鶬鶊 上音倉下音庚介雅云倉庚鵹
也 鵹音古活反郭璞云今呼為此鳥鶬鶊
又云鶬鶊張衡歸田賦曰王鵙鼓翼鶬鶊 白鶴
哀鳴交頸鵠鳴音胡浪反開開鶴鳴是也
何各反經文作鵠誤也鵠音胡木反蒼黃色而觜短所
在皆有說文鴻鵠也玉篇黃鵠形如鶴色蒼黃故知

非是鶴也鶴色白而長喙壽滿千歲者頂皆朱色字
書鶴似鵠而紫長神仙鳥也見則為祥瑞也
抱朴子曰鶴鳴九皐聲聞于天淮南子日雞
知將曉鶴知夜半是也說文從鳥霍何各反
聲也說文又解隺字從冂癸營反從 春鶯
隹隹鳥也鳥飛高至上欲出冂也
於耕反毛詩云交交桑扈音户有鶯其羽傳
日鶯有文鳥也考聲鶯鳥毛有班文皃也經
作鸎誤也埤蒼云鶊鸎也鶊音妻東夷 鶖
鳥也廣雅云鸎㶣鳥屬也非春鶯也
上音秋下音路或作鶖鷺皆古字也顧
鷺 野王日大鳥也其羽鮮白可以為毦毛

詩云有鶖在梁傳曰秃鶖也又云振鷺于飛尒雅鷺舂鋤也郭璞云即白鷺也頭翅背上皆有長翰毛今江東人取為睫攡名曰白鷺縗縗者音蓑㟪反今秃鶖白鷺各是一鳥也

鴛鴦 上於袁反下於薑反毛詩曰鴛鴦于飛傳曰鴛鴦疋鳥也言其止為疋偶飛則雙飛也

鵁鶄 上音交下音精山海經云䓖䳫山有鳥名曰鵁鶄似鴨而群飛也

翡翠 上肥味反南州志曰翡大於鷰小於烏赤色洲民補而食之不知貴其毛羽也孝聲羽赤雄曰翡説文赤羽雀也從羽非聲也下青遂反南州記曰翠為六翮毛長寸餘色青緑出鬱林山青色嶋曰翠説文青雀也從羽卒聲

精衛 山海經云炎帝之女名曰女娃於皆反方言云娃美女也女娃遊於東海溺水而不返化為鳥名曰精衛帝取西山之木石以填東海報其寃也一云鳴即自呼云精衛也

鵾鷄 上音昆顏野王曰鵾似鶴而大字書或作鶤同楚辭云鵾翢哳而悲鳴是也下或作鶏亦通

鸀鳿 上之欲反下盧綠反山海經云大荒之中有鳥黃頭赤足六首名曰鸀鳿尒雅云鸀山烏郭璞曰似烏而小赤觜六乳出西方郭璞曰鸀鳿似鴨而大長鳿赤目觜皆紺色

鶢鶋 上音袁下音居國語云海鳥也漢元帝時琅琊有大鳥如馬駒時人謂之鶢鶋尒雅云鶢鶋雜縣莊子鶢鶋海鳥止於魯郊

鵾鳳 下房諷反毛詩義疏云雄曰鳳雌曰凰非梧桐不棲非竹實不食山海經曰丹穴山有鳥狀如鶴五色而有文章名曰鳳凰廣雅云鳳凰鷄頭鷰頷蛇頸鴻身魚尾骿翼五處有文首文曰德翼文曰順背文曰義腹文曰信膺文曰雄鳴曰節節嶋鳴曰足足昏鳴月固常晨鳴曰發明晝鳴曰保長舉鳴曰上翔集鳴曰歸昌見則天下安寧也説文神鳥也出東方君子之國從鳥凡聲也

妙翅 尸至反即金翅鳥也或名迦婁羅或名揭路荼皆梵語訛也正梵音云蘗嚕拏經云妙翅者就狀貌而名之非敵對翻也

鵜鶘 上徒鷄反下音胡或作鵜鶘尒雅云今鵜胡好羣飛入水食魚故曰洿澤俗亦呼之為淘河鳥也毛詩云惟鵜在梁穀梁傳曰洿澤鳥也

羯羅頻迦 梵語

鳥名也亦云迦陵頻伽此譯為美妙聲出大雪山卵㲉之中即能鳴其聲和雅聽者樂聞

命命鳥 梵音耆婆耆婆鳥此云命命據此即是從聲立名鳴即自呼耆婆耆婆也

法涌 羊腫反說文涌滕也或作勇同也

鶡鷄

都寶 梵語寶名也此即水精之異名其寶色白小如鵝卵許大也

其蹬 登鄧反廣雅蹬履也即履踐階級蹬道也

鋪綺帊 鋪普胡反廣雅陳也布也韻詮設床褥也孝聲遍也綺綺音墟倚反以二色絲絲織為文花出吴越次於錦也帊音普霸反孝聲帊大幞也或從衣作杷也

白氎 徒頰反西國草名也其草花絮堪以為布

丹枕 針荏反天竺國風俗不用木石為枕皆赤皮或赤色布作囊貯以䙱羅綿及以毛絮之類為枕或用枕頭或作倚枕丹紅赤色者用也

幃帶 宇威反字書云幃幔類也幔傍曰幃或從巾作帷說

一切經音義卷第四　第二十七張　田

文從巾韋聲也

綩綖 上鴛遠反下餘旃反經言綩綖者即珎妙綺錦莚繡褥舞莚地衣之類也

綺幔 上袪倚反下謀伴反孝聲幔帷類也正體從巾下從又作慢經從心作慢俗字非也

中毒 張仲反孝聲中當也著也

奮迅 上府問反鄭注礼記奮動也韻英振羽也廣雅振也孝聲張也下詢後反前經音義第二卷第三十六已具釋

所稟 彼錦反說文從㐭從禾聲也經作稟者誤也

取量 力強反平去二聲並通也

惆悵 上勑周反下勑亮反廣雅惆痛也說文悵悵望也楚辞惆悵悲愁也蒼頡篇云惆悵失志也郭璞云惆悵猶懊惱也二字並從心之也

巡環 上隨遵反孝聲巡歷也左傳遍也鄭注周礼所守也李斯從車作輴下音還公羊傳曰環遶也

不集 時呪反孝聲賣物了集古今正字集行也顧野王云賣物得集入買持去日集經文從厶作集非也今古正字從隹從口

佇立 除呂反尒雅佇久立也孝聲云佇持也從人宁宁音同上或作竚並同也

人髓 綏觜反字統骨中脂也說文髓

一切經音義卷第四　第二十八張　田

字從骨從隨省聲也形聲字

右髀 步米反說文股外也從骨卑省聲也古作䠋或作𩪘亦通經作䏶俗字也

欲剖 普口反考聲剖破也韻詮剖判也從刀音聲音他口反也

第二百九十九卷

之愆 揭焉反考聲云愆失也說文過也從心衍聲也或作僁皆同也經多從二

天作愆俗字也或作𡫸諐皆古字也

赧然 上拏簡反方言赧愧也小雅面愧曰赧考聲羞慚面赤也字書赧字從赤從艮艮亦聲也艮音尼展反從皮作赦俗字也

有愧生慙 上軌位反下祖含反說文愧亦慚也礼記曰君子不以其所能者而病於人不以人之所不能者而愧於人廣雅慚恥也介雅愧亦慚也說文作愧或作謉聭二體皆古字也

瘡痕 惻霜反韻英瘡痍也或作創亦通故作刅亦同下胡根反字書傷瘢曰痕說文痕瘡腫瘢也從疒艮聲也疒音女厄反

驚駭 上居英反廣雅驚起也說文馬駭也下諧騃反蒼頡篇驚也廣雅起也說文從馬亥聲

一函 霞緘反字書咸書咸物也今人函書表函等是也

荏苒 上而枕反考聲云草荏苒者漸次相因經歷時日謂之荏苒經作苒俗字也

大般若波羅蜜多經第四百卷

箜篌 上音空下音侯樂器名也釋名云師延所作靡靡之樂也後出於桑間濮上之空地蓋空國之侯所存也故名箜篌師涓為晉平公鼓焉鄭衛分其地而有也遂號鄭衛之音謂之淫樂也

槽頭 上造勞反下經井反即是箜篌之槽頭及項是也

繩柲 上常仍反考聲索類也本繩作規矩准繩宗忠曰繩舜臣也繩所以取直也廣雅繩直也說文繩索也從糸音覓從蠅省聲也下駢結反考聲柲音厄絞反杜注左傳云手柲物也經作㮰亦通鄭注尚書大傳云㮰推也推音他雷反廣

雅撫戾也轉也或從巾作撫亦通說文從手秘聲也 奉屬 上馮勇反說文奉承也從廾廾音拱從手手聲也非音峯下鍾欲反杜注左傳屬託也鄭注礼記屬繫也說文連也從尾蜀聲也經作屬俗字謬也 隱蔽 上殷謹反廣雅隱翳也謚法曰懷情不盡曰隱包咸注論語云匿也考聲藏也說文隱亦蔽也從𨸏㥯聲也蔽奄也廣雅蔽隱也介雅寵也郭璞蔽謂泄蔵也說文小蔽草皃從草敝聲也敝毗袂反

羸劣 上力追反考聲羸瘦極也說文痿也從羊羸聲也羸力卧反下力輟反劣弱也從少力會意字也前經音義第三卷第一百八十一已釋 灑地 沙賈反玉篇云所買反王逸注楚辭云如水之灑地說文音山綺反灑汛也從水麗聲也 坌我 坌問反韻英云生塵污也考聲塵猥至也說文從土作坋塵也從土分聲也下我字說文於身自謂也從手從戈經有從禾作我者非 淳淨 上常倫反經作淳俗字也考聲淳澆也鄭注儀礼云沃也廣雅漬也兹四反說文盈音緑從水辜聲辜音純也 軌範 上龜葦反考聲車迹也說文車轍也從車從究省聲也究音鬼下九黯反介雅範法也常也考聲模也則也說文軓也盌末反從車從笵省聲也或作笵亦通前經音第四十六卷已釋也

第四百一卷

鷲峯山 嗇袖反前聖教序已具釋也 重擔 上直勇反又音除用反二音並通下耽濫反廣雅擔負也考聲以木荷物曰擔說文手舉物也從才詹聲也經有從木作檐檐音門含擔字也 逮得 臺耐反介雅逮與也韻英及也考聲作逮亦得及前也典說音義云唐逮也說文正作逮逮及也文字集略音為徒耐反皆相及皃也經有作逮非也逮音緑下登勒反考聲得獲也亦作㝵㝵取也說文云行有所得從彳㝵聲也古文作財罕㝵三體同音得今俗用皆從㝵作得訛謬 翹勤 上拭遅反介雅翹危也考聲舉也說文尾長毛也從羽堯聲也下近銀反毛萇詩傳云勤勞也考聲不倦說文勞也從力

堇聲也音謹前聖教序已釋也

稱機 上昌證反鄭注礼記稱等也謂英稱程也賈逵注國語程限也郭璞注尒雅人意好也文字集略云稱者知輕重也說文稱詮也從禾冓聲也冓昌蒸反下居依反易曰樞機一發榮辱之主孔氏注尚書云機弩牙也莊子鑿木為機有機械者必有機心是也說文主發謂之機從木幾聲也

捨軛 於革反經作軛俗字也前經第一已釋也

堪紹怡悅等字 從捨軛已下及如來諸相好字等直至頭頷頰頷已見前經三十餘字經初第一卷已具訓釋恐繁不述也

身分 下扶問反王篇分限界也說文分別也從八從刀會意字也

煕怡 上虛飢反下以之反前第一卷已釋也

極爆 下補拔反廣雅熱也尒雅落也考聲燒柴火烈作聲也韻英火炘日爆炘音楠椓反說文爆灼也從火暴聲令又說暴音蒲冒反前經第一卷已釋也

細耎 上西祭反孔注尚書

細小也說文微也從糸囟聲也糸音覓囟音信下而兗反羣書字要云耎柔弱也從而從大作耎經從車作軟非也前經第一卷中已具釋也

盲者 莫庚反鄭衆曰無目曰眹瞽瞍亦盲也瞍音蘇走瞍說文云目無眸子曰盲從目亡聲也又釋亡字亾揩逃也從人從乚音隱乚隱由匿也人隱曰亾經作亡非也前經第一卷中已具釋

聾者 祿東反左傳耳不聽五音之和謂之聾杜預曰聾聵也或作聾蕢韻篇耳不聞也說文無聞曰聾從耳龍也前經第一卷中已具釋

能聽 上乃登反廣雅能任也鄭注周礼云多才藝也說文能獸也熊屬也左傳云黃能能音乃來反即其獸也獸之堅中多力故人有材藝者稱賢能說文從肉從二匕台聲也下體勁反尚書五事四曰聽孔氏去察是非也周礼以五聲聽獄訟求民情也即形色氣耳目是為五聽也說文聽聆也從悳音德從耳從壬壬亦聲也經作聽俗字也

瘂者 鴉賈反考聲云口不能言也桼瘂人雖有聲而無詞也說文閼古今正字云瘂瘖也從疒疒音女戹反亞聲也經從口作啞非也啞音戹周易笑言啞啞非經義也前經第一卷已具釋

醒

悟 星淨反國語曰醉而怒醒而喜是也賈逵曰醉除為醒從酉星聲也

好淨 萬報反

欻尒 揮律反蒼頡篇欻猝起也韓詩曰忽也說文有所吹起也前經第一已具釋也

櫌惱 上而沼反孝聲櫌撓也孔氏注尚書亂也說文煩也從手從憂憂奴高反經從憂作櫌非也前經第二卷中已具釋也

第四百二卷

胮脹膿爛青瘀豕敢骹骨 已上十字已見前經第三卷音義第一卷中具釋恐繁不重述也

厭食 伊焰反顧野王曰厭飽足也說文猒飽也礼記曰獨樂其志不猒其道也說文從甘從肉從犬會意字也厂音罕前經第三卷中已釋

牀搨 上柴莊反廣雅接息自安之具也說文身所安也從木從爿音牆也有作床俗字也下土荅反搨亦牀也釋名牀挾而長曰搨前經第一卷中已具釋訖也

欲紹 時遶反尒雅紹繼也諡法疏云遶繼先位曰紹前經第一卷中已具釋訖也

摽擊 上匹遥反毛詩傳曰摽落也集訓云摽捎也或從攴作𢽾弃也攴普卜反說文摽擊也從手票聲也票必消反經作飇非經義也案郭璞云旋風也說文迴風也字書云吹之也

穅糩 上口郎反郭璞米皮也聲類從禾從米從康省聲也下括外反蒼頡篇糩麤也前經第三卷中已具訓釋也

羂取 癸兖反挂羂珠藂以繩繞係取物謂之羂也或作罥同前

經第三卷中已具解釋其理

懈怠 上草賣反下徒奈反廣雅懈嬾也毛詩云夙夜匪懈是也字書云解亦怠也前經第三已釋懈字

亟作 飢力反

党黨 許邕反孝聲兇惡也說文從人在冂下當朗反孝聲黨類也前經中第四卷兩字俱釋也

魁膾 上苦灰反孔氏曰魁帥也廣雅主也鄭注礼記首也王逸注楚辭大也下古外反廣雅膾割也案屠割牲肉之人名為魁膾也說文從鬼斗聲也前經第四卷已釋兩字也

第四百三卷

別無字可音訓

痊除　上七全反考聲病差曰痊郭象注莊子云病除謂之痊

第四百四卷

無缺　犬悅反蒼頡篇缺虧也說文器破也從缶從決省聲者也

周覽　來敢反考聲歷和周遍觀覽也

盲冥　莫幷反考聲幽暗也說文冥字從日從冖從六冖音覓凡日數十月十六日月初虧漸幽暗故從月從六郭景純曰冥非也經多從具從宀作寘非也前經卷第八已具釋寘字

掉舉　上亭吊反韻英掉動也廣雅搖也考聲動也或作杓下薑語反說文從手與聲也前經第八卷具釋

山崖　牙皆反說文高山有崖是也前第九卷已釋也

如燎　力吊反礼記庭燎曰燎也

抆摩　舞粉反廣雅抆拭也楚辞曰孤子吟而抆

淚是也古今正字抆字從手文聲也或作揞見考聲

釁心　香靳反左傳曰甗璺而動坼注云璺罅也考聲瑕隙也或作坼古字也經作璺俗字也前經第九已釋也

第四百五卷

心頊　䫉頊反考聲頊者必無間也

不韄　許鼓反說文以韋取氣曰韄前經第九卷已釋

第四百六卷

假名　耕雅反字書云不真也考聲偽也

頭頸　經郢反韻詮頭莖也蒼頡篇前曰頸後曰項前經音義第二卷第十一卷已具釋也

第四百七卷文無可訓

第四百八卷

輒取　烏革反字書輒礙也輒縛也

寶篋　輕頰反文字集略箱類也古今正字篋笥也韻英箱篋也本作匧今加竹周礼威物之椷也音咸前經音義

第三卷第一百二十八已具釋訖字

若减 耕斬反韓詩减少也杜注左傳耗也又音行監反亦通用也

詰言 企吉反鄭注礼記詰為問其罪也廣雅責也讓也

第四百九卷

徵詰 上陟陵反下企吉反

行相 上下孟反下息亮反

健行 上渠建反周易剛健也說文健伉也從人建聲伉音苦浪反王弼曰自強不息也前經第四十一卷中已釋

不眴 玄絹反王逸注楚辭眴視也考聲目動也說文目搖也從目旬聲也經作旬誤也玉篇云如今人動目察相成語曰眴本作旬衛宏作𥄎眴並通前經音義第二經第四十一卷已釋

瑕隙 上胡加反鄭注礼記瑕玉之病也廣雅瑕裂也玉篇瑕穢也下鄉逆反說文壁際孔也隙從阜又從白上下小卩音貟經從巢作者非也前經第四十卷中已釋也

翳暗 縈計反方言翳翳也韻英蔽也廣雅障也說文華蓋

巢穴 上柴肴反毛詩惟鵲有巢說文鳥在木上也鄭注礼記巢高也象形字也經從果作巢誤也下玄血反說文土室易曰上古穴居而野處是也前經音義第二經卷第四十一具釋也

幖幟 上必遥反玉篇摽舉也畫牌也表識也韻詮立為記也處所也考聲頭上幟也說文木末也從木票聲也票必消反或從巾作幖亦同下齒至反毛詩傳云熾盛也正作幟旌旗上表飾

也博雅云幡也說文從巾哉聲也

一切經音義卷第四

一切經音義卷第五

翻經沙門慧琳 撰

音大般若經從四百一十一卷盡四百六十八凡五十一卷

大般若波羅蜜多經第四百一十卷

忻樂 上許斤反司馬法曰善者善之忻人之善或作欣訢三體並同埤蒼忻察也

第四百一十一卷

骸骨 上行皆反公羊傳云骸骨也身體骨揔名骸字前經第一卷已具釋

訖

功德鎧 下苦代反說文云鎧甲也從金從愷省聲也愷音苦敢反

第四百一十二卷

拯濟 無反脚取蒸字上聲拯救溺也文易不訓

第四百一十三卷

第四百一十四卷

蠲除 上史緣反考聲云蠲絜方言云南楚之人疾愈謂之蠲郭璞曰蠲除也

循身觀 上夕遵反廣雅循從也字書云循環也考聲云循述也善也順也經中有作揗身誤也下觀字去聲

寤寐 上吾故反考聲云寐中有所見覺而信也蒼頡篇亦云寐覺而有言曰寤說文從㝱省從吾音語吾聲也下弥庇反考聲云寐眠也安也顧野王寐眠熟也說文云目也從宀音綿從㝱省未聲也經中有從穴下作寐寐或從小音心作寤寐或從爿音經由反作寤寐並非正體字也

剖爲 普口反蒼頡篇云剖拼也拼音普杜注左傳云中分曰剖說文從刀咅音音土

口反也 **纏裹** 上徹連反考聲云纏繞也束也說文云纏約也從糸廛聲下光大反考聲云裹包也說文云裹纏也從衣果聲或作裹俗字略也 **筋脈** 上居銀反周禮云醫師以辛養筋說文云肉之力也從肉從竹竹者物之多筋者也從力力象筋也有從草作筋或從角作觔者皆非也礼記曰老者不以筋力為能是也下麻伯反周礼以鹹養脈說文云血理之分行於體中謂之脈從血從𠂢普賣反作衇或作衇亦作脈並正今經文從月從永作脈者皆非正體字也蓋俗字耳 **心肝** 心主南方火赤色而有辯白愯反說文云土藏也主於舌下古安反挂苑珠叢云肝主東方木其形青色而有葉說文云金藏也從肉干聲也王叔和脈經云肝主於目故肝病而目不明也 **肺腎** 上芳吠反金之精白色說文云火藏也從肉市非未反聲王叔和脈經云肺主鼻肺有瘖則鼻臭也下辰忍反水藏也色黑陰其形偶五苛反故腎雙說文云從肉臤口千反省聲

也王叔和脈經云腎主耳故腎虛則耳聾以所主為候 **脾膽** 上音毗土之精色黃說文云木藏也從肉甲聲王氏脈經云脾主脣也下都敢反白虎通云膽者肝之府也肝主仁是以仁者必有勇故知肝之府也脈決云膽之有病精神不守 **脬胃** 上普包反說文云脬傍光水器也考聲云尿脬也盛小便器也王叔和脈經云脬囊受五升三合脬病則小便不通也經文作胞非也胞者裹子胎衣非經意也下韋畏反韻英云膓胃也白虎通云胃者脾府也說文云穀府也從肉胃象形字也 **大腸** 除良反白虎通云有大腸有小腸者心之府也大腸者肺之府也釋名云腸者腹內暢氣之府也古今正字腸從肉從昜聲五藏六府各有所歸 **屎尿** 上音始字書云糞屎也古今正字作𡳐相傳作屎俗字也古作矢正體從尾省矢聲也下泥吊反說文正體從尾從水又云人之小便也考聲云溺也腹中水也經文作尿俗字省略也通俗文云出腸日屎出脬日尿 **涕唾** 上天麗反說文云鼻液也液音亦毛詩傳云自鼻而出日涕或作洟洟䶊四形皆同下土課反說文口液也從口從垂省聲也

或從水作涎浂上似仙反說文亦口液
㳄亦通也下呂墜反廣雅涕泣
浂也說文痰膿徒南反字書云痰胷中
云浂涕也病經從水作淡乃無味
復是去聲字也下奴工反說文云癰疽
潰血也從肉農聲經中作淡非經義也肪
⿰月冊上音方下素安反說文云肪肥也韻英
云凝脂也廣蒼云脂⿰月冊肪也字語云從
肉從冊聲也通俗文云腦膜上乃倒反
在腰曰肪在胃曰⿰月冊是也說文云頭

一切經音義卷第五　第五張　田

中髓也古文作𡿺或作𡿺又作㛴惱謬也說
文從肉𡿺聲下忙博反說文云頭間膜也字
統云皮內肉外為眵聹上尺支反韻詮
之膜從肉其聲云目汁凝也經
文作䐈撿一切字書並無此䐈字未詳所出
蓋是後人率意妄作耳說文云眵字從目從
佞省聲下寧頂反韻英憺怕上徒濫反
亦作䆷聙聹者耳垢也下音魄韻
英云憺怕安靜也經文云憺怕路者開
靜處也並從心詹音占自皆聲也鵰

鷲上丁遥反下音就說文云鵰鷻也音團
廣雅鷲鵰也山海經云景山多鷲鵯碧
云鷲似鵰形小食鴟梟上昌之反鳶也音
死屍肉也怪鳥也緣鳥也下擊姚
反鄭玄箋詩云梟惡鳥虎豹上呼古反
也說文云不孝鳥也說文云虎
山獸之君也下補教反豹狐狼上音胡
似虎而小圓文斑黑也說文云
妖獸也鬼所乘而有三德下音郎說
文云似犬頭白頷色白者應祥瑞也或啄
丁角反說文云鳥食也廣或⿰國瓜俱籰反
雅云啄噣也噣竟結反王約反

一切經音義卷第五　第六張　田

字書云攫搏音愽也文字音義云鳥窮則啄
獸窮則攫倶籰反𤓰持曰𤓰又音居碧反亦
通摣掣上側加反廣雅摣取也又云摣
叉也或作𢶍下尺制反韻英云
掣曳也潰爛上黃外反說文云潰漏也韻
也英云散也下勒旦反方言云
火熟曰蟲胆上逐融反尔雅云有足曰
爛也蟲今經文作虫略也下七
余反字書云蠅以蒸反乳肉中扶
虫也說文云胆字從肉且聲也腐肉甫
反考聲云肉敗也骨瑣蘇果反廣雅云
說文從肉府聲瑣連也謂骨節

相鉤連也字林瑣聯也環也說文云瑣從王
貟䔢果反聲經中有從貟作鎖或作瑣者皆
非也髖骨音寬埤蒼云髖尻苦高反也說文士髖髀上也從骨寬聲也
脇骨上盇業反或作脅亦同說文云胠兩傍也字從三力也髆骨
補各反說文云髆肩甲也從骨尃芳無反聲
也經中有從肉作膊普各反者非也
頷骨胡感反方言云頷頤也郭璞云頷即頷輔車骨也髑髏

上音獨下音婁說文云髑髏頂骨也埤蒼云
頭骨也字書云腦盖也或作顕顗或名頭顱
或名頊徒各反顱音盧皆一義亦由楚夏音殊輕重訛轉耳曓蒲冒反韻
英曬也晞也說文從日從出從大大音
代從米會意字也經中從田從恭非也

第四百一十五卷

次下又音四十三梵字前經第五十三卷雖
已略云不改經中字體今改舊文新翻取正

經中本具在注中智者審詳
後寫經者宜依新本經云
入𧬊字烏可反囉字羅字上聲兼彈舌呼即是也經中書
洛字不相當非也跛字波可反正相當左字咸可反經
中書者字邊方不正音言也曩字囊朗反兼鼻聲呼經中書娜字不切
當也砢字勒可反正是也娜字那可反經中書柁字不切
當娜字為正麼字莫可反經中書婆字不切當宜改之⿱奴糸字

奴雅反經書荼字非也矯穖此二非梵字上居夭反正作撟鄭玄注周
礼云撟詐也字書矯要也經文作矯俗字也
下透衛反透於兩反韻英云穖惡也茅聲云
芒蕪也以字取上聲呼正是也可書灑字亦得嚩字
無可反後准此⿰多頁字多可反正著梵音野字此野字正
與梵音相當瑟縿字二合上所乙反下摘賈反二字合為一聲呼經
中書瑟吒二合舊用亦通迦字居佉反上聲呼及諸字書並無此音字以此

香耶即為正也娑字取上聲呼正音柰可反麼字莫可反兼有鼻音與前字稍別誐字魚佉反上聲呼及經中書加字甚重他字取上聲呼他可反惹字慈砢勒可反經中書闍字踈遠不著也[口+逕]嚩二合字上尸入反下無可反二字合為一聲呼之馱字徒賀反經中書達字踈也捨字尸也反正與梵字同

佉字取上聲呼即是也乞灑二合字二字合作一聲經中書屣字聲轉耳薩頞二合字下頞多可反二字合為一聲呼吉孃二合字二字合為一聲經中書若字訛略不著也囉他二合字二字合為一聲經中書若字訛略不著也囉他二合字上羅字上聲兼轉舌與他字合為一聲即是經文書粹盧割反粹他其聲大分

同也賀字胡笛反經中書呵太輕也梵本無此字啵字娑賀反經中書薩字甚不著也蹉字蹉可反即蹉字上聲經中書縒䰃藥反不著也颯麼二合字二字合為一聲兼有鼻音經中書颯磨傳寫誤也嗌嚩二合字上音合下無可反二字合為一聲頞娑二合字上多可反下娑可反二字合為一聲經中書蹉字聲不足也伽字取去聲正相當侘字取上聲勑賈反經中書攃勑皆反極

乖不切當也拏字奴雅反兼鼻音呼與前絮字有異經中書絮字應取上聲頗字普我反正當本音塞迦二合字下迦字居佉取上聲反二合為一聲呼拽娑二合字上延結反下娑字取上聲二字合為一聲呼窒者二合字二字合作一聲經中書酌字失之甚矣縿字竹賈反經中書吒字應取上聲搽字取上聲宅賈反經中書擇字踈不切當也

如上諸字攺書頗為的當惟覽者但審詳音
注於四聲中細取及看反脚呼之即是本梵
音也後經第四百九十卷中又説四十三梵字與此不别

不𢓜 句後反考聲云𢓜求也韻英云以身從物曰𢓜說文從彳丑尺反從彳聿均反經文從人從句非也

阿練若 或云阿蘭若或云阿蘭那或但云蘭若皆梵語訛轉耳正梵語應云阿蘭轉舌上聲孃此土義譯云寂靜處或云無諍地所居不一或住砂磧山林曠野或塚間寒林弃死屍處皆在聚落一俱盧舍之外遠離諠譟牛畜鷄犬之聲寂靜安心修習禪定

傲慢 上我告反考聲云慠倨也杜預注左傳云不敬也又云不恭也廣雅云慢也薄也或作嫚

愁慼 下青績反正作慼論語云小人長慼慼鄭玄曰慼慼多憂懼也何休注公羊云慼痛也毛詩傳云慼憂也說文云慼從戉聲從心從宗省聲也宗音寂

矯誑 上居夭反矯詐也正從夭作矯經中從右作矯俗字也下俱況反賈逵注國語云誑猶惑也杜預注左傳云誑欺也聲類或作[illegible]古字也

諠雜 虛袁反聲類云諠譁也諠志也正作讙經文中作喧俗字也

迫迮 上音伯補格反玉篇云迫猶逼也王逸注楚辭云迫附也蒼頡篇云迫近廣雅云迫陿也迫急也或作敀古字也見聲類下阻格反聲類云迮迫說文闊或作窄屋上版也埤蒼窄或作庴庴酒具皆非此義

纔一 在裁反考聲云纔暫也或作裁經中作纔俗字也說文作才字

第四百一十六卷

杜多 梵語也亦云頭陁此云抖擻修遠離行有十二種前音義第二卷經第五十三卷中巳具釋

鬚髮 上相瑜反本作須今俗從水作須非也鄭玄注周礼云須者頤下毛須也說文云面毛也古今正字從髟作鬚正體字也下番韈反字書云髮頂毛也韻英云髪音毛髮也或作頌纘此皆古髮字也說文云髮頭上毛也從髟犮聲

第四百一十七卷

無變無易 上音無下音亦下文有變有易准此音也

第四百一十八卷

碧綠 兵戟反廣雅云青白色也説文云石之美者也故從玉從石白聲也下力足反説文云帛青色或作碌石碌也又作綠古字也

縹等 疋曉反説文云縹者帛作青黄色也唐韻亦云縹青黄色也

第四百一十九卷已下至四百二十三卷

一切經音義卷第一　第十三張　田

計五卷 並無可音訓者

第四百二十四卷

極爆 補教反説文爆灼也廣雅爆熱也尒雅爆落也考聲云燒柴作聲火烈也韻英云火灹也陟嫁反韻詮云火烈聲也説文從火暴聲也

第四百二十五卷

如癰 癰恭反孟子云癰疽疥癰司馬彪日停熱為癰不通為癰説文癰腫也從疒女厄反維聲也

竊作 千結反鄭玄曰竊猶盜也考聲云私取也淺也姿也

第四百二十六卷

迦多衍那 梵語阿羅漢名也舊名迦旃延是

第四百二十七卷

一切經音義卷第五　第十四張　田

掩遅 於撿反或作揜字書云掩藏也説文云掩斂也韻英云掩覆也

顧命 光户反毛詩云顧瞻周道鄭玄云還視也廣雅顧向也又云眷顧也蒼頡篇云顧旋也案旋身反顧也尚書成王作顧命是也亦作頋俗字也

兵戈 古和反説文云平頭戟也韻英云句矛戟也

僚佐 上力彫反孔安國日僚官也尒雅亦同左傳云僕隸之臣也又云同官日僚或作寮寮寀也結下子箇反周礼以佐王均邦國鄭玄日佐助也毛詩云主子出征以佐天子是也

甘蔗 支夜

反後律此蘆葦上音盧下于鬼反甘蔗蘆葦竹林稻麻葦皆以稠林衆多為喻韋拒上羽危反經作違俗字也本作韋後人加辵丑略反作違上下相背中間口音韋聲也下渠圄反音語說文云拒抗康浪反廣雅拒捍何旦反韻英上拒格也韻詮云拒亦違也莫耆梵語也能除衆毒神藥名也其藥功力經中自說如此國中嶺南陳家解毒自藥黃藥黑藥之類也毒蟲逐融反正體字也經

文作蚤俗字也省略也螫戰上舒亦反又音訶各反二音並通

威肅星育反礼記云肅戒也尚書孔安國注云肅敬也韻英云肅恭也考聲云竦也息勇反敬也字書云嚴整也說文從肀女輙反在𣶒上戰戰兢兢也𣶒音淵

第四百二十八卷

蠱道上音古又音野或云野道前一百二卷中已具釋

鬼鬽下眉秘反前一百二卷已具釋訖

⿰示厭禱上伊琰反下當者反前經一百二卷已釋

香囊上音香正體字也說文從桼從甘下諾當反燒香器也古今正字有底袋也從襄省聲

贍部洲常焰反梵語此大地之惣名也因金因樹而立此名

窣堵波梵語上蘇骨反下音覩此云高顯即浮圖塔等是也

第四百二十九卷

漂溺匹遙反說文云漂浮也廣雅云漂潎也篇蔑反下泥的反說文云溺沉也或作休古字也

譴罰上企見反廣雅云譴責也說文譴謫問也蒼頡篇云譴呵桂苑珠叢云譴怒也下煩韈反罰責也

屠膾上唐胡反說文云屠刳音枯也刳割也考聲云分割牲肉日屠下古外反廣雅膾劊也字書云切肉也

補羯娑上博毋反次居謁反下桑何反梵語此譯為邊地下賤不信因果煞生劫盜婬樂邪見人也

戍達羅梵語也或云首陁羅或但

云首陁皆梵音訛略也即是耕種田疇
為業婆羅門四姓之中冣居其下也賀
易經作賀俗字也摸倣又考聲云易財曰賀伺求上司恣反鄭玄
注同礼云伺察也韻英云
伺候也謂察其得失也勃惡蒲没反礼記鄭
玄注云勃逆也說文云勃乱也下阿各反說
文云惡過也從心亞聲經文多從西作悪者
俗字栗聶毗種上齒葉反下婢夷反舊名梨車毗童子剎帝利
王種之名也眷屬
豪族子弟眾也怯怖上去業反或作㹤說文云多畏
也礼記云勇者苦怯玉篇云怯畏劣也怯去
也下普布反或作浦廣雅怖懼也考聲云怖
遽也渠御反懼也正作遽說文
云怖猶惶恐也從心布聲也福祐尤救
反周易云自天祐之孔子曰祐助也
考聲云福助也或作佑古作閐並同

第四百三十卷

芬馥芳文反鄭玄注毛詩云芬香也方言云芬和也郭璞云香而和調曰
芬說文云從屮分聲下馮目反韓詩云馥香氣皃也塗治雉离反治理也
幡鐸唐洛反似鐘而中有舌也案大鈴曰鐸妓樂渠綺
反或作技工巧也或作伎伎藝也字書云女
樂也從女作妓經或從人或從扌音手皆非
也下五角反邊鄙悲美反史記云鄙陋也杜預注左傳云鄙邊邑謂邊
邑郊野之外云國都遼遠名為鄙陋鄙人言
不達詩書礼樂名為鄙夫也說文云五酇為
鄙從邑啚聲酇音祖短反達絮奴雅反有經文有作絮思預反書寫人誤
也此即梵語也亦是邊夷戎羯下䟦惡種不知礼義如禽獸之類也蔑戾
車上眠鼈反次蓮結反下齒遮反此邊方梵語訛略不正也正梵音聽云畢嘌二合
嗟此譯為貪樂垢穢之物邊方下賤不信正法之人也或痰徒舍反說
文從疒炎
聲疒音搦腫皰上之勇反鄭注周礼云癰長生瘡也鄭注
礼記云腫癐音會說文腫癰
也於恭反從肉從疒重雍聲
目眩瞖

慧綃反賈逵曰眩惑也蒼頡云視之不明了也下嬰曳反經文中作瞖不成字也

枯涸 康姑反考聲云木乾死也或作殆古字也

箱篋 上息羊反韻英云箱者或云書器也衣箱也考聲云箱篋也輕頰反說文云篋笥也音四字書云篋箱類也

莖稈 上幸耕反考聲莖本也本草曰莖集訓云草木榦也說文云枝主也從草巠聲也下干嬾反左傳云禾藁也廣雅稭莖曰稈考聲云禾黍莖也說文亦禾莖也從禾旱聲或作秆亦同經文從榦作𥞴雜通用非本義也

碎金 蘇對反破也考聲云碎散也壞也或作執執由瓦執也非此義

第四百三十一卷 不音訓

第四百三十二卷 不音訓

第四百三十三卷

假藉 情夜反下文雅此考聲云藉薦也

第四百三十四卷 並無字音訓

第四百三十五卷

猥雜 烏賄反呼每反廣雅云猥衆也字書猥亦雜也猥穢也

黧黮 上力遲反通俗文云斑黑曰黧考聲云面顇青旬反黑也老也黑而黃也開元文字音義去力奚反今不取下他感反楚辭云彼日月之照明尚黯黮而有瑕王逸注云謂不明淨也說文云桒葚之黑色考聲類漆色也

窮顇 牆醉反第一百八十已釋訖又云顲淨遥反顇瘦惡皃也蒼頡篇云顇憂也或作悴瘁顇三體後二古字也

頑嚚 上五關反下語斤反前一百八卷已釋訖

輕誚 情笑反考聲云責讓笑也蒼頡篇云訶也說文云嬈也或作譙古文作誚

蝸蠃 上寡華反尒雅小蠃也下盧和反經中作螺俗字也

第四百三十六卷 無可音訓

第四百三十七卷
擐鎧 上音患挂苑珠叢云以身貫穿
甲謂之擐下苦代反說文鎧甲也
文字集略云以 劬勞 其駈反毛詩傳
金革蔽身曰鎧 云劬勞病也 衰
耄 上率退反韻英云衰微也耗也下莫報
反韻英云耄老也礼記云八十九十曰
旄音耄鄭玄曰耄惛忘 驅遣 去于反說
也或作薹薹皆古字也 文驅駟也文

字集略作駈俗字也又作
敺古字也又有去聲
第四百三十八卷
毀呰 下子尒反子移反又茲此反三反皆
通或作訿㰺呰嗇四形多是古字也
韻英云呰訾言也鄭注 覆蔽 芳務反卑
礼記云呰毀者惡罵也 袂反亦掩
蔽 慣習 關患反考聲云謂習也左傳作
也 貫假借字也說文作遦通也經

中作串古
字亦通也 牧人 蒙卜反玉篇云牧畜
養牛馬者也尒雅云邑外 養之揔名非只唯在牧
為郊郊外為牧是也 懷孕 胡乖反孔
懷安也下餘證反鄭玄云妊子曰孕說 注論語云
文曰懷子也廣雅曰懷任也任音身
第四百三十九卷 無字可音訓
第四百四十卷
欠故 下音去埤蒼云欠故張口也經從
口作呿 挂苑珠叢云呿是卧聲也

韻詮云呿 睡聲也非此義宜從欠
作故 案此二字皆是出氣手用亦通 躁擾
臧告反考聲云躁急性也動也疾走也或作
趮亦通下如沼反說文擾煩也孔云擾乱也
說文擾字從手作夒奴刀反 夒
聲也經文從小音心作懮非也 欻然 暉
反薛綜曰欻急也蒼頡篇云 為黠 筆
欻猝起也說文云吹起也 遐軋反 方言自
關而東趙魏之間謂慧為黠考聲云黠利也
姦也音斳韻英云黠猾也軋音烏八反
揆摸 上葵癸反毛詩傳曰揆度也度音
徒各反挂苑珠叢云商量測度於事

日撈下莫胡反字林云摸法也字從木莫聲考聲云摸形也規摸也字書云模摸也有從扌音手作模摸取也非此中義或作𤏫𤏫皆古字也

䅽稗 上從奚反字林云似稗一名英尔雅云同考聲云草名也𧗿㝉作䔾或作秩穗古字也下蒲賣反杜預注左傳云似穀而異者說文云禾之別種也或作粺細米也

軌範 上俱輂反韻英車轍也考聲云車迹也說文云從車從究音鬼省聲下凡黙反尔雅範法常也字書云範模也說文云從車從笵省聲也

糞掃 上分問反韻英云弃也或作坌垪糞四形並同也下蘇到反韻英云掃除也或作掃箒糞掃者納衣之別名也

慳悋 口閑反韻詮云慳悋也桂苑珠藂云愛財不捨曰慳或作掔摼古字也下隣信反廣雅悋鄙也韻英云悋惜或作𠫤古字也

掉舉 上庭曜反前經第八卷已釋下居圄反說文從手與聲也經文作擧俗字也

第四百四十一卷

慊恨 上刑兼反韻英云嫌疑也王弼注周易云心不平也考聲云心惡也說文從女從兼聲也亦作慊並同

第四百四十二卷盡四百四十三卷

並無可音

第四百四十四卷

浮囊 上附無反孔注尚書云浮流曰浮汎也芳劍反賈逵注國語云浮輕也下奴郎反說文囊橐也音託橐威氣皮袋也憑浮囊而渡大水氣囊也經取輕浮為言喻也

坏瓦 上普杯反韻英云瓦器未燒曰坏下吾寡反燒土為之以蓋屋或為撽器

爛壞 郎旦反方言云火熟曰爛下胡怪反壞敗也

衰秏 上霜歸反韻英云衰微也又衰亦秏也下蒿奥反蒼頡篇云秏消也韻英云秏減也

第四百四十五卷

將帥　上精漾反羊匠反考聲云君也師也下衰類反字書云統領或作衛音同

第四百四十六卷

淳熟　垂倫反韻英云淳淥也考聲云淳清也又淳朴也鄭注礼記曰淡前調和日淳

何貌　茅豹反韻英云容儀也或作皃字也尚書洪範云一日貌孔云容儀也或作額古字也

第四百四十七卷

嗢鉢羅花　上烏骨反梵語也細葉青色蓮花也古云漚鉢羅或名優鉢羅皆訛也此花冣香氣大人間絕無雪山無熱惱池有

鉢特摩花　亦梵語花名也或云鉢頭摩或名鉢弩摩正云鉢納摩即是紅色蓮花一名黃蓮花

拘其陁花　梵語赤蓮花名也或云拘勿頭正云拘牟那即是深赤色蓮花也人間亦少有多出彼池

奔荼利花　亦是梵語白蓮花名也古云芬陁利正云奔絮去聲緊奴雅反黑迦此云白蓮花人間絕無亦出彼池

第四百四十八卷

扇搋　勑加反梵語也此名黃門其類有五前音義第四卷已具釋

盲聾瘖瘂等並如前音

第五卷中已釋

無暇　行駕反賈逵注國語云暇安也韻英云暇閑也孔安國云暇寬也

踰於　庾朱反廣雅踰遠也又云踰渡也說文云踰越也從足音足俞聲也

第四百四十九卷

為但　上葦危反下文為並同下唐旦反考聲云但語辭也

厭背　上伊焰反考聲云飽足也韻英云厭倦也字書云猒苦也說文云從厂音罕從犬從甘從

肉或有作厭食亦通古字也

唐受 玉篇云唐徒也字書云唐盂也說文云唐大言也

揬帶 上本音患左傳云揬貫也挂花珠蘂云以身貫穿衣甲曰揬考聲亦云揬衣去聲甲也下當蓋反字書云帶繫也案揬帶非嚴也說文云帶紳也男子服革婦女服絲象繫佩之形而有巾故帶字從巾今經文作戴非也

甲胄 稠又反考聲云胄鎧也口代反鎧甲也胄亦甲也說文云從日莫保反作胄經文從月非也

鈌減 上犬悦反蒼頡篇云鈌齾也說文器破也從缶從決省聲也下咸黯反押咸反字典曰自秏欠下曰減集訓云減秏也從水咸聲也

技藝 上渠綺反說文云技巧也頭野圭曰技猶藝也經文從人作伎非也韻詮云伎猶傷也與也全乖經意欧從扌音手作技

一切經音義卷第五　第二十七張　田

第四百五十卷

焦炷 上即姚反鄭注禮記云焦臭也廣雅云焦黑也說文從隹從火經文中多作燋音即藥反案燋者灼龜之木也非經義下炷音注案炷者燈焰下焦炷字近代出說文內無亦是形聲字也

第四百五十一卷

弊壞 上毗袂反韻詮云弊惡也杜注左傳云弊褺壞也蒼頡篇云弊極也考聲云弊劣也古今正字從廾廾音拱敝聲也敝音婢世反下胡怪反韻詮云自破曰壞考聲云崩摧也敗也又作𡒄古字也

顧戀 光戶反鄭玄箋毛詩云迴首曰顧又云顧視也念也蒼頡篇云顧旋也廣雅顧向也或作頋俗也說文云還視也從頁音頡雇音故聲也下力眷反考聲云戀思也史記云戀慕念也從心䜌音攣聲也經中亦有作變者誤也非經義也

叜相 上古莖反今通作更俗用已久下相羊反

顑頷 上情遷反下情燧反韻英云顑頓瘦惡皃也或作燋悴考聲云憂也傷也體亦反班固漢書中作燋瘁病也左傳作蕉萃萎也毛詩作譙漢書武帝作燋

一切經音義卷第五　第二十八張　田

婢皆大同小異非正體也

鄙穢　上悲美反杜預注左傳云鄙邊邑也史記謂邊鄙郊野之外名為鄙陋亦曰鄙夫下於衛反韻英云穢惡也字書云不清絜也形聲字也

矛䂎　上莫侯反古今正字云酋矛也建於兵車長二丈五尺也象形字也或作戟古字也或作鉾亦通下倉乱反考聲云遇投矛也說文云從矛贊聲也

醜陋　上昌首反毛詩傳云醜惡也從鬼酉聲下郎豆反王逸注楚辭云陋小也言其卑陋醜惡也說文云陋陋也從阜㔷勒豆反聲也

統攝　上也貢反下商葉反

短促　青欲反

第四百五十二卷

翱翔　上吾高反下夕羊反毛詩云羔裘翱翔箋云翱翔猶逍遥也尒雅云鳶烏醜其飛曰翔郭璞曰布翅翱翔也字統云飛不動翅曰翔說文云翱翔迴飛也此二字皆從羽皐音高字羊字皆聲也並右形左聲字

拘礙　上音俱下五盖反

引奪　徒活反字書云奪失也考聲云毛詩一鳥失之曰奪本作奪石經作奪或作敓稅皆古字也有從六作奪者非也宜改之

騰踴　上徒登反莊子云騰躍音藥而上王篇云騰猶跳躍也王逸注楚辭云騰馳也廣雅騰奔也上也度也說文云騰傳也從舟從馬𢍏音卷聲也下羊種反何休注公羊云踴上也漢書云市物騰踴米碩萬錢是也說文云踴跳也從足勇聲也或作趙褯趙也

傍生　蒲忙反案傍生者上從龍獸禽畜下及水陸蚰音昆蟲逐蝡反業論惡趣非人天之正道皆曰傍生是也

呰毀　上玆此反吳音子尒反鄭玄注礼記曰口毀曰呰說文云呰訶也從口此聲也經文有作訾亦同下暉鬼反尒雅毀壞也蒼頡篇云毀破也顧野王曰毀猶損也内損曰毀外損曰傷說文云毀缺也從土從毇省聲也或從王體鄙反作毀古字也

輕懱　眠鼈反說文云懱輕傷也宜從亾音心作懱經中單作蔑目勞無精光欲睡也非經義也傷音移智反

第四百五十三卷

咄哉　都骨反蒼頡云咄叱也字林字統並云咄叱也字書云出歎叱之反叱呵也說文云咄相謂也考聲及韻詮咄呵也歎也又音端捋反今之呼僕𠹌聲也捋音盧括反

稟性　彼錦反孔注尚書云稟受也說文從禾㐭力錦反聲也

塚間　上知勇反俗字也傳用已久本單作冢考聲云墳墓也說文云高墳也從勹音包從豕丑錄反豕亦聲也案塚間者即寒林處也

糞掃衣　上方問反下蘇到反此卷音義前四百四十卷已釋

名譽　余據反韻英云譽美聲也考聲云稱美德也說文從言與聲也

廉儉　上力監反廣雅廉清也王逸注楚辭云不受曰廉案廉猶清絜也下其儼反韻英云儉約也廣雅儉少也案儉者不奢之稱也

嬀嬈　榮偽反下寧鳥反字書云嬈乎相戲弄也或作嬲古字

一切經音義卷第三　第三十七張　四

也

躭湥　荅南反考聲云躭嗜也玩也說文從身從躭省聲也下而琰反考聲云湥汙也著也說文從水杂聲

爲師爲導　華危反已上經文並同上

洲渚　上章由反水中可居曰洲下章暑反水涯曰渚

第四百五十四卷

聰敏　上倉公反韓詩云聰明也考聲云耳聽明審也說文云聽察也從耳悤聲下眉殞反考聲云聰也孔注尚書云敏明達於事也杜注左傳云敏達也又云審也聲類云敏敬也說文云敏疾也從攴殫從每殫每亦聲也

一切經音義卷第五　第三十五張　田

第四百五十五卷

源底　愚袁反廣雅源万物之本曰源玉篇云放之本也禮記曰達於禮樂之源鄭注云源本也說文作原形聲字也從泉或作厵其義一也

甲胄　持右反前第四十九卷已釋說

搥打　章蘂反考聲云搥擊也或作䥥古字也或作箠亦通

挑眼　體遥反考聲云挑抉縈悅反洲字入聲從才音手兆聲也

有從木者非也劓鼻魚器反孔氏日劓割也傷人者其刑劓鄭注周礼日截其鼻也說文云劓臾鼻也或作劓亦通爛魔鬼界上闇衛反爛魔梵語鬼趣名也經文作剡魔剡音揚㓒反訛略不正也梵音爛魔義翻為平等王此司典生死罪福之業主守地獄八熱八寒及以眷屬諸小獄等役使鬼卒於五趣之中追攝罪人捶拷治罰決斷善惡更無休息故三啓經云將付琰魔王隨業而受報勝因生善道惡業墮泥犂即其事也

第四百五十六卷

薩迦耶見迦音薑佉反耶音以遮反梵語也此譯為身見迦耶名身薩日移轉不實義也此外道於身起不實之見見不正故名薩迦耶見也欲扣音口孔日扣擊也廣雅扣持也考聲云馬勒也拘也從扌⿰木片爲星亦反韻英云析分也說文云從扌手皆從片片破木也或從木從斤作析亦通用也⿸疒商

數下歷反下霜句反說文云水滴也經文從帝作渧音丁計反渧水流下也非經義書寫之人誤作之也不齅休右反韻英云鼻取氣也說文云以鼻就殠日齅也殠昌呪反

第四百五十七卷

依怙胡故反考聲云怙恃也投趣徒侯反考聲云投擲也並迎也合也說文云遥擊也或作設古字也洲渚水中可居日洲下之與反水

涯也殑伽上魚景反取疑字上聲下魚迦反梵語西國河名也此河本出無熱惱池以砂多細故引為喻抗對上苦浪反考聲云抗遮也韻英云抗桿也舉也經文從人作伉伉儷也匹偶也非抗拒之抗也諒順力仗反毛詩傳日諒信也方言云衆信日諒又日諒知也考聲云以信自効日諒說文云從言涼省聲也

第四百五十八卷

能辦白慢反阻壞莊所反考聲云阻難也疑也廣雅云阻險

也下壞佐反韻詮云自破曰壞 殖多 時職反孔注尚書云殖生也杜注左傳云殖長也蒼頡篇云殖息也多也考聲云殖種也廣雅云殖種也說文云從歺音殘直聲也 猒倦 伊焰也 勇勵 力滯反杜注左傳云相勸勵也玉篇云勵猶勉也 須臾 梵語也古譯訛略也正梵音云謨護律多俱舍論說一日一夜有三十須臾共分為六十刻是也 俄尒 五哥反火邐間也

瞬息 或閏反說文云開闔目數搖也案瞬目者一瞚目也息者不息氣也 重擔 當濫反擔負也 煩寃 於袁反或作惌亦同廣雅寃枉也考聲云寃屈也寃苦也經文作怨非也 荼毒 上杜胡反毛詩云寧為荼毒之行惡誰謂荼毒其甘如薺介雅云荼苦菜也古今正字云從草余聲 伺求 思恣反韻英云伺候也伺察也

第四百五十九卷

慳悋 上坑閑反下隣信反字義如前第四百四十卷中已釋 ⿰夌力辱 力矜反宜從力作⿰夌力經文從阝阜作陵者丘陵也非⿰夌力辱字也 遜謝 蘇頓反韻英云遜恭也遁也考聲云遜順也避也或作遜 危脆 筌歲反考聲云脆弱也便也肉肥也或從毳作膬亦通也毳出秕天 沉溺 直林反下泥歷反 懈息 家隘反懈怠也相傳音嫁者非也 塊等 苦悔反字書音義云土塊也 打擲 佳石反說文云投也正體打擿 分解 皆買反讀為賈者非也 劇苦 其逆反蒼頡篇云劇甚也考聲云劇甚也古今正字云凡病火愈而必加劇謂甚於前也 奮迅 分問反考聲云奮進也動也鄭玄箋毛詩云奮振也起也司馬彪注莊子奮武貌也案奮者大鳥在田振羽欲飛也

第四百六十卷

已事音幾後同　易爲上移智反萆危反下　鎧仗口代反說文鎧甲也從金從愷枯改反省聲也　窓敵於袁反經文作怨非也音於願反書寫人誤也正體合從宀音綿作窓平聲　皆銑徒嫌反奴巽反韻英云刃不利　拔擠彭黜反考聲云抽也韻英救也出也廣雅輔也韻詮盡也從扌從手犮聲也　呵嘖上乎阿反下音責　痛徹馳列反考聲云迹也毛詩徹通也說文云徹通也或作撤古作徹徹　心髓雖觜反說文云骨中脂也　能辨白慢反　菴沒羅果梵語果名也或云菴婆羅此卽菴羅果　半娜娑果亦梵語果名也形如冬瓜此國並無也　漑灌上基意反韻英云澆灌也玉篇注也說文漑亦灌也　不藉情夜反韻英云以草藉地也　牙莖幸耕反考聲云草本日莖莖榦也

第三十七張　田

一切經音義卷第五

一切經音義卷第六　田

翻經沙門慧琳　撰

音大般若經從四百六十一盡五百一十九凡七十卷

大般若波羅蜜多經第四百六十一

凋落 上丁遼反杜注左傳云凋傷也賈注國語云弊也說文半傷也從冫從周聲也冫音氷經文作彫錯用也下郎各反說文云草木凋衰也從艸艹音草洛聲也經從兩點作落草書訛略也

虛偽 上虛字說文從虍從丘經從雨作虛不成字下危位反廣雅偽欺也鄭注礼記云假也說文詐也從人為聲也

誣罔 上武扶反杜注左傳誣欺也鄭注礼記云妄也謚法曰於事不信曰誣考聲枉也說文加也從言巫聲也下無昉反象形字俗作㒺

不憚 唐爛反鄭箋毛詩云畏難也韓詩惡也廣雅驚也古文作𢤲義訓同說文憚忌疾也從心單聲也

鼻齅 休救反韻英鼻取氣也說文以鼻就臭曰齅從鼻臭聲古人只用臭作齅

第四百六十二卷　第四百六十三卷

第四百六十四卷　第四百六十五卷

已上四卷文重不訓

第四百六十六卷

四雙 朔牕反顧野王曰雙猶兩也方言云二飛鳥也說文二枚也從二隹隹鳥也從又又手也手持二鳥曰雙經從反作雙非也

八隻 征懌反義解二鳥曰隻經從反作隻非也

行衞次行 上行字幸耕反下行字行孟反次字說文云不前不精從欠二聲也次字從二也

第四百六十七卷　第四百六十八卷

已上兩卷並無可音訓

第四百六十九卷

此卷中經文多與前第三百八十一卷中文同從奮庅所蹈坦然輒轂覩羅綿等乃至晝四百七十卷遠延已來並如前釋經文重故不訓也

交絡　郎各反郭注山海經絡繞也方言韓魏之間謂繞為絡尒雅絡綸也郭璞云綸繩也或作絡古字也

綺畫　下獲罵反說文云畫界也象田四界聿所以畫之也楚謂之聿吳謂之律燕趙謂之弗秦謂之筆從聿一聲書音踊也

纖長　上相閻反前已釋下文良反說文久遠也從兀兀高遠意也從上久則化變也從倒亡字已上並說篆文長字會意

與趺　上餘渚反說文從具与聲也或作与古字也下府無反古今字也

一切經音義卷第六　第三張　𠕋

正字云足上也說文正體從付作跗經從夫作趺俗字通用或有從不作跅非也

眼睫　精葉反說文正體作睫目旁毛也從目夾聲也夾音甲案眼睫眼瞼毛也釋名作趚俗字也解云睫插也接也插於目匡而相接也通俗文從妾作睫解云目毛曰睫史記云目見毫毛而不見睫插音楚洽反

第四百七十卷

惇肅　下嵩育反孔注尚書云肅敬也嚴也尒雅肅肅恭也謚法曰強德剋義曰肅執心決斷曰肅說文持事謹敬也從聿在淵上戰戰兢兢肅然懼而嚴敬也會意字聿音尼輒反開音恚緣反也

那羅延　梵語欲界中天名也一名毗紐天欲求多力者承事供養若精誠祈禱多獲神力也

一切經音義卷第六　第四張　田

第四百七十二卷

四衢　具隅反尒雅云四達謂之衢郭注云交道四出也說文從行瞿聲

變易　上兵眷反白虎通云變改常也化也說文從文從䜌聲也下盈益反說文象

形字如蝌易一說云上日下月共為易揔九畫陽之數也會意字也

將無 即羊反毛詩傳將且也助也儀礼語辞也廣雅欲也說文從肉從寸寸法度也爿聲也爿音牆非是牛

數法界 上音帷字從文作數也

大族 藂斛反礼記五家為比比隣也五比為閭閭里也四閭為族使之相助葬也尒雅曰父之從祖昆弟為族鄭注云族聚也集訓云親也本同姓也說文矢鋒也本音子錄反假借字從㫃從矢㫃音焉蹇反

一切經音義卷第六　第五張　田

駞驢 上唐那反俗字也正體作駝玉篇云背有肉鞍能負重善行致遠北方多饒此畜郭注山海經云日行三百里負重千斤能知水泉所在古今正字驝駝二字並從馬形聲字也橐音託它音陀下驢音呂豬反儀礼云君射於郊用驢中射說文云似馬而小長耳牛尾從馬盧聲也

第四百七十三卷　第四百七十四卷

第四百七十五卷　第四百七十六卷

已上四卷無可音訓

第四百七十七卷

達絮 奴雅反梵語也此無正翻下賤屠釣除糞之人也

無翅 施至反考聲云鳥翼也說文從羽支聲或作翄翍𦐊並古字也

第四百七十八卷

一切經音義卷第六　第六張　田

採菽氏 古譯梵語云大目乹連訛略不正正梵語云摩訶沒特伽羅唐云大採菽氏俗云菉豆子古仙人号也目乹連是此仙種亦名俱利迦或名拘𢑥多或云俱律陁皆一人之号

第四百七十九卷

殉命 巡俊反左傳晉文公卒厚葬始用殉杜預云以人送死生埋曰殉古今正字云亡身從物曰殉說文從歺旬聲歺音五割反下明柄反考聲凡有九訓所稟以

生也告也說文使也道也覩也信也避也告也說文使也從口令聲也

撟誑　薑夭反賈注國語云非先王之法曰撟集訓云撟詐也說文撟擅也考聲云妄也顧野王云假稱謂之撟從手喬聲經文從矢作撟俗用非本字也

肅穆　上肅字此卷前四百七十中已釋下莫卜反尔雅穆敬也毛詩傳美也謚法曰布德執義曰穆中情見皃曰穆說文穆和也從禾㣎聲也㣎音同上㣎字說文從白小從彡彡音杉也

園林　說文從草作薗或從兩點作薗並俗字非正也說文從口袁聲外形內聲字也口音韋也

亙元　上胡固反說文亙交也經作手訛變俗也下音無古文奇字中無字也古譯經多用此元字也

烔然　動東反埤蒼云烔烔熱皃也韓詩旱熱也音動者非也

摽擊　匹縹反毛詩傳摽落也說文擊也從手票聲音必遙反或從支作敹字訓用並同上穀亦弃也經文有從風作飄鏕用飄迴風也旋

風也非經義下經亦反顧野王云擊擂打也說文攴也從手毄聲毄音同上攴音普卜反

諷誦　上風鳳反下徐用反鄭注周礼云倍文曰諷以聲節之曰誦毛詩序上以風化下下以諷刺上說文中二字互相訓諷即誦也誦亦諷也並左形右聲經文從公作頌雖通俗用然非本字本音容今故不取

幽冥　幼摎反鄭注礼記云幽暗也說文隱也從山丝聲丝音同上冥字前已釋摎音經由反

第四百八十卷，

兇黨　上勗恭反尒雅兇咎也前文第五十及第三百二十三卷中並已具釋說文從人在凶下會意字

魁膾　上苦瓌反下瓌外反前第一百五卷中已釋

不相違　准經義合是違字也經文從交作遠不成字不堪用

纔出　藏來反考聲纔擊也顧野王云纔猶僅也鄭注礼記音為裁字漢書及東觀漢記諸史書及賈逵注國語並為財字說文音讒今不取從糸糸音覓從㲋㲋音丑略反㲋即狡兔從兔兔音他固反經從二兔者非也

擁衛　上邕

拱反蒼頡篇云擁持也考聲護也字書遮也說文作擥擥抱也從手雝聲今俗作擁下榮彖反王弼注易衛護也說文宿衛也從行行列也從韋從帀守禦也今隸書略云帀作衛也

痊除 七全反莊子曰予病少痊司馬彪云痊亦除也集訓云病瘳也考聲病差也說文從疒音女厄反全聲

第四百八十一卷

數數 並霜捉反

來嬈 寧鳥反說文擾弄也從女堯聲

第四百八十二卷

山崖 牙皆反桂菀珠藂云山邊高險也考聲云山澗險岸也說文高邊厓也從屵音五割反從桂省聲也

⿰夌力虛 力徵反玉篇⿰夌力便侮也或單作夌說文夌越也從力夌聲也經文多從阜作陵是丘陵也或從水或從冫皆非本字也

如

燎 遼銚反周礼墳燭庭燎鄭玄日墳大也地燭也樹於門外日墳燭在於門內日庭燎皆所以照衆為明也說文放火也從火尞聲尞音遼此上三字前經第九卷音義第一卷末已擇也

拔摩 又粉反

釁心 昕斬反左傳釁罪也瑕隙也說文象祭竈從酉酉酒也從𦥯省分聲也經從且作亹俗用不成字

谷響 香兩反孔注尚書云若響之應聲說文聲也從音鄉聲鄉字從𨛜音巷從皀皀音鄉古鄉字也

若屬 殊欲反說文屬連也從尾蜀聲經文作屬不成字古文作𦘕𦘕亦屬字也

第四百八十三卷 無音

第四百八十四卷

幢相 濁江反廣雅幢謂之翿翿音徒到反方言幢翳也郭璞注云儛者所以自蔽翳身也南楚謂翳日翿翿即幢也說文從巾童聲巾音斤也

第四百八十五卷

開闡 康嫰反文字典說開通也廣雅明也說文張也從門开聲下昌演反韓康伯注繫辭云闡明也蒼頡篇闡亦開也說文云從門單聲也

製造 征例也考聲製斲也韻英裁作衣裳也蒼頡篇正也說文作制裁衣也從衣制聲也

推究 上出佳反考聲窮詰也說文推究也從手隹聲亦假借字也下鳩宥反毛詩傳云究深也說文窮也從穴九聲或作宄窓叐竆並是古字

尋伺 上祥傜反考聲云尋度也逐也說文繹也理也從又又手也從彐從工從寸寸分理之也度人之兩臂曰尋古文作𢒠會意字也下司恣反考聲察也說文候也從人司聲經作思借音

第四百八十六卷

無字可音

第四百八十七卷

充溢 引一反尒雅溢盈也廣雅盛也賈注國語餘也說文器滿也從水溢

聲也

濟恤 下笋律反尚書云惟刑之恤范寗集解恤憂也鄭注周礼賑恤憂貧也說文作卹卹憂也從血卩聲經從忄血亦通用也

第四百八十八卷

無字可音

第四百八十九卷

此卷中從循身觀脉已下乃至畧聯等前經五十三卷中已具釋四百一十四卷又重譯

第四百九十卷

倅暴 村訥反周書云卒暴急也考聲云倉怔也或作踤或單作卒韻英云怒也說文云犬從草中暴出逐人曰卒從犬卒聲也暴字前已釋也

不徇 旬俊反尚書云徇于貨色孔安國曰徇求也鵩鳥賦云貪夫徇財列士徇名是也廣雅述也韻英云自衒名行曰徇說文正體作徇從彳勻聲或作侚亦通彳音丑尺反勻音聿均反

迫迮 補格反顧野王曰迫猶逼也蒼頡篇迫也急也從辵白聲下阻格反字書迮亦迫也

第四百九十一卷

所稟　彼錦反孔注尚書云稟受也桂菀珠叢云以米穀賜人曰稟說文從禾亩聲也亩音力枕反從示作稟非也

譏嫌　幾衣反廣雅譏諫也問也鄭注礼記呵察也考聲怨刺也說文嫌也從言幾聲也下形兼反古今正字云嫌疑也考聲心惡也說文不平於心也從女兼聲也或從心作嫌

鬀除　梯帝反考聲云鬀削鬚也說文鬀鬀也從髟弟聲也大人曰髡小兒曰鬀經從刀作剃俗字也梯音體奚反鬀音剔髡音兀髟音必遙也

齊此　上齊細反或從刀作劑考聲云分段也韻詮云分劑也或作齊或作劑古字也劑音同上

第四百九十二卷　無可音訓

第四百九十三卷

無易　盈益反賈注國語云變易也異也孔注尚書云改也字書移也廣雅轉也古文作易象形如蜥蜴蟲形也說文賈秘書說日月為易字一云從勿省此皆情斷非正也

遷動　錢錢反毛詩傳曰遷去也又從也賈注國語易也鄭注礼記云變改也說文登也從辵䙴聲古文從手作摘經作遷俗字也䙴音千下動字李斯書嶧山碑從童作動古文從彳作徸說文又從走作𨘋並同

綠縹　力斸反說文云帛青黃色也古文作緑從糸录聲下漂標反說文云帛作青白色也綠縹二色同次於大青二並左形右聲字斸音冢錄反

第四百九十四卷　第四百九十五卷

第四百九十六卷　第四百九十七卷

已上四卷無字可訓

第四百九十八卷

十二京　景迎反說文從口作京今俗從日作京非也十二京者數法名也謹

案劉洪九京筭經從一至載數法之名有十五等京當第八千万億兆京

敗壞 排賣反說文敗毀也從攴貝聲今從文攴之略也古文作敭下懷恠反說文自破日壞從土褱聲褱音懷從眔從衣眔音大合反

衰朽 卒歸反考聲衰弱也韻英微也耗也說文草雨衣也象形字也下休柳反孔注尚書云朽腐說文從歺作㱙與朽同經文從木俗用亦通也

第四百九十九卷

滋潤 子思反如順反前文第七十八卷中已具釋

氤氳 上音因下威雲反易曰天地絪緼万物化淳廣雅絪絪緼緼元氣也案氤氳祥瑞氣也似雲非雲而輕盈如青煙從气音氣因昷皆聲也或從糸作絪緼昷音溫從日從皿會意字也

芬馥 上芳文反考聲云芬芬香氣皃也說文土草初生香氣分布也本從屮音丑列反今或從草分聲也經文有從气作氛音墳祥氣也非經義有從香作馚不成字非也下馮福反韓詩云芬馥者香氣皃也從香复聲也

推徵 上音吹考聲云窮詰也集訓云審也問也說文排也從手隹聲一說云從隼也下徵陟陵反廣雅徵召也考聲責也集訓求也說文從微省聲從王文字典說云喻有德者在微賤之間朝廷徵召之故從王從微

第五百卷

窣覩波 孫骨反梵語也唐云高顯處亦日方墳即安如來碎身舍利處也古譯或云蘇偷婆或云塔婆皆梵語訛轉也

掩泥 俺撿反正作揜考聲云掩藏也韻英云覆也說文覆也從手奄聲奄弇音並同上

兵戈 秉明反蒼頡篇云兵柄也廣雅防也世本云蚩尤作兵宋忠注云蚩尤炎帝臣也呂氏春秋云蚩尤利其器械案兵者威也威者刃也說文兵械也從廾廾音拱持斤刃也籀文從人從千從大作古字也下果禾反鄭注周礼云勾矛戟也方言云吳揚之間謂戟為戈說

文平頭戟也從弋弋音萛一撗之象形也

僚佐 上歷彫反下臧箇反前音義第三卷經第一百中已具釋

甘遴 下之夜反

第五百一卷

暴惡 上蒲冒反鄭注周礼云侵趆也介雅強也廣雅猝也考聲犯也速也字書猛也害也無善也說文疾有所趣也從丰從㬥省聲也丰音㑨下阿各反考聲不善也集訓陋也說文過也從亞亞醜也從心經文從西作悪因草隸書訛謬也

殄滅 上亭典反孔注尚書云殄絕也鄭注周礼病也介雅說文皆云盡也從歺今聲歺音殘今音軫經從介非也下綿結反考聲滅亡也韻詮消也說文盡也從水從戌從火或作威會意字也

嚻動 上音嬈反鄭注周礼云嚻讙也說文嚻動不安靜也器出頭也從頁頁頭也從器省聲也故云器出頭也頁音頡也

纏繞

上徹連反下如紹反前經第三十七卷中已具釋

善權 逵袁反賈注國語云權秉也執勢謂之權考聲變也何注公羊傳稱也所以別輕重也介雅始也古今正字云稱錘也從手雚聲音灌錘音直追反稱音昌證反

違拒 上音韋下音巨前經第一百一卷已具釋

莫耆 梵語藥名也前第四百二十七卷已說

威肅 相昱反孔注尚書云肅悚敬也又云嚴整鄭注礼記云戒也介雅云肅肅恭也謚法曰強德克義曰肅執心決斷曰肅說文持事謹敬也從聿在𣶒上戰戰兢兢也肅然懼而嚴敬也會意字也下從𣶒𣶒音悉緣反

軍旅 力舉反孔注尚書云旅衆也周礼云五人為伍五伍為兩四兩為卒五卒為旅說文云軍之五百人也從㫃從从从音疾容反古從字也軍字從勹音包

蠱道 上姑午反王弼注周易云蠱事也字書云蠱者蠱神也說文云腹中虫也能病害人謂之蠱或音野亦名野道也

魍魎 上音罔下音兩賈注國語云水恠嬈鬼也淮南子云魍魎狀如三歲小兒赤黑色赤目赤爪長耳美鬣或從虫作蛧蜽亦作魍魎

災橫 上祖

來反集訓云天反時日宊字書云天火也俱舍論云飢饉疾疫刀兵也說文從火巛聲巛音同上古今正字有物擁流會意字也下懷孟反韻詮云非理而來日橫非禍至日橫說文從木黃聲也

香囊 乃當反考聲云香袋也案香囊者燒香圓器也巧智機開轄而不傾令內常平集訓云有底袋也說文從襄從橐省襄亦聲也襄音傷橐音渾悶反

朋黨 匐能反考聲云同師門也同類也太公六韜云反之友謂之朋朋之朋謂之黨鄭注礼記云黨親也孔注尚書云助也又日相助匿非日黨說文從黑尚聲也

奮威 上粉問反廣雅奮振也礼記動也韻英振羽也考聲云鳥欲振進也從大從隹從田鳥張毛羽奮飛之象也

勇鋭 上欲腫反說文勇氣也從力甬聲甬音同上本作勈今相傳作勇古文從心作恿或從戈用作戚皆會意字也下悅惠反博雅銳銛也銛音息閻反小尒雅銳利也考聲錐刀鋒也說文芒也從金兌聲

摩揭陁國 揭音居桀反梵語中天竺境如來於此國中示現八相成道有金剛座菩提樹遊化聖跡多於諸國

憍薩羅國 中天竺境稍近南唐此國有龍猛菩薩弘化聖跡及引正王為龍樹菩薩鑿黒蜂山以為伽藍諸精舍各鑄金像量等佛身今猶見在

劫比羅國 正梵音云劫比羅伐窣堵國舊名迦比羅衛國或曰迦羅皆梵語訛略也即是釋迦如來降生之地淨梵王所治之境此國中有鷄足毗富羅山畢鉢羅石窟大迦葉波與千羅漢結集三藏聖教之處

吠舍釐國 釐音离古名毗舍離亦名毗耶離皆訛也此國有維摩詰居士故宅及說法處方丈室靈跡頗多及庵女千子神迹七百羅漢結集聖教處等

栗呫毗王 上隣一反下昌葉反梵語彼國豪族之類涅盤經及維摩等經舊名離車毗童子是刹帝利種糸也

吉祥茅國 古名王舍城即摩揭陁國之正中心古先君王之所都處多出勝上吉祥香茅因以為名亦名上茅城崇山四周以為外郭西通陜徑卉木繁榮羯尼迦樹盈滿其中春陽

花發爛然金邑迦蘭陁竹園在山城門北倚臨其側者闍崛山在此山城之内王城外也

第五百三卷

氛郁 芳文反說文云祥氣也香氣也瑞氣也或作雰下於六反考聲云郁郁亦香氣盛皃也從邑有聲

幡鐸 上嬔糯反韻英云旌旗揔名也字書幡旐也今以五綵間錯或畫花菓鳥獸懸之說文幡胡也從㫃番聲也嬔音幡万反糯音無煩反下唐洛反古者軍法兩司馬執鐸文事奮木鐸金鈴木舌也武事奮金鐸金鈴鐵舌也說文大鈴也從金睪聲也

負債 上扶武反鄭注礼記云負恃也說文從人守貝有所恃也又云受貸不黨故人下有貝會意字也俗從力或從刀並非字意下側戒反韻英云負財也

能煥 歡貫反何注論語云煥明也從火奐聲也奐音同上

腫皰 上鐘勇反下炮皃反考聲云面上細瘡也說文面生氣瘡

頷從皮包聲經從疒作疱或從面作靤並俗字也疒音女戹反

涸箱篋莖榦 已上等字前音義第三卷經第一百二 眩瞖枯 十八卷中已訓釋請撿前文

蔭影 上歆今反下英景反

一粒 臨邑反凡粟數粒也

第五百四卷

迷謬 糜𣪠反鄭注礼記云謬誤也方言詐也廣雅欺也謚法曰名與實乖曰謬說文云狂者之妄言也從言從翏翏亦聲也翏音力幼反經從尒非也

第五百五卷

珊覩史多 上桒安反梵語也上方欲界中天名也古名兜率陁或云兜術皆訛略也唐云知足以下天多放逸上天多闇鈍愛樂不進故云知足一生補處最後身菩薩多作此天王當來弥勒見今在彼天為王

第五百六卷

地獄　虛録反急就章云皋陶始造獄堯
目名也玉篇云因繫之所因名為
獄杜預注周礼云爭財曰訟爭罪曰獄風俗
通云三王為獄夏曰夏臺殷曰羑里周曰囹圄自
秦漢已還通名為獄說文云獄确也确音苦
角反獄字從犾䖝斤反二犬相齧中心言者
訟也會意字二犬所以守也經言地獄者冥
司幽繫之所也在世界之下故云地獄案俱
舍論頌云　此下過二万無間深廣同上七
捺奴割反洛迦　八增皆十六　謂塘唐音煨烏雷反屍糞

鋒刃烈河增各住彼四方餘八寒地獄
此皆大地獄名也
作
廣作𨸏　霞甲反礼記云廣則容姦𨸏
則思欲考聲云𨸏隘也櫻介反玉
篇云迫隘不廣大也經文從犬作狹誤也乃
是狹習字也凡犬馬所以狹習之故從犬又
輕傷也甚乖經意或有從卩音節作陜亦非也
此字又音式染反陜州字也說文作𨸏從卩
音負從亡
音方𠂢聲
胞胎　上巴交反古文本作包
象形字也石經作胞相
傳音為普包反非也說文云婦人懷妊而芒
反見生衣也從勹音包從巳音似在勹中象
子未成形字也孔注尚書云包裹也下他來
反說文云女人懷妊未生也從肉台聲也

𧴩法　逮位反考聲云遺窮也前
經第三百九十一卷已釋

恐迫　上曲拱反尒雅恐懼也經文作恐俗字也說
文正體從工從手從巳從心作恐令猕
書因草作恐又誤作恐漸訛失正體也古文
作忎下𤦡陌反倉頡篇云迫近也廣雅迫陿
也考聲云迫
逼也隘也

備遭　上平媚反顧野王云
備防也鄭玄箋敬也

賈注國語云備具也說文備慎也從人從用
從茍省聲也或作備經文作俻俗字也下祖
勞反考聲遭逢也遘及也說文遭遇也從辵
曹聲也或作傮亦同也亦作殨殨終也

循環　上夕遵反韻英云按行也考聲云
順也從也說文云循行也從彳田
尺反從盾音順聲也經文從人又堅畫從千
作偱非也下華關反鄭衆注周礼云環旋也
鄭玄曰環圍也何休注公羊傳云
環遶也說文云從玉從瞏聲也

薄劣　上傍莫反字書云不厚也說文從草溥蒲莫
反聲也下力惙反廣雅劣少也說文云劣弱

也或從小音心作悴古字也

飢羸 上几宜反考聲云腹中空也韻英云乏之食也蒼頡篇云飢餧也說文云飢餓也從食几聲也或作飢古字也下力追反考聲云羸者瘦極也說也從羊羸聲也羸字從士從口從肉從羊乚音隱作羸羸力追反

工

匠 情樣反說文云木工也考聲云巧人也從斤斤斧也從匸音方匸者作器也經文作匠非

猥雜 上烏賄呼每反下才合反前經第四百三十五卷中已釋

盲瞎 上莫井反說文云目無眸子曰盲下呼八反字書云目不見物也又云一眼無睛也或作瞲古字也

黧黮 上力遲反通俗文云斑黑曰黧考聲云面頰七𢓨反黑也又云黑而復黃色也前文第四百三十五卷已釋下他感反楚辭云黮烏感反黮不明淨也說文云桑葚之黑色也聲類云如漆色也前四百三十五卷已釋

竆顇 情遂反前經第一百八十一卷已釋

頑嚚 上瓦開反廣雅頑鈍也前經第一百八十一卷已釋訖

輕誚 情曜反考聲云責讓也笑也蒼頡篇云訶也說文云嬈也或作誚從言肖聲也

險阻 上香掩反王篇云險難也杜預注左傳云險惡也賈逵注國語云險危也方言云險高也尒雅險邪也說文險從阜僉七廉反聲也下莊所反王肅曰阻難也韓詩云阻憂也又云阻險也杜預注左傳云阻疑也說文云從阜從且精余反省聲也

拒逆 上渠圄反韻英云拒格也廣雅拒捍也說文云拒抗也逆音早也苦浪反韻詮云拒違也

蝸羸 上古華反小螺也魯和反

下盧和反經中作螺俗字也非正體尒雅云附羸音夷蝓也郭璞云即蝸牛也說文亦云羸蝸牛類而形大出海中種種形狀而不一也

爤坌 上羅旦反方言云火熟曰爛下夫問反韻英云糞弁也或作墳經文作糞俗字

慣習 卦患反前第四百三十八卷已釋尒雅慣習也言久習於事日慣說文作遦從辵丑略反貫聲也經文有作串俗字也非正體也

躭著 多甘反前經第三百三十一卷已釋訖

輕懱 眠鱉反說文云懱輕傷也從心蔑聲經文單作蔑略也是目勞

無精欲睡非經義也

第五百七卷

相著　持略反

甘蔗　之夜反文字釋訓云甘蔗美草名也汁可煎為砂糖說文藷也從草從遮省聲也

劬勞　強于反考聲云劬勤也劬亦勞也下勤刀反賈逵云勞疲也介雅云勞勤也說文勞劇也從力從𤇾用力者勞也

第五百八卷

涉壙　上時葉反韻英云涉歷也考聲云涉渡水也古作𣸔說文𣸔徒行厲水也從步從水下苦晃反毛詩傳云壙空也廣雅大也考聲云壙埌音浪原野遠貌也經文從日作曠誤也或從心作懭或作𢠸遠也懭意失也似通

險道　上香撿反國語前經第五百六卷已具釋訖

放牧　下莫卜反郭璞注方言云牧謂養牛馬也顧野王云牧者畜養惣名非只牧養牛馬也說文云養牛馬人也從攴普卜反從牛攴字今作文

懷孕　上胡乖反下羊證反前經第四百三十八卷已具釋

嬈惱　寧鳥反說文云女惑於男也古文作嬲也

第五百九卷

能阻　莊所反阻難也

讚勵　力制反勵勉也

辯久　皮免反辯猶慧也

卒生　倉訥反周礼云暴悤也考聲云倉忙也遷音集也正體作猝或作踤並同經文作卒略而不備也字與兵卒相參故言之

欠敹　嘘擯反前四百四十巳釋埤蒼云張口欠敹出氣也經文從口作呿者誤也

躁擾　上穴告反下饒少反前第四百四十巳具釋訖

憍逸　上居妖反廣雅憍自高玉篇憍慢又經文從右作憍俗字非正也

僕隸　上蒲木反毛詩傳曰僕附也考聲云僕使也僕僮也顧野王云御車者也說文云給事之者從人從菐菐亦聲菐音卜古文作𦡚下力計反考聲隸賤屬也僕也䜶隸者賤目也說文云附著

也正體作隷從隶音第柰聲也經文從入從米作隷謬也俗字**黠不**上遐乹反軋烏八反前經第四百四十卷中已具釋訖**規摸**上鷄維反顏野王云規圓而矩方也孟子曰不規矩不能方圓是也鄭玄云規正圓器也考聲云規圓正也度也從各反說文規有也從夫見聲下其胡反前第四百三十卷已具釋訖**迦遮末尼**梵語寶名也此寶非殊勝石王之類珠之異名耳**深輿**

上傷任反考聲云深不可測也說文云從水罙聲也下烏告反介雅云西南隅謂之奥說文云奥亦深也從釆白慢反從大作奥也**耽足**伊閻反**但畜**許六反**慳悋**上口閑反下離鎮反**无瑕**胡嫁反字書云瑕閑也**慊恨**上形兼反韻英云嫌恨也前經第四百四十一卷已具釋也

第五百一十卷

醫療上於基反下力召反變體時用字也說文正體從樂作𤻲訓釋與下同鄭玄注周礼云止病曰療杜注左傳云療治也古今正字治病也從疒女厄反尞力召反聲也**病愈**余怒反韻英云和悅也考聲云愈安也韻集云天子疾曰不悆尚書云有疾不悆孔曰不悅豫也說文云悆豫也從心余聲也經文或有病愈以主反亦通集訓云愈疾差也益也孔安國注論語云愈勝也王篇云病差為愈說文愈字從舟從巜古外反會意字也**蚊蝱**上勿芬反說文作蟁古文奇字從昏作蟁

避太宗廟諱改民從昏也經中蚉俗字也說文云齧霓結反人飛虫子也介雅云鷏音田蟁母郭璞云似鳥鷏音駿而大黃白雜文鳴如鴿今江東呼為蚊母俗說此鳥常吐出蚊虫故名蚊母異苑曰水虫化為蚊子下謀耕反聲類云蝱齧人似蠅以繒反而大案蝱虫其實似蜂而大小似蠅也說文云齧人飛虫也生山澤川谷草花中化或於麞音章鹿腦中化生從鹿鼻中噴出普悶反形大者曰蝱一名木蝱一名蜚音非蝱形小斑文者曰蝽齊暫蝽似蠅也**虵蟄**上時遮反毛詩云惟虺音毀惟虵易曰龍虵之蟄持

立反古文象形虿小篆作𧉏說文作它隸書作也相因漸變也蔡邕石經加虫作蛇字書云蛇虺毒虫也經文作蚰轉變俗字也下勑芥反考聲云蠆蝎也音歇或作蠤說文蠆毒虫也從虫苗是象形篆書作𧊒象蠍形

非𨸹　胡甲反前經已具釋

第五百一十一卷

飄轉　上匹遥反郭璞注尒雅云飄旋風也毛詩傳曰飄風暴起之風也

如氾　敷陷反古今正字云氾浮也普也說文亦同從水從㔾省聲也或作泛或作汎大同而小異也皆水流漂蕩皃

浮囊　附無反韻英云浮泛也廣雅浮漂也鄭玄注禮記云在上曰浮賈逵注國語云浮輕也說文浮泛也從水孚聲也下諾郎反韻英云囊橐也音託集訓云有底曰囊無底曰橐又云大曰囊小曰橐皆盛物具也小篆從𣝗音偈省從𤕦女耕反從攴案經言浮囊者氣囊也欲渡大海憑此氣囊輕浮之力也

坏瓶　上普梅反前四百四十四卷已釋下蒲冥反集訓云汲水盛漿之器也考聲云似罌烏耕反而口小

第五百一十二卷

將帥　上精相反考聲云將君也字書云軍主也兵帥也六軍號曰夫為將者必須六行五才四義三操一守有此備行名為良將也說文云將率也從寸從醬省聲也下衰類反韻英云將率也考聲云統領也集訓云軍將也或作衛說文又音山律反衛亦將也

卵鷇　上落管反說文云凡物無乳者卵生也象形古文作卝小篆作卵隸書作卵下苦角反集訓云鳥卵皮曰鷇考聲云卵空也從卵㱿苦角反省聲也

淳熟　上時倫反前經第百四十六卷已具釋訖下時陸反考聲云熟成也爛也見方言文字集略云合食也字摞作熟說文從灬音熛孰聲也

爲貌　莫豹反前經第四百四十六卷已具釋

牽引　上啓賢反考聲云牽連也廣雅牽挽也說文云牽引前也從牛從冖音緜玄聲也或作𤛇或作掔古字也下余忍反

杜預注左傳云引導也賈逵注國語云引伸也尒雅引陳也說文云引開弓也從弓丿音曳聲也古文從才音手從弓作扔

第五百一十三卷

比度 上畢履反集訓云比類也考聲云比並也說文云相與比敘也從反从也二人為从古從字反从為比故云反从下唐落反考聲云度量也集訓云揆度也或作㨃

亦同說文法制也從又從庶省聲也或作庇㹃三體皆古字也

有翄 施至反說文云鳥翼也或作𢪈是皆古字也今經中作翅俗字亦通

猶豫 上音由下余庶反礼記云卜筮所以決嫌疑定猶豫是也字書云猶豫者不定之辭也解字如前第三百二十五卷中具釋

第五百一十四卷

扇搋半擇迦 梵語也此譯為黃門上搋音勑加反次擇音宅下迦音居佉反黃門者為男根不偹設有偹者亦不能生子其類有五具如音義第三卷中已具列不能繁敘

癲癎 上丁堅反廣雅癲狂也毛詩箋曰癲病也聲類云癲風病也或作瘨亦作顛下音閑集訓云小兒瘨病也說文云風病也從疒女厄反從間聲也或作癇亦通也

蟣蝨 上居擬反說文云蝨子也韻英云蝨卵也郎短反下所乙反字要云衣中齧人蟲也說文蝨字從卂音信從䖵音昆今經

文相傳從半風作虱者非也

不侚 巡閏反集訓云以身從物曰侚考聲云侚遠也文云侚疾也從人旬聲也或作徇古字也

恃怙 上時止反考聲云恃依也集訓云恃負也秉負倚憑也說文云恃賴也從心寺聲也下胡古反說文怙恃也從忄音心從祜胡古反省聲

第五百一十五卷

呵諫 加鴈反鄭玄注周礼云諫正也以道正人也尚書云后從諫則聖白

虎通云諫者閒也更也是非相閒革更其行人懷五常故諫有五所謂諷諫從諫規諫指諫諂諫等是也說文亦云諫正也從言東音閒聲也

被帶　下當奈反前第四百四十九卷已具釋

刹那　上音察梵語時名也俱舍論頌曰百二十刹那為怛刹那量臘縛此六十此三十須臾共成一晝夜謹案此頌一日一夜有三十須臾每一須臾計有三十臘縛又於一臘縛之中計有六十怛刹那又於一怛刹那之中分為一百二十刹那時中迅促不過刹那今依此國曆法凡一日一夜有十二時共分為一百刻每時分得八刻少強約其大數均分從寅至卯一時之中計有五十四万刹那餘時准此計一日一夜揔六百四十八万刹那若以每刻分之即一刻之中約有七万刹那時也言極迅疾促於瞬息也

籌量　上長留反鄭玄注儀礼云籌筭也說文籌壺矢也從竹壽量

第五百一十六卷

測度　上楚力反鄭玄注周礼云則猶度也不知廣深日測說文從水則聲也下徒洛反

焦炷　上即姚反下音注前經第四百五十卷已具釋訖

顦顇　上情遙反下情遂反前經第四百五十一卷已具釋

矛穳　上莫侯反下倉亂反前經第四百五十一卷已具釋訖

懶惰　上勤坦反下徒卧反考聲不勤也說文云不敬也從心隋聲也

撥无　上補末反廣雅撥除也鄭玄云撥拂也說文從才音手發聲

第五百一十七卷

堆阜　上都雷反王逸注楚詞云堆高也考聲云土之高皃也又云堆聚也集訓云丘阜高狀也說文作陮陮隗五罪反京也從阜隹省聲也經文作塠俗字也下阜音負尒雅云高平日陸大陸日阜廣雅云丘無石日𠂤說文云山無石日阜古文作𠂤𠂤象形

溝坑　上古侯反周礼云通水日溝桂苑珠叢云邑中之瀆通水

也説文云水瀆也廣四尺深四尺從水冓鉤右反聲也下苦耕反介雅坑壚也考聲云坑坎也古今正字云坑壍青焰反或作阬從土元聲**株杌**上知輸反考聲云殺樹之餘曰株説文云木根也從木朱聲也下五骨反韻英云樹無枝曰杌或作兀**平坦**他旦反廣雅坦平也又云坦明也王弼注周易云坦坦無險阸烏介反蒼頡篇云坦箸也説文云坦安也從土旦聲也**池沼**直离一孔安國注尚書云停水曰池説文池陂也從水從馳省聲也下之繞反左傳云沼亦池也字書云陂池曰沼説文沼池也從水召聲也召字從刀從口經中作凸訛也**瓦礫**上五寡反説文云瓦土器也象形用以蓋屋北毗胤反日毛音板牡音毋日瓶音同下力的反説文云礫小石也亦碎石也麁砂也今經云瓦礫者喻破瓦碎石弃擲之者**統攝**上他貢反考聲云統領也緒也古今正字云統紀也從糸音覓糸者細絲也充

聲也下施蘂反考聲云蕤統也綴也説文云引持也從才音手聶泥涉反聲也**熱痰**上然折反考聲云熱暑也釋名云爇而悅反如火燒爇也説文云熱溫也從火埶音爇聲也下唐藍反考聲云胷萬中水病集訓亦云胷中水病也古今正字云從疒炎叵反從談省聲也**潛伏**上寂塩反介雅潛沉也廣雅潛沒也説文涉水也從水朁七敢反聲也經從二天作替非也下馮福反集訓云伏隱也廣雅伏藏也説文云伏伺也伏伺人也故從人從犬會意字也**翱翔**上我高反下徐羊反鄭玄箋毛詩云翱翔猶逍遥也韓詩云翱翔遊也介雅翱翔鳥飛也集訓曰翱翔高飛也考聲云鳥飛往来緩緩貌也古作䳅説文云翱翔迴飛也並從羽臯音高羊皆聲也**箭筈**上煎線反考聲云竹名也似篠音秋而小大葉可以為矢音始因名矢為箭説文箭矢也從竹前聲也下枯活反考聲云箭口也桼箭筈者受弦之口也經文從木作栝亦通正體從竹從括省聲也栝音闊糖枯也

第五百一十八卷

一巷 學降反毛詩云里閭道也史記云永巷者宮內小道也說文云邑里中道也言在邑中故從二邑共作䢽會意字篆文作巷尒雅作衖古文作衖

唐捐 上徒郎反字書云唐盧王篇云唐從也考聲云言而不當也說文云唐大言也從口庚古行反聲也下悅悁反

禀性 彼錦反孔注尚書云禀受也說文云賜穀也從禾亩力錦反聲也

昧鈍 上莫佩反集訓云昧冥也廣雅昧闇也韓康伯云日入為昧韻英云昧暗不明也說文從日從抹省聲也下徒頓反蒼頡篇云鈍頑也案頑者識暗獨也韻英云兵刃不利也說文云鈍錭大牢反錭頑鈍也從金屯音豚聲也

塚間 知隴反前經第四百五十三卷已釋

廉儉 上力塩反下渠儼反前經第四百五十三卷已具釋訖

瑞相 時偽反周礼典瑞掌玉瑞鄭玄云瑞符信也案典瑞者若令之符寶印也蒼頡云瑞應也顧野王曰王者感德感乎乾坤故天地應之以信瑞也德感乎山川丘陵則芝草植也制禮作樂則祥風至皆是祥瑞也說文云瑞信玉也從玉耑省聲也

矯現 上居夭反前中第四百一十五卷已具釋

羅剎娑 梵語鬼名子字轉舌長聲呼古譯但云羅剎此類鬼神有業通力飛行自在食啖眾生血肉最大咒惡其羅剎女別有國土居大海洲島以其神力能變姝麗之容媚惑於人善誘而食之並如佛本行經中所說

第五百一十九卷

能紹 市繞反說文緊糾也前經第四百五十四卷已釋

一切經音義卷第六

一切經音義卷第七 田

翻經沙門慧琳 撰

音大般若經從五百二十盡五百六十五凡四十六卷

大般若波羅蜜多經卷第五百三十卷

戰慄 上旃善反顧野王云戰懼也毛詩云戰戰兢兢業業戰戰兢兢恐懼皃也尒雅云戰動也郭璞云恐動趍步也或作憪古文作弃下隣一反集訓曰戰慄懼也字書云憂慼也考聲云謹敬也從忄栗聲也忄音心

源底 上愚袁反礼記云達於礼樂之源鄭玄曰源本也廣雅万物之本曰原說文作原或作原古字也

伴侶 上傍漫反王逸注楚辭云伴旅也韻英云伴儔侶也說文云大皃從人半聲也半字從八從牛作半也俗作半謬也儔音長流反下力舉反廣雅侶伴也或作旅古今正字云侶儷也從人呂聲也呂字象脊骨之形也儷音麗

勃惡 上蒲沒反前經第四百二十九卷已具釋訖

履踐 上梨音反下錢演反前第四百五十五卷已釋

挑目 體遙反韻詮云挑撥也考聲云挑抉縈悅反字書云從扌音手兆聲也經中或有從木作挑徒刀反非也或從刀亦作𠜓亦通用

劓鼻 上魚器反前經第四百五十五卷已釋訖也

鋸解 上居御反國語云中刑用刀鋸賈逵曰以刀有所鋸斷謂大辟宮劓音義刖音月笮刑是也蒼頡篇云截物鋸也說文云搶㦸陽反搪也音唐從金居聲也考聲云搶搪音鋸也方言云鋸之異名也下佳買反考聲云解釋也判也分也

交涉 常業反蒼頡篇云水中行為涉步歷也說文徒行厲水曰涉從步林之藥反聲也古作𣵀也

琰魔王 楚語冥司鬼王名也舊云閻羅王經文作剡尸染反魔皆訛略不正也正梵音云琰閻奄反摩古人

譯為平等

黧黑 上力知反通俗文云斑黑曰黧考聲云面顇七遵反黑也而黃色也又音礼兮反文字音義云黧老黑色也從黑從初省聲也

謬誤 上眉救反韻英云謬誤也韻詮云詐妄也廣雅云謬欺也謚法曰名與實爽曰謬說文云狂者之妄言也從言翏聲六幼反聲也或作謬下五故反字書云詿公賣反誤也漢書云所為詿誤皆蔽傘之是也左氏傳曰為人得罪曰誤也說文誤謬也從言吳聲

欲扣

苦厚反前經第四百五十六卷已具釋訖

第五百二十一卷

析鳶 星積反前經第四百五十六卷已具釋訖

霑彼 輒廉反韓詩云霑弱也考聲云小濕也尸執反礼記孔子曰雨霑服失容顧野王云霑濡耳珠反也文字集略作沾略也說文霑霂也音來從雨沾聲也

滴數 丁歷反考聲云水落

也或作適說文云水藥生也力桓反藥漏流也字書云水滴也經文從水作滯俗字也下霜句反

不齅 休救反前經第四百五十六卷已具釋訖

第五百二十二卷

無字可音訓

第五百二十三卷

嫌害 上刑閻反考聲云心惡也烏固反說文云不平於心也又云嫌疑也從女兼聲也下何賴反蒼頡篇云害賊也廣雅害割也考聲云害妨也或作峯音害相遮

要平聲夆亭名也說文云害傷也從宀音綿從口從夆省聲也

遜謝 孫寸反韻英云遜恭也考聲云遜避也集訓云避而去也說文云遜遁也從辵丑略反孫聲也或從心作遜亦同下夕夜反考聲云拜恩也戠也告也從言射聲也

危脆 清歲反廣雅脆弱也顧野王云脆懦也奴乱反或作臟考聲云肉肥也耎也而兖反說文云肉耎易斷也從肉從絕省聲也經從危作脆非也

塊等 恢碓反儀礼云寢苦枕塊是也韻英云土塊也說文云土撲也正剥反從土從鬼省聲愧五猥反或作由象形

字也一云土塥被逼反塥塊之異名也

第五百二十四卷

沮壞　上牆呂反廣雅沮塗也毛詩傳云沮亦壞也又云沮止也從水且七晉反聲也下懷賵反瞶五壞反集訓云壞敗也韻詮云自破曰壞從土從褱省聲

菴沒羅果　梵語果名也亦名菴波羅即菴羅果也

半娜娑

果　亦梵語果名也此果形如冬苽此國無

漑灌　上基懿反於戲反韻英云澆灌也說文云漑亦灌也顧野王云漑猶灌注也從水既聲也

第五百二十五卷　第五百二十六卷

第五百二十七卷　第五百二十八卷

已上四卷多與前文同無可音訓

第五百二十九卷

蘇扇多　梵語佛名也唐名妙息灾

撞擊　上濁江反顧野王云撞猶擊也廣雅撞刺妻亦反也說文云撞擣也從扌音手童聲也

訶責　虎珂反考聲云訶譴也音毀怒也集訓云訶責也韻英云叱怒也經作呵亦通下莊革反說文責求也從貝從朿音刺省聲也說文作責古字也

第五百三十卷

慚愧　上藏含反下歸畏反二字互相訓也

躭著　都甘反韻英云躭好也好呼奧反考聲云躭翫也著也從身從躭都甘反省聲也

芭蕉　上補葩反下即消反宿根草樹名也所在皆有本出交阯字指云子可食葉如席可以為布也

第五百三十一卷　第五百三十二卷

已上兩卷中又說三十二天人相莂經

第一卷及第四百一卷并第四百七十九等已重重釋更不繁述

第五百三十三卷　第五百三十四卷

第五百三十五卷　已上三卷並無難字音訓者

第五百三十六卷

獵者　力葉反賈逵注國語云獵取也介雅獵虐也郭璞曰陵獵暴虐也案畋音田狩為獵從犬巤聲也畋音田巤音同上也　劇苦　奇逆反蒼頡篇云劇病篤也集訓曰病篤增甚之辞也方言云病之火愈謂之劇古今正字云從刀豦聲也經文作劇俗字也非正體也豦音渠也　嬾惰　上勒幹反考聲云不勤也說文云懈怠也從心賴聲也或從女作嬾一云臥食曰嬾下徒臥反廣雅云惰嬾也說文云惰不敬也從心隋聲也韻英云惰懈也或作墮誤也或作憜古字也　無翼　羊職反孔注尚書云翼輔也說文云翼翅也從羽異聲也　資糧　力強反或作粮集訓云糧儲食也說文云糧穀也從米量聲也經文云菩提資糧菩提者無上道資糧者六度万行也

第五百三十七卷

贍部洲　常焰反南洲也舊名閻浮提訛也義如前第一卷中已具釋下三洲準此

勝身洲　東洲也　牛貨洲　西洲也　俱盧洲　北洲也具如前說　毗奈耶　梵語戒律藏也亦名調伏藏　諸響　虛兩反空谷應聲也　陽焰　熱時遥望地上屋上陽氣也似焰非焰故名陽焰如幻如化　尋香城　舊云乹闥婆城梵語也音義第一卷中已具釋訖也　憺怕　上唐濫反下普百反淮南子云憺滿也怕靜也桂苑珠藂云憺怕者心志滿足也字書云無戲論也韻英云安靜也經文

作淡泊或作澹泊皆非也古今正字云憺字從忄詹聲也怕字亦從心白聲也

第五百三十八卷

無字可音訓

第五百三十九卷

問詰 輕逸反鄭玄注礼記云詰為問其罪也廣雅云詰責也說文云詰問也從言吉聲也

酬荅 上時流反毛詩傳曰酬報也鄭玄云酬厚也說文酬

勸也從酉州聲也下當納反韻英云荅對也孝聲云荅然也古今正字云荅字從卄草合聲也正體作會從合從日千月反古字也今通作荅訛失本體也

滯礙 上直例反王逸注楚辭云滯留也賈逵注國語云滯久也說文云滯礙也從水帶聲也下我蓋反廣雅礙距也說文云礙止也從石疑聲也

四衢 具于反介雅云一達謂之路四達謂之衢郭璞云交道四出也說文亦同從行瞿其于反聲也

掩泥 或作

揜同掩撿反集訓去掩蔽也韻英云掩覆也說文云掩斂也從扌音手奄聲也亦作弇也

窣堵波 梵語也此即是佛碎身靈骨舍利塼塔也舊曰浮圖

殄滅 上田現反孔安國注尚書云殄絕也尒雅殄盡也說文亦同從歹㐱聲也下綿結反考聲云烕土也韻英云滅沒也集訓云滅絕也韻詮云滅消也說文滅盡也從水從戌從火戌是火墓戌中有相水滅火故從水從戌或作烕亦通也

莫耆 梵語解毒藥名也此藥多出大雪山能解一切諸毒此國無也

螫歃 上舒隻反

又訶各反二音並通說文螫行毒也蠚也從虫赦聲也下澀敢反考聲云喫也尒雅歃吞也古今正字云歃食也從口敢聲也說文歃誋也或作啖或作啗並同

第五百四十卷

蠱道 上公五反字書云蟲蠱神也音姑春秋傳曰皿蟲為蠱晦淫之所生易日幹父之蠱王弼住云蠱猶事也又音為野亦云野道也皆厭禱之類也

魍魎 上土昉反下力享反考聲云魍魎水神也亦是邪鬼也淮南子云魍魎狀

如三歲小兒赤黑色赤目赤爪長耳美鋏國語云水性妖鬼也或作蛧蜽或作魍魎並皆通用

香囊　乃唐反考聲云斜口香袋也案香囊者燒香器物也以銅鐵金銀貽贚圓作內有香囊機關巧智雖外縱橫圓轉而內常平能使不傾妃后貴人之所用之也

盛貯　上音成平聲字也下張呂反考聲云積財也說文貯積也從貝宁聲也或作䝶盛米器也

寶函　霰巖反古文作椷或作椷考聲云木匣也說文作函函篋也桂苑珠藂云盛經書函亦寶器物也經文作函亦通用

竭誠　渠徹反集訓云竭水盡也尒雅竭盡也孔安國注論語云盡忠節不愛其身也說文從立曷聲也下音誠尒雅誠信也博雅誠敬也案誠猶實也

殀歿　上妖嬌反考聲云火死曰殀杜預注左傳云短折曰殀古今正字從歹夭聲也下摸骨反孔安國注尚書云歿死也鄭玄注礼記云歿殄也毛詩傳曰沒盡也說文云從歹㲻聲

譴罰　上企見反廣雅譴責也蒼頡篇云譴訶也桂菀珠藂云譴謫竹革反問也從言遣聲也下煩韈反尚書云墨罰之屬千刵罰之屬五百考聲云加罪於人曰罰說文云小罪也從刀從詈音利詈字從网從言為正經從四誤也蔡邕石經從寸作罸誤也

勃惡　上蒲沒反廣雅勃盛也玉篇勃暴盛也韻英云勃起也說文云勃排也從力孛聲

奮威　上分問反廣雅奮起也進也從大從隹隹鳥也從田字書云大鳥在田張毛羽欲飛曰奮

勇銳　營慧反博雅銳銛利也考聲云鉾者隹刀鋒也說文云鋒芒也從金兊省聲也

第五百四十一卷

鈌減　上犬悅反聲類從垂作缺說文云缶充器也小口罌說文缺字正從缶作缺郭璞注尒雅云缶盆也蒼頡篇云缺虧也顧野王曰缺猶玷也說文器破也從缶從夬省聲也下減字有兩音並是上聲從水從咸聲黯畫一讀音剖所用意義即別本音耕斬反考聲云損之令少曰減說文減損也今不取又音咸黯反字典曰自耗欠下曰減集訓

亦云減耗也字書云欠火也今取此後音咸黯反於文𢡺便也

瘦極 色梵反尒雅瘦瘠也音瘠文字集略云肌肉減耗也說文瘦臞也正體作瘦今通作瘦俗字也尒雅臞瘠也說文云瘠以肉也從疒朿聲也

氛郁 上芳文反說文云祥氣也或作雰雰氣也或作雺下於六反考聲云香氣郁郁也

鮮淨 星戩反考聲云鮮好也字書云鮮新也說文鮮善也又作鱻說文鱻精也

幰蓋 上鄉偃反釋名云車幰䌷也所以禦熱也聲類云車上幰蓋也玉篇云布張車上為幰說文闕也

幡鐸 上妨蕃反說文云旛旗惣名也今幢旛旌旗之類也以五彩間錯懸於幢竿之上名曰旛旗下唐落反說文云大鈴也從金睪聲也軍法五人為伍五伍為兩兩司馬執鐸金鈴也

腫皰 上燭勇反考聲云腫病也說文云腫癰也從肉重聲也下白皃反桂菀珠叢云人面上熱氣所生瘡名皰說文云面上風氣瘡也從疒包

聲也或從百作皰或作皰並同一云面上細瘡也

枯涸 上康姑反賈逵注國語云枯槀也說文云木槀槀木枯也從木古聲也下何鐸反賈逵注國語云涸涸竭也廣雅涸盡也說文云涸竭也槀涸水乾竭也從水固聲也

衣裹 戈火反考聲云裹苞也

箱篋 上息將反字林云箱竹器也韻英云盛書盛衣器物名也考聲云篋屬也案淺日箱深日篋下謙頰反考聲云篋椷也音咸字書云箱屬也說文云篋笥也從匧聲也匧或從木作椷椷皆通也

拔濟 上辦八反考聲云拔抽也救也桂菀珠叢云引出也說文云拔擢也從扌犮聲也下精曳反孔注尚書云濟渡也杜注左傳云濟益也賈注國語云濟成也古今正字云從水齊聲也

迷謬 靡右反鄭玄云謬誤也廣雅謬欺也方言謬詐也謚法名與實乖日謬劉熙日謬差也說文云謬從言翏聲也經文從尒作謬俗字也非正體也

陿劣 上咸甲反礼記日廣則容姦陿則思欲考聲云陿隘也五篇云迫隘不廣大也經文從犬作狹或從阝從夾作陜皆非也說文正體從阝從匕夾聲也隘攖介也下力輟反廣雅劣少力也說

文劣弱也會意字也或從忄作悸古字時不用也

第五百四十二卷

第五百四十三卷

秉法炬 上彼皿反考聲云手執禾也集訓云把禾束也文字釋要云手持一禾也從又又手也從禾下瀑語反**法**說文云東竹葦以燒之曰炬古作苣也

蠃 魯和反介雅云蚹蠃螔蝓也郭璞注云螔蝓蝸牛也案蠃色白太常樂器也吹作美音聲聞數里顏氏字樣正體作蠃從𣎆聲也經文多作螺俗字也此螺字有平上去三音又非今故不取也

雙足 朔隴反顏野王曰雙兩隻也說文云雙二枚也方言云二飛鳥曰雙羣書字要云雙字從隹隹鳥也從又又手也手持二鳥曰雙經文從反作雙者非也謬巳久矣

第五百四十四卷

地獄 魚錫反玉篇云囚繫之所然名為獄鄭注周礼云爭財曰訟爭罪曰獄說文云獄确若角反從犾鐺犾若二犬相嚙也從言言訟也地獄者冥司幽繫之所也

昏翳 上呼昆反孔安國注尚書云昏暗也考聲云昏亂也說文云昏旦冥也從日從氐丁礼反字書云日居氐下日昏下嬰計反韻英云翳蔽也廣雅翳障也說文云華蓋也從羽殹也殹一計反

涉暗 常葉反韻英云涉歷也考聲云涉渡水也說文云塗行水也從水從步會意字也下烏紺反賈逵注國語云日無光日暗

薩婆若 梵語訛也正梵音薩嚩吉孃二合唐言一切智智即般若波羅蜜之異名也

輕誚 情曜反考聲云責讓也笑也蒼頡篇云訶也說文云嬈也或作譙從言肖省聲也

拒逆 上渠圄反韻英云拒格也廣雅拒捍音旱也說文云抗也知浪反韻詮云拒違也

他溺 寧的反字書云沒水也不浮日溺考聲云沉也或作休惄惄憂也說文作休

形貌 麻庖反擂文古字也說文作皃

容儀也從人白象人面字書云皃形也或從頁作𩓐頁者頭也從豹省聲也頁音頡

枯顇 上苦胡反賈逵注國語云枯槀也苦道反考聲云木乾死也說文云木槀也正體作𣧍骨肉乾也下情𩕷反說文云顦顇也韻英云顦顇瘦惡皃也或作悴古今正字云從頁卒省聲也

第五百四十五卷

暗鈍 徒混反蒼頡篇云鈍頑也案暗鈍者識暗濁不明了也說文云鈍錭大牢反也錭頑鈍也從金屯聲屯音豚

怯畏 上羌劫反或作㹤說文云多畏也礼記云勇者苦怯怯者畏劣也下威謂反考聲云心所伏也廣雅畏懼也畏敬也論語曰君子有三畏畏天命畏大人畏聖人之言鄭注礼記云伏曰畏字書云畏難也說文云畏惡也從凢而虎凢可畏也從人從鬼省聲也

懷孕 上攘乖反孔注論語云懷安也又云懷歸也鄭注周礼云懷來也古文正體從女作孃孃妊字也下以證反鄭玄礼記云妊音壬妊子曰孕廣雅孕懷㑗音身也說文云懷子也從乃子聲也㑗音身

第五百四十六卷

欠㰦 丘攄反埤蒼云張口欠㰦出氣也經文從口作去者非也乃是胠聲也

嗤笑 赤之反韓詩云志意和悅皃也考聲云嗤笑也字書云嗤戲笑也說文作欪又云欪欪戲笑皃也從欠㞢聲也㞢音之也

躁擾 上早到反賈逵注國語云躁亦擾也鄭注礼記不安靜也顧野王曰躁動也字書云急性也說文從足喿聲也喿音桑到反下而沼反考聲云擾亂也說文云擾煩也從扌音手𢑱奴刀反聲也經中從憂作擾者非也

迦遮末尼 梵語寶名也此寶石類非珠勝之寶此國無亦如玉石之類也

朋侶 蒲弘反太公六韜云友之朋謂之朋朋之朋謂之黨考聲云同師門也字書云明類也古人數法名也古者用貝貨易五貝為一朋此亦假借古鳳字也借鳳為朋者鳳飛則羣鳥万數從之故借古鳳字為朋黨字也

說文作倗側輔也從人朋聲也下力舉反蒼頡篇云侶儷也廣雅玉篇侶伴也古今正字從人呂聲也儷音歷弟反

㴱奧　下烏告反又音於六反訓義並同廣雅奧藏也郭注方言室中隱奧處也說文云究也室之西南隅也從宀𢍏聲𢍏音弓六反下從廾音拱上從古六字也宀音綿從米作奥非也

第五百四十七卷

慊恨　叶甜反韻英云嫌疑也王弼注易云心不平也考聲云心惡也說文從心兼聲也經或從女作嫌亦同惡音烏固反

空缺　上苦貢反下傾悅反玉篇云缺玷也毛詩云鹿鳴廢則和樂缺也說文云器破也蒼頡篇云缺虧也從缶夬聲也或從垂作缺通用玷音丁

除愈　以主反集琰反缶音方苟反夬音夬訓云愈疾差也益也勝也從心俞聲也俞字從舟

第五百四十八卷

端拱　上覩官反考聲云端正也周礼齋服有玄端素端鄭衆曰端本也方言云端緒也說文云端直也從立耑部官反聲也下臺擁反杜預注左傳云合手曰拱礼記曰正立拱手是也尚書曰垂拱仰成毛詩傳曰拱法也說文云斂手也從手共聲也

善軛　於革反考工記云作車人為車軛長六尺鄭衆曰謂轅端壓牛領車軛也說文云轅前也從車戹也戹音厄經文作軶略也俗字也

卵㲉

上郎管反說文云凡物無乳者卵生行者胎生有問者曰魚豈飛物何得卵生答曰鳥浮於雲魚浮於水亦類也古文作卵篆書作卵象形字下苦角反集訓云鳥卵皮曰㲉考聲云卵空皮也從卵殼聲殼苦角反

敵對　上徒歷反杜預注左傳云敵對也又云敵當也介雅敵匹也說文云敵仇也從攴普卜反從啇省聲也下當內反考聲云對答也匹也說文云辯對無方也從丵禍學反從口從寸作對經文從卄音其從至作對誤也

蹊徑　上形雞反杜預注左傳云蹊徑也鄭玄注礼記云蹊徑者禽獸之道

也從足奚聲亦作徯下經定反周易艮爲徑路顧野王曰徑小路廣雅徑邪路也從彳巠聲也彳音丑尺反巠音經

欻作 暉律反薛琮注西京賦云欻忽也蒼頡篇云欻猝音麁骨反起也說文云有所吹起也從欠炎聲

第五百四十九卷

柔耎 而剸反鄭衆注周礼云耎厚脂韋皮也說文云前稍韋也耎弱也從大

而聲也或作便亦通也

迷謬 麋右反鄭玄注礼記云謬誤也方言云謬詐也廣雅謬欺也諡法曰名與實乖曰謬劉熙曰謬差也說文云謬字從言翏聲也經文從介作謬俗字也非正體也翏六幼反

猝暴 上村訥反正從犬作猝聲類云倉猝暴疾也考聲云倉壮也遽也或作碎亦同經文作卒略也亦與兵卒相濫冝改從犬正也下蒲冒反考聲云暴猛也速也無善也說文云暴字從日從出從廾從丰會意字也廾音拱丰音谄

撟誑 上居夭反集訓云撟詐也字書云撟妄也經文相傳從矢作矯非此用也下俱況反賈逵注國語云誑惑也杜預注春秋云誑欺也考聲云相欺以言也說文從言狂聲也或作悲又作誆並是古字今已廢也

愆失 揭焉反考聲云愆過也字書云愆字正從人從心衍聲也衍音牽經中多從人二天作僁俗字也或作𠎝愆皆古字也揭音羗蹇反

惶懼 上胡光反集訓云惶悚也考聲云惶恐也博雅云惶遽也字書從忄皇聲也遽音渠御反忄音

心也下劬遇反字書云畏也方言懼驚也說文懼恐也從心瞿聲也瞿音具于反古文作愳

親昵 尼慓反俗字也正體作暱毛詩傳曰昵近也杜預云昵親也說文從日匿省聲也

淳質 上巿倫反俗字也正合作湻考聲云湻清也說文云湻從水𦎧聲也下真日反鄭注儀礼云質正也杜預注左傳云質信也顧野王曰質辭撲也廣雅曰質謹𪇰也質定也諡法曰名實不爽曰質中正無爽曰質說文云以物相贅也從貝從斦贅音之芮反斦音魚斤反

技藝 上渠擬反考聲云工巧也

集訓云拔猶藝也說文拔巧也從扌犮聲也扌音手下霓計反周礼六藝礼樂射馭書數顧野王云藝猶材也杜預曰藝法制也賈注國語云藝極也字書云蓺能也從云蓺聲也音同上

羅刹娑 梵語也古云羅刹訛也羅字上聲呼兼彈舌引聲即正此乃暴惡鬼名也男即極醜女即甚姝美並皆食噉於人別有羅刹女國居海島之中如佛本行經中具說也

賣賈 上始章反下姑苦反周礼九職六曰賣賈

鄭玄云行賣曰賣坐販曰賈考工記云通四方之珍異以資之名為賣摈鄭玄曰販賣之客也說文云行賣也從貝從商省聲也經中通作商誤也宜加貝為正鄭玄曰通方物曰賣居賣曰賈杜預曰賈賣也考聲云坐販也賈價也說文云賈市也有音加雅反者非也

戲謔 上虛寄反下香虐反毛詩云無敢戲豫傳曰戲豫逸豫也說文三軍之偏也從戈䖒聲也經從虛作戲非也毛詩傳曰謔謔喜樂也又云善戲謔兮是也說文云謔亦戲也從言虐聲

船撥 上述專反世本共鼓貨狄作舟船宋忠曰黃帝二臣名也方言曰自關西謂舟為船說文云船舟也從舟從公省聲也下煩襪反考聲云縛竹木浮於水上謂之撥音伐集訓云木撥也說文云海中大船也從木發聲或作栰俗字也廣雅作橃亦同經文作栰謬作也

薩栰若心 梵語訛略不正也正梵音薩縛吉孃二合唐云一切智心即般若之異名

第五百五十卷

顧吝 上古庫反鄭玄箋毛詩云迴首曰顧又云顧猶視也又云顧念也從頁雇聲頁音頡雇音固下力陣反孔安國注尚書云吝惜也方言曰貪而不施為之吝說文正體作吝吝恨也從口文聲也或作悋俗字也或作彣吝並古字也

繽紛 上匹賓反下芬分反考聲云繽紛亂也字書云繽紛眾多皃也集訓云繽紛盛皃並從糸音覔賓分皆聲也經中賓字從尸作賔者非也

勇捍 上庸腫反顧野王曰雄敢果決也謚法曰懸命為仁曰勇投身為義曰勇持義不掩曰勇知死不避曰勇說文

作勈與經中勇一也說文云勇氣也從力甬聲也或作恿䩖皆古勇字也下寒岸反俗字也體作䟫集訓云扞捍也考聲作扞蔽也禦也並同用也

第五百五十一卷

惡蠍　香謁反毒蟲也說文云蠆也從虫歇聲也經文作蝎非也蠆音丑介反虫音毀

一巷　學絳反集訓云街巷也廣雅作衖音與上同或作䢽又作衖皆古字也里間道也

擾惱　而沼反集訓云擾煩也乱也

唐捐　悦玄反考聲云捐弃也唐徒也

毀懱　眠結反韻詮云輕易也從忄蔑聲經文蔑非也

眛鈍　途頓反考聲云性頑滯也著韻篇云鈍頑也韻英云刃不利也

樂耎　上五教反下而剸反剸音專斷也

第五百五十二卷

一切經音義卷第七　第二十五張　四

善軛　烏革反前第五百四十八巳釋

戰慄　隣室反集訓云戰慄懼也戰戰慄慄懼之甚也從心栗聲也

源底　上音原鄭注礼記云源本也廣雅万物之本曰源說文作原或作厵古字也

如僕　蒲斛反毛詩傳附也考聲云僕使也僮也顧野王御車者也說文云給事之者從人菐聲也古文作䑑左傳從王臣公侯已下至僕乃第八等人也菐音卜也

捶打　上隹蘂反說文云捶擊也又云捶摘也許叔重注淮南子云捶鍛也從手垂聲也字書或從竹作箠又從木作棰掊也鍛音當灌反下德冷反廣雅打擊也埤蒼云打掊也從扌丁聲扌音手

勘耐　上康甘反毛詩傳云勘任也尒雅勘勝也說文本字從力從匹甘聲也經文從土作堪非本字說文堪地突也非經義相承共用為堪任字久矣從力作者乃去聲用之不可改下乃代反集訓云耐忍也左傳云云而不相耐耐猶能也說文從彡作耏形聲也杜林日諸法度皆從古故從寸作耐

屣踐　上梨徙反卅本云於音烏則非屝肥未反屨求忠口黃帝臣也草日屝麻日屨䋤今人若草若麻及絲通名為

一切經音義卷第七　第二十六張　田

履鄭注礼記云履蹈也考聲履履俱遇反屬也說文云足所依也從尸從彳夂尺反從夂音所㞙從舟舟象履形也或有從復作履者誤也下錢演反孔注論語云踐循也毛詩傳云踐行皃也礼記云踐其位行其礼也說文云踐履也從足戔聲也或作衜或作䟲並與踐同皆古字也戔音察限反

挑目 體彫反韻詮云挑撥也考聲云㧖抉也說文從手兆聲或從刀作㓩古字也經中或有從木作桃非也抉音縈悅反

劓鼻 魚忌反又音魚罽反孔安國云劓割也古刑法傷人者其刑劓鄭注周礼云劓截其鼻也說文云劓決鼻也或作劓亦通用也

黧黑 上力池反通俗文云斑黑曰黧考聲云面頰黑而黃色也又音礼兮反文字音義云黧老也黑色也從黑從黎省聲也顡音聶遵反

痔漏 上持妓反集訓云下部病也說文云後病也下婁豆反顧野王曰漏猶泄也案痔漏者泄痢病也許狩重曰漏失也說文以銅器受水刻節晝夜共

為百刻從水屚聲或作屚泄音先節反

第五百五十三卷

鹹鹵 上匣巖反尚書云水曰潤下潤下作鹹介雅苦也說文云北方味也下郎覩反杜預注左傳云斥鹵确薄之地也說文云西方鹹地也從西省象鹽形也

欲扣 苦狗反集訓云擊也

法蠡 盧禾反經文作蠃非也蠡音蠡底反蠡吾縣名在涿音卓郡越有范蠡人名也錯之甚矣經中又有作螺赤虫也亦非經義介雅云蠃即大蝸牛也言法蠃者喻菩薩演法之音如蠃殼聲也

析為 星亦反韻英云析分也說文云破木也從木從斤斤半木字也或從木從斤作析亦通下韋危反從爪作為正也

滴數 丁歷反考聲云水落也或作滴說文云水灓力端反注也灓漏流也字書水滴也經文從水從帝作渧俗字也下霜句反從毋音官

機關 上薑希反集訓云凡物有開制動者皆曰機易曰樞機之發榮辱之主莊子云有機械者必有機心說文云主發謂之機從木幾聲也下古頑反大戴礼云君

子情逆而暢於遠察一而關于多說文云以
木橫持門絆聲也豨卝關反絆音同上字書
或作官經中作關
非也音皮免反

第五百五十四卷 無可音者

第五百五十五卷

寘澍 之樹反淮南子云春雨之灌萬物無
地而不澍無物而不生說文云時雨

一切經音義卷第七　第二十九張　田

所以澍生萬物也從水從尌
省聲正體作澍籀文作尌

第五百五十六卷 無字可音訓

第五百五十七卷

殄滅 田踐反前五百三十九卷已具訓釋

譴罰 上輕見反下煩韤反前第五百四十卷已具訓釋也

疲極 上音皮賈逵注國語云勞
也病也廣雅疲倦也下其疑反考聲云
極窮也竟也從木亟聲也亟音居力反

怯 欺業反顧野王曰怯畏劣也
說文從犬作狜從犬去聲也

第五百五十八卷 無可音訓

第五百五十九卷

稍散 上所狡反玉篇云稍稍侵漸也廣
雅云稍稍小也考聲云稍盡也說
文云出物有漸也下柰贊反說文云分離也
或從隹作散隹鳥也說文云飛散也廣雅散

一切經音義卷第七　第三十張　田

壞也又云散布也說文散字
從肉椒聲也椒音亦散字也

拒逆 上渠佇反
廣雅拒捍也說文云拒抗也韻英云拒違也
從手巨聲也捍音旱抗音口浪反下魚戟反
介雅迎也方言云自關而東謂迎為逆蒼頡
篇云逆不從也孔安國曰逆拂突也左傳有
六逆賤妨貴少陵長遠閒親新閒舊小加大
婬破義謂之六逆也鄭注考工記云逆猶卻
也考聲云逆者反常道也不順也關東曰逆
關西曰迎說文逆迎並從辵屰聲也經作逆
俗字也咈音扶勿反辵
音丑略反屰音逆也

歐熱血 上謳口反左傳

日伏弢歐血是也弢弓袋也說文歐吐也從欠謳省聲也下如設反考聲云熱暑也桂菀珠藂云温暑日熱說文熱温也從火埶聲也謳音烏鉤反弢音他勞反埶音勢

第五百六十卷

規摸 癸惟反顧野王云規圓而矩方也孟子曰不規矩不能方圓是也考聲云規圓也正也度也鄭玄云規正圓器也說文規有也從夫從見有從矢或從失皆誤也

度音徒洛反下毋蒲反鄭玄箋毛詩云摸法也又云摸範也考聲云摸形也摸撲也古文作橅音同上

第五百六十一卷

稱量 上赤蒸反韻英云稱程也考聲云定其輕重也平也廣雅稱度也說文稱詮也從禾再聲也再同上也下力薑反考聲云量度也稱也從日童聲古文作量

經文作量略也

數量 上霜婁反下力仗反訓解同上量字俗用作量略也

堵羅綿 梵語輕耎絮也沙門道宣注戒云柳花絮蒲臺花綿白楊花絮白疊花絮等是也取輕細柔耎為諭也

飄轉 上匹遥反郭璞注尒雅云飄者迴風也毛詩傳曰暴起之風也經典釋文陸德明音眂遥反老子曰飄風不終朝或作瞟字林作飆古字也

遊泛 芳陷反賈逵注國語泛浮也詩傳泛流皃也

卒破 忩訥反俗用字略也王篇云此字與

兵卒相乱而用別說文正體從犬作猝經文單用從衣從一一衆表記考聲云猝蒼忙也遽也遽音渠御反

浮囊 附無反玉篇音扶尤反陸法言音薄謀反下二皆吳楚之音也今並不取廣雅浮漂也鄭注禮記在上日浮賈逵浮輕也說文浮泛也從水孚聲也下乃郎反集訓云有底日囊無底日橐皆盛物器也字書云大日囊小日橐此說非也小篆囊字從橐省從襄從衣䍜亦聲也今經言浮囊者氣囊也欲渡大水假此氣囊輕浮之力故說為諭也橐音託橐音混䍜音女耕反

善軶 攖革反前

文第五百四十八卷已具訓釋

牀座 狀莊反廣雅云人之接息安身之具也說文云身所安也從木爿聲也經文作床非也撿字書並無此床字也爿音情羊反

一脄 羊益反又章亦反二音並通埤蒼云脄胳也在肘後肩下也古今正字從肉從液省聲也胳音各液音亦

洲渚 上音州下章與反尒雅云水中可居日洲毛詩傳曰渚小洲也王逸注楚辭云水涯曰渚或從阜作陼一說云大日洲小日渚

一切經音義卷第七　第三十三張　田

也

翅羽 施異反正體作翄韻英鳥羽也說文云翄翼也從羽支省聲也

欻作 暉律反薛綜日欻忽也蒼頡篇云欻卒起也說文有所吹走也從欠炎炎亦聲也

第五百六十二卷

侮慠 五告反俗字也尚書慠慢也說文慠倨也從人敖聲也敖字正從出從方從攴

親暱 尼慄反經文從尼作昵俗字也

羅刹娑 梵語也食噉衆生血肉惡鬼神名也古云羅刹略也

商賈 上始羊反下姑戶反已見前具釋訖也

俳優 上蒲埋反下億鳩反蒼頡篇云俳優樂人也前文已解訖埋音麻懷反

戲謔 上虛氣反下香虐反解釋已見前文

邀契 上伊僥反考聲云邀遮也杜預注左傳云邀要也字書邀循也求也或從彳作徼訓釋亦同下輕計反韻英云契約也要也鄭衆曰契符書也鄭玄曰契即今

一切經音義卷第七　第三十四張　田

之券從力考聲云大日券小日契杜預日要契之許也古者合兩札刻其傍各執為信從刧從丬丱會意字轉注字也券音宜願反刧音口八反丬音拱也

第五百六十三卷

根栽 宰猜反鄭注礼記云栽殖也案栽種也種植草木日栽從木從𢦏省聲𢦏音災

第五百六十四卷

第五百六十五卷

已上兩卷並無字可訓

一切經音義卷第七

第三十五張　田

一切經音義卷第八　田

翻經沙門慧琳撰

音大般若經從五百六十六盡

第六百凡三十五卷

大般若波羅蜜多經卷第五百六十六

三藏法師玄奘譯

阿難陁　唐云慶喜舊曰阿難梵語略也

憍陳那　舊云憍陳如佛初成道度五俱輪此其一也

筏防鉢底　舊云憍梵波提略也

褐麗筏多　舊云離婆多略也

大

採菽氏　舊存梵語曰大目乾連或云俱律陁或曰拘綠多或名俱利迦皆訛略也正梵音摩賀目引蘲孽二合羅引上聲野遠祖神仙採菽豆食因以為姓蘲音能得反

大迦　蓋佉反

多衍　延典反

那　舊曰迦旃延梵語略也

畢藺　音憐

陁筏蹉　倉柯反舊日畢陵伽婆蹉是也

鴟波離　舊云優波離輕重異也

羅怙羅　舊名羅睺羅也

紹隆　上常遶反下力沖反訓釋已見

一切經音義卷第八　第二張　田

前卷

珊覩史多　上蘇安反梵語欲界中六天之一名也唐云知足天一生補處菩薩見作此天王也

礫石　力的反

谿谷　上啓鷄反尒雅水注川也說文山竇無所通亦從水作溪從石作磎是磻磎字見蘂韻非此義也下公哭反說文泉出通流為谷從水半見出於口會意字也

三愆　揭焉反考聲愆過也韻詮愆罪也說文從入心衍聲也衍音啓堅反經從二天作愆誤也古文作平籀文作諐說文作𢜩又作寒皆古字也

慙恥　上藏南反尚書

慚德是也說文慚愧也從心斬聲也下勑里反考聲恥辱也字書羞恥也衛宏從言作誀古字也癡音田之反

檛打 上茁爪反茁音竹刮反聲類作築撾也考聲檛擊也馬策也從木過聲也下德耿反廣雅打亦擊也埤蒼梧也梧音龐巷反說文從手丁聲也陸法言云都挺反吳音今不取也

盲瞖 上莫彭反玉篇云盲冥也說文目無眸子曰盲考聲目無見也從目亡聲也下於計反考聲目中瞖也字書目障瞙也從目殹聲也殹音同上

鎣飾 上縈䨟反考聲經從壹從目作瞻非也發器物光也從金從瑩省聲也經從玉作瑩鎣字亦通下升力反考聲飾彫也修也集訓服著也清潔也說文飾刷也從食從人從巾

如矟 山卓反廣雅矟矛也埤蒼殳丈八矛也從肖矛聲也

如衝 昌恭反廣雅衝當也衝揬也周易衝行也考聲擊也說文交道四出也從行童聲也

徇名 旬俊反

憒恚 扶吻反考聲盈也心氣發也鄭玄云怒氣充實也蒼頡篇憤懣也音悶說文憤恚恨也或作憒古字也

嫌恨 叶鹽反韻詮嫌恨也疑也考聲心惡也烏固反說文心不平也從女兼聲也經從心作慊亦通下何艮反蒼頡篇恨怨也從心艮聲

覆罩 上芳務反訓釋巳見上文下卓挍反毛詩傳云罩篧也篧音廓郭璞注尒雅罩捕魚籠也說文捕魚竹器也從网卓聲也或作䍜䈇劉兆皆古字也

儵忽 識祝反王逸注楚辭儵忽急皃也又大儵忽如電光也廣雅儵忽光從黑攸聲也攸音由

或從火作烽或從足作𨂂皆古字也

胮脹 上普江反下張亮反

第五百六十七卷

坑坎 上客耕反下康敢反

爩熱 上妾律反下然設反

飄颺 上匹遙反下羊亮反

淤泥 上於據反字書水中青泥也說文淤滓也玉篇水中泥草為淤淤臭泥也下奴雞反玉篇土得水而爛曰泥

水滴 丁曆反經作渧俗字

芬馥 上芳文反考聲香氣也古

文從屮作芬屮音丑列反說文草初生香氣分布從屮分聲也今隸書從草作芬芬和也經從香作馚非也下馮目反韓詩芬馥香氣皃也

嚬蹙 上毗寅反下酒育反

偽行 上危位反韻英詐妄也不實也考聲矯詐也欺也或從言作譌

詭言 居委反字書詭詐也廣雅詭隨惡也說文詭責也或從心作恑恑異也

懷慼 上戶乖反毛詩傳曰懷思也孔氏曰懷安也謚法曰慈仁短折曰懷

執義揚善曰懷說文念思也從心褱聲也褱戶乖反古文作𡟑或作褱經有作㚼𢜶藏也非此義下向戚反孔氏注論語云慼恨也從心慼聲也

𧬊喝辯 上先齎反考聲語而聲悲也說文悲聲也從言斯聲也經從口作嘶俗字也埤蒼嘶者聲散也下乙芥反考聲云聲噎也廣雅嘶喝聲之幽細也字書或作㗸或作欸皆古字也

拙澀 上專劣反考聲不工巧也下霜戢反考聲不滑也經從三止澁俗字

不成也

降澍 上江巷反尒雅降下也集訓落也蒼頡篇作夅說文訓與尒雅同從𨸏夅聲也下主戍反淮南子曰春雨之灌澍無地而不生說文亦云時雨澍生万物從水從尌聲也

霑濡 上輒廉反韓詩霑溺也考聲小溼也礼記孔子曰雨霑服失容說文霑霂音沾字書云霑霂微溼也從雨沾聲也下而珠反集訓霑漬也字統濡小溼也又云濡亦霑也從水需聲也需音須

赫奕 上亨格反尒雅赫赫迮也郭璞曰盛疾皃也方言發也廣雅赫赫明也說文大赤皃也從二赤下羊

益反或從火作奭毛詩傳曰奭奭火皃也說文亦同從火赤聲也

第五百六十八卷

腥臊 上姓精反或作胜孔注尚書云胜臭也杜子春云豕膏臭也說文犬膏臭也從肉星聲也說文又作鮏魚鮏也礼記曰肉胜細者為鱠下蘇遭反周礼曰夏宜膏臊鄭衆曰豕膏臭也杜子春犬膏臭也說文亦云豕膏臭也從肉喿聲也喿桑到反或作鱢周礼膳膏鱢經作膆俗字也

臭䑋 上昌獸反玉篇臭者凡物氣之

想名說文禽走臭而知其跡者大也從大從自自者古文鼻字也經從死作臰者非也下於喙反顧野王曰穢者不清潔也韻英穢惡也考聲荒蕪也或作薉也說文從禾歲聲也

盥洗 古短反說文澡手也從臼從水皿皿器物也臼音掬皿音美秉反春秋傳曰奉匜沃盥有作去聲古翫反亦通下先礼反說文灑足也

巖穴 上雅咸反考聲巖岸也山崖也下玄決反字書穴孔子空也

罕人 呵亶

毛詩傳曰罕希也說文罔也從罔干聲也

猒惡 上伊焰反下烏固反

無鉤 苟侯反考聲鉤取也引也說文曲鐵也從金句聲也

轡勒 上悲媿反說文馬轡也從叀叀音專與連同音從絲顧野王曰轡所以制御車中馬也下郎得反說文馬頭絡鑣銜也從革力聲也

嫉妒 上情逸反下當故反王逸注楚辭云害賢曰嫉害色曰妒鄭注毛詩序云以色曰妒以行曰忌說文從女從戶聲也

誘化 餘手反說文作羑羑導也教也引也進也相勸動也從言從秀聲也

鬀落 天帝反考聲削髮也經作剃俗字也

鬚髮 上相逾反說文作須鬚須也下藩襪反考聲頂毛也說文髮根也從髟犮聲也髟音衫犮音蒲末反或作䫶皆古字也

澡浴 子老反廣雅澡治也蒼頡篇澡盥也顧野王云澡猶洗令潔也下音欲說文浴洗身也從水從谷省聲

第五百六十九卷

瑩治 縈夐反韻英摩拭也或從金作鎣同也下除离反考聲治理也修故也從水台聲也

皎潔 上經曉反毛詩傳曰皎光也方言明也說文從白作皎下堅齒反考聲清也靜也從水絜聲也

塊擲 上康膾反字書土塊儀礼寢苫枕塊是也說文土墣也墣音匹角反從土從凷省聲也凷音五罪反或作由象形古字也下呈石反廣雅擲振也說文投也正體作擿也經從鄭俗字也

磣毒 瘡瘆霜稟二反考聲砂土汙也從石參聲也或從土作墋亦同下徒斛反孔注尚書毒

害也考聲惡也痛也宗𢊁毒者妒害也忍人也說文害人之草也從屮毒聲也屮丑列反毒音愛經作毒餘書訛也

不悍 唐旱反鄭箋毛詩悍難也又艮也集訓辞也又驚也說文悍疾也從心單聲也

劬勞 具于反賈逵云疲勞也介穉勤也說文劇也從力宗用力者則多勞

親狎 霞甲反論語小人狎大人孔氏日狎近也杜注左傳狎習也或作狎同從犬從甲省聲也

陮皁 上都回反

下扶務反

第五百七十卷

根株 上岡恩反王弼注老子曰根始也考聲根本也下陟殊反考聲煞樹之餘曰株說文木根從木從朱聲也

抑挫 上於力反賈逵注國語抑止也杜注左傳抑損也如淳注史記抑屈也楚辞日屈心而抑志是也說文作𢫾反印字也𢫾音一力反印音一刃反石經加手從印作抑變體字也下祖過反賈逵注國語云折辞曰挫說文挫摧也從手從坐聲也

先折 上星延反說文前進也從古出字從人下章熱反考聲折挫也摘取也說文正體從重二中丑列反從斤作斷解云二中草也以斤斷草曰折小篆因以二中相連便誤為古出字遂從手作折也出音手也

稟 彼錦反孔注尚書云稟受也說文賜穀也從禾㐭聲也㐭音力錦反經從示作**性**稟誤也

芒衣 式房反考聲草末也然別有草葉如劍刃觸則傷人離繫外道將以為衣傷其皮宍以為苦行也

茅衣 卯包反周易藉用白茅說文茅即菅草也從草矛聲也菅音古顏反矛音莫侯反稗子音敗杜注左傳草之似稗者如淳日細米為稗或作稗亦通

或芋 于遇反韻英芋蹲鴟草也蘇敬本草云芋一名芡菰約有六種差別所謂青芋紫芋真芋白芋連禪芋野芋並皆有毒其中唯野芋最甚食之煞人以灰水煑之乃可食也史記云岷山之下蹲鴟得之至老不飢是也說文大葉實根驚人故謂之芋從草于聲也

或藕 五苟反考聲蓮根也

尒雅蓮荷芙蕖其根日藕玉篇作蕅本草一名水芝丹一名蓮甘可食說文從水作藕芙蕖根也從草從水果聲也

牧牛女 莫卜反杜注左傳云養牛日牧尒雅郊外謂之牧郭璞注方言牧察也說文亦云養牛馬也從牛攴聲也攴音普卜反

搆百 苟殺反俗用假借字也正體作𣫭考聲取牛羊乳也從手㱿聲也或從羊作𣫭同經作搆是搆架构木字非經義也

軍敵 上窘雲反下亭的反

迦履迦 上薑佉反假借此音以響梵音下文梵語中有迦字悉同此音

賫持 𧶠西反俗字也考聲持財與人也說文作齎持遺也從貝齊聲也經作賫因草誤

暎蔽 上英敬反下卑袂反

庳鉢羅樹 上卑寐反梵語樹名也或名畢鉢羅菩提樹之類也一說即菩提樹

重疊 長龍反下亭叶反蒼頡疊重也廣雅厚也宋忠注太玄經疊積也顧野王曰疊明也說文古理獄官決罪三日得其宜乃行之故從三日晶從宜作疊王莽以三日太盛改為三田作疊經作疊變體字也

第五百七十一卷

護法陁羅尼 此中諸字但響取梵字音音非求字義也

怛你也二合**他**去引一句**阿**上聲下同此也**護囉**羅字上聲轉舌呼下同二**矩**俱宇反**囉**准前也

縛無割反下同**底**丁以反三**護**引**囉絮**奴雅反急以鼻音呼下同**娑**去聲呼引**嚕**魯字轉舌下同**絮**准上四**左**則可反下同**左左左左抳**尼整反下准此五**阿**上**麌**愚宇反**絮**奴雅反鼻音**乞灑**二合師貫反**多乞灑**二合**多**六**乞灑**二合**演多乞灑**二合**野娑縛**二合引**賀**

引七捨麽莽可反鼻音抳准上音迦准前囉
轉舌八汚引嚕引轉舌陽嚕嚩無可反
底丁以反九迦居佉反下同囉嚩底迦
准上十阿上陛捨底顆寧頂反娑
去引囉抳尼整反十一惹慈攞反野麽

莫可反鼻音底丁以反十二嚩始顆准前嚩
始十三嚩無可反下同多嚩多努鼻音
娑去引哩抳十四部引多努鼻音
娑沒栗三合轉舌嗛底丁以反下同十五祢
如礼反嚩多努鼻音娑沒嘌三合

底准上娑嚩二合反賀引十六句銷小姚反亦作消

量繞藏宍反考聲繞羃也集訓僅能也說文淺也從糸從堯從音丑略反從兔經從二兔作繞也

瞻愽迦花梵語花樹名也舊云瞻蔔訛略也此花芬馥香聞數里大如楸花爛然金色也亦是香名也

門壗甜叶反左傳曰環城附於壗杜注云城上女牆也古今正字云城上女垣也從土葉聲也今人通音為陳者誤也

鳧鴈上輔無反郭注尒雅鳧鴨也考聲野鴨之小者字書從鳥几聲也几音殊鳥之短羽飛几几然形聲也下顏莞反或作鴈同毛詩大日鴻小日鴈隨陽鳥也說文鴈鵝屬

白檀唐蘭反香木名也白赤俱香赤者為上梵云賛那曩古譯云栴檀香是也出外國海島中

尸利沙梵語也此翻為吉祥即合昏樹也俗名為夜合樹也

鸚鵡上烏耕反下無甫反或作鵡山海經云黃山有鳥青羽赤喙人舌能言名為鸚鵡曲礼曰鸚鵡能言不離飛鳥是也

優曇花梵語古譯訛略也梵

語正云烏曇跋羅此云祥瑞雲異天花也世間無此花若如來下生金輪王出現世間以大福德力故感得此花出現

栴檀 上章𣝥反下唐寒反即前赤白檀香是也

頗胝迦 梵語寶名也此無正翻水精之類也光明瑩澈淨無瑕穢有微青白色或紅紫之別異也亦神靈寶也

第五百七十二卷

掩遏 上於撿反考聲藏也下安葛反考聲遏遮也

辜負 上古枯反周礼辜戮之職凡殺王之親者辜之鄭日辜之言枯也說文辜罪也從辛古聲也經從手作㨌謬也下浮武反顧野王云背恩忘德日負說文負恃也上從人下從貝人守貝有所恃也一日受貸不償故人下貝為負有從人作偩俗字

怯弱 上羌業反下而斫反

疲倦 上平眉反下狂院反

鑿井 上音

昨聲類鑿鏨也鏨漸陷反說文穿木也從金鑿省聲也鑿音作凡鑿鑿業丵字並從丵象竹木叢生也丵音牀學反下井精郢反象形字也中一點象水今相傳去點作井也

莖幹 上幸耕反說文枝主也博雅草本日莖下岡嬾反說文樹枝也從木軟岡岸反聲也

竹荻 徒歷反許叔重注淮南子云荻萑也

蘆葦 上郎都反下于鬼反尒雅葭葦也郭璞日即今蘆也又日葭蘆即葦也案此二草種類相似大日蘆小日葦玉篇葦大葭說文蘆字從卄從皿盧聲也盧魯都反或作䕡同經作蘆俗也

甘蔗 之夜反美草也

馱都 梵語也此云法界界即體也

此下從籢底所蹈已下直至逶迤匈臆已前並說佛三十二相音義第五卷經即第三百八十一卷中已具釋訖此

但音字不求其義
匳底力鹽反經作匳非也所蹈唐号反踐也坦
然他嬾反輻輪上音福輞轂上音罔下音轂
柔耎而兖反經作軟非也纖長相閻反鞔
網莫安反交絡音洛綺畫上墟紀反下華卦反

足跟音根與趺音夫雙腨上所江反下時
耎反瑿泥纓奚反傭圓勑龍反紺青
上高暗反下青字從生從丹也潤滑上而順反下還八反晃曜
上胡廣反下羊耍反頸及鷄郢反肩項上音堅下何講反髆
腋上補各反下羊益反之亦反諾瞿陁上曩各反次強于反前譯云尼

俱盧陁頷臆上含感反下於力反踰珂上羊珠反下枯
何反鉾利妨封反婉約於遠反眼睫
精葉反白毫胡高反烏瑟膩沙梵語也此
云頂相佛頂也筋脉上居殷反下莫伯反兩踝胡瓦反
膝輪胥逸反惇肅上都溫反怯弱上羌
業反離翳於計反齊深上糟兮反不凹

烏爪反不凸田頡反皮膚甫無反疥
癬上音戒下先剪反黶點上伊琰反下丁琰反疣
贅上有求反下專稅反清徹纏列反稠密長流
反綺靡上音豈下音美輪埵都果反顏
貌猫皰反臭穢上昌呪反下央衛反達那梵語
如來肉髻逶迤上音萎下音夷匈臆上許恭反下於

力反

踊躍　上羊腫反杜預曰跳躍也上也下弋灼反廣雅跳也進也互相訓也

之儔　池流反儔疋也

不愜　謙頰反考聲云當意也可也從十匧聲也

所縈　惠營反考聲云纏也繞也

荷儋　多甘反負也助也亦作擔也

重擔　當紺反考聲以木荷物也

持髻　音繼梵天王名也

一切經音義卷第八　第十九張　田

第五百七十四卷　文殊分

善軛　於革反桂苑殊藂車轅端橫木也說文車軶也從車戹聲也戹音厄字書戹字從戶從乙經作軶俗字也不捨善軶菩薩名也善軶者喻於大悲也

迦多衍那　梵語大阿羅漢名也舊曰迦旃延訛也迦音薑佉反衍音演

第五百七十五卷　文殊下

善䠶　常夜反說文云弓弩發於身而中於遠從身從矢小篆從寸作射說文寸法度也又云寸亦手也二體並正也

麁的　蒼姑反鄭注礼記云麁猶疏也廣雅麁大也正體作麤說文從三鹿今省為麁顧野王云麁不善也下丁歷反毛詩傳曰的射質也或從弓作弔說文從白作的的明也從白勺聲也

鍛金　都灌反蒼頡篇云鍛椎也直贏反鄭注礼記云鍛捶打也說文云小冶也

燒

一切經音義卷第八　第二十張　田

鍊　歷殿反說文冶金也或作煉亦通經從糸作練非也

金璞　普剝反王弼注老子璞真也尹文子曰鄭人呼玉之未治者謂之璞也

稱量　處蒸反考聲定其輕重也廣雅云度也字書云量平也韻英程也說文云銓也從禾爯聲也爯舉也爯齒蒸反古文作爯經作秤俗字也

胞初生　庖負反樹花胞胎也切利天上波質多樹花欲開時先生胞說文婦人懷妊兒生衣也字書正體作包或有作皰皰音蒲負反其義亦通

氛氳　上扶聞反下透雲反文字集略

氛氳氣威皃也字統氤氲陰陽和氣也上形下聲字也

掤見 楚壯反韻英掤初也考聲掤始也經作剏俗字也

分齊 上防問反下寂麑反或作劑

治寶 上除离反考聲云治理也修故也

磨瑩 烏夐反磨拭也或作鎣也

映矙 上英敬反下持折反通也經作徹也

卉木 暉貴反說文草之惣名也小篆作卉從三屮屮音丑列反

叢林

祖紅反草木聚生從丵取聲也

能逮 唐奈反逮及也

如幻 還辦反或也古作么亦作孑皆古字也

第五百七十六卷

罥網 上史犬反正體作羂亦作罥考聲云以繩捕也韻英繫取也案羂者罥索也下無倣反顧野王曰網者羅罟之惣名也易曰昔庖羲氏結繩為網以畋以漁以

棼万民世本云芒作羅同朱忠曰伏羲氏也或作羅罔或作网皆是古文象形字也

無尼延底 梵語也唐云自淨識

帝杙 餘息反大橜也橜音狂月反介雅檝謂之杙郭景純曰杙橜也又云在地謂之臬魚列反

行有所得 行孟反下文同

寤時 吾庫反考聲云寐中有所見覺而信也寐音弥庇反覺音教蒼頡篇亦云寐覺而有言曰寤說文同從宀從爿從㝱省吾聲也宀音綿爿音牆

踊躍 上庸腫反㝱音夢字書云㝱睡覺也

公羊傳曰踊上也玉篇踊登也杜預曰跳躍也從足甬聲也下翼灼反介雅躍迅也廣雅躍跳也進也從足翟聲翟徒歷反

戶牖 餘糺反說文穿壁以木為交窗也從片戶甫聲也廣雅牖道也字書明也

傾搖 頃縈反考聲傾側也說文作頃下羊燋反集訓搖動也從手䍃聲也

坌壤 分問反考聲坌掃除也埽音蘇早反或作拚亦同經作糞俗字也說文弃掃除也從土弁聲也下而掌反孔氏曰無塊曰壤鄭曰壤土也㦸言之耳廣雅壤塵也肥柔也說文柔土也從土從襄聲也

淹久 於炎反杜注左傳云淹久也又云淹留也郭璞注山海經云淹滯也稽久也說文從水奄聲也

第五百七十七卷 能断金剛分

跏趺 上音加下音夫皆俗字也正體作加趺鄭注儀礼云趺足上也顧野王云足面上也案金剛頂及毗盧遮那等經坐法差别非一今略舉二三明四威儀皆有深意結跏趺坐略有二種一曰吉祥二曰降魔凡坐皆先以右趾押左股後以左趾押右股此即右押左手亦左居上名曰降魔坐諸禪宗多傳此坐若依持明藏教瑜伽法門即傳吉祥為上降魔坐有時而用其吉祥坐先以左趾押右股後以右趾押左股令二足掌仰於二股之上手亦右押左仰安跏趺之上名為吉祥坐如來昔在菩提樹下成正覺時身安吉祥之坐手作降魔之印是故如來常安此坐轉妙法輪若依祕密瑜伽身語意業舉

動威儀無非密印坐法差别並須師授或曰半加或名賢坐或象輪王或住調伏與此法相應即授此坐皆佛密意有所示也

摩納婆 梵語也譯主大唐三藏云此曰儒童案善無畏三藏譯大毗盧遮那經并與沙門一行出義記云摩納婆正翻應云勝我依宗外道自言有神我在身心中最為勝妙彼等常於自身心中觀我或長一寸許大智度論亦云計有神我或如芥子或如巨麥必為淨色若譯為儒童者梵語應云摩拏婆兩譯不同未知孰是請勘梵本

撥諭 煩韈反考聲縛竹木浮於水上謂之撥也說文從木發聲也廣雅從舟作𦪈皆正也經作筏或有作栰並俗字皆非也下踰注反廣雅諭諫也鄭注周礼告曉之也蒼頡篇諭譬也論語曰君子諭於義小人諭於利說文諭告也從言俞聲也俞字從亼精立反從巜巜音公外反經從口作喻俗字

俛仰 明弁反俗字也杜注左傳云俛俯也說文從頭正體從頁從逃作頫頁音頡下仰音魚襁反易曰仰以觀於天文也說文舉首也從人從卬聲也卬音魚兩反

捫淚 上莫盆反毛詩傳曰捫持也韻詮捫撫或摸捺也撫音孫捺音索說

文捫摸也從手門聲也下良墜反韻詮涕泣淚也說文作涕泣也從水戾聲也

曾爲羯利王 藏能反次榮偽反羯利王梵語也此云鬬諍亦云無道惡王也古譯云哥利王訛也即古昔彼羅柰國王也

希冀 上香依反韻詮希冀也考聲罕也法言云希冀也經作悕俗字也古文作帘下冀音寄韻詮云冀望也經作冀俗字也說文北方州也從北異聲也

荷擔 上恒餓反字書荷負也下當貪反或從人作儋同廣雅擔助也考聲儋負也字書擔荷也從手詹聲也經中有從木作檐非也詹音鹽舍檐也非此義也

第五百七十八卷 理趣分

交暎 於敬反韻英暉也考聲傍照也文字音義隱也從日從英聲也

綺蓋 墟紀反說文有文繒也案綺古出齊郡今出江東有以二色綵絲織成文錦也

於猗適 於機反考聲猗美也加也介雅歎美之詞

大樂 郎各反考聲喜暢甚也假借字也本音岳也

三界自在常能堅固饒益有情介時如來即說神呪

曩謨娑去誐魚伽反又取上聲嚩無可反後文同帶引一鉢囉二合轉舌枳孃二合引上經以反孃取上聲播引囉羅字上聲兼轉舌弭多上聲引曳以墅反引後亦同此二溥訖底二合嚩攃七葛反邏勒賀反引曳準前音也平聲三阿上跛哩轉舌弭多麌語矩反緊努雅反鼻引曳以葉反引四薩嚩怛他去引蘖多五布引介養以反後文同多

上聲引曳引上六薩嚩怛他去引誐準前
音上聲多上聲引七弩鼻聲枳孃二合並上聲引
已下同弩鼻聲枳孃引二合多上聲八闍
枳孃二合引多上聲引曳引九怛你
也二合他去聲引十鉢囉二合轉舌枳𩕳

一切經音義卷第八　第二十七張　田

二合引十一摩賀引鉢囉二合枳
𩕳二合引十二鉢囉二合枳孃二合引
嚩婆去引索迦蓋佉反取上聲嚕轉舌引十三
鉢囉二合枳孃二合引路引迦迦
嚕轉舌引十四窣上馱迦引囉轉舌十五

尾馱魔莫可反鼻聲寧十六悉第引
素悉第引十七悉鈿覩給牟敢
反引十八娑去誐嚩底丁以反十九薩網
誐遜娜嚕轉舌引二十薄訖底二合
下丁以反嚩無割反攃倉葛反黎引二十一鉢
囉二合娑去引哩轉舌多曷娑帝

一切經音義卷第八　第二十八張　田

二合引二十二侎衆紺反麼莫皺反鼻聲引溼嚩二合
上尸入反引索羯嚕轉舌二十三没第引
没第引二十四悉第引悉第引
二十五剱跛剱跛二十六左囉左
囉二十七馱唐餓反引下同嚩無何反馱引
嚩二十八阿去引蘗蹉倉可反阿去引

蘖蹉二十九娑去引誐嚩底丁以反三
十句麽准前音引尾攬洛敢反麽鼻音引曳
娑嚩二合引賀引三十一
尒時如來復說神呪
曩謨引娑去引誐嚩帶引一

鉢囉二合枳孃二合播引羅羅字
上聲兼轉舌弭多上聲引曳准上引二怛你
也二合他去引三母鼻聲顙寧頂反達
轉舌謎弥閉反引四僧去聲吃羅二合上言訖反
轉舌賀達轉舌謎准上音上並同五阿上弩

鼻聲仡囉二合謎引六尾穆訖底二
合達轉舌謎引七娑上聲娜引弩
鼻聲仡囉二合賀達轉舌謎引八吠
微閉反引室囉二合麽鼻聲縏奴雅反鼻聲
達轉舌謎引九倧蘇紺反滿多弩鼻聲跛
哩轉舌多上聲曩達轉舌謎引十

麌虞矩反縏鼻聲僧去仡囉二合轉舌
賀達轉舌謎引十一薩縛迦引羅
十二跛哩轉舌播引囉轉舌曩達轉舌
謎引娑嚩二合引賀引十三
尒時如來復說神呪
曩謨引娑去引誐縛無鉢反帶引一

鉢囉二合枳孃二合播引囉轉舌弭多上聲曳引二怛你也二合他去引三室哩二合轉舌下周曳平室哩二合曳平聲室哩二合曳平四室哩二合野細引娑嚩二合賀引五

植衆　上承力反纂韻植種也考聲植多也方言植立也樹也字書植播也說文戶植也從木直聲也或作殖說文脂膏久殖非此義也下終仲反介雅衆多也國語云獸三為群人三為衆說文亦云衆多也從乑音吟乑字三人也從橫目目衆意也

稸留　上涇縈反考聲稸滯也古文作乩又作叶本作禾又作秇說文稸留止也從言秇聲也禾木初生頭曲未能上也又音礙義訓同下留力稠反考聲留止也說文止田也從田丣聲也丣音抑經作留或作畄又作畱皆訛也

第五百七十九卷　檀波羅分

鎔鍊　上勇儱反考聲鑄金法也漢書猶金之在鎔冶之所鑄說文冶金器法也從金容聲也下力鈿反占文作湅亦作煉考聲精擇也韻集鍊金也說文冶金也從金柬聲也柬力賤反經從東作鍊非練字也

磨瑩　上墨婆反集訓治石也考聲研磨也或作𪋻說文作䃺下縈貿反發器光也或從金作鎣韻英云磨拭也從玉從熒省聲也

第五百八十卷

匪唯　上非尾反鄭箋毛詩匪非也亦作篚古文作棐說文從匚非聲也

多賫　精妻反俗字也正體作齎考聲持財與人也廣雅賫送也說文持物於道行也從貝齊聲也

訪栝　官豁反考聲栝撿也周易栝囊無咎王弼曰栝結也郭璞注山海經云猶結縛也舌從口從古𠂆音厥字說文𠂆塞口為括

市

壥直連反考聲城市中空地也又居也或作墰同也 擒縶及林反考聲擒捉也或作擒說文作捡急持也從手金聲也下張邑反毛詩傳曰縶絆也音半也杜注左傳云拘縶也從糸音覓執聲也 思搆息資反下鉤冦反考聲搆成也字書結架也文字音義搆合也說文云作冓象對交之形從木從冓聲也下文同 欣樂五教反 轂輞軸上公酷反王篇云輻之所湊曰轂次音罔說文云車轑音轑下冲六反毛詩傳曰軸進也 訛銳上吾禾反亦作譌孔注尚書云訛化也下營慧反杜注左傳云銳細小也廣雅銳利也經言訛銳者車涉遠路輞訛軸銳也

第五百八十一卷 無字可音訓

第五百八十二卷

劓鼻魚忌反占之刑名也鄭注周礼云劓截鼻也孔注尚書云劓割也說文從刀鼻聲也或從臬作劓亦通也 刖足危厥反亦古之刑名也經史互說不同或名刵刑或名臏刑皆一也民有越關梁踰城郭為掠盜者則刖其足考聲斷足也或作跀跀刑之屬五百也

第五百八十三卷

羸劣上力垂反瘦極也下力惙反弱也 拘縶上矩于反下碪立反集訓拘縶也馬絆也因繫人也從糸音覓執聲也 牽掣上啓堅反考聲牽連也廣雅牽挽也說文引前也從牛從冖音綿玄聲也或作𤛓下赤熱反考聲頓拽延結反縮也亦作掣摩 挫辱上租臥反鄭注考工記挫折也賈逵折銼曰挫考聲挫抑也說文挫摧也從手坐聲也小篆坐字從土從留省古文從二人作坐下而燭反賈逵注國語辱恥也考聲辱恧狃着也說文從寸寸在辰下失耕之時於封壃之上則戮之辰者農之時也故房星為辰為田候也 螺蝸上盧和反

俗字也正作蠱尒雅曰蚹蠃螔音夷蝓音揄下寡花反郭璞注曰形大曰蠃小者曰蝸牛

出礦 爪猛反廣雅鑛璞也說文銅鐵石璞字書未經火煉曰礦或作鉚或作磺同也

第五百八十四卷　淨戒分

弓弩 上鞠穹反周礼司弓矢掌六弓四弩八矢之法世本云揮作弓牟夷

作矢宋忠云皆黃帝臣也說文以近窮遠故謂之弓下奴古反郭璞注方言云弩猶怒也說文云弓有臂曰弩從弓奴聲也

排穳 上蒲埋反考聲云兵器名所謂盾也說文排字從木從非省聲也或作棑同下怱筭反廣雅穳鏦也傷擿反案戈鏦小矛也考聲還投矛也古今正字穳短矛也從矛贊聲也

刃矟 人慎反考工記爍金以為刃聖人之作也國語偃五刃賈逵曰刃劒矛戟矢是五也集訓刃兵鋒芒也說文刃堅也象刀有刃之形也下色卓反廣雅矟矛也埤蒼丈八矛也或作槊同用

跳躑 上庭寧反韻英跳躍也韻詮跳踴也蒼頡踊也廣雅上也說文蹶也從足兆聲又音天弔反或作趒趒越也亦通下呈劉反顧野王曰躑躅重局反驟愁瘦反舉足而不進也史記曰騏驥之躑躅不知駑馬之疾步說文躑躅住足也或作蹢從足從鄭聲也

瓦瓶 蒲冥反說文汲水器也或從缶甫前反作鉼小缶也從瓦從幷聲也

津膩 女智反王逸注楚辭云膩滑也考聲肥也脂垢也說文亦肥也從肉

貳聲也經文從尼作胒非也

貯蘇 張呂反杜注左傳云貯稸也勑六反字書蓄𡙁上藏之考聲貯𧶠也說文貯積也從貝宁除呂反聲

𢿙數 雙捉反數數頻繁也

燒煉 歷殿反韻英云爍金也傷斫反說文從金作鍊治金也從金柬聲也古文作柬柬字從八作柬有作東者非也

匠瑩拭 上牆樣反考工記攻木之工匠人也考聲曰工巧人也凡從事曰匠說文木工也從匚音方從斤二者所作器也下縈熒反廣雅瑩磨也謂摩拭珠玉使發光明也韻英摩拭也從

王從烾省聲也下昇職反郭璞注尒雅拭
所以為清潔也鄭注礼記拭淨也古今正字
云從手式聲也或作識䝿音呼瑩反
作模
莫蒲反鄭箋毛詩摸摸也或作
摹摹規形也掩取象也說
文摸法也從木莫省聲也
填布
亭年反廣雅填
塞也鄭注礼記云滿
也說文從土真聲也
火[火*曹]
早勞反蒼頡火燒木也廣
雅[火*曹]炮也[火*曹]音糟說文
云[火*曹]焦也從火曹聲也
銷礦
上星遥反廣顏野王云

銷猶散也說文鑠傷弱反金也從金肖聲也
或作消蒼頡篇滅也考聲消釋也或作焇博
雅焇鑠也下爪猛反廣雅鐵璞也說文銅鐵
石璞也字書云未經火燎日礦或作礦或作
鉚益通

第五百八十五卷　無可音訓

第五百八十六卷

徵詰
上陵反鄭注周礼徵召也又云
明也杜注左傳驗也又云審也諡
法日威而不猛日徵考聲日責也求也說文
象也察事有象可驗日徵從壬體盈反從徵
省聲也古文作歎下輕吉反鄭注周礼詰為
問其罪廣雅責也說文詰問也從言吉省聲
也

高梯
天提反賈逵注國語云梯階也考
聲梯隥也登亙去聲亍以登陟
也說文木階也
從木弟省聲也

儵忽
商肉反楚辭日往
來儵忽王逸注急
速皃也又云儵忽如電或
作倏或從文作倏亦作儵同

中的
丁歷反毛

詩傳日的射質也考聲日明皃也走也
說文從夕作的經從白作的俗字非也

第五百八十七卷

難敵
徒的反杜注左傳云敵對也又云
當也尒雅匹也廣雅輩也敵逑也
從文從啇
首聲也

翹足
祇遥反廣雅翹舉也郭
璞注尒雅云翹翹懸危
也毛詩同說文翹長尾也羽
也從羽堯聲也古作嶢

俯峻
上坊武
反鄭注
礼記俯俛也顏野王日俯謂下首也易日俯
以察於地理是也考聲俯小傴也宍宴反俛

首也下笋俊反考聲峻高竪也孔氏曰峯
峻高大也或陖皆險峭也又高危也
巖上捧封反考聲山高而銳也韻英山頂
也或作峰從山夆聲也下吾咸反杜注
左傳云巖險也毛詩傳日巖巖積石
也說文巖岸也或從石作礹古字

第五百八十八卷

莖幹 上幸耕反廣雅草本日莖說文枝
主也從草巠音經聲也下千罕反

說文樹枝也從木倝罡岸反考聲木楨也又通去
聲呼非文意不取經中有從干作幹或從草
作蓒皆非
採摘 上蒼宰反考聲㧶也又云捋
蘼閑反取也說文採取也從手
采聲也下張革反考聲拓取也唐韻手取也
說文拓果樹實也從手從啇省聲也

第五百八十九卷　安忍分

鏵鐵 上畫瓜反方言宋魏之間謂之
鏵說文兩刃臿音差用反從金華

省聲也或作釪下天涅反山海經云或
作鐵從金䥫聲也今出太原山多鐵
虛費 妃未反韻英耗財也廣雅費損也
說文費散財也用也從貝弗聲也

第五百九十卷　精進分

營搆 古詬反玉篇合也成也考聲結架
也今搆也葺也說文云積財也象
對交之形也從木冓
聲也或單作冓亦通
怯懼 上羌劫反顧野王曰怯畏
劣也方言怯去也說文作㤼杜林云怯字從
心作悏亦作祛同下劬遇反考聲懼憂也畏
也說文懼恐也從心
瞿聲也古文作愳也

萎歇 上萎糜反考聲萎怨也字
書萎黃病也弱也下軒謁
反考聲喘息也停止也

第五百九十一卷

秔米 耿坑反集訓私音仙稻也稻音盜
聲類不黏也說文稻屬亦作稉從
禾元音岡聲也
經作粳俗字也
躭染 當甘反考聲躭嗜
也翫也說文從身
從冘省聲也下而琰
反考聲染污也著也

第五百九十二卷

被帶 上皮媚反廣雅被加也漢書具也杜日袍也說文寢衣也長一身有半從衣皮聲也下德奈反考聲帶束也字書繫也說文紳也男子服華婦人絲象繫佩之形而有巾故帶字從巾經作戴非經義也 齊何 情曳反假借字也字書分齊之劑或作劑下淮此 慣習 開患反尒雅慣習也言久習於事曰慣從

心貫聲也左傳作貫說文從辵作遺同經作串俗字也 茬苒 上而枕反考聲草弱皃也下而琰反群書字要云草盛皃也案茬苒者漸次相因經歷時日謂之茬苒經作冄俗字 欻然 勳鬱反蒼頡篇欻猝起也薛綜曰忽也說文有所吹起也從欠炎聲也

第五百九十三卷

白鷺 音路毛詩傳曰白鳥也尒雅白鷺舂鉏也方言云齊魯之間謂之舂鋤吴也楊州謂之白鷺陸機毛詩鳥獸虫魚疏云白鷺大如鵶青脚脚長尺七八尾如鷹尾喙長三寸餘頂及背上有長翰毛可長尺餘參參然郭璞曰今江東人取以為睫攡名之為白鷺縗拂於白鷺池側說經池中多饒此鳥故以為名此處在三舍城北羯蘭鐸迦竹林園內 魔羂 決懸反亦作罥亦作羅考聲以繩捕禽獸也韻英繫取也案羂者羂索也古今正字云係取也從网肙音決縣反諡聲也 所縶 砧邑

反毛詩傳曰縶絆也杜注左傳云拘縶也從糸音覓執聲 綺謬 上欹倚反下明救反 激磨 經亦反考聲水奔射也 折[刀/肉] 巨熱反左氏傳折損也考聲摧折也從手從斤聲也下江岳反獸角也隅也正體從刀肉經作角訛也 大擔 躭紺反

第五百九十四卷

猜疑 上采灾反杜注左傳云猜疑也方言猜恨也說文猜恨賊也從犬青

聲也下魚斯反考聲止也貳也未定也古作𡿬亦作𢘓今從吳音踈矣聲也**鹹鹵**上遐巖反尚書洪範云潤下作鹹尒雅鹹苦也說文北方味也從鹵音咸聲也經從西作醎非也鹹鹼地也下盧古反杜注左傳云澤鹵确薄之地說文西方鹹地也從鹵省聲也鹵古西字也

衒賣上玄猾反韻英行賣也自矜也或作衘或作眩義同自媒也說文行且賣也從行玄聲也下莫解反集訓出物以交易也正體從出作賣今作賣者也

第五百九十五卷 無可音訓

第五百九十六卷

虹蜺胡同反尒雅螮蝀虹也月令季春虹始見孟冬虹始藏不見漢書作虫又音絳說文似虫故從虫音毀工聲也古文作玒籀文𧈫從申申電也下五奚反郭璞注尒雅云雌蜺也見離騷或作霓尒雅螮蝀謂之雩音于又云蜺為挈貳郭璞云挈貳別名見尸子

護臧胙郎反

第五百九十七卷

梯隥上天提反賈逵注國語梯階也說文木階也從木弟聲也下當鄧反考聲蹬履也韻英踐也說文從阜作隥隥卬也從足登聲也

第五百九十八卷

攞磨上寬捋反郎枯反考聲手撮取也假借字下墨波反考聲磨礪也研磨也說文作䃺

空拳逵袁反考聲云手拳也

第五百九十九卷

灰燼上呼隈反說文云死火也從火又聲也下席胤反俗字也正體作㶳杜注左傳云火之餘木也說文火餘從火盡省聲也

煙焰宴賢反廣疋煙臭也考聲火煙也說文火氣也從火從垔聲也或作烟古文作𡏿籀文作𡞟下翼念反說文火微

行也正體作爓今從省或作焱火光也漢書作炎假借也**索縷**桑洛反考聲索繩也從市從糸音覓作索非也下頁主反南楚之人貧衣破弊惡謂之襤縷說文縷綫也從糸從婁省聲也**阿邏荼迦邏摩子**梵語外道仙人名也此無正翻

第六百卷

原隰音習尒雅高平曰原下溼曰隰尚書大傳曰隰之言溼也或作隲說文阪下溼也從阜㬎聲也**兇勃**上許恭反韻詮兇人也考聲兇惡也恐也又上聲說文擾恐也從人在兇下春秋傳曰曹人兇懼是也下蒲沒反禮記悖逆也說文悖乱也從心孛聲也經從力作勃勃丗也健也亦通也**喙長**吁衛反說文喙口也**偃蹇**上於蹇反下建𢫹反案偃者憍慢也倨傲也**拘蟄**

上音俱下知立反因繫人也**壃界**居羘反毛詩傳曰壃界也說文作畺畺界也從二田其間象三其界畫也或作疆壃並通也**愛羅筏拏龍王**梵語訛轉也梵音正云愛羅轉舌上聲嚩無可反拏鼻聲大龍王名也此無正翻也

一切經音義卷第八

丁未歲高麗國大藏都監奉
勅雕造

一切經音義卷第九　田

翻經沙門慧琳　撰

音放光般若經三十卷
摩訶般若經四十卷
光讚般若經十五卷
般若鈔五卷
道行般若經十卷
小品般若經十卷
右六部經共一百一十卷同此卷音

並玄應撰

放光般若經第一卷

玄應撰

羅閱 以拙反案阿闍世王經云羅閱祇晉言王舍城此應訛也正言羅閱揭梨醯羅閱義是斷理以王代之謂能斷理人民也揭梨醯此云舍中總名王舍城在摩伽陀國中城名

那術 經又作述同食聿反或言那庾多當中國十万光讚經云億那術劫是也案佛本行經一百千是名俱致此當千万百俱致名阿由多此當千億百阿由多名那由他此當万億此應上筭也

叵我 普我反謂傾側摇動不安也經文作距蹠二形或作駏峨二形並未見字所出也

憺然 徒濫反廣雅憺安也經文或作憺惔二形音訓並同也

娑訶 又云娑訶樓陀或云娑婆皆訛也正言索訶此云能忍或言堪忍一言雜會世界也

習緒 徐呂反尒雅緒餘也業也大集經云斷習氣緒是也

迦羅越 大品經中言居士是也

甫當 廣武反甫始也當終也言初始發心終竟一種智也

我曺 又作𦿔同自勞反毛詩傳云曺群也如淳注史記云輩也

阿須倫 又作阿須羅或作阿脩羅皆訛也正言阿素洛素洛云酒此譯云阿者無也亦云非亦云天名無酒神亦名非天經中亦名無善神

阿惟三佛 此言訛也正言阿毗三佛阿毗此云現三此云等佛陁此云覺名現等覺長安品經言成至佛大品經云一切法一切種同一義也

六裁 作才反經中亦

名觸案觸能長養心數法栽能長養枝葉花條其義相似因以名焉

七痛 又作痛痒音弋掌反經中名受是也謂能領納苦樂名受也

倚法 於綺反注也說文倚猶依倚也廣疋倚因也經文從犬作猗非體也

薩云若 又言薩芸然或言薩婆若皆訛也正言薩伐若此譯云一切智也

俞旬 庾朱反又作由旬或由延又作踰闍那皆一也並訛也正言踰繕那此譯云合也應也計合應尒許

度量同此方驛邏也案五百弓為一拘盧舍八拘盧舍為一踰繕那即此方三十里也言古者聖王一日所行之里數

珠璣 居衣反說文珠之不圓者也字書一日小珠也

窓向 許亮反詩云塞向墐户傳日向北出牖也廣疋牖向也蒼頡解詁云窓正牖也牖旁窓也所以助明者

第二卷 無字可音訓

第三卷

不惋 烏喚反字畧云惋嘆驚異也

第四卷

羇他 居猗反釋名羇撿也所以撿持制之也

怛薩阿竭阿羅訶三耶三佛 大品經作多他阿伽度阿羅訶三藐三佛陁同一名也此即十号中三号也但猶梵音輕重耳多陁阿伽度此云如來阿羅訶此云應供三藐三佛陁此云正遍知也

薜荔 蒲計反下力計反或

言畢帝梨或云畢帝梨耶或言閉梨多或作俾礼多皆訛也正言薜荔多此譯云祖父鬼也舊譯云餓鬼餓鬼中最劣者也薜音補蔑反孔雀王經作俾礼多梁言餓鬼是也俾音卑寐反

邠耨文陀尼子 邠華貧反又作分耨或作邠耨文陀弗應云富那曼陀弗多羅此譯云滿嚴飾女子也明度經云滿見子也

僧那僧涅 應云摩訶僧那僧涅陀舊譯云摩訶言大僧那言鎧僧涅言著亦云莊飾故名著大鎧大品經云大誓莊嚴是也一云僧那大誓僧涅自誓此皆訛也正言脯那訶此云甲䐶捺陀或云被或云衣言被甲衣甲也衣音於旣反

不抴 側賣子尔二反謂取著也通俗掣挽曰抴說文抴捽也謂捽持也大品經作不取是也

第五卷

閱叉 以拙反或云夜叉皆訛也正言藥叉此譯云能敢人鬼又云傷者謂能傷害人也

遮迦越羅 正言斫迦羅伐辢底遏邏闍此譯云轉輪王也

適莫 都狄反下謀各反謂無人無相也適猶敵也言敵匹也莫猶慕也言慕欲也

無態 他伏三昧名

窠窟 又作薖同苦和反小尔雅雞雉所乳謂之窠兎之所息謂之窟不穴居時有而息也戰國策云狡兎三窟亦作堀三昧名

䏧該 古來反該倫也方言該咸也郭璞曰該咸備皆也亦三昧也

種稷 古文稷同子力反稷粟也五穀之長也

澆灒 上又作澆同古堯反說文澆灌漬也下又作濺唆二形同子旦反說文灒相汙灑也史記五步之內以血濺大王衣作濺揚臭物理論云恐不知味而唼唆江南行此音山東音𣿅子見反

第六卷

繁 薄何反人姓也

蹉者 麁何反

峨者 五歌反

呲者 士何反

嵯者 作歌反

虜扈 力古

反下胡古反案虜扈自大也謂縱横行也集書音義曰扈跋扈也謂自縱恣也經文作怙恃也怙非此義經中言憍慢或作貢高是也

揵陀羅 巨焉反此譯云尋香神即乾闥婆是也

諧耦 胡皆反廣雅諧和也耦合也經文作偶調非也尚書克諧以孝注云諧和也耦合也

第七卷

無耦 吳口反耦對匹也大品作等不等是也經文作調非也

須炎 或作須夜摩天此云妙善天又炎摩此云時分須炎摩此言善時分即天主也

拘翼 此言訛略也姓憍尸迦即釋提桓因天帝釋同一位名也

道撿 居儼反謂以道撿心故言道撿大品經云若入聲聞正位是也蒼頡篇撿法度亦攝也

四徼 古弔反四門巷也即曆中四徼是其事也

遏絕 於曷反尒雅遏止也今以逆相止為遏蒼頡篇遏遮也

第九卷

提和竭 或言提和竭羅此云錠光亦曰然燈佛是也

尼摩羅天 或云須蜜陀天此云化天亦云樂變化天是也

波羅尼蜜天 或云婆舍䟦提天此云他化自在天是也

阿波會天 此云光音天亦言極光淨天即第二禪第三天經文有從言作譮非也音胡快

首訶既那天 此云遍淨天是第三禪中第二天也以樂淨周普故名遍淨也

惟于頗羅天 此云廣果天即第三天也凡夫果中此最殊勝故名廣果

項很 胡講反謂很人強項難廻因以名也即郁伽羅越問經云強項人無量清淨平等覺經云項很愚癡是也大品經中作增上慢經文有從元作頏音五鰥反頑鈍也頑非本字也

拔擢 惟卓反蒼頡篇擢抽拔引也擢出也

摩祗 長安品作摩虵小品經作摩醘皆梵

語訛也明度經作神丹此言也

第十卷

矛箭 古文戟鉾𨥨三形同莫侯反方言楚謂戟為矛說文矛長二丈建於兵車

八惟無 或作八惟務即八背捨也

洴沙 蒲經反應訛也正言頻婆娑羅王也或云頻毗此譯云形牢一云頻毗此云顏色婆羅此云端正或

云色像殊妙也

隨耶利 或云隨舍利或云隨舍種或言栗唱或言離昌或作離車或作律車或作梨昌皆梵言訛轉也正言栗呫婆此云仙族王種呫音昌葉反經論中或作離車或作律車同一也

之坻 除𢮎反氐猶機也事先見也亦形坻也大品經作法没者也

捷沓和 又云捷陁羅或作乹沓婆或云揵達婆或云乾闥婆舊名也今正言健達縛皆國音之不同也此云齅香亦云樂神一云食香舊云香神近也經中亦作香音神也義譯云尋香神此譯為正也

甄陀羅 之人反又作真陁羅或作緊那羅皆訛也正言緊捺洛此譯云是人又非人也

摩睺勒 又作摩休勒或作摩睺羅伽皆訛也正言牟呼洛迦此譯云大有行龍也

眞越 字或作震越此應卧具也

第十一

無字可音訓

第十二卷

梵迦夷天 此言淨身天也梵淨也即初禪梵天也

第十三卷

第十四卷

並無字可音

第十五卷

梗歰 庚杏反王逸注楚辭云梗強也亦害也病也歰又作濇同所立反謂不滑也字四止四止即不通是字意也

痱瘡 又作疿同蒲罪反下力罪反痱瘡小腫也今取其義

已署 時去反署位署也謂署置之度敬也國語夫

位政之建也署位也表也謂表識也

第十六卷 無字可音訓

第十七卷

滌者又作滫同自羊反字林䬙音帆柱也江南行此音關中多呼作竿牢㪉盧刀反堅牢也下又作㪉搒二形同大鞕丈莖二反三蒼㪉撞也通俗文撞出

日打令之以木若鐵撞出孔中物更補之謂之㪉經文作㪉非㪉體也莊筭坦陽反聲類云莊嚴也下古文祘同蘇乱反介雅筭數也長六寸計數者也字從竹從弄言常弄不誤也

第十八卷

狡戲古巧反方言凡小兒多詐而獪謂之狡猾也

第十九卷

和夷羅洹閱叉即執金剛神也謂手執金剛杵因以為名焉言也

第二十卷 無字可音訓

第二十一卷

雜糅古文粈鈕二形同女救反說文雜飯也今謂異色物相集曰糅也

旃陁羅或云旃荼羅此云嚴熾謂屠煞者種類之名也一云主煞人獄卒也案西域記云其人若行則搖鈴自摽或柱破頭之竹若不然王即與其罪也跛蹇又作㾦同補我反下居免反字林跛蹇行不正欲撞濁江反廣雅撞刺也撞猶擊也

第二十二卷

阿惟顏大品經作一生補處是也十住經云第十阿惟顏菩薩法住是

也

盟誓　靡京反礼記諸侯莅牲曰盟周礼司盟戰之法鄭玄曰書其辞於冊上煞牲取血歃之加書於牲上而埋之著其信也大事曰盟小事曰誓也

第二十三卷

輕易　字體作偒或作敡今作易以豉反蒼頡篇偒慢也說文偒亦輕也經文作劦胡頰反說文同力也亦急也劦非此義也

野馬　猶陽炎也

案莊子所謂塵埃也生物之以息相吹者注云鵬之而憑而飛者乃是遊氣耳大論云飢渴悶極見熱氣謂為水是也

五兵　周礼司兵掌五兵鄭衆曰五兵者戈殳矛戟無夷也步卒五兵則無無夷而有弓矢也

第二十四卷

第二十五卷　並無字可音

第二十六卷

須延頭佛　或言須扇多佛晋言甚淨

洞然　徒貢反說文洞疾流也亦深邃之皃也經文作烔徒東反熱皃也亦旱皃也

第二十七卷　無字可訓

第二十八卷

勸訹　私律反說文訹誘也廣雅訹謏也謏音先九反經文作恤又作卹同思律反恤優也恤非今用也

第二十九卷

波崙　又作波倫此云常明度經云普慈皆一義

俾倪　又作戰垷二形字林普米反下五礼反廣雅俾倪堞女牆也釋名云俾倪城上小垣也言於孔中俾倪非常事也

波曇　又云波暮或云波頭摩或云鉢曇摩正言鉢特摩此譯云赤蓮華也

句文羅　又作拘物陀又作拘牟頭或作拘物頭此譯云拘者地物陀者喜名喜花之也

優鉢劍　指遥反又作漚鉢羅此譯

云黛花也

鵁鶄 音交精鳥名也一名鵁鶄此鳥出蔦聯山群飛如雌雄似凫高足江淮畜可以厭火是也

第三十卷

謙恪 古文愙同苦各反字林恪恭也亦敬也謙虛敬讓也

酷毒 又作嚳俈二形同口斛反說文嚳急也甚也亦暴虐也

寶罌 於耕於成

二反方言瓿甀瓺罌也自關而東趙魏之間或謂之罌亦通語也瓿音部甀勤口反瓺音剛也

摩訶般若波羅蜜經第一卷 玄應撰

婆伽婆 舊譯云有大功德至聖之名也下言薄伽梵薄伽此譯云德梵此言成就義衆德成滿名薄伽梵又此一名摠攝衆德餘即不尒故諸經首皆置此名也

那伽 此譯云龍或云象言其大力故以喻焉也

三昧 莫蓋反或此言三摩提或云三摩帝皆訛也正云三摩地此譯云等持等者正也正持心也謂持諸功德也或云正定謂任緣一境離諸邪乱也

希望 說文作睎同虛依反睎望也海岱之間謂睎廣雅睎視也下無方反說文出望在外望其還也字從望省聲若音無放反說文月滿與日相望也字從月但此字音體人多不辯故字從月不辯此兩釋也

心行 光讚經云所趣所行大論云問云何悉下庚反謂遊履也放光經云意所趣向

知衆生心行答菩薩知衆生種種法中處處行即維摩經云善知衆生往來所趣及心所行其義一也今人有讀為下孟反誤也

罣礙 又作罫同胡卦反字書絅礙也礙止也限至曰礙也

剌那 盧割反光讚經作羅剎那過菩薩此譯云寶積維摩經漢言寶事放光經作寶來案梵本云曷剌怛那揭婆此云寶臺或云寶藏皆一義也經文有作罽居例反非也

滿予 餘與二音三蒼解詁云此亦與字梵言也經中或作滿濡或作文殊師利或言曼殊尸利譯云妙德或言敬首舊維摩經

云漢言濡首放光經作衰雅感皆訛也正言曼殊室利此云妙吉祥經中有作溥首案溥此古文普字疑為誤也應作譑音而朱反但字形相濫人多惑耳也

繫念 古文繫繼二形今作係同古帝反說文係結束也亦連綴不絶也

兩腨 又作蹲同時耎反說文腓腨腸也三蒼腓腸也經文作踹丁管反蹠是也踹非此用也

兩髀 古文作䠋同蒲米反說文股外也北人行此音又方尒反江南行此音

經文從肉作胜俗字

肉髻 古帝反梵言嗢瑟尼沙此云髻即無上依經云欝尼沙頂骨涌起自然成髻是也經文從糸作結非也嗢音烏沒反也

熙怡 虛之反下與之反說文熙怡和悅也方言怡喜也湘潭之間曰紛怡或云熙怡經文有作嬉同虛之反說文嬉樂也蒼頡篇笑也嬉非今戲用之也

得愈 古文瘉同揄乳反方言差間愈也說文愈病瘳也

恬然 徒兼反方言恬靜也亦安也大論作淡然徒濫反案淡亦安也其訓

義同經文作怡與之反誤也

不嬈 字林乃了反三蒼嬈弄也說文嬈苛也苛煩也謂煩擾戲弄也嬈亦惱也苛音何可反

繽紛 匹仁反下敷云反廣雅繽紛盛皃也

阿鞞 字書莖奚反此譯云不退住十住經云第七住也

鳩摩 正言究磨羅浮多究磨羅者是彼八歲以上乃至未娶者之捴名也舊名童子浮多者舊譯云真言同真地也或云寶亦是一義今應為相言童相也順俗名以童摽八地以上菩薩也或云法王子者別号

數知 山縷反數計也閱其數日數也

燒時 尸昭反案燒亦燒也自然為燒以人為燒也

第二卷

稻芊 徒老反下仰包反稻謂有芒穀也經文有作芊蔗音古寒反下諸夜反通俗文荊州出芊蔗或作甘柘一物也

憎惡 烏故反禮記吾惡用吾悟情惡猶憎也詩云惡無礼皆是也

第三卷

摩揤 莫奔反聲類云揤摸也字林揤撫持也案揤持謂手把執物也故譜經中有作摩提日月是也

第四卷 第五卷 第六卷

已上並無字音訓

第七卷

蒙昧 字體作矇同莫公反下莫對反易云蒙者㦽也謂㦽覆不明也廣雅昧者闇也謂藏無知也易云蒙昧幼者謂不我求是也

第八卷

循身 三蒼古文作彴同似遵反尒雅循自也郭璞曰又為循行也亦遍也

巡

視占 之盐反方言占視也占亦候也

歷

凡物相候謂之占亦瞻也

鏇師 似絹反說文鏇圓鑪也周成難字作檈謂以繩轉軸裁木為器者也經文作旋非體也

胃脬 普交反蒼頡解詁脬盛尿者也說文脬旁光也經文作胞補交反胞裹也胞非此用也

洟涕 古文鮷同軆計反三蒼鼻液也周易齎咨涕洟自目日涕自鼻日洟經文從弟作涕他礼反涕淚也非今所取

淡飲 徒甘反下於禁反謂匈上液也經文有作淡之也

肪脷 府房反下先安反廣雅肪脷脂也通俗文在腰日肪在胃日脷也

膖脹

普江反埤蒼胮脹腹滿也下或作瘀同猪亮反

青瘀 於豫反說文瘀積血也經文又作淤水中埿亦澱滓者之也

犲狼 仕皆反尒雅犲狗足也蒼頡訓詁云犲似狗白色

㓨裂 字宜作擘同九縛居碧二反說文擘爪持也擘拼也蒼頡篇擘搏也淮南子日鳥窮則搏獸窮則擘是之也爪牙迅快善搏噬也

肋骨 郎得反說文脅骨也字從肉經文從革作勒馬頭絡銜者也

日暴 蒲冒反小尒雅暴曬也又暴晞乾也字從日從出奴米字意也奴作

拚音居竦反兩手共持也

如貝補蓋反說文海介蟲也謂螺貝是也介甲也

邏字力賀反

呿字丘庶反

哆字說文跢可反字林丑加反丑亞反

醝字才何反

礙易以致反易者不難之稱也

第十二卷

刪兜先安反即天主也此云正喜云正知足兜率此云妙足也

一無央於良反梵言阿僧祇此言無央數也央盡也經文作鞅於兩反說文頸靼也鞅非此義靼音之列反

第十三卷

鞞侈遮羅那蒲迷昌是反此譯云明行足也

之迦

憊又作𤺋懦二形同蒲戒反阿闍世王經云此言世間解也

適生三蒼古文適這二形同施尺反廣雅祇適也謂適近也始也

乞匃古賴反蒼頡篇匃乞行請求也通俗文求願曰匃字體從人止言人有止失則行求匃也

第十四卷

蠱道公戶反聲類翼者反說文云蠱腹中虫也謂行虫毒

譴責牽戰反蒼頡篇譴可也廣雅譴怒也經文有作詰責廣雅詰問也

盲瞽公戶反無目謂之瞽釋名云瞽目眠眠然目平合如鼓皮者也

第十五卷

毒螫式亦反字林虫行毒也關西行此音又呼各反山東行此音蛆知列反南北通語也音蛆誤也

紅縹匹繞反謂天縹也如帛也青白色也有碧縹有天縹有青縹各以其色所象言之也

第十六卷　第十七卷　第十八卷　已上三卷無字音訓

第十九卷

不汙 烏故烏莝二反字林汙穢也字書汙塗也釋名云汙洿也如洿泥也

褻耄 字體作褻同所龜反說文褻滅也礼記年五十始衰褻懈也下古文薹二形今作秏同莫報反礼記八十日耄注云耄惛忘也亦亂也

第二十卷

放牧 莫祿反三蒼牧養也方言牧飤也郭璞日謂牧養牛馬也漢書公孫弘牧豕然則牧者畜養之揔名非止牛馬也

沮壞 才與反三蒼沮漸也敗壞也詩云何日斯沮傳日沮壞也經史文作組側呂反非也肉几也亦貯臨器也組非義

偃蹇 居免紀偃巨偃三反左傳偃蹇驕傲也廣雅偃蹇夭撟也謂自高大自也釋名偃息而卧不執事也蹇跛蹇也病不能作事今託似此也撟音几小反經文從人作僊誤也

傲慢 五到反謂不敬也廣雅傲傷也謂輕傷也慢也

字從人也

滋味 古文孖嗞二形同子夷反滋益也潤也經文從口作嗞說文嗞老也

揆則 渠癸反詩云揆之以日傳日揆度也謂度量執法也

第二十一卷

但三 徒亶反聲類但從也徒空也

祐助 古文閭佑二形同尤救反周易日自天祐之孔子日祐者助也天之所助者也

第二十二卷　第二十三卷 並無字音訓

第二十四卷

有翅 古文翄𦐊二形同施豉反說文翅翼也

被服 皮寄反被謂被帶也服謂施用也

第二十五卷

唐受 徒郎反唐徒也徒空也

淩傷 力繒反三蒼淩侵夌也字從氺下或作㓫今作易同以豉反說文傷輕也蒼頡篇傷慢也

虜掠

古文作鹵同盧古反下力著反虜獲也服也戰而俘獲漢書晉灼日生得日虜斬首日獲掠略取也謂強奪取也俘音芳于反軍所獲也

第二十六卷

勁夫 經㦪反說文勁強也字體從力巠聲巠音古形反也

恐懅 又作遽同渠庶反遽畏懼也遽亦急也

第二十七卷

級其 爵立反礼記級階次也左傳加勞賜賜一級又云斬首二十三級案師旅斬首一人賜爵一級因名賊首為級也

覺巳 居孝反覺寤也謂眠後覺也蒼頡篇覺而有言曰寤經文作寤二形近字俗作也

恃是 時止反韓詩無毋何恃負也恃亦賴也

憒丟 公對反下女孝反說文憒乱也韻集丟猥也俱

衆也字從帀從人經文從門作鬧俗字也

第二十八卷　無字可音訓

第二十九卷

怨讎 視由反讎對也尒雅仇讎匹也春秋怨偶日讎楚辞父怨日讎皆是也

第三十卷

駕駟四 相二反說文駟一乘也穆天子傳日献良馬十駟郭璞日四馬駟謂

四十四也

第三十一卷

甈灌 歌賫反說文甈灌也謂灌注也

第三十二卷　第三十三卷

巳上並無字音訓

第三十四卷

胞胎 補交反說文兒生裹衣者日胞也

第三十五卷

匳底 今作斂同力占反蒼頡篇匳鏡器日匳謂方底者也

蚊蚋 而稅反小蚊日蚋說文秦人謂之蚋楚人謂之蚊通俗文蛸化為蚊小蚊日蚋蛸音血緣反

紺瑠 古闇反青赤色也釋名云紺含也謂青而含赤色也

輪捶 丁果反小累也今取其義經文從耳從王作聑瑵二形非也

堅著 馳略反字書堅謂堅牢著相附著也

逶佗 又作逶迤同於危反下徒何反廣雅逶佗窊邪也詩傳云平易皃也韓詩逶佗德之美皃也窊音烏瓜反

不撓 乃飽反說文撓擾也廣雅橈乱也字從木也

一切經音義卷第九　第二十七張　四

第三十六卷

豪氂 又作毫同胡高反下占丈氂牦二形今作耗同力之反漢書不失毫氂孟康注毫兔毫也十毫日氂今皆作氂亦由古字通用也然非通用也然非字體也

廬館 力居反別舍也釋名云寄止日廬案黃帝為廬以避寒暑春秋去之冬夏居之故云寄止也下古翫反客舍也周礼五十里有館館有委積以待朝聘之客字體從食官聲今俗亦作舘經文作觀城門雙闕也觀非此義也

以樂 力各反謂歡悅也下文樂佛及僧以樂眾人音讀皆同此也

第三十七卷第三十八卷 並無字音訓

第三十九卷

一切經音義卷第九　第二十八張　四

從廣 又作縱同足容反小尒雅云衺從長也廣橫也詩云橫從其畝韓詩傳日南北日從東西日橫是也周礼九州之地域廣輪之數鄭玄日輪從也廣之橫也

街巷 古鞋反說文街四通道也下作衖同胡絳反三蒼街交道也街里中別道

連緜 古文聯同力錢反廣雅連續也合也緜亦連也謂相續不斷也字從耳耳聯於頰也從絲絲連不絕也

相和 胡卧反相譍也詩云唱予和汝周易鳴鶴在陰其子和之是也

適無 都歷反謂主過也

玫

瑰 字林莫迴反下胡魁反珠也圓好者次玉也說文火齊珠也說文石之美好曰玫圓好曰瑰經文作迴非也 綩綖 一遠反下三蒼以旃反相傳坐褥也未詳何語也 茵蓐 又作䩕同於人反說文茵車中重席也釋名茵車中所坐者也用虎皮為之有文采因以下與相連著也下而欲反三蒼蓐薦也 幃帶 音韋蒼頡篇幃幭也亦巾也經文或作帷于追反字林在旁曰帷謂張帛障旁也釋名帷圍也謂自障圍也 惆悵 勑周反下勑亮反說文惆悵失志也亦悲愁也

第四十卷

祠天 似茲反祠祭也尒雅春祭曰祠孫炎曰祠食也 百乘 古文椉𠅡二形同承證反廣雅乘駕也三蒼乘載也周礼四馬為乘其形曰一車其數曰之乘也 橋津 子隣反論語子路問津鄭玄曰津謂濟渡之處 金鍱 徒頰反蕳牒也說文牒札也小品經作金鍱鍱音以渉反 娛樂 字詁古文虞今作娛同牛俱反下力各反字林娛亦樂也白虎通曰虞樂言天下之民皆有樂也擇名云虞樂言神還樂也 有棍 孰本反謂然者也又今亦名闗為棍子者也 稽留 古奚反說文稽留止也尒疋留久也 來坌 蒲頓反通俗文埣土曰坌說文坌塵也 弥窒 丁結反弥窒耶尼子或作富樓

那弥多羅尼子正言富㘓拏梅伭梨夜富多羅富㘓拏此云滿是其名也梅伭梨夜此云慈是其母姓也富多羅者子也兼從母姓為名故此云滿慈子或譯云滿願子皆一義也與佛同日而生也

光讚般若經第一卷

玄應撰

度無極 或言到彼岸皆一義也梵言波羅蜜多是也 不僥 又作儌同古堯反漢書晉灼云儌遇也僥亦儌求也 垓刧 古文燓㚇二形

今作姟同古才反數名也風俗通曰十億曰兆十兆曰經十經曰姟姟猶大數之也

傅飾 方務反傅猶塗附也傅藥傅粉皆是也

扶蓉 又作芙同附俱反下庚鍾反說文扶渠花未發者菡䕡花巳發開者為扶蓉其實曰菂菂音胡感反菡徒感反

紈葩 普巴反葳美皃文葩華也

飃颺 餘尚反又餘章反謂風所飛揚也

晃煜 又作燏同由掬反說文晃明也煜燿也

焜蒼晃光燿熾盛皃也

八由行 又作遊行又作道行或作直行或言八直道亦言八聖道或言正道其義一也

漸漸 才冉反漸漸猶稍稍經文作漸漸漬誤也

履襪 古文韈或作韎二形同無發反足衣也經文從巾作幭音亡別反單被也帊也幭非字義也

然蘁 才丹反字林草名也本草云蘁草可以染流黃作金色生蜀中也

之誼 字詁古文誼今作義同宜寄反礼記誼者宜也制事宜也誼亦善也理也

第二卷

貧匱 渠愧反鄭玄注礼云匱亦乏也毛詩傳匱竭也

嵩高 又作菘同思隆反尒雅山大而高曰嵩今中岳嵩高並依此名

蚑行 渠支反又音跂謂虫行皃也周書蚑行喘息是也

蛸蜚 一梟反字林虫皃也動也或作蟔古文䎘同呼梟反飛皃也下古書飛皆作蜚同甫韋反蜚謂蜚揚也案漢書注云

正月爵大於鳩五色蜚過二月後蜚過灿陽是也

慌惚 呼晃反又作怳虛往反謂虛妄見也惟怳惟惚似有無也漢書音義曰慌惚眼之見也

兩臏 又作髕同頻忍反說文臏膝骨也蒼頡篇膝蓋

第三卷

四⿰歹凶 又作凶同許恭反放光經作四結也猶四縛也謂貪欲瞋恚戒見取身縛漢書王莽傳云固⿰歹凶古行其必⿰歹凶是之也

惶慌 胡光反謂虛妄見也荒虛

也廣雅惶懼也遽也蒼頡篇惶恐也亦憂悼在心皃也

第四卷

門閫 又作梱同苦本反鄭玄注礼云閫門限也說文門橛也

不瞚 列子作瞬通俗文作眴同尸閏反服虔云動也說文瞚目開閉數揺動也

惡師 於各反惡過也所為不善也經文從草作蕙又從人作僫皆非也

第五卷

梨穢 力移反方言色似凍梨也大品經云青想壞想是也

恢大 又作豗同苦迴反蒼頡解詁云恢亦大也

三跋致 又作拔同蒲沫反晉言發趣是

第七卷

頭顱 又作髗同力胡反腦蓋也經文作臚呂居反腹臚也皮也臚非此義

咤之 竹家反經中從足作跎也磨之丁佐反磋之且何反非

燕坐 又作宴石經為古文兼同一見反說文宴安也謂安息皃也

第八卷　第九卷　先不音

第十卷

疇匹 除留反楚辭誰可與兮匹疇王逸日二人為匹四人為疇疇亦類也今

或作儔也

五旬 或言般遮旬即五神通也案阿闍世王女阿術達經云悉得五旬是也五神大品等經云五神通同一也

縳祇 一種等首真人餘經作家須陁洹命終也

長安品第一卷

以索 所格反蒼頡解詁云索盡也經有作却訛

第二卷　第三卷　並無字可音訓

第四卷

無蚤 音義同早晚之早也古字通用耳如礼記云孔子蚤作是也

三摩越 第四禪定是也

恒架 古許反或作恒伽提梵語訛轉也

第五卷

憮苦 苦簟反憮歉足也快也

不啻 施豉反蒼頡篇不啻多也

道行般若經第一卷

吁與 許于反說文驚語也廣雅吁應聲也吁亦疑怪之辭也經文有作說與也

邠祁文陁弗 彼貧反下巨梨反或言富樓那弥多尼子是也

邊幅 甫鞠反幅猶邊際也謂際畔也

無底 都礼反猶無邊也無邊猶無限也經文作互非也

第二卷

因坻 直尸反或言因提或云因陁羅正翻名天主以帝代之故經中亦稱天主或稱天帝者並位之與名者也

波羅那提天 新道行經云自在天也亦即梵天也

伊沙天 此云衆生主那提乹天此云天女等

阿會亘修天 長安品作阿波亘差天即光音也經中會有從言作譮者非也

僻隈 匹亦反僻邪僻也亦避也經中或作避避去也下烏瑰烏

迴二反謂隱蔽之處也經文作偎於豈反哭餘聲也偎非此義也

梵摩三鉢天 此應天主名也新道行經云梵天王也

薩和薩 此云有情亦言衆生猶是薩婆薩埵也

般遮旬 般遮此云五猶五神通也經中或作五旬在二者也

盧天 烏合反晉言有光壽天是第二禪中初天也亦名火光天以光火故也盧波摩那晉言無量光天即二禪中第二天也以前光明轉勝轉妙故也諸經中有作阿波摩波摩那天是也應言阿鉢羅摩那婆鉢

利多婆也

須⿱𢂇是天　三蒼音帝郭訓古文奇字以為古文遰字漢書韋昭音徒計反案中陰經作須滯天或作須帶天亦言善見天足障漸漸微見極明徹故名善觀也樓炭經作須嗁天皆一也應言須達利舍那此言善觀天嗁音丁計反帶音帝依字風俗通姓氏亦有此姓經文從無從足作⿱𢂇是音讀作武非也

枝掖　以石反相似也掖猶葉也此應外國語訛耳長安品作技掖般若是也

第三卷

狎習　古文庘書或作狭同胡甲反孔注尚書云狎近也狎傷也謂輕傷也經文從人作⿰亻甲非也

第四卷

無字可訓

第五卷

至奏　子亞反奏進也為也明度經云三拔致此言發趣也經有作跋同蒲沫反也

一刧　梵言刧簸此譯云別時節經文有作直音子葉反此語音訛也

若檣　又作牆同才羊反颿柱也關中日牆竿是也

慇念　字詁古文慇今作閔同眉殞反慇憐

第六卷

裴服　蒲來反此言訛也猶是披服也音皮奇反被帶袈裟也經文從文作斐音敷尾反也

詭嬲　又作恑同居毀反説文恑變詐也謂變異也詐妄也經文從口作⿰口危非也下又作嬲三蒼音諾了反嬲弄也惱之也

第七卷

勇悍　何旦反蒼頡篇悍桀也説文悍勇也有力也字從心

為舍

多羅　大品經作為父母是也

第八卷

先不音訓

第九卷

乾陁呵晝菩薩　新道行作香象菩薩是也

緹慢　陁礼反說文謂帛赤黃色也即縓色也尒疋乖㳖謂之縓縓音詮絹反

自衒　古文胘衒二形同胡麵反說文行且賣也廣雅衒誑也

乾陁越國　字或作揵應云乾陁婆那此譯云香林明度經香淨國阿闍世女經云香絜一云香風皆之一也

第十卷

完健　胡官反說文完全也完猶保守也

儲水　直於反儲貯也說文儲偫也偫亦備也謂蓄物以備曰儲

曼殊顏華　又云曼殊沙此譯云擥花

鳩垣　諸經或作鳩𧦝或作仇桓皆梵言訛也此譯云大身

巫祝　武俱反下之育反無形也謂事鬼神日巫祭主贊辭日祝也說文在女日巫在男日覡音形狄反

反遺　餘季反尒疋貽遺也遺猶贈也賷也遺與也亦加也

有桴　案古文官書抱桴二字同體扶鳩反謂鼓搥也說文桴擊鼓柄也

拊撫　方主反下敷禹反案拊猶拍也撫持也案也存恤也釋名云撫敷也敷手以拍之

小品般若經第三卷

玄應撰

糟粕　𥼶文作䣼同子勞反不醨酒也下普各反淮南子云古人糟粕許叔重日糟有滓酒滓也謐糟日粕也醫音子礼反

垣林　宇煩反垣四周牆也釋名垣援也人所依阻以為援衛也

第一卷　第二卷　第四卷

第五卷

第六卷　第七卷

已上四卷並無字音訓

監𪬈古文作警同公彩反方言監察也言婦人有三監五𪬈者　蹪頓陟利反謂挫摩也廣雅蹪蹋也足蹋手頓者也　相柱張住反謂支柱

第八卷

加尸又作迦尸此譯云光言有光澤　瘡瘢薄寒反蒼頡篇瘢痕也經文作槃非體也　金鍱餘攝反薄金也大品經作金鍱是也

第九卷　第十卷並無字音訓

一切經音義卷第九

一切經音義卷第十 田

翻經沙門慧琳 撰

音勝天王般若經七卷 并後序
濡首菩薩分衛經二卷

大明度無極經四卷
文殊所說般若經二卷
文殊般若經一卷 第二譯
仁王般若經二卷
新譯仁王經二卷 大廣智

仁王護國結壇經一卷
金剛般若經一卷 羅什
金剛般若經一卷 流支
金剛般若經一卷 真諦
能斷金剛經一卷 玄奘
能斷金剛經一卷 義淨

實相般若經一卷
理趣般若經一卷 金剛智譯
大樂理趣經一卷 大廣智譯
大明呪經一卷 前譯般若心
般若心經一卷 羅什
般若心經一卷 罽賓新譯

右十九經三十二卷同此卷音

勝天王般若經第一卷　玄應撰音

层垣　又作沵坙二形同直飢反

治葺　侵立反通俗文覆蓋曰葺葺亦補治也累也苦也從草咠聲

諠撓　乃飽乃教二反說文撓擾也廣雅撓亂也

三愆　古文寋過二形籀作㥶今作愆同去連反說文愆過也失也

如稍　山卓反埤蒼稍亦矛也經文作槊俗字也

如種　充容反廣蒼種短矛也或作動刺也

憒恚　扶忿反說文憒懣也懣煩也憒怒氣盈盛也情感動也

覆罩　又作羄同陟教反捕魚籠者曰罩今取其義

儵忽　又作倏倏二形同書育反倏忽急疾皃也

坈埳　又作坎同苦感反埤蒼云埳亦坈也

數啓　又作启孔注尚書以為古文啓同苦礼反說文启開也

懷憾　胡紺反論語共弊之而無憾孔安國曰憾恨也

嘶喝　又作誓同先奚反下又作嗌同乙介反方言廝嗌譽楚曰廝秦晉或曰嗌埤蒼嘶聲散也說文嘶悲聲廣雅聲之幽

欺侮　古文侮同亡甫反侮猶輕慢也

第二卷

沾濡　又作霑同致廉反廣雅沾漬也濡濕也

資財　子夷反說文資貨資財也經文作貲子斯反說文小罰以財自贖曰貲通俗文平財曰貲案貲亦與資義同

腥臊　又作胜同先丁反下桑刀反腥臊臭也通俗文魚臭曰腥猳臭曰臊猳音加也

酤酒　公胡反說文買酒也經文作沽水名也

愽弈　古文簙同補莫反方言愽或謂之棊下餘石反齊魯謂圍棊為弈也

梨軶　又作扼同於革反謂轅端壓牛領者

盥洒　公緩反說文盥澡手也凡澡洒物皆曰盥

罕　乎旱反罕希又謂希跡也字從网干聲

轡勒 碑媿反字書馬縻也所制扳車馬也字以從絲從叀𠭊類勒馬頭鏣銜也

第三卷

凷擲 文作塊同口對反即土塊也 傫毒 又作㯬同初錦反說文傫毒也痛也尒雅傫憂也 縱誕 徒亶反誕謾也亦欺也不實也

不憚 徒旦反憚難也亦畏也廣雅憚驚也 收穫 胡郭反說文刈禾也草日刈穀日穫

第四卷

很戾 胡墾反下力計反很違也戾曲也字從犬從户 抑挫 祖卧反說文挫摧也亦抑也 蕊衣 無方反蕊草也尒雅蕊枝榮注云似茅皮可以為繩索履屩等 食芋 于附反聲類大葉著根之菜見驚人故曰芋大者謂之蹲鴟甚可蒸食 炒穀 古文𤍽𤓽二同初狡反方言熬聚火乾也說文𤍽熬也 尼連禪河 應云尼連禪那或云熈連禪此譯云尼者不也連禪那者樂著也名不樂著河也 迦梨迦龍 又云迦羅迦龍此譯云黑龍也 倒仆 古文踣同蒲北反說文仆頓也謂前覆者也

第五卷

真胵 又作痓同竹尸反須真此云善思惟是天名也 僕隸 古文蹼同蒲木反廣雅僮僕役使也僕附也 遳多 初救反 [illegible] 莰 奴濫反 褭多 蒲濫反 須摩那 或云蘇摩那華其色黃白亦甚香不作大樹纔高三四尺四垂似蓋者 瞻蔔伽 或云旃簸迦樹正言占博迦樹形高大華亦甚香其氣逐風彌遠也尒雅云多

也

門堞 又作𢴲同徒頰反廣雅堞女牆也

猩猩 又作狌同所京反知人名如豕人面又似黃狗犬吠也頭如雄雞出交阯封溪聲如小兒啼知去不知來犬吠知去也

尸利沙 即是此間合昏樹也其樹種類有二若名尸利沙者葉果則大若名尸利駛者葉果則小此樹時生人間關東下里家誤名婆羅樹是也

第六卷 先不音

第七卷

荻林 又作藡同徒歷反荻草也亦有荻竹

阿薩闍病 謂不可治

迦樓那摩訶 此云大迦樓那此云悲言如來功德以那若大悲二法為體也

[口垔]尼 又作咽同於堅於見二反此譯云鹿王也

尼拘陀 應云尼拘盧陀此譯云無節亦云縱廣樹

摩那陀果 此譯云醉果也

頻婆果 此譯云相思也

所縈 一瓔反縈旋也纏也通俗文收績曰縈

不愜 苦頰反廣雅愜可之也字林愜快也

經後序

始洎 渠器反漢書云洎前七郡晉灼曰洎至也

寘懷 之是

反詩云寘彼周行傳曰寘置也

祈請 巨衣反詩云以祈尒爵傳曰祈求也

甫尒 方武反釋名甫始也廣雅甫衆也

輯睦 抾入反尒雅輯和也謂諧和也下又作稑同莫斛反睦敬也美矣也

負笈 奇急反風土記云笈謂學士所以負書箱如冠箱而卑者也謝承後漢書云負笈隨師也

驅傳 知戀反謂轉次行也尒雅馹遽傳也郭璞曰皆傳車驛馬之名馹音而貿反

錫珪 思歷反下古攜反尒雅錫謂錫與也書禹錫玄珪是

分陝

或舟反公羊傳曰自陝以東周公主之自陝以西召公主之說文今弘農陝縣古之虢國是也

碩難 帀亦反詩云碩人俁俁傳曰碩大也小尒雅云碩遠也

智斯 虛穀反小雅云斯明也尒雅斯察也

彭匯 胡罪反尚書東匯澤為彭蠡孔安國曰匯迴也三養水迴之皃也

萬騆 於身反於巾反人名者也

猜焉 古文賊猜二形今作倸同麁來反案猜亦名疑也廣雅猜懼也

一切經音義卷第十　第九張　田

濡首菩薩無上清淨分衛經上卷

聶撰

底㴸 一宏反說文下深大也廣雅云㴸深也

吹嗷 又作嗃警二形同古弔反噭嘆也呼也亦嗃也

螫虫 書亦呼各二反說文虫行毒也經文作蛓非體

躇步 腸於反說文躇踏猶豫也踟躕也

錠燭 殿定二音聲類云有足曰錠無足曰鐙

麁際 古文䴪一形今

作聚同才句反廣雅聚居也謂人所聚居村邑者

林鋤 又作薅村二形籀文作薅或作茠同呼豪反說文除田草曰薅經文作𦾦蒴非也

下卷

慷慨 正作忼慨同口莽反下苦代反忼慨大息也亦士不得志者也

喟然 又作嘳同口愧反三蒼喟歎息也說文大息也論語喟然歎曰何晏曰喟歎聲者也

華孚 或作荂說文作雩同芳俱翻俱二反方言華荂盛也齊楚之間或謂之華或謂之荂

玓瓅 丁歷反下字書作𤥐同零玓反說文玓瓅明珠色經文的非體

暠然 又作杲同古倒反埤蒼白皃也亦明也灼然明白者也經文作高音古老反非也

歧嶷 巨宜反下語棘反詩傳云歧知意也嶷識別也言能匍匐則歧然音有所知也其貌嶷有所別識也亦言六七歲也經文作奇非體之也

一切經音義卷第十　第十張　田

明度無極經第一卷

玄應撰

善業 梵言須菩提或云藪浮帝或言蘇部底此譯云善實或云善業或云善吉皆一義也言空生者晉以門康法邃雜譬喻經云舍衛國有長者名鳩留產生一子字須菩提有自然福報食器皆空因以名焉所欲即滿後遂出家得阿羅漢道是

秋露子 梵言舍利弗舊言舍梨子或言奢利富多羅此譯云鶖鷺子從母為名母眼似鶖鷺或如秋露鳥眼因以名焉舊云身子者謬也身者舍梨與此奢利聲有長短故有斯謬或言優波挺舍者從父名之也

不憚 都割反通俗文旁驚日憚經文作慘怛之怛非也

貲貨 子移反蒼頡篇貲財也廣雅資貨也周礼通貨賄也鄭玄曰金玉曰貨布帛曰賄亦與資同經文作訾訾量訾非此用也

弘裕 古文袞同瑜句反廣雅裕寬緩

昆弟 又作鼻同古䰟反尔雅昆後也郭注云謂兄後也方俗異言耳

溝港 古項反字略云港水分流

也今梵言須陁洹是也此言至流或言入流經中或作道跡或言分布今云溝港溝非取其義也經文作𦸗也

開士 謂以法開道之士也梵云扶薩又作扶薩或音薩是之

頻来 言斯陁含也此云一往来事也字應誤也字宜作頻也

緣一覺 又云獨覺又云緣覺舊經云古佛又言辟支佛又皆梵言訛轉也此言辟支迦或云貝支迦此云獨覺是也

應儀道 又云應真或言真人舊云無著果亦云阿羅訶今言阿羅漢皆是一人也

滿祝子 脂育脂救二反即富樓那是也

除饉 渠鎮反舊經中或作除士除女或薰士薰女今言比丘比丘尼是也案分別功德論云世人飢饉於色欲比丘除此受饉之飢想故名除饉又案梵言比丘此云乞士即與除飢饉義同又康僧會注法鏡經云凡夫貪湥六塵猶餓夫夢飯不知猒足聖人斷去貪湥除六情飢故号出家者為除饉

第二卷

佞堇 奴定反諂媚也偽善也說文口材也亦德之稱也字從女從仁論語

去惡夫佞者此即從女之義左傳寡人不佞
不能事父兄此即從仁之義下五竭反說文
禽獸虫蝗之怪謂之蠥經文作
蘖鹿子也又作孼迣出字也

第三卷

姝夫 古文佚今作劮同與一反蒼頡篇佚蕩也姝亦婬也
將踋 子六反踋踖敬畏也謂恭敬之皃也
麁揃 漢書班固叙傳云揃舉職僚孟

康注云揃古文粗字音
才占反韋昭日粗略也

第四卷

阿閦 案閦文字所無相承又六反餘經作無怒亦云無動或云無怒覺皆義譯其名也
僥倖 又作儌徼二形同克堯反下音幸俗謂幸爲之僥倖非其所當而得之小尒雅非分而謂之幸蓂得也儌遇也遇幸得也楚辭顔僥倖以

待時謂覬求親求親遇也礼記孔子日小人行儉以僥倖是
哀慟 徒貢反論語顔回死子哭之慟馬融日慟哀過
惟慢 苟龜反下莫且反字林在旁日惟在上日幕說文云慢幕也
炫煌 胡面反下又作熿同胡光反光明盛皃也說文炫燿也煌光
法來 梵云曇無竭或譯云法上亦云法鏡
髦壁 他答反毛席也施之於壁因以名焉經文作闒非體也皆一義也

文殊師利所說摩訶般若波羅蜜

多經

沙門慧琳音

金礦 下古猛反廣雅云礦強也鐵璞謂之礦鉛礦謂之鏈鏈音連說文銅鐵等璞也從石黃聲或作磺亦作釥並俗字也
椎打 上墜追反韻英云捂擊也太公六韜云方頭鐵椎重八斤柄長五尺顧野王云所以擊物者也說文擊也從木佳聲經作鎚所以擊物者也鎚俗字也
皰初生 上龐皃反此說忉利天波利質多羅樹花欲開時於其葉間生諸花皰諸天見之衆皆歡喜也

文殊師利所說般若波羅蜜經

第二譯　沙門慧琳撰

齎妙 上齎齊反持財以與人也或作䝴俗字也

徹過 上纏列反考聲云徹通也迹也道也減也俗作撤古作徹有作澈是水清澈非此義也

生疱時 上彭良反亦作皰樹木初生花之良也

慣見 上關

患反尒雅慣習也或作遦左傳作貫借用也

仁王般若經上卷

後秦鳩摩羅什譯

沙門慧琳撰

九級 金岌反考聲階等也賈注國語云等差也鄭注礼記云次也說文從糸及聲糸音覓也

僉然 妾廉反小尒雅云僉同也廣雅多也說文皆也從从

今音精入反叩音宣並二人卽古從字也會意字

波斯匿王 梵語也唐云月光王此王准經說已證無生法忍菩薩也助佛弘化請問護身護國菩薩行乃至護佛果等甚深法要也

摩訶衍 梵語也唐云大乘也尒雅云巳奐大

洪音 尸公反孔注尚書洪大也形聲字也

城塹 僉焰反顧謂城池為壍顧野王云今城外壍坑也字書云城隍也說文坑也從土斬聲或從漸作壍同

牆壁 匠羊反如後護國道場序中所釋下并覓反廣雅壁垣也

玉篇云室中垣壁也說文從土辟聲

矛盾 上莫侯反鄭注礼記云酋矛也說文長二丈建於兵車象形字書並無下述尹反鄭注周礼云五盾干櫓之屬其名未盡閶方言云自關而東或謂之干關西謂之盾說文瞂也從厂從十從目象形字也瞂音伐今經從木作楯非也乃是欄檻非此錞楯兩字並錯用皆非正字

下卷

什物 音十舊音義釋云什衆也雜也會數之名也責生之物謂之什物也

字鏡云物即万物也牛為大物天地之起牽牛故物字從牛勿聲也

亾喪 上亡字毛詩傳亡無也顧野王云失也死也說文亾也從人從乚乚音隱乚者匿藏之義也經作亡俗字也下桑浪反尚書曰百姓如喪考妣礼記曰玩人喪德玩物喪志鄭注云亾失位也說文亾也從哭亾聲也哭字從犬從吅吅音喧會意字也亦轉注字也今隸書錯變犬及亾為衣遂作喪或作丧者思喪皆失之遠矣知之

杻械枷鏁

瘡疣 已上六字並後新譯仁王經中具說

乾坤 上強焉反下告昆反所謂二儀也天地也

巨海 渠語反方言巨猶大也

尚 字書尚猶也下雲敏反考聲殞死也或

殞 作隕孔注尚書云墜也尓雅落也說文高下也易曰有隕自天也

蠢蠢 春尹反毛詩傳曰蠢蠢動也郭注尓雅云動搖皃也從䖵舂聲䖵音昆或從人從心作惷惷同俗字

波差憂波差 梵語極麤質不切當也正梵音云鄔波索迦鄔波斯迦唐云近事男近事女也受持五戒十戒親近善事師長及善知識

惔怕 上唐濫反下蒲莫反案淡泊者無味也寂滅也無為也

彗星 隨銳反案彗孛星也左傳曰彗者所以除舊布新之象也乙巳占云索索然狀如掃箒孛字然形如粉絮皆逆乱凶索之氣也考聲箒草也手持挂挂音讃或從竹作篲其星象掃箒故以名之亦會意字也

慓役 上疋遙反考聲云慓浮也役沉也說文從

水票聲也經中加寸作[illegible]悉夫妄加不成字也一切字書並無從寸作者宜除之

亢陽 康浪反考聲亢極也陽炎熱也亢旱也說文亢字人頸也從大省象頸字下脉形也說文作亢古也

新譯仁王經序

唐代宗皇帝製

慧琳撰音

皇矣 毛詩傳曰皇大也匡也美也尓雅皇君也王也從文云矣者語也

詞也矣字聲上從　**剪稠**　上精演反考聲
古以字下矢也　剪截也從刀前
聲下長留反字書云禾概　**綿絡**　上弥編
也多也從禾從周省聲　反下音
洛網　**羅罩**　朝教反說文捕魚器也從网
羅也　卓聲案羅罩二字並從网也
攉輿　上遠袁反考聲云常合道也賈逵
國語云攉棄也從手雚聲也下與
諸反中從車尔雅日攉輿　**泳洙**　上音詠尔
始也雚音觀知巳矣　雅泳遊也

郭璞云潛遊水底也下滿鉢反考聲云　**逾**
洙止也水上洙也終也抄也形聲字
遠　庚朱反廣雅逾亦遠也孔注尚
書云越也說文進也或作踰也　**夕**
夕夜也下體亦反孔注尚書云惕懼也　**惕**
毛詩心焉惕惕傳日惕惕猶切切也　**徹**
枕　上纏列反字書徹去也除也考聲徹抽
也說文通也從彳從攴育聲也育音與
六反下之荏反韻詮云枕所以承頭也從木
冘聲也冘音淫彳音丑尺反攴音普卜反

一切經音義卷第十　第十九張　田

假寐　弥庇反毛詩傳日寐寢也顧野王日
假寐者具衣冠坐而眠熟也說文
寐從未　**遏寇**　上安葛反蒼頡篇云遏遮
從寢省　也毛詩傳止也孔注尚書
遏絕也下口遘反考聲寇賊也韻詮寇多也
說文暴也文字釋要云寇從攴從完是也
著星辰　張慮反易日玄象著明莫大
乎日月鄭注礼記云著而不
息者天也著而不動者地也又日著猶明白
也立也成也說文關古今正字從草者也
嘗澡　遭老反字指云澡盥也洗也說文
洒手也從水喿聲也喿音桑到反

盥音管洒　**緬尋**　綿典反賈逵國語云緬
音洗也　思也說文微絲也從糸
面聲下見前尋字從又　於記反考
從口從工從寸以說也　**懿夫**　聲云懿哀
痛聲也從壹從欠口作懿今文中從次從心
作懿俗用誤也訓義別非本字壹竹句反之
已　**竊景行**　千結反考聲云私取也鄭
矣　玄注礼記云盜也韓嬰說
小人盜自中出從穴從廿從米离聲也　**波**
今隸書略去廿禼音先結反廿音疾
斯匿　梵語即西國波斯匿王也從佛請
說護國法請說經序也唐云日月

一切經音義卷第十　第二十張　田

光
也
也
永祛 去魚反考聲云抽也集訓云舉也韓詩祛去也說文從衣去聲
寔惟 時職反毛詩傳曰寔是也說文止也宀音綿是字從日從疋也
迺津 上奴改反亦古文乃字也亦語詞也下井寅反鄭注周礼云津潤也郭注尒雅云津渠也廣雅同也周之已矣也
共臻 擳說反尒雅臻至也考聲云聚也集訓到也張揖字詁作臸從二至以為古文臻字也象形字也
緹

油 上弟奚反鄭注周礼云緑色也又戉紅色也說文帛赤黃色也下油者縮油也古人用以書記事
叅差 上磣象反下廁師反假借字也韻詮云叅差者不齊之皃叅字古文或作曑經作叅俗字也
大輅 曾固反白虎通云天子大輅字書云古者大輅為推輪之質今加於輞飾之華麗也
三覆 豊目反考聲覆審也集訓重察言語曰覆也
慨然 康愛反考聲傷歎也
憺

慮 上唐濫反許叔重注淮南子云心志備足也顧野王云恬靜也說文安也從心詹聲也下呂佇反尒雅慮思也說文謀思也從思虍聲音呼
捘綴 色鄒反考聲求索也追衛反賈注國語云綴連也續也從糸叕之聲叕音陟劣反
褰裳 羌言反考聲云摳衣也從衣從褰省聲也
沃朕 烏穀反尚書曰啓乃心沃朕心賈注國語云沃美也廣雅清也說文溉灌也朕我也
襲子 尋立反廣雅襲及也司馬彪注莊子云襲入也郭注尒雅云重也說文從衣從龍
遠

賷 精奚反玉篇賷持也廣雅送也說文持遺也從貝齊聲文中作賫俗字也
待扣 音口廣雅扣打也孔注論語云扣擊也說文從手口聲也
佇延 除旅反廣雅佇立也毛詩傳云門屏之間日佇鄭注尒雅云人君視所佇立處從人宁聲宁音張呂反
之籟 郎大反廣雅謂之簫也大者二十四管小者十六管有二底說文三孔籥也從竹賴聲
欒棘 上盧桓反礼記天子墓樹松諸侯栢大夫欒士楊說文欒木似欄從木從䜌省聲也下矜力反毛詩傳日棘酸棗也

郭注尒雅云顛棘葉細有刺又有商棘牛棘馬棘說文似棗藂生從二朿廣雅棘棘箴也

弼我 貪寐反孔注尚書弼輔也尒雅重也尚書大傳曰天子有四隣左輔右弼前疑後承廣雅弼備也大戴礼云絜廉而切直匡過而諫邪謂之弼說文弼字從二弓從西西音添念反弜音巨丈反古文或從攴作𢿈又作弻也

爰令 上音負毛詩傳曰爰為也于也尒雅爰曰也說文引也從𠬪干聲𠬪音披表反

常

窊 公擭反人名也

握槧 才敢反釋名云槧板之長三尺韻詮云以板為書記也說文牘樸也從木斬聲又音僉集訓云削版而記事者也

邃賾 上雖醉反王逸注楚辭云邃深也下柴革反劉獻注周易云賾者幽深之稱也說文從叵責聲也叵音夷

刊定 口干反鄭注礼記云刊削也杜注左傳云除也廣雅刊定也說文剟也竹劣反剟亦削也貝足也

較然 上音角考聲較略也廣雅明也尒雅宜也尚書大傳較其志見其事大玄經云君子小人之道較然見矣漢書亦云較然易知也或作校亦同

鉤索 所草反說文入家搜也從宀索聲也考聲求也取宀從巿從糸俗用不從穴非也

迥出 癸頴反尒雅迥遠也從辵同聲音與上同經從向作迥非也辵音丑略反頴音營昊反

躡金 粘輒反方言躡登也廣雅履也說文同躡也從足聶聲也聶音上

惋撫 烏貫反考聲歎惋恨也桂菀珠藂云驚歎而藏於心也下芳武反從手無聲也

聊紀

了彫反毛詩傳曰聊且也說文從耳丣聲丣音酉從丣者誤也

旃蒙歲 之然反尒雅云在乙曰旃蒙在巳曰大荒落時永泰元年乙巳歲夏初四月也

木堇榮月 巾隱反花樹名也時斗建巳四月下旬也

仁王護國般若波羅蜜多經上卷

三藏大廣智不空奉　詔譯

巳辦 上音以下自愕反鄭注礼云辦具也說文判也從力辡聲也辡音皮

兊反也

技藝 上竒蟻反韻英云技藝能也說文巧也從手支聲也

一滴 丁歷反考聲云水落也說文云水𣽇注也從水從商省聲也

煗性 奴管反賈逵注國語云煗温也或作煖俗用非也

仁王護國般若波羅蜜多經下卷

杻械 上抽柳反考聲云杻桎也亦作杽枷手曰杻從木丑聲下遐戒反考聲梏也韻詮云穿木枷足曰械從木戒聲也

枷鎖 上音加考聲云梏也桊枷者穿木為孔枷於頭四縶罪人之具也下桒果反或作鎖俗字也

摩訶迦羅 梵語也唐云大黑天神也有大神力壽無量千歲八臂身青黑雲色二手懐中横把一三戟又右第二手捉一青羖羊左第二手捉一餓鬼頭髻右第三手把劍左第三手執羯吒网迦賛語也是一髑髏幢也後二手各於肩上共張一白象皮如披勢以毒虵貫穿髑髏以為瓔珞虎牙上出作大忿怒形雷電煙火以為威光身形極大足下有一地神女天以兩手承足者也

瘡疣 惻莊反韻英瘡癥也或作創古文作刱下有憂反蒼頡篇疣病也或作肬亦通或作疚古字

業漂 上嚴刧反賈注國語云業次也取也尒雅事也郭注云業次舍也端緒也說文從丵從巾下匹遥反廣雅漂瀓也顧野王云流也說文浮也從水票聲票音同上瀓音篇箋反

彗星 隨銳反考聲云妭星也光芒如帚帚蔚草形占書云開中平為妭女草𣱦妭星光如妭女草形占書云所指之分有灾或作篲古作䈟

砅礫 零滴反碎石也麁砅也從石從樂省聲

泛漲 芳梵反賈逵注國語云泛浮也毛詩傳云泛流皃也說文從凡作汎古今正從水乏聲下張亮反考聲云水增大砅岸崩摧延入水日漲從水張聲俗以上聲呼非

亢陽 上康浪反考聲亢極也

竭涸 何各反賈注國語涸竭亦涸也廣雅涸盡也蒼頡篇作滷古字也

降澍 朱戍反集訓云時雨所灌澍潤生万物也經文從雨作霔謬也多是時俗凡情妄作不成

字也撿一切字書並無此字非也

摑盛　上霞嚴反考聲云木匣也韻詮云盛書盛表木匣也或作椷亦作㮝古字也經作函俗字也本函谷關名也匣音讒葉反盛音成鄭注周礼云在器曰盛說文云黍稷在器也從皿成聲也皿音明秉反

陁羅尼中字　但取其聲不求字義

路　轉舌呼

娜　鼻中聲

孽　言竭反

捺囉　二合二合者上下兩字各取半聲合為一字上捺音弩紇反下囉音先取羅字上聲加轉舌即是下文諸有二合皆同此例囉字亦准此也

枳孃　二合上雞以反孃取上聲經從未誤也從文准此

婆　取去聲并引也

嚩　無可反

惹　自攞反

曬　所戒反

儜　尼鄧反亦作拒

涅　寧逸反轉舌也

十六大國　佛在世時各各強盛名為大國自後隨其王福互相吞并今或為小國或復磨滅無其國号者

也王是之也

毗舍離國　舊曰毗耶離即維摩大士所居地也七百羅漢在此國界結集聖教

憍薩羅國　唐云無鬪戰龍猛所化之處也

室羅筏國　即是說此經處佛所在時波斯匿王所治之境也

波羅痆　拏黠反

斯國　舊曰波羅奈施鹿林在此國也

迦毗羅衛國　即如來下生之地淨飯王所治之境界

拘尸那國　佛入寂滅處雙樹現在

憍睒　尸染反

弥國　或云憍償弥昔優田王所治境也最初刻檀作佛形像見在此國即護法菩薩伏外道之處形彰之已矣

波吒羅國　亦波吒釐或名上茅城或名王舍城鷲峯山在此國

仁王護國陁羅尼經　三藏大廣智不空奉　詔譯

沙門慧琳音

纂曆　祖管反考聲纂集桂菀珠藂聚也說文從糸算聲也算音索管反下

力的反孔注尚書云節氣之度也大戴礼云聖人慎守日月之數以察星辰之行以序四時之從逆故謂之曆治也從日厤聲也厤音同也

法嬴 盧禾反尒雅蚹嬴螔蝓也郭璞云似蝸牛而大案螺者樂器也吹作美聲以和衆樂從虫嬴聲也經作蠡俗用謬也非本字言法嬴者說法聲如嬴鼓因名法嬴也

刊梵言 口千反杜注左傳云刊除也鄭注杜記云刊削也廣雅刊定也說文剟也從刀千聲也剟音竹劣反剟亦刊

偉矣 為鬼反考聲偉大也重也說文偉奇也從人韋聲

迺辟 上音乃語詞也下卑亦反考聲辟占也字書問也說文法也從尸從辛口用法也尸音節

牆堵 上匠羊反說文牆垣蔽也從嗇爿聲嗇音色爿音同成上經從土從嗇非也

稽緇衣 上計奚反孔注尚書云稽考也廣雅稽問也說文從旨𥝌聲𥝌音雞𥝌字從尤禾聲禾音鷄木字曲頭也下滓師反毛

詩傳曰緇黑色也從糸甾聲也甾音同上甾字說文從巛音災從凶苦外反俗用從田者謬

京者 景英反尒雅京大也考聲云丘之絕高者也說文云人所為絕高丘也從高省象高形也音公本反經從日從小作京俗字

藪澤 上竦後反考聲云澤無水有草曰藪尒雅有十藪說文大澤也從卄數聲下音宅孔注尚書德澤擇也鄭注周礼云水鍾曰澤蒼頡篇澤恩也說文光潤從水從擇省聲

俾尒 卑避反孔注尚書云俾使也尒雅從也韻詮與也古今正字俾益也從人卑聲

貝多 西國樹名也其葉可以裁為梵夾書寫墳籍此葉廣厚鞕而難用若書多以刀畫為文然後實墨為葉厚故也不如多羅樹葉薄耎光滑白淨細好全勝貝多其多羅樹最高出衆樹表若斷其苗決定不生所以諸經多引為喻此等形狀巨似椶櫚五天皆有不及南印度者為上西域記中具說其梵夾葉數種不同隨方國上或用赤樺木皮或以紙作或以獸皮或以金銀銅葉良為諸土無紙故也

惛焉 墨崩反韻英云惛悶也憋也從心昏聲

解曰 皆駭反呼為假者非也駭音崖解反也

摩醯

馨盤反梵語上界天王名也唐云大自在天也**薜茘多**上音陛下音麗梵語餓鬼衆也**鬼魅**眉被反或作鬽老物精也**漫荼羅**梵語也義說云聖衆集會處也即念誦壇場**巖窟**上雅緘反山崖也下苦骨反石穴也從穴屈聲者也**掘地**逵律反穿斷也**瓦礫**力的反砕石之類也**却窴**音田說文從宂真經中從土作填非也前經巳具解說**賸最**承證反考聲云賸餘也說文物相增加從貝朕聲也賸從冊經從二貝作賸誤書冊為貝也下祖悔反韻詮甚也說文從日取聲從冖作者**蕞**平音竹以枅擣築**畢哩**下哩字蔣舌二字合為一聲**體**捬以反借音以響梵字也**瞿摩夷**梵語也牛糞也**間斷**上間晏反下音段**擣以**當老反考聲手舂也從禱省經文從鳥作搗俗

字也非正體**舂**音束龍反**三重**直龍反言三重非是高下累作三層乃是從壇心向外周匝分為三重聖位其壇高四指量上面平如方案一切念誦壇場皆如此作**皮膠**音交煎皮消作水凝冷而成膠**糯米**奴過反**三股**音古**箜篌**應書婆羅門箜篌非是人間用者也**揷枝**楚洽反**釘**去聲丁逕反**木橛**拳月反一頭尖釘入壇上或名杙**閼伽**梵語也即是香水器也或用金鋺器也或用螺盃盛香水也**踐蹋**上前演反鄭注礼記云踐履也說文從足戔聲下蹋字從足𦐇聲經作踏俗字也下徒合反說文蹋亦踐**跏趺**上音加下音夫前大般若中已具釋**輸**詩律反借音用**鐸**唐洛反**鋡**謨含反**搯數**口甲反以指爪搯也**駛流**音使峻流水也從馬史聲**⿰寍頁**寧頂反**十六輻**封目反畫壇場中心安布陀羅尼文字作一輪以金剛為輻輻間書梵字

金剛般若波羅蜜經　後秦羅什譯

慧琳音

金剛 金剛寶者最堅人剛以智論焉金字說文云五色金也黃為之長久埋不生百鍊不輕從革不違西方之行生於土左右注二點象金在土中之形也從土今聲也剛字說文云強也從刀岡聲岡音同上從网下斷從山下文羅字亦從网也 舍衛國 梵語訛也案十二遊經義譯云無物不有國或云舍婆提城或言捨羅婆悉帝夜城並訛也正梵音云室羅伐悉底國此譯云聞者城法鏡經譯云聞物國又善見律云舍衛者人名也舍衛先居此地時有國王見其地好心生愛樂舍衛遂請王住王即許之因以其名而為國号又國云多有國諸國珍奇多歸此國故以為名也 祇樹 梵語也或云祇陁或云祇洹或云祇園皆一名也正梵音云誓多此譯為勝波斯匿王所治城也太子亦名勝給孤長者就勝太子抑買園地為佛建立精舍太子自留其樹供養佛僧故略云祇樹也

給孤獨 亦義譯也梵云阿那陁此云無親屬巨富多財普救孤獨時人以為其号古經云阿那邠邸或曰阿藍皆是一也 唯然 維癸反案唯者謂聲尊者命亟敬之辝也礼記父召無諾先生召無諾唯而起鄭玄曰唯恭於諾說文唯即諾也從口隹聲 四維 龔隹反廣雅維隅也淮南子曰天有四維也 頗有 普我反或作叵語辝也叵也 筏諭 夫韈反俗字也正體從木從發作橃集訓云縛竹木浮於水上或運載名之為橃南土吴人或謂之簟即筏也簟音排經中從伐作筏或從竹作筏皆非也諭字俗從口作喻也 阿蘭那行 梵語也正字言阿蘭拏蘭音懶簡反此譯云無諍即無諍行或云閑靜亦是無諍義也或云阿蘭若也 數如是沙等恒河及經末云數佛世界 此二數字並屬下句也 經云尚多無數次文云尒所恒河沙數 此二數字音霜句反並去聲字也皆

屬上句數字說文從又從蔞攴音普卜反

歌利王 亦梵語也或言迦利王論中作迦藍浮王皆訛也正云羯利王此譯為鬪諍王西域記云在烏仗那國瞢揭釐城東四五里是其處也古譯為惡世無道王即彼羅柰國王也瞢音墨肯反揭音羯釐音離

金剛般若波羅蜜經　後魏菩提流支譯

慧琳撰

脩伽陀 或云脩伽度皆梵語聲轉耳正梵云素蘖多此云善逝即如來十号之一稱

捫淚 莫奔反聲類捫摸也毛詩傳捫持也經文或作抆武粉反字林通抆拭也考聲涕泣也義亦也

荷擔 胡歌反又音賀廣雅荷擔揭也古文作抲亦同下當濫反字書擔負也說文從手詹聲也

摩那婆 梵語或云摩納婆或言摩納皆梵語訛轉也此譯為年少淨行也

歌羅分 梵語數名也下焚問反後文准此音論自解云如析一毛以為百分一分名歌羅分論以義翻名為力勝言無漏無量善法一歌羅分勝於有漏千分

數分 霜句反猶是數中轉微細者乃至少許猶勝於彼或云不相似勝也

優波尼沙陀分 論中義釋名為微細極至隣虛名優波尼沙陀分也

毛道 此言譯者誤也案梵云嚩羅此云毛婆羅此云愚以毛與愚梵音相濫故誤譯此為毛義翻為毛道或云毛頭皆非也此譯者之失矣正梵音云婆羅必哩他仡那婆羅此云愚必栗訖

此云異佗那此云生唐云愚生是也言毛道凡夫者義不明也

金剛般若波羅蜜經　陳朝真諦三藏譯

慧琳撰

偏袒 壇爛反順時借用字也說文云衣縫解也音為夫莧反今非此義案經云偏袒者以右髆去衣露肉也彼方謂虔敬之儀極也從衣旦聲說文從肉從亶作膻詩曰膻裼暴虎從肉亶聲

右肩 音堅說文作肩肩髆也從肉象形字

陘

生尸入反考聲云溼濕也說文幽溼也從水從一一覆也覆土而有水故溼從丝從土經文多作濕非也濕音他亟反濕水名也在東郡東武陽陳平原東北流至千乘入海也丝音幽

虛空可數量上虛字從虍音呼從丘丘字或作丠經文有作虗非也次數字上聲下量字音力長反說文云平多少稱輕重日量正從日從童作量今隸書省也

沙數霜句反

支提梵語也或云脂帝浮都或云浮圖皆訛也正梵音際多或曰制多此云聚相謂累寶及塼石等高以為相也

迦陵迦王梵語古昔王名也此云鬪諍即前經中波羅柰國無道王也

荷負上音何又音賀字書荷擔負也下負字說文上從人下從貝上古人字也非是力亦非刀俗多從力或從刀皆非也

能斷金剛般若波羅蜜經 三藏玄奘譯

慧琳音

能斷團夘反上聲字或去聲亦通易斷木為杄孔注尚書云斷絕也說文截也從斤從𢇍音絕古文絕字也今經文作斷皆隸書從省略也或取便穩而作非正體也截正體截字也右此金剛一經即大波若中第五百七十七卷是能斷金剛分也入藏目錄云為與後經名目相濫故重列之其音義已具前大經本故不重出請撿前文也

能斷金剛般若波羅蜜多經 大周義淨三藏譯

慧琳音

難量力長反

知量良丈反俗作量

琮伽梵語西國河名也此借唐言以響梵字猶未全切若准梵音上琮應音為凝等反亦疑之上聲也下魚迦反為正也古經或云恒伽河或云恒邊沙或云兢伽皆一也不切當也

心陁羅尼梵語陁羅尼此云揔持即心持法者也

薄伽伴梵語或云薄伽梵或云婆伽婆或云薄伽跋帝皆佛第十

号也

此金剛經更有一譯在金剛般若論中 無著菩薩造隋朝笈多譯者是經文具在論文中

實相般若經　慧琳撰

交映 英敀反韻英去旁照也考聲去暉也說文從日英聲經文從央作映非映音烏浪反經意也

遊踐 錢剪反孔注論語云踐循也鄭注礼記云履也從足聲戔音殘

哈 何甘反短聲自下單書字者皆是真言但取其聲以響梵字不求字義也

唵 烏困反引聲便合口

憾 含紺反引聲此上三字皆真言也

淤泥 於據反字書云水淀青泥也韻英云澱滓從水於聲

呫唎 二合上賢結反下利字轉舌二字合為一聲下二合字皆准此解也

怛纜 二合下繿字轉舌引聲藍談反

阿 上聲又短聲

阿 去聲引

嚂 曽甘反彈舌引聲即是

底唎 二合上丁以反下唎字兼轉舌二字合為一聲也

障累 上章讓反考聲去蔽也說文隔也從阜章聲下壘墜反考聲家累也孔注尚書去輕忽小罪而積害毀大也劉兆注公羊傳去連及也作絫會意字

驃 梵語本是二合字應合書眇翧二字合為一聲仍引也

徧鐃 邊眄反考聲云書也周也亦作遍下鐃鉊反考聲云益也飽也形聲字也

違暴 蒲冒反鄭注周礼云相侵也案暴亦惡也說文疾有所趣也從平音蹈從㬥省聲也今經文從田從恭非也正從日從出從廾從夲廾音拱也

菝訶 梵語具足云婆縛訖賀唐云滿足義周遍義寂滅今言菝訶者訛略也

波旬 梵語正云波俾掾唐云惡魔佛以慈心訶責因以為名古人譯為波畀秦言好略遂去畀字旬字本從目音縣誤書從日為旬今驗梵本無𢓜音蓋書寫誤耳傳誤已久

擾亂 上饒沼反從憂憂音奴刀反不是憂字下音乱前已具釋故

理趣般若經 三藏金剛智譯

慧琳撰

綺盍 上欺綺反下蓋字從草從盍盍音合

金剛拳 逵圓反考聲云手拳也說文從手從卷省聲

美適 上美字說文從羊從大經從父作美非也經文有作猗適者誤也

吽 梵文真言句也如牛吼聲或如虎怒音喉中聲也

信解 諧戒反音夏者非也

超越 超越二字並從走走字上從夭下從止經從土從之作走訛也超字從召召字從刀從口越字從戉戉音與上同戉字從戈從亅音厥戈音古禾反

戲論 希義反尒雅戲謔也考聲弄也施也毛詩傳云逸豫也字書三軍之備也說文從戉𧆞聲𧆞音希下從豆也

淤泥 於據反字書云水下青泥韻英云澱滓也從水於聲

紇哩 二合真言句也上紇字無反音取痕字入聲下哩字轉舌

怛嚂 二合轉舌引也

鸖 何各反亦真言句也

呲喻 二合引

娑鑁 二合下武敢反

惐 舍紺反

並真言句不考字義

大樂金剛理趣經 大廣智不空三藏譯

慧琳撰

搖擊 上翼消反考聲搖作也說文動也從手䍃聲也䍃音由䍃字從肉從缶經文從舟非也下經亦反顧野王云擊猶擊打也說文攴也從手毄聲毄音與上同從𣪊從殳𣪊音衛殳音殊攴音普卜也

慾箭 下煎線反慾心與境相應如箭之中

滋澤 上子斯反孔注尚書云滋長也蒼頡篇液也說文益也從水茲聲下音宅毛詩傳曰澤潤也說文光潤也從水睪聲

曼荼羅 荼音宅加反梵語無正翻義譯云聖衆集會處即此經一十七會曼荼羅各各差別並是修行供養

念誦者道塲也

熙怡 上音希下音夷前音義第一卷已釋

抽擲 上丑留反下程劇反

吽 如虎怒聲

何 去聲引如長聲呼惡字是也

顰眉 毗寅反蹙眉而視忿怒之形也

揮斫 上音暉下章若反通以猛利智劍斷一切分別心名為揮斫一切有情即末来佛也

郝 可各反長引聲

大明咒經 前譯般若心經　慧琳音

罣礙 胡瓜反下五蓋反說文網礙也從网

竭帝 梵語真言句質撲不妙竭正梵音云蘖也

僧娑訶 亦質撲不妙也正梵音云娑縛二合賀與前經所說同也

般若波羅多心經 羅什譯　慧琳音

五蘊 威損反蘊猶聚也

揭帝 梵語真言句上魚竭反與孽字相近也

般囉 上奔伮反下囉字轉舌梵字亦是二合宜書䋯囉字為正

佛說般若波羅蜜多心經 罽賓僧般若於西明寺譯

苦輓 櫻草反礙也難也或作厄俗字也

行者 行孟反

孽帝 魚竭反真言句梵語不求字義但取聲

一切經音義卷第十

一切經音義卷第十一　赤

大唐翻經沙門慧琳撰

大寶積經序及經第一帙十卷 同此卷音

睿宗皇帝製

縱横 上足庸反下獲萌反說文作從考聲介雅縱長也竪也横廣也左右方也韓詩云南北為縱東西為撗說文横欄木也從木黄聲也 之數 霜句反也 拯 支境反音取蒸字上聲是也韻英云拯濟拔也杜預注左傳云拯救助也聲類云拯昇也廣雅拯救也說文作抍上舉也從手升聲也 沈淪 上持林反集訓云沈没也莊子曰是陸沈者顧野王曰人之居陸而若沈溺無聞朝廷是陸沈也下音倫考聲云淪漬也資四反說文没也從水侖聲侖音倫 樊灼 上扶文反說文燒田也從火楙音煩聲也下章弱反蒼頡篇灼爆也說文灸也音久從尺勺音斫聲也 憚其 檀爛反鄭箋詩云憚難也說文畏也廣雅驚也從心單聲也 豪氂 上胡高反借用非本字也正體從毛從高者作毫筭經云十絲為一毫毫氂者毛端頭也微少也下音釐 陶鈞 上唐勞反集訓云瓦窯也音姚窯者燒造瓦器竈也廣雅陶化也世本云昆吾作陶宋忠曰夏桀臣也說文從阜匋音進聲也下橘勻反聿均反考聲鈞均也均平無等差也許叔重注淮南子云鈞陶法也說文云從金勻聲也案陶鈞謂造化也 漢日 而質反漢法本内傳云漢明帝夜夢金人飛行殿庭項背日光占夢者曰西方有大聖人也因尋其教始聞佛法也 鷲頭 情袖反謂鷲鳥也鷲頭山名也在王舍城側亦名鷲峯山亦名靈鷲山梵云耆闍崛山並一山也 玉豪 胡高反假借字也正體從毛作毫言玉毫者如來眉間白毫毛也晧白光潤猶如白玉佛從毫相放大光明照十方界故云玉毫端色也 干戈 上罡安反詩傳曰干杆也音旱杆盾

也㕑隹反說文作戟音干干犯也從反入從一作女古字也下古禾反周礼司戈盾掌戈盾之物鄭玄曰今句矛戟也居逆反詩傳戈長六尺六寸方言云吴揚之間謂戟為戈說文云平頭戟也象形

摧鏲 上藏雷反說文摧折也從手崔聲也下妨封反考聲云刃末也說文云兵刃端也從金峯聲也或作峯

潰旅 上回外反毛詩傳潰乱也公羊傳云下叛也穀梁傳曰上下不相得曰潰左傳云逝民也於上曰潰在下曰逝說文云潰漏也下力舉反孔注尚書云旅衆也周礼五百人為旅鄭玄曰凡師出曰治兵師入曰振旅說文從㫃從於塞反從从古從字也作旅俗用從衣作旅非也

闢圓 頻亦反說文闢開也從門辟聲周易繫辭云闢戶謂之乾也

惠晷 歸累反說文云日景也從日從咎音舊今俗用從田作晷非也

肇闡 上潮少反上聲尒雅云肇始也下昌演反聲類大開也韓康伯注繫辭云闡明也

瓊編 葵營反詩傳曰玉之

一切經音義卷第十一　第三張　赤

美者也一云玉樹也說文赤玉也從王敻葵營反聲也下必綿反劉兆注公羊傳云比連也蒼頡篇云編織也說文編次簡也從糸音覓扁苾眠反聲也

遽卽 強御反去聲俗字也賈逵注國語云遽疾也顧野王曰遽急也鄭玄注周礼云遽傳也音轉說文周周礼從辵丑略反豦音渠聲也

叡聖 營芮反廣雅叡聦也又智也集訓云叡聖也通於微也說文叡深明也從𣦼音殘從目從谷省聲也

靜孽 魚鵝反左傳曰天反時為灾地反物為祅祅音芺考聲云孽祅灾也蟲狩為怪曰孽衣服草木為怪曰祅今

一切經音義卷第十一　第四張　赤

俗用通作孽吕靜韻集從𡖟音毀作孽字書正體從示作孽薛聲也說文孽字從艹音草從巾丑列反從阜音負從辛作薛今相傳去屮作薛訛略不倫也

巢燧 上柴爻反抱朴子曰上古帝王有巢氏也是時禽狩茲多人民巢居以避群害故號有巢氏繫辭曰上古穴居而野處後代聖人易之以宮室下隨萃反抱朴子曰上古質朴茹毛飲血生敢蟲魚及諸果實多有腹疾之患是故聖人鑽燧求火變生作熟因名為燧人氏也

擁篲 上於拱反蒼頡篇云擁持也說文抱也從手雍聲也或作𢹎小篆作攣

古字也下隨銳反玉篇云掃竹也方言云自開而西或謂之掃篲隨醉反亦曰掃篰之酉反或從草作篲

正朔 上章盈反下雙捉反經文作翔俗字也正體從屰音逆作朔考聲云朔始也穌也月一日也

鐇榌 傍安反山海經云東海中有榌都山山上有大榌樹名曰榌都其根盤結五百餘里枝相去三千里樹上有金色天鷄日初出時光照此樹天鷄即鳴天下衆鷄皆隨而鳴山海經亦云有大榌樹其根盤結五百餘里枝相去三千里於寶捜神記及風俗通義並引黃帝書云上古之時有二神人一名荼與二名鬱壘又一名鬱律度朔山山上有大榌樹二人依樹而住於樹東北有大穴衆鬼皆出入此穴荼與鬱壘主統領簡擇万鬼鬼有妄禍人者則縛以葦索執以飴虎於是黃帝作礼敺之立榌人於門戶畫荼與鬱壘與虎以象之今俗法每以臘終除夕飾榌人垂葦索畫虎於門左右置二燈象虎眼以云不祥

混車書 上魂穩反說文云豐流也

案豈流為混混同流不分也車音蓋魚反案車者謂車轍跡也書謂文字符印也言混車書者天下轍迹共同文字無別同一王化四海為家也

細柳 山海經云西海中近日月所沒之處小洲名也有常陽山日月所入也即此洲也一名細柳亦名陽柳島

迦葉 梵語略也正梵音云迦葉佉反攝波即天竺國之大姓也

年踰 羊朱反廣雅云踰度也毛詩傳日踰越也說文從足俞聲也或作逾俗字也或從走作逾

挹其 伊入反蒼頡篇云挹損也毛詩傳日挹斟也音斟說文挹持也從手邑聲也

永淳 時倫反唐天皇大帝時年號癸未歲也

當宁 直呂反尒雅云門屏之間日宁挂苑珠藂云人君於屆門視朝立之處也

循機 隨遵反尒雅循自也郭璞云自也揗從也考聲戶循順也說文循行也從彳盾亦反盾聲音脣准反象形下幾希反孔注尚書云弩牙也制動也說文主發謂之機

登樞 昌珠反集訓云樞機發動之端也考聲云樞機言詞也說文云戶樞也從木區聲

虧徵 區追反考聲云虧落也傷也鄭箋毛詩云

虧犄毀壞也王逸注楚辭云虧鈌也廣雅虧火也說文云氣損也從雐雐音呼亏聲也亏即于字或從兮作虧下陂矜反杜預注左傳云徵驗也說文徵象也從壬天頂反從微省聲也

綿區 上弥然反下羗于反

不丕構 上音披說文云丕大也從一不聲經文從十作丕俗字非也下苟候反顧野王云構合也毛詩傳曰構成也說文云構蓋也從木冓古候反聲也

尋繹 盈益反方言云繹理也長也廣雅繹事也終也說文抽絲也從糸音覓睪聲也

不懈 革賣反嬾惰也

怠疲 武坊反下被眉反國語曰疲士無位疲女無家賈逵曰疲病也廣雅疲倦也說文疲勞也從疒女尼反皮聲也

部帙 陳栗反說文云書衣也從巾失聲也或從衣袠或作袟也

在握 鴟角反介雅握具也說文握音厄持也從手屋聲也

之祚 曹戶反賈逵注國語云祚位也禄也古今正字云祚福也從示音祇乍省聲也

之甿 麥耕反史記云甿縣之人也廣雅甿氓也癡也蒼頡篇云田野人也說文云田民也從田亾聲也

恒佚 寅一反孝聲云意歡足也樂也孔安國注尚書云佚豫也蒼頡篇云佚暢也從人失聲也

寧謐 弥必反介雅謐靜也昚也音慎考聲云無聲也集訓云謐安也從言𥁋音齊聲也

澆俗 上經堯反考聲云澆薄也沃也案澆沃之即味薄矣

淳源 上常倫反俗作淳正體作淳考聲云淳清也鄭玄注儀礼云淳沃也廣雅淳漬溢四反說文淳淥也音祿從水𦎫音純聲也𦎫音同上下危袁反鄭玄注礼記云源本也顧野王曰水本為源也

暫乖 慙濫反考聲云暫不久也或作蹔

聊題 力彫反集訓云聊且也

緗帙 上息陽反字書縑緗也下陳栗反集訓云書衣也從巾失省聲也或從衣作袠今作袟一也

大寶積經卷第一 大唐三藏菩提流志集譯三律儀會第一三卷經

高峻 荀俊反俗字也說文正體作峻考聲云山高也孔安國注尚書云高

大也說文高也從山陖尺俊反聲也俊音同

卉木　上暉貴反說文云草之惣名也從屮屮列反從艸音草今隸書省略從三十作卉又音暉鬼反亦通

麒麟　上音其下音隣蒼頡篇云牡日麒牝日麐毛詩鳥狩蟲魚疏云麒麐者瑞狩也王者至仁則出見麏身音君牛尾馬足圓蹄黃色一角端有肉不傷物也其音中鍾呂行步中規矩遊必擇地詳而後処不履生蟲不折生草不群居不侶行不入陷穽不罣羅網

說文亦云仁狩也麐音眉身牛尾一角從鹿其聲也麐者牝麒也從鹿吝聲經文有從馬作騏驎非此同

熊羆　上盇窮反下彼眉反毛詩云惟熊惟羆說文云狩名也似豕而大黑色山居冬蟄持立反其掌似人從能灬必遂反聲也尒雅云羆如熊黃白色郭璞云羆似熊而大熊類也頭長高猛憨呵甘反多力能拔木方言關西呼為猳音家羆從羆補罵反也灬聲也

鸚鵡　上烏耕反下無甫反或作鸚二體並通山海經云黃山有鳥其狀如鴞為驕反青羽赤喙呼穢反人舌能效人語名日鸚鵡郭璞日今鸚鵡舌似小兒脚指前後各二扶南之外出五色者亦有純白者大如鷹曲礼日鸚鵡能言不離飛鳥說文鸚鵡二字並從鳥嬰武皆聲也說文人說嬰益盈反字從女賏益盈反聲也從二貝今經文從二目下從安作嬰者非也武字從止從戈

鴝鳴羅鳥　梵語印度國鳥名也或云俱翅羅或云俱耆羅皆梵語輕重也涅盤經云此鳥聲好從聲立名本性愛榮不栖止於枯樹

鳧鴈　上輔無反尒雅舒鳧鶩音木郭璞注云鴨屬也鳥甲反考聲云野鴨之小者文字釋要云從鳥几音殊聲也几者鳥之短羽飛則几几然上形下聲也下顏諫反或作鴈二體同毛詩傳云大日鴻小日鴈說文云鵝屬也從鳥從人厂聲案鴻鴈者隨陽鳥也礼記月令日季秋之月鴻鴈來賓也

茹食　如暑反考聲云茹敢也食也下食字正體從亼精入反從皀彼立反今經文從人從良作食俗用字非正體也

蓊鬱　上屋孔反古今正字云蓊大也英也薹也桂苑珠叢云草盛皃從草翁聲也下威律反俗用字也考聲云欝韞也威殯反尒雅欝氣出也

桂菀珠蘩云欝然氣出皃廣雅欝幽也謂樹木幽深之皃說文云木藂生㝅說文欝字正體從林缶甫狗反從勹音包從鬯丑亮反從彡音衫作欝字林及經文從四從艮從寸作欝未詳所出今並書之

菴摩羅樹 梵語果樹名也此國無古譯或云菴婆羅或曰菴羅樹皆一也涅盤經云如菴羅樹一年三變有時生花光色敷榮有時生葉滋茂蓊欝有時彫落狀如枯樹又云如菴羅樹花多果少

甄琡

一切經音義卷第十一　第十二張　赤

迦樹 上經延反下薑佉反梵語不求字義西國花樹名也此方無此樹大唐西域記云印度多有甄琡迦樹其花赤色形如人手一說云亦名阿琡迦亦名無憂樹其花亦赤色此說正也

由提迦花 薑佉反借音字為梵語聲近薑佉反轉讀者多執本字音為加者誤也乃至夲師釋迦亦呼為迦愚惑之甚矣此文中前有婆師迦花後有迦羅婆花皆同此音也

普洽 咸夾反霑也和也潤也

耎草 如兗反有作軟若非也

靃靡 上雖紫反醉唯反下音美韵詮云靃靡草數皃王逸注楚辭云隨風披數也

暉睒 上毀韋反下英敍反青琉光色又相發暉也

如孔雀胭 嬰堅反考聲云胭喉也胭項也經文從口作咽乃云聲字誤用也正體從肉

兜羅綿 上都侯反梵語細耎綿也即柳花絮草花絮等是也

趾步 之尒反杜預注左傳云趾足也尒雅亦同下步字說文步行也從止從山他未反相背重書即步字今俗同止

一切經音義卷第十一　第十二張　赤

下從以訛略也

陂泉 彼眉反鄭玄注礼記云畜水日陂穿地停水日池也

清泠 歷丁反清泠二字並從水案清泠者瑩淨也形聲字

踰繕那 上羊朱反繕音善踰繕那者梵語自古聖王軍行一日程也諸經論中前後翻譯遠近不同或云四十里俱舍論十六里大唐西域記云印度國俗一踰繕那三十里矣此說真實也今依此文

其莖 幸耕反蒼頡篇云草本日莖說文云枝主也從草巠擊形反聲也

吠瑠璃 梵語寶名也字體無定或作琉璃上音留

下音离天生神寶青綠色瑩徹光明非是人間鍊石煙火之中所成瑠璃也

寶鐸 上寶字正體從宀音綿從王從缶甫苟反從貝今經文從珎作寶俗用字非正體也下唐洛反鄭注周礼云大鈴也孔安國曰金鈴木舌以宣文教

贍部檀金 上常焰反梵語殊上寂勝金寶名也天生神寶非是人間鍊礦鍊石所成金也

其鬚 相瑜反蓮花鬚也說文正體從頁賢結反頁頭也從彡音衫作須象形字也今隸書加髟必遥反作鬚亦通用

口銜 狎監反考聲云口持而嚼也說文云馬口中勒也從金從行會意字也

廁填 上初使反考聲云廁雜也蒼頡篇云廁次也廣雅廁間也下亭延反賈逵注國語云填加也廣雅填塞也鄭注礼記云填滿也或作闐亦通

阿溼婆氏多 梵語也唐言馬勝也

離翳 上音利下於計反方言云翳薆也韻英云翳蔽也廣雅翳障也說文

翳華蓋也從羽從殹省聲也

稠林 長流反蒼頡篇云稠衆也廣雅稠禾概也音既說文稠多也從禾周省聲也

馳騁 上雉離反俗用字也正或作駞此字雖是正體為有兩音又音陁令且從俗作馳顧野王云馳走也廣雅馳奔也下勑郢反杜預注左傳云騁馳也走也廣雅騁奔也說文直驅也從馬甹聲也

流澍 上流字有點下之俞反說文云時雨澍生万物從水尌聲也

鈇減 上犬悅反聲類從缶作鈇說文缶瓦器也小口罌也尼耕反說文鈇字正體從缶甫苟反作鈌郭璞注尒雅云缶盆也蒼頡篇云鈇虧也缶追反顧野王曰鈇玷也說文云器破也從缶從夬省聲也下減字有兩音並是上聲從水從咸字體一種音訓所用意義各別本音耕斬反考聲云損之令少曰減說文云減損也又音咸黯反鷃減反字典云自耗欠下曰減集訓云減耗也字書云欠陷也今取此後音也

畋獵 上音田說文云平田也考聲云畋亦獵也或從犬作佃下力業反考聲云犬逐狩也今通謂畋狩為獵說文從犬巤力葉反聲也

魁膾 上苦壞反孔安國注尚書云魁

師也廣雅魁主也鄭玄注礼記云魁首也王逸注楚辭云魁大也下壞外反廣雅膾割也屠割之人名為魁膾也

猫兔　上莫包反江外吴音以為苗字今不取字統云狸名也顧野王云似虎而小人家畜養令捕鼠正體從豸音雉苗聲也經從犬省略也說文闕此字下土固反顧野王云兔毛可以為筆者說文狸名也㲋踞後黙象其尾兔頭与㲋頭同故兔字從㲋省

猒惡　上伊焰下為固反

一切經音義卷第十一　第十五張　亦

大寶積經第二卷

不可治　雉离反

數以　霜捉反

希望　武坊反

糞掃衣　上分問反下桑到反糞掃衣者多聞知足上行比丘常服衣也此比丘高行制貪不受施利捨弃輕妙上好衣服常拾取人間所弃糞掃中破帛於河㵎中浣濯令淨補納成衣名糞掃衣今亦通名納衣律文名無畏衣惡人劫賊之所不奪

經中亦名功德衣一切如來之所讚歎服此衣者諸天常來礼敬供養是故如來讚大迦葉命令同坐易衣而披之故名功德衣也

谿澗　上啓奚反廣雅谿谷也說文水澍川也從谷奚聲也或作溪下奸晏反毛詩傳曰山夾水流曰澗尚書曰伊洛瀍澗既入於河孔安國曰澗出瀍地比山案所在山陝之水皆名為澗說文亦云山水也從水間聲也

捶打　上隹藥反許叔重注淮南子云捶鍛也都乱反考聲摘也朝厄反說文捶以杖擊也從手垂聲也或從木作棰捶棓也下德冷反廣雅打擊也埤蒼云打棓也從手丁聲也今江外吴地見音為頂今不取

一切經音義卷第十一　第十六張　亦

罥網　上綃犬反正體作罥亦作羂考聲云以繩捕鳥狩也韻英云繫取也案羂者羂索也下無倣反顧野王曰網者羅罟之揔名也易曰昔庖羲氏結繩為網以畋以漁以養万民世本云芒作網宋忠曰伏羲臣也或作䋞或作罔皆古字也

藏舉　上昨郎反下薑圄反有經本或作弃墟圄反亦音舉也

麁獷　上倉胡反省略字也久巳傳用說文正體作麤從三鹿字書云物不精也廣雅麁大也鄭玄注礼記云麁疎也下號[illegible]反塢猛反集

訓云犬獢惡不可附近也經文或有從石作磯誤也乃是銅鐵石璞非本字也**繫鰕蟇**上音計次音遐下麦巴反考聲云水蟲名也尔雅云鼃音去黿音秋蟾音占蜍音余也郭璞注尔雅云似蝦蟇居陸地淮南謂之去蚥尔雅又云在水日黽音猛郭璞注云耿耕哽反似青蛙烏爪反而大腹本草云鰕蟇一名蟾蜍一名鼃黿一名去蚥一名田父一名胡孟一名青蛙一名耿猛一名長股皆鰕蟇方域之異名**獮**

猴手上音弥下音侯說文獿也奴刀反也或曰母猴漢書謂之沐猴今謂之猴孫王延壽作賦謂之王孫今俗呼謂之胡孫案此狖種類甚多略而言之近有十種今且略舉其名不能一一繁述即有獼猴白猿音袁蒼玃俱矍反矍音王約反青玃但七余反豦音據狖由救反雌音遺去聲又余水反又有果然皆獼猴之種類也其中差別色皃各殊今且略說果然一狖南州異物志云九真骨傭縣交州日南山父林藪中皆有此狖其名果然猨狖之類其鳴自呼身如猨面如犬青色或通身白色脅邊有黑斑文其身不過三尺尾長四尺有餘反度身過於頭視其鼻見雨孔仰向天毛長柔細也往往人間有此狖皮縵褥也

諠雜上暄袁反正體或作讙聲類諠譁也鄭玄注礼記云諠譁聲也沓媣反下財合反俗字也正體作襍說文云集五彩之衣日雜從衣集聲也今作雜變體俗字也因草書變衣為立謬也

冢間張勇反說文墓墳也冢字從勹音包從豖丑綠反經中從冂音覓從豕音始非也

如趍取瑜反包

咸注論語云趍疾行也尔雅門外謂之趍說文趍走也正體從走從芻初于反聲也經文從多作趍

馳騁上長離反說文作馳廣雅馳奔也顧野王曰馳走也說文大駝也從馬它音他聲也經文從也作馳俗用字也下勑領反廣雅騁奔也杜預注左傳云騁走也說文直驅也從馬甹匹丁反聲也說文又說甹字從由從丂音考今經中從甹作騁非也

槍林七羊反蒼頡篇木兩頭銳也案今搶者兵仗也木長丈餘兩頭施鐵刃謂之槍說文槍歫也從木倉聲也

險壙虛儼反廣

雅險阻也方言險高也賈逵注国語云險危也王弼注周易云險難也說文險阻難也從阝音胃僉七尖反聲經文從山作嶮音儼非也嶮者小不平也坎也字義與音俱乖經意宜改從阜作險下苦謗反考聲云壙埌音浪原野遠皃也蒼頡篇云壙埌也廣雅壙大也說文塹也七焰反穴也從土廣聲也經文從日作曠誤也曠光也明也殊非經義從土為正也

貲財　上紫斯反廣雅貲貨也顧野王曰家中貲也正作資從此者非此義也說文小罰以財自贖日貲從貝此聲也

所貣　他得反鄭玄注周礼云從官借本賈賈也集訓云假貣於人也說文云從人求物也從貝弋音翼聲也經文中從代作貸音太誤也台載反錯用應可除去人

銷滅　上息焦反鄭玄注礼記云銷散也說文云鑠金也商所反從金肖聲也下弥結反說文云滅盡也從水從戌從火戌是火基水滅火會意字也

遞互　上亭礼反或作遞亦通考聲云

遞代也郭璞注尒雅云更易也楚辞日四時遞來而卒歲王逸日更相代也字書遞交也從辵田略反虒音梯聲也經文作遆俗字也下胡固反韻詮云互差也象懸互中有萬别也經作乎俗字誤也非正體字也

諛諂　上羊珠反蒼頡篇云諂從也莊子云不擇是非而言謂之諛說文諛諂也從言曳羊朱反聲也下丑冉反易日君子上交不謟下交不瀆音讀何休注公羊傳云諂猶佞也莊子睎意道言謂之諂說文諂諛也從言臽咸減反聲也

勇躍　上羊種反謚法日懸命為仁日勇知死不避日勇說文勇氣也從力甬羊種反聲也或從戈古禾反從用作甬古字也或從足作踴下羊灼反廣雅躍跳也上也進也說文行皃也從足翟聲也

映蔽　上英敬反韻英云傍照也字書云相掩映也正體從英經文從央於薑反非也作映音烏朗反玉篇云映曭不明也非經義下卑袂反弥弊反杜預注左傳云蔽障也廣雅蔽隱也考聲云蔽掩也從草敝毗曳反聲也

慘厲　上七感反集訓云惱恨也韻英云憂感又音初錦反考聲云慘甚也說文毒也從心叅聲也叅字從厽音累從㐱之忍反今俗作叅

𧩿體也或從言作誺以言險相識也下力滯反韻英云毛詩傳曰厲惡也鄭玄注礼記云厲嚴也考聲云氣不和也杜預注左傳云厲猛也從厂音罕從萬經文中從力作勵非也勵勉也勸也非經義或從疒女厄反作癘癘疾也殊非經意

顰蹙 上毗寅反考聲云顰瀸也音閼字書云顰蹙聚眉也說文涉水者則顰蹙也顧野王曰案顰蹙者憂愁思慮不樂之狀也說文正體從卑從瀕今隸書從略省涉為步又去卑從口作顰減省也下酒育反考聲云蹙顰也書曰蹙咨困怩或從口作𠸫一也或從目作𥈽古字也經文從足作蹴非本字也

販易 上發万反韻英云買賤賣貴也從貝反聲也下羊益反考聲云易移也攬也變也象形字也

篋笥 上謙頰反考聲云箱類也說文篋椷也從匚匚音方夾音甲聲也下音四考聲云笥亦篋也從竹司聲也

苦膽 都敢反白虎通云膽者肝之府也肝主仁仁者苦不忍故以膽斷之是故仁者必有勇王栿和脉經云膽主神膽之有病則精神不守故知也

怯劣 上羌業反考聲怯愞也奴乱反王篇怯多畏也韻英云怯恐懼也從心去聲也下力輟反少力也會意字也

貯聚 上張呂反杜預注左傳云貯蓄勑六反藏之也說文積財也從貝宁直廬反聲也下情裕反又音慈庾反上聲亦通韻英云集會也考聲云攢集也何休注公羊傳云聚䝉也說文聚會也從乑音吟衆立也取省聲也古文作冣也

銅鈸 盤沫反考聲云樂器名也以鑄成二枚形如小瓶蓋有鼻手執以二口相摩擊為聲以和樂也說文從金犮聲也經文有從足作跋跋涉字非本字也

憒丙 上公外反又迴外反亦通集訓云心煩乱也說文云憒乱也說文從心從潰音會省聲也下尼効反集訓云多人擾擾也韻英云擾雜也說文從市從人作丙會意字也經文作鬧俗字也或有作丙書寫人錯誤不成字也

瞋蔽 上昌人反下卑袂反袂音弥閉反

滓濁 緇史反考聲云滓穢也說文云滓澱也從水宰省聲也或從草作𦱛羹菜也

螺貝 上曾和反俗用字正

體作蠃郭璞注尔雅云蠃即蝸牛也説文亦云蝸牛類也而形大出海中形皃數般而不一也

覺寤 上音挍下音悟考聲云睡覺也集訓云眠寤也説文覺寤也經文從穴從爿音心從告作寤謬也撿一切字書及教字韻中並無此字多是筆授或傳寫人隨情妄作非也寤者悟也蒼頡篇云寐覺而有言曰寤考聲云寐中有所見覺而信也説文從㝱省吾聲

繖盖 上桑嬾反玉篇云繖即蓋也通俗文曰以帛避雨曰繖從糸音覓散聲也又散字本作㪚從林杮拜反林分散也今隸書相傳作散訛略也經中或作傘俗字也下罡愛反盖亦傘也案繖盖者一物也説文蓋從草從盍音合經文從羊作盖因草書訛謬也

臭穢 上昌狩反玉篇臭者物氣之惣名也説文云禽走臭而知其跡者犬也故臭字從犬從自自者古文鼻字也經文有從死作臰者非也下於冢反顧野王曰穢深也韻英云穢惡也考聲云荒蕪也或作薉説文從禾歲聲

纏裹 上池連反下戈火反

小蟲 長融反經作虫非也

推度 唐洛反度量也

涎唾 上囚延反通俗字也説文正體作次口液也從水從欠考聲云口津也束晳作延史籀作㳄賈逵作㵪或作㳄古字也其上異體字並云口液也下吐課反説文云口液也從口從埀省聲也或從水作涶亦通

流溢 引一反正體作溢或作泗皆古正字也尒雅溢盈也廣雅溢出也説文器滿也從水益聲也

噬齧 上時曳反考聲云噬齧亦噬也下研結反説文齧亦噬也從齒㓞口八反聲也㓞巧也

讁罸 上張革反俗用字也毛詩傳曰讁責也杜預注左傳云讁譴也方言讁怒也郭璞曰謂相責怒也説文讁罸也正體作謫從言從帝從口今經文從適作讁俗字也下煩韈反尚書云刑罪人也説文云罪之小者但持刀罵則應罸從䍐從刀作罰蔡邕石經改冈作四改刀為寸

關邏 上吉環反鄭玄注周禮云界上門也聲類關扃也癸熒反説文云以木撗持門戶也從門絣古還反聲也絣字從絲音幽丱古患反聲也下勒餓反考聲云邏遮也集訓曰遊兵斥候遮邏也

大寶積經卷第三

青瘀　於據反說文積血也從疒女厄反於聲也時人呼疒云病腳俗談非典語也經文從水作淤淤非也淤青泥也

掉弄　亭吊反考聲掉動也

譏嫌　鄭玄注礼記云譏訶也下奚兼反

紛擾　芳文反廣雅紛乱也說文從糸分聲也下而沼反考聲因此煩彼曰擾縱欲之皃也說文擾煩也從

才音手憂奴刀反聲也

矯亂　姜夭反集訓矯詐也顧野王曰假攝謂之矯說文矯擅也從矢喬聲也說文又解喬字從夭今俗用從右作高謬也下盧段反考聲乱錯也或作乱古字說文從乙𤔔音乱聲也

慘然　倉感反毛詩傳曰慘戚也介雅慘憂也

阿吒筏底城　梵語也即多聞天王所居宮也或云阿拏挽多城

號咷　胡高反杜注左傳號哭也介雅呼也說文痛聲

也下唐勞反案號咷者大哭也易曰先號咷而後笑是也

投竄　徒侯反玄箋詩云投擿也考聲投赴也說文作殶遙擊也下倉乱反顧野王竄逃也賈注國語竄隱也杜注左傳匿也古今正字竄藏也從鼠在穴中也

殀促　於矯反杜注左傳短折曰殀考聲夭死也下取粟反廣雅近也說文促迫也杜注左傳促速也

蝗蟲　胡光反下逐融反介雅食苗心曰螟食葉曰螣徒得反食根曰蟊音矛食節曰賊四種皆蝗蟲也並蟲災異名也

不瘂　鵶雅反考聲云不得言也古今正字

瘂瘖也從疒女厄反亞聲也經從口作啞非也

不吃　斤乙反或作訖亦通考聲云語難也韻詮云重也說文云難也從口乞聲也

負蒭　測虞反集訓云蒭者草之揔名也作蒭古作蒭非也

擔負　都南反集訓云擔亦負也謂擔負物也從才音手詹音占聲也文字釋要云詹字從产牛毀反從八從言經文從木作檐非也檐音簷占反屋檐字也非經義下浮缶反顧野王曰背恩忘德曰負韻詮云受貸不償曰負說文負恃也上從古人下從貝人守貝有所恃也經文從刀作負非也

毒虵

常遮反集訓云彖音雉屬也毒
蟲也易曰龍蛇之蟄是也
贈遺
臧鄧
反集訓云送也以物送於死也韻英以物相
遺也下惟季反韻英云遺與也以物與入也
遺亦
贈也
盲傴
麦帡反百盲反目無眸子曰
杳下於宇反集訓云不申也
廣雅傴曲也
背曲傴僂也
蝙蝠
補眠反下風伏反尒
雅蝙蝠伏翼也郭璞
云齊人呼為蟙蠌音職墨亦名仙鼠頭以鼠
肉翅方言云自關而西秦隴之間謂之蝙蝠

冬蟄而夏飛晝
伏而夜出也
黧黮
上力知反借用字
也正體本字從黑
作黧韻詮云色黑而黃也下押減
反王肅曰黮黑皃也青黑色也
敗賣
上方万反
下肖敗反
媒媾
無來反鄭玄云媒之言
謀合異姓使和成也下
釣候反国語令斘媾媾
賈逵曰重婚曰媾也
猛厲
音獷反考
聲云大惡
而健也下力滯反考聲云犯正而為惡也莌
也嚴也說文從厂音罕從蠆羽介反省聲今

經文從力作勵非也勵勉
也非經義只合單作厲
共貯
張呂反
左傳貯
稸也音畜畜藏之也說
文貯積也從貝宁聲也
橐囊
湯洛反下
諾郎反考
聲云無底袋也案橐囊即橐籥也老氏曰天
地之間其猶橐籥乎俗呼名鞴音敗袋是也
用鼓風以
吹火也
刀鑱
之壬反廣雅鑱刺也說
文鑯所以縫衣也字書
云引線鐵也經文作鑯亦通正體從
金鑯之壬反聲也有作針者俗字也
長椎
除追反正字辨或云方頭鐵椎重八斤柄長
三四尺以用鍛鐵從木佳聲經從手作推非

也
碪前
知林反考聲碪尉也方
鐵碪也經作砧俗字也
鍛鐵
都乱反蒼頡篇云鍛椎也鄭注礼記
云鍛椎也說文小冶也從金段聲也
鉆椎
儉嚴反字書云鑯夾也說文鑯鉗也女輙反
蒼頡篇云持鐵夾也經文從甘作鉗鑷頭鑯
枷也非經義下直追反
前已釋也從木佳聲
懶惰
郎旦反考聲
不勤也說文
懈怠也從心賴聲也或從女作嬾亦同下徒
卧反廣雅惰嬾也韻英懈惰也說文不敬也
從心隋聲也經
作墮俗字也
厭惡
伊焰反烏固
反心不忻也
猒

足 一閻反說文如犬甘肉貪而不足故從甘從肉從犬會意字也

大寶積經第四卷 無邊莊嚴會第二四卷經

無明㲉 枯岳反字書鳥卵㲉也考聲卵空皮鳥卵之外㲉也經言無明㲉喻根本無明及以貪愛包含無量結使煩惱陶鑄有情命業生死宛轉其中不能出離無明窟宅如鳥居卵㲉故引為喻也

降澍 紅巷反尒雅降下也集訓云降落也

蒼頡篇作㴻說文與尒雅同從阜夅聲也下主戍反淮南子曰春雨之灌無地而不澍說文亦云時雨澍生万物從水從尌尌者聲也

阿字為初 阿字取上聲梵字也毗盧遮那經云阿字門一切法本不生義能生一切世間文字偈云阿字第一句明法普同遍字輪以圍遶彼尊無有相以此義故所以得居衆字之首次第向下更有四十九字揔名一切文字之毋

荷字為後 亦即梵字根本五十字也梵字也不切當荷音何亦宜書賀字賀即近經云阿字為初荷字為後者此字㝡居字毋之末佛意卬其兩端摽其首尾引為法喻次卷末有真言一道可三四紙字音非切當應須乖謬

大寶積經第五卷

重擔 上柱勇反又柱用反並通下都濫反前卷已釋廣雅擔負也說文擔舉也從扌音手不從木㕑音占聲也經文有從木作檐音琰占反非也擔屋擔也

瀑流 蒲冒反桂苑珠叢云猝雨水聚合流名為瀑流也

兜率陁 梵語上方欲界天名訛略也正梵音云覩史多唐云知足㝡後身菩薩多作此天王弥勒菩薩現為天主也

醍醐 亭泥反下音胡案醍醐酥之精粹也乳中精者名酥酥中精者名醍醐

唐捐 徒郎反考聲捐弃也

降灑 所賈反王逸注楚辭云灑如水之灑地案灑露也

潤洽 如順反尚書水日潤下廣雅潤濕也下咸夾反考聲洽和也說文洽霑也或作霫古字

枯槁

苦浩反說文云木枯也乾也或作槁槀並同也

三摩呬多 馨以反梵語定之異名也唐云等引謂平等能引諸功德定故云等引也

駛流 師利反考聲云行疾也水流急也蒼頡篇云駛疾也從馬史聲也

銷減 相搖反考聲云銷鑠也傷勺反或作消蒼頡篇消滅也說文消盡也

逮得 徒奈反說文行及前也從辵丑略反辵者俗謂之辵遶或云之遶者是流俗相數之言非典語也從隶唐奈反隶亦聲也下當勒反古文正體雖從見從寸作㝵或作䙷自漢魏已來早已變體作得衛宏張揖古今官書並廢古而用得字行已久矣不可改易也

大寶積經第六卷

出離陁羅尼品 真言中有疑誤者音而釋之

阿你乞縰鉢你 縰字音史經文作縱誤也

莫昪

以之反

皤吠 蒲河反下微閉反經作嗏非也

些設你 些音思箇反

薩婆若 若字相傳音而者反相承錯書為若字誤也薩縛若唐云一切智

分析 星亦反說文破木也從木孔注尚書分也經從手作析非也

齅地獄香 許救反經從口作嗅俗字也以鼻就臭曰齅也

灌灑 所假反韻詮灑地也考聲散水也從水麗聲也

怯弱 羌業反杜林曰怯多畏也說文作㹤從犬去聲也下穰斫反孔注尚書尪劣也礼記年二十曰弱冠說文象形字也

大寶積經第七卷

清淨陁羅尼品

奧皤 烏告反相傳書粵千月反字非也

酪底 弥比反後准此也

仡唎 上語訖反

墮喏 自邏反勒可反

去鑠 音以責反

迦利邲迦月 薑伽反梵說也唐言昴星每年九月十五日月臨昴宿故取此星為九月名古名迦提訛略不正也經引秋月圓滿光明澄淨以喻

真言妙淨也

大寶積經第八卷 密迹金剛會第三 七卷經

坒垓 數法名也黃帝九章筭法數有一十五等所謂一十百千万億兆京垓秭壤溝澗正載此則第七及第十數名也

鉤鎖 苟侯反考聲求也取也說文曲也廣雅引也下桑果反考聲連環也經作鏁俗字也

得寤 勒登反說文從彳耳尺反從見從寸今作得亦通下吾固反蒼頡篇覺也音挍寤覺而有言曰寤說文從寢省吾聲也

汙渥 烏固反杜注左傳汙濁也韓詩穢也下鴟角反詩傳渥厚也箋云渥漬也說文霑也從水屋聲也

慼忻 香銀反埤蒼忻察也悅也

常懆 七感反介雅憂也慽也說文毒也從心參聲也

不旬 玄絢反玉篇動目也說文目搖也從勹音包從目或作眴經文從日作旬誤也

甚乖經意下第十卷下昫准此文釋也

阿須輪 梵語天名訛也正梵音云阿上聲素囉羅字上聲轉舌或云阿脩羅皆一也有四類別或居海水下或居諸山

迦留羅 梵語不正也正梵音云誐嚕轉舌拏奴雅反古云迦婁羅唐言金翅鳥亦名妙翅鳥或名龍慼

真陁羅 古云緊那羅音樂天也有美妙音聲能作歌舞男則馬首人身能歌女則端正能舞次比天女多與乾闥婆天為妻室也

摩休勒 古譯質朴亦名摩睺羅伽亦是樂神之類或曰非人或云大蟒神其形人身而虵首也

健沓和 梵語樂天名也傳質也不妙也正梵音云彥達縛無何反善能彈琴種種雅樂悉皆能妙常與上界諸天設樂亦名尋香神也

欲行天色行天 並戶硬反

瑕穢 胡加反玉篇云玉之病也下透衛反不清絜也

粗擧 祖古反集訓云紡略也鄭注禮記麁也大也顧野王粗略也縛注字也

踴躍 羊腫反下羊灼反杜注左傳踴躍跳上也進也並形聲字也

倍把 傍每反上聲字孔注尚書俗之有半

於二百為五百也說文倍反也下音邑考聲損也讁也經文作抱書誤也甚乖經意

恭恪　苦各反孔注尚書云敬也或作愙

憺怕　徒濫反下普白反韻英安靜也皆形聲字也經作惔非也

匿詑　女力反廣雅隱也藏也下達何反顧野王詑欺也誑也不信也說文兗州謂欺為詑魯語也今作訑也

逢騃　牙解反蒼頡篇無知也案逢謂智也騃謂愚也以相比也解皆字上聲呼

肌肉　几宜反考聲皮內肉也字書肉中脂也從肉几

聲也

髓腦　雖紫反說文骨中脂也下奴倒反文字集略云頭中髓也

裓上　絙尅反字書衣襟也

緤裹　徒叶反西国布名也經文作疊非也下音果顧野王云苞也說文纏裹也

和羅　梵語也唐言威德也

羸瘦　力追反杜注左傳羸弱也賈注國語病也許慎注淮南子劣也廣雅極也說文瘦也從羊羸力禾反聲也下色祐反考聲小也羸也減也說文癯也音衢少肉也從疒女厄反変乗尚反聲也今通作瘦變體訛也

瘵瘡　傷灼反蒼頡篇病消瘵也說文亦音療字今不與此音相應故不取

疽病　鏘餘反久癰為疽也

一蟲　逐融反

齎來　精奚反顧野王持也說文持遺也正作齎從貝齊聲也廣雅齎送也下來字從二人今作来訛也

得瘳　勑留反孔注尚書瘳也詩傳云愈也

錠光　音定前劫中佛名也

僉然　七廉反考聲皆也衆也

鵠鴈　上紅穀反下顏諫反水鳥也亦名隱陽鳥

也

赤觜　貲髓反鳥喙也吁衛反從此束七賜反聲也今經文從束訛也

鵶音　烏加反或作鵶烏之類也形小而喙足皆赤

鵾鷄　古渾反下經奚反顧野王曰鵾鷄似鶴鷄而大也

麋鹿　美悲反說文鹿屬也下力木反說文狩也象角支四足形鳥鹿足皆似匕故從二匕周公時訓注云鹿居山林陽狩也故五月感一陰而角解也麋居川澤陰狩也故十一月感一陽而角解今經文作麑非也五奚反狻蘇官反麑師子也為前文已有師子不合更說狻麑必知錯也誤書麋

為麗字也

跛蹇 悖可反周易跛能履不足以與行顛野王曰跛蹇也或作被下居偃反說文蹇跛也從足從蹇省聲

大寶積經卷第九

崎嶇 丘基反下曲隅反廣雅崎嶇傾側也埤蒼云不安也經云無崎嶇之語委曲之崪

俳說 白埋反樂人戲笑也下說如字或音商襳反也

堅鞕 吾更反考聲堅也或作硬俗用字也

恣詑 兹四反下徒何反正作詑詑歎也

覆蔽 芳務反鄭注礼記蓋也下邊袂反弥閉反韻英蔽掩也考聲障也

不嬈 奴鳥反考聲相戲弄也說文作嬲也

愁憒 古外反韻英心乱也從心貴首聲也有音會者非也

筋骨 薑銀反說文肉之力也從竹從肉從力經中從草作莇非也

慌忽 荒廣反或作恍同慌忽神

乱失志皃

量度 上音良下唐洛反

觚有 古胡反錯用字也觚者礼器也非經意正體從木作棒經說一樹棒有五枝韻詮云棒者木枝四垂布也從木辜音姑聲也

如砥掌 上音止孔注尚書砥細於礪皆磨石也砥掌喻平也

荊棘 薑迎反下居力反左傳班荊相與食顧野王楚木也廣雅蕀蘵也說文似棗而瘦蕀生也

綩綖 於遠反下以旃反假借字也若取字義即乖經意案綩綖地褥也即儛綖也俗呼為地衣毛錦是也

鬉尾 揔東反作騘馬項上

長毛也韻詮馬鬣也力葉反經文作毼非也音毛詩傳髦俊也選也非經意

欄楯 勒單反下述潤反說文欄檻也咸鑒反王注楚辭縱曰欄橫曰楯楯間子曰櫺音零子俗呼為鉤欄

深塹 七焰反說文塹坑也從土斬聲也考聲云長坑也韻英小坑也或云壕坑王藉云城池為塹或作壍

寶縵 上寶字從宀音綿從王從缶甫苟反從貝下莫半反正從巾作幔帷也經文從糸覓音作縵乃無文繒也非帷幔之也

棄捐 悅娟反音與緣同說文棄也從手肙決緣

反省聲也寶䂓牽結反埤蒼䂓受一㪷北燕人謂瓶為䂓大瓶也擣香多老反末香也古人語朴故云擣香也阿舋虛靳反薑鎮反社注左傳舋罪也𤫊聲瑕隙也經文作舋訛謬也或作釁古字也靳音斤震反樓由亦名樓至皆梵語訛也即賢劫中菩薩最後成佛者是也經自解云樓由晉言涕泣即姦迹金剛也質樸普剥反考聲凡物未彫刻曰樸經作

朴俗字也

寶積經第十卷

間開上皆顏反下古頑反如前第二卷末已具釋度知唐洛反考聲云度量鉤鎖如第八卷初具釋鏗然口耕反字書云金聲舉著說文舉字從手與聲也居語反下豬略反從草從者經從目作

著非也麤獷倉胡反說文從三鹿今省作鹿下獷猛反集訓獷惡也說文從犬廣聲也肩髆上音堅經從戶從月作肩非也說文肩髆也從肉象形下畢寐反弥裨反說文腕後肘前從肉辟聲也膝腨胥逸反正從卪音節作厀今通作膝從肉桼音七聲也下船耎反而兗反古今正字作踹說文足腓腸也從肉耑音端省聲跏趺上音加下甫無反具如音義大般若能斷金剛分中已釋諸仞音刃考聲云度深曰仞孔注尚書八尺曰仞包咸注論語七尺曰仞

說文申臂一尋曰仞迥遠熒穎反從辵丑略反同聲也戶穎反經文從向作逈非也

從此已下有諸天真言二十五道古人譯為漢語訛失聖意文句蹇澁讀誦甚難今欲再翻為闕梵夾難為詳定且依經本以俟後賢

于闐 田練反大唐西域記譯云瞿薩旦那國唐言地乳諸故謂之豁旦印度謂之屈丹舊曰于闐皆訛也案此國令即貫屬安西四鎮之城此其一鎮也於彼城中有毗沙門天神廟七層木樓神居樓上甚有靈驗其國界有牛頭山天神時來棲宅此山山有玉河河中往往漂流美玉彼國王常採遠來貢獻東去長安一万二千餘里

第四十七張　赤

一切經音義卷第十一

一切經音義卷第十二　赤

大唐翻經沙門慧琳撰

大寶積經音義之二

從第十一盡三十六凡二十六卷

大寶積經卷第十一　西晉沙門竺法護譯

純淋　上常倫反或作淳賈逵注國語純專也方言純好也顧野王云美也孔注尚書云純一之行也說文從糸音覓屯追倫反聲也下時陸反俗用字也正體作淑毛詩傳淋善也說文清湛也字書淋順也

劈裂　上匹壁反廣雅劈裂也埤蒼剖也普口反說文破也從刀辟聲也下力哲反廣雅裂分也說文裂繒餘也案繒餘裂

斷繒彩也從衣列聲或從手作挒古字也

車釭　貢紅反說文車轂口上鐵也或作⿰車工同

水滴　丁歷反經文從帝作啼俗字也說文從水從嫡省聲也

𪌉草　𪌉即反考聲云麥𥻦趚也

赭衣　之野反郭璞注方言云衣赤色

裸形　盧果反說文肉袒也壇嬾反露肉袒也郭璞云脫衣而見體也形體也介雅襢徒旱反裼音錫

蘿蔽　上音羅或作蘆祿都反下蒲墨反或作蔔根菜名也經中有作菜菸非也今俗音胡卦反或作倮躶用同

淳湩　誅龐反龍重反說文云乳汁也江南見今呼乳汁為湩去聲

釜鍑　上扶甫反顏師古注急就章云釜流以用炊煑也大日釜小日鍑扶救反下條弔反考聲云燒器也

淺於釜鬴屬也鬴音古禾反顏公云溫器也施系而提之日銚

賫往　上精雞反俗字也正體從齊作賷考聲云持財與人日賷從貝齊聲也

弥迦　葍佉反梵語也佛初成道來獻乳糜牧牛女名此無正翻也

謙恪　上輕兼反考聲云讓也退也說文敬也從言兼聲也下康各反字書云敬也說文或作愙也

瓌奇　公回

反或作傀瓌褢四形並同考聲云瓌琦者美大之皃也經文從貴作璝俗用非正體此字起自赫連勃勃男名也非本字也奇字合從王作琦

閡心 我蓋反考聲以木欄門曰閡說文外閑也或作礙礙止也亦通

欲躃 毗亦反躃倒也

馳騁 丑郢反前文經第二卷中巳俱釋

曾瞷 上藏稜反下玄絹反或作旬亦同王逸注楚詞云瞷視皃說文目搖也從目旬音縣聲也經文從日從旬作眴非也

大寶積經第十二卷

訾哉 紫移反鄭注礼記云訾思也賈注國語訾量也考聲訾訾也謚法曰牧令述古曰訾或作訿下子來反顧野王曰語末之辭也說文作戠從口戈音灾聲也

稽顙 上企礼反公羊傳中借用字也正體作䭫從旨從首古字今通作稽周礼九拜一曰䭫首鄭玄曰拜而頭至地也礼記再拜䭫顙哀感之至也下桑朗反方言顙額五格反也公羊傳再拜稽顙何休曰若今之叩頭於地也

之誼 宜寄反鄭注周礼云能制事宜曰誼考聲云人之所宜也謚法曰善能制命曰誼行議不疾曰誼正作誼從言宜聲

諷誦 上風貢反下徐用反鄭玄注周礼云背文曰諷以聲節之曰誦聲類云歌感德之詩讚美形容曰誦

憺怕 徒濫反下普白反子虛賦曰憺兮自持怕兮無為是也顧野王曰恬靜也字書憺怕者心志滿足也並形聲字也

根株 知朱反考聲殺樹之餘也說文木根也從木朱省聲也

相揩 坭皆反廣雅揩摩也說文從手皆聲也考聲揩拭也古作督也

滑哉 還八反說文滑利也

之罠 無做反象形字也

剖判 普后反孔安国注尚書剖破也杜注左傳云中分曰剖說文判也從刀音聲也音他口反下普半反毛詩傳判分也鄭注周礼云判半也說文從刀半聲也

希望 武方反意悉望也

罪釁 忻近反杜注左傳云釁瑕隙也罪也賈注國語兆也說文作釁從爨七乱反省爨字象祭器酉古酒字也分聲也今俗作舋略也經作璺謬也

蠲去

史緣反郭璞注方言䦨除也去也從蜀從益

瑕疵 下加反廣雅瑕穢也玉篇䟶也顧野王云僁過也從玉叚聲叚音下加反下疾移反孔注尚書疵病也說文從疒女厄反此聲也

綻縦 上於遠反下以旃反並假借字若依字義與經甚乖今並不取經云綻縦者乃㳄妙華麗錦繡緜褥㔶音池氈花毯𣰅毲之類也字書並無此正字借用也

瘖瘂 上邑今反說文不能言也下烏賈反埤蒼云瘂瘖也文字集略云口不能言也此等說皆相乱不分明案瘖者痳默而無聲瘂者有聲而無說舌不轉也今經文多作啞非也音厄啞啞笑聲也笑非經義

癭瘇 上音伊郢反說文頸腫也或作闇下樹勇反又樹用反韻英云足病腫也韻詮云不能行也說文脛氣足腫也從疒女厄反從童作疒令經文從重作瘇訛略也

大寶積經第十三卷

妭魅 上於驕反正體從示音示從芺於驕反今通作妖訛也左傳曰天反時為災地反物為祅釋名祅害也或作諆下眉秘反山海經云魅之為物人身黑首從目縱堅也說文云老物之精也從鬼未省聲也或作鬼象鬼生毛故從彡音杉

反足 鬼名也括地志云柔利國在一目國東為人一手足反膝曲足居上注云一手一脚反卷曲也東方朔神異經云西荒中有獸焉其狀如鹿人面有牙猴手熊足縱目橫鼻反踵鐃力很惡名日惡物山即鬼類也

暐曄 上韋鬼反下炎劫反考聲云暐曄光彩盛皃也並從日韋華皆聲也

甘膳 樺戰反周礼膳夫上士二人掌王之膳羞鄭玄日膳之言善也今時美物日珍膳言膳夫者食官之長也考聲云五味必佳日膳說文具食也從肉善聲也經文從食作饍俗字非正體

恭恪 上薑邕反尚書儼恪也孔安國注云恭奉也考聲云敬也肅也說文給也從心從共共聲也古作龔下康各反考聲敬也說文作愙亦同

魔鬼 上音摩本是梵語略也正梵音麽莫可反羅唐云力也即他化自在天中魔王波旬之異名也此類鬼神有大神

力能與修出世法者作留難事名大焱風聚
為蔗羅以力為名又略去羅字
上俾遥反尒雅扶搖謂之飈郭璞云㬥風從
上向下也或作猋從三犬說文從風猋聲也
下脣庚反杜預注左傳云衆也犇馳本門
說文會也從乑音吟取聲也反考
聲云衆牛走也所湊倉奏反考聲云
或作奔亦通也水交會也歸也
亦作犇梵語也即天帝釋
犇衆也拘翼名也或云驕尸迦

皆訛也

大寶積經第十四卷

沃日烏穀反廣雅沃漬也音沃考聲潤也
說文漑灌也篆文加草作沃從水芺
聲芺音夭
小揓經作揓非也正作掉亭弔反賈逵注國語云掉搖也廣雅振也動也弃擲也
難頭和難頭梵語二龍王名賣質

不妙也正梵音云難努難字上聲是兄名也
鉢難努難字上聲是弟名也即是諸經中難
陁跋難陁兄大圂魂悶反蒼頡篇豕所
弟二龍王也居說文作圂圂廁也
弃穢飢饉記宜反說文餓也考聲云腹
處也中空也或作饑下音近勤釁
說文蔬不熟也無穀曰羸劣累追反力
飢無菜曰饉並形聲字拙反瘦弱
戲䟃軀為反犬悅反能暢丑亮反從申從易音羊從易非訢
逮許殷反賈逵注國語云訢樂也音咨說文喜也或作欣字也紺色甘闇反考聲云

色青而揚紫光日紺朱鬣音獵韻野王曰馬項上長毛也今經文作鬣非也鬛
英產也埀經意罣礙胡瓦反五蓋反降制項江反
儔匹直流反考聲云儔亦匹也

大寶積經第十五卷淨居天子會第四兩卷經

賑給章刃反尒雅賑富也考聲賜也給賜貧乏也或作䝨
垢膩上句口反下尼雉反說文上肥也從肉貳聲也
革屣毛詩傳曰革皮

也下師綺反考聲履之不躡跟者也或作𩌦縰三體並從徙音死經云革屣即西婆羅門皮鞋也有類此國偏鞋草鞋但以皮草作之形貟亦全異也

豺狼 上牀皆反說文俍屬也從豸長利反丬聲也經文從犬作犲非也無此字尒雅云豺狗足也案豺有二類常羣遊山谷大日豺郎小日豺奴每卜者先行共獵禽麈然巳守之而不敢食以待豺郎豺郎後至先食飽巳然後豺奴噉其餘肉札記月令日季秋之月霜降之日豺乃祭獸即其候也下洛𧆞反說文狼似犬銳頭白頰猛獸也豺豹之屬也

一切經音義卷第十二　英九張　㳟

日蝕 音食李淳風乙巳占日夫日蝕依常度晝月來掩也日行遲一日行一度一月行二十九度有餘月行疾二十七日半一周天二十九日追及日之時與日同道月在於內映日故見蝕也

大寶積經第十六卷

打治 打吳音為頂今不取集訓音德冷反廣雅打擊也埤蒼掊也白降反古今正字云從手從丁聲也下長离反韻詮云治理也挂茈珠蘂云修故也

淤泥 於據反案淤泥泥水中殠青泥

縛筏 煩韈反俗字也正體從木作撥柱茷珠蘂云縛竹木浮於水謂之撥

自癩 來大反考聲云大風疾也或作癘也

喜嚏 蕪吊反案嚏卷舌縮於喉咢之中吹令作聲号日長蕭也

反覆 豊腹反考聲倒也

大寶積經第十七卷

無量壽會第五兩卷經

一切經音義卷第十二　第一張　㳟

頻蚤 梵語訛也

右脅 杖業反助也

擅羨 㩗戰反韻詮事也或作撣並從手從木非也

捐捨 兗玄反韻英云弃也從扌音手肎聲

迦尸迦 並薑佉反

法鼓 公五反經文鼓字由來多誤或從皮作皷俗字也或從攴普卜反作鼓乃是蜀字皆非也說文從壴竹句反從友音止而反象旗手擊之

法螺 盧和反俗字也正體作蠃經中或有作蚉音扎皆非蠃字也

法幢 濁江反從巾作正體字也經從心作非也

雨大法雨上雨字于句反考聲云自上而下也下雨字如本字上聲也荷擔上音何下多甘反說文並從人作何儋都甘反玉篇云負任儋何也今經文荷字從草檐從手俗用非本字也音賀者聲轉也析—星亦反韻英析分也說文破木也正作析從木從斤或從片作析片半木字也亦通

大寶積經第十八卷

豐稔而枕反賈逵注國語云稔熟也字統云穀熟日稔也芬馥芳分反說文草初生香氣分布也下馮目反亦香氣皃也見韓詩也金鏁桑果反考聲連環也字書云相鉤連也盧遮迦寶薑佉反末璒寶並未詳色皃撿梵本未獲陘者咸甲反正體從𨸏音負從𡍮作陘或作陜同說文陘隘也厄介反山間陘處也玉篇不廣大也經從犬作狹非

也乃是犬馬狹習字也循也弃經意清泠歷丁反文字音義云水澄也極清淨也說文從水令聲也濬流戍俊反韻英云深也說文作濬籀文作睿皆古字也下流字說文從水從㐬音土忽反㐬上有點今俗用流字無點非也沿流悅淯反說文順流而下也從水從鉛省聲也濯流音濁廣雅濯洗也尒雅始也大也說文濯澣也從水翟音宅聲也同萃情醉反集訓云萃聚也集也河濱音賓水涯音乎畔也集訓云水際也

半擇迦音宅下薑佉反梵語也黃門二形不男之類也可諭音俞說文從言或從口作喻俗字也集訓云曉也譬諫也陂湖彼眉反注莊珠叢云澤鄣也謂以土壅鄣水也案草澤有水日陂下音胡說文大陂日湖案吳越有青草洞庭皆大湖也標式必遥反集訓云舉也書也書㧞為牓也說文木也從木票匹遥反聲也或從巾作幖下傷弋反說文法也用也從工弋蠅即反聲也瞬息式閏反韻英云動目也經文作瞬俗字也說文正作瞚開闔音合目數搖也從目寅聲也

案瞬目一般目也息者一息氣也言極迮促也呂氏春秋日万世猶如一瞬目也

層樓 藏稜反郭注山海經云層重也說文層屋重也從尸曾聲也

茵褥 上音因下如欲反鄭玄注礼記云茵亦褥也顧野王云虎皮褥也或作鞇字亦通

拯溺 蒸字上聲拯境反隸書俗用字也說文正體從手廾聲也或從登作撜說文上舉也杜預云拯助也方言拔出溺也廣雅抍收也從手丞聲也

疇昔 長流反尒雅疇昔曩昔也如淳注史記云家業世世相傳曰疇考聲宿也形聲也

大寶積經第十九卷

不動如來會第六　兩卷經

輕躁 下則奥反玉篇躁動也賈注國語擾也鄭注論語躁動不安靜也字書急性也從足喿桑到反

所泄 先節反集訓云漏也歇也滅也

髓

腦 上雖紫反骨中脂也下奴倒反說文頭中實也

戶牖 由酒反廣雅牕牖闢也音向韻詮云正日窓旁日牖說文穿壁以木為交窓也從月從戶甫

嬾惰 上勤旦反考聲不勤也說文懈怠也從女賴聲也一云卧食日嬾或從心作懶下徒卧反廣雅惰亦嬾也韻英云懈惰也說文不敬也從心隓徒卧反聲也或作隓亦同或作㥩古字也

大寶積經第二十卷

金礦 古猛反廣雅鐵樸謂之鉚經作礦亦同或作鉚說文銅鐵樸謂之礦也從石黃聲

鑄鍊 上朱樹反考聲云鎔寫也鎔音容說文銷金也下蓮甸反韻英銷鍊金也說文冶金也從金從柬聲也或從火作煉也

砂礫 零的反丁歷反說文小石也考聲云麁砂也碎石也

涯際 五家反韻詮云水邊也考聲亦云水畔也孔注尚書涯亦際也說文作厓山邊也下音祭廣雅際合也方也杜注左傳云接也考聲云畔也界也說文會也

卍字之文 梵云室哩二合

未䀢倉何反唐云吉祥相也有云万字者謬說也花嚴經第八卷中具說此相等亦非是字也乃是如來身上數處有此吉祥之文大福德之相

倉廩 上錯郎反周礼倉人掌粟入之藏說文穀藏也從倉省口象倉形下力錦反說文從广從亩亩從入回象屋中有戶牖下從禾宇林及經中作禀亦通

盈儲 上盈字廣雅充也說文器滿也從皿從夃夃聲也音盈下音除考聲云積也貯也

饑饉 薑宜反穀不熟也下音近說文菜蔬不熟也並形聲字也

雨雹 龐邈反說文云雨水也從雨包聲也

霹靂 上普覓反下音歷古今正字云霹靂者陽氣動作大雷震也上形下聲也

大寶積經第二十一卷 被甲莊嚴會第七 五卷經

欑峯 藏鸞反礼記聚禾也博雅巑岏五官反山之高皃也考聲云聚小山也聚木也說文從木贊聲也或從山作巑下芳封反山高而銳曰峯從山夆聲也經從金作鋒亦通

大寶積經第二十二卷

防禦 魚舉反鄭注周礼禦禁也杜注左傳云禁止也說文祀也從示御聲也

嶷然 凝極反考聲山立皃也下而旃反說文從肉從犬也

大寶積經第二十三卷

欻然 暉律反薩琮云欻忽也蒼頡篇欻卒也說文吹起也

悚慄 上相勇反下隣質反小介雅云慚悚戰慄恐懼皃也並左形古聲也

挺特 亭鼎反廣雅挺出也考聲挺直也說文拔也從手延聲延字從廴餘刃反壬天頂反聲也廴字從彳丑尺反引之也下藤勒反考聲特雄也獨也說文朴牛也從牛寺聲也

霔以 音注集訓云時雨所灌普生万物或作澍亦通

大寶積經第二十四卷

延裔 上以旃反說文長行也從ノ亍蕤從延勑連反延亦聲也又說延字從止從彳以刃反彳字從彳丑尺反引之也下盈翳反杜注左傳云裔遠也廣雅云裔四表也出也說文裔衣裾也從衣從冏冏音女滑反經文從子作袞非也

階砌 上音皆顧野王云登堂之道也劉瓛云階梯也說文階陛也下妻濟反考聲云砌疊也砌亦階也從石切聲

縈帶 上恚營反毛詩傳云縈旋也韻英繞也考聲卷也從糸音負從縈省聲也

大寶積經第二十五卷

提塘 丁奚反蘊林云隄限也韋昭云積土以為封限也或作隄下大郎反韻英云塘隄防也或從自作塘亦通

為幹 干岸反考聲體也正也本也安也質也苦提樹身也技本也

阿掖 二字同音阿可反經中已

自音了也

樤 經中已音堯鄉可反

麼 莫可反盜鼻音

澄潭 直陵反清淨也下唐南反考聲云水停深處也

花蘂 經中作華非也下乳水反集訓云花鬚也音須

搖裔 上余霄反下夷桼反隨風皃也

翩翻 上音篇下音番飛之象也

第二十六 無字可音訓 法界體性會第八 兩卷經

大寶積經第二十七卷

堆阜 上當雷反考聲云土之高皃也說文云小阜也從土隹聲有作塠俗字也古文作𠂤下扶久反吳楚之音也韻英云音扶武反介雅大陸曰阜毛詩傳曰阜大也考聲丘類也賈逵注國語云阜厚也廣雅云無石曰阜從𠂤都回反俗從十作阜古文作𠂤三重大篆作阜象形也

棖觕 上宅衡反廣雅作棖棖刺也請亦反考聲棖橦也濁江反從手長聲也或作敱訓用亦同下衝燭反廣雅單挨也乇忽反字書括誤也或作觸從牛角會意字也經作觸俗用

大寶積經第二十八卷 大乘十法會第九 一卷經

搠勝 上音角考聲云搠揆也正體作斢從丵音勾從斗說文斢量也下昇證反從力朕省聲也朕音承孕反經文從月從关俗字也

奢利耶 梵語婆羅門聚落名也世尊於此邑中乞食不得而空鉢還

遮摩那 外道女名㮈陁利以木盂音于量齒其繫斷木器墮地尋即生身陷無間地獄其坑見在舍

衛城南

毗蘭多 毗蘭多長者名也請佛安居長者癡忘不知佛至如來於三月之中唯食馬麥也

土堀 苦外反或作由

淳備 上常倫反孔注尚書云淳一之行也方言好也下皮媚反說文具也從人蔔音被聲也今經作備俗字訛略也

抓掌 側狡反下章養反手也說文作爪經從手作抓側交反非也指端為爪指下為掌說文掌字作爪反爪曰爪也

彼甲掾

悅綃反梵語天魔名相傳誤云波旬梵語元無波旬古譯書陂旬音騈略也後人誤書旬為旬

撾打 陟爪反馬策也擊也考聲云草木節也從木過聲也聲類擿也字佳壘反或作箠從竹從朶丁果反下得冷反打摭也擊也從手丁聲也吳音頂今不取

排却 上體彫反考聲排抉也音惠悅反韻詮排撥也剔除也從手非聲也

大寶積經第二十九卷 文殊普門會第十一卷經

唯然 惟癸反字書云唯恭於諾乃各反尊者命而應諾也

聚

沫 下莫鉢反水上浮沫也

常齅 虛救反以鼻就臭也經文作嗅俗字

鹹酢 上洽緘反尒雅鹹苦也考聲云水味也說文鹹銜也從鹵音魯咸聲也今經文從酉作醎誤也俗用亦通下麁素反蒼頡篇云酢酸也說文醶也又臧反從酉乍聲也今俗用却為酬酢字藏各反經文從昔作醋俗傳用為酸酢之字也酢音昨與說文相反也二字互用不定說文玉篇字統皆音酢倉固反醋音酢切韻及時俗用即反上音醋麁素反

細滑 先計反孔注尚書云小也說文微也從糸音覓囟音信聲也經

文順俗從田作細誤也下還八反考聲羨也桑也説文利也從水胃聲

興樹　上香膺反鄭箋詩云興感也鄭注考工記云興動也説文興起也從舁音余從同司力也舁字從臼音掬從廾音拱樹音樹又音注考聲云時雨降注日澍從水從寸壴知句反首聲也

橐籥　上音託下音藥御注老子云橐韛袋音敗也俗云韛袋也籥笛也音狄樂器名也皆虛中能受氣而有聲也

捷疾　潜接反考聲健也説文獵也從手疌潛叶反聲也

諸冥　皃瓶迷並二反毛詩傳日冥窈也一了反鄭箋云冥夜也説文幽也從冂音皃冂覆也從日從日數十從六每十六日月初虧漸向幽暗也會意字也今經文多從宀音綿從具作寘非也失之甚矣

大寶積經第三十卷

出現光明會第十一　五卷經

燈燎　遼鳥遼鏣二反鏣亭曜反考聲輕燒也字書云廷燭日燎説文放火

也從火尞聲也尞力召反尞字正體從火從脊作奭脊古慎字也焚柴燎天敬慎之至所以從脊從火也

瑕垢　上音遐廣雅云瑕穢也鄭玄日玉之病也下古后反垢穢也

瞻蔔迦　梵語西國花樹名也上音占次蒲墨反下薑佉反後准此

拘律陁　應云尼俱律陁經為勒頌省去尼字或云尼俱類或云尼俱𣲖皆梵語訛略也此譯云無節樹似梧桐皮青無皺七旬反圓滿端直也

甄㭊迦　上音堅梵語西方花樹名也大唐西域記云印度多有甄㭊迦樹其花赤色形如人手前音義云或名阿㭊迦此名無憂樹其花亦赤色此説未詳

優曇鉢羅　或云烏曇跋羅或但云優曇皆梵語訛略也

尸利沙　此云吉祥即是合昏樹俗云夜合其花甚香

阿提目多　梵語也正梵音云阿地目得迦花樹名也西方有此國無

目真隣陁　梵語訛也正云毋真隣取上聲那花樹名也亦是龍王名

魔胥　上音摩梵語略也正梵音云麼莫可反羅唐言力也此鬼

神有大神力能障修行十善因以名焉下史究反羂索也羂亦縛也從冈肙聲也肙音一縣

其炷 朱竪反燈焰炷也引油之處名之曰炷也

金㭗 狀庄反從木爿音牆聲也經文從广從木作床著點非也

大寶積經卷第三十一

澍甘雨 朱樹反訓解如前經文作霔同

炙燎 上征釋反火炙也經作灸音九恐非也書人誤也下遼鏁反燎火炙燎也經中作療力召反療病也恐非此義也

大寶積經第三十二卷

拘枳羅 梵語鳥名也上音俱次鷄以反從聲立名此鳥性好榮茂不栖枯樹

髀髆 上畀米反字書服外也說文從骨卑聲也經文作脞俗字也下補各反字林髆胛也音甲文字集略肩胛也說文從骨從愽省聲也專字從甫從寸經文作膊借用非本字音普鄺反非也甚乖經意也

傭滿 上寵龍反韻英云傭直也考聲云上下均也說文從人庸聲也㒼字從水㒼聲㒼音莫安反形聲字也

足跟 艮恩反字統云足後曰跟從足艮聲也

臍深 音齊說文朏齊也當腹之中從肉齊省聲也

紺青 甘暗反青赤色也說文帛滐青而揚赤色從糸音兗甘聲也從省略也青字從生從丹作靑今作青變體也

芬馥 芳文反下馮目反考聲云香氣也說文草初生香氣分布從屮丑列反分聲今隸書從草作芬下馥字准前解也

鏍文 曾禾反俗字也正體作蠃水族甲虫也其文左旋也

窪曲 烏爪反或作窊洼三體同經從雨作霂誤也韻詮云下溼地說文從穴圭聲也

炳著 上兵皿反明丙反或作㶣俗字也下張慮反蒼頡篇炳明考聲火明也說文從火丙聲或作昺亦同著亦明也經作著俗字

膞

傭 或作蹲腨踹四形皆一也殊兗反足跳腸也說文從肉專聲拙舡反專字從寸

從叀音專下丑龍反訓如前也
迦蘭陁鳺　梵語烏名也亦是迦名亦竹林名亦聚落名也
佷戾　上音佷下音麗字書勃惡也從人艮聲也
詭異　上愧委反考聲云詐也欺也隨惡也顧野王云奇恠也或作恑也
耎草　而兖反說文弱也從而從火經文作軟非也一切字書並無此軟字也
瘡疣　上惻莊反俗字也考聲云瘡痍也說文作創刱傷也古文作戧或作刱古字也下音尤蒼頡篇疧病也考聲云皮上風結也或作肬肬贅也佳苪反
阿吒縛迦　吒音摘家反縛音無可反迦音薑佉反梵語也壙野鬼神大將名也或名過吒薄俱語聲轉皆一也俗名元帥大將非也十六大藥叉將之一將也
摩那婆伽　梵語龍王名也亦是大神名也
堄都鉤反牟盧　梵語天名也此即四姊妹女天之兄也並是慾界中諸天眷屬
尸棄毗　梵語音樂天名

也部屬東方持国天王也
鳩槃荼　上九憂反下宅家反也南方天王下鬼名面似冬爪
毗盧擇迦　擇音宅經文作釋非也四大天王中之一也南方天王統領如前鳩槃吒衆
三暮多　梵語風神名也亦日風天異名耳也
緜幔　莫半反廣雅幔悵也彌也說文幔幕也從巾曼聲也
叢蒯　藏籠反考聲云叢聚也下初使反去聲廣雅蒯閒也蒼頡篇吹也雜也從广音儼則聲也
錯糅　昆溜反考聲云糅雜也
瞻蔔

迦　上音占尖蒱墨反下蔔佉反花名也
畢力迦　梵語杏名也
懷妊　上胡乖反古文從女作孃蒼頡篇作褱褱抱也下而賃反廣雅妊娠也音身或作姙說文妊孕也考聲云女人妊身也從女王聲也
環釧　上音還尒雅肉好若一謂之環郭注云孔與邊等也好音訶到反下川戀反韻英云辟鐶也形聲字也
墜險　除類反
攀藤　普班反說文攀引也古文從反拱作兆從手攀聲也音煩下徒能反考聲云藤者蔓莚之類從草滕聲也
蠲

勞 夬縁反郭璞注方言云鐲除也下勤高反也

大寶積經第三十三卷

懟恨 上除類反說文懟怨也經文云對者脫去心也 拯濟 無反音取拯字上聲方言云拯救助也從扌音手丞聲也 陁羅弭

拏呪 奴霞反其呪中字但取聲韻以響梵字並不合訓解也 瞖

囉 一計反從目殹聲也經文誤從西作翳非也下囉字彈舌呼 企 輕以反 忙囊 上莫傍反下奴黨反 攘 孃養反 孽 言列反

此真言謂無正梵本別翻且

依舊本

皆挾 音叶刑隊反考聲挾持也藏也 互摚觸 上音

戶次宅耕反考聲摚柱也從木堂聲也敞也亦作揀訓用同 金柄 兵命反考聲云器物所持

大寶積經第三十四卷

補特伽羅 梵語也唐云法無我也 廣陜 咸夾反考聲陜隘也戹界反或從厂音漢作厌從阜夾聲也經文從犬作狹非本字也

陁羅尼帝替 天計 醯 馨翳反

嚟 轉舌 喉腭 我各反俗字正體從肉從吅音喧從屰音逆作腭今通俗作咢訛也 賫持 精齊反俗字也顧野王云賫猶持也廣雅送說文持遺正作齎從貝齊聲

大寶積經第三十五卷 菩薩藏會第十二先有音義今再修 二卷經

薄伽梵 梵語如來尊号也衆德之美稱也佛地論偈云自在熾盛

與端嚴名稱吉祥及尊貴如是六種義差別

應知揔號薄伽梵此爲文含多義譯經者恐

不盡其妙故存梵語也

室羅伐 梵語西土國名也古譯名舍衛或云舍婆提皆語訛轉也唐言聞物國言此國出多潤之人足寶物善見律亦名多有國言多足聰明智人諸國珎奇皆歸此國富有物產故言多有其義一也上古有舍衛人住居此地因名舍衛在中印度境

魔王 莫何反字書本無此字譯者變摩作之梵云麼羅古譯云能障僣行出世業者又云能煞斷惠命故起世經云他化天上初禪

之下有魔王波旬宮殿身光壽量勝下劣上成力自在與他化天王等常與諸佛捔力屬尒化天攝梵語名波卑掾緣緰反唐云惡欲多愛慾故也

阿素洛 舊云阿須倫或云阿脩羅皆梵語訛轉也正云阿上聲素羅轉舌此日非天或云障蔽諸鬼神中最大福德印度風俗凡諸鬼神通名為天此類常與諸天爭勝故以非天簡之起世因本經說其徒有四類國土宮殿在大海之下須弥山四面各有一國東面毗摩質多南面

踊躍西面幻化北面羅睺上去海水万瑜繕那威四風輪持水令住一曰住二曰安住三曰不隨四曰牢固諸餘眷屬或住諸山人間海島往往聞有阿脩羅窟即傳記所說靖辯菩薩所入處是也

藥叉 舊曰閱叉或云夜叉或云野又皆訛轉也即多聞天王所統之衆也

摩揭陁 京謁反或云摩竭陁或云摩伽提皆一也西域記說即中印度境舊曰巴連弗邑其地下溼出好粳米無憂王所治之都最多聖跡也

鷲峯 音就或名靈鷲或名鷲頭或名鷲臺皆隨俗言耳古曰耆闍崛乃梵語略也正云紇哩二

合馱羅二合轉舌矩吒山既栖鷲鳥又類高臺曰名鷲臺鷲鳥栖於峯上故曰鷲峯紇痕沒反

僧伽胝 音知舊曰僧伽梨此云複衣即今僧之大衣是也下從九條上至二十五條但取奇數九種差別具如律文所說佛制入王宮時入聚落時摧伏外道時見猛獸時應著此衣

嚴整 征領反考聲云整齊也正也理也從敕敕古勑字也正聲也

超趠 上恥朝反方言遠也蒼頡篇踰也廣雅度也王逸注楚辭云超越也說文跳也從走召聲也召字從刀從口俗作召非也下廷

頂反廣雅挺出也考聲云抗也 苦浪反直也
方言竟也從才音手廷聲也廷音同上從支銯
丮反主體
項反聲也
无撓
奴咬奴數二反並通廣
雅乱也考聲曲也從木
充
聲
耎膩
上而充反說文弱也從而從火
經文從車作軟非也本無此字
下尼致反王逸注楚辭云滑也說
文肉上肥也從肉貳音二聲也
安膳那
梵語眼藥名也此藥石類也深
青色兼有紫紺之色亦似金精
帝青
寶
名

一切經音義卷第十二　第三十一張　赤

也唯天帝有此青
天弓
或名帝弓即虹
蜺也俗呼虹字
為降音詩云
䗖蝀皆一也
瑕穢
胡加反玉篇云玉之
病也下於衛反字書
不清絜
也濁也
鑄金
章樹反顧野王曰爍銅為
器曰鑄說文消金也從金
壽省
聲也
奢摩他
梵語也唐言定
或云寂靜一義
鴈行
顏憪反或作鴈毛詩
傳云大曰鴻小曰鴈
喬荅摩
梵語也
義譯云

牛糞種或名甘蔗種或名泥
土種古曰瞿曇梵語訛也
狻猊頌
蘇丸反次音霓下胡濫反介雅狻猊如虦猫
食虎豹郭璞云即師子也出西國漢武帝時
疏勒王所
獻領顉也
纖雜
相鹽反纖細也下財合
反從衣從集集五采衣
曰
雜
肩髆
上音堅下音博
前已訓釋也
髀腨
上毗
米反
說文股外也內曰股外曰髀從骨卑聲也下
時兗反或作踌說文足腓腸也從肉耑音端
省聲也腓音
肥腸音長也
網鞔
上音冈下莫安反廣
雅鞔補也如來十指

一切經音義卷第十二　第三十二張　赤

間有肉網
猶如鵝足
雙跖
之亦反或作蹠
說文云足下也
瞿拉
坡
上具愚反次郎荅反下晋波反梵
語也此謂兩臂肉也臂徒瑰反
蹈
空
從到反劉兆注公羊傳云蹈履行
也說文踐也從足舀羊小反聲
竊
懷
千結反考聲云私耻也小視也說文盜
自穴中出從穴從米高音离廿音疾皆
聲也今省去廿作
竊略也下胡乖反
那庾多
羊主反梵
語西國數
法名也古云那由他花嚴經阿僧祇品云俱
胝俱胝為一阿庾多阿庾多為一那庾多三等

數法中此即大數法也 **俱胝** 亦彼方數法花嚴經阿僧祇品云十万為一洛又一百洛又為一俱胝此則中數也 **駃流** 師事反蒼頡篇駃疾也挂苑珠叢云疾速從馬史聲也經文從史音桛作駃音决誤也有音為決者非也下流字從水從㐬土骨反從巛略去點作流俗字也 **僄沒** 匹遥反說文僄浮也廣雅僄微也篇纔反下門捽反杜注左傳沒沉也聲類沒溺也說文湛也從水從𠬛𠬛即

古文作𠬛字會意字 **末摩** 上莫鉢反梵語也此云死節言人支節之中若被打被損身則死殀故云死節 **毒餤** 盬塹反說文火行微餤餤然也或作爓韻英云火光也或省去門作焰俗字也 **癡瞽** 上耻知反說文云不慧也下公午反鄭衆注周礼云無目謂之瞽漫慢如鼓皮也 **焰魔** 前大般若音義中巳具說 **洄澓** 上音回文字音義云大水迴流也下音伏考聲云水旋流

汱也或作 **波濤** 唐勞反許叔重注淮南子云潮水踊起還者為濤蒼頡篇云大波曰濤也 **躭著** 上荅南反韻英云躭好也呼報反考聲云翫也五嘆反著也從身從冘省聲也下馳略反挂苑珠叢云附也漢書云至也從草從者經文作著俗字行書也 **羸劣** 上力為反考聲云羸疲挫也說文羸瘦也正瘦字也從羊羸力為反聲也下力輟反字書劣弱也從少力會意字也 **六處** 棄梵語云阿也恒那此翻為處處謂處所出生之處也舊翻名六入失之耳梵

本鉢羅吠舍此云入也 **惛耄** 上呼昆反說文惛忘也廣雅惛癡也下莫報反字書耄乱也從老毛聲也 **皮緩** 戶滿反介雅緩舒也顧野王云寬也案皮緩寬慢也從糸音見爰音負聲也 **面皺** 鄒救反 **摩納娑** 梵語也或云摩那婆或云那羅摩納或云摩納縛迦或云那羅摩那或但云摩納皆語訛轉也惣一義耳此譯云儒童 **撮磨** 倉括反考聲云手撮取也廣雅撮持也 **異生** 或云愚異生言愚癡闇冥不生無漏故也舊譯云小

兒別生以癡如小兒也或云小兒凡夫又作
嬰愚凡夫或云毛道凡夫或云毛頭凡夫義
雖是一失之遠矣初譯為正
旃荼羅 梵語也即是屠膾主煞守
獄之人或播糞穢等
被䘿 上渠向反考聲云以弓
之然反次宅加反
魔罥 史縣反亦
罥取鳥獸也字書云㧓罥於
道其形似弓字從弓京聲也
作羂或作䍘考聲云以繩捕也經絹也孿扳

反韻英云繫取也從冈肙一縣反聲也經云
魔絹者五慾也魔王以此羂縛衆生也
不覺 文㓜反睡寤也又本音角
亦通
聽不 體丁反字書云聽許也任也從壬聲也

大寶積經卷第三十六　金毗羅天授記品　菩薩藏會盡此卷

健達縛 梵語賔貨也唐云食香以香
自資故亦云香行神或云鰎
香又言尋香神或云居香山或云身有異香有
言音樂神者義譯也舊云乾闥婆亦云乾沓

和皆諸國音之輕重不同
揭路荼 亦梵語不妙也正云櫱嚕轉古
孥舊曰迦婁羅或云金翅鳥已見前釋
緊捺洛 上經引反次奴
割反歌神也人身馬首女則如人端正
能歌多與乾闥婆天為妻室眷屬也
莫呼洛伽 或作牟呼洛並訛略不正也
此云大腹行即大蟒神也有
業通力能化為人也
殟鉢羅花 上溫骨反此即梵語唐云
青蓮花也其花青色葉細狹長香
氣遠聞人間難有或名優鉢羅也

鉢特摩花 或云鉢頭摩或名鉢鴦摩正梵音
云鉢納摩此即紅蓮花也或云赤黃
色
拘貿陁 或云拘某陁或云拘勿頭
正梵音云拘牟那即深赤
色蓮花一云如火色也
奔荼利迦 或云芬陁利正梵音
云奔挐挐攞反毘迦居佉反唐云白蓮花
其花如雪色人間希有已上四種蓮花多出
無熱惱大龍池亦云阿耨達池
依怙 胡古反介雅怙恃也
覩史多 梵語也欲界中空居天名也舊云兜率
陁或云兜術或云兜駛多皆梵語訛

略不正也唐云知足或云妙足凡聖界地章云下天多放逸上天多闇鈍故云知足一生補處菩薩多作此天王雖復万行齊功十度之中而偏修精進婆沙論及正法念經等說彼天以寶雲為地下去大海三十二万瑜繕那人間四百年為彼天中一晝夜壽命四千歲身形長二里

四洲　音州尒雅云凡水中可居日洲言四洲者妙高山四面大海中各有一洲東日勝身南日贍部西日牛貨北日高勝一一洲中身形壽量差別不等廣如起世俱舍等說

殑伽沙　梵語西國河名也此河上源出無熱惱池其砂微細猶如微塵不可知數故引為喻

甎瓦　章緣反下五寡反也

礫石　上音歷考聲云碎石也說文從石從樂省聲

株杌　上張瑜反說文木根也下五骨反字書云斷樹之餘名為株杌說文作兀

毒刺　此恣反周礼刺煞也從刀朿此恣反聲也經文作剌俗字也

布單

那　梵語鬼名也或名富單那或云富陁那皆訛略不正也此言臭穢雖身形臭穢是餓鬼中福之最勝者

目揵連　梵語訛略也正梵音云沒態奴得蘖囉轉舌唐云採菽氏此大阿羅漢上祖是採菽豆仙之種裔日以為氏也

欝多羅僧伽　梵語即僧常服七條袈裟之名也亦名割截衣

恣汝　資四反韻英云放縱也

嬈轉　奴鳥反古文作嬲集訓云戲謔相擾也三蒼云嬈弄也謔音香約反也

為一切　榮僞反韻英云助也從爪作爲正也經文作為略也也下文十餘字並同此音也

為普　未危反考聲云為作

梯隥　上體堤反韻英云木階也從木弟聲下登亘反郭注穆天子傳云隥阪也韻英云隥亦梯也字書隥坎也從阜

為橋　渠嬌反考聲云橋梁也字書云渡水梁也從木喬渠嬌反聲也經文從有作橋非也

牢固　上盧刀反廣雅牢堅也從牛從舟省說文舟取四面周匝義也顧野王云牢亦固也說文云閑養牛羊圈也狂院反有從穴者非也

蹶失　上居

月反毛詩傳曰蹶動也賈逵注國語云蹶走也顧野王曰蹶猶驚駭行賷反急疾之意也廣雅踴蹳跳也或作趣撅並同下出失字說文縱也從手乙作乇也**穿徹**專反韻英云穿穴也說文穿通也從穴從牙五加反下纏列反杜注左傳云徹達也說文通也從彳丑尺反從攴普卜反㐬聲也**靜慮**㐬音育育字從云土骨反從肉也舊云禪定說文靜審也考聲安也息也集訓云慮念也思也從心盧聲盧音盧

一切經音義卷第十二　第三十九張　赤

匱乏逵位反毛詩傳曰匱竭也考聲云匱窮也說文匣也從匚音方貴聲也或作樻下凡法反尚書大傳云行而無資謂之乏乏必也左氏傳反正為之古文作乏**三摩地**梵語也唐言定或曰等持或云等至皆定義也**般羅若**上音鉢梵語訛也正梵音云鉢羅二合枳孃二合唐言慧古譯云智慧義無不明也**薩埵**都果反梵語也唐言有情古譯云衆生義不切也**樂觀**五教反**躁動**早告反鄭玄注論語云不安靜也賈逵曰躁擾也謚法曰好變動曰躁說文性急也從足喿先到反聲也**拕那**梵語訛也正云馱義唐言施**猛勵**力滯反毛詩傳曰厲惡也鄭玄曰犯政為惡曰勵杜注左傳云厲猛也謚法曰暴慢無親曰厲煞戮無辜曰厲經文從力作勵誤用也說文從厂乎旦反萬聲也

一切經音義卷第十二　第四十張　赤

一切經音義卷第十三

大唐翻經沙門慧琳撰

赤

大寶積經音義之三

音卷從三十七盡五十五凡十九卷

大寶積經第三十七卷

尸羅　梵語唐云戒或云律或惣云戒律藏也

不怯　欠業反顧野王曰怯畏劣也考聲云怯懦也奴乱反說文作狯從犬犬多畏會意字也

洟唾　上梯計反正體從鼻從弟作䶏或作啼見韻英鼻液也經中作洟本音夷說文亦誤也為篆書夷字與弟字相乱有此誤也遂相効用之今玉篇考聲及韻英等數家字書並音以脂反同易華計云齊古涕洟足為明證也洟亦是口鼻汁也下吐卧反說文口液也或從水作涶考聲云口中津沫也

犛牛　外包反又音毛山海經云潘侯之山有獸狀如牛而四節生毛名曰犛牛郭璞注曰牛背膝髀尾皆有長毛說文云西南夷長髦音毛牛也從牛從𠩺省聲也

鄔波索迦　梵語也古譯云優波娑迦或云優婆塞皆訛略也唐云近善男有部律近事男亦云近宿男為近三寶而住宿承事也或言清信士善宿男者義譯也

鄔波斯迦　唐云近善女或云近事女義同前釋

言帶女聲云斯迦古譯云優波賜迦或云優婆夷皆訛也

不鞕　額更反韻英云堅也俗作硬或作鞕同也

不澀　師立反王逸注楚辭云澀難也郭璞注方言云澀猶舌也說文不滑也從四止二倒書二正書會意字也經文上作二刃誤也有從三止從水作澁者俗字非正體也

易解　夷地反下行賣反有音下者非也

易識　羊益反變易也

鶡羅頻伽　或云迦陵頻伽此譯云好聲之鳥也

流涌　力周反說文水行也從水從㐬音他骨反

朿忽也說文從林二水並從朿作㴝今俗作流訛也下音勇顏野王曰水波㴝涌也或作湧說文云涌㴝也徒能反從水甬聲

莖幹 上幸耕反博雅草本曰莖說文枝主也從卄音草巠聲也巠音形下𠀤㵎反說文榦枝也從干倝于岸反聲或從木從于此二字並通二去聲今取上聲也

分析 星歷反或從片作折俗字也

叵知 或作頗普我反顏野王云叵不可也語辭也說文開訓

一滴 丁力反或從啇作適從帝者非也

一切經音義卷第十三　第三張　赤

洄澓 上音回下音澓字書云洄澓水旋流皃也

螢火 穴冥反草虫名也介雅作熒熒火即炤郭璞曰夜飛腹下有火光炤即照字礼記月令日大暑之日腐草化為螢韻英作𧉅也

庭燎 歷吊力呂二反周礼注云於門外日大燭門內日庭燎皆所以照衆為明也鄭玄曰地燭也從火尞聲尞即古文尞字

贍部捺陁金 梵語也上時焰反字從貝詹音占聲下奴割反字從手奈聲也梵語上色黃金名也舊曰閻浮檀金起世因本經云此贍部洲大海岸下水中有此金岸上薛𡻌有贍部樹轉輪聖王出世役使鬼神取此金用是故人間往往有此金最上殊勝一切金也

衣襟 錦陰反郭璞注介雅云交領也亦曰衣袂弥曳反說文作裣交衽也從衣禁聲也衽音荏也

蘇揭多 居謁反梵語是如來尊號之一名也此云善逝舊云脩伽度亦日脩伽多又日脩伽陁皆訛也此有三義一讚德二不迴三圓滿皆一義

目暗隣陁 梵語山名也此有大小二別古目真隣陁皆虜質也正梵音云毋止隣上聲那此云脫此山有龍亦同此名也

一切經音義卷第十三　第四張　赤

一刹那頃一牟呼囉多頃二羅婆頃 犬頴反考聲云少選也集訓云近也少間也刹那羅婆牟呼羅多皆依方梵語時分名也刹那有二別俱舍論云百二十刹那為怛刹那量臘縛其實一也牟呼羅多或云謨呼律多論日須臾古書云謨忽皆一名耳俱舍婆沙等論具明此義音第四卷及第十卷中已筭計多少具釋訓訖

顯敞

㫚掌反考聲云開也明也露也理
高地以望也從攴普卜反尚聲也
青䳉梵語
七醉反考聲云碧色
迦遮隣地也唐
之明也從𢑥卒聲
言細耎輕毳
氍毹上音瞿下霜俱反考
最上衣也聲云織毛為文彩本
胡語也此無正翻俗日毛錦弥編
綿蘚反下
即文罽也居乂反或作毼㲘
音厚綿為褥正丕被反字
之帔從巾皮聲
倚枕
從衣作褥也

上衣綺反下之桂反大㧾
也以皺蹙㲲物而倚㶁之
殟鉢羅花
青蓮花舊紅蓮花或云
日優鉢羅
鉢特摩花黃蓮花也
赤蓮花深赤色
拘畝那花
或云如火色也
奔荼
白蓮花自如雪色英敬
利花
舊日芬陁利訛也
睽發反經
作英丁以反下蓋怯反下
非也
阿底目多迦文亦同舊日阿提目

多加正云阿地目得迦其
瞻博迦舊日旃歎
實一花耳此國無此花
迦或作瞻波亦日瞻蔔文作占波花皆方夏
言音之差耳此云金色花大論云黃花樹形
高大花亦甚香
蘇末那摩鉢反舊云蘇
其氣逐風甚遠磨那其花色黃
白赤甚香幾高三四
婆使迦舊云婆師
尺四垂以蓋形也迦訛也
阿輸迦波吒羅迦膩尼辛反
羅花怛羅
已上諸花皆是彼國有
昆瞿具愚反
怛羅昆香氣花經略言耳此

國並無也
萎悴委為反情遂反
拘胵梵語數名
也花嚴經云一考聲云憂也
百洛叉一俱知
僧佉分迦羅分伽𦒿那
已上五段梵語數法
分竘
波摩分優波尼商分
名也漸多漸廣乃至極無量數喻彼聲聞小
聖無量神通翋比如來一分神力亦所不及
颯然蘇匝反舊音義釋云疾速皃廣
吠
雅颯颯風也風吹莽落聲也
嵐僧伽曾含反劫灾時大猛風名
也此風猛暴能壞世界

大寶積經第三十八卷

幖幟　必遥反通俗文云徽號曰幖說文幖幟也桂菀珠叢幟即幡旗之類也從巾票聲也經文從火作熛誤也火飛也下叱志反廣雅幟幡也史記曰入持赤幟幡也考聲幟頭上記也通俗文云私記曰幟說文同廣雅從巾戠聲也或從志作㤞亦同經文從火作熾火盛也非經義票音疋遥反戠音之翼反

陿劣　咸甲反顧野王日陿迫隘不廣大也經文從犬從夾作狹非也乃是狹君犬馬也非經義說文正體從自從匚音方夾聲也下戀惙反考聲女弱也劣少也會意字或作劣古字也

循環　隨遵反郭璞注尓雅云循從也考聲順也善也郭璞又云循巡也說文循行也從彳丑尺反盾聲也又說盾字從厂音曳從十從目今經文多誤從人從豎畫作脩非也盾音順下華頫反鄭注周礼云環旋也鄭玄圜也繞也

鈋根　膌頓反蒼頡篇云鈋

一切經音義卷第十三　第七張　赤

頑也如淳注史記云頑鈍揖拜廉隅也聲類不利也形聲字也

三摩鉢底　梵語也唐云定或云等至初入定

混亂　上魂穩反考聲云水流大皃下鸞段反左傳日人反德為乱乱則妖災生考聲乱錯也作逰也或作乱古字也李斯書嶧山碑從寸作亂說文從又作亂亂治也從乚乚治之也𤔔音乱聲也

暎奪　於敬反經從央作暎非也音烏朗反不明也非經義也

迫迮　上音百下爭草反

毒刺　此賜反通用正體字也音辨誤也

灰燼　辛進反方言自開而西秦晉之間炊薪不盡日燼說文㶳謂為火之餘木也㶳從聿從火今通作燼誤也

一切經音義卷第十三　第八張　赤

大寶積經第三十九卷

恰適　上以之反考聲云喜悅也和也下詩亦反樂也善也

慠愓　五告反考聲云倨傲也蕩也或從女作嫯也

逃迸　徒勞反鄭注扎記逃去也王逸注楚辭云竄也說文亡也下百孟反玉篇云散走也或作跰也

諸經

經走反或作迴隍池胡光反蒼頡篇云城下坑也說文云城池也有水曰池無水曰隍從阝音負皇聲也擁閉於拱反蒼頡篇擁持也亦形聲字閉字從扌有從下者非也絅絙上音同下古恒反考聲絙大索也經從亘作絙誤略也玉篇音胡官反緩也又是古文亘字非經義也纒裹上持連反下音果也

大寶積經第四十卷

一切經音義卷第十三　第九張　赤

擯遣賓印反司馬彪注莊子云擯棄也史記擯排也考聲諮也形聲字也疲倦上音皮賈逵注國語疲勞也考聲云疲極也嬾也下逵願反孔注尚書云惓懈也顧野王云惓止也謇吃上建偃反易曰謇難也方言謇亦吃也或從虎作謔或從了作寋或從干作𢘥或作謇用竝同下謹乙反考聲云語難也氣急重言也通俗文曰語不通利謂之謇吃或從欠作𣢟古字也詷疾上音動恭文古誸詷急也通俗文曰言過謂之誸詷考聲云𢧵詷語也言氣俱急皃也經從同作調書誤也誸音忩弃反也塵黷徒屋反蒼頡篇黷垢反廣雅蒙也或從女作嬻或作遺訓義同古字也烖穢祖來反下咸衛反也怯憚上欠業反或作㥘鄭箋詩云怯難也韓詩云惡也烏固反廣雅驚也說文多畏也從心去聲也黃鸝力知反方言黃鸝鶬鶊也自關而西謂之黃離俗謂之黃鸎或謂之楚雀廣志謂之黃雝留或作鶩鵹古字也捷對情葉反速也對字從

一切經音義卷第十三　第十張　赤

丵慈學反從士音仕從寸從至非也

大寶積經第四十一卷

諠譁上暉袁反亦作讙俗作喧古作吅廣雅諠鳴也聲類諠亦譁也玉篇志也下音花考聲譁亦諠也互相訓也諛諂羊朱反丑染反已見前釋舊云不擇是非而言謂之諛希其意道其言謂之諂撟飾居夭反俗字也正從手從喬作撟鄭注周禮云撟詐也妄也下尸力反考聲整也謹正也矜伐

上居擬反鄭注礼記云矜謂自尊大也謚法曰自賢曰矜說文從矛今聲經文從令作矜誤也

捐捨 悅玄反考聲云捐弃也說文從手肙音緣省聲也

搏逐 補各反廣雅搏擊也韻詮云手擊也蒼頡篇至也聲類捕也說文索持也從手博省聲也尃字從甫從寸經從専非也下蟲六反顧野王曰逐追也驅也說文逐走也從辵丑略反豕丑錄反聲也又說豕字豕絆也於豕字上加一畫經從豕作逐俗字

一切經音義卷第十三　第十一張　赤

逬迸 補孟反韻詮云散走也從辵幷聲或作跰也

嗥叫 上胡高反左傳豺狼嗥也考聲獸鳴也說文嗥咆也從口皋音高聲下驍曜反韻英云大呼也從口丩經由反聲也從丬者誤也

圂猪 上魂悶反蒼頡篇圂豕所居也說文圂廁也會意字也下貯驢反說文豕三毛叢生曰猪從豕形聲字也細文從犬作猪俗字也

無智膜 音莫說文云肉間胲膜也從肉莫聲也

祇

仰 上言爽反毛詩傳曰仰敬也從示武聲也下魚兩反說文仰望也從匕從卩音節作卬古字也今從人作仰

關鍵 上古還反說文云以木持門戶也從門𢍏古還反聲也玉篇云今所謂門楗者也經從弁作開音弁非也下渠彥反鄭注周礼云管籥也說文鍵鉉音縣從金建聲也或作闗或從木作楗同方言云自關而東謂之鍵自關而西謂之鑰鑰牡也

暱近 尼栗反尒雅暱亦近也杜注左傳暱親也尒雅昵亟欺記反也考聲云亟數也敬也經作昵亦通也

魁膾 上苦回反下古外反魁帥也膾剖也並形聲字也

一切經音義卷第十三　第十二張　赤

囹圄 上音零下音語周時獄名也

桎梏 上真日反下古沃反鄭注周礼云在足曰桎在手曰梏尒雅梏直也說文桎足械也在以桎地也梏手械也所以告天也並左形右聲字也鄭玄曰加明梏者謂書名姓及罪於梏而著之也

如毬 渠尤反字書皮丸也或毬或鞠以扙擊而爭之爲戲也形聲字也經文從朋作毬俗字也

開闢 開字從开音牽下毗亦反說文開闢也從辟並形聲字也

憍高 姜妖反從心從

喬作撟正也從右或從有作撟撟並非亦俗字也

怯下 羌業反王篇云怯畏劣也或從犬作狜字林云犬多畏故從犬也

挑眼 體姚反聲類挑抉音渕悅反韻英撥也剔除也說文從手兆省聲也

刖足 元厥反古之刑名也經史互說不同或名腓刑肥未反或名髕毗胤反刖刖皆一也民有越關梁踰城郭為掠盗者其刑刖考聲云斷足也或作刖說文從刀月聲也

頻蹙 上毗寅反

今省為下精育反或作慼䠞義並同經初第二卷已釋也

阿遮利耶 梵語也唐云軌範師或云受教師舊曰阿闍梨訛也

紆鬱 上嫗于考聲云縈曲也說文屈也形聲字也下𧓰律反孔注尚書云鬱哀思也廣雅幽也考聲云長思也滯也從林從缶從冖鬯彡

貶退 彼撿反鄭注周礼貶者減也何休注公羊傳損也毛詩傳墜也或作界

柁那 唐那反梵語唐云施古曰檀那一也

羼底 上察限反下丁以反唐云忍辱或云安忍

毗利耶 唐云精進或云勇進

般羅若 梵語訛略也正梵音鉢羅二合枳孃二合唐云惠或云智慧

肴膳 効交反賈注國語云肴俎也毛詩傳曰豆實也箋云葅醢也考聲云脯羞餅果之屬也說文啖也從肉爻聲也俗作餚下音善鄭云曰膳善也今之羮食曰膳說文從肉也

車乘 時證反

車路 上舉魚反釋名云古者車音加居言行所以居人也下盧固反釋名路亦車也言所以行於道路亦作輅同也

邀請 邀遥反杜注左傳邀要也賈注國語云求也漢書音義云遮也說文從辵敫省聲也

勇勵 上羊腫反揚雄太玄經云決而斷之勇也謚法曰玄命為仁曰勇知死不避曰勇說文勇氣也從力甬聲也下力滯反杜注左傳云相勸勵也古今正字云勵勉也從力厲聲也

薩伐若 而者反梵語不正略也正梵音薩嚩枳孃二合唐云一切智舊曰薩婆若也

髓腦 上雖業反說文云骨中脂形聲字下那老說文頭中髓也象形亦形聲字從肉𡿺聲也說文從匕作

齿衛忠單

飳餬 上音提從食從氐丁礼反經從豆誤也下音胡飳餬即蘇中精醇者不論冬夏常清不凝能入人肌肉或從酉作醍醐俗用亦通也

皓齒 上胡好反介雅皓白也從白告聲也經從日俗字通用下昌止反象形字也

紡績 上芳冈反考聲云紡絲令緊日紡下精亦反介雅績緝也續也說文績也緝也形聲字也

紡綫 下先翦反鄭注礼云綫縷也或作線古字也

一切經音義卷第十三　第十五張　赤

一縷 力禹反縷亦綫也

妒心 都固反鄭玄注毛詩云以色曰妒說文婦妒夫也從女戶聲也經從石作妬誤也

大寶積經第四十二卷

鄔波柁耶 梵語唐云親教師古譯云和上本是胡語訛略此云博士非正翻

貯水 知呂反杜注左傳貯壬也蓄藏之也說文積也從貝宁聲也宁音除呂反

癲狂 上丁堅反韻英云癲病也文字集略云戰風入藏病或作瘨亦通也

癰癤 上音邕下音節文字集略云內殨癰也不通為癰又云癤者小癰也考聲瘞癤也

疽癬 上七余反集略云久癰為疽下仙演反說文乾瘍也音易顏氏云今癬有乾濕二種

惡癘 力滯反鄭注周礼云疫氣不和而為疾也郭璞注山海經云惡創也又音盧大反字書大風病也俗作癩非也說文惡病也從疒音女尼反萬省聲也有從丆音罕作𠩺訓用亦別非此義

一切經音義卷第十三　第十六張　赤

洗濯 幢卓反毛詩傳曰濯滌也說文洗也從水翟音宅聲也

陶師 唐勞反集訓窯也音姚窯燒瓦器土室也正作匋考聲云瓦器也吳吾所作從缶甫若反勹音包今經中從阜作陶陶丘也相承用亦通也

挻埴 上商延反宋忠注太玄經挻和也如淳注漢書云擊也從手延聲從土者非也下時力反孔注尚書云黏土日埴釋名云上黃而細密日埴埴膩也御注老子亦云挻和也埴土也陶丘和土為瓦缶之器也從土直聲也

凝滴 魚兢反孔注尚書凝成也鄭注礼記

堅也易曰履霜堅氷陰始凝也說文水堅也
從冫音氷凝聲也凝字從匕矢從疋音所於
反下丁歷反說文云水滴
注從水啇聲也從帝非也
泡沫
普包反
毋鉢反
水
沬
敲觸
宅庚反或作敓揨挨四形並同
聲類敓撞也字書從手作揨揨
刺也說文闕字
從攴孝聲也
賈易
莫懈反顧野王云
文易也介雅市也
賣也經作賈書誤也說文
易財也從貝𢍏音卯聲也
坏成
酟媒反
說文瓦

一切經音義卷第十三　第十七張　赤

器未燒曰坏從
土從丕省聲也
非撥
彼末反
撥除也
驝駝
上郎
各湯洛二反並通字書作驝經文作駞非也
下達河反或作駞俗作駝考聲云北方胡畜
名也郭璞注山海經云驝駝背上有肉鞍力
負千斤日行三百里能知水泉之所在並形聲
字
呵⿰口歌
呼何反或作訶周礼曰不敬者呵
而罵之古文從止作肯下呼過反
經文作喝非也喝音烏介反廣蒼云⿰口歌亦訶
也廣雅怒也說文大聲而怒也從口歌聲也

一鑊
黄郭注周礼云鑊肉器也廣雅鼎也
說文鑴也音攜從金蒦省聲也蒦泓
虢
剉膾
上倉貨反玉篇剉斫也下公外
反廣雅膾割也字統細切生肉
也說文細切肉
也從肉會聲也
鋸解
居御反蒼頡篇云
截物鋸也說文槍
槍也從金居聲也槍音七羊反
搪音唐下夷買反音賈非也
壓笮
上於
甲反考聲壓鎮也從土厭聲也下莊革反或
作笮迮說文迫也從竹乍聲舊音義云以播
笮出
鞭杖
補綿反玉篇云用草以朴罪
汁也
人也考聲擊也說文驅遟也

一切經音義卷第十三　第十八張　赤

從革便聲也廣雅鞭堅
也古文作㕛會意字也
寱言
霓計反又
音逆閑反
考聲云睡中語也通俗文曰夢中之語曰寱
說文瞑語也從寢省臬聲也臬音孽孽者
夢
愚戇
卓降反又濁巷反音訓云無知
也
專愚曰戇考聲云精神不爽貞
也說文愚也從心贛聲也贛音貢
又音紺從章從夅下江反貝也
憒亂
扶問反
下音乱
愚騃
五駭反蒼頡篇無智
日騃方言痴癡也
頑嚚
上五關反下魚斤反前音義第三卷
般若經第一百八十一中已具釋也

驅役 羌虞反蒼頡篇云隨後曰驅廣雅驅奔也古文作敺逐之也

邪僻 匹亦反考聲云側也避也誤也從人辟聲也

大寶積經第四十三卷

逆旅 迎戟反說文迎也從辵彐略反羊聲屰音逆今通作逆訛也下力貯反賈逵注國語云旅客也杜注左傳云逆旅客舍也說文旅軍也五百人也古文作㫃從扵於塞反從二人古從字也經從作旅非也

中夭 央矯反杜注左傳短折曰殀舊音義亦云不盡天年曰殀說文夭屈也從大頭曲象形從歹音殘殀聲也從犬者非也

羸頹 上力追反說文瘦也從羊羸聲也羸音力上同下情迯反蒼頡篇云頹憂也或作悴也

捷慧 情葉反考聲捷健也疾也速也捷亦慧也說文從手建聲也違音同上也

嶷然 疑力反宇指云仡嶷山峯皃也

一切經音義卷第十三　第十九張　赤

從山疑聲也仡音魚訖反疑字從匕從矢也

繚戾 靈鳥反參結反

不傴 紆禹反廣雅傴曲也考聲曲背也尒雅作傴說文傴僂也從人區聲僂音力禹反也

栽栟 我割反尒雅栟餘也說文或作栟伐木餘也從木全聲經文從全缺也或作不古字木無頭象形字也或作櫱從薛從木

大寶積經第四十四卷

悲噎 煙結反說文飯窒字書氣塞噎喉食不下也衛宏作饐

机隥

一切經音義卷第十三　第二十張　赤

飢擬反下多亘反案机隥小坐物也

黑駮 補角反白黑文間曰班駮皃也

重檐 當擔反從手詹省聲從木非也

山狖 由救反集訓云似猴獼猴類也楚辭云猨狖之所居蒼頡篇云似狸能捕鼠出河西未詳此說

猨猴 上音袁下音侯山海經云堂庭之山多白猿郭璞曰似獼猴而大長臂便捷鳴則聲哀又猴說文即獲也今謂之猴猻俗曰胡猻

蜫蟲 上音昆正體作䖵文字集略作蜫集訓云蜫虫惣名下逐融反尒雅曰有足曰蟲今經文從省作虫非本

字垂音

毀也

不肖　小要反廣雅云肖似也類也說文骨肉相似日肖札記日人無德義日不肖說文從肉小聲也

撮摩　倉捋反韻詮云手撮取也從手從纔聲也纔音宗括反捋音盧括反也

麁獷　𤟹猛反已具前釋也

綺繪　墟倚反說文云有文繒也下胡外反孔注尚書云繪五采也鄭注論語繪畫也或作繢也

不呰　貲此反呰毀也或作訾也

𢏎戾　下音麗也

一切經音義卷第十三　第二十張　赤

大寶積經第四十五卷

虵蠍　常耶反正體作蛇下軒謁反經作蝎非也蝎音揭義訓已具前釋

蚊虻　上音文下莫耕反義訓如前第三卷

忿懟　長淚反考聲云惡而且忿日懟或作譵也

箭稍　上將線反介雅箭竹名也郭璞日以篠而小可以為矢因名矢為箭方言云自關而西謂矢為箭下山卓反廣雅稍矛也埤蒼云長丈八也矛音莫侯反矟音蒴矢音始俗作矢篠庭曆反

生涯　五家反說文水畔也或作厓

大寶積經第四十六卷

而攜　戶圭反玉篇攜持也說文攜提也從手巂聲也巂音同上考聲云巂字從屮象其冠俗作携訛也

驍勇　皎堯反廣雅驍健也許叔重注淮南子云驍勇急也說文從馬堯聲也

一切經音義卷第十三　第二十二張　赤

抗拒　上康浪反考聲抗拒也遮也正字辨惑云抗極也張也舉高也說文扞也扞音旱從手亢聲亢音上同下渠語反考聲拒捍敵也從手巨聲也

勍敵　上巨迎反廣雅勍武也考聲多力也說文強也從力京聲也下庭曆反以見前文也

親姻　一寅反介雅壻之父曰姻又曰壻之當為姻族兄弟也白虎通云婦人因夫而成故謂夫黨為姻會意字也

摶挽　上徒欒反鄭注礼記摶團也圓也廣雅著也或作槫從手專聲也下同板反聲類挽引也

或作輓從手免聲
挫辱 祖過反鄭注礼記挫折也說文摧也從手坐聲
下如欲反賈注國語云辱恥也說文從寸在
辰下古者失耕時則封壃上戮之故為辱也
或從心作 扶問反鄭注礼記云怒
㤥古字 憒恚 氣充實也說文懣也盈
也從心賁聲也 梵語也古譯云霜
憊音問賁音奔 商佉 佉或云傷佉或作
儚佉皆梵音訛轉也唐云 胥曠反
蠡貝或日珂皆異名也 呞[illegible] 考聲啃

一切經音義卷第十三　第二十三張　赤

也淺入口而味之也從口帀聲也帀音迊說
文作嗜銜也經文作嘍此字有二音玉篇音所
甲反非經意今不取下食字說文從入從皂
經從良俗字也亼音精入反皂音彼立反也
不遑 音皇或作惶廣疋 究槃荼 梵
遑暇也言無閑暇也 語
鬼名也或云恭畔荼又作弓槃荼皆一也此
譯為形面似冬瓜此鬼陰囊長大常於髆上
擔 驚愕 五各反俗字也或作咢驚也或
行 作諤詻諱也從心咢聲說文愕

字從口從羊口音喧羊 梵
音戟經從手俗字訛也 烏曇跋羅 語
花名舊云優曇波羅花或云優曇婆羅花葉
似梨果大如拳其味甜無花而結子亦有花
而難值故經中以 胡古反
喻希有者也 何羅怙羅 古譯或
云曷羅怙羅或云羅吼羅又吼羅或言羅雲
或言羅睺羅皆梵語障日時生因以為名又
譯為覆障以六年在母胎為胎所覆也經云
七年在母腹中一由往業二由現緣往業者
昔曾作國王判斷獨覺不聽入境令獨覺在

一切經音義卷第十三　第二十四張　赤

山居七日不得乞食因此業故墮於地獄餘
報猶經七年在母胎中二由現緣者耶輸陁
羅懷羅怙羅後太子出家六年苦行方得成
道於六年中耶輸憂惱四大羸弱不能得生
太子既成道已耶輸歡喜四大有力方乃能
生故首尾共經七年也如來 法祠 似茲
還國七日先度羅睺出家也 反何
休注公羊傳祠食也白虎通祠嗣也尒雅祠
祭也詩百神爾皆日祠說文春祭日祠從示
司聲 烏瑟膩沙 尼致反梵語如來頂髻
也 古譯或云嗢瑟尼沙
或云鬱瑟尼沙此譯云髻案無上 懈癈 上拼
依經云頂骨涌起自然成髻也

惉反或作懘忢憛也音嫁非也下扶吠反韻
英云休也止也捨也停也從疒音魚撿反經
從疒音
擨非也

大寶積經第四十七卷

師傅 府務反顧野王云傅附也相附近
也審以子君目之道以示之日傅
說文相也人事聲也又說事字音寺上
同從十寸法度也甫聲也經作事非也

析 渠宜反鄭注周礼析禱也毛詩傳曰析

請 求也報也尒雅告也說文從示斤省聲
也

館舍 以說反顧野王云逆旅舍名候
周礼五十里有候候館館有委
積以待朝覲之官說文
從食官聲或作館俗字

臧賕 上佐郎反顧
野王云納受
財貨日臧說文臧善也從臣戕聲也或作贓
戕音情羊反下音求韻詮云枉法受財日賕
說文以財枉法相
謝也從貝求聲也

瑣骨 桒果反廣雅瑣
連也字書亦連
瑣也說文玉聲也從玉𧴪聲𧴪音
桒果反下骨字從冎音寡下從肉

涎流 似
延
反賈誼新書作㳄說文
作㳄口液也形聲字
作歠亦通或作咬俗字
也齩齧並形聲字也
從齒從切
省聲也

或齩 五狡反說
文齧也或

或齧 寬結反說
文齧噬也

或吮 徐兗反說文嗽也
又音絕兗反亦同

調諕 上徒吊反廣雅調欺也求也喝也下鄉
虛反毛詩傳日諕喜樂也尒雅戲諕也
郭璞日相喝戲也說文
諕聊戲也並形聲字也

巇隙 𨚕逆反壁
隙小孔也

從𨸏從二小夾
一日會意字

恬怕 亭閻反孔注尚書云
恬安也方言恬靜
也說文從心從甜省聲也下普白反
廣雅怕靜也說文無為也從心白聲

鎣飾 縈瞑反韻英磨拭也考聲云發器光也俗用
從玉作瑩誤也說文器也從金從熒省聲

寶屐 渠逆反考聲云木屐也欺矯反蒼
頡篇屐也𢭏𢹫反今之草屩下有
齒者說文屩也
從履省支聲也

淳濃 上順倫反廣雅淳
漬也鄭注礼記云
淳沃下尼龍反考聲計厚也
露多也或作震形聲字也

能捐 悅娟
反弃

也焰音
恚緣反
蹲踞 上音存下居御反二字一
卫相訓蹲踞也路蹲也
徒兒反聲類摶捉也考聲握也附持也
摶 古今正字云圜也從扌音手專聲也專
字從寸叀聲
叀亦專字也
窣覩波 上蘇没反古譯云
藪斗婆又云偷婆
或云兜婆曰塔婆皆梵語訛轉不正也此即
如來舍利塼塔也或佛弟子緣覺聲聞及轉
輪王等身皆得作塔或石或塼或木塔
是也或曰方墳或曰廟皆一義耳也
譏

刺 上居宜反廣雅譏諫也問也鄭注礼記
呵察也說文誹也從言幾聲下此恣反
毛詩傳曰刺責也韓詩刺非也廣雅刺慝也
書也釋名云書姓名於奏上曰刺書說文云
君殺大夫曰刺從刀朿聲也朿音与刺同
字書云朿木芒也結鍼也俗作刾訛也
依
泊 傍博反王逸注楚辭云泊止也
顧野王曰今謂舟止於岸曰泊

大寶積經第四十八卷

時縛迦 梵語也此譯云能活或言更活
古譯云時婆或云耆婆皆一言
耳
痤癤 上組贏反下音節文字集略云
也 內積癤也又云小癰腫也古作
癥音節
節同也
號訴 上音豪考聲云大哭也痛聲
也說文呼也從号虎聲經中
作號俗用變謬也下蘇固反俗字也玉篇許
告冤枉也說文作訴告也從言厈聲厈音尺
從广音儼從屰音逆經從干
是猫文平字非是又字也
資稸 忡六
反考
聲稸積也曾音義釋云貨也資財也
古今正字聚也從禾畜聲或作蓄
芀羞

相由反周礼膳夫掌王之膳羞鄭玄曰羞有
滋味者也郭璞注方言云熟食也說文進獻
也從羊羊者所進
也從丑丑亦聲也
仇匹 上渠牛反鍇用
也正體作逑毛
詩云君子好逑傳曰逑匹也介雅逑合也郭
璞云對合也說文聚斂也從辵求聲也辵音
丑略目為走繞經文作仇仇讎也仇怨也非
匹合義下篇客反有作疋俗字訛也考聲
匹偶也輩也韻英云偶合也說文四丈也從
匸乚音徯俠藏義也從八八者匹有八隙也
苔綸 律屯反郭璞注方言云綸索也今
江東通呼為綸宋忠注太玄經云

綸絡也說文紺青絲綬也
從糸侖省聲也糸音覓
薑䩶羅梵語
數法名也案俱舍論六十種數法中有羚䩶
羅以此國九章等中數會之計當一百万億
若以人間小數會
之數極於載也
毗伽摩雪山中大良藥名也
亭館徒丁反漢因秦制十里置
一亭行者止息停留也
繞出在衆反廣雅繞暫也顧
野王云僅能也不久也
村墟寸尊反集訓云聚落

一切經音義卷第十三　第二十九張　赤

也古今正字從木寸聲或作邨下去居反廣
雅墟居也風俗通墟虛也周礼墟壐也從土
虛聲
谽然欿枯反廣雅谽空也字書谽
也
六也玉篇大度量也說文作
谽形聲字也考聲作谽谽開也或作
𧯛說文空六也從大從歲形聲字也
開拆
下耳摘反並俗字也經文作䜣誤也既有開
字即合是圻考聲作捇捇開也正體作擗谷
作坼非也說文作
㧖裂也從手赤聲

大寶積經第四十九卷

曾㯷盧觀反考聲云曾拙也廣雅通也
論語鈍也說文從䰞從日古文作
㐭下普剝反王弼注老子云樸真也孔注尚
書云樸治也音撲說文木素也從木菐聲也
菐音卜考聲云凡物未彫
刻樸拙也俗用或作朴
摩訶諾伽那
舊音露身
力大力神名
阿末羅果蒲缽反舊
日菴磨羅
果亦名阿磨勒果其葉似棗其花白小果如
胡桃其味酸而且甜可入藥用經中言如觀

一切經音義卷第十三　第三十張　赤

掌中菴摩
三摩呬多聲以反此云等引謂平
勒果是
等引諸功德令其
證入
三摩半那初欲入定名三摩鉢底
也
正在定中名三摩半那
定之前
迦羅吠羅梵語肆
後異名
分名也

大寶積經第五十卷

瞚眼水閏反考聲云開閉目而數搖也或
作眒俗作瞬有作眴非也此字音縣
无擾上音無古文無字也下而沼反考聲
擾攪也煩也因此煩彼從欲之皃也

毌

說文云亂也從扌音手夒聲也夒音奴高反經從憂非也

大寶積經第五十一卷

翳膜　上伊計反眼瞖也經從羽作翳亦通非本字也考聲云瞖蔽也蓋也下音莫眼暈膜也

水疱　普包反水上浮漚也

芭蕉　上音巴下音焦

齅香　休救反說文以鼻就臭曰齅

籌議　上長流反考聲

一切經音義卷第十三　第三十一張　赤

云量也度也下音義考聲議也商量也

訥鈍　上奴骨反苞咸注論語云訥遟鈍也說文訥語難澀也下徒嫩反蒼頡篇鈍頑也聲類不利也從金屯聲也

梗澀　上耕杏反考聲梗強也有刺榆木也從木更聲下澀字前文已具釋

關籥　上古還反考聲關也礙也閉也說文以木橫持門也從門從𢇍聲也𢇍音同上說文又說𢇍字從𢆶音幽從卝古患反下羊灼反考聲闟鍵也說文闟也壯也從門龠聲

大寶積經第五十二卷

栽忩　再來反考聲栽植也危也始也從木𢦏聲也𢦏音災

詭詐　俱革反廣雅詭欺也隨惡也說文責也下莊亞反字書詐偽也變也不實也

營構　古候反顧野王曰構合也成也說文交積材考聲結架也蓋屋也或冓會意字也

制多　梵語也此云聚相謂累甎石高以為相舊曰支提或云制底或云

一切經音義卷第十三　第三十二張　赤

脂帝或曰浮圖皆前後翻譯梵語訛轉也此即摽記如來化跡之處皆壘大塔或名窣覩波也

饕餮　上他高反杜注左傳云貪財曰饕貪食曰餮音天結反俗作叨餘皆非也

大寶積經第五十三卷

策勵　上楚革反考聲策杖也字書籌也說文勵勸也從竹從朿音責亦聲也

諒難　良尚反方言眾信曰諒考聲云以信自效曰諒諒智也說文信也從

言從凉省聲也

大寶積經第五十四卷

聰叡　倉𠫔反下營惠反博雅叡知也集訓聖也惠也說文深明也從叡音殘從目從谷省聲

渧泣　天礼反韻詮渧淚也或作滴下欽立反

哽噎　庚猛反又櫻猛反噎通或作骾見聲類下煙結反郭璞注方言哽咽痛也說文飯窒也音

一切經音義卷第十三　第三十三張　赤

貞栗反形聲字聲類或作饐字也

昆揵荼書　計羅　婆論外道世俗智論　迷伽　伐瑳悉伽並未詳

羯利以鉢那　金名也計直可當四百錢一顆金也一切有部律中說亦与此同其金顆顆圓大如江豆也

賷持　濟齊反俗字也正體從貝從齊作賷顧野王曰賷持也考聲云持財以与人也廣雅賷遺也說文持遺也從貝齊聲

或作賫也

藉如来　情夜反考聲藉薦也

蚩責　上齒之反廣雅蚩輕也亂也釋名癡也聲類騃也考聲醜惡也說文蚩笑也蟲名也從虫音毀從出古之字也出亦聲也經中作蚩訛略也下莊革反考聲徵也求也經作賫俗字也正體從貝從朿省聲也朿音責

蹈躡　徒到反廣雅蹈行也劉兆注公羊傳云履行也說文蹈踐也從足舀聲也舀音羊小反下女輒反廣雅躡履也方言登也蔡頡篇蹀也說文蹈躡也從足聶聲也聶音女輒反

忩遽　渠倨反考聲急速也懼也說文傳也窘也從辵豦聲也經文作遽誤也辵音丑略反豦音渠也

馱都　梵語也唐言法界生如来碎身靈骨舍利從法界體性生也

一切經音義卷第十三　第三十四張　赤

大寶積經卷第五十五　出胎藏會第十三兩卷經此上卷

晡時　補謨反申時也

醎病　亟巖反書曰潤下作醎北方味也形聲字也

蟻胥　宜起反集訓云大日蚍蜉小日蟻子說文作螘形聲字或作蛾

駞　徒河反畜名也俗名口駱駞能負千斤也

車轅　上昌遮反衆形字下

音麦車前雙輮 **車軸** 坤竹反兩頭施鐵為鎋能制車輪也文字集略云軸持輪也 **籐笋** 上特能反蔓生如竹類也下荀尹反竹牙 **麥芒** 上莫迫反說文芒穀也秋種厚薶故謂之麥麥金也金王時生火王時死從来從夊夊穗也下網方反薶音埋也夊音離 **多泄** 先鄯反泄漏也 **上光** 井閭反會音字 **流胤** 寅卯反說文云子孫相承續嗣也從肉從八從幺象重疊也流字從云音五骨反從川從水也 **歌邏羅** 梵語物受胎時父之遺泄也 **生蟲** 逐蟲反介雅云有足曰蟲經文作虫訛略也借用字本音毀也 **乾麨** 昌紹反俗字也廣雅麨食也埤蒼云炒米麥為麨也正體從酋作麵桂菀珠叢云軍粮曰麨 **閶沃** 上薙順反下鋈穀反灌也 **滋茂** 上子思反從二玄從水下莫布反 **稠酪** 上池流反下音洛卧

一切經音義卷第十三　第三十五張　赤

醋乳凝成也 **諸皰** 炮皃反韻詮云面瘡也或作皰 **開剖** 開字從开音牽經從井俗字謬也下普口反訓集判也 **掌縵** 莫槃反經從万作縵俗字也正作鞔訓釋巳見前文 **堅鞕** 額更反堅實也 **脹滿** 張亮反 **藕絲** 五垢反遵根也下絲字二糸音覓經作絲訛也 **緊紡線** 上經引反次妨罔反下先薦反或作綫 **虛羸** 力追反中從羊 **百筋** 居銀反說文肉之力也經或從草或從角誤也 **交絡** 郎各反郭璞云絡繞也介雅絡綸也綸繩也形聲字也 **枝派** 普賣反俗字也正作𠂢說文云水之邪流別從𠂢水字也象分流也 **商佉** 梵語唐言蠃也即太常樂器名也似蝸牛而大吹為聲胡樂也 **窯師** 音姚陶師窯燒瓦竈也從穴也 **髦牛** 音毛又音莫包反作犛犛同西南夷牛名也 **塼末** 拙緣反燒土墼也 **覆蔽** 上芳務反下畀袂反 **足跟** 罡恩反足後也 **髆** **有** 補各反說文肩甲也從骨從專省聲也經文從月作膊非也 **肋二十**

一切經音義卷第十三　第三十六張　赤

四 郎得反說文脅骨也從肉力聲

頷有 含紺反俗字也正從函作顄說文頤也從頁函聲頁音頡函音含也

髑髏 上音獨下盧侯反說文人之頂骨也並從骨蜀婁皆聲形聲字也

皮膚 甫亏反說文作臚身皮也從肉從盧籀文從肉從盧省聲

調匀 聿均反均調也從勹從二會意字

聾盲 祿東反 麥彭反

瘖瘂 上於今反下鴉賈反訓義如前經作喑啞

非也

攣躄 上力傳反下卑亦反字書手足風弱病也

右脇 香業反說文脇胠也從三力經從三刀誤也

革囊 乃郎反革皮也囊袋也從襄音儜

牀榻 上士庄反安身具也從木爿聲也爿音墻經作床非也下貪納反榻長牀也

剥牛 補角反說文剥裂也廣雅去其皮也

蚊蝱 上音文俗字也正作蟁說文齧人飛蟲也從民從䖵或從昏作蟁以昏時而出故從昏下莫耕反經文作虻俗字非也從䖵䖵音昆也

呞食 上昝膜反前經已釋

杖捶 隹累反廣雅捶擊也打也杖字從木捶從手或作唾

鞭撻 上必綿反搥馬杖也下他怛反廣雅撻打也尚書日不懃道業則撻之從手

舐髻 上時介反人身中蟲名也說文舌取食也或作舓𦧇舐四形此三古字下音計鄭注礼記云結髮也從昏作髺髺索髮也從髟昏也聲也髟音必遙反昏音氏

有腭 五各反齶體字也正作腭從肉從吅音喧從屰音逆屰亦聲也韻詮云腭斷也口中上面日腭齗音銀也

依膽 當敢反說文連肝之府也從肉從擔省聲也

依胏 姉癈反從肉從朿也

為荻 亭歷反從草狄聲狄從火

依脾 婢弥反脾胇反膍已見前釋也

兔腹 上吐固反說文獸名也兔頭似㲋頭因從㲋省後象兒尾下風伏反雇野王日腹所以包裹五藏也說文肚也從肉复聲也复音復

臆皺 上於力反胷前也下鄒瘦反考聲皮聚也經文作皺謅略也從芻皮也

風癇 音閑風病

涕唾 上天

計反說文自口而出日嗁正作齅從臯 淋
從弟下吐貨反說文口液也從垂也者
瀝 上林下壄小 疥癩 上音介下音 癰
便難澀病也 賴風瘡病
疽 上音雍下七 痃癖 上音弦下匹壁
余反瘡腫病 反腹中令氣病
也 痔瘻 上持理反腸中血病也 痰病
下郎豆反惡瘡病也
徒南反胷中 撾打 朝爪反馬策也擿 楚
宿水氣病 也撾從木從手
他但反笞也 上音丑或作扭
楏 從手逵聲 杻械 考聲梏也在手

第三十九張 赤

日杻在足日 枷鎖 上音加玉篇云頸梏
城並從木也 也從木下桑果反考
聲鎖錄也連環也從 宜冀反韻英
金𧴪聲經從巢非也 劓耳 云割截耳臯
也說文作劓從 音月說文刖絕也
刀臯聲臯音藥 刖手 截手足也從刀月
聲 牆塹 上匠羊反考聲垣也說文垣蔽
也 也從嗇爿聲或作牆經從土作
墻非也下僉艷反韻英小坑也案壍圍畔
坑也說文從土斬聲或從斬作塹亦通也

一切經音義卷第十三

一切經音義卷第十四　赤

大唐翻經沙門慧琳撰

音大寶積經從五十六盡九十一凡三十六卷經

大寶積經第五十六卷　胎藏會第十四 兩卷此下卷

劫比羅　梵語城名也舊日迦維或云迦毗羅或云迦毗羅衛皆訛略不正也具足應言劫比羅薄窣覩即淨飯王所治城也

罕有　呵嬾反說文罔也從网干聲字書希也少也經從穴作罕非也

汝腕　烏灌反掌腕後節也從肉宛聲俗字也

裹收　上音果說文從衣從果下守留反從又從月月音吉由反經從扌非

放箒　章柳

反掃糞具也說文作帚從又持巾掃冂內癸營反也

縱賊　足用反詰詞也

毗舍佉　去伽反梵語人名也

顧眄　下音麪韻英云斜視也從目丏聲丏音與上同經文作盻非也

瞎獼猴　呀戞反考聲云目不見物也或作瞎已見前釋呼音猕加反褭音加入反

牀帷　下葦威反考聲帷幔也說文在旁曰帷從巾隹聲有從心非也

縫補　上音逢說文以鍼紩衣也從糸音覓逢聲補字從衣也

捺洛迦　奴割反下居伽反梵語地獄名也此有多名今略題一二唐云不可愛樂或云不可救療或云無休息或云無間

糞屎　上分問反俗字也說文作𡊄棄除糞掃也韻英云穢也考聲作墶或作墣下音始也

鉆拔　上強廉反考聲鐵鈕也鈕音女輒反以鐵鈕夾取物也經文從甘作鉗鉗用也乃是項鉗鐵枷也下辦八反考聲拔抽也顧野王云引而出之也廣雅出也說文擢也從手犮聲也犮音盤末反說文犬走聲也

捩齒　連捏反韻英云拗捩也從手戾聲捏音年鐵反拗音厄絞反

抉目　烟決反考聲云抉挑也從手夬聲挑音體遙反也

以鋸　居御

反前已剺解里之反考聲剺割也劃也
釋也字林作剓經文作刻非也
撿一切字書並無此字唯經攢鑱上倉乱
義合是剺字從刀從斄省聲也反埤蒼
云短矛也下仕咸反考聲鑱皃廣雅鑱鈹也
蒼頡篇鏨也說文銳鑱也從金從毚省聲
也或作劖鑱三體鈹音披矟刺上雙捉反考
鏨音慙同鑱或上去聲也聲長矛也下
清積反從刀從朿音棒打白項反俗字也
次經作剌俗字也字書打也正或

一切經音義卷第十四　三張　赤

作棓考聲大杖也鐵鎚直追反或作槌集
說文擊也從木也訓云打也又作椎
考聲鎚擊也從木佳聲也鎔銅上涌從鐵鑊皇
經文作鎚鐇用鏵鍱也反鎔鑄郭
反考聲云以鼎而無鵶口厄加凹凸上烏爪反又
足從金蒦省聲也反音鵶交反下
田頡反皆古文象形籬間理知反棘
字也或作凹垤也籬柴籬鶡
邏藍梵語或云瓶鑽上蒲冥反下篹
歌邏羅也鸞反平酥具

也經文從手作揁非如楄先節反集訓
也亘亦從金正也云木楄也從
木鍋中古禾反燒器也頞部陁梵
也字書云小鍑也語
已具前釋刀鞘口肖要反字
楷如蜂酥書刀室也鑯箸
直慮反考聲蚯蚓上音丘下音引案周公
云匕箸也時訓云立夏後五日
蚯蚓出冬至之日蚯蚓結尒雅亦名健南
蜸蠶江東謂之歌女並方俗語也
集音鞋擐上鞋皆反下蹬悅反集萬
反訓云鞾屧摸撲日擐

一切經音義卷第十四　第四張　赤

草音夷聚沫上情喻反下從水音
蕺草吟水衆立也下滿鉢反
從水末聲說文又說末字水苔大來反
從木字上加一為末也水中青
苔吹脹張亮反鍛師都乱橐扇
也膨脹也反
上昜洛反鞴扇也吹從齋音齊下從肉
火具也鞴音敗也說文眦齊也
藉以情夜反藉也線口先薦反正作綫千筋
音斤說文從竹從肉卻逆反說文
從力經中從草非也孔隙從阜從白上

下小經從巢作隟非也

差跌　上策迦反正體字也說文貳也差乎不相值也正體從𠂹從左作差蔡邕石經差俗作差下川𠁽反廣雅跌背也顧野王云差跌不齊也說文相背也從夕音陟紀反從㐄音口寡反

爽失　霜愴反毛詩傳日爽差也郭注尒雅用心差錯不專一也賈注國語云爽貳也郭注方言過也說文從叕從大叕音力尒反經從四人誤也下失字從手從乚乚亦聲也廣雅失誤也玉篇失堅也

巧匠　倩揀反韻詮云善巧於事曰匠說文木工也從工音方從斤匚象所成器會意字也

塵翳　上長隣反說文作塵埃也從鹿從土下於計反郭注方言蔽也廣雅障也考聲掩也說文從羽從殹聲殹音於計反

揩拭　上音客皆反廣雅揩摩也說文從手皆聲皆字從白下傷翼歹鄭注儀礼云拭清也礼記淨也說文從手式聲也

胥髁　誇化反又上聲亦通考聲云髀上骨也或作髁古字也韻英云胥下骨也或作胯從肉本聲夲音與上同經作胯俗字誤也

慳澀　參立反從水從四止二止會意字也經從三止作澁非也

插在　楚匣反考聲插刺也說文從手臿聲臿音與上同臿字曰音舊經文從千從臼音𦥑作揷非也下在字說文在存也從土從才才亦聲也

尖慓　上挨閻反會意也下必遥反說文纎也字書笄頭也正體從巾票聲也心栗二字音同經文從木或從手作標誤用也

乾燥　桑到反考聲燥乾也說文從火喿聲也喿音同上也

黧黑　黧晌反考聲云黑而又黃也說文黧古今正字云黑也從黑從利省黎字從禾從勹從尒禾音雞木頭曲也

煗蘇　奴管反韻詮云煗溫也或作暖有作暖煖俗字也

榆皮　庚朱反木名也

鋒芒　敷容反兵刃端也或作鋒經從夆作鋒誤也下武方反字書云刃末也草芒峯也從草從亾亾字從人從乚乚音於近反經作芒俗字謬也

腐爛　上扶甫反考聲肉敗也朽也從肉府聲也下郎旦反前已釋也

推手　他雷反韻英推排也從手從推省聲堆都回反

臠割

上劣轉反考聲肉臠也從肉從戀省聲下乾
辡反廣雅割截也說文從害從刀害字從口
從半半音與上
同辡音部割反

大寶積經第五十七卷

摇車 曜消反說文云動也從手䍃聲也
䍃音由䍃字從肉從缶甫茍反
襁褓 上薑兩反說文負兒衣也從衣強
聲下音保蒼頡篇褓搖也聲類云

一切經音義卷第十四　第七張　赤

小兒被也或作緥褯音替
朽邁 陌敗反 邁遠也
梗槩 上格杏反
王注楚辭云梗強也介雅直也廣雅略也從
木下該𣪂反考聲槩節也周礼鄭注云量也薛
琮日梗槩不纖密也從木既聲也
掉戲 上亭曜反廣雅掉振也語摇也
說文從手卓省聲也下希義反毛詩云戲逸也
豫也介雅戲謔也說文從戈䖒聲也䖒音
希從虍從豆經文從虛從弋作戲非也虍音呼也
欬嗽 上開戴反說文氣逆
也下蘇奏反俗字也正作瘶考聲氣衝
喉也字書胷鬲瘶病也或作嗽亦同也
痰瘖 上音談下於禁反胷鬲病也
拷楚 上音考掕打也
咀嚼 情與反廣雅咀嚼也蒼頡篇噍也音焦
說文含味也從口且聲類從齒作齟下
墻藥反廣雅嚼茹也字書咀
也柴齋亦嚙也從口爵聲也
溼以 尸入反考
聲溼濡也說文幽溼也從水從丝從土一覆
也覆土而有水溼也會意字經文從日從絲
作㬎非也㬎本音他合
反水名也在東郡武陽
涎唾 祥延反俗字也說文

一切經音義卷第十四　第八張　赤

口液也正體從水從欠作
次下土貨反口中津也
嘔逆 烏口反說文吐
也正作歐
炙 征亦反從肉在火上會意字也
拳縮 霜去
反賈注國語縮退也盡也宋忠注太
玄經云止也韓詩云斂也形聲字也
蠭蠂 上芳雍反考聲蠭名也或在樹為房或居土為
窠而有多種蠭惣名說文飛蟲螫人者從虫
逢聲也或作蠭經作蜂俗字下甜頰反
司馬彪注莊子云蛺蝶也經作蝶俗字
蚤蝨 上遭老反說文齧人跳蟲也從䖵叉音
爪經從欠作蚤謬略不成字下所乙反

說文云衣中齧人蟲也從蝨從卂卂音信經文從半風作虱非也

蛆蝨 上七余反正從肉作胆考聲云敗肉及醬中蟲也說文蠅乳肉中蟲也從肉且聲經從虫作蛆俗字下瑟櫛反從三虫介雅云有足曰蟲也

魚鼈 上正體魚字也說文從刀象形火魚尾魚尾與鷰尾相似偶然如火字非從火字也下鞭滅反考聲云水蟲也說文水介蟲也從黽音猛敝聲也經中從魚作鱉俗字非也敝音與上同也

黿鼉 上音元說文大鼈也從黽元聲下徒何反說文水介蟲也似蜴蜥而大從黽單聲單音耶說文單字從吅從里經文從單非近黽音猛俗用鼉鼍二字並從黽非也

鱓鋞 撣展反山海經云鱓魚也狀如蛐蟮郭景純注介雅云鱓魚似虵有斑說文魚也皮可以為鼓形聲字下真日反介雅蛭蟣也郭注云水中蛭虫入人肉中飲血者也

鉡鉿 上彭項反下甘臘反呂氏春秋云鉡金陰蟲也月望則鉡鉿實月晦則鉡金虛相感也說文作盒而有三種皆生於海盒厲千歲雀所化秦謂之牡厲海盒乃百歲鷰之所化魁盒一名復纍老復翼所化也從虫合聲經文作鉿亦一也

鍜蟇 上音遐下音麻

狐貈 上音胡野干之類也說文妖獸也鬼所乘下何各說文云似狐而小善睡也經中從大作狢字也說文古今正字典說並從舟作貈貉也正體從亢亢音各當反考聲亦作貌足為猯獾或有作貉亦通

鵰鷲 上音彫下音就

蜣蜋 上却羌反下音良介雅蛣蜣蜣蜋也郭璞云咲真者說文蝍埃形聲字也

肉疱 彭皃反

頷車 合盛反頤頭也經作頷俗字下昌遮反也

腿足 退餒反俗字非也正體從骨作骽考聲骽髀也股也字書髖也古今正字從骨妥聲妥音與骽同餒音奴會反說文髖

鉤綴 張衛反賈注國語綴也說文合著也從糸叕聲也糸音覓叕音措劣反也

脃 詮歲反廣雅脃弱也說文小耎易斷也從肉從絕省聲也又說絕字從糸從刀從卩會意字也卩音節

無梢 所交反柴梢也從木或從手肖聲也

輿

篅上輿字說文從具音余中從臾下非聲
反俗字也正體作圖許叔重注莊子云
圖篅也集訓云倉也說文云
以判竹圓以盛穀日圖也
𪖐唾上音涕經
作洟誤也本音夷非涕字下吐
貨反口液也並前卷已具釋
強拔上渠
良反相傳共用非本字正作弜從二弓又音
渠亮反於義亦通鄭玄注周禮云強堅也勸
化也郭注介雅云勤也蒼頡篇云健也謚法
云寬柔以敬日強不報無道日強和而不犺

日強說文弓有力也從虫從弘下排八反字
書云手拔也拔取也經義擢也致度也說文
從手犮聲犮
音盤末反
森竦上澀簪反說文云多
木高皃也從木從林
林亦聲也或作棽下粟勇反考聲云上也莊
子竦高也說文從立從束自申束也會意字
耳
屆彼上音介孔注尚書屆至也鄭箋
也
毛詩云屆舍也說文行不便也
極也從
戶虫聲
窣堵波堵音覩梵語也即合
利埤塔也舊云浮圖

訛略
也
婆羅痆斯痆音搦點反梵語
城名也舊云波羅
奈訛
略也

大寶積經第五十八卷　文殊授記會第
十五　三卷經

繽紛上匹賓反從糸從貝（賓）聲賓音
賓下拂文反天花亂墜皃也
恬怕牒拈反孔注尚書恬安也方言恬靜也說
文從心從甜省聲也下普白反廣雅怕靜
說文無為也從心
自聲拈音念甜反
各寶精西反說文持
遺也從貝齊聲

經文作賁俗字訛謬
門閫坤穩反鄭注
也因變古文畚為賁
札記云閫門
限也說文闑閫字而有閑及擿字物雖是一
而多名門閫門閫門橛門梱皆門限也俗呼
門砌因以石作遂音砌為切閫韋逼
反闑魚烈反楔先結反穩溫本反也
倮者
華瓦反借音字也本音盧果反顧野王日脫
衣露袒也從人果聲經文作蠃亦作裸或從
身作躶皆
盲瞽莫耕反說文目無眸子
赤體也
也從目從亾省聲也下
音鼓說文目但有眹曼曼
如鼓皮日瞽從目鼓聲
聾瞶上祿東
反耳無

聞也見桂苑下瓦怪反考聲聵極聾也從耳貴省聲也經文從目作瞶非也

貪窶　納窶反具字上聲說文云貧無財以備礼曰窶從縷省也

摧過咎　求有反考聲云咎罪也愆也病也出古文各字從卜從口久聲也

蹬粹　雖醉反廣雅粹純也周易純粹精也字書精微也說文從米卒聲也

廛肆　上長連反王篇云市中空地也下音四孔注尚書云肆陳也杜注左傳云肆列也陳列貨物於市字書云居舍也從長聿省聲也

斟酌　上章任反賈逵注国語云斟取也酌行也說文酌勺也從斗甚聲也

據甲牀　居御反考聲據安也所依也韻英按也從手豦聲音渠說文從虍音呼從豕經文作攄俗謬也又說甲字從甲從左字統云鏁甲云於左者甲也牀字從木從爿音牆

鑒徹　上革陷反玉篇鏡也廣雅照也或作鑑下廛列反考聲通也說文從彳丑尺反從育從攴

經從去從曰非也欬欸聲

謦欬　上輕郢反下康愛反字指謦欬通咽喉氣也

暨乎　渠義反韻英云暨至也亦詞也從旦旣聲也

險詖　彼寄反蒼頡篇云諂佞也廣雅慧也說文辯論

悕望　上希字說文作希下冈方反從夕夕音月從壬止聲也

思憒　恐字從心巩聲音拱巩字從凡工聲音戟經作恐訛也下香業反尚書曰愶從冈治廣雅愶怯也顧野王云以威力恐愶也正從三力經從三刀謬也

大寶積經第五十九卷

歎羨　徐箭反韓詩羨願也考聲愛也慕也說文貪欲也從羑音眉役反次聲也次音夕延反口液也從水從欠今俗用從羊從次作羨非也

稸用　丑六反考聲云稸積也從禾畜聲也經有單作畜者許六反於義亦通也

重擔　擔濫反古今正字云擧也說文負也從手詹聲或作儋

如犀　音西獸名也介雅云犀似豕郭璞注云形如水牛豬頭大腹庳脚足有三蹄黑色二角一在頂上一

在阜上阜上者名為食角好食棘刺亦有一角者經喻一角說文從牛從尾省
淩㥄　上淩字借用從氷氷名也冝從力作𠫤正也下眠結反考聲輕傷也從心蔑聲經文單作蔑非也說文又說蔑字從戍西聲苗取音眠結反同上也
陿劣　咸甲反從阜從𡿦經文從犬作狹非本字前文已具釋陿音謙葉反也

大寶積經第六十卷　無可音訓者

大寶積經第六十一卷　菩薩見實三昧會第十六十六卷經

迦盧陁夷　正梵音云迦引路娜引以舊曰迦留陁夷阿羅漢名也
千載　才頰反載車載也順俗訛語為在字也
㪡濯　上飢義反下官喚反
棘刺　上矜嶷反說文從並二朿朿音次經從二朿訛也下音次說文從刀從朿經從夾非也朿音早重二朿俗從二朿非
膺　正

憶凝反蒼頡篇云二乳上骨也漢書韋昭曰匈四面高中心下䨱曰膺說文膺匈也從肉雁聲或從骨作䏈古字也
傭纖　丑龍反考聲上下均也韻英直也說文均直也從人庸聲經從月作膧俗字也下相閻反廣雅纖微也說文細也從糸韱聲也或從女作孅韱音尖經從韱非也
鹿蹲　常兗反
所漂　匹遙反
翅稍　音朔考聲云長矛日稍也
蔽諸　卑袂反說文小草皃從草敝聲
原隰　尋立反介雅下溼日隰言其墊溼也或作習俗字也

墊音居也
翁欝　上屋孔反下蕴律反俗字也考聲云翁欝草木盛皃也
寳鈚　瓜猛反鄭注周禮云金玉未成器也考聲亦云𨩲鐵等璞或作礦磺說文從金丱聲丱音同上也
綢雨　逐留反廣雅綢經也韜也考聲纏束也從糸周聲或作𥿄綢之綢為綢字於義亦通也
旌鼓　上積盈反或作旍介雅注旌首日旌郭璞云載旄於竿頭拄注左傳云旌章也賈注國語云旌表也顏野王云凡旄者旄牛尾也施於幢旗之端如今有旆也旄音毛說文游車載旌所以精進士

幸也從𢆉音倕從𡍮生聲也下音古鼓者所
以警衆也周礼有六鼓靁鼛路鼖鼛鼖易曰
鼓動也震音也鄭注儀礼鼙也白虎通曰鼓
者坎之氣也說文鼓郭也從壴（竹句）從支經文從
皮作鼓俗字非也

怛慼　上音立反蓍頡篇云怛怛不節之自也說文不安也形聲字下請亦反或作慽何休注公羊傳云痛也鄭注論語云多憂懼也說文慽憂懼也又解戚字從戊音𡿨月反尗聲也尗音𣎴

自谷并谷他

經本多作絡𢇁非也書寫人誤也他字為正

綫金　先箭反或作線說文縷也從糸戔聲俗作綖非也

大寶積經第六十二卷

𦧇美　上𦧇閻反𦧇聲甘也說文美也從舌甘會意字也或作甜一也下眉鄙反說文味甘也從羊從大在音之中羊者給膳之大甘也故從羊從大會意字耳

韈韉　上韈字亦作韤下剪前反正作韉說文作韀韤𩊱也或作緎韉皆一也下

緧　上七遊反馬紂也

轡　悲媚反馬勒也從絲從𤰈𤰈音衛經中從車從口作轡俗字也

韡幘　睥迦反顧詮云有頸𩩲也字書云胡𠐔也𠐔音羌嬌反考聲正體作𩎟經作韉𩎟𩎟並俗字也下毛報反或作𦇛考聲頭衣也說文小兒及蠻夷頭衣也李作冃今隸書從巾冃聲也

神龜　愧韋反水介蟲也周礼有六龜介雅有十龜此則第一神龜也說文云外骨而內肉從它象形以䵷為雄

䵷鼈黽類皆從它也

鼊鼈　早城反水蟲名也說文從黽音猛敝聲也經中多從魚或從龜作鱉鼈皆非也

騞騣　上音計又音結鄭玄云結騣也今經之緼結馬之騣尾也下音宗考聲云馬鬣也又作騣鬉音獵

𦶜蘇　上音𧂍考聲云𦶜蘇旗脚也今以垂珠帶為𦶜蘇象𦶜𦶜也古文作𣏖象形字也

硨磲　上音車下音渠廣雅硨磲石寶也次於玉也

感髮之

帒　音大考聲橐也從巾經作袋俗字也

門閫　坤本反鄭注礼記云

閫門限也說文從木作擱形聲字也

門樞 衛朱反考聲云門扇轉處也今呼為門肘亦日轉明舊音義云門日㕚非也廣雅樞本也韓詩樞機者制動之主從木區聲也

櫨栱 魯都反說文薄櫨柱上拼音肩蒼頡篇云柱上木也下恭擁反柱上承斗之曲木也象人之拱因以為名俗呼或為去聲也

黄柄 兵命反鄭注周礼云柄所以秉執也賈逵曰柄權也說文柄柯蒼頡篇柄屎也廣雅柄柱也從木丙聲屎音勅利反也

奪聽 上徒活反下體廷反考聲耳聞也說文聆也從悳音得從耳壬聲壬音天郢反

璫轃 上音當埤蒼璫充耳也釋名云穿耳施珠日璫下音集耳轃也考聲云轃車輪也耒耳轃似輪西國國去及賁勝皆以金銀鈠寶作耳轃著穿耳之處猶如寶輪以雜寶廁其間以為嚴飾經文作渠借用

跋墀 上補末反下音遲舊云婆稚皆梵語訛略不切也此即阿脩羅王名也正梵音云縛抳縛音無割反抳音尼里反此無正翻故存梵語舊譯云縛常居修羅軍衆之前因戰敗惡為帝釋所縛因誓得脫故以為名

踟躕 上雉知反下柱誅反考聲云踟躕猶俳徊也或作躊躇上音籌下音除廣雅躊躇猶豫也考聲云躊躇不即行也毛詩傳日躊躇猶踟躕也踟躕與躊躇方言輕重有異其心疑未定其義一也二字並從足形聲字也

大寶積經第六十三卷

三摩䟦提 梵語也此云善定或云妙定或云三摩鉢底或云三摩鉢多皆梵語訛也

睡寤 上垂累反蒼頡篇云欲卧也說文坐寐也形聲字也累音類下音悟毛詩傳日寤覺也覺音教說文寐覺而有言日寤從㝱省吾聲或作害略也經從穴從心作㾮非也正體從广從爿

厭足 伊閻反或作猒

鈎欄 上古侯反下音闌或名欄楯楯音順

尋梁 祥瑶反文巳具釋下力強反尋梁者今之鈎欄上尋杖木也說文梁字從水從田從木古文從水從本從木

作㮓經從水非也

曲欞 歷亭反說文楯為欄檻也櫺為楯間子也俗呼捴名鉤欄也

碼碯 上音馬下音惱石寶之絶妙者次於玉或有班文玉之類形聲字

硨磲 上音車下音渠石寶也鮮白色次於白玉形聲字也

哩羅婆那 上嬰奚反經作哂誤也梵語白為王名也天帝釋常所乘具足神通知機變化善隨天主之意也

繮鞚 居良反說文馬紲也

從糸畺聲也或從革作韁亦正紲音思列反下苦貢反埤蒼云馬勒也

鶬鵠 上錯罡反郭璞注尒雅云鶬鴰鴰音括聲類作雒下紅穀反一名黃鵠比翼一舉千里或曰鴻鵠俗呼為紅鵠皆形聲字也

大寶積經第六十四卷

椽柱 長攣反考聲屋椽也說文榱也秦謂之椽周謂之榱齊魯謂之桷從

木彖聲也或作椽彖音池戀反榱音衰桷音角

般籌緘婆羅石 忉利天中寶石名也其石柔耎光潤姒好端嚴天宮上寶也緘音監咸反也

劓耳 宜冀反孔注尚書云劓割也鄭注周礼云截其鼻或作劓亦同從刀臬聲臬音魚列反據文勢合用刵字音而至反

駿疾 遵峻反韻英云良馬也考聲云馬疾也長也尒雅駿速也郭璞注穆天子傳云馬美稱也說文馬之良材者從馬從峻省又音俊義同

貪駛 師事反蒼頡篇云駛疾也韻英

云急速也考聲云馬行疾也古今正字從馬史聲

第六十五卷

無字可音訓

大寶積經卷第六十六

麒麐 上渠宜反下力陳反蒼頡篇云牝曰麒牡曰麐說文仁獸也麐身牛尾一角經意比喻一角經文中二字並從馬作騏驎甚非也乃是班驪馬也今俗呼為連錢驄殊非瑞獸也書寫之類不逐本字妄作誤用耳從鹿從吝正也

大寶積經第六十七卷

沮壞　疾顇反又音即預反沮溼也下懷
恠反說文壞敗也從土褱聲也
對治　上對字說文從華音浞學反從土
從寸俗用從至非也下音馳字書
治理也
或去聲　餐食　倉單反說文吞也從食奴
聲也奴音殘或從水作湌
經文從歺音氷非也下食字上非從人下
非從良說文從亼精入反從皀彼立反經從

人良俗　餚膳　上効交反俗字也正作肴
字也　鄭箋詩云謂葅醢也非穀
而食之日肴顧野王云美味果蓏也說文啖
也從肉交聲也下音膳鄭玄曰膳善也膳著
善食也膳進也說文　鼓聲　音古說文從
食也從肉善聲也　壴音陟句反
從攴經從皮
作皷非也

一切經音義卷第十四　第二十三張　赤

大寶積經第六十八卷

刖臯　五刮反又音月鄭玄注周禮云刖
斷足案此國古之肉刑斷足也譯
經者誤用也前六十四卷中已誤書劓耳案
本文合書刖音而至反截耳刑名也書寫人
不審也劓鼻刖　鞭打　必綿反字書
足是其本字　擊也撻也　杖
刺　清亦反經作　切　古外反割也。
刺俗字也　膾　細切肉也　鎚
擣　墜追反考聲椎擊也持也打鐵鎚也摘
也亦作搥推下刀老反考聲舂也說文
以手推擣也一云築也從　蹉　上倉何
手壽省聲或作搗或作擣　蹹　反相切

一切經音義卷第十四　第二十四張　赤

蹉也字書蹉也下談合反廣雅　嚴酢　上
履也說文蹋也有作踏非也　嚴
劒反借用字正作驗下倉　征亦反
固反酸也有作醋俗字也　火炙　廣雅炙
熟也漢書大暑之所炙說　眺遮反
文炮肉也從肉在火上也　批目　聲類批
捩也刺悅反說文　上謨侯反讀英
撓也從手𢪛聲也　矛矟　音替蒲反兵仗
也說文矛也建於兵車長二丈象形字也或
作戟古字也經文作鉾俗字槊也正作矛諸
字書並無此鉾字下霜捉反
考聲云長矛也從矛肖省聲

大寶積經第六十九卷

寱語　音藝集訓云睡語也聲類睡中不覺妄言也廣雅睡驚也說文瞑言也從㝱省臬聲也臬音魚列反有從穴作寱非也

寐寤　上弥庇反下吾固反韓詩寐息也玉篇眠熟也蒼頡篇覺而有言曰寤前文已具釋說文並從㝱省未吾皆聲也或有從穴或從小作寐寤皆非也上從宀音綿左從爿音墻

膠黏　上狡交反考工記說有諸膠鹿膠白馬膠赤白牛膠大赤鼠膠黑魚膠餌犀膠黃鄭云皆煮其皮作之顏野王日膠所以連綴物令相黏著也說文昵也作之以皮從肉翏聲也下女廉反考聲云黏固也蒼頡篇黏合也說文相著也從黍占聲也經文從米作粘俗字也

於㲉　苦角反字書云鳥卵皮也從卵㱿聲也

一切經音義卷第十四　第二十五張　赤

大寶積經第七十卷

不眴　玄絹反考聲眴視也從目旬聲也旬音縣從目經文從旬非也有不眺之徒音舜者非也皆不遂本文也

雨淹　奄关反考聲淹漬也敗也從水奄聲也

躁動　遭與反鄭注論語云躁不安靜也動也

大寶積經第七十一卷　菩薩見實三昧會

腥臭　昔精反或作胜孔安國注尚書云胜殠也說文犬膏臭也從肉星聲也

枝蔓　武飯反毛詩傳曰蔓延也廣雅云苗長也說文葛屬從草蔓聲也

一切經音義卷第十四　第二十六張　赤

大寶積經第七十二卷

治差　長尼反下柴界反

未逮　唐柰反介雅及也

嘶破　先奚反嘶亦破也

戰悚　粟勇反考聲云心不安也驚也從心東省聲

釜鑊　扶武反炊器也下戶郭反廣雅鑊鼎也有足日鼎無足日鑊從金蒦省聲蒦從廾從隻

鉾矟　上莫侯反俗字也正作矛象形字也考工記酋矛說文長二丈建於兵車也下所卓反廣雅矟亦矛也埤蒼丈八矛也從矛

肖聲

憘以　喜記反韻英憘好也或作憙同

㓾掘　烏完反埤蒼㓾削也恚緣反下群紼反廣雅掘斷也誅錄反窘也考聲斲也從手屈聲斲音卓

欠㰦　音去埤蒼云張口頻伸也

空嘸　撫膵反玉篇嘸嚮也蒼頡篇云㫜也凡物無有子遺名為嘸類齊人語也

裸形　盧果反俗字也正體作㵎從㵎省中從果韻詮云赤體也或從衣作㵎或從人作倮或從身作躶皆赤體袒衣

也時俗者為華寄反

抰怨　嬰類反介雅抰藏也考聲藏於披也說文持也心持於怨不忘也從手央聲也

大寶積經第七十三卷

深邃　尸任反字書深測也說文從水罙聲罙音與上同下雖醉反說文邃深遠也從穴遂聲

脬膜　上普包反小膀中藏小便器也見三蒼經文有從包作胞非也下音莫說文肉間膜也從肉莫聲

腦胲　改亥反足大指毛下肉又云頰肉也從肉亥聲

至跨　苦霸反俗字也正體從骨從果作髁文字集略云髀上骨也古文作㬥蒼頡篇云兩股也說文髀也從骨果省聲

至蹲　遄兗反字書蹲是腓腸也從足專聲也

餳餔　餳音唐考聲云飴和饊也說文夕盈反米糵煎成也下餔音捕考聲云米𥼶也亦作哺口中嚼食與小兒也說文音哺日加申時食也從食甫聲

孔竅　輕叫反考聲云竅亦孔也說文空也隙也從穴敫聲也或作噭

大寶積經第七十四卷

味饌　音撰俗字也正體從巽作籑古字不行用馬融注論語云饌飲食也鄭玄注儀禮云饌陳也廣雅進也說文具食也從食巽也巽音酸困反也

苦瓠　胡故反考聲云瓜瓠也郭璞注介雅云瓠瓢也味苦者有毒不堪食可入藥用說文瓠也從瓜夸聲也夸音呼故反

枸奢得子及維婆

子 此等皆梵語樹名也其葉苦可煑為飲治頭痛疾即此國苦楝是苦櫃之類也 紝女林反 楝音練也

第七十五卷 無可音訓者

大寶積經第七十六卷

摩抆 闇粉反韻英云修拭也摸也或作揩亦通

穅糩 上元

郎反郭璞注尒雅云米皮也說文穀皮也從禾康聲也或從米亦通下口外反字書麁皮字統亦云粗糠也穀皮也說文糠也從禾會聲也

銅鏶 閻接反考聲云釘鏶也玉篇云齊人為鏶為鍱鏶音集典說云金鍱銅鐵皆有鍱唐初避廟諱改世作鍱

第七十七卷 富樓那會第十七 三卷經羅什譯

此卷無可音訓者

大寶積經第七十八卷

儱倰 上祿董反諸字書中並無從人作者應是譯經者以意作之相傳音也唯藂韻中從心作儱下音麗義說云儱戾者掘強㣭戾難調伏也並從心經從人非也

憒丙 上戶外古外二反下音拏効反從市從人經作丙不成字

鬏鬚 上音須俗字也本字只作須說文從頁頁頭從彡音杉彡衆毛也時用須字從水作湏非也湏乃是古文頮字也音悔下蕃戟反顧野王云首上毛也說文髮根也從髟犮

聲也古文作頗頁音頡犮音蒲末反髟必遙反

肌肥 上幾宜反下費微反

啼泣 上弟泥反俗字也正作嗁玉篇云哭無常節也或作謕說文號也從口虒聲虒音梯也

大寶積經第七十九卷

賈客 上音古杜注左傳云賈賣也鄭玄云居賣也字書云坐販日賈音為嘏者非也

隘道 櫻介反廣雅隘陿也急也鄭注礼記云陋也從阜益聲也或作

阸杜預日地險不平也從卩戹聲也戹音戹
纒裹長連反考聲云繞也束也說文約也從糸廛聲也下音果顧野王曰裹猶苞也說文纒也上下從衣中間從果聲也
瘡瘵上楚霜反考聲云作瘡也說文作刅古字也或作創下找䐗反考聲痕也從疒槃聲疒音女戹反䐗音莫安反
箭矟霜捉反
蹇陁達多梵語是提婆達多眷屬等五百比丘名也

一切經音義卷第十四　第三十一張　赤

大寶積經第八十卷　護國菩薩會第十八　兩卷經　崛多三藏譯

傭纖丑龍反考聲云上下均也韻英云直也從人庸聲經從月非也下息尖反微細
佷戾上音恨下礼計反
擯出必胤反莊周云擯弃也落也逐出也從手賓聲經從人作儐非也義訓不相應錯用也
劇苦渠逆反
不餐倉單反考聲云敢也說文吞也從食𣦼聲或從水作湌經從冫非也𣦼音殘也
焚燎聊曜反韻英云爓世照也說文放火也從火尞聲也
王募模布反韻英云召也考聲廣求也從力莫聲
黐膠上耻知反考聲云黏也擣木皮為之可以捕鳥獸從黍离聲也离音癡經從离誤也
高崖牙皆反考聲云山澗邊險岸也從山厓聲厓音同上

大寶積經第八十一卷　護國菩薩會

無猒伊鹽反字書犬甘肉也從甘從肉從犬會意字也
繫閉鷄詣反顧野王云拘束也留滯也鄭玄日連綴也從糸毄省聲說文閉字從才經文從下俗字也

一切經音義卷第十四　第三十二張　赤

牢獄上音勞說文云閑養牛羊圈也從牛從舟省舟取四周帀也俗用從穴非也下愚錄反顧野王日相與諍訟也四繫之所因名為獄鄭玄注周礼云爭財日訟爭罪日獄說文從犾音銀二犬所以吠守也會意字也
妒嫉都固反下秦栗反王逸注楚詞云害賢日嫉害色日妒說文婦妒夫也從女戶聲俗用從右或從石者並非也嫉亦形聲字
杯器配盃反考聲云凡器未燒者也或作砙也
嬉

戲 上虛紀反蒼頡篇戲㕦也下喜義反毛詩傳日戲逸豫也尒雅謔也郭璞云嘲也說文從戈䖒聲也䖒字從豆作虛音虛宜反經從壺從弋作戲非也

牀敷 上狀莊反說文從木從爿爿經作床不成字下芳夫反考聲敷施也布也說文從攴普卜反尃聲也尃字從甫從寸經從甶音專下從万並俗字非正體也

氈褥 上之然反下音辱考聲云杵毛為之日氈以繒綵衣之日褥也

輦轝 上連展反考聲云駕人日輦輦轝也說文人輓車也從車扶扶音伴在車前引之日輦下與曙反又音輿說文乘人而行日轝從車從與省聲平去二音協通也

須乘 上相踰反說文須待也從立從彡音衫從頁今經文多從水作須非也是水名非須字也

鸚鵡 上烏耕反下音武綠色鳥也郭璞注山海經云扶南外有五色鸚鵡亦有純白者大如鷹足有四指前後各二能學人語曲礼日鸚鵡能言不離飛鳥並形聲字也從嬰武皆聲嬰從二貝也

一切經音義卷第十四　第三十三張　赤

鸜鵒 上具俱反亦從句作鴝下音欲鴝鵒鳥如百舌鳥黑色唯兩翼有班白銀前嘴上有毛角別也異苑日五月五日剪鸜鵒舌即能學人語淮南子云鴝鵒一名寒臯說文並形聲字也又云鸜鵒不過泲水也

鴻鶴 上音紅隨陽鳥也毛詩傳云大日鴻小日鴈皆水鳥鵝屬也下何各反有白鶴瑞鳥也仙人所乘壽皆千歲又有紅鶴凡鳥也所在皆有蒼紅色一名鵁鶄形如鶴而小亦水鳥也

俱繫羅 舊云俱枳羅梵語西國鳥名此國無

顦顇 上情遥反下情遂反或作憔悴瘦惡也

悵怏 勑亮反蒼頡篇云惆悵失志也說文云悵即悵望也下殃亮反廣雅怏強也說文不服也並形聲字

皮囊 諾郎反考聲云有底袋也

筋骨 上音斤從竹從肉從力說文云肉之力也有從草從月非也

浚流 詢俊反考聲云水急流也或作濬下流字從水從云從川

漂沒 上匹遙反說文漂浮也或作漂下沒字說文從𠬛聲也𠬛音沒

戰慄 音栗

臂[月庸] 丑龍反抽直也

右脅 香葉反從肉從三力從三

一切經音義卷第十四　第三十四張　赤

刀者非也

大寶積經第八十二卷 郁伽長者會第十九 一卷經 魏康僧

常聽 去聲從壬

郁伽 億六反梵語菩薩名也

荷檐 上音何下都甘反負也

橋船 渠嬌反水梁也從木喬聲喬字從夭舩字從沿省也

嘲譃 上⿰豸爪交反或作啁嘲譃也⿰豸爪音吒狡反從豸從爪下音花桂莞云宣噪

牽摩 上啓堅反說文牽引也從玄下從牛下昌世反顧野王云摩猶牽也說文云引而縱也或作掣俗字也今經作抴誤也

財賄 灰退反考聲賄財也或作晦也

躑躅 鄭劇反下重局反躑躅猶徘徊也不進也跳躍也

猫伺 卯包反本音苗獸名也考聲云大蟲之淺毛者曰獻猫也形狀大小一似人家所養貓今捕鼠者也說文從豸從苗今經文從犬作猫俗字也豸音雉

謫罰 知革反毛詩傳曰謫責也郭佳方言云相責怒也罪過也從言適聲也或作讁下音伐從四從討

梯隥 上體奚反考聲云隥也可以登也下當亘反考聲隥履也仰也

阿練兒 梵語虜質不妙舊云阿蘭若唐云寂靜處也

大寶積經第八十三卷 無盡伏藏會第二十 兩卷經 菩提流志三藏譯

懇惻 上康根反廣雅懇誠也信也從心狠聲狠音同上下初側反廣雅惻

愴也說文悲痛也從心則聲

蠶繭 上藏含反周礼仲春詔后師內外命婦始蠶於北郊考聲云吐絲蟲名也說文妊絲蟲也從蚰朁聲也下堅顯反礼記世婦卒蠶奉繭以示于君蠶事既登奉繭稱絲說文云繭蠶衣也從糸從虫從芇者或作絸古字也

綜習 宗宋反考聲云兼也攢絲而糾之也說文機縷持絲交者曰綜從糸宗聲也

纔見 在來反考聲云蹔也

大寶積經第八十四卷

媱詐 諫顏反蒼頡篇云媱僞也說文私也或作姧亦同 掣編 闡熱反又音昌制反今取初音說文云引而縱也從手制聲也或作㨷或作摯下常仍反索也

大寶積經第八十五卷 幻師跋陀會第二十一 一卷經 菩提流志三藏譯

較試 上音角考聲云較略也鄭玄云較見也介雅亙也廣雅明也或作挍古

一切經音義卷第十四　第三十七張　赤

文俗 遍澍 朱樹反考聲時雨普澍也從樹省聲也經文從雨䨵非也乃是筆誤及書寫之徒𡨥意妄作元無此字也

大寶積經第八十六卷 大神變會第二十 兩卷經 流志三藏譯

躡金蹝 上女輙反方言躡登也說文蹈也下音史考聲云屣之不躡跟者也亦作縰𩌦䩙案經即西國革屣也

第八十七卷 無字可音訓者

大寶積經第八十八卷 摩訶迦葉會第二十三 兩卷經 月婆首那譯

一醆水 責簡反錯用也正體從玉作琖礼記爵用玉琖夏后氏以琖殷以斝周以爵或作盞方言云盞桮也郭璞亦云最小盃也經文從酉作醆非本字集訓云醆益嚌濁酒撤清也殊非經義也

奪取 徒活反群書字要云從奞從又又即手也奞音雖大鳥有足也手持大鳥失之曰奪又蔡邕石經從寸作奪今經文從六

一切經音義卷第十四　第三十八張　赤

下作棄誤之甚矣又有從犬作𥚃亦非不成字也

擿打 卓本反

賫持 濟齊反考聲云持財以與人也說文持遺也從貝齊聲今經文作賫俗用字謬誤之甚

嗺喍噑吠 上額皆反次音柴次音毫下肥惠反並俗用字也正體並從齒從柴省作𪗨說文作齺集訓云齒相齗也又云開口見齒也玉篇云齒相切也聲類作齺齺考聲云齺齺猗齾皃也齒不齊皃也齷字亦從齒從厓下吠字說文云犬鳴也從口從犬聲也

嫉妒 上音疾下

都回反從女從戶前文巳訓釋經文從后皆非也始音古候反乃是易中始卦字乖經意也

傎倒 上丁堅反考聲云傎亦倒也從人從塡省聲也今經文從山作巔誤也山頂也非經義

顏皃 下茅豹反考聲云容儀也見也或作貌今經中從犬作狠非也玉篇音云午間反說文云狠狠犬鬪聲也甚錯乖經意也

大寶積經第八十九卷

鐵鍱 下音葉前七十六卷中巳訓詁經作鏷非也

洋沸 上以章反集訓云水流皃也毛詩傳曰洋洋盛大皃

衒賣 玄絹反說文云行且賣也從行玄聲或從玄行衒亦聲也下買敗反說文云出物也從出買聲也今經從土從四俗用訛略也買字說文從冋也

白㲲 音牒考聲云毛布也草花布也從毛疊聲也經文單作疊非本字器物也

瞻眄 上章廉反毛詩傳曰瞻視也下眠遍反考聲云衺視也衺音夕嗟反正體字也

洟唾 上天帝反下吐貨反皆口液也

非齅 休救反說文以鼻就臭曰齅韻英云鼻取氣也從鼻臭聲也經文從口作嗅非也不成字

弥帝隸 梵語古云弥勒皆訛略不正也正梵音云每怛哩唐言慈氏菩薩名

大寶積經第九十卷

優波離會第二十四　一卷經　菩提流志三藏譯

測量 楚力反下力畺反說文從童正也經從里略也俗字也

阻壞 上俎所反下懷恠反

哮吼 孝交反俗字也正體作虓集訓云虎怒聲也從九從虎

翱翔 上音敖下音祥逍遙也前音義中巳訓釋也

大寶積經第九十一卷

發勝志樂會第二十五　兩卷經　菩提流志三藏譯

校淚 武粉反拭也

炫燿 上玄絹反說文炫亦燿也廣雅炫炫火明也下遙笑反賈注國語云燿示也說文燿照也考聲云火光照也並從火明也

呪詛 莊隸反鄭注周礼云盟詛主於要誓大事日盟小事日詛詛謂呪之使

敗也考聲云呪罵也或作譴譴課四形用皆同

壐閈 上長連反考聲云一畞半為一家城帀中空地也或作堧下寒案反蒼頡篇閈垣也廣雅居也說文閈閭也汝南平與里門也從門干聲也

譏笑 既衣反鄭注礼記云譏呵察也廣雅諫也問也說文誹也考聲刺也從言幾聲也

倡技 上音昌蒼頡篇倡俳也聲類倡優也說文樂也下奇綺反考聲云工巧也字書云藝也能也從手從伎省聲也

第四十一張　赤

一切經音義卷第十四

一切經音義卷第十五　赤

大唐翻經沙門慧琳撰

大寶積經音義之五

音大寶積經從九十二盡一百二十凡二十九卷

大寶積經第九十二卷

白法羸　纍危反韻英云羸劣也韻詮羸弱也從羊𣎆聲也𣎆音同也

諠雜　上暉袁反或作讙古文作吅下財合反從衣從集也

世話　胡快反說文云會善言也從言𠯑聲考聲話調也或作譮古文作䛡說文音胡卦反今取

後音經話俗字變體也

憍慠　蕎妖反下我告反

躁擾　子到反顧野王云躁動也考聲云急性也鄭玄云不安靜也說文躁疾也從走作趮玉篇從足喿聲也喿音桑到反經中從參作蹨不成字也下而沼反考聲擾乱攪也因此煩彼也從手憂聲憂音奴刀反今經文從憂非也說文憂字從頁從止從巳從夊音雖作憂或作憂也

甘蔗　之夜反或作蔗

佷戾　上音恨下音麗佷戾不順伏也

䴥獷　古猛反惡也

樊籠　上音煩考聲云鳥籠也說文云鷙不行也從爻從林從大聲也又音攀或作棥一也

一切經音義卷第十五　第二張　赤

擯庰　上賓印反司馬彪注莊子云擯棄也史記云相與排擯也說文從人作儐下音尺劉兆注公羊傳云庰指言也廣雅推也王逸注楚辭云斥逐也許叔重注淮南子云庰柘也說文却屋也從广屰聲也广音儼屰音逆今經文作庰俗用訛謬也因草書變體也

謇歰　上蹇偃反周易謇難也方言謇吃也或作謰亦作卷寋皆一也下叅立反訓解如前經作澀

大寶積經第九十三卷 善臂菩薩會第二十六卷經羅什譯

革屣 所綺反集訓云屣之不攝跟者曰屣鞾履也從足作躧或從革作鞿從尸徙聲也

施牀 狀莊反說文云安身具也經作床非也

澡鑵 上音早韻英云洗也說文洗手也從水喿聲喿音穮到反今經文從叅作滲非也滲音霜禁反非經義下古翫反盛淨水瓶也集訓云汲水器也從缶雚聲也缶音甫苟反舊與鑵同經中從水作灌誤也灌溉非經義也

筆墨 經作默非也

捷疾 潛葉反從手

親戚 清亦反考聲云親也近也說文從戉尗聲尗音叔今經文從人作傶不成字也多是書寫之流隨愚妄作耳也

刑戮 力竹反鄭注周礼云戮辱也賈注國語云戮煞也考聲刑也說文從戈翏聲也或從刀作經從力誤也翏音六幻反

文辭 似茲反考聲云以言說理也古

一切經音義卷第十五　第三張　赤

文作𤔲說文解訟也從𤔔從辛𤔔辛猶理罪也𤔔音乱乱理也今經作辤愚人妄書不成字也

苦惱 奴倒反說文痛恨也經文作惚非也非經意下愚之情妄書不成字

挑眼 體遥反從手

頭然 經中作投燃非也

大寶積經第九十四卷

肉團 或作摶徒鸞反今經文作揣非也揣音初捶反揣殊非經義也

假借 經文作賈非也賈人姓也

宗靜 經文作家古字也亦作誹㰻今俗通作穽五體一正一俗三古

一切經音義卷第十五　第四張　赤

大寶積經第九十五卷 善順菩薩會第二十七卷經流志譯

悵然 勑亮反形聲字

誡鍊 蓮奠反非本字正作柬考聲云精擇也或作揀俗字也今經文作鍊鎔鍊金鐵字也非本字亦通

變態 他代反考聲云意變無恒也集訓云姿容皃也從心能聲能音耐

賄貨 灰外反考聲云賄財也或作賄從有貝聲也

滋蔓 上子慈反孔注尚書

云滋益也考聲多下音乃訓釋已見前文也恒挂卦怪二音並通考聲云挂懸也止也或作絓從手圭聲也箱篋上息羊反下謙葉反足踏謀合反俗用字也本音貪合反踏著地也正作蹋考聲云蹋踐也從足𦐇音塔也

大寶積經第九十六卷 勤授長者會第二十八卷經 流志譯

遊讌烟見反考聲云歡飲酒也韻英云飲酒會言也或作宴從言燕聲也

一切經音義卷第十五　第五張　赤

坯瓦上普丕反瓦器未燒曰坏見文字集略凡坏器遇雨即壞經取脆義也圊廁上磧盈反字書圊圂也圂音胡悶反考聲圊亦廁也從囗青聲訓廁字亦與上同也魁膾上苦壞反下古外反從肉會聲如析星亦反析分也水從片半木字正或作析古文作片駛河師事反韻英云慈速也從馬史聲或作块今經文從史作駛書經人誤也駛音涓血反駛騠馬名非經義

摶食或作團段欒反鄭注周札云團圓也考聲摶捏也毛詩傳聚也從手專聲食字正從亼亼音精入反從皀皀音彼立反案摶食者衆味相和食也痰癊上音談下於禁反編絡上鼈綿反劉兆注公羊傳云編比連也蒼頡篇云編織也顧野王編列也說文次簡也聲類以繩編次物也下郎各反筋纏上音斤下徹連反窻隙俗字也正作窻字書云助戶明也音楚江反說文在牆日牖在屋日囪象形古字也今隸書通作窓又云通孔也考聲云今屋兩端窓也下卿逆反從白上下小經從巢作隟非也七竅鎔叫反鄭注札記云竅孔也鄭注周礼云陽竅七陰竅二說文竅空也從穴敫聲音叫也皮裹音果殯爛迴塊反韻英云殯肉爛也從歹從殯省聲也歹音殘如借精亦反中洟下音夷韻英云鼻涕也或作咦鵜也眼眵齒支反韻詮云目汁凝也說文目汁也從目從多省聲也磨鎣縈併反韻英云摩珠玉也鎣鏡使明也從金從熒省聲也餧狐

一切經音義卷第十五　第六張　赤

狼與上戯位反韻英云歔牛也考聲云與食也從食委聲也或作萎 誇衒 上苦爪反孔注尚書云憍恣過制以自夸大也謚法曰華言無實曰誇從言夸聲也今經文從亏從亏作𢗅俗用謬也下玄絹反玄字上聲韻英云行賣曰衒集訓衒自矜藝也從行玄聲也

大寶積經第九十七卷

優陀延王會第二十 九一卷經 流志譯

拘睒弥 上音俱次商㻝反此句梵語不求字義中印度國名也佛在時此國有王名鄔陁衍那唐言出愛古譯或云優陁延或名優塡王皆訛略也

頸項 上居井反下巩講反蒼頡篇云頸在前項在後說文頭莖也並從頁頁音頡從巠從𢀜省聲也

被軶 烏華反車軛也軛凝也經作軶俗字正體從戶從乙作戹

乳哺 蒲慕反許叔重注淮南子云口中嚼食與之也考

聲云食在口含咀也如鳥與兒食也從口從捕省經文作餔誤也餔字本音步胡反非本字也

貿易 莫候反介雅貿币也顧野王云交易也字統從貝𢇍聲也𢇍古文卯字也今隸書從死訛也下易音亦

嘷叫 上号高反左傳云豺狼所嘷說文嘷咆也從口臯聲也臯音高從白從夲夲音滔下驍曜反廣雅叫鳴也字書呼也說文乳也從口從丩丩音經由反玉篇作𠮧或作嘄嘂討皆古文叫字也從刀非也

翳荼迦 梵語蟲名也食糞如蜣蜋之類

尌雹 上音注經文從雨作霪非也字書並無此字下龐覺反龐音蒲江反

窯師 音姚字

䣛惡 伊鐵反烏固反

焚燎 遼币反

涎涕 上夕延反下體計反口液也經文從夷作洟誤用也字書雖有替音本是夷字易萃卦曰齎恣涕洟是其證也

倉廩 臨錦反時用字也說文作㐭㐭倉也象形字從入回象屋中戶牖者今隸書加禾作稟字林作廩並通

穬𪎭 古猛反蒼頡篇云穀之有芒者也說文芒穀也從禾廣聲也下𪎭即反考聲云麥𪎭也從

变弋聲也或作芠

顚仆 上丁堅反字書顚豎也從眞從頁或從人作傎傎倒也經從二真作蕻俗字誤也下孚付反與赴字同音考聲云偃仰也僵尸也從人從赴省聲

游泳 上音由考聲隨水流皃從水從遊省聲下榮命反毛詩傳云潛行尒雅泳游也郭璞云潛行水底也從水永聲也

跳躑 上亭姚反跳躍也下呈劇反躑亦跳也

鑊湯 戶郭反訓釋如卷初說

一切經音義卷第十五　第九張　亦

鐵槽 音曹字書云馬櫪也

鐵觜 醉髓反韻英云鳥喙也或作紫啄韻詮亦云鳥口也又或作嗺嘴皆觜字也喙音呼穢反

探啄 上他含反下音卓也

煻煨 上音唐下烏瓌反從火從猥省聲熱灰火也

銛利 上音纖尖也

洋銅 音羊

大寶積經第九十八卷

此卷有兩會妙慧童子會第三十

恒河上會第三十

並流志三藏譯

沮壞 情預反又音疾與反字書溼也漬也

諛諂 上腧朱反下丑涤反

普洽 咸甲反考聲云洽和也

裝校 上莊狀反下交孝反裝飾

穿鑿 上音川說文云穿通也從牙在穴中會意字也下藏鶴反考聲云木作具也說文云以穿木也從金從丵下從臼從殳金經文作鑿訛也丵音鉏學反臼音舊殳音殊古文作殳

一切經音義卷第十五　第十張　宗

大寶積經第九十九卷

無畏德菩薩會第三十一

二卷經　佛陁扇多譯

寶屐 渠逆反說文屩也從履省從彼省聲也經從足作跂非也

陿劣 咸夾反迫隘也從阜從匧經文從犬作狹誤用也乃狹習犬馬字也非經義也

蓖麻 閉迷反考聲云草樹名也其子似牛蜱蟲故以名焉從草跑聲今經文作蓖或作蜱並非本字也

躑躅 前八十二卷中已音訓

小

橃 音伐字書云縛竹木浮於水上謂之橃經文作栰俗字非正體也 大舶 音白海中大舡曰舶 一滴 丁歷反有作滴非也 女得 音汝下文三叚皆汝字也並云汝今爲住是也 若舐 食尒反說文云以舌取物也或作𦧇䑛並通皆古文䑛字也經作舐非也未詳何出 若齅 休救反以鼻就臭曰齅經作嗅俗字也 若唼 𧶘合反爲食也

大寶積經第一百卷

無垢施菩薩會第三十三 一卷五品竹法護譯

鬄鬚 上體計反說文云鬄髮也從髟弟聲大曰髡小兒曰鬄盡及身毛曰鬄音釋髟音必遥反髡音兀 眼眴 音縣眴視皃有音舜者非也 傭䏶 上勑庸反下音陛 蹲腸 上常兖反說文足腓腸也

從足專聲又說文專字從叀寸或作腨俗也下腸音長從肉從昜省聲 麒麟 上音其下音隣麒麐瑞獸也頂有一角形皃及解字前經第一卷第三十卷第六十六已重訓釋訖

大寶積經第一百一卷

功德寶花菩薩會第三十四 又入善住意會第三十五同卷

射術 上時夜反說文云弓弩發於身而中於遠從身從寸寸法度也或從矢作䠶亦同下晔律反韓詩云術法也鄭注礼記云道也藝也說文邑中道也從行术聲也术音鉥律反從朮省聲也 鬱多羅僧伽 梵語僧衣名也即七條袈裟是三衣之中常服衣也亦名上衣見南海寄歸傳 欄楯 上勒單反下音順說文云欄檻也縱曰欄橫曰楯楯間子曰櫺俗謂之鉤欄楯字從木盾聲盾音順從丿十目也 乞匃 哥艾反韻英云匃亦乞也說文上從人下從亡人亡財物則乞匃經文作可非丏音綿典反弃經意

大寶積經第一百二卷　善住意天子會三卷經

剜身　椀觀反王篇剜削也創音惠緣反蒼頡篇云創取也廣雅創剜刓相訓也也

割骸　上乾過反孔注尚書云割也介雅割裂也廣雅割斷也裁也截也形聲字也下音古鄭箋毛詩云脛本曰骸說文骸髀也從肉殳聲或從骨作骰殳音殊也

滂流　上普經反王逸注楚辭云滂廣流也廣雅滂滂流也說文霈也形聲字霈音配也

羈羅　上寄宜反王逸注楚辭云羣絡馬頭字書云縶也考聲云馬勒也說文作羈馬絡頭也從网從馽從馽馽音知立反馽馬絆也從口口音韋口馬足也會意字也馽音知立反經文作羈誤用也羈旅字也乖經意羈羅二字並從网也

一切經音義卷第十五　第十三張　赤

大寶積經第一百三卷

輦軒　上力展反周礼皇后乘五路輦車鄭玄曰為輕輪人輓以行下憲言反考聲軒安車也杜注左傳云大夫車說文曲輈藩車從車干聲也

迫迮　上音百下莊革反也

昏耄　毛抱反說文耄老也杜注左傳乱也曲礼云八十九十曰耄轉注字也

羸瘠　上力追反字書劣也弱也下情亦反何休注公羊傳云瘠病也齊人語也考聲瘦也或從肉作膌或作瘠皆古字也

離妒　都固反經始作始非也音遺

諠猥　上香袁反或作讙皆正鄭注礼記云諠譁也廣雅鳴也經文作宣俗字古文作吅會意字也下烏每反廣雅猥衆也

蒼頡篇頓也說文吠聲從犬從畏省聲也

右髆　補莫反文字集略云髆肩甲也說文從骨從愽省聲也經文從月作膊非也音普愽反膊肉為乾脯非經義也

一切經音義卷第十五　第十四張　赤

大寶積經第一百四卷

鬚髮　上相臾反考聲云鬚鬚也說文作須面毛也從頁頁頭也從彡象毛也下販襪反頭上長毛也說文去作䰕古字也

鬄除　上梯計反前一百卷中巳具釋

阿蘭拏　奴加反梵語訛轉也唐云寂靜處去村落五里

妫也

拂去 芬物反考聲云拂也除也找也

大寶積經第一百五卷

把棓 下龐講反考聲云大杖也或作棒從木音俗作棒

挃塊 鬼外反說文土墲也俗日土塊或作凷古字也

放捐 音緣說文捐弃也經作捐俗字也

遽告 渠據反杜注左傳云畏懼也顧野王云急也蒼頡篇速也賈注国語疾也鄭注礼記云卒也從虛聲經從豦作遽非也說文從虍從豕從走

昔㤟 揭言反考聲㤟過也從彳從心幵聲也幵音牽或作愆寒古字也經從衍非也

爲解 皆駭反音爲賈者非也餘隹此音也

芬馥 上芳文反說文草初生香氣分布也從草分聲也經文從气作氛扶文反非也乃是祥瑞氛盈字非經義下音復韓詩云芬馥香氣皃也從香從復省聲也

大寶積經第一百六卷

阿闍世王子會第三十七大乘方便會三十八三卷經

能胥 浚兖反從肉肙省聲也

聽許佛聽 並體經反平聲聽亦許也後文與此句同者准此音

諦聽而聽 並體經反去聲恭命聽授也下文准此音更不重說也

一摶食 徒欒反前已說後准此也

躃地 毗璧反集訓云躃也從足辟聲也經文從人作僻非也乃便僻字也考聲云不長不短舉止輕易也非躃倒字也又音匹亦反僻側字也甚乖經旨也

頓抴 上敦困反從頁屯聲擡頓牽掣也下盈藝反韻詮云曳引物也從手世聲也或作拽亦通頁音纈丏音脉掣音闐熱反擡音臺也

瞿夷 上具愚反梵語不求字義羅侯羅母名也或云耶輸陁羅今云瞿夷古譯訛略

窟中 困兀反文字音義地室也從穴形聲字也或從土作堀也

匱惜 逵位反集訓云匱匵也匣也從匚音方聲也經作匱筆誤非也下音昔惜悋也

匱音
讀也
所虧　跪為反考聲傷也落也說文
氣損也從雐從亏或從兮作
虧或從虛作戲皆正也經從盧作虧不成字
也跪音駈筆反雐音呼郭反虛音希也
祝術　上周救反顧野王云盟祝主於要
誓事鬼神以祈福祐也說文從示
從人口從兌省易曰兌為巫為
口也或作呪或作詶亦通也
內團　段
欒
反毛詩傳曰團聚也說文圓也外從口口音
韋內專專亦聲也經文作揣非也音初欒反

一切經音義卷第十五　第十七張　赤

甚乖
經義
爪齒　上莊絞反韻詮云手足甲也
說文丮也丮居逆反又云覆
手日爪象形字也經中加手作抓誤用也乃
是平聲抓癢字也或作祈非也下㟴止反說
文口斷骨也象口
齒之形止聲也

大寶積經第一百七卷

仁等可來　經文作行等誤也來
字從二人本從夾省
板

捭　上班蔺反正從片作版考聲云平闊木
也下敗埋反亦從片作牌或從木板捭
壁
也
匍匐　上步撲反下朋墨反考聲云手
搽地伏地也說文手行也伏也
並從勹形聲
字也勹音包
勇銳　悅慧反顧野王云
銳銛也廣雅銳剝
也說文芒也從金兌聲也或作
鏸音相閻反也勇字下從力
右獮　險
業
反從肉劦聲劦
字從三力也
兜術　上都頭反梵語虜
質不切也正梵音
云覩史多唐云知
足前已具釋也
慠慢　敖告反蠻辨反
字書慠慢不敬

一切經音義卷第十五　第十八張　赤

也
車匿　尼力反悉達太
子家人名也
捷陟　上音
乾下
知力反太子所乘朱騣
白馬名也皆梵語也
障閡　上章讓反
說文障隔
也從阜形聲字也經從邑作鄣非也乃郡邑
名也又是平聲下五蓋反俗字也正從石作
礙考聲隔也止也拒
也妨也從石疑聲也

大寶積經第一百八卷

脩舍佉女　梵語牧牛女名如來初成
道之時奉獻乳糜者也

綩綖　怨遠反下演煙反前文經第九卷中已具釋也衣舞筵之類也

拍地　普伯反以右手掌拍地警覺地神令證如來往昔苦行眞實不虛也

蹔眴　玄絹反考聲云開閇目也數搖也從目旬聲經作音舜亦通

佼[舟𠂢]　爻教反考聲佼字也集訓云佼傚像也從人交聲也經中多作効誤也

賈人　公午反下文准此音賈貿也坐販日賈音為假者非也

攢矛　倉乱反韻英云攢鋋也鋋音傷然反前文第五十六中已具釋經文作鑽牟兩字並非也後有持攢刺亦同此音也

刺殺　清亦反考聲云以刀撞也又音此恣反字書殺也傷也㦰也從刀朿聲朿音次經文作刾俗字也下山扎反說文戮也法也從殳杀聲古文煞字也經文作煞俗字誤也

佉達　

羅刺　梵語毒樹刺名也如此方皀莢之類也

腳蹋　上薑虛反說文腳脛也從肉卻聲卻音怯略反經文從去俗字也下徒合反考聲踐也從足𦐇聲𦐇音他合反經中從翕作蹹誤也非踐蹋字也

木盂　字俱反考聲盂梡之大者一云梡無足曰盂經作杅非也是俗器也外道女假以木盂繫腹謗佛不應用澡浴之器大杅也

祇洹　胡官反楚語彼方精舍名

塹中　妻談反園畔小坑也

彰露　上音章孔注尚書云彰明也賈注國語云著也考聲顯也毛詩傳云表也說文從彡音所緘反形聲也經文從邑作鄣鄣邑名也非此用也

土塊　枯外反或作凷

大寶積經第一百九卷　賢護長者會第三十九

嫩花　奴鈍反考聲云小也弱也或作腝

牀榻　上狀莊反從木從爿下土合反牀陋而長曰榻說文從木𦐇聲爿音牆𦐇音搭

被褥　上皮媚反論語曰必有寢衣長一身有半孔安國曰今之被也顧野王曰被即衾也下如燭反考聲云以繒絲衣氈曰褥被褥皆形聲字也

倚枕　上依里反下之

荏反案倚枕者以錦綺繒綵作囊盛耎物貴人置之左右或倚或枽名為倚枕也

火浣布 桓管反俗字也正作澣考聲云浣濯也以足曰澣以手曰澣劉兆注公羊傳云濯生練曰澣去舊垢曰澣經文有從良作浪非也謹案山海經括地志十洲記神異經博物志抱朴子等皆說南方炎洲有火林山生不燼之木其山晝夜大火常然猛風不滅暴雨不滅其木皮花皆堪為布而皮布麁花布細又有火浣獸其形似鼠可重百斤毛長三四寸色白細如絲常居火中烔赤如火時時出外夷人以水逐而沃之得水即死取其毛績以為布彼夷人皆衣其衣經有垢汙若以灰水洗終日仍舊不能淨若置於火中燒之與火同赤經二食須出而振之塵去絜白如新因名火浣抱朴子曰火浣布凡有三種木皮與花及以獸毛婁音拌盡反也

麻紵 除慮反紵細布也形聲字

姿態 姊思反集訓云姿儀也字書云姿媚也蒼頡篇云容也說文態也從女次聲經文從心作

恣非也且是去聲縱恣字也乖經意下渦戴反呂氏春秋云態度情皃也考聲云意變無恒也說文態恣也從心能聲也或從人作儱也

豔美 閭潄反俗字也考聲云體冶而皃美好而長也正體從盇作豔經文從色作艶俗用非正字冶音野盇音酣朧反說文盇字從大從血令俗用通從去從皿失之遠矣下美字說文美甘也從大從羊羊進膳也與善同也

調謔 香約反郭璞注介雅云相朝戲也謔浪也

皺眉 莊瘦反經文作皺訛謬不正也字統從芻芻音初干反考聲云皺皮聚也或曰頻眉也說文閱也

蹙頞 上即育反從戚足聲下安割反孟子云舉疾首蹙頞而相告也考聲蹙聚也小皃也或作蹴顣四形皆同蒼頡篇云頞鼻上竅也說文鼻莖皺也從頁安聲或作齃

纖長 上相閻反介雅纖微也說文細也從糸韱聲也或從女作孅韱音尖

踝腕 上華瓦反蒼頡篇云踝在足側聲類云足外附骨也說文從足從粿省聲也下烏灌反俗字也文字集略從肉作腕說文作掔從手取聲取音一活反古文作腕鄭注儀云掌節也楊雄云腕握也經文作捥亦俗字

也

娭冶　上夭嬌反毛詩傳曰娭火也楚辭云調態娭麗也廣雅娭娭容也毛詩桃之娭娭女子莊皃也說文巧也從女矣聲也矣音同上經文作娭俗字從略女王篇經文並蒲葛反非此義下冶音餘者反考聲云女人變態也周易上繫曰冶容悔婬劉曰冶亦娭也說文從冫台聲也冫音氷也

顧眄　上音固下眠遍反考聲云衺衺視也具見前釋

逶迤　上畏為反下以伊反毛詩傳曰逶迤行可委曲其跡也漢書云水曲流皃也迤又音徒何反韓詩云逶逶迤迤如山如河德之美皃也言象山河之逶曲考聲云緩步徐行也說文並從辵形聲字也辵音丑略反俗呼走遶是也

或凴　憑證反音憑字去聲凴几也或作凭經作憑假借非本字也

匹偶　繽必反鄭注礼記云匹偶也廣雅輩也毛詩傳配也尒雅合也淮南子云五尺者中人之常度也以五乘八五八四十成匹說文四丈也從八匸匸者曳八㡮

成匹俗用作疋非也此俗疋字乃有四者皆古文奇字中是雅字也或音踈或音䟽或音胥下偶音五狗反廣雅偶諧也偶二也陰之數也鄭注礼記云雙也賈注國語云對也說文桐人也從人禺聲也

嫡婦　丁歷反考聲云嫡正長也君也字書云正承也說文嫡也從女啇聲也啇字從帝從口作啻嫡音丁角反嫡謹嫡也

寬壙　上款桓反說文寬屋大也從宀音綿莧聲也下苦晃反毛詩傳曰壙空也說文大也從士廣聲經文從日誤也

羹臛　上更衡反尒雅鹽梅謂之羹顏野王云和調五味曰羹說文從鬻作鬻亦作羹鬻皆古字也下訶各反王逸注楚辭云有菜曰羹無菜曰臛說文從肉隺聲也隺音涸經中作曤謬也

秔糧　上古衡反聲類不黏稻也說文稻屬也從禾元聲也經中從更作粳俗字也下音良孔注尚書云儲食也說文穀也從米量聲或作糧粮並俗字

塵埃　上長隣反莊子云塵埃也說文云行揚土也從麤從土本作䴠古字也從麀從土令隸書去二鹿略也下埃音哀王逸注楚辭云埃亦塵也蒼頡篇云垢風揚塵也說文亦塵也從土矣聲也

樓櫓上勒侯反尒雅云形四方高曰臺狹而脩曲曰樓說文重屋也下音魯杜注左傳云櫓大盾也以拒戰敵也或作樐古字也從木魯聲

窴噎上音田下煙結反經文從土作填或從因作咽二字並非皆錯用也說文窴塞也從穴真聲也噎說文云飯窒也音珍栗反考聲云氣塞胷喉從口壹聲或從食作饐亦同也

卑憖上卑字說文云從甲從左字統云鞴甲立於左者卑也會意字也下孫寸反說文憖順也從心孫聲也

不完五官反說文完全也從宀音綿元聲也有作貟非也

鞋韈上拔皆反俗用非本字也正體從奚作鞵集訓云屩也革底而麻糸也顏氏證俗音云今內國唯以麻作南土諸夷雜以皮絲及草諸物作之考聲云草鞵也音提下晚發反說文云足衣也從韋蔑聲也或從革作韈今俗用或從衣從巾從皮作韈袜幭韎六字韻詮云皆時俗穿鑿作之並不可依據也

鞾

一切經音義卷第十五　第二十五張　赤

屐上亦鞵屐屬也廣雅謂之甲炎或謂之鞻䩞皆夷人方言異也集訓作鞾鞴鞋也說文闕未知孰是也下屐音里前已見釋曰趙武靈王好胡服相承至今乃為朝服也

申縮所六反韓詩縮斂也賈注國語云退也太玄經云止也說文蹙也從糸宿聲也

走跳亭遥反

夘㲉上欒管反下坑角反夘皮曰㲉從夘殼聲也

臂膊上卑義反從肉辟聲下補莫反俗字也正體從骨從愽省聲也經文從月作膊非也

膂胼上膂字從肉下呰卦

一切經音義卷第十五　第二十六張　赤

反經作胯俗字也說文作髁訓云髀也或作骻韻英作胯也

於糸弥壁反說文細絲也

作繭堅顯反說文蠶衣也從糸從虫從芇省繭音知里滿經從繭作蠒非也不成字糸字亦不成也

小棗遭老反木果名也經云羊棗也說文重二朿為棗俗從二来作棗誤也

蘇摩浮坵下音知梵語也經中自注解云隋言真月

胉䏊蘇安反腹中脂也二字並從肉

髓血雖紫反說文骨中脂也前已具說也

鬚鬢上音貪下

音殯並從彡必姚反

牢䩫　上音勞從牛從宀省下五更反字書牢固也從革更聲經作硬俗字也

稀耎　上音希下而兗反經文作軟非也

胎膩　屖智反說文肥也從肉貳聲

有甜　條閻反甘美也

蓊鬱　屋孔反下氳律叢林感皃也

控轡　上空貢反毛詩傳云止馬曰控又云引也從手空聲下郘媚反說文馬轡也從絲從書書音衛書者說文云車軸頭鐵也象形經從士作轡非也

騗騎　上篇面反考聲云躍以上馬也從馬扁聲也

一切經音義卷第十五　第二十七張　赤

大寶積經第一百一十卷　賢護長者下

圍屏　請精反圍廁也

崩倒　上北朋反摧也下當老反仆也

箭鏃　上煎綫反說文箭矢也本竹名也因以此竹為矢遂呼矢為箭下宗祿反廣雅鏃鏑也說文鏑矢鋒也鏃利也從金族聲也玉篇音楚角反未詳也

毒滴　丁歷反案毒滴者毒藥汁也說文滴水注也說文從水商聲也經文從帝非也或作滳亦同也

喘息　川兗反案喘亦出入息也廣雅喘猶轉也說文疾息也從口耑聲也

婆蹉耳　倉何反梵語也經中自往解了

璫　音當埤蒼云充耳也釋名云穿耳施珠曰璫耳之寶飾也

臂釧　川戀反案釧者以金銀為環莊飾其手足字書云在足曰鋜在臂曰釧鋜音鋤學反

一切經音義卷第十五　第二十八張　赤

喎戾　上苦懷反考聲云口偏戾也說文正體作咼口戾也從口從咼聲下憐結反說文云曲也犬出戶下身必曲戾故從犬經文從糸作綟非也綟結也細也黃色絲也非經義

搊滿　弓六搊俗用非本字正作䎃字書在手曰䎃說文作𦥑兩手相對象形字也考聲作䎃亦作𢹂古字兩手撮取也皆古字也今通作鞠用引失之矣下滿字從水㒼聲也㒼音與上同說文云㒼平也從廿凡五行之數廿分為一辰廿兩平也故從兩

搨坐　食合反釋名云牀陿而長曰搨從木昜聲也下

坐字說文止也從畱省從土作坐古文從二人作坐

相指　苦皆反考聲云摩也從手

驥駿馬　遵浚反郭注穆天子傳云馬之美稱也又云迳速也說文云馬之良材也形聲字也

刀槊　雙捉反俗字也正作矟長矛也博雅刀矟兵器也經中作槊俗字也近代人造出字書元無也

斑駮　上補間反說文作辨駁文也聲類從斑省從文王篇雜色也下補角反黑白雜文曰駮也

鎔銅　上音容鑠金曰鎔鎔消也

鍮石　吐侯反案鍮石者金之類也精於銅次於金上好者與金相類出外國也

擘裂　上進陌反廣雅擘分也鄭注礼記云破裂也顧野王手擘裂從手辟聲也

利斧　夫武反字書鈇斧也說文斫物斧也從斤父聲今經文作鈇此字有平上二音說文莝斫也字統云莝刃也蒼頡篇云鈇猶砧也並非此義准經且宜作斧

牽挽　上遣堅反說文從冂從牛玄聲冂音覓下万返反考聲挽引也從牛免聲經從手非也

踠豆　捥官反經也不成字不堪依據也

大寶積經第一百一十一卷

諛諂　羊朱反丑染反具見前釋也

羸瘦　上力追反中從羊下色救反俗字也二字並見前釋

匕匃　音蓋說文從人從亡前已訓釋

犛牛　夘包反又音毛亦通前已具釋今經文從犬作猫非也是捕鼠猫兒字不是牛也

白挑　聑遙反從手也

度量　唐洛反

坌以　盆悶反說文塵也或作坋塵污也

荷擔　上音何亦擔下也下都甘反說文擔負也從手

大寶積經第一百一十二卷

阿惟越致　梵語古譯文質或云阿毗䟦致唐云不退轉也

沮壞　情預反懷怪反具見前釋

路迦耶經　梵語

此名惡論議正梵音云路迦耶底迦此則順世外道隨順世間凡情所說執計之法是常是有等

檛打 卓瓜反馬策也從木前已具釋

易與 移地反下音與說文與字從舁与聲也舁音余

歁足 一闕反下文無歁亦同

擾動 而紹反擾亂也從手擾聲也夒音奴刀反夒者戮名立字形之本意也篆書取勢分頁下兩點兩邊垂下左右從止已下從夊作夒遂與憂字上下相似後因草書務從省略寡聞之士不曉本字便相效從憂故有斯謬此失之由其來遠矣哀哉實難改正也頁音頡夊音雖也

悲嘷 胡熬反說文嘷咆也案嘷亦大哭也從口皐聲皐字從白從丰丰音滔經文從自從辛作辠非也乃是古文罪字也

椎胷 上長追反從木下音凶從肉以拳椎膺也

紹尊 時遶反介雅紹繼也謚法云遠經先位日紹從糸召聲召字從口刀也

蒼蠅 蒼字經文作鶬非也

蠅此字下翼繒反方言云自開而西謂之蠅說文云蟲之大腹者從虫從黽黽音猛也

栲掠 上音考考聲云捶也打也經文單作考聲下音略又音亮正字辯或云搒也笞也考聲搒擊也強取也從手從京或作剠也

馳騁 勑領反杜注左傳云騁馳也走也廣雅奔也說文直驅也從馬甹甹音匹丁反從由從丂經文從丂作騁非也丂音考也

逐塊 上逐字說文從豖豖音丑錄反經從豖作逐非也豖音始下苦外反或作凷

憒丙 胡外反又古外反並通下拏効反前已訓從帀從人經作冉不成字

儱戾 上祿董反下音麗也

噎塞 烏頡反經作咽非也說文從口壹聲也

憎惡 烏固反

癰瘡 上音邕下剙霜反或作創

除鬄 天帝反俗作剃削髮也

鬚髮 上相踰反說文作須會意字也兩字並從彡彡音必遥反並轉注字也

稱此 尺證反下同也

漂浸 匹遥反水漂也

槖囊 乃當反袋也有底日囊也

坏舩 普盃反瓦器未燒日

坏從土從盃省

大寶積經第一百一十三卷 寶梁會

恭恪 說文肅也從心共聲也下康各反孔注尚書云恪敬也說文作愙從心客聲也

聽著 體經反莩許早下文聽服我聽等準此音下張略反

矬陋 才戈反廣雅矬短也下婁豆反王逸注楚辭云陋小也顧野王云醜皃也說文阨陋也從阜㔷聲或單作㔷

蚩笑 上齒之反廣雅蚩輕也乱也韓詩云志意和悅皃從虫從㞢經作蚩非也說文作㰻㰻戲笑皃也下肖曜反古今正云笑喜也說文闕文字釋要云從竹夭聲俗從犬誤也村叟愚夫隨情妄說甚無據

涕唾 上天計反下土貨反從口從垂省聲

齷阸 烏革反考聲云限礙也隘也從阜戹字從戶從乙今俗從厂從已作厄誤也齒已反矣經文多從木

一切經音義卷第十五 第三十三張 亦

或從手作扼字書把頭也非此義

捫淚 上沒奔反考聲云捫持也摸也案捫亦拭也從手門聲也下力墜反廣雅涕泣淚也從水戾聲也

搏如 唐樂反鄭注礼記云搏固也考聲握也廣雅著也聲類捉從手專聲也專字從寸叀聲叀音專也

糟滓 上早勞反鄭注礼記云糟醫酏不泲音齊酏音以泲者曰清不泲者曰糟說文酒滓也從米曹聲下淄史反考滓澱也說文澱也從水宰聲也或作莘亦同般音殷

門篋 謙葉反或經書箱篋也從竹匧聲也匧音同上從匚音夾聲也夾音甲

一切經音義卷第十五 第三十四張 赤

拘欄荼 梵語西國花名也其花紅赤色皃鮮明其體堅鞕猶如木石其氣臭穢猶若糞塗不堪逼近也

麁獷 瓜猛反獷悪也

生稗 蒲賣反草名也似穀而非穀日稗也

穟生 音遂韻英云禾穎也或作穗遂穎音營頂反

逋生 補謀反顧野王云遲晚後生也從辵甫聲或從補作逋辵音丑略反

肌肥 上記宜反考聲云皮肉也從肉几聲下費微反字書肥肉盛也從肉從妃省聲

創疣 下音尤考聲云

皮上風結也贅肉也或從肉作肬俗呼為隆侯子等

倩他　清性反韻英云假借也人力名為借倩也

脩治　音里亦作修理因同

鞭打　必綿反桂苑珠叢云以皮革罰罪人謂之鞭說文駈馳也從革便聲也

讁罰　上張革反考聲云讁亦罰也從言從啇俗作讁下罰字上從网言從刀經從四誤也

釘磔　張革反援經合是磔字今經中書挓字諸字書並無此字未詳其音且書磔字也

糞丸　方問反或作粪並通經作糞非也古文作叁說文作叅此二古字皆正時人罕用玉篇云糞棄也穢也前已解

大寶積經第一百一十四卷　寶梁下卷

齊幾　齊祭反限齊也下音紀說文從丝從戍也丝音幽

麞鹿　上音章有角曰鹿無角曰麞小鹿也

諛諂　經文多作諭非也音諭去聲於文不順也

漱口　霜救反又音桑奏反並通韻英云以水洗蕩口也從水欶聲欶音蘇侯反

淨滌　音狄洗也

糞掃　下桑到反俗字也納衣名也從幕省聲也經文從手作掃借用也

鄣風　掌羊反樂風地障也從阜

日暴　蒲冒反日炙也說文晞也從日出從廾廾音拱拱者象二手捧物也下從米作㬥會意字也㬥義已足經文從田從恭又旁加日作曝非也字本有日今變作田一錯下又變為恭非㬥之義強加一日惑之甚矣濫已久矣

蚊蝱　上音文下莫耕反並齧人飛蟲也

鏌子　音莫糞中微細飛蟲子蚊子類也

浣濯　音濁浣也

善綴　追芮反賈注國語云綴連也說文合著也從糸叕聲

善縫　奉蒙反廣雅縫會也說文以針紩衣也從糸逢聲也

綻壞　宅限反考聲云縫解也或從衣作綻說文作袒從衣且聲也

金縷　力禹反說文縷綫也從糸從婁省聲

輕躁　早到反賈注國語云躁擾也顧野王云動也鄭注論語云不安靜也說文作趮從走喿聲也

懈怠 上音戒 下音大

大寶積經第一百一十五卷 無盡慧菩薩會

跋陁婆羅 梵語賢劫中菩薩名也唐云賢護也 波

利質多俱毗陁羅 梵語唐云圓生案俱舍論云忉利天宮城外東北有圓生樹高百由旬是三十三天受慾樂勝處其樹花開香氣順風能遍百踰繕那逆風猶能薰及五十由旬以樹枝遍故也 稠林 長流反廣雅稠穊也蒼頡篇云衆也說文多也從禾周聲也穊音記次有諸花名此國並無多不譯出已於經初具解釋訖也

大寶積經第一百一十六卷 文殊師利會

金礦 古猛反說文銅鐵樸也或作磺或作鉚經文作卝古字 鎚打 墜追反打鐵鎚也重八斤 治打 上音持 皰初生 蒲皃反說文面生氣也案經云皰者皮起欲生花也經作皰音包鏃用也 瞸徹 纏列反考聲云水清澈也從水從育從支作澈經文從彳從去作徹誤也

大寶積經第一百一十七卷 寶髻菩薩會竺法護

淳俶 上常倫反下時六反前已具釋也 逮成 唐柰反韻英逮及也經作逯非也逯音祿逯逯行迫也甚乖經義也 那術 梵語虜質正云那庾多數法也

瘳愈 上丑留反孔注尚書云瘳差也下瘉主反或作癒考聲云病瘳日愈 鉤瑣 桑果反菩薩名也 傅首 音普從水尃聲亦菩薩名也尃字從甫從寸也 耎美 而兖反考聲云耎弱俗作欶非也經文作需錯用本而朱反非經義 揵沓和 乾闥婆也 阿須倫 阿脩羅也 迦留羅 金翅鳥也 摩陁羅 緊那羅也 摩睺勒 摩睺羅伽也如

上諸天梵名虜拙之極也自佛法東流翻譯之中西晉譯最拙

无央　於良反經作鞅非也

寶髻　音計鄭注儀礼云結髻也今經文作結非也

悄冥　莫瓶反說文從冖從日從六前已說經作寘非

閑暇　音夏字書暇猶閑也從日叚聲

棄捐　上音弃下悦玄反韻詮捐亦棄也從手員聲也

谽瑕　上音意考聲云谽亥痛聲也從壴從欠從口有從恣作懿俗字壴音竹句反

憺怕　上談敢反下普白反考聲憺靜也怕安也足也並從心經從水作澹泊非經義也

族姓　叢斛反經從手從矣作挨非也不成字也

恂恂　思巡反王肅注論語云恂温恭皃韻詮順也郭注介雅云恒戰慄也

不佼　爻教反考聲云佼學也像也或作效敎俗作做經文作校誤也校尉戎官名也又音教非義

節節解　草買反音買者非也

猗著　於譏反古人僻見錯用字也准據前後經文合是依字經云身心無依又云無所依著又云不依今世又云不依言辞等今並書猗字錯之甚也說文云猗者犗犬也殊非此義多是筆授之流寄學文典避私諱借書此字身宜改從依正也

駛水　師事反韻英云急速也從馬史聲

泛流　芳梵反泛浮也從水從乏或作汎下流字從水從云從川作流經作流略也

殃舋　忻覲反韻英云舋罪也考聲舋隙也說文祭也從興省從西分聲因草隸書變分為川訛也又變西分川為且作舋遂相承作舋非也失之遠矣賽

創病　楚霜反或作瘡俗字音倉乱反川音攃也

這起　上言件反字書這迎也案此這字亦是俗用也但直云迎起或云迎或云寮起於義何傷而乃曲求用此僻文强書這字徒自矜衒儔識多闇詿誤後學轉讀尋覽之流無不驚眴也或也小人自矜拙為筆授非君子之見也

薄尠　旁博反說文從草下先剪反韻英尠少也

短命　今經文從木作梪非也梪音豆說文梪祭器也前後數處經義合是短字乃書梪字殊不相當察此前文夲錯甚衆

何者只如依書徛字旇字從手從宊轡𢳆並從水作詇遂書諭諂上音揄下音諂碎僻甚多不能繁述此筆並是筆授之士寡學所以經文質朴用字乖錯不可繊言

鼓行　音企

喘息　川兖反

跪拜　逵韋反也

饕餮　上音叨下音鐵杜注左傳云貪財曰饕貪食曰餮或作飻也

癖者　毘亦反蒼頡云不能行

一切經音義卷第十五　第卌一張　亦

大寶積經第一百一十八卷

俞旬　庚朱反梵語訛略不妙也古日由延或日由旬或云揄闍那皆不正也梵音云踰繕那西域記云王軍一日行程三十里也

玄迥　熒穎反尒雅迴遠也從走同聲也同音與上同經文從向非也

岨邃　上莊所反考聲云山石不平也亦作阻阻險也下雖醉反韻英云深遠也從穴遂聲也

抄掠　楚孝反字書抄字奪也下力約反取也劫也

食啗　唐濫反考聲云以食啗人也說文啗食也從口臽聲也臽音陷經中從敢作啖俗用非正體上食字說文從亼精入反從皀彼立反若從良作食者俗字

門閫　苦本反鄭注禮記云門限也經文從木作梱說文門橛也乖經意也

悪獻　烏固反　徃嫗反

窓牖　由酒反考聲云穿壁以木為交牕也從片

茵蓐　上音因鄭注禮記云茵亦蓐也玉篇古虎文蓐也說文云車上重席也從草因聲也或從革作鞇下音辱郭璞云蓐者虎皮也聲類蓐薦

一切經音義卷第十五　第卌二張　亦

綩綖　上音苑下音延經云綩綖者花氈錦褥舞筵之類案禮傳及字書說綩綖乃是頭冠綺飾也甚乖經義亦宜改作婉莚二字以合經義也

粗擧　在古反鄭注禮記云粗麁也顧野王云粗略也

撮上　竄撮反考聲云手撮取也從手

坋之　盆悶反或作坌字書云塵污也

捷辯　潛葉反考聲云捷慧也疾也速也健也從手疌聲或草作逮訓用亦同

儔匹　長流反儔亦匹也從人壽聲也經文從田作疇也匹字又下從人作疋兩字俱非也

大寶積經第一百一十九卷　勝鬘夫人會　唐流志譯

憍薩羅國　梵語也不求字義經自釋云無鬪戰城即中天界也

尋繹　音亦廣雅繹終也說文抽絲也方言繹經也卷舒也

蔽於　卑袂反

逾彼　庾朱反字書逾越也亦作踰訓用同也

大寶積經第一百二十卷　廣博仙人會　唐流志譯

拘枳羅鳥　鷄以反已釋

迦陵伽鳥　上蠻佉反並是梵語國鳥名也此經初已具釋訖

林藪　蘇走反字書云草澤也鄭注礼記云澤無水曰藪也

那剌陁　羅葛反梵語仙人名

蓬鬆　蒲蒙反鬆亂如蓬也

卻粒　上羌略反說文從卩音節谷聲強略反經從去俗字也下力邑反說文粟曰粒

蹲踞　上音存下昌與反從足足音呼從夊音雖從几經作處俗字也

頃悚　粟勇反戰懼也

白繩　時仍反白線也

枯燥　桑到反燥乾也

三拒木　音巨亦曰三歧杖可長二尺許一頭如樴一頭有三股股長三二寸隨身道具用承水瓶案西國淨行婆羅門皆共遵奉圍隨戒行每持瓶洗淨滌除形穢以此三拒木插於地於歧上横安水瓶令消消自承以洗手也彼國學士遊方訪道者持三歧木瓶鉢隨身也

賒羯羅　上音奢梵語訛也正梵音爍羯囉天帝釋之異名也是其教主隨主立名也

面皺　鄒瘦反

檯眉　音臺尊者眉長覆眼故以右手舉之也

擕持　慧圭反俗字也正體作攜從手巂聲也音與上同因草書變體從乃非

蝦蟆　上音霞下音麻水蟲也青鼃類也

鵄鳥　上叱支反鳶鳥也或作鴟鵂雖說文隹亦鳥也訓用亙通經文作蛭非也蛭音質非經義

甘蔗　上音甘下之夜反或作遮甛草煎汁為糖即砂糖蜜綫等是也

蒱萄　下朋北反肘脥行俯伏申敬之極也

尼拘陁 梵語西國中名也此樹端直無節圓滿可愛去地三丈餘方有枝葉其子微細如柳花子唐國無此樹言是柳樹者非也

雲涵 含紺反涵潛者大雲敷布

壕壍 上晧高反考聲城池下也下僉焰反城下長坑下

糧貯 上力薑反說文云儲食也杜注傳云貯稸也蓄藏之也說文貯積也從貝宁聲也

隄防 上丁奚反下音房

風濤 唐勞反大波也

黿鼉 上音元大鼈也從黽音猛元聲下音陁山海經云江水多鼉郭璞曰似蜥蜴而長大有鱗其皮可以為鼓毛詩有鼉鼓是也從黽單聲單音那

鯨鯢 上渠迎反說文云海中大魚也淮南子云鯨魚死而彗星出左傳云大魚也許叔重曰魚之王也或作鱷下音寬杜注左傳云雀鯨也說文剌魚也並形聲字

作繭 堅顯反說文繭衣也從糸從虫從芇省經文作蠒俗用不成字

纔七日 藏來反韻詮纔僅也從糸從㲋從兔糸音覓㲋丑略反兔音吐也

奸䵬 上剗孏反下藏鄧反通俗文作皵面䵬黑曰䵬考聲面上黑子也顏氏諡音云今內國云䵬音贈或作黕熷俗字也

壓地 上音鴨考聲云鎮也儲也又音鷖葉反填壓也填音珎也

姝麗 上齒朱反毛詩傳云姝美色也說文姝好也方言云趙魏燕代之間謂好為姝從女朱聲也

輻轄 上音福考聲云車轑也音遼顧野王云湊轂張輞者也下音黠顧野王曰車軸兩端鐵也說文車聲也一云鎋也或鎋亦同

轅軛 上音袁車前雙轅也說文轅輈也鄭玄注考工記云輈轅也方言云楚衛之間謂轅曰輈音肘留反下音厄經作軛俗字也鄭注考工轅端厭牛領木也俗呼車格訛也從車戹聲戹字從戶乙俗作厄非也

絡繩 上音路

髑髏 上音獨下音婁人頭骨也

腸肺 上音長白虎通云大腸小腸心之府也蒼頡篇腸道也從肉昜聲下妃惠反白虎通云金之精金藏也

心脾 婢弥反土藏也白虎通云土之精也色黃從肉

肝膽

上音干木藏也下爲爲反俗字也正單作胃
白虎通云胃者脾之府也從肉又象形字也
摶食徒欒反從手從鵄吻上齒時
專巳見前釋也反下武
粉反脣頭瓦獸飾也吻口也象鵄喙也
字書云以墜天大冢音吁衛反藻
飾遭老反考聲云彩色也文章也從草從
水喿也下昇翼反考聲飾裝也彫也脩
也廣雅著也說文眺望天弔反韻詮云
刷也從巾㕞聲也遠視也應郎注

漢書云眺亦望也說文目軒檻上香言反
不正也從目兆聲也下咸監反
韋照注漢書云凋顇上丁遥反杜注左傳
軒轞欞板也凋傷也賈注國語云
凋弊也說文半傷也從氷下嘶破先奚
情遂考聲云顦顇瘦惡良也反或
作厮作𣂉考龕室坎含反考聲云鑒
聲云破聲也山壁爲坎也說文龍
良從今從龍刹柱音察幡吟嘯肖
俗從合誤也竿也曜

反鄭箋詩云感舌吹而出聲也讌會烟
韓詩歌無章曲曰嘯或作歗也見
反考聲歡讌也或好憙呼奥反
作宴飲讌衆會也希意反流涎
上流字上有點爲正摩挼奴和反說文
也下祥延口液也推也又云兩
手切摩也從手聳然粟勇反郭注去聳
從女禾聲也竦也音字書毛竪
也從耳傭長勅龍反經文從垂皺
從聲也片作牖非也
郭瘦反韻詮云皮不展也黧皯上音离
說文皮聚也從皮芻聲也下罡嬾

反考聲云黑而黃毦毛音而考聲云毦
色也又音𦓤聲訛邊毛也或作縣
從彡而黃毯他感反或作毲考聲凊
聲也云織毛爲之出吐蕃
泠歷丁反合昬呼昆反樹名也其樹至
暮其葉自然兩兩相合
明且方開晝開夜雜糅尼救反韻詮糅
合故名合昬也亦雜也說文從
米柔聲也弥樓山即須弥盧山也皆梵語
聲也訛轉也唐云妙高山或
云妙塡壓上知斤反經作鎮去聲呼
光山誤也下黯甲反或作押

噏 歙邑反考聲云内氣也歙也或作吸或作歙並通也
碼碯 石寶名也上音馬下音惱
鞞鐃鼠鼓 上陛迷反鐃音拏爻反次盧禾經作鼗俗用非正體
幰網 上香僬反釋名云車幰所以禦熱也聲類車幰也
方整 征郢反齊也
臺榭 夕夜反郭注尒雅云臺上起屋也又云無窒室謂之榭也
花朶 上花字經作華非也下多果考

云冕前旁垂者或作朶也
網瑬 柳舟反冕前後垂珠日瑬經文作旒略也也從玉流聲
踐踏 上前甸反下談納反
櫨拱 上音盧。下會勇反
繪以 音會孔注尚書云會畫以五彩日繪鄭注論語云繪畫也或作繢也
因陁羅 梵語也帝釋異名
肚不亞 上徒戶反腹也下烏嫁反經作𢆶草書也不成字
伊跋羅象 梵語也此象王名天帝釋常所乘有大神通
瞱艷 閻猒反俗字也正體從盍作豔盍字從大從血音合也
脃草 詮歲反從肉從絕省經從危非也
旒鎖 桑果反
矉妒 毗民反慼眉也妒音都固反鄭玄云害色日妒從女從戶經從石或從右並非也
驕倨 居御反慠慢也
惶遽 渠御反韻詮云急速也
颯便 三匝反疾風也也或作颯也
萎顇 上音委為反下情遂反
衒啄 音卓說文口從豕丑

綠反經從豕非也
掉舉 上亭曜反經作挑非也下舉字下從手經作才亦手字也
歔欷 上音虛下音希王逸注楚辭云啼皃也何休注公羊傳云悲也並形聲字也

一切經音義卷第十五

一切經音義卷第十六　赤

大唐翻經沙門慧琳撰

音大方廣三戒經三卷　慧琳

無量淸淨平等覺經二卷　玄應

阿弥陁經二卷　玄應

無量壽經二卷　玄應　已上一帙

阿閦佛國經二卷　玄應

大乘十法經一卷　慧琳

普門品經一卷　玄應

佛說胞胎經一卷　慧琳

文殊師利佛土嚴淨經二卷　玄應

大聖文殊佛剎功德經三卷慧琳　已上一帙

法鏡經二卷　玄應

郁迦羅越問經一卷

幻士仁賢經一卷　玄應

決定毗尼經一卷　慧琳

後譯三十五佛名懺悔一卷慧琳

發覺淨心經二卷　慧琳

須摩提女經一卷　慧琳

須摩提菩薩經一卷

阿闍貰女阿術達經一卷　慧琳

離垢施女經一卷　玄應

得無垢女經一卷　玄應

優塡王經一卷　玄應

文殊所說佛境界經一卷　玄應

已上三十三經三十四卷同此卷音

大方廣三戒經卷上　慧琳撰

雜糓　上才合反前音義第八卷中已具釋說下公屋反字統云糓續也穀名百數摠歸於五所謂稷黍豆麥麻也稷屬謂之穗穀黍屬謂之散穀豆屬謂之角穀麥屬謂之芒穀麻屬謂之樹穀故謂五穀說文穀者百穀之摠名從禾㱿聲也

貘豹　上音陌山海經云南山多貘豹郭璞曰貘似熊而小黃黑色毛有光澤能食銅鐵出蜀中

尒雅貘白豹也說文從豸經文多作此貘字今勘梵本有故加之凈文勢合有

爲馬　上祥□下包貞反說文獸也似虎圜文黑花而小於虎亦從豸豸音雉豹並形聲字也

養反山海經云禱過之山多犀爲郭璞曰獸之最大者也色或青或白長鼻似豕大者牙長一丈小者猶長五尺此獸性如說文云三歲一乳象形字也

羱羝　上虞袁五官二反並通尒雅羱羊如吳羊郭璞云似吳羊而大角山羊也經文作羝非也下丁奚反毛詩傳曰羖羊牡羊也廣雅雄也吳羊牡者三歲月羝並形聲字也

鸜鵒　上具愚反或作鴝下音欲案鸜鵒似反舌鳥踳上眼前有毛角兩翼斑白為異也一名寒皐

鴝鵅羅　上音俱下經以反俱积羅者梵語西方鳥名也此鳥能為美聲令人樂聞俗号好聲鳥也

鶡鷄　上音曷山海經云暉諸之山多鶡鷄郭璞曰似雉而大青色頭上有毛角若鬪一死乃止野鷄也形聲字也

鵰鷲　上音鵰下音就前音義第二卷大般若中以具釋也

遮泳　梵語西方鳥名也此國無此鳥

茹食　如菁反礼記食鳥獸之肉曰茹飲其血茹其毛肉也

緊祝迦　梵語寶名也上經引反下終宍反古譯或云堅叔迦

眦醯勒　醫奚反西方藥樹名也令眦梨勒是也

豫樟　下音章豫樟大木也南中異物志云生七年方知若作舩必与龍鬭

牛棘　矜力反西方花樹名也說文從二朿經從二來非也

搆牛　古候反以手搆捋牛乳也捋音鸞括反詩曰薄奇掷捋之搆捋二字並從手

花鬘　馬班反假借字也本音弥然反今借為鬘花鬘者西方嚴身具也以線貫穿草木時花暈以五色無問男女加於身首以為嚴飾猶如纓帶

柔耎　而兗反經作濡非也下文並准此也

清泠　下歷丁反清泠水澄淨白說文從水令聲經從氺非也若音勒打反非經意

其鬚　相臾反蓮花蕊也正從彡作須

巢窟　上柴交反說文鳥在木上也象形字也經從果非也下困骨反杜注左傳窟土室也說文從穴屈聲有從宀非也

家靜　上音情亦反古字也說文作宗

馳騁　下恥郢反杜注左傳云騁奔也說文直驅也從馬甹聲甹音匹丼也

戲弄　上虛記反說文從戈䖒聲䖒音許宜反經從虛非也下祿慟反說文玩也戲也從廾從玉廾音拱

大方廣三戒經卷中

撾打　上竹瓜反說文撾捶也打也從木過下得冷反說文擊也搭也從手下聲

枷鎖　上音加下桑果反王篇連還也說文云鎖鋂也從金肖聲肖音同上經文作加璅二字並錯書

生剃地獄　雌漬反韻英云木芒也俗字也正體作朿廣雅剌箴也亦作剌皆正也或作茦亦作剃皆非正體從刀朿聲也

老耄　毛抱反韻英云耄老也礼記八十九十日旄音与上同鄭注云耄惛忘也說文從老毛聲

貣財　上湯勒反集訓云假借於人日貣說文云從人求物也從貝弋聲弋音翼

嚬慼　上眦寅反下酒育反集訓云頻眉而慼頻瞋怒皃也考聲皺眉慼鼻怒目瞋也說文慼字從戚音青亦反足聲也皺音則救反頻音

安葛反 販賣 上發万反字統云買之賎賣之責朝買而夕賣 嫉
妒 上音疾下都固反王逸注楚辭云害賢曰嫉害色曰妒說文婦妒夫也並從女
疾戶聲也經從后作姤非也 貯聚 猪呂反杜注左傳貯蓄也蓄藏之也
說文積也從貝宁聲也下從裕反何注公羊傳聚斂也賈注國語集也說文會也從㐺取
聲㐺音吟從三人也 箱篋 下謙𥡴反鄭注礼記篋摵也摵音咸說文揩類

也並亦茵也古文作𢦏從匚音方夾聲 矛刺 上母侯反說文酋矛也長二丈
案此說是用古尺即今尺之丈六也案矛字象形即今搶槊之類也或名爲矟下此恣反
前已釋也 阿練兒 梵語古譯虜質不姒也亦云阿蘭若唐云寂靜
處 滓纖 上緇史反埤蒼作縡說文縡緻也下於衛反埤雅茱蕪也從
禾說文從草 財賄 下灰猥反介雅賄財也 罵詈 上麻

嫁反下理稚反說文二字互相訓並從冋冋猶罪也 椎鍾 長追反說文擊
也從木隹聲 唌唾 上祥延反俗字通用正體從水從次作次說文口液
也或從水作涎亦俗字也下土卧反釋准上從水垂聲也 視睞 下來岱反
疑此字傳寫錯准經義合是瞬音水潤反 濃厚 上龍反說文云露水多也
或從酉作醲說文云厚酒也形聲字也 謫罰 上陟革反毛詩傳相責也
杜注左傳謫譴也方言怒也說文罰也從言商省聲也下煩韈反說文罪罰也罪之小者

未以刀殺但持刀罵詈則應罰也從刀從詈會意字也 關邏 上古頑反
鄭注周礼云闗者界上之門也說文以木横持門戶也廣雅闗塞也從門䜌聲䜌音爲上
同經從弁作閞非也下羅馱反字書邏遮也韻略云遊兵偵寇險阻鎮戍之所也

大方廣三戒經卷下

阿耆利 耆音祇梵語虜質不妙或云阿闍梨唐言云教授師
脃想 詮歲反廣雅脆弱也說文云肉耎易斷也從肉從絶省經從危作脆

非也

捫摸　上音門下音莫詩傳云捫摸猶以手撫持也並從手形聲字也

我弄　上我字從手從戈會意字也從禾者非也下龍慟反前上卷已具釋經從手作挊非也

蝗蟲　上胡光反介雅食苗心曰螟食葉曰螣食根曰蟊食節曰蠈說文四種雖異名皆蝗蟲也廣雅螽蝗也形如負螽其實各別顏色大小不相似也故有蝗螟螽蛾之異名也蝩一殄反文音偃音恃蟊音莫侯反螽音終螟音冥蠈

音賊蜮音號螻蟈也

不懈　音戒諸字書並無嫁音也

聾瘂　上祿東反下烏賈反前般若音義中已具釋不能重述經從口作啞非也

應擔　荅甘反廣雅擔舉也字書擔負也或作儋從人並通從手詹聲詹音占從木者非也

離摶　補各反博雅摶繫也鄭注考工記云摶拍也玉篇拊也說文索持也從手專省聲專字從甫從寸從專非也

疽惡　青余反司

馬彪注莊子云浮熱為疽不通為癰說文從疒且聲且音子余反從日下一也

繚綟　上力鳥反下蓮結反經文脚繚綟者脚曲不端直也亦云不正並從糸形聲字糸音覓

聾騃　崖解反蒼頡篇騃愚也集訓云癡也說文從馬矣省聲

匆觸　衝燭反廣雅抵揬也經從牛作觕俗字也

輕躁　下遭傍反考聲云急性也動也擾也疾走也或作趮同從足喿聲

倈拌　上縵鉢反下盤滿反考聲云留止也以乢兩彼相和攪曰拌從手半聲

橐囊

上音敗下諾郎反蒼頡玉篇鞴囊吹火具也或從韋作韛或從車作韛並通經作排非也

以鍛　都亂反鄭注禮記鍛搥也蒼頡篇椎也說文小冶也捬鍛也從金段聲段字從殳從鵭省聲也捬音丁禁反也

鎚鉆　上直追反考聲云打鐵鎚也或作搥亦作椎並通下儉嚴反說文鉆鐵銸來取物也從金占省聲經文從甘作鉗鐵枷也非此用者也

姝特　昌朱反毛詩傳曰姝好也說文從女朱聲下騰得反文穎注漢書云特獨也說文特牛父也從牛寺省聲

聰黠　上倉紅反尚書

聽日聰必微諦又日聰作諜所諜必成經中從忩作聰俗字也下閑八反考聲云黠利也方言趙魏之間謂慧爲黠說文從黑吉聲也

無量清淨平等覺經上卷

牛飼 音寺桂苑珠叢云飼烏畜食也古今正字從食司聲也經文從口作呞俗字非也

瘦短 端管反著頡篇云短促也說文不長也從矢豆省聲

也經文從手作扭非也不成字也

寶珥 如志反著頡篇云施珠於耳日珥即耳璫垂珠也說文從玉耳聲也璫音當

蠉飛 上血綠反亦作蝝皆正體字也公羊傳日蝝即蝝也始生日蝝長大日蠉劉歆說云蚍蜉子也董仲舒云蝗子也聲類虫飛皃說文蟲行也從虫睘聲也

蝡動 閏尹反顧野王云蝡蝡蝡動是也蝡亦動也字書云無足而行日蝡動說文從虫耎聲也

錠光 音定

崖底 雅皆反說文山高邊也從屵音五割反圭聲也經文作崖書誤非也

焜煌 上胡本反下音皇說文焜煌光暉明盛皃也左形右聲也

征伀 上之盈反下之容反方言云征伀煌遽皃也廣雅屛營征伀趍走皃也亦形聲字也

項很 上學講反下痕墾反兩字並上聲字貫注國語云違安怨恨也言很戾之人強項難迴名爲項很從彳艮聲

眚瘦 上生耿反杜注左傳云眚灾也賈逵云病也釋名云瘦瘠猶瘠瘦也經文作省借用非本字也

糜盡 媚悲反俗字也王注易云糜散也廣雅壞也說文糜碎也正體從米作攠形聲字也

天拘蚕 上音俱下藏含反梵語天花名也

其柄 兵命反顧野王云柄本也賈注國語權也說文柯也從木丙聲正體從秉作棅形聲字

廅樓亘 上音合下亘蹬反梵語不求字義菩薩名也

無量清淨平等覺經下卷

有鉉 玄犬反王弼注易云耳空以待鉉桂苑珠叢云鉉鼎繫也鼎耳也

戾亮　上力計反，下力丈反。上從高省，下從几，古人字也。

駃急　上師吏反。蒼頡篇云：駃，疾也，馬行皃也，形聲也。經文從史，非此用也。下急字，說文：褊也，促遽也，從心及聲也。

著跌　上廁師反，又音倉何，二反並通。下田頡反。考聲：參差，不齊等也。王注楚辭云：蹉跌，不能盡力也。說文：差，貳也，不相值也。許叔重注淮南子：跌，仆也。方言：偃地曰跌。二字並形聲字也。

世事譊譊　女交反。歸藏言語譊譊。顧野王云：譊譊，猶讙呼也。說文：恚呼也。從言堯聲。說亦恚也。

屛營　上並冥反，下唯縈反。案屛營，猶徘徊也。廣雅：屛營，征伀也，惶遽也。

稸氣　丑六反。孔注尚書：稸，積也。顧野王：稸，聚也。形聲字也。經文有從心作慉，非也。慉音許六反。

各勵　力滯反。廣雅：勵，勤也。尒雅：免也。埤蒼：強也。說文：勉力也。從力從厲省聲也。厲從蠆，音勑介反。

抵突　上丁礼反。大戴礼云：抵，猶推也。下徒鶻反。王逸注楚辭云：凌也。韻詮云：衝也。說文：觸也。從手氐聲也。氐音同上。考聲：拒也。說文：犬從穴中忽出也。說文：犬從穴中會意字也。

揔猥　宗革反。考聲云：都也，攝也。經作揔，俗字也。下烏賄反。賄音灰每反。猥，濁也。從犬畏聲也。

洒除　先礼反。廣雅：灑也。亦作洗，義同。餘音不取。

尫狂　枉王反。正體本作尢，象形。今俗用加王作尫，形聲字也。韻詮：尫，弱也。通俗文云：短小曰尫。說文：跛曲脛也。俗音烏黃反，聲轉訛。

眄睞　眠見反。說文：眄，邪視也。從目丏，音同上。下来岱反。蒼頡篇云：童子不正內視也。從目来聲。或作睞也。

辜搉　上古胡反。說文：辠也。從辛古聲。經從羊作辜，不成字。案辜亦固也。下音角。或作較。考聲：搉，專略其理也。從手從隺。經文作較，亦同通用也。

喫酒　輕亦反。謂喫噉也。從口契聲也。

魯扈　上魯字，上從魚，下從日。下胡古反。鄭注礼記：扈，偃蹇自大也。上林賦亦縱橫行也。漢書音義曰：扈謂跋扈縱恣也。說文：從邑戶聲也。

睢盱　血闈反，下罰俱反。聲類：睢矆，大視也。顧野王云：睢盱，驚速之皃。說文：仰視也。二字並從目，佳亏皆聲也。

䟄須 其菫反下胡孔反謂無知也通俗文云䟄陸謂之䟄須經文作蒙空非也

湔洒 子仙反下西礼反字林湔謂洗浣也洒亦濯也並從水形聲字

躄蹇 上必亦反韻略躄跛不能行也說文從止辟聲也下捷偃反說文蹇亦跛也從足從𡙡省聲也

阿弥陁經上卷

玄應撰

阿弥陁 梵語佛名也唐言無量光也

末坻 上湍鉢反下坻音丁礼反經作互非正

不逦 音乃亦梵語也

揭質 上居蒺反梵語也

甄脾坻 音堅尖婢弥反亦梵語也

須颫 上相俞反下音風梵語也

羅倪 音藝亦梵語文云覔

鳩𡍲 音礼梵語下同

軗陁 盤沫反梵語也

巵

斯 胡古反並梵語

滑歧 上還拔反下音祇梵語

賔頋 音侯

陁遬 送木反

篩邪 音史梵語字從竹

薛茘 上毗枎反下黎苐反梵語餓鬼惣名也

雄傑 乹孽反毛詩傳曰特立謂之傑淮南子云智過千人曰傑經文單作桀非經義也

乞匃 下音蓋說文匃乞也從亾從人亲人亾財物則乞匃經作丐非也

倉纔 在来反韻詮云纔僅也考聲𥿻也從糸從毚毚音仕咸反

牚柱 上丑耕反考聲云裛拄柱也裛音夕嗟反拄音方

迢迢 徒彫反經作苕非也考聲迢遠也文字典說迢遰路長也從辵召聲辵音丑略反也

貪餮 天結反杜注左傳云貪食曰饕貪財曰餮經文作饕亦通也

阿弥陁經下卷

所眩 玄絹反蒼頡篇云眩惑也又視不明也或作炫經文從玄作鉉非也舊音義訓為繫非經義也

祝祝 之育反此即方言巽也准祝字訓釋与經意不

同今訓為勤勤守護也是經意也

謥詷 上惹弄反下同弄反通俗文云言過謂之謥詷蔡文云謥詷怘也

蔡蹸 上音菜下蓍粹反此句梵語古譯不分明不切也

無量壽經上卷

玄應撰

微瀾 洛寒反尒雅大波為瀾小波為淪說文從水也

享兹

香兩反享當也亦受也經文作嚮用別也下子思反

煜爚 由鞠反下弋斫反說文煜爚也爚火光也經文作昱爍非本字也

該羅 古來反賈注國語該備也方言咸也

吞噬 貳痕反說文吞咽也下時制反王弼注周易噬齧也亦食也從口筮聲也

酖酒 都含反說文酖樂也字書嗜也或作媅妉耽三體並同

糾舉 經酉反孔注尚書糾正也鄭注周礼糾察也杜注左傳糾亦舉也從糸丩聲丩音居幽反舉字從手也

潢瀁 胡廣反下羊掌反楚辞潢瀁猶浩蕩也經文作滉漾亦通也下卷無字音訓

阿閦佛國經上卷

羅閱 下音悅梵語古譯云王舍城在摩伽陁國

跟跽 直良反字書云東郡謂雙膝跪地日跟跪也下其記反音譜云跽拜也而後長跪說文從足忌聲也

蜎飛 壹緣反毛詩傳日蜎蜎蠋蟲也說文蜎蠉井中小赤蟲也

蝡動 閏尹反考聲云有足日蟲無足日蝡說文小蟲動皃從虫耎聲經文作蠕誤也蒼頡篇作蝡也

央數 約姜反經文作鞅上聲非也

謗讒 補浪反杜注左傳謗毀也又詛也賈注國語云誹謗也又對人說其惡也下仕咸反毛詩傳日讒以言毀人也說文從言毚聲也毚音仕咸反

上膈 古核反文字集略膈匈內也說文從肉鬲聲鬲音革經文從阜作隔隔即非此義也

右脇 香業反說文脇胠下也從肉劦聲劦音協或作脅從三力也

諦調 庚珠反莊子云不擇是非而言謂之諦孔注尚書諦亦調也經文作諭非也下耻冉反何注公羊傳調佞也說文諫也從言閻聲閻音以占反經文作諂諂俗用從略也

往嬈 奴鳥反說文嬈相戲弄也或作嬲

薜荔多 上蒲閉反下礼帝反梵語餓鬼名也

礫石 呂的反說文礫小石也字書亦作礫也

綩綖 於遠反下音延經文錯用也正體從草作苑莚舞莚地衣之類

珠璣 居沂反孔注尚書璣珠類也字書小珠也說文不圓珠也從玉幾聲也

之態 他岱反王逸注楚辭態姿也說文常隶意不跛也亦作[illegible]

梯橙 體堤反埤蒼梯橙也說文木階也從木弟聲下眦礼反鄭注周礼梐持行馬也說文作梐也

疲極 被陂反賈注國語疲勞也蒼頡篇嬾也經文作罷借用也古人質朴也

阿閦佛國經下卷

惠琳撰

是這 言件反蒼頡篇這迎也說文從辵言聲辵音丑略反

坻弥羅 上帝奚反梵語樹名也

大乘十法經

綺語 欺紀反案綺語謂綺餝文詞藻過其實也

犁耬 力奚反耕田之具也下曾侯反埤蒼云耬伸也古者人輓而伸之下種具也今並用牛輓說文從耒婁聲耒音力對反輓音晩

貯積 陟呂反說文貯亦積聚也從貝宁聲

牀搨 狀莊反說文從爿從木爿音匠羊反下貪荅反釋名云牀狹而長曰搨說文從木昜聲也

拁壓 鵶甲反字書壓冥犨物也說文亦作厭字

撾打 陟瓜反聲類撾捶也考聲云擊也古今正字從木從過說文作築也

富伽羅 梵語此譯為數取趣也數數於三界中往來也或云補特迦羅也

蚊蝱 刎分反下莫庚反說文從蚰亡聲經文作虻非也蚰音昆

也

蟒虵　上莫㮟反尒雅蟒王虵郭注曰虵中大者謂之蟒虵經作网虵非也

普門品經　玄應

傳首　上音普傳字上從甫從水從寸傳首者古譯質朴不妙即是文殊菩薩名也

億垓　攺孩反數法名也

鞕靰　上五更反字書

鞕牢也考聲堅也有作硬俗字也文字集略從卬作靮下靰字准經義合是𨾉字舊音義胡浪反恐非不成字也諸字書並無此字未詳所出且存本文以俟來哲

滿脬　上滿字從廿從兩音亦滿也從水肨用字也下普包反此即傍光水器腹中尿脬也即今氣毬是也說文尿脬也從肉孚省聲也

佛說胞胎經　惠琳撰

胞胎　上音包司馬彪注莊子云胞腹內兒衣也漢書同胞之徒如淳曰胞親兄弟也說文生兒褁衣也從肉包聲下他來反尒雅胎始也廣雅婦孕三月爲胎蒼頡篇兒未生曰胎說文婦孕三月也從肉台聲

懿沙　依寄反梵語此無正翻

眼瞳子　動冬反埤蒼云瞳者目珠子也廣雅目珠子謂之眸子俗謂之目瞳人說文開訓

成胚　配梅反說文婦孕一月爲胚從肉不省聲也

燥牛糞　上桑到反周易火就燥也說文燥乾也從火喿

聲喿音與上同下分問反俗字也正𥹭華作糞說文作𡊄糞除糞埽也韻英糞亦穢也或作㨨糞經從土作真不成字也

兩膹　頻泯反韻詮云膹膝脛也說文膝骨也正從骨作髕形聲字也

樹荄　古來反尒雅荄根也郭璞曰俗呼韭根爲荄方言東齊謂根曰荄說文草根也從草亥聲也

樹觚校　古胡反說文從角從瓜音寡華反

躁擾　早到反鄭注論語云不安靜也謚法曰好變動民曰躁王篇躁動也說文作趮

鍛師　端亂反孔注尚書云

鍛鍊戈矛也鄭注礼記云鍛推也蒼頡
篇云推打也說文小冶也從金段聲也
鞴囊 上排拜反說文吹火具也或從韋作韛
亦作橐並音禹上同亦名橐字書云無
底袋也轉注字也
橐音託下諾郎反
或縹 匹眇反說文帛青白色也從糸
票聲
也
如窯 音姚說文窯燒瓦竈也
從穴從羔或作陶
刮治 開滑反俗字也傳用已久篆書正體從
舌作刮鄭注礼記云刮摩也廣雅刮減

也揩刃刮去惡物說文刮去惡創肉也從刀
舌之聲也舌音還刮反与滑音同下治音胎
跱笞反考聲治理也修
故也說文從水台聲也
揩摩 客皆反考
聲云摩拭
也從
手也
尫絅 上枉王反說文尫曲脛也從
大象偏曲之形古文作尪今
絲書從省下此綵反說文微也
從糸公聲糸音覓公音信也
跛蹇 上波
我反賈注國語云跛行不正也說文從足皮
省聲下捷偃反說文蹇亦跛也從足從寒

省聲
也
禿瘻 音陋考聲云瘻久瘡不
差日瘻從疒婁聲
舌舐 上善熱反說文云舌在口中所以言也
從千從口千亦聲也下食尒反俗字也
說文云舐者以舌取物也從舌氏聲正作䑛
經從口作呧非也考聲或作狧舓咶五體
並古字也
欬逆 開愛反埤雅欬逆氣也
出諸史籍
從欠亥聲經從口作咳
俗字
癡憃 上恥持反俗字也正從心作
癡考聲癡愚也衛宏從人從
也
文作佁會意字也下踳巷反考聲云小兒愚
也或從見作𧡟亦作覵俗音卓降恐非也

疣瘇 上音尤下音隆顧野王云風結病
也亦為肬贅之肬字瘇起也
臚脹 上呂豬反考聲云皮也大也叙也
下陳告於下也釋名云腹前日臚
說文從肉盧聲下張亮反左
傳云腹滿也從肉形聲字也
搒笞 白盲
反顧
野王搒擊也字書搒也說文從手旁聲下
恥持反說文笞擊也從竹台聲也
考掠 字書云掠擊也從手京
省聲方言音略亦通

文殊師利佛土嚴淨經上卷　玄應撰

恪恭　古文窓同苦各反尚書恪謹天命孔安國曰恪敬也字林恪恭敬也

相棠　借音丈庚反字宜作揨敼振𢾂四形同文衡反謂相觸也

恬惔　徒兼反方言恬靜也下宜作惔徒濫反漢安謂安靜也經文從心作惔徒甘反憂心如惔憂也惔非此用

昺著　又作眪炳昺三形同碧血反廣雅昺明也

億姟　古文作絯姟二形今作姟同古才反數名風俗通曰十億曰兆十兆曰京十京曰姟猶大數也

拜謁　於歇反尒雅謁請也亦白也告也

俜張　又作㜮同普留反下知良反尒雅俜張誑也郭璞曰俜張幻惑欺誑人也經文作侏之儒反侏儒短人也

開士　梵語菩薩者也謂以法開道之士故名開士也

譚然　徒躭反譚淵也楚人名淵為譚字宜作憺徒濫反憺安靜

塵埃　烏來反蒼頡埃風揚塵也

文殊師利佛土嚴淨經下卷

交趺　又作跗同府于反三蒼跗足上也謂交足而坐也經中多作加趺山東名甲趺經文從足作跤非也

至湊　且豆反廣雅湊最也湊競進也

景則　𢒈影反詩云介介景福傳曰景大也則法也

大聖文殊師利佛刹功德經上卷　惠琳撰

門閫　坤穩反鄭注礼記云閫門限也形聲也

嫉妒　都故反王逸注楚辞云害賢曰嫉害色曰妒說文並從女疾戶皆聲也有從后作姤非也

裸者　華瓦反借音用也本音魯果反顔野王云䏚衣露祖也說文從衣果聲或從人作倮或從身作躶並同也

澄睟　長陵反說文澄湛也下雖翠反考聲云視正皃也玉篇潤澤皃也古今正字云從目卒省聲也卒從衣從丿作衣丿音篇蔑反

斟酌　執任反下章弱反

披擐　還慢反杜注左傳擐穿貫衣甲曰擐說文從手睘聲

透徹　偷候反考聲從走作趯下耻列反賈注國

語徵明也說文通也從彳丑歷反從殸殸音同上也**謦欬**輕郢反說文謦亦欬聲也從言從殸苦角反下苦愛反傳雅欬逆氣病也**遍捫**慱見反字書遍帀也下莫奔反毛詩傳曰捫持也聲類捫摸也說文從手門聲也**險詖**彼寄反蒼頡篇詖諂佞也說文辨詖

佛剎經中卷

占吝上之焰反下隣振反孔注尚書丢借也方言荆湘汝郢之郊貪而不施曰丢郭注云慳吝多借也說文從口文聲經從心作悋亦通古文從文作吝**隼繩**上佳尹反鄭注礼記云準猶平也廣雅均也說文平也從水隼聲俗用從隹作准非也下食繩反世本曰倕作規矩準繩宋忠曰舜臣也尚書曰繩愆糺謬格其非心又曰木從繩則正君從諫則聖寀繩者取其平直也尒雅繩戒慎也說文索也從糸從黽

省聲也**媿耻**上軌位反杜注左傳云愢慙也尒雅媿亦耻也說文同左傳從女鬼聲或從心作愧亦通下癡里反字書耻辱也考聲愧也說文辱也從心耳聲有從止作耻俗用並非正也**捶打**佳蘂反說文捶以杖擊也從手垂聲也**輕懱**眠結反毛詩傳曰懱亦輕也賈注國語來也又蔑也說文輕傷也從心蔑聲**窣覩波**孫骨反梵說也唐言高顯廟也亦曰方墳即安舍利廟也或云塔婆或云偷婆亦云藪偷婆皆訛略也**補特伽羅**

梵語也唐云數取趣也**忩遽**渠御反杜注左傳遽急速也亦云窘迫也說文從辵豦聲豦音渠窘音君殞反**遷易**七仙反毛詩傳遷徙也又變也正作䙴下羊益反孔注尚書易改也

佛剎經下卷

纔發在來反考聲云纔暫也下潘韈反廣雅發去也**頓胵迦**梵語寶名也**仰蘖羅**梵語數名也魚列反**泯**

末羅　古譯云頞婆羅亦數名也弥忍反末音磨鉢反　阿閦婆　初六反亦數名也

法鏡經上卷　玄應

闇物國　謂舍衛国也十二遊經云无物不有国也

艕氏樹　謂祇陁林或云祇洹並訛也正言逝多

憍薩羅國　波斯匿王之子也

除饉　勤靳反舊經中或言除士除女亦言董士董女今言比丘比丘尼也案梵言比丘此云乞士即尚除饉義同謂除六情飢斷貪慾染也以善法董修即言董修士董修女也

多惡　阿各反謂過惡也經文作悪或作蕙並非也

除剔　他歷反毛詩傳曰剔鬄髮也正作鬄古文作㔸也

汝迺　奴改反尒雅迺乃也亦乃字也聲類生也說文往也

樂法　五教反愛欲曰樂經文作淨非也

昆弟　孫魂反尒雅昆兄也說文周人謂兄為昆

礎切　七何反正作縒論語曰骨曰切爲曰磋言骨切爲礎以成器人學問以成道也

法鏡經下卷

蟆子　上音莫槃蟆蚊類也山南多饒此蟲群飛蔽日螫人痕如手許大也

肥腴　庾珠反說文腴腹下肥也又腴亦腹也從肉也

猳玃　古霞

反字書猳亦玃也正作猳亦作豭下俱縛反郭注尒雅玃似獼猴而大蒼黒色能玃持人好顧盼說文云大母猴也經作伽猝非也

肬贅　有流反廣雅肬腫也著頭瘤病也說文亦贅也從肉尤聲或作疣同下之芮反博雅贅亦肬也小曰肬大曰贅經作肬腨非也

玷缺　丁簟反說文玷亦缺也從玉從占下犬悅反蒼頡篇缺𦈢也說文從缶從夬或從垂作缺亦通文從玉作玦音古穴反非此義也

墜文　直淚反說文墜墮也經文作𡐊非也

庾得　舒穎反案庾猶與也

望得也經文從言作譙音之誰反非此義也

郁迦羅越問菩薩行經

強項 胡講反案項謂廢人項強難迴也無量清淨覺云強項愚癡人是也大品經作增上慢人其義一也

麞鹿 朱乳反山海經云荆山多麞鄭注云似鹿而大尾可以為拂帚

郁迦 此譯云威德也

謿譁 今作啁同竹包反博雅謿言語相調戲也譁疑作話胡快反博雅話謿謔也說文善言也

牽抴 遣肩反廣雅牽抲也說文引前也下又從冂從牛玄聲為牛之縻也博雅作曳同以世反字林抴卧引物也博雅亦相牽引也或作拽一音癸營反

財 古文賄同呼罪反尔雅賄亦財也鄭注周礼金玉曰貨布帛曰財也

躑躅 或作蹢同呈亦反下或作躅直錄反字林躑躅駐足不進也廣雅踟蹰也

幻士仁賢經

玄應撰

颰陁婆羅 經或作軷跋柭三體同盤沬反此譯云仁賢或云賢護謂隣近於聖也

普徽 虛歸反尔雅徽善也尚書慎徽五典王肅曰徽美也

瓶瑩 烏耕反說文瓶長頸瓶也或謂之㽘音丁甘反或作罌亦作甇也

自韙 籀文作愇同于鬼反左傳云犯五不韙杜預曰韙是也

决定毗尼經

惠琳撰

颰陁婆羅 菩薩名也唐言賢護

南无現無愚佛 此佛准梵本合是不空見未審古譯作此名殊不相當也

一摶 段鸞反博雅摶以手捏物使相著也說文從手專聲經文作揣非也

逮無 徒戴反尔雅逮及也說文從辵隶聲隶音第也

矛矟 莫侯反下雙捉反廣雅矟亦矛也說文從矛肖聲也

捲誘 狂卷反下以酒反鄭注礼記誘引也鄭注儀礼教也孔注尚書導也尔雅進也說文或作羑也

再譯三十五佛名經　惠琳撰

懺悔　上策陷反集訓云自陳過也韻英云自陳悔也從心韱省聲也俗從韱作懺非也韱音精廉反從二人從韭從戈也

不空見如来　舊注云現無愚佛錯誤也

遊戲　希義反集訓云逸豫也說文三軍之偏也從戈䖒聲也䖒音許宜反也

畢栗蹉　會何反梵語耶見不信王法人也舊譯云弥戾車不切當訛略也

補羯娑　梵語亦惡業人也

一摶　段欒反集訓云摶捉也著也以手摶令相著也從手專聲或作團亦通

發覺淨心經上卷　惠琳撰

談話　倓甘反顧野王曰談論也廣雅調也下胡快反愽雅話謿讉也說文善言也字書作譮籒文作譮

捫摸　莫奔反聲類捫摸也毛詩傳曰捫持也說文從手門聲也

迭相　田結反杜注左傳迭更也郭璞注尔雅謂更易也

毀呰　睥婁反尔雅壞也考聲作訿下茲此反鄭注礼記曰以言毀人也說文呵也前後不出者同呰訛

嬉戲　喜其反蒼頡篇嬉戲笑也說文樂也說文作娛下羲義反尔雅戲謔也說文逸豫也從戈䖒聲䖒音許宜反

犀牛　洗鷄反尔雅犀似水牛猪頭大腹卑脚脚有三蹄黑色二角一角在頂一角在鼻者即名食角也小而不堕好食棘說文從牛從尾也

發覺淨心經下卷　惠琳撰

莖稈　戶耕反下古旱反左傳作秆

創皰　楚霜反令通俗作瘡說文作刅古文作刱下蒲皃反說文皰面生熱創也從皮包聲或作皰經文作疱非也

籠罩　盧紅反莊子籠咸鳥器也說文從竹龍聲下嘲教反說文罩捕魚籠也一名䍜從冈卓聲也

財購　古侯反說文購贖也從貝冓聲冓亦

音古候反也

須摩提女經　惠琳撰

絢擣　西計反下刀老反考聲擣舂也說文手推也從手壽聲或作擣古文作舂擣也

耎妙　而兗反正作耎或作瑌字經從石作碝非也

誎讇　羊朱反莊子不擇是非而言謂之誎下丑琰反莊子云睎意道言謂之諂何法公羊諂佞也說文諫也經文作諂亦通俗用

一切經音義卷第十六　第三十五張　赤

須摩提菩薩經　惠琳撰

羅閱祇　上音悅梵語也

優迦　梵語長者名也亦曰都伽

多陁竭　梵語魯質不妙也正梵云怛他蘖多唐云如來也

拘文花　拘牟那古亦言俱物頭花也

滿弸　弓六

反考聲云匊取也說文曲指捧物也古作臼今通俗作掬經文作匊

埤助　婢弥反毛詩傳云埤厚也又益也賈注國語補也又亦助也說文增也從土卑聲經文作椑亦通也

鈌減　大悅反蒼頡篇鈌戲也說文從缶從決省聲或從缶作缺亦通俗下甲斬反說文減損也從水咸聲也

揞致　呼𠂊反依字訓揞猶慶大也

探識　他甘反說文探嘗試取其意也字從手

別時　彼列反經文從草作剪非也

區和　烏侯反下音和梵語菩薩名也

一切經音義卷第十六　第三十六張　赤

阿闍貰王女阿術達菩薩經　惠琳撰

五旬　或言般遮旬唐言五即五神通也

因堤　丁黎反梵語菩薩名也

壘越　力底反經中或言離越同一義也

干蔗　經文或作芋柘亦同下之夜反通俗文荊州干蔗或言甘蔗一物也經文從走作遮非也

蠱狐　上餘者反亦作野說文野狐妖獸也鬼所乘有三德其色中和小前大後死則首丘大於野干也

得無垢女經　惠琳撰

遞共 提礼反尒雅遞迭也郭璞曰謂更易也考聲云代也說文從辵從虒經作遞俗訛誤也虒音從資反

符坻 徒古反博雅坻瓶也埤蒼大題也說文從瓦土聲題音提礼反

解奏 古賣反賈注國語解除也廣雅散也說文判也從角從刀從牛下則傒反孔注尚書奏進也又上書也案解奏野外祭神也

鹿踹 下舡耎反說文踹腳腸也或作腨腓音肥味反

從輿 余綮反廣雅輿舉也博雅載也說文從車與聲經作轝通俗

危脃 七歲反廣雅脃弱也說文从耎易斷也從肉從色經作脆俗也

一瓢 毗遥反方言瓢一名蠡考聲云瓢也說文作瓢也

優塡王經　玄應撰

皮韜 吐勞反左傳以樂韜憂杜預曰韜藏也說文云劍衣也

從避 脾尺反韓詩或辟四方辟除也譯從者也

不計 居詣反謂計筭也国語計成而後行賈逵曰計謀也經文作倸非體也

倱伅 又作倱伅二形同胡本反徒損反謂不通類也通俗文大而無形曰倱伅

遲其 除致反綮遲欲其疾也遲猶望也經文作幼稚之稚非也

鴆毒 除禁反山海經女几之山多鴆郭璞曰大如鵰紫綠色長頸赤喙食蛇以羽畫酒即煞人也

什僵 蒲勒反下居良反說文什頓也謂前覆也僵偃也謂却偃也

身冒 三報反冒蒙也案蒙猶荷也被也尚書冒聞于上帝

文殊師利所說不思議佛境界經上卷　惠琳撰

貪瞋癡 昌眞反考聲云瞋怒也說文張目恨也形聲字也下耻知反考聲云癡愚也埤蒼騃也說文不惠也從疒也

酸鹹 上蘇端反考聲

酸亦醋也下陷減反尒雅鹹苦也郭注曰苦即大鹹說文從鹵也**麁淺**倉胡反正作麤下七剪反**射師**食夜反說文射弓弩發於身而中於遠也從身從寸寸者法度也亦手也或從夫作躲亦通**特鍾**唐勒反下燭龍反經言特鍾者憐念深也**惌䜱**於袁反考聲云怨仇也蒼頡篇怨恨恚也說文恚也從心宛聲下受流反鄭箋毛詩云讎憎惡也顧野王云謂怨嫌也又仇也集訓云寃之正偶說文從言雠聲雠音同上也**控弦**空貢反毛詩傳曰控引也引弓曰控弦說文從手空聲**巧捷**躋葉反桂苑珠叢云捷勝也王逸注楚辞慧也愽雅爽也說文從手從疌也**浮泡**下普包反考聲云浮泡水上倍漚也**彫窓**上多堯反下楚雙反廣雅窓牖也韻詮云正曰窓旁日牖說文在牆曰牖在戶日窓古文正作囪**攢櫨**昨巒反蒼頡篇攢聚

一切經音義卷第十六　第三十九張　赤

也鄭注礼記蔟也說文從木從贊下鹿夫反說文欂櫨柱上枅也枅音牽見反**疊栱**徒協反顧野王曰疊猶累也宋忠注太玄經云積也蒼頡篇重也說文從晶從宜楊雄云古者决罪三日得其宜乃行之故從三日王莽以三日太盛故改為三田**磊砢**雷罪反下勒可反說文磊砢衆石皃也**柔耎**而兖反經文作腝俗字也**觸嬈**衝燭反下奴鳥反說文嬈相戲弄也或作嬲

佛境界經下卷

儔黨直留反韻略儔匹也廣雅依也下當朗反孔注論語黨類也鄭注論語親也說文從黑尚聲**瑕垢**夏加反廣雅瑕穢也下古后反**淤泥**於據反顧野王云今水中泥為澱說文澱滓也澱音田練反

第卌張　赤

一切經音義卷第十六

一切經音義卷第十七　赤

大唐翻經沙門慧琳撰

音如幻三昧經二卷　慧琳撰

善住意天子經三卷　慧琳撰

太子刷護經一卷　慧琳撰

太子和休經一卷　慧琳撰

大乘顯識經二卷　慧琳撰

慧上菩薩問大善權經二卷　玄應撰

大乘方等要慧經一卷　慧琳撰

弥勒菩薩所問本願經一卷　慧琳撰

佛遺日摩尼寶經一卷　玄應撰

摩訶衍寶嚴經一卷　慧琳撰

勝鬘師子吼一乘大方便方廣經一卷　玄

毗耶娑問經二卷　玄應撰

大方等大集經三十卷　玄應撰

大集日藏分十卷　玄應撰

大集月藏分十卷　玄應撰

右已上十五經六十八卷

如幻三昧經上卷　慧琳撰

德鎧　開代反考聲云鎧兜鍪也文字集略云以金革蔽身曰鎧說文甲也從金從愷省聲也

宴居　烟見反郭注尒雅云宴優閑也說文宴安也文

靜也從宀晏聲經作燕古人借用義亦通愚戇卓降反若聲云戇精神不爽也淮南子云從管仲視伯夷則謂之戇矣說文贛愚也從心贛聲贛音貢抵揬上丁礼反戰國策云牴書觸也說文訓亦同從牛氐聲氐音同上下徒骨反廣雅云揬衝一字典說云從手突聲經作突亦通恭恪康各反孔注尚書云恪敬也說文從客從心作愙古字也或作愙古今正字從心各聲憯怕上談

敢反蒼頡篇憯恬也廣雅云靖也說文安也從心朁聲下普伯反廣雅怕安靜也說文無思也從心白聲經作伯非也愚騃崖解反上聲字蒼頡篇騃無知也埤蒼云愚也說文馬行仡仡從馬矣聲仡音魚訖反千姟改孩反筭經云十万日億十億日兆十兆日京十京日姟數法名也古今正字云大也數也從女亥聲經從土誤用也汲引上金岌反廣雅云汲取也說文汲亦引水也從水及

聲也以檛陟瓜反考聲云檛擊也聲類云捶也古今正字云從木過聲說文從竹作篆古字也傀琦上古迴反集訓云壯大也桂苑珠叢咸也傀琦者美貞也說文偉也從人鬼省聲也經從玉作瑰非此用也下音奇埤蒼云瑰瑋琋琦也古今正字從玉奇聲姿豔上姊私反字書云姿儀貞也蒼頡篇云容媚也說文云態也從女次聲下鹽贍反文字集略云豔美色也說文好而長從盍經文從色作豔俗字也盍音合從大從血毗衛天此梵語訛略也正梵音云覩史

多天唐云知足天此天王多是一生補處菩薩也馳騁直知反下勑郢反顧野王云馳走也杜注左傳云騁猶馳也廣雅馳騁皆奔也說文並從馬馳從也省聲也甹匹丁反甹聲也疇匹直留反孔注尚書云疇類也王注楚辭云四人為疇二人為匹從田壽聲姝好上昌朱反毛詩傳日姝美色也方言趙魏燕代之間謂好日姝說文同方言從女朱聲也牀榻上狀莊反下吐合反釋名云牀狹而長日榻也說文從木舄聲舄音同上棚閣白萌反廣雅云棚亦

閣也說文棧也從木明聲也

蠲除　決玄反孔注尚書蠲絜也郭注方言蠲亦降也說文從蜀益聲會意字在垂部也益正益字也

稽顙　傒禮反借用字也孔注尚書云稽首首至地也鄭注周礼云稽首頭至地拜也說文從首旨聲古文正體稽首字也經作稽本音難相傳借用久矣下桑朗反方言顙額也何休注公羊傳云稽顙若今之叩頭於地

老耄　下莫報反韻英云耄亦老也杜注左傳耄亂也礼記云八十九十日耄鄭注云耄亦惛忘也古文作薹說文從老從蒿省聲今通俗揔作老也

毫氂　上号高反下力知反王逸注楚辭云毫長銳強毛也察九章筭經云凡度之始初起於忽十忽為絲十絲為毫十毫為氂二字並從毛形聲字也

如幻三昧經卷下

悒悒　音立反與邑同王注楚辭云悒又憎歎息也蒼頡篇云不舒之皃也說文不安也從心色聲也

佁礙　上胎賚反下我蓋反考聲云佁礙癡皃也郭注方言鴑鈍癡愚也說文佁從人台聲礙從石疑聲經作態礙借用也

損耗　呼到反蒼頡篇耗消也韻詮減也說文稲屬也從禾毛聲

狂悖　劬王反下蒲没反顧野王云狂愚騃驁悖性不倫理也孔注論語狂妄抵觸也鄭注礼記云悖逆也廣雅云悖乱也說文從犬王聲悖字從心孛聲孛音輩

所漂　丘逕反顧野王云漂猶流也說文漂亦浮也從水票聲經文作㵱誤也票音必遥反

弘雅　上胡肱反毛詩箋云弘猶廣也尒雅云弘亦大也說文從弓厶聲厶音古弘反

霑汙　輒廉反考聲云小溼也廣雅云霑漬也顧野王云霑猶濡也說文從雨沾聲經作沾俗字也

霍然　荒郭反考聲云猝急也顧野王倏忽急疾之皃也說文作靃或作霩經作爟非也

矛戟　莫侯反下京逆反說文矛長二丈建於兵車之前也或作鉾方言今戟中有刺者謂之雄戟說文矛字象形戟字從榦省從戈榦音古旦反

痛蛘　下羊掌反廣雅皮膚蛘也考聲痛之微也礼記作癢云癢不敢

掐毛詩傳皮膚病也說文掐䍧也從咅羊聲也

班宣　上八蠻反杜注左傳云班布也又曰次也賈注國語云班位也方言列也說文分瑞玉從刀分班與頒同也

煌煌　晃光反毛詩傳云煌煌明也蒼頡篇云光也說文煌煇也從火皇聲

亘然　柯鄧反方言云亘竟也毛詩傳云亘徧也古今正字急引也通變也從二從舟也今作亘俗字也

尠薄　仙翦反尒雅云尠寡也古今正字尠罕也從甚正體從是從少作尠或從魚從羊作鮮音義並同下傍博反蒼頡篇薄微也釋名云蹠物也廣雅云亭也說文從草溥聲也

報償　商亮反杜注左傳云償猶報也廣雅云亦復也說文云還也從人賞聲

擣香　上刀老反聲類築也考聲舂也說文擣手推也從手壽聲也

僥倖　上暁堯反下行耿反考聲云僥非分而求也礼記云希冀也蔡邕獨斷云御之所愛覩覩者曰季又礼記孔子曰小人行險以徼幸說文從心敫聲也敫音要或從彳作徼經文從人作僥俗用非本正字也古今正字倖字從人幸聲或從女作婞或作㚔亦通也

善住意天子經上卷　惠琳撰

皆樂　五教反考聲云願也

坑澗　客耕反尒雅坑墟也鄭注礼記云坑池塹也蒼頡篇壑也亦陷也說文從土從亢聲也亢音罡下閒晏反尒雅云山夾水曰澗說文從水閒聲也

皀皀　上都回反下浮務反聲類皀小塊也說文亦小皀也尒雅云大陸曰皀廣雅丘無石曰皀說文並象形字也經作𠦝又作阜並俗字也

黠慧　閑八反方言黠亦慧也考聲云利也說文從黑從吉聲下熒桂反

輦輿　上力展反鄭注周礼云后居宮中從容所乘為輕輪人挽而行杜注左傳云駕人曰輦說文從扶從車扶在車前引之也扶音伴下與諸反左傳云士臣皂皂臣輿也杜注云輿衆也蘇林注漢書云輿猶載之而行輿之意也說文車輿也從車舁聲也舁音予

稱稱　上齒證反下齒蒸反上字去聲下字平聲廣雅云稱度也說文銓也從禾爯聲經作秤俗字也

擻杖䶩　上𡊮戟反廣雅擻振也說文作擻投也從手鄭聲

覺寤　上音角下五故反博雅云覺知也毛詩傳云寤亦覺也蒼頡篇寤覺而有言曰寤說文從𡨦省吾聲經從穴作㝥非也

中卷

拄杖　上誅縷反說文揾也從木從主聲者聲正以一點為音與上同

跳故　逃遥反鄭注礼記跳足歩不相及也蒼頡篇踊歩也說文從足兆聲也

恥媿　鬼位反杜注左傳云媿慙也博雅媿亦恥也說文從女鬼聲經從心作愧亦通用或作聰亦作醜並非也

娛樂　上遇俱反杜注左傳云娛亦樂也說文從女吳聲下五教反

戲樂　上希寄反尒雅云戲謔也郭注云謂啁也說文從戈䖒聲經從虛作戲非也下音洛䖒音希

嫉妒　上秦悉反下都故反

王注楚辞云害賢曰嫉害色曰妒說文從女戶聲戶音户有從石從后並非也

不鈌戒　犬悅反蒼頡篇云鈌戲也說文從缶史聲經從垂作鈌亦通

羸劣　上力追反賈注國語羸病也杜注左傳云弱也說文疲也從羊羸聲也羸音力果反

遞互　上提礼反鄭注尒雅遞迭也考聲云代也說文更易也從辵虒聲辵音丑略反虒音天伊反經作遞俗字非也

无秉作　兵永反毛詩傳云秉操也亦把也賈注國語秉執也廣雅云持也說文從又從禾會意字也手持一禾曰秉

善住意下卷

糞掃　上分問反集訓云掃除穢物肥地曰糞說文云棄除也從廾推𠦒棄米曰糞許叔重云似米而非米古文𢍏字也廾字音拱推音吐雷反𠦒音半謗反或從土從弁作𡊅古字也亦作𡊅或作𡑞經從異或從黑作黨並非也下桑到反廣雅掃除也從土帚省聲或從手作掃亦上聲字也帚音周酉反

抖擻　上得口反下桑厚反考聲抖擻者振衣也說文上舉振之也從手斗聲梵云杜多或云頭陀唐云抖擻沙

門釋子行遠離行少欲知足不貪不著節身苦行也經文作拔非也從手形聲字也

懆鈍 上蒙孔反考聲云懆猶不慧也從心冢聲冢字從勹豕經作蒙或作懞並俗字也下徒頓反如淳注史記云鈍猶頑鈍無廉隅也蒼頡篇云鈍即頑也聲類云鈍不利也說文從金乇聲乇音徒塊反

刀塊 魁外反考聲云土塊也或作由古字也音同說文塊土堛也堛音披逼也

太子刷護經

玄應音

刷護 拴八反考聲云刷刮也介雅云刷清也說文從刀馭省聲也馭音同上拴音刷關反

羅閱國 綠雪反

頦頰 下蕭牒反顧野王云面傍曰下耳前也說文從夾頁聲

蟻飛 上宜倚反介雅云大曰蚍蜉小曰蟻其類非一復有多名說文云從虫義聲或作螘也

蠉動 潤允反山海經霈山有赤虵在木上名曰蠉莊子云蠉蠉蟲動也說文亦同莊子從虫睘聲

驝駞 湯洛反下達何反胡畜名也今謂之駱駞是也山海經云號山多驝駞顧野王云肉鞍能負重善行致遠郭注云日行三百里能知水泉所在古今正字云胡地多饒畜名也並從馬橐它皆聲也橐從橐省橐音塊困反橐音託

太子和休經

惠琳撰

繖蓋 蘓𡢃反顧野王云繖即蓋也漢書云時天大雨上騎持繖蓋也說文從糸㪚聲下垓害反說文苦也從草盇聲也盇音合從大從血經從羊作盖俗字也

蜎飛 上血緣反毛詩云蜎蜎者蜀也即蜀者桑蟲也說文從虫肙聲肙音一緣反

諷誦 上夫風反下徐用反前寶積經音義中已具釋

騾驢 上力戈反下力豬反說文云騾者驢父馬母所生也又云似馬長耳二字並從馬累盧皆聲也

大乘顯識經卷上

惠琳撰

醒悟　星挺反考聲云醉解也顧野王云醉除也国語云醒而喜也古今正字從酉星聲

轟轢　上呼萠反史記云輷輷殷殷若有三軍之衆蒼頡篇轟轟聲也說文亦胼車聲從三車亦作輷泓鑑聲下五故反下惲颶反尒雅云鬱猶喜也郭注方言壯大皃也說文木叢生者從林鬱省聲

氈褥　上之然反下如燭反

繒綺　上情蠅反下袪倚反

倚枕　上衣此上四字前文已釋

一切經音義卷第七　第十三張　赤

矣反下章荏反線彩為囊

帷幕　上音韋下音莫感翦物貴人左右脩浼也二字並從巾

煥爛　上歡觀反下勤旦反煥爛猶暉赫之盛也

瓔飾　上伊盈反說文作賏婦人頸飾也從二貝經從衣作褸字書無此字非也下昇織反鄭注礼記云飾者情之章表也說文㕞也從巾飤聲也一日橡飾也經文有從帀作飾非也刷音霜刮反橡音象

裓麗　上玄絹反許對重注淮南子云裓黑衣也考聲裓美也古今正字云尸祝裪裓也裪純也從衣玄聲也

閑婉　威達又毛詩傳婉從也婉猶美也說文順也從女宛聲

閒鈿　音田或去聲亦通徒莬珠叢云金花寶鈿也文字集略云金鈿婦人首飾也考聲云以珏寶裝飾也形聲字

颻颺　上音遙考聲云颻颺上行風也下羊上反集訓云風所飛也並形聲字颻音符

銅鈸　盤沫反古字書無鈸字近代出也字統云樂器名也形如小盤口對而擊之考聲云形如小疊子背上有鼻以二口相擊為聲以和衆樂也形聲字戈

讙噭　上香袁反前大般若音義中巳具釋亦作諠經文從口作喧俗字也下香妖反毛詩傳曰噭噭聲也衆多皃也廣雅噭噭咨也說文噐出頭也從頁噐聲噐音莊立反古文從吅作頁

一切經音義卷第十七　第十四張　赤

鮮葩　怕巴反說文葩花也或作杷漢書作芭省略也形聲字也

昭晢　戰熱反考聲云日光明也亦作晰說文音制昭晰明也從日折聲

峻峙　上詢俊反考聲山高日峻正作俊或作傛下持里反考聲山特立也玉篇云峙躇也躇者止不前也躇音除也

樓櫓

上音妻下音齊樓者城牆上戰樓也杜注左傳云櫓者大盾也今名戰格是也形聲字

寶輅 盧固反史記妻敬挽輅字書云人推也說文云車軨前拱木也輅亦寶車也推音土雷反

剖析 上普后反孔注尚書云剖破也杜注左傳中分也說文從刀音聲音偷口反下星亦反孔注尚書云析分也說文破木也會意字也或作折俗字也

屣履 上師滓反下音里前文巳具釋

視瞬 音舜

竅穴 輕弔反鄭注礼記云竅孔也鄭注周礼云陽竅七陰竅二說文從穴敫聲敫音激

肩髆 補莫反鄭注儀礼云髆胳䏶胛骨也亦肱骨也說文肩甲間也從骨専省聲也

詼謔 下虛虐反尒雅云謔浪笑傲戲謔也郭璞注云謂相啁戲也說文從言虐聲

唼吮 所甲反下似兗反顧野王云凫鶩口唼食謂之也史記吴起吮卒之疽說文從口允聲古今正字唼吮二字皆從口妾允聲也

作繭 堅顯反老聲云蠶繭也礼記云世婦平蠶奉繭以示君說文蠒衣也從糸從虫從芇芇音眠

纏裹 戈火反顧野王云裹猶包也說文云裹纏也從衣果聲也

或甜 牒兼反家語云剖而食之甜如蜜廣雅云甜甘也說文美也從舌甘聲也

顯識經卷下

⿰月冊⿸广夜 上蘓蘭反廣蒼云腷肪也字林亦肪也古今正字從肉刪省聲也

堅鞕 額更反考聲云堅也桂苑珠叢云鞕固也古今正字從革更聲也

及膩 尼智反王注楚辞云臓滑也說文云肥也從肉貳聲

植之 承織反孔注尚書云植置也方言樹也立也又說文云從木直聲也

蚊蚋 上勿分反下儒鋭反顧野王云小虫好入酒中者也說文秦謂之蚋又云齧人飛虫也俱從虫文芮皆聲也芮音同上也

捲縮 上渠圓反毛詩傳云捲用力也韓詩外傳云縮斂也說文從手卷聲也下所六反說文從糸宿聲也

寶璫 黨郎反釋

名云穿耳施珠曰璫說文從玉當聲也焊蒼云光皃也說文炫亦爗也從火玄聲也

炫煥 上玄絹反廣雅云炫明也

鎔銅 逾鍾反漢書猶金之在鎔唯冶之所鑄音義云錢摸也說文從金容聲

掬中 弓六反毛詩傳云滿手曰掬鄭注礼記云掬手中也說文從米勹聲也勹音包字書正作匊經從手作掬俗字通用也

爆裂 上包皃反廣雅云爆猶熱也考聲云燒柴竹作聲也說文從火暴聲下連哲反廣雅云裂分也顧野王裂猶折破也說文從衣列聲或作𠛱經從力作裂是劈也劈猶強也非經義也

斬截 前節反毛詩箋云截整齊也說文截斷也從戈雀聲經從上作截俗字也

齧齧 研結反礼記亦云無齧骨說文齧噬也從齒㓞聲也㓞音慳忍反

羂索 涓兖反聲類云羂係取也古今正字罙冪罟從冈肙聲或從糸作羂肙音恚緣反從口也

貯𠕒 猪䇔反杜注左傳貯畜藏之顧野王云貯所以盛者說文貯積也從貝宁聲也宁音佇

葦廬 為鬼反毛詩傳云葭為葦也說文大葭也從艸韋聲也下振猪反杜注左傳云廬舍也說文從广盧聲也

慧上菩薩問大善權經上卷　玄應撰

振子 古文㢳振二形同諸胤反小尒疋振救也說文振舉也亦發也從手

贍及 聲類或作𧸖同時焰反聲類贍助也字書贍足也謂周足也

過闋 三蒼古文作闋同苦穴反說文事已日闋闋亦止息也終也

雨霽 子詣反通俗文雨止日霽今南陽人呼雨止日霽

殫盡 多安反尚書乃殫文祖注云殫盡也說文從歺音五割反

縲紲 力追反下息列反縲繫也紲攣也所以拘罪人也

蔭疪 又作癊同於禁反下必利反蔭草覆也疪目蔽也說文云自蔽也

摧拉 或作摺同力荅反廣雅摺折也說文拉敗也

堪偕 古諧反詩云與子偕左傳曰偕俱也偕亦強壯之皃也

迮

令虛乞反作雅迄至也四錠音定又音殿聲類云有足曰錠無足曰鐙也

下卷

半粒音立通俗文穀曰粒豆曰皀皀音逼急反經文作糵非也

大乘方等要慧經　惠琳撰

逮敎唐耐反考聲云行及前也毛詩傳云逮冨而問習也說文從辵走音丑略反隶聲也隶音大內反踰於羊朱反毛詩傳踰越也廣雅云踰渡也說文亦越也從足俞聲也善攉遠圓反賈注國語云攉衆也又曰平也古今正字攉者擧也從手雚聲雚音桓也

弥勒菩薩所問本願經　惠琳撰

牛齝下始支反尒疋云齝牛噍也說文吐而再嚼也從齒台聲也如鶡寒葛反猛鳥也山海經云煇諸之山多鶡郭注云似雉而大青色頭有毛角鬪死乃止出上黨郡漢書音義曰鶡鳥也以其尾為武士帽表勇也說文從鳥曷聲也髓腦上雖觜反考聲骨中脂也古今正字或從骨隨省聲檛撲上竹瓜反下普卜反廣雅撲擊也顧野王云撲打也說文從手菐聲菐音卜

佛遺日摩尼寶經　玄應撰

徼冀又作僥說文作儌同古堯反僥希冀也冀幸也天晴又作腥殅二形同疾盈反雨止也經文作霆非體也蠹虫丁故反說文木中蟲也如白魚等食人物穿壞者也譁名呼瓜反讙譁也譁言語譊譊挐交反也諛詑以珠反不擇是非謂之諛下大可反慕文云兗州人以相欺為詑又音湯和反詑避也僻易疋亦反僻避也亦邪僻也

摩訶衍寶嚴經　惠琳撰

調譺　崖戒反蒼頡篇譺欺也廣雅譺調也顧野王相啁調也說文從言疑聲啁陟交反

絞人　交巧反考聲云縛也史記云以冠纓絞煞人說文絞縊也從糸交聲也

剔除　汀歷反聲類云剔解也又云剃鬄也文字典說從刀易聲也

誼計　冝寄反鄭注礼記云誼者能制事冝也謚法日行議不疾日誼說文從言冝聲或作議意亦通也

⿰舟番鬄經　玄應撰

佘炎　正字作焰以贍反梵言也此云所知也

末利　謨鉢反案西域記此譯云柰因柰而得報者也

阿踰闍　弋朱反此譯云不可戰國也

毗耶娑問經卷上　玄應撰

訓狐　關西呼為訓侯山東謂之訓狐即鵂鶹也亦名鉤格晝伏夜行鳴有性經文作薰胡非體也

奸䵝　古旱反下與證反通俗文面黎黑日奸䵝面䵩黑也廣雅䵝面也經文作皯䵝非也

下卷

胷膺　又作𦞦同於凝反說文膺胷也謂乳上骨也

萎蔫　於危反下於言反萎蘽也菸也說文蔫菸也䕸婑也廣雅菸也

耳渠　耳璫之類也經文有作璩玉名也

纖長　思廉反言纖小也細也細謂之纖經文作孅所咸息廉二反說文好手皃也

弓把　補嫁百雅二反謂弓可把之處也說文把握也持也單王日把經文作弝近字也

大方等大集經第一卷　只有二十九卷　玄應撰

降注　之喻反說文注灌也瀉也經文從雨作霔非也

厭人　於冉反鬼名也梵言烏蘇慢此譯言厭字苑云厭眠內不祥蒼頡篇云手伏合人心日厭字從

广厂音呼幹反猷聲山東音於葉反

第二　第三　先不音

第四卷

迦陵頻伽　經中或作歌羅頻伽或云加蘭伽或云羯羅頻迦或言毗伽皆梵音訛轉也迦陵者好毗者聲名好聲鳥也

命命　梵言耆婆耆婆鳥此言命命鳥是也

良祐　力張反良善也良亦賢也下古文閲祐二形同尤救反字林祐助也

多伽羅香　此云根香多摩羅跋香此云藿葉香胥姪花姪音直尸反此譯云相應花也

第五卷　先不音

第六卷

七卓　知角反卓越也釋名言卓卓即脚有所卓越也

庭燎　力吊反鄭玄注周礼云燎樹於門外日大燭於門內日庭燎皆所照衆為明也經文作鍍鐐二形又作炫並非也

摩夷　正言摩怛理迦此言本母理為教本故以名焉也

第七卷　先不音

第八卷

不肖　先妙反小尔雅云不肖不似也謂不似其先也故日不肖謂傳惡之類也說文從肉小聲也

煒燁　于鬼反下為獵反說文煒盛明皃也方言燁盛也經文作瑋曄非體也

耐磨　奴代反謂堪能任耐也顧野王云耐猶能也蒼頡篇耐忍也

穿押　古狎反尔雅押輔也謂押束也經文作甲非也

第九卷

援助　于眷反謂依援護助之言也

窯師　餘招反說文燒瓦竈也通俗文陶竈日窯也

第十卷　先不音

第十一卷

村乇　徒見反字書乇亦村也廣雅乇聚也音牆句反

摩納　或云摩納婆或云摩那婆或云那羅摩那皆是梵語訛轉耳此譯云年少淨行亦云人也

第十二卷

揵椎　直追反經中或作揵遲案梵本臂吒揵稚臂吒此云打揵稚所打之木或檀或桐此無正翻以彼無鍾磬故也但推稚相濫所以為誤已久也

羅差　或言洛沙訛也應云勒叉此譯云紫色也

憍奢耶　此譯云蟲衣謂用野蠶絲綿作衣應云俱舍此云藏謂蠶藏在繭中此即野蠶也

趍走　又作趨同促猶反釋名疾行曰趍疾趍曰走也

圊廁　七嬰反廣雅圊圂屛廁也

皆廁之別名也

瓌異　又作傀瓌二形同古迴反傀美也廣雅傀偉琦玩也

禦之　古文敔同魚舉反禦當也左傳亦止也尒雅禦禁也

嫈咩　弥尒反

嘍濘　洛口反下奴定反

婆坻丁礼反囉

緹　他礼反

婆踟　直知反

第十三卷

第十四卷　先不音

第十五卷

刧波育　或言劫貝者也訛正言迦波羅高昌名氎可以為布罽賓以南大者成樹以北形小狀如土葵有殼剖以出花如柳絮可紉以為布也紉女珎反

僂躄　力矩反僂曲也下卑覓反躄跛不能行也字從止也

跛蹇　又作彼同補我反下居免反字林跛蹇行不正也

窊面　一瓜反廣雅窊下也經文作洿一胡反洿池非也

櫨欂　來都反下平碧反說文欂櫨柱上枅也三蒼云柱上方木也山東江南皆曰枅自陝以西曰楷也枅音古奚反

怡

懌 古文斁同翼之反下以益反尒疋怡懌樂也經文作津液之液非也 監領 古文譼同公杉反方言監察也亦覽也經文作鑒非體也 輨轄 古緩反下又作舝鎋二形同胡瞎反方言開之東西曰輨亦曰轄謂車軸頭鐵也鎋鍵也經文從竹作管非體也 鞦紖 又作絼緣二形同直忍反謂牛鼻繩也 旒幢 字書作瑬同呂周反謂旌旗之垂者也天子玉藻十二旒諸侯九旒是也

第十六卷

僬悖 古文㪍同其季反字林悖心動也說文氣不定也 蚩笑 尺之反蒼頡篇蚩輕侮也經文從口作嗤非體也

第十七卷

郁鳩 於六反 鳩攡 力知反 蔚耆 於費反 曬婆 力計反

第十八卷　第十九卷 先不音

第二十卷

唏欷 呼几反 嘍棃 力口反經文作螻非也 所 啾 酒由反 膝伽 私七反經文作𨂂非也 提蘘 而羊反

薩陁 徒多反經文作䟤非也 茂睼 吐奚反經文作踶非也 遁迯 今作遯逃二形徒頓反遁逃也廣雅遁避也

第二十一卷

刀戟 居逆反字林戟有枝兵器也長六尺也 确盡 苦角反孟子曰确墧薄地也今亦取此也确瘦也苦角反通俗文物堅鞕謂之确今取其義也 奎星 口攜反 婁星 力侯反 昴星 亡飽反

反

觜星子移反吴音醉唯反秦音也參星頭上三小星也

第二十二卷

嘻錸虛基反　究侜竹流反　婆鉹昌氏反　陁睼吐奚反　猺婆以針反經文作繇非也　至　肣胡躭反經文作晗非也　仳他皮美也　薜荔

一切經音義卷第十七　第二十九張　赤

捕細反下力計反正言閉麗多此譯云祖父或言餓鬼是餓鬼中最劣者也　尼鞀徒刀反　籅厠於六反　陁㖥或作諵喃二形同女咸反　脹那丑上反經文從口作帳非也　兵革古核反軍旅之事曰兵革謂兵器雜有皮革也

第二十三卷

啅啅陟角反　兜仇都侯反下渠牛反　囉縿尸賜反　鞞哹廷尤反　噢喃於六反　伽恨力尚反　伍囉丁奚反經文作輕非也　挻埴尸延反下時力反挻柔也擊也和也埴土也

第二十四卷　第二十五卷先不音

第二十六卷

一切經音義卷第十七　第三十張　赤

手探他唅反說文以手遠取曰探也　伶傳歷丁反下疋丁反三蒼伶傳猶聯翩也孤獨之皃也

第二十七卷先不音

第二十八卷

胣蘘翼支反下而羊反　喴呿於六反下卷庶反經文從亙作國非也　膃摩一九反　躧比巨目反

第二十九卷

迦睇 他弟反一音徒計反依字傾視日睇 霖雨 力金反雨自三日已上為霖也 係心 古文繫繼二形同稽詣反係綴也繫束也

大集日藏分經第一卷 玄應撰

僧伽藍 舊譯云村此應訛也正言僧伽羅磨云衆園也 生挑

一切經音義卷第十七 第三十一張 赤

他堯反聲類挑抉也謂以手抉取物也抉烏穴反 俱蘭吒花 或云拘蘭荼花此譯云紅色花也

第二卷

逋沙 布五反又作補婁沙或言富留沙皆訛也正言富盧沙此言士夫或言大夫經中或作甫訛也 仳必 疋視反 羅麽 莫可反

羅謎 草閉反 復頞 都我反 駁跛 蒱合反

娑邮 于鳩反 唖恭 因賢反 鉢爹 徒可反

鉢斯 力可反 囉移 是奚反 三姥 亡古反

咥㖤 丑一反下呼戒反 惡踦 居綺反 窣朱 桑没反 适嘍 一禹反下勤口反 伊儸 力哥反 糸毗 下第反

一切經音義卷第十七 第三十二張 赤

第三卷

唵句 烏感反 睒提 充支反 那拂 他餘反

頻婆人 案佛本行經云頻婆羅此數當十𥥛也

第四卷

培鞞 蒲口蒱來二反 阿紉 女珍反 坒經 扶必反下徒結反 姧宄 居美反廣雅宄盜也左傳日在內日姧在

外爲
究也
第五卷
顱頟　又作髏同力侯反埤蒼顱頭骨
也下胡感反方言頟頤頟也　腥
臊　又作胜同先丁反下又作鱢同桒勞反
通俗文魚臭曰腥猳臭曰臊猳音加腥
臊二字並從肉經從月
作者書寫人誤錯也

第六卷
羸瘠　古文膌同才亦反說
文瘠瘦也瘠亦薄也　蠅胆　七餘
反三蒼蠅乳肉中曰胆經文從虫作蛆子餘
反蝍蛆蜈蚣也又作疽久癰也二形並非經
義　得臛　呼各反王逸注楚辭云
也　有菜曰羹無菜曰臛　蔔韲
上朋北反下子西反又作虀同醬屬也醯醬
所和細切曰韲合物爲菹今中國皆言韲江南

悲言
菹　舂檁　相傳力甚反正言棟居屋中
也亦言梁也或言極也
樘柱　上勑耕反又恥孟反今謂邪柱
爲棠也經文作棖非體也　任
娠　書𪹘反懷眙爲娠漢書孟康曰
娠音身今多以娠作身兩通　凍暍
又作瘍煬二形同於歇反
反謂傷熱煩悶欲死也　石撩　力彫反撩
擲也說文
作擽相
擊也
第七卷

删删　所姧反龍王名也
依字聲類删定也　屏中　蒲定
二反廣雅圊
圂屏廁也　乳哺　蒲路反字林哺咀食
也謂口中嚼食也
不憚　徒旦反詩云豈敢憚行
姓主憚難也亦畏也
第八卷
人黶　烏簟反黑子也
說文中黑也　翌軫　夷職反
下之忍
反北方宿名
也昱亦作翼　些吉
蘇計桒餞二反此火
天也姓些吉利多耶

尼也

拓坉 古文斥柘二形今作柝同他各反

剧毅 魚既反說文毅有決也孔安國注尚書云煞敵為果致果為毅也

親昵 又作暱同女栗反尒疋昵親近也又云昵亟也親昵亦數也

炒糗 古文作䵂梟㷅𤆸四形今作𪌉崔寔四民月令作炒古文奇字作摸同初狡反方言熬取煎僃火乾也僃音皮逼反

慎儆 古文憼儆二形今作警同居影反警戒慎也廣雅警不安也

一切經音義卷第十七　第三十五張　赤

嘲戲 又作啁同竹包反蒼頡篇云啁調也調相調戲也

第九卷

蜎飛 於全反字林虫皃也動也或作翾呼全反飛皃也

桁械 胡郎反下胡戒反通俗文云拘罪人曰桁械謂穿木加足曰械大械曰桁

他移 音是又是移反依字尒疋云移枯悖也

⿰骨力⿰骨力 苦骨反廣雅⿰骨力勤也埤蒼

力作喫也

喫噉 口迹反謂喫食也

第十卷

燂身 聲類作燂燖二形字詁古文䰩鬵二形今作燅同辭廉反通俗文以湯去毛曰燅經文作爓案說文等音皆余贍反又羊占反火爓爓也非經旨也

嗽

於 又作欶同山角反欶吮也經文從口作嗽俗字也

刀砧 又作椹鍖二形同猪金反鈇砧也

烙口 力各反謂燒炙物著人曰烙經文作

一切經音義卷第十七　第三十六張　赤

爍式酌反非也

大集月藏分經第一卷

玄應撰

囉吁 烏礼反字又作詣依字義廣雅詣譽聲也

棖觸 說文作樘柱也音紂庚反字統作棖丈庚反棖觸也又撩敞敞觸亦作敞音文衡反

第二卷

齊鼓 今清樂中有此鼓鼓面安齊故云齊鼓也

籢鼓 力占

反謂以瓦為鏃葦為兩面用杖擊之者也經文作鑹

矛䂎 又作鉾𢦷二形同莫侯反說文矛長二丈建於兵車也下七乱反廣雅云䂎謂之鋋鋋小矛也今江湘以南傒人エ用䂎鋋音蟬傒音口奚反經文作纂非體也

胆倿 七餘反謂胆始也下奴定反諂媚也字從女從仁論語惡夫倿者此即從女之義左傳云寡人不倿不能事父兄此即從仁之義也

登祚 徂故反祚位也祿也亦福也祥也

狡猾 古卯反下胡刮反方言凡小兒多詐或謂之狡猾猾亦乱也三蒼猾黠惡也

佛仍 又作扔㭁二形同而陵反廣雅云仍重也因也乃也

第三卷

塵曀 古文壇同於計反小尒雅云幽曀闇昧冥也釋名云曀亦翳也謂日不明也

怨讎 視周反三蒼怨偶曰讎讎對也尒雅云讎疋也

鼨鼠 籀文作鼨同之弓反尒雅鼨亦鼠也說文即豹文鼠是也經文作螽音終蟲名非此義也

訓狐 下古姑反訓狐即鵂鶹也一名鵂鶹經文作勳胡非體也

土梟 古彫反惡鳴鳥也說文不孝鳥經文作免梟或作禿梟非也

蔚茂 於謂反蒼頡篇云蔚草木盛皃也蔚亦茂也翳也

期尅 渠基反下口勒反言必當也經文作忌非也

第四卷

蕃息 父袁反蕃謂滋多也息蕃滿也今中國謂蕃息為嬔息音匹万反同時一嬔亦作此字也

第五卷

羅嫓 普詣反

系杆 胡計反下公旦反

海島 古文隝同都道都晈二反說文海中有山可依止曰島釋名島到也人所奔到也亦言鳥也人物所趣如鳥之下也

迦利 或名歌利王論中或作伽藍浮王正言羯

利王此云闘諍王也

第六卷

佉伽　又作偈伽皆訛也正言揭伽此釋云犀牛朅音去謁反

緑訶　又作枲同息里反天童女名也

陂濼　筆皮反下普莫反大池也山東名濼幽州名淀淀音殿今亦通名也經文從泊借音非體也

第七卷

純淨　時均反謂專一不雜也方言純好也大也經文作醇說文不澆酒也又作淳濃之淳其義一也

尸佗　又作詑譇二形同勑嫁反乹闥婆名也

黄融翼周翼救二反此龍名也

萠瞿　莫光反

儚伽　亡曾霍和二反

黚婆　九嚴反

枲何　息里反

黳乹　一兮

反

讁罰　都革反通俗文罰罪曰讁字林讁罪過也責也說文罪之小巳罰罰亦折伏也

第八卷

婆涑　桑候桑穀二反依字擢生縛曰涑也

雷鼓　力迴反周礼雷鼓神祀鄭玄曰雷鼓八面者也

第九卷

譋鞞　是鹽反下蒲迷反國名也

鄯善　時戰反漢書本名樓蘭因傳介子斬其王復更立名鄯善因為國号在烏耆國南陽關外也

黳羅　烏奚反阿脩羅王名也

第十卷

遮達　勑轄反國名也依字韻集云咀達語不正也

日虹　胡公反江東音絳尒雅音義云雙出鮮盛者為雄雄曰虹暗者為雌雌曰霓也一名螮蝀也

把擗 皮美反下耻格反尒雅把毁也擗裂也廣雅擗分也說文從土席音赤

一切經音義卷第十七

第四十二張　赤

一切經音義卷第十八　赤

大唐翻經沙門慧琳撰

大乘大集地藏十輪經音并序

從第一盡第十

旭照　上許獄反毛詩云旭日始旦也說文云旭明也日旦出皃從日九聲

原隰　上愿袁反下尋立反杜注左傳云高平曰原下溼曰隰公羊傳云下平曰隰說文阪下溼也從𨸏㬎聲㬎音他碞反

發軫　上方韈反考聲云發動也起也舉也去也說文䠶發從弓癹箭發聲也癹音普沫反下之忍反許尌重注淮南子云軫轉也義取創轉車輪即分轍也或從田作昣楚辞曰田邑千畛王逸注云昣陌上

各趣一途詳製序者文含兩意故雙舉之備其文義也說文井田閒陌也形聲字亦會意字也

分逵　匱為反介雅云交道九逵謂之逵郭注云交道四出復有旁通曰逵左傳云及大逵不及道也似龜背之文形也

普洽　咸甲反蒼頡篇云洽徹也說文洽霑也形聲字也

醇化　順倫反易曰万物化醇俗作淳三蒼云淳濃也孔注尚書云醇粹也說文淳粹不雜也文字典說云不澆洒也純美也從酉𦎫聲也𦎫音同上粹音雖醉反

澆風　皎堯反許尌重注淮南子云澆薄也

一切經音義卷第十八　第二張　赤

沈痼　音固或作痞礼記曰身有痼疾說文云久病曰痼從疒固聲也

浸遠　井禁反去聲字也亦作寖顧野王云浸漸也易曰浸而長也王逸注楚辞曰猶稍稍也亦長時沈休也文字典說云浸謂引之所灌者從水從寖省聲

陶坏器　上唐勞反廣雅陶化也或作陶又音姚亦通會意字也下普盃反說文瓦器未燒曰坏從土從盃省聲

沃石田　烏谷反賈注國語云沃美也說文溉灌也從水夭聲

譜第　或作諩亦同晡古反釋名云譜

布也文字典說云稽諸諸𢘓
布列見其事也從言普聲

失䰟 上失字說文從手從乙今隸書變體急書作失下普伯
反左傳曰心神之精爽是謂之䰟䰟陽精為䰟陰
質為魄易曰精氣為物遊䰟為變杜注左傳云
魄形也尚書云哉生魄孔注云魄生明死也
又曰始生魄月十六日也文字典說云魄陰
神也魄迫也著人也顧野王云魄者謂月之
形無光處暗晦者也說文月始生魄然也承
大月二日承小月三日古文作䨣古今正字

䰟魄二字並從
鬼形聲字也

淪滯 上律均反孔注尚書云淪沒也毛詩
云河水清且淪說文云水淪
為淪從水侖聲侖音同上

鍼石 上枕任反
案鍼者醫工之鍼灸也不可使分毫差失石
若所服之乳石藥也服者本求延年益壽若將
息失度即暴敗
之憂立至矣

纖毫 上相閻反廣雅纖微也方言云細小
也毫即
分毫

易乎 上夷地反下音乎正體字

屬育 鍾辱

反杜注左傳屬會也又云託也說文屬聯也
序經者自慶奉三藏法會預此譯經可以託
慈慧命聯嗣法
燈照明未悟

學架 斈角反考聲云效習也識也孔注尚
書云學教也顧野王云受人之教也說文云
上所施下所効也乃是古文斅字也覺悟也
教之聲也說文斅字從攴學聲今學字從冖
冖音覓冖豚也從孝省去攴從臼從冖子聲
轉注字亦會意字
下架字音加訝反

溟渤 上覓瓶反集訓云溟昧也暗也
溟渤者大海之別名
也從水形聲字也

以索止珠 所革反俗字也

正作索方言索取也借音字也本音桑洛反
今不取說文云草木有莖葉可為繩索故從
米普未反從糸象形字也
今隸書通作索變體書也

蹈龍宮 上堂到反說文蹈踐也從足舀聲

更馥 房福反韓詩馥香皃
也

三量 良仗反此義世親已前所立三量現量比量至
教量謂陳那已後至教
量攝入比量中唯立二量

昉以 方罔反撰經序人名
也即大唐三藏玄奘法師下翻經大德
僧昉法師也自說製序之由譯經時也

反

魂 十洲記云聚窟洲在西海中洲也此上有大樹似此国楓香聞數百里名為反魂樹伐取其樹於玉釜中煑取汁更以微火熟煎之如黑餳令可丸名火驚精香亦名震靈丸亦名反生香亦名人鳥精亦名却死香凡有五名燒之香氣遠聞死尸在地聞香仍活漢延和三年武帝行幸安定宮西國月支王遣使獻反魂香四兩彙絃膠神猛獸黃色甚小威伏百邪之魍魎帝親試之皆有驗矣帝輕之於後不覺失其使者及獸等莫知所之潛歸西國

染翰 寒岸反或從毛作翰考聲云獸毫毛也可以製筆故云翰墨同書曰文翰若彩鷄言文章綺爕也筆能橋奮故呼筆為摛翰

操紙 草刀反說文云操持也或作𢫨古字也

疇咨 宙流反鄭注礼記疇發也王注楚辭云二人為疇疇亦匹也下姉私反尒雅咨謀也說文謀事曰咨形聲字也

伉談 上康浪反杜注左傳云伉敵也伉儷匹偶也桂苑珠叢云敵對論議曰伉談

螢暉 上惠扃反尒雅螢火即炤也郭注云夜飛於空腹下有光者礼記月令云腐草化為螢古今正字從虫熒省聲也

大乘大集地藏十輪經卷第一

佉羅帝耶山 上羌伽反梵語山名也或譯為驢林山十寶山之一山也亦是七金山之一數接近須弥高四万踰繕那光味仙人居住此山習驢脣仙所傳玄象列宿法

苾蒭 上毗力反下楚俱反今以字錯謬梵音不求字義梵云苾蒭唐云乞士亦名能破破猶毀也破有多義或破惡業或破煩惱此無正譯故存梵語

雨大香雨 上雨字去聲于句反下雨字上聲于矩反說文雨字象形

三界 皆薤反或書畍字訓用一種梵云怛嚹(特古二合)路引枳(二合)唐云三界即欲界色界上下論次揔有二十八重諸天或依山地或依虛空隨業而住旁盡三千大千百億須弥鐵圍上窮有頂冥空下極風輪空界揔曰娑訶古譯名娑婆世界是也

浮泡 普包反方言泡盛也江淮之開語也郭璞注云泡洪漲皃

也水上浮漚也。**欻然** 熏欝反蒼頡篇云欻猝起也猝音倉訥反西京賦曰欻從背見薛琮曰欻忽也。**增彊** 巨良反尔雅彊當也郭璞曰彊者好與物相當也從弓畺聲也。**帝釋** 三藏云帝是唐言釋是梵語略也正梵音云釋羯羅唐語翻而譯之義當勇宊舊譯文略但云帝釋今循古譯故雙舉之。**以頌** 徐用反鄭略周礼云頌誦也容也孝聲頌者歌盛德之詩美其形容告于神明故謂之頌

不側 楚側反礼記曰無側未至鄭玄曰側意度也或經誤從心作惻非此用也。**大劫** 劔業反梵語唐曰長時不限年歲也。**盛貯** 上音成鄭注周礼在器曰盛下張呂反說文貯積也從貝宁聲。**車乘** 承證反廣雅乘駕也鄭注云四疋為乘謂二偶也古号為駟馬車。**所憑** 被冰反周書曰凭玉几說文作凭方言云楚人名怒為憑或名為滿郭璞注云憑憑恚怒皃也經取怒滿義

也。**舩撥** 煩轎反方言云泭謂之箄箄謂之筏筏者秦晉間通語王逸注楚詞云編竹木浮於水曰栰楚人謂之桴桴音敗埋反桴即柎泭二字音用並同芳于反桴即筏也經文作筏俗字也正體從木發聲也。**如塹** 安焰反廣雅塹坑也玉篇謂城池也周書曰無渠塹而守是也亦謂之城隍也。**清泠** 歷丁反王逸注楚辞云泠清凉風皃顏野王曰泠然解寤之意也經從氷非也。**貧匱** 達位反鄭注礼記云匱乏也毛詩傳匱竭也說文匣也從匚音方貴聲。**稼穡**

上加訝反下疎力毛詩不稼不穡傳曰種之日稼斂之曰穡說文從禾嗇聲也從來亩也來者亩而藏之故田夫謂之嗇夫也。**水激** 經亦反王逸注楚詞云激感也莊子注者激也司馬彪曰流隱曰激說文水礙衺疾波也形聲字也。**銷鑠** 上音消顧野王云銷散也楚辞減毀也說文鑠金也形聲字也。**悚懼** 上栗勇反下音具字書悚懼戰慄也三藏云梵文意取心驚毛竪為懼也。**儼然** 上魚撿反介雅儼敬也曲礼曰儼若思鄭玄日矜莊皃也人之坐思容貌儼然是此義也

首楞伽摩梵語唐云健行三摩地唐言等持亦名為定

谿澗輕雞反下閑莧反尒雅曰水注川曰谿山夾水中曰澗並形聲字也

溝壑上古侯反鄭注周禮云溝所以通水於川者也廣四尺深四尺曰溝下訶各反鄭注禮記壑坑也尒雅壑虛也郭注云謂坑壍丘墟耳說文壑溝也從㕡從土

蠱毒上音古又音野今取上音古字林云腹中蟲也蠱瘕病害人也從皿蟲會意字也

災撗上宰來反左傳天反時為灾自虎通云災之言傷也說文作巛巛害也從一壅川或從火作災經作灾俗字也

相械上勑抑反或作拺下諧戒反在手曰相在足曰械械桎梏也桎者足械也所以質於地也梏者手械也所以告於天也以此而言則相不必唯在於手械不必偏在於足相械桎梏枷鎖之通語也桎音質梏音谷從告也

枷鎖上音加下音桑果反文字

一切經音義卷第十八　第九張　赤

集略云穿木枷頸令不得自在字林云瑣聯環也文字集略云連鐵環以拘身也古今正字從金貟聲

撿繫上錦儼反釋名云撿禁也下經曳反鄭注周禮云繫連綴也從糸形聲字也

鞭撻上必綿反說文鞭擊也從革便聲古文作㚟下炭割反廣雅撻擊也周禮撻其怠慢者古今正字從手達聲也古文作䟦撻撻說文達字從走㚔聲㚔音同上也

羸惙轉劣反廣雅惙惙短氣之皃也

暢適勑亮反廣雅暢達也悟也考聲云仲冬万物咸藏故謂之暢暢亦通也古今正字暢其善意也從申易聲易音羊也

癲狂典年反廣雅癲亦狂也聲類風病也或作瘨亦同也

山崖岸上五皆反說苑云山邊高險謂之崖說文山高邊也從屵圭聲也下我幹反崖峻水際曰岸尒雅重崖岸郭注云兩崖累者為岸也

顛墜丁堅反杜注左傳云顛亦墜也或從人作傎下長類反說文云從高墜下也

畢舍遮鬼唐言食血肉鬼羅剎之類也

布單那唐云作臭惡鬼或臭人畜為崇也

鳩盤

一切經音義卷第十八　第十張　赤

吒經中或作畔荼聲轉也唐云冬瓜鬼言面似冬瓜或云腹似冬瓜也羯吒布怛那鬼吒音謫加反唐言叫譟作宍㤶鬼譟音桑到反吸精氣經文或有噏虛急反說文吸內入息也

獻禱刀老反字林云禱者告事求福也廣雅禱謝也從示示音祇

根鬚相臾反或作須奧闍訶路鬼唐言吸精氣鬼

剡魔王上焰染反唐云深惡睹業或名可怖畏亦名深能靜息或云平等次後地藏菩薩陀羅尼經中本為是古譯或有音言不切用字乖繆今有自受持梵本因脩音義依文乖譯議梵文者請挍勘前後二譯方知踈密真言曰

曩謨引囉羅字取上聲兼轉舌即是怛曩二合

怛囉二合夜引野一娜莫阿去引

哩野二合上哩字轉舌二乞史二合底丁以反

蘗婆去引野三冐引地薩怛嚩三合引野四摩賀引薩怛嚩三合引

野五摩賀引迦引嚕抳匿盈反下文同迦引野六怛你也二合他去引七

乞摻二合下楚錦反正體從彡謀八乞掾二合

謀九阿去引迦引舍乞掾二合謀十嚩迦囉乞掾二合謀十一暗麼

莫可反囉乞掾二合謀十二吠肥廢反引羅

乞摻二合謀十三嚩曪二合乞摻

二合謀十四路引迦乞摻二合謀十五淡

麼鼻乞摻二合謀十六薩底野二合

麽(鼻)乞摻(二合)謀(十七)薩底野(二合)儞逸(二合)賀(引)囉乞摻(二合)謀(十八)阿(上)顊(寧逸反下同)底野(二合十九)儞逸(二合)賀(引)囉(轉舌上聲)乞摻(二合)謀(二十)弭野(二合)縛路(引)迦乞摻(二合)

一切經音義卷第十八　第十三張　赤

謀(二十一)乞灑(二合)麽(鼻)乞摻(二合)謀(二十二)搗跛捨麽乞摻(二合)謀(二十三)曩野曩乞摻(二合)謀(二十四)鉢囉(二合)枳孃(引二合)三(去聲)畝底(丁以反引)囉(轉舌)拏(鼻音)乞摻(二合)謀(二十五)乞

灑(二合)拏(鼻)乞摻(二合)謀(二十六)尾室(引)哩野(二合)乞摻(二合)謀(二十七)舍(引)娑跢(二合)嚩乞摻(二合)謀(二十八)弭野(二合)阿(去引)素蹉(擿皆反二十九)摩呬(馨異反下文同)黎(引三十)娜迷捨迷(三十一)作訖囉(二合)絢(三十二)作訖囉(二合)麽(鼻)梟

一切經音義卷第十八　第十四張　赤

嚕(星以反下同)(轉舌三十三)乞史(二合)嚕呬嚕(三十四)伽囉(二合)娑麽囉鉢囉(二合)陛(三十五)呬嚕(引)鉢囉(二合)陛(三十六)鉢囉(二合)撈(贊辨反)囉韈(轉舌)夕(上)寧(三十七)跛囉左左左左(三十八)呬黎弭黎(三十九)豎羯他訖契

四十託齲驅宇反盧闔𪘏轉舌四十一弭
𪘏麽鼻引廌宅擺反嚲多箇反引廌四十二
矩黎弭黎四十三盋矩紫跢引
微四十四阿上哩儗霓以反哩四十五跛
囉引儗哩四十六矩吒苫麽黎四十

一切經音義卷第十八　第十五張　赤

七欜揹講反下文同霓欜霓四十八欜引
麌愚矩反黎四十九戶魯戶魯戶魯
五十矩嚕窣覩二合弭𪘏五十一弭
哩第五十二弭哩廌宅買反五十三敉拏
上馱五十四賀囉呬梨五十五戶魯

戶魯轉舌盧五十六薩嚩引囉他二合
尾戍引馱𩕳婆嚩二合引賀引五十七
迦里庚引誐尾戍引馱𩕳
婆嚩二合引賀引五十八魯灑麽鼻
諾尾戍引馱𩕳婆嚩二合引賀
引五十九迦魯沙摩賀引納步二合引

一切經音義卷第十八　第十六張　赤

多六十尾戍引馱𩕳六十一迦魯
沙奧惹殘還反尾戍引六十二馱𩕳
婆嚩二合引賀六十三薩嚩引囉他
二合跛哩布引囉抳婆嚩二合引
賀引六十四薩嚩薩寫六十五三去引播
引娜寧婆嚩二合引賀引六十六薩

嚩怛他引去誐多七十六地瑟耻二合帝娑嚩引二合賀引六十八薩嚩冒引地薩怛嚩二合六十九地瑟耻二合多七十阿上弩鼻慕引你尼以反帝娑嚩引二合賀引七十一句

馳騁　下勑郢反左傳曰馳而左右鶩杜預云馳走也廣雅騁奔也鶩

躍　羊灼反尒雅躍迅也郭璞曰盛疾之皃廣雅躍跳也

第二卷

劬勞　上具愚反孝聲云勤也鄭注礼記劬亦勞也從力句聲下老刀反周礼事功曰勞字書勞倦也說文云用力者勞從力從熒省聲也

唯然　上維癸反礼記曰父召無諾先生召無諾唯而起鄭注云唯恭於諾說文從口隹聲也

乘馭　下魚據反尚書云若朽索之馭六馬顧野王云謂指撝使馬也周礼以八柄詔王馭群臣一曰爵二曰祿三曰予四曰置五曰生六曰奪七曰廢八曰誅六藝四曰馭說文作御使馬也馭古文御字也從彳從卸古今正字從馬又聲會意字也卸音星夜反彳音丑尺反

欺勀　力蹬反玉篇云侵侮也說文作叏叏越也從夊共聲共古文六字也

誣罔　上武夫反杜注左傳云誣欺也賈注國語云非先王之法

曰擠加誅其罪曰誣又曰以惡取善曰誣鄭注礼記誣妄也又云於事不信曰誣說文加也從言巫聲下武蒋反論語云君子可欺不可罔馬融注云不可誣罔也尒雅罔無也說文象网交文從冂冂音覔也

矯乱　姜夭反亦從手作撟撟詐也妄也下古文亂字也

篹筞　上長琭反鄭注儀礼籌筭也鄭注礼記云籌矢也史記云借前箸為大王籌之運籌策於帷帳之中也說文從竹壽聲下楚革反或作笶聲類笶籌也鄭玄云著也笶亦筭也方言燕北朝鮮洌水之間謂木細枝為策賈注國語云

策計也字書筴謀筭也孔子曰我事先其楪或為揀字從手說文從竹從朿朿音此漪反夾音甲亦從竹也

稟性 上彼錦反杜注左傳云稟受也廣雅稟與也說文賜穀也從禾亩聲亩音力錦反

嫡子 上丁歷反字書嫡正也尒雅長也公羊傳嫡夫人之子尊無與敵也

瑱璫 上音耳下音當釋名曰穿耳施珠曰璫形聲字也

繖蓋 上桑且反或作傘古字也用同繖即蓋也從奐

一切經音義卷第十八　第十九張　赤

從肉被聲也

扣擊 上康苟反廣雅扣持也下經亦反王逸注楚詞云扣擊也

珊瑚 上桑安反下音胡寶名也出外國生大海中赤色瑩徹形如鹿角有枝距大者高尺餘小者高數寸名曰珊瑚樹或栽以為珠也

瑠璃 上音留下音离青色寶也有假有真真者難得出外國假者即此國鍊石作之染為五色也

羯洛迦孫馱 唐言成就美妙是賢刧中冣初佛也

羯諾迦牟尼 唐言金寂靜是賢刧中第二佛名曰拘那含

迦葉波 唐云大飲光是賢刧中第三佛或但云迦葉也

奢摩他 唐云止

毗鉢舍那 唐言觀

彌蒭多 上邊結反次音麗此字或轉舌梵語鬼名也餓鬼之惣名也

僚佐 上歷彫反百官同官曰僚也

阿笈摩 笈音鈐業反梵語唐云傳教也

阿毗達磨 梵語論之惣名也唐云廣說亦名勝說或名異說也

一切經音義卷第十八　第二十張　赤

軓範 上音歸筆反軓轍也範法也並前文已具釋也

尠薄 上相演反或作鮮杜注左傳尠少也

賑恤 之閏反左傳分貧賑窮杜預曰分與也賑救也下詢聿反鄭注周礼振恤憂貧也

謫罰 上吒格反三蒼云譴責也方言怒也郭璞云謂責怒也下煩韈反從刀詈會意字也

佷戾 上音恨下音麗說文云佷謂不聽從也諡法曰不悔前過曰戾從户從犬會意字也

駈擯 卑印反司馬彪注庄子擯棄也史記曰相與排擯是也從手賓聲也

折

伏 上章熱反下音服從犬從人會意字也 嘉餚 音爻俗字也正體作肴賈注國語云肴葅也顧野王云凡非穀而食之者皆曰肴謂豆實葅醢果蓏牲肉之數是也考聲云脁者木果之屬也肉也設豆也說文啖也從肉爻聲也 猜貳 上倉來反廣雅猜懼也杜注左傳云猜疑也方言恨也從犬形聲字下音二左傳曰且不敢貳杜注云貳遠令也考聲亦疑也二也從貝式聲式古文二字也 疇

咨 上直流反訓義如前序音中釋也 瑜伽 上庾朱反梵語也唐言相應此即一義也更有多義故存梵語 耽染 上荅含反說文正合作媅尚書云媅樂之徒孔注云過樂謂之媅詩曰呼嗟女兮無與士媅俗川從身作躭說文從女甚聲也 戍邏 輸注反尒雅戍過也郭注云戍字所以過止寇賊也說文守邊也從人從戈下勒賀反考聲邏遮也遊兵屏候也 舍羅 梵語也唐

云反古烏 珐饌 上音珐正體字也下音撰孔注論語云饌飲食也 大坑 苦庚反尒雅坑墟也蒼頡篇塹也陷也從土宂聲 或推 他雷反說文推排也 撒坌 上桑贊反下盆悶反通俗文云坋土曰坌或作坋用同說文坋塵也從土分聲 媱慾 上與斜反字統云私逸也廣雅媱戲也王注楚詞云遊也說文同字統從女䍃聲䍃音同上從爪從壬經從水作淫非也下容足反考聲云情所好也從心 陂河 上彼皮反鄭玄曰畜水曰陂從𨸏皮聲𨸏

音負 池沼 之遶反說文云沼即池之異名也 險阻 上扵撿反下莊所反 投竄 倉乱反廣雅竄藏也賈注國語云竄隱也文字典說隱蔽也從穴從鼠會意字也 乳哺 蒲暮反淮南子含哺而遊許叔重注云口中嚼食喫與孩子也說文咀也從口甫聲 按摩 上安旦反摩字取去聲凡人自摩自捏申縮手足除勞去煩名爲導引若使別人握搦身體或摩或捏即名按摩也 栖泊 上先兮反尒雅栖息也廣雅捿息謂之林正從妻從木作

棲經從西作栖俗字也說文云鳥在巢上象形作圖古文西字也日在西方而鳥栖故因為東西之西字下傍莫反楚詞曰陵陽烏之氾濫忽翱翔之栖泊王逸注云泊猶止也水流停止曰泊也

遞相　上提礼反考聲遞代也尒雅遞迭也說文遞更易也或作逓俗字也

捶楚　上隹蘂反國語曰鞭捶使之是也說文捶以杖擊也從手垂聲或從木亦通或曰擿也下初所反毛詩傳楚木名也鄭注礼記云楚荊也說文叢木也從林疋聲疋音疎又音所

囹圄　上歷丁反下魚舉反獄名周礼三王始有獄釋名云囹者領也圄者禦也謂領錄囚徒禁禦之也說文囹獄也圄守之也外形內聲字也

幽縶　上幼由反鄭注礼記云幽闇也不明也尒雅幽微也深也說文隱也從山中𢆶𢆶音同上從二幺幺音伊遥反下砧立反毛詩傳曰縶絆也穀梁傳云兩足不相過謂之縶古今正字從糸執聲也

毆擊　上謳口反史記愽然欲敺漢書酷吏敺傳郎吏畏也說文敺捶毄也從攴區聲下經亦反顧野王云擊猶打捶也莊子曰擊而道存司馬彪曰擊動也說文攴也從手毄聲毄音同上也

耽湎　綿緬反考聲云耽湎也尚書曰羲和湎湎孔注云沈湎於酒過差失度也

結憒　分問反王逸注楚詞云憒亂也從心貴聲貴音紛也

頓弊　上敦鈍反考聲云困極也說文下首至地也從頁屯聲經作頓俗字也或作㪅下毗袂反考聲壞也劣也說文恢也一日敗衣也從攴從㡀㡀音四抉反經文作弊俗字也

名譽　音預

考聲云稱美也說文稱也從言與聲也

跨王　誇化反賈注國語云跨猶般也考聲知生也說文渡也從足夸聲也夸音口瓜反從大從亐亐音同上從亐作跨非也音枯護反跨踞也非經義下王字去聲呼說文云天下所歸往也

亘窮　上剛鄧反考聲亘遠也毛詩傳遍也方言竟也或從木作㮓說文從二從日作亘今時所不用亘古字也隸書從日從二也

爰及　遠元反尒雅爰日也考聲於也發語辭之端也說文引也從𠬪于聲𠬪音披表反下及字說文逮也從人從乃部古文作乁

阿若多 若音而者反梵語也唐言解也 憍陣那 亦梵語也是其姓也解則亁其美德姓則斥其氏族德姓合目因以名之是佛取初得度聖弟子也 蘇跋陁羅 梵語阿羅漢名也唐云善賢是佛在世時軍後得度聖弟子也即涅盤經中須跋陁羅是也 蘋刺多 亦阿羅漢名唐云善樂亦是佛法中遺法聖弟子也即大集月藏經中凓羅多是也

須海 覓瓶反十洲記云蓬萊山對大海之東北岸山周迴五千里山外別有圓海繞山圓海水色正黑謂之溟海沖虛真經及南華真經皆說北之北有溟海者天池也有鳥名鵬翼若垂天之雲背若大山摶扶搖而上九万里然後圖南也

十輪經第三卷

疑滯 直例反王逸注楚詞云疑惑也滯留也考聲沈也止也賈注國語云滯

久也說文疑也形聲字也 輕躁 遭告賈注国語云躁擾也鄭注論語云不安靜也易日躁人之辭多吉人之辭寡說文作趮從走古今正字從足喿聲也 豔色 上音焰方言豔美也秦晉之間謂美色為豔說文好而長也經文從去作豔俗字 嗢達洛迦 梵語也唐言雄傑即經中贊頭藍弗是也 阿羅荼 唐言自誕舊經阿蘭迦蘭是也 底沙 丁以反或云補沙唐云鬼宿即其人是此宿直日生西方以二十八宿記日但以月所臨宿因以

為名舊經云蛭戴者是也 瞿波理迦 唐言牛主舊譯供迦梨訛也 提婆達多 唐言天授 披片 鈹悲反王逸注楚詞云在背曰披讀與不同帔音去聲也 腐敗 扶甫反考聲云肉敗也廣雅腐臭也說文爛也從肉府聲或從木作椨 牛麝 虵衣反山海經云翠山多麝郭璞注云似麞而齊有香牛經自云有黃奴藥也 賈客 上公午反行賣日商坐販日賈或作宄 挑取 上體彫反聲類挑抉也音淵决

反從手非聲

末達那果 梵語西國果名也此國無其果大如檳榔食之令人醉悶亦名醉人果堪入藥用也

擣簁 上當老反廣雅擣舂也說文擣築也下篩同字書簁羅也竹器羅簸也從竹從徙也

瞻博迦花 舊云瞻蔔其花赤色香氣郁然久久猶香也

鐵摶 段欒反或作團考聲摶握也說文圜也圜音袁從手專聲也

鈆錫 上悅專反下先歷反周礼職方氏楊州之利金錫鄭注云錫鑞也介雅錫謂之鈏郭璞注云今之白鑞也案鈆錫與白鑞三物各別其實不一錫色青黑鑞色灰白鈆色黃白所用不等故說文云鈆青金也錫銀鈆之間足明別異也

成辦 彭慢反考工記曰以飾五林以辨民器鄭注曰辨具也說文判也從力辡聲

卉木 上暉貴反郭注介雅云百草之總也方言吳揚海岱之間謂草為卉說文從三屮也

宰官 灾在

反周礼天官謂之太宰鄭注礼記云宰者冢宰也主給百官也鄭注礼儀云宰有司主正教者也考聲大也理也制斷也古文作宰

麁獷 古猛反廣雅獷強也說文獷犬不可附近也譯經者意取言辭麁強如獷犬之難近也

撿問 上劒儼反廣雅撿驗也蒼頡篇撿法度也意取依教問罪使合法度也介雅撿同也郭注云摸範同等說文從手僉聲

摩怛理迦 梵語也唐云本母亦云論也

容縱 足用反考聲縱緩也亂也王注楚詞云放也說文從糸聲

鶩麥 上婺見反案鶩麥者草名也似麥而非麥也苗瘦而無實如禾有莠如稻有稗之類也說文從鳥婺聲也

其穗 隨醉反即前鶩麥穗也形聲字也

剪拔 上煎衍反鄭注礼記云剪割截也杜注左傳云盡也說文從刀前聲下辯八反廣雅拔出說文拔擢也從手犮聲也

十輪經卷第四

頗有 破麼反字書云頗猶可也或云不可也亦作叵也

沙門

梵語訛也正梵音云室
囉米挐唐云勤懇也
賣賈 上戎芊反鄭注周礼云行賣曰賣考工記云通四方之珎異謂之賈鄭玄曰賑賣之客謂之賣旅說文從貝從西省聲賑音蕃万反下公五反經作估俗字也鄭注周礼云居賣曰賈介雅賈市也鄭玄云坐賣也賈物之貴賤漢書音義云賈貴則賣之賤則買之坐賑求利也有音加雅反者非也
吠瑠璃 梵語青色寶名也經中作筏瑠璃筏音伐不正也
迦遮 下色假爲惡寶名也王名之頻也
憍傲 上矯喬反考聲憍傷也矜也廣雅傲慢也王注楚詞倨傲曰憍形聲字也下我告反考聲云憍倨也慢也蕩也或從女作嫯王注楚辭云侮慢曰傲從人敖聲
灰燼 夕胤反字林燼火餘也
凢猥 烏賄反考聲云犬衆吠也不正而雜也多也廣雅猥衆也或作賷蒼頡篇猥煩說文從犬畏省聲也賄音灰每反
擯黜 上賓牝反韻英云擯

擯斥也考聲弃也落也從手賓聲也下椿律反廣雅黜去也古今字詁貶也杜注左傳云故也范甯集解云黜退也說文貶也從黑出聲或作絀椿音勑倫反
下窣堵坡 梵語也唐云高勝墳方言云幽燕之間凡土方而高大者謂之方墳也
迦奢國 梵語也唐言蘆葦也
捻箭 念牒反考聲捻捏也說文作㧌音乃協又訓云撮拈也從手取聲取音輒古字也
視覘 諂熖反杜注左傳覘伺也鄭注礼記云闚視也古今正字從見占聲
彎弓 綰關反考聲持弓也蒼頡篇云引弓也說文云持弓關矢也從弓䜌省聲也
射中 上虵夜反又音石下中字去聲呼
號詢 上号高反介雅號鳴也考聲大哭也痛聲也說文大呼也從虎号聲經作號諕也下吼遘反杜注左傳云詢罵也或誤爲吼呴吽呴四字亦通皆上聲字音呼苟反案諸字書並訓爲號鳴也經意亦苞二義詢罵亦不妨宜從詢字義正也
哽噎 上更杏反集訓云哽亦噎也說文語塞爲舌所介礙也從口更聲或從骨作骾食骨𩓐喉中蓋取氣噎喉中如骨𩓐耳下

煙結反毛詩云中心如噎傳曰噎憂不能息也說文飯室也從口壹聲經文有從因作咽非也

應速蹋　吳荅反說文蹋踐也從足𦐇聲𦐇音塔也

無暇　霞駕反賈逵國語云暇閑也安也舊譯經或云八不閑或名八難其義一也從日叚聲

般遮羅　上半安反梵云般遮唐云五數名也羅名為執此乃國名王之美稱也言彼國王性多慈愛縱有犯死刑者不忍殺之但縛五體遣於壙野山林時人嘉之因為國号也

丘壙　苦晃反毛詩傳曰壙空也集訓云大也說文壙穴也大空之皃也從土廣聲

蝸藍婆　上蝸語反梵語也唐云伏剛強鬿不求字義地名也

鬇鬡髮　上音爭下搊莖反古今正字及文字典說皆云鬇鬡髮乱皃也二字並從髟形聲字也說文並從草

所賚　來代反介雅賚賜也尚書曰予其大賚汝孔安國曰賚與也從貝來聲也

魁膾　上塊回反下古外反孔注尚書云魁帥也壯大也集訓云膾割也屠肆人也

欲撲　麁駿反考聲云捽取投於地也說文挨也從手菐聲也挨音一亥反

跪伏　逵位反拜跪也跪亦拜也屈雙足於地曰跪也

抆足　上文粉反廣雅抆拭也或有誤書捫字其訓義亦通捫摸也

喜愕　五各反俗字也考聲愕驚也韻詮懼也說文正體從屰作㖾從心從吅從屰咢亦聲也經從亏非也

壓油　鴨甲反廣雅壓鎮也杜注左傳壓笮也說文壞也從土厭聲

十輪經卷第五

沉輪　上長林反毛詩傳曰沉沒也字書沒水曰沉說文濁也梵文具含兩義沉取沒義輪取轉義故下經文云輪轉五趣沒生死河是其義也故輪字從車也

寇敵　上口遘反廣雅寇抄孔注尚書云羣行攻劫曰寇左傳兵作於內為乱於外曰寇說文寇暴也從攴從完當其完聚而亦寇之完亦聲也

愆陽　上羌

焉反亦作僁左傳曰冬無愆陽杜預曰愆過也
謂冬溫也古文愆𠎝䇂遐並出衛宏官書從心愆聲
也衍字從干

炕旱

康浪反說文炕乾也考聲云土槁安火曰炕從火亢聲或作亢

霜雹

龍邈反集訓云雨冰曰雹也

皆漂

匹遥反毛詩傳曰漂猶吹也廣雅漂㵱也從
也說文浮也從水票聲也票音同上㵱音篇
蔑反

護國不退輪心大陁羅尼 釋經沙門惠琳再譯

怛你也他二合一去引 毋抳冐引𠸪轉舌二 毋娜揭朧閇二合三 毋抳訖哩二合馱曳四 毋抳嚕賀批毗逸反 撈梵辯反𠸪五 毋那曷栗祭二合 六 毋抳蘖謎七 束訖囉二合悖乞囇二合八 鉢囉捨悖乞囇二合九 吠囉悖乞囇二合十 囉轉舌乞囇二合 訖哩二合帝十一 都囉拏訖哩二合 左𠸪二合 鉢怛囉二合 洛乞入灑二合 訖哩二合帝十三 𡱰𡱰拏鼻

𠷔黎十四 暗𠷈乞叉二合 薩𠸪十五 阿努鼻賀儗哩吠引十六 毋抳鉢納銘二合 娑𠷈二合引 賀引十七

瘂羊

鴉賈反埤蒼云瘂瘖也柴瘂者雖
有聲而無言語舌不轉也亦舌轉
也

戇愚

卓降反鄭注周礼云生而癡騃
童昏者也說文愚也從心贛聲
也經從叅作𢡊誤也音丑降反訓釋雖義同
是愚於文義閒語似不穩今故不取改從戇

韓績講說者知之也
駛㐬 上師事反韻英云急速也考聲云竹疾也速也古今正字從馬史聲有從吏作駛音吏非也乖經義
膖脹 上普邦反下張尨反杜注左傳云膖脹膹滿字施云爛壞也並從肉形聲字也
爛臭 上閑且反下昌呪反說文云禽獸走而知其跡者大也從犬從自自即古文鼻字也會意字也
交歕 王雝反說文歕習也

十輪經卷第六

髓惱 上雖紫反下奴倒反前音義第十七卷弥勒所問經中已釋
兇悖 上音凶考聲云兇忩也恐也說文擾也從人在凶下象形字也下盆沒反考聲云悖壯大也或從人作侼侼佷也強也亦惡也說文從言作誖誖猶乱也古文作孛論語曰色孛如也從子從市市音肥未反
慘⿰犭厲 上倉敢反考聲云慘慼也尒雅慘憂也毛詩憂慘慘傳曰慘慘猶慼慼尒雅郭璞注云賢人愁恨貞說文毒也從心參聲也
或儖 藍澹反杜注左傳儖失也
懇切 上肯很反禮記曰稽顙而後拜懇乎其志也廣雅懇誠也文字典說懇切也或作懇從心貇聲貇音坤穩反從豕艮聲
詎能 渠御反字統云未知而疑語辞也言詎能者與豈能之言意同形聲字也
陷斷 上咸監反廣雅陷隤也顧野王云墜入也王注楚辞云陷役也說文陷墮也從阜臽聲臽字上從人下從臼象形下團乱反孔注尚書云斷絕也周易斷木為杵說文斷截也從斤㡭聲古文絕字也今隸書取便穩迴作㡭也

嬰纏 上益盈反漢書云嬰城固守音義云以城自繞也據義合作縈纏毛詩傳曰縈纏繞也旋也今經文從女作嬰女孩子也非此義
矬醜 上藏螺反廣雅矬短也考聲矬矮也說文闕古今正字正體作矬集訓云矬短從矢坐聲經文作矬雅俗用古字也下犨帚反毛詩傳曰醜弃也莾醜不端嚴也貞惡不妍也說文可惡也從鬼酉聲矮音櫻解反矬音痤解反犨音㽑周反古文坐字從从以音從一云從留

省也

拙訥　上專悅反下奴骨反包咸注論語云訥遲鈍也

滲漏　上參禁反廣雅滲盡也司馬相如封禪頌曰滲漉滲漉說文水下漉也形聲字下樓豆反許叔重注淮南子云漏穿也顧野王云漏猶泄也失也說文云以銅器盛水漏下分時晝夜共為百刻周礼挈壺氏之所掌形聲字或為屚字象形屋屚字也

隤穴　隊雷反韻英隤隆也考聲云物下墜也邪也廣雅壞也或從土作壝經文從頁作頹非也是無殸日頹非經義也

泛於　上芳梵反賈注国語云泛浮也說文從水乏聲也經文或有作汎俗字亦通

首瞽　下音古釋名云目瞑合如鼓皮因以為名也

石田　左傳日得於晉猶獲石田無所用也杜預注云石田不可耕也

營鎒　上推扁反王逸注楚辞云營耕也下奴豆反杜注左傳云鎒鋤也或從金作鎒俗字非正

甕器　上烏貢反字書云甕瓦器之大者也

悲惻　楚力反考聲云惻愴悲痛也孟子日若無惻隱之心者非人也鄭注周礼云痛之至也說文從心則聲或作恻古字也

十輪經卷第七

慘毒　楚錦反借音字也尒雅慘憯憯也考聲慘甚也說文慘亦毒也從心參聲經文從石作磣是砂磣字非此義也

纔得　在來反考聲纔暫也或作裁字諸文史書亦或作財借用也古今正字從糸從㲋㲋音丑略反從兔兔音土故反

訶叱　上歌哥反考聲云訶譴也怒也問也責也古文從止從可作苛經文作呵俗字也下齒栗反礼記日尊客之前不叱狗文字典說云從口七聲也

崖揆　上雅加反考聲云水岸也又音雅皆反集訓云山險岸也或作厓古今正字云山邊也從厂圭聲厂音罕下葵季反毛詩傳日揆度也度音唐洛反度亦量也說文揆葵也從手癸聲癸字下從天

舌噤　琴禁反韻英云口閉也韻詮云口急不開也或從金作鋡古字也經文從舌作⿰舌今或從牛作⿰牛今⿰止土是牛舌下病非經義也

眦鉢尸　或云眦婆尸梵語前

劫中佛士七唐云勝蘢也或云㴱鉢尸

毗攝浮 此亦梵語亦是莊嚴

刧中佛名唐云能變現古譯云毗舍浮

羯洛迦孫馱

如来 古云俱畱孫皆梵語訛轉也正梵音云羯句忖那也

輕誚 或作譙訓義同齊罷反蓍頡篇云誚訶也譏也說文嬈也從言肖聲

迫懰 枚業反尚書云殲厥渠魁懰從冈𢦏顏野王云以威力相恐懰也劉兆注公羊傳云畏迫也賈注國語云懰刼也廣雅怯也聲類附也韻詮近也韻英急也古今正字從心脅聲經文多單作脅肚兩旁也非此義又從三刀從月並非也不成字正從三力從肉也

打棓 自項反經從奉作捧俗字非也

盧至如来 梵語佛名

古譯樓至唐云愛樂即此賢劫中第一千佛劫末後成佛即今之執金剛神是也亦名密迹金剛

十輪經卷第八

車輅 上舉魚反象形字也下音路周礼天子有五輅玉輅金輅象輅革輅木輅杜注左傳云大輅玉輅皆祀天之車也說文去車苓前横木也從車從路省聲也

土塊 古文作甶象形苦外反尒雅塊塥也塥音丕力反土丸也

所輾 尼展反韻詮云輾轢也轢音歷車所踐轢也諸史書多音輾爲更作柔輾用人究反今不用此音說文亦云輾轢也從車及聲反音展經文多從展作輾非也輾音展玉篇中自有八訓皆非經義訓云輾轉也登陳也信也舒也申也重也藉也誠也並非經意今故不取宜改爲欠也

投掣 上豆摟反杜注左傳云投擲也棄也說文擿也從手殳聲殳音殊下闡爇反韻英云掣挽也字鏡牽也曳也周易見輿曳其牛掣古今正字或作摩亦作掣音充世反引縱曰摩從手制聲或作摯從熱敪音丑列反

吼聲 呼狗反俗字也正從牛作㸱古文作呴考聲云吼鳴之聲大者牛虎等嗥也狗曰吠馬曰嘶鳥曰鳴獸曰嗥各從其類廣雅大鳴也案吼叫呼也古今正

字作吽熊羆叫聲也 **酬寃** 壽劉反或作
從口並形聲字也 醻訓義多通
同郭璞曰此酬通謂相報荅不唯主於飲酒
也杜注左傳酬對也介雅云𠇍也從酉州聲
醻會意字也下苦侯反杜注左傳捉㪊也當
也子夏日元極也集訓云𥨷也賈注國語云
救也說文扜也從手宛
聲經從人作侻亦通也

十輪經卷第九

鬱蒸 上氳律反埤蒼云鬱烟出皃也介
雅鬱氣也鬱然氣出皃也毛詩傳
日鬱積也鄭注考工記云鬱鬱不舒散杜注
左傳云鬱滯也廣雅幽也說文芳草也鬱金
香也煮之合釀鬱鬯酒以降神也從臼音弓
六反從冖音覓從缶音不狗反從鬯音暢從
彡音衫彡其飾也經文多從林從艮從
寸作鬱非也無說雺訛失久矣下織綾反考
聲云蒸進也薰也塵也說文火氣
上行也從草烝聲或作烝亦同 **梯橙**

上體䵚反賈注國語云梯階也說文木階也從木
從弟聲下登鄧反或作蹬考聲蹬履也登陟
階級
道也

十輪經卷第十

躁擾 上遭奥反韻英云躁動也賈注國
語云躁亦擾也鄭注論語云不安
靜也說文為趮字從走喿聲也經從足形聲
字下而沼反前音義寶積經第一百一十二
卷中已
釋訖 **依怙** 胡古反介雅怙恃也韓詩
云無父何怙怙恃賴也形

聲字 **恪惜** 隣障反 **矅以** 上幢角反
上聲 下音昔 廣雅矅洗
也說文矅浣也 **阿賴耶** 梵語第八識
從水翟聲音宅 名也唐云藏
識能含藏執持諸善惡種子故名藏識亦名
染淨識或曰阿陁那識密嚴經云阿陁那識
甚微細一切種子如暴流我於九
夫不開演恐彼分別執為我也 **浸爛**
上精任反去聲字韻英云浸漬也沒於水也
說文闕古今正字從水㑴聲㑴音七絍反或
從宀作寖下闌旦反集訓云 **宴然** 煙見
火燒過熟日爛說文從火 反考

聲云晏安也韻詮云偃息或偕音於諫反順俗語也安息義也

霜𣿅 盈益反說文云依準依也

昴星 茅飽反鄭注尒雅云西方宿名也廣雅昴謂之旄頭案昴星者西方白虎星也正當於酉故六壬式中有虎視之卦陰陽御伏之異占傳課亦別今訛俗謂之攢昴梵云羯底迦九月十五日月臨此宿故從八月十六日巳後至九月十五日此一月名加提月加提者古梵語訛略也今四分五分諸部律文以此國七月十六日巳後為加提錯挍一月太早譯律者誤傳習者錯以安居太疾故也

第四十三張　赤

一切經音義卷第十八

一切經音義卷第十九　赤

大唐翻經沙門惠琳撰

音大方廣十輪經八卷　慧琳
大集須弥藏經二卷　慧琳
大集大虚空藏經八卷　慧琳
虚空孕菩薩經二卷　玄應
虚空藏菩薩經一卷　玄應
虚空藏菩薩神呪經一卷　玄應
虚空藏菩薩求聞持經一卷　慧琳
觀虚空藏菩薩經一卷　慧琳
虚空藏菩薩問七佛經一卷　慧琳
菩薩念佛三昧經六卷　玄應
方等念佛三昧經十卷　慧琳
般舟三昧經三卷　慧琳
大集賢護經五卷　慧琳

無言童子經二卷　玄應
大集譬喻王經二卷　慧琳
大哀經八卷　慧琳
阿差末經七卷　慧琳
寶女所問經三卷　慧琳
無盡意菩薩經六卷　慧琳

自在王菩薩經二卷　玄應

奮迅王所問經二卷　玄應

右二十一經八十一卷

大方廣十輪經第一卷　惠琳撰

浚流　詢俊反邦注尒雅云浚深也廣雅溢也入也集訓云水急流也說文杼也從水從夋省聲或作濬亦作睿

駛流　師利反蒼頡篇水流疾也考聲速也說文從馬史聲

賑給　眞刃眞忍二反揔通尒雅賑富也郭注云隱賑富有也考聲云救也給也濟也韻詮賙也或作胗形聲字

阿波摩羅　梵語訛略不正也正梵音云阿跛娑麽(二合)囉瀘鬼揔名也

記莂　彼列反佛受記分別其事也

第二卷

璫環　上音當耳飾珠也下音還韻英云環珮也即耳轄也形如輪亦耳中之寶飾也

環釧　上環臂釧也或以象牙作環而以七寶鈿之或用金銀作如環之象下川戀反釧亦環也皆臂腕之寶飾也

綴密　馳利反考聲云繒帛密也鄭注禮記綴亦密也尒雅縷謂之綴郭注云繼縷袪綴也練也形聲字

推山　他雷反考聲推排也去也說文從手從隹省聲也

欲墜

音押集訓云鎖也管也會意字也

第三卷

三摩跋提　梵語也或云三摩鉢底唐云等至定之異名也

餚饍　上效交反俗也正作肴韻詮云肴脯著也考聲木果之屬也賈注國語云俎也毛詩傳曰豆實也鄭玄日俎醢也說文啖也從肉爻聲下音善亦俗字也正作膳顧野王云今之美物日珍膳韻英云著牲肉也說文具食也從肉善聲也

麝

香 時夜反郭注山海經云麝香獸也似麞而處深山險徑中雄者口有牙臍中有香雌者無牙亦無香經文作香非也

賫客 上音古鄭注周礼云通物曰賫居賣曰賫杜注左傳云坐販也鄭注礼記云賫物賣賤也尒雅賫示也白虎通云賫固也守固物待民來以求利也古今正字坐賫賣售也從貝夾聲夾音古說文云夾從人自廱蔽也左右象蔽形也經作估非也

擣蓰 上刀老反韻英云擣築也古作擣俗作擣非也下師偉反又所買反韻英云蓰羅也考聲云竹器也用羅蓰從竹從聲

蘧麥 具于反韻英云蘧麥草也即燕麥也從草遽聲或作蘧亦通

稗莠 上稗賣反杜注左傳云草也似稻而非稻也下音酉毛詩傳曰莠似禾而非禾待穟出方知別也說文形聲字也

穟穊 隨萃反韻英云禾穎也毛詩曰禾穎穟也字統云禾黍感皃或作穗亦作蓫術宏作穟樊恭作穟並通

田畯 遵俊反鄭注周礼云古之先田教民者曰畯尒雅畯田夫也掌田之官也形聲字

第四卷

挽箭 万遠反引弓也從手

蹹彼 談合反蹴也

軻

藍塚閒 梵語也衆多乱家處也

欲撲 龐邈反韻英兩手搏投於地曰撲

舐足 時尒反韻詮云以舌取物也說文從舌氏聲或作估綶又作絀咶五體皆古人隨自意作之也

俸禄 上縫用反考聲云俸秩也奉也古今正字從人奉聲奉字說文從半從手今隸書訛略也半音拳也

第五卷

編椽 上必綿反下音傳

蕀朿 上兢憶反下此潰反上二種皆邪見外道

捉攬馬一毛 勒敢反大海中有羅刹國彼羅刹衆常食生人有大悲菩薩化為天馬飛往彼國救彼食之人事具在佛本行集經

及正法念經等皆同此說且略言耳

第六卷

舌噤　琴禁反此前音義中地藏十輪經中已具釋此不重說

第七卷

輾斷　女展反亦前音義中已具說下斷俗字也正從㡭斷㡭音絕也

蹍除　亦音女展反司馬彪注莊子云蹍蹈也廣雅履也與前輾字義相通故不言耳

第八卷　文易無可音訓

大集須弥藏經上卷　慧琳撰

蚊蝱　上勿分反下孟耕反考聲蟲名齧類蝱似蠅而大也說文蚊蝱並䖵人飛蝱也蚊或從䖵作蟁又作䘈或作䖇並古字也蝱從䖵亡聲經作蝱俗字也亦行用久矣難改蝕音昃

蝗蟲　上瘓光反考聲云食禾蟲也礼記云蝗災蟲也蒼頡篇云螽蝗也說文從虫皇聲下逐融反介雅有足日蟲無足日豸說文蟲從三虫虫音暉鬼反蝨音終豸音雉

險壙　上秋撿反考聲云險阻也危也從阜僉聲下苦晃反孔注尚書云曠空也蒼頡篇云光也跡曠也廣雅大也從土廣聲有從日亦通

蓊蔚　上屋孔反下愇律反蒼頡篇云蓊蔚草木盛皃也古今正字並從草

翁蔚皆聲也

廣陿　咸甲反顧野王云陿迫隘不廣大也古今正字從自陿音謙叶反或作陜為陿陜州字迷人也經從犬作狹錯用非本字也

入一

豆穭　口外反字林穭粗糠也說文從禾會聲

麁獷　穘猛反宗獷者猶性猛惡佷突也說文謂犬獷惡不可附近也從犬廣聲

搔醯　上桑到反下馨鷄反陁羅尼句也

災雹　龐剝反鄭注礼記云陽氣為陰氣迫脅之凝而為雹說文太雨冰也從雨包聲災字經作灾俗字也

底㨖

下昌倒反婢諶甚林反揵咃梵語揵咃古譯質朴正梵音云嗽駄亦真言句也毗迷跱下音欺亦梵語不正也

下卷

齧毒研結反礼記云無齧骨說文齧噬也從齒㓞聲㓞音慳鎋反

嚼步蓰上時敫反下音史真言句中字也

谿谷啓鷄反尒雅云謂水注川曰谿說文山瀆無所通者曰谿從谷奚聲

潦溢勞到反考聲云雨落所停水也毛詩傳云行潦者流潦也礼記季夏水潦成良也說文雨水也從水尞聲尞音力召反

蓖麻油上閉迷反考聲蓖麻藥名也子班䗪形似狗蜱故以為名或作萞經從豆作蜱說文蜱留豆也非經義也

愛羂決縣反聲類羂繫取也考聲以繩捕也文字典說從网羂聲或作罥義同

躓頓知利反郭注尒雅云疐頓猶倒仆也廣雅躓踏也說文從足質聲也或從疐作疐叀音專

大集大虛空藏經第一卷 興善寺不空三藏譯　慧琳撰

不厭一艷反考聲云厭倦也苦也說文從厂猒聲厂音旱猒從甘從肉從犬故犬甘肉無猒足也

奮迅上分問反鄭注礼記奮動也廣雅振也舒也郭注尒雅云物有力多自奮迅故以為名說文翬也翬猶飛也從奞在田上奞者戌惟反奞

謂鳥張毛羽自奮故奮字從奞

蘇迷盧山梵語也唐云妙高山或云妙光山又曰須弥山亦梵語皆一山也

涌出上容腫反劉兆注公羊傳云涌騰也說文從水甬聲甬音同上經從足作踊踊躍也非經義

住對面念古譯經存梵意名般舟三昧或譯云諸佛立現前此言其速疾相應也即剎那頃入現前神通勝定以梵文巧妙能含多義此土難為具翻諸經中或譯為神通三昧或名一行三昧各各得少分義耳

無行神通

行音幸耕反易上繫曰不疾而速不行而至即其義也**三摩鉢底**梵語唐云等至即定之別名也**唯然**上遺癸反借音字也曲礼云惟應辭也蒼頡篇云惟恭於諾也**尼夜摩位**梵語是菩薩不退轉地也

第二卷

門閫苦本反鄭注礼記閫門限也古今正字從門困聲**鄔馱南**梵語唐云偈句或云足跡**瀑流**上蒲冒反桂苑珠叢云降雨水衆合名為瀑流說文猝疾雨皃也從水暴暴亦聲也猝音村訥反

第三卷

無翳於計反方言翳薆也韻英蔽也廣雅障也說文華蓋也從羽殹聲也

瞰音同上

第四卷

迦止栗那綿亦名迦真隣底迦瑞鳥名也身有細耎毛非常輕好如綿繒纊以為衣或為褥轉輪聖王方御此服也今雖有此鳥類非鳥也其毛麗悉不堪繒纊也**芬馥**上方文反鄭箋毛詩云芬香也方言和也郭注云香氣和調曰芬芳說文從草分聲下馮目反韓詩馥香氣皃也古今正字從香复聲复

音同**頗胝迦**梵語寶名也此無正翻水精之類也光明瑩徹淨無瑕穢有四色之別青色或紅色紫色之異也亦神靈瑞寶也**貧匱**逵位反鄭注礼記云匱乏也毛詩傳云匱竭也說文從匚貴聲匚音方經從食作饋義別非經義**倮形**華瓦反借音字也顧野王云倮脫衣露袒也本音盧果反今不取也**嬰諸疾病**上伊盈反韻詮嬰遶也繫也說文從女賏聲賏音同上經牙作非也**捺落迦**梵語上奴割反地獄也**窓牖**

上楚雙反考工記云在牆曰牖在屋曰窗說文象形作囱又作𡇴俗從片作牕經從穴皆非正體也

鉾矟 上莫侯反考聲正作矛矛戈類也象形字說文矛長一丈二尺建於兵車也或作𢦏又作舒經作鉾俗也下雙捉反廣雅矟亦矛也古今正字矟長一丈八尺也從矛肖聲經文從木作槊俗字非也

第五卷

不眴 玄絹反王逸注楚辭云眴視皃也顧野王如今人動目密相誡語曰眴目說文目搖也從目旬聲旬音同上

鉤鎖 上苟侯反廣雅鉤引也下桑果反考聲鎖連環也說文並從金勾貞皆聲貞音同上

擐彼 上還慣反杜注左傳擐貫也說文從手從環省聲也

第六卷

矯誑 上驕夭反集訓云矯詐也顧野王假稱謂之矯說文矯擅也從矢聲喬從夭今俗用從右作矯謬也

第七卷

不鈌 犬悅反蒼頡篇鈌虧也說文從缶從夬省聲也缶音府苟反

躁動 遭奧反顧野王云躁亦動也鄭注論語躁者不安靜也說文從足喿聲也喿音騷到反

析為 星績反孔注尚書云析分也說文從木斤聲

一

滴 丁歷反說文滴謂水灓注也從水啇聲或作適經文從帝作渧音丁計反渧水滴下也非經義恐書寫人悞也

孔隙 卿逆反廣雅隙裂也說文壁際小孔也從𨸏𡭴聲𡭴從二小𡭴白經從巢作隟非也

第八卷

染纈 上而琰反博雅染汙也考聲著也說文以繒染為綵色也從水杂聲下賢結反文字集略縛繒染之解為文考聲亦謂繫縛而染之為文也古今正字從糸頡

聲

僮僕　上徒紅反下蒲卜反考聲僮謂男子有役使也說文僮亦僕也僕從徒也杜仕於公曰臣仕於家撲日僕並從人童業皆聲業音卜

貰易　狄反毛詩貰賣也介雅帀也說文易財日貰從貝丗聲經作貰俗字也丗音丆

流

竄　村乱反顧野王云竄猶逃也說文隱也從鼠穴聲

緊迦羅　經引反

弭末羅　上迷以反

阿閦婆　閦音

蒭六反此上三句皆梵語數法名也

悚慄　上粟勇反杜注左傳云悚懼也郭注介雅慴也下隣窒反郭注介雅戰慄憂慼也杜注左傳謹敬也說文並從心東栗皆聲

虛空孕經上卷

玄應撰

空孕　古文䏍同翼證反依字含實曰孕孕懷子也

礓石　居良反土變為石形如薑也通俗文地多小石謂之礓礫石也

寶線　古文綫同私賤反說文線綖衣縷也

為繐　又作繐二形同思銳反說文蜀白細布也凡布細而疏者謂之繐也

犀牛　先奚反郭注介雅云形似水牛大腹脚有三蹄黑色二角好食棘亦有一角者

城隍　胡光反城下坑無水曰隍

下卷

背大　又作偝同蒲貝反相違背也顧野王云背謂棄捨相違嶯也廣雅背光也後也

虛空藏菩薩經

玄應撰

蹬躋　祖計反說文兩止曰躋躋猶晴也

毦帶　如志反通俗文毛飾曰毦如刀鞘飾也

踣鈴　蒲北反下巨炎反

㱿漏　盧厚反

諸踦　居綺反

頒錄　上都我反

虛空藏菩薩神呪經

玄應撰

薩皤　蒲何補何二反依字皤白也嚠牟

虛空藏菩薩能滿諸願求聞持法經　慧琳撰

恰須　上苦夾反下粟俞反　盥洗　上官換反顧野王凡滌洗物皆曰盥說文滌手也從臼水臨皿也

觀虛空藏菩薩經　慧琳撰

駐擯　必進反司馬彪注莊子擯弃也古今正字從手賓聲經從人作儐通用字也　圊廁　上七精反下測事反釋名廁或謂之圂也說文圂亦廁也廁亦圊也圊從口青聲廁從广則聲口音韋圂音槐穏反广音儼

虛空藏菩薩問七佛陀羅尼呪經　慧琳撰

綫結　上仙箭反說文綫縷也或作線經作綖非也　匙[illegible]　上是之反方言匕謂之匙說文從匕是聲也經從木作柭考聲謂磨上横木也非經義下厥頵反廣雅云攈抒也著頡篇抒取也說文從升蒸聲經從手作攟音攈非經義𢇃音力專反　桔皮　音肩嗌反說文桔梗藥名也從水吉聲梗音古杏反　諧耦　上戶皆反孔注尚書諧和也鄭注周礼云調也說文合也從言皆聲下五口反俾雅耦亦諧也顧野王云耦猶匹也賈注國語對也說文從耒禺聲耒音雷對反　銅鍼　下汁深反廣雅云針刺也顧野王云鍼所以綴也說文所以縫也從金咸聲或作箴亦作針刺音咸

佛說菩薩念佛三昧經第一卷　玄應撰

剌杀　上盧曷反下陂家反聲聞弟子名梵語也　胄胤　上傳又反杜注左傳云胄胄後也賈逵注國語云胄胤也說文亦胤也從肉從由聲下夤振反孔注尚書云胤猶嗣也尒雅云胤繼也說文云胤謂子孫相承續也從肉從八八者象其長幼亦象重累長也

第二卷

氤氳　上一隣反下紆文反元氣也謂天地未分之始氣也

渟流　狄經反埤蒼水止曰渟也

派別　普賣反說文水之邪流別廣雅水自分出為派也

第三卷

分衛　此言訛也正言賓荼夜此云食團謂行乞食也

京畿　或作圻同渠衣反周礼方千里曰國畿畿限也

慴伏　徒頰反尒雅慴懼也郭璞曰即恐懾也懾音之涉反

第四卷

懟恨　除類反考聲懟怨也尒雅怨也說文與尒雅義同從心對聲

摶食　徒官反顧野王云摶之令相合著也礼記無摶飯也說文從手專聲

第五卷

瘡疣　有求反考聲疣病也謂皮膚結也古今正字亦痏也從疒尤聲或從肉作肬復音又今不取

塵坌　盆悶反考聲坌塵猥至也桂苑珠叢坌亦塵也說文從土分聲

第六卷

瞚頃　輸閏反呂氏春秋云万世猶一瞚也說文謂目開闔數搖也從目寅聲或作瞬經作眴非義也

搰井　胡骨反顧野王云搰謂發池廣雅穿也說文從手屈聲

大方等大集菩薩念佛三昧經第一卷

慧琳撰

楣棖　上媚悲反郭注尒雅云楣謂門上横梁也說文從木眉聲下宅耕反

郭璞云根謂門兩旁木也鄭箋詩云根門梱上水近邊者也說文從木長聲梱音坤穩反

樞闔 上鯛朱反郭注介雅謂門戶扉樞也又謂門持樞者以為固也說文戶樞也從木區聲下含朧反介雅云闔謂之扉即門扇也鄭注周礼云用木曰闔用竹曰扇說文闔猶閉也從門盇盇亦聲也

廁竇 徒堅反蒼頡篇云竇塞也說文義同從穴賣聲

傀偉 亦作瓌古回反司馬彪注莊子云傀美也方盛也下韋鬼反埤蒼云偉大也說文奇二字並從人鬼韋皆聲經本從王作瑰瑋亦通用也

一切經音義卷第十九　第二十一張　赤

第二卷

亭傳 徒丁反下直戀反漢家因秦十里一亭亭留也傳譯也

熸燼 上接鹽反杜注左傳云吳楚之間謂火滅為熸下似進反鄭箋毛詩云火餘日燼杜注左傳謂火餘木也說文並從火替聿皆聲經本從韱作㶡非也從盡作燼通俗字也

第三卷　先不音

第四卷

無謇 居展反方言謇吃也楚詞云言不通利謂之謇吃古今正字從言寒省聲亦作𧬊

第五卷

嘶破 又作廝同先奚反蒼頡篇云廝病也言微也東齊謂聲散日廝聲類酸疼也古無今正字從口斯聲又作𧫒義並同

一切經音義卷第十九　第二十二張　去

第六卷

門闑 又作臬同魚列反介雅云橜謂之闑即門限也說文從門臬聲臬音同

廝役 上新移反字書廝役也謂賤役也古今正字云廝役養也所使也從广斯聲

第七卷　先不音

第八卷

法靴　徒刀反鄭注儀禮云靴如鼓而小持其柄搖之者說文從革兆聲正作鞀亦作鞉鼗磬義並同籀文作磬

鏝陁　莫槃反案經文切利天池名也為是梵語伹響其音不求字義若依字即坭鏝字乖經義

第九卷

烗熱　口戒反廣雅云烗熾也古今正字義同從火亥聲

第十卷

黏汗　又作粘同女沾反字書云黏粘也說文相著也從黍占聲黏音胡

倉廩　正作㐭力甚反說文云㐭穀所振入也宗廟粢盛倉黃㐭而取之故謂之㐭從入回象屋形中有戶牖也㐭或從广禾作廩㐭經本同

印璽　下思紫反天子之玉印也璽信也亦神器也說文從土作壐今從王作璽

般舟三昧經上卷　慧琳新補

可貰　莫候反毛詩傳云貿易也韻英云貨易也說文易財也從貝丣聲丣古文丣字經作貿非也

譁說　上音花孔注尚書云譁諠也考聲云謂諠譟也說文從言華聲經從口非也

諛諂　上庾朱反莊子云不擇是非而言謂之諛蒼頡篇云諂從人意也孔注尚書云諛亦諂也從言臾聲經作諭非也下丑琰反易曰君子上交不諂下交不瀆何休曰諂佞也鄭注禮記云諂謂傾身以有下也莊子希意道言謂之諂此時用隸書從略篆文正體從閻作讇今從略

四隅　遇俱反韻詮云屋角也考聲云四角曰隅說文陬也從阜禺聲經從山作嵎日出處山名也尚書嵎夷曰暘谷是也

般舟三昧經中卷

輕傷　又作敡今作易同以豉反蒼頡篇云傷慢也謂平傷也

鶍

鴨 胡葛反似雉鬬死乃止故武士戴冠以象之也山海經云輝諸之山多鶡鷄以其毛希頭也亦出上黨郡下音押水鳥也

謗訕 所姧反蒼頡篇云訕誹也論語曰惡居下流而訕上者訕謗毀也並從言

蛟龍 梵語云宮毗羅有鱗曰蛟龍抱朴子曰母龍曰蛟龍子曰虯龍其狀似魚其身如鼉尾皮有珠郭注山海經云蛟似虵而四脚小頭細頸頸有白嬰大者數十圍卵生子如一二斛甕能吞人有神力

一切經音義卷第十九　第二十五張　赤

伽玃 上又作猳古遐反下居縛反大母猴也善玃人好顧眄

般舟三昧經下卷　慧琳新補

蜎飛 上恚緣反毛詩曰蜎蜎小蟲皃也蜎蜎之屬

蝡動 上潤尹反字統云蝡蝡蟲動皃也有足曰蟲無足曰蝡廣雅作蠕或作蠢說文動也從虫耎聲

饋遺 上逵位反韻英云饋餉也或從鬼作餽並形聲字也

拘

利 梵語也即諸經云俱知也數法名此當百万

那術 亦梵語或云那由他或云那庾多當此百千万也

喻旬 亦梵語或云由旬或曰由延或云踰闍那正梵音踰繕那自古聖王軍行一日程也以法算計之即三十里也

肌肉 上音居宜反即膚體肥宍也

大集賢護菩薩經第一卷　慧琳撰

賢護 諸經中或在梵語名跋陁婆羅即佛在世時王舍城中賢護長者白

一切經音義卷第十九　第二十六張　赤

衣菩薩即此賢劫中當來千佛此其一也請問佛說此經也

一搏 段欒反博雅云手搱使相著也考工記中或作團字團圜也

躁慼 上遭燥反論語云躁不安靜也賈注國語云躁擾也韻詮云急也集訓動也從足喿聲喿音喿到反下青亦反廣雅慼慼憂也或作慽古今正字從心戚聲也說文又說慼字從戉戉音越從尗省聲也

第二卷

頑騃　上五關反左傳曰心不則德義之經曰頑古文作嚚廣雅頑鈍也形聲字下崖解反蒼頡篇云愚騃無知也方言云疲癡騃也或作顛訓用同上說文馬行疑佗佗也駑馬也從馬矣聲

佷弊　上痕墾反考聲云很恨也韻詮云很戾也古今正字從彳艮聲說文艮字從目從匕令隷書因草略也彳音丑尺反墾音苦本反下毗袂反考聲云弊壞也惡也象壞敗衣形

蚩笑　上叱支反從虫㞢聲也㞢古之字下消燿反從竹從火從口者俗字也

區別　曲俱反考聲云限域也爾雅五十謂之區郭璞注云雙五為數數五為區馬融注論語云如草木異類區別也說文從品品類別也從匸匸隱匿也上音兮弟反

第三卷

鑪橐　又作𩌦排二形同白蕥反謂鍛鑪家用吹火令熾者

諮詢　私遵反詢問也左傳訪問於善為諮諮親為詢諮問善道也杜注云詢問親戚之議也

岌多　此居士子名也依字音魚及反

篋笥　謙叶反下思吏反說文云匧衣器曰笥礼記簞笥同又鄭玄曰並盛食器也圓曰簞方曰笥簞音丹

第四卷

甖水　於耕反方言云甈甀甖也

贊助　子旦反贊佐也亦導也

鏗鏘　又作銵苦耕反下又作鎗鏘二形同七羊反廣雅鏗鏘並金玉聲也形聲字也

第五卷

文易無難字可音訓

无言童子經上卷　玄應撰

亹亹　微匪反亹亹猶微微也亦進皃也

下卷

荏若　又作栠同而甚反栠木也廣雅荏弱也亦溫柔也下字宜作弱

大集譬喻王經上卷

慧琳撰

嬾惰 上蘭袒反下徒卧反東觀漢記云惰嬾者懼不見勞孔注尚書惰懈怠也說文嬾懈怠也從女賴聲或作懶也惰不敬也從心隋聲惰音同上或作媠又作惰下卷同

鎧甲 開改反文字集略以金甲蔽身曰鎧說文鎧亦甲也從金豈聲豈音起

漂將 匹瓢反顧野王云漂猶流也說文浮也從水票聲票音必遥反

下卷

若干

筩 動東反說文云筩斷竹也從竹甬聲

坑坎 上客耕反郭注尒雅云坑壍也蒼頡篇壍也殛也下苦敢反周易云坎亦陷也說文並從土亢欠皆聲亢音康浪反

缺崖 犬悅反蒼頡篇云缺虧也下雅皆反考聲崖山澗邊際岸也說文岸從屵干聲崖從屵圭聲屵音五末反

棘朿 上矜憶反方言凡草木刺人江淮之間謂之棘毛詩傳曰棘酸棗也說文小棗叢生者從竝朿經本從竝朿誤也下雌賜反顧野王謂木皮外有鋭刺者也說文木芒象形也經本從刀作剌誤也是餘傷之刺也

欲樹 朱戍反淮南子云春雨之灌萬物無地而不樹無物而不生說文時雨所以樹生萬物者也從水尌聲尌音駐

筋骨髓 上謹欣反說文筋肉之力也從肉竹竹物之多筋者也從力力象筋也經從草從角作觔非也下雖桒反說文作髓云骨中脂也從骨隨省聲正體從隓作隓隓音許規反

犛牛 亦作氂音毛又音茅山海經曰潘侯之山有獸狀如牛而四節生毛名曰犛牛郭注云背膝皆有長毛說文西南夷長髦牛也從牛𠩺聲𠩺音力之反又作旄

挑眼 眺遥反聲類挑抉也說文從手兆聲抉音涓血反

沫摶 上音秣顧野王云沫謂水上浮沫也說文從水末聲下音團前虛空藏菩薩問佛經第四卷已釋訖

水泡 普包反考聲云泡水上浮漚也說文從包聲

大哀經第一卷

慧琳撰

開闔　為彼反國語曰闔門而烏之言賈逵曰闔闔也闔猶開也古今正字從門為聲

淟池　天典反集訓云淟怨也又云怨垢濁也怨音年典反

庭燎　下曆弔反礼曰邦之大事供燎燭庭燎鄭衆曰燎大燭也以麻為之樹於門外曰大燭於門內曰庭燎皆所以照象為明也又曰門燎地燭也經文從金作錠非也郭注尒雅云錠鋤屬也廣雅曰錠謂之䥥即農具也甚乖經意

第二卷

寤寐　上音悟毛詩傳曰寤覺也蒼頡篇云睡覺而有言曰寤說文從㝱省下音弥臂反顧野王云睡而眠熟也偃息也說文卧也從㝱省未聲

瓌異　上古回反埤蒼云瓌瑋琦也考聲云美大之皃也說文從衣瓌聲也經文從貴作遺非也

愚戇　下卓降反訓纂云惷戇精神不爽皃淮南子曰從管仲覩伯夷則為之戇矣說文戇愚也從心從目贛音璞降反惔音苞卷反

憺怕　上音淡下普伯反經曰憺慮貞境怕恬靜也經從水非也

瑕玼　上音霞下音慈

[口強][既/皿]　上羌兩反下苦敃反[口強]啼哭聲也嘅嘆息之聲正作嗟嘅經中作[口強]嘅書錯不成字也

躓礙　上陟利反顧野王云躓猶頓也廣雅蹋也亦顛躓也從足質聲

第三卷

彶彶　音及礼記曰彶彶如有所追而不及也顧野王云彶彶猶急急也說文急行皃也從彳及聲或從人作伋音急考聲云繫於心也趣於事也經文從水作汲書誤也

貪餮　下天結反考聲云貪食曰餮

恍惚　上荒廣反下音忽經文從荒作慌非也

擘裂　上音伯又音孛覓反並通從手

第四卷

愞劣　上奴乱反考聲云愞怯也弱也從心耎聲或從人作偄亦同

亘

緪 罡鄧反集訓云亘遠過也毛詩傳曰亘
遍也說文從木作栕栕竟也今時用亘
字本古文亘字也說文從
日上下各一亘之意也

第五卷

晧臭 二字並同音豪老反尒雅晧光也
說文日初出皃從日告聲或從白
作皓下臭字考聲云元氣臭白者天也說文
大白皡也從大古文作皋今時用從日從天
俗字
也

攏戾 上聾董反下音麗㮚
攏戾者罡強難化也

恭恪 上恭字從心共聲也下恪音康各反孔注尚
書恪敬也古文從客作愙亦形聲字亦會意
字

蟲蟻 下宜倚反或作螘尒雅云螘蚍
蜉也大螘也此字無定體先儒
各隨意作之或從蚰
作蟻又作螘亦作蛾

憐傷 練田反集訓
云憐愛也考
聲哀也俗作怜經文從米
作粦非也書錯不成字也

第六卷

泛流 上孚梵反考聲泛浮也或作
汎說文汎濫也從水乏聲也

吹笙 青京二樂器名也世本云隨作笙象鳳
皇之身正月音也說文云物生故象物
貫地而生故謂之笙大者十九
簧小者十三簧經作竽非也

搵取 温
悶
反說文搵没也從
手從昷省聲也

詹堂 上音占香樹名
也廣州有葥萊
作
之

第七卷

愚騃 崖解反前第二
卷中已具釋

燒灹 知嫁反
火爆聲
也

攄其 勑猪反考聲云攄舒也張
也韻詮云散也從木虛聲

逮得 臺柰反集訓云逮
及也經作逯非也

第八卷

棚閣 上白萌反考聲云棚棧也說文從
木朋聲經從平作枰非也

強霸　巴罵反說文云月始生魄也集訓云霸王也字統云長也從月䨣聲也古文作審

阿差末經卷第一　慧琳撰

阿差末　梵語也此云無盡意是菩薩名也

浩晧　此經及前大哀等經並是西晉竺法護譯詞理虜拙質朴不妙言浩晧重書者是無量無邊之義不可惻量廣大也俗談之語麤壞之義也

摑裂　轟號反下音列此亦

聖喆　展列反或作哲哲智也亦古字也

適莫　丁歷反

苞裹　音果從衣果聲

第二卷

觝突　丁礼反或從牛作牴下鈍訥反說文從穴從大會意字也

餚饌　上劾交反下音撰前文已具釋

不存懅　巨負反急速也

第三卷

恬怕　亭閻反下普百反

粗舉都駮　上倉胡反俗字也正從三鹿粗舉者言約略也駮音邦角反廣雅駮明也鄭注考工記云駮見也漢書曰駮然易知是也

第四卷

麼麼　莫可反三蒼云麼微也亦細小也謂微細小蟲也經文有作𥝩𥝩非也

凶豎　古文從豆作豎殊主反小兒也謂兇悖小人也

侏倀　正合作譸張音張留反毛詩曰譸張誑也謂相惑也經中作侏音朱侏儒也下又作倀音勑良反倀狂也非經義

第五卷

坦然　他祖反說文坦安也廣雅坦平也經文作憻非也

眷戀

居院反下力眷反眷戀猶顧視也經作惓非也

芬葩 普芭反說文芬芳也葩華也聲類取其盛皃也

大猷 餘周反方言云東齊謂猷曰適又亦圖也若也順也

第六卷

乳哺 蒲慕反所謂哺食在口吐而小孩曰哺從口甫聲

痛

一切經音義卷第十九　第三十七張　赤

癢 羊掌反或從虫作蛘經作痒非也

第七卷

誘訹 上由首反下詢律反誘訹漸教也引也相勸也經文作㥑恤非經義也

村落 俗作落同力各反廣雅落居也人衆所居曰村

寶女所問經上卷

慧琳撰

餱糧 胡溝反考聲餱乾飯也經文從米作糇不成字非也

中卷

帑藏 湯朗反集訓云金帛之藏也

下卷

鞠閔 弓六反鞠養也愛也告也閔音美殞反閔傷也痛也

侊侊 所隣反說文侊侊往來行皃也亦齊整皃也

嫺睒 胡閑反說文嫺雅也

一切經音義卷第十九　第三十八張　赤

謂淹靜也今並為閑字也

無盡意經第一卷

慧琳撰

不瞬 水閏反動目也經文從旬從目作眴非也

纏綿 上音連相續無斷也

第二卷

頫面 普米反說文頫傾頭也經文從人作俾非也

撩擲

遮調反謂遥擲也

不猗　音依古人用字乖僻准經義正合作依字

第三卷

海濤　道勞反海大波曰濤

齅相　香救反說文云以鼻就臭曰齅經從口作嗅非也

淫相　深入反說文云幽淫也從水一覆也覆土而有水故淫也經文作濕非也

第四卷

勸督　俗字也正作督東祿反介雅督正也謂御正之也方言督理也察也

戲赧　上蹺為反說文氣損也考聲落也傷也下拏簡反考聲云赧羞也面赤也羞慚也或作赧會意字

第五卷　第六卷　已上二卷文易不音

自在王菩薩經上卷　玄應撰

貫鉀　上古乱反蒼頡篇云貫穿也說文從毋音官下音甲方言古箭小而長中穿二孔者鉀鑪也郭注云今箭鉀鏨空兩邊者也古今正字從金甲聲也

一搦華　弓六反說文搦撮也又曲指捧物也古作𦭧或作鞠亦作匊又作臼並通用也

齅者　許救反說文以鼻就臭曰齅從鼻臭聲古文作齅經從口作嗅俗字也

下卷　無字可音訓

奮迅王菩薩所問經上卷　玄應撰

怖嚇　呼駕反鄭箋詩云以口距人謂之嚇埤蒼大怒之皃也方言作恐閒也古今正字從口赫聲閒音呼激反

屎尾　正字從尸矢聲也說文𡲍從尾從水俗作尿

下卷　無字音訓

一切經音義卷第十九

第四十二張　赤

一切經音義卷第二十　赤

大唐翻經沙門慧琳撰音

音寶星陁羅尼經十卷　慧琳音

大方廣佛花嚴經六十卷　前譯經藏

寶星陁羅尼經序　慧琳音

鞮譯　上底奚反礼記曰五方之人言語不通嗜欲不同達其志通其欲故西方曰狄鞮鄭注曰鞮知也依文其事類耳鞮之言知也廣雅狄鞮譯也說文從革是聲也

迺聖　上音乃韓詩迺大也聲類至也說文古文乃字從彡西聲也迺古文乃字也

拚頓　上音奄尚書云拚有四海為天下君孔安國曰掩同也方言藏也取也自關而東謂取為拚杜注左傳匿也或為掩字訓義同說文覆也從手弇聲弇音同上也下敦困反韻野王云頓謂軍旅舍住也說文下首為頓首也從頁屯聲屯音突論反

八紘　獲萌反許叔重注淮南子云紘維也顧野王曰八紘謂八極也古今正字從糸厷聲厷音同上

瀚海　上寒幹反案括地志云小海名也在流沙大磧西北同羅突厥西北數百里來南去長安五千三百里秦築長城經此海南東西長亘匈奴中有數河水流入此海獨邏河悉陵河金河等並流入為比庭有瀚海鎮取此為名也

一切經音義卷第二十　第二張　赤

隄封　底泥反如淳注漢書云旁曰隄題曰封韋昭云積土為封限也說文隄隋也從阜是省聲也下封字說文云諸侯之土也公侯方百里伯方七十里子男方五十里從土作坣古封字也今從重土從寸會意字也籀文從土從半作坢半音峯

龍庭　玄中記云北溟有燭龍之地名曰龍庭也

鳳穴　玄中記云南海中有丹穴山鳳鳥所栖乳海島之洲也

治踵　上音理下之勇反王逸注楚辭云踵繼也說文踵追也一云往來皃從足重聲

也或從止作踵亦通用也**玄扈**胡古反古國名與扈后同姓在右扶風今京兆鄠縣是也漢書云扈啓與有扈戰于甘之野今見有扈谷甘亭是也謂啓所滅也灃水出東南北過入渭說文訓義同從邑戶聲也或從鄠亦同**尃弘**上撫無反考聲云尃布也開也正體字說文亦布也從寸甫聲也下胡弦反說文弘大也從弓厶聲厶音肱**不憚**達翰反韻英云憚畏也說文忌難也從心單聲也

一切經音義卷第一　第三張　赤

塈号上其冀反考聲云塈及也極也說文與也從旦既聲經文從水作洎肉汁也非經義也**爰懋**上遠元反毛詩傳曰爰於也為也說文引也從𠬪于聲也𠬪音丕表反下音暮郭注尒雅云懋勉也說文懋盛也從心楙聲也楙音同上或從草作茂訓用亦同也**搜揚**上霜留反杜注左傳云搜隱也論語云人焉搜哉孔注云搜匿也方言求也就室求之曰搜字書索也說文衆意也從手叜聲亦作搜叜者桒苟反今俗用多從臼作叟隸書變體字非正體也下養章反孔注尚書云揚舉也鄭箋詩云激也王注楚辭云披也說文飛舉也從手昜聲也昜字從旦從勿昜音同上經從攴作敭古揚字也攴音普卜反今省為攴

寶星經卷第一

怡悅上以之反毛詩傳云怡悅也尒雅云怡樂也說文從心台聲下緣決反**厲聲**力滯反杜注左傳云厲猛也王逸注楚辭云厲烈也尒雅厲作也廣雅高也說文從厂萬聲厂音罕經文從广作厲非也

一切經音義卷第二十　第四張　赤

峻險上荀俊反孔注尚書云峻高大皃也郭注尒雅云峻長也說文作陖云高險皃也從山陖聲字書作陖亦作陖埈今經作峻古今正字云陖或省也僉音七荀反下脇儼反周易云地峻山川丘陵也顧野王云險猶阻也說文險難也從阜僉聲經本從山作嶮非也**穿缺**犬悅反蒼頡篇云缺虧也隙也說文云缺器破也從缶夬聲亦作鈌**聰叡**營慧反義已於金光明最勝王經第六卷中具釋訖**問訊**新進反毛詩傳云訊

問也鄭箋詩云𩔈得生以言問之也劉地
云誠問日評說文示問也從言乎聲也**傲**
慢耐上熬告反孔注尚書云傲慢不友
也杜注左傳云傲不敬也廣雅傲
倨也說文從人敖聲經本從心作慠誤也中
鑾辨反頭野王慢易輕侮也說文云慢惰不
畏也從心曼聲曼音万下乃戴反顧野王云
耐猶能也說文作耏古字也從彡從而又云
或從寸作耐諸**嘿然**忙北反顧野王云
法度也故從寸嘿不言也應劭云

嘿嘿自不得意也古今正字從口黑聲亦作
默考聲作嘿云嘿嘿志不遂也或作默
妓女奇倚反蒼頡篇云妓美婦也考聲
云女人之作樂者也說文從女支
聲下文妓**戲樂**希意反毛詩傳云戲遨
樂等並同豫也廣雅云戲泄也說
也說文云從戈虛聲**擔重擔**上膽藍
虛音希下郎各反反廣雅
擔舉也字書云擔負也說文云從手
詹聲下擔字去聲亦從手詹音占**幻術**

上還慢反下脣律反莊子云心術形馬鄭玄
云術猶藝也韓詩術法也說文云邑中道也
從行术聲术**瑞應**上垂類反顧野王云
音呈律反王者咸德感乎乾坤
故天地應之以信蒼頡篇云瑞應也說文
云瑞以玉為信也從玉耑聲也耑音端**毗**
嵐覽含反梵**瀑雨**蒲冒反毛詩云終
語大猛風風且瀑說文云疾
雨也從水暴聲經本**撾鑱**上竹瓜反字
作暴是曝暴字也書云撾擊也
聲類云撾撞也魏志撾折其脚說文從竹作
箠云箠也下仕咸反淮南子云剡肌膚鑱皮

革劓流血埋蒼云鉏鑱頭也說文**月釤**衫
云銳鑱也從金毚聲毚音上同鑒
反古今正字云釤大鐮**曲撩**了蕭反廣
也從金三聲彡音衫雅云撩取
也理也案經義曲撩合是戰具非取理之義
也撩字書並同皆與經乖意謂此當是鉤戟
似矛而刃曲如鉤**短矟**雙捉反廣雅云
如今之鉤槍也矟矛也說文云
從矛肖聲經本從木作槊是木名**翳闇**
也非兵器下第四卷內刃矟同
上伊計反廣雅云翳障也蔽也
說文從羽從殹殹音同上也

寶星經第二卷

無䩕 㓜閑反埤蒼云䩕遊也古今正字義同亦耍肭也難也從革臤聲經本從心作慳俗字臤音同遣音吝

分劑 上墳問反顧野王云分猶限界也說文云分別也從八從刀下齊細反字書云劑分段也古今正字從刀齊聲經本作齊是和調之齊也

宗靜 上背歷反方言云宗安靖也說文云宗無人聲也從宀尗聲宀音綿尗音叔經作家通俗作寂

繽紛 上匹賓反下孚文反義及字偏傍並已釋於金光明最勝王經第七卷也

璽印 上斯此反鄭注周礼云璽印也應劭漢書注云璽信也蔡邕獨斷云天子璽以玉古者尊卑共之自秦以來唯天子獨稱也說文云王者印也從土爾聲今相承從王作璽下因晉反蒼頡篇云印章也漢書云諸侯王黄金印也說文印執政者之所持信也從爪從卩卩音節

鬪諍 上斗豆反蒼頡篇云鬪諍也稱兵相攻戰也論語云血氣方剛戒之在鬪也說文云鬪遇也從門從斲聲從門從斗作鬪者非也鬪音上同斲音卓

拇指 上矛厚反蒼頡篇云拇將指也賈逵注國語云拇大指也說文云從手母聲經本從木作栂非也

迸竄 攢乱反顧野王云竄猶逃也廣雅竄投也尒雅竄藏也說文云竄匿也從鼠在穴中攢音麁亂反

盲瞑 上麥庚反說文云目無眸子也從目從亾亾亦聲也下覓洴反郭注尒雅云瞑昧也說文瞑幽也從冖從日從六冖音扃聲也

寶星經第三卷

悒恨 上陰汲反王逸注楚辭云藹悒而憂也蒼頡篇云悒不舒之皃也說文云悒不安也從心邑聲下痕艮反蒼頡篇云恨怨也顧野王云意不申使日恨從心艮聲也

闇蔽 卑袂反已於金光明最勝王經中具釋經本作蔽非也

珊你弭迦 你音泥以反弭音弥婢反梵語天魔名也

顰蹙

上北賓反顧野王云顰蹙憂愁不樂之狀也說文云從卑頻聲經本從口作嚬者非也下酒育反方言云蹙咨忸怩也博雅云喊咨慹也古今正字從口戚聲亦作慼𥈞經本從人作㑶者非也

濡音　孔朱反毛詩云羔裘如濡傳曰濡潤澤也準經義合從人作儒說文云儒柔也從人需聲需音須

刀穳　倉乱反俗字也廣雅云穳謂之鋋字書云穳遥投矛也古今正字從矛贊聲亦作穳經本從手從𤅊作攢非也

即碎　蘓憒反廣雅云碎壞也散也說文云碎𥐓也從石卒聲

擐甲　上音患杜注左傳云擐貫也賈逵注國語擐衣甲也說文從手還省聲也

芬馥　下馮目反韓詩云香氣皃也義釋音義第十七卷中釋訖

雷雹　龎角反白虎通云雹之言合也陰氣專精凝合為雹也鄭注礼記云陽為雨陰起脅之凝而為雹也說文云雹雨氷也從雨包聲也

一滴　丁歷反顧野王云滴

瀝也說文云水䉈住也從水啇聲經本作適誤也

泡炎　上普包反廣雅云泡流也說文水名也案經文幻泡炎則水上泡沫之類也亦隨雨滴而生者也還風則滅俗謂之浮漚言動性無常如幻泡炎人之寄世有生亦滅不能堅久若此類也說文從水包聲下炎字讀與豔同

肘量　上啁抑反說文云肘臂節從冋從十寸寸手寸口也下音亮

憒閙　上瓌内反說文云憒乱也從心貴聲下淳効反字書云閙乱也文字典說云閙猥也擾也不靜也從人居市會意字經本作内非也

牆堞　上匠羊反下甜叶反杜注左傳云堞女牆也說文城上女垣也從土葉聲垣音袁

樓櫓　下盧古反釋名云櫓露也上無覆屋施以拒戰也說文云櫓大盾也從木魯聲亦作樐也

欲摘　張革反蒼頡篇云摘取也說文云摘拓果樹實一云指近之也從手啇聲經文從適作擿音呈戟反

嘷哭　上号高反說文云嘷咆也從口皐聲皐字從白夲聲夲音滔經本作嘷俗字也

悲懊　烏老反考聲云懊痛恨也已釋金光明最勝王經中

寶星經第四卷

戰慄　隣窒反郭璞云戰慄憂慼也尚書云慄慄危懼也莊子云震動悼慄文字典說云從心栗聲

毀呰　咨此反韓詩云呰不善之皃也郭璞云賢者陵替姦黨熾盛也諸字書從言此聲說文從吅作呰義同吅字音喧經本從口作呰通俗字

顧聽　體經反孔注尚書云聽察是非也說文云聽聆也從悳耳壬聲悳古德字也壬音頙

擗踊　上毗亦反毛詩傳云擗拊心也郭璞云擗謂挺胷也孝經云擗踊哭泣古今正字云從手辟聲經本從足作躃誤也下容腫反鄭注礼記云踴之踊猶孺子之慕也顧野王云踊頓足蹋地也說文跳也從足甬聲甬音同踊擗之踊云從辵作通也

蒭摩　楚俱反梵語也說文從艸芻聲經本作蒭俗字也

繒綵　上牆蠅反說文云繒帛之摠名也從糸曾聲下倉宰反尚書云以五綵彰施于五色考工記云五綵備者謂之繡說文云從糸采聲

醫藥　上倚其反說文云醫治病工也從酉殹聲或從巫作毉亦通殹音翳

綺縠　上欺倚反說文云綺有文繒也從糸奇聲下洪祿反戰國策云憂國愛民不如愛尺之縠也說文細縳也從糸殼聲殼音腔角反縳音裝卷反

耳璫　下音當埤蒼云璫充耳也釋名云穿耳施珠曰璫耳之寶飾也說文云從玉當聲

環釧　上滑彎反鄭注周礼日環圜也圓也廣雅圜也說文亦從玉還省

聲下川戀反韻英云釧臂環也續漢書云孫程等立順帝帝賜程等車馬金釧古今正字從金川聲經本從玉作玔誤也

布濩　芳故反考聲云布濩多皃也說文云蒦霤下皃從水蒦聲蒦音紆縛反

楞嚴　上勒恒反梵語也唐云甚深也

有黶　伊琰反俗字誤用也正體從黑作黶集訓云黶身面上黑子也人倫龜鏡云凡黶有黑者有朱色者赤者為上福德吉祥之相黑者其次生在隱閑衣覆處則吉顯露或不吉

權下　遠圓反非本字誤用也正體從頁作顴考聲云顴面

上頬骨也眼下耳前是也古今正字云顴頬也頄也從頁雈聲雈音歡頬音准律反頄音逵皆顴之異名也

有㾜 自𡿺反劉瓛云疵瘕也說文云㾜病也疒此聲疒音女革反下文㾜癧等字亦同也

觜星 上醉唯反介雅云觜娵之口營室東壁也郭璞云營室與東壁四星似口因以為名也古今正字云從角此聲也

一磔手 張革反廣雅云磔張也開也古今正字云從石桀聲經本從足作蹀非也

小疣 有求反埤蒼云疣病也皮上結也莊子云附贅懸肬山海經云諸毗之水有滑魚焉食之已肬或作默今俗謂之侯說文作肬云贅也從月尤聲亦從疒作疣經本作疣非也

髁已下 上跨化反說文云髁髀上骨也從骨果聲經本從足作跨是舉足過其上也非髁髀之字髀音毗米反跨音口花反或作屎

逝瑟吒 折嫁反梵語星名唐言心星也

髀內

上鞞米反礼記云下無壓髀也說文作髀云股外也從骨卑聲經本作胜俗字也鞞音陛迷反

腨上 上遄耎反說文腨腓腸也從肉耑聲經本從專作膞非也或作踹蹲通

阿溼毗膩 上尸入反下尼值反梵語

畟 鳥音端

鼈 鞭滅反周易云離為鼈考工記云鼈外骨而內肉者也呂氏春秋云朱鼈六足有珠說文云鼈介蟲也從黽敝聲字書作鱉經本從魚作鱉俗字敝音弊黽音萌耿反

流漂 匹遥反顧野王云漂猶流也說文作淲云浮也從水票聲經本從剽作斛非也

枯涸 音鶴義已釋金光明最勝王經流水長者品中

寶星經第五卷

門閾 于洫反孔注論語云閾門限也說文從門或聲

摸呼 上音暮中乎故反

律多 梵語時分名也

或豎 殊乳反顧野王云豎正從豆也說文亦豎立也從臤豆聲經本從立作竪俗也臤音口閒反

潤灑 上踈夏反楚辭云使湅雨兮灑塵考聲云灑散水也說文云灑猶汛也從水麗

聲汻音信

輓侼 上音晩聲類云輓牽引也說文云輓引車也從車兎聲經本從手作挽亦通下文挽動字並同此訓

溝坑 上苟侯反考工記云井閒廣四尺深四尺謂之溝鄭注周礼云十夫二隣之田溝所以通於川也說文云溝水瀆也從水冓聲經本從土作𡎺非也冓音同下客庚反尒雅云阬墟也蒼頡篇坑壑也陷也塹也古今正字從𨸏亢聲經本從土作坑通用亢音坑

瀑流 上袍報反考聲瀑猝雨也文字典說云江河水漲急也從水暴聲暴字說文從日從出𠬞奴也經本作瀑俗字也奴音俱隴反丰音討刀反

堅鞕 額幸反廣雅云鞕堅也字書云牢也從革更聲考聲作硬同經本從卬作鞕古正也

一切經音義卷第二十　第十五張　小

寶星經第六卷

詭言 上龜毀反顧野王云詭譎也猶奇怪也准南云蘇秦以百詭成一信

說文云從言危聲

麁穬 上倉烏反顧野王云麁不善也鄭注礼記麁猶踈也廣雅大也說文作麤云行起遠也從三鹿正字也下觥猛反說文云穬粟有芒也從禾廣聲也

鉞斧 上圓月反顧野王云古者用鉞以煞人司馬法夏執玄鉞殷執白鉞周杖黃鉞說文作戉云大斧也從丨戈聲經本從金作鉞時用字也

惛悶 上忽溫反孔注尚書云惛乱也鄭箋詩云惛無知之人也說文云惛不憭也從心昏聲憭音了

臭爤 上昌呪反說文云禽走臭而知其跡者犬也從犬從自自古鼻字也象形今俗從死作臰非也下蘭汗反方言云火熟日爤說文爤熟也從火蘭聲經本從肉作𦢊書寫誤也

一切經音義卷第二十　第十六張　赤

坌身 上坌悶反義釋於金光明最勝王經中說也

周慞 掌穰反考聲云惶怖皃也亦懼也說文無此字

勸勵 力制反國語云請王勵士顧野王云勵猶勉也古今正字從力厲聲也

寶星經第七卷

亢旱 上康浪反周易亢龍有悔王輔嗣注云亢謂極也說文從大省象頸

衂形經本作冗俗字也

水潦 潦号反埤蒼云潦淹也考聲云水浸苗也說文云從水勞聲也

暫瞚 上慙濫反賈逵注國語云暫卒也說文云暫不久也從日斬聲下輪閏反莊子云終日視而目不瞚呂氏春秋云万世猶一瞚說文作瞚云目搖開闔也從目寅聲經本作瞬俗用字也

劬勞 其于反毛詩傳云劬勞病也韓詩劬數也古今正字從力句聲下老刀反賈逵注國語云勞疲也尒雅病也勤也說文云勞劇也從力從熒省熒從炏音炎冖癸營反用力者勞也

倉窖 交孝反禮記月令云仲秋穿竇也說文窖地藏也從穴告聲

甘蔗 遮舍反王逸注楚辭云蔗藷也蜀都賦所謂甘蔗是也說文云從草庶聲

倉廩 立錦反周礼云廩人掌九穀之數也鄭注云藏米日廩礼記米廩有虞氏之庠也虞帝尚孝令藏粢盛之委焉說文正作亩禾穀所振入也宗廟粢盛倉黃胅亩而取之故謂之亩從入回象屋形中有戶牖也亦從广禾作稟經本作廩非也

醇醲 上順倫反周易云醇粹精也杜注左傳云醇篤也說文醇不澆也從酉𦎧聲經本從水作淳是清也非醇醲字也下女龍反淮南子云肥醲甘脆也說文云醲厚也從酉農聲經本從水作濃是露多皃也亦非醇醲字𦎧音純

一切經音義卷第二十　第十七張　赤

寶星經第八卷

獻盤 孫五反義已釋金光明最勝王經中訖

貯器 上豬呂反顧野王云貯盛也杜注左傳貯蓄藏也說文云積也從貝宁聲

頂戴 當愛反字書云在首曰戴亦云舉之於首也孔注尚書欽奉其上曰戴劉熙云人所瞻戴也說文從異𢦏聲𢦏音災

讃繫 刑擊反顧野王繫書所以罪責當伐者而曉諭慰譬百姓之書也漢書云可傳繫而千里定是也釋名云繫者激也下官所以激迎其上書文也木簡長二尺有所徵召書上以傳行之說文云繫二尺書也從木敫聲也經本中作撽俗字也敫音激

一切經音義卷第二十　第十八張　赤

寶星經第九卷

姧狡　上葌顔反義已具釋於金光明㝡勝王經中下交𩐳反杜注左傳云狡猾也說文云從犬交聲

伺求　上司次反鄭注周礼云伺猶察也顧野王云伺猶候也方言自江而北謂相竊礼為伺蒼頡篇二人相候也古今正字從人司聲也

惱縮　所陸反韓詩云縮斂也賈逵注國語云縮退也宋衷注太玄經縮止也說文縮乱也從糸宿聲

踡縮　上逵圓反埤蒼云踡跼不伸也古今正字云從足卷聲經本從手作捲是用力氣勢貞也非踡縮也

涌沸　上容贊反劉兆云涌騰也顧野王云水波騰起也說文云從水甬聲甬音同下非味反毛詩傳云百川沸騰也顧野王云沸謂水波涌若湯之沸也說文云從水弗聲也

寶星經第十卷

獼猴　上彌卑反下右樓反漢書謂之沐猴也說文云獲也此獸種類甚多義已釋於金光明㝡勝王經中獿音奴刀反

癬疥　上先剪反左傳云皮毛無疥癬也字書云癬風瘡也說文云癬乾瘍也從疒鮮聲下皆賣反周礼云夏時有瘙疥疾也說文疥瘙也從疒介聲介音與疥同

欬嗽　上開愛反月令云國多風欬顧野王云欬亦嗽也說文欬逆氣也從欠亥聲下蘇奏反周礼云冬時有嗽上氣疾也考聲氣衝喉也古今正字從口欶聲欶音同

煕怡　上喜其反毛詩傳云煕光明也韓詩煕敬也孔注尚書煕美也說文從火巸聲也煕音同上下以之反義已釋第一卷中

大方廣佛華嚴經第一卷

前譯六十卷　玄應撰音

摩竭提　或云摩竭陁亦言默偈陁又作摩伽陁皆梵音訛轉也正言摩揭陁此譯云善勝國或云無惱害國一說云摩伽星名此言不惡主十二日陁者處也名為不惡處國亦名星處國也揭音渠謁反

華鬘　梵言摩羅此譯云鬘

音案西國結𩬊師多用蘇摩㖿華行列結之以為條貫無問男女貴賤皆此莊嚴或首或身以為飾好則諸經中有華𩬊帀天𩬊寶𩬊等同其事也字體從髟音所銜反邊聲𩬊音弥然反經文作鬘非體也

踰摩　字書作逾同庾俱反字林踰越也廣雅度也言摩尼者訛也正言末尼謂珠之揔名者也

窒礙　字略作罣同胡卦反網礙也下古文碍同五代反說文礙止也又作閡郭璞以為古文礙字說文閡

外閉也經文作㝵音都勒反案衛宏詔定古文字書㝵得二字同體說文得取也尚書高宗夢得說是非此義也

盧舍那　或云盧柘那亦言盧折羅此譯云照謂遍照也以報佛淨色遍周法界故也又日月燈光遍周一處亦名盧舍那其義是也

迴復　又作洄澓二形同胡瓌扶福一反蒼頡篇洄水轉也澓深也

癡瞽　公戶反三蒼無目謂之瞽釋名云瞽目者眠眠然目平合如鼓皮也

切剎　又作擦同音察梵言差多羅此譯云土田經中或言國或云土者同其義也或作刹土者存二音也即剎帝利名守田主者亦是也案剎書無此字即剌字略也剎音初一反淨國名剎者訛也應言剌瑟胝剌音力割反此譯云竿人以柱代之名為剎柱以安佛骨義同土田故名剎也以彼西國塔竿頭安舍利故也

沮壞　才與反三蒼沮漸也敗壞也經文作爼側呂反貯醢器也一曰置肉几也爼非此用

華嚴經第二卷

安跱　字詁古文峙今作跱同直耳反廣雅跱止也謂亭亭然獨止立也

華嚴經第三卷

欄楯　又作闌同力寒反下食允反說文闌檻也通俗文闌檻謂之楯王逸注楚辭云從曰檻橫曰楯間子曰櫺櫺安闌楯殿上臨邊之飾亦所以防人墜墮也今言鈎蘭是也

群萌　古文甿同麥耕反萌芽也廣雅萌始也案萌冥眛皃也言衆庶無知也

華嚴第四卷

煥明 字書亦奐字同呼換反煥亦明也謂光明也

旗幡 極基反釋名云熊虎為旗者軍將所達也象其猛如虎與衆期其下也

諧雅 胡皆反諧和也謂閑雅容音聲和也

寮觀 力堯反寮窻也蒼頡篇寮小空也經文有從手作撩或從木作撩二形並非今用也

華嚴經第五卷

衆祐 于救反舊經多言衆祐者福祐也今多言世尊者為世所尊也此蓋隨義立名耳

仇對 渠牛反仇怨也三蒼云怨耦日仇廣雅仇惡也

憤毒 扶粉反方言憤盈也謂憤怒氣盈滿也情亦感也

驚駭 胡界反蒼頡篇駭亦驚也廣雅駭起也

名遏 古文閼同安曷反蒼頡篇

遏遮也止也

瞖目 韻集作瞖同於計反目病也說文目病生翳也經文有作曀陰而風日曀曀非此義也

孤煢 古文惸傍二形同渠營反無父日孤無子日獨無兄弟日煢煢單也煢煢無所依也字從卂從熒省聲卂音雞閏反

華嚴經第六卷

毗嵐風 力合反或作毗藍或作鞞嵐或云吠藍或作隨藍或言旋藍皆是梵之楚夏耳此譯云迅猛風也

聾聵 古文顡聵二形同今作顡又作聵同牛快反國語聵不可使聽賈逵日生聾日聵一云聾無識日聵經文從肉作膭胡對反肥也膭非經義

噬諸 時制反三蒼噬齧也字林噬啗也啗音徒敢反

滌穢 徒的反說文云滌洒也亦除也謂盪洒除去垢穢也

盥掌 公緩反說文盥澡手也案凡澡洒物皆日盥字體從手臼水臨皿上也臼音居六反經文有更從水作盪非也

發趾 音止字林趾足也釋名云足一進一止因以名焉也

園圃 補布二音蒼頡解詁云種樹日園種菜日圃也

衰耄

字體作廞同所𪇴反說文廞陳也亦損也礼記曰五十始衰廨也下古文毫耄二形今作秏同莫報反八十曰耊耊惛忘也亦乱也

甲胄　古文䩜同除救反廣雅胄兜鍪也中國行此音亦言鞮鍪江南行此音鞮音低鍪莫侯反

華嚴經第七卷

八梵　八種梵音者按十住斷結經云一不男音二不女音三不強音四不

一切經音義卷第二十　第二十五張　赤

柔音五不清音六不濁音七不雄音八不嶐音

博綜　子送反綜習也三蒼綜理經也謂機縷紀領絲也

華嚴經第八卷

僅半　古文勤廑二形同渠隱反僅劣也僅猶纔也

錠光　亭脛反又音殿即然燈佛也

華嚴經第九卷

渾濁　後昆後衮二反渾乱也一曰洿洿音一胡反

顧眄　眠見反說文邪視也方言秦晉之間為眄也

第十卷　第十一卷　上三卷無字音訓

華嚴經第十二卷

惠施　胡桂反周礼施其惠鄭玄曰賙衣食曰惠孟子曰分人以財謂之惠

一切經音義卷第二十　第二十六張　赤

是也

貧窶　瞿句反蒼頡篇無財曰貧無財不備礼曰窶詩傳云窶無礼是也字書窶空也

福伽　經論中或作富伽羅或作富持伽耶舊譯㢛云補特伽羅此云數取趣也

恃怙　古文怙同時止反下胡古反恃賴也尒雅云怙恃也

妖豔　又作娱同於驕反三蒼娱妍也下又作艷同余贍反豔美也方言秦晉之間謂美色為豔也

華嚴經第十三卷

摩㝹奴侯反正言摩奴末耶此云意生身言諸天等從意化生也

不殉旬俊反尚書殉于貨色注云殉求也亦營也

華嚴經第十四卷

六親漢書以奉六親應邵日六親者父母兄弟妻子也蒼頡篇親愛也釋名云親櫬也言相隱櫬也

侮慢止甫反廣雅侮輕也說文侮傷也

一切經音義卷第二十　第二十七張　亦

遆相徒礼反尒雅遆迭也謂更易也迭音徒結反

珎饌又作䉵同士撰反說文備具飲食也

老邁莫介反說文遠行也廣雅邁歸往也

第十五卷　無字要訓

華嚴經第十六卷

沃焦烏木反迦延云沃焦者無限生死案郭璞注江賦云大壑在東海外沃焦海所瀉源水注處也

第十七卷　無字音訓

華嚴經第十八卷

相扣哭後反論語以杖扣其脛注云扣擊也

六瘤力周反通俗文肉胅日瘤三蒼瘤小腫也尾即無瘤經文作流注之流非也胅音徒結反

或遺余季反廣雅遺與也謂相饋贈也經文從貝作贖字也

一切經音義卷第二十　第二十八張　赤

冠冕肩辯反世本云黃帝作冕謂大夫以上冠也

噍牙譙曜反蒼頡篇噍咀嚼也說文噍嚼從口焦聲也

第十九卷　無字音訓

華嚴經第二十卷

七仞如振反說文仞謂申臂一尋也論語夫子之牆數仞苞咸注日七尺日仞今皆作刃

華嚴經第二十一卷

禪頭　是戰反梵音禪兜或言繕都此譯云衆生也

第二十二卷　第二十三卷

第二十四卷　第二十五卷

已前四卷並無難字不用音訓

華嚴經第二十六卷

櫳檻　力東反下胡黤反三蒼云櫳所以盛禽獸闌檻也

捫摸　莫奔反下莫本二反捫亦摸也謂執持也

僉皆　且廉反僉咸也小尒疋僉同也

循身　古文作㣘同似遵反三蒼云㣘遍也循亦巡也巡歷也

華嚴經第二十七卷

蠱毒　公戶反說文云蠱腹中蟲也謂行蠱毒也經文從虫作蛄音古胡反螻蛄螻蛄也非此義

漑灌　上音記下音貫說文云漑灌注也

泥潦　音老說文雨水也謂聚雨水為洿潦也

華嚴經第二十八卷

密迹　以知佛三密功德故也案梵本都無迹義當以示迹為神故譯經者義立名耳

耎中　而兗反梵語役栗度此云耎三蒼耎柔弱也

華嚴經第二十九卷

胞胎　鋪交反說文胞兒生裹也尒雅胎始養也

軻梨　口佐反應云軻地羅此譯云軻者空也地羅者破也名空破山也論作揵陀羅山此譯云由揵者雙陀羅尼雙持山也

由乾　巨焉反大

第三十卷　第三十一卷　第三十二卷

上三卷並無難字及差殊不要釋

華嚴經第三十三卷

眩惑 古文眴迿二形同侯遍反字林眩亂也漢書黎軒條支國善眩宗眩亦幻也軒音居言反

華嚴經第三十四

齗齶 牛斤反說文齒肉也齶又作腭咢二形同五各反齒肉上下肉也

伊尼延 或云𪏭尼延皆訛也正言黳尼延此鹿王名也𪏭音烏賢反黳烏奚反

第三十五卷第三十六卷 上兩卷無難字及差殊不音

華嚴經第三十七卷

𨵦闢 脾亦反說文闢開也經文有作僻疋尺反避也又作辟卑亦反辟法也理也辟非此義也

第三十八卷第三十九卷 上兩卷並不要音訓

華嚴經第四十卷

藉草 疾夜反案藉猶薦也釋名云所以自薦藉也

或級 爵岌反禮記云級次也左傳云斬首二十二級案師旅斬首一人賜爵一級因名戰首為級也

華嚴經第四十三卷

罪釁 許鎮反釁罪也亦瑕隙也過也字從酉分聲也

華嚴經第四十四卷

澍法 殊戍反又止句反時雨也謂潤生百穀者也

拜署 時預反署位也謂署置之處敬也

華嚴經第四十五卷

達嚫 差覲反案尊婆須蜜論亦作撻嚫此云財施解言報施之法名曰達嚫

擨道引福地亦名達又西域記云正言達擨拏或云馱器尼以用右手受他所施為其生福故從之立名也

第四十六卷第四十七卷上兩卷並無字音訓

華嚴經第四十八卷

池沼　之遶反說文沼池也梵言賀邏馱拕言池水也

第四十九卷　無字音訓

華嚴經第五十卷

舩舶　音白埤蒼舶大船也長二十丈載六七百人者是也

門閫　又作梱同苦本反三蒼梱門限也

西阿　於何反韓詩云曲京曰阿謂山曲限處也

周羅　梵語也此譯云小寶也吉由羅應云扸由邏寶此云瓔絡

弥阿羅應云弥珂羅此云金布也

舟楫　又作檝同子葉反易云黃帝剡木為楫通俗文櫂謂之檝釋名云楫捷也撥水使舟捷疾也

宣敘　古文愃同思緣反尒雅宣遍也說文敘次第也

第五十一卷第五十二卷已上兩卷無字音訓

華嚴經第五十三卷

讌集　又作宴醼二形同於薦反小會也國語親戚宴饗賈逵曰不脫屨升堂曰宴也

華嚴經第五十四卷

班下　案古書或作頒同補攀反尒雅班遍賦與也

巖嵲　顏咸反說文巖峯也亦峻嶮也下又作隉同五各反通俗文重巘曰隉巘音言凱也山如重甗曰隉也

華嚴經第五十五卷

囹圄 力丁反下魚許反獄名也周礼三王始有獄廣雅夏日夏臺殷日羑里周日囹圄皆獄之别名也

榜笞 蒲衡反下丑之反字書榜撻也説文笞擊也

流弥 亦名嵐毗尼諸經或作藍此云解脱處亦云斷亦名滅正言藍牟尼此云監即上古守園婢名也因以名園飯那此云林也牟音扶晚反

瞿夷 或言憍曇弥正言喬荅弥此云明女

華嚴經第五十六卷

殞滅 為愍反聲類云殞没盡也消絶也

繒纊 自陵反下今作絖同音曠説文繒帛也纊綿也

淵渟 狄經反埤蒼水止日渟也

第五十七卷 無字音訓

華嚴經第五十八卷

亘生 歌鄧反亘遍也經文有作緪音桓綬也又作絙公曾反大索也並非經音也

瓝裂 宜作擭九縛居碧反二説文擭爪持也淮南子云獸窮則擭是也

摩伽羅魚 亦云摩竭魚正言摩迦羅魚此云鯨魚也

死軏 又作扤同於革反舉扤也亦車軏也

第五十九卷 第六十卷 上兩卷無字音訓

一切經音義卷第二十

一切經音義卷第二十一　　城

大唐沙門慧苑撰

音新譯大方廣佛花嚴經音義卷上 并序

經從第一卷盡第十六

原夫第一勝義宴離言之法性等流真教誡有海之方舟故以名句字聲作別相之本質色香味觸為住持之自體嗟乎超絕言慮之旨詒悟見聞之境莫不以法王弘造擢道之力者歟

大方廣佛花嚴經者實可謂該通法界之典盡窮佛境之說也若乃文言外謬正義難彰真見不生尋源失路故尠近以遥遠從淺而暨深去來今尊何莫由斯大道且夫音義之為用也鑒清濁之明鏡釋言詁之指歸

謬偏之指摸闕疑管之鈐鍵者也至如秖徊誤為遲迴彷徨乃成稽返俾倪代乎辟堄軾環遂作女牆橋書矯形正斜翻覆幹存穌體樹木舉差若斯之徒紊亂聲義不加踳駮何所指南慧苑不涯菲薄少翫兹經索隱從

師十有九載雖義旨攸邈難以隨迎而音訓梵言聊為注述庶使披文了義弗俟疇咨紐字知音無勞負篋且蠖蟻之量司已穴而蹠冥豈遼雷之資開蟄戶於遐迩英達君子希無誚焉

經序音義

天冊 冊則革反說文曰冊符命也謂上聖符信教命以授帝位字或從竹或古為冊象形也

造化權輿 造謂造作化謂變化介雅曰權輿始也言造作天地變化万物之初始也

天道 日月星辰陰陽變化謂之天道易曰乾道變易是也

龜龍繫象 繫胡計反堯有神龜負圖而出舜感黃龍負圖而見繫謂繫辭孔子述易十翼之二也

人文 易曰觀乎天文以察時變觀乎人文以化成天下男女君臣父子尊卑上下謂之人文也

萬八千歲 案帝王甲子記云天皇氏治一万八千年地皇氏治九千年人皇氏治四千五百年有本云三皇皆治一万八千年也

同臨有截之區 毛詩傳曰有截整齊也言四海之人率服截介齊整也區謂區域也

七十二君 司馬相如封禪書曰繼韶夏崇號謚略可道者七十有二君管子曰昔者封太山禪梁父者有七十二家梁父太山下小山也禪音善父音斧也

人迷四忍 人迷謂人迷也四忍者思益經云一者無生忍諸法無來故二者無滅忍諸法無去故三者因緣忍諸法因緣生故四者無住忍無異心相續故也

家纏五蓋 家纏謂家家纏也五蓋謂貪蓋恚蓋惛忱睡眠蓋掉舉惡作之蓋疑蓋也

就鷲巖西峙 鷲巖謂靈鷲山也西峙者廣雅云峙立也謂彼鷲峯亭亭然上立於西域也

超四大而高視 老子云域中有四大謂天地王道也今言佛出過於域內故云超四大

混太空

混胡本反按說文混謂混沌陰陽未分共局一氣之貞今此謂花嚴法門量同大虛也字又作渾也

叨承　叨他勞反韻圃稱叨忝也此言自謙猥辱承授記也

玉扆　扆依豈反鄭玄注礼記曰扆屏風也以玉飾扆謂之玉扆也珠叢曰天子施扆於戶牖以為障蔽

海晏　晏於諫反說文曰晏安也言其遠近清怗故曰河清海晏

殊禎　陟盈反說文曰禎祥也蒼頡篇曰禎善也

貝牒　貝比蓋反牒徒

頰反貝謂貝多樹葉意取梵本經也牒謂簡牒即經書之通稱也

時臻歲洽　臻側詵反洽侯夹反時謂四時歲謂一歲韻圃稱臻至也說文云洽露及之也

越漠　謀各反漠謂沙漠言諸遠國超越沙漠來歸獻之也

獻賝　勑林反玉篇曰賝寶也字或從玉

架險航深　何剛反架謂置物在高懸庪之上也說文曰航方舟也言遠國來者莫不登度險也

罄　牽定反毛詩傳曰罄盡也

挹　因入反珠叢曰凡以器酙酌於水謂之挹今謂以心挹於法亦謂之挹也

罕則　罕希也則度也

窺覦　上遣規反覦度俱反左傳服虔曰窺謂舉足而視也珠叢曰覦謂有所冀望也今言二乘之於此法中意絕希望也

隆　鄭玄注礼記曰隆盛也多也

隘　於懈反狹

肇　持繞反始

爰　毛詩傳曰爰為也凡為於事皆謂之爰也

緬惟　上弥演反賈逵注國語曰緬思貌也

粵以　粵於月反發言之端也

筆削　漢書衛青霍光傳曰削則削筆則筆音義曰削謂刪去筆謂增益也有云治書劾按削而注之謂筆削

覃　尒雅曰覃延也郭璞曰謂蔓延枝及也

式　杜注左傳曰式用也

繕　視戰反說文曰繕補也珠叢曰凡治故造新皆謂之繕也

廓法界之壇域　方言曰廓謂張小使大也鄭玄注周礼曰壇猶界也毛詩傳曰境壇也域營域也說文域封也

珠函之祕　珠謂如意寶珠此喻般若也函謂篋也此喻佛身也謂般若在佛身中猶如意珠在函也祕謂祕奧即是般若也故大智度論第六十四云般若

是如意珠佛舍利是函箧舍利中雖無般若而為般若所熏成故得供養也祕字有從禾作者音滿結反乃是香草也

弥十方 漢書集注曰弥滿也

三復 子福反鄭玄箋毛詩曰復謂反覆也珠叢曰復謂重審察也字又作覆也

經卷第一

世主妙嚴品之一

摩竭提國 摩竭提者或云摩伽陁或云摩揭陁或曰墨竭提此之多名由依八轉聲勢呼召致異然其意義大略不殊或有釋云摩者不也揭提至也言其國將謀兵勇隣敵不能侵至也又有云摩遍也竭提聰慧也言聰慧之人遍其國內又有云摩大也竭提體也謂五印度中此國最大統攝諸國故名大體又釋云摩無也竭提害也言此國法不行刑戮其有犯死罪者送置寒林耳

阿蘭若法 若然也反阿蘭若者或曰阿蘭那正云阿爛孃此翻為無諍聲然有三類一名達磨阿蘭若即此所相者也謂說諸法本來湛寂無作義因名其處為法阿蘭若處此中處者即菩提場中是也二名摩登伽阿蘭若謂塚間處要去村落一俱盧舍大牛吼聲所不及處者也三名檀陁伽阿蘭若謂沙磧之處也磧音遷歷反也

菩提場中 菩提者此云覺也場者漢書音義曰築土而高曰壇除地平坦曰場斯皆神祇所遊止也場字有作場者謬也

正覺 案諸字書覺字從學學字從教教字從孝從爻因聲義轉相生也

摩尼 正云末尼末謂末羅此云垢也尼云離也言此寶光淨不為垢穢所染也又云摩尼此云增長謂有此寶處必增其威德舊翻為如意隨意等逐義譯也

雨無盡寶 于句反

光茂 莫捕反迩雅云木如松栢曰茂郭璞注云謂枝葉婆娑也漢書音義曰茂美蔵者也

一切 說文云一切普也即遍具之義故切字宜從十說文曰十謂數之終也有從七者俗字也

瑠璃為幹 哥旱反瑠璃梵語具云吠瑠耶此名不遠山謂西域有山去波羅奈城不遠此寶出彼故以名之幹者字書云幹枝也謂麁也字宜從干經本有從木者謬也案孔安國注書杜注左傳

及勘玉篇皆以從干為樹扆技從木為築牆板謂即兩當頭者謂之損兩房者謂之幹也

寶葉扶踈　扶服無反漢書音義曰扶踈分布也說文曰扶踈四布也扶字玉篇在木部經本從扌作者誤也

嚴麗　王逸注楚辭曰嚴莊也小雅曰麗著也

萃影　疾醉反易萃聚也毛詩傳曰萃集也

纓絡　經本有作纓珞二字並謬也瓔似玉之石音與櫻同非此用

堂樹　徐夜反迩雅曰闍謂之臺有木謂之樹郭璞注云謂臺上起屋者也杜預注左傳曰樹謂屋歇前也言土臺上歇簷之屋并有樹木者也闍音都樹字從木從射

階砌戶牖　砌千計反牖以柳反玉篇曰階謂登堂之道即級道是也廣雅曰砌阯也謂即夾級道兩邊乎城砌石也說文云在屋曰窻在牆曰牖阯音仕

儕體　劉兆注儀禮曰儕畢畫也言畫體嚴之也

瑩燭　瑩烏定反廣雅曰瑩摩也謂摩拭珠玉使發光明也蒼頡篇曰燭照也言相照發光

妙音遐暢無處不及　迩雅曰遐遠也廣雅曰暢達也及至也

威光赫奕　赫許格反奕移益反廣雅曰赫赫明也奕奕盛也奕字經本有卄作者博弈字也

靡不咸覩　靡士彼反珠叢曰靡無也覩視也

不思議劫　劫梵言也具正云羯臘彼此翻長時也

金剛齊　下藏奚反案此中梵本齊是肚齊字宜從肉經作齊者乃是齊等之齊非此所用也

毗盧遮那　案梵本毗字應音云無廢反此云種種也毗盧遮那云光明照也言佛於身智以種種光明照衆生也或曰毗遍也盧遮那光照也謂佛以身智無礙光明遍照理事無礙法界也

尊嚴　珠叢曰尊可敬也鄭玄注礼記曰嚴可畏也毛詩傳曰嚴威也

那羅延　此云堅固

須弥光梵　須弥具云蘇迷盧此曰妙高梵言具云梵摩此翻為清淨也

栴檀　此云與樂謂白檀能治熱病赤檀能去風腫皆是除疾身安之藥故名與樂也

彩雲　尚書云以五彩彰施於五色顏野王

日彩猶色也彩色之雲故日彩雲也**擢幹**上除覺反許叔重注淮南子云擢引也引謂引出字林日幹枝也**迴曜**上胡絢反迩雅日迴遠也**仁慈**

祐物祐尤救反孔子易日祐者助也案物謂有情命也言能以利樂事齊明含識也祐又作佑間也**主稼神**稼加暇反廣雅日主守也馬融注論語云樹五穀日稼言五穀苜稼穡之此日此神守護不令有損**環髻**環胡開反

旋澓下符福反三蒼日澓深也謂河海中迴旋之處是也**樹杪**杪弥小反方言日杪木細枝也郭璞日杪言梢也**阿修羅**或云阿素羅阿此云無也素極也妙也羅戲也言此類形雖似天而無天之妙戲也案婆沙論譯為非天以此類雖天趣所攝然多諂詐無天實德故日非天如人行惡名日非人舊翻為不酒者譯人謬言也謂梵語中窣利名酒而與素羅聲近即訓阿字為不故云不酒斯乃失之甚也案

梵本中阿修羅是多聲呼之阿素洛是少聲呼之然皆同一稱謂也**羅睺**睺胡搆反羅此云攝睺云惱也修羅能隱攝日月光明令中諸天生苦惱也或日羅虎那此云名普聞謂日月普天照臨此既蔽之故天下聞其名也**毗摩質多羅**毗摩此云絲也質多羅云種種也謂此修羅善於幻術能以一絲幻作種種事也又云毗摩此日遍空質多羅云種種嚴儀言此修羅與帝釋戰時嚴備種種軍仗之儀遍空而列也舊云響高或舊云響高非者對翻也**迦摟羅**或日揭路荼此云食吐悲苦聲

也謂此鳥凡取得龍先內嗉中復吐食之時其龍猶活此時楚痛出悲苦聲也或云大嗉項鳥謂此鳥常貯龍於嗉內益其項麁也舊云金翅妙翅者且就狀而名非敵對翻也然其翅有種種寶色非唯金耳也**緊那羅**緊此云疑也那羅此云人也謂此神貌似人然其頂有一角令見者生疑云人耶非耶或日那羅此云丈夫也緊云猶稼也以其形貌如人而口似牛使見者生疑故名也舊云歌樂神者從技翻也**摩睺羅伽**摩睺此云

大也羅伽云胷腹行也此於諸畜龍類所攝舊云緊神者相似翻名非正對之也

夜叉　此云苦活或日祠祭又云捷疾今取初釋也

毗沙門　具正云鞞室羅滿囊此云多聞謂此王福德多處知聞也或日毗逼也沙門聞也謂諸處遍聞義同前釋或日毗云伊也此王本名具乞羅後於一時佛正為衆說法其王乃被袈裟來入會中時衆咸指手相謂言伊是沙門伊之沙門從此與号毗沙門也

器仗　仗直亮反風俗記日仗者刀戟之揔名

毗樓博叉　具云鼙路彼呵迄叉言鼙者種種也路彼者色也彼呵迄叉者根也謂以種種雜色莊嚴諸根也又云鼙種種也路色也波呵迄叉目也言其目種種色莊嚴舊云醜目者謬也

娑竭羅　此云海也

德叉迦　此云能害於所害也謂德叉是所害聲迦是能害聲言此龍嗔時嘘視人畜皆致命終也舊云多舌龍由多言故名多舌非是口中多舌也

鳩盤荼　此云陰囊亦日形卯謂此之類陰囊狀如冬苽行時擎置肩上坐時即便攝之由斯鄙狀特異諸類故從此為名舊云冬苽神者以其事猥略而不顯故使人謬解耳

乾闥婆　此云食香或云尋香言此類尋逐食之香氣往彼娛樂以求食也舊云樂神者非正翻也

釋迦因陀羅　釋迦正云鑠羯羅此云帝也因陀羅此云主也古來釋之同佛族望之稱謬之深矣

須夜摩　須善也夜摩時也言彼諸天光明赫奕晝夜不別但看花開合以分其時既時非明暗之故日善時天

兜率陀　具云珊兜率陀此日喜樂集依俱舍中有三義得此名一喜事二聚集三遊樂舊翻為喜足或云知足非正翻也

花蕊　如捶反玉篇云蘂為花鬚頭曇也字從三心有作三止者不是字也

尸棄　具云尸棄那此云有髻或日頂髻也

經卷第二　妙嚴品之二

為啓難思　說文日啓開也

陀羅尼　此云揔持

不唐捐捐與專反唐虛也捐棄也無倫匹玉篇日倫
類也疋比也悟斯道尒雅日斯此也十力摧殄
下唐顯反尒雅日殄滅也曩世那朗反尒雅日曩久也謂久遠也心
馳蕩馳直知反蕩唐朗反廣雅日馳奔也說文日蕩放恣也蕩字正宜作
愓經本作者時共通用古體又作婸愓二體也不隨魔魔梵言也

具云魔羅此云障礙善或云破壞善也誘誨說文日誘教也劉瓛注易日誨
示也俾無礙惑俾卑尒反孔安國注書日俾使也益
其精爽劉瓛注易日精靈也說文日爽明也言增益心靈使明利也

經卷第三　妙嚴品之三

蔭澤蔭於禁反滋榮韻圃稱滋潤也釋名日榮猶榮榮然

照明之皃言其光燗者也滌除田歷反說文日滌洗也慰安
慰於謂反漢書應劭注日自上撫下日慰下得上慰日安也一剎那中
剎那者時之極促名也仁王經云一念中九十剎那一剎那有九百生滅又俱舍論云百
二十剎那為一怛剎那六十怛剎那為一臘縛三十臘縛為一須臾三十須臾為一晝夜
三十晝夜為一月十二月為一年也癡翳常蒙惑翳於計反
方言日翳薆也珠叢日薆蔽也文字集略日翳目障也公羊傳日眼有眸子而無見日蒙

也言癡為慧眼之障蔽不見真理故常生疑惑也翳字正宜作翳薆音愛也僄
倫倫力匀反玉篇日倫役也畏塗塗道也謂三惡道可怖畏故名
之畏途也大名聞聞無運反珠叢日聞謂聲所至也聲謂名聲後有此
言准釋也其聲所曁曁渠冀反杜預注左傳日曁及也無
央數央於良反王逸注楚詞云央盡也使定使字從兩點不從水
邊其從水音乃是水行之使字也叵思議叵普我反字書日叵不可

也

世間共度　度唐洛反　罔不均　尔雅曰罔無也

一切智道靡不宣　珠叢曰靡無也小雅曰宣示也示謂顯示又云明也明謂分明又云遍通也旋行也

婆稚　正云末梨此云有力

苫末羅　西域近海岸邊樹名此翻云黃雜色金翅鳥若來即居其上也

曠劫　曠苦謗反廣雅曰曠久也謂久遠也

淪永夕　廣雅曰淪沉也迩雅曰永長也夕夜也書生死界中常癡闇故謂之長夜也

尸利夜神　此云普現吉祥

法炬　炬渠與反說文曰炬謂束薪而灼之謂大燭也珠叢曰苣謂苣苣束草爇火以照之也苣即古之炬字苣音居呂反

克弥　克肯勒反迩雅曰克能也弥滅也

一切經音義卷第二十二　第十七張　城

經卷第四　妙嚴品之四

牟尼　此云寂默也

佛刹　刹具正云紇差怛羅此曰土田也差音初芥也

無猒足　猒於塩反飽也

朗然　說文曰朗明也

罣礙　罣胡卦反字略曰罣謂絹礙也字又作罣

三昧　具足正云三摩地此云等持謂離沉掉名之為等令心住一境住故曰持也

泉澗　澗古鴈反

霈澤清炎暑　霈普蓋反文字集略曰霈謂大雨也劉熙注孟子曰霈然注雨皃郭璞注尒雅曰炎旱氣熏灼人說文云暑熱也

難宣　小雅曰宣示也

一切經音義卷第二十二　第十八張　城

恬怡最勝道　恬徒嫌反怡以之反孔安國注尚書曰恬安也尒雅曰怡樂也

蠲除　上古玄反小雅曰蠲潔也潔謂淨潔

皆從化　鄭箋詩云從隨也珠叢曰教成於上而易俗於下謂之化

險詖不修德　詖彼義反毛詩序曰內有進賢之志而無險詖之心蒼頡篇曰詖謂佞諂也

無猒怠　猒於厭反猒倦也

踰須弥　字林曰踰越也

如世生盲卒無覩　卒將聿反竟也

終也如盲瞽瞽公五反三蒼曰無目謂之瞽釋名曰瞽謂眠眠目平合
如鼓皮也字從皮非也弥綸綸力脣反漢書拾遺曰弥綸猶纏裹也言周匝包羅
耳也名譽譽余茹反毛詩傳曰譽謂人美稱揚也朙矚之欲
反韻略曰矚視也

經卷第五　妙嚴品之五

如川騖下無羽反漢書音義曰騖乱馳也此謂因修歷事無邊佛海令
坐道場菩薩贊奉如百川之蔟海也金剛齊齊字從肉無遺
隱遺餘也隱藏也綺麗窻張載注靈光殿賦綺文也小雅曰麗著也
言窻有文彩昭著者也特朙顏注漢書曰特獨也填飾妙
花填字正宜作填音唐見反填陟隣二反漢書訓纂曰填謂珠玉壓座為飾也周礼

有瑱圭長尺一寸玉所雜飾也今經本從土作者填音唐賢反乃是填塞之填
字也夷坦夷以脂反坦他嬾反毛詩傳曰夷易也謂簡易之道
言省力易行者也廣雅曰坦平也光瑩鄭箋詩曰光榮
也切韻攠瑩飾也言以名花妙寶瑩飾於佛座也又案説文字統瑩又作鎣訓與瑩同然別
有音余傾反訓為光飾之義近代以来碩學絕嗣聲義渾雜濫以瑩音之訓安瑩聲之下
世尊疑睟睟宣醉反易云君子以正位凝命王弼注曰凝者嚴整之皃

睟視也謂肅然而視也又孟子曰睟面色潤也玉篇曰睟然潤澤之皃也炳然
炳彼永反蒼頡篇曰炳明著也門闥下他達反漢書集注曰闥小門也
洞啓洞徒弄反玉篇曰洞達也棟宇棟都弄反郭璞注迩雅曰
棟屋檼也檼於靳反檼即脊也妙香氤氳氤符云反氳於
云反王逸注楚辞曰氤氳盛也香氣盛也二又作葐蒀也樹歧歧渠羈反兩股
間也案字書作枝謂樹枝横首也今經本有從山邊作岐及切韻音之為歧並誤也爭

䝿擢䝿息勇反擢直角反切韻稱䝿高也蒼頡篇曰擢抽也言抽樹枝條高上也如重雲重直用反言密闇也弥覆覆芳富反漢書音義曰弥滿也言遍覆蔭也相庇映下卑至反鄭玄注礼記曰庇覆也迹雅曰庇蔭也字書曰映傍照也彩間也言相庇相映如五色之綺錯也映字古正體作暎當日中央為映或有之從日邊作英者謬

經卷第六　如来現相品

閻浮檀金具正云染部捺陁此是西域河名其河近閻浮捺陁樹其金出彼河中此則河因樹以立稱金由河以得名或曰閻浮菓汁點物成金因流入河涂石成此閻浮檀金其色赤黃兼帶紫醆氣優鉢羅花具正云尼羅烏鉢羅尼羅者此云青烏鉢羅者花号也其葉狹長近下小圓向上漸尖佛眼似之經多為喻其花莖似藕梢有刺也頗梨色正云窣披致迦其狀少似此方水精然有赤有白者也普振振字正宜作震震動之義經本作振字者乃是振舉之振也辟支佛地辟支梵言具云畢勤支底迦此曰各各獨行佛者覺也舊翻為獨覺正得其意或翻為緣覺者譯人謬失以梵語云鉢羅底迦此翻為緣故智度論第十八中通上二瓣也僉然坐僉七盐反尒雅曰僉皆也小雅曰僉同也如云莫不皆然之也克證迹雅曰克能也法界

周流無不遍周匝流布故曰周流或覆或傍任覆芳福反傍薄郎反周闇十方闇無運反鄭注礼記云周遍也珠叢曰闇聲所至也

經卷第七　普賢三昧品

包納包字又作苞並通用般涅槃具云般利涅盤那謂般利普也究竟也涅出離也盤那煩惱結也言諸煩惱結普究竟出離也我曹如淳注漢書曰曹輩也

世界成就品

志欲廣大 論語注曰志慕也慕謂希樂也 煩惱擾濁 擾如紹反孔安國注書曰擾乱也字宜從夒夒音奴刀反經本從憂者謬也 或修或短 廣雅曰修長也經本作脩字者謂乾脯之脩非此用 懸覆住 覆孚福反倒垂狀也 乎循復 循祥倫反復苻福反

郭璞曰循謂巡行也鄭箋詩曰復謂反覆言經歷往來也 無暫已 已余里反廣雅曰已止也 三維及八隅 廣雅曰維角也鄭玄注考工記曰隅角也 共美 共字從廿不從廾撗畫必須相連美字從大必不得從火也 二區分 馬融注論語曰區別也 迫隘 隘於懈反迫迮也隘狹也

經卷第八 花藏世界品之一

珎草羅生悉芬馥 芬孚云反馥符福反迩雅曰珎美也賈逵注國語曰珎寶謂以寶為草楚詞曰羅生李堂王逸注曰羅謂列而生也 不可沮壞 沮才與反漢書音義曰沮毀也 墍塗其下 塗魚斬反迩雅曰墍謂之塗郭璞注曰墍塗也江東呼為塗也 欄楯 欄勒丹反楯述尹反說文曰欄檻也王逸注楚詞云縱曰檻横曰楯楯間子謂之櫺 芬陁

利 此云白蓮花亦曰百葉花 尸羅幢 案梵語云尸羅此曰清涼若云試羅此翻為玉謂以玉為幢名尸羅幢也 競奏 小雅曰奏進也為也 香水澄渟 渟笛零反埤蒼曰水止曰渟渟猶湛也經本有從立人作亭者誤也 垣牆繚繞 垣于元反繚零鳥反毛詩傳曰垣牆也說文曰繚纏也謂周亟纏繞也牆字籀文籒文皆作嗇今或加土也 洄澓 洄旋也澓深也謂河海中深㵎之處水旋轉也 壇墠形 墠常演反尚書

日爲三壇同墠孔注曰築土爲壇除地爲墠韓詩傳曰墠猶坦言平地也

佉勒迦形 佉勒迦此云篋

因陁羅 此云帝網

娑婆 此云堪忍

卐字之形 今勘梵本卐字乃是德者之相元非字也然經中上下證漢本總一十七字同呼爲万依梵文有二十八相即八種相中四種相也謂室利靺瑳難提迦物多塞嚩悉底迦本囊伽吒又有鉢特忙斫訖羅拔折羅等三相雖於華藏迴向二品中有以其可識無謬故此不列在數又有盎句奢相此經總無故亦不列其一十七相既非萬字又非一色之相今顯異同謂第八卷有一室利靺瑳相第九卷有三相初難提迦物多次室利靺瑳後亦室利靺瑳第二十二有

一相謂塞嚩悉底迦第二十七有五相初室利靺瑳次塞嚩悉底迦次難提迦物多次室利靺瑳後難提迦物多第四十八有三相一塞嚩悉底迦相二室利靺瑳三室利靺瑳第五十七五十八六十三六十五等中各有一室利靺瑳相若謹依梵本總有二十八相具顯如刊定記說也

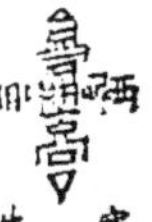

梵書萬字

室利靺瑳此云吉祥海雲

難提迦物多此云右旋

塞嚩悉底迦此云有樂

本囊伽吒此云瓶或八相中無此瓶有螺

鉢特杜此云赤蓮華

斫訖羅此云輪

跋折羅此云杵

盎句奢此云曲鉤

經卷第九　花藏世界品之二

世界名尸利 尸利此名殊勝亦日吉祥

城郭 風俗通曰城之爲言盛郭之爲言廓謂寬廓盛受者也

狀如四洲 尒雅曰水中可居之地曰洲今四天下皆在四大海中故俱名洲也言狀如四洲者東洲形圓如日西洲形如半月南洲北

廣南狹北洲其形正方

師子頻申 毛詩傳曰頻急也申舒也謂勞倦者以手足胷背左右上下或急努或舒展用自解其勞倦此或全是梵語如刊定記說也

世界名多羅 未詳

龍渕 渕烏玄反孔安注論語曰渕潭也

慣習 慣古患反鄭箋詩曰慣習也字宜從才或有作串者乃是貫串字也今經本從竪心者俗通用

天城寶堞 堞徒頰反杜預注左傳曰堞女牆也

經卷第十　花藏世界品之三

軌度 度徒故反賈逵注國語曰軌法也 / 鄭玄注周礼曰度謂尺丈之數也
言軌儀有節 / 故曰軌度也 佛号娑羅王 娑羅山 / 云堅固
亦曰 / 最勝 絶倫 鄭注儀礼 / 曰倫比也 吉祥幄 幄於 / 角反
尚書傳曰吉善也杜注左傳祥者吉凶之先
兆也賈注國語曰祥猶象也何承纂要曰在
上曰帳在旁曰帷四
合象宮殿謂之幄也 崇飾寶陴堄 陴 / 普

米反堄研礼反鄭注考工記曰崇高也廣雅
云陴堄女墻也蒼頡篇曰堄城上小垣也案
賈注國語陴字作埤杜注左傳作陴廣雅作
陴籀文作䢃䢃又音避支反今經本作俾倪
字者案聲類乃是軾中環特蓋杠者也又有
睥睨又陴睨之字並是左右傾意邪視也或
云車中傾視於外 秀出 秀私究反國語
也杠音江謂蓋竿 曰秀出於衆有
則以吉顧對 如衆續 續胡對反鄭注論
王曰秀美 語曰續畫文也

胡燒 燒書 / 燿反 堅硬 硬顏 / 孟反 闍羅界 闍 / 羅
具正云琰摩邏闍此云遮
止謂遮止罪人不令更造 金剛杵 杵昌 / 與反
海鏲 鏲蒲項反蛤 / 也字又作蚌 酸楚 酸蘇官反 / 説文曰酸
酢也楚猶斷也謂身受劇苦疼痛不可觸近
猶齒之酸斷不可以近物也或曰酸猶於痠
痠疼也楚荊杖也言被杖疼痛也又曰酸傷
於骨楚猶齒斷言受重苦徹骨疼痛不可觸
近之

經卷第十一 毗盧遮那品
乃往 説文曰乃語辭也廣雅曰乃 / 往也重言訓義猶清净也 不
可紀極 紀居理反廣雅曰紀記也鄭注 / 礼記極盡也言記之不可窮盡
也
那由他 案此方黄帝數法有三等若 / 依下等當此兆也中等秭也
上等溝也具如下
阿僧祇品廣釋也 從廣 從紫容反孟康 / 注史記曰南北
為從東西為横横即廣也字正體從
木作有從糸作者皆俗通用也 樓櫓却

㲉皆懲崇麗櫓郎古反切韻稱城
上守禦日櫓也繞城
往往別築迴起土臺名為却七豔反説
疏既高且飾故云崇麗也塹文日塹坑
也經本有波頭摩花正云鉢特忙此
從水者謬日赤蓮也其花
莖有拘物頭花其花莖有刺色或赤
刺白以其花葉稍短未
開敷時狀郁甃然毛詩傳日
故亦或名小白花萃止萃集也城

邑宰官左氏傳日邑都也有先君之
宗廟日都無日邑也孔安國
注論語日宰謂家臣也韻圃稱宰
主也謂城邑中長吏即為其主也四衢道
迩雅日一達謂之道路二達謂之歧旁三達謂
之劇旁四達謂之衢五達謂之康六達謂之
莊七達謂之劇驂八達謂之崇期九達
謂之逵然以路多四達凡語故多用妓
樂妓渠倚反切韻稱妓女樂也埤蒼日妓
美女也因以美女為樂謂之妓樂也經

本有從才邊作支者此乃技藝字也或有
從立人作者音章傷反害也非此經意也巾
馭汝寶乗馭魚據反乗食證反晉書
輿服志日周礼巾車大赤
以朝大白以成案巾謂飾也鄭玄注周礼日
巾猶衣也衣音於記反謂以繒綵衣帶於車也
廣雅日夫人采女采擇所得之女謂
馭駕也之采女風俗通日
六宮采女凡數千人天子遣掖庭承相率於
鄉中開視童女年十三以上二十以下長壯
皎潔有法相者因載入宮故謂之采女
也夫人者案因夫以成人故日夫人也尋亦

去世杜注左傳日尋續聚落聚疾
也言續後去也喻反
韋昭漢書云小鄉日依怙怙胡古反迩
聚人所居故稱聚落雅日怙恃也
韓詩傳日怙賴
也謂倚賴之也

經卷第十二如來名号品

瞻蔔花此云黄色花其花甚
有香氣然少似梔子阿耨
多羅三藐三菩提耨奴沃反藐字
案梵本應音云

弥略反阿此云無也耨多羅上也三藐正也三藐也等也菩提覺也揔應言無上正等覺也耨字古来經論中多作耨音奴搆反案梵語耨音同此方入聲殊無去聲之勢故字宜從示不應従耒此乃古今錯寫之無識非潤色之紕謬藐字本音摸角弥紹二反此土既無弥略之字故假藐字而用之耳

釋迦牟尼 釋迦此云能也牟尼寂默也言其三業離於諠雜也

瞿曇氏 具云瞿荅摩言瞿者此云地也荅摩最勝也謂除天以外在地人類此族最勝故云地最勝也或曰瞿曇弥或曰憍曇弥或曰瞿夷皆女聲呼

堅羅䟦那 堅者具云堅溼弗羅此云自在也䟦那者大聲也謂佛号大自在聲也

修辭 脩相由反案玉篇修飾脩長皆從脩脯之脩從肉今有以脯脩為飾長之用者並謬脩脩同從也

豊溢 餘一反説文曰溢器滿餘也

或名性超邁 邁莫

芥反案梵本云過底訖爛陁塞縛皤婆言過底訖爛陁者超過也塞縛自也皤婆性也謂自體性超過也説文云邁遠行也遠即過遠也

或名簡言詞 簡皆限反尚書曰詞尚簡要孔安注曰簡略也

鮮少 鮮斯演反賈注國語曰鮮寡也寡猶薄也古體正作尟或俗為尠形亦有用者

⿵門龠 餘灼反字又作籥綸也

四聖諦品

躁動 躁則到反鄭注論語曰躁不安静也

仇對 仇渠尤反迩雅曰仇讎也孔安注書曰仇怨也言集埊於道如怨讎也障出離故也

資持 考工記曰資取也王逸注楚辭云待須也言苦諦為飢渴寒熱等病所隨故有所須有所求取也

鄙賤 鄙悲几反如淳注漢書曰鄙猥陋也

麁獷 獷古横反

破印 印於胤反言苦報盡處方顯滅諦故名滅諦為破印有經本而云破卵卵盧管反謂由破於生死㲉卵顯得滅諦故也

能攫噬 攫拘縛反噬常制反蒼頡篇曰攫搏也説文曰攫𠩺持也廣雅曰噬齧也言由造集損害真實出離

善根故此猶如師子搏齧也攫字經本有從立犬邊作玃者甚謬也花嚴闍梨共三藏覆勘此梵本謂之似多此云師子然依業用聲呼故翻為攫噬其於犬邊矍者乃是玃玃之屬與梵本不相當也噬字要宜從竹經本有從二十者音武係反又有口邊著筮者無不是字也以音詞孕反也

渾濁 渾戸昆反切韻渾濁也重言訓義猶云清淨耳

坏 普該反未燒瓦也

憒毒 憒夫悶反賈注國語曰憒亂也鄭注礼記曰憒謂悠氣充實也

驚駭 駭閑揩反廣雅曰駭起也夫驚者其心必擧擧起已故驚也

匿疵 匿尼力反疵疾移反廣雅曰匿隱也杜注左傳曰匿隱也疵病也言苦諦隱藏煩惱過患也

傲慢 傲五告反杜注左傳曰傲不敬也傲字經本有從竪心邊作慠者謬也

駛流 駛所吏反蒼頡篇曰駛速疾也字從馬史聲經本有從馬邊吏者音古穴反乃是駃騠馬名非此經意

經卷第十三　光明覺品

閻浮提 正云贍部提贍部樹名也提此云洲謂香山上阿耨池南有一大樹名為贍部其葉上闊下狹此南洲似彼故取為名也

弗婆提 具正云布嚕婆毗提訶言布嚕婆者此云初謂日初出處此翻為東也毗勝也提訶身也

瞿耶尼 具云阿鉢喇瞿陁尼言阿鉢喇者此云西或曰鉢執怛此云後謂日後邊處瞿牛也陁尼貨也謂以牛買物如此洲用錢也

欝單越 具正云嗢怛羅句盧言嗢怛羅者此云上也勝也句盧所作也謂彼洲人於所作事皆無我所勝二洲故也

文殊師利 正云曼殊室利言曼殊者此云妙也室利德之也

丈夫 大戴礼曰丈者長也夫者扶也言長制万物者也白虎通曰夫扶也以道扶接也丈夫為言狀扶人者也左傳曰進賢達能謂之丈夫也廣雅曰男子謂之丈夫有名行者也

紺青 紺古暗反珠叢曰深青之色而含赤色者謂之紺也

戲笑 戲字虛邊作戈

戈音餘力反笑字從竹 寤世間 寤吾故
犬聲有作咲者俗也 反寤覺
也謂令世間皆 塵累 累力恚反鄭玄注
出生死睡眠 日累係也謂六境
汙心如塵坋人即係縛不得出離故揔謂之
塵累也塵字從鹿土鹿衆也謂衆土成塵會意
字也今人多從塵下
土為塵莫識其義也

菩薩問明品

曉悟群蒙 廣雅曰曉諭也鄭注礼
記曰群衆也韓康伯注易
蒙昧幼小之皃說文曰蒙謂童蒙也言凡夫
於道未有所識如幼童蒙菩薩說之令開悟
也說音 惟仁 郭璞注迩雅曰惟發語聲辝
書銳反 也周礼曰天德曰仁言人如天
覆育之德者即 湍流競奔逝 湍也官
謂之為仁之也 反說文
云淺水流沙上曰湍又曰湍 長風 長直良反兼名
疾瀨也尒雅曰逝往也瀨音賴 字苑云風暴疾

而起者謂 鼓扇 鼓公戶反鄭注儀礼曰
之長風也 鼓猶擊也扇動搖也鼓
字經本有從支邊作 機關木人 韓康
皮者此乃鐘鼓字也 注易
去摳機制動之主也安機即摳機用資轉動
開鍵義在旁能言其木人無心但以關旁繩
捩而能運動今喻業體都無 㲉苦
作者而能生起種種果報也 從㲉 角反
郭注迩雅曰㲉謂鳥子須母者鷇謂能自食
者也㲉字經本有從㲉作卵者元不是字尋玆
殊謬起自無識胷臆 濤波 濤唐勞反三
製字陷悞童蒙耳 蒼曰大波為

濤 阿揭陁藥 阿此云普也揭陁云
也 去也言服此藥者身
中諸病普皆除去也又云阿無也揭陁
病也服此藥已更無有病故名之耳 毗
藍風 正云吠嵐婆言吠者散也嵐婆者
所至也言此風所至之處悉皆散
壞也人云毗不也藍婆違也謂此風行最極
迅急舊翻為迅猛風是也其水輪下風輪亦
與此風 樵溼 樵疾遥反溼失入反說文
同名 日樵薪也溼字經本有作
濕者音他合反此乃 如鑽燧 鑽則官反
平原郡之水名耳 燧徐醉反

鐆謂木中取火燧謂鏡中取火也淮南子曰陽燧見日則燃而為火方諸見月則津而為水許叔重曰陽燧五石之銅精仰日則得火方諸五石之精作圓器以似仰月則得水也燧又作隧也

赫日 赫育格反毛詩傳曰赫赫盛皃

孩稚 稚直屣反方言曰稚年小也字又作䋅也

苙草箭 苙草一名杜榮西域既自有之江東亦多此類其形似荻皮重若笋體質柔弱不堪勁用也其字宜作蕙也

射 神亦反

躡 足獵反蹈也

受餧 餧奴罪反說文曰餧飢也字從食委聲經本有從食邊委者音於偽反此乃餧飤之字

基堵 堵當古反賈逵曰基始也公羊傳曰五板為堵何休曰八尺曰板一堵凡四十尺也今謂創始築墻基為宮空之本時者也

率土咸戴仰 爾雅曰率從也玉篇曰戴謂欣奉於上也言從化之民莫不欣然奉事也

經卷第十四　淨行品

奢摩他 此云止息亦曰寂靜謂正定離沉掉也

毗鉢舍那 此云種種觀察謂正慧決擇也

猗覺 猗於宜反海師文選音義云猗美也玉篇顧野王曰歎美之猗字又作禕郭璞注雅曰禕謂佳麗輕美之皃今此覺支由定加行伏沉掉故引定身心輕美安和即當輕美之義故得定者非唯心安調暢亦復容皃光潤矣也

檀波羅蜜 具云檀那波羅蜜多檀那此云施也波羅蜜云彼岸也多云到也言施能到彼岸後之五度波羅蜜多皆准此釋之也

尸波羅蜜 具云尸羅此曰清涼

羼提 羼初莧反此曰安忍

毗梨耶 此云精進

禪那 此云靜慮謂靜心思慮也舊翻為思惟修者略也

般若 此云慧也西域慧有二名一名般若二名末底智唯一名謂之諾那即是第十智度名也

僧伽藍 具云僧伽羅摩言僧者衆也伽羅摩者園也或云衆所樂住處也

捨諸罪軛

軛於薄反珠叢曰軛車轅端橫木也今謂諸罪荷擔在身如牛為重載所壓在家累繫如牛被軛脫俗入道猶捨軛也 **袈裟** 具正云迦邏沙曳此云染色衣西域俗人皆著自色衣也 **紹隆** 紹市沼反切韻稱紹繼也鄭注礼記云隆猶盛也言繼嗣宗業令興盛者也 **統理** 統他宗反漢書昆瓚注曰統總也玉篇曰理治也言摠管攝治御之 **闍梨** 具云阿闍梨此云軌範師謂與弟子

為軌則師範然有五種闍梨一羯磨二威儀三依止四受經五十戒闍梨西域又有君持闍梨也 **撿束** 顏注漢書曰撿局也謂拘局之不使分散也舊文依撿驗之義令依撿繫之義也 **僧伽梨** 正云僧揭胝此曰和合衣謂要須兩重合成故也 **噬諸煩惱** 噬常制反三蒼曰噬齧也字冝從竹至也 **盥掌** 盥古漫反說文曰盥澡手也 **發趾** 趾之示反字林曰趾足也 **陂澤** 陂彼為反說文曰穿地通水曰池畜水曰陂也 **池沼** 沼之繞反說文曰沼池也 **汲井** 廣雅曰汲取也取水於井故云汲井 **園圃** 蒼頡篇曰種樹曰園種菜曰圃也 **耘除** 耘于君反切韻圃耕耘鋤也毛詩傳曰耘除草也字又作積秸兩體今經本作芸字者此乃芸薹菜名 **頭陀** 正云杜多此曰斗藪謂去離緣務少欲知足等十二種行皆能棄捨煩惱故也 **醜陋** 玉篇曰陋猥也謂容貌猥惡也 **沙門** 正云

沙迦滿囊此云止息謂止息一切諸不善法又曰劬勞謂修一切劬勞苦行又曰聽聞熏習是常業故又云止息者謂袈裟薩力止息一切不安隱故也 **婆羅門** 此云捨惡法又曰淨行也 **操行** 操倉到反王逸注楚辭曰操志也玉篇曰持志貞固曰操也 **甲胄** 廣雅曰胄兜鍪也鍪音牟 **鎧仗** 鎧肯代反仗除亮反說文曰鎧甲也風土記曰仗謂刀戟之揔名也顏注漢書曰仗謂所持兵器也字冝從立人經本有從木者棒杖字也或從扌者扙託字也 **不擒**

威儀　撟居夭反賈注國語行非先王之法曰撟玉篇曰撟假也詐也今言威儀真實不詐現異相也字宜從才經本從矢者王逸注楚辭云直也尒雅云舅也蒼頡篇云正也此乃並非經意也

林藪　藪桒走反鄭玄注周礼曰澤無水曰藪又曰藪大澤也又云水希之澤曰藪韓詩傳曰澤中可禽獸居之曰藪也

麗澀　澀字有作澁者不是字也

諷誦　諷方鳳反鄭玄注周礼曰背文曰諷以聲節之曰誦也

佛塔　塔梵言也或曰偷婆正云窣堵波此翻為墳陵也

若飯食時　飯扶晚反說文云飯食也謂食餅也蓋喫之異名也

賢首菩薩品上

摩訶衍　具云摩訶衍那言摩訶者此云大也衍那云乘也

兼利　文字集略曰兼并也言菩薩自利復利於他故云兼利也

晃曜　晃胡廣反說文曰晃明也廣雅曰晃暉也字又作晄也

絢煥　絢呼遍反鄭注儀礼曰絢謂文彩成也何晏注論語曰煥明也

刧中飢饉　渠恡反尒雅曰穀不熟曰飢蔬不熟曰饉穀梁傳曰一穀不昇曰嗛二穀不昇曰飢三穀不昇曰饉四穀不昇曰康五穀不昇大浸昇登也成也墨子曰一穀不收謂之饉二穀不收謂之旱三穀不收謂之凶四穀不收謂之餽五穀不收謂之飢饉言五者礼記月令云麦菽稷麻

柰也或曰房散角芏穡也飹字或作饑之也

愜　牽協反

俾樂色　俾畀尒反孔安注書曰俾使也

所好尚　好呼到反樂也顏注漢書曰尚崇也

離諠憒　憒公對反廣雅曰憒乱也

雅思　思先吏反

淵才　淵烏玄反毛詩傳曰淵深之也

良醫　毛詩傳曰良善也醫字或作毉也

示謁天廟　謁於歇反蒼頡篇曰示現也尒雅曰謁請也言示現祈請天神靈廟也

蹲踞　蹲徂崙反

踞居御反

稟邪 稟彼錦反孔注書曰稟受也字宜從禾古文作稟也

經卷第十五 賢首品下

瀑流 瀑蒲報反說文曰瀑疾雨也謂天澍猝疾大雨山川洪流忽尒而至者也

舩筏 筏房越反方言曰箄謂之箄箄謂之筏秦晉通語也又棄暫縛柴木水中運載者亦曰栰也筏字又作撥橃兩體也

毀呰 呰資介反說文曰呰呵也

逮成 上唐愛反鄭注礼記曰逮及也謂預及於事也

拯 拯之肯反杜注左傳曰拯救助也

惠施 廣雅曰惠賜也

珎饌 饌仕眷反迮雅曰饌美也

戈鋋鍜戟 戈古禾反鋋市連反小雅曰戈鈎戟也說文曰戈謂平頭戟也聲類曰鋋鏦也鏦音窻許叔重注淮南子曰鋋小矛方言吳揚江淮南楚之間謂矛為鋋案論語圖戈形旁出一刃也戟形旁出兩刃

弧矢 弧戶吾反矢式耳反說文弧木弓也考工記曰剡木曰矢謂即箭也弧字經本有從矢邊作弧或矢邊直作瓜者皆無典據矢字又作矣或亦作笑也

車輿 輿為居反玉篇曰輿謂車之揔名也

何況 況許誑反況字正體兩點邊作經本有從三點者說文謂之寒水殊乖譬況之義也

須臾 玉篇曰須臾俄頃之間也俱舍論云百二十刹那為一怛刹那量六十怛刹那為一臘縛三十臘縛為一須臾三十須臾為一晝夜也

敗衄 衄女育反玉篇曰衄折挫也左思吳都賦曰衄挫芒是也

徒旅 旅力與反孔安注書曰徒眾也旅猶言侶廣雅曰侶伴也

竄匿 竄麁乱反玉篇曰竄逃藏也廣雅曰匿隱也

釋提桓 勘此中梵本與前第一卷說不殊古人謬置桓字深成罪過也

蹈 徒到反說文曰蹈蹋也

僅 渠恡反說文曰僅纔能也字從堇省故但堇下土也

憂悴 悴疾醉反方言曰悴傷謂容貌瘦損字又作顇也

被甲 被皮義反廣雅曰被加也謂之於身也

罥網 罥古泫反珠叢曰罥謂以繩繫取鳥也字又作羂也

切利天　切利梵言正云怛唎耶怛唎奢言怛唎耶者此云三也怛唎奢者卅也謂須弥山頂四方各有八大城當中有一大城帝釋所居揔數有三十三處故從處立名也

摩醯首羅　正云摩醯濕伐羅言摩醯者此云大也濕伐羅者自在也謂此天王於大千界中得自在故

無所拒　渠呂反字正宜作岠孔安注書曰岠違也玉篇曰距推格之方言云格止也今經本從才者此則特俗共用耳

一切經音義卷第二十一　第四十五張　犮

珂雪色　珂可何反玉篇曰珂謂螺屬所出於海其白若雪所以

馬腦　案馬腦梵音謂之阿婆馬㢝者也濕縛揭波言阿濕縛者此云馬也縛音符何反揭彼者腦也藏也若言阿濕摩揭波此云石藏案此寶出自石中故應名石末以馬聲濕石藏聲濫腦故謬云馬腦

多羅花　具釋如下三十三中

曼陁羅花　此云悅意花又曰雜色花亦云柔而聲亦云天

妙花

鷄羅多摩　鷄羅具云鷄薩羅此云花藥也多摩具云多摩羅此云天花也謂此香是天上花藥所作也

婆利師迦　此云雨時生者花即以此花和合為香故還立此名藥梵語云婆利師此云雨也迦者時也其花要至雨時方生故名也

末利香　末利者花名也其花黃金色然非末利之言即謝為黃也

經卷第十六　昇須弥頂品

一切經音義卷第二十一　第四十六張　拔

罝普光明藏　廣雅曰罝著也謂安著於其藏中也

十千層級　層賊楞反級居立反案梵本中謂之出趒也

十千繒綺　繒疾陵反說文曰繒謂帛之揔名也帛有邪文曰綺也釋名曰綺崎也其文崎邪不傾經緯之縱橫之也

迦葉　具云迦攝彼此曰飲光斯則一家之姓氏也佛降生此姓氏中即以姓為名也

拘那牟尼　正云迦那迦牟尼言拘那者此云金色也牟尼仙也佛是大仙身真金色故此

名佛為金色仙也

迦羅鳩馱 具云迦羅鳩村馱此云所應断已断也

毗舍俘 正云毗濕婆部言毗婆者此云遍一切也部自在也言遍於一切皆得自在或翻為一切有

尸棄 正云式棄那此云持䯻或日有䯻也

毗婆尸 此云淨觀或日勝觀亦云勝見或日種種觀也

弗沙 正云勃沙此日增威

提舍 正云底沙依西域訓字云底謂底邏

那此云度也沙謂䐈沙此云說也言說法度人之也

彼頭摩 正云鉢特忙此云赤蓮花

須弥頂上偈讃品

阿盧那花 此云日欲出時紅赤之相其花色似彼故用彼名之謂即紅蓮花也

那羅陀花 那正日捺羅此云人也陀謂陀羅

此云持也其花香妙人皆佩之故日人持花之也

性介 介猶如此也如此即是印可之言故珠蕞日介謂言相然也

寧受 玉篇日寧願辭

偉哉 偉于鬼反說文日偉奇也切韻䙡偉大也玉篇日哉謂語末之辭

菩薩十住品

虛閑 無為日虛無事日閑

宴寢 宴於見反顏注漢書日宴謂安息也

吼 呼口反

教詔 教古孝古包二反詔章曜章遥二反

介雅日詔導也郭璞日謂教導也

大方廣佛花嚴經音義卷上

一切經音義卷第二十一

一切經音義卷第二十二　城

新譯大方廣佛花嚴經音義卷中

大唐沙門慧苑撰

經從第十七盡第五十

逮於無上　逮唐愛反延雅曰逮與也與即古之預字今經意謂得預無上菩提果也

喉吻　吻無粉反蒼頡篇吻謂脣兩頭邊也

預流　珠叢曰凡事相及為預也此中謂於見道第十六心得果捨向及聖衆行流故曰預流也

阿羅漢　案梵語中此名含攝多義依大婆沙論第九十四中四義釋一者應供二者煞賊三者不生四者遠惡依唯識論三義以釋一已永害煩惱賊故二應受世間妙供養故三永不復受分段生故依成實論中一釋謂斷惑盡故名阿羅漢舊翻之為無生者謂三界惑盡更無三界生故

羯磨　此云辦事謂諸法事由玆成辦

和上　案五天雅言和上謂之鄔波地耶然其彼土流俗謂和上殟社于闐踈勒乃云鶻社今此方訛音謂之和上雖諸方殊異今依正釋言鄔波者此云近也地耶者讀也書此事師為弟子親近習讀之者舊云親教是也

阿闍梨　此云軌範範即是師義謂與弟子為法則也

初發心功德品

寧為多不　寧乃亭反玉篇曰寧安也漢書集注曰安焉也安焉之言皆是微貴之詞耳焉音於言反也

哥羅分　正云迦羅此云堅析人身上一毛為百分中之一分也或曰十六分中之一分或譏譯為挍量分迦音畺佉反

優波尼沙陁分　正云鄔波尼煞曇言鄔彼者近也尼煞曇者火也謂火許相近比類之分也或曰優波此云近也尼沙陁隨也謂相近比對分也或

云極也謂數中之極此中經意無限善根多火俱無比對誤少許亦無限極也

且量 廣雅曰量捨也

須陀洹 正云窣路陀阿鉢囊言窣路陀者此云入也阿鉢囊者此云流也謂遍斷見惑捨異生性初獲聖性入聖行流故名入流也舊安洹字其知其所以也

斯陀含 此云一來謂此聖者雖斷欲界修惑六品然為有餘三品未斷令聖者一度來生欲界故名一來也

阿那含 此云不還此聖者斷欲修九品惑盡從此上生色界更不還來受生欲界故名不還也

傘 桒亶反

纔 昨來反廣雅曰纔暫也

難制沮 沮才與反李琦注漢書制斷也禁也毛詩傳曰沮止也

不告勞 孟康注韓詩曰古名吏休假曰告也又案告謂告訴即辭憚之言故詩曰王事鞅掌不敢告勞是也

覲詣 覲渠悸反謂於敬反珠叢曰覲謂就見尊老也杜注左傳曰詣白也謂啓白溫凊起居之事也

鑚仰 鑚則官反論語曰子見齊縗者寃衣裳者與瞽者見之雖少必作過之必趨顏淵喟然歎曰仰之弥高鑚之弥堅何晏注云言其不可窮盡也謂道高且堅都無際限弥仰益高弥鑚益堅也

躭味 躭都含反案玉篇字林等嗜色為媅嗜酒為躭耳垂為耽聲類媅字作妉今經本作躭字時俗共行未詳所出也

珎座 賈注國語曰珎寶也

乍可量 廣雅乍暫也

經卷第十八 明法品

超諸等列 韻圖稱等齊也杜注左傳曰列位也鄭注礼記曰列等比也張湛注列子曰禽獸之智有與人同居而有群行則有列列言位也

文相連屬 成文相連對文相屬

舛謬 舛昌兖反珠叢曰舛相違背也鄭注礼記曰謬者誤也

三摩鉢底 此云等至謂由加行伏況掉力至其定位身心安和也

皆無瑕玷 瑕行加反玷丁念反廣雅曰瑕裂也毛詩傳曰玷缺也凡物之有過者皆猶玉之瑕玷古來以為通語

植 承力反蒼

頡篇曰殖種也經本有作殖字者非也此不用也

經卷第十九　佛昇夜摩天宮品

莫不自謂　珠叢曰莫無也王篇曰謂猶言也道也

夜摩宮中偈讚品

靡不充　珠叢曰靡無也小雅曰充滿也　**斯尚然**　尒雅曰斯此也

十行品

無屈撓行　撓女教及如紹二反杜注左傳曰撓曲也集漢書注曰撓弱也此中文意明精進波羅蜜勇捍策勤無退屈無怯弱也撓字正應從木經本有從扌者音呼高反撓擾之字非此所用也

靡所資贍　考工記曰資取也小雅曰贍足也言觸事乏少無取足處也又郭象注莊子曰資給濟也聲類曰贍助也

言孫炎無人𢰅助也

補伽羅　正云補特伽羅此曰數取趣謂造集不息數數取苦果也

摩納婆　或云摩那婆此曰年少者或謂儒童也

姝麗　姝昌逾反說文曰姝色美也小雅曰麗著也謂顏色鮮著

珎玩　玩五段反廣雅曰珎重也賈注國語珎美也書曰玩人喪德玩物喪志孔安注曰以人為戲弄則喪德玩物則喪志也今此謂所愛重戲弄之具也字又作翫妧兩體或戲弄人為妧狎習為翫貪愛為玩

若或從事　迩雅曰或有也河上公注老子

日從為也

頗能　頗普我普俄二反廣雅曰頗少也

阿鼻地獄　阿鼻此云無間也

慶幸　何耿反劉兆注公羊傳日幸遇也韻圃稱幸賴也

經卷第二十　十行品之二

無所顧戀　廣雅曰顧眷也

毗尼　正云毗奈耶此曰調伏謂調身語七種非故或調三業令不造惡也

無聰敏　聰猶忩遽謂見記覽疾也杜注左傳曰敏達也

頑嚚　頑五鰥反嚚魚巾反廣雅曰頑鈍也蒼頡篇曰嚚惡也一

匪懈 匪方尾反孝經曰夙夜匪懈以事一人鄭注云匪非也懈惰也案非猶不也無也

至法淵底 淵烏玄反毛詩傳曰淵深也

無所

適莫 適丁歷反蜀志諸葛亮曰事以覆踈易奪為益無莫為平人情苦親親而踈踈故適莫之道發人皆樂人從已不樂已從人故易奪之義發也論語云子曰君子之於天下無適無莫也漢書集注曰適主也迩雅曰莫定也謂普於一切無偏主親無偏定踈

一切經音義卷第二十二　第七張　城

冀望 珠叢曰集謂心有希求

縷 力主反

不遷

身 遷七延反鄭玄注禮記曰遷變改

暨于法界 暨渠器反珠叢曰暨及也預也

該 廣雅曰該包也

未嘗 玉篇曰嘗謂為之也今此云未嘗者即未暫為之

聰哲 書曰知人則哲迩雅曰哲智也

靡所

儔 儔直由反玉篇曰儔類也

經卷第二十一 十無盡藏品

分減施 分方云反減間斬反

不非先制 說文曰非違也

貢高 廣雅曰貢上也謂受貢上之國自恃尊高則輕易附庸之國今有自高陵物欲人賓伏者則亦謂之貢高

陵奪 蒼頡篇曰侵也棄字有作此奪者俗也

啓導 說文曰啓開也敎也導引也

輟已 已居里反珠叢曰輟止也謂止卻自用迴與人也

夭命 夭於矯反孔安注書云少壹曰夭也字有作夭者不是字

身嬰重疾 嬰於盈反漢書集注曰嬰繞也謂帶疢疾猶物之纏繞人也

年方 玉篇曰方始也

煢獨

羸頓 煢渠營反孔安注書曰煢單也玉篇云無兄弟曰煢無子曰獨文字集略曰頓損也煢字又作惸嫏婥三體

亘時疾捨 時遠也此蓋蒲坂方俗之言也

王四天下 王于誑反韓康注易曰王威也威德之至故曰王天下也

我今貧窶 窶其矩反蒼頡篇云無財曰貧

一切經音義卷第二十二　第八張　城

無財偹礼謂之寠也

特垂矜念　漢書集注曰特獨也毛詩傳曰矜憐也謂偏憂憐也

以贍於我　贍時焰反小雅曰贍足也聲類曰贍助也

我等欽風　孔安國注書曰欽敬也風教也鄭玄注周礼曰風者聖賢治道之遺化也令謂敬用其教令也

都不可得　漢書拾遺曰都揔也

我身薄祜　祜胡古反鄭箋詩曰祜福也字宜從示邊作古經本有示邊作古者音尤救反孔子述易曰祐者助也案經本意明不具足身由薄福所致非關見在人天不助故不從右也

諸根殘缺　缺傾雪反蒼頡篇曰殘傷也

不淨微形　毛詩傳曰微瘍也瘍音移益反郭注迩雅曰瘍瘵也言身之不淨如瘡也又王注書曰微賤也言此不淨之身非可貴重也瘍微從彳戝微也

胞段　段徒玩反胞胎分段故云胞段也

祇夜　此云應頌也

伽陁　此云諷誦

尼陁那　此云因緣然有三類一因請而說二因犯制戒三因事說法

優陁那　此云無問自說

嬈亂　嬈乃鳥反三蒼曰嬈擾也孔安注書曰擾煩也

過咎　咎渠久反玉篇曰咎罪也孔安注書曰咎惡也

經卷第二十二

昇兜率天宮品

綺煥　煥呼換反張載注靈光殿賦云綺文也何晏注論語曰煥明也言其文彩分明也

頻婆帳　頻婆此云身影貿謂此帳上莊嚴具中能現一切外質之影也或曰頻婆鱗赤菓名此帳似之故以名也

彰施　孔安注書曰彰明也施猶發也言以妙寶發明於妙色也

頻婆羅香　或色鱗赤或能現影准前帳釋

香氣發越　漢書集注曰發越謂香氣射散也言香氣繞發四散著人如箭射速中也

阿樓那香　紅赤色香其色一如日欲出前之紅赤相即梵語中呼彼赤相為阿樓那也

拘蘇摩花　此之

一名有通有別謂但草木諸花遍名枸蘇又有一花獨名拘蘇其花大小如錢色甚鮮白朶多細蘂圓集共成 作

樓閣延袤 袤莫搆反迩雅曰延長也切韻稱表廣也史記曰蒙恬築長城延袤万餘里是也

鮮白衣 鮮斯延反玉篇曰鮮好也明也

天伞陁羅 伞陁羅者三面皷也

因扵撫擊 撫孚武反字正冝作拊廣雅曰相也釋名曰拊敷也敷以手指之指搏也經本作撫字者此乃撫育安撫之字者也

克諧衆樂 迩雅曰克能也孔安注書曰諧和也言能以衆多音樂和合成諸歌曲也

稽首作礼 周礼太祝辨九拜之儀一曰稽首乗拜頭至地也二曰頓首乗拜頭叩地也三曰空首乗拜頭至手也四曰振首戰動拜也五曰吉祥拜齋繞不拜以下拜也六曰凶拜稽顙而後拜謂三年服者七曰奇拜謂一拜八曰褒拜謂報拜也九曰肅拜謂但俯而下手也

一切經音義卷第二十三　第二張　珉

不瞬 瞬舒閏反説文曰瞬謂目開閉數搖也字正體作瞚今並隨俗作瞬也

阿迦尼吒天 具云阿迦尼瑟吒言阿迦者色也尼瑟吒究竟也言其色界十八天中此最終極也又云阿無也迦尼瑟吒小也謂色界十八天中最下一天唯小無大餘十六天上下互望亦大亦小此之一天唯大無小故以名也

如是儀則 迩雅曰儀法也

悦豫 豫余據反珠叢曰心安和悦謂之豫也

一切經音義卷第二十三　第十三張　城

經卷第二十三

兜率天宫偈讃品

良沃田 沃烏鵠反漢書集注曰沃溉灌也言其土地有溉灌之利也今謂溉灌之田復加肥善故曰良沃田

十迴向品

瞋佷 佷何懇反杜注左傳曰佷戾也説文曰佷不聽從也案玉篇佷字在彳部今多從立人蓋是時俗共行之

崇巖邃谷 邃辛醉反鄭注考工

記曰崇高也說文曰邃
深也邃字從穴遂聲也　入苦籠檻　檻胡黤反
籠字正宜作攏三蒼曰攏所以盛禽獸闌檻
也說文曰攏牢也郭璞注山海經曰檻闌也
謂穿地為坈上安攏子以閑禽獸也今經意
謂三界苦如彼攏檻囚繫衆生或謂三途劇
苦名苦攏檻也　衆苦大壑　壑訶各反蕭名苑曰東海有大燋石
一名沃燋方圓三万里水沃之則消盡過此
有大壑一名尾閭深莫測其涯海水常瀉不

知其所之也今經意謂生死海中三苦八
苦無有涯底如彼大壑故借喻言耳也　五
欲所致　顏注漢書曰致謂引而至之也　志獨無侶　鄭注礼記曰志意也侶伴也
謂廣心獨濟不待伴也　顧復一切衆生
復扶福反詩云父兮生我母兮掬我拊我畜
我長我育我顧我復我出入腹我鄭玄牋曰
顧視也復反也言去子雖近猶尖尖反視也
又牋詩云是顧是復者顧念而重復之也今
經意菩薩於
衆中亦然矣

經卷第二十四　迴向品之二

供養瞻待　毛詩傳曰瞻視也鄭注周礼
曰待給也謂看視供給之也
寶璫樹　璫得郎反釋名曰穿耳施珠曰
璫案其一璫乃用數種珠貫穿
重懸之　薩婆若　具云薩婆若囊薩婆
此云一切也若囊智也　軒
檻　軒許言反檻胡黤反漢書音義曰軒謂檻
正板也珠叢曰檻謂殿之闌也漢書集

注曰檻謂軒前闌板也　澡漱　澡子老反下史救反蒼頡
篇曰澡盥也盥音古滿反
珠叢曰盥洗手也　說文曰漱盪口也　群萌　萌莫耕反漢書
集注曰萌謂草
木初生也毛詩傳曰群衆也言萌蒙凡夫猶
彼衆小草也又或字宜作氓毛詩傳曰氓民
也氓與萌同也　無躁競心　躁則到反賈逵注國
語曰躁擾也鄭注論
語曰躁謂不安靜也有見為二
二則為競則是動不安靜也

經卷第二十五　迴向品之三

懺除 懺梵音也具言懺摩此云請忍謂請賢聖或清淨僧忍受悔過也

恬然宴寂 恬田盐反宴於見反方言曰恬然靜也漢書音義曰宴居也寂無聲也

超然出現 鄭注書曰超出前也方言曰超遠也謂獨出高遠也

其心弥廣 鄭注迩雅曰弥極意也言心極廣大耳也

臨御大國 賈注國語曰臨治也鄭注礼記曰御主也謂主領而治理之也

一切經音義卷第二十二　第十五張　城

名振天下 振之忍反說文曰振舉也杜注左傳曰振發也嘉名遠發起也

發号施令 廣雅曰号告也施設也令教也謂發言告示設教使行之

溥蔭萬方 溥播補反珠藂曰溥遍也令作普字也

感德從化 迩雅曰感動也毛詩傳曰從隨也說文曰依教行曰化也言德能動之隨教令也

一切周給 謂周匝供給故云周給也

被裁 隆育反賈逵注國語曰裁煞

僧坊 坊甫亡反韻林曰坊區也謂區院也

揣食 揣食字正宜作摶音徒鸞反字從專聲非從耑韻流俗不能別兹兩形遂誤用揣字音初委反此乃揣量之字也

咽咀 咽於見反咀才與反廣雅曰咀嚼也

不欬 欬克代反玉篇曰欬上欶也欶音蘇豆反

芬馥 馥扶服反鄭注迩雅曰芬香氣調也字林曰馥香氣盛也

覆育 賈注國語曰育生也言如天覆如地生也

硨磲 梵音正云牟娑羅揭婆言牟娑羅者此云勝也揭婆藏也舊名為硨磲者所未詳也

一切經音義卷第二十二　第十六張　城

珊瑚 梵本正云鉢攞娑禍羅謂寶樹之名其樹身幹枝條葉皆純赤色又案說文云珊瑚色赤生之於海或出山中也

經卷第二十六 迴向品之四

貧窮孤露 孤煢羈露故云孤露

駕以駿馬 駿將閏反加駿也說文曰駿謂馬之良才也又音私閏反毛詩傳曰駿俊也兩義俱通

牽御

御魚據反廣雅御侍也進也

駕馭　馭魚攄反玉篇曰馭即古之御字也今案諸書裝撥為篤牽控為馭也

莊嚴巨麗　巨字古作岠珠叢曰岠至也王逸注楚辭曰麗美好也謂至極美好

翼從　孔注尚書翼輔也毛詩云翼敬也

疲頓　文字集略曰頓損也謂勞倦者必損力也

柔朙　孔安注書曰柔謂和柔也言其行調柔識明利也

袨服莊嚴　袨胡練反切韻稱好衣曰袨服虔注漢書曰袨謂大戚玄黃之服

年齒　杜注左傳曰齒列也謂與己同行列也司馬彪注莊子曰齒數也謂年壽之數也

奉養　養余亮反說文曰奉承也謂承事供養

其心曠然　曠苦謗反何上公注老子經曰曠廣大也說文曰曠明也

珎奇萬計　說文曰計筭也謂筭計有万故曰万計也

周匝填飾　填唐賢反賈注國語曰填加也言加之以飾又字或宜作鈿音與填同文字集略云鈿謂金花也

萬邦遵奉　鄭玄注周礼曰大曰邦小曰國邦之所居亦曰國也三蒼曰遵習也迩雅曰遵從也說文曰奉承也言竝從命承稟也

享灌頂位　享虛兩反玉篇享當也杜注左傳曰享受也

庇蔭　庇必至反鄭注礼記曰庇覆也

光踰曒日　曒經了反埤蒼曰曒明也聲類作皎

首冠十力莊嚴之冠　上冠字音古乱反鄭注礼記曰著冠為冠也下冠字音古亂反也

撿繫其身　漢書音義曰撿繫局也謂繫縛局錄也

裸　胡瓦反又音盧果二反字又作倮躶也

將之死地　毛詩傳曰之至也迩雅曰之往也

永訣　訣古穴反切韻稱訣別也

砧　陟林反斫剉之机也字又作碪也

屠割　玉篇曰屠謂分割枉害也

木槍　槍七羊反蒼頡篇曰槍謂木兩頭鋭者也又音楚庚反非此所用也經本有作鎗者此乃鏗鎗之字深為差謬失經意

貫

古鸞反阿逸多正云阿逸多此曰無能勝也語主者言廣雅曰主字也謂字當者記劄劄彼列反本作別字者誤也

經卷第二十七　迴向品之五

密緻直利反經本有作稚也者此乃幼稚之字深為謬矣也光明鑒徹鑒古懺反廣雅曰鑒照也聾瞶瞶五怯反

韋昭注國語曰耳不別五音之和謂之聾從生即聾謂之聵字又作聵䏿二形也蒙昧鄭玄注周礼曰蒙冒也蒼頡篇曰昧冥也言昏冒闇冥也輟身要用珠叢曰輟止也謂止絕已之要用也銛白牙齒銛斯藍反漢書音義曰銛利也字從金舌聲也迦尸國迦尸者西域竹名也其竹堪為箭笴然以其國多出此竹故立斯名其國即在中天竺境憍薩

羅國之北隣乃是十六大國之一數也尋即敗壞杜注左傳尋續也言纔成已續即壞也逢迎引納方言曰逢謂逆迎也納入也謂進首迎之引入住處也不尚杜注左傳曰尚上也謂不以之為上也傭丑恭反又音與恭反非此所用字又作慵七仞仞如亂反何承纂要云七尺曰仞小雅曰四尺曰仞慈仁莅物莅力至反毛詩傳曰莅臨也心懷殘忍漢書集注曰殘謂多所煞戮也今謂

忍於煞戮故云殘忍也衆罪由生迩雅曰由從也一切宗信白虎通曰宗尊也言尊重信受也

經卷第二十八　迴向品之六

造立精舍藝文類聚云精舍者非以舍之精妙名為精舍由有精練行者之所居故謂之精舍也資生什物漢書集注曰什物者為生之具也三蒼曰什聚也雜也吳楚之間謂資生雜具為什物恭恪康格

鸖反孔安注書曰揢敬也字古作𡨋

不匱　匱其位反漢書音義曰匱空也廣雅曰匱乏也

王京都　公羊傳曰京師者何天子之居也京者大也師者衆也天子之居以衆大之辤言之也左氏傳曰邑有宗廟先君之主曰都無者曰邑廣雅曰都國也風俗通曰天子治居之城曰都舊都曰邑也

闠防　坊浮土反

妓侍衆女　妓奇綺反埤蒼曰妓美女也以美女為侍謂之妓侍也或曰妓女樂也美女為樂亦云妓樂字或有作伎者音支義反傷書也非此所用也

罄捨所珎　毛詩傳曰罄盡也杜注左傳曰珎貴也

中悔　中陟仲反

弥宣正法　劉巘注易曰弥廣也郭璞注迩雅曰弥極意也迩雅曰宣明也

無毒虐　孔安注書曰虐暴也言無毒惡狎暴之性也

卛土　玉篇曰卛遵也用也謂遵用教命之處也

牀褥　褥如欲反聲類曰蓐薦也郭璞注迩雅曰蓐席也案古者薦席通稱謂之蓐也然今別有厚氈衣以表以裹亦謂之褥其字正宜從衣邊作褥也

經卷第二十九　迴向品之七

已頭充滿　已基理反

僮僕作使　作則各反使所吏反案玉篇古之用字幼童為僮僮僕為童與令一倍別也鄭注礼記曰僕為賤役之人也

發言誠諦　何上公注老子曰誠實也方言曰諦審也謂所出言教真實審之也

庶品　庶衆也品類也衆多流類謂之衆類

經卷第三十　迴向品之八

若專勵　勵力制反杜注左傳曰勵勸也玉篇曰勵勉也謂自強策勸也

若起行　行遐孟反

經卷第三十一　迴向品之九

周聞　聞無運反

一毛端量處　量力仗反端頭也量

分齊也誕生誕唐亶反珠叢曰誕育也賈注國語曰育生也無遐迩迩雅曰遐遠也孔安國注書曰迩近也

經卷第三十二　迴向品之十

離垢繒繒疾陵反說文曰繒謂帛之揔名凡絲帛皆是也

經卷第三十三　迴向品之十一

寶多羅形多羅者西域樹名也其形似椶櫚樹也體堅如鐵葉長稠密縱多時大雨其葉蔭覆乾若屋下令此以寶而成故曰寶多羅也又或翻為高竦樹也延袤袤莫報反義已見上迥然高出迥胡頃反迩雅曰迥遠也言獨出高遠也繚以寶繩繚零鳥反說文曰繚纏也聳擢上息勇反義已見上稠密稠直由反寶

跋陁樹跋陁具云跋陁羅此曰賢寶吹吹昌偽反其音清亮亮力仗反廣雅曰亮朗也齅許救反俗作嗅

經卷第三十四　十地品之一

蘇利耶藏菩薩蘇利耶者此云日也俱蘇摩德藏菩薩俱蘇摩者花名也具云俱蘇摩那俱蘇此云悅也摩那意也其花色美氣香形狀端正見聞之者無不悅意今此菩薩取之為名

擧要言之漢書集注曰擧揔也廣雅云要約也珂貝璧玉珂恪河反玉篇曰珂螺屬也所出於海其白若雪所以嬰馬膺者也說文曰貝謂海介蟲也璧瑞玉也案迩雅云玉宍倍好謂之璧璧形圓而有孔王者祭天神以用之矣練金練字玉篇作煉字書作鍊今經本作揀練字也為將為帥將資亮反帥所律反瑕玷玷丁念反玷字有本作點者謬也瑕玷之義並已見上道險易易以豉反郭注迩雅曰易平也

經卷第三十五　十地品之二

仁恕　恕傷預反釋名曰仁忍也謂好生惡煞善惡舍忍聲類曰仁心愛物曰恕也

何況從事　河上公注老子曰從為也

風雅典則語　毛詩序曰風以動之教以化之雅正也漢書注曰雅閑麗也迩雅曰典經也毛詩傳曰則法也依經化誘之言謂之風典語美妙方法之說謂之雅則語也

湍馳奔激　湍叱官反激經歷反說文曰湍疾瀨也淺水流沙上曰湍也馳急走也水文擬斜疾急曰激也

我慢原阜　阜扶九反迩雅曰高厚廣平曰陸大陸曰阜案陸即原也

重械　重直隴反械侯界反

三界焚如苦無量　周易卦九四注云其炎始盛故曰焚如今此言三界諸惑如火熾盛能招感多苦果故也

生難遭想　韓詩外傳遭遇也

捫摸　捫莫痕反摸謀各反毛詩傳曰捫持也方言曰摸撫也郭璞注曰謂指摸索之也

鈙鈉　鈉如銳反字林曰鈉小鈙也

稱兩　稱昌孕反古稱為秤今流共用秤字甚謬也

無閒然　閒皆莧反玉篇曰閒隔也言情無阻隔也

國城財貝　貝北賴反說文曰貝謂今海蟲也古者貨貝而寶龜也謂海虫有甲作錦文者也今西域用貝為錢故云財貝也

孰能　尒雅曰孰誰也

經卷第三十六　十地品之三

循身觀　循祥倫反珠叢曰循巡也今謂四念處中第一觀身不淨從頭至足次第巡歷三十六物皆不淨也

易誨　易羊豉反

無慍暴　慍於運反暴蒲報反蒼頡篇曰慍恨也玉篇曰暴陵犯也謂數陵觸嬈於人也案暴字正體作㬥若曬物為暴也

印璽　璽斯尒反鄭玄注周礼曰璽印蔡雍獨斷曰天子之璽以玉為之古者尊卑通用自秦以來唯天子得其稱璽也

鬼

鬽鬽眉秘反魑鬽也字又作魅俗也蠱毒蠱公戶反左傳曰於文皿蟲為蠱杜預注曰皿器也所以器受蟲害人為蠱也聲類曰蠱謂蠱物病害人也身相休咎休許耶反咎其柳反杜注左傳曰休福祿也廣雅曰休善也孔安注書曰咎惡也說文曰咎灾也休息之字從人作木音許尤反也流轉遲迴苦趣中遲迴二字應作彽徊楚辭曰欲彽徊以于

際王逸注云彽徊猶徘徊經本皆作遲迴之字者此乃緩歸之名非徘徊之義埤蒼曰彽徊謂姍遊也苦海淪湑湑相余反廣雅曰淪沉也毛詩傳曰湑浴也

經卷第三十七　十地品之四

我慢漑灌漑古代反說文曰漑灌澍水也涕泗咨嗟涕他礼反泗先利反咨將伊反毛詩傳曰自目曰涕自鼻曰泗玉篇曰咨嗟嗟歎也詩箋曰嗟歎之深也彼已王已居理反彼他也已自也后所生礼記曰天子之妃曰后也泥潦潦郎禱反說文曰潦天雨也謂因天雨稸積也

經卷第三十八　十地品之五

念務皆息務事也謂攀緣事息境界心絕即便

窹窹窹窹兩字經本並從穴者且皆非是字然窹字古八字書乃以為窹聽之字音云五盍反宜作覺字也二行相行兩行字並遐孟反汝今適得適尸亦反三蒼曰適始也近也各若干微塵漢書胡廣曰若順也干求也當順所求而與之故謂若干也顏古曰若干且設數之語也干猶箇也謂當如此數耳也毗舍衆謂商估種族也首陁具云輸達羅此曰農業種族也邪魔之道

杜注左傳曰道猶法術也鄭注礼記曰道猶行路也

因風濟毛詩傳曰濟渡也

羈縶羈寄宜反王逸注楚辭曰羈謂絡馬頭也言衆生為貪愛等所繫亦然矣

樿定境排排蒲諧反

經卷第三十九　十地品之六

虔誠賈注國語曰虔敬也迩雅曰誠信也

萬種繽紛

下繽疋仁反紛撫云反漢書集注曰繽紛衆疾皃謂衆多悤下也

剎利具云剎怛利耶此曰土田主也

王

餘不重受重除用反再也

塵相如故杜注左傳曰故猶舊也塵字蒋字林隱文作塵今有從雨上者不是字也

花奩香篋奩力鹽反篋牽恊反珠叢曰凡成物小器皆謂之奩奩字又作匳籢篋也並是竹器衣箱小者之類耳

噓許於

叉吐氣也

鈿廁其間細唐賢反文字集略曰鈿金花也廣雅曰廁閒也珠叢曰金鈿婦人首飾也

耕陁利山耕者此云種種也陁梨亦曰馱羅此云持也謂此山中能持種種衆寶及諸花葉故也

乹陁山具云瑜乹馱羅言瑜乹者此云雙也馱羅持也

尼民陁山具云尼陁馱羅此曰持邊山也

斫迦羅山具云斫羯羅此曰輪圍也

計都末底山計都此云幢也末底慧也

嶷然住

疑魚力反嶷謂崱也字指曰嶷崱山峯自今謂十地依佛智如十山依十一地雖峯峙各殊而所依是一也

毗陁發妙光毗陁謂前鞞陁梨山發妙光謂踰發光地也

毫末度空可知量度唐各反量力仗反

經卷第四十　十定品之一

那伽慧那伽此云龍也

而竟不覩鄭箋詩曰

竟終也廣雅日覩見也南無正云蔣壯此日敬礼大隋摩納

婆此云儒童也

經卷第四十一　十定品之二

不處於陸毛詩傳日高原廣平日陸近之近渠靳反就也

諸心樂次第樂牙教反謂欲樂也歌羅邏

此云薄酪謂初入胎如薄酪也自分義分浮問反圓光一

尋何承纂要云八寸曰咫三尺日武五尺日墨六尺日步七尺日仞倍仞日尋倍尋日常其量七肘佛本行集云二肘謂二尺也一俱盧

舍依毗曇中一尺五寸為一肘四肘為一弓二百弓為一里四里為一俱盧舍准計一里二百六十步則一俱盧舍有一千四百四十步也依俱舍論第十二云分析諸色

至一極微故一極微為色邊際七極微為一微量積微量七為一金塵積七金塵為水塵量水塵積七為一兎毛塵積七兎毛塵為羊毛塵量積羊毛塵七為一牛毛塵七牛毛塵為隙遊塵量隙塵七為一蟣量積七蟣量為一蝨七蝨為穬麦七麦為指節二十四指橫布為肘竪四肘為弓竪積五百弓為一俱盧舍即是從肘至阿練若中間道量

半由旬量由旬是梵言具云踰繕那此日和合謂以多俱盧舍和合成故案佛本行集第十二云七微塵成一窓牖塵七窓牖塵成一兎毛頭塵七兎毛塵成一羊毛頭塵

七羊毛塵成一牛毛塵七牛毛塵成一蟣七蟣成一蝨七蝨成一芥子七芥子成一大麦七大麦成一指節七指節成尺二尺成一肘四肘成一弓五弓成杖二十杖名一息八十息名一俱盧舍八俱盧舍成一由旬准此方尺量二里餘八十步常一俱盧舍計一由旬合有一十七里餘二百八步或百一由旬如此方一驛地也

經卷第四十二　十地定品之三

北俱盧具云欝怛羅句盧此翻為高上也古也

東毗

提訶　眦此云勝提訶曰身也又眦云種種提訶與也　種種稼穡　稼音嫁穡音色馬融注論語曰樹五穀曰稼毛詩傳曰種之曰稼斂之曰穡案鄭玄注周礼云稼穡為言其猶稼穡謂種子相生貪苗實之利也　修羅提衄　衄女六如育二反玉篇曰衄折挫　入藕絲孔　藕五苟反字亙從禾也　乾闥婆城　此云尋香城謂十寶山間有

音樂神名乾闥婆切利諸天意須音樂此神身有異相即知天意往彼娛樂因以此事西域謂諸樂兒亦曰乾闥婆西域樂兒多為幻伎幻作城郭須臾如故因即謂龍所現城郭為乾闥婆也　恒伽河　准經香山頂上有阿耨達池其池四面各流出一河東面私陁河從金剛師子口流出其沙金剛東入震旦國便入東海南面恒伽河從銀象口流出其沙白銀流入南印度便入南海西面信度河從金牛口流出其沙黃金流

入信度國便入西海北面縛芻河從瑠璃馬口流出其沙是瑠璃流入彼斯拂林便入北海其池縱廣五十由旬四面口各一由旬也　光明鑒徹　鑒照也徹通也言光照內外通現也　頒涌奔馳　頒胡動反涌字正宜作溶故楚辭注云頒溶水大皃漢書高紀傳注云頒溶踈溶也經本作涌者誤也　奇香發越　漢書集注曰發越香氣射散也謂香氣速疾過布著人也　皆得潤洽　洽咸夾反廣雅曰洽清也　阿那婆達

多龍王　阿無也那婆達多熱惱也諸龍皆受熱沙之苦此龍獨無故立其名耳

經卷第四十三　十定品之口

無替　尒雅曰替廢也　從諸善友而得出生　友字經本有作支字深為謬也　終不匱上　匱渠位反廣雅曰匱乏也漢書音義曰匱空也　摩那斯龍王　摩那意也斯慈

也流出也言此龍王凡興雲雨皆從慈心出也**嶷然高出**嶷謂崱嶷也字指曰崱嶷山峯皃也**伊那鉢那為王住**

金脅山伊那鉢那此云香葉其為身長九十由旬高三由旬常住第一金山之脅即是最扨計都未底山也

經卷第四十四　十通品

一切經音義卷第二十二　第三十五張　城

閻魔王正云琰邏閻此曰遮止謂識咼罪人也

十忍品

舍支正云設施謂月之別名帝釋夫人取為号也**無方**

無隅方謂四方也鄭玄注考工記曰隅者角也**不捨衆善**

軛軛於革反珠叢曰軛謂車轅端擴木也今謂荷擔衆生勤行不捨如牛駕重長

途力進也**徒令**劉熙曰徒猶獨也

經卷第四十五　阿僧祇品

一百洛叉為一俱胝洛叉此云萬也俱胝此云億也又案此方黃帝算法揔有二十三數謂一二三四五六七八九十百千萬億兆京垓秭穰溝澗正載從萬已去有三等數法其下者十十變之中者百百變之上者倍變之今此阿僧祇品中上數法故云一百洛叉為一俱胝當此億也阿庾多兆也那由他京也餘皆依

一切經音義卷第二十三　第三十六張　城

次准配可知今案此經十百千萬十十變之從萬至億百億變之從億已去皆以能數量為一數復數至與能數量等**矜羯**矜居陵反變之依佛本行集第十二

中百變之也**摩婆**婆之上聲此後婆字並上聲呼**弥伽**

伽之上聲下毗伽亦同此**擺**郎我反**毗佉擔**擔多甘反**堅**

擺陁堅奚反**阿麽**麽莫我反**勃**蒲沒反

翳煙計反**薜**蒲計反**窣**蘇沒反**脾**普計反

謎莫計反　荼宅加反

壽量品

娑婆此云堪忍也謂具足衆惡挽對堪行忍

釋迦牟尼釋迦能也種族望稱也釋音作樂呼迦字作吉俄反呼牟尼此云寂默也德行之號也

阿弥陁佛正云阿弭陁婆耶此云無量壽佛

諸菩薩住處品

支提山支提本是塔廟之名此云山似之故因為号然提此云生淨信之所具擇如下七十五中耳也

毗舍離此翻為廣博謂此城中於中印度諸城之中最廣大也或亦翻為廣嚴

摩度羅城或云摩偷羅亦曰摩突羅此云三雀城或云寄盖皆古事也

珎那城或云俱陳那言此俱陳者是名此云大盆那耶法律也昔此城未立之時有一五通仙名俱陳而於此地置一大盆畜水若池恒在盆側修仙法律亦常為人說護經及養神法於後學徒皆以師名及法為其姓氏人衆漸廣即於此處建立城郭故此舉國人今皆姓俱陳那耶城亦國之立号耳

目真隣陁窟目真或曰牟真此云解脫是龍名也隣陁此云處也謂有龍於此窟中聞法解脫龍苦故名龍解脫處窟也

摩蘭陁國未翻

甘菩遮國未翻

震旦國或曰支那亦云真丹此翻為思惟以其國人多所思慮多所計詐故以為名即今此漢國是也

那羅延此云堅牢

踈勒國正云佉路數怛勒古来此方存略呼為踈勒人又訛數音為踈然此名乃是彼國一山之号因立其稱又或翻為惡性國以其國人性多獷戾故也

迦葉弥羅國舊名罽賓國此翻為阿誰人昔此國未建之時其地有大龍池人莫敢近其後有一羅漢見其形勝宜人居止乃從龍乞容一膝地時龍許之而羅漢變身漸大其膝漸滿龍池龍以言

一切經音義卷第二十二　第三十八張　城

信便捨而去羅漢即以神力乾竭其水令百
姓於中建立屋宅衆人咸言我等不因聖師
阿誰得入此處故挺此語即立其名其
國即在北印度境乾陁羅國次北隣也

菴浮梨摩國 菴謂菴羅此云無垢即西域菓名其菓堪以療疾諸國之
中此國最多故以名焉其
國即在中印度境內也

乾陁羅國 此云持地國昔此國多有道果聖賢住持其境不
為他國侵害也又云乾陁是香羅謂陁羅此
云遍也言遍此國内多生香氣之花故名香
遍國其國在中印度北北印度南二界中間
也

苫婆羅窟 苫式占反婆羅是香花樹名共窟側近多生此
樹故國
名耳

經卷第四十六 佛不思議法品上

寂寞無言 玉篇曰無人聲曰寂郭璞注尒雅曰漢謂淨定也

逮十力地 逮唐縣反說文曰逮及也字從辵不從之也

譏謗 譏居熙反說文曰譏誹也

經卷第四十七 佛不思議法品之下

人王都邑 左氏傳曰凡有宗廟先君之主曰都無曰邑也漢書
音義曰都城也廣雅曰都國也司馬法曰大
國五百里為都風俗通曰天子治居之城曰
都舊都曰邑也

毗舍闍王 毗舍闍王即是東方提頭賴吒此云
持國護持國土領二部鬼一名毗舍闍
此云噉精氣二名乾闥婆此曰尋香也

倮 胡寡反力果二反玉篇曰倮
但也字又作躶裸雨體也

一切樂器

不鼓自鳴 鼓字宜從攴攴音普木普角二反經本有從皮者鍾
鼓字
也

舍利 正言設利羅或云實唎此翻為身也

誠敬 迹雅
曰誠
信也

靡不驚懾 懾之葉反鄭注礼記曰懾怯也恐懼也經
本有作攝
字者謬也

信樂不回 回音迴說文曰回轉也今此謂

信樂無轉動也

經卷第四十八

如來十身相海品

熙怡微笑　熙許基反，怡與脂反。方言：緗繟之間謂喜曰熙怡，或曰紛怡。說文：熙，悅也；怡，和也。謂容貌和悅也。熙字又作嫛。

炳然顯現　炳，彼永反。蒼頡篇曰：炳，著也，明也。爲顯著明之也。字又作昺。

洞徹　洞，徒弄反。玉篇曰：洞猶通徹也。字又作迵。

其掌安平　掌謂舌面平而且安。

玩味不忘　翫字正宜作忨，注左傳曰：忨，貪也。經本作玩者誤也。案孔安國注尚書云：玩，戲弄。忨即是愛樂之意也。

上号　俄各反，正體作号，又或作齶也。

右輔下牙　左傳宮之奇曰：虞虢之表也，猶車輔相依，脣亡齒寒。杜注曰：輔，頰也；車，牙車也。又注曰：輔，頰車骨也。

弥盧藏雲　弥盧，此云高，以在佛止牙故也。

紺蒲成就　紺蒲，正云劒蒲，此乃西域菓名，其色紅赤，複圓三約攢文，而佛頸成就彼相，故云也。今時俗謂頸圓有約爲嬰䘏者是也。

弥布十方　顏注漢書曰：弥，滿也。

左臀　臀，徒論反。聲類：尻也。尻音苦勞反也。

其䏶與膞　䏶字正宜作髀，古文作蹕，今䏶未詳所出。膞字宜作腨，今經本作膞者謬也。

伊尼延鹿王腨　伊尼者鹿名也，其毛色多黑，腨形臃纖長短得所，其鹿王最勝，故取爲喻。腨字又作踹也。

舉足將步　將，欲也。步，行也。王逸注楚辭曰：步，徐行。

足跟　跟，各痕反。

因陁羅尼羅　因陁羅，此云帝也；尼羅，此云青也。

如來隨好光明功德品第三十五

隨好　好，呼告反，令衆生愛樂故。又音呼高反，資嚴大相，蓋殊勝故。

摩耶夫人　摩耶，此云幻也，由此菩薩唯依大願智幻法門行故，故以此名夫人。

者梵本云弟脾此翻為女天宗鄭注礼云諸
侯之妃曰夫人王篇曰呼婦人為夫人者亦
所以崇敬之稱也又夫者男子美稱婦因夫
以成人故名夫人也西域呼王妃為弟脾呼
男夫為弟婆也**懺悔**懺謂懺摩此云謂忍謂請前人忍受我悔罪

經卷第四十九　普賢行品第三十六

樂近凡庸廣雅曰凡輕也漢書集注凡庸微小也言其輕薄寒微眇小之人耳也

習童蒙法易稱蒙卦者謂來求我非我求蒙蒙
者懞也韓康注云蒙昧幼小之蒙又王篇曰
童幼迷𧦝也廣雅曰童癡也鄭玄注周礼蒙
冒也毛詩傳曰蒙覆也言童幼之心愚昧所為惛謬如以物覆蔽也**口如瘂**

羊障瘂於雅反不能宣說大乘妙義名為瘂羊障大智度論第三云瘂羊僧者
謂雖不破戒鈍根無慧不別好醜不知輕重
不知有罪若有僧事二人共諍不能斷決默

眯無言譬如白羊乃至人煞不能作聲是名瘂羊僧**洎乎法界**
正宜作暨暨至也音渠秘反珠叢曰暨謂及
預也杜注左傳曰暨至也經作洎者誤也

充給給咸夾反小雅曰充備也王篇曰給𤩽也𤩽沾潤**工幻師**
韻圃稱工巧也謂巧能於幻術也

經卷第五十　如來出現品第三十七之一

偏袒袒唐亶反露也字從衣又音宅莧反非此所須**右跽**跽其几反

跪也**如我惟忖**忖忩本反顏注漢書曰惟思也珠叢曰忖測度也

瞻仰如來仁及我有仁德者号之為仁故謚法曰貴親
親曰仁煞身成人曰仁度功而行曰仁周礼
云天德曰仁礼記曰上下相親曰仁論語云
剋己復礼曰仁鄭玄注礼記曰施恩曰
仁白虎通曰仁者是忍好生愛人也**佉**

陁羅山迦雅曰軻梨羅此即木名謂此方苦揀木也由彼山中多有此木故
立其名

尼民陁羅山此翻為持邊以彼山是七重金山中最外

邊故然即院統護持餘内六山故名持邊

目真隣陁山 目真此云解脫即是龍名也隣陁此云處也謂此山中是解脫住處

水族衆生 孔安注書曰族類也謂水畜之流類

大雨名洪霔 霔之庶反洪大也併急寫水曰霔

變經令燥 燥蘇早反燥乾也變字從戀者作又有從反者不是字也經字有作爆者誤也

廓徹虛

第四十五張　城

空 廓苦郭反迩雅曰廓大也今謂寬大遍虛空量也

普照無私 玉篇曰事不公為私王逸注楚辞曰竊愛為私也郭象注莊子曰世所謂無私者釋已而愛人也言無已情偏有所為也私字厶上加撇者非

新譯大方廣佛花嚴經音義卷中

一切經音義卷第二十三

一切經音義卷第二十三 從五十一盡第八十 凡三十卷經 城

新譯大方廣佛花嚴經音義卷下

大唐沙門慧苑撰

經從第五十一盡第八十

作務 作則各反務事業也

或牟薩羅 或曰牟娑羅此云紫色寶

哮吼 哮呼教反吼呼口反

把 補瓦反

洞然 洞徒弄反韻圃稱洞徹也謂通徹大然之狀也字或宜作烔烔音徒東韓詩傳曰烔謂燒草傳大焰威也

經卷第五十二 如來出現品之三

優波尼沙陀分 已見第十七卷

鼓揚海水 鼓公戶反說文曰鼓擊也字從攴不從皮也

則便謝 三迴注楚辞曰謝去也謂神識去身也

積同須弥 說文曰積聚也謂推聚聚音疾喻反

如乾草積 積即賜反鄭玄注周礼垍小曰委垍大曰積積字從艹者俗也

經卷第五十三 離世間品第四十八之一

知諸稱謂 稱昌孕反稱順也漢書音義云謂者指趣也今謂於法門意趣皆隨順知也漢書又曰謂名稱也事宜也謂凡諸事物知其名目識其所宜皆曰稱謂也

知諸制令 令力政反制謂禁制令謂法令也

長嬰疾苦 嬰於征反漢書曰嬰繞也謂常為疾苦之所纏繞也

經卷第五十四 離世間品之二

啓一切衆生心意 玉篇曰啓開也古體作启也

間

無空處 間古閑反謂中間也

經卷第五十五 離世間品之三

善言開諭 漢書音義曰諭曉也蒼頡篇曰喻諫也

打棒屠剖 棒字正冝作棓或亦為柎今經本作棒字乃是棒之棒非打棓字然後有從手邊作奉者乃是捧持之字轉遂經意也廣雅曰棓棒也又有木邊作音者即曰棓杖之棓字體也

誓期自勉 鄭注礼記曰勉猶勸也玉篇曰自勸強也

撾打楚撻 撾陟苽反撻他沫反説文曰撾箠也鄭玄注周礼箠擊也楚荊杖也又注周礼曰撻猶杖之荊也撾字從木古體作築

挑 天彫反

或級其頭 漢書衛青霍去病傳第二十五云斬首三千一十七級顔師古曰本以斬敵一首拜爵一級故即因謂斬首為級亦即又名生獲一人為一級也珠叢曰斬首一名為級也

無央數劫 央於良反王逸注楚辭曰央盡也

經卷第五十六 離世間品之四

追隘 隘於芥反玉篇曰迫猶逼也隘狹也夫狹窄必相逼

無所觸嬈 嬈乃了反三蒼曰嬈擾也孔安注書曰擾乱也説文曰擾煩也

悉稱 稱昌孕反㥁可也又迩雅曰稱好也郭璞釋云事稱人意皆好也

補特伽羅 此翻為數取趣謂數造趣因數取趣果也舊翻為人蓋方語便非正字譯

刻心恒顧復 已見第二十三卷也

嬉戲 嬉許其反切韻𡚱嬉遊也

經卷第五十七 離世間品之五

得預 預餘茹反珠叢曰凡事相及曰預字古作與也

菩提薩埵 依佛地論云親光菩薩以三義釋菩提薩埵具如彼論中

不馳

弛式尓反論語云君子不弛其親孔安注曰弛易也韋昭注漢書曰弛發也郭璞注迩雅曰弛放也鄭玄注礼記曰弛棄也此中經文含於多義故具存之也

無險詖故已見第四卷中

身心憯怕憯徒敢徒濫二反怕普白反王逸注楚辭曰憯安也廣雅曰怕靜也憯字又作倓澹二體也

慣習慣古患反案諸字書正宜作慣有作串字者誤

癡縠縠苦角反有從殻下作卵者不是字也

經卷第五十八　離世間品之六

殘毀蒼頡篇曰殘傷也

無中息中陟仲反

難處受生難那幹反難處謂八難中生也

捨一切烏波提涅盤法烏波此翻為有提云苦也謂三乘所得無餘涅盤未離變易行苦隨故有餘涅盤及諸外道所計涅盤並未離三苦故法即涅盤或通教等菩薩於彼世捨故云捨一切有苦涅盤法也

樂法樂義

以法為樂此中三箇樂字初二音五数反後一音郎各反

如虹蜺色虹古巷胡公二反蜺研奚反蔡雍月令曰虹蝃蝀也謂陰陽交接之氣而著之形色雄者曰虹雌者曰蜺也

無主無待迩雅曰待須也謂凡事相須待藉於他今此謂求緣無作即是云得義也

無著

無行行遐庚反

無有瘡疣疣有鳩反廣雅曰疣腫也說文曰疣贅也謂贅聚肉也贅音支銳反疣字又作肬也

瘢痕瘢薄寒反痕戶恩反

解因自悟因由也言辟支悟於苦無常但由自觀緣生克證不依師受故立其名為獨覺是也

而強為說強其兩反

志尚涅盤顏注漢書曰尚崇也

求其罪舋舋許覲反玉篇曰舋謂有禍兆也

或以妙義授

非其人　顏注蕭望之傳曰將非其人者言不才之人也才謂有器量者也

嚬蹙不喜　嚬脾仁反蹙子六反玉篇曰嚬蹙謂憂愁不樂之狀也賈注國語曰嚬近毛詩傳曰蹙促也言人有憂愁則皺攝眉額鼻目皆相促近也又案說文渡水向岸水文蹙亦為之頻蹙然發愁之頻頻下著卑今從省之不用也經本有傍安口者俗

伺其過失　伺相吏反鄭玄注周礼曰伺猶察也玉篇曰伺候也方言曰伺視也自關而北凡竊相視謂之伺也

頑很　很何墾反左氏傳曰心不則德義之經曰頑也杜注左傳曰很戾也說文曰很不任從也很字正體從彳今從亻者俗也

我慢所吞　吞他痕他貫二反廣雅曰吞滅也

醒悟　醒桑形桑逕二反也

天魔波旬　具云提婆魔羅播裨言提婆者此云天也磨羅障导也播裨罪惡也謂此類報生天宫性好

一切經音義卷第二十三　第七張　城

勸人造惡退善令不得出離故也

悉知將有　廣雅曰將欲也當也

徙置　徙仙紫反蒼頡篇曰徙移也鄭玄注考工記云置猶著於地也置字本從网下直今從西者俗也

侍衛　蒼頡篇曰侍從也毛詩傳曰侍近也言側近也言側近左右扶侍之也王弼注易曰衛護也

經卷第五十九　離世間品之七

免濟　免民辯反杜注左傳曰免脫也毛詩傳曰濟渡也言令物脫苦渡難也

欣慰　廣雅曰欣喜也毛詩傳曰慰安也言歡喜則心安也

圖書印璽　鄭玄注周礼曰圖畫也璽印也蔡雍獨斷曰天子之璽以玉螭虎紐古者尊卑共之月令曰秦已前諸侯卿大夫皆曰璽自茲已降天子獨稱諸侯不敢用也秦王子嬰上高祖傳國璽文曰受命於天帝壽永昌此即章古名璽節今謂印撿文也鏑字音勑支反

弧矢劍戟　弧户孤反矢式耳反戟居逆反說文曰弧木弓也考工記曰弧猶孤也謂往多而來寡也易曰剡木謂之矢即箭也

一切經音義卷第二十三　第八張　城

戟有三枝枝皆兩刃或中有小孑名雄戟或有戟矢字又作兵

簙弈嬉戲 嬉許其反愽字正宜從竹說文曰簙謂局戲云簙十二棊也杜注左傳曰弈圍棊也切韻稱嬉遊也

親戚 戚千歷反孔安注書曰戚近也頭野王曰近所以為親也毛詩傳曰相親曰戚戚字正宜從心經本作慼者俗也

能忍

劬勞 劬具虞反毛詩傳曰劬勞病苦也勤勞倦猶病苦也

正法

味盈洽 洽侯夾反杜注左傳曰盈充也玉篇曰洽漏也漏溼潤也

菩薩無礙乘巾之出三界 乘食證反乘謂車馬通稱巾謂服乘之名案周礼也車氏即掌駕之官主當嚴乘故鄭玄注云巾猶衣也衣音於紀反謂莊飾文帶之也珠叢日以衣被車謂之巾也此則文言尚簡名有影畧故以巾車之言當乘車之謂亦猶設席之名以目食容也

宴默 宴於見反漢書音義曰宴安居也默靜也

皎鏡 言曰皎明也廣雅曰鏡照也又可皎然如鏡故曰皎鏡也

馳逐 廣雅曰馳奔也玉篇曰逐馳駈也

種德 種之用反謂種植功德也

菡萏花 菡胡感反萏徒感反說文曰芙蕖花未發者為菡萏已發者為芙蓉也漢書音義曰菡萏豐盛之貌也菡萏二字玉篇作萏萵字書作菡萏說文作莟萏也

娛樂 杜注左傳曰娛樂也樂助可樂故曰娛樂

經卷第六十 入法界品第三十九之一

室羅筏國 舊云舍衛國具稱室羅筏悉底此翻為好道或曰聞物此乃城名非是國号以其城中多出人物好行道德五天共聞故曰聞物或曰室羅筏悉底者此云聞者城西域俗聞傳記云昔於此處有一老仙修習仙道後有少仙從其受學聆号聞者老仙殁後少仙建立此城即以少仙之名為其城稱然國都号為憍薩羅但以就勝易彰故城取國号耳也

逝多林 逝多梵言也或曰制多或云祇陁此翻為勝即太子名當於造此寺時須達長者買園太子出樹故曰逝多林

也

齋藏菩薩案此菩薩名齊臍即是肶臍之齊字宜從肉也

師子頻申三昧杜注左傳曰頻急申展也四體之拘急所以解於勞倦故曰頻申也表此三昧能申展自在無㝵法界解脫障㝵拘急勞倦故喻名耳此或全是梵言如刊定記也

危樓迫帶迫胡項反鄭注礼記云危高也迩雅曰迫遠也言高樓險絕似空中之遠卦也

棟宇棟都弄反迩雅曰棟屋檼也檼即屋脊也檼音於靳反

階墀軒檻墀直尼反王篇曰階謂登堂之道也說文曰墀謂以丹塗地即天子丹墀也韋昭注漢書曰軒檻上板也王逸注楚辞曰縱曰檻橫曰楯顧野王曰謂殿上拘欄也

階陛

欄楯陛多弥反楯食尹反陛級道也王逸注楚辞云縱曰欄橫曰楯楯間子謂之檻也陛字又作墱也

湍激洄澓湍吐官反激古歷反

洄音迴澓音腹說文曰湍疾瀨也淺水流於砂上曰湍也水文疑也迩雅疾急曰激也三倉曰水轉曰洄也澓深也謂洄澓之處其水必深也

芬敷芬斐雲反郭璞曰芬謂香氣和調也小雅曰敷布散也

舍利弗具云奢唎補怛羅言奢唎者此云鶖鷺鳥也補怛羅者此云子也此尊者母眼黑白分明轉動流似鶖鷺眼故時共号為奢利也其尊者依母得名故云鶖鷺子舊翻為身子者謬也梵本中呼身為設利羅故知懸別

大目揵連揵渠焉反大目揵連者此云採菽氏即此尊者母姓又以尊者有大神通即將二事為号也然母族採綠豆仙之苗裔也

摩訶迦葉具云摩訶迦葉波言摩訶此云大也迦葉波此云飲光也此尊者上古先祖是大仙人身有光明而能吞蔽燈火之光明時人異之号曰飲光仙人因此標其氏族焉又以尊者有頭陁大行故時與其大飲光名耳

離波多此云所供養也

須菩提此云善現亦曰善實舊云善吉者非也

阿㝹樓馱正云阿尼嚕多此云無滅也

難陁此云歡喜也

胡賓那此云黃色也謂此尊者上祖是黃頭仙人因為族此則氏族為名也迦旃延迦旃者一宗之姓氏也延此云胤也言此尊者是彼種族之後胤耳富樓那具云富樓那弥多羅尼子言富樓那者此云滿也弥多羅者此云慈也滿慈是尊者母稱子即尊者自身從母立名故名滿慈子也不能遊履履字有本作屬者謬勘梵本定訛舉體燋然劉兆注儀礼曰舉畢也盡燋言舉體燋者遍體也烏鷲郭璞注山海經曰鷲音就謂即鵰也說文鷲鳥黑色而多子也瞖膜瞖於計反文字集略曰瞖目障也經瞖膜有從羽作者非所用也捕獵放牧牧亡福其六二反三蒼曰父養針也振卹振之刃反卹須聿反鄭注礼記云振救也又注周礼曰卹憂貧也振字古體作抯有本作賑賑給之義也卹字說文云憂卹從心卹火從

卩介雅通用今案諸書依說文從卩為勝也均贍均居春反贍市艷反小雅曰贍足也言均平皆使得足也舉世杜注左傳曰舉皆也言世皆不能測也孰有迩雅曰孰誰也經本有加歷火者非此用也凡夫嬰妄惑廣雅曰凡輕也案夫猶人也嬰繞也言輕膚之人為虛妄惑障纏繞也難稱稱尺陵反鄭注礼云稱猶言也廣雅稱譽也字正體從立人今多從禾也欽歎欽去今反孔安注書曰欽敬也曉悟廣雅曰曉說也說音書爇反說文曰悟覺也聲類曰悟解也言說化令覺也

經卷第六十一　入法界品之二

因陁羅網因陁羅者此云帝也帝謂帝釋網謂帝釋大衙殿上結珠之網其網孔相望更為中表遞相圍遶之作主伴同時成就圍繞相應也舟章由反舡也明練珠叢曰鎔金使精曰鍊煑絲令熟曰練也今謂善知儀式分明也君慧比丘梵本中云因陁羅末底比丘言因陁羅者

此云君也未底慧也言比丘智慧比餘比丘最尊如君故曰君慧也

經卷第六十二　入法界品之三

婆羅林 婆羅者此云高遠以其林木森端出於餘林之上也舊翻云堅固者誤由婆羅之與娑羅聲勢相近若呼堅固即轉舌言之若呼高遠直尔稱之耳也

須達多 此云善結施無依怙者舊云給孤獨者是也

婆須達多 此云財施或云有善施行也

威光赫弈 赫許格反弈移益反廣雅曰赫赫盛也弈弈明也赫字文作焃弈字經本亦下著廾者傳弈字也

徽纆 徽許韋反纆莫北反廣雅曰徽束也珠叢曰纆纏索也爰經義謂以纆索束縛難可解也

鑾勒 鑾鄙媚反說文曰勒謂馬頭鑣銜也

憍盈 玉篇曰盈解也緩也謂憍恣懈怠慢緩也

令我載

此乘 乘食證反王逸注楚辭曰載乘也乘音繩

茵蓐 茵於真反蓐如欲反毛詩傳曰茵虎皮也玉篇曰以虎皮為蓐曰茵字又作鞇郭注尒雅曰蓐席聲類曰蓐薦也案茵蓐二字若以草為之者字即從艸若以皮為之者字即從革其蓐字從衣者蓋是通用也

羇鞅 羇居宜反鞅於兩反王逸注楚辭曰羇謂絡馬頭鞅謂約牛頭繩也

周挍 周帀莊挍故言周挍也

四維 廣雅曰維隅也隅即角也

玩好之物 玩五段反孔安注書曰玩戲弄也謂戲弄之具也

等祐一切 鄭注禮云等齊也周禮曰祐助也謂普皆齊等以福助之祐字古作佑閭也

頗有 頗普歌反廣雅曰頗火也火猶希也有呼頗音為叵者甚誤

因陀羅尼羅 因陀羅者此云帝也主也尼羅青也寶青色寶中最尊也第一故曰青主也

芬敷布濩 濩音護顏注漢書曰布濩猶言所露謂於鉄露之處皆遍布也芬敷如上護字經本有從言作者誤也

辯析 析蘇歷反漢書音義曰辯別也析

分也折字有作析者俗
深入法旋澓 旋徐攣反澓浮福反切韻㩉旋洄也三蒼曰澓深也謂流水下有深穴則令水洄也經本從方者音徐緣反切韻㩉還也
行至楞伽道 楞伽者具云楞求羅伽西域山名在南天竺南界近海岸
激電 激經歷反說文曰激疾波也謂電光急速如波迋速
刹那羅婆牟呼栗多

仁王經云九百生滅為一刹那九十刹那為一念案俱舍論等謂時之最少名一刹那一百二十刹那名一怛刹那六十怛刹那名一羅婆三十羅婆名一牟呼栗多三十牟呼栗多為一晝夜也
國名達利鼻荼 荼除加反其國在南印度境此翻為銷融謂此國人生無妄語出言成呪若隣國侵迫但共呪之令其滅亡如火銷膏也
弥伽 此云能降伏或翻為雲也

經卷第六十三　入法界品之四

市肆 崔豹古今注曰肆陳也謂貨鬻物也
善財言唯 唯營癸反孔安注書曰直曉不問曰唯也鄭注礼曰唯恭於諾也諾謂敬許也
遽即下 遽渠預反賈注國語曰遽疾也玉篇曰遽急也
則為不斷 為于危反廣雅曰則即也為猶是也下諸句並准此
菩薩為一切衆生恃怙 恃時止反怙胡古反韓詩傳曰無父

何恃恃負也無母何怙怙賴也案經義菩薩於衆生如父母慈感兼濟常為倚賴也
長者 風俗通曰春秋之末鄭有賢人著書一篇号鄭長者謂年長德艾事長於人以之為長者也
涕泗悲泣 涕音體泗音四毛詩傳曰自目曰涕自鼻曰泗也崔晧注漢紀曰淚下無聲曰泣也
拔猶預箭 尒雅曰猶獸名也其形似麂善登木性多疑慮常止山中忽聞有聲恐人来害即豫上樹久無方下須臾又上如此非一故謂不決多猜慮者為猶豫焉或曰隴西時俗

乎犬子為猶犬隨人行喜豫在先行人未至却來迎候因謂心所不決為猶豫也今案論中猶豫即是疑煩惱攝而於善品不能進故此須拔也

坦蕩自心　論語曰君子坦蕩蕩小人長戚戚鄭玄曰坦蕩蕩寬廣貟戚戚多憂懼

有一國土名摩利伽羅　未譯

梵行之道　梵謂梵摩具云跋濫摩此云清淨也又葛洪字苑曰梵淨也

衝　昌容反

優婆夷名休捨　休捨具云乎舍羅此云希望亦曰意樂或曰滿願滿衆生希望意樂故也

諮嗟戀慕　咨音諮孔安注書曰咨嗟也玉篇曰吝嗟嗟歎也鄭箋詩曰咨嗟歎美沈也

想

其容止　容謂容儀止謂行止

經卷第六十四　入法界品之五

善知識者是我師傅　傅府遇反師傅者尚書周官有三公三孤言三公者謂太師太傅太保師謂天子所師傅謂傅相天子保謂保安天子於德義此公之位佐王論道以經緯國事和理陰陽有德行者乃堪也三孤謂少師少傅少保孤特也言卑於三公尊於六卿特置此三人也玉篇曰傅猶於附如以脂粉塗附於面益乎姿質也今案所喻雖舉師傅義通於保謂求道者得善友益已猶天子有三公三孤佐衛之

毗盧遮那摩尼寶　此云光明遍照如意寶

鳧鴈　鳧伏跌反似鴨而小謂之鳧也

俱枳羅鳥　枳經以反其鳥未詳也

寶多羅樹　多羅樹者形如此方椶櫚樹其葉繁密此中然是勝寶所成也

徐搖　徐綏也搖動也

挾閣　挾弦葉反

阿盧那香　阿盧那香者此云赤色也

挂　古賣反又作掛也

釧耳　釧昌戀反

璫　璫得郎反釋名云穿耳施珠曰璫也

婆樓那天佛

婆摟那者此云水也**國土名那羅素**那羅素者此云不嬾墮也**仙人名毗目瞿沙**毗目瞿沙者具云毗沙摩烏多羅僧盤瞿婆言毗沙摩者此云無怖畏也烏多羅者最上也涅盤瞿婆者出聲也**鮮榮**鮮斯然反玉篇日鮮明也擗名日榮猶榮榮然照明之皃也**婆吒羅樹**其樹正似此方楸樹也然甚有香氣其花紫色也

尼拘律樹其樹葉如柹葉子似枇杷子子下承蔕如柹然其種類耐老於諸樹木最能高大也**領徒一萬**孔安注書日徒衆司馬彪注莊子日徒謂弟子也**編草**編蒲典反蒼頡篇日編織也珠叢日取物交織謂之編也字又作辮**髻環垂鬟**髻環謂盤髻如環垂環至髖故云也**夷險道**孔安注書日夷平也方言日險高也

險易易羊豉反玉篇日險阻也郭璞注尒雅日易平也言道路或險或平耳也**阿庚多**庚遮主反阿庚多者當此方一兆之名也**那由他**或日那庚多當此方一億名也**聚落名伊沙那**伊沙那者此云長直也**離諸難難**上難字那幹反謂八難也下難字音那乾反謂艱難也**伊那跋羅龍王**伊羅者樹名此云臭氣也跋羅此云極也謂此龍住昔由損此極臭樹葉故致

頭上生此臭樹因即以爲名耳**難陁優波難陁**難陁此云歡喜優波此云近也

經卷第六十五　入法界品之六

脣口丹潔丹赤也潔淨也**如頻婆菓**頻婆菓者其菓似此方林檎極鮮明赤者**於河渚中**渚支尚反尒雅日水中可居者日洲小洲日渚小渚日沚小沚日坻人所居日潏沚音止坻音遲潏

字決述
二音也
商估
估公戶反鄭玄注周礼曰
行賣曰商坐賣曰估估字
又作
賈也
貯
張呂
反
福德淵
淵烏玄反說文
曰水洄曰淵毛
詩傳曰淵深也今
謂福德深奥也
挍飾
為飾故云
挍飾也
鵝王
羽䎃
䎃並隣反珠叢曰
䎃謂鳥羽之本也
㥛止
㥛去例
反珠叢
曰㥛
息也
禀善知識
禀彼錦反孔安國注書
曰禀受也字從米㐭

[辟米]古文
作亩也
靡不周贍
贍市焰反珠叢
曰靡無也賈注
國語曰周偹也漢
書音義曰贍足也

經卷第六十六　入法界品之七

遊福德海
遊似由以周二反說文
云浮於水上也今此腧
書
尔
遽即往詣
遽渠預反賈注國語
遽疾也玉篇曰遽急

也
何緣致此清淨衆會
致陟
利反
顏注漢書曰致
謂引而至之也
不憚
憚唐幹反鄭箋詩曰
憚難也謂急難辛苦
也雉音
那幹反
雉堞崇峻
雉直尒反堞徒
協反公羊傳曰
五板為堵五堵為雉百雉為城何休注曰二
萬尺也周十一里三十三步二尺公侯之制
也礼記曰天子千雉蓋受雉之城千百七十
雉子男五十雉天子周城諸侯千城千城者
缺其南面以受過也杜注左傳曰
堞女墻也崇高也堞字又作埭也
風黃

淡熱
文字集略曰淡為胷中液也蠶
師注方言曰淡字又作痰也
辛
頭波羅香
辛頭者河名也謂即阿
耨達池西面金牛口出
水流入信度國者是也波羅此云岸也
謂其香生彼河岸故以出處為名耳
阿
盧那䟦底香
阿盧那者此云赤色
䟦底者有也或云極
也謂此香極有赤色堪以染
緋色甚鮮明故因名耳也
烏洛迦栴
檀香
烏洛迦者西域虵名其虵常患毒
熱投此香樹以身繞之熱毒便息

故因名也或曰此虵最毒螫人必死唯此獸擅能治故以為名耳**域名**

多羅幢多羅者義翻為明淨或曰精等明淨也說昔有王名明淨眼幢創建此城故從立名耳

怡暢心怡弋脂反毛詩傳曰怡悅也漢書集注暢通

撫其孤弱撫楚禹反漢書集注曰撫慰也鄭注周禮曰撫按也杜注左傳曰撫恤之也

阿那羅王此云無猒

足也或云普可畏聲言其王可畏聲召普遍諸國也**以為其齎**齎字宜從肉經本有作齊者謬也**十萬猛卒**卒作役反方言曰南楚東海之間呼褚人給事者謂之卒也**褊**方緬反字宜從衣作**攘**

辟睍目攘如羊反孟子曰攘辟而下車顧野王曰攘謂除去衣袂而出辟也袂音弥勵反抽也**挑**天彫反**曾不顧懼**

廣雅曰顧眷也言不眷戀身命怖懼死也**命之同坐**廣雅曰命呼也**承旨**玉篇曰旨意也**富贍斷其所**

作斷都管反說文曰斷截也孔安注書曰斷絕也**靡不該**

練珠蘂曰靡無也廣雅曰該咸也包也小雅曰該偹也珠蘂曰鎔金曰鍊煑絲令熟曰練也該字又作賅練字鎔金從金煑絲從絲或從湅水也**伊羅婆**

拏大為王伊羅謂伊陁羅即帝釋名也婆拏云出聲也言此大

象時出美聲娛樂帝釋也或曰伊謂能出也羅婆拏聲也娛樂如前說**修辟**

毛詩傳曰脩長也案玉篇修飾脩長字皆從彡唯脯脩字從肉也**如漁**漁御居反疑據二反說文曰漁捕魚也字又作𩽈𢿱二形也**撓動**撓呼高反攪也

城名無量都薩羅都薩羅者都謂都羅此云喜也薩羅此云出生也言此城中出生無歡喜之事故名也

經卷第六十七　入法界品之八

廛店隣里　廛除連反鄭注礼日廛謂市物邪舍也謂停估客坊邪也尚書大傳日八家為隣三隣為朋三朋為里五里為邑此虞夏之制也廛字經本從广作者課也

巖巘　巘魚偃反說文日巖峯也郭璞注尒雅日巘謂山形如累重甑也字或作巚

蘮蔄香　蘮蔄與六反玉篇日蘮蕒也蕒蘮從每羙蘮從米

摩羅耶山　具云摩利伽羅耶其山在南天竺境摩利

伽耶國南界而因國以五山名其山中多出白栴檀木也

香名先陁婆　先陁婆此云名益其香以之故以名耳

船師名

婆施羅　此翻為自在也

部多宮　部多此云自生謂此類從毋生者名衣又化生者名部多也

晨晡　尒雅日晨早也玉篇日晡申也

伽晷偏延保　晷音軌李善注文選日晷徧日

影也細分晷而徧别故周礼云表長八尺夏至日晷長六寸日益南晷益長也文字集略日漏刻謂以筒受水刻節晝夜百刻

理斷　斷都乱反鄭注礼記日斷決也

良久　玉篇日良猶長也長對於短非蹔時也

國名輸那　輸音署借上聲呼正日輸羅此翻為勇猛也

城名迦陵迦林　以義翻之名相鬪諍時此據因鬪諍處國立名

彼利質多羅樹　具云波利耶怛羅拘毗陁羅此云香遍樹謂此樹根莖枝葉花實皆香普能遍熏忉利天宮

迦隣陁衣　細錦衣也

迫窄　窄側格反玉篇日迫猶逼也廣雅日迫狭也窄隘也窄字經作迮者俗也

婆摟那天　此云水天也

良沃田　良善也顔注漢書日沃溉灌也言其土地有溉灌之利

菴羅林　菴羅菓名狀貌似此方捺其味如梨也

婆須蜜多　此云世友亦日天友或云寶亦日財

經卷第六十八 入法界品之九

脣吻吻無粉反蒼頡篇曰吻謂脣兩角頭邊也蹈彼門

閫蹈徒到反閫苦本反說文曰蹈蹈也閫門限也閫字又作梱也居士

名鞞瑟胝羅此翻為纏裹也或曰包攝謂現廣大身可

以舍容國土也胝字上聲呼之弥勒其云昧怛𠻬曳此翻為慈氏也山

一切經音義卷第二十三 第二十九張 城

名補怛洛迦此翻為小花樹山謂此山中多有小白花

樹其花甚香香氣遠及泉流縈映縈於營反珠叢曰縈

卷之也字指歸曰映不明也案經意其流交

絡乎經繞乎相隱映故曰縈映映字經本有

作日邊英者蓋是曾臆也樹林蓊鬱蓊烏孔反玉篇曰蓊

鬱謂草木咸茂也蓊字漢書相如傳從竹下翁也遷移上七延反鄭注

礼曰遷猶變改也毛詩傳曰遷猶去也城名墮羅鉢底

此翻為門主或曰有門謂古者建立此城王之号也㲉苦角反經本有作𡡉者元

不是字也迦毗羅城具云迦毗羅皤窣都言迦比羅者此云黃

色也皤窣都者所依處也謂上古有黃頭仙人依此處修仙道故因名也夜神

婆珊婆演底具云婆傘多婆演底言婆傘多者此

云春也演底主當也謂於春時此神主當守護衆生及諸苗稼也或曰婆羅婆薩那此云依

一切經音義卷第二十三 第三十張 城

止無畏為與衆生作依止處令離怖畏又中天竺本中云跛僧多此云春生謂能生物善

故借喻名耳也佇立未久佇除呂反李善注文選云佇立良也

郭璞注尒雅曰佇企也謂舉足竦望有所敬待也方隅隅虞俱反鄭玄

注考工記曰隅角也方謂四方隅謂四維慞惶慞諸羊反切韻稱慞懼五

蒼頡篇曰惶恐也為作靈藥靈謂神靈藤羅

所罥藤徒登反罥古泫反切韻稱卦也藤性緣物自織成羅也欲

度溝洫 溝古侯反洫許域反苞氏注論語曰方里爲井井間有溝溝深四尺十里爲城城間有洫洫廣深八尺也

令諸世事悉得宣叙 小雅曰宣示也說文曰叙次第也言皆顯示得其次第也

盜塔寺物 塔具云窣堵波謂置佛舍利處也寺名依梵本中呼爲毗訶羅此云遊謂衆共遊止之所也三蒼曰寺館舍也館舍與遊義稱相近耳又風俗通曰寺司也廷之有法度者也今諸侯所止皆曰寺也釋名寺嗣也給事者相繼嗣於內也今若以義立名則佛弟子助佛揚化住持正法同復二說若直據梵本敵對而翻則如初釋也

夜久眠寐 寐弥利反毛詩傳曰寐寢也玉篇曰寐謂偃卧眠熟也

勸喻 蒼頡篇曰喻諫也

經卷第六十九　入法界品之十

遽發是念 遽渠慮反玉篇曰遽急也

被大精進甲 被皮義反也

悉皆無味 味猶樂也言皆是苦無可樂趣

搥 搥佳蘂反說文曰搥杖擊也案搥字說文從手玉篇從木聲類從竹也

其心泰然 珠叢曰泰通也凡離憂塞者心則通暢也

爲現不樂世間欲樂 上樂字五教反下樂字郎各反

嬰妄想 漢書集注曰嬰繞也加也言爲妄想之所纏繞也

得此解脫其已久如 久謂久近如謂如何故維摩觀衆生品云舍利弗問天曰天止此室其已久如荅曰如耆年解脫舍利弗言止此久耶天曰耆年解脫亦何如久今准此文久如即是久近如何之問辭也

嬪御有十億 嬪婢人反賈注國語曰妾御曰嬪毛詩傳曰嬪婦也鄭注礼云嬪謂婦人有法度者之稱也周礼有九嬪敎九御蔡雍曰天子凡衣服加於身飲食入於口妃妾接於寢皆曰御御之所親愛則曰幸也

我時尋覺 杜注左傳曰尋

續也金剛齋佛齋字從肉

經卷第七十　入法界品之十一

不藉耕耘而生稻粱耘于君反粱呂羊反毛詩傳曰耘除草也說文曰粱米名也耘字經本作芸者乃是芸臺菜字非此所用粱字或亦從禾也良臣猛將將即亮反謚法曰小心敬事曰良順理習善曰良今謂止私存國曰良臣謀而後勇曰猛將中夭中張仲反夭於矯反孔安注書曰火㷍曰夭也陵蔑他人蔑莫結反蒼頡篇曰陵侵也玉篇曰陵慢也鄭箋詩曰蔑輕曰陵說文單作蔑又有從心作者俗通用眾景奪曜說文曰景光也曜照也曜字又從光也大臣輔佐佐臧箇反鄭注礼曰輔助也佐副也言臣之於君有副助變理

一切經音義卷第二十三　第三十三張　城

之用也無高倨心倨居御反杜注左傳曰倨慠慢也鄭注礼曰倨不敬也

經卷第七十二　入法界品之十二

受種種如來命鄭箋詩曰命教令也高七多羅樹多羅樹似此方椶櫚樹然西域者其高例十丈餘故經中取為定量波頭摩花波或曰鉢蹋壯此翻為赤蓮花也覺悟覺古皃反字又作寤

經卷第七十三　入法界品之十三

蓮花覆合覆撫目反還也復也罷遊觀時罷蒲架反玉篇曰罷止也休也杵破杵昌與反打也字宜從手其梧許字從木苗稼不登馬融注論語曰樹五穀曰稼也小雅曰登昇也謂穀收則可昇場耳也枯槁槁苦老反說文曰槁木枯也鄭玄注

一切經音義卷第二十三　第三十四張　城

周礼曰槁木乾也槁正冝作稾其槁音苦到反杜注左傳曰槁乃勞義非經所用

衣裳弊惡　弊毗例反說文曰衣敗為弊王篇曰𡚁與敝同上杜注左傳曰敝衰壞之也

皴裂　上七倫反下力哲反

牀榻　榻他荅反

仁慈孝友　釋名曰仁忍也好生惡煞善惡含忍也尒雅曰善事父母為孝善事兄弟為友也

瞻奉撫對　撫芳武反瞻視也奉承也

漢書集注曰撫慰也恤也對謂柾對也

嬉佚　佚夷日反蒼頡篇曰佚惕也樂也惕音蕩

枯涸　涸何各反廣雅日涸盡也

油雲被八方　孟子曰天油然興雲沛然下雨則苗浡然而長也毛詩音義曰油雲春雲也言能潤澤萬物也

大王臨蒞品　鄭玄注周礼曰臨尊適卑賈注國語曰臨治也治謂治理也蒞衆也品類也

暴虐　暴蒲報反玉篇日暴陵犯也虐灾也

刑獄皆止措　措倉固反鄭玄注考工記曰措猶置也置謂廢也

殘害　顏注漢書曰殘謂多所煞戮也蒼頡篇曰殘物也切也

大豚　豚徒蒐反方言曰豚豕子也

僉然備　僉七廉反尒雅曰僉皆也廣雅日僉同也備具也

入他自撫鞠　鞠居六反王逸注楚辭曰撫持也鞠謂撮之也撮音麁括反鞠字正宜從手

夜叉　此云祠祭鬼謂俗間祠祭以求恩福者舊翻為捷疾鬼也

毗舍闍　此云噉人精氣鬼也

中宵　中張仲反宵相遥反宵夜也

經卷第七十三　入法界品之十四

宿植　植丞力反蒼頡篇曰植種也

囹圄　囹歷丁反圄魚舉反鄭注礼曰囹圄所以禁守繫者若今之別獄也說文曰囹圄謂周之獄名也

榜笞　榜普庚反笞勑之反字書曰榜捶也說文曰笞擊也榜字宜從手也

臏

割 臏蒲忍狀忍二反大戴礼曰人生暮而臏生然後行也說文曰臏膝骨也尚書大傳曰決開梁踰城郭而路盜者其刑臏頭野王曰謂斷足之刑即吕刑之剕周礼之則類也字宜從骨經本從月作者俗

寬宥 宥云救反杜注左傳曰宥赦也

盜入宮闈 闈于帰反尒雅曰宮中門謂之闈其小者曰閨小閨曰閤也

王之寶祚 祚才故反寶謂大寶書大寶位玉篇曰祚位也

赫然大怒 鄭箋詩曰赫然怒皃毛詩傳曰赫赤也謂人大怒則面色赤也

毀形降脫 降古巷反尒雅曰降下也謂下好服又可著惡衣服致也

拘留孫 具云鷄羅迦寸陁此云所應斷已斷也

薩遮尼乾 薩遮此云有也尼乾者具云尼乾連陁言尼者不也乾連陁繫也謂此類外道繫形自餓以少欲不為衣食所繫故也

御群生 孔安注書曰御治也謂治理之也鄭注礼云御勵也謂勸化之也

園林名嵐毘尼 嵐盧舍反或曰流弥尼此云樂勝圓光是昔天女之名因來此處遂以其處名耳

經卷第七十四 入法界品之十五

被求一切智堅誓甲 被皮義反著也

傳來 傳除緣反字從叀不從甫

果從兜率 玉篇曰果遂也

坑坎塠阜 坎口撼反塠都回反阜扶九反易曰坎陷也王逸注楚辭曰塠高土也尒雅曰高平曰陸大陸曰阜塠字又作堆也

瓦礫荊棘株杌 礫零擊反說文曰小石曰礫也荊棘草穢通語也說文曰株樹根也杌謂剳去枝柯者也

畢洛叉樹 或曰畢利叉此云高顯謂佛於下降誕則謂高勝名顯人天故曰高顯也或有處云佛於阿戍迦樹下生者也

諸佛齋中 齋字從肉

釋種女瞿波 瞿波

或曰瞿夷此翻為守護地也

經卷第七十五　入法界品之十六

愛念情至 至猶極也

為其安立 為于偽反

十方無間 顔注漢書曰間空也謂無空隙之處也又音古閑反文紀傳注曰容也謂更無容受之處也

足趺隆起 小雅曰隆高也

身上分 分符問反

頰 兼協反

鮮白 鮮相延反玉篇曰鮮明也

睫 煎葉反又作睞

身上靡 靡亡彼反漢書拾遺曰靡傾也傾謂偃仆也

翊從 翊以力反尚書大傳曰翊輔也毛詩傳曰翊敬也字又作翼翼與翊義古别今通也

洪纖得所 纖相盬反蔡雍注班固曲則曰洪大也纖細也

修短合

一切經音義卷第二十三　第三十九張　城

度 修長也鄭玄注周礼曰度謂尺丈之數也言其長短合折中之節度也

先太子行 先謂於先行也

諷詠 鄭注礼曰背文誦曰諷也

殞滅 殞為敏反聲類曰殞没也

非其匹偶 偶吾苟反毛詩傳曰匹配杜注左傳曰匹敵也玉篇曰偶謂不奇隻也賈注國語曰偶對也玉篇耦對之耦從耒耦示之偶從立人

暫特假寐 寐蜜二反毛詩傳曰寐寢也詩曰假寐永勤箋曰不脫衣而眠謂之假寐也玉篇曰假寐衣冠坐而眠熟也

一切經音義卷第二十三　第四十張　城

為誰守護 護謂三護亦曰三監女人志弱故藉三護幼小父母護適人夫歿護今此通問故言誰也監護之文經書懸合耳也

開剖 剖滂吼反玉篇曰剖破蒼頡篇曰剖折之也

巧斲 斲都乱反

冠以妙藏 冠古乱反

被以火餤 被皮義反

無譏醜 鄭注礼曰譏可察也毛詩傳曰醜惡也言無可呵可毀猥惡之事

天繒纊 繒疾陵反纊苦謗反說文曰繒帛也纊綿也小雅曰絮之細

者曰瀆也芬馨馨顯刑反郭注迩雅曰芬謂香氣調和也說文曰馨謂香之遠聞也尊宿宿謂耆也下車步進王逸注楚辭曰安徐行也進向前也立佛支提支提者具云制底耶謂於佛閣維處置墳及安佛所經臺閣之名也此翻為積集謂是人天積集無量福善之所也又或翻為生淨信處也竟不可得鄭箋詩曰竟終曰願

得僃瞻侍說文曰僃具也顧野王曰僃謂預早為之也孔安注書瞻視也謂看視也毛孔量量力仗反謂分位也

經卷第七十六入法界品之十七

禦扞禦魚舉反扞何旦反郭注尒雅曰禦謂禁制之也杜注左傳曰禦止也扞衛也蔽也蔽謂遮塞之也扞字聲類作捍也廓徹心城

力言曰張小使大謂之廓尒雅曰廓大也通俗文曰廓寛也說文曰徹通也此中經意謂以理融事小過法界故曰張小使大嚴肅毛詩傳曰嚴威也肅縮也縮謂齊限者今縮退也言其威德肅物逐諸惡法玉篇曰逐敬也瑩徹心城蒼頡篇曰瑩治也賈注國語曰徹明也說文曰徹通也今謂治理心城使其通達無所擁塞也部分心城分符問反謂有部類有分齊者也羅剎鬼王羅剎者具云羅剎娑

此翻為可畏也言王者謂即毗沙門悉達太子悉達者具云薩縛頞他悉地地字應平聲呼言縛者此云一切也頞他事也悉地成也言其於一切所應作事皆已成就雖不踰本字林曰踰越也樓至如來樓至具云嚕支此翻為愛樂也造僧伽藍具云僧伽羅摩言僧伽者此云衆也羅摩院也營辦什物顏注漢書曰什物謂為生之具也三蒼曰什聚也雜也吳楚之間資生雜具謂之什物有數

十事物為什物育數十事物為什物者此蓋少知之說也拖㪉之輕聲婆婆之上聲荼荼之上聲沙史我反縛房我反哆哆之上聲也夷我反娑娑之上聲麼莫我反泉峯齊峙峙持止反廣雅曰峙止立也字宜從止育從山者謬也他他之上聲奢尸何反借音也叉楚我反娑哆沙乘紇反哆當我反

一切經音義卷第二十三　第四十三張　城

婆婆之上聲車昌遮反娑麼娑乘我反訶婆並上聲呼縒倉我反伽伽之上聲咤陟伽反拏搦可反娑頗娑乘紇反娑伽並上聲呼也娑也夷我反娑字上聲呼之侘恥加反咸綜無遺綜子貢反三蒼曰綜理經也謂整理經緯之都本也蘊其深解

蘊於頓反杜注左傳曰蘊畜也方言曰蘊積也馬融注論語曰蘊藏也呪詛詛側預反鄭玄注周礼曰詛謂祝使其敗露也痊愈痊七緣反愈俞矩反郭象注莊子曰痊謂病除也王篇曰病差曰愈字又作病别知别彼列反珠貝案西城以貝為錢故列在寶類鷄薩羅師子身毛旋文呼為鷄薩羅西城有寶旋文恰師子毛旋形故從其為名耳也城名婆怛那具云難陁婆怛那言難陁者此云喜也婆怛那者增益也

一切經音義卷第二十三　第四十四張　城

其國名南印度境內

經卷第七十七　入法界品之十八

涸無量愛欲海廣雅曰涸盡也謂令其竭盡也杜絕諸惡道賈注國語曰杜塞也說文曰杜塞閉也說文字乃作殿也如濟客毛詩傳曰濟渡也案客謂寄居之稱故採樵寄山濟渡寄水飲士寄醉賈人寄屋皆謂之客重任重直勇反任如禁反傭

作傭與恭反作則各反玉篇曰傭謂役力受直也穀梁傳曰作爲也伭
下伭丁奚反旃荼羅此云執暴惡人犗牛犗加邁反切韻犗犍牛也
舟䑲䑲秦入資茉二反通俗文曰擢謂立樴釋名曰樴撻也撥水使舟使疾也又案樴字不著戈音乃資莱反然訓義無別良
工良善也工技也捃拾捃居韻居惲二反僕書集注曰捃拟也

冠王冠上冠字古乱反下冠字古端反損耗耗呼告反減也
善知識之所致耳顏注漢書曰致謂引而至之也
此善漁人漁語居語據二反工能於事曰善也說文曰漁捕魚也大篆字又作𩼜考聲作𢿘二體也過尒談海尒談若此云所知謂智所知境非預識境由其轉若南聲爲尒嗌故非轉毗若南聲也嗄

噎嗄加杏反說文曰嗄謂食內亭骨在喉內也悲憂咽塞者似其亭骨在喉故借喻言耳
自盈其手韓康注易云盈滿也
經卷第七十八入法界品之十九
曩於福城曩那朗反尒雅曰曩鄉也珠叢曰鄉謂往時也鄉音虛鞅支
擐大悲甲擐胡串反杜注左傳曰擐貫也賈注國語曰擐衣甲也衣音意
斷貪鞅鞅於仰反鞅謂杻牛頭木繩牛以此繩不能脫於重載凡夫由其貪惑不能斷生死之鞅繩也

撤䐜盖撤除列諸列二反字書曰撤除也去也
四流漂汩者汩崇筆反珠叢云汩流急皃也又音古沒反尚書大傳曰汩亂也漢書集注曰汩流急皃今取流急也
飲以甘露飲於禁反歠飲水也
住邪
濟者毛詩傳曰濟渡也謂行其道者如渡者求於異律故此借喻名耳
曉誨說文曰曉說也音稅
獷悷獷古猛反悷麼計反
坑

穽穽疾政反鄭玄注周礼曰穽謂穿地謂塹所以捕獸其超踰者則陥焉案穡文作阱䡖古文作井也

苦的的謂准的鹿齊也

篋牽協反鄭注礼記曰成衣物函曰篋

貯陟吕反

毗笈摩藥毗笈摩者此云普去也謂能普去一切疾病也

周給周帀供給故云周給也

利矛矛莫胡反

兵仗仗除亮反風俗通曰仗者刀戟之揔名也

鉗鋷鋷尼輒反王篇曰鋷謂拔去睫毛也經本有作鑷者此乃車軸端鐵非經所用

阿伽陁藥此云無病藥也謂有藥處必無有病也

婆樓那風此云廷猛風也其風堅密如持世界風輪也

毒不能中中陟仲反中猶著也

大應伽藥應伽此云身身有四名一日迦耳二日設理羅三日第訶四日應伽然應伽亦云分謂支分也

藥樹名珊陁那珊陁那者此云和合或云續斷謂此藥能令已斷傷者再續和合也

初無所損言從初已來不曾損也

藥名阿藍婆此云什藥其藥出香山及雪山中天生在茨石臼内或云得書謂得此藥者皆生歡喜也

彼利質多羅樹彼利此云遍也亦日周帀質多羅云間錯莊嚴也言此樹衆雜色花周帀嚴飾或曰圓妙莊嚴也

婆師迦花具云婆利史迦言婆

利史者此云雨也迦謂迦羅此云時也西域呼夏為雨其花生於夏時故名也

瞻蔔迦花此云黃色花其花有香氣而形似支子花也

蘇摩那花此云悅意花其花形色俱媚令見者心悅故名也

海島島當老反孔安注書日海曲謂之島說文日海中往往有山可止日島也

椰子椰余遮反

藥什名訶宅迦此云金色水甚可於九轉還丹之力也

燈炷炷之遇之庚二反

筋居欣反字冝從月經本有從角

者諺

迦陵頻伽鳥此云美音鳥或曰妙聲鳥此鳥本出雪山在㲉中能鳴其音和雅聽者無猒也

飛則勁捷勁頸定反捷錢葉反說文曰勁彊也王逸注楚辭曰捷疾也勁字從力捷字本從人今俗用也

摩訶那伽此云龍亦云象今此力士力如龍象故名耳

射師射食夜反

摩竭魚此云大體也謂即此方巨鼇魚其兩

目如日張口如㵎谷呑舟光出瀆流如潮若欲水如壑高下如山大者可長二百里也

安繕那藥繕時戰反其藥色似青黛可以和合眼藥然今所明自據別法也

延齡藥齡歷丁反介雅曰延長也廣雅曰齡年也礼記曰古之謂年為齡

禊先結反禊說文作禊

滲漏滲所禁反水潛没也字冝從条經本有從彔者音早非經所用也

經卷第七十九　入法界品之二十

醉傲傲五告反杜注左傳曰傲不敬也廣雅曰傲慢也案諸字書傲字皆從立人今經本從豎心者謬

阿那婆王阿脩羅之別名未詳其義

兜沙羅色具云兜沙兜羅色言兜沙者此云霜也兜羅水也或有經本兜羅沙者准知也

獄卒卒則没反也

長者

子懼波羅案西方訓字瞿有九義此中但取地自義波羅此云

守護也謂守護心地或守護白法

摩羅提國具云摩羅耶提致此云離施或曰摩羅耶者山名也提數中也言此國中央有摩羅耶山故因名也

拘吒聚落具云拘吒迦此云小舍或曰多家亦云多樓觀以此聚落中樓閣多也

經卷第八十　入法界品之二十一

優曇花優曇此云希有也此花多時乃一開也

儼然

坐 殿魚撿反

加被 被皮義反杜注左傳曰加益也孔安注書曰被及也謂以益相及也又珠叢日從加恩謂之被也

揩衆宣威 揩為戒揩言與軍旅為要約也故鄭玄注周礼日戒揩要之以刑也毛詩傳日宣示也

聽訟斷獄 聽他寧反斷都乱反孔安國注書日聽謂察是非也周礼日獄訟者聽而斷之鄭玄注公羊爭罪日獄爭財日訟玉篇日斷謂裁制分決也

輔弼 弼皮筆反尚書大傳日天子必有四鄰前儀後丞左輔右弼廉絜而切直日弼大戴礼日輔者弼也拂天子之尚常立其名直過而諫諍謂之弼

阿迦尼吒天 具云阿迦尼瑟吒天此云色究竟天也廣釋如上第二十二卷中

霑洽 廣雅日霑清也玉篇日洽漬也霑字或通作沾也

炎熱 炎于嚴反尒雅日炎熏也郭璞注日旱氣熏灼人也

大方廣佛花嚴經音義卷下

一切經音義卷第二十三　第五十二張　城

一切經音義卷第二十四　城

大唐翻經沙門惠琳撰

音信力入印法門經五卷　慧琳

度諸佛境界智光嚴經一卷　慧琳

佛花嚴入如來德智不思議境界經二卷　慧琳

大方廣佛花嚴修慈分經一卷　慧琳

大方廣如來不思議境界經一卷　慧琳

大方廣入如來智德不思議經一卷　慧琳

大方廣普賢經一卷　琳

大乘金剛髻珠菩薩修行分經一卷　慧琳

大方廣佛花嚴不思議佛境界分經一卷　慧琳

莊嚴菩提心經一卷　慧琳

大方廣菩薩十地經一卷　慧琳

諸菩薩求佛本業經一卷　慧琳

菩薩本業經一卷　玄應

兜沙經一卷　玄應

大方廣佛花嚴經入法界品四十二字觀門經一卷　慧琳

菩薩十住行道經一卷　慧琳

菩薩十住經一卷　玄應

顯無邊佛土功德經一卷　無字

漸備經五卷　玄應

十住經五卷　玄應

等目菩薩所問經二卷　玄應

如來興顯經四卷　玄應

度世經六卷　玄應

羅摩伽經三卷　玄應

大方廣佛花嚴續入法界品 或有本無續字

若依新入藏目此中間有北本涅槃經四十卷又有南本涅槃經三十六卷涅槃經荼毗分二卷大般泥洹經六卷方等般泥洹經二卷已上五經八十六卷共有音義兩卷以次後第二十五第二十六卯是

四童子經三卷　慧琳

大悲經五卷　慧琳

方廣大莊嚴經十二卷　慧琳

已上二十八經計六十九卷同此卷音

信力入印法門經卷第一

翻經沙門惠琳撰

闌楯　上音蘭下音順前音義大般若中已具釋經從木作欄木名也非經義也

首楞嚴　梵語三昧名也上勒登反俗字也說文正體作棱木柧也從木夌聲首楞者古譯云甚深也義亦未盡柧音孤也

第二卷

拔濟上排八反顧野王云拔引而出之也考聲云抽也救也說文擢也從手犮聲犮音盤鉢反犮字從犬而丿經文從犮作拔者非也猗覺分上意宜反字書云美也加也左傳嘆辭也說文從犬奇經猗俗用字也羼提上察限反梵語也唐言忍辱也

第三卷

鍼孔執淫反廣雅曰鍼刺也說文所以用縫衣也從金咸省聲也今從十作針俗字也

第四卷　無字可音訓

第五卷

噭喚上古弔反顧野王云噭呼也說文吼也從口敫聲下歡貫反考聲云喚呼也喚音同

度諸佛境界智光嚴經　惠琳撰

蹋躘驃上徒合反下必曜反梵語羅漢名也不退吐內反經從艮作退俗字也言不退者決定勇進之義也八地已上惣名不退說文云日行遲也從日從夊從辵會意字也或作迺退並古字也又音襄踰城庾朱反孔注尚書云踰越也賈雅渡也或作逾義同說文從足俞聲俗作踰也鬣毛廉輒反顧野王云馬項上長毛也又云凡獸定長毛皆為之鬣說文鬣鬣也從髟巤聲或從毛作𣰽或從犭作獵義皆同髟音必遙反巤音同上

佛花嚴經入如來德智不思議境界經上卷　惠琳

迦葉彼梵語大迦葉名也葉音攝彼字經文作𢶍是𢶍箕也去聲於梵語不順也今宜政為彼牟侯利梵語不切訛也正梵音云謨護律多時分名也古云須臾或云謨忽也婆羅訶摩梵語即梵天名也伽

留荼梵語廣質不妙也古曰迦婁羅即金翅鳥也

舍迦囉梵語古云帝釋天主名也

修迷留亦梵語蘇迷盧山名或云須弥此云妙高山

下卷

鞞瑠璃上陛迷反梵語寶名也舊曰毗瑠璃今略曰瑠璃也

柘羅迦彼利上音之夜反外道名也

阿迦尼沙詫詫音宅嫁反梵語上界天名此云非想非非想處天也

打鼓時彼西國一日一夜分為八時或十五時皆打鼓為節候亦如此國漏刻鐘鼓等

奢迦夜牟尼即釋迦牟尼也

叉挐叉挐間古曰刹那刹那間譯有巧拙也

寶杸百葡反說文從木從殳經文從皂作析非也

婆偷波梵語訛也正云窣覩波即佛塔也

一搏音團摶飯食者不用匙筯手摶而食習古虜異也豈得如此國近代易古用匙筯風流雅妙而嚴潔也

大方廣入如來智德不思議經一卷慧琳

首楞嚴勒登反梵語略也此云甚深正梵音云儼鼻哩野經頓古譯二昧也

消涸上音宵下音胡各反賈逵注國語涸猶竭也廣雅盡也說文與國語義同從水固聲

洿池上音烏廣雅洿濁也深也左傳潢洿行潦之水也說文濁水不流也從水夸聲夸音區

虵衛旃檀之然反旃檀梵語略也正梵音戰那曩西國香木名也此國本無難為對譯古來但存梵語相傳為名即白檀香木也外國云此香出諸海島山有赤白二種赤者為上性甚凉能除熱疾瘡腫有此樹處山中多有大毒虵暑月炎熱之時其虵多在樹上以避熱但虵多者其香殊勝夷人箭射其樹記之待虵蟄之後而採之也

大方廣如來不思議境界經一卷 惠琳撰

擢本　擢卓反考聲云連根拔也方言云自關而西或云拔或擢蒼頡篇云抽也說文引從手翟聲也翟音宅翟字上從羽也

布濩　胡故反考聲云布濩多皃也說文云霤下皃也從水蒦聲蒦音泓虢反泓音烏萌反也

森蔚　上霜簪反說文云木多而長皃也從三木會意字也下氳律反蒼頡篇云草木盛皃也說文牡蒿也從草尉省聲也

夷敞　昌掌反蒼頡篇曰敞高顯也說文平野高土可遠望也從攴尚聲攴音普卜反今作文𢾭蒼省也

莌茂　上音銳郭璞注方言云萌芽始生也考聲云草木盛皃也古今正字義同從廾侻聲侻音他活反

靃靡　上雖蘂反王逸注楚辭云靃靡者草柔順隨風披敷也說文從雨雔聲經從草作藿音霍非也雔音讎也

粖香　音滿鉢反

大方廣佛花嚴經不思議佛境界分經

細耎　上正細字也孔注尚書云細小也說文微也從糸囟聲下而兗反鄭玄注考工記云耎柔耎也古今正字從而大聲經本作輭通用亦作軟非也

纈麗縳多　上賢結反梵語聲聞舊云離波多訛略也

鄔波拕耶　拕音馱梵語也此云親師云和上者胡語訛不分明也

金剛髻珠菩薩修行分經 惠琳撰

蹲踞　上徂論反下居御反考聲云堅膝坐曰蹲申足坐曰踞說文互相訓蹲踞也踞蹲也並從足尊居亦聲

頑嚚　上五關反下魚斤反廣雅頑鈍也考聲嚚愚也左傳曰心不則德義之經為頑口不道忠信之言為嚚蒼頡篇嚚惡也說文從頁元聲嚚從㗊臣聲頁音頡㗊音莊立反

尼揵子　音乾梵語外道名也

糞穢　上分問反顧野王云凡不絜穢汙之物謂之糞也說文棄除也廾推𦰩棄米官傳說似米而非米有矢字也𦰩音般箕屬也所以

推棄糞之器象形也𠬶音始乃古文屎字也推音退畬反𠬶亦音始亦作糞經從土從異作糞不成也

稗子 音敗杜注左傳云草之似穀者也說文末引也從禾卑聲

鑊䤹 上黃郭反字書云煑肉器也說文鑴也從金蒦聲鑴音惠圭反蒦音烏虢反下正體䤹字也

鮎[忄止]魚 工念兼反

貓貍 傳音也正音苗顧野王云似虎而小人家養畜令捕鼠或

從犬作猫俗字也下里知反顧野王云亦似虎而小野獸亦猫之類俗謂之野猫好偷人家雞食之說文妖獸也似貙從豸里聲豸音雉貙音丑于反

羆面 鄙宜反众雅云羆似熊而黃白色郭璞注云髆高猛憨多力能拔木關西呼為貑熊說文義同從熊罷省聲

螭面 勅知反廣雅云龍無角曰螭說文云若龍而黃北方謂之地螻從虫离聲螻勅滓反

慘毒苦 上楚錦反亦倉感反方言秦殺也考聲甚也說文慘毒也從心參聲下同鹿反孔注尚書云毒害也考聲痛也恨也惡也說文害人之草也從中從毒經中作毒訛略也毒音哀改反從土從毋毋音無也

褊駁 上八璽反考聲云文雜也鄭注礼記雜色為編說文駁文也從文扁經本作斑瑞王為褊說文駁文也從文扁聲經本作斑瑞王編音平免反下那邐反漢書云白黑雜謂之駮說文馬色不純也從馬爻聲經文從交作駮獸名也非此義俗用誤也

偃蹇 上焉偃反下居偃反杜注左傳云偃蹇憍傲也說文偃僵也從人匽聲蹇從足

從寒省聲匽音同上也

鸜鵒 上具于反下音欲鳥名也似反舌而兩翼白說文從鳥瞿谷皆聲也

鋸截 居御反賈逵云以刀有所鋸斷也淮南云非良匠不能以制木也蒼頡篇截物鋸也說文槍唐也從金居聲

癵躄 上劣圓反顧野王云病也身體拘曲手足拳曲也古今正字義同從疒䜌亦作攣下并弈反顧野王云躄謂足偏枯不能行也說文作壁訓同從止辟聲也

大方廣佛花嚴經修慈分卷

惠琳撰

駞騖 下無付反鄭箋注穆天子傳騖馬行疾也廣雅騖奔也說文馬乱是也從馬敄聲敄音武

芬馥 上芳文反下馮福反韓詩香氣皃也古今正字從香复聲

菡萏 上含紺反下談濫反尒雅菡萏芙蕖花開也說文云花未開敷日芙蓉巳開敷日菡萏两字並從草函閻皆聲也經文多作菡萏非也失之遠矣也

晃曜 上黃廣反廣雅晃暉也光也或作晄與上同說文晃明也從日光聲

下遙照反廣雅照也說文作燿亦明也從火翟省聲經從日作曜亦通

氤氲 上夫閭反下威雲反文字集略云香氣皃也字統云陰陽和氣也上形下聲字也

眩瞖 上玄絹反蒼頡篇云視不明也說文目無常主也從目玄聲下伊計反考聲云目瞖也韻英蔽也廣雅障也從目形聲字經從羽作翳非本字義乖也

莊嚴菩提心經一卷　惠琳撰

煒燁 上韋鬼反毛詩傳云煒赤色皃也說文煒盛赤也從火韋聲下炎業反說文作爗亦盛也從火曅聲詩云爗爗震電也經從華作曄辭書字也曅音同上

嬉戲 上喜其反亦喜音蒼頡篇嬉亦戲笑也古今正字樂也從女喜聲下希寄反考聲云戲謔也悅也郭注尒雅云啁戲也說文從戈虛聲經從䖒作戲俗字也虛音希也

嬾惰 上蘭侶反考聲嬾不勤也說文懈怠也從女賴聲經從心作懶亦通下徒卧反廣雅惰亦嬾也孔注尚書亦懈怠也說文不敬也從心隋聲隋音隨

奮

迅 上分問反廣雅奮振也鄭注礼記動也說文翬也從奞在田上經從臼作𡙕非也下荀俊反廣雅奮迅振羽也尒雅迅疾也說文從辵從卂卂音信辵音丑略反奞音雖翬音暉

大方廣普賢菩薩所說經一卷　惠琳撰

雙腨 踈窓反說文雙字從二隹隹是鳥從又又古文手字也有從反作雙非也下船耎反說文踹足腓腸也從月耑聲或作踹膞經文從專從足作𨆪亦通也

雙膝 新逸反說文正作厀脛頭節也從卩桼聲也卩音節今經文從肉作

㯃亦通用字也桼音七也

臍中　音齊說文肚臍也下從肉齊聲

大方廣菩薩十地經一卷　惠琳撰

薩埵　都果反梵語唐云有情也

跋陁婆羅　梵語唐言賢護此賢胡中千佛之一也

瞻蔔　上之廉反下蒲黒反梵語西國花多澄靖也

嘉瑞　上音加下垂讀反顧野王云王者咸德咸孚軋坤故天地應之以信瑞說文以玉為信也從玉耑聲音端也

一切經音義卷第二十四　第十五張　城

峻險　上荀俊反孔注尚書峻高大也說文作陖陗高也從阜夋聲亦作埈㠖下希撿反賈注國語云險危也方言高也說文阻難也從𨸏僉聲僉音妾廉反

諸菩薩求佛本業經一卷　惠琳撰

盡澌　斯漬反方言澌血盡也經本作賜謂物空盡也說文水也從水斯聲也

饋遺　上逵貴反鄭注礼記云饋歸也謂進物於尊者也說文餉也從食貴聲下惟季反顧野王云遺猶贈也廣雅與也說文從辵貴聲也

因坻　丁奚反帝釋名也或言因提同一義也梵言輕重耳

菩薩本業經一卷　玄應撰

不僑　奇驕反經中多作不驕樂天也

見邸　丁礼反說文屬國舍也蒼頡篇云邸舍也亦通語也

一切經音義卷第二十四　第十六張　城

大方廣佛花嚴經四十二字觀門經　惠琳撰

阿　取上聲

囉　羅字上聲兼彈舌聲

跛　波可反

左　上聲

曩　鼻中聲

攞　勒可反

娜　那可反

麼　莫可反

拏　儜賈反

灑　沙賈反

縛　無可反

多　取上聲

野　音也

瑟吒　二字合為一字呼

迦　薑佉反佉取上聲

娑　桑河反

莽　莫朗反

誐　魚迦反迦准上音

他　取上聲

惹　慈擺

反婆縛二字各如前音兩字合為一字馱唐賀反捨如本音佉取上聲乞灑二合下灑字沙賈反合為一字經中作訖不切婆多二合准上為一字孃取上聲羅他上字轉舌他字取上聲二合婆取去聲磋倉可反婆麼二合下忙可反鼻中聲賀縛經中作訶滲不切亦二字合為一字

哆婆二合上多可反伽取去聲姹拆賈反儜女耕反鼻中聲也頗叵塞迦二合也婆二合室者二合吒諂賈反侘拆賈反借音

已上四十二字但響梵字不合

訓釋與前大般若中四十二字

大意同

菩薩十住行道經一卷　惠琳撰

長短端卵反蒼頡篇云短促也說文云有所短長以矢為正從矢豆聲文字集略或從手作拒與經本同或從寸作尌俗字也柔耎而兖反訓義已具釋大方廣佛花嚴經不思議佛境界經本從水作濡音儒非也閈傷寒但反蒼頡云閈猶蘭也說文從門干聲經文云益於閈傷十方人故即此文甚俗拙為

翻譯閈傷二字其實書質也索了無所有桑落反孔注尚書云索盡也顧野王謂竭盡也鄭注礼記云索猶散也經云過去諸佛法念從何所生索了無所有至於究竟不有不無一切皆空盡無所有

菩薩十住經一卷　玄應撰

邊幅音福經云邊幅者中邊之義也古人語質

顯無邊佛土功德經一卷　無字可訓

佛說兜沙經一卷　玄應撰

兜沙　上斗侯反。梵語也。古譯為業行，或云行業。

稍稍　霜絞反。韻詮云：稍稍，猶少少也。亦漸漸也。字書亦數數也。或云聲也。

惹那　而者反。梵語訛也。正梵音云枳孃曩也。

儐提捨逗那　上音賓。上方佛剎土名也。

俱譚滑提　徒南反。佛名也。經文作譚，誤也。

廅天　烏合反。此言有光書天，是第二禪中初天也。

須帶天　音帝。經中自音武，非也。或有作蹛，音亦帝，從帶從足。

軷陁　蒲達反。此云賢，或云善，是王舍城在家菩薩也。

漸備經第一卷　玄應撰

僂僂　力俱反。字書：僂僂，謹敬之皃也。

屋宇　古文寓，籀文作㝢，同。于甫反。說文：宇，屋邊檐也。釋名：宇，羽也，如鳥羽翼自覆蔽也。左傳：失其宇。注：於國則四垂為宇。宇亦屋溜也，居也。

眇眇　綿縹反。眇眇，遠視皃也。亦深大也。經文作妙，非經義。

篡逆　葥患反。說文：逆而奪取曰篡。字從厶，音私，算聲。算音桑管反。蒼頡篇：自營為厶，煞君之法，理無外聲，故字從厶。

第四卷

惶[illegible]　又作巟，同。莫荒反。迷遑也。巟人晝夜作，無日用月，無月用火，常思明，

故字從明。或田巟人思天曉，故字從明也。

婉孌　力絹反。毛詩傳曰：婉孌，美好皃也。亦少皃也。

第五卷

勤懿　依利反。

十住經第一卷　玄應撰

櫳檻　力東反。下胡黤反。廣雅：櫳，牢也。檻也，圈也。圈音渠遠反。

等目菩薩所問經上卷　玄應撰

昺徹　古文昺苪二形今作炳同碧皿反廣雅昺明也徹通也三蒼昺著明也

陶現　徒高反詩曰上帝其陶傳曰陶變也

去藏　才浪反鄭注周礼藏積蓄也如庫藏也經文作臧非體也

督任　又作督同都木反尒雅督正也方言督察也理也

憒然　烏外反

轉霍　呼郭反案霍倏急疾之皃也霍然忽霍皆是也經文從火作爗胡沃反說文爗灼也爗非此用也

而撰　但此字習謬已久人莫辯正今詳其理義宜作共相二字於經為順

輕俙　聽遼反字書俙輕也廣雅俙佚也尒雅俙偷也注云謂苟且也經文從手作挑挍之挑非體也

下卷

睛陰　又作䁝姓二形同自盈反䁝謂不雨也聲類雨止曰睛也

河　一曰名和二曰名拔义三曰名蛇朱四曰名恒其和北流拔义南流其蛇朱東流恒水盛流也

焜煌　胡本反下胡光反方言焜煌盛皃也蒼頡篇煌光暉也

靑紅　倉經反東方靑色也木生火火色丹故從生從丹丹靑之信必然也經文作菁華之菁非也菁音紫盈反三蒼謂非之英曰菁也

如來興顯經第二卷　玄應撰

丘垤　徒結反方言楚郢以南蟻土謂之垤郢音以井反

鳴呦　於州反詩云呦呦鹿鳴是也經文作怮非也

第三卷

漭沆　莫朗反下胡朗反通俗文水廣大謂之漭沆

賄賂　力故反賂遺也謂以物相請謁

騫翥　去言反下之庶反說文騫翥飛舉

掏出　徒勞反通俗文掏出曰掏搯音烏活反

度世經第三卷　玄應撰

擾搣　子公反下音滅捉頭曰擾除毀曰搣經文作摠非也

唾濺　又作灒⿰口戔二形同子旦反說文水污灑曰濺也

第四卷

驂駕　忩叅反說文駕二馬也旁馬曰驂居右為驂乘者備非常也經文作

叅非體也

鴹鴹　案漢書食貨志此亦翔字音同似羊反飛而不動曰翔佯也仿也經文從芉作鶇非也

第五卷

剛靳　上古昂反下居近反剛堅鞕也靳柔肕也

募索　謨故武句二反說文廣求為募

句誄　力水反

第六卷

騙⿱爲馬　疋面反文字集略躍上馬也經文作騗誤也

都較　古文搉同古學反粗略也廣雅較明也亦比挍

䩭絆　又作羇同居猗反猗絡馬頭曰羇羇撿也下音半馬絆也

羅摩伽經上卷　玄應撰

彼鯍　由掬反經中多作育字或言訇月高昌名氎也

西阿

於何反詩傳曰曲陵曰阿阿謂山曲隈處也

大方廣佛花嚴經續入法界品經　慧琳撰

惛寐　上忽昆反孔注尚書惛亂也廣雅癡也說文不憭也從心昏聲憭音了周反下弥臂反說文卧也從寢省未聲

流派　拍賣反說文云水派別也從水𠂢聲𠂢音同上也又水字也

霈然　普昧反考聲云霶霈雨多皃也

湍激　上湯欒反淮南子流水急也下經鷄反考聲云水奔射也並形聲字

齊峙　直里反顏野王峙踏不前也考聲云說文亦踏也從止寺聲也

攘侘　上而掌反下摘賈反梵語也

咸綜鬼彫　眉秘反鄭注周礼云彫所以從其為人與物也蓋祭天地之明日物之神日彫山海經彫之為物人身黒首縱目說文老物精也從鬼生毛從彡或作鬼袜也

訓詛　上周又反下莊助反訓詛兩字平相訓也鄭注周礼云盟詛主於要㨨大事日詛又云訓

詶者欲相共恶之也古今正二字字並從言州且皆聲也亦作譸祝詛亦作𧩯謯今經本作呪咀俗用字也

該練　古孩反國語云該備也

波濤　唐勞反大波也

沃田　音屋也

依入藏目次第此中有大般涅盤經四十卷南本涅盤經三十六卷闍維分兩卷般泥洹經兩部共八卷已上計八十六卷并法花經共有音義三卷次後第二十五二十六二十七是為此卷不足取後三經音義𢘍成

四童子經上卷　惠琳撰

惋嘆　烏喚反字略云惋嘆驚異也

噢咿　於六反下於祇反埤蒼噢咿內悲也亦痛念之聲古今正字並從口與伊皆聲也亦作㖶

垂嚲　多可反考聲云嚲亦垂貌也經文從足作跢音都賀反跢倒也

蚍蜉　上音毗下音浮尒雅蚍蜉大者螘也螘有赤蟻飛蟻也古今正字並從虫比孚皆聲也

四童子三昧經卷中

鬀除　上梯帝反考聲云鬀削髮也說文鬀鬄也大人日鬄小兒日鬀從髟

弟聲亦作剃㲋音必遥反

傴身 上紆禹反顧野王云傴身愈曲恭益加也說文僂也從人區聲也

堆阜 上都迴反王逸注楚辭云堆高土也郭璞沙堆也古今正字𨸏堆也從土隹聲亦作塠下扶有反尒雅云大陸日阜廣雅山無石日阜說文作𨸏云大陸山無石也象形也

四童子三昧經卷下

無字可音釋

大悲經梵天品第一

惠琳撰

傴僂 上紆禹反下蔞主反傳雅云傴僂曲脊短小也考聲曲背也說文並從人區婁皆聲也

刑劓 宜器反孔注尚書云劓割也鄭注周禮截其鼻也說文從刀鼻聲或作劓

厭蠱 上伊琰反王逸注楚辭云厭著也倉頡篇謂伏人心也說文從厂猒聲蠱音古杜注左傳云蠱謂惑疾也說文從蟲從皿皿者物之

内也亦聲也广音罕猒音一艷反從甘從月從犬也

拔鏃 上辦八反考聲云拔抽也顧野王謂引而出之也說文從手犮聲犮音蒲末反俗皆從犮作拔非也下宗速反考聲鏃矢足也顧野王謂箭鏃也說文矢鋒也從金族聲也

持梢尾 梢音稍交反文字集略云正船頭木也考聲船尾也說文從木肖聲

第二卷

優彼毱多 毱音菊梵語比丘名也

罽賔 居刈反漢書云罽賔者古譯訛略也正梵音羯溼弭羅北天竺國也

甘蔗 上音甘下之夜反本草云能下氣給中利大腸止渴去煩熱解酒毒說文蔗藷也從艹庶聲甘或作甘也

第三卷

吞噬 上吐根反說文吞咽也從口天聲下時制反王弼注周易云噬齧也說文從口筮聲也

揩揬 上客皆反傳雅云揩摩也下徒骨反傳雅揬衝也古

今正字並從手皆突俱聲突字從宂從犬經從犮作宊非也

瓦礫 下零滴反說文云礫小石也從石樂聲也

鋤治 助疎反顧野王云鋤田器也說文從金助聲亦鉏也

第四卷

慢捍 上蠻諫反孔注尚書云謂輕慢典教也杜注左傳易也顧野王慢易

猶輕侮也說文從心曼聲曼音万經從水作漫音蒲半反非經義下寒爛反考聲扞衛也說文止也扞也捍從手旱聲正作扞或從心作忓又從攴作攼並通用也

駛哉 師事反蒼頡篇云駛疾也考聲迷也古今正字從馬史聲也

第五卷

屏廁 蒲定反字林反字統皆云屏猶僻也說文從人屏聲

株杌 上音誅考聲株謂殺樹之餘也說文木根也從木朱聲下吾骨反說文杌斷也從木九聲或從出作柮

拘睒弥國 睒音攝冉反梵語國名也

螽蝩 上視隆反杜注左傳云螽謂蚣蝑之屬為灾蟲也說文螽亦蝗蝩也從䖵失聲下直隆反介雅云有足曰蟲無足曰豸說文蟲從三虫蚣音似恭反蝑音胥蝩音昆虫音暉鬼反

大唐新譯方廣大莊嚴經三藏聖教序 惠琳撰

皇太后御製

叡唐 營惠反字書云叡聖也賈注國語明也說文從叡目從谷省聲也古文作睿籀文作壡叡音殘

御寓 于矩反介雅云寓大也尹文子曰四方上下謂之宇文穎注漢書天地之間為寓內也蒼頡篇寓邊也說文從宀禹聲或作宇

諒屬 上良尚反介雅云亦道也郭注云皆謂教導也顧野王王導亦謂教導也說文從言京聲言與亦同

幼齡 上幽袖反下歷丁反鄭注禮記云齡天氣齡人壽之數也廣雅齡年也古今字從令齒聲

遽違 渠庶反顧野王云遽猶急也賈

逵注國語遝疾也說文從辵𦤎聲也**舟檝**子葉反毛詩傳曰檝所以櫂船也考聲檝棹類也說文作楫木咠聲經作檝俗用字櫂音宅効反咠音七入反**大梁**尒雅云大梁昴也箒歲星臨昴則乙酉之年也**夷則**上音彝七月之律名也**法蠃**盧和反經作蚤俗字也

方廣大莊嚴經序品第一

騁武勑領反韓詩云騁施也杜注左傳馳也說文從馬甹聲甹音疋丁反**為爪**莊狡反說文手足甲也象形經作爪音莊華反誤也**軒檻**上獻言反王逸注楚辭云軒楯樓板也說文從車干聲下咸黯反郭注山海經云檻闌也顧野王日闌殿上拘闌也王逸注楚辭檻楯也文從木監聲**詹彼迦花**上音諸閻反梵語花名也**拘具羅花**具音瞿遇反梵

一切經音義卷第二十四　第三十一張　城

語花名也經文作且書寫誤也**慳吝**上客𪘨反下隣鎮反孔注尚書悋惜也郭注方言若謂慳者多惜恨也說文從口文聲古文作吝又作啗或作恪亦作遴也**虹霓**上胡公反下藝奚反尒雅音義日虹出咸者為雄雄日虹闇者為雌雌日蜺月令季春虹始見說文虹狀似蟲從虫工聲霓青赤白色陰氣也從雨兒聲經從虫作蜺謂小**沮壞**疾預反毛詩傳日沮作壞也說文從水且聲揮也非經義**幡繯**倶犬反考聲云繯斷色絲於兩絅中而紲之也東宮舊事云繯五色

絲飾也又云色罽也從糸具聲

第二卷

囹圄上歷丁反下魚舉反鄭注礼記云所以禁守繫者也說文囹獄也圄守也二字並從口令吾皆聲口音韋**綩綖**上宛遠反下衍綖反已於法花經音義中具釋訖**袨服**玄絹反文字集略袨服也淮考聲云袨服美也字書袨衣服美鮮者也古今正字從衣玄聲也**嗌痺**上嬰赤反穀梁傳日嗌喉不受

一切經音義卷第二十四　第三十二張　城

粒也說文嗌咽也從口益聲下必寐反歸藏
瘘痺暴癘之疾也說文濕病也從疒畀聲畀音必弥反

齒齲 區禹反考聲云齲齒朽缺也說文齒蠹也從齒禹聲或從牙作鴉也

瘿瘷 上嬰郢反說文瘿頸腫也下煎薛反廣雅瘷瘫也埤蒼瘞瘷也說文並從疒嬰鋪皆聲瘷或作癓

第三卷

嬈害 浞鳥反說文嬈苛也一云擾戲弄也從女堯聲苛音何賈逵注國語苛猶煩也

擐甲 上音患杜注左傳擐貫也賈逵注國語擐衣甲也說文從手從還省聲也

謇訥 上揵偃反方言云謇吃也古今正字從言寒省聲或經文從足作蹇非此義也下奴骨反包注論語云訥遲鈍也說文云難也從言內聲

歔欷 上許居反下欣既反王逸注楚辭歔欷啼貟也何注公羊傳悲也蒼

頡篇歔欷丘餘聲也古今正字並從欠虛希皆聲也

捫淚 其季反聲類云捫摸也說文撫持也從手門聲

第四卷

門閫 神本反鄭注禮記云閫門限也說文大作梱義同從木困聲古今正字從門作閫

賫書 上濟奚反廣雅云賫送也說文持遺也從貝齊省聲今俗亦作賷謬也

而斃 毗袂反說文斃仆也頓也斷也從死斃省聲

頞

順那 上音阿葛反梵語西國大臣名也

敏捷 上旻殞反孔注尚書敏疾也考聲敏聰悟也亦達也說文從攴每聲或從民作敃經從心作慜誤用也下潛葉反方言捷慧也疾也說文從手疌聲疌音同上

一磔手 張革反廣雅磔猶開也又張也一磔手者張其手取大指中指所極為量也古今正字從石桀聲經本作搩音桀非義也

彫鏤 上鳥聊反下樓豆反顧野王曰彫劈刻也廣雅彫亦鏤也賈注國語鏤刻也說文彫琢以成文也從周彡聲鏤剛鐵可以刻鏤也從金婁

靜正體字經作㜔俗字也

第五卷

坏器　配媒反說文瓦未燒曰坏土不聲

麻枲　思子反考聲枲麻也顧野王云牡麻者枲麻也郭注尒雅枲麻之別二名也說文義同從台朩聲朩音疋刃反

分析　星亦反孔注尚書析分也說文破木從木斤聲經作析俗用非

一切經音義卷第二十四　第二十五張　城

也

勦𢿶　上坌没反下諸矮反臣瓚注漢書云勦𢿶海之別名也說文與漢書義並同從木孛解皆聲經從力作勦亦通字音同上矮音嬰買反

其杪　弥小反方言杪木末枝也孔注尚書杪杪微細也文字典說木火聲

第六卷

覺寤　上江學反下五故反廣雅覺知也顧野王云覺謂知曉也蒼頡篇寐覺而有言曰寤毛詩傳云寤亦覺也說文覺亦寤也從見學省聲寤寢省吾聲經從穴作寤非也寢音參

咼斜　快乖反說文咼口戾也從口咼聲咼音寡經從口作咼非也

甬睞　來代反廣雅睞邪視也說文目童子不正也從目來聲

䶩齒　上間軋反聲類云䶩齧骨聲也說文䶩堅聲也從齒吉聲軋音晏轄反

讇語　上丑冉反莊子云希意道言謂之讇何休注公羊云佞也鄭玄謂傾身以反也說文讇諛也從言閻聲或作諂也

䚒然　丑江反又丑巷反蒼

一切經音義卷第二十四　第二十六張　城

頡篇云䚒視貞也說文視不明也一云直視也從見舂聲

躑躅　上呈戟反下厨錄反顧野王云躑躅畢足而不進也說文注足也一云跱也並從足鄭屬皆聲也亦作蹢經作躅俗字也

辟傭　寵龍反考聲傭上下均也郭注尒雅傭所謂齊等也說文均直也從人庸聲經從肉作臑非也

第七卷

毯髦　上貪敢反詩曰毳衣如緂也考聲云毯織毛為之也亦作毯又作緂

下寒葛反廣雅云毦謂罽也古今正字並從毛炎昌聲罽音居利反說文緆謂西胡毳布也

編椽 上必綿反劉地云編比連也蒼頡篇編織也說文說簡次也從糸扁聲扁音邊沔反下直緣反考聲椽也古今正字從木彖聲彖音吐喚反

韛囊 上排拜反蒼頡篇云韛韋皮也顧野王日所謂吹鑄冶火令熾也文字典說從韋葡聲蒲音備亦作韛排又作橐也

筇竹 上居龍反考聲筇竹名也因山得名在蜀也

皺赧 上側瘦反韻略面皺也文字典說皮寬聚也從皮芻聲經作皺俗字下尼簡反方言赧愧也說文赧慙也從赤反聲芻音楚俱反

草莛 秋丁反說文莛草莖也從草廷聲

一掬 宮郁反古今正字云掬撮也亦曲手捧物也從手匊聲或作鞠亦作𥬨古作臼也

穀其乳 上鉤候反考聲穀取牛羊乳也古今正字與考聲義同從羊㱿聲㱿音捔角反

一切經音義卷第三十四　第三十七張　城

第八卷

網鞔 莫安反案網鞔者如來手足指間相連猶如鵝足也

堆阜 上對雷反聲類云堆小塊也說文正作𠂤云小阜也亦作塠經文作堆俗通用字下扶有反尒雅高平日陸大陸日阜廣雅丘無石日阜說文正作𠂤象形字古作𨸏經作阜通用字

闌楯 上音蘭下音順義與軒檻同前第一卷中已釋訖經從木作欄水名也非經義

泌鹵 盧覩反說文西方鹹地謂之鹵從西省象鹽形也

黿鼉 上音元下唐河反說文黿大鼈鼉水蟲也似蜥蜴皮可以冒鼓二並從黽元單皆聲黽音猛單音那

芬馥 逢福反前方廣花嚴經已釋訖

謇聲 居輦反義已具釋前第三卷中

第九卷

拍頭 烹陌反廣雅云拍擊也釋名拍搏也古今正字以手搏其上也從手白聲搏音補各反

違忤 五故反郭注方言云謂相觸忤也考聲及說文

一切經音義卷第三十四　第三十八張　城

进也從心午聲也

憿矢　尸耳反考聲矢前也說文弓弩矢也從入象鏑括羽之形古者夷牟初作矢經文作笑俗字也字書並無

嫈嫇　上厄莖反下麦耕反考聲云嫈嫇下里婦人嬌態皃也嫇嫇亦小人皃也說文嫈小心態也從女熒省嫇從女冥聲

拈掐　上念兼反釋名云拈兩指鉗之也廣雅拈持也下口洽反考聲掐爪掐也埤蒼義同古今正字並從手占臽皆聲臽音討高反

躞蹀　上還葉反下恬叶反考聲躞蹀小步皃也許叔重注淮南云蹀蹈也顧野王徐細步也古今正字蹀從足枼聲躞或作寱蹀或作蹩反也

⿱山毒區　鍛齧反考聲區所以鍛物也或從竹作箴也

親昵　尼栗反郭注介雅云昵親近也古今正字從日尼聲亦作暱也

矛⿰矛贊　上莫侯反下村乱反廣雅⿰矛贊謂之鋋考聲短矛也古今正字與廣雅義同從矛贊聲

飲吮　旋兖反說文吮嗍也從口允聲

角睞　来代反前第六卷已釋訖

畟塞　上楚力反毛詩傳日畟畟猶側側也案畟塞人搁也古今正字從田從人反聲反音髓惟反

潰亂　迴對反考聲潰散也蒼頡篇潰煩乱也說文從水貴聲經作潰音古會反非經義也

挫恧　上徂卧反鄭注考工記挫折也說文挫摧也從手坐聲下女六反方言恧慙也鄭注介雅云心愧日恧文字典說從心而聲也

第十卷

淤泥　上於據反顧野王日淤水中泥也說文澱滓也從水於聲經作淤俗字也

⿱商貝侶　上賞章反考工記日通四方之珎異以資之謂⿱商貝旅鄭玄云販買之客也文字典說從貝商聲亦作商地名也下驢舉反廣雅侶伴也文字典說從人呂聲或作旅

第十一卷

名⿰足專　遄兖反說文⿰足專謂腓腸也古今正字從足亦作腨腓音扶非反也

麁獷 上醋蘇反下䝸猛反說文獷猶悪也從犬廣聲也

第十二卷

粇米 草衡反說文粇不黏稻也從米亢聲亦作秔俗作粳或作秔也

該綜 上改來反賈注國語該備也說文以兼備之也從言亥聲下子宋反宋忠注太玄經曰綜紀也說文綜機縷持絲文交者也從糸宗聲也

郁烈 上憂陸反考聲郁香氣皃也古今正字從邑有聲下連哲反

門閫 坤穩反前第四卷中已釋訖也

躃者 俾亦反顧野王曰躄謂足偏枯不能行也說文跛也正從止作云壁偏音匹鞭反

第卌二張　城

一切經音義卷第二十四

一切經音義卷第二十五 開元二十一年壬申歲終南太一山智炬寺集 城

釋雲公撰　翻經沙門慧琳再刪補

大般涅槃經音義卷上　并序

涅槃經者北涼西主沮渠蒙遜玄始三年請天竺沙門曇無羅讖法師與沙門慧嵩道朗等同譯也法師初至未閑漢語三年習學始盡方言辞辯如流富於文藻故此經文後人莫繼法師所翻經夾唯有上袠經既未足再往于闐求本三譯　乃畢其功至玄始十年方得周備乃是窮原之極教最後之微言髻裏明珠金剛寶藏者也竊謂經為佛母佛為人師法藉人弘人唯法器即三種般若文字居先十二眞詮修多建首譬以春池競寶獲珠者必假安

徐依文習義會意者須遵定教比者尋條以求本沿波以討源讎校經文素無定本復覽諸家音義梗概相傳梵語未譯於方言字體仍含於眞偽遂使挑桃渾於手木悵帳亂於心巾䑃草繁於果園要點刪于寫富修脩茲用飾

脯天乖悟寤同書解眠翻覆雲韭量寡昧敬慕茲經慮以三點不圓八恒無趣皮紙骨筆敢盡虔誠冀握先王之刀更訪新醫之乳遂觀說文以定字撿韻集以求音訓詁多據玉篇傳梵先賢

金簡𥿄為音義兩卷用為私記時觀寀篋未敢流行同意披詳幸無哂誚云耳

大般涅槃經壽命品第一 慧琳云雲公所製言雖繁究有似章跡今取同備不失經意由勝諸家所音此後南本涅槃三十六卷同用此音音義依雲公所製唯陁羅尼及論梵字跡遠不切者慧琳今再依梵本翻譯為正覽者詳焉也

大者 蒼頡篇云大巨也遍也周易云大哉乾元萬物始也經中自釋云所言大者名之為常其性廣博也

般者 音補末反此梵語也準經翻為入也證也準書定字唯有𣩠槃二音今取梵音穩便借音為鉢

涅槃 此翻為圓寂也謂三點圓伊四德圓果金剛寶藏備足無缺斯圓義也長祛二障永清三滌正體緣眞斯圓寂義也

經者 梵云修多羅此具五義論偈云經緯出涌泉繩墨線貫穿是謂修多羅甚深微妙義今言經者唯初一分義

壽命 上時九反又音時右反說文壽久也命也內釋云壽即分限也命是連持如來壽命依無垢識種上而建立壽即命也

品者 品者類也則篇章之類例也

拘尸那城 梵語西國城名也唐云耎草城在中天竺界周十餘里

阿利羅跋提河 梵語略也正梵音云阿介多嚩底西國河名也唐云無勝文言謂之布羅拏嚩底唐云有金河此為美播也

婆羅

雙樹　彼國亦云高遠林西域記云四樹特高在何西岸其樹似槲而皮青白葉甚光潤樹汁決出凝結如香如來涅槃處也

將欲涅槃　將音子羊反玉篇云將者進也臨也從肉從寸爿聲爿音匠羊反

等視衆生　視時至反玉篇云視者覩也瞻也

如羅睺羅　此云覆障謂是修羅障月時生也又昔因塞鼠穴遂處胎經六年始生也

為作歸依　為音于僞反作又音子落反

屋舍　屋音烏谷反說文屋居也何休注公羊云舍止也白虎通云室實也

室宅　說文宅託也謂居止託實四義全殊各有所表其南本經謝公為繁重遂改經云世間舍雖以刪繁恐失餘義也

晨朝　上食人反尔雅云晨早也明也釋名云晨申也謂清旦光舒也下知遼反韻英早時也說文旦也從倝舟聲倝音干旦反

頗梨　正云頗胝迦此云水玉狀似水精有赤有白大論云過千年氷化為頗梨珠未詳虛實也

瑪瑙　字書云石之次玉者也其字或作碼碯石類也有翻為石藏寶者以生在石中故也

三千大千　一四天下一日月照臨名一世界則此千世界名一小千一千小千名一中千一千中千名一大千故云三千大千也其數百億億有三等如第四卷釋

號哭　上戶刀反尔雅云號呼也哭也經中有作嘷字是豺狼之聲非此義也

涕泣　上他礼反上聲字玉篇云目涕也若作剃音鼻汁非也泣欽立反無聲涕出也

哽噎　古杏反下烏結反氣塞也玉篇云如骨在喉也經文之中有作咽烏見反吞也又音咽咽喉也並非經意也

震動　雙林召集皆有異相初則聲相隨其類音也次有光相面門所出也此則第三動地相也若唯聲無光聾者不聞唯光無聲盲者不見故須動地普召有緣如來密意

一劫　梵云劫波此云分別也劫有三種不同如別章說也

迦旃延　旃音戰此云大剪剃種

薄俱羅　此云善容

讃此葉者形儀壞瑋也 優波難陁或云拔難陁此云延喜下文尼名同此也 戰棹徒弔反動也搖也 阿羅漢此云無生或云煞賊業結斯亡已超三有 逮得上徒戴反及也經中多作建字非正 漱口澡手漱音瘦澡音早王篇云盪口日漱在手日澡在頭日沐在面日頮在身日浴在足日洗洗音跣頮音悔 波羅

奢花此云赤色花是樹上之花經作華非也 拘陁羅女此云好腹也 為不斷絕斷音徒暖反 解未解者諧賣反散也悟也 優婆塞此云近事男受持三歸五戒者也 恒河沙無熱惱池南面流出恒伽河入中印度國便入南海 深樂對治樂五教反治直梨反 紹

三寶種紹時沼反言繼嗣也相承不斷也 旣自充足足音子欲反滿也周備也 復能充足足音子喻反玉篇云成也益也謂自滿已外成益他人也左傳日言以足志文以足言是也 闍毗或闍維或荼毗古云耶旬此云焚燒也 膠香依樹而生如熏陸白膠之類是也 優鉢羅花此云青色蓮花是也 枸物頭花此云黃赤蓮花也 波頭

摩花此云赤蓮花其花莖有毛刺者也 分陁利花此云白色蓮花也 憍奢耶五分律云野蠶所作綿然織為衣 蒭摩此云細草花是也 轅構下音萱釋名云車轅也所用轅牛領也 七寶一金二銀三瑠璃四頗梨五車渠六赤真珠七瑪瑙也 廁瑱田見反珠玉雜飾也相廁間雜也謂刻鏤寶填也從玉經從土作填誤也 駿疾式閏反介雅速也疾也 簫瑟

小彫反說文編管為之像鳳之翼瑟音蝨庖羲造瑟也其瑟長八尺二寸四十五絃黃帝使素女鼓之悲不能止敗為七尺二寸二十五絃也

八功德水 俱舍論云一甘二冷三耎四輕五清淨六不臭七飲時不損喉八飲已不傷腹也

迦陵伽衣 迦陵伽是國名波和羅是衣名

欽婆羅衣 毛絲雜織是外道所服也

悵恨 上勅亮反玉篇云望也恨也下力尚反廣雅云恨悲也

優婆夷 此云近事女也受持三歸五戒也

毗舍佉優婆夷 毗舍佉是星名此女因星得名五分律云鹿子母是也

咹食 上昝沓反俗字也韻略作咂嗍也韻英云淺入口味之也說文作嗜形聲字也嗍音雙捉反

却敵 徒歷反玉篇云宛也對也言於城上雷下木石以却惡敵故也

樓櫓 上洛

侯反說文云重屋覆也釋名櫓露也上無覆也

所惡 烏路反玉篇云惜嫌也

竅孔 苦吊反說文云空也泥洹經作竅字義亦通音力彫反蒼頡篇云小孔也

羅剎 此云惡鬼也食人血肉或飛空或地行捷疾可畏也

伊蘭 具足應云伊那拔羅此云極臭木也

畫水 横號反玉篇云分界也若音胡卦反形也象也非經義也取前音為正

鵄梟 上昌之反玉篇鵂鶹角鵄之屬其鳥若鳴其民有禍梟音皎堯反說文云不孝鳥也子長大要當食其母始飛也

鵰鷲 上鳥姚反蒼頡篇云金喙鳥也鷲音就黑色多子鳥師曠曰南方有鳥其名曰鷲黃頭赤目五色皆備是也

毀呰 呰音紫說文云呰呵也鄭玄日口毀日呰也

破壞生死 壞音乖拜反謂加功毀之使破也若音懷拜反住運自破也今義取前正合作敷字

毗舍離 城名在中印度正云吠舍釐周五十里宮城周四五里離車子正云栗呫婆王種也更遮治也

閻浮提 亦名琰浮亦名贍部閻浮是樹名提州名

樹在洲北岸上因樹得名也當斷其舌幽音團乱反謂割截

四馬駟四私恣反說文云一乘駕以四馬也論語云齊景公有馬千駟馬四千足也

縱廣上子容子用二反謂南北為從也下光朗反謂東西為廣

多羅樹案西域記云樹形如椶櫚高六七十尺果熟則赤似此國石榴東印度多有國人收取食之也

阿闍世此云未生怨也亦名婆羅

留支此云析指亦名善見

駿疾如駿式閏反速疾也又音卒閏反馬之神駿非此義也

熏修上許君反切韻火氣也有作薰字音同是香草非此義也脩音息由反王篇治也飾也經有作脩字非也音同是乾肉脯腊非此義亦非本字也

如雹龐剥反王篇云陰陽專精凝合為雹也

甘膳音善謂美食也人中美物皆名珍膳也

琉璃天竺之名梵云吠琉璃耶此云

近山寶謂近迦毗羅城淨三藏云綠色寶也漢書云罽賓所出經云無以琉瑠同彼水精也

倚牀後綺反說文云依也經文多作猗字非也如此國繩牀後有倚背是也

難陀跋難陀此云歡喜賢歡喜此二龍是兄弟也

毗沙門王此云多聞即北方天王也

乹闥婆新云健撻縛此日尋香即音樂神也

迦婁羅新經云揭路荼此云妙翅鳥也

緊那羅或云真陀羅此云歌神其

聲美妙正法花云和音天子是也亦云疑神也以頭上有角亦名人非人也

摩睺羅伽新云莫呼勒伽此云胷行神即大蟒虵也

阿修羅或名阿須倫新云阿素洛此云無酒神亦名非天海龍王經云無酒神常懷惡心共帝釋鬪也

睒婆利此云大綿神也

陀那婆神此云陀有那者名施婆者言有此神得有施名

拔提達多拔提言賢達多名授即賢授王也

羅剎可畏

羅剎梵音翻為可畏唐梵雙彰故也此鬼行
速牙爪鋒芒食人血肉故云可畏也
樂香王 樂音五教反愛也 貪色鬼魅
此並羅剎女等奪人精氣者也法花
會上早已發心令至雙林復懷悲戀 天諸
嫕女 嫕以招反玉篇云嫕遊戲也或作
娙五科反切韻長好皃也或作娙
女以心反節是會色之流非前廣自等也三
字相似三義亦兼任情取捨後多不取

一切經音義卷第二十五　第十三張　城

藍婆女 准法花中十羅剎女
有名藍婆此云乘
欝婆
尸女 此云自在 帝露沾 此云麻勝 梵身
佛文反燒也二木以為柴聚其
下著火即為焚燒會意字也
皀鴈 附無
反五諫反玉
篇云水鳥也
鴛鴦 苑元反烏郎反又於
良反似皀黃赤色常
有疋偶不
疋即死
揵闥婆鳥 同前尋香音
樂等也

迦蘭陁鳥 此云好
聲鳥
俱翅羅鳥 經云從
聲得名
婆嘻伽 此云
鮮見
迦陵頻伽 此云妙美聲出於雷山在聲即
能過其聲和雅聽者無厭也
耆婆耆婆鳥 此云命
命鳥也
阿僧祇 此云無
央數也
窣花嚴經僧祇品大數惣有一百二十從百
千百千名一拘胝如是倍倍相乘百重巳外
方是阿
僧祇
㩉欝 上烏孔反下蘊律反玉篇
等並云俱盛皃也謂草木

一切經音義卷第二十五　第十四張　城

蘘生
也
蔭蔽日光 陰禁反卑世
反謂不明也
占婆花 此云黃色花花甚香絜
必似此方梔子色也
作倡妓樂 倡音齒羊反玉篇云能優戲笑也
妓渠倚反切韻女樂也埤蒼云妓
美女也以女為樂故也經作技
字才藝也有作伎字非經義
白鵠白鶴 鵠胡木反玉篇似鵝黃白色又云黃鵠
形如鶴色蒼黃詳此經文其林變白何
得類於黃鵠應
為鶴字何各反
雕文刻鏤 上烏堯反說文
彫琢也玉篇彫

飾也

欄楯 上力干反下食允反謂周帀衲欄撗日欄縱日揗也

鬱單越國 亦名北俱盧洲此云高上地四方正等人面如之定壽千歲如天使樂佛法不聞名為難處

忉利天 此云三十三天在須弥山頂上四方各有八天王帝釋居中合三十三天也

釋提桓因 具云釋迦提婆因陁羅釋迦云能仁也提婆云天也因陁羅此云主

檀波羅蜜 具足應云檀那波羅蜜多檀那云布施波羅蜜云彼岸多云到謂離相行檀得至涅盤彼岸

曼陁羅花 此云圓花也摩訶曼陁大圓花也亦名適意大適意也

曼殊沙等 此云柔耎大柔耎也

散多尼迦 此云寂靜花也

波利質多樹花 此云香遍樹謂根莖枝葉花果皆能普熏忉利諸天也

俱毗陁羅樹花 此云破他

毗摩質多羅 舊云淨心花莖法師云綺畫寶飾

至第六天 謂欲界頂即他化自在天是也

上至有頂 既云梵衆是欲界頂

魔波旬 具足梵云祢縛摩羅波裨旬祢縛云天摩羅云障礙波裨旬云罪惡謂此類報生天宮性勸人造惡令退善根不令生離欲界也

弓弩鎧仗 說文弓者以近窮遠也弩音奴古反怒也又機關所發也

鎧音口建反甲也仗音直兩反刀戟之揔名

釨矟矛 上摸侯反說文長二丈建於兵車正應作矛字也矟音山卓反長丈八

金椎鉞斧 推音直追反即鐵椎也說文呼鐵為黑金鉞禹月反玉篇大斧也正作戉字同

罥索 上決犬反擲繩繼取也古文作羂字羂索也一名搭索也

魔王波旬獻佛陁羅尼曰 慧琳新翻

怛你也二合他去聲引揥恥賈反下音同計一

紗紗摛賈反二字周音囉羅字上聲兼彈舌呼擿計
二嘮勞告反彈舌引嚕魯字彈舌引下同隸音麗兼彈舌引
下同三摩賀引嘮引嚕引隸引四檯
呵可反上聲引羅五摩莫可反羅六嚲多可反引
羅七娑嚩二合引賀引八

如龜藏六龜有頭尾四足名為六處若侵惱則藏入殼中衆生六根馳流外境塵賊來侵自守根門如龜藏六也

諛諂上以朱反下丑冉反周書云面從曰諛三蒼云佞言曰諂經作諭字非也

娑婆世界亦名索訶此云堪忍由多惡疾聖者於中堪耐勞苦而行濟物也

六種震動花嚴經云一震二動三吼四擊五起六覺一名動中復有三相且動中有三相者一名為動二名徧動三名等徧動餘五各三成十八相也

摩醯首羅具足云摩醯什佛羅此云大自在居色究竟天

戰慄隣一反怖懼也亦是戰寒皃也

殄滅上徒見反死滅也

文殊師利此云妙吉祥

無邊身外觀身分見有去來內視同空莫測邊表

香氣芬馥扶福反香氣也芬調和也

真金為囪齒江反在屋曰窻囪古文窻字也玉篇囪即窻牖也

玫瑰為地玫音枚瑰音回說文云火齊珠也案異物志火齊珠者狀如雲母色如紫玉光耀如燭散若蟬羽積如冰絮

閒無空缺空取去音

蟯蜋羌良二音郭注尒雅蛓蛶飢則蟯蜋出

蝮蠍蝮音芳福反三蒼云蝮虺也色如綬帶有牙最毒江巳北名蝘音虛鬼反蠍螫也經誤為蝎字此音胡葛反是木中蠹非此義

十六種行惡業者謂畜養猪羊雞狗等肥巳轉賣經中自說也

及一闡提 闡音昌善反斷善根人也經云信不具故名一闡提云障未来故名為無性畢當得故名為有性也 荊棘 下九力反刺木也並二朿為蕀重二朿為棗音早朿音刺 面門所出 如来面門放光召集有緣還從口入既謂還從明知是口也

涅槃經卷第二

純陁 或云准多此云解妙義雙卷泥洹經云華氏子純言姓華名子純也 剎利 或云剎帝利也劫初已来帝王貴種此云田主 婆羅門 善見律云常修淨行博學多聞高貴人也 毗舍 責賈求利販易之人 首陁 下姓三没田夫之類也 除去 丘呂反玉篇弃也除也又音丘盧反離也往也非此義也 株杌 上竹俱反木根也下五骨反木無枝也又作

拙蚔並同 砂鹵 来古反說文云西方鹵地也确薄之地又作汝同 椂及 椂字無㯻韻取丞上聲說文云上舉也救助也 冀得 居致反玉篇云幸也望也謂希望也 無上法雨 雨上聲呼 汝身田 雨去聲呼 先已通達 先蘇見反舊也先也 初成道已破四魔 一煩惱魔二陰魔三死魔四天魔 令般涅槃亦破四魔 一無常二苦三無我四著不淨 二牧牛女 牧音莫祿反從牛從攴玉篇云養飤也 難陁 此云喜也 難陁波羅 此云喜力也 名不虛稱 藍陵反 從義立名 名字平聲 優曇華 此云希有花亦名靈瑞也 南无純陁 南无此名歸命純陁說是請主衆乃歸之 蠲除 上古玄反郭璞曰蠲除也 枙 扼有四種一欲二有三見四無明 縛 縛有四一貪二瞋三戒取四身取

如是觀行二俱去音若是行者行去音輕篾莫結反侮慢陵人也爵禄上子藥反王篇曰王者制禄爵五等謂公侯伯子男又曰禄賞賜也紹繼音計嗣續不斷蒭草上測俱反所以飼畜獸也乞匃音蓋行求乞索也蜂螫蟲行毒也一音尸赤反是關西音也又音呼各反山東音也又作蛆

字知列反東西通用也其水漂疾漂疋要反水流急也須臾玉篇曰須臾俄頃也案俱舍論本行集等云時中最少名一刹那一百二十刹那名一怛刹那六十怛刹那名一羅婆三十羅婆名一牟呼栗多三十牟呼栗多名一晝夜准大集經一日一夜有三十須臾即牟呼栗多是出經云從日出看人影長九十六尺為第一須臾云云也黿鼉上魚袁反玉篇曰似鼈而大鼉音徒

多反山海經云江水足鼉郭璞曰形似蜥蜴大者長一丈又有鱗取皮可以為鼓也娑羅娑鳥此云共行亦云白鶴阿耨達池此云無熱惱在雪山中菩薩為龍王居之利物也先教枝藝藝有六藝謂札樂射御書數是也周迴旋轉旋轉二字並用去音由任運也若創加功即為平上音也魁膾上苦迴反下古外反謂屠剖之師也囹圄上力丁反下魚呂反玉篇曰所以禁人也又云

囚也釋名云囹領守繫者也謂領囚徒禁禦之也閻浮提閻浮是樹名提是洲名也故新翻經為贍部洲者是也離於八難難用去音得人身難難用平音俾倪上普米反下五礼反玉篇又作陴堄埤蒼廣雅並云城小墻又釋名云於墻孔中伺候非常之事令詳此字有其二種一者伺候二者垣墻垣墻不合從人伺候豈宜從土若是垣墻應為埤堄若取伺候應作俾倪兩文二義不失諸宗故也羈鏁上居奇反馬絡

頭也又撿制也下先果戶鑰也五十七煩惱繫縛槃先明淨相經云五住煩惱輕重不同一住十品則成五十又約七縛一色縛二心縛三三昧縛四智慧縛五神通縛六因緣縛七轉法輪縛是也醒悟之心上二字並用去音謂醉除也愐眩麪縣二音玉篇云或乱也不明也又作眠玄二音並通憍慢貢高今依玉篇自恣為憍

一切經音義卷第二十五　第二十三張　城

淩他曰慢慢前為貢心舉曰高也頑嚚五關反下魚巾反蒼頡篇頑鈍也左傳云心不則德義之經曰頑口不道忠信之言謂之嚚也奉俸祿房用反玉篇云尚也所以奉官也師範範音犯謚法曰尊嚴能憚為師楷式規模曰範也四十八年謂釋迦菩薩初出家時就鬱頭藍仙習四禪八定即以四禪為四十八定為八年也又釋約十二門禪自行教人讃

法美人各有四品為四十八年也八種術一治身二治眼三治瘡四治小兒五治鬼六治毒七治聆八占星見住悝盤經敎汝醫法敎音交經中多作斆字非為正體宜著西也癡騃五駭反玉篇無知也仡仡也仡音魚乞反偶成於字上五口反介雅合也遇也変[illegible]蠅即反音義曰諸書並無此字案阮孝緒晉書為弋音試是変類字無所出也飲餧調繹飲放鴆反餧於偽反除

一切經音義卷第二十五　第二十四張　城

愈余主反病瘳也有本作瘉瘉病也非經義也

第三卷

身纓長病纓於盈反纏繞也謂被病纏身也寢卧上七錦反眠寐病篤丁木反厚也困重責索側戒側革二反並通說文求也玉篇云徵索宿欠也摩訶迦葉此云大飲光是婆羅門姓摩訶言大簡異群小故也以此

二緣一則聲聞不堪付屬二則菩薩堪能住持也

多羅

聚落多羅此云蘆草傳云拘尸城東蘆草村人也

幼稚直利反稚小也

迦隣提此云實可愛謂水鳥即鴛鴦之類是也

八大河一名恒河二名閻摩羅三名薩羅四名拔提五名摩訶六名辛頭七名博叉八名悉陁

太白此西方金星也

歲星此東方木星也

說文万物之精上為列宿其歲星越歷二十八宿宣徧陰陽十二月一次也玉篇云律曆書名五星為五步所以歲字從步戌為聲也

天意樹諸天有樹隨天意轉所求皆遂故得名也

閻浮金閻浮是樹其樹汁點物成金其金黃赤復如紫磨其價最貴也

不能飛過過字去音

在屏廁處屏早井反廁烏對反謂隱蔽處也

敎詔並用去音三倉云示誨也

䬾餬上徒奚反下戶姑反蘇中清液也經作醍醐非正體也

抄掠上初教反下力約反謂強奪取物也若是劫取應作剿劋二字也

搆捋上鈎豆反下樂适反謂取乳也搆字正體應作㲄㲄

鑚榣上纂丸反下以招反謂作蘇之法也

此常法稱稱用去音

云何行想行字平音

修多羅此云契經餘經下釋也

斑宣補姦反謂遍布也玉篇亦為頒字

果蓏魯果反木實為果草實為蓏又云陸生為果水生為蓏也

臺簦上徒登反下莫曾反失眠也不明也

常有希望望平音

衆望都息望字去音

甜酥八味一苦二醋三甘四辛五醎六淡甜中又二一者不苦故甜二者不醋故甜合成八也

俎壞俎側呂反玉篇云肉几也非經意也應為沮字疾呂反毀

三昧具足云三摩地此云等持謂離沉掉令心住一境性也

第四卷

深邃 私醉反說文云遠也幽深也從穴遂聲也

乳養 乳儒主反玉篇乳生也鳥養子曰孚獸養子曰乳

嬰兒 上伊盈反三蒼云女曰嬰男曰兒釋名始生也又女人胷前曰嬰投之嬰前而乳養故嬰兒也

多含 胡甘反莊子曰含哺鼓腹蒼頡篇含者含哺也謂其母哺飼其子慮恐不消故生憂念佛知其意舊音作琀胡紺反說文云送終口中之玉也然經意未相應今不取也

夭壽 於矯反說文屈也折也謂不盡天年謂之夭

毫釐 上戶刀反下力私反桒孫子筭經十忽為一絲十絲為一毫十毫為一釐十釐為一分十分為一寸十寸為一尺十尺為一丈十丈為一引是

三種淨肉 一不見煞二不聞煞三不疑煞為已煞等是

十種不淨 依十誦律數一人二龍三師子四象五馬六牛七驢八猴九虵十狗

九種清淨 說見聞疑各有前方便後起及與正體合成九種

憍奢耶 五分律云絲蠶所作謂穼蠶野蠶並是也

要是壞色 懷怪反謂以青黑木蘭染令變色也

珂貝 上苦何反廣雅美石次玉也埤蒼瑪瑙也玉篇云貝螺屬也出海中色白如雪所以纓馬膺下補蓋反說文海介蟲也玉篇云古者貨貝而寶龜傳曰貝錦文古者無錢唯傳貝齒且如資財貨賄之字皆從於貝中天五印度見今行用此方殷周廢貝行錢于今不絕

皮革 下耕麥反皮也熟者名韋生者名革也

貯聚 貞呂反杜注左傳云貯蓄也藏也說文積也從貝宁聲也

被般 皮寄反被帶也經有作披開張也非此義也

尼乹子 此云無繫是躶形外道不繫衣食以為少欲知足者也

如猫伺鼠 伺思吏反字林云候也察也

迸鐵 北孟反謂火星散也

占相星宿 占觀也星有五星宿有二十八宿如大集說也

珊瑚 桒寒反漢書罽賓國出珊瑚說文云珊瑚謂赤色寶生於海底或出山石中也

學諸技藝 奇蟻反才能也藝也此方有六藝謂礼樂射御書數是也西方技藝即習五明是也一者因明二聲明三醫方明四功巧明五者內明前說六十四能不出醫方四巧也

種植 植時力反栽接諸樹

蠱道 上公戶弋者二反謂行蠱毒害人也

呪幻 誦呪駈策幻惑

迷人

摴蒱 上勑於反博物志云老子作之用卜今人樗之為戲

滋蔓 上子司反下勿飯反滋益也蔓長也經文作滂莫獎反敗也非經義也

輸頭檀王 此云淨飯王也

摩耶夫人 此云大術玉篇云夫者男之美稱婦因夫德成人故云夫人

漸漸而斷 都暖反

斷諸惡已 斷徒暖反

耶輸陁

羅 此云持聲

亭歷子糩 下苦外糠外反

素在後宮 素本也

角力 上古岳反量也試也經作捔字音才古反是古文粗字粗略也全非經義

陶家輪 上大勞反蒼頡篇作匋之家也舜始為陶又作匋字亦通用也

斷取一切 斷音都管反玉篇絕也截也

百億閻浮 此三千大千世界之內合有百億依經說億有三種數法不同若依下數十万為億計有万億

數有餘也若依上數万万為億只有十億數不足今依花嚴經一百洛义為一億故有百億也

林微尼園 梵云藍軬尼此云樂勝園光是天女名也昔因遊此故得名耳也

入天祠 辞寺二音祭祀之所也

摩醯守羅 此云大自在居色究竟天也

師子璫 都唐反釋名云穿耳施珠曰璫

悉達太子 梵云悉多此云一切義成也

降伏魔官 官王也主也魔是他化天主故

云王木檜七羊反距也三蒼云木之兩耑鋭曰檜經有作鏘鏘字鈴聲非
經義也耑音端博弈補各反說文局戲也六簙十二棊也玉篇古者烏
書作簙也下弈音亦自關而東齊魯之間皆謂棊為弈簙字從竹經中多作博字訓貫也
非經意也如閻浮提此云樹洲因樹立名也東
弗于逮此云勝身洲西瞿陁尼

此云牛貨洲也其土無錢以牛為貨易也北鬱單越此云
勝所作謂彼人所作皆無我所勝餘三洲也燈爐魯姑反盛火器也今
案經或有作鑪言燈爐者大小悉滿中油即此方燈盞是也方言有異故耳也

第五卷

有秘密藏才浪反下三藏字去聲同何以故

如滿月此下有十七箇藏悉平聲才郎反次看二藏字去音次四
字平音毗伽羅論外道大論此云無頌瘡疣
于嬀反皮外之風結也腫也舌則卷縮今案玉篇卷字
有三音一音九勉反收卷也又音九媛反書卷也又音奇圓反曲縮也此音是經所取也
即此卷縮之卷又有三體一作觠字角曲也二作讙字弓曲也三作拳字皮縮也經云舌
縮宜作卷字也八大人覺一少欲二知足三寂靜四精進

五正意六正定七正慧八不戲論也婬怒癡怒音奴故反三毒也
傅以妙藥傅音浮務反附也塗藥也經文多作拊字芳甫
反拍也非此義也四百四病地水火風名四大風輕地重火
上水下不相乖反名四毒蛇一大不調百一病生四大不調則四百四病是也清
夷之處夷平也卒得凶問問信
也破而聲嘶先奚反通俗云瓦墨聲也墨音問經文誤

為嘶說文悲聲也非此義也如蓏麻子布奚反郭璞云如豆也經文多作蜱是蟲名非草也日暴蒲冒反曬也晞乾也振爆音豹聲類云皮散起也佉陁羅此云坑樹也云似苦楝樹此說非也二十五有四洲四惡趣及以六欲天無想梵淨居四空及四禪也婆師花舊云蘇花梵云婆利師迦此云夏至花也阿

一切經音義卷第二十五　第三十三張　城

摩勒此云無垢南本經作呵梨勒誤也此方共識淨三藏云菴摩勒迦此云苦澁藥形如小柰若云菴摩羅菴没羅狀如木苽大如鵝子甘美或生如熟或熟如生故經云生熟難分者也鞞醯勒者狀如甘子未酸並無正翻也癰疽七余反說文云久癰也經文多作蛆字此音子余反謂蝍蛆是蜈蚣也又作胆字蝇胆也並非癰疽義也泛長上芳劒反說文泛浮也駛疾也或為汎字並通莖幹

上戶耕反下干旦反說文本也窄狹上嘖音下洽音經文作迮通用門閫苦本反門限也或作梱亦通用也四種毒虵一者觸毒二嚙毒三氣毒四者見毒三跳他吊反旁擲也又音徒彫非今所取也摩訶波闍波提此云大愛道是佛姨母亦名大勝生主也憍曇弥婆沙論云此王種翻為滅惡為民除患故也弥是女聲為是姨母故以女聲呼之也㲉積下積子易反禾聚也

一切經音義卷第二十五　第三十四張　城

瞿師羅此云妙音聲形長三尺位登初果也當以五繫頭及兩手兩足縛在一處也

第六卷

阿竭陁藥阿云普竭陁云去言服此藥普去衆疾又阿言者無竭陁云價謂此藥功高價直無量侵嬈乃了反郭璞日嬈弄也王篇云戲相擾弄也妒懘蒲歲反方言懘惡也郭璞云急性也經文有作

犛亦同也從尸

虎豹 百貝反說文似虎圜文也經文有作虎兕辭里反山海經兕似牛蒼黑色郭璞曰兕一角重千斤似犀古音義云皮鞹堪作甲是也

熊 許弓反玉篇云獸似豕山居冬蟄䑛其掌掌似人掌也

羆 彼宜反尒雅似熊而黃白色郭璞曰長頭高脚猛憨多力能拔樹木者名羆也

豺狼 上士皆反玉篇云狼屬也山獸也足似狗月令云季秋月豺乃祭獸也

麁澁 所急

反有作惣非也

憎惡 烏故反嫌也

秔粱 上革阮反下力章反經中多作粳粳二字俗用也

正法餘八十年 準大集經如來滅後正法住世合得千年計當九百二十年已後則是餘八十年也

前四十年 計從九百二十一年至九百六十年中間四十年是也

寃宛家 苑元反二體並通韻集枉屈也經文多作惌於願反恨也

或作寇非也

讎隙 上受由反對也報也隙去逆反璺也裂也經中多誤有作酬勸酒也有作隙者止體字也有作郄地名非也

來請衆僧 請字通於三音若用平聲受賜也若用上聲詰問也若用去聲召喚也今此請僧即常召喚其字正體應作靚並依玉篇也

稊稗 上徒奚反下排賣反

儲君 直於反貯備也蔡邕勸學曰儲副君也

旃陁羅 此云險惡人也即屠兒膾子等是也

簒居 上初患反玉篇云奪也謂強奪寶位

也

守羅 來賀反謂遊兵捉道以備寇賊

弱冠 古玩反礼云男子二十冠而字之釋名云二十弱冠謂成人冠體尚弱

醒悟 上星定反謂酒解也

躃地 上脾役反玉篇躃倒也

什物 上時立反三蒼云什聚也雜也謂資生之器物也江南名什物此土名五行史記舜作什物陶器於壽丘也

堤塘 上都奚反下徒郎反玉篇云堤謂之梁又防也障也卑耶日積上為封限也

穿穴 玄史反有作决古穴反穿破也

淋漏

上力金反三蒼漉水下也南經有作滲所禁反滲下義非也

八不淨物 一奴婢僕使二為馬牛羊三田宅邸店四居貯陳宿五金銀珎寶六車乘輦輿七販賣市易八畜諸種子是名八種更有一家説如下別釋

迦羅迦樹 此云黑果形似鎮頭

鎮頭迦果 古譯云狀同此方柿子之類也

秐除 禹軍反除草也字從耒力對反玉篇云田器也可以除草經文有作芸爲蕓同是草名也形似苜蓿月令云仲春芸始生並非經義

裁有 在宋反僅也劣也不欠也廣雅作纔暫也三蒼纔微見也諸書裁纔並用無定體也

衒賣 音縣說文行且賣也廣雅衒誴也或作眩衒二體通用

併 不供養 井諮反蕭也經文作井非經義

飢饉 几宜反下音近尒雅云穀梁傳云一穀不昇曰嗛二穀不昇曰飢三穀不昇曰饉四穀不昇曰

康五穀不昇曰大侵昇登也成也五穀者麥菽稷麻黍也見月令

第七卷

有四魔故 謂魔有師徒説邪見經律也謂魔師為一弟子為二邪經為三邪律為四經云如是謂者魔經律隨順彼者是魔眷屬也

猶如攦師 𧕍拔忍服衆獸來附因而致害今引況魔

碼磁 如初

卷已釋

娉妻 篇併反問娉也説文訪也介雅娉問也有作騁同

釜鍑 上扶武反韻英云鬢器也下扶又反言鍑䥶也說文大口釜也鬲音力的反即釜鬲也象三足鼎之形也

洽壓 於甲反廣雅壓鎮也經文多作押非本字也

酤酒 上音固廣雅賣酒也經有作沽俗用亦水名也非此義又音古胡反買酒也

限劑 齊細反三蒼云分齊雖非此義亦通語也

羖羝 上工戶反下丁奚反說文牡羊也三蒼牸羊也屈角者也

憒叏 上工對反說文亂也下女孝反撓雜也其字市下書人作叏會意字也經文多

作閙俗字也門中作市不是會意字

箱篋 苦頰反竹器惑衣者也

笮屣 所綺反古文作韃韊二體同也

大致 竹吏反至也說文送詣日致三蒼云到也尚也

達陁天 譯勘梵音云私建陁提婆私建陁此云陰也提婆云天也但建達相濫故筆家誤耳

迦旃延天 是婆羅門大姓

多羅樹 此云重直龍反謂葉葉相次也或云槙椰樹似椶櫚樹

常翹 祇遙反廣雅舉也郭日翹懸足也

為履 目迸反履屬也見說文履有草有帛者非惣用木也

療治 上力照反止病也又療取治也

摩訶棱伽 此云大價衣

樂味 力各反

齅香 上許究反說文以鼻就臭也經文多作嗅字俗傳非正也

嬰孩 於盈反頸下也孩戶來反玉篇云推小也養在嬰前故有作咳字玉

一切經音義卷第二十五　第三十九張　城

篇云小兒笑也非此義也

拘躄 卑益反說文不能行也上力弓反下北可反有作蹇跛俗字也

相樸 蒲角反通俗文云相爭倒也有作僕普卜反小打也

木筩 徒東反郭璞云竹管也說文斷竹也有作筒字徒貢反玉篇云漢元帝吹筒簫是也

利钁 俱籰反說文云大鋤

清淨行處 行平聲

霸王 補駕反鄭玄日無祿而王謂之霸也

步屈 纂文云吳人以步屈名桒闔方言蠖又名步屈也闔古合字戶合反今詳此義即搋蟲之類是也步步屈身要因前足挺物方移後足經喻外道於上獻下取一捨一不難斷常等見如步屈蟲也

一切經音義卷第二十五　第四十張　城

第八卷

造詣 千到反

金篦 閉迷反案荀揩詁幼文字宜作箆相叁且用也經文有作鉀依撿玉篇音普蹄反薄箭也非經義耳經文作捭非也音卑果名也即捭柹也經又有作捭非也是捭珠字音毗延反

鵝鴈 五諫反玉

鷸鴻之小者也儀礼曰出如舒鴈佘雅舒鴈鵝也鴈古字也

髣髴　芳往反妃未反謂相似也見不審諦也古文作昉昲說文仿佛並同用也

大舶　蒲百反埤蒼大舡也大者長二十丈載六七百人者是也

愞弱　奴換反三蒼愞耶弱也

寱言刀刀　霓世反通俗文夢語也說文眠言也聲類不覺妄言也經文多作讇寱諸字与譫同倿言也

樘觸　直庚反說文云柱也何承天纂文云樘觸也又作敞敪二體同經文多作棠非也

次辯文字功德及出生次第

翻經沙門慧琳撰

梵經　云阿察囉唐云文字義釋云無異流轉或云無盡以名句文身善能演說諸佛祕密方法差別義理無窮故言無盡或云常住言常住者梵字獨得其稱諸國文字不同此例何者如東夷南蠻西戎北狄及諸胡國所有文字並是小聖睿才隨方語言演說文字後遇劫盡三灾起時悉皆磨滅不得常存唯有此梵文隨梵天王上下前劫後劫皆用一梵天王所說設經百劫亦不差別故云常住惣有五十字從初有一十二字是翻字聲勢次有三十四字名為字母別有四字名為助聲稱呼梵字亦五音倫次喉腭齗齒脣吻等聲則迦左縍軃跛五聲之下又各有五音即迦佉誐伽仰乃至跛頗麼麼莽皆從深向淺亦如此國五音宮商角徵羽五音之內又以五行相參辯之以清濁參之以輕重以陰陽二氣揀之万類差別悉能知矣故易曰觀乎天文以察時變觀乎人文

以化成天下即其義也經言十四音者是譯經主曇無讖法師依龜茲國文字取捨不同用字差別也若依中天竺國音旨其實不尒今乃演說列之如右智者審詳

[illegible]　阿可反

啊　阿箇反阿字去聲兼引

賢　伊以反伊字上聲

縊　伊異反伊字去聲兼引

塢　為古反或作鄔亦通

污　塢固反引聲牙關不開

翳　嬰計反

愛　哀蓋反引聲正體愛字也

污　襖固反大開牙引聲雖即重用污字其中開合有異

奧　阿告反引聲

暗　菴紺反菴音阿

甘反 惡 阿各反正體惡字也

已上一十二字是翻梵字之聲勢也

於此十二音外更添四字用補巧聲添文處用翻字之處輒不曾用用亦不得所謂乙上聲微彈舌乙難重用取去聲引力短聲力去聲長引不轉舌此四字即經中古譯魯留盧婁是也後有三十四字名為字母也

迦 居佉反又取上聲 佉 墟迦反佉字取上聲墟音丘於反 誐 魚迦反迦字准上音 伽 渠賀反伽字去聲重 仰 虛鞅反兼鼻音鞅音央兩反 左 藏可反上聲 瑳 倉可反上聲 嵯 慈我反 醝 蹉賀反引聲重 孃 女兩反兼鼻音 絝 陟賈反 姹 坼賈反 䋈 䋈雅反 搽 茶夏反去聲引 拏 儜雅反兼鼻音 嚲 多可反 佗 他可反他字上聲正體他字也

攘 那我反 馱 陁賀反重 曩 乃朗反鼻音 跛 波可反 頗 陂我反 麼 莫我反無鼻音 婆 婆賀反去聲重 麼 忙牓反鼻音 野 如本字音也 囉 羅字上聲兼彈舌呼之 砢 勒可反 嚩 舞可反 捨 尸也反 灑 沙賈反 縒 桑可反 賀 何馱反 乞灑 二合兩字合為一聲此一字不同衆例也

已上三十四字名為字母野字囉字已下九字是歸本之聲從外向內如上所音梵字並

依中天音旨翻之只為古譯不分明更加訛謬疑誤後學此經是北涼小國玄始四年歲次乙卯當東晉義熙十一年曇無讖法師於姑臧依龜茲國胡本文字翻譯此經遂與中天音旨不同取捨差別言十四音者錯之甚矣誤除暗惡兩聲錯取魯留盧婁為數所以言其十四未審如何用此翻字龜茲與中天相去隔遠又不承師訓未解用中天文字所以乖違故有斯錯哀哉已經三百八十餘年竟無一人能正此失昔先賢道安法師符秦帝師東晉國德有言曰譯經有五失三不易也斯言審諦誠如所論智人遠見明矣以此觀

之失亦過於此說慧琳幼年亦曾稟受安西
學士稱誦書學龜兹國悉談文字實亦不曾
用魯留盧婁翻字亦不除暗惡二聲即今見
有龜兹字母梵夾仍存亦只用十二音取暗
惡為聲翻一切字不知何人作此妄說改易
常規謬言十四音甚無義理其實四字
乙上乙去聲力力 去聲未曾常用時往一度 用補聲引聲之不足高才
博學曉解聲明能用此四字初學童蒙及人
衆凡庸實不曾用也其三十四字母譯經者

呼為半字足知不曾師授胥臆謬說也凡文
句之中有含餘音聲不出口者名為半字非
呼字母以為半字今且略舉三二以明其義
假令云薩縛即含囉字在娑縛二字中間羅
聲即名為半字若梵書即寄羅字一半於縛
字頭上如言沒馱即母字之末任運合其娜
字娜是半字梵書即寄娜於馱字之上故娜
為半字如言達麼兩字中間含其羅音梵文
囉字一半寄書麼字之上囉即名為半字以
是三句例諸他皆倣此其義明矣柰何根本

字母一切文字之源能含衆德之美妙義說
不盡而乃謗為半字是知不解若言合如此
者自身既是半字義不圓滿何能出生一切
衆字以此觀之足知所譯不明展轉相傳訛
謬不可依據有識梵文學士請勘梵本及問
傳學梵僧方知所論二實介梵天所演字母
條例分明今且略說相生次第用前十二字
為聲勢舉後字母一字一字翻之一字更生
十一字兼本成十二字如此遍翻三十四字
名為一番又將野字遍加三十四字之下一
遍准前二翻之又成一番除去野字即將囉
字遍加三十四字之下准前以十二字聲勢

翻之一字生十二字三十四字翻了成四百
八字又是一番次以囉字嚩字娑字賀字仰
字孃字拏字曩字麼字等十二字迴換轉加
成十二番用則足矣亦須師授方知次第句
義文翰攝在十二番中悉皆備足若展轉相
加雖無窮無盡義理相涉聲字乖僻人間罕
用只用前十二番字又以八轉聲明論參而
用之備盡世間一切聲韻種種差別名言依
字辯聲依聲立義字即迴互相加聲義万差
條然有序繁而不雜廣而易解此乃梵天王
聖智所傳五通神仙高才術士廣解略解凡
數百家各騁智力廣造聲論名論數論等終不

能說盡其妙是故前劫後劫諸佛出現世間轉妙法輪皆依此梵文演說方盡其美也是故大毗盧遮那經中有字輪曼荼羅品持誦此五十餘字功德無量無邊能令衆生三業清淨決定當成無上菩提

第九卷

迦隣提鳥 梵語此云實可愛鳥

鴛鴦 水鳥也似鳧黃赤色也此鳥有匹偶不匹則不飛故以此鳥於共匹行也

金磺 古猛反說文銅鐵璞石也從石黃聲也鄭玄璞石也云金玉在石未銷鍊曰鑛又作𥕐礦並同

盛夏水長 張兩反又作漲音同

虧盈 上丘危反減損也有作虧字非體也

月蝕 音食易云日中則昃月盈則蝕劉熙釋名云日月虧曰蝕稍稍侵虧如蟲食草木葉也

彗星 隨銳反尒雅云彗星為欃槍也釋名云其星光稍稍似掃彗也人間謂之掃星也

廝下 思移反廣雅命使也字書廝役也又作㒋同謂賤役者也

怖遽 渠庶反廣雅怖畏懼也遽疾急也經文有作懅亦通

堆阜 上都迴反有作垍下浮務反並丘陵也

娑羅翅樹 此云白鷺也

尼迦羅樹 此云不黑亦云不時也

佉陁羅 云坑樹其木堅實者是也

窒緻 直致反窒也又作緻同用也

三十二相 十住婆沙第三卷瑜伽第十九大般若經卷具明三十二勝天王會及寶女經及菩薩藏經及此相文多不載也

八十種好 十住婆沙第七瑜伽四十八卷勝天王會無上依經第二具明此相也

輕蹈之 蹈徒到反玉篇云蹈踐也

不匿 尼力反玉篇云隱也

鬱烝 上於勿反李巡注尒雅云鬱盛氣也下之仍反說文火氣上也

解八種藥 一治身二治眼三治瘡四治小兒五治邪鬼六治毒七治胎病八占星如下者

嫈所說

乳哺　蒱布反含食也謂口中嚼食也經有作餔餔姑反謂申時食也

創皰　上初良反又作戧刱皆古字也說文創傷也經有作瘡俗字非正也下蒲㲉反又作皰同說文面生氣瘡也經文有作疱字非正體也

癘下　當賴反又作膌同字林女人赤白癘二病也開中多音帶三蒼下漏病也釋名云下痢重而赤白曰癘言厲膌而難差也經文作蔕字尚蛆同知列反謂蟲螫也又作哲字𨁂也此之兩字並非經意

抄前箸後　箸忠庶反箸言處也亦云立也

菴羅果　此無正翻狀如木瓜其味香甘經取生熟難分者也

先陁婆　淨三藏云是石鹽也出在信度河邊故以河為名今經云一名四寶此喻智臣相時而用

娑羅奢樹　此云赤花樹也

迦尼迦樹　具云尼迦割羅尼迦此云月也割羅此云作也

阿叔迦樹　此云無憂也

波吒羅　吒音竹嫁反此翻為重葉樹也

第十卷

祠祀　徐理反尒雅云祭祀也礼記王者為群姓立十祀謂諸侯五祀大夫三祀士二祀庶人一祀或竈小神作禱告者也

輕躁　子到反又作趮同易云震為躁躁猶動也論語曰言未及而言謂之躁鄭玄曰躁不安靜也

口爽　所兩反敗也楚人名美敗曰爽也

肴饌　士眷反又作簒同說文饌具食也

悵怏　於亮反說文怏怏不服也蒼頡篇云怏懟恨也

唐捐　徒郎反徒也徒空也捐音以專反玉篇弃也

摩伽陁國　梵語義譯云摩云無也伽陁害也言此國法不行刑戮有犯死罪者送至寒林任其生死又釋云摩者大也伽陁體也謂於五印度此國最大統攝諸國故云大體

滿足

八斛　此摩伽陁國處中諸部之中用於天律以治斗斛餘方不定皆此取則正

准孫子筭經云量之所起初起於粟六粟為一圭六十粟為一撮六百粟為一抄六千粟為一勺六万粟為一合六十万粟為一升六百万粟為一斗六千万粟為一斛此並據佛在世時與周法同若小斗三升是今之一斗也

鳥角鵄 言角鵄者此鳥頭上毛竪似角即鵂鶹茱鷄之類是也此鳥戰為必無同捿之義故佛引為譬喻

七茱花 茱有七莖狀似人手其花臭惡也

婆師香 其花芬馥也此云藤花也

浸壞 上精禁反永潛入也壞胡恠反

說十三偈者 凡舉六條皆有六隻偈一偈結成十三也從角鵄訖以是故偈也

怡悅 上与之反介雅云怡樂也憙也又熈同

姝大 上齒朱反說文好也色美也釋名云趙魏燕代之間謂好為姝也

瓌異 上古迴反又作傀同方美也盛也說文律也奇也

弊惡 上毗

謊反惡性也疾也急性也

吐核在地 核行革反果中實也

渚名拘耶尼 西牛貨洲也

診之 之忍反說文診視也三蒼候也聲類云驗也時用作訴一也

外道九十五種皆趣惡道 慧琳釋

外道者邪見猥雜不堪縷說所行所執各各不同今且略舉數般以明差別所謂勝論數論執我計常五熱炙身編椽卧棘塗灰掬食翹足裸形自餓投河𪆗狗等戒板衣卉草卧火投巖矯乱髑髏習諸邪定無利勤苦不得解脫是故經言皆趣惡道瑜伽六七顯揚九十廣辯宗途如彼二論戒禁所執以顯相從惣攝論之不過十六如論中頌曰

執因中有果　顯了有去来　我常宿作因

自在等實法　邊無邊矯乱　計無因斷空

最勝淨吉祥　名十六異論　一因中有果宗

二從緣顯了宗　三去来實有宗　四計我實有宗

五諸皆常論宗　六宿作因論宗　七自在等因宗

八實為正法宗　九邊無邊論宗　十不死矯乱宗

十一計無因論宗　十二計七斷論宗　十三因果皆空宗

十四妄計最勝宗　十五妄計清淨宗　十六妄計吉祥宗

恕巳　舒預反蒼頡篇如也大戴礼恕則仁也聲類人者心恕物也　綜習　上子宋反三蒼云綜理也謂機縷持絲文屈緯制經令得開合成於文像學習亦尔功著藝成也　非一切衆生盡依飲食存　案孔子家語曰唯飲而不食者蟬也唯食而不飲者蓄蠹也不食不飲者蜉蝣蟻蠓也亦食亦飲者世間人畜也故知前偈攉為衆生既非普遍之言是有餘義也　羸瘠

第五十三張　城

上力佳反下情亦反又作𤺓𤸃膌三體同用說文云瘠瘦也　刺刺　上雌自反草木刺人為朿刀鋤矛稍傷人者為刺古文作朿字說文木芒也下清亦反廣雅以刃撞也　矛稍　上莫侯反下音朔已見前釋在第一卷中

一切經音義卷第二十五

城

一切經音義卷第二十六　城

釋雲公撰　大唐沙門慧琳再加刪補

涅盤經從第十一盡四十

闍維分兩卷

大般泥洹經六卷

方等般泥洹經兩卷

南本涅盤經三十六卷同用此音

右已上計七十六卷同此卷音

大般涅盤經第十一卷

習習　經文有從疒女草反作瘖諸字書並無此瘖字近代人加疒作之

噦噎　於越反通俗文氣逆也說文云氣短也

痲瀝　上力金反瀝類小便數也經文作淋說文水沃也廣雅淋漬也非此義

懟恨　上直喙反古文作譵同介雅云懟怨而且忿也

阿伽陁藥　此云無病或云不死藥有翻為普除去謂衆病悉除去也

三摩扶提　此云等至無心定也

𧄼瞢　徒登反下莫登反昏昧也

那羅延　此云力士或云天中或云人中力士或云金剛力士也或云堅固力士

鉢建提　此云能礙此中力士甚勇健捷疾也

欠故　墟底反通俗文口通氣也有作呿非此義也

蟠龍　薄寒反方言龍未升天謂之蟠龍廣雅蟠屈也經作盤器物字非此用也

㓟剝　上音披經文假借用字書中並無此字也

結加趺坐　趺音府無反三蒼云足趺也鄭注儀禮云足上也案撮持鞋履之處名為足趺惠琳云結加趺坐者加字只合單作

加盤結二足更互以左右足趺加於二髀之上名結加趺坐其坐法差別名目頗多不可繁說今且略叙二種坐儀先以右足趺加左髀上又以左足趺加右髀上令二足掌仰於二髀之上此名降魔坐二手亦仰掌展五指以左押在安在懷中諸禪師多傳此坐是其次也若依持明藏教灌頂阿闍梨所傳授即以吉祥坐為上降魔為次其吉祥坐者先以左足趺加右髀上又以右足趺加左髀上亦令二足掌仰於二髀之上二手准前展指仰掌以右押左此名吉祥坐於一切坐法之中此最為上如來成正覺時身安吉祥之坐左手指地作降魔之印若修行人能常習此坐具足百福莊嚴之相能與一切三昧相應名為最勝也

擗裂　上匹狄反說文破也謂寒凍宊裂也廣雅中分也

阿羅羅　阿波波　謂地獄寒苦之聲也此四地獄因聲為名也觀佛三昧海經第五卷中廣說其因緣

波頭摩地獄　此四地獄因花為名應墮彼獄必有花來迎其神識

擘裂　補革反說文撝也手擘也鄭玄云破裂之也

建陁　具足云黏建陁此云藘也朗法師云是

憂摩陁　摩音莫可反此云妖狂亦云是偏脣鬼也醉神者也

阿婆魔羅　此云無花鬘或云顛狂也

散陁那花　亦云線陁那此云流花也

盧晧那花　亦云盧遮那此云眼花也

箏　說文云鼓絃筑身樂也秦人無義二子爭父之瑟中分之故号曰箏今加竹作箏

笛　說文七孔笛也俗云羌笛三孔也風俗通云笛笛者滌也滌邪穢納雅正也

簫　尒雅大簫謂之管郭璞云編三十三管長尺四寸小者謂之筊十六管也

瑟　尒雅云大瑟謂之灑郭注云長八尺一寸廣一尺八寸二十七弦也

箜篌　釋名云此師延所作靡靡之樂後出於桑間濮上之地蓋空國之侯所存師延為晉平公鼓焉後為鄭衛分其地遂三其國故号為鄭衛之音謂之淫樂也

鼓吹　鼓動也擊也有從皮作皷俗字也

多伽

蔞香 釋論云木香此云不没也

麒麟 渠之反力真反說文仁獸也頭上一角角端頭有宍麟身牛尾經文作騏驎字說文云馬文如綦文者也驎力振反介雅白馬黑脣日驎並非經義

枸枳羅鳥 亦云瞿枳羅瞿此云牛亦名地枳羅云鴝

氍毹 渠俱山于二反通俗云織毛蓐也經作氀力宇反氀毲也非此義也

毾毲 上他盍反釋名云施之大牀前榻上以登上大牀因以名之氀音得恒反

拘執 狀如氈一邊毛長色黑律中六群比丘反被拘執夜出怖人言似鬼之者也

鞯衣 三蒼而容反說文鞯毳飾也亦作毴而容反或作毦人至反廣雅罽也織毛日罽鞯字三體通取任用於義無失經有作茸而容反說文云茸草也非經義也

根子 謂蕫芋之屬也以無子可種但擘根而生故也

莖子 戶耕反謂石榴揚柳之屬是也以無根而生故謂之

一切經音義卷第二十六　第五張　城

也

節子 謂蘭香芹蔡稌子邪屬草等之屬是也有節即生故也

椄子 姊葉反謂梨柿之屬同類相接者也有經作疌連字全非字體也連又音才葉反疾也非今所取

子子 即諸種子是也

丹枕 桼天竺多用帛氍毹絲紵苑羅綿而作或枕或倚者也丹謂赤色也

安簀木枕 謂枕內安簀藏之出聲狀如有水也

六簙 說文云扁戲也六箸十二棊也

拍毱 巨六反古文作鞠今作鞠郭璞云毛丸氣毬之類以蹋鞠蹋戲也兵勢也新書二十五篇傳云皇帝所作也

一切經音義卷第二十六　第六張　城

擲石 案漢書甘延壽投石拔距張晏注云飛石重十二斤為機發行三百歩逃壽有力能以手投之也今人擲磚者是磚音從和反

卜筮 時世反礼記云龜為卜蓍為筮並謂決嫌疑定猶豫故字從竹從巫者揲蓍取卦折竹為爻故字從竹揲音禪列余列二反蓍音尸

遍耳 經文有作身恐寫誤

第十二卷

腦胲諸脉 胲古来反玉篇云足大指也謂分叚之身極上為腦極下為胲血肉所及皆有其脉腦外是胲胲外是甲此中無脉故以蘭之舊音以為胡賣反呼為骨者全非經意也

腨骨 跱兖反說文腓腸也扶非反腨即腸也或作蹲字用亦同

以柱髀 蒲米反北人用此音又必尔反江南行此音釋名髀卑也在下稱也古文亦作蹕經文有作跸陛二體並俗字非正者也

髖骨 口丸反埤蒼髖尻也或作臗字用同

頷骨 侯感反郭璞云頷謂頷車也釋名云輔車也南楚謂之頷秦晉謂之頤頤所以輔持於口也

姿態 下他代反意姿也謂能度人情皃也古文作僟用同也

視瞚 尸閏反玉篇云目動也列子作瞬通俗文作眴音縣並同

皴 七旬反皮細裂拆也

因的 丁歷反說文的明也傳曰射質也謂的然明見也今射堋中鹿子是也古文作

弥字同用也

箭中 知仲反礼記云射中即得為諸侯不中不得為諸侯是也

楚撻 他達反箠打也廣雅撻擊也楚一名荊撻古文作遾用同也

欬逆 枯戴反說文逆氣也字林瘶也經文多作咳侯來反嬰兒見也咳非此義也

艾白 五盖反尔雅艾冰臺言其色似艾也

赧然 拏盞反言赧愧也小雅云面愧日赧說文面慙也

杖幹 公旦反樹並也字從干經文有從木作榦非此義也

脚跌 徒結反失脚也

背僂 力矩反廣雅曲背也通俗文云曲脊謂之傴僂經文有作瘻字音云盧搆反瘻病經非此義也

惡賊 上烏故反憎嫌也亦作僫字用同

螺玉 勤和反蚌也古文正蠃同經文有作蚕力底反借音用非也蚌字音蒲講反俗為蜯字非本體

發撤 纏列反去也除也壞也

敷在身邊 撫無反小雅敷遍也布也古文作尃同正體從甫也

宎皰 蒲皃反謂皮上有宎結也

兜羅綿 此云木綿也甚細耎狀似楊柳樹花若用此綿觸人眼睛潑

不出故知更

七枝　謂白烏四足尾鼻及莖共為七支

紺艶　閻驗反色光也紺青如吹瑠璃

開剖　普厚反上聲破也蒼頡篇判也析也分也

髦尾　上莫高反說文髦髮也謂毛中之長毳也經文有作駿子公反義亦通也

聰叡　夷歲反說文深明也玉篇云通也智也古文作睿籀文作叡用亦通

撓大海　呼高反說文撓擾也經文作耗俗字也

一切經音義卷第二十六　第九張　城

第十三卷

躭緬　多含反說文樂也國語云嗜也古文作媅躭二體諸字書作酖耽二體緬音眠善反說文樂酒也古文作醽說文亦樂於酒

摩婁伽子　此云游子藤也

尼拘陁　舊音云無節樹花嚴音義云其葉如柹子葉子似枇杷子有蒂性耐老樹中最高大也

虫⿰月虫　七余反通俗文云宍

中虫三蒼蠅乳宍中也經文作蛆子余反莊子云蝍蛆甘帶謂其公也又作疽久癰也此後二並非經義也云云也

瘜宍　思力反說文寄宍也又惡肉也又作脜字用同也

創痍　羊之反三蒼痍傷也通俗云體創日痍頭創日傷也

陁羅驃　毗妙反此云主帝也

求那　此云依帝也

阿摩勒水　此云無垢濁也

尼婆羅水　此云無勝濁亦云可梨勒汁

鉢晝羅　亦名優陁伽此云蕢樹葉湯如今時茶揬之類也

或云波耶　此云水也即罽賓國人呼水名也

或言欝特　此是東天竺人呼水名也特音徒得反有作排非也

⿱泚糸利藍　沙賈反梵語此中天竺國人呼水名也

或言婆梨　此云雜藥和水名也

或言波耶　亦云乳此聲論中水名

第十四卷

一切經音義卷第二十六　第十張　城

矬人 才戈反廣雅矬短也通俗文侏儒曰矬經文多作痤字說文云小腫也非此義也

阿含 此云教也亦云法藏也衆善所歸也

毗紐天 亦作違細此云遍同亦云遍勝天也

乳哺 蒲布反飲餔兒乳也有作餔字音同

歌羅羅時 受胎七日不淨和合之時也

安浮陁時 亦云阿浮陁即二七日時如重胞肤

伽

那時 亦云健男即三七日時狀似凝酪也

閉手時 亦云閉户

匍匐 上音蒲下蒲北反伏行也

生涎 詳延反字林慕欲口涎也諸字書作次漾流三體並非三蒼云涎小兒口液也唾也

因燧 辭醉反火母也論語云鑽燧改火也孔注云一年之中鑽燧各異木也世本云造火者燧人為名也

因鑽 子丸反又子乱反說文云所以用穿物者也

因

桴 柎無反鼓椎也正合從包作枹用同

沃壤 上烏穀反下如掌反謂土地潤也

道撿 居險反玉篇云法度也又撿攝也

顧眄 眠見反說文邪視也方言自關而西秦晉之閒日眄

船舫 下甫妄反通俗文云連舟日舫謂併兩舟也

炎旱 上于廉反炎熱也尒雅炎炎熏氣灼人也

薄祐 尤救反尒雅祐福也

第十五卷

一修多羅 此云契經亦攝法本

二祇夜經 此云重須偈

三受記經 梵云和伽羅那

四伽陁經 此云須偈

諷誦 上風奉反

五優陁那經 此云無問自說

六尼陁那經 此云因緣經

七阿波陁那經 此云譬喻

八伊帝日多伽經 此云本事經

九闍陁伽

經此云本生經 十毗佛略經此云方廣經 十一阿浮陁達摩此云未曾有 十二優波提舍此云論議經 儴佉壤羊反梵言餉佉此云貝也亦云珂異名耳 鳩留秦佛亦名拘摟亦云迦羅鳩村馱亦云拘留孫並梵語訛略不切正梵音羯句付那此云滅累也 拘

那含牟尼拘那此云擲牟此云儒也 迦葉佛此云龜是姓也正云加攝波一云是飲食仙種姓 摚敦觸上宅行反提觸也經文作棠非也 水渧丁歷反通俗文云霝滴謂之渧今葉在空為渧至地為滴丁歷反 趨走七逾反玉篇云趨疾行也 性戾力計反字林意乖也王篇云曲戾也 敦喻頓溫反尒雅勉也謂相勸勉也 豌豆捥丸反廣雅瑠豆也經文作宛登俗字並非本體也 其鏃子木反字林云箭鏑也江南言箭金也山東言箭足釋名云箭本曰足古謂箭足為族爾雅金鏃剪羽是也 覺悟交效反廳覺也覺亦悟也下吾故反俗字也正作寤從宀從爿吾聲也蒼頡篇云寐覺而有言曰寤謂說夢中之事也

第十六卷

天竺或云身毒亦云賢豆皆訛也正云印度此云月也月有千名斯一稱

也良以彼土賢聖相繼開悟群生照臨如月也又云賢豆本名天帝當以天帝所護故世允号之 馳騁直知反下丑領反廣雅云馳奔也騁走也 婆私吒竹家反古文作𠿹此云最勝以姓為名 嗚咂我口咂音子合反南經故云如怜子法此語文餙義亦多含經文多錯作婆字音所押反非也 四衢懼虞反爾雅四達謂之衢也郭璞云道四出也 摩訶斯那此云大軍將也 剖其股公五反有作髀

音蒲米反亦通桊曰臛

切以為臛　呼各反王逸注楚辭云有菜曰羹無菜曰臛

憍薩羅國　亦云拘薩羅此云工巧國也

波斯匿王　此云勝軍王或名和悅依仁王經云月光王也

刵耳劓鼻　刵而至反截耳也劓魚器反截鼻也

斲截手足　斲徒角反有音短者非也

拾取土塊

一切經音義卷第二十六　第十五張　城

苦壞反又音苦內反今順俗取前音也

恐為其患　恐丘拱反懼也

擲罥　古縣反罥索也

𠘧壞　上丘投反下乖賣反

佉陁羅炭　此云殃樹其木堅實炭灰熾燄𤏡身必爛

蚉嶪　子累反又作㖩觜同廣雅云口也字書云鳥喙也經文有作嘴泉要反與咒同非經義也

憲制　上軒建反玉篇云法也制禁也法度也

熊羆　虛窮反玉篇云似豕山居冬蟄舐其掌其掌似人掌亦名羆彼宜反而人頭似馬有髦猛憨多力能拔樹木關西名貑羆憨音呼藍反貑音加

拘槃荼　此云冬瓜而鬼也此云極醜鬼也

迦羅富單那

薩遮尼乾子　薩遮此云實尼乾此云無繼也

編椽　上畀綿反玉篇織也聲類云以繩次物曰編謂取棘刺編椽而卧是若行亦道也

氀毼　力字反下寒割反玉篇云蜀賨毛布也

雅

一切經音義卷第二十六　第十六張　城

仰　魚兩反韻集云持也謂取資於人曰仰仰亦望

茹菜敢果　上如薷反廣雅云茹食也

第十七卷

無所畏省　思井反說文視也又察也

拘絺羅　此云大膝也

摩訶　渠擄反玉篇詎何也

詎有　謂未知之辭也

二瓶俱破　一憙者是將破瓶已獲醫價也

一愁者是破酪瓶末得酪直故也

掉戲 徒弔反心動也

輕躁 祖告反心動也

八法 一利二衰三毀四譽五稱六譏七苦八樂

三念處 謂憂喜捨心三法平等故也

第十八卷

良祐 于救反古文作闘佑二體助也天之所助者也

撓濁 乃巧反又乃挍反說文撓擾也乱也

水不能漂 匹遙反漱也經有作溺義通用有作濡非此義也

糸懸須弥 糸音覓謂蚕口之絲也言繭莖之絲細同於絲也

酤酒 酤音故謂賣酒與他人也若作姑音助賣他酒也

洛沙 此云涂作家也謂牛革多虫損傷物命故制不許

拘剡弥 此云不静亦云藏有也

其性

嫳悪 弊音篇滅反性急疾始也有作憋亦同也

第十九卷

无辜 音姑尔雅云辜罪也字從辛古聲古作辜辛音乞言反 𡴘

提希 此云勝妙身夫人也

流惻 初力反玉篇云悲痛也謂惻然悲痛也

富蘭那 此云備也迦葉是姓此云籠氏也此計無因外道也

迦迦羅虫 此云黑虫生必害母

末伽梨 是姓也拘舍梨是母名也此計苦樂不由因是自然外道也

刪闍耶 此云等勝毗羅胝母名此是不須脩外道也經八万劫自盡生死故如轉縷丸也

伊師迦草 此云虎醫何西法師云此草外更內鞕也

如秋髠樹 苦昆反謂截樹頭也

阿耆陁 此云无勝翅舍云髮欽婆羅云衣此以人髮為衣五熱炙身也

迦羅鳩馱 名也此云黑領迦旃姓也此外道應物而起人若問有荅有問無荅無也

㞯乾陁此云無繼是外道惣名也若提云親友是毋名此計苦米有定因要必須受非道能斷也羅摩王此云盧也拔提王此云賢也毗婁真王此云愛樂也那睺沙此云不諍狀迦帝迦王此云恵也毗舍佉王以星為名毗瑠璃王此云

一切經音義卷第二十六　第十九張　城

增長深穽慈井反謂穿坑取狩大醫耆婆此云能活是闍王家兄奈女之子初生手執藥印及其長大乃是醫王也潤漬玆賜反水浸潤物也惌讎視周反玉篇云對也匹也又憎惡也在弶渠向反字書云施罥在道謂之弶其形似弓有作㨂俗字也迦摩羅病此云大風病迦毗羅城

此云黄色古有黄頭仙人於此修學得成仙道故以為名般遮尸此云五髻敦浮婁此云天樂亦云彈弦須拔陁此云好賢毗摩質多此云淨心舍支嚴云月之別名阿脩羅王女帝釋夫人古云淨量而紩尸至反左傳曰臣虐其君曰紩釋名云下煞上曰紩須毗羅此云好勇欝曇鉢林此云起空亦云瑞應舍婆提國此云

一切經音義卷第二十六　第二十張　城

仙人住處也旃陁羅此云治狗人亦名為獄卒氣嘘此是毗膽屠師名氣嘘也阿逸多此云無能勝婬慝上以心反說文私逸也玉篇云不以礼交曰婬下他則反礼記世乱則礼慝傳曰慝邪也優波離此云近護阿那邠坻此云孤給周利槃特亦云周利槃陁迦問利此云小槃陁此云器也優樓頻螺山云木苽自在木苽林中證得無學故以

名之脩随耶此云共起也亦名須随耶也紫草此是人名
判合普旦反又作胖拌三形鄭玄曰胖半也得偶而合曰胖經作泮水解也非此義也
郁伽長者此云功德亦云威德離婆多
此星名尸利毱多此云吉護亦云德護也鄔
悼悲美反耻也陋也下徒到反復也裘阿鼻此云無間亦云無釋

一切經音義卷第二十六　第二十張　域

此有三義一苦二身三處頻婆娑羅亦云瓶沙王此云端
正亦云好顔色也甲冑直救反說文兜鍪也字從月由聲閒
閒上居莧反王篇云隔也代也乱也下古閑反處也中也如臭在
鐵五到反有作鏊字同
第二十卷

阿闍世此云未生怨亦云法逢此兒生法尒作逆疑為
刧盡者三月並照是水灾起王意謂尒火灾起者七日俱燃也
七子喻者普曜經云昔有老母人而有七子六證聖一猶在凡怨柰王罪皆應從
戮母念小子是丸恐終失念故愛偏重鳩翅羅鳥亦云俱枳羅從
聲為名枕狗抗針禁反倚也被髮皮義反散髮也
驢車西域諱乘驢捶五分律犯王法者乘驢就戮也奎星

一切經音義卷第二十六　第二十一張　域

口携反尒雅降婁次也李巡曰降婁白虎宿也經文有作金星即太白星也宜從奎讀也
畢力迦香亦云畢力迦此云觸香也多伽羅
香此云根香多摩羅跋香此云藿葉香也
刧貝娑花花同抑絮可以為綿詢問梵僧白氎是也
圊廁上七情反廣雅圊溷庰廁皆廁之別名也溷塊問反濁也瞿
伽離亦云瞿波離亦云瞿和離此云牛守須那剎

多（須此云好也那剎多此云星也）以八種聲（亦云八音）一極好聲二柔㕦聲三和適聲四尊惠聲五不女聲六不悟聲七深遠聲八不竭聲

止觀（止定也觀惠也有夲作正觀非也）

色十種（謂外五塵內五根是也）

罪戾（力計反孔注尚書云罪過也謚法曰不悔前過曰戾）

五逆

律（進人反論語云使子路問律焉鄭玄曰律濟渡之處也）

毗婆尸佛（此云種種觀亦云勝觀）

第二十一卷

四毗陀論（正云四吠陀此云四明論有十万頌西方所重明四種法一壽二祠三平四術）

毗伽羅論（古音云無頭無尾也）

衛世師論（此云無勝外道論也）

迦毗羅論（古音云黃頭仙人論也）

識記（初禁反說文識驗也）

斷疑心者（都暖反次有疑名疑義二心並同都暖反）

則

得永斷（徒暖反）

有見斷見（斷徒暖反）

摩屋趺陁（摩屋此云滿或云如意趺陁此云賢也）

阿私陁仙（古音不白玄奘云無比仙亦名端嚴也）

鬱陁伽（古音云勝也亦名感也）

陁羅羅仙（有作阿羅邏古音云無醫仙也）

阿提目多伽花（古音云樂眠樂音雅孝反）

占婆花（亦云瞻蔔此云色花也甚香絜）

波吒羅花（古音重禁花重音直龍反也）

婆師羅花（亦云婆師迦此云夏生花也）

摩利迦花（古音云此名次第花也）

新摩利迦花（古云如次第花也）

須摩那花（亦名蘇曼那玄奘云善稱意）

由

提迦花 古音云此名行花行音戶郎反 檀兌利

迦花 古音云此名作也 招提僧坊 古音云供給客僧之處也即以招引提携之義故也親曾問淨三藏云招提是梵語此云四方僧房也

阿那波那 此云數息觀也阿那云入息波那云出息是也

破捽六大 謂地水火風空識也亦云六種也

第二十二卷

恃怙 何古反介雅怙恃也韓詩云無父何怙怙賴也無母何恃恃負也

儭身 且信反文又覩反儭至也近也

佷戾 上侯艮反下礼帝反謂難調伏也

洄澓 洄音迴下音復三蒼云水轉也宣帝紀云洄澓水漩深也

為蘇趍塗 塗古音云宜作墻字為正

以

一切經音義卷第二十六　第二十五張　城

藥坌之 坌蒲悶反通俗文埲土曰坌說文云坌塵也

第二十三卷

連綴 追衛反玉篇云繼也連也合著也

我遠三乘 遠于願反遠離也

難冀 居致反玉篇云望也又作覬說文覬幸也

饑飤 詞恣反石經今作食玉篇云哺也經文有作飼俗字也

瓨器 學江反說文似兕長頭受十升者也

船䑁 扶月反有本作筏艇

並同俗字也

手抱脚蹋 說文正作捊或作抱同鮑交反玉篇云引取也蹋徒盍反踐弃也此喻煩惱何勤修二善是抱取義也懃斷二惡是踐弃義南經謂公敗為運手動足言雖是巧於義有闕疏也

觀身如篋 四大如火大喻見毒也地大喻觸毒風大喻氣毒也水大喻齧毒

旃陁羅 亦名旃荼羅此云嚴幟謂以惡業自嚴行持標幟也其人若行必搖鈴自摽若不爾者必獲重罪時人謂煞人膾子屠也獵擔禁人也

駛河

一切經音義卷第二十六　第二十六張　城

史吏反蒼頡篇云駛疾也字從史經文作駃古穴反謂駃騠驢馬也

摩偷羅國　花嚴音云孔雀城也古音云美蠻城也

迦迦羅　居佉反此云烏也因聲立名也

究究羅　九求反此鷄聲也鵂鶹吒此云鷄也

咀咀羅　多達反難聲也已上三鳥並因聲得名也

第二十四卷

怡懌　下音亦尒雅云怡懌樂也郭璞云怡心之樂也懌意解之樂也

庭燎　力召反周札供墳燭庭燎鄭玄曰墳大也樹於門外曰大燭在於門內曰庭燎

阿摩勒果　此云無垢也

百福　修正十善初有五品心一下品心二中品心三上品心四上中品心五上上品心各具十善為五十名初發心也至於後心具足決定復成五十為百福

婆羅墮

跋闍天　此云重語天也

樓陁天　此云可畏也

因提黎天　帝釋天也

拘摩羅天　此云童子天

八臂天　此云那羅延天

摩醯首羅天　此云大自在天

半闍羅天　此云籠天

造書天　梵云婆羅賀摩天即造悉曇章十二音字母者是也如前第八卷中所明也

婆藪天　古音此名實亦名地亦名物也

由乾陁山　此云持雙山也

第二十五卷

藥名婆呵　此云駛流

百穀　古木反說文穀續也花嚴音義云案揚泉物理論梁者桑稷之總名稻者稉穤之總名菽者衆豆之總名此三穀各二十共為六十蔬果之實各二十助穀共為百穀故詩曰播厥百穀周易云百穀草木麗于地也

斫斸　上苟俠反說文斫所也從斤勺聲經文從金作鈎名

非此用也下竹録反考聲云斸斫斸也拙也說文斫也從斤屬聲經文從登作斲不成字非也

耶奢富那 古文云耶奢此云名聞也富那此云滿也

毗摩羅闍 此云無垢王也

憍梵波提 此云牛王亦名牛主亦名呞也

須婆睺 此云好有

優樓佉 此云鵂鶹仙人也鵂音休鶹音留

迦毗羅 此云黃頭仙人也

第二十六卷

稱黏 上丑支反樹厥也黏女沾反黏著也謂取禽獸也

溫故 上烏昆反論語云溫故而知新何晏曰溫尋也又習也經作愠故字音威運反歷也恨也非經義也

安摑於空 摑摧月反木栽也有作桧俗字後出濺行非正體也

逐塊 苦對反結土也古文作由字同

五翳 為討反一烟二雲三塵四霧五羅睺羅言羅睺者是阿脩羅別言此云障也六月一度以手障月謂之月蝕也

強耐不吐 上渠亮反耐奴代反耐忍也

優陁延山 此云日出處也

屋拘陁 此云無節樹亦名縱廣花嚴音云其萘如柿其子如祉把耐老樹中最高大也

過差 上古卧反下杈加反

頗富伽羅 古音云士人也

婆熙長者 古音云郭外長者熙書依反

氣噓

旃陁羅旃陁羅 此云執惡生煞氣噓是名以氣噓人即死國人有罪合死即付之

瘦瞿曇弥 此云好姓上古仙種也

闍提比丘 此云隨意作也

第二十七卷

沙門 梵語也此云勤勞內道外道之揔名也皆據出家為言耳古經為桒門或為喪門羅什法師以言非便改為沙門也

婆羅門 此俗人也

謂淨行高貴捨惡法之人博學多聞者也

我適欲問　適音尸亦反廣雅云迍也始也

鋒芒　上芳恭反兵刃也下同方反草端也

哮吼　上呼交反下呼狗反玉篇云大嘆也

十住　此中十住即十地也一極喜二離垢三發光四焰慧五難勝六現前七遠行八不動九善慧十法雲地餘經十住乃說地前

如三禪樂者　下之三地樂在五識第三

禪樂准在意地故樂最勝

阿耨多羅三藐三菩提　耨音奴篤反藐字依梵音應作弥略反阿此云無也耨多羅此云上也三云正也藐等也又三正也菩提覺也揔云無上正等正覺也耨字經中多作耨字此音奴搆反正與梵音扶同然僧徒皆用入聲字宜作耨奴沃取亦得名健行定名經中自釋云一切事畢竟堅固也

毼衣　昌芮反說文云鳥獸細毛也

第二十八卷

富那跋陁　此云滿賢同前神將也

其相炳著　炳音丙著音竹慮反炳著謂明自顯示也異於輪王之相也

瞻婆城　瞻婆花名其花黃色奇異香潔此城多有因花得名也

波羅柰　此云江繞城也

菴羅果　此果形如梨味極甘美

立拒舉瓶　拒其呂反舊音云外道擲瓶圓如瓠無足以

三杖交之舉瓶離地諸經中或言奇或言三又立拒並是也

酵煗　上古孝反謂起麪酒酵也經多作酻音洛高反說文云濁酒也酻非經意云也

雲表星　表音悲夭反三蒼云表外也言此星在於雲外也

爐冶　下以者反說文銷也三蒼云銷鑠也遣熱則流遇冷則合與水同意故字從冫也

第二十九卷

粗自供足　上才故反王𥳑云粗略也又麁也

賦

給 方務反說文賦斂也抔也方言賦種也郭璞曰賦所以平量也

三十二相 其一一相皆百福所成謂以五品心行行十善合成五十此是初心至於後心亦具五十合百共成一相故法花云自福莊嚴相是也前二十四卷前文已釋

奩底 上力占反底丁礼反謂盛器也如此香奩底平方正闊狹形狀以辟佛足經云由持戒實語感得此相也今作奩字非經義

千輻輪相 梵云斫訖羅此云輪在如來足下經云以如法財施衆生故得此相也

網鞔指 文莫安反謂佛指間宍上如細羅文如彼鵝鴈之足也因中以四攝取衆生故得此相鞔字從革免聲經作縵音莫晏反非也

節踝瞞滿 瞞音龐龍反尒雅均也齊等也經云因持戒惠施故得此相也

如尼拘陁樹 古音云無節樹也經云尼拘陁樹五丈之質樹既瞞直圓滿以辟佛身經云常樂惠施瞻病給藥得此身相也

中陰有三種食 言思食者是業不死也二觸食者藉冷煖觸而命得存三意食者即識食如卵生類心常念母故身不爛壞

三種煩惱因緣者 一父二母三不淨因此三事受生也又有釋云三煩惱云三煩惱者一於父生嗔二於母生貪三起於身於此三緣中陰得受生也

生業 茲髓反鳥吻也字體宜作紫觜二體也

開剖 普口反折也開

得陁羅尼 此云總持案諸經中有多種有旋陁羅尼是定也有聞持陁羅尼是法也有呪陁羅尼秘密語也雖此經中合是定也

憩駕 上去厲反尒雅憩止也注云止之息也說文作偈字蒼頡篇作憇古字今不用也

藥

名楞伽利 古音云此名稱地也

苟能 上公厚反廣雅苟誠也且也韓詩云苟得也

婚姻 今作昏說文婦家也礼記取婦以昏時入故曰昏尒雅婦之父曰昏古文作婣說文聓家也女之所因故曰姻尒雅

聟之父為姻聟音細此云仙人住處亦云聞物國也云語憧城

舍婆提城　應云尸羅跋提亦云舍衛

婆枳多城　亦云婆翅多此

毗舍離城　亦名毗耶離此云廣嚴城也

伊羅戭提河　或云跋提此云賢也

伊披末堆河　伊披此云甘蔗末堆此云醉也

毗婆舍那河　此云無竭河也

拘舍拔提城　古音云是水名

此城尒時名迦毗羅衛　場應經云迦毗羅衛者三千日月万二千天地之中央也師子菩薩疑拘尸那是邊地令言此城昔名迦毗羅衛云何言是邊

須達多　此給孤獨長者買園造寺側布黃金好施行檀輕財重福也

珊檀那舍　應云

珊檀梨合那珊云正也檀梨云施也舍那云見謂正見行檀也

迦蘭陁竹林　古音云迦蘭陁此名好鳥是鳥名亦是山鼠名亦是園名

祇陁　古音云勝也前者須達買園此祇陁拾樹經云祇樹是也

第三十卷

菴羅女　亦云菴樹女此依傳云依樹花中而生

婆羅河邊　亦云波羅何古音此云勝

駮馬　草迦反說文云駮獸為

馬之才良者也有音思閏反非

殯斂棺蓋　斂音力焰反女

應釋云衣尸也釋名云斂斂也藏不復見也小斂戶內大斂作階也

和液　盈盃反說文肆潤也謂二月仲春陰和滋液也

百獸　案孔子家語云畜育

四靈一毛虫有三百六十種麒麟為長羽虫三百六十種鳳為長也鱗虫三百六十龍為長甲虫三百六十龜為長也

孚乳　上撫夫反通俗文云卵化曰孚又孚字從爪從子此會意字也下而主反又卵生者為孚胎生者為乳故說文從孚從乙乙者

像乳流出也乁音般訖反

鬱蒸 上惲律反下章仍反熱病也月是清凉故能除之也

阿㝹樓馱 亦名阿那律陁亦云阿泥婁豆並由梵音輕重有異此云無滅佛弟子中得天眼者此人最第一也

舍利弗 具云奢利補怛羅奢利此云鶖鷺鳥補怛羅此云子也由此尊者母眼黑白分明轉動流利似鶖鷺眼故号奢利也尊者因母得名云鶖子也舊翻為身子者謬也梵本呼身為設利羅故知懸別

奢摩他 亦云三摩地亦云三昧此云定也止也定有多名此翻也或名三摩跋底也

毗婆舍那 亦云闍那亦云若那此云惠也觀也或云見也

憂畢叉 此云捨也止觀捨三名其義如上也

第三十一卷

得衷 竹隆反左傳楚僻我衷杜預曰衷正也中也中當也蒼頡篇別名內外之辭經文作中中平也兩字並通也

遺燼 秦進反說文火之餘木正體宜作𤇂

菅草 古顏反尒雅菅茅屬也經文作葌與蘭同葌蘭也說文葌香草名也葌非此義也

甘䰛盛金 䰛音古和反方言秦言土釜也說文從鬲午聲中音口瓦反鬲音歷經文作鍋是車釭非此用

撓攪 上呼高反下交反說文撓攪即攪亂也詩云秖攪我心是也

融銷 小彫反說文鑠也從金肖聲經從水作消是消息之消非此用也

覺觀 王篇云覺警也察也觀見也視也成實論云覺觀在初禪也經云內有覺觀外感火災者三藏譯為尋伺

嘲調 上竹交反或作啁同蒼頡篇云啁亦調也謂相調戲也經文有作譏字相承音婁未詳何出或作譺王戒反字林欺調也亦大調曰譺也

賈客 賈公戶反又古雅反鄭玄曰行曰商處曰賈白虎通曰賈之言固謂固其物待民來以求其利也

鴦崛摩羅 此云指以為鬘花外道也

煞人取指以為花鬘為欠一指路中見佛救
刀走趂口云住住大沙門自淨王太子我是
鴦崛摩應當税一指世尊徐步引至伽藍
開法出家便令受戒此出鴦崛摩經

非現生後 現者現報謂今身造業交獲報也生者來世受

生方獲報也後者謂第三身已後方獲報也

王名迦多富 古昔云此名是

眢瞽 公戶反釋名云瞽目眠然謂目平合如鼓皮狀也

即劓其鼻 劓魚器反謂截其鼻也

刖其手足 魚厥反

副軸 上芳富反謂旁偝也

第三十二卷

打擲垖押 垖都回反墜也落也字正體作碓押正體作壓為狎反鎮也狎字古押反籬辟也非此義

種子精血究竟

一不淨 依智度論凡夫之身有五種不淨一種子不淨精血也二住處不淨熟藏之上也三自相不淨血宍汁垢也四自性不淨九孔常流也五究竟不淨終歸糞土也

摩羅耶山 亦云摩羅延摩羅此云垢也耶云除也山在南天竺境因國為名其山多白旃檀香入者香潔故云除垢也

如馳

食蜜 馳徒多反馳驛也蜜者草夕刻蜜也味甜如蜜驅得食之不顧草也

兜羅毦 仁志反通俗文云毛飾也稍上毒毛為毦又作毦同用

紝婆蟲 上女林反梵語也紝婆是樹名葉苦可煑為飲治頭痛如此閒苦楝樹其虫苦之回以為名楝音達見反

火蟲樂火 傳曰南中有火鼠其毛作布為服故則火燒名火浣布也

瑕疵 上戶加反下自移反

鑵綆 上古亂反汲水器也經作灌字是澆灌非此汲器也綆古杏反說文汲井繩也方言韓魏之閒謂之綆也

憍尸迦 此謂帝釋往古因地之姓也

磁石 有本作慈非字體也

葵藿 孚郭反豆葉也葵藿二物凡俗

每見傾身逐日而轉言有心識
此謂因緣相待非是别有㪅心也阿対迦
樹此云無憂樹
蘿蔔上羅音下蒲北反似菘根味辛紫花者也
作蘆菔同
車兵為馬步兵案西域記凡有
四兵歩馬車為為則被以堅甲牙施利距一
將安乘授其御度兩卒左右為之駕馭車則
以駟馬兵師居乘列卒閣衛扶輪挾轂馬軍
散衛逐北奔馳步軍輕捍敢勇充選負大楯

執長戟或持刀劒前鋒行
陣四兵和合名之曰軍

第三十三卷

粟康美悲反其字正體應作康糜二形謂禾穄也方言云開西謂之糜冀
州謂之
穄音祭
故反
如斷生瓠斷徒緞反謂割割截也瓠音胡
重綫塼綫私箭反綖字非也塼止緣反此謂織簾之家

皆斫來多破塼形如鼓子纏綫於上以為簾
經躡其多少織簾之時行行在椽上累然狀如
脊骨以喻如來六年苦行形體枯瘦故
脊骨連現如重綫塼也重取去聲也
剜身烏官反創也創音患緣反
閉氣不喘閉音筆謎反考聲云掩也藏也回也謂菩薩施身亦為死想令無餘罪
迦賓闍羅鳥古音云是鵽鳥也引釋論云似鵲鶴與為獼猴為親友故知
是也鵽音卓剳
反剳音闌八反
瞿陁身古音云此名鮫魚鮫力承

反玉篇云鮫魚纏也有四足出於南方謂菩薩
潛形利物作異色魚身正定形免也
而常施恩施始宜反玉篇云施設也謂此菩薩利潤無私
施恩
及物
兜率天此云知足欲界之中第四天也
施婆羅比丘施婆羅山名迦山生故故以立名
優波尸婆羅優婆此云小即是弟也
弥迦羅長者母弥迦羅此云金帶金寶嚴身因以為名
拘陁

長者毋未詳半闍羅長者毋菴羅半闍羅此云籠亦名獄此等諸人並是卵生也菴羅樹女淨三藏云果名其形似柰其味如梨溫室經云柰女者即其人也依花以孕質故號濕生即頻婆娑羅王之貴妃良醫耆婆之毋也迦不多樹女此名臭樹依之而生放逸行行平聲呼之也稾草

一切經音義卷第二十六　第四十三張　城

古老反禾幹之草也齒壯者謂人即數年牛即數歲馬即數齒故言齒壯也捲脊巨負反屈也曲也蹲地音存當舉其尸舉音與除反正應作舉字廝下之人廝息支反玉篇云馬屋也廝人居之故也圊廁正應作圊圊溷記莂悲別反分簡也經文作別非也卵殼口角反殼

字同吳會之間音口木反今詳凡物皮皆是殼也娙佚今作妖同與一反蒼頡篇娙妖蕩也蕩音徒浪反

第三十四卷

婆蹉婆此云執金剛寶亦名嚴飾也富蘭陁羅古音云富蘭云城陁羅云破也因陁羅此云帝主也舍脂夫人舍脂此云淨量是阿脩羅王女為天帝所重也

一切經音義卷第二十六　第四十四張　城

優波摩耶此云辟喻是佛庚子也須跋陁羅此云善好賢羅閱祇王舍城是也愁憒古對反憒心乱也婆羅留支古音云此名勝樂樂音五孝反亦名折指婆伽婆此云世尊阿羅呵此云應供與阿羅漢義亦相似三藐三佛陁此云正遍知也麁澀氀褐澀所立反從四止二正二倒書

經三止作迣非也氀力主反織毛為布也

第三十五卷

瞿伍比丘 此云守牛也

波斯匿王 此云月光王亦云勝軍王亦云和悅也

即便有娠 尸仁反懷胎也經作身如如盡是一揣舌是多者應揣字乃是盖四面𧗾絲絲舌也脩涅槃是一解旣是多

如來十力 瑜伽論第五十卷云一者處非處智力二自業智力三靜慮解脫等持等至智力四根勝劣智力五種種勝解智力六種種界智力七遍趣行智力八宿住隨念智力九生死智力十漏盡智力

四無所畏 一正等覺無畏二漏盡無畏三障道無畏四出苦道無畏也

首楞嚴三昧 此云勇健定也此經中自釋云首楞嚴者於一切事究竟堅固也

第三十六卷

尸利沙果 古譯尸利者頭也沙云似故名似頭果也

杷吒羅長者 梵語城名此城長者也

瞿伽離 此云牛守也

坻舍比丘 此云光亦云大

波吒羅花 此名重葉花

坻弥魚 上音伭迷羅謂大身魚其類有四此最小者法炬經中伭迷宜羅即第三魚皆次乎相吞噉

鯌奐 上且各反異物志云鐇鯌奐鼻上有一横骨利如刀斧江東呼闊刀斧為鐇故謂之鐇鯌此類魚有二十種各異自有別名齒利如鋸鼻骨如鐇今並從奐作鐇鯌鐇音煩

外道唯觀六行 謂欣上猒下各有三猒離下界苦麁障欣求上界淨妙利也苦麁障為三淨妙利為三合為六行耶見行非正觀也

我弟子具十六行 謂四諦下各為十六正行也

腕手比丘 烏灌反或作捥

刀長者

上音彫人姓也

行般那舍 幸吏反此人利根無待勤行自能得滅成實論中不行滅人是也

馬師滿宿 此二比丘六群比丘之二也智度論云難陀是二瞿伽梨三闡陀四馬師五滿宿六是也

童子迦葉 即有部律中却取鑯末迦葉是舍衛國多羅聚落人即此會中對楊論議之主前文云年在幼稚是此人也

耶舍比丘 或云耶世此云明也

沙門那 梵語也此義譯云乏道沙門名乏那名道僧掤云貧道者即謙退自卑之辭也亦更有多義也

第三十七卷

菟角虛空 菟角本無故今亦無虛空常故本有今有佛性不亦本有今無本無今有是故亦有亦無是中道義經云煩惱諸結善無記盡名佛性言本有今無者煩惱也本無今有者菩提也若云三世俱無煩惱如虛空三世俱無菩提如菟角者即名謗佛法僧故云三世有法無有是處

去樹去舍 去音丘與反玉篇曰去除也却也又音丘廬反往也離也非此義也

霑污 知廉反玉篇云霑也三蒼云漬也

魍魎 亡往反力掌反說文作蝄蜽同通俗文云木石之精怪也淮南說狀如三歲小兒赤黑色赤目赤爪長耳美髮好死鬼也

地獄一百三十六所 初有八熱地獄一等活二黑繩三衆合四號叫五大號叫六燒燃七極燒燃八阿鼻大地獄也一一地獄各有四門一一門外復有四獄一爐煨一屍糞三鋒刃四烈河此八地獄是根本各有十六以為眷屬合成一百三十六也

第三十八卷

安闍那藥 古音亦云安陀此云根藥經云能治眼痛應是黃連也

暐曄 上于鬼反下炎獵反方言威良也三蒼光華也

虎

兕徐里反郭璞曰兕似牛青色一角重千斤也摶食徒官反說文摶圜也三蒼厭也經作揣俗字非也法厲力制反磨石也古作礪同麁獷古猛反獷強也說文惡不可附也經文作穬槀也非此義也蚩笑赤之反蒼頡篇輕侮也笑私妙反字林笑喜也字從竹犬聲竹為樂器君子樂而後笑也抱須弥上齿交反經文從金作鉋

非也案鉋字文字中並無宜作捊抱二體也齚齧又作齰咋齰並同柴責反通俗文齩齧曰齚也下研結反也欝頭藍弗此云獺戲字坐得非想定獲五神通飛入王宮遂失通定途步歸山阿羅羅此云懈怠亦獲通定者也那睺沙王此云不事火耶耶帝王占音翻為數行王也尸毗王古音云亦名濕

鞞此云安隱也一叉鳩王古音翻為甘遮鼠也摩羅延山亦云摩羅耶除耆羌仙人亦云時羌奴侯反此云勝仙也婆藪仙人古音翻為邪實仙人迦羅富城此翻為臭地

第三十九卷

闍提首那此翻為顧勇遠法師云邪見外道以執涅槃是

無常也婆私吒此云最勝或云最上亦同闍提邪見宗也先尼及迦葉遠云是我見外道也富那及淨是邊見外道也犢子梵志是疑心外道謂疑道有無并疑得著納衣梵志是自然外道說一切法自然有亦邊見攝弘廣及須跋是戒取外道弘廣執乞食為道須跋執苦行為道也祢瞿曇姓上奴礼反

謂擗佛姓是誤顛故請懺悔又作伱字
奴屐反謂尒汝筆語並是此同也
須
男邪花 亦云粦摩那此 云好意花也 樹持剌
剌 上去聲 下入聲 石榴棲子 稜皮吹反 玉篇云棱
木果樹小蘖生 有剌子亦可食 迦葉 此云姓 龜氏也 富那
此云備 也反 榛木 士巾反廣雅云木蘖生 曰榛草蘖生謂之薄也

一切經音義卷第二十六　第五十一張　誠

第四十卷

車輿 余慮反又平聲亦通說文車 輿也應音云車無輪曰輿 鉤
餌 正體宜作珥字如志反 服虔云鉤臭曰餌也 軟乳 又作 嗽同
所角反三蒼云軟吮也通俗文含 吸曰軟經文作數俗字也 户闔
古文鑰字同用余酌反方言關東謂之鍵關 西謂之闔經文作籥字林云書僮笞也篆文

云關西以書篇為書籥非 此戶闔之義笘音赤占反

大般涅槃經憍陳如品 闍維分上卷

惠琳撰

上頷 下含感反方言頷頤也說文從頁 含聲或作頜經作頷俗字
焜燭 上渾穩反顧野王云焜亦熾 燭說文從水艮聲或作烟 燾
彼 前法界 經音記

一切經音義卷第二十六　第五十二張　城

下卷

暗咽 上邑吟反方言云啼無聲曰暗集 訓云暗啞也古今正字從口音聲
也 芬馥 下馮目反韓詩馥亦芬也毛詩 傳馥香白也古今正字從香夏聲
夏音同 上也 金鋼 下各郎反考聲鋼堅也文 字集略金之精者也
鯈介 上昇宍反王注楚辭鯈忽電光皃 也說文鯈忽亦疾皃也從黑攸聲
矛矟 上莫侯反呂氏春秋蚩尤作矛考 聲酋矛戈之類也說文矛長二文

建於兵車也象形字也經作鉾俗字也下雙卓反博雅矟亦矛也古今正字云矟長文八也文字典說今之戟矟也從矛肖聲經作拥拥猶柵也非經義

羂索 上涓充反桂苑珠叢云以繩繞係取物謂之羂說文网也從网綃聲或作罥下桒各反集訓云索繩也文字典說從糸市聲經作繚誤也

金鐔 下徒南反考聲云鐔瓦器也集訓云亦甒屬甒音無甫反經作罈俗字也

毛纛 同僕反集訓云

形如牛用羽飾之軍中為表也蔡邕獨斷云纛者以氂牛尾為之大如斗在乘左騑頭上也古今正字從縣毒聲毒字從屮經從縣作纛俗字屮音丑列反

慨悼 上開愛反淮南云慷慨不得志也考聲云傷歎也說文從心既聲也

大般泥洹經第一卷

玄應撰

哀慟 同貢反論語云顏回死子哭之慟馬融注云慟哀過也

澡漱 上遭老反下所溜反說文澡洗手也漱盪口也經文作嗽誤也

寮孔 了彫反蒼頡篇小空也經文作遼遠之遼也非經義也

豪芒 古文作秋同無方反謂纖利如禾芒也經文作鋩非也

第二卷

羅寇 口候反尚書寇賊姦宄宛審集聲曰寇謂群行攻劫者也說文寇暴也廣雅寇鈔也剽匹妙反

祖送 宋古反尒雅祖始也詩云仲山甫出

祖者將行犯軷之祭也軷音蒲達反

長訣 古穴反訣絕也通俗文與死者辭曰訣韻略決亦別也

第三卷

犺鼠 余繡反似狖猴而大蒼黑能捕鼠為物捷健也

摻濁 楚錦反通俗文云以土入食中曰摻也

第四卷

瞿師羅　局俱反梵語也案中本起經云瞿師羅者此譯云美音

攘臂　而羊反毛詩傳曰攘除也謂除衣袂出臂也臂音必寐反袂音弥世反

宴默　石經為古文燕字同一見反說文宴安也謂安息皃也經文作譆音虛基反痛聲也譆非此用

第五卷

堅凷　今作塊同苦對反說文凷堅土也三蒼土塊也

兕來　又作𤉡兕二形同音似又徐姊反尒雅兕似牛一角青色重千斤

啞者　烏奚反

炮者　烏高反

第六卷

猛烈　力折反說文烈火猛也廣雅烈熱也

菵藥　無往反正

言莽草有毒出幽州人入城或擣和食置水中魚食皆死浮出取食之無妨也

方等般泥洹經上卷　玄應音

指臏　又作髕同父刃反說文膝骨曰髕三蒼膝蓋文

面皺　側救反韻略云皺面皮聚也謂不播皺也經文作縐借字也

量跡　又作蹟迹二形同子亦反謂足跡也經文作跡非也

㵒攢　仕山仕環二反字書㵒㳪水流皃也

輔弼　扶禹反韓詩云輔助也下又作弻弼弜三形同皮筆反弼正也

下卷

𤰞褫　宜作廝悉移反字書廝役也何注公羊謂賤役人者也廝亦撕下也或作㒋經文作㯕音斯福也㯕非此義也

嵩貔　思隆反下作貔同婢尸反

國名也

阿摛　初甲反佛名也經文從禾作摛應誤也

鶡鴨　案諸經皆作鶡鴨用胡割反下又作鶴同於甲反鶡似雉而大青色有毛角若鬬死乃止故武人戴鶡冠以象之也故經文作羯音居謁反羊也非經義乖依目此後合有四童子

大悲大莊嚴華經移向涅槃音前附
入第二十四卷末安撿字者知之

一切經音義卷第二十六

第五十七張　城

一切經音義卷第二十七　城

音妙法蓮花經八卷　添品法花亦同用

法花音訓序

翻經沙門大乘基撰　翻經沙門慧琳再詳定

妙法蓮花經者斯乃扣遼宗之微言警鷲機之奧旨揚真乘以宏空掩曦駕之圖天衢演覺水以潛律孕濛澤之通地紀誠法王之德壐信懷生之履業者歟由是金地緇英溥音普歸真而詣賾瑶山素彥咸挹道而求宗寢味之輩寔繁議咀之徒匪一宮羽曽無歸歸轍迹屢有參差師既章句漫行弟亦道聽塗說餘昆不爽增迷坦路基往參詳譯大小微功於文雖不匠成義味頗經師授試覩群績無可適從遂

發憤前修爰矜後學製玄贊十卷音訓一卷賛以本論為先有虧資於異典音以說文為正微訓採於餘籍旨實精玄粗以考窮源系文華雅藻薄亦摭盡根由雖未定以指南誠謂深為逐比知人哲鑒當自臧之庶繳易

桑津景騰華而無輟煙霏揄嶠道傳芳而不朽鏡之無已詳幽致云

妙法蓮花經序品第一 梵云薩達磨奔荼利迦素怛纜薩者妙也正也達磨法也西域呼白蓮花為奔荼利迦素怛纜經也應云妙法白蓮花經放白毫光駕以白牛白是衆色之本一乘為三乘之基故以白蓮花喻於妙法梵本既無別白字故惣云蓮花法舍持軌綰群祥以攝妙玉篇云妙精也又要妙好良也古文從玄為玅法者軌則也又揩式也亦持也花兼秀發揔衆美而彰蓮蓮字玉篇云蓮芙蕖實也花字古譯作華非華字無花音今不用

經 貫穿也攝也玉篇云久也常也經營規求也經里數也法也理也度也凡東西為緯南北為經喻如織也

序 音徐呂反序由致也庠序也詮序也玉篇云東西堂曰序敘尊卑之處也序亦學也敘有序序長幼也從

广從予

品 品者衆聚也類別也又玉篇云利程也法也類也式也

第 題計反第居也玉篇次也亦為弟子

一 一者首也玉篇云同也數之始也物之極也初也少也

佛 梵云佛陁此云覺者此略去陁字但云佛具一切智一切種智能自開覺亦能開覺一切有情如睡夢覺如蓮花開故名為佛也謂舍多義且略言耳

耆闍崛山 上音祇梵云姞利馱羅矩吒山此云鷲峯亦云鷲臺此山峯上多栖鷲鳥又類高臺故也餘音皆訛餘釋皆非恐煩不述但舉正言

比丘 梵云苾蒭此具五義一怖魔二乞士三淨命四淨戒五破惡下皆準此解也

無復 上武扶反謂非有也或作无說文云古文奇字作无也通於无者虛无道也下吴音扶救反秦音馮目反說文往來也謂往來復重耳

逮得 臺奈反爾雅逮及也方言自關之東西謂及曰逮有本作逯逯音力穀反非也廣雅逯衆也說文又音力足反行謹逯亦人姓皆非及義

阿若憍陳如 梵云阿若多憍陳那阿若多解也初解法故憍陳那婆羅門姓那是

男聲顯從父姓新翻經云解憍陣那

摩訶迦葉申涉反梵云摩訶迦攝波此云大飲光婆羅門姓大者顯德高以簡群小也

優樓頻螺迦葉鄔盧頻螺迦葉波鄔盧頻木瓜果也池中龍名亦胷前有瘻似木瓜故以名焉

伽耶迦葉伽耶山名

那提迦葉捺地迦河名也

舍利弗奢利弗怛羅此云鶖子

大目揵連渠焉反梵云摩訶没特伽羅此云採菽氏亦云菉豆子母氏是採菉豆仙人種也從父本名俱利迦云拘隷多俱律陁並訛也

摩訶迦栴諸延反有作旃延摩訶迦多衍那此云大剪剔種男剪剔婆羅門姓也

阿㝹奴溝反切韻兎子也或作鵵也

樓馱唐佐反阿泥律陁此云無滅也

劫賓那唐六房宿

憍梵波提笈房鉢底此云牛相

離波多頡麗筏多此云室星北方星也祠之得子因以為名有本云離婆多應從離波多為正

畢陵伽婆蹉七何反畢蘭陁筏蹉此云餘習也

薄拘羅薄矩羅唐云善容

摩訶拘絺耻脂反羅摩訶俱瑟耻羅此云大膝

難陁唐云喜也

孫陁羅難陁孫達羅難陁此云艷喜

富樓那弥多羅尼子補剌拏梅怛利曳尼弗怛羅此云滿慈子補剌拏滿也梅怛利曳尼女聲中呼慈也弗怛羅子也慈是母滿是自名此滿尊者是慈女之子或滿及慈俱是母号云滿慈子也更有他釋皆不正也

須菩提蘓補底此云善現

阿難阿難陁此云慶喜

羅睺羅羅怙羅此云執日本是執日阿素洛名非天前軍以手執日障蔽光故今從踰名

摩訶波闍波提摩訶鉢剌闍鉢底此云大

勝生主耶輸陁羅耶戍達羅此云持譽也比丘尼苾蒭尼尼女聲具五義如前颰蒲撥反有作跋亦通菩薩摩訶薩菩提覺也慧也薩埵有情也勇健也方便也覺為智所求果有情悲所度生依弘誓語故名菩薩或求覺果之有情者之勇健者或由妙惠及善方便利樂無方故言菩薩摩訶薩埵云大有情薩求小覺及九下位名摩

訶薩也阿耨奴沃反古音作奴豆反作耨秐耨也借聲也多羅三藐弭藥反本是邈音紫草也玉篇音摸角反又弥紹反今借音弭藥反三菩提阿耨已下合云無上正等正覺也末伽云道菩提云覺也陁羅尼云惣持以少略含多殖衆上時力反蒼頡篇種也廣雅積也立也下平去二聲皆得也常爲榮僞反玉篇使也被也

毋猴為此禽獸好爪持人毋猴象腸為毋猴形象形字也文殊師利曼殊室利此云妙吉祥颰陁波羅颰三蒼音盤末反亦作跋有云颰陁婆羅乃梵音也此云賢護大論云善守彌勒梅怛利曳此云慈氏慈為本姓或以心行為姓也釋提桓因釋迦提婆因達羅釋迦剎帝利姓此云能也提婆天也因達羅帝也即釋中天帝也娑婆索訶唐云堪忍由多怨嫉聖者於中堪耐勞倦而行教化故名堪忍

也梵天梵摩此云寂靜或云清淨潔皆得葛洪字苑訓梵為潔也跋難陁賢喜也娑伽羅亦以娑竭羅鹹海名也和脩吉筏蘇枳此云九頭德叉迦此云多吉阿那婆達多阿那婆踏多唐云無熱惱池名摩那斯摩捺斯此云慈心漚鉢羅殟鉢羅云是紅蓮花有作優鉢應從殟為正也緊那羅緊捺落云

歌神

樂五孝反令愛樂也梵云摩奴是若颰縛羅此云可竟亦名如意音正法花經云一名柔耎二名和音天子是也

乾闥他達反婆健達縛此云尋香行作樂神也海中亦有鬲於天也

阿修羅阿素落唐云非天

婆稚跋稚迦云團圓正法花云一名寅勝是也跋陁縛義此非被縛稚或作裓䅿皆得同直利反

佉羅騫馱騫為去音下為

陁音此云廣肩髆

毗摩質多羅吠摩質怛利此云綺畫或云寶飾

羅睺羅怙羅云執日

迦樓羅揭路荼此云妙翅鳥

韋提希子阿闍世王吠題呬勝身吠是勝義題呬云身即東洲之名毗題訶男聲呼此女聲呼此是山神名從彼乞得即母稱也阿拄多設咄路此云未生怨別名折指王名也

加

跌古遐反尒雅加重也則交坐除災攝經等云結交趺坐是也有跌不知所從俗字也江南謂開膝坐為跸跨坐山東謂之甲趺坐也跸音拔患反跨音口化反

無量義處用去聲也

三昧莫佩反三摩地此云等持平等持心住境也

天雨于矩反亦有為芋音曼上本音万字下從又有從万者俗字也今借云莫般反為順梵音也

陁羅花適意花也

曼音㩻上

殊沙花柔耎花也

六種

震動職刃反玉篇云震亦動也起也

優婆塞優婆夷鄔波索迦鄔波斯迦鄔波近也迦事也索是男聲此云近事男斯是女聲此云近事女也

夜叉樂叉此云勇健即飛行者也亦舍攝地行之類諸羅剎娑羅剎娑此云暴惡亦云可畏也

摩睺羅伽莫呼洛伽此云大腹大蟒青蛙之類也

放眉間白毫胡刀反莊子跡云毛之秀者曰毫玉篇云毫毛長也觀佛三昧經為太子時舒長五尺樹下長

一丈四尺五寸及成佛已長一丈五尺放之圓卷如秋滿月分明皎潔色類珂雪

靡 密波反尒雅靡無也

阿鼻 阿鼻至此云無間

地獄 梵云捺落迦此云苦器亦云不可樂亦云非行非法行處也或在山間曠野空中今言地獄者在大地之下也

阿迦抳吒 竹嫁反古文變同阿迦云質礙義抳瑟摭究竟義抳女凡反摭音勑加反

修行 下孟反施之名也即行造修也

相貌 莫教反儀也有本作貌及狠皆非也

般 博官反今借音悖末反

涅 年結反說文黑土在水中者從水土日聲也有從工作涅非也

槃 波利抳縛論唐云圓寂抳音奴吉反縛去聲呼諵音奴咸反

舍利 設利羅此云體

塔 梵云窣堵波此云高顯制多此云靈廟律六塔婆無舍利云支提今塔即窣堵訛云塔古書無塔字葛洪字苑及切韻塔即佛堂佛塔廟也

瑞

時僞反玉篇云節信也符應與瞻同音也

偈 梵云伽陀此云頌美歌也室盧迦謂三十二字四句一偈也

出柔耎 而兖反廣雅柔耎弱也通俗文物柔曰耎漢書耎不勝任也俗作軟非也耎下耎通用有作濡非也

遭苦

於艷反玉篇厭猶飽

厭 足而不欲復為也

恒沙 殑伽河神名也河從神立稱此河具五義諸經多寄為喻殑音其矜反又取上聲也

金 說文五色金黃之為長久埋不生百鍊不輕從革不違西方之行生於土故從土左右點象金在土中之形今聲也應為金字也

銀 白金也

珊瑚 赤色寶也

摩尼 末尼如意珠也

車渠 牟娑洛揭婆此云車渠微有青白間色也

馬瑙 遏溼摩揭婆此云杵藏遏溼摩杵義揭婆識義或言胎取其堅寶言馬瑙者色如馬腦故也腦書作瑪瑙字者玉類故也或作碼碯字石之類也

奴 悉胡反古有罪人役官為奴說文古文為伮字也

婢 毗俾反俾音卑婢反說文婢者女之卑稱

車 昌耶反說文輿輪之總名也夏后氏奚仲所作古音

居古者車如居言行所以居人也今日居舍也言行者所處如舍之居象形字
乗　食證反廣雅云乗駕也謂可乗者耳周礼四馬為乗乗載也
輦　力展反說文人輓車也在前人引之古者御大夫亦乗輦自漢以來天子乗之玉篇天子皇后所乗車日輦也
輿　余據與居二反說文車輿也一日車無輪日輿今者車輿形別於古今玉篇衆也載也舉也多也有作轝者非也
駟　息利反說文四馬共一乗謂四馬為駟玉篇逐也房星四謂之天駟也
欄　落千反鈎欄或作闌說文云門遮也有本作蘭香草也非此義欄闌皆得也
楯　食尹反說文云楯欄檻也又王逸注楚辞云檻楯也縱日檻橫日楯玉篇在木部時允反
華蓋　戶花反古今注云黃帝與蚩尤戰於涿鹿之野常有五色雲氣金枝玉葉止於帝上有花葩之象故因而作華蓋焉華字又音呼瓜反西域暑熱人多持蓋以花飾之幢幡華蓋者也涿音卓葩音

毀也
軒飾　上虛言反聲類云安車也說文曲輈轓車也亦為幰字虛偃反玉篇布張車上以禦熱也飾以寶物裝飾車也轓音甫煩反飾從飤從巾也
妻　青奚反說文婦與巳齊者也從妻從女也持事妻職
而被　皮義反服也被帶也有本作披敷羇反方言散也今串著也應從被
破魔　魔羅此云破壞義又言魔卑夜此云惡者云彼句訛也成惡法懷惡意也惡魔彼句号名並述
宴　煙見反安息也有本作晏烏澗反亦黙也古文作燕亦安息也
未嘗　尚羊反小尒雅云嘗試也謂蹔為之也
搥打　上之藥反擊也下吳音頂又都挺反今取秦音得耿反說文云以杖擊也廣雅搥打擊也
肴膳　上胡交反國語云飲而肴貫遠日肴葅也玉篇豆實也凢非穀而食之日肴食也啖也菜肉之類說文膳具食也周礼膳夫鄭玄日膳言善也今時美物亦云珍膳廣雅肴膳肉也皆從肉善聲也又有作餚饍二字撿無所從近代出俗字也
旃檀　旃檀那謂牛頭旃檀等赤即紫檀之類白謂白檀之屬古作旃丹切韻作旃非也
教詔

上古孝反敎訓也下招曜反字林詔告也尒
雅詔導也郭璞謂敎導之也釋名云詔照也
人闇於成事卽有所犯以此示之使照然知
其所由有本敎招敎無平音招誘進也
由旬 踰繕那限量義有餘經說四十里為
一踰繕那俱舍論說極微微金水
兔羊牛隙塵蟣蝨麥指節後後增七倍二十
四指肘四肘為弓量五百俱盧舍此八踰繕
那十六
里卑餘
縱 卽容子用二反詩云從橫其畝
韓詩傳曰南北曰從東西曰橫

周禮九州之地域廣輪之數鄭玄輪從也廣
橫也廣雅作從切韻作作縱縱縱三字有作從
不知所
出也
珠交露慢 莫半反說文慢
幕也從巾曼聲
在傍曰帷在上曰幕幕覆也覆露也諸經珠
交露蓋珠交露車同其事也有作縵說文繒
帛無文曰縵非慢正體
見寶塔品當更重釋
和鳴 上胡戈反說文音樂
和調也詩云和
鈴央央是也
是 有作尒時應
從是時為定
惟 玉篇
思也

念也
謀也
忖 倉本反
度也
雨大法雨 二皆
字音
初或
爭音
吹 出為反尺為反
今從初口氣出
螺 落過反俗字
也水蟲也正
作蠡
也
阿僧 阿僧企耶此云無央數數之
盡名俱舍論說本數有六十
傳失其八無央數是第五十二華嚴經
說一百二十數中無數第一百二十數
劫 劫臘波此云分
別時分之名也
辟支佛 辟支迦此云
獨佛陁云覺
說應 憶
興
反傳曰應當謂根法相稱切
韻又於證反物謂契應也
姓 說受人所生也古之
神人聖人母感天而

生子故稱天子因生以為姓
故姓字從女從生生亦聲也
頗 傍阿
反
羅
惰 婆羅
門姓
懈 古隘反懶也玉
篇倦也怠也
倦 渠眷反
疲也玉
篇懈也絢也極也止也亦券字或
作倦有作惓字並不知所從也
沙門
止息義以得法故暫寧息諸惡也故或言嗟
羅摩拏或喠摩那拏此云功勞謂修道有功勞也
婆羅門 淨行義四類之
中習淨行故
多陁
阿伽度 怛他揭多
云如來也
阿羅訶 阿
羅

漢此云應也

三藐三佛陁 此云正等覺

利養 餘兩反無餘亮音也

懈怠 上古隘反下徙亥反尒雅懈怠也集注懈極也怠嬾也釋名懈解也骨節解緩耳切韻疲也作怠懈慢也惰也荒也放散身體也憧落也嬾也

瑠璃 吠瑠璃或但云瑠璃

頗梨 力私反頗胝迦此云水精又云水玉或云白珠大智度論中此寶出山石窟中一云過千年氷化為之此言無據西方暑熱土地無氷多饒此寶何物化焉此但石類處處皆有也

適從 上聲赤反三蒼古文作適謂近也始也

族姓 上祖鹿反尚書方命圮族注云族類也周礼四閭為族鄭玄云百家也族亦聚也姓也

方便品

便 緩面反去聲字統云人行不善更之則安故論語云更也人皆仰之故從人從

㝱㝱字從丙從攴攴音普卜反

詳 似羊反審也說文審議也廣雅詳諟也古文作絆

無礙 五代反古文硋同說文礙止也廣雅礙卽閡也有作閡亦古文礙字小尒雅閡限也說文外閑也有作㝵非也㝵音得說文得取也尚書高宗夢得說是也衛宏詔定古文官書去㝵得二字同體㝵非此用

盡 津引反任也窮也或秦引反本盡之盡也

思 息字反

十方刹 初錯反切韻作刹差多羅云田土田也或云國土義譯之耳紫刹字書所無說文作剎字略為刹刹楚乙反傷也字從黍音七

稻 從皓反與道同音

所趣 七句反又七俱反今從初宗歸意況也

甚深妙 有作微妙二皆無失

網 文兩反疑喻如網羅生難出也

猶豫 上弋周反下弋庶反說文隴西謂犬子為猶猶性多疑豫在人前故九不史者謂之猶豫與狐疑同尒雅云猶如麂善登木郭璞健上樹也麂居履反也

此輩 補配反群黨也說文軍法發車百兩為一輩從車非聲從北錯也蒼頡篇輩比也廣雅等鞁輩亦類也鞁補槃反玉篇輩部比類也

增上慢 莫晏反切韻欺為謾緩為慢玉篇慢易也輕侮也遲也情也不畏也緩也又倨也或為嫚字也
默 莫北反靜也俗作嘿非也
制上 諸市反非紙亦非旨
佳矣 上古膎反說文佳善也廣雅好也膎户佳反膎脪也
唯然 上弋誰反說文諾也廣雅譍也禮記父召無諾先生召無諾唯而起鄭玄曰唯者譍之敬辭唯恭於諾又借音弋水反亦語辭也然順可也
優曇鉢華 鄔曇鉢羅瑞應花也
從諸佛 有本從佛二皆無失
伹教 上徒且反聲類云伹徒也徒空也
濁 直角反滓穢也
垢 古厚反汙穢也黕涂不淨也
慳 苦閒反慳已得
貪 他含反婪未得
嫉妒 上秦悉反秦入聲玉篇辭栗反古文𧪘㑵嫉三形同下當故反楚辭云故興心而嫉妒王逸注楚辭云害賢曰嫉害色曰妒說文婦妒夫也從

女户聲
瑕疵 疾移反古文𤻗同瑕過也說文疵病玉篇云玉內有病曰瑕玉外有病曰疵今作疵者法內之人有煩惱病如玉之有瑕非如玉外病也
糟 作曹反酒滓也
糠 苦崗反米粃也
斯人歁 息淺反少也有作鮮玉篇鮮亦少也
修多羅 素怛纜云契經
伽他 云頌
祇夜 祇焰應頌
優波提舍 鄔波提鑠云論議有作優婆應從彼為正也
矜高 上居陵反尚書云汝惟弗矜天下莫與汝爭能孔安國云自賢曰矜禮記孔子不矜而莊鄭玄云矜謂自尊大也
諂曲 上丑冉反佞也說文作讇同莊周云希其意道其言曰諂玉篇諂諛也傾身似有下也有作讇同
玫瑰 說文上莫回反下胡魁反火齊珠也一曰石之美好曰玫圓好曰瑰郭璞玫瑰石珠也張揖玫瑰琅玕珠出崑崙開明月山
石廟 眉召反古文庿白虎通玉篇廟皃也先祖尊所在故稱廟
木櫁 字苑民一反香木也切韻樹名作榓玉篇櫁者香木也有作榓非也其樹似槐

而香極大伐之五年始用若取其香皆預斫之々乃香出

鍮錫　上偸專反說文玉篇青金也尚書青州貢鉛錫是錫銀鉛之間

作樂　五覺反世本云黃帝世伶倫作樂說文五聲八音揔名為樂禮記此音而樂之干戚羽毛謂之樂鄭玄八音克諧謂之樂亦音盧各反

擊鼓　姑戶反玉篇云動也凡出音曰鼓擊也鳴也

吹角　曲形而似角即大角

貝　蠃也

簫　蘇彫

反管也玉篇編小管所吹又作篴音山卓反樂也

笛　徒歷反七孔籥也俗名直玉篇五孔竹笛羗笛二孔

琴　說文琴禁也神農作也玉篇言君子守正以自禁也

箜篌琵琶鐃　女交反如鈴而大廣雅鉌鑾鐃鐸鈴也說文玉篇小鉦也軍法十長執鐃五人為伍五伍為兩兩司馬執鐸

銅拔　蒲撥反亦為跋今關東多作兩扇相擊出聲有作鈸無所從也

歌唄　蒲介反梵云婆師此云讚嘆婆音蒲賀反先云唄匿訛也此乃西域三契聲如室路拏所作是也宣驗記陳思王曹植登漁山忽聞巖岫有誦經聲清婉遒亮遠谷流響遂依擬其聲而制梵唄至今傳之唄亦近代字無所從也

犛　卯交反說文西南夷長髦牛也今隴西有此牛切韻作犛其毛作氂犛牛也有作貓貓乃人間所畜捕鼠者是非此牛之義也

蔽　必袂反掩也以貪掩心有作弊眦祭反困也以貪困也

釋迦文　釋迦能姓劫初之時未有君長衆推有道以為司契共立一王号莫訶三末多云大等意

樂謂大衆齊等意樂立為王也即佛高祖以嫡相從曾不失墜共讚能為人帝因斯遂姓釋迦牟尼寂義佛之別号謂能寂默生死惡法亦能證得涅槃寂理姓号雙舉故云釋迦牟尼今語略云釋迦文智度論云釋迦文尼即牟尼同譯殊略尼字也云釋迦文也

南无　正言納慕亦言納莫此云敬礼若言伴談或云伴題此云禮拜言和南皆等訛謬也有本稱南无諸佛應從喜稱南无佛為正也

譬喻品　上疋義反玉篇喻也比類以相曉諭羊瑀反或為諭亦譬

也玉篇曉也譬諭也

踊　餘隴反跳也

躍　以灼反跳也

不豫　余㨿反入也安也切韻逸作豫古文與同尒雅遗及與也左傳云公必與焉亦為預先辦也偹也早也

我嘗　謂曽如此有作常謂恒如此

每作　上莫戴反字林莫䀛反三蒼每非一定之辭也每猶數也屢也

等咎　渠久反廣雅咎過也體從人各人各相違成過咎耳

斷　徒管反截也絶也又都乱反玉篇斷㚷也齊也今從初也

演暢　勑亮反廣雅暢達也明也

華足

安行　胡孟反行安樂行也

倫匹　上力均反廣雅同等比輩倫匹也又倫類也匹配也匹從乚從八八菐一匹又八亦聲

深奧　於報反尒雅西南隅謂之奧郭璞室中隱奧之處也釋名云不見戶明所在柲奧也說文奧究也藏也

道叵　普我反三蒼叵不可也反正為之反从為比反可為叵皆從字

意也

然舍利弗　然如延反玉篇不然不許然猶必亦如是也然也說文從肉從犬今時作然

聚落　廣雅聚落居也聚也謂入所聚居漢書無㸐聚落是也

褭邁　莫介反說文邁遠行也廣雅歸往也

僮　玉篇徒東反獨也說文男有罪為奴曰僮廣雅僮僕役使也今皆作僮也

僕　蒲木反古文作䑑同廣雅僕亦附著人也玉篇仕於家曰僕給也使役也

隤　說文六迴反下墜也從𠂤貴聲廣雅壞也古文作頽墤二形同切韻若作頹暴風也若作頽禿也若作催[illegible]舍屋破也玉篇作隤泰山其隤言墜下壞也

腐敗　上扶雨反朽也烏父同聲下有敗字應作府音或撫音猶里名勝母曽子不入

梁棟　尒雅亲廇謂之梁郭璞云屋大梁也亦通語耳棟音東弄反說文棟屋極也釋名云棟中也居屋之中亲音亡廇音力救反

欻然　上許物反蒼頡篇欻犿起也西京賦欻從背見薛綜欻忽也切韻暴起皃玉篇亦忽也

焚燒　上扶雲反廣雅焚燒田也字從火燒林意古文作炃燌二形同

嬉戲　許文

作僖樂也蒼頡篇女部作嬉二皆喜其反下
希義反戲笑也美也遊也字從戈有作憙許
記反非此
本意也
切已　廣雅切迫又亦迫也割　也字從刀七聲也
衣裓　說文宗廟奏祴衣從衣戒聲玉篇衣　部古來反戒也相傳從衣戒孫得
反襟也今時女人衣前裓是
也天衣類同未詳字所出也
我當爲
榮危反玉篇敷施也亦
榮偽反助也因也字從爪
珍玩　五喚　反字

林弄也廣雅玩好也玉篇戲弄也尚書玩人
喪德玩物喪志孔安國以人為戲弄則喪其
德以物為戲弄則喪其志有
本作翫習翫好之字皆非
玩好　呼到　反玉
篇愛也又呼老反玉
篇宜也善也美也
適其　上尸赤反三　蒼適悦也謂
稱適耳廣雅適善也謂
事物善好稱人心也
勇銳　羊稅反廣　雅銳利也
說文
銳芒
推排　上尺隹反無土雷反下步皆　反蒼頡篇推斡也前也說文
推排排搵斡
音而勇反
四衢　巨俱反尒雅路四達　謂之衢郭璞交道四
出者也釋名云道四達日衢齊魯之間四齒
把為衢衢把地則有四處此道似之因以為
名
垂諸華　准頫　音花
綩綖　上字林一　遠反有作
蜿蟺二形非也下三蒼以旃反案諸書綩綖
紞冠也綖冠上覆也玉篇冠前後而垂者不
可車上重敷冠覆今理應作婉美之婉
丹
席薦之延文蓐華氈之類綺麗席也
枕　有釋枕著仙丹可以延壽此謂不然案　天竺無木枕皆以赤皮疊布為枕貯以

覩羅綿及毛㲲之類枕而且倚丹赤色也耶
同諸經朱色枕耳頭枕倚枕悉赤如丹
姝好　上倡殊反字林姝好皃方言趙魏　燕代之間謂好為姝詩云靜女其
姝傳及玉篇美色曰姝有作
侏莊也下呼老反美善宜也
幼童　徒紅　反古
童謂僕今謂童子古僮謂童子今謂僕隸玉
篇童子者謂幼童迷昏未冠之稱無角牛謂
之犢牛今應為
童僮古字耳
不匱　渠愧反尚櫃同禮　記耶尉不匱鄭玄
匱乏也詩云孝不
匱傳曰匱竭也
得免　靡辯反勳也有　作俛俯也玉

篇免靡蹇反赦也脱方便勉靡辯反
也解也去也自止也勗厲也
有作免保任上補道反當也下如林反
引也保也言可保信或保證任
安信摧昨厥反折字林父美反說文
持也也倒也圮毀也虞書方命圮
旋尒雅覆支撿切韻搽擗字林恥格反說
鄙反上聲音岸毀也文裂也廣雅及
玉篇塗度都反說文文尒反山崩也
分也鞔覆也阤從𠂤也聲方言阤壞

也玉篇毀壞也落也有作褫說文切韻奮衣
從攴虒聲切韻以角能入水行虒音斯廣雅
阤皺音奪正作陊切韻山崩也有作拕玉篇
直紙反折薪隨其木理也有作褫不成字非
也覆苫字林舒鹽反茅苫也尒雅白蓋
謂之苫李巡云白蓋編之以覆
屋曰椽梠力拳反方言屋梠謂之檐郭
苫璞即屋檐也亦呼為連緜亦
名櫋說文梠楣通語也櫋音
眠切韻梠楣端木今雀梠也差脫上音楚解楚宜

楚佳反今從後二下周墇之亮反說文
徒活反又吐活反擁塞也從土
有作障玉篇之尚之揚二反說文
隔也通俗文蕃蔽曰障蕃甫煩反鴟梟
上充尸反梵云何利耶此云鴟古文鵄鴟二
形同尒雅狂茅鴟舍人曰狂一名鴸喜食鼠
大目也郭璞鴟鵂也又鵰上丁堯反籀文作雕
云堅鴟也鵂音項反鷲穆天子傳爰有白
梟青鵰執大羊食豕鹿郭璞今之鵰亦能食
麞鹿耳鷲音就梵云姞栗陁羅或言揭梨闍
山海經景山多鷲鳥說文鷲鳥黑色多子師曠南
方有鳥名曰老鷲黃頭赤咽五色皆備西域記色蒼

黃目赤也蚖字林五宮反切韻亦愚袁反古文作
螈玉篇虵醫也蠑蚖蜥蜴蝘蜓守宮
以別四名崔豹古今注蠑螈一曰虵醫大者
長三尺其色玄紺善魅人一名玄螈漢書云
螈韋昭云黑螈蜥蜴也在舍名守宮以血塗
女人臂女有過者洗之不落因名守宮在草
石中名蜴蜥在澤名蝘蜓通名蠑螈准此遺
教有錯寫云譬如黑蚖在汝室輒應言黑螈
正應為元但以蚖螈相類遂錯寫焉或云蚖
有二類一即守宮二黑短蛇遺教不錯故彼
又云睡蛇既出乃可安眠蚖者黑短蛇与餘
蛇別非守宮也不尒此經下別守宮上復說

蚖一何重㗇故俗書解為經義別曾見南僧
説蚖咬人唯遺藥王草能療之必若無即死
蝮 妨陸反尒雅蝮虺博三寸首大如擘孫炎
江淮以南謂虺為蝮有牙㝡毒音義曰
蝮虵鼻上有針一名反鼻虵三蒼蝮蛇色如
綬綬文閒有鬣大者七八尺擘補麥反玉篇
虫也蝮螫手即斷手
蜈蚣 音吴公字林蝍蛆也甚能制蛇大長者尺餘赤
足者為良黃足者不堪用人多炙之令
赤非真也蝍音即亦子結反蛆子餘反
蚰蜒 音由延江南謂大者即蜈蚣也
守宮 此在舍者江南謂蝘蜓然
體一物山東謂蝀蜆陝以西謂壁宮東方朔
言非守宮即蜥蜴蝘蜓烏殄反蜓音殄蛛此亦
反蜆音見也
狖 字林余繡反江東之名又余季反建平之名山海經禹山多蜼
郭璞云似獼猴而大蒼黑色尾長四五尺似
獺尾頭有兩岐天雨即倒懸於樹以尾塞鼻
江東養之捕鼠為物捷健尒雅蜼昂鼻而長
尾切韻蟲名似鼠作鼬獸名似猨作貁狖是

古字有作独不知所從依此應為鼬貁非惡
性故也玉篇貁似貍捕鼠與切韻別鼬似石啖
鼠石啖鼠亦呼為鼬鼠
貍 理之反説文伏獸似貙從豸里
性音鼠乃周字林解
聲有作狸
無所從
鼷鼠 上胡雞反説文小鼠也尒雅鼷鼠郭璞玉篇有
螫毒食人及鳥獸雖至盡
亦不覺痛今謂甘口鼠也
臭䖃 上赤救反惡氣
也下昌尚反可惡賊臭玉篇又息也居也謂
止也謂惡氣息居止下又杵恕反穢惡之所
也
狐狼野干 戶都反玉篇妖獸也
鬼所乘有三德其色
中和小前大後死必首丘梵云悉伽羅此言
野干色青黃如狗群行夜鳴聲如狼子虛上
林賦騰遠野干司馬彪郭璞注並云射干能
緣木射音夜廣志云巢於危巖高木禪經云
見一野狐又見野干故知二別
咀嚼 上慈呂情呂二反字林作齟著頡篇咀噍
也字林咀齧日嚼切韻嗞也
玉篇噍也茹也含嚼咀嚼也
𪘲齧 上相傳在
諧反謂毀齒齧也切韻嘗至齒應作𪘲其𪘲
又為齧音齧斷筋骨也不知𪘲字所出有本
作𪘲亦作𪘲同竹皆反通俗文齧挽日𪘲恐
錯為𪘲下五結反噬齧也从噬為齧殳齒為

齱又傷皮肉為齧火嗌為齸
唯陂皆反為正餘皆非也
撙撮 上補各反
廣雅撙擊也玉篇拍也拊也下倉捋反字林
切韻手取也廣雅持也釋名撮卒也謂暫卒
取也玉篇四圭曰撮又三指撮有作子
括反音非此義切韻手把作攥子活反
摣掣 上字林反側加反釋名云摣叉也謂五
指俱往叉取玉篇五指撮也擊也抱也
切韻摣似梨而醋應作戲以指按也有作相
戲𠂆形同有作齟齇說文齒不正非此中義

一切經音義卷第二十七　第三十一張　誠

或作撦音車者反裂壞也下充世反字林拽
也字書牽也釋名掣制也頓使順已玉篇引
而縱之或作摩同又尺折反曳延結反謂
五指又而曳之或以指按而拽之或復撦摣
引而縱之也
啀喍 上五佳反下音柴犬鬬也玉篇犬相啀埤蒼犬相啀
拆也說文玉篇作齵謂開口見齒曰齵啀切
韻齒不正曰齺齴作齺有云啀齵騫脣露齒
之皃有作喍不知所從
嘷吠 上胡刀反古文作獆說文玉篇嘷吠犬鳴也

切韻熊羆虎聲也
魑魅 上勑知反說文作离三蒼諸字書作螭玉篇切
韻作魑下莫祕反說文玉篇老物精通俗文
山澤恠謂之魑魅正法花族魅古文魅鬽今
作魅
也
魍魎 上亾倣反下力掌反說文蝄蜽山川之精物也通俗文木石恠
謂之魍魎玉篇水神
孚乳 通俗文卵
也古文為蝄蜽也
化曰孚芳無反字林撫子反廣雅玉
篇孚生也方言雞伏通俗文卵是也玉
篇嫗伏也卵孚也下而注反切韻濡
主反蒼頡篇乳子也玉篇亦生也鳥養

一切經音義卷第二十七　第三十二張　誠

子曰孚獸養子曰乳
產生 皆有去音應從平聲玉篇生產也進也造也因
物造變謂之生產亦生也
鳩槃荼 宅加反伴荼云可怖畏也
蹲踞 上祖尊反猶虛坐也下居御反倚也字林蹲足實坐也舊經言箕坐
也
土墣 字林丁果反切韻小土聚隅有為堁音此鄙俚也非玉篇墣也
音丁戈反堁小塊累墼土也
堁也切韻丁戈作堶小推
撲令 上龐邈反通俗
文爭倒曰撲有作扑音普卜反
打也玉篇擊也手搏非此義也
裸 借音胡瓦反赤

體也應作躶

窺看　上丘規反字林小視也方言凡相竊視甫視楚謂之窺又作闚同下苦寒反亦苦旦反視也

屬于　上之欲反付也由也又時屬反攝也貫也應爲屬字也

爆聲　上博教反火深烈也又普剥反說文爆灼也謂皮皵起玉篇火部補角反蕭角反顛角三反灼也熱也有作古文㬪字懭起也古文又作皵

周慞　諸良反懼也遍驚不安之狀或爲章字周流也從初也

惶怖　上胡光反悚也下普故反怕也

藏竄　七亂反逃也玉篇藏敊也

毗舍闍　畢舍遮傳云似冬瓜鬼也

食噉　大敢反食也或冎啖同

蓬勃　上蒲公反氣如蓬之亂起有作㷭即燧火之燧火亦如無蓬音非也下蒲没反勃戫也蓬勃繁盛之皃若塵起作埻火香作𩐪令言臭氣𩐪𩐪作𩐪亦得或如蓬繁乱有作埻無所從也

周章　楚辭聊翱

翔兮周章王逸曰周流也謂周流往来或作慞惶怖也從初爲正

衆難　上職隆之仲二反

宅主　玉篇主親也典領也天子嫁女同姓諸侯主之故謂公主又守也

先因　先蘇見又蘇前反今從初亦先也

稚　直利反幼弱也

告喻　揄句反論語君子喻於義小人喻於利孔安國喻曉也蒼頡篇喻譬諫也說文作諭

災　則才反左傳人火曰火天火曰災籀書作災

蔓莚　西京賦云其形蔓莚洪範上音万下餘戰反廣雅蔓長也莚遍也王延壽軒檻蔓莚謂長

不絕有作延火災連燒如蔓草又以然反如蔓火災長不絕

此苦難處　難奴干反處音昌吕反詩云莫我遑處傳曰處居也礼記何以處我鄭玄曰處安也謂難可安處或二皆去音謂苦難處所也

妉湎　上丁含反愛樂也有作航嗜著也古文媅說文亦樂也下緜善反說文妉於酒切韻亦嗜著亂古文䤄有作媔不知所從也

張施　式枝反非施智反

諸瓔　於盈反瓔珞珍纓也紨纓作纓

繒纊　上疾陵反下苦謗反說文切韻繒帛也纊絮也小介雅纖繒也通五色皆曰繒三蒼

雜帛坐以餞客如失𤘽華氈故名茵蓐有作鞇車中所坐者也用虎皮為之有文彩因下與相連著切韻鞇虎皮也以鞇為蓐有作裀切韻衣身此中義三蒼蓐薦也切韻草蓐也有作褥氎褥也

氎 徒協反切韻細毛布今謂不𢇁別有氎花織以為布其毛所作諸褐窮是

儐從 上必刃反相也玉篇遵也出接賓入賛禮曰相又儐進之陳也或作擯同下從用反前導為儐後隨為從也

熾 處志反盛也

汝

等累 力委反積也

阿鞞跋致 阿鞞跋致云不退住鞞陛兮反以此為正下丈多云阿惟越致訛應從此云文亦云阿毗跋致亦訛也

尚於 上常兩反玉篇時亮反庶幾也且也

頻蹙 上北鄰反數數蹙併蹙也蹙眉作顰下子六反迫也有作顰顰習蹙面是也

畜生 上丑六反六畜也又許救反養也其許郁丑六二反皆聚也非此義也

頓瘦

上說文口沒反三蒼頭禿無毛從頁乞聲通俗文切韻白禿曰頓廣雅頓鬝禿也有云皮肉乾枯之狀盟頓之形有讀為口鞜反應作鬝非正也

梨黮 上力脂反方言面色似凍梨切韻梨班皸色有作黧字林力奚反黑黃也通俗文班黑日黧玉篇老也有作犁下說文杜感反点禫同切韻黯黮色又肬感反桑葚之色葚食朕反有作於斬反青黑色借音耳彼作黵也

觸嬈 說文乃了反擾戲也三蒼嬈也郭璞弄也廣雅嫽訛擿嬈也嫽音遼訛從了反切韻戲相擾作嬲擾亂作梂孳巧反玉篇嬈亦擾言戲弄也

惡賊 上烏故反禮記吾惡用裏吾情惡猶憎也論語惡紫奪朱詩云惡無禮

馲駝 上盧各反山海經日音託郭璞云日行三百里負三千斤能知水泉所在出性別水脈以足掊地則泉出掊蒲交反字書作𩟀又作駱馬色白馬黑鬣曰駱非今義也下徒何反有作駝音同也

蟒 摸朗反尒雅蟒虵王也郭璞虵之冣大者故曰王

聾騃 五駭反蒼頡篇無知也方言癡騃也

蜿轉 上威遠反下追遠反業虵無足能行宛轉而進故經自云宛轉腹行

唼

唼子荅反字林唼血也蝱食日唼通俗文切
韻作呭入口日呭古文作㗱玉篇唼所甲反
凫鴈口**矬陋**上但戈反廣雅切韻短也
食日唼通俗文侏儒日矬有作痤
痤鄒也說文小腫**癴躄**上呂負反手拘
非此中義陋醜也病也有作攣切
韻癴綴也陂衛反攣**背傴**字林一父反
拘也下必益反腳跛也通俗文曲脊
謂之傴僂切韻傴背曲不伸也春秋鼎銘云
一命而僂再命而傴三命而俯杜預云俯恭

一切經音義卷第二十七　第三十七張　城

於傴傴恭於僂身逾曲恭益加敬也有作**所**
膒字林一侯反幽暗也有作瘟未詳所出
使所里所吏二**痟瘦**上相焦反古文
反今從初尒疋說文作消
盡也消亦渴病**依怙**胡古反尒雅恃也
名切韻渴病也廣雅賴依仰負恃
也**親附**符遇反**醫**於其反說文治病
近也工也醫之為性得
酒而使藥故醫字從酉殹殹聲殹亦病人聲也
酒所以治病者藥非酒不散殹音於奚反有

作殹古者巫彭初作醫**療**力照反三蒼療
作毉從巫形俗字也治病說文作療
同**抄**初教反應作抄或作鈔玉**竊**千結
篇抄掠也強取物也是也反私
竊**橫羅**上獲孟反**園觀**官換反樓
也非理來也觀也若舍
作**瘖瘂**上邑金反不能言亦瘂也下尼
館貫反埤蒼瘂亦瘖也有作瘖
字林喑唶也唶子夜反有作啞字林乙白
反笑聲也易云笑言啞啞非此之義也**疽**
七余反亦**清潔**堅屑反亦清也
癰病也屑音先結反**信解**

一切經音義卷第二十七　第三十八張　城

品
解鞵買反又佳買**整**征郢**好樂**上
又佳賣今從初也反呼
到反喜也下**慶幸**胡耿反小尒雅非
五孝反欲也分而得謂之幸幸
遇也亦冀望也皆非**逃逝**時世反小尒
其所當而得之耳雅逝往也廣
雅遊**馳騁**上直知反下丑領反**虎魄**
行去廣雅馳奔也騁走也
普伯反廣雅珠名亦為珀字漢罽賓國有虎魄
博物志松脂入地千年化為茯苓茯苓千年化
為虎魄一名紅珠廣志虎魄生地中其上及
傍不生草木深者八九尺大如斛削去皮中成

虎䰢有汁初如桃㮕凝堅乃成其
西方人用之以為盌盌者烏管反　臣佐吏
說文民　上始芉反說文
民　眾萌也　賔估賈　行賣也玉篇通
四方之珍異日賔旅有作商商量也非此義
估音公户反字書無此字唯尒雅郭璞音義
釋言注中賔賈作此字切韻估市稅也賈說
文加雅反坐賣也周禮九職六日司市掌以
賔賈貨鄭玄及玉篇通物日賔坐賣日賈白
虎通賔之言商商其遠近通四方之物以聚

之也賈者固也言物以待民來希其利也賈
亦通語耳故左傳葥嵩之在楚也鄭賈人有
將寘諸褚中以出史記陽翟　坦　他誕反說
賈人往来販賤賣貴是也　文安也廣
雅及切　傭賃　上勇恭反蔡邕勸學注傭
韻平也　賣力也莊子傭於人者孟
氏傭役力也受直日傭切　所買反通俗
韻亦賃也說文賃亦傭也　灑　文以水捧塵
日灑玉篇汻也思見反　上昌遂
散也切韻灑掃也落也　出內　反出出

也詩云出言有章是　肆力　上相利反廣
也切韻亦赤律反　雅肆伸也陳
也謂伸陳　強使　上巨良反抑也堅也蒼
役力也　頡篇健也又其兩其亮
二　驚愕　五各反　上弋朱反小
反　亦驚也　愈急　尒雅愈茲強
益也有作愈尒雅差也有作　上脾
逾急也切韻逾越也俞然也　擗地　役反
撫心也有作躃倒有作　上思挺反
僻四尺反邪也非此義　醒悟　字林醒醉
除　上胡刀反淮南子智出百人謂
也　豪賢　之豪古文作勢說文勢健也

所難　奴旦反患
也痾也　憔悴　上昨焦反下
切韻並顦顇廣雅玉篇作　疾醉反三蒼
憔悴愁憂也尒雅顦病也　怪之　上古壞
也驚怪也凡奇異非　反怪異
常皆曰怪字從左　餘帚反玉篇
羸　力為反　窳慵　道也向也
弱也　塵坌　蒲頓反通俗文埲土
也　日坌塵也切韻塵穢
汚穢　上字林烏故反汚
塗也釋名汚洿也　咄　丁兀反
謂也字書咄叱也今謂　說文相
呼也訶也今取呼也　盈溢　夷質反滿
也亦作軼

無希 虗機反須也有作悕
自鄙 補美反廣雅羞愧鄙恥也
於某 莫補反又莫厚反尚書尒元孫某孔安國某名也旦諱君故曰某名凡不知名皆云某
伶俜 上郎丁反下匹丁反三蒼云伶俜猶聯翩也亦獨孤貞切韻行不正日跉跰跉亦郎丁反跰亦普丁反㻂又云或作俜行不正作跉跙呂貞反跙勑貞反切韻跙行不正也有作跉跰字林力生反跰補諍反㓨进同跉不正进散

並非此義也
蠲除 上古玄反方言南楚疾愈者謂之蠲郭璞蠲除也
悋惜 上力晉反切韻鄙悋也惜亦悋也
毀呰 玆此反說文皆呵也礼云呰者莫知禮也所生鄭玄口毀曰呰切韻毀作訿古文訾呲同
自娛 遇俱反樂也
求索 所戟反又蘇各反乞也求也
夙夜 上思六反尒雅夙晨早也
註記 上竹句反之喻反廣雅注疏也

識也字林注解也通俗文記物日註切韻作注陟住之戍二反
點 有作䵿通同
殺 有作煞通同
眇目 上弥了反說文一目小也釋名目匪陷急日眇方言眇小也切韻視不正
薦席 上煎線反草薦也所以藉牀施於席下以自溫煖也下祥亦反考聲云藉也茵也或從廾作席說文禮天子諸侯席有黼獸純錦從巾
草菴 暗甘反廣雅奄屠蘇舍也考聲廬也掩也從广省聲也以草圍掩之也有作菴樂草名菴藺子也古今正字云廬有梁者痷也痷即庵也從广奄

聲也
荷負 何可反又胡歌反切韻韻英荷擔也云揭也亦也負也

藥草喻品

誠如 上音成廣雅敬也說文誠信也諦也從言成聲
谿谷 上啓奚反尒雅水注川曰谿下公木反
卉木 上暉謂反尒雅卉草也郭璞曰百草之惣名也方言卉衆也東越吳揚之間名草曰卉說文從三屮屮音丑列反
叢林 上族紅反考聲云木衆生曰叢俗作藂漢書東方朔傳中作𦵧並非正也說文

聚也從丵丵丵學反從　等澍　朱戍反三
取取亦聲也象形字　蒼云時雨
也百卉霑洽也說文上　普洽　咸夾反蒼
古時雨所以生澍万物也　頡篇適蔽
也說文洽霑　靉靆　上愛下代　埤蒼切韻
也古文作霼　同廣雅靉靆翳薈鳥
外反翳薈雲興盛貟通　承攬　盧敢反手
俗文雲覆日為靉靆　取也亦作
攬說文作　幽邃　私醉反說文深遠
擥撮持也　也古文作邃也　百

穀　古木反說文穀續也百穀惣名揚泉物
理論粱者黍稷之惣名稻者秔稴之惣
名菽者衆豆之惣名三穀各二十合為六十
蔬果之實助穀各二十凡為百種故詩曰播
厥百穀周易曰百穀　說文苗草生
草木麗于地是也　苗稼　於田蒼頡篇
禾之未秀者也論語苗而不秀曰稼說文禾
之秀實為稼莖即為禾一曰在野曰稼也
甘蔗　之夜反諸書有云芉蔗或云
藷柘或作柘皆同一物也　蒲

萄　徒刀反博物志云張騫使西域還得安
石榴胡桃蒲萄廣雅蒲陶有白黑紫三
種萄桃　枯槁　字林苦道反切韻古枯
陶皆得　也古文槁說文作槀　一
滴　丁歷反通俗文霝滴謂之㶇切韻作
適有作滴丁計反水下也非此義
授記品　授犨右反　瓦礫　力的反說
尚也付也　文玉篇小
石也切　坑坎　客庚反或作硎玉篇虛也
韻汝也　塹也下苦感反說文陷也
玉篇小　堆阜　都雷反聚土也玉篇作指
壘也　小塊也下房犨反陵也玉

篇高平曰陵大陵曰阜大肥　說文
也厚也長也山庳而大者也　丘坑　丘土
之高也非人所為一曰四方高中央下曰
丘玉篇地高曰丘大塚曰丘古文丘土　數
上聲字山縷反計　慄　力質反戰也玉
知　也閱其數曰數也　篇謹敬也懼也
戚　莫劃反若手撥摩作抹塗飾作濊
也　粖　今既别有塗香應為抹字玉篇粖
云遠云結二反粥糜也碎香如　閻浮提
粖也故作粖若如細土應作抹
贍部樹名在洲無熱池岸測有經在此
金　洲北岸近樹水下有紫金光映蔽日月

故以為名

多摩羅跋旃檀香　性無垢賢旃檀香佛

長表金刹　梵云舍摩奢那此云墳冢西域死者或遺禽獸收骨燒之有埋地下於上立表累甎石等似窣堵波但形卑小今此長表即是金剎非彼表也梵云掣多羅彼土更無別幡竿即於塔覆鉢柱頭懸幡今云剎者語聲訛以金為之長而有表故言金剎也

化城喻品

磨以　莫可反斫也若莫彼反作摩灼也作麼鬼作魔偏平作磨無平音

盡抹　莫割反以手摋摩曰抹也

天技　渠倚反藝也女樂作妓有作倚立也非經義也

涕泣　上他禮反毛詩涕泗滂沱傳曰目出涕曰涕說文無聲出涕曰泣

憺怕　上徒濫反說文憺安也靜也謂憺然安樂玉篇憺徒敢反恬靖也亦安也有作惔恬靖有作惔說文徒甘反憂也非此中義字書作倓亦徒濫反怕說文匹白反無為也廣雅憺怕安靜也子虛賦云怕兮無欲憺乎自持是也

盲瞑　莫耕反暗也玉篇莫定反夜也眯也冥者敵人目令無所見又幼稚

安隱

無漏法　有作道應從法不唯道故也

三界獄

免出　無遠反切韻引也亦挽義同有作勉靡辯反勗也國語云父勉其子兄勉其弟猶強勸也謂勸教之小尒雅勉事力也古文勱同也

羣萌　莫耕反芽也廣雅始也萌冥眛皃或從民作氓言衆無知漢書甿群黎也古文作甿

諷誦　上風鳳反詠讀爲諷也背文曰誦也周禮教國子無道諷誦鄭玄背文曰諷以聲節之曰誦

阿閦　初六反梵語也唐云無動

阿彌陀　梵語也阿彌多那庾沙此云無量壽也

曠絕　上苦謗反又玉篇云空也疎也大也久也遠也

億姟　字林古來反數名也風俗通十千日万十万日億十億日兆十兆日京十京日姟猶大數也古文作姟㚄二體

營從　上余

瓊反蒼頡篇營衛也亦部伍也古文作覺

城郭 世本鯀作城郭公羊傳郭者何也恢廓也有作鄉從土者非也鄉音古本反

第四卷

五百弟子受記品

受音殖酉反玉篇容納也威也得也繼也說文相付者也從受從舟省也

饒益 上如招反玉篇多也豊也

厚也益也餘也

谿㵎 上輕奚反下古晏反玉篇水名也

溝壑 說文㵎水瀆也廣深四尺曰溝下呼各反爾雅水涼深則成谿谾亦溝谷也玉篇谿谷也深也壺也窗也室也

臺觀 上徒來反爾雅四方而高曰臺又觀謂之闕孫炎曰宮門雙觀也釋名云觀也者於上觀望

迦留隨夷

優隨夷 烏隨夷此云出現日初出現時生也

周隨莎

伽隨 莎先戈反娑婆揭多此云善来

親友 于久反說文友同志曰友廣雅友親也禮記僚友稱其悌執友稱其仁鄭云僚友同官執友同志也

艱難 古閑反籀文作囏說文土難治穉名艱根也如物根莖悍也人所忌悍之也

貿易 上莫候反三蒼貿換易也交易物也貿字從貝從丣丣古文酉字也有作貿非此義玉篇加雅及人姓也

授學無學人記品

蹈七 上徒到反說文踐也履行也釋名蹈道也以足踐之如道也

法師品

肴饌 仕眷反說文具食也飲食也玉篇亦飯食也進也或作篹与撰同也

穿鑿 在各反鑿也玉篇穿木也或作鑿亦同鑿士咸反鑿如鑿也

如来室 說文室實也戶外為堂戶內為室論語云由也升堂矣未入於室是也

句逗 徒鬬反字書逗遛也說文逗止也方言逗住也或作讀繹也句

能實繹諸理義也

乾燥　騷早反說文亦乾也易日火就燥也

⿰口宗嗼　上情亦反下性博反考聲云⿰口宗嗼無聲易日闃其戶闃其無人亦靜嘿無人聲經從啉作啉俗字也從水作漠是沙漠字也皆非本正也

罣礙　胡卦反字書網礙也說文礙止也古作㝵

見寶塔品

龕室　上苦含反廣雅龕盛也取也尚書大傳龕剋也案龕室者如今之𢠸龕之類也於大塔四面安其小龕如室故言龕室此小室中有種種形貌如𢠸龕像也說文從龍含首聲

綱慢　莫半反在旁日帷在上日幔若音武安反作𢄙慢上綱以寶飾之如憶之莊嚴名寶綱慢也

寶交露慢　慢以承露以寶交飾又慢或盝或覆俱以寶交飾又以寶交雜覆露於慢又顯露定慢以寶交飾皆得名寶交露慢也

林藪　桑苟反叢木為林澤中無水日藪也

各齎　節稽反持財遺人也字從貝齊聲古文作齎

滿掬　弓六反二手掬取也物在手或作匊

關䦾　余灼反方言關東謂之鍵關西謂之䦾古文作鑰同有從竹作籥樂器也非經義

无央　約良反梵云阿僧企耶云无央數央盡也有作鞅於兩反說文頸靼非此中義靼音之列反

在在所往　在在者所往在處所往者所往至處有作住非也在以往故

遠擲　程戟反投弃也古作擿也掊也今從掊義掊音蒲交反並從手也

手把　罷巴反或作爬爬撈

提婆達多品

唐云天授

捐捨　上以專反說文捐棄也爾雅廢捨也郭璞日捨放置也

委政　國語棄政非任也賈注云政猶職也左傳為政事庸力杜預云在君為政在臣為事論語導之以政孔安國政謂法教也

椎鍾　上直追反說文椎擊也經

文有從追作𨓏俗用非正又音直傚反關東謂之𧺳𨓏

阿私仙 阿私多唐云无比亦云端正也

果蓏 郎果反有作𤓰音讀避俗王篇云果謂桃𪧐之屬蓏謂𤓰瓞之類又有核曰果無核曰蓏又木實曰果草實曰蓏又木上曰果地上曰蓏瓞音徒結反

仁往 上如隣反周禮六德一曰仁鄭注云愛人及物曰仁上下相親曰仁謚法貴賢親親曰仁愍身成人曰仁釋名曰仁者忍也好生惡殺善惡忍曰仁說文從二人聲言行無二曰仁

開闡 昌善反廣雅闡開也明也

頗有 普多反借音普我及諸書語辭

刹那 時之極少也俱舍云百二十刹那為怛刹那量臘縛此六十此三十須臾此三十晝夜三十晝夜月十二月為於中半減夜即計須臾時可知矣玉篇須臾俄頃也經本有作千刹那須臾梵夾本文無千字或後人妄加

一切經音義卷第二十七　第五十一張　城

勸持品

弊惡 上毗袂反困也亦為𥨋列反上獘同訓輕薄易怒貞嫈妖急性也妖音於悅反

憍曇弥 正言喬答弥古云憍曇弥又言瞿曇皆訛略正云憍答摩釋迦為姓瞿曇是望釋迦帝王歷代相承迸賊中興其居國位賊王恐奪社稷逐誅釋迦之種殄滅近親令無亂嗣時有仙人過覩貴族見有娠孕者後必誕男乃頂陳詞莫將繼統毋允其請後果生男與仙長至路年釋星還現賊王恐懼尋訪所居知居山中伺仙不在密令擒捉長竿穿之告示國人令息異意仙人還室不見其子乘急追訪覩其若斯乃作神通救之知命不濟乃降微雨令火醒覺化現一女勸令交會必若不從能姓便絕見從父誨乃共通交遺體既流墮涂泥土仙人收取牛糞裹之置甘蔗園中日暖光炙時滿十月變成一男儀形不群精神絕異仙人還養復得為王自此釋迦重得繼位故瞿曇者此云甘蔗種或云日炙種釋迦能姓類極多瞿曇釋迦家為貴族嫡亂相繼恒守尊高若毀之日牛糞種泥土種故云你瞿曇姓摩是男聲佛之氏望毀云喬答摩弥者

一切經音義卷第二十七　第五十二張　城

女聲呼佛姨毋故日喬荅彌也

罵詈 上莫霸反下力智反蒼頡篇詈亦罵也今解惡言及之日罵誹謗況詛曰詈並從网形聲字

阿練若 介者反開宗處也去村一俱盧舍四里有餘也

誹謗 上非味反亦謗也王篇甫味反下捕浪反毀詛也廣雅惡也國語左史謗之賈逵曰對人道其惡也

鎧 苦愛反甲也

見擯 必刃反庳也

一切經音義卷第二十七　第五十三張　城

安樂行品

卒暴 上村没反正作猝其卒字則没子出二反玉篇等古書倉猝亦為卒下蒲報反古文虎武

尼揵子 眤揵陀佛多羅此云離繫親子

文筆 文謂詩歌之屬筆謂銘賦之流

經書 周禮六藝五曰六書謂象形會意轉注指事形聲假書者著也依類象形謂之文其後形聲謂之字字者孳乳而浸多也著於竹帛謂之書書如也所以著明万物紀往知來又書於札牘縑紙謂之字又書亦籍

路伽耶陁 先譯云惡荅對者

逆路伽耶陁 先譯云惡徵問者初正梵云路迦也底迦言順世外道執計隨順世間所說之法外道後正梵云縛摩路迦也底迦云左順外道執計不順世間所說尚前執乖名左順世外道

兇戲 上許容反惡也王篇盱笲友恐懼今從初有凶得失之象危咎惡也不遇也

相扠 勑佳反以拳加人應

一切經音義卷第二十七　第五十四張　城

作搋字耳案切韻拳加人亦批音側氏反

相撲 蒲角反

那羅 文盌其身之輩

變現之戲 作世幻術

旃陁羅 旃荼羅云嚴熾惡業自持操熾其人若行拙鈴自摽或扶破頭之竹若不然者王為之罪或云殺人謂屠殺者種類之惣名也

畋獵 徒賢反取禽獸也有作田白虎通為田除害故日田獵也

魰捕 語居反亦捕也王篇魰語去亦捕魚也有作漁說文亦捕魚也古作𢻦切韻應古𢻦也

𨚗弥 亡勤篆

髫兒上達胡反說文髫剝分割牲肉骴膾上切韻苦回反
師也首也下古外反割也切肉也細切為膾
未詳所立名有作儈聲類合市人非此義也
衜賫上玄麹反說文從玄作衒行且賣也詃也切韻自媒屛處
上俾領反禮記左右屛而待鄭玄隱也詩云
万邦之蔽切韻若隱僻作併卑政反尒雅借
屛為蒲定
反亦得也入里周礼五家為隣五隣為里二十五家里居也釋名

五隣為里方居一里之中也怯去劫反玉篇畏也劣也多畏也怨嫌
上於願反屈在宛枉作悉屈草自覆作
宛其悉字無於袁反下戶兼反心不平也
澡浴上祖老反說文澡洒身也新淨有作新淨正法
花去淨潔被服下經復
言內外俱淨應從新淨邪偽危貴反
輕蔑莫結反說文相輕侮切韻無也經作懱二形同討伐

上滔老反漢書音義討除也禮記叛者君討鄭
玄討誅也下房越反切韻征也左傳有鍾鼓
曰伐白虎通伐者何伐敗也欲敗去之有作
罸說文罪之小者曰罸廣雅罸折伏也切韻
罸非之
此義唯髻古詣反
從地涌出品涌餘隴反玉篇涌騰也如水上騰應作踊有作
踊跳也
非此義問訊息晉反玉篇訊問也辞言也執問通問曰訊巨
身上其呂反字林巨大也方言齊宋閒謂大為巨說文大也作鉅阿

逸多阿氏多云无能勝弥勒名被精進被皮
寄反謂被帶也有作撰張
之披方言披散也非此義奮迅上俯
問反奮也廣雅振也下私閏反疾也切韻亦
息晉反信音同同疾也鳥之奮迅即毛起而
身大故字從奮在
田上奮音雖鳥也頭陁杜多云兆汰言大洒也或云除
棄或云糾彈言去其塵穢
耳斗藪一義非今理也憒丙上公對反
亂也說文亂也煩也下女孝反不靜也韻
集猴衆也字從市從人有作閙俗字也

伽耶城　面皺側救反
如来壽量品壽植酉反量呂張力讓二反　釋氏
諸經有云姓瞿曇氏然氏姓別姓者所以繫
統百世使不別也靈感而生也氏者所以別子
孫之所出或因地或因官爵故世　那由他
本云言姓即在上言氏即在下
那庾多數名也以十積之　年紀居擬反十二年
五十二數中第十二數也

一切經音義卷第二十七　第五十七張　城

為紀紀記也
拜跪字林立委反跪拜也又渠委反左傳跪而戴之也
擣簁集類所住所飢二反說文竹器也可以除麁取細切韻所綺反羅也
又所宜反下物古　除愈臾乳反方言差
文籭簛二形同　也愈閒也切韻
作愈差也又作瘉說文病瘳也玉篇
作愈益勝也心憂為快病差為瘉也　億載
則代反筭經黃帝為數法有十等謂億兆京姟
壤秭溝澗正載及其用也有三謂上中下下數

十万曰億中數百万
曰億上數万万曰億　遊樂盧各反縱賞也或五教反
遊恣勝處耳
生欣樂也
分別功德品分府文反別變列反或作莂或作詡分或扶問
反別或憑列反　似泉反還也切韻
分叚殊別也　量旋若如水回作漩辞
選反又　續紛上四仁反玉篇續續往來
似泉反　皃或盛皃衆也下孚云反
玉篇紛乱也盛皃也衆也廣雅繽繽衆也紛
紛亂也謂衆多下也字林繽紛盛皃也切韻

一切經音義卷第二十七　第五十八張　城

飛也　檀檀那云布施　尸羅尸羅云清凉順古名淨戒　羼
提上初鴈反云安忍也　毗離耶云精進　禪禪那
云靜慮也　般若在因名那羅若此云慧果名薩伐若云一切慧若云南智
也　塔寺梵云毗訶羅云遊行處謂衆遊履行處亦謂僧園今以寺代之
說文寺廷也有法度者廣雅寺治也釋名云
寺嗣也治事者相嗣續於中字從寸從土聲
僧坊甫亡反字林坊別屋　多羅樹此方死之

古相傳樹高七仞一仞七尺涅實樹形如椶櫚極高長七八十尺花如黃米子大如鉼人多食之也

須曼香 蘇末那花香晉稱意花

瞻蔔 蒲北反瞻博迦此云黃花樹花小而香西域多此柭耳

阿提目多 已上及餘不顯者多此方無故不翻譯也

薰油 上許云反香草也諸以香草和淹苣藤令潤方以押油名薰油也苣藤大胡麻

隨喜功德品

陌 莫百反玉篇東西為陌陌道也

蹇縮 上去軋反舉也下所六反矩或作茜也

麤澀 參立反應作澀也

瘡胗 居忍章忍二反脣上瘍也三蒼云風也腫也籀文作疹說文同有作聚緊縵義非瘡胗

咼斜 上口蛙反說文口戾也通俗文邪戾日咼從口冎聲冎古瓦反蛙烏緺反

黧 有作黧字亦得

匾㔸 韻集切韻上鞭緜反下體奚反蔡文薄也今俗呼廣薄為匾㔸關中呼去俾遞俾補迷反有作膈膍近字耳

曲戾 字林力計反亦曲也切韻乖也字從犬從戶

㝑曲 上玉篇於瓜烏瓜二反凹也邪下也廣雅下也字林音隱窪瓜反曲也玉篇枉也細也

一額 五伯反說文作額

法師功德品

命命鳥 共命鳥

闍提 金錢花

末利

花 鬘花堪作鬘

撰集 上助蘭反廣雅撰定也撰述也

彼

利質多羅 圖生樹香也

常不輕品

將 子羊反

神力品

謦欬　上口冷反說文玉篇亦欬也蒼頡篇聲也有作謦口定反樂器也非字體也下苦戴反說文玉篇逆氣也亦瘷也有作咳胡来反嬰咳也非此義瘷音蘇奏反

囑累品　屬之欲反累力委力僞二反屬託說文屬連也廣雅委託累也謂以事相屬累也左傳相時而動无累後人謂累重也切韻託作囑有累俗字耳

藥王品

甄　居延反　迦羅　俱舍論說五十二數中增十增之第十六數也

頻婆羅　第十八數　阿閦婆　第二十數

我適　尸亦反往也正法花云我昔供養是也三蒼古文作適

須陁洹　預流　斯陁含　一往来　阿那含　不還

阿羅漢　應義

怨敵　徒的反廣雅敵斷當也尒雅云敵匹也怨之匹耳

妙音品

金剛爲鬚　相俞反

動搖　說文餘昭反樹動也字從木䍃聲䍃余周反

甄叔迦　赤色寳也甄字林已仙反西域記云印度多有甄叔迦樹其花赤色形大如手此寳色彼花因以為名

那羅延　多力天名也

宰官　上祖殆反聲類宰治也謂治邑吏廣雅宰制也謂制事者也

觀音品

船舫　上食川反玉篇舟日船下府妄補浪反玉篇舟也通俗文連舟日舫并兩舟也

漂墮　上疋消反芳妙反說文漂浮也正法花云流墮是也

杻械　上勅久反下胡介反玉篇桎梏也

撿繫　上居儼反廣雅甲也

栝也謂栝束不得開露又察專捐尚專
也謂察錄繫縛字從木也反唐
徒也空也蒼祝詛上之授反說文作訓
頡篇捐棄也亦祖也今皆作呪下
側據及古文攄釋名云祝屬也以善惡之辭
相屬著也詛謂使人行事阻限於言有作咀
才与反咀嚼也非此中義其上
訓切韻市流反以言荅也掣電昌
制尺折二反陰陽激耀也釋名云掣引也電
殄也謂乍見殄滅閞中睒電今吳人謂礦礋

上息念反
下大念反
霅戒雷降雹蒲角反鄭玄注禮記陽
為雨陰氣脅之凝而為
戒雷古𩁹反詩云豈不日誡誡
警勑也方言戒備也古文作誡
慈意妙大雲梅怛利未那生慈意
多有作音者傳誤非
陀羅尼品總持有四
此即明呪
藥王菩薩呪
羅刹邏刹娑
云暴惡
吉

遮止奢反說乘
者云所作伺求上思恣反鄭注
周禮云伺察也
顧野王云伺候也韻詮云相窺覘也蒼頡篇
云二人相候也說文闚古今正字從人司聲
埤蒼作覗毗沙門去多聞四天王
古字也中北方天王也皐
上古
帝勞反壓油上說文於甲反壓摭也
鎮也周成難字作窜窜
捞音子邑反有作押古文匣字說文押檻也
論語虎兕出於柙字從木有作押音甲介雅
押輔也亦押束也字從
手二形並非經義也

妙莊嚴王品
指爪側絞反指爪也有作抓玉篇抓掐也
刮也爪之掻物日抓音莊校反非指
爪掐音苦紺青上古暗反說文帛染青
合反也而揚赤色也釋名云紺
合也青而含赤色切韻青赤色苦
上生絳如紫紺摩尼寶此色異如珂何
反螺屬出海中潔白如雪者也有作軻口佐
反說文接軸也轗軻不遇非字義轗音口紺
反頻婆果色丹且潤之果
也此方無之也

普賢品

陁羅尼中云帝隸阿惰僧伽免略 其阿惰音從卧反梵云怛唎云三阿特鞞二合云世僧伽云衆出略略音力拖反同一種也有作阿惰相傳音於六反音既不然亦無此字梵云阿特縛令説云阿惰傳寫誤錯變惰為惰誤之甚矣

繚戾 上力小反説文力鳥反繚繞也繚纏也謂纏繞切韻唯有了達募菜目睛明瞭長瞭驕四字之外更無了音之字瞭字有二力小力召反一繚繞二繚灸繚灸或作繚突嘗帝反也

第六十七張　[illegible]

甪睐 路代反説文玉篇日瞳子不正也蒼頡篇內眸日睐也

膿 奴冬反

妙法蓮花經音義卷第二十七

一切經音義卷第二十八　城

大唐翻經沙門慧琳續補

音普曜經八卷　玄

正法花經十卷　玄

無量義經一卷　琳

法花三昧經一卷　琳

薩曇分陁利經一卷　琳

法花後譯添品經七卷　琳

維摩詰所說經三卷　玄

維摩詰經二卷　玄

無垢稱經六卷　玄

大方等頂王經一卷　琳

大乘頂王經一卷　琳

善思童子經二卷　玄

大悲分陁利經八卷　玄

悲花經十卷　玄

右十四經六十一卷同此音

普曜經第一卷　沙門玄應撰

迄今　虚訖反尒雅迄至也　福祚　在故反祚報也亦祿也

四瀆　徒木反尒雅水注澮說文溝也又邑中日瀆也　愚戇　都降反說文愚癡也戇亦愚也

盪滌　徒朗反下庭的反盪滌洒器物也說

文滌洒也

軒窻　許言反軒檻板也亦攎上板也障風日者也

苑囿　古文作圝同于救反宇林囿有垣也亦禁苑也

鏺樹　普末反國名也依字兩刃有木柄可以刈草也

帑藏　湯朗反周成難字音蕩說文帑金幣所藏府也

攏跡　祿公反蒼頡篇攏亦跡也說文房室日跡也跡亦窻也

第二卷

髀踵　蒲米反下古文踵字今作歱同之勇反說文足跟也廣雅歱亦跟也

篋笥　胥吏反說文篋衣器也亦篋食器也圓日篋方日笥也

椸架　古文提椸二形今作箷同余支反礼記男女不同椸架鄭注云竿謂之椸可用架衣也蒼頡篇云椸格也

鶩鴈　音木尒雅舒鳧鶩李巡椸野日鳧家日鶩鶩即鵝也

芬葩　普花反說文芬芳也葩花也取其盛皃也

咳笑　古文孩同胡來反說文咳小兒笑也礼記子生三月父執子之手咳而名之是也

第四卷

委儋　丁甘反委積也儋荷也謂委積相儋負也

鵁鶄　詳飛如雌鷄似鳧高足也

齩骨　又作䶧同五狡反廣雅䶧齧也經文作嚛火至反說文食辛嚛也嚛非字義

寮屬　又作僚同力條反尒雅寀寮官也郭璞日同官為寮亦僚友也

喁喁　魚凶反說文衆口上見也淮南子日群生莫不喁喁然仰其德也

第五卷

不嚏　丁計反蒼頡篇云噴鼻也經文作哂非也

寳堁　從果反通俗文積土日堁說文堂墊也

緹幰　他礼反說文白赤黃色也淺縴也一湶謂之縓緹也縓音作且絹反也

珠璣　居衣反說文珠之不圓者也或小小珠也元從玉幾聲也

訛言　古文蔿譌吪三形同五戈反詩

云民之訛言箋云訛僞也訛亦譌言也

蒺蔾 上自栗反下力尸反介雅蒺蔾即布地蔓生子有三角者經文作錤錤末見所出錤音基鎡錤鋤也非今所用

第六卷

闇闇 古文訔同魚巾反說文闇闇和恱而爭也礼記闇闇和敬之皃也經又作猜字與犾同音牛佳牛巾二反犬聲也猜非字義又作啱宜箭反非此用也

嫈嫇 乙莖莫莖反字林心態也亦細視也經作嚶暝非體也

跐蹀 徒蓋反跐蹋也蹀躞也蹩蹀蹋也蹩音牒

𩑔頭 普米反說文頃頭也警頭篇頭不正也

從容 且容反謂詳審閑雅之皃也廣雅從容謂舉動也

恢廓 又作𢙇同苦迴反字林恢大也廓空也

柏臏 又作髕同扶忍反說文膝骨日髕也

虎兕 又作兕𤝔二形同音似又音余

姊反介雅兕似牛郭璞曰一角青色重千斤也

和埴 時力反結土曰埴釋名埴膱也知膱之膱也

栽蘖 古文𣏟不櫱三形同吾割反介雅蘖𣞤也餘也謂木有殘餘載出名曰𣏟也

氾流 古文泛同孚劒反氾氾浮皃也

第七卷

屯蹇 陟倫反說文屯難也蹇挂礙也

林邠 古文幽豳二形今作邠同府貧反樹名也

礼貺 許誑反介雅貺賜也郭璞曰謂賜與也

正法花經第一卷　沙門玄應撰

盧揥 徒帝勑細二反或作薩俱盧揥人名也此譯云貴姓也

焰朙 字詁古文作燄今作爓三蒼作焰同餘贍反說文火行微燄燄然也經文作燄許凡反埤蒼燄宋辛也字苑燄蘞也燄非此義蘞音力割反

蒸民 之升反介雅蒸眾也天生蒸民是也

恢闊 又作𢙇同苦迴反字林恢大也闊遠也

暨今 聲類云古文作泉同其器反字林暨及也亦云至也

霍然

呼郭反茉霍然爤忽速疾之貌也經文作爟非體也

纂修 子夘反或作纘尒雅纘繼也謂繼脩前業也

煜爚 又作熿同餘祝反光明盛貌也經文作昱鑠非體也

斒斕 又作𥿺玢二形同補閒反下又作般力閒反通俗文文章謂之斒斕經文作班蘭非體也

傳演 延古反此古文普字詩傳曰演大也亦通也

較略 古文權同古孝反較明粗略也廣雅較明也

喆 又作哲同知列反尒雅哲智也宋齊間語也

若繕 市戰反說文繕補也三蒼繕治也繕之言善也

譋話 竹交反下又作繪𦆇二形同胡快反聲類訛言也

堊飾 烏各反尒雅牆謂之堊郭璞云白土飾牆也

鐃鏡 奴交反下音竟未詳所出案周礼金錞以和鼓金鐃以止鼓應是也錞音垂論反

拊抃 芳主反拊拍也下又作拚同皮變反說文拊手曰抃也

第二卷

怕惕 之若反下他狄反怕惕者憂懼也亦痛病也

未聆 力丁反蒼頡篇聆聽也耳所聽聆也

軒窻 虛言反楚辭云軒樓上板障風日者也

鑠如 書所反閃鑠也言忽霍暫明也

孚出 又作趕同芳務反孚疾也廣雅趕行者也

慍恨 於問反慍怨也說文慍怒也亦恚也

帑藏 湯朗反周成難字音盪說文帑金幣所藏之府者也

榱棟 所追反下都弄反尒疋桷謂之榱榱即椽也棟屋極也山東呼棟為㯽音於斯反

軒闥 他曷反廣雅闥門也謂𨵦門也

虺蛇 古文虫𧌇二形今作虺同呼鬼反毒蟲也韓非子曰蟲有虺者一身兩口爭食相齕相煞也齕音紇齧也

蝮螫 夫六反下呼各反蝮有牙最毒上有針是也經文作蝠螫誤也

逋竄 經文或作囪此應逋字補胡反逋迯也廣雅逋竄也

嗚呼 火胡反字林呼外息也呼召也喚也經文作唆

啾唧 子由反下資栗反蒼頡篇求吏聲也經文作喹

乃結反愆也喹非此義也

圂廁　胡困反圂厠也亦豕所居也廁圊也雜也

窠窟　又作薖科二形同苦和反小介疋云鳥所乳謂窠兒所息謂之窟經文作䓍非也

摣掣　又作抯同側加反摣天也經文作𪘏千何反齒參差也𪘏非此用

齮齧　丘奇反漢書韋昭音墾蒼頡篇云齊人謂齧咋為齮齮則齧也

羯羠　因几反徐廣曰羯羠並犍羊也

冢埌　力盪反通俗文丘冢謂之壙埌

鳩洹　諸經或作鳩垣或作仇桓皆梵音訛也此譯云大身鬼也

柭扈　蒲沫反下胡古反漢書音義曰扈拔扈也謂自縱恣也

鑯喙　又作𠹤同許穢反通俗文獸口喙喙亦通語也

尸骸　乎皆反骨之惣名也經文作扅非也

燔燒　又作繙同扶元反毛詩曰炮加火曰燔燔亦燒也

恇攘　丘方反下而羊反說文恇攘煩擾也謂煩恐懼遽也經文從心作懹人向反懹惲

也攡也懹非此義也

烏媼　烏沒反說文胎敗也聲類烏媼欲死也

灰燼　又作㶳同似進反燒木餘曰燼經文作藎草之藎非體也又作盡誤也

炙爒　又作𤒟同力照反江北謂炙手足為炙爒經文作燎非體也

奔鶩　亡付反鶩疾馳也廣雅奔也

蜈蚣　音吳公字林蝍蛆也甚能制虵經文作蝝非也

蚔蛆　渠支反下知列反說文蚔䗪蠆也毒虵虫也廣雅蛆毒虫也經文作蝯非也䗪音圭也

盲瞶　牛快反生聾曰瞶人無識曰瞶經文作瞶胡對反肥也瞶非今用

燒焫　又作爇同而悅反蒼頡篇爇燒然也

冗澰　又作濟同子弟反濟渡也益也

勸勵　古文勸今作勉同靡辯反勸強也謂自勸強也下力制反相勸勵也勉力為勵

擾馴　如小如照二反擾安也說文牛柔謹曰擾故字從牛下似均反廣雅馴善也亦從也說文謂養鳥獸使服習謂之馴經文從手作擾下作循非字體也

縶紲　又作馽同知立反下又作緤同息列反縶絆也拘執也紲馬韁也所以縶制畜牲者皆曰紲紲繫也

謗訕

所訐反蒼頡篇訕非也謗毀也

蠱狐　聲類弋者反書中多作野狐此古字通用也

黤黮　烏感他感反黤黮不明也經文作黕丁感丁甚二反垢濁也黕非今用也

疼瘙　又作胗痋徒冬反聲類作痋說文痋動痛也經文作疰非也下蘇倒反瘙皮上痒起小瘡也正作瘙經作瘙俗字非也

癘瘡　又作癩同力帶反字林惡疾也

憂瘀　於祼反廣雅瘀病也瘀傷也經文作瘀非也

嘆唽　陟黠反楚辭啁唽鳥鳴也案字義宜作咲鳥交反江南以多聲為咲咋咋音仕白反

黧黮　力奚反下勑感反通俗文斑黑謂之黧黮也

好忤　又作迕悟二形同吾故反鹘忤也聲類迕逆不遇也

第三卷

請聽　又作彰淨靜姘四形同自井反謂安定無聲也

盜盜　扶文

反下紓文反盆蒀香氣也亦感貞也經文作芬蘊非也

流宕　遠浪反說文宕過也通俗文迴過日宕是也

寄停　奇驕反字林寄寄也經文作僑高也才也僑非正體

致印　於振反印可也說文印王信也蒼頡篇印驗也

嬉遊　又作僖同虛之反說文嬉戲也戲笑也經文作譆非也

祚胤　在故反下與振反祚禄位也胤繼嗣也經文作粋非也

飢餧　奴罪反蒼頡篇餧餓也經文作餒未見所出也

訾計　又作訿同子移反說文訾量也思也

經文訾貲之貲作非字意也

宜用　揄共反蒼頡篇用以也經文作甬非也

卬卬　又作昂昂同五剛反昂昂恭撥之皃也

䐗𧰨　又作猪同陟驢反下除倒反方言關之東西謂䐗為㼌也

鷄鶩　音木尒疋野日鳧家日鶩鶩即鴨也經文作雅非也

出內　奴對反字書內入也經文從人作㕯非也

煩冤　作宛怨二形今作宛同於元反說文冤屈也廣雅冤枉也經文作婉非字體也

嗇口　又作嗇同使力反衆皃也田夫謂之嗇夫亦積也

矜身

又作勞同力咨反三蒼勞劃林麓古文䓞
也經文作薰身非字體也同力穀
反謂林屬於山日麓詩云摎木居虬反詩
瞻彼旱麓傳日山足也云南有摎
木注云摎木謂木朅朅又作揭同居謁反
枝下垂曲者也詩傳云朅朅長也
說文禾舉豊羨辞箭反周礼注云羨饒
出苗也也亦餘也經文作嗼此
非㕮咀方父反又音撫下側肧胎普才
也呂反謂以物拍碎也反說
文婦孕一月為肧二搨本他合反說文遝
月為胎胎始也養也取也搨摸也
宣叶文作恊同胡牒反斐粲敷尾反
叶合也同也和也詩傳日
斐文章皃也粲
明也鮮盛皃也

第四卷

豔眄又作艷同餘贍反下莫見反豔美色
也眄邪視也經文作醶眄二形誤之

一切經音義卷第二十八　第十三張　城

也奕奕余石反奕光明之德也
廣雅奕盛也字從大嗟嘆
子耶反下勑旦反嗟嘆謂開闔又作闓同
大息也經文作咒非也于彼反字
林闓開也闔也羸傯又作𤺥㾯二形同
經文作闊誤也蕭戒反通俗文疲
極曰傯傯諄諄之閏之純二反說文告
疲劳也曉之熟也諄諄誠懇之
皃綺㜺祖旦反說文白好也聲類㜺綺
也也通俗文服飾鮮盛謂之㜺經
文作纘
非也

第五卷

辭懌以石反尒疋怡懌不嫪力到反
樂也字林懌怡也通俗文
恚吝曰嫪說文嫪姻說文作埤或
也謂戀不能去也裨體作髀同避移
反埤增也時均反言專一不雜曰淳
厚也助也淳化也二蒼淳濃也經文作享
誤他吊反說文眺丁礼反
也求眺視也亦望察也崖底底猶下
也經文作岻音直移反山名也又作
岊子結反說文陬隅而高山之節也沘汰

一切經音義卷第二十八　第十四張　城

徒刀反下音太通俗文淅米謂之洮汏廣雅汏洗也淅音𩐳熱反也

第六卷

墟聚 丘魚反墟居也民之所居曰墟下古文𦤃𦤊二形今作聚同字句反又廣雅聚居也謂入所聚居也 **潨流** 在公反詩云鳧鷖在潨傳曰水會處也說文小水入大水也 **調馴** 似均反善也亦從也經文作裝偱非也 **敬逵** 又作馗同音渠龜反妙法華中大發道是也

第七卷

音韶 古文𩐁同視招反舜樂名也韶之言紹也 **弋射** 今作弋同餘力反弋繳射也繳也繳音謂之若反 **綢繆** 直周反下莫侯反詩傳曰綢繆猶纏綿也 **調謏** 吾戒反通俗文大調曰謏謏欺也 **蹉蹬** 千何反下子亦

反跗踖也踖字應誤宜作錯千各反蹉不正也錯誤失也 **勞廢** 府吠反廢退也罷止也經文作㕓非也 **窺闚** 丘規反下弋珠反說文窺闚小視也 **稽顙** 古文諸同苦礼反下桑朗反稽至也顙額也謂額至地也 **詢法** 又作諄同思遵反左傳諮親為詢詢問親戚之儀也 **貧窶** 瞿矩反詩日窶者無礼也字書窶空也 **元元** 言元元者非一民也古者謂民日善人因善為元故日黎元經文作忨五喚反忨貪也忨非今之義也 **悶愊** 普力蒲力二反

愊億猶盈滿也 **薨殪** 呼弘反廣雅薨亡也諸侯日薨下古文作壹同於計反謂一發而死日殪殪亦死也

第八卷

餖餬 徒奏反下戶孤反通俗文酪酥謂之餖餬經文作醐非也 **塞齆** 一弄反埤蒼鼻病者經文作蛻非此字也 **紫鴉** 資髓反下於加反鴉鳥也經文從亞作鵶非也 **鵁鶄** 音交精似鳧而脚高毛冠人家養之以厭火災

者也

嚾呼 文作嚻呼二形同呼換反嘆叫呼也

亨𩞁 虛掌反下虛氣反亨獻也儀礼以牲曰𩞁𩞁猶稟給也字書𩞁餉也經文作響非字體也

第九卷

號咷 徒勞反號咷大泣也經文作嗥陝角反嗥非字義也

魘鬼 於冊反蒼頡篇云伏合人心曰厭亦眠內不祥也

雜糅 古文粈䊐二形同女救反今以異物色相參曰糅

寶瑛 於京反廣雅水精謂之石瑛瑛亦玉光也

饕餮 古文叨䬼二形同他勞反下又作飻同他結反貪財曰饕貪食曰餮

第十卷

謭讛 相承魚世反此應作譺五戒反大謂也

生靤 文作皰同蒲孝反說文靤面生氣也經文作齙疱二形非也

無量義經一卷 慧琳撰

毗摩㦸羅 上盤末反梵語菩薩名也

憺怕 上談濫反顧野王云憺謂恬靜也王逸注楚辭云安也下普百反廣雅云怕靜也說文謂無為也二字並從心詹白皆聲也經從炎從水作淡泊字非也

聾劓 上祿東反蒼頡篇云聾謂耳不聞也說文云無聞也從耳龍聲下疑器反孔注尚書云劓割也鄭注周礼云截其鼻也說文云決鼻者也從刀鼻聲或作劓也

眉睫 下僭葉反蒼頡篇云睫眥毛也說文云目旁毛也從目疌聲或作䀹眥音齊細反顧野王曰謂目眶也疌音捷

瑣骨 上蘇果反漢書云連瑣謂以環相鈎連也或從金作鎖案經云瑣骨者如來骨節如馬銜相鈎連亦如連鎖也說文從玉貨聲貨音同上經作鎖字俗通用也

腨腸 遄兗反說文云腨足腓腸也從肉耑聲正作腨亦作踹䠯腨三體並通腓音扶微反耑音端也下除良反蒼頡篇云腸道也廣雅云詳也文字典說云腸大小腸也從肉昜聲也

髓腦 上雖壘反說文云髓骨中脂也從骨隋省聲或作髓䯝經

作髓俗字也下奴老反聲類云腦頭中脂也
或作𡿺說文作堖㛴亦頭中髓也從匕相匕
著也古今正字從 挫身 上祖卧反鄭注考
肉作𡿺音惱聲也 工記云挫折也賈
注國語云折辱日挫也說文挫摧 奴
也從手坐聲經從二人作㘴古字 煗法 卯
反賈注國語云煗温也古今 懈怠 上音戒
正字從火耎聲經作㷐非也 賈注國
語云懈惓也廣雅云孏也說文 雷奮 分問
亦怠也從心解聲經作𢣶亦通 反鄭

注礼記云奮動也廣雅云振也說文翬 欻
也從奞在田上也奞音雖經作奮非也
熏欝反考聲云暴疾皃也薛綜注西京
賦云欻急也說文有所吹起也從欠炎
聲 猝音 鬱茂 渾蹋反案鬱茂草木盛皃
才没反 也說文亦木藂生也或作
𩰪從林𩰪省聲𩰪音同上經
作欝俗字鬯音雲欝反也

法花三昧經

慧琳撰

稍稍 霜爪反廣雅云稍稍小也顧野王
云稍稍侵漸也說文從禾肖聲 慄
然 昂各反考聲云愕相遇而驚也說文咢
言也從心咢聲或作遻正作愕咢音同
上 沫流 上備鉢反顧野王云沬水
也 上浮沫也說文從水未聲 無蛘
下羊掌反礼記云癢不敢搔蛘不敢搔也說
文搔蛘也從蚤羊聲或作痒經作癢俗字也
襲音習謂不敢 析蓍 星積反孔注尚書云
重衣曰襲也 析分也說文從木斤
聲或從片作析亦正經作折非也下都合反
正從草作荅古文作畣經作答俗字通用也

濯衆 上幢卓反毛詩傳云濯滌也廣
雅浣也說文浣也從水翟聲 聽
我 剔丁反考聲云聽以耳審聲信也許也
孔注尚書云察是非也鄭注礼記聽待
也說文聆也從悳耳壬 獷強 古猛反案獷
聲悳音德壬音他井反 猶猛也惡也
說文云犬獷獷不可
附也從犬從廣也

薩曇分陁利經

慧琳撰

三曼陁颰陁 曼音末盤反經作慢誤也
颰音盤沬反梵語唐云普

賢是也

薩曇分陁利 梵語訛略也正梵語去薩達摩奔拏里迦唐云妙法白蓮花姚秦羅什譯為妙法蓮花經略去白字也

抱休羅蘭 梵語佛名也正梵云鉢羅二合步多羅但曩引二合野唐云多寶

無央數 約薑反王注楚辭云央盡也說文從大在冂之內大人也一日久矣經從草作鞅非也冂音癸營反

撾鼓 上陟爪反考聲云撾擊也聲類云撾捶也古今正字從木過聲或作栞下音古從豈從攴象鼓旗手擊之也豈音註攴音攴從半竹經從攴非字也

衒身 玄絹反考聲云衒自誇誕也亦衒賣也說文作衙重重行而且賣也從行從言或從玄作衒古作眩從目

汲水 金立反鄭注考工記云汲引也說文亦引水也從水及聲也

閉三惡道 上必計反廣雅云閉塞也說文閉闔門也從門才聲俗從下作閇經從午作閈非也

般若拘 古譯梵語也正梵云鉢羅

吞吉孃吞拘唐云智積菩薩名也

新譯法花經中真言六道在陁羅尼集中添品妙法蓮花經序 慧琳撰

燉煌 上徒昆反下音黃郡名也沙州是

龜茲 上音歸下音諮胡國名也即安西四鎮是也

笈多 渠劫反翻經三藏名也

第一卷 第二卷 並無字可音

第三卷添藥草喻品

与癊 陰禁反桒癊謂胷膈中病也膈音革

齒齧 研結反礼記云毋齧骨說文齧猶噬也從齒㓞聲噬音逝㓞音慳八反

從此後終普賢勸發品及下囑累品並依基法師所造音更不重述

維摩詰所說經卷上 八

沙門玄應撰

維摩詰 或言毗摩羅詰亦言鼻摩羅雞利帝此譯云無垢稱稱者名稱也或為淨名者其義一也

毗耶離 或作毗舍離或言維耶離亦云鞞舍䟦夜皆梵言訛轉也正言吠舍釐在恒河南中天竺界七百賢聖於中結集處也

菴羅 或言菴婆羅果名也案此果花多而結子甚少其葉似柳而長一尺餘廣三指許果形似梨而底鉤曲彼國名為王樹謂在王城種之也經中生熟難知者即此也舊譯云柰應誤也正言菴沒羅此菴沒羅女持園施佛因以名焉昔弥猴為佛穿池鹿女見千子處皆在園側也

為護 于碑于偽二反介雅為作也為助也

友而 于久反廣雅友親也說文友同志也

紹隆 市遶反介雅紹継也隆咸也多也

魔怨 慇者是位處第六天主也論中釋斷慧命故名為魔又常行放逸而自容身故名魔言波旬者訛也正言波卑夜是其名也此云惡者常有惡意成就惡法成就惡惠故名波旬經中作魔波旬者存二音也

踰於 又作逾同庾俱反踰過也越也廣雅踰度也

等覲 古桓反說文覲諦視也又音古翫反覲望也二音通用舊維摩經作正覲菩薩是也

山相 先羊反彼此二邊曰相舊經云石摩王菩薩諸經中作山相擊菩薩其義一也

長者 案天竺國俗多以商估為業遊方履險不憚艱辛弥積歲年必獲珎異上者奉王餘皆入已財盈一億德行又高便稱長者為王輔佐彼土數法万万為一億也

稱无 齒證反名稱也介疋稱好也注云物稱人意美善好也

稽首 古文作諳苦礼反蒼頡篇云稽首頓首也周礼太祝辯九拜一日稽首鄭玄日稽至也謂至地也首頭也書云禹拜稽首是也

不譏 居衣反廣雅譏刺也譏問也說文譏誹也

仁者 而親反周礼云德一曰仁鄭玄曰愛人及物曰仁上下相親曰仁釋名仁者忍也好生惡煞善惡含忍也

㴱殖 時力反蒼頡篇殖種也廣雅殖

積也立也

純淑 時均反下時六反純謂精一也尒疋純大也言純好也經文或作淳亦專一也淑善也美也

愽弈 古文薄同補各反丗本云烏曹作傳說文博局戲也六箸小十二棊方言自關而東齊魯之間皆謂圍碁為弈之也

諧耦 胡皆反下吴口反尒疋諧和也耦合也

酒肆 相利反肆陳也列也謂陳列酒器於市店也

化政 之盛反礼記孔子日政者正也

謂宣法教子養万姓也論語導之以政是也

不怙 胡古反尒疋怙恃也詩云无父何怙怙賴也

撮摩 字林七活反廣雅撮持也釋名撮卒也謂暫卒取之也

宴坐 石經為古文燕字同一見反廣雅宴安也謂㣲然安息負也

里巷 周礼五家為鄰五鄰為里謂二十五家也詩云无踰我里里居也釋名五鄰為里方居一里之中也

珊闍 蘇安反子名也經文有作

剛所斵反也

阺子 又作庢同竹尸反毋名也

芒然 莫唐反芒芒然冥昧不明也舊經作惘然也

豁然 古文𧮫耽二形同呼活反廣雅豁空也

阿摩勒果 正言菴摩羅果其葉似小棗果如胡桃味酸而且甜可入藥分也

勿擾 如紹反說文擾煩也廣雅擾乱也

從万 自龍反相隨從也尒疋從重也郭璞曰隨從所以為重疊也

掃灑 所賣反通俗文以水散塵曰灑謂以水灑散之也

嬈固 乃了反字林嬈擾也蒼文嫽嬈戲弄也嬈煩也亦惱也文殊現寶藏經等作嬲同字或作嬲音同嬈固堅也今宜作厭蠱之蠱字林音故又音古厭音於舟反謂伏合入心也尒疋蠱疑也謂疑惑人也摩登伽經作擾蠱言此魔作擾乱厭蠱也諸經有作頋非體也蟲在皿上為蠱字意也蟲音直中反也

俛仰 无辯反謂自𢰬為之也說文俛此俗頫字謂低頭也仰謂舉首也

冥者 莫庭莫定二反冥夜也幽闇也

中卷

酬對古文醻三蒼作詶同聖音字體作
時周反作疋酬報也指諸視
反說文措致問徵吏三蒼解詁病愈
之意緒也云致至也到也
古文瘉同臾乳反方言苞容補交反唐
差愈也說文瘉病瘳也雅包裹也
容受黿鼉魚袁反三蒼似鼈而大也下
也徒多反山海經江水足鼉郭
璞曰似蜥蜴大者長一丈有鱗彩皮可以為
鼓詩云鼉鼓逢逢是也字體從黽從單聲也

一切經音義卷第二十八　第二十七張　城

吸著古文歙翕二形同義蹴蹋千六
及反廣雅吸飲也反下
徒盍反謂以足逆福祐古文祐閡二形
蹋之曰蹴蹋踐也同胡救反祐助
之瞻蔔蒲北反正言瞻博迦大論云此言
也黄花樹其樹高大花氣遠聞案西
國多有此林周窮古文賙同之由反謂
故以賙給也以財物與人曰賙詩
云靡人不賙傳曰賙救也訥鈍又作吶
將救其急也字林賙贍也同奴骨

反訥遲鈍說纕壤如掌反无塊曰壤亦
文訥難也土也變言之耳以人
所耕為樹藝焉則言之疇直流反疇類也
壤壤和緩之皃也等也王逸注楚
辭云二人為疋四人飢饉古文飢又作
為疇疇猶伴侶也饑同几治反
介疋穀不熟為飢蔬不熟為憒亂公對
饉几草菜可食者通名蔬也反說
文憒亂邑中周礼四井為邑鄭玄曰方二
也夷也里也廣雅五里為邑十邑
為鄉左傳凡邑有宗廟以祜胡古反祜福
先君之主曰都无曰邑也介疋祜厚

一切經音義卷第二十八　第二十八張　城

也謂福不肖先妙反廣雅肖似類也說
厚也文骨肉相似曰肖字從肉
也小齊今言不肖者不似也謂骨肉不似其先
故曰不肖礼記其子不肖是也謂儜惡之類也

下卷

儱戾諸經有作龓同祿公反下三蒼不
作侯同力計反恨戾剛強皃也
訟似縱反論語未見能見其過而所圖
內自訟者苞咸曰訟猶責也
案詔定古文官書圖啚二形同達貳吒
胡反廣雅圖度也謀也圖亦計也

如至反經中或作阿迦尼沙詑或言尼師吒皆梵言輕重也正言阿迦抳瑟搋此言色究竟天也詑音勃嫁反抳女几反搋勑佳反

維摩詰經上卷 一名佛法普入法門三昧經　玄應撰

柰氏 新維摩經云菴羅樹園是也其果似梨也

仇怨 渠牛反三蒼怨耦曰仇也

編髮 三蒼古文辮字同蒲典反交織也經中言螺髻者亦是也

蚑行 渠支反又音奇謂虫行皃也周書蚑行喘息是也

怳忽 虛往反謂虛妄見也亦无形不繫之辭也說文怳狂皃也字又作慌呼晃反漢書音義曰慌忽眼亂也

勖勉 呼欲反下又作勸同靡辯反謂自勸勸也方言齊魯謂勉為勖滋說文勉強也

適莫 都狄反下謨各莫故二反謂无人无相也案適主適也亦敵也敵匹也莫猶慕也言慕欲也

冈然 无往反謂不揃適也冈冈然无知意也亦惶遽之皃也經文從心作惘近字也

阿夷恬 徒兼反梵言也此譯云新學亦言新發意也

熒蓂 為明反熒猶光花也亦光寵也蓂莘也

牛潼 竹用都弄二反通俗文乳汁曰潼今汝南亦呼乳為潼也

妖蠱 於驕反下弋者反周易作冶妖冶也謂恣態之皃也

露枰 皮平反廣雅枰榻也

辱來 又作䢆同而蜀反辱恥也恥愧來相問也

巢窟 仕交反謂住止處所也通俗文鳥居曰巢獸穴曰窟也

蹶取 居月反埤蒼以為蹶走也礼記子夏蹶然而起也謂急疾之皃也

捉抋 蒲畢反方言抋摍也南楚凡相持曰抋

下卷

真人 此即阿羅漢也或言阿羅訶經中或言應真或作應儀亦云无著果皆是也

一溝港 古項反字略云水分流也謂須陁洹也此言入流也

奚得 胡啼反蒼頡篇奚何也

悅懌 餘石反尒雅悅懌樂也謂意解

之樂也

貧窶　瞿矩反三蒼無財備礼曰窶詩云終窶且貧傳曰窶者無礼也字書空也

芙蓉　又作抙同附俱反說文柎柔花未發為苕蓝花已發者為芙蓉也

莖華　胡耕反字林枝主也亦小枝也諸經皆作芙蓉莖華今經文作薢胡梗反香花也

埤濕　補支反助也字宜作卑蒼頡篇卑下也

洿田　一胡反大日潢小日洿三蒼停水日洿

夜光　干寶搜神記隨侯行見大虵傷救而治之虵後銜珠以報徑寸純白而夜光可以燭堂也

徒隸　達胡反礼記八日徒徒隸也下力計反隸猶附著隸奴也賤也僕隸也

騄駕　忩含反說文駕三馬也旁馬曰騄居右為騄乘之也

譸張　竹尤反譸張誑也謂相欺惑者也

未孚　又作趕同芳務反孚疾也廣雅趕行也

棚閣　蒲萌反通俗文連閣曰棚棚亦閣也

荒

見　呼黃反荒忽也盂也謂荒忽盂忘見也亦迷乱也

以仂　里翼反字書仂勤也今皆為力字

惶荒　胡光反下光讚經作慌呼晃反謂盂妄見也慌恐懼也摸慌忽也今經作荒桒荒荒忽迷乱也其義是同漢書云忽荒寘漠無形也

非摸　莫奴反亦摹字也摸法也謂掩取象也娩摸也

恒戢　側立反說文戢藏也亦斂也聚也

說無垢稱經第一卷

沙門玄應撰

菴羅衛林　舊言菴羅園即菴婆羅女以園施佛仍本為名也言衛者此云女昔常守衛者護此林也

澍雨　之喻止句二反時雨也謂潤生百穀者也借以喻之

方術　脣聿反術法也又邑中道日術術通也言無所不通也

離咕種　昌葉反舊言離車子或作栗昌亦作離昌又作律車皆訛也此云仙族王種也

希夷　聽之不聞名日希視之不見名日夷言無聲日希無色日夷也

持髻　舊經言螺髻言梵本

無螺譯人**隧級**辞醉反下音急掘地通路日隧隧徑也聲類隧延道也級階次也案西域井如此方古井也掘地為隧施安隥級入中取水也舊經言丘井者非當梵名故依本譯也

第二卷

八無暇 遐嫁反言此八難之時無有閑暇可修道業也

迦遮末尼 舊云迦柘柘音之夜反此云水精珠也

竚立 又作佇同除吕反尔雅佇久也謂久立也

第三卷

得痊 七泉反痊除也

病愈 古文瘉同臾乳反方言差愈也說文愈病瘳也

黿鼉 上魚袁反下徒多反三蒼黿大鼈也鼉似蛟而大山海經江水足鼉郭璞曰似蜥蜴大者長一文有鱗彩皮可以為鼓也

第四卷

毗奈耶 舊言毗那耶亦云毗尼皆訛略也此云離行行亦道也謂此行能離惡道也亦翻為滅分得也言調伏化度者義譯也此有三義一引載義如十利等功德為此法所引載也二調真義能令身口二業調伏正直也三上勝地義從戒上定乃至上四沙門果地也

鰥寡 古頑反釋名云無妻曰鰥無子曰獨言鰥人愁悒不寐目常鰥鰥然如魚眼不閉故字從魚從眔眔反目也

茵蓐 又作鞇同於人反說文車中重席也釋名云文鞇車中所坐者也用虎皮為之有文彩因以下與相連著也三蒼蓐薦也

傍生 梵言吉利藥住尼亦云帝利耶瞿揄泥伽此云傍行舊翻為畜生或言禽獸者分得仍未攄談也

驚悸 古文痵同其季反字林悸心動也說文氣不定也

猜疑 古文賍猜二形今作採同麁来反猜亦疑也廣疋猜懼也

第五卷

詢求 私遵反詢問也詣親為詢詢問親戚之議也

師捲 又作拳同渠員反指握為捲辟喻也言師之匠物不如捲之執握柔而不說也

第六卷

夷塗 弋之反說文夷平也亦常也

檐山林 梵云趨達羅舊言佉陁羅南地多饒此木

愶同 又作𢘽叶三形同胡頰反介疋愶和也合也亦同用也

輕蔑 又作懱同莫結反說文懱謂相輕傷也

大方等頂王經

慧琳撰

維摩詰 下企吉反梵語經從草作𦼸非也

門閫 苦本反鄭注礼記閫門限也說文云門橛也從門困聲或作梱

芬葩 上敷文反鄭箋毛詩云芬芬然香也郭注方言云芬香和調也說文從草分聲下拍巴反聲類云秦人謂花為葩也從草皅聲皅音同上也

晃曜 上黃廣反廣雅晃暉也說文云明也從日光聲下遙照反廣雅云曜照也明也說文從日翟聲或作燿也翟音宅

依際 上諡希反毛詩傳云依倚也郭注方言云狶也說文義為毛詩傳同從人衣聲經從犬從奇作犄非也

邠耨文陁尼子 上筆旻反下農瞀反梵語竝人名也

罣礙鎧 下苦蓋反文字集略云以金甲蔽身曰鎧也廣雅云逐甲分鎧也說文甲也從金從愷省聲

凶禍 上勗邕反韓詩外傳云凶危也介疋云各也說文凶惡也象地穿交陷其中也經從歺作殈非也

憒亂 上古外反考聲云憒謂煩憂也說文亦乱也從心貴聲又音會亦通

泡沫 上匹茅反考聲云水上浮漚也說文從水包聲下忙鉢反顏野王云沫水上浮沫重重水上浮沫也說文從水末聲也

土墼 下經歷反顏野王云𡋯土方而不燒為墼也說文義同從土毄聲毄音同上

躅棄 上决

緑反郭注方言云蠲除也說文從蜀益聲下企智反孔注尚書云棄廢也介疋忘也說文捐也正作棄從収推𠦒弃亦亦迸子也籀文作棄𠦒音半安反亦音土忽反經作弃古文字也

嬈害 上溺鳥反考聲云嬈相戲弄也說文嬈煩也苛也一曰擾弄也從女堯聲或作嬲苛音何苛怒也刻暴曰苛

怯羸 上欠劫反顧野王云怯畏劣也家語云由能勇而不能怯而也古今正字從心去聲下累危反杜注左傳云羸弱也許叔重注淮南子云劣也說文瘦也從羊羸聲也

壁枝 上并覓反考聲云壁牆也顧野王云壁壘室中垣壁也說文從土辟聲辟音同上

高鐙 得騰反郭注介疋云即膏燈也聲類云無足曰鐙有足曰錠說文亦錠也從金登聲或作燈錠音都定反

探古 上揩南反孔注尚書云探取也聲類謂深取也說文遠取也從手罙聲罙音彌也

窈冥 上羊耿反下覓瓶反考聲云窈冥深遠皃也郭注方言窈幽靜也毛詩傳云冥亦窈也鄭箋云夜也又云冥冥也者敝人目無所見也說文窈從穴幼聲或從木作杳也冥從冖六日數十十六日月始虧幽冖也冖音覓壁反

崖底 上雅佳反考聲云崖山側邊險岸也說苑高山有崖也說文云崖高邊也從屵圭聲屵音五割反下丁礼反淮南子云上窮至高之末下測至深之底也說文從广氐聲广音魚儉反底音丁奚反

大乘頂王經

慧琳撰

菴羅 上暗合反考聲云菴羅印土果名也唐國亦有也文字典說從艸奄聲

足躡 下女輒反廣雅云躡履也又躡下足所履之躡也方言云登也說文陷也從足聶聲也聶音上同

滿匊 居六反毛詩云兩手曰匊鄭注礼記云匊手中也說文左手曰匊從勹米聲勹音包或作臼經作掬掬取也亦通

繽紛 上匹賓反下忿云反王注楚辭云紛盛皃也韓詩外傳云往來皃也廣雅云眾也亂也文字典說二字並從糸賓分皆聲

鹿苑 上籠谷反下究

阬反案西域記云波羅痆斯國之園苑名亦爽野苑亦名施鹿林舊譯云波羅奈國亦如来初轉法輪處也**棬杷**上渠負反何休注公羊傳云棬掌握也廣雅掌治也國語云收也舒也說文從手卷聲或作拳**憒丙**上古外反前大方等頂王經上卷中已釋訖下奴効反集訓云丙人多擾擾也并聲云人多諠也古今正字不靜也從市從人會意字也經作閙俗字**鬱單越**上憚勿反梵語

一名北俱盧洲或云鬱怛羅或云鬱多羅拘樓或云都多羅鳩留皆梵語訛也正梵云嗢怛羅牟唐譯為高勝阿毗曇論云地方高大定壽千歲無諸苦常受樂勝餘洲故名高勝嗢音烏骨反嚕音魯字轉舌語也

善思童子經上卷　玄應撰

搦拳又作𢶡同女卓女革二反搦捉說文搦按也

大悲分陁利經第一卷　玄應撰

波叉或言毗留博叉訛也具言鼻溜波阿又舊譯云雜語一義也正言醜眼西方天王名也**提恢**徒甘反**收僆**備戒反**蜺**

以補奚反**阿昵**女乙反**須抳**女几反**邏**

⿰口發市悅反**多眯**莫礼反**薩𧃝**眠面反**師**

薜蒲計反**酣伽**下甘反**數咩**所角反下弥尔

反**阿慉**虛六反**桔略**音結

第二第三

竝先不音

第四卷

欽婆丈心反童子名也欽字蒼頡篇欽函屬也

第五卷

嗒然土合反精靈失其所也莊子嗒然似喪其偶是也**鬻賣**上正作賣又作儥二形同餘六反周礼儥賣也言物有定價則買者來也**跱馬**

苦罵反字林詈也亦罵也

悲花經第一卷　玄應撰

郅祢之一反下奴礼反　頞緹烏割反下他礼反　羅陁經文從口作吔非也　厎拏都礼反下奴加反經文作䋈非也　阿俾甫介反　由稊徒計反　䧶絁式移反

第四十張　城

羅齲丘禹反　褘陁於宜反　多芰渠義反　嗜哆勑轄反　阿梯他弟反

一切經音義卷第二十八

一切經音義卷第二十九　城

大唐翻經沙門慧琳撰

金光明冣勝王經十卷　三藏義淨譯

金光明冣勝王經十卷　沙門慧琳再譯眞言三十八道經依前本

合部金光明經八卷　今闕四卷金光明全在此中

右三經二十八卷同此卷音

金光明冣勝王經卷第一

金光朙　上金字說文云五色之金黃為之長久埋不生百鍊不輕從革不違西方之行土生金故從土左右點象金在土中㠯今聲也次光字說文明也上從火
下從古人字會意字也下明字說文從囧囧象窻月光入窻明也亦會意字日月為明者後人意隨俗說也囧音鬼永反

最勝　上祖外反去聲字也韻詮云最甚也考聲勝也要也史記云功極多也說文惣計也從冃音莫報反取意也下昇證反韻英云勝尅也又勝負也考聲云強也說文任也從力從朕省聲朕字從女券意也券音卷也

鷲峯山　上音就西國靈山名也古曰祇闍崛山是存梵語訛也此山多鷲鳥因以為名也

重擔　多濫反考聲云擔負也以木荷物也說文從手詹聲詹音占

逮得　上音大毛詩云逮及也說文從辵隶聲隶音隊辵音丑略反

婆溼波　溼音深入反從水從丝從土一覆之則溼此句梵語阿羅漢名也

累染　上律為反去聲字也有作上聲者義乖也不取集訓云家累也考聲云連及罪也屬也廣雅積也說文增加也從糸本作絫絲書攺為三田義訓為此一也厽音力水反象重厽之形也上聲下尒琰反考聲染汙也廣雅著也說文以繒染為彩色也從水杂聲也

逾於　上羊朱反孔注尚書逾越也廣雅逾遠

也說文適進也從辵俞聲
療諸 力召反鄭注周礼云止病日療吳會江湘謂醫病日療說文亦云㾮醫又治病從疒尞聲疒音女厄反
醫王 意基反周礼醫師掌醫之政令聚藥以療万民之病古者巫彭初作醫醫字本從酉或從巫作毉亦通說文治病工也醫人以酒使藥故從酉酉者古文酒字也
栴檀 梵語香木名也唐無正譯即白檀香是也微赤色者為上
破瞖 嬰計反考聲目中瞖也從目殹聲殹音同上
梨車毗童子 梵語訛也正梵音栗㮚毗唐云貴族公子也諸經或云離車子是也㮚音昌葉反
瞖羅葉 上嬰雞反瞖羅是梵語西方木名也葉是唐言即瞖羅鉢多大龍王名也鉢多亦梵語唐云葉以此龍王往昔先佛之時身為比丘以瞋恚心誅瞖羅小樹命終隨此龍中以不護戒壞生草木故業感於龍王頭上生瞖羅樹以瞋恚心故受龍身以修

持諸功德有大福德得為龍王是故涅槃經云假使所作業百劫亦不亡因緣會遇時果報還自受是也
持駛水 駛音使去聲字也蒼頡篇云駛疾也水流速也急也古今正字從馬史聲經從史非也
頻眉 符賓反考聲顰蹙聚眉也廣雅顰憂愁不樂也說文從卑作顰時不多用今從簡
揭路荼王 上音竭梵語訛也正梵音蘗嚕拏唐云金翅鳥王古譯云迦婁羅
擁護 邕拱反鄭注儀礼云擁抱也蒼頡篇持也說文從手雍聲
阿閦 楚六反梵語唐云無動
邪蠱 上夕嗟反下音古惡鬼神共法娼害煞人也
澡浴 上曹老反顧野王云澡猶洗潔也下音欲洒身體也
鮮潔 上音仙廣雅鮮好也下音結字統云潔清也說文鮮字古文從三魚作鱻絜從刀
殖諸 承職反杜注左傳云殖長也蒼頡篇云種也息也考聲多也廣雅立也古今正字從歺直聲也歺音孼陵反
短促 下取欲反廣雅促近也說文迫也從人足聲
骨髓 雖柴反說文作髓亦同訓辞云骨中脂也從骨從隨
芬馥 上芳文反介雅

沓氣分布也說文從屮作芬分聲也下嫣福反韓詩云馥亦芬也說文香皀從香從復省聲

惡賤 上烏故反顧野王云惡猶憎嫌也也從亞作惡正體字也今俗改從西誤錯也

息忖 上思字上從囟囟音信諡法日深謀遠慮曰息經作思俗字也下寸損反考聲忖度也思惟計度於心謂之忖形聲字也

齊限 上宋躉反去聲字鄭注周礼云劑量也俗從刀作劑字書無此字

滴數 上丁歷反集訓云滴瀝水滴注也說文從水從適省聲也經從帝作渧非也亦是錯書也

析諸 星歷反孔注尚書云析分也說文破木也從木從斤經文有從片作㭊俗字

度知 唐洛反揆也量也假借用

稟性 彼錦反稟受也說文從禾㐭聲㐭音力敢反

飢饉 上几宜反尒雅穀不熟曰飢蒼頡篇云飢餓也腹中空也說文餓也從食几聲古文作飢下勤刃反穀梁傳云三穀不升謂之饉尒雅云蔬不熟曰饉說文從食從堇聲也

悌淚 上梯礼反上聲字也毛詩云涕泗滂沱又曰潸然出涕傳曰自目而出曰涕說文從水弟聲下音類廣雅云涕泣淚也說文從水戾聲也

偏黨 上匹綿反孔注尚書云偏陂不平也說文偏頗也從人扁聲下當朗反太公六韜云朋謂之黨論語曰君子羣而不黨孔注云黨朋也說文從黑尚聲也

邊鄙 悲美反杜注左傳云鄙邊邑也賈注國語云鄙陋也謂邊界郊野之外去國都遼遠名為鄙俗今古正字從邑啚聲啚音同上也

揭樹羅 上蹇謁反梵語西國樹名此國無也

龜毛 上軌危反白虎通云龜之言久也說文龜舊也外骨而內肉者也字象四足頭尾之形也

蚊蜹 上音文說文齧人飛蟲子也或從䖵作蟁或從昏作蟁意言昏時而出故從昏經從虫從文俗字也下而銳反國語云蜹蛾蜂蠆皆言能害人顧野王云小飛蟲子好入酒中又有小蟲似蜹甚齧人名為蠓子亦有別名文繁不録方言具載說文形聲字也

蛭蟲 上音質蒼頡篇云蛭水蟲也尒雅蛭齧人入人皮內中飲人血人不覺

痛其類非一如鋒音峯漢書鋭也説文
韓注字也共刃鋒揄刃刀刃端
也從金夆聲經兔角上吐故反象形字
或作峯亦通也㸃象兔皂言兔角
者題本無梯蹬上體奚反賈注國語梯
之喻也階也説文木階也從木
弟聲下登亘反廣蛆蠅翼繩反説文蟲
雅蹬履也形聲字之大腹者生沮
轉化為蠅有數種別胆酒醉背槃反欸
音七余反從肉且聲也酒過度神

一切經音義卷第二十九　第七張　城

識蒙眛鵂鶹上音休下音留㮣鵂鶹怪鳥
日醉也也晝伏夜飛冢食諸鳥鶹衆鳥
大如角鷹背爪鋒利眼如赤銅眼光射人亦
名薰胡或名鵂侯其聲鳴以自呼若作餘釋
皆非恐繁繖蓋珊嬾反下正體蓋字也
不能引説繖蓋者覆蔭身也繖即
是蓋從糸散聲蓋字本從草從盇今俗
從拳者訛謬也經作傘蓋並非正字也鷦
鷯鳥上音焦下音遼尒雅鷦鷯剖葦郭
璞注云好剖葦皮食其中蟲江南

呼為華虎似虎青斑長尾棄以紮觜
作藥猶如綿囊方言謂之女匠也衘
上獬蘿反為咀也或作觜攛上卷衰
下音咸以口銜之而行也現反考聲
云反常合道謂之攛宜秉持其事漂
也古今正字從手篡聲篡音纂也溺
上匹遥反顧野王云漂流也説文浮也從水
票聲票音同上下寧滴反考聲溺沉也或也
從人從水作休正體婆羅門梵語訛
字也滴音丁歷反不正也
或日婆羅賀摩亦訛也正梵音云没羅㰤摩
唐云淨行或云梵行即色界初禪梵天名也

一切經音義卷第二十九　第八張　城

彼國人民四類差別婆羅門即其一也自相
傳云我從梵天口生獨取梵名以為其稱世
業相傳習四圍陁論例皆博學多知守志貞
白文儒雅操高道不仕其中聰俊類遠者多
為王者之師受封邑剎帝利上音察
而自居最為上等也亦梵語
也此譯為田主上古已來王族貴種亦習四
圍陁論博聞强記仁恕弘慈專攻於略其中
有負福勝者薜舍上毗桂反亦是梵語
衆立為王也此即商主也雖有大
福富有亦財不能通達典墳貨遷逐利為業
為多畜積之故王臣悋惜或賜邑封為長者

荼鎮國界教挍貪乏以防緩急**戍達羅**亦梵語訛不正也正梵音云戍捺囉𠀀有多釋不能繁述略云衆雜或廣務田疇播植蓄產或工巧雜藝針艾醫救或漁獵採捕傭賃力末四類之中𠀀最居下也

慣習開患反鄭箋毛詩云慣助習也說文作遦從辵貫聲經文作串是頑字去聲非本字也

羸㒌上纍追反杜注左傳羸弱也賈注國語病也說文疲也從羊羸聲轉注字也下音敗韻英云

疲極也考聲痛甚也說文憊也從心葡聲音同上或從疒作𤸃憊音口戒反𤺋亦㒌也經從人作𠐳俗用字也

金光明最勝王經卷第二

應身憶證反亦名報身如來於無量劫修菩薩行具足圓滿一切相好以一身應一切由如水月如響應聲同一剎那頃現無量身所說諸法亦無量名曰應身去聲

字也

數數雙捉反頻應也

金礦虢猛反字書云銅鐵未鋪鍊在石中曰礦轉注字也或從卝作鉚亦從黃作磺並通

銷鍊上音消集訓云銷散也釋也說文鑠金也或作烑消訓義並同下音練

環釧上音還介雅云肉好若一謂之環郭璞曰邊孔聲等也說文訓同上從玉睘聲也下川戀反考聲云以金玉等為環以貫臂曰釧古今正字二臂環也形聲字也

嬾惰上勒但反上聲字韻英云卧食曰嬾說文嬾怠也從女賴聲下徒卧反孔注尚書嬾亦怠說文不敬也從心墮省聲也古文從女作媠

鎔銷上音容字書云消金日鎔二字並從金形聲字也

治鍊上音持考聲治理也桂苑珠叢云脩故曰治下連佃反韻詮云銷治金鐵令精好也說文冶金也從金柬聲柬音同上說文又云柬字從八從柬若從東非也

澄渟上直陵反下音亭廣雅渟止水澄清也並從水也

滓穢上緇史反說文滓澱也下威衛反顧野王云不清潔也蒼頡篇從草作薉古今正字云穢惡也形聲

障蔽上章讓反下必袂反

已見前釋更不重述也

睡寱 上垂類反蒼頡篇云臥而神識惛昧曰睡說文坐寐也從目垂聲下萊貢反說文寐中有所見曰寱從宀從爿從夢經文作夢省略也

漂泛 上匹遥反下芳梵反前文已釋也

諂佞 上勅斂反鄭注礼記諂者傾身以就前人曲隨其意而言曰諂字書云心不眞詐妄也說文諂諛也從言閻聲經作謟時用省去門也下寧定反文字典說文佞者巧諂諛也從女以佞者之言近以仁故從仁媚惑於人不實故從女會意字也有從妄作佞非也

晃曜 上黃廣反上聲字也廣雅晃暉也考聲日光也說文明也下妣照反訓釋與晃同說文從火作燿火光也經從光作耀俗字也

桴擊 上府無反准經義桴擊鼓柄也借用非本字說文正體從木從包作枹爲渔扶抱字所以不用非不知今且依經作桴形聲字下經亦反書曰擊石拊石擊猶搉也說文攴打也從手毄聲毄音同上也

戲樂 上希意反前文已釋下音洛娛也喜也樂字從白會意字也

躁動 上遭到反鄭注論語云躁不安靜也說文從丢作趮趮疾也形聲字也

洗濯 上先礼反俗字也說文正體從西從水作洒形聲字也下音濁廣雅濯亦洗也說文浣也形聲字並皆從水也

滴海 上丁歷反正體字也說文云水廐注也從水商聲經文從帝作渧俗字誤也言毛端滴海者以齊志不移也

羸瘦 上累追反下所又反訓釋已見前文

鞭杖 上必綿反顧野王云古者用革作皮鞭以支罪人故鞭字從革支音普卜反古字也今時用作扑俗字

盈溢 上郢精反集訓云充溢也考聲受也說文滿器也從皿夃聲也夃音同上說文秦以市買多得爲夃從乃乃益也從夂夂至也會意字夂音竹几反下寅一反賈注國語云溢餘也顧野王云溢謂盈滿而出也古文從皿作洫說文器滿也橫水於皿中會意字也

吝惜 上隣鎮反方言云南楚江湘之郊凡衆會不施謂之吝或作遴古今正字從文從口經文作悋時用俗字亦通下星亦反王篇云惜貪也韻英

不捨也訓擇多與悟字義同從四人殘肉也正體字也

罥羂　上決兗反廣雅云罥著罘免罟也經文作羂通古今正字從冈肙聲肙音史玄反下武昉反顧野王云冈者羅罟之總名也古今正字從糸冈聲冈象形罘者扶流反罟音古皆網之異名耳也

金光明最勝王經卷第三

策勵　上楚責反說文云策箠也從竹朿聲朿音七恣反下力滯反玉篇勵勉也相勸勉也從力厲聲業策勵者以勇進心除懶惰意勤力修行也

法蠡　盧和反案蠡者太常樂器也形如大蝸牛大如盃白如雪頂有孔孔通吹作美聲聞於數里說文水介蟲也從虫彖聲也經作螺俗字非也今言法蠡者以說法美音諭披羸聲也

秉大　彼永反毛詩傳曰秉操也賈注國語云秉執也廣雅持也說文禾束也從又持禾會意字也經文從水作秉非

誘進　上由酒反羊聲誘敎也引也韻詮云相說勸也古今正字誘道也說文作羑進善

也從羊久聲

窣覩波　上音孫骨反梵語也唐云高顯亦曰方墳或安身骨或安舍利即塼浮圖塔也古譯或蘇偷婆或云偷婆或曰塔婆秦言好略或云塔皆訛略不正窣覩波正梵音也

愧恥　上歸位反玉篇愧慚也說文從女作媿古文或從言作謉亦從耳作聭義訓同下癡里反說文恥辱也從耳止聲也

一摶　段欒反字書云手捏物令相著也從手專聲

撝空　上音毀危反玉篇云撝所謂手所指也說文從軍作揮並通者形聲字也為字從爪

普暨　其寄反尒雅塈及說文至也從且旣聲

金光明經卷第四

此卷中有十地陁羅尼安荼跋十卷經中音訓甚切此古譯故不音與後同用讀者知之

谷響　上公屋反尒雅水注谿曰谷說文泉水出通川為谷從水半見出於谷口象形字下鄉兩反孔注尚書云若響之應聲也說文從音鄉聲經文從向作嚮非也是歆響字非此用也

履踐　上音里鄭注礼記云履蹈地行也說文足所依也

從尸從彳從夂夂行意從舟舟象履經從復者非也下前剪反義訓與上同

金光明經卷第五

纖長 相閻反孔注尚書云纖細也說文微也從糸韱聲韱音尖

金鋌 亭頂反上聲字許叔重注淮南子云鋌者金銀銅等未成器鑄作片名曰鋌形聲字也

赫奕 上亨厄反毛詩傳曰赫赤皃說文從並二赤下音亦毛詩云奕奕輕麗廣大皃也鄭箋毛詩云赫奕光明皃也形聲字也

嫡知 丁歷反從水商聲也

當紹 韶繞反上聲字尒雅紹繼也諡法曰蹤遠繼位曰紹形聲亦會意字也

恒齅 休又反字統云以鼻就臭曰齅會意字也

藉此 情夜反去聲字考聲薦也形聲字

膿爛 上音農下郎旦反訓釋已見前文也

蟲蛆 上逐融反尒雅有足曰蟲說文從三虫經文單作虫非也下七餘反考聲云敢肉中蟲也形聲字且音即餘反

棄在 上輕異反孔注尚書棄廢也說文捐也從廾推𠦒棄亦亦音吐骨反亦逆子也𠦒音搏安反推音土雷反廾音拱二手也

朽木 休有反朽腐也

僮僕 上音童礼記云未冠者之稱也從人童聲下蓬木反左傳僚臣曰僕礼記云於家曰僕顧野王云馭車人也君將駕則僕執策立於馬說文給使也從人菐聲或作䑑古字也菐音卜

豐稔 上敷風反正體字也周礼豐大也國語盛也說文豆之滿者從豆象形從二丰從山豆經文從曲作豊俗字也丰音同上下任枕反賈注國語云稔熟也說文穀熟曰稔從禾念會意字也

蠲愈 上央玄反方言云南楚疾愈或謂之蠲郭注云蠲除也下羊主反孔注論語云愈猶勝也毛詩作瘉病差也說文病瘳也形聲字也

侵擾 上寑婬反說文云若埽之侵故從人從帚從又今隸書略去巾作侵訛謬也下饒少反孔注尚書云擾乱也說文煩也從手憂聲也憂音奴刀反說文又解憂字貪獸也一曰母猴也從頁從止巳從夂細文從憂者非也

金光明經卷第六

潛身　揵閻反易曰潛之為言隱而未見行而未成廣雅深也說文潛藏也從水朁聲朁音錯感反

沃壤　上烏酷反賈注國語沃美也廣雅瀆也古今正字從水夭聲下穰掌反孔注尚書云無塊曰壤鄭注周礼云壤土也言其壤壤和緩之皃說文柔土也從土襄聲襄音湘

顯敞　下昌兩反蒼頡篇云敞高顯也又云平治

高土可以遠望從攴尚聲又音昔卜反

備整　上皮媚反文字典說預防也具也說文慎也從人葡聲葡音同上下征郢反鄭注礼記云整正也說文齊也從束支正聲經從止作𢾺非也

隱蔽　下畀袂反形聲字

墜生　直類反尒雅墜落也說文從高而墜地從阜彖聲彖音遂經從土作墜亦通

彗星　隨銳反乙巳占云光芒索索然如掃箒孛孛然形如岎絮皆逆亂凶孛之氣也左傳云妖星也所以除舊布新之象也或從竹作篲亦通從甡從又甡音誚

薄蝕　上傍莫反下音食案日月薄蝕者虧缺也凡日蝕是陰陽相交日掩月蝕暗虛蝕神羅睺之所暎也日蝕人君之災國有興廢之象宜修德月蝕者儲君妃后大臣之災或水旱豊儉之先相古文從飤作𩞀說文從虫食聲或名交蝕

侵掠　下力尚反又音略字書云掠擊也考聲云強取也蒼頡篇搒也笞也或從刀作剠訓釋並同上准經義時俗並音略切韻略字韻中無此字唯方言略釋云求於道路曰略即強取財也杜預曰不以道

取為略賈逵曰奪取也說文作略云經略土地也從田各聲於義亦通兩字二音三體訓釋如上取捨前後任隨所見

屏除　上并茗反孔注尚書云屏亦除也鄭注礼記云退也放去也說文屏蔽也從尸并聲

白綫　先箭反說文綫縷也從糸戔聲戔音殘經文從泉作線俗字也

多揭羅　梵語草香名也正云多蘖羅

禪膩師　亦梵語不正也正梵音云捨你娑毗沙門之次子名也

迦利沙波拏　梵語也此云貝齒或云巳

齒即是海中小貝子經中具有分析所直多少波斧是錢若每日送一百多是金錢也

香篋　上音鄉說文云香芳也從黍從甘今隸書省去水從禾作香俗字也下謙葉反說文緘也從匚匚音方夾聲也經從竹作篋篋笥也或名香匳即香爐緘也緘音咸匳音奩

罄盡　上輕逕反韻詮竭也亦盡也

普臻　櫛詵反尒雅臻至也說文從至秦聲也

白氎　恬頰反西國草花蕊撚以為布

亦是彼國革名也

木膠　音交顧野王云膠所以連綴物令相黏著也鄭注礼記云膠謂煑皮革令消凝而作之乃有多種或黃或黑或白或赤或煑木皮索而作說文昵也作之以皮故從肉翏聲音力敎反

無歇　許謁反

林藪　桒走反澤無水曰藪說文大澤也從草形聲字或從林亦通也

珂雪　上可哥反廣雅珂白石也次於玉也埤蒼云白馬瑙也顧野王云珂螺屬也出於海中絜白如雪所以瓔馬膺也形聲字也

轂輞　上音穀說文輻所湊也從車從殳省聲也下音冈說文車輮也輻頭四周盤木相接為環也連環衆輻而轢地也亦形聲字也

千輻　音福帝千輻輪相者唯佛身上福德圓滿之相現於六處二手掌二足掌及二脚上肉文之中顯分明猶如車輪千輻具足經無量劫礼拜賢聖之功所感也

網鞔　下莫安反案網鞔者唯佛有之手十指之間有肉網猶如鵝足說文從革從免聲也

澄潔　上直陵反韻英云澄湛也說文從徵作澂澂清也從水形聲字

清泠　下音靈王逸注楚辭云泠泠者清涼風動皃從水令聲令字從卪合音精入反卪音節

涕淚　上音體下律墜反前經第一卷中已釋

聰叡　上倉公反廣雅聰聽也韓詩明也毛詩傳曰聰聞也說文察也從耳悤聲悤音忩象形今經文作聡俗字也下營歲反尚書叡作聖孔注云叡必通於術也國語明也廣雅智也說文深明也從目㕡從谷省聲

金光明最勝王經卷第七

消殄　下田演反俗字也上聲呼孔注尚書云殄絕也尒雅盡也說文滅也正作殄從㐱㐱音之忍反從歺歺音五割經殄訛也

枉死　上汪往反考聲云枉失理也詘也古今字耶曲也從木王聲古文作桂下死字說文澌也人所離也言人神識化往而不返遺殘體骨故從歺從化省會意字也

霹靂　上匹歷反下音歷大雷震擊也形聲字從石者俗字

蠱魅　上音古下音媚蠱即蠱毒魅即精魅皆惡鬼害人也或化作人與人交會貪人精體也

蚑蚩　上音支下陌絣反正體字也俗作蚩皆蟲人飛蟲也蝨大如蜂蚑小如小繩並形聲

捷利　上潛葉反毛詩傳日捷勝也王注楚辭云速也疾也古今正字從手疌聲疌音同上也

技術　上奇蟻反韻英云藝能也考聲工巧也說文巧也從手支聲經文從人作伎借用非本字下順律反鄭注礼記云術道也莊生日人相知於道術韓詩藝也說文邑中道也從行术聲术音推律反

苜蓿　上音目下音宿草名也本出罽賓國大宛馬嗜之漢書云張騫使西國迴持其種播植於此國以飼騾馬從草形聲字陸氏切韻等音莫六反今不取也

麝香　上常夜反郭注山海經云麝似麞腹下臍中有香尒雅麝父麕足郭注云如小麞雄者臍中有香雌者即無轉注字也

芎藭　上羌隆反下音窮香草名也根香也苗名蘪蕪亦入藥用也

苟把　上溝藕反下音起木名也亦是藥四時所採各異春採葉秋採實冬採根亦名地骨白皮從木已聲也

芹　近斤反子似蒔羅子

艾納　上我蓋反亦香草也

馬

擣篵　上刀老反說文手推也亦搗也亦擣也從手壽聲俗作搗下篩滓反上聲字也韻詮云羅篵也去麤惡而取精細者經文從師作篩平聲字是竹籠非此用俗誤也

牛糞　分問反梵云瞿摩夷說文糞除也從拱推𠦒棄米會意字也𠦒音般推音土雷反釆音非米古文矢字

四枚　每盃反郭注方言云枚數也古今正字從木從攴省聲也

埋大盆

買牌反藏香秣摩鉢反軋幔障瞞
於地也香末也半
反廣雅幔帳也考聲帷類也說所拘音
文幕也從巾莫聲瞞音莫安反俱
說文拘止也執葺茅上侵入反考聲云
也從手句聲茅草覆屋也從草
咠聲咠音同上下卯包反常翹衹姚反
說文草名也從草矛聲也廣雅翹
舉也翹舉一足念誦現苦行相專志一心也
心若散乱身必危倒也說文從羽堯聲也

一切經音義卷第二十九　第二十三張　城

根機旣祈反易曰機者動之微也考聲
弩牙也說文主發動者謂之機從
木幾野蠶雜含反埤蒼云蠶吐絲蟲也
聲漢書云世祖初即位年有野
蠶成繭人收其利也古今正字從坎窟
䖵朁聲䖵音昆朁音千感反
上堪感反埤蒼坎埳也下坤骨反杜注左傳
云窟地室也古今正字云窟狐兎所伏處也
從穴屈聲或從土作堀幢旗上濁江反
或從石作𥓌並通也方言云幢

翳也自關而東謂之幢郭注云舞者執之以
自蔽翳也廣雅幢謂之翿翿音導也古今正
字從巾童聲下音其周礼云熊虎為之旗鄭
注云象其守猛莫敢犯也說文從㫃其聲㫃
音偃鈴鐸上歷丁反鄭注周礼云必使
也鳴鈴以相應案鈴者以金銅
相合和令作空殼圓如珠有口有舌含一小
丸於中搖而作聲玲玲然因号曰鈴古今正
字從令金聲下唐洛反鄭注周礼云鐸大鈴
也形如小鐘中懸一鐵舌搖而作聲形聲字
也三戟京逆反考工記云車戟曰常鄭
注云八尺曰尋倍尋曰常長丈

一切經音義卷第二十九　第二十四張　城

六也方言云南楚謂之偃戟郭注云今之雄
戟也即矛有曲技者是說文云有技兵器也
從戈從𠦝𠦝音權現逵員反賈注國語
榦經從卓非也云變通以應時日
攉廣雅攉秉也古今正撟撥上強驕反
字從手雚聲雚音灌也集訓云津
濟河探也說文亦梁也從木喬聲下煩發反
王豐字也韻英云縛竹木浮於水上曰撥亦
如舟船能濟渡人之水厄說文從木發聲或
從舟作𦪇經文作拔或從竹作筏並俗字
非正枷縛上音加案枷者禁繫罪人之
也刑具也以木枷人頸令不東

西桂桔之類也從木加聲左形右聲字也

刀矟　雙捉反廣雅矟矟矛也埤蒼云八尺矛也

羂索　上消宄反下桑洛反橐羂橐者西國戰具也一名搭索遥擲繩繫取敵人頭脚名為羂索

金光明最勝王經卷第八

慱綜　上譓莫反說文從十從薄省聲也經從心非也下宗宋反烈女傳云織者可久喻治政推而往引而來者曰綜顧野王云機縷持絲交者也綜理絲縷使不相乱曰綜形聲字也

醯哩　馨鷄反梵語不求字義醯字從兮也

唐捐　音緣說文捐棄也一從手肙聲也

硨磲　上音車下音渠梵語寶名也文玉也

碼碯　上音馬下音惱亦石寶名次於玉有斑文或五色此二字並無定體

滋榮　子斯反孔注尚書云滋益也從二玄下永平反前巳

一切經音義卷第二十九　第二十五張　城

擇也

遨請　上音曹杜注左傳云遨遊也毛詩傳求也古今正字循也從辵敫聲敫音皎也

寶髻　音計鄭注儀礼云結髮也說文從髟吉聲也

漱口　搜救反鄭玄注考工記云漱潔也說文盪口也盥也從水敕聲軟音縮

澡豆　上音早從水喿聲喿音燥倒反

肥膿　上費微反孔子曰四體既正膚革充盈人之肥也說文肉多也從肉巳聲下女龍反

踞草　居御反說文蹲也居蹴而却踞坐也形聲字也

一鋪　普布反廣雅鋪陳也布也古今正字從金甫聲

鉾穳　上莫侯反古文矛字也正體作矛兵器名也象形或從戈作戎下倉乱反韻詮云穳小矟也荊楚巴蜀今謂之穳刀長可丈餘古今正字從禾贊聲經文作鑹俗字非也

佁擯　下必胤反顧野王云排擯之形聲字上音持韻詮治理也

象蹈　陶到反韻詮云蹈踐也踏也從足舀聲

祅星　上夭驕反左傳曰天反時為灾地反物為祅杜注云群物失性說文從示芺聲或作祅經從女作妖非宍字也

枯悴　下情遂反蒼頡篇悴憂也說文從頁作顇

一切經音義卷第二十九　第二十六張　城

亦正也

金光明㝡勝王經卷第九

匱之 上逵位反說文匱匣也從匚匚音方貴聲下凡法反說文引春秋傳曰反正為乏乏火也

金翅 尸至反一名加婁羅一名龍㕕即金翅鳥王也食龍者古文作扱亦作㧓也

滋蘩 上音諮正體從水並二玄今作玆時俗字也下音煩考聲也從敏糸聲也

老耄 下毛報反鄭注札記云耄惛忘也古文從蒿作薹古今正字從老毛聲字書有作耄俗字也

痰癊 上音談下陰禁反案痰癊字無定體胷鬲中氣病也津液因氣凝結不散如筋膠引挽不斷名為痰癊四病根本之中此一能生百病皆上集之疾也

鹹醋 上音咸洪範云水曰潤下潤下作鹹尒雅云鹹苦也郭注云苦即大鹹也說文鹹銜也北方味也從鹵咸聲鹵音魯經從酉作醎誤也非正體下倉固反考聲云醋醢也集訓酸也此字非正且依經義音之俗用醬醋字也近代切韻諸家字書並同上音說文及古字書從昔作醋者並音為昨訓云客酌主人酒也是相酬酢字也音藏洛反獻酬也若依說文玉篇古今正字文字典說廣雅切韻字統字林七本字書醬酢字並從乍作酢音倉固反正醬酢字從乍也說文云驗也蒼頡篇酸也今俗用却音為昨未知二體今古孰是今並書之也

甛膩 上牒閻反廣雅甛甘也說文美也從甘舌或作甜亦通下尼智反王逸注楚辭云膩滑也說文肥也從肉貳聲從月非也

鍼刺 上執任反廣雅鍼亦刺也札記婦右佩鍼管線纊說文所以縫也玉篇綴衣也俗用從十作針亦順時且用也正從金從箴省聲下刺音青亦反又此四反二音並通正體字也說文直傷也顧野王云銳鐃入人肉中日刺古今正字從刀朿聲朿音次從朿者非也經從夾作刾俗字也

鼻梁攲 下音欺顧野王云攲傾側不正也說文𩑶也從危支聲或從山作崎或從器作𢻫皆古字也經文從奇作攲非也孫卿子曰桓公廟有攲器焉虛則

敵滿則覆中則平以誠於人也

餌藥 而志反去聲字也蒼頡篇云銜食也顧野王云凡所食皆曰餌古今正字餅也說文從𩜽作鬻粉餅也從鬻耳聲古字也今從食作餌鄭玄注周礼云合蒸曰餅字書云餻也說文從食耳聲也

豺狼 上音柴山獸名也括地志云豺形似狗而小好群行義獸也有良賊之異豺奴常先行獵得禽鹿等物不敢前食守待豺郎豺郎後至先食飽弃餘肉豺奴方始共食禮記月令云

季秋之月豺乃祭獸下音郎野獸也比地沙漠多饒此獸常居川澤穴處說文狼似犬銳頭白頰高前廣後耳聳竪口方尾常垂下青黃色或白色甚有力體馬人畜皆遭害尒雅曰狼牡貛牡狼其子獥絕有力迅形聲字貛音歡也

狐玃 上音胡前已釋野狐也下俱籰反郭注尒雅云玃似獼猴而大蒼黑色能玃持人故以為名好顧眄此等種類甚多各別異名說文母猴也一名獶左形右聲字也獶音奴刀反

鶥鷲

上音彫也下音就前大般若經音義第三卷已具釋文繁不述

宛轉 上宛遠反說文宛轉卧也從夕卧有節也從夕從卪經文從女作婉非此用也

欲涸 何各反廣雅涸盡也賈注國語云涸竭也說文水涸也從水固聲也

象廄 上正體象字也下鳩又反說文象馬舍也周礼曰馬二百一十四匹為一廄從广設广音儼毆音同上也

皮囊 諾郎反韻詮云有底袋也從襄從橐省襄音停橐音涸

循岸 循音巡循由行也

睡寤 上垂淚反眠也下音悟睡

覺也從寢省從爿也

金光明最勝王經卷第十

荊棘 上音京顧野王云楚木也故号荊州下兢力反韻詮云酸棗也有刺木說文小棗也叢生者並從二朿朿音次非是朿亦非來也

莠草 酉究反

涌出 音涌

寶椷 音咸廣雅篋謂之椷形如小匱子從木咸聲經文作函古字書誤函非正也

闤闠 胡慣反韓康伯注繫辭云

闡明也廣雅闡開也從門單聲也黔黎上儉嚴反杜注左傳云黔黑色史記始皇二十六年更名万民為黔首從黑今聲下礼奚反周謂万姓黎民或謂之黎庶韻詮云黎衆也從尒黍聲黍音离憩息卿乂反毛詩傳曰憩即息也會意字也息止也虎豹上呼古反山獸名也下從古人虍聲虍音呼從巾作席者非也下包皃反山獸也似虎黑花圜文小於虎皮可作鞍韉面是也愛戀上正體愛字也說文慧也從心旡又聲會意字也下劣轉反去聲字也考聲思也說文從心戀聲也洟唾上音夷又音天計反說文鼻液也下土卧反古今正字唾口液也形聲字也悽傷上音妻廣雅悽悲也說文痛也從心妻聲舟航上舟字說文船也刻木為舟以濟不通象形字下鶴剛反毛詩傳渡船也方言云自關而東謂濟渡為航說文從方作斻從舟亢聲亢音罡也

癰疽上邕恭反司馬彪注莊子云不通為癰說文癰腫也從疒雝聲雝音同上疽音七余反疽久癰也形聲字也血脈下猛伯反說文云血理之分耶行體中名之為脉從肉從𠂢作脉耶反書永字也今時不知便從永作脉也筋骨上音斤說文云筋肉之力也從肉從力竹竹者物之多斤故從竹會意字也所祈下音芹毛詩傳祈求也尒雅祈告也說文祈求福祭也從示斤聲羸瘠上累追反左傳羸弱也國語病也下情亦反左傳瘠瘦也說文從肉作膌古字也激水經亦反說文激疾波也從水敫聲敫音同上繽紛上匹賓反下拂文反王注楚辭云繽紛衆繁盛皃古今正字並從糸形聲也舐血上時尒反上聲字說文以舌取物也從舌氏聲或作𦧇亦作䑛古字也骸骨上音諧身體之骨惣名為骸從骨亥聲骸即骨也懊惱上烏杲反下猱老反文字集略懊惱心內結恨也並形聲字鴿鶵上甘臘反下林于反韻英云初出卵殼而能自食者曰鶵或作雛亦同並形聲

字**目瞤**蕣倫反說文云目自動日瞤經從两作瞤非也不成字也**鷹奪**上憶矜反說文鷹鷙鳥也亦名隼隼即鷹屬也尒雅隼即鴭鳩也鷹有多種不能繁述下團活反說文手持大鳥失之日奪**戰掉**條擢反廣雅掉振也國語掉搖也說文從手從悼省聲**悲嘤**櫻李反考聲嘤即氣嗌塞也有經夲作悲噎義同噎音煙結反喉中氣塞憤滿也**乾燥**上音

干下桑到反說文燥亦乾也**騣駕**愁瘦反考聲云馬走日騣廣雅奮也貫注國語云疾也說文馬疾步也從馬聚聲也**失緒**上失字說文縱也從手乙聲也下徐呂反毛詩傳緒業也韻詮緒次也說文絲端也從糸者聲也糸音覓也**咨嗟**上子思反下子耶反王弼注易云咨嗟歎息之辞也形聲字也**推胷**上墜追反以撑撫膺也從木從隹下勗恭反字書胷即膺也或作匈亦通古字也

擒去上音禽說文擒獲也從手禽聲也**林藪**蘇後反考聲云大澤也鄭注周礼云澤無水有草日藪從草數聲也**籌議**上紂流反下音義案籌議者籌度謀議未萌事之可否然後行之**坌其身**上盆悶反或作坋說文塵汙也從土分聲也**號咷**上号高反杜注左傳云號哭也尒雅呼也廣雅鳴也說文痛聲也從虎号聲下唐勞反顧野王云號咷者大哭也泣聲也**欻然**上勳律反薛综云欻忽也說文吹起也**擗地**

上毗亦反案擗地者以哀痛故自投身於地宛轉號哭痛苦之甚也從手辟聲也**傷悼**陶勞反方言悼哀也鄭注礼記云悼憐也早夭日悼悼亦傷也**昞著**上兵皿反廣雅昞明也聲類從火作昺並通古今正字從日丙聲下張慮反顧野王云著猶顯也鄭注礼記著明白也從草者聲也**測量**上初力反鄭注周礼云則度也不知水之廣深日測故從水則聲下音良說文正體從童作量經作量訛也**明逾**庾朱反逾越也從辵俞聲也**金鋌**亭郢反上聲字也從金廷

聲也

戡智 先煎反俗字也正作鮮玉篇云鮮少也寡也從甚少俗意

金光明經合部八卷

經前序　慧琳撰音

曩修 上那朗反尒雅云曩久也考聲云昔也說文從日襄聲

翫閱 上午貫反杜注左傳云翫習也說文從習元聲下緣雪反毛詩云我躬不閱也

文字典說文云積伐日閱也從門從兌聲也

先哲 下展裂反尒雅云哲智也方言云齊宋之間謂智為哲孔注尚書云哲照了也說文亦智也從口折聲字或作悊亦作喆音義並同

崛多 上群勿反梵語譯此經三藏名也

揣義 上初偉反方言云揣誠也杜注左傳云度高日揣也顧野王云謂相量度也說文從手耑聲耑音端

揵陁 上件焉反下度河反梵語印度國名

𠂢別 上拍責反說文云𠂢水之邪流別也從反永字也序作派非也亦作派亦通

金光明經第一卷

蠱 孤五反左傳云皿蟲為蠱晦望之所生也又梟磔死之鬼亦蠱說文從蟲從皿皿者物之內也

天紺 甘闇反論語云君子不以紺緅飾也說文云紺帛深青而揚赤色也從糸甘聲也

阿閦 下差縮反梵語唐云無動

水蛭 下之日反郭注尒雅云江東呼為蛭蟣也蒼頡篇云水蛭蟲也說文從虫至

聲

鎔銷 上欲鍾反漢書云猶金之在鎔唯冶之所鑄也說文云冶之器法也鑄形模也從金容聲也

疾疫 下營壁反鄭注周禮云疾癘之鬼也古今正字從疒殳聲疒音女革反

金光明經卷第二

以枹 拊無反左傳云援枹而鼓之也說文擊鼓椎也從木包聲經作桴屋棟也非此義也

枯涸 下何各反賈注國語云涸盡也說文從水固聲也

毛滴　下丁歷反顧野王云滴者瀝滴也說文水𣿰注也從水啇聲𣿰音番桓反經作滞非也

裸者　上華瓦反傾俗音也正音魯果反說文云裸露肉袒也從衣果聲或作倮嬴亦作躶並同也

法蠡　魯戈反郭注尒雅云蠡蝸牛也今此法蠡即蝸牛之大者樂器名也從虫蠡聲蠡音力卧反經作蠡非也

升撮　上音升下祖末反應邵注漢書云四圭日撮亦三指撮也古今正字從手最聲

一切經音義卷第二十九　第三十七張　城

奪心　上團活反蒼頡篇云奪強取也賈注國語云奪不與而取也鄭注礼記云謂乱也文字典說文從手持奞怨失之謂之奪從又今從寸者象奞有足也會意字也團音奪搄反奞音先隹反

攘卻　上壤章反韓詩傳云攘除也周礼云卻顧野王亦辟也說文從手襄聲下正卻字也古文從谷也

金光明經卷第三

此卷中有十地菩薩陁羅尼並有難字亦合音訓為是古譯真言用字不切當故不音共文句已依梵本正翻訖所以不重出

第四卷

臂膺　下寵龍反郭注尒雅云褱齊手也說文云为直從人膺聲膺音容經作膺誤也

淨濡　下乳朱反毛詩傳云濡潤澤也說文從水需聲需音須經作濡俗字也

鮮於　上仙淺反正從是從少作尟賈注國語云鮮寡鄭注礼記云罕也字書云少也說文從魚羴省聲羴音羶經從甚作尠俗用也

舌嗜　下特至反考聲云愛也欲也孔注尚書云嗜無厭足也鄭注礼記云貪也古今正字從口耆聲

躁動　上遭到反考聲云躁性急也顧野王云躁猶動也賈注國語云擾也鄭注論語不安靜也說文高趮字從走喿聲時用多從足喿音掻竈反

不憚　下達旦反鄭箋毛詩云憚難也又曰畏也廣雅云驚也說文忌惡也從心單聲也

一切經音義卷第二十九　第三十八張　城

第五卷

沃壤 上翁谷反廣雅云沃漬也賈注國語云美也毛詩傳云柔也說文云溉灌也從水夭聲下穰掌反考聲云壤者土柔而無塊也孔注尚書云無塊日壤廣雅云肥壤也說文云柔土也從土褱聲

彗星 上隨說反考聲云彗祅星也左傳云彗者所以除舊布新之象也尒雅云彗星謂之攙搶郭注謂之孛彗言其光芒孛孛然似掃彗也或彗古作篲也說文從又又也手持甡音詵孛音勃

第六卷 此卷亦有古譯真言在前第三卷說

肥醲 下女龍反淮南子云肥醲甘脆也說文亦厚也從酉農聲經從水作濃與經義不同也

侵掠 下良丈反俗同略字用也杜注春秋云掠奪取財物也顧野王云鹵掠物也鄭注礼記云掠猶索也古今正字從手從諒省聲也

蹋蓮 上談臘反說文云蹋踐也從足昜聲經作蹹非也

孤逬 下伯孟反礼記云逬散也埤蒼云走也或作趙亦作𨔛古今正字從走并聲

嬾嫷 上蘭旦反考聲云嬾不勤也說文云懈怠也從女賴聲經從心作懶亦通俗字也

第七卷

煕怡 上書飢反考聲云煕和也美也尒雅云敬也古今正字從灬𦣞聲也𦣞音以之反經從女作嬉非也下以之反考聲云怡書悅也和也尒雅云樂也方言亦喜也文字典說從心台聲也

睒摩 上藍斬反梵語古譯名夜摩欲界中空居天也

馝芬 上駢蔑反埤蒼云馝大香也考聲亦云香皃也或作𩡱亦作馝古今正字從香必聲下忿文反鄭箋詩云芬芬然香也郭注方言芬香和調也說文從屮分聲經從香作馚非也

忉利 上音刀從心切利天在須弥山頂上有三十二天子並朝於帝釋亦名三十三天即天帝釋所治處也

第八卷

七寶椷 下洽緘反廣雅云椷木篋也說文篋也從木咸聲經作函俗字

也

悤駕 上褰偈反毛詩傳云悤息也或作偈古今正字從息吉聲經作悤誤也

癰疽 下七余反杜注左傳云疽惡瘡也說文云久癰也從疒且聲且音子余反

瘭疾 上匹遥反廣雅云瘭癰成也埤蒼云亦疽也古今正字從疒票聲票音必消反

舐血 上食尒反顧野王云舐以舌取食也說文正作𦧇從舌易聲經本作舐俗用字

鴿鶵 上甘臘反下仕虞反郭注尒雅云雛謂鳥生而能自食者也說文正作雛從隹芻聲經作鶵俗用字也

第四十二張　城

睫瞤 上音接前無量義經已釋訖下閏倫反說文云瞤目動也從目閏聲

噴灑 上普悶反廣雅云吹潠吐物為噴也說文從口賁聲賁音奔

惙然 上陟劣反毛詩傳云惙惙心憂也聲類云短氣皃也說文從心叕聲叕音同上

一切經音義卷第二十九

一切經音義卷第三十　城

大唐翻經沙門慧琳補續

佛昇忉利天經二卷　慧琳

道神足變化經四卷　玄應

大樹緊那羅經四卷　慧琳

伅真陁羅所問經三卷　玄應

寶雨經十卷　慧琳

寶雲經七卷　玄應

阿惟越致遮經三卷　玄應

不退法輪經四卷　慧琳

廣博嚴淨經四卷　玄應

不必印經一卷　玄應

入定不定印經一卷　慧琳

持心梵天經四卷

等集衆德三昧經三卷　玄應

集一切福德三昧經三卷　玄應

思益經四卷　玄應

勝思惟梵天經六卷

持人菩薩經四卷　慧琳

持世經四卷　玄應

濟諸方等學經一卷　玄應

大乘方廣摠持經一卷　玄應

寶篋經三卷　慧琳

文殊現寶藏經三卷　玄應

大乘同性經二卷　玄應

證契大乘經二卷　慧琳

深密解脱經五卷　慧琳

解深密經五卷

解節經一卷　玄應

相續解脱了義經一卷

緣生經二卷　慧琳

分別緣起法門經二卷

右三十經九十八卷同此卷音

佛昇忉利天為母說法經上卷　慧琳音

憒擾　上迴罪反方言憒心煩也說文亂也從心從貴下饒少反廣雅云擾擾亦亂也考聲攪也因此煩彼也說文亦煩也從手憂聲憂音奴刀反經作擾錯也

憺怕　上談濫反顧野王云憺謂恬靜也王注楚辭云安也說文從心詹聲

下普伯反考聲云怕心安靜也廣雅云靜也說文無為也從心白聲也

垓佛土　上改哀反賈注國語云垓數也許叔重注淮南子云九垓九天也考聲云垓極也八垓八極也風俗通云十千曰万十万曰億十億曰兆十兆曰京十京曰垓言數之極多者也說文從土亥聲者也

癡騃　上恥知反埤蒼云癡騃者也說文不慧也從疒疑聲下崖解反考聲云騃人癡皃也著頡篇無知也或作顡說文從馬矣聲也

欪笑　齒之反說文欪頍戲笑皃也或作蚩從欠出聲古文之字也經作蚩亦通

下卷

棚閣 上白萌反廣雅云棚亦閣也說文棧也從木朋聲下岡郭反蒼頡篇云閣樓閣也廣雅閣㞐置也鄭注禮記云閣者以板為之庋食物者也顧野王云重屋複道也從門各聲庋音𡵎綺反食櫃庋閣也

闌楯 上𢊍丹反下脣閏反顧野王云闌楯謂殿上鈎欄也說文闌從門柬聲經從木作欄亦同楯亦從木盾聲盾音

脣准反

苑囿 冤遠反蒼頡篇云養牛馬曰囿養禽獸曰苑說文從艸夗聲經作菀亦通下尤救反考聲云養麋鹿曰囿鄭注周禮云囿亦今之苑也說文云囿有垣也又云養獸曰囿也從口有聲也口音韋也

道神足無極變化經第一卷　玄應

嘔和 上阿侯反梵語

第二卷

裓上 上剛得反考聲云裓衣襟也又作襋音兢憶反字書云亦衣襟也說文云衣領也從衣戒聲也

第三卷

若龕 下坎含反考聲云龕鑿山壁為坎也說文龕皃也從龍今聲經從合作龕毀也

汚泥 上烏故反停水臾泥也經作洿古文洿字也

第四卷

䃚嶽 上牀學反下音岳案䃚嶽者丘墟土也不平皃也經作嶽非

大樹緊那羅王所問經第一卷　慧琳撰

慳悋 上鄙經反下壘崩反考聲云精神不爽也字書悋惜也經中或作慳嗇亦通有作慳悋非

財賄 上在哉反考聲云錢穀匹帛曰財韓康伯注易云財所以資生者也廣雅財貨也文字典說從貝才聲也下灰猥反介雅賄亦財也杜注左

傳贈送日賻文字典說二字並從貝形聲字

巨我　普我反如醉人據慹侮慢不敬之皃經文有作齬峨或作頉峨皆不正也蓋亦鄙俗之言

堪耐　下乃代反王篇耐能也忍也任也從寸從而聲

第二卷　無可音訓

第三卷

瓦礫　靈的反說文云礫小石也從石樂聲

荊棘　上敬英反考聲云荊木名也顧野王云楚木也所以杖威者也文字典說文從草荆聲荆音刑下矜億反郭注尒雅云棘細叢有束木也說文似棗叢生有束木也從二束束音雌漬反漬音賫次反

第四卷

酖醉　上荅南反考聲云酖愛酒不已也說文從酉冘聲冘音婬經從身作躭躭嗜也亦通此酖醉二字是第四頭或有本被傳寫人於第三卷尾寫出從尒時大樹緊那羅王請佛供養向後一十七行半

慈鎧　下開代反文字集略云以金革蔽身日鎧廣雅甲胄鎧也說文云甲也從金豈聲也

伅真陀羅所問經　玄應

伅　豚損反字又作伅徒門反此譯云神人也王名如意生王也

虞樂　今作娛同娛區反娛亦樂也廣雅虞安也白虎通日虞樂言天下之民皆有樂也

无請　且領反廣雅請求問也經文作倩書經人筆誤

僊僊　薛延反毛詩傳日僊僊醉舞皃也古文作僊長生也亦作仚山居長往也

衣裓　罡得反顏野王云衣襟也經作裓非也

衯其　此字書誤已久宜作分布二字謂以黃金分布間錯其間也

自呼　虖胡反考聲云出息也氣出皃有聲也從口乎聲

般遮旬　梵語施會名也般遮唐云五年或言

五箇月

下卷

四竇音豆考聲云水道也決也空也經作瀆俗字也唵鉀烏荅反普迷反和鞮都奚反蚑多巨儀反婆普何反姐侈上子野反下充支反印駐上因胤反下誅

一切經音義卷第三十　第九張　減

曇反為受記也荅頡篇印信也駐止也謂駐立馬也

寶雨經十卷　慧琳音

第一卷

顯授下酬右反經中作擣非也則天朝時偽造字也如鍊蓮甸反或作煉鑠也說文冶金也從柬柬音同上從二人也平坦灘旦反王弼注周易云坦無險阮也廣雅坦平也說文從土旦聲也獷戾上號猛反宋擴者傳惡急躁也說文從犬廣聲躁音竈下黎帝反廣雅云戾恨也謚法不悔前過日戾不思念愛日戾說文曲也從犬出實下身曲戾也經從心作悷俗字也懷孕下蠅證反考聲云孕懷胎也鄭注禮記云孕懷妊子也廣雅云懷傳也說文從子乃聲身音身也株杌上駐俞反考聲云殺樹之餘杌也韓詩外傳云後探株前有深坑是也下吾骨反考聲杌抈木短出皃也說文株木根也從木

一切經音義卷第三十　第十張　城

朱聲杌從木兀頑嚚上兀關反考聲云頑愚也左傳云心不則德義之經為頑也廣雅頑鈍也說文從頁元聲下魚巾反考聲云嚚亦頑愚也左傳云口不道忠信之言日嚚也尚書云舜父頑母嚚象傲是也蒼頡篇云惡也從㗊目聲音側立反也窣堵波上孫訥反下都魯反梵語佛塔也

第二卷

手搏下膊莫反鄭注考功記云搏拍也考聲云搏撮也廣雅云擊也說文

從手享聲享音撫夫反也

醫著　上倚其反廣雅云醫巫也說文治病工也醫意也醫之為性然得酒而使藥故醫字從酉是古酒字也周禮古者巫彭初作醫從巫亦通殹音伊計反

眼醫　伊計反考聲云目中瞖也從目形聲字也

倨傲　上居御反下敖告反鄭注禮記云杜注左傳云倨傲不敬也字書云傲亦倨也尚書云傲慢不友也說文倨不遜也並從人居敖皆聲經文從心作慠非本字也

伺求　上司寺反顧野王云伺猶候也鄭注周禮云伺察与言云視也說文從人司聲也

炫燿　上玄絹反考聲云炫火明也說文炫燿也從火玄聲下遙照反賈注國語云燿明也說文照也從火翟聲經作曜亦通也

怙恃　上胡古反韓詩外傳云無父何怙無母何恃說文並從心古寺皆聲

串習　上關患反介雅云串亦習也說文為慣字亦作遺著也

鑯標　上子廉反

廣雅云鐵銳也鄭注禮記云剌也說文從金韱聲經作尖俗字也韱音纖也

如鑹　下倉筭反韻略云鑹小矟也考聲云短矛也又云南越謂之䂎正作穳也

憒丙　上迴罪反前忉利天為毋說法經上巻釋訖下羣劾反集訓云人多擾擾也考聲云人諠名也古今正字不静也從人帀聲會意字

眈著　上荅南反孔注尚書云過樂謂之眈韓詩云甚者也賈注國語云眈嗜也或作媅亦作酖說文從耳冘聲冘音淫作躭亦通

羂縛　上癸兗反考聲云以繩捕物也韻英云繫取也索也或作罥文字典說從网絹聲

犀角　上洗賚反郭注介雅云犀似牛豬頭大腹卑腳色黑三角好食棘說文云從牛尾省經作犀俗字也

第三卷

慶喜　上卿敬反韓詩云慶善也何注公羊傳云賀也毛詩美也說文從心從夂古禮以鹿皮為賀故從鹿省也

聾瞽　上鹿紅反左傳云耳不聽五聲之和為聾蒼頡篇云耳不聞也說文亦無聞也從耳龍聲下姑午反鄭注周禮云無目謂

之瞽目蔓蔓如鼓皮也有眹子而無見謂之瞽或謂之肯說文從目鼓聲

瘂羊 鴉雅反埤蒼云瘂瘖也考聲云瘂不得言也說文從疒亞聲經作亞音厄非經義也

一滴 丁滌反顧野王云謂瀝滴也考聲云水落也說文水藥注也藥謂漏流也或從滴從水商聲商音嫁也

嬈亂 上承鳥反說文嬈戲弄也從女堯聲或作嬲也

旋輪 上隨緣反何注公羊傳云旋繞也王注楚辭云旋轉也說文從㫃疋聲

於音匽疋音雅也

載育 莘愛反下欲菊反也

蚑蜹 上吻分反俗用字也正作蟁說文云蚊齧人飛蟲子也從虫文聲下蘂銳反俗蜹字正作蜹說文秦謂之蜹從虫芮聲

第四卷

堅鞕 下額更反左伝云鞕亦堅也古今古今正字云從石作硬說文從革更

聲經作[illegible]亦通用也

赫奕 上亨格反毛詩傳云赫赫顯盛貟也廣雅云明也說文大赤貟也從二赤也奕音亦也

第五卷

怯懼 上欠劫反杜林注漢書云怯多畏也顧野王云怯畏劣也或作㹤古今正字從心去聲也

驚駭 下行駭反廣雅云駭起也蒼頡篇云駭驚也說文從馬亥聲駭音崖解反

乞匃 下哥艾反蒼頡篇云匃行乞也求請也說

文云從人從亡人亡財物則行乞匃經云作丐非也

第六卷

駛流 上師利反韻英云駛急速也蒼頡篇云疾也古今正字從馬史聲也

盲冥 上陌彷反說文盲者目無眸子也從目亡聲或作𥄉經作盲俗字也

嘶嗄 上細賚反郭注方言云嘶咽病也東書云聲散曰嘶秦晉聲變曰嘶器破而不殊其音亦謂之嘶顧野王云悲聲也說文從疒斯聲或作嘶經作嘶俗字也下砂詐反考聲云聲破也文

字集略云皆聾敗也

根鈍　下塗頓反蒼頡篇云鈍頑也如淳注史記云頑鈍猶無廉隅也淮南子云識見闇濁也聲類云不利也說文從金屯聲屯音突款反也

第七卷

詇讇　上庚宋反莊子云不擇是非而言謂之詇也蒼頡篇云詇諂佞也說文從言央聲下勑敎反何休公羊傳云諂猶佞也鄭注禮記云諂謂傾身以下也莊子云

希意道言為諂說文諂諛也從言臽聲也

婆羅痆斯　摋黠反梵語西國國名也

愚惷　下卓降反鄭注周禮云惷愚也生而癡騃童民者也說文云愚也亦作戇戇惷精神不爽貞也從心舂聲舂音束鍾反惷音邂降反

瑩拭　上烏迥反考聲云瑩發器物光也廣雅摩也謂摩珠玉使光明也說文從玉熒聲

沮壞　上情與反毛詩傳云沮亦壞也說文從水且聲經作俎俎豆禮器作經義王

目

經作悉偽造目字也

筋脈　上謹銀反周禮云醫師以辛養筋禮記云老者不以筋力為禮是也說文肉之力也從肉從竹竹者物之多筋者也從力力象筋也下麻伯反周禮以鹹養脈說文血理之分行於體中謂之脈從肉從依或作𧖴亦作衇皆正體字依音普賣反

第八卷

縫綴　上伏蒙反鄭注周禮云女御裁縫王及王后之服也杜注左傳云縫

補合也說文以鍼紩衣也從糸逢聲紩音抶下追芮反禮記云衣裳綻裂紉針請綴也文字典說綴連也從糸叕聲叕音轉劣反紉音人震反綻音丈莧反

龕室　上坎含反道神足經第三卷已糅說經從合作龕非者也

躁動　上遭奧反考聲云躁性急也顧野王躁動也賈注國語云躁擾也鄭注論語云不安靜也說文作趮字從走喿聲也經本作躁字俗用久也

穰𢧐　上壤章反考聲云穰禾黍穗䅘也說文亦黍𥝩也從禾襄聲𥝩音良計反下蜖即反考聲云𢧐炎穰也文字集略云𢧐炎皮

也文字典說從婁戈聲戈音巽也

貪婪 下羅含反楚辭云愛財曰貪愛食曰婪李聲云婪戒也不謹絜也亦作惏文字典說從女林聲

第九卷 無字可音

第十卷

惸獨 上葵營反孔注尚書云惸單也謂無兄弟也或作㷀文字典說云合從古從子訛

寶雲經第一卷 玄應

頂囟 古文䪿脖二形同先進先恣二反說文頭會腦蓋額空也

百䏶 尸㳄反牛䏶脛也經作膝治輒反說文膝切肉也膝非此義也

第二卷

志逞 丑井反逞極也快也亦疾也說文逞通也方言云自山之東江淮陳楚之間謂快為逞也

第三卷

鮫魚 今作蛟同音古茅反說文海魚也山海經云漳水多鮫魚郭璞曰鯌屬也皮有文而堅尾長三四尺末有毒螫人皮可以飾刀劍也

第六卷

算擇 桑管反謂簡擇也三蒼算選也

穰草 而羊反說文黍穰治黑者也經文從草作蘘蘘荷非此用利音良計反

佛說阿惟越致遮經上卷 玄應

龔䟽 力公反廣雅房龔舍也說文房室曰䟽䟽亦窓也

中卷

吶其 又作訥奴骨反訥遲鈍也說文訥訒難也

戰痟

下音又蒼頡篇云疻痏敺傷也惠琳謹案經意攸旬愁悴皮膚變黑如人被敺內傷其狀如是玄應言非又書頡頌非經意也疻音之也

下卷

煏蔑　古文㷉𤌳二形又作㷉同扶逼反方言㷉火乾也說文以火乾肉曰㷉經文作悑逋古反火行也非此義者也

不退轉法輪經第一卷　慧琳撰

謦欬　上輕挺反蒼頡篇云謦聲也說文謦亦欬也從言殸聲殸音口莖反經作磬非也下開愛反顧野王云欬亦嗽也說文氣逆也從欠亥聲也

碼碯　上音馬下音惱考聲云似玉有黑文亦云玉也古今正字云碼碯石之次玉者也並從石馬𡿺音同上皆聲經作瑪非也

瑕穢　下加反廣雅云瑕亦穢也說文玉赤色也從玉從叚叚亦聲者也

懈怠　上皆賣反下徒改反廣雅云懈嬾也鄭注周礼云怠懈慢也說文懈亦怠也二字並從心解台皆聲也

第二卷　無字可音

第三卷

癵曲　劣宗反聲類云癵病也顧野王云謂病身體拘曲也古今正字從疒䜌聲劣攣正作癵經文從手作攣攣係諍語云所以拘罪人也非經義疒音女厄反癵音劣

兗及

驚駭　下行騃反前變雨經第五卷已釋訖

第四卷

卮脆　下詮銳反考聲云脆促也顧野王云脆猶耎也廣雅云脆弱也說文云脆肉易斷也從肉從絕省聲也

細緻　馳智反考聲云緻繒帛密也鄭注禮記云緻亦密也古今正字從糸致聲

饕餮　上音滔下音鐵杜注左傳云貪財為饕貪食為餮古今正字並從食號殄皆聲也

胞胎　上飽茅反孔注

尚書云包裹也司馬彪注莊子云胞腹內兒
衣也兒生裹衣也下他來反廣雅云三月為
胎顏野王云未生在腹為胎
說文婦孕三月也從肉台聲
法蠃 魯戈反文
字典說蝸牛類也說文從虫蠃
聲也經作蠡非也蠃音力卧反
嬰兒 上益
盈反蒼頡篇云女孩曰嬰男孩曰兒釋名初
生日嬰兒胷前曰嬰言掖之嬰前乳養也鄭
注禮記云嬰者嫛兒也說文從女
賏聲賏音同上嫛音伊兮反也
芬馥

上芳文反下馮目反韓詩云馥芳也考工記
云香氣皃也古今正字從香复聲复音伏也

廣博嚴淨不退轉法輪經四卷

第一卷　第二卷

第三卷　並先不音

第四卷　玄應

蹎蹶 上丁賢反下居月反又作傎趙二
形蹎蹶猶頓仆也仆音蒲北反

不必定入印經　玄應

採揀 又作敕或作練同力見反埤蒼揀
擇也礼記揀擇英儁是也序文作
抉胡頰反抉
持非此用也
寶寘 古文寘今作填同徒
見反徒堅反廣雅填
塞也
滿也
葋多 其俱反依字介雅葋一
名芋熒芋音他頂反
拔身 蒲末反迴也謂拔[illegible]
迴身也古字通用也

入定不定印經　序音　慧琳撰

祕賾 陂媚反字書云祕密也鄭箋毛詩
云祕神也說文從示必聲經文從
禾作秘謬也下仕責反劉瓛注周易云賾者
幽深之極稱也說文從𦣝責聲𦣝音移
瓊編 葵營反毛詩傳云瓊玉之美者說
文云赤玉也從玉夐聲夐音休逈
反下必綿反蒼頡篇云編織也聲類云以
繩次物也說文從糸扁聲扁音褊者也
牢籠 老刀反方言牢圂也說文閑也養畜生
之圂也正從牛從舟省舟之為義取四

面帀也或從舟古終字下虞紅反考聲云籠竹器也莊子云鴆之在籠是也古今正字從竹龍聲也

秘躅 下重綠反漢書音義躅跡也說文從足蜀聲也

道轔 栗鎮反漢書云轔轢也案轔者轍也跡也或作躪亦作蹸亦作躪古今正字從車粦聲經文作轥誤也

序了後經文

夘䴏 下空角反字書云夘孚𪉊也桂苑珠藂云孚𪉊鳥夘之外皮也文字典說從夘㱿聲也

嗢鉢 上塭骨反梵語西國花名也

挑出 上體彫反聲類云挑抉也說文抉謂挑出物也從手兆聲兆從八作兆經作地俗字者也

持心梵天所問經第一卷　玄應撰

黵黨 補單反字林云黵部也謂黵累也又作般假借

第三卷

桴筏 又作䑸同扶流反謂編木為也小附曰桴大者曰筏也

第四卷

徯徑 又作蹊同胡雞反通俗文邪道曰徯步道曰徑經文有作谿徑也

未踟 直知反

揥鏉 勑諧反

吚拔 許伊反

鞞拔 普迷反

揭揭 渠謁反

暱偈 女乙反

等集衆德三昧經上卷　玄應撰

慷慨 正作忼愾二形苦莽反下苦代反太息也一云壯士不得志也

那羅延 晉言鉤鎖力士

嗹移 都計反亦言毗摩羅移晉言離垢大力士名也

觀銓 又作硂同七泉反銓謂銓量輕重也稱謂之銓

車釭 又作軖同古紅反說文釭謂車轂口鐵也

㓙悖 又作兇同許恭反下古文誖㪣二形同補沒補憒反悖亂也亦逆也

功績 今作勣同子歷

反聲類云亦力也

及遰　又作遞逓二形同徒禮反謂更易交遞也

典誥　告到反介雅誥告也亦謹也所以約謹戒衆也

勞來　說文作勑同力代反漢書勞來不急也約勑也經文作賜賚非字體也或作倈非也

邀迭　又作徼同古堯反又於遥反邀要也呼召也亦求也下徒結反代也

中卷

播殖　又作譒𢿱[illegible]三形同補佐反播種也經文作畨非也

集一切福德經中卷　玄應

蠆螫　他達反下勑遥反廣雅蠆螫蚔毒蠍也經文作蛆蝲非字體也蚔音巨宜反

思益梵天所問經第四卷　玄應

麑[illegible]　音迷

梯[illegible]　他計反

緹[illegible]　他礼反

堙婆　於仁反

翹鴩　徒結反

提詫　勑嫁反

勝思惟梵天所問經第六卷　玄應

多軼　徒結反

摩齏　竹皆反

摩㒢　求俱反

樗離　勑於反

亜婆　於仁反

婆系　胡詣反

潸婆　所姧反

持人菩薩經第一卷　慧琳撰

憒亂　上迴罪反前寶雨經第一卷已釋訖

億垓　上於力反下改哀反已上前佛昇忉利天宫上卷已釋也

叡喆　以歲反賈注國語云睿叡也廣雅云智也說文深明也從叡從目從谷省叡音殘下知列反方言云喆智也說文作悊或作哲字書作嚞

第二卷

闌楯　上嬾單反下脣閏反前佛昇忉利天經下卷已釋

痛蛘　羊掌反考聲蛘痛之微也禮記云蛘不敢搔也鄭注孝經云抑搔癢痛說文蛘亦搔也從虫羊聲文字集略或作癢韻略或作痒與經文同三字並同用

疽癩　七余反司馬彪注莊子云浮腫為疽說文癰也從疒且聲且音苴下來帶反文字集略癩惡病也或作癘也

至湊　七候反許叔重注淮南子云湊競進也說文聚也水上人所會也從水奏聲也

第三卷

創病　楚霜反禮記云頭有瘡則沐說文云創傷也從刀一一象內會意字也古文作刃象刀入肉也

瑕疵　下加反前不退法輪經已釋下自貲反孔注尚書云疵病也剋注周易疵亦瑕也說文從疒此聲也

憒夒　上迴對反下饒劭反又音公外反義亦通

麁獷　含胡反下古猛反

永謚　祢必反爾雅謚靜也又慎也說文從言益聲

第四卷

剖判　普口反蒼頡篇剖析也顧野王剖猶破也杜注左傳中分也說文亦判也從刀音聲音土口反下普半反毛詩傳曰判分也又破也又散也說文從刀半聲也

帛㲲　恬協反案帛㲲西國撚草花絮織以為布其花如柳絮

颰

陁和羅　盤末反

持世經第四卷　玄應

骨幹　字體作骭同古岸反廣雅骭謂之肋謂脅骨也骭體也亦骹骨也

濟諸方等學經　玄應

彶彶　居及反說文彶彶急行也廣雅彶彶遽也字從彳今皆從水作汲也

歔欷　喜居反下虛飢反字林涕泣皃也蒼頡篇泣餘聲也亦悲者也

大乘方廣摠持經一卷　慧琳撰

無垢餤閻漸反佛名也

涕淚上體計反同易云齎咨涕洟說文涕鼻液也從水弟聲字書作鵜亦通

一滴丁歷反前寶雨經第三卷已釋訖

羼提察限反梵語此言忍

嫉妒盡悉反下都故反王逸注楚辭云害賢曰嫉害色曰妒考聲妒謂憎忌也說文並形聲字經作妬非也

一切經音義卷第三十　第二十九張　城

大方廣寶篋經上卷　慧琳音

焦然上精遙反考聲云極乾也傷火也鄭注禮記云焦謂火殘也說文焦謂火所燒也從火焦省聲經文從火作燋音爵甚乖經義也

霹靂上匹驛反下力的反史記云大雷震也文字典說並從雨辟歷皆聲

帝釋頂下丁挂反蒼頡篇云頂顛也廣雅頂上也考聲頂頭上也說文從頁丁聲經作頭非者也

漉水筩上籠谷反顧野王云漉猶瀝也廣雅漉盡也從水鹿聲下徒東反說文筩斷竹也從竹甬聲甬音勇也

齅香上折又反說文云以鼻就臭曰齅從鼻臭聲或作嗅古人用也

斫截上章若反考聲云以刃斫也廣雅斫斷也說文從斤石聲下錢節反毛詩傳云截治也說文截亦斷也從戈雀聲經作截俗字也

窄陿上爭格反埤蒼云窄迫也陿也古今正字窄從穴乍聲經文從辵作迮用別下咸甲反顧野王云陿迫隘不廣大也說文陿從𨸏匧聲匧音謙叶反

一切經音義卷第三十　第三十張　城

中卷

角睞下來代反蒼頡篇云睞謂內視也說文童子不正也從目來聲也

𤺺手倦袁反文字集略云𤺺謂手屈指不展也從疒經從手作捲考聲云用力氣勢非經義誤用也

巢窟上士交反鄭箋詩云鵲之作巢冬至架功至春乃成也鄭注考工記云巢猶高也說文鳥在木上曰巢從木象形也經作巢俗字也下口骨反杜注左傳云窟地室也顧野王云冬則居營窟是也聲類

云宿鬼所伏也說文從穴屈聲或作崛又作堀音同上

跛蹇 上波果反下建偃反考聲云跛亦蹇也說文跛行不正也蹇亦跛也並作足彼寒皆省聲也

欲擯 音賓蒼頡篇司馬彪注莊子云擯猶弃也古今正字從手賓聲經從人作儐考聲云導也助也相也非經義弃也

讁罰 張革反毛傳曰讁責也又曰過也杜注左傳曰讁罰也郭注方言讁謂相責怒也說文亦罰也從言啇聲啇音丁歷反經從辵作適

一切經音義卷第三十　第三十二張　城

俗字也

師範 范凡字上聲鄭注考工記云範法也說文從車笵省聲玉篇或作軓三字並通經從草作範非也

下卷

瓦礫 下零的反前大緊那羅王經第三卷已具釋訖也

持瓨 下項江反考聲云瓶類也大者受一斗今無大小之制也說文似甇長頸也從瓦工聲或作瓵甇音厄耕反

文殊師利現寶藏經上卷 玄應撰

騏驥 渠基反下又作驥同居致反說文馬有青驪文似綦也驥千里馬也孫陽所相者赤驥也

曲技 旨移反下又柯也經文作掁誤也

中卷

蠹虫 丁故反字林木中虫也穿食人器物者也

嬲固 又作

一切經音義卷第三十　第三十二張　城

嬲諸經作嬈同奴了反嬲擾戲弄也嬲惱也摩登伽經作擾蠱謂擾蠱也經中有作觀非也蠱音古也

大乘同性經上卷

矛盾 食尹反說文盾瞂也所以扞身蔽目也瞂音伏發反

凚然 其錦反寒戰搖也經文從心作㦗非也

崖隴 力董反說文天水大坂也

下卷

毳毦 人至反以毛羽為毦飾若今刀鞘毦也廣雅毹毦罽也織毛曰毦

弓把 巴雅反單手為把說文把握也持也經文從弓作弝近字

證契大乘經上卷

慧琳撰

遊華 疾醉反周易云華猶聚也方言云東齊之間謂華為聚也毛詩傳華集也說文從艸卒聲正作華

幢幟 上濁江反考聲云幢亦幡也下尺志反廣雅云幟亦幡也說文並從巾童戠皆聲戠音職聲類或作忯字

池沼 昭火反毛詩傳云沼亦池也說文從水召聲

拯濟 拯取蒸上聲杜注左傳云拯救助也方言云拔也說文從手丞聲經文作極誤也下子細反孔注尚書云濟猶渡也說文從水齊聲

唱唄 薄邁反考聲云僧尼法事也唄唱梵聲也從口也

挑與 眺彫反前入定不定印經已釋訖

讒搆 林咸反毛

詩傳云讒以言毀人也說文讒猶諸已從言從毚毚亦聲也毚謂狡兔之駿者也從㲋從兔㲋音丑略反下音古候反毛詩箋云搆合也杜注左傳云搆會也罪惡也說文從木冓聲冓音鉤

關綴 上古還反說文以木橫持戶也從門𢆶聲𢆶音同上𢆶字從𢆶𢆶音幽從卝音古患反經從弁作開開音弁下綴銳反前寶雨經第八卷已釋訖綴音轉劣反也

牢固 老刀反前入定不定印經序已釋訖經從穴作窂非也

洲島 上音周介雅云水中可居者曰洲小洲曰渚是也今古正字洲謂在河之中從水州聲下刀老反孔注尚書云海曲謂之島方言海有山可依止曰島說文從山鳥聲

矛矟 上毋侯反考聲云酋矛戈類也說文矛長二丈象形字經作鉾非經義也誤下音朔廣雅云矟亦矛也古今正字云矟長八尺也從矛肖聲也

鉞斧 袁歌反孔注尚書云鉞以黃金飾斧也顧野王云古者用鉞以殺人也司馬法云周時左秉黃鉞是也說文正作戉從戈乚聲也乚音厥經文從金作鉞時用已久

𠂤𠂤 上都迴反聲類云𠂤小塊也說文亦小𠂤也象形字經文從止作塠

俗字也下浮九反蒼頡篇云山庫而大也廣
雅云丘無石日自說文亦云大陸日自山無
石也象形經文作阜俗字林藪蘇口反
也庫音婢考聲云庫下也鄭注周
禮云澤無水日藪也說文大澤也
又云九州之藪也從艸數聲也㾓者
鶍雅反前實雨韎鞨頡梨上晩發
第三卷巳釋訖反下建
列反蕃語炫麗玄絹反前實雨經
寶名也第一卷巳釋訖耳

一切經音義卷第三十　第三十五張　城

瑺黨郎反埤蒼云瑺充耳也釋名穿無
耳施珠日瑺古今正字從玉當聲
垠五根反考聲云垠涯畔也宋忠注太玄
經云垠咢也說文垠地圻也從土艮聲
圻音
昔也

下卷

闌拏落寒反
梵語也馨馥上香經反說文
馨香之遠聞也

從香殸聲殸音口莖反下馮福反髀
前不退法輪經第四卷巳釋訖脛
上蒲米反說文髀股外也從骨卑聲或作䏶
經作䏶俗字也下形定反孔注論語云脛脚脛也
顧野王云脛謂腓腸前骨是說文脛亦胻也
從肉巠聲巠音工令反腓音肥胻音鶴昂反
又音攢茂徂巒反鄭注禮記云攢猶聚
杏也也蒼頡篇亦聚也說文云攢
謂藂生也從
木贊聲也

深密解脫經序音

慧琳音

一切經音義卷第三十　第三十六張　城

馭宇魚據反孔注尚書云御治也鄭注
禮記云御猶主也說文從馬又聲
馭是古文字今或作御從德懋莫候反
彳卸聲卸音昔夜反也郭注介
雅云懋謂自勉強也尚書云懋昭大德
是也文字典說從心楙聲楙音其候反該
上改來反賈注國語云該備也方言咸
洞也說文以兼備之也從言亥聲下同貢
反顧野王云洞謂深邃蕤賓蘂佳反白
之皃也說文從水同聲虎通云五
月律謂之蕤賓文字典說緇俗滓師反
從艸甤亦聲經作蕤俗字毛詩傳

云緇黑色也考工記染十九羽七入爲緇案緇俗者即僧衆也俗士也古今正字從糸從甾甾亦聲經作繒非也

深密解脫經五卷 慧琳撰

第一卷　第二卷　並無字可音

第三卷

觀詧 音察亦同用聲類云詧審也明也知也文字典說從言從祭省聲也

憒吏 上迴外反下華効反前佛昇忉利天經上卷已釋訖

憙吏 上禧紀反考聲喜好也心所悅也說文云亦悅也從心喜聲

細楔 仙拽反說文云楔開物具也從木契聲也

第四卷 無字可音

第五卷

鍊治 上蓮甸反或作煉前寶雨經第一卷已釋訖下雉離反考聲云治理也修故也顧野王云治謂修理也文字典說從水台聲

解深密經五卷第一 玄應

蠱羅綿 上當固反或作姑羅綿舊言兜羅綿皆一也

飳餬 徒奚反下戶孤反謂酥酪之精醇者通俗文酥酪謂之飳餬是也

第二卷

大青 梵言摩訶泥羅亦是天帝所用莊嚴寶也

末羅羯多 莫鉢反亦言磨羅伽多綠色寶也大論云出金翅鳥口邊能辟諸毒也

毗溼縛藥 此云有種種功能藥

婆羅痆斯 拏黠反舊言波羅奈或作波羅奈斯又作波羅奈寫皆一也

第五卷

誕生 達坦反詩云誕弥厥月傳日誕大也

解節經一卷 玄應撰

傷佉 經中或作纕佉又作儴佉正言勝佉此譯云具

辛辢 力達反通俗文辛甚日辢經文作剌非體

相續解脫地波羅蜜了義經一卷 慧琳撰

一切經音義卷第三十　第三十九張　戒

睎望 上欣衣反方言云睎眄也廣雅云睎視也說文睎亦望也從目希聲

羸劣 上累追反杜注左傳云羸弱也賈注國語病也許注淮南子云羸亦劣也說文亦瘦也從羊𣎆聲𣎆力戈反

壑空 上訶各反顧野王云壑谿谷也郭注尒雅云壑坑壍丘墟耳說文壑溝也或作㕡從土㕡㕡亦聲經作壑俗字也

膚過 上甫孚反孝經云身體髮膚受之父母是也鄭注儀禮云膚革之肉也說文膚皮也或作肤從肉盧省聲經作膚俗也

緣生經兩卷 經序 慧琳撰

詮窮 上七宣反考聲云詮叙也謚也淮南子云詮言者所以譬類人事與相解諭治亂之體也說文云具說事理也從言全聲經序從艸作荃香草名也與經義不同也

稻稈 下干旱反考聲云禾黍莖也杜注左傳云稈稾把也稈稾也廣雅稻稈謂之稈也說文從禾旱聲從艸作芊非也

彦琮 下粗宗反僧名也白虎通云琮言聚也說文從王宗也

一切經音義卷第三十　第四張　戒

緣生經上卷

一髆 傍莫反字林云髆胛也說文肩胛也從骨從博省聲經多從月作膊非也胛音甲也

上氣喘 川兗反桂苑珠藂云人之氣息也謂之喘也說文疾息也從口耑聲耑音端也

下卷 無字可音

分別緣起初法門經上卷 慧琳撰

僂曲 力矩反廣雅云僂曲也杜注左傳云僂傴也說文云尫也從人從婁聲尫烏黃反

下卷

戰掉 下條弔反考聲云掉動也賈注國語掉搖也說文從手卓聲

第四十張

一切經音義卷第三十

中華大藏經(漢文部分)

校勘凡例

一 《中華大藏經(漢文部分)》的底本以《趙城金藏》爲主；《趙城金藏》缺佚，則以《高麗藏》等作底本。各卷所用底本的名稱及涉及底本的其他問題，均在校勘記的第一條中說明。

一 《中華大藏經(漢文部分)》選用的參校本共八種，即《房山雲居寺石經》(石)、宋《資福藏》(資)、《影印宋磧砂藏》(磧)、元《普寧藏》(普)、明《永樂南藏》(南)、明《徑山藏》(徑)、《清藏》(清)、《高麗藏》(麗)。

一 校勘記中的「諸本」，若底本爲金藏，即包括石、資、磧、普、南、徑、清、麗全部八種校本；若底本爲麗藏，則包括石、資、磧、普、南、徑、清全部七種校本。其他情況若用「諸本」，校勘記中則另加說明。

一 校勘採用底本與校本逐字對校的办法，只勘出經文中的異同及字句錯落，一般不加評注。參校本若有缺卷，或有殘缺、漫漶等字迹無可辨認者，則略去不校，校勘記亦不作記録。

一 一經多卷，經名、譯者、品名出現同樣性質的問題，一般只在第一卷出校，並注明以下各卷同；分卷不同時，以底本爲主出校。

一 古今字、異體字、正俗字、通假字及同義字，一般不出校。如：

古今字：宍(肉)；猗(倚)；距(跛)；鉾(矛)；誼(義)等。

異體字：⿰月采(槃)；剎(刹)；㒵(貌)；惱(惱)；㝵(碍、礙、閡)等。

正俗字：怪(恠)；滴(渧)；體(躰)；刺(刾)；閉(閇)等。

通假字：惟(唯)；嫉(疾)；頻(嚬、顰)；揣(摶)；尠(鮮)等。

同義字：言(曰)；如(若)；弗(不)等。